NUEVO TESTAMENTO

Salmos y Proverbios

Nueva Versión Internacional

NEW TESTAMENT

Psalms and Proverbs

New International Version

N.T. Bilingüe Español/Inglés • Spanish/English Bilingual N.T.

NUEVO TESTAMENTO

Salmos y Proverbios

Nueva Versión Internacional

NEW TESTAMENT

Psalms and Proverbs

New International Version

N.T. Bilingüe Español/Inglés • Spanish/English Bilingual N.T.

Biblica™

COLORADO SPRINGS · HYDERABAD · LONDON · MANILA · MIAMI · NAIROBI

Índice / Contents

Tabla de abreviaturas

Libros de la Biblia en orden alfabético

Abdías	Abd	2 Juan	2Jn
Amós	Am	3 Juan	3Jn
Apocalipsis	Ap	Judas	Jud
Cantares	Cnt	Jueces	Jue
Colosenses	Col	Lamentaciones	Lm
1 Corintios	1Co	Levítico	Lv
2 Corintios	2Co	Lucas	Lc
1 Crónicas	1Cr	Malaquías	Mal
2 Crónicas	2Cr	Marcos	Mr
Daniel	Dn	Mateo	Mt
Deuteronomio	Dt	Miqueas	Mi
Eclesiastés	Ec	Nahúm	Nah
Efesios	Ef	Nehemías	Neh
Esdras	Esd	Números	Nm
Ester	Est	Oseas	Os
Éxodo	Éx	1 Pedro	1P
Ezequiel	Ez	2 Pedro	2P
Filemón	Flm	Proverbios	Pr
Filipenses	Fil	1 Reyes	1R
Génesis	Gn	2 Reyes	2R
Gálatas	Gá	Romanos	Ro
Habacuc	Hab	Rut	Rt
Hageo	Hag	Salmos	Sal
Hebreos	Heb	1 Samuel	1S
Hechos	Hch	2 Samuel	2S
Isaías	Is	Santiago	Stg
Jeremías	Jer	Sofonías	Sof
Job	Job	1 Tesalonicenses	1Ts
Joel	Jl	2 Tesalonicenses	2Ts
Jonás	Jon	1 Timoteo	1Ti
Josué	Jos	2 Timoteo	2Ti
Juan	Jn	Tito	Tit
1 Juan	1Jn	Zacarías	Zac

Otras abreviaturas

alt.	traducción alterna	lit.	traducción literal
aprox.	aproximadamente	LXX	Septuaginta
cap(s).	capítulo(s)	m.	metro(s)
cm.	centímetro(s)	ms(s).	manuscrito(s)
d.C.	después de Cristo	p.ej.	por ejemplo
gr.	gramo(s)	TM	Texto Masorético
heb.	hebreo	var.	variante textual
Kg.	kilogramo(s)	v(v).	versículo(s)

Tabla de abreviaturas

Libros de la Biblia en orden alfabético

Abd	Abdías	2Jn	2 Juan
Am	Amós	3Jn	3 Juan
Ap	Apocalipsis	Jud	Judas
Cnt	Cantares	Jue	Jueces
Col	Colosenses	Lm	Lamentaciones
1Co	1 Corintios	Lv	Levítico
2Co	2 Corintios	Lc	Lucas
1Cr	1 Crónicas	Mal	Malaquías
2Cr	2 Crónicas	Mr	Marcos
Dn	Daniel	Mt	Mateo
Dt	Deuteronomio	Mi	Miqueas
Ec	Eclesiastés	Nah	Nahúm
Ef	Efesios	Neh	Nehemías
Esd	Esdras	Nm	Números
Est	Ester	Os	Oseas
Éx	Éxodo	1P	1 Pedro
Ez	Ezequiel	2P	2 Pedro
Flm	Filemón	Pr	Proverbios
Fil	Filipenses	1R	1 Reyes
Gn	Génesis	2R	2 Reyes
Ga	Gálatas	Ro	Romanos
Hab	Habacuc	Rut	Rut
Hag	Hageo	Sal	Salmos
Heb	Hebreos	1S	1 Samuel
Hch	Hechos	2S	2 Samuel
Is	Isaías	Stg	Santiago
Jer	Jeremías	Sof	Sofonías
Job	Job	1Ts	1 Tesalonicenses
Joel	Joel	2Ts	2 Tesalonicenses
Jon	Jonás	1Ti	1 Timoteo
Jos	Josué	2Ti	2 Timoteo
Jn	Juan	Tit	Tito
1Jn	1 Juan	Zac	Zacarías

Otras abreviaturas

alt.	traducción alterna	lit.	traducción literal
aprox.	aproximadamente	LXX	Septuaginta
cap(s).	capítulo(s)	núm.	número(s)
cm.	centímetro(s)	ms(s).	manuscrito(s)
d.C.	después de Cristo	p.ej.	por ejemplo
gr.	gramo(s)	TM	Texto Masorético
heb.	hebreo	var.	variante textual
Kg.	kilogramo(s)	V(V)	versículo(s)

Prefacio

La **Nueva Versión Internacional** es una traducción de las Sagradas Escrituras elaborada por un grupo de expertos biblistas que representan a una docena de países de habla española, y que pertenecen a un buen número de denominaciones cristianas evangélicas. La traducción se hizo directamente de los textos hebreos, arameos y griegos en sus mejores ediciones disponibles. Se aprovechó, en buena medida, el trabajo de investigación y exégesis que antes efectuaron los traductores de la *New International Version*, traducción de la Biblia al inglés, ampliamente conocida.

Claridad, fidelidad, dignidad y elegancia son las características de esta nueva versión de la Biblia, cualidades que están garantizadas por la cuidadosa labor de los traductores, reconocidos expertos en las diferentes áreas del saber bíblico. Muchos de ellos son pastores o ejercen la docencia en seminarios e institutos bíblicos a lo largo y ancho de nuestro continente. Más importante aún, son todos ellos fervientes creyentes en el valor infinito de la Palabra, como revelación infalible de la verdad divina y única regla de fe y de vida para todos.

La alta calidad de esta **Nueva Versión Internacional** está, además, garantizada por el minucioso proceso de traducción, en el que se invirtieron miles de horas de trabajo de los traductores a quienes se asignaron determinados libros; de los revisores, que cuidadosamente cotejaron los primeros borradores producidos por los traductores; de los diferentes comités que, a su vez, revisaron frase por frase y palabra por palabra el trabajo de los traductores y revisores; y de los lectores que enviaron sus observaciones al comité de estilo. A este comité le correspondió, en última instancia, velar por que la versión final fuera no sólo exacta, clara y fiel a los originales, sino digna y elegante, en conformidad con los cánones del mejor estilo de nuestra lengua.

Claridad y exactitud en la traducción y fidelidad al sentido y mensaje de los escritores originales fueron la preocupación fundamental de los traductores. Una traducción es clara, exacta y fiel cuando reproduce en la lengua de los lectores de hoy lo que el autor quiso transmitir a la gente de su tiempo, en su propia lengua. Claridad, exactitud y fidelidad no significan necesariamente traducir palabra por palabra o, como se dice ordinariamente, hacer una traducción literal del texto. Las estructuras fonológicas, sintácticas y semánticas varían de una lengua a otra. Por eso una traducción fiel y exacta tiene que tomar en cuenta no sólo la lengua original sino también la lengua receptora. Esto significa vaciar el contenido total del mensaje en las nuevas formas gramaticales de la lengua receptora, cuidando de que no se pierda «ni una letra ni una tilde» de ese mensaje (Mt 5:18). Para lograrlo los traductores de esta **Nueva Versión Internacional** han procurado emplear el lenguaje más fresco y contemporáneo posible, a fin de que el mensaje de la Palabra divina sea tan claro, sencillo y natural como lo fue cuando el Espíritu Santo inspiró el texto original. A la vez han cuidado de que el lenguaje de esta **Nueva Versión Internacional** conserve la dignidad y belleza que se merece la Palabra inspirada. Términos y expresiones que ya han hecho carrera entre el pueblo cristiano evangélico, y que son bien entendidos por los lectores familiarizados con la Biblia, se han dejado en lo posible intactos. Se han buscado al mismo tiempo nuevos giros y expresiones para comunicar aquello que en otras versiones no parecía tan evidente. Se ha añadido además un **glosario** que explica el significado de términos que en el texto están precedidos por un asterisco; se trata de términos poco conocidos o difíciles de traducir. Esperamos que todo esto, más un buen número de notas explicativas al pie de página, sea de gran ayuda al lector.

En las notas al pie de página aparecen las siguientes abreviaturas:

Lit. (traducción literal): indica una posible representación más exacta, aunque no necesariamente más clara, del texto original, la cual puede ser de ayuda para algunos lectores.

Alt. (traducción alterna): indica que existen otras posibles traducciones o interpretaciones del texto, las cuales cuentan con el apoyo de otras versiones o de otros eruditos.

Var. (variante textual): se usa solamente en el Nuevo Testamento, e indica que hay diferencias entre los manuscritos neotestamentarios. La traducción se basa en el **texto crítico griego** actual, que da preferencia a los manuscritos más antiguos. Cuando se dan diferencias sustanciales entre este texto crítico y el texto tradicional conocido como *Textus Receptus*, la lectura tradicional se incluye en una nota, como variante textual. Otras variantes importantes también se incluyen en esta clase de notas.

En el Antiguo Testamento, las diferencias textuales se indican de otro modo. La base de la traducción es el *Texto Masorético* (TM), pero en algunos pasajes se ha aceptado una lectura diferente. En estos casos, la nota incluye entre paréntesis la evidencia textual (principalmente en las versiones antiguas) que apoya tal lectura; luego se indica lo que dice el TM.

Además, en el Antiguo Testamento se ha usado el vocablo SEÑOR para representar las cuatro consonantes hebreas que constituyen el nombre de Dios, es decir, *YHVH*, que posiblemente se pronunciaba *Yahvé*. La combinación de estas cuatro consonantes con la forma reverencial *Adonay* («Señor» sin versalitas) dieron como resultado el nombre «Jehová», que se ha usado en las versiones tradicionales. En pasajes donde *YHVH* y *Adonay* aparecen juntos, se ha variado la traducción (p.ej. «SEÑOR mi Dios»).

Otra diferencia entre la **Nueva Versión Internacional** y las versiones tradicionales tiene que ver con la onomástica hebrea. En el caso de nombres propios bien conocidos, esta versión ha mantenido las formas tradicionales, aun cuando no correspondan con las del hebreo (p.ej. *Jeremías*, aunque el hebreo es *Yirmeyahu*). En otros casos se ha hecho una revisión moderada para que los nombres no sólo reflejen con mayor exactitud el texto original (p.ej., la consonante *jet* se ha representado con *j* en vez de *h*), sino también para que se ajusten a la fonología castellana (p.ej., se ha evitado usar la consonante *m* en posición final).

Como todas las traducciones de la Biblia, la **Nueva Versión Internacional** que hoy colocamos en manos de nuestros lectores es susceptible de perfeccionarse. Y seguiremos trabajando para que así ocurra en sucesivas ediciones de la misma. Con todo, estamos muy agradecidos al Señor por el gran trabajo que nos ha permitido realizar, en el cual todos los integrantes del comité de traducción bíblica de la Sociedad Bíblica Internacional hemos puesto el mayor empeño, amor y fe, a fin de entregar a los lectores de este siglo la mejor versión posible del texto bíblico. Que todo sea para la mayor gloria de Dios y el más amplio conocimiento de su Palabra. Dedicamos este trabajo a Aquel, cuyo nombre debe ser honrado por todos los que lean su Palabra. Y oramos para que, a través de esta edición de la **Nueva Versión Internacional,** muchos puedan entender, asimilar y aceptar el mensaje de salvación que, por medio de Jesucristo, tiene el Dios de la Biblia para cada uno de ellos.

Comité de Traducción Bíblica
Sociedad Bíblica Internacional
P.O. Box 522241
Miami, Florida 33152-2241
EE.UU.

Septiembre de 1998

Preface

THE NEW INTERNATIONAL VERSION is a completely new translation of the Holy Bible made by over a hundred scholars working directly from the best available Hebrew, Aramaic and Greek texts. It had its beginning in 1965 when, after several years of exploratory study by committees from the Christian Reformed Church and the National Association of Evangelicals, a group of scholars met at Palos Heights, Illinois, and concurred in the need for a new translation of the Bible in contemporary English. This group, though not made up of official church representatives, was transdenominational. Its conclusion was endorsed by a large number of leaders from many denominations who met in Chicago in 1966.

Responsibility for the new version was delegated by the Palos Heights group to a self-governing body of fifteen, the Committee on Bible Translation, composed for the most part of biblical scholars from colleges, universities and seminaries. In 1967 the New York Bible Society (now the International Bible Society) generously undertook the financial sponsorship of the project—a sponsorship that made it possible to enlist the help of many distinguished scholars. The fact that participants from the United States, Great Britain, Canada, Australia and New Zealand worked together gave the project its international scope. That they were from many denominations—including Anglican, Assemblies of God, Baptist, Brethren, Christian Reformed, Church of Christ, Evangelical Free, Lutheran, Mennonite, Methodist, Nazarene, Presbyterian, Wesleyan and other churches—helped to safeguard the translation from sectarian bias.

How it was made helps to give the New International Version its distinctiveness. The translation of each book was assigned to a team of scholars. Next, one of the Intermediate Editorial Committees revised the initial translation, with constant reference to the Hebrew, Aramaic or Greek. Their work then went to one of the General Editorial Committees, which checked it in detail and made another thorough revision. This revision in turn was carefully reviewed by the Committee on Bible Translation, which made further changes and then released the final version for publication. In this way the entire Bible underwent three revisions, during each of which the translation was examined for its faithfulness to the original languages and for its English style.

All this involved many thousands of hours of research and discussion regarding the meaning of the texts and the precise way of putting them into English. It may well be that no other translation has been made by a more thorough process of review and revision from committee to committee than this one.

From the beginning of the project, the Committee on Bible Translation held to certain goals for the New International Version: that it would be an accurate translation and one that would have clarity and literary quality and so prove suitable for public and private reading, teaching, preaching, memorizing and liturgical use. The Committee also sought to preserve some measure of continuity with the long tradition of translating the Scriptures into English.

In working toward these goals, the translators were united in their commitment to the authority and infallibility of the Bible as God's Word in written form. They believe that it contains the divine answer to the deepest needs of humanity, that it sheds unique light on our path in a dark world, and that it sets forth the way to our eternal well-being.

The first concern of the translators has been the accuracy of the translation and its fidelity to the thought of the biblical writers. They have weighed the significance of the lexical and grammatical details of the Hebrew, Aramaic and Greek texts. At the same time, they have striven for more than a word-for-word translation. Because thought patterns and syntax differ from language to language, faithful communication of the meaning of the writers of the Bible demands frequent modifications in sentence structure and constant regard for the contextual meanings of words.

A sensitive feeling for style does not always accompany scholarship. Accordingly the Committee on Bible Translation submitted the developing version to a number of stylistic consultants. Two of them read every book of both Old and New Testaments twice—once before and once after the last major revision—and made invaluable suggestions. Samples of the translation were tested for clarity and ease of reading by various kinds of people—young and old, highly educated and less well educated, ministers and laymen.

Concern for clear and natural English—that the New International Version should be idiomatic but not idiosyncratic, contemporary but not dated—motivated the translators and consultants. At the same time, they tried to reflect the differing styles of the biblical writers. In view of the international use of English, the translators sought to avoid obvious Americanisms on the one hand and obvious Anglicisms on the other. A British edition reflects the comparatively few differences of significant idiom and of spelling.

As for the traditional pronouns "thou," "thee" and "thine" in reference to the Deity, the translators judged that to use these archaisms (along with the old verb forms such as "doest," "wouldest" and "hadst") would violate accuracy in translation. Neither Hebrew, Aramaic nor Greek uses special pronouns for the persons of the Godhead. A present-day translation is not enhanced by forms that in the time of the King James Version were used in everyday speech, whether referring to God or man.

For the Old Testament the standard Hebrew text, the Masoretic Text as published in the latest editions of *Biblia Hebraica*, was used throughout. The Dead Sea Scrolls contain material bearing on an earlier stage of the Hebrew text. They were consulted, as were the Samaritan Pentateuch and the ancient scribal traditions relating to textual changes. Sometimes a variant Hebrew reading in the margin of the Masoretic Text was followed instead of the text itself. Such instances, being variants within the Masoretic tradition, are not specified by footnotes. In rare cases, words in the consonantal text were divided differently from the way they appear in the Masoretic Text. Footnotes indicate this. The translators also consulted the more important early versions—the Septuagint; Aquila, Symmachus and Theodotion; the Vulgate; the Syriac Peshitta; the Targums; and for the Psalms the *Juxta Hebraica* of Jerome. Readings from these versions were occasionally followed where the Masoretic Text seemed doubtful and where accepted principles of textual criticism showed that one or more of these textual witnesses appeared to provide the correct reading. Such instances are footnoted. Sometimes vowel letters and vowel signs did not, in the judgment of the translators, represent the correct vowels for the original consonantal text. Accordingly some words were read with a different set of vowels. These instances are usually not indicated by footnotes.

The Greek text used in translating the New Testament was an eclectic one. No other piece of ancient literature has such an abundance of manuscript witnesses as does the New Testament. Where existing manuscripts differ, the translators made their choice of readings according to accepted principles of New Testament textual criticism. Footnotes call attention to places where there was uncertainty about what the original text was. The best current printed texts of the Greek New Testament were used.

There is a sense in which the work of translation is never wholly finished. This applies to all great literature and uniquely so to the Bible. In 1973 the New Testament in the New International Version was published. Since then, suggestions for corrections and revisions have been received from various sources. The Committee on Bible Translation carefully considered the suggestions and adopted a number of them. These were incorporated in the first printing of the entire Bible in 1978. Additional revisions were made by the Committee on Bible Translation in 1983 and appear in printings after that date.

As in other ancient documents, the precise meaning of the biblical texts is sometimes uncertain. This is more often the case with the Hebrew and Aramaic texts than with the Greek text. Although archaeological and linguistic discoveries in this century aid in understanding difficult passages, some uncertainties remain. The more significant of these have been called to the reader's attention in the footnotes.

In regard to the divine name *YHWH*, commonly referred to as the *Tetragrammaton*, the translators adopted the device used in most English versions of rendering that name as "LORD" in capital letters to distinguish it from *Adonai*, another Hebrew word rendered "Lord," for which small letters are used. Wherever the two names stand together in the Old Testament as a compound name of God, they are rendered "Sovereign LORD."

Because for most readers today the phrases "the LORD of hosts" and "God of hosts" have little meaning, this version renders them "the LORD Almighty" and "God Almighty." These renderings convey the sense of the Hebrew, namely, "he who is sovereign over all the 'hosts' (powers) in heaven and on earth, especially over the 'hosts' (armies) of Israel." For readers unacquainted with Hebrew this does not make clear the distinction between *Sabaoth* ("hosts" or "Almighty") and *Shaddai* (which can also be translated "Almighty"), but the latter occurs infrequently and is always footnoted. When *Adonai* and *YHWH Sabaoth* occur together, they are rendered "the Lord, the LORD Almighty."

As for other proper nouns, the familiar spellings of the King James Version are generally retained. Names traditionally spelled with "ch," except where it is final, are usually spelled in this translation with "k" or "c," since the biblical languages do not have the sound that "ch" frequently indicates in English—for example, in *chant*. For well-known names such as Zechariah, however, the traditional spelling has been retained. Variation in the spelling of names in the original languages has usually not been indicated. Where a person or place has two or more different names in the Hebrew, Aramaic or Greek texts, the more familiar one has generally been used, with footnotes where needed.

To achieve clarity the translators sometimes supplied words not in the original texts but required by the context. If there was uncertainty about such material, it is enclosed in brackets. Also for the sake of clarity or style, nouns, including some proper nouns, are sometimes substituted for pronouns, and vice versa. And though the Hebrew writers often shifted back and forth between first, second and third personal pronouns without change of antecedent, this translation often makes them uniform, in accordance with English style and without the use of footnotes.

Poetical passages are printed as poetry, that is, with indentation of lines with separate stanzas. These are generally designed to reflect the structure of Hebrew poetry. This poetry is normally characterized by parallelism in balanced lines. Most of the poetry in the Bible is in the Old Testament, and scholars differ regarding the scansion of Hebrew lines. The translators determined the stanza divisions for the most part by analysis of the subject matter. The stanzas therefore serve as poetic paragraphs.

As an aid to the reader, italicized sectional headings are inserted in most of the books. They are not to be regarded as part of the NIV text, are not for oral reading, and are not intended to dictate the interpretation of the sections they head.

The footnotes in this version are of several kinds, most of which need no explanation. Those giving alternative translations begin with "Or" and generally introduce the alternative with the last word preceding it in the text, except when it is a single-word alternative; in poetry quoted in a footnote a slant mark indicates a line division. Footnotes introduced by "Or" do not have uniform significance. In some cases two possible translations were considered to have about equal validity. In other cases, though the translators were convinced that the translation in the text was correct, they judged that another interpretation was possible and of sufficient importance to be represented in a footnote.

In the New Testament, footnotes that refer to uncertainty regarding the original text are introduced by "Some manuscripts" or similar expressions. In the Old Testament, evidence for the reading chosen is given first and evidence for the alternative is added after a semicolon (for example: Septuagint; Hebrew *father*). In such notes the term "Hebrew" refers to the Masoretic Text.

It should be noted that minerals, flora and fauna, architectural details, articles of clothing and jewelry, musical instruments and other articles cannot always be identified with precision. Also measures of capacity in the biblical period are particularly uncertain (see the table of weights and measures following the text).

Like all translations of the Bible, made as they are by imperfect man, this one undoubtedly falls short of its goals. Yet we are grateful to God for the extent to which he has enabled us to realize these goals and for the strength he has given us and our colleagues to complete our task. We offer this version of the Bible to him in whose name and for whose glory it has been made. We pray that it will lead many into a better understanding of the Holy Scriptures and a fuller knowledge of Jesus Christ the incarnate Word, of whom the Scriptures so faithfully testify.

The Committee on Bible Translation
June 1978
(Revised August 1983)

Names of the translators and editors may be secured
from the International Bible Society,
translation sponsors of the *New International Version*,
1820 Jet Stream Drive, Colorado Springs, Colorado
80921-3696 U.S.A.

Evangelio según Mateo

Genealogía de Jesucristo

1 Tabla genealógica de *Jesucristo, hijo de David, hijo de Abraham:

2 Abraham fue el padre de*a* Isaac;
Isaac, padre de Jacob;
Jacob, padre de Judá y de sus hermanos;
3 Judá, padre de Fares y de Zera, cuya madre fue Tamar;
Fares, padre de Jezrón;
Jezrón, padre de Aram;
4 Aram, padre de Aminadab;
Aminadab, padre de Naasón;
Naasón, padre de Salmón;
5 Salmón, padre de Booz, cuya madre fue Rajab;
Booz, padre de Obed, cuya madre fue Rut;
Obed, padre de Isaí;
6 e Isaí, padre del rey David.

David fue el padre de Salomón, cuya madre había sido la esposa de Urías;
7 Salomón, padre de Roboán;
Roboán, padre de Abías;
Abías, padre de Asá;
8 Asá, padre de Josafat;
Josafat, padre de Jorán;
Jorán, padre de Uzías;
9 Uzías, padre de Jotán;
Jotán, padre de Acaz;
Acaz, padre de Ezequías;
10 Ezequías, padre de Manasés;
Manasés, padre de Amón;
Amón, padre de Josías;
11 y Josías, padre de Jeconías*b* y de sus hermanos en tiempos de la deportación a Babilonia.

12 Después de la deportación a Babilonia,
Jeconías fue el padre de Salatiel;
Salatiel, padre de Zorobabel;
13 Zorobabel, padre de Abiud;
Abiud, padre de Eliaquín;

Matthew

The Genealogy of Jesus

1 A record of the genealogy of Jesus Christ the son of David, the son of Abraham:

2 Abraham was the father of Isaac,
Isaac the father of Jacob,
Jacob the father of Judah and his brothers,
3 Judah the father of Perez and Zerah, whose mother was Tamar,
Perez the father of Hezron,
Hezron the father of Ram,
4 Ram the father of Amminadab,
Amminadab the father of Nahshon,
Nahshon the father of Salmon,
5 Salmon the father of Boaz, whose mother was Rahab,
Boaz the father of Obed, whose mother was Ruth,
Obed the father of Jesse,
6 and Jesse the father of King David.

David was the father of Solomon, whose mother had been Uriah's wife,
7 Solomon the father of Rehoboam,
Rehoboam the father of Abijah,
Abijah the father of Asa,
8 Asa the father of Jehoshaphat,
Jehoshaphat the father of Jehoram,
Jehoram the father of Uzziah,
9 Uzziah the father of Jotham,
Jotham the father of Ahaz,
Ahaz the father of Hezekiah,
10 Hezekiah the father of Manasseh,
Manasseh the father of Amon,
Amon the father of Josiah,
11 and Josiah the father of Jeconiah*a* and his brothers at the time of the exile to Babylon.

12 After the exile to Babylon:
Jeconiah was the father of Shealtiel,
Shealtiel the father of Zerubbabel,
13 Zerubbabel the father of Abiud,
Abiud the father of Eliakim,

---

*a*1:2 *fue el padre de*. Lit. *engendró a*; y así sucesivamente en el resto de esta genealogía. *b*1:11 *Jeconías*. Es decir, Joaquín; también en v. 12.

*a*11 That is, Jehoiachin; also in verse 12

Eliaquín, padre de Azor;

14 Azor, padre de Sadoc;
Sadoc, padre de Aquín;
Aquín, padre de Eliud;

15 Eliud, padre de Eleazar;
Eleazar, padre de Matán;
Matán, padre de Jacob;

16 y Jacob fue padre de José, que fue el esposo de María, de la cual nació Jesús, llamado el *Cristo.

17Así que hubo en total catorce generaciones desde Abraham hasta David, catorce desde David hasta la deportación a Babilonia, y catorce desde la deportación hasta el Cristo.

Nacimiento de Jesucristo

18El nacimiento de Jesús, el *Cristo, fue así: Su madre, María, estaba comprometida para casarse con José, pero antes de unirse a él, resultó que estaba encinta por obra del Espíritu Santo. 19Como José, su esposo, era un hombre justo y no quería exponerla a vergüenza pública, resolvió divorciarse de ella en secreto.

20Pero cuando él estaba considerando hacerlo, se le apareció en sueños un ángel del Señor y le dijo: «José, hijo de David, no temas recibir a María por esposa, porque ella ha concebido por obra del Espíritu Santo. 21Dará a luz un hijo, y le pondrás por nombre Jesús,c porque él salvará a su pueblo de sus pecados.»

22Todo esto sucedió para que se cumpliera lo que el Señor había dicho por medio del profeta: 23«La virgen concebirá y dará a luz un hijo, y lo llamarán Emanuel»d (que significa «Dios con nosotros»).

24Cuando José se despertó, hizo lo que el ángel del Señor le había mandado y recibió a María por esposa. 25Pero no tuvo relaciones conyugales con ella hasta que dio a luz un hijo,e a quien le puso por nombre Jesús.

Visita de los sabios

2 Después de que Jesús nació en Belén de Judea en tiempos del rey Herodes, llegaron a Jerusalén unos sabiosf procedentes del Oriente.

2—¿Dónde está el que ha nacido rey de los judíos? —preguntaron—. Vimos levantarseg su estrella y hemos venido a adorarlo.

3Cuando lo oyó el rey Herodes, se turbó, y toda Jerusalén con él. 4Así que convocó de entre

Eliakim the father of Azor,

14 Azor the father of Zadok,
Zadok the father of Akim,
Akim the father of Eliud,

15 Eliud the father of Eleazar,
Eleazar the father of Matthan,
Matthan the father of Jacob,

16 and Jacob the father of Joseph, the husband of Mary, of whom was born Jesus, who is called Christ.

17Thus there were fourteen generations in all from Abraham to David, fourteen from David to the exile to Babylon, and fourteen from the exile to the Christ.b

The Birth of Jesus Christ

18This is how the birth of Jesus Christ came about: His mother Mary was pledged to be married to Joseph, but before they came together, she was found to be with child through the Holy Spirit. 19Because Joseph her husband was a righteous man and did not want to expose her to public disgrace, he had in mind to divorce her quietly.

20But after he had considered this, an angel of the Lord appeared to him in a dream and said, "Joseph son of David, do not be afraid to take Mary home as your wife, because what is conceived in her is from the Holy Spirit. 21She will give birth to a son, and you are to give him the name Jesus,c because he will save his people from their sins.

22All this took place to fulfill what the Lord had said through the prophet: 23"The virgin will be with child and will give birth to a son, and they will call him Immanuel"d—which means, "God with us."

24When Joseph woke up, he did what the angel of the Lord had commanded him and took Mary home as his wife. 25But he had no union with her until she gave birth to a son. And he gave him the name Jesus.

The Visit of the Magi

2 After Jesus was born in Bethlehem in Judea, during the time of King Herod, Magie from the east came to Jerusalem 2and asked, "Where is the one who has been born king of the Jews? We saw his star in the eastf and have come to worship him."

3When King Herod heard this he was disturbed, and all Jerusalem with him. 4When he

---

c 1:21 Jesús es la forma griega del nombre hebreo Josué, que significa el SEÑOR salva.   d1:23 Is 7:14   e1:25 un hijo. Var. su hijo primogénito.   f2:1 sabios. Lit. magos; también en vv. 7, 16.   g2:2 levantarse. Alt. en el oriente; también en v. 9.

b 17 Or Messiah. "The Christ" (Greek) and "the Messiah" (Hebrew) both mean "the Anointed One."   c 21 Jesus is the Greek form of Joshua, which means the LORD saves.   d23 Isaiah 7:14   e1 Traditionally Wise Men   f2 Or star when it rose el pueblo a todos los jefes de los sacerdotes y *maestros de la ley, y les preguntó dónde había de nacer el *Cristo.

5—En Belén de Judea —le respondieron—, porque esto es lo que ha escrito el profeta:

> 6»"Pero tú, Belén, en la tierra de Judá,
> de ninguna manera eres la menor entre
> los principales de Judá;
> porque de ti saldrá un príncipe
> que será el pastor de mi pueblo Israel." *h*

7Luego Herodes llamó en secreto a los sabios y se enteró por ellos del tiempo exacto en que había aparecido la estrella. 8Los envió a Belén y les dijo:

—Vayan e infórmense bien de ese niño y, tan pronto como lo encuentren, avísenme para que yo también vaya y lo adore.

9Después de oír al rey, siguieron su camino, y sucedió que la estrella que habían visto levantarse iba delante de ellos hasta que se detuvo sobre el lugar donde estaba el niño. 10Al ver la estrella, se llenaron de alegría. 11Cuando llegaron a la casa, vieron al niño con María, su madre; y postrándose lo adoraron. Abrieron sus cofres y le presentaron como regalos oro, incienso y mirra. 12Entonces, advertidos en sueños de que no volvieran a Herodes, regresaron a su tierra por otro camino.

La huida a Egipto

13Cuando ya se habían ido, un ángel del Señor se le apareció en sueños a José y le dijo: «Levántate, toma al niño y a su madre, y huye a Egipto. Quédate allí hasta que yo te avise, porque Herodes va a buscar al niño para matarlo.»

14Así que se levantó cuando todavía era de noche, tomó al niño y a su madre, y partió para Egipto, 15donde permaneció hasta la muerte de Herodes. De este modo se cumplió lo que el Señor había dicho por medio del profeta: «De Egipto llamé a mi hijo.»*i*

16Cuando Herodes se dio cuenta de que los sabios se habían burlado de él, se enfureció y mandó matar a todos los niños menores de dos años en Belén y en sus alrededores, de acuerdo con el tiempo que había averiguado de los sabios. 17Entonces se cumplió lo dicho por el profeta Jeremías:

> 18«Se oye un grito en Ramá,
> llanto y gran lamentación;
> es Raquel, que llora por sus hijos

had called together all the people's chief priests and teachers of the law, he asked them where the Christ*g* was to be born. 5"In Bethlehem in Judea," they replied, "for this is what the prophet has written:

> 6 "'But you, Bethlehem, in the land of Judah,
> are by no means least among the rulers
> of Judah;
> for out of you will come a ruler
> who will be the shepherd of my people
> Israel.'*h*"

7Then Herod called the Magi secretly and found out from them the exact time the star had appeared. 8He sent them to Bethlehem and said, "Go and make a careful search for the child. As soon as you find him, report to me, so that I too may go and worship him."

9After they had heard the king, they went on their way, and the star they had seen in the east*i* went ahead of them until it stopped over the place where the child was. 10When they saw the star, they were overjoyed. 11On coming to the house, they saw the child with his mother Mary, and they bowed down and worshiped him. Then they opened their treasures and presented him with gifts of gold and of incense and of myrrh. 12And having been warned in a dream not to go back to Herod, they returned to their country by another route.

The Escape to Egypt

13When they had gone, an angel of the Lord appeared to Joseph in a dream. "Get up," he said, "take the child and his mother and escape to Egypt. Stay there until I tell you, for Herod is going to search for the child to kill him." 14So he got up, took the child and his mother during the night and left for Egypt, 15where he stayed until the death of Herod. And so was fulfilled what the Lord had said through the prophet: "Out of Egypt I called my son."*j*

16When Herod realized that he had been outwitted by the Magi, he was furious, and he gave orders to kill all the boys in Bethlehem and its vicinity who were two years old and under, in accordance with the time he had learned from the Magi. 17Then what was said through the prophet Jeremiah was fulfilled:

> 18"A voice is heard in Ramah,
> weeping and great mourning,
> Rachel weeping for her children

*h*2:6 Mi 5:2   *i*2:15 Os 11:1

*g*4 Or *Messiah*   *h*6 Micah 5:2   *i*9 Or *seen when it rose*
*j*15 Hosea 11:1

y no quiere ser consolada;
¡sus hijos ya no existen »*j*

El regreso a Nazaret

19Después de que murió Herodes, un ángel del Señor se le apareció en sueños a José en Egipto **20**y le dijo: «Levántate, toma al niño y a su madre, y vete a la tierra de Israel, que ya murieron los que amenazaban con quitarle la *vida al niño.»

21Así que se levantó José, tomó al niño y a su madre, y regresó a la tierra de Israel. **22**Pero al oír que Arquelao reinaba en Judea en lugar de su padre Herodes, tuvo miedo de ir allá. Advertido por Dios en sueños, se retiró al distrito de Galilea, **23**y fue a vivir en un pueblo llamado Nazaret. Con esto se cumplió lo dicho por los profetas: «Lo llamarán nazareno.»

Juan el Bautista prepara el camino

3 En aquellos días se presentó Juan el Bautista predicando en el desierto de Judea. **2**Decía: «*Arrepiéntanse, porque el reino de los cielos está cerca.» **3**Juan era aquel de quien había escrito el profeta Isaías:

«Voz de uno que grita en el desierto:
"Preparen el camino para el Señor,
háganle sendas derechas." »*k*

4La ropa de Juan estaba hecha de pelo de camello. Llevaba puesto un cinturón de cuero y se alimentaba de langostas y miel silvestre. **5**Acudía a él la gente de Jerusalén, de toda Judea y de toda la región del Jordán. **6**Cuando confesaban sus pecados, él los bautizaba en el río Jordán.

7Pero al ver que muchos fariseos y saduceos llegaban adonde él estaba bautizando, les advirtió: «¡Camada de víboras ¿Quién les dijo que podrán escapar del castigo que se acerca? **8**Produzcan frutos que demuestren arrepentimiento. **9**No piensen que podrán alegar: "Tenemos a Abraham por padre." Porque les digo que aun de estas piedras Dios es capaz de darle hijos a Abraham. **10**El hacha ya está puesta a la raíz de los árboles, y todo árbol que no produzca buen fruto será cortado y arrojado al fuego.

11»Yo los bautizo a ustedes con*l* agua para que se arrepientan. Pero el que viene después de mí es más poderoso que yo, y ni siquiera merezco llevarle las sandalias. Él los bautizará con el Espíritu Santo y con fuego. **12**Tiene el rastrillo en la mano y limpiará su era, recogiendo el trigo en su granero; la paja, en cambio, la quemará con fuego que nunca se apagará.»

and refusing to be comforted,
because they are no more." *k*

The Return to Nazareth

19After Herod died, an angel of the Lord appeared in a dream to Joseph in Egypt **20**and said, "Get up, take the child and his mother and go to the land of Israel, for those who were trying to take the child's life are dead."

21So he got up, took the child and his mother and went to the land of Israel. **22**But when he heard that Archelaus was reigning in Judea in place of his father Herod, he was afraid to go there. Having been warned in a dream, he withdrew to the district of Galilee, **23**and he went and lived in a town called Nazareth. So was fulfilled what was said through the prophets: "He will be called a Nazarene."

John the Baptist Prepares the Way

3 In those days John the Baptist came, preaching in the Desert of Judea **2**and saying, "Repent, for the kingdom of heaven is near." **3**This is he who was spoken of through the prophet Isaiah:

"A voice of one calling in the desert,
'Prepare the way for the Lord,
make straight paths for him.'" *l*

4John's clothes were made of camel's hair, and he had a leather belt around his waist. His food was locusts and wild honey. **5**People went out to him from Jerusalem and all Judea and the whole region of the Jordan. **6**Confessing their sins, they were baptized by him in the Jordan River.

7But when he saw many of the Pharisees and Sadducees coming to where he was baptizing, he said to them: "You brood of vipers Who warned you to flee from the coming wrath? **8**Produce fruit in keeping with repentance. **9**And do not think you can say to yourselves, 'We have Abraham as our father.' I tell you that out of these stones God can raise up children for Abraham. **10**The ax is already at the root of the trees, and every tree that does not produce good fruit will be cut down and thrown into the fire.

11"I baptize you with*m* water for repentance. But after me will come one who is more powerful than I, whose sandals I am not fit to carry. He will baptize you with the Holy Spirit and with fire. **12**His winnowing fork is in his hand, and he will clear his threshing floor, gathering his wheat into the barn and burning up the chaff with unquenchable fire."

---

*j***2:18** Jer 31:15   *k***3:3** Is 40:3   *l***3:11** con. Alt. en.

k18 Jer. 31:15   *l3* Isaiah 40:3   *m11* Or in

Ojo por ojo

38»Ustedes han oído que se dijo: "Ojo por ojo y diente por diente." *a* **39**Pero yo les digo: No resistan al que les haga mal. Si alguien te da una bofetada en la mejilla derecha, vuélvele también la otra. **40**Si alguien te pone pleito para quitarte la capa, déjale también la *camisa. **41**Si alguien te obliga a llevarle la carga un kilómetro, llévasela dos. **42**Al que te pida, dale; y al que quiera tomar de ti prestado, no le vuelvas la espalda.

El amor a los enemigos

43»Ustedes han oído que se dijo: "Ama a tu prójimo*b* y odia a tu enemigo." **44**Pero yo les digo: Amen a sus enemigos y oren por quienes los persiguen,*c* **45**para que sean hijos de su Padre que está en el cielo. Él hace que salga el sol sobre malos y buenos, y que llueva sobre justos e injustos. **46**Si ustedes aman solamente a quienes los aman, ¿qué recompensa recibirán? ¿Acaso no hacen eso hasta los *recaudadores de impuestos? **47**Y si saludan a sus hermanos solamente, ¿qué de más hacen ustedes? ¿Acaso no hacen esto hasta los *gentiles? **48**Por tanto, sean *perfectos, así como su Padre celestial es perfecto.

El dar a los necesitados

6 »Cuídense de no hacer sus obras de justicia delante de la gente para llamar la atención. Si actúan así, su Padre que está en el cielo no les dará ninguna recompensa.

2»Por eso, cuando des a los necesitados, no lo anuncies al son de trompeta, como lo hacen los *hipócritas en las sinagogas y en las calles para que la gente les rinda homenaje. Les aseguro que ellos ya han recibido toda su recompensa. **3**Más bien, cuando des a los necesitados, que no se entere tu mano izquierda de lo que hace tu derecha, **4**para que tu limosna sea en secreto. Así tu Padre, que ve lo que se hace en secreto, te recompensará.

La oración

5»Cuando oren, no sean como los *hipócritas, porque a ellos les encanta orar de pie en las sinagogas y en las esquinas de las plazas para que la gente los vea. Les aseguro que ya han obtenido toda su recompensa. **6**Pero tú, cuando te pongas a orar, entra en tu cuarto, cierra la puerta y ora a tu Padre, que está en lo secreto. Así tu Padre, que ve lo que se hace en secreto,

An Eye for an Eye

38"You have heard that it was said, 'Eye for eye, and tooth for tooth.'*z* **39**But I tell you, Do not resist an evil person. If someone strikes you on the right cheek, turn to him the other also. **40**And if someone wants to sue you and take your tunic, let him have your cloak as well. **41**If someone forces you to go one mile, go with him two miles. **42**Give to the one who asks you, and do not turn away from the one who wants to borrow from you.

Love for Enemies

43"You have heard that it was said, 'Love your neighbor*a* and hate your enemy.' **44**But I tell you: Love your enemies*b* and pray for those who persecute you, **45**that you may be sons of your Father in heaven. He causes his sun to rise on the evil and the good, and sends rain on the righteous and the unrighteous. **46**If you love those who love you, what reward will you get? Are not even the tax collectors doing that? **47**And if you greet only your brothers, what are you doing more than others? Do not even pagans do that? **48**Be perfect, therefore, as your heavenly Father is perfect.

Giving to the Needy

6 "Be careful not to do your 'acts of righteousness' before men, to be seen by them. If you do, you will have no reward from your Father in heaven.

2"So when you give to the needy, do not announce it with trumpets, as the hypocrites do in the synagogues and on the streets, to be honored by men. I tell you the truth, they have received their reward in full. **3**But when you give to the needy, do not let your left hand know what your right hand is doing, **4**so that your giving may be in secret. Then your Father, who sees what is done in secret, will reward you.

Prayer

5"And when you pray, do not be like the hypocrites, for they love to pray standing in the synagogues and on the street corners to be seen by men. I tell you the truth, they have received their reward in full. **6**But when you pray, go into your room, close the door and pray to your Father, who is unseen. Then your Father, who sees what is done in secret, will reward you.

a **5:38** Éx 21:24; Lv 24:20; Dt 19:21   *b* **5:43** Lv 19:18
c **5:44** *Amen … persiguen.* Var. *Amen a sus enemigos, bendigan a quienes los maldicen, hagan bien a quienes los odian, y oren por quienes los ultrajan y los persiguen* (véase Lc 6:27,28).

z **38** Exodus 21:24; Lev. 24:20; Deut. 19:21   *a* **43** Lev. 19:18
b **44** Some late manuscripts *enemies, bless those who curse you, do good to those who hate you*

te recompensará. **7**Y al orar, no hablen sólo por hablar como hacen los *gentiles, porque ellos se imaginan que serán escuchados por sus muchas palabras. **8**No sean como ellos, porque su Padre sabe lo que ustedes necesitan antes de que se lo pidan.

9»Ustedes deben orar así:

» " Padre nuestro que estás en el cielo,
*santificado sea tu nombre,
10venga tu reino,
hágase tu voluntad
en la tierra como en el cielo.
11Danos hoy nuestro pan cotidiano. *d*
12Perdónanos nuestras deudas,
como también nosotros hemos perdonado a nuestros deudores.
13Y no nos dejes caer en *tentación,
sino líbranos del maligno." *e*

14»Porque si perdonan a otros sus ofensas, también los perdonará a ustedes su Padre celestial. **15**Pero si no perdonan a otros sus ofensas, tampoco su Padre les perdonará a ustedes las suyas.

El ayuno

16»Cuando ayunen, no pongan cara triste como hacen los *hipócritas, que demudan sus rostros para mostrar que están ayunando. Les aseguro que éstos ya han obtenido toda su recompensa. **17**Pero tú, cuando ayunes, perfúmate la cabeza y lávate la cara **18**para que no sea evidente ante los demás que estás ayunando, sino sólo ante tu Padre, que está en lo secreto; y tu Padre, que ve lo que se hace en secreto, te recompensará.

Tesoros en el cielo

19»No acumulen para sí tesoros en la tierra, donde la polilla y el óxido destruyen, y donde los ladrones se meten a robar. **20**Más bien, acumulen para sí tesoros en el cielo, donde ni la polilla ni el óxido carcomen, ni los ladrones se meten a robar. **21**Porque donde esté tu tesoro, allí estará también tu corazón.

22»El ojo es la lámpara del cuerpo. Por tanto, si tu visión es clara, todo tu ser disfrutará de la luz. **23**Pero si tu visión está nublada, todo tu ser estará en oscuridad. Si la luz que hay en ti es oscuridad, ¡qué densa será esa oscuridad

24»Nadie puede servir a dos señores, pues menospreciará a uno y amará al otro, o querrá

7And when you pray, do not keep on babbling like pagans, for they think they will be heard because of their many words. **8**Do not be like them, for your Father knows what you need before you ask him.

9"This, then, is how you should pray:

" 'Our Father in heaven,
hallowed be your name,
10your kingdom come,
your will be done
on earth as it is in heaven.
11Give us today our daily bread.
12Forgive us our debts,
as we also have forgiven our
debtors.
13And lead us not into temptation,
but deliver us from the evil one.*c*'

14For if you forgive men when they sin against you, your heavenly Father will also forgive you. **15**But if you do not forgive men their sins, your Father will not forgive your sins.

Fasting

16"When you fast, do not look somber as the hypocrites do, for they disfigure their faces to show men they are fasting. I tell you the truth, they have received their reward in full. **17**But when you fast, put oil on your head and wash your face, **18**so that it will not be obvious to men that you are fasting, but only to your Father, who is unseen; and your Father, who sees what is done in secret, will reward you.

Treasures in Heaven

19"Do not store up for yourselves treasures on earth, where moth and rust destroy, and where thieves break in and steal. **20**But store up for yourselves treasures in heaven, where moth and rust do not destroy, and where thieves do not break in and steal. **21**For where your treasure is, there your heart will be also.

22"The eye is the lamp of the body. If your eyes are good, your whole body will be full of light. **23**But if your eyes are bad, your whole body will be full of darkness. If then the light within you is darkness, how great is that darkness

24"No one can serve two masters. Either he will hate the one and love the other, or he will

---

*d***6:11** *nuestro pan cotidiano.* Alt. *el pan que necesitamos.*
*e***6:13** *del maligno.* Alt. *del mal.* Var. *del maligno, porque tuyos son el reino y el poder y la gloria para siempre. Amén.*

c 13 Or *from evil;* some late manuscripts *one, / for yours is the kingdom and the power and the glory forever. Amen.*

en la región de Zabulón y de Neftalí, [14]para cumplir lo dicho por el profeta Isaías:

[15] «Tierra de Zabulón y tierra de Neftalí,
    camino del mar, al otro lado del Jordán,
    Galilea de los *gentiles;
[16] el pueblo que habitaba en la oscuridad
    ha visto una gran luz;
    sobre los que vivían en densas tinieblas[p]
    la luz ha resplandecido.»[q]

[17]Desde entonces comenzó Jesús a predicar: «*Arrepiéntanse, porque el reino de los cielos está cerca.»

Llamamiento de los primeros discípulos

[18]Mientras caminaba junto al mar de Galilea, Jesús vio a dos hermanos: uno era Simón, llamado Pedro, y el otro Andrés. Estaban echando la red al lago, pues eran pescadores. [19]«Vengan, síganme —les dijo Jesús—, y los haré pescadores de hombres.» [20]Al instante dejaron las redes y lo siguieron.

[21]Más adelante vio a otros dos hermanos: *Jacobo y Juan, hijos de Zebedeo, que estaban con su padre en una barca remendando las redes. Jesús los llamó, [22]y dejaron en seguida la barca y a su padre, y lo siguieron.

Jesús sana a los enfermos

[23]Jesús recorría toda Galilea, enseñando en las sinagogas, anunciando las buenas *nuevas del reino, y sanando toda enfermedad y dolencia entre la gente. [24]Su fama se extendió por toda Siria, y le llevaban todos los que padecían de diversas enfermedades, los que sufrían de dolores graves, los endemoniados, los epilépticos y los paralíticos, y él los sanaba. [25]Lo seguían grandes multitudes de Galilea, *Decápolis, Jerusalén, Judea y de la región al otro lado del Jordán.

Las bienaventuranzas

5 Cuando vio a las multitudes, subió a la ladera de una montaña y se sentó. Sus discípulos se le acercaron, [2]y tomando él la palabra, comenzó a enseñarles diciendo:

[3] «*Dichosos los pobres en espíritu,
    porque el reino de los cielos les pertenece.
[4] Dichosos los que lloran,
    porque serán consolados.
[5] Dichosos los humildes,

was by the lake in the area of Zebulun and Naphtali— [14]to fulfill what was said through the prophet Isaiah:

[15] "Land of Zebulun and land of Naphtali,
    the way to the sea, along the Jordan,
    Galilee of the Gentiles—
[16] the people living in darkness
    have seen a great light;
    on those living in the land of the shadow
        of death
    a light has dawned."[r]

[17]From that time on Jesus began to preach, "Repent, for the kingdom of heaven is near."

The Calling of the First Disciples

[18]As Jesus was walking beside the Sea of Galilee, he saw two brothers, Simon called Peter and his brother Andrew. They were casting a net into the lake, for they were fishermen. [19]"Come, follow me," Jesus said, "and I will make you fishers of men." [20]At once they left their nets and followed him.

[21]Going on from there, he saw two other brothers, James son of Zebedee and his brother John. They were in a boat with their father Zebedee, preparing their nets. Jesus called them, [22]and immediately they left the boat and their father and followed him.

Jesus Heals the Sick

[23]Jesus went throughout Galilee, teaching in their synagogues, preaching the good news of the kingdom, and healing every disease and sickness among the people. [24]News about him spread all over Syria, and people brought to him all who were ill with various diseases, those suffering severe pain, the demon-possessed, those having seizures, and the paralyzed, and he healed them. [25]Large crowds from Galilee, the Decapolis,[s] Jerusalem, Judea and the region across the Jordan followed him.

The Beatitudes

5 Now when he saw the crowds, he went up on a mountainside and sat down. His disciples came to him, [2]and he began to teach them saying:

[3] "Blessed are the poor in spirit,
    for theirs is the kingdom of heaven.
[4] Blessed are those who mourn,
    for they will be comforted.
[5] Blessed are the meek,

---

p 4:16 vivían en densas tinieblas. Lit. habitaban en tierra y sombra de muerte.   q 4:16 Is 9:1,2   r 16 Isaiah 9:1,2   s 25 That is, the Ten Cities

Bautismo de Jesús

[13]Un día Jesús fue de Galilea al Jordán para que Juan lo bautizara. [14]Pero Juan trató de disuadirlo.

—Yo soy el que necesita ser bautizado por ti, ¿y tú vienes a mí? —objetó.

[15]—Dejémoslo así por ahora, pues nos conviene cumplir con lo que es justo —le contestó Jesús. Entonces Juan consintió.

[16]Tan pronto como Jesús fue bautizado, subió del agua. En ese momento se abrió el cielo, y él vio al Espíritu de Dios bajar como una paloma y posarse sobre él. [17]Y una voz del cielo decía: «Éste es mi Hijo amado; estoy muy complacido con él.»

Tentación de Jesús

4 Luego el Espíritu llevó a Jesús al desierto para que el diablo lo sometiera a *tentación. [2]Después de ayunar cuarenta días y cuarenta noches, tuvo hambre. [3]El tentador se le acercó y le propuso:

—Si eres el Hijo de Dios, ordena a estas piedras que se conviertan en pan.

[4]Jesús le respondió:

—Escrito está: "No sólo de pan vive el hombre, sino de toda palabra que sale de la boca de Dios." [m]

[5]Luego el diablo lo llevó a la ciudad santa e hizo que se pusiera de pie sobre la parte más alta del *templo, y le dijo:

[6]—Si eres el Hijo de Dios, tírate abajo. Porque escrito está:

"Ordenará que sus ángeles
    te sostengan en sus manos,
para que no tropieces con piedra alguna." [n]

[7]—También está escrito: "No pongas a prueba al Señor tu Dios" [ñ] —le contestó Jesús.

[8]De nuevo lo tentó el diablo, llevándolo a una montaña muy alta, y le mostró todos los reinos del mundo y su esplendor.

[9]—Todo esto te daré si te postras y me adoras.

[10]—¡Vete, Satanás —le dijo Jesús—. Porque escrito está: "Adora al Señor tu Dios y sírvele solamente a él." [o]

[11]Entonces el diablo lo dejó, y unos ángeles acudieron a servirle.

Jesús comienza a predicar

[12]Cuando Jesús oyó que habían encarcelado a Juan, regresó a Galilea. [13]Partió de Nazaret y se fue a vivir a Capernaúm, que está junto al lago

The Baptism of Jesus

[13]Then Jesus came from Galilee to the Jordan to be baptized by John. [14]But John tried to deter him, saying, "I need to be baptized by you, and do you come to me?"

[15]Jesus replied, "Let it be so now; it is proper for us to do this to fulfill all righteousness." Then John consented.

[16]As soon as Jesus was baptized, he went up out of the water. At that moment heaven was opened, and he saw the Spirit of God descending like a dove and lighting on him. [17]And a voice from heaven said, "This is my Son, whom I love; with him I am well pleased."

The Temptation of Jesus

4 Then Jesus was led by the Spirit into the desert to be tempted by the devil. [2]After fasting forty days and forty nights, he was hungry. [3]The tempter came to him and said, "If you are the Son of God, tell these stones to become bread."

[4]Jesus answered, "It is written: 'Man does not live on bread alone, but on every word that comes from the mouth of God.' [n]"

[5]Then the devil took him to the holy city and had him stand on the highest point of the temple. [6]"If you are the Son of God," he said, "throw yourself down. For it is written:

" 'He will command his angels concern-
    ing you,
  and they will lift you up in their hands,
so that you will not strike your foot
    against a stone.' [o]"

[7]Jesus answered him, "It is also written: 'Do not put the Lord your God to the test.' [p]"

[8]Again, the devil took him to a very high mountain and showed him all the kingdoms of the world and their splendor. [9]"All this I will give you," he said, "if you will bow down and worship me."

[10]Jesus said to him, "Away from me, Satan! For it is written: 'Worship the Lord your God, and serve him only.' [q]"

[11]Then the devil left him, and angels came and attended him.

Jesus Begins to Preach

[12]When Jesus heard that John had been put in prison, he returned to Galilee. [13]Leaving Nazareth, he went and lived in Capernaum, which

---

m **4:4** Dt 8:3   *n* **4:6** Sal 91:11,12   *ñ* **4:7** Dt 6:16   *o* **4:10** Dt 6:13

n 4 Deut. 8:3   *o* 6 Psalm 91:11,12   *p* 7 Deut. 6:16   *q* 10 Deut. 6:13

sujeto al juicio del tribunal." 22Pero yo les digo que todo el que se enoje*s* con su hermano quedará sujeto al juicio del tribunal. Es más, cualquiera que insulte*t* a su hermano quedará sujeto al juicio del *Consejo. Pero cualquiera que lo maldiga*u* quedará sujeto al juicio del infierno.*v*

23»Por lo tanto, si estás presentando tu ofrenda en el altar y allí recuerdas que tu hermano tiene algo contra ti, 24deja tu ofrenda allí delante del altar. Ve primero y reconcíliate con tu hermano; luego vuelve y presenta tu ofrenda.

25»Si tu adversario te va a denunciar, llega a un acuerdo con él lo más pronto posible. Hazlo mientras vayan de camino al juzgado, no sea que te entregue al juez, y el juez al guardia, y te echen en la cárcel. 26Te aseguro que no saldrás de allí hasta que pagues el último centavo.*w*

El adulterio

27»Ustedes han oído que se dijo: "No cometas adulterio."*x* 28Pero yo les digo que cualquiera que mira a una mujer y la codicia ya ha cometido adulterio con ella en el corazón. 29Por tanto, si tu ojo derecho te hace *pecar, sácatelo y tíralo. Más te vale perder una sola parte de tu cuerpo, y no que todo él sea arrojado al infierno.*y* 30Y si tu mano derecha te hace pecar, córtatela y arrójala. Más te vale perder una sola parte de tu cuerpo, y no que todo él vaya al infierno.

El divorcio

31»Se ha dicho: "El que repudia a su esposa debe darle un certificado de divorcio."*z* 32Pero yo les digo que, excepto en caso de infidelidad conyugal, todo el que se divorcia de su esposa, la induce a cometer adulterio, y el que se casa con la divorciada comete adulterio también.

Los juramentos

33»También han oído que se dijo a sus antepasados: "No faltes a tu juramento, sino cumple con tus promesas al Señor." 34Pero yo les digo: No juren de ningún modo: ni por el cielo, porque es el trono de Dios; 35ni por la tierra, porque es el estrado de sus pies; ni por Jerusalén, porque es la ciudad del gran Rey. 36Tampoco jures por tu cabeza, porque no puedes hacer que ni uno solo de tus cabellos se vuelva blanco o negro. 37Cuando ustedes digan "sí", que sea realmente sí; y cuando digan "no", que sea no. Cualquier cosa de más, proviene del maligno.

who murders will be subject to judgment.' 22But I tell you that anyone who is angry with his brother*u* will be subject to judgment. Again, anyone who says to his brother, 'Raca,*v*' is answerable to the Sanhedrin. But anyone who says, 'You fool ' will be in danger of the fire of hell.

23"Therefore, if you are offering your gift at the altar and there remember that your brother has something against you, 24leave your gift there in front of the altar. First go and be reconciled to your brother; then come and offer your gift.

25"Settle matters quickly with your adversary who is taking you to court. Do it while you are still with him on the way, or he may hand you over to the judge, and the judge may hand you over to the officer, and you may be thrown into prison. 26I tell you the truth, you will not get out until you have paid the last penny.*w*

Adultery

27"You have heard that it was said, 'Do not commit adultery.'*x* 28But I tell you that anyone who looks at a woman lustfully has already committed adultery with her in his heart. 29If your right eye causes you to sin, gouge it out and throw it away. It is better for you to lose one part of your body than for your whole body to be thrown into hell. 30And if your right hand causes you to sin, cut it off and throw it away. It is better for you to lose one part of your body than for your whole body to go into hell.

Divorce

31"It has been said, 'Anyone who divorces his wife must give her a certificate of divorce.'*y* 32But I tell you that anyone who divorces his wife, except for marital unfaithfulness, causes her to become an adulteress, and anyone who marries the divorced woman commits adultery.

Oaths

33"Again, you have heard that it was said to the people long ago, 'Do not break your oath, but keep the oaths you have made to the Lord.' 34But I tell you, Do not swear at all: either by heaven, for it is God's throne; 35or by the earth, for it is his footstool; or by Jerusalem, for it is the city of the Great King. 36And do not swear by your head, for you cannot make even one hair white or black. 37Simply let your 'Yes' be 'Yes,' and your 'No,' 'No'; anything beyond this comes from the evil one.

---

*s***5:22** *se enoje.* Var. *se enoje sin causa.* *t***5:22** *insulte.* Lit. *le diga: "Raca" (estúpido* en arameo). *u***5:22** *lo maldiga.* Lit. *le diga: "Necio."* *v***5:22** *del infierno.* Lit. *de la* *Gehenna del fuego.* *w***5:26** *centavo.* Lit. *cuadrante.* *x***5:27** Ex 20:14 *y***5:29** *al infierno.* Lit. *a la *Gehenna*; también en v. 30. *z***5:31** Dt 24:1

*u*22 Some manuscripts *brother without cause* *v*22 An Aramaic term of contempt *w*26 Greek *kodrantes* *x*27 Exodus 20:14 *y*31 Deut. 24:1

porque recibirán la tierra como herencia.
⁶Dichosos los que tienen hambre y sed de
    justicia,
  porque serán saciados.
⁷Dichosos los compasivos,
  porque serán tratados con compasión.
⁸Dichosos los de corazón limpio,
  porque ellos verán a Dios.
⁹Dichosos los que trabajan por la paz,
  porque serán llamados hijos de Dios.
¹⁰Dichosos los perseguidos por causa de la
    justicia,
  porque el reino de los cielos les
    pertenece.

¹¹»Dichosos serán ustedes cuando por mi causa la gente los insulte, los persiga y levante contra ustedes toda clase de calumnias. ¹²Alégrense y llénense de júbilo, porque les espera una gran recompensa en el cielo. Así también persiguieron a los profetas que los precedieron a ustedes.

La sal y la luz

¹³»Ustedes son la sal de la tierra. Pero si la sal se vuelve insípida, ¿cómo recobrará su sabor? Ya no sirve para nada, sino para que la gente la deseche y la pisotee.

¹⁴»Ustedes son la luz del mundo. Una ciudad en lo alto de una colina no puede esconderse. ¹⁵Ni se enciende una lámpara para cubrirla con un cajón. Por el contrario, se pone en la repisa para que alumbre a todos los que están en la casa. ¹⁶Hagan brillar su luz delante de todos, para que ellos puedan ver las buenas obras de ustedes y alaben al Padre que está en el cielo.

El cumplimiento de la ley

¹⁷»No piensen que he venido a anular la ley o los profetas; no he venido a anularlos sino a darles cumplimiento. ¹⁸Les aseguro que mientras existan el cielo y la tierra, ni una letra ni una tilde de la ley desaparecerán hasta que todo se haya cumplido. ¹⁹Todo el que infrinja uno solo de estos mandamientos, por pequeño que sea, y enseñe a otros a hacer lo mismo, será considerado el más pequeño en el reino de los cielos; pero el que los practique y enseñe será considerado grande en el reino de los cielos. ²⁰Porque les digo a ustedes, que no van a entrar en el reino de los cielos a menos que su justicia supere a la de los fariseos y de los *maestros de la ley.

El homicidio

²¹»Ustedes han oído que se dijo a sus antepasados: "No mates,ʳ y todo el que mate quedará

for they will inherit the earth.
⁶Blessed are those who hunger and thirst
    for righteousness,
  for they will be filled.
⁷Blessed are the merciful,
  for they will be shown mercy.
⁸Blessed are the pure in heart,
  for they will see God.
⁹Blessed are the peacemakers,
  for they will be called sons of God.
¹⁰Blessed are those who are persecuted
    because of righteousness,
  for theirs is the kingdom of heaven.

¹¹"Blessed are you when people insult you, persecute you and falsely say all kinds of evil against you because of me. ¹²Rejoice and be glad, because great is your reward in heaven, for in the same way they persecuted the prophets who were before you.

Salt and Light

¹³"You are the salt of the earth. But if the salt loses its saltiness, how can it be made salty again? It is no longer good for anything, except to be thrown out and trampled by men.

¹⁴"You are the light of the world. A city on a hill cannot be hidden. ¹⁵Neither do people light a lamp and put it under a bowl. Instead they put it on its stand, and it gives light to everyone in the house. ¹⁶In the same way, let your light shine before men, that they may see your good deeds and praise your Father in heaven.

The Fulfillment of the Law

¹⁷"Do not think that I have come to abolish the Law or the Prophets; I have not come to abolish them but to fulfill them. ¹⁸I tell you the truth, until heaven and earth disappear, not the smallest letter, not the least stroke of a pen, will by any means disappear from the Law until everything is accomplished. ¹⁹Anyone who breaks one of the least of these commandments and teaches others to do the same will be called least in the kingdom of heaven, but whoever practices and teaches these commands will be called great in the kingdom of heaven. ²⁰For I tell you that unless your righteousness surpasses that of the Pharisees and the teachers of the law, you will certainly not enter the kingdom of heaven.

Murder

²¹"You have heard that it was said to the people long ago, 'Do not murder,ᵗ and anyone

mucho a uno y despreciará al otro. No se puede servir a la vez a Dios y a las riquezas.

De nada sirve preocuparse

25»Por eso les digo: No se preocupen por su *vida, qué comerán o beberán; ni por su cuerpo, cómo se vestirán. ¿No tiene la vida más valor que la comida, y el cuerpo más que la ropa? 26Fíjense en las aves del cielo: no siembran ni cosechan ni almacenan en graneros; sin embargo, el Padre celestial las alimenta. ¿No valen ustedes mucho más que ellas? 27¿Quién de ustedes, por mucho que se preocupe, puede añadir una sola hora al curso de su vida?f

28»¿Y por qué se preocupan por la ropa? Observen cómo crecen los lirios del campo. No trabajan ni hilan; 29sin embargo, les digo que ni siquiera Salomón, con todo su esplendor, se vestía como uno de ellos. 30Si así viste Dios a la hierba que hoy está en el campo y mañana es arrojada al horno, ¿no hará mucho más por ustedes, gente de poca fe? 31Así que no se preocupen diciendo: "¿Qué comeremos?" o "¿Qué beberemos?" o "¿Con qué nos vestiremos?" 32Porque los *paganos andan tras todas estas cosas, y el Padre celestial sabe que ustedes las necesitan. 33Más bien, busquen primeramente el reino de Dios y su justicia, y todas estas cosas les serán añadidas. 34Por lo tanto, no se angustien por el mañana, el cual tendrá sus propios afanes. Cada día tiene ya sus problemas.

El juzgar a los demás

7 »No juzguen a nadie, para que nadie los juzgue a ustedes. 2Porque tal como juzguen se les juzgará, y con la medida que midan a otros, se les medirá a ustedes.

3»¿Por qué te fijas en la astilla que tiene tu hermano en el ojo, y no le das importancia a la viga que está en el tuyo? 4¿Cómo puedes decirle a tu hermano: "Déjame sacarte la astilla del ojo", cuando ahí tienes una viga en el tuyo? 5¡*Hipócrita , saca primero la viga de tu propio ojo, y entonces verás con claridad para sacar la astilla del ojo de tu hermano.

6»No den lo sagrado a los *perros, no sea que se vuelvan contra ustedes y los despedacen; ni echen sus perlas a los cerdos, no sea que las pisoteen.

Pidan, busquen, llamen

7»Pidan, y se les dará; busquen, y encontrarán; llamen, y se les abrirá. 8Porque todo el que

Do Not Worry

25"Therefore I tell you, do not worry about your life, what you will eat or drink; or about your body, what you will wear. Is not life more important than food, and the body more important than clothes? 26Look at the birds of the air; they do not sow or reap or store away in barns, and yet your heavenly Father feeds them. Are you not much more valuable than they? 27Who of you by worrying can add a single hour to his lifed?

28"And why do you worry about clothes? See how the lilies of the field grow. They do not labor or spin. 29Yet I tell you that not even Solomon in all his splendor was dressed like one of these. 30If that is how God clothes the grass of the field, which is here today and tomorrow is thrown into the fire, will he not much more clothe you, O you of little faith? 31So do not worry, saying, 'What shall we eat?' or 'What shall we drink?' or 'What shall we wear?' 32For the pagans run after all these things, and your heavenly Father knows that you need them. 33But seek first his kingdom and his righteousness, and all these things will be given to you as well. 34Therefore do not worry about tomorrow, for tomorrow will worry about itself. Each day has enough trouble of its own.

Judging Others

7 "Do not judge, or you too will be judged. 2For in the same way you judge others, you will be judged, and with the measure you use, it will be measured to you.

3"Why do you look at the speck of sawdust in your brother's eye and pay no attention to the plank in your own eye? 4How can you say to your brother, 'Let me take the speck out of your eye,' when all the time there is a plank in your own eye? 5You hypocrite, first take the plank out of your own eye, and then you will see clearly to remove the speck from your brother's eye.

6"Do not give dogs what is sacred; do not throw your pearls to pigs. If you do, they may trample them under their feet, and then turn and tear you to pieces.

Ask, Seek, Knock

7"Ask and it will be given to you; seek and you will find; knock and the door will be opened

---

f6:27 puede añadir … su vida. Alt. puede aumentar su estatura siquiera medio metro? (lit. un *codo).   d27 Or single cubit to his height pide, recibe; el que busca, encuentra; y al que llama, se le abre.

9»¿Quién de ustedes, si su hijo le pide pan, le da una piedra? 10¿O si le pide un pescado, le da una serpiente? 11Pues si ustedes, aun siendo malos, saben dar cosas buenas a sus hijos, ¡cuánto más su Padre que está en el cielo dará cosas buenas a los que le pidan 12Así que en todo traten ustedes a los demás tal y como quieren que ellos los traten a ustedes. De hecho, esto es la ley y los profetas.

La puerta estrecha y la puerta ancha

13»Entren por la puerta estrecha. Porque es ancha la puerta y espacioso el camino que conduce a la destrucción, y muchos entran por ella. 14Pero estrecha es la puerta y angosto el camino que conduce a la vida, y son pocos los que la encuentran.

El árbol y sus frutos

15»Cuídense de los falsos profetas. Vienen a ustedes disfrazados de ovejas, pero por dentro son lobos feroces. 16Por sus frutos los conocerán. ¿Acaso se recogen uvas de los espinos, o higos de los cardos? 17Del mismo modo, todo árbol bueno da fruto bueno, pero el árbol malo da fruto malo. 18Un árbol bueno no puede dar fruto malo, y un árbol malo no puede dar fruto bueno. 19Todo árbol que no da buen fruto se corta y se arroja al fuego. 20Así que por sus frutos los conocerán.

21»No todo el que me dice: "Señor, Señor", entrará en el reino de los cielos, sino sólo el que hace la voluntad de mi Padre que está en el cielo. 22Muchos me dirán en aquel día: "Señor, Señor, ¿no profetizamos en tu nombre, y en tu nombre expulsamos demonios e hicimos muchos milagros?" 23Entonces les diré claramente: "Jamás los conocí. ¡Aléjense de mí, hacedores de maldad"

El prudente y el insensato

24»Por tanto, todo el que me oye estas palabras y las pone en práctica es como un hombre prudente que construyó su casa sobre la roca. 25Cayeron las lluvias, crecieron los ríos, y soplaron los vientos y azotaron aquella casa; con todo, la casa no se derrumbó porque estaba cimentada sobre la roca. 26Pero todo el que me oye estas palabras y no las pone en práctica es como un hombre insensato que construyó su casa sobre la arena. 27Cayeron las lluvias, crecieron los ríos, y soplaron los vientos y azotaron aquella casa, y ésta se derrumbó, y grande fue su ruina.»

28Cuando Jesús terminó de decir estas cosas, las multitudes se asombraron de su enseñanza,

to you. 8For everyone who asks receives; he who seeks finds; and to him who knocks, the door will be opened.

9"Which of you, if his son asks for bread, will give him a stone? 10Or if he asks for a fish, will give him a snake? 11If you, then, though you are evil, know how to give good gifts to your children, how much more will your Father in heaven give good gifts to those who ask him 12So in everything, do to others what you would have them do to you, for this sums up the Law and the Prophets.

The Narrow and Wide Gates

13"Enter through the narrow gate. For wide is the gate and broad is the road that leads to destruction, and many enter through it. 14But small is the gate and narrow the road that leads to life, and only a few find it.

A Tree and Its Fruit

15"Watch out for false prophets. They come to you in sheep's clothing, but inwardly they are ferocious wolves. 16By their fruit you will recognize them. Do people pick grapes from thornbushes, or figs from thistles? 17Likewise every good tree bears good fruit, but a bad tree bears bad fruit. 18A good tree cannot bear bad fruit, and a bad tree cannot bear good fruit. 19Every tree that does not bear good fruit is cut down and thrown into the fire. 20Thus, by their fruit you will recognize them.

21"Not everyone who says to me, 'Lord, Lord,' will enter the kingdom of heaven, but only he who does the will of my Father who is in heaven. 22Many will say to me on that day, 'Lord, Lord, did we not prophesy in your name, and in your name drive out demons and perform many miracles?' 23Then I will tell them plainly, 'I never knew you. Away from me, you evildoers '

The Wise and Foolish Builders

24"Therefore everyone who hears these words of mine and puts them into practice is like a wise man who built his house on the rock. 25The rain came down, the streams rose, and the winds blew and beat against that house; yet it did not fall, because it had its foundation on the rock. 26But everyone who hears these words of mine and does not put them into practice is like a foolish man who built his house on sand. 27The rain came down, the streams rose, and the winds blew and beat against that house, and it fell with a great crash."

28When Jesus had finished saying these things, the crowds were amazed at his teaching,

29porque les enseñaba como quien tenía autoridad, y no como los *maestros de la ley.

Jesús sana a un leproso

8 Cuando Jesús bajó de la ladera de la montaña, lo siguieron grandes multitudes. 2Un hombre que tenía *lepra se le acercó y se arrodilló delante de él.

—Señor, si quieres, puedes *limpiarme —le dijo.

3Jesús extendió la mano y tocó al hombre.

—Sí quiero —le dijo—. ¡Queda limpio

Y al instante quedó sanog de la lepra.

4—Mira, no se lo digas a nadie —le dijo Jesús—; sólo ve, preséntate al sacerdote, y lleva la ofrenda que ordenó Moisés, para que sirva de testimonio.

La fe del centurión

5Al entrar Jesús en Capernaúm, se le acercó un centurión pidiendo ayuda.

6—Señor, mi siervo está postrado en casa con parálisis, y sufre terriblemente.

7—Iré a sanarlo —respondió Jesús.

8—Señor, no merezco que entres bajo mi techo. Pero basta con que digas una sola palabra, y mi siervo quedará sano. 9Porque yo mismo soy un hombre sujeto a órdenes superiores, y además tengo soldados bajo mi autoridad. Le digo a uno: "Ve", y va, y al otro: "Ven", y viene. Le digo a mi siervo: "Haz esto", y lo hace.

10Al oír esto, Jesús se asombró y dijo a quienes lo seguían:

—Les aseguro que no he encontrado en Israel a nadie que tenga tanta fe. 11Les digo que muchos vendrán del oriente y del occidente, y participarán en el banquete con Abraham, Isaac y Jacob en el reino de los cielos. 12Pero a los súbditos del reino se les echará afuera, a la oscuridad, donde habrá llanto y rechinar de dientes.

13Luego Jesús le dijo al centurión:

—¡Ve Todo se hará tal como creíste.

Y en esa misma hora aquel siervo quedó sanó.

Jesús sana a muchos enfermos

14Cuando Jesús entró en casa de Pedro, vio a la suegra de éste en cama, con fiebre. 15Le tocó la mano y la fiebre se le quitó; luego ella se levantó y comenzó a servirle.

16Al atardecer, le llevaron muchos endemoniados, y con una sola palabra expulsó a los espíritus, y sanó a todos los enfermos. 17Esto sucedió para que se cumpliera lo dicho por el profeta Isaías:

29because he taught as one who had authority, and not as their teachers of the law.

The Man With Leprosy

8 When he came down from the mountainside, large crowds followed him. 2A man with leprosye came and knelt before him and said, "Lord, if you are willing, you can make me clean."

3Jesus reached out his hand and touched the man. "I am willing," he said. "Be clean " Immediately he was curedf of his leprosy. 4Then Jesus said to him, "See that you don't tell anyone. But go, show yourself to the priest and offer the gift Moses commanded, as a testimony to them."

The Faith of the Centurion

5When Jesus had entered Capernaum, a centurion came to him, asking for help. 6"Lord," he said, "my servant lies at home paralyzed and in terrible suffering."

7Jesus said to him, "I will go and heal him."

8The centurion replied, "Lord, I do not deserve to have you come under my roof. But just say the word, and my servant will be healed. 9For I myself am a man under authority, with soldiers under me. I tell this one, 'Go,' and he goes; and that one, 'Come,' and he comes. I say to my servant, 'Do this,' and he does it."

10When Jesus heard this, he was astonished and said to those following him, "I tell you the truth, I have not found anyone in Israel with such great faith. 11I say to you that many will come from the east and the west, and will take their places at the feast with Abraham, Isaac and Jacob in the kingdom of heaven. 12But the subjects of the kingdom will be thrown outside, into the darkness, where there will be weeping and gnashing of teeth."

13Then Jesus said to the centurion, "Go It will be done just as you believed it would." And his servant was healed at that very hour.

Jesus Heals Many

14When Jesus came into Peter's house, he saw Peter's mother-in-law lying in bed with a fever. 15He touched her hand and the fever left her, and she got up and began to wait on him.

16When evening came, many who were demon-possessed were brought to him, and he drove out the spirits with a word and healed all the sick. 17This was to fulfill what was spoken through the prophet Isaiah:

---

g 8:3 sano. Lit. limpio.

e2 The Greek word was used for various diseases affecting the skin—not necessarily leprosy. f3 Greek made clean

«Él cargó con nuestras enfermedades
y soportó nuestros dolores.»[h]

Lo que cuesta seguir a Jesús

18Cuando Jesús vio a la multitud que lo rodeaba, dio orden de pasar al otro lado del lago. 19Se
le acercó un *maestro de la ley y le dijo:

—Maestro, te seguiré a dondequiera que vayas.

20—Las zorras tienen madrigueras y las aves
tienen nidos —le respondió Jesús—, pero el Hijo
del hombre no tiene dónde recostar la cabeza.

21Otro discípulo le pidió:

—Señor, primero déjame ir a enterrar a mi
padre.

22—Sígueme —le replicó Jesús—, y deja que
los muertos entierren a sus muertos.

Jesús calma la tormenta

23Luego subió a la barca y sus discípulos lo
siguieron. 24De repente, se levantó en el lago
una tormenta tan fuerte que las olas inundaban
la barca. Pero Jesús estaba dormido. 25Los discípulos fueron a despertarlo.

—¡Señor —gritaron—, sálvanos, que nos vamos a ahogar

26—Hombres de poca fe —les contestó—,
¿por qué tienen tanto miedo?

Entonces se levantó y reprendió a los vientos y
a las olas, y todo quedó completamente tranquilo.

27Los discípulos no salían de su asombro, y
decían: «¿Qué clase de hombre es éste, que hasta
los vientos y las olas le obedecen?»

Liberación de dos endemoniados

28Cuando Jesús llegó al otro lado, a la región
de los gadarenos,[i] dos endemoniados le salieron
al encuentro de entre los sepulcros. Eran tan
violentos que nadie se atrevía a pasar por aquel
camino. 29De pronto le gritaron:

—¿Por qué te entrometes, Hijo de Dios? ¿Has
venido aquí a atormentarnos antes del tiempo
señalado?

30A cierta distancia de ellos estaba paciendo
una gran manada de cerdos. 31Los demonios le
rogaron a Jesús:

—Si nos expulsas, mándanos a la manada de
cerdos.

32—Vayan —les dijo.

Así que salieron de los hombres y entraron en
los cerdos, y toda la manada se precipitó al lago
por el despeñadero y murió en el agua. 33Los
que cuidaban los cerdos salieron corriendo al
pueblo y dieron aviso de todo, incluso de lo que
les había sucedido a los endemoniados. 34Enton-

"He took up our infirmities
and carried our diseases."[g]

The Cost of Following Jesus

18When Jesus saw the crowd around him, he
gave orders to cross to the other side of the lake.
19Then a teacher of the law came to him and
said, "Teacher, I will follow you wherever you
go."

20Jesus replied, "Foxes have holes and birds
of the air have nests, but the Son of Man has no
place to lay his head."

21Another disciple said to him, "Lord, first let
me go and bury my father."

22But Jesus told him, "Follow me, and let the
dead bury their own dead."

Jesus Calms the Storm

23Then he got into the boat and his disciples
followed him. 24Without warning, a furious
storm came up on the lake, so that the waves
swept over the boat. But Jesus was sleeping.
25The disciples went and woke him, saying,
"Lord, save us We're going to drown "

26He replied, "You of little faith, why are you
so afraid?" Then he got up and rebuked the
winds and the waves, and it was completely
calm.

27The men were amazed and asked, "What
kind of man is this? Even the winds and the
waves obey him "

The Healing of Two Demon-possessed Men

28When he arrived at the other side in the
region of the Gadarenes,[h] two demon-possessed
men coming from the tombs met him. They were
so violent that no one could pass that way.
29"What do you want with us, Son of God?"
they shouted. "Have you come here to torture
us before the appointed time?"

30Some distance from them a large herd of
pigs was feeding. 31The demons begged Jesus,
"If you drive us out, send us into the herd of
pigs."

32He said to them, "Go " So they came out
and went into the pigs, and the whole herd
rushed down the steep bank into the lake and
died in the water. 33Those tending the pigs ran
off, went into the town and reported all this,
including what had happened to the demon-possessed men. 34Then the whole town went out to

---

[h]8:17 Is 53:4   [i]8:28 gadarenos. Var. gergesenos; otra var.
gerasenos.

[g]17 Isaiah 53:4   [h]28 Some manuscripts Gergesenes; others
Gerasenes

ces todos los del pueblo fueron al encuentro de Jesús. Y cuando lo vieron, le suplicaron que se alejara de esa región.

Jesús sana a un paralítico

9 Subió Jesús a una barca, cruzó al otro lado y llegó a su propio pueblo. 2Unos hombres le llevaron un paralítico, acostado en una camilla. Al ver Jesús la fe de ellos, le dijo al paralítico:

—¡Ánimo, hijo; tus pecados quedan perdonados

3Algunos de los *maestros de la ley murmuraron entre ellos: «¡Este hombre *blasfema »

4Como Jesús conocía sus pensamientos, les dijo:

—¿Por qué dan lugar a tan malos pensamientos? 5¿Qué es más fácil, decir: "Tus pecados quedan perdonados", o decir: "Levántate y anda"? 6Pues para que sepan que el Hijo del hombre tiene autoridad en la tierra para perdonar pecados —se dirigió entonces al paralítico—: Levántate, toma tu camilla y vete a tu casa.

7Y el hombre se levantó y se fue a su casa. 8Al ver esto, la multitud se llenó de temor, y glorificó a Dios por haber dado tal autoridad a los *mortales.

Llamamiento de Mateo

9Al irse de allí, Jesús vio a un hombre llamado Mateo, sentado a la mesa de recaudación de impuestos. «Sígueme», le dijo. Mateo se levantó y lo siguió.

10Mientras Jesús estaba comiendo en casa de Mateo, muchos *recaudadores de impuestos y *pecadores llegaron y comieron con él y sus discípulos. 11Cuando los fariseos vieron esto, les preguntaron a sus discípulos:

—¿Por qué come su maestro con recaudadores de impuestos y con pecadores?

12Al oír esto, Jesús les contestó:

—No son los sanos los que necesitan médico sino los enfermos. 13Pero vayan y aprendan lo que significa: "Lo que pido de ustedes es misericordia y no sacrificios."j Porque no he venido a llamar a justos sino a pecadores.

Le preguntan a Jesús sobre el ayuno

14Un día se le acercaron los discípulos de Juan y le preguntaron:

—¿Cómo es que nosotros y los fariseos ayunamos, pero no así tus discípulos?

Jesús les contestó:

15—¿Acaso pueden estar de luto los invitados del novio mientras él está con ellos? Llegará el día en que se les quitará el novio; entonces sí

meet Jesus. And when they saw him, they pleaded with him to leave their region.

Jesus Heals a Paralytic

9 Jesus stepped into a boat, crossed over and came to his own town. 2Some men brought to him a paralytic, lying on a mat. When Jesus saw their faith, he said to the paralytic, "Take heart, son; your sins are forgiven."

3At this, some of the teachers of the law said to themselves, "This fellow is blaspheming "

4Knowing their thoughts, Jesus said, "Why do you entertain evil thoughts in your hearts? 5Which is easier: to say, 'Your sins are forgiven,' or to say, 'Get up and walk'? 6But so that you may know that the Son of Man has authority on earth to forgive sins...." Then he said to the paralytic, "Get up, take your mat and go home." 7And the man got up and went home. 8When the crowd saw this, they were filled with awe; and they praised God, who had given such authority to men.

The Calling of Matthew

9As Jesus went on from there, he saw a man named Matthew sitting at the tax collector's booth. "Follow me," he told him, and Matthew got up and followed him.

10While Jesus was having dinner at Matthew's house, many tax collectors and "sinners" came and ate with him and his disciples. 11When the Pharisees saw this, they asked his disciples, "Why does your teacher eat with tax collectors and 'sinners'?"

12On hearing this, Jesus said, "It is not the healthy who need a doctor, but the sick. 13But go and learn what this means: 'I desire mercy, not sacrifice.'i For I have not come to call the righteous, but sinners."

Jesus Questioned About Fasting

14Then John's disciples came and asked him, "How is it that we and the Pharisees fast, but your disciples do not fast?"

15Jesus answered, "How can the guests of the bridegroom mourn while he is with them? The time will come when the bridegroom will be taken from them; then they will fast.

j9:13 Os 6:6   i13 Hosea 6:6

ayunarán. **16**Nadie remienda un vestido viejo con un retazo de tela nueva, porque el remiendo fruncirá el vestido y la rotura se hará peor. **17**Ni tampoco se echa vino nuevo en odres viejos. De hacerlo así, se reventarán los odres, se derramará el vino y los odres se arruinarán. Más bien, el vino nuevo se echa en odres nuevos, y así ambos se conservan.

Una niña muerta y una mujer enferma

18Mientras él les decía esto, un dirigente judío llegó, se arrodilló delante de él y le dijo:

—Mi hija acaba de morir. Pero ven y pon tu mano sobre ella, y vivirá.

19Jesús se levantó y fue con él, acompañado de sus discípulos. **20**En esto, una mujer que hacía doce años padecía de hemorragias se le acercó por detrás y le tocó el borde del manto. **21**Pensaba: «Si al menos logro tocar su manto, quedaré *sana.» **22**Jesús se dio vuelta, la vio y le dijo:

—¡Ánimo, hija Tu fe te ha sanado.

Y la mujer quedó sana en aquel momento.

23Cuando Jesús entró en la casa del dirigente y vio a los flautistas y el alboroto de la gente, **24**les dijo:

—Váyanse. La niña no está muerta sino dormida.

Entonces empezaron a burlarse de él. **25**Pero cuando se les hizo salir, entró él, tomó de la mano a la niña, y ésta se levantó. **26**La noticia se divulgó por toda aquella región.

Jesús sana a los ciegos y a los mudos

27Al irse Jesús de allí, dos ciegos lo siguieron, gritándole:

—¡Ten compasión de nosotros, Hijo de David

28Cuando entró en la casa, se le acercaron los ciegos, y él les preguntó:

—¿Creen que puedo sanarlos?

—Sí, Señor —le respondieron.

29Entonces les tocó los ojos y les dijo:

—Se hará con ustedes conforme a su fe.

30Y recobraron la vista. Jesús les advirtió con firmeza:

—Asegúrense de que nadie se entere de esto.

31Pero ellos salieron para divulgar por toda aquella región la noticia acerca de Jesús.

32Mientras ellos salían, le llevaron un mudo endemoniado. **33**Así que Jesús expulsó al demonio, y el que había estado mudo habló. La multitud se maravillaba y decía: «Jamás se ha visto nada igual en Israel.»

34Pero los fariseos afirmaban: «Éste expulsa a los demonios por medio del príncipe de los demonios.»

16"No one sews a patch of unshrunk cloth on an old garment, for the patch will pull away from the garment, making the tear worse. **17**Neither do men pour new wine into old wineskins. If they do, the skins will burst, the wine will run out and the wineskins will be ruined. No, they pour new wine into new wineskins, and both are preserved."

A Dead Girl and a Sick Woman

18While he was saying this, a ruler came and knelt before him and said, "My daughter has just died. But come and put your hand on her, and she will live." **19**Jesus got up and went with him, and so did his disciples.

20Just then a woman who had been subject to bleeding for twelve years came up behind him and touched the edge of his cloak. **21**She said to herself, "If I only touch his cloak, I will be healed."

22Jesus turned and saw her. "Take heart, daughter," he said, "your faith has healed you." And the woman was healed from that moment.

23When Jesus entered the ruler's house and saw the flute players and the noisy crowd, **24**he said, "Go away. The girl is not dead but asleep." But they laughed at him. **25**After the crowd had been put outside, he went in and took the girl by the hand, and she got up. **26**News of this spread through all that region.

Jesus Heals the Blind and Mute

27As Jesus went on from there, two blind men followed him, calling out, "Have mercy on us, Son of David "

28When he had gone indoors, the blind men came to him, and he asked them, "Do you believe that I am able to do this?"

"Yes, Lord," they replied.

29Then he touched their eyes and said, "According to your faith will it be done to you"; **30**and their sight was restored. Jesus warned them sternly, "See that no one knows about this." **31**But they went out and spread the news about him all over that region.

32While they were going out, a man who was demon-possessed and could not talk was brought to Jesus. **33**And when the demon was driven out, the man who had been mute spoke. The crowd was amazed and said, "Nothing like this has ever been seen in Israel."

34But the Pharisees said, "It is by the prince of demons that he drives out demons."

Son pocos los obreros

35Jesús recorría todos los pueblos y aldeas enseñando en las sinagogas, anunciando las buenas *nuevas del reino, y sanando toda enfermedad y toda dolencia. **36**Al ver a las multitudes, tuvo compasión de ellas, porque estaban agobiadas y desamparadas, como ovejas sin pastor. **37**«La cosecha es abundante, pero son pocos los obreros —les dijo a sus discípulos—. **38**Pídanle, por tanto, al Señor de la cosecha que envíe obreros a su campo.»

Jesús envía a los doce

10 Reunió a sus doce discípulos y les dio autoridad para expulsar a los *espíritus malignos y sanar toda enfermedad y toda dolencia.

2Éstos son los nombres de los doce apóstoles: primero Simón, llamado Pedro, y su hermano Andrés; *Jacobo y su hermano Juan, hijos de Zebedeo; **3**Felipe y Bartolomé; Tomás y Mateo, el *recaudador de impuestos; Jacobo, hijo de Alfeo, y Tadeo; **4**Simón el Zelote y Judas Iscariote, el que lo traicionó.

5Jesús envió a estos doce con las siguientes instrucciones: «No vayan entre los *gentiles ni entren en ningún pueblo de los samaritanos. **6**Vayan más bien a las ovejas descarriadas del pueblo de Israel. **7**Dondequiera que vayan, prediquen este mensaje: "El reino de los cielos está cerca." **8**Sanen a los enfermos, resuciten a los muertos, *limpien de su enfermedad a los que tienen *lepra, expulsen a los demonios. Lo que ustedes recibieron gratis, denlo gratuitamente. **9**No lleven oro ni plata ni cobre en el cinturón, **10**ni bolsa para el camino, ni dos mudas de ropa, ni sandalias, ni bastón; porque el trabajador merece que se le dé su sustento.

11»En cualquier pueblo o aldea donde entren, busquen a alguien que merezca recibirlos, y quédense en su casa hasta que se vayan de ese lugar. **12**Al entrar, digan: "Paz a esta casa."*k* **13**Si el hogar se lo merece, que la paz de ustedes reine en él; y si no, que la paz se vaya con ustedes. **14**Si alguno no los recibe bien ni escucha sus palabras, al salir de esa casa o de ese pueblo, sacúdanse el polvo de los pies. **15**Les aseguro que en el día del juicio el castigo para Sodoma y Gomorra será más tolerable que para ese pueblo. **16**Los envío como ovejas en medio de lobos. Por tanto, sean astutos como serpientes y sencillos como palomas.

The Workers Are Few

35Jesus went through all the towns and villages, teaching in their synagogues, preaching the good news of the kingdom and healing every disease and sickness. **36**When he saw the crowds, he had compassion on them, because they were harassed and helpless, like sheep without a shepherd. **37**Then he said to his disciples, "The harvest is plentiful but the workers are few. **38**Ask the Lord of the harvest, therefore, to send out workers into his harvest field."

Jesus Sends Out the Twelve

10 He called his twelve disciples to him and gave them authority to drive out evil *j* spirits and to heal every disease and sickness.

2These are the names of the twelve apostles: first, Simon (who is called Peter) and his brother Andrew; James son of Zebedee, and his brother John; **3**Philip and Bartholomew; Thomas and Matthew the tax collector; James son of Alphaeus, and Thaddaeus; **4**Simon the Zealot and Judas Iscariot, who betrayed him.

5These twelve Jesus sent out with the following instructions: "Do not go among the Gentiles or enter any town of the Samaritans. **6**Go rather to the lost sheep of Israel. **7**As you go, preach this message: 'The kingdom of heaven is near.' **8**Heal the sick, raise the dead, cleanse those who have leprosy, *k* drive out demons. Freely you have received, freely give. **9**Do not take along any gold or silver or copper in your belts; **10**take no bag for the journey, or extra tunic, or sandals or a staff; for the worker is worth his keep.

11"Whatever town or village you enter, search for some worthy person there and stay at his house until you leave. **12**As you enter the home, give it your greeting. **13**If the home is deserving, let your peace rest on it; if it is not, let your peace return to you. **14**If anyone will not welcome you or listen to your words, shake the dust off your feet when you leave that home or town. **15**I tell you the truth, it will be more bearable for Sodom and Gomorrah on the day of judgment than for that town. **16**I am sending you out like sheep among wolves. Therefore be as shrewd as snakes and as innocent as doves.

---

*k***10:12** *Al entrar ... casa".* Lit. *Al entrar en la casa, salúdenla.*

*j***1** Greek *unclean*   *k***8** The Greek word was used for various diseases affecting the skin—not necessarily leprosy.

17»Tengan cuidado con la gente; los entregarán a los tribunales y los azotarán en las sinagogas. 18Por mi causa los llevarán ante gobernadores y reyes para dar testimonio a ellos y a los gentiles. 19Pero cuando los arresten, no se preocupen por lo que van a decir o cómo van a decirlo. En ese momento se les dará lo que han de decir, 20porque no serán ustedes los que hablen, sino que el Espíritu de su Padre hablará por medio de ustedes.

21»El hermano entregará a la muerte al hermano, y el padre al hijo. Los hijos se rebelarán contra sus padres y harán que los maten. 22Por causa de mi nombre todo el mundo los odiará, pero el que se mantenga firme hasta el fin será salvo. 23Cuando los persigan en una ciudad, huyan a otra. Les aseguro que no terminarán de recorrer las ciudades de Israel antes de que venga el Hijo del hombre.

24»El discípulo no es superior a su maestro, ni el *siervo superior a su amo. 25Basta con que el discípulo sea como su maestro, y el siervo como su amo. Si al jefe de la casa lo han llamado *Beelzebú, ¡cuánto más a los de su familia!

26»Así que no les tengan miedo; porque no hay nada encubierto que no llegue a revelarse, ni nada escondido que no llegue a conocerse. 27Lo que les digo en la oscuridad, díganlo ustedes a plena luz; lo que se les susurra al oído, proclámenlo desde las azoteas. 28No teman a los que matan el cuerpo pero no pueden matar el alma.[l] Teman más bien al que puede destruir alma y cuerpo en el infierno.[m] 29¿No se venden dos gorriones por una monedita?[n] Sin embargo, ni uno de ellos caerá a tierra sin que lo permita el Padre; 30y él les tiene contados a ustedes aun los cabellos de la cabeza. 31Así que no tengan miedo; ustedes valen más que muchos gorriones.

32»A cualquiera que me reconozca delante de los demás, yo también lo reconoceré delante de mi Padre que está en el cielo. 33Pero a cualquiera que me desconozca delante de los demás, yo también lo desconoceré delante de mi Padre que está en el cielo.

34»No crean que he venido a traer paz a la tierra. No vine a traer paz sino espada. 35Porque he venido a poner en conflicto

"al hombre contra su padre,
    a la hija contra su madre,
    a la nuera contra su suegra;
36los enemigos de cada cual
    serán los de su propia familia".[ñ]

17"Be on your guard against men; they will hand you over to the local councils and flog you in their synagogues. 18On my account you will be brought before governors and kings as witnesses to them and to the Gentiles. 19But when they arrest you, do not worry about what to say or how to say it. At that time you will be given what to say, 20for it will not be you speaking, but the Spirit of your Father speaking through you.

21"Brother will betray brother to death, and a father his child; children will rebel against their parents and have them put to death. 22All men will hate you because of me, but he who stands firm to the end will be saved. 23When you are persecuted in one place, flee to another. I tell you the truth, you will not finish going through the cities of Israel before the Son of Man comes.

24"A student is not above his teacher, nor a servant above his master. 25It is enough for the student to be like his teacher, and the servant like his master. If the head of the house has been called Beelzebub,[l] how much more the members of his household!

26"So do not be afraid of them. There is nothing concealed that will not be disclosed, or hidden that will not be made known. 27What I tell you in the dark, speak in the daylight; what is whispered in your ear, proclaim from the roofs. 28Do not be afraid of those who kill the body but cannot kill the soul. Rather, be afraid of the One who can destroy both soul and body in hell. 29Are not two sparrows sold for a penny[m]? Yet not one of them will fall to the ground apart from the will of your Father. 30And even the very hairs of your head are all numbered. 31So don't be afraid; you are worth more than many sparrows.

32"Whoever acknowledges me before men, I will also acknowledge him before my Father in heaven. 33But whoever disowns me before men, I will disown him before my Father in heaven.

34"Do not suppose that I have come to bring peace to the earth. I did not come to bring peace, but a sword. 35For I have come to turn

" 'a man against his father,
    a daughter against her mother,
    a daughter-in-law against her
        mother-in-law—
36 a man's enemies will be the members of
    his own household.'[n]

---

[l]10:28 alma. Este vocablo griego también puede significar *vida.   [m]10:28 infierno. Lit. *Gehenna.   [n]10:29 una monedita. Lit. un *asarion.   [ñ]10:36 Mi 7:6

[l]25 Greek Beezeboul or Beelzeboul   [m]29 Greek an assarion   [n]36 Micah 7:6

37»El que quiere a su padre o a su madre más que a mí no es digno de mí; el que quiere a su hijo o a su hija más que a mí no es digno de mí; 38y el que no toma su cruz y me sigue no es digno de mí. 39El que encuentre su *vida, la perderá, y el que la pierda por mi causa, la encontrará.

40»Quien los recibe a ustedes, me recibe a mí; y quien me recibe a mí, recibe al que me envió. 41Cualquiera que recibe a un profeta por tratarse de un profeta, recibirá recompensa de profeta; y el que recibe a un justo por tratarse de un justo, recibirá recompensa de justo. 42Y quien dé siquiera un vaso de agua fresca a uno de estos pequeños por tratarse de uno de mis discípulos, les aseguro que no perderá su recompensa.»

Jesús y Juan el Bautista

11 Cuando Jesús terminó de dar instrucciones a sus doce discípulos, se fue de allí a enseñar y a predicar en otros pueblos.

2Juan estaba en la cárcel, y al enterarse de lo que *Cristo estaba haciendo, envió a sus discípulos a que le preguntaran:

3—¿Eres tú el que ha de venir, o debemos esperar a otro?

4Les respondió Jesús:

—Vayan y cuéntenle a Juan lo que están viendo y oyendo: 5Los ciegos ven, los cojos andan, los que tienen *lepra son sanados, los sordos oyen, los muertos resucitan y a los pobres se les anuncian las buenas *nuevas. 6*Dichoso el que no *tropieza por causa mía.

7Mientras se iban los discípulos de Juan, Jesús comenzó a hablarle a la multitud acerca de Juan: «¿Qué salieron a ver al desierto? ¿Una caña sacudida por el viento? 8Si no, ¿qué salieron a ver? ¿A un hombre vestido con ropa fina? Claro que no, pues los que usan ropa de lujo están en los palacios de los reyes. 9Entonces, ¿qué salieron a ver? ¿A un profeta? Sí, les digo, y más que profeta. 10Éste es de quien está escrito:

»"Yo estoy por enviar a mi mensajero delante de ti,
el cual preparará tu camino." o

11Les aseguro que entre los mortales no se ha levantado nadie más grande que Juan el Bautista; sin embargo, el más pequeño en el reino de los cielos es más grande que él. 12Desde los días de Juan el Bautista hasta ahora, el reino de los cielos ha venido avanzando contra viento y marea, y los que se esfuerzan logran aferrarse a él.p 13Porque todos los profetas y la ley profetizaron

37"Anyone who loves his father or mother more than me is not worthy of me; anyone who loves his son or daughter more than me is not worthy of me; 38and anyone who does not take his cross and follow me is not worthy of me. 39Whoever finds his life will lose it, and whoever loses his life for my sake will find it.

40"He who receives you receives me, and he who receives me receives the one who sent me. 41Anyone who receives a prophet because he is a prophet will receive a prophet's reward, and anyone who receives a righteous man because he is a righteous man will receive a righteous man's reward. 42And if anyone gives even a cup of cold water to one of these little ones because he is my disciple, I tell you the truth, he will certainly not lose his reward."

Jesus and John the Baptist

11 After Jesus had finished instructing his twelve disciples, he went on from there to teach and preach in the towns of Galilee.o

2When John heard in prison what Christ was doing, he sent his disciples 3to ask him, "Are you the one who was to come, or should we expect someone else?"

4Jesus replied, "Go back and report to John what you hear and see: 5The blind receive sight, the lame walk, those who have leprosyp are cured, the deaf hear, the dead are raised, and the good news is preached to the poor. 6Blessed is the man who does not fall away on account of me."

7As John's disciples were leaving, Jesus began to speak to the crowd about John: "What did you go out into the desert to see? A reed swayed by the wind? 8If not, what did you go out to see? A man dressed in fine clothes? No, those who wear fine clothes are in kings' palaces. 9Then what did you go out to see? A prophet? Yes, I tell you, and more than a prophet. 10This is the one about whom it is written:

" 'I will send my messenger ahead of you,
who will prepare your way before you.' q

11I tell you the truth: Among those born of women there has not risen anyone greater than John the Baptist; yet he who is least in the kingdom of heaven is greater than he. 12From the days of John the Baptist until now, the kingdom of heaven has been forcefully advancing, and forceful men lay hold of it. 13For all the

---

o 11:10 Mal 3:1   p 11:12 ha venido … aferrarse a él. Alt. sufre violencia y los violentos quieren arrebatarlo.

o 1 Greek in their towns   p 5 The Greek word was used for various diseases affecting the skin—not necessarily leprosy. q 10 Mal. 3:1

hasta Juan. ¹⁴Y si quieren aceptar mi palabra, Juan es el Elías que había de venir. ¹⁵El que tenga oídos, que oiga.

¹⁶»¿Con qué puedo comparar a esta generación? Se parece a los niños sentados en la plaza que gritan a los demás:

¹⁷»"Tocamos la flauta,
　　y ustedes no bailaron;
　Cantamos por los muertos,
　　y ustedes no lloraron."

¹⁸»Porque vino Juan, que no comía ni bebía, y ellos dicen: "Tiene un demonio." ¹⁹Vino el Hijo del hombre, que come y bebe, y dicen: "Éste es un glotón y un borracho, amigo de *recaudadores de impuestos y de *pecadores." Pero la sabiduría queda demostrada por sus hechos.»

Ayes sobre ciudades no arrepentidas

²⁰Entonces comenzó Jesús a denunciar a las ciudades en que había hecho la mayor parte de sus milagros, porque no se habían *arrepentido. ²¹«¡Ay de ti, Corazín ¡Ay de ti, Betsaida Si se hubieran hecho en Tiro y en Sidón los milagros que se hicieron en medio de ustedes, ya hace tiempo que se habrían arrepentido con muchos lamentos.�q ²²Pero les digo que en el día del juicio será más tolerable el castigo para Tiro y Sidón que para ustedes. ²³Y tú, Capernaúm, ¿acaso serás levantada hasta el cielo? No, sino que descenderás hasta el *abismo. Si los milagros que se hicieron en ti se hubieran hecho en Sodoma, ésta habría permanecido hasta el día de hoy. ²⁴Pero teʳ digo que en el día del juicio será más tolerable el castigo para Sodoma que para ti.»

Descanso para los cansados

²⁵En aquel tiempo Jesús dijo: «Te alabo, Padre, Señor del cielo y de la tierra, porque habiendo escondido estas cosas de los sabios e instruidos, se las has revelado a los que son como niños. ²⁶Sí, Padre, porque esa fue tu buena voluntad.

²⁷»Mi Padre me ha entregado todas las cosas. Nadie conoce al Hijo sino el Padre, y nadie conoce al Padre sino el Hijo y aquel a quien el Hijo quiera revelarlo.

²⁸»Vengan a mí todos ustedes que están cansados y agobiados, y yo les daré descanso. ²⁹Carguen con mi yugo y aprendan de mí, pues yo soy apacible y humilde de corazón, y encontrarán descanso para su alma. ³⁰Porque mi yugo es suave y mi carga es liviana.»

Prophets and the Law prophesied until John. ¹⁴And if you are willing to accept it, he is the Elijah who was to come. ¹⁵He who has ears, let him hear.

¹⁶"To what can I compare this generation? They are like children sitting in the marketplaces and calling out to others:

¹⁷" 'We played the flute for you,
　　and you did not dance;
　we sang a dirge
　　and you did not mourn.'

¹⁸For John came neither eating nor drinking, and they say, 'He has a demon.' ¹⁹The Son of Man came eating and drinking, and they say, 'Here is a glutton and a drunkard, a friend of tax collectors and "sinners." ' But wisdom is proved right by her actions."

Woe on Unrepentant Cities

²⁰Then Jesus began to denounce the cities in which most of his miracles had been performed, because they did not repent. ²¹"Woe to you, Korazin Woe to you, Bethsaida If the miracles that were performed in you had been performed in Tyre and Sidon, they would have repented long ago in sackcloth and ashes. ²²But I tell you, it will be more bearable for Tyre and Sidon on the day of judgment than for you. ²³And you, Capernaum, will you be lifted up to the skies? No, you will go down to the depths.ʳ If the miracles that were performed in you had been performed in Sodom, it would have remained to this day. ²⁴But I tell you that it will be more bearable for Sodom on the day of judgment than for you."

Rest for the Weary

²⁵At that time Jesus said, "I praise you, Father, Lord of heaven and earth, because you have hidden these things from the wise and learned, and revealed them to little children. ²⁶Yes, Father, for this was your good pleasure.

²⁷"All things have been committed to me by my Father. No one knows the Son except the Father, and no one knows the Father except the Son and those to whom the Son chooses to reveal him.

²⁸"Come to me, all you who are weary and burdened, and I will give you rest. ²⁹Take my yoke upon you and learn from me, for I am gentle and humble in heart, and you will find rest for your souls. ³⁰For my yoke is easy and my burden is light."

Señor del sábado

12 Por aquel tiempo pasaba Jesús por los sembrados en *sábado. Sus discípulos tenían hambre, así que comenzaron a arrancar algunas espigas de trigo y comérselas. 2Al ver esto, los fariseos le dijeron:

—¡Mira Tus discípulos están haciendo lo que está prohibido en sábado.

3Él les contestó:

—¿No han leído lo que hizo David en aquella ocasión en que él y sus compañeros tuvieron hambre? 4Entró en la casa de Dios, y él y sus compañeros comieron los panes consagrados a Dios, lo que no se les permitía a ellos sino sólo a los sacerdotes. 5¿O no han leído en la ley que los sacerdotes en el *templo profanan el sábado sin incurrir en culpa? 6Pues yo les digo que aquí está uno más grande que el templo. 7Si ustedes supieran lo que significa: "Lo que pido de ustedes es misericordia y no sacrificios",*s* no condenarían a los que no son culpables. 8Sepan que el Hijo del hombre es Señor del sábado.

9Pasando de allí, entró en la sinagoga, 10donde había un hombre que tenía una mano paralizada. Como buscaban un motivo para acusar a Jesús, le preguntaron:

—¿Está permitido sanar en sábado?

11Él les contestó:

—Si alguno de ustedes tiene una oveja y en sábado se le cae en un hoyo, ¿no la agarra y la saca? 12¡Cuánto más vale un hombre que una oveja Por lo tanto, está permitido hacer el bien en sábado.

13Entonces le dijo al hombre:

—Extiende la mano.

Así que la extendió y le quedó restablecida, tan sana como la otra. 14Pero los fariseos salieron y tramaban cómo matar a Jesús.

El siervo escogido por Dios

15Consciente de esto, Jesús se retiró de aquel lugar. Muchos lo siguieron, y él sanó a todos los enfermos, 16pero les ordenó que no dijeran quién era él. 17Esto fue para que se cumpliera lo dicho por el profeta Isaías:

18«Éste es mi siervo, a quien he escogido,
   mi amado, en quien estoy muy complacido;
sobre él pondré mi Espíritu,
   y proclamará justicia a las *naciones.
19No disputará ni gritará;
   nadie oirá su voz en las calles.
20No acabará de romper la caña quebrada

Lord of the Sabbath

12 At that time Jesus went through the grainfields on the Sabbath. His disciples were hungry and began to pick some heads of grain and eat them. 2When the Pharisees saw this, they said to him, "Look Your disciples are doing what is unlawful on the Sabbath."

3He answered, "Haven't you read what David did when he and his companions were hungry? 4He entered the house of God, and he and his companions ate the consecrated bread—which was not lawful for them to do, but only for the priests. 5Or haven't you read in the Law that on the Sabbath the priests in the temple desecrate the day and yet are innocent? 6I tell you that one*s* greater than the temple is here. 7If you had known what these words mean, 'I desire mercy, not sacrifice,'*t* you would not have condemned the innocent. 8For the Son of Man is Lord of the Sabbath."

9Going on from that place, he went into their synagogue, 10and a man with a shriveled hand was there. Looking for a reason to accuse Jesus, they asked him, "Is it lawful to heal on the Sabbath?"

11He said to them, "If any of you has a sheep and it falls into a pit on the Sabbath, will you not take hold of it and lift it out? 12How much more valuable is a man than a sheep Therefore it is lawful to do good on the Sabbath."

13Then he said to the man, "Stretch out your hand." So he stretched it out and it was completely restored, just as sound as the other. 14But the Pharisees went out and plotted how they might kill Jesus.

God's Chosen Servant

15Aware of this, Jesus withdrew from that place. Many followed him, and he healed all their sick, 16warning them not to tell who he was. 17This was to fulfill what was spoken through the prophet Isaiah:

18"Here is my servant whom I have chosen,
   the one I love, in whom I delight;
I will put my Spirit on him,
   and he will proclaim justice to the nations.
19He will not quarrel or cry out;
   no one will hear his voice in the streets.
20A bruised reed he will not break,

---

s 12:7 Os 6:6   *s* 6 Or *something*; also in verses 41 and 42   *t* 7 Hosea 6:6

ni apagará la mecha que apenas arde,
hasta que haga triunfar la justicia.

21 Y en su nombre pondrán las naciones su
esperanza.»[l]

Jesús y Beelzebú

22Un día le llevaron un endemoniado que
estaba ciego y mudo, y Jesús lo sanó, de modo
que pudo ver y hablar. 23Toda la gente se quedó
asombrada y decía: «¿No será éste el Hijo de
David?»

24Pero al oírlo los fariseos, dijeron: «Éste no
expulsa a los demonios sino por medio de *Beelzebú, príncipe de los demonios.»

25Jesús conocía sus pensamientos, y les dijo:
«Todo reino dividido contra sí mismo quedará
asolado, y toda ciudad o familia dividida contra sí misma no se mantendrá en pie. 26Si Satanás expulsa a Satanás, está dividido contra
sí mismo. ¿Cómo puede, entonces, mantenerse
en pie su reino? 27Ahora bien, si yo expulso
a los demonios por medio de Beelzebú, ¿los
seguidores de ustedes por medio de quién los
expulsan? Por eso ellos mismos los juzgarán
a ustedes. 28En cambio, si expulso a los demonios por medio del Espíritu de Dios, eso
significa que el reino de Dios ha llegado a
ustedes.

29»¿O cómo puede entrar alguien en la casa
de un hombre fuerte y arrebatarle sus bienes, a
menos que primero lo ate? Sólo entonces podrá
robar su casa.

30»El que no está de mi parte, está contra mí;
y el que conmigo no recoge, esparce. 31Por eso
les digo que a todos se les podrá perdonar todo
pecado y toda *blasfemia, pero la blasfemia
contra el Espíritu no se le perdonará a nadie. 32A
cualquiera que pronuncie alguna palabra contra
el Hijo del hombre se le perdonará, pero el que
hable contra el Espíritu Santo no tendrá perdón
ni en este mundo ni en el venidero.

33»Si tienen un buen árbol, su fruto es bueno; si tienen un mal árbol, su fruto es malo.
Al árbol se le reconoce por su fruto. 34Camada
de víboras, ¿cómo pueden ustedes que son malos decir algo bueno? De la abundancia del
corazón habla la boca. 35El que es bueno, de
la bondad que atesora en el corazón saca el
bien, pero el que es malo, de su maldad saca
el mal. 36Pero yo les digo que en el día del
juicio todos tendrán que dar cuenta de toda
palabra ociosa que hayan pronunciado. 37Por-
que por tus palabras se te absolverá, y por tus
palabras se te condenará.»

and a smoldering wick he will not snuff
out,
till he leads justice to victory.

21 In his name the nations will put their
hope." [u]

Jesus and Beelzebub

22Then they brought him a demon-possessed
man who was blind and mute, and Jesus healed
him, so that he could both talk and see. 23All the
people were astonished and said, "Could this be
the Son of David?"

24But when the Pharisees heard this, they said,
"It is only by Beelzebub,[v] the prince of demons,
that this fellow drives out demons."

25Jesus knew their thoughts and said to them,
"Every kingdom divided against itself will be
ruined, and every city or household divided
against itself will not stand. 26If Satan drives out
Satan, he is divided against himself. How then
can his kingdom stand? 27And if I drive out
demons by Beelzebub, by whom do your people
drive them out? So then, they will be your
judges. 28But if I drive out demons by the Spirit
of God, then the kingdom of God has come upon
you.

29"Or again, how can anyone enter a strong
man's house and carry off his possessions unless
he first ties up the strong man? Then he can rob
his house.

30"He who is not with me is against me, and
he who does not gather with me scatters. 31And
so I tell you, every sin and blasphemy will be
forgiven men, but the blasphemy against the
Spirit will not be forgiven. 32Anyone who
speaks a word against the Son of Man will be
forgiven, but anyone who speaks against the
Holy Spirit will not be forgiven, either in this
age or in the age to come.

33"Make a tree good and its fruit will be
good, or make a tree bad and its fruit will be
bad, for a tree is recognized by its fruit. 34You
brood of vipers, how can you who are evil say
anything good? For out of the overflow of the
heart the mouth speaks. 35The good man
brings good things out of the good stored up
in him, and the evil man brings evil things out
of the evil stored up in him. 36But I tell you
that men will have to give account on the day
of judgment for every careless word they have
spoken. 37For by your words you will be ac-
quitted, and by your words you will be condemned."

u 21 Isaiah 42:1-4   v 24 Greek Beezeboul or Beelzeboul; also
in verse 27

La señal de Jonás

38Algunos de los fariseos y de los *maestros de la ley le dijeron:

—Maestro, queremos ver alguna señal milagrosa de parte tuya.

39Jesús les contestó:

—¡Esta generación malvada y adúltera pide una señal milagrosa Pero no se le dará más señal que la del profeta Jonás. **40**Porque así como tres días y tres noches estuvo Jonás en el vientre de un gran pez, también tres días y tres noches estará el Hijo del hombre en las entrañas de la tierra. **41**Los habitantes de Nínive se levantarán en el juicio contra esta generación y la condenarán; porque ellos se *arrepintieron al escuchar la predicación de Jonás, y aquí tienen ustedes a uno más grande que Jonás. **42**La reina del Sur se levantará en el día del juicio y condenará a esta generación; porque ella vino desde los confines de la tierra para escuchar la sabiduría de Salomón, y aquí tienen ustedes a uno más grande que Salomón.

43»Cuando un *espíritu maligno sale de una persona, va por lugares áridos, buscando descanso sin encontrarlo. **44**Entonces dice: "Volveré a la casa de donde salí." Cuando llega, la encuentra desocupada, barrida y arreglada. **45**Luego va y trae a otros siete espíritus más malvados que él, y entran a vivir allí. Así que el estado postrero de aquella persona resulta peor que el primero. Así le pasará también a esta generación malvada.

La madre y los hermanos de Jesús

46Mientras Jesús le hablaba a la multitud, se presentaron su madre y sus hermanos. Se quedaron afuera, y deseaban hablar con él. **47**Alguien le dijo:

—Tu madre y tus hermanos están afuera y quieren hablar contigo.ᵘ

48—¿Quién es mi madre, y quiénes son mis hermanos? —replicó Jesús.

49Señalando a sus discípulos, añadió:

—Aquí tienen a mi madre y a mis hermanos. **50**Pues mi hermano, mi hermana y mi madre son los que hacen la voluntad de mi Padre que está en el cielo.

Parábola del sembrador

13 Ese mismo día salió Jesús de la casa y se sentó junto al lago. **2**Era tal la multitud que se reunió para verlo que él tuvo que subir a una barca donde se sentó mientras toda la gente estaba de pie en la orilla. **3**Y les dijo en parábolas muchas cosas como éstas: «Un sembrador salió a sembrar. **4**Mientras iba esparciendo la semilla,

The Sign of Jonah

38Then some of the Pharisees and teachers of the law said to him, "Teacher, we want to see a miraculous sign from you."

39He answered, "A wicked and adulterous generation asks for a miraculous sign But none will be given it except the sign of the prophet Jonah. **40**For as Jonah was three days and three nights in the belly of a huge fish, so the Son of Man will be three days and three nights in the heart of the earth. **41**The men of Nineveh will stand up at the judgment with this generation and condemn it; for they repented at the preaching of Jonah, and now one ʷ greater than Jonah is here. **42**The Queen of the South will rise at the judgment with this generation and condemn it; for she came from the ends of the earth to listen to Solomon's wisdom, and now one greater than Solomon is here.

43"When an evilˣ spirit comes out of a man, it goes through arid places seeking rest and does not find it. **44**Then it says, 'I will return to the house I left.' When it arrives, it finds the house unoccupied, swept clean and put in order. **45**Then it goes and takes with it seven other spirits more wicked than itself, and they go in and live there. And the final condition of that man is worse than the first. That is how it will be with this wicked generation."

Jesus' Mother and Brothers

46While Jesus was still talking to the crowd, his mother and brothers stood outside, wanting to speak to him. **47**Someone told him, "Your mother and brothers are standing outside, wanting to speak to you." ʸ

48He replied to him, "Who is my mother, and who are my brothers?" **49**Pointing to his disciples, he said, "Here are my mother and my brothers. **50**For whoever does the will of my Father in heaven is my brother and sister and mother."

The Parable of the Sower

13 That same day Jesus went out of the house and sat by the lake. **2**Such large crowds gathered around him that he got into a boat and sat in it, while all the people stood on the shore. **3**Then he told them many things in parables, saying: "A farmer went out to sow his seed. **4**As he was scattering the seed, some fell along the

---

ᵘ**12:47** Var. no incluye v. 47.

ʷ*41* Or *something*; also in verse 42   ˣ*43* Greek *unclean*
ʸ*47* Some manuscripts do not have verse 47.

una parte cayó junto al camino, y llegaron los pájaros y se la comieron. 5Otra parte cayó en terreno pedregoso, sin mucha tierra. Esa semilla brotó pronto porque la tierra no era profunda; 6pero cuando salió el sol, las plantas se marchitaron y, por no tener raíz, se secaron. 7Otra parte de la semilla cayó entre espinos que, al crecer, la ahogaron. 8Pero las otras semillas cayeron en buen terreno, en el que se dio una cosecha que rindió treinta, sesenta y hasta cien veces más de lo que se había sembrado. 9El que tenga oídos, que oiga.»

10Los discípulos se acercaron y le preguntaron:

—¿Por qué le hablas a la gente en parábolas?

11—A ustedes se les ha concedido conocer los *secretos del reino de los cielos; pero a ellos no. 12Al que tiene, se le dará más, y tendrá en abundancia. Al que no tiene, hasta lo poco que tiene se le quitará. 13Por eso les hablo a ellos en parábolas:

»Aunque miran, no ven;
aunque oyen, no escuchan ni entienden.

14En ellos se cumple la profecía de Isaías:

»"Por mucho que oigan, no entenderán;
por mucho que vean, no percibirán.
15Porque el corazón de este pueblo se ha
vuelto insensible;
se les han embotado los oídos,
y se les han cerrado los ojos.
De lo contrario, verían con los ojos,
oirían con los oídos,
entenderían con el corazón
y se convertirían, y yo los sanaría." v

16Pero *dichosos los ojos de ustedes porque ven, y sus oídos porque oyen. 17Porque les aseguro que muchos profetas y otros justos anhelaron ver lo que ustedes ven, pero no lo vieron; y oír lo que ustedes oyen, pero no lo oyeron.

18»Escuchen lo que significa la parábola del sembrador: 19Cuando alguien oye la palabra acerca del reino y no la entiende, viene el maligno y arrebata lo que se sembró en su corazón. Ésta es la semilla sembrada junto al camino. 20El que recibió la semilla que cayó en terreno pedregoso es el que oye la palabra e inmediatamente la recibe con alegría; 21pero como no tiene raíz, dura poco tiempo. Cuando surgen problemas o persecución a causa de la palabra, en seguida se aparta de ella. 22El que recibió la semilla que cayó entre espinos es el que oye la palabra, pero las preocupaciones de esta vida y el engaño de

path, and the birds came and ate it up. 5Some fell on rocky places, where it did not have much soil. It sprang up quickly, because the soil was shallow. 6But when the sun came up, the plants were scorched, and they withered because they had no root. 7Other seed fell among thorns, which grew up and choked the plants. 8Still other seed fell on good soil, where it produced a crop—a hundred, sixty or thirty times what was sown. 9He who has ears, let him hear."

10The disciples came to him and asked, "Why do you speak to the people in parables?"

11He replied, "The knowledge of the secrets of the kingdom of heaven has been given to you, but not to them. 12Whoever has will be given more, and he will have an abundance. Whoever does not have, even what he has will be taken from him. 13This is why I speak to them in parables:

"Though seeing, they do not see;
though hearing, they do not hear or understand.

14In them is fulfilled the prophecy of Isaiah:

"'You will be ever hearing but never understanding;
you will be ever seeing but never perceiving.
15For this people's heart has become calloused;
they hardly hear with their ears,
and they have closed their eyes.
Otherwise they might see with their eyes,
hear with their ears,
understand with their hearts
and turn, and I would heal them.' z

16But blessed are your eyes because they see, and your ears because they hear. 17For I tell you the truth, many prophets and righteous men longed to see what you see but did not see it, and to hear what you hear but did not hear it.

18"Listen then to what the parable of the sower means: 19When anyone hears the message about the kingdom and does not understand it, the evil one comes and snatches away what was sown in his heart. This is the seed sown along the path. 20The one who received the seed that fell on rocky places is the man who hears the word and at once receives it with joy. 21But since he has no root, he lasts only a short time. When trouble or persecution comes because of the word, he quickly falls away. 22The one who received the seed that fell among the thorns is the man who hears the word, las riquezas la ahogan, de modo que ésta no llega a dar fruto. ²³Pero el que recibió la semilla que cayó en buen terreno es el que oye la palabra y la entiende. Éste sí produce una cosecha al treinta, al sesenta y hasta al ciento por uno.

Parábola de la mala hierba

²⁴Jesús les contó otra parábola: «El reino de los cielos es como un hombre que sembró buena semilla en su campo. ²⁵Pero mientras todos dormían, llegó su enemigo y sembró mala hierba entre el trigo, y se fue. ²⁶Cuando brotó el trigo y se formó la espiga, apareció también la mala hierba. ²⁷Los siervos fueron al dueño y le dijeron: "Señor, ¿no sembró usted semilla buena en su campo? Entonces, ¿de dónde salió la mala hierba?" ²⁸"Esto es obra de un enemigo", les respondió. Le preguntaron los siervos: "¿Quiere usted que vayamos a arrancarla?" ²⁹¡No —les contestó—, no sea que, al arrancar la mala hierba, arranquen con ella el trigo. ³⁰Dejen que crezcan juntos hasta la cosecha. Entonces les diré a los segadores: Recojan primero la mala hierba, y átenla en manojos para quemarla; después recojan el trigo y guárdenlo en mi granero." »

Parábolas del grano de mostaza y de la levadura

³¹Les contó otra parábola: «El reino de los cielos es como un grano de mostaza que un hombre sembró en su campo. ³²Aunque es la más pequeña de todas las semillas, cuando crece es la más grande de las hortalizas y se convierte en árbol, de modo que vienen las aves y anidan en sus ramas.»

³³Les contó otra parábola más: «El reino de los cielos es como la levadura que una mujer tomó y mezcló en una gran cantidadʷ de harina, hasta que fermentó toda la masa.»

³⁴Jesús le dijo a la multitud todas estas cosas en parábolas. Sin emplear parábolas no les decía nada. ³⁵Así se cumplió lo dicho por el profeta:

«Hablaré por medio de parábolas;
    revelaré cosas que han estado ocultas
        desde la creación del mundo.»ˣ

Explicación de la parábola de la mala hierba

³⁶Una vez que se despidió de la multitud, entró en la casa. Se le acercaron sus discípulos y le pidieron:

—Explícanos la parábola de la mala hierba del campo.

but the worries of this life and the deceitfulness of wealth choke it, making it unfruitful. ²³But the one who received the seed that fell on good soil is the man who hears the word and understands it. He produces a crop, yielding a hundred, sixty or thirty times what was sown."

The Parable of the Weeds

²⁴Jesus told them another parable: "The kingdom of heaven is like a man who sowed good seed in his field. ²⁵But while everyone was sleeping, his enemy came and sowed weeds among the wheat, and went away. ²⁶When the wheat sprouted and formed heads, then the weeds also appeared.

²⁷"The owner's servants came to him and said, 'Sir, didn't you sow good seed in your field? Where then did the weeds come from?'

²⁸"'An enemy did this,' he replied.

"The servants asked him, 'Do you want us to go and pull them up?'

²⁹"'No,' he answered, 'because while you are pulling the weeds, you may root up the wheat with them. ³⁰Let both grow together until the harvest. At that time I will tell the harvesters: First collect the weeds and tie them in bundles to be burned; then gather the wheat and bring it into my barn.'"

The Parables of the Mustard Seed and the Yeast

³¹He told them another parable: "The kingdom of heaven is like a mustard seed, which a man took and planted in his field. ³²Though it is the smallest of all your seeds, yet when it grows, it is the largest of garden plants and becomes a tree, so that the birds of the air come and perch in its branches."

³³He told them still another parable: "The kingdom of heaven is like yeast that a woman took and mixed into a large amountᵃ of flour until it worked all through the dough."

³⁴Jesus spoke all these things to the crowd in parables; he did not say anything to them without using a parable. ³⁵So was fulfilled what was spoken through the prophet:

"I will open my mouth in parables,
    I will utter things hidden since the creation of the world." ᵇ

The Parable of the Weeds Explained

³⁶Then he left the crowd and went into the house. His disciples came to him and said, "Explain to us the parable of the weeds in the field."

ʷ **13:33** *una gran cantidad*. Lit. *tres satas* (probablemente unos 22 litros).   ˣ **13:35** Sal 78:2

ᵃ 33 Greek *three satas* (probably about 1/2 bushel or 22 liters)
ᵇ 35 Psalm 78:2

37—El que sembró la buena semilla es el Hijo del hombre —les respondió Jesús—. **38**El campo es el mundo, y la buena semilla representa a los hijos del reino. La mala hierba son los hijos del maligno, **39**y el enemigo que la siembra es el diablo. La cosecha es el fin del mundo, y los segadores son los ángeles.

40»Así como se recoge la mala hierba y se quema en el fuego, ocurrirá también al fin del mundo. **41**El Hijo del hombre enviará a sus ángeles, y arrancarán de su reino a todos los que *pecan y hacen pecar. **42**Los arrojarán al horno encendido, donde habrá llanto y rechinar de dientes. **43**Entonces los justos brillarán en el reino de su Padre como el sol. El que tenga oídos, que oiga.

Parábolas del tesoro escondido y de la perla

44»El reino de los cielos es como un tesoro escondido en un campo. Cuando un hombre lo descubrió, lo volvió a esconder, y lleno de alegría fue y vendió todo lo que tenía y compró ese campo.

45»También se parece el reino de los cielos a un comerciante que andaba buscando perlas finas. **46**Cuando encontró una de gran valor, fue y vendió todo lo que tenía y la compró.

Parábola de la red

47»También se parece el reino de los cielos a una red echada al lago, que recoge peces de toda clase. **48**Cuando se llena, los pescadores la sacan a la orilla, se sientan y recogen en canastas los peces buenos, y desechan los malos. **49**Así será al fin del mundo. Vendrán los ángeles y apartarán de los justos a los malvados, **50**y los arrojarán al horno encendido, donde habrá llanto y rechinar de dientes.

51—¿Han entendido todo esto? —les preguntó Jesús.

—Sí —respondieron ellos.

Entonces concluyó Jesús:

52—Todo *maestro de la ley que ha sido instruido acerca del reino de los cielos es como el dueño de una casa, que de lo que tiene guardado saca tesoros nuevos y viejos.

Un profeta sin honra

53Cuando Jesús terminó de contar estas parábolas, se fue de allí. **54**Al llegar a su tierra, comenzó a enseñar a la gente en la sinagoga.

—¿De dónde sacó éste tal sabiduría y tales poderes milagrosos? —decían maravillados—. **55**¿No es acaso el hijo del carpintero? ¿No se llama su madre María; y no son sus hermanos *Jacobo, José, Simón y Judas? **56**¿No están con nosotros todas sus hermanas? ¿Así que de dónde sacó todas estas cosas?

37He answered, "The one who sowed the good seed is the Son of Man. **38**The field is the world, and the good seed stands for the sons of the kingdom. The weeds are the sons of the evil one, **39**and the enemy who sows them is the devil. The harvest is the end of the age, and the harvesters are angels.

40"As the weeds are pulled up and burned in the fire, so it will be at the end of the age. **41**The Son of Man will send out his angels, and they will weed out of his kingdom everything that causes sin and all who do evil. **42**They will throw them into the fiery furnace, where there will be weeping and gnashing of teeth. **43**Then the righteous will shine like the sun in the kingdom of their Father. He who has ears, let him hear.

The Parables of the Hidden Treasure and the Pearl

44"The kingdom of heaven is like treasure hidden in a field. When a man found it, he hid it again, and then in his joy went and sold all he had and bought that field.

45"Again, the kingdom of heaven is like a merchant looking for fine pearls. **46**When he found one of great value, he went away and sold everything he had and bought it.

The Parable of the Net

47"Once again, the kingdom of heaven is like a net that was let down into the lake and caught all kinds of fish. **48**When it was full, the fishermen pulled it up on the shore. Then they sat down and collected the good fish in baskets, but threw the bad away. **49**This is how it will be at the end of the age. The angels will come and separate the wicked from the righteous **50**and throw them into the fiery furnace, where there will be weeping and gnashing of teeth.

51"Have you understood all these things?" Jesus asked.

"Yes," they replied.

52He said to them, "Therefore every teacher of the law who has been instructed about the kingdom of heaven is like the owner of a house who brings out of his storeroom new treasures as well as old."

A Prophet Without Honor

53When Jesus had finished these parables, he moved on from there. **54**Coming to his hometown, he began teaching the people in their synagogue, and they were amazed. "Where did this man get this wisdom and these miraculous powers?" they asked. **55**"Isn't this the carpenter's son? Isn't his mother's name Mary, and aren't his brothers James, Joseph, Simon and Judas? **56**Aren't all his sisters with us? Where

57Y se *escandalizaban a causa de él. Pero Jesús les dijo:

—En todas partes se honra a un profeta, menos en su tierra y en su propia casa.

58Y por la incredulidad de ellos, no hizo allí muchos milagros.

Decapitación de Juan el Bautista

14 En aquel tiempo Herodes el tetrarca se enteró de lo que decían de Jesús, 2y comentó a sus sirvientes: «¡Ése es Juan el Bautista; ha *resucitado Por eso tiene poder para realizar milagros.»

3En efecto, Herodes había arrestado a Juan. Lo había encadenado y metido en la cárcel por causa de Herodías, esposa de su hermano Felipe. 4Es que Juan había estado diciéndole: «La ley te prohíbe tenerla por esposa.» 5Herodes quería matarlo, pero le tenía miedo a la gente, porque consideraban a Juan como un profeta.

6En el cumpleaños de Herodes, la hija de Herodías bailó delante de todos; y tanto le agradó a Herodes 7que le prometió bajo juramento darle cualquier cosa que pidiera. 8Instigada por su madre, le pidió: «Dame en una bandeja la cabeza de Juan el Bautista.»

9El rey se entristeció, pero a causa de sus juramentos y en atención a los invitados, ordenó que se le concediera la petición, 10y mandó decapitar a Juan en la cárcel. 11Llevaron la cabeza en una bandeja y se la dieron a la muchacha, quien se la entregó a su madre. 12Luego llegaron los discípulos de Juan, recogieron el cuerpo y le dieron sepultura. Después fueron y avisaron a Jesús.

Jesús alimenta a los cinco mil

13Cuando Jesús recibió la noticia, se retiró él solo en una barca a un lugar solitario. Las multitudes se enteraron y lo siguieron a pie desde los poblados. 14Cuando Jesús desembarcó y vio a tanta gente, tuvo compasión de ellos y sanó a los que estaban enfermos.

15Al atardecer se le acercaron sus discípulos y le dijeron:

—Éste es un lugar apartado y ya se hace tarde. Despide a la gente, para que vayan a los pueblos y se compren algo de comer.

16—No tienen que irse —contestó Jesús—. Denles ustedes mismos de comer.

17Ellos objetaron:

—No tenemos aquí más que cinco panes y dos pescados.

18—Tráiganmelos acá —les dijo Jesús.

19Y mandó a la gente que se sentara sobre la hierba. Tomó los cinco panes y los dos pescados y, mirando al cielo, los bendijo. Luego partió los panes y se los dio a los discípulos, quienes los repartieron a la gente. 20Todos comieron hasta

then did this man get all these things?" 57And they took offense at him.

But Jesus said to them, "Only in his hometown and in his own house is a prophet without honor."

58And he did not do many miracles there because of their lack of faith.

John the Baptist Beheaded

14 At that time Herod the tetrarch heard the reports about Jesus, 2and he said to his attendants, "This is John the Baptist; he has risen from the dead That is why miraculous powers are at work in him."

3Now Herod had arrested John and bound him and put him in prison because of Herodias, his brother Philip's wife, 4for John had been saying to him: "It is not lawful for you to have her." 5Herod wanted to kill John, but he was afraid of the people, because they considered him a prophet.

6On Herod's birthday the daughter of Herodias danced for them and pleased Herod so much 7that he promised with an oath to give her whatever she asked. 8Prompted by her mother, she said, "Give me here on a platter the head of John the Baptist." 9The king was distressed, but because of his oaths and his dinner guests, he ordered that her request be granted 10and had John beheaded in the prison. 11His head was brought in on a platter and given to the girl, who carried it to her mother. 12John's disciples came and took his body and buried it. Then they went and told Jesus.

Jesus Feeds the Five Thousand

13When Jesus heard what had happened, he withdrew by boat privately to a solitary place. Hearing of this, the crowds followed him on foot from the towns. 14When Jesus landed and saw a large crowd, he had compassion on them and healed their sick.

15As evening approached, the disciples came to him and said, "This is a remote place, and it's already getting late. Send the crowds away, so they can go to the villages and buy themselves some food."

16Jesus replied, "They do not need to go away. You give them something to eat."

17"We have here only five loaves of bread and two fish," they answered.

18"Bring them here to me," he said. 19And he directed the people to sit down on the grass. Taking the five loaves and the two fish and looking up to heaven, he gave thanks and broke the loaves. Then he gave them to the disciples, and the disciples gave them to the people.

quedar satisfechos, y los discípulos recogieron doce canastas llenas de pedazos que sobraron. 21Los que comieron fueron unos cinco mil hombres, sin contar a las mujeres y a los niños.

Jesús camina sobre el agua

22En seguida Jesús hizo que los discípulos subieran a la barca y se le adelantaran al otro lado mientras él despedía a la multitud. 23Después de despedir a la gente, subió a la montaña para orar a solas. Al anochecer, estaba allí él solo, 24y la barca ya estaba bastante lejosy de la tierra, zarandeada por las olas, porque el viento le era contrario.

25En la madrugada,z Jesús se acercó a ellos caminando sobre el lago. 26Cuando los discípulos lo vieron caminando sobre el agua, quedaron aterrados.

—¡Es un fantasma —gritaron de miedo.

27Pero Jesús les dijo en seguida:

—¡Cálmense Soy yo. No tengan miedo.

28—Señor, si eres tú —respondió Pedro—, mándame que vaya a ti sobre el agua.

29—Ven —dijo Jesús.

Pedro bajó de la barca y caminó sobre el agua en dirección a Jesús. 30Pero al sentir el viento fuerte, tuvo miedo y comenzó a hundirse. Entonces gritó:

—¡Señor, sálvame

31En seguida Jesús le tendió la mano y, sujetándolo, lo reprendió:

—¡Hombre de poca fe ¿Por qué dudaste?

32Cuando subieron a la barca, se calmó el viento. 33Y los que estaban en la barca lo adoraron diciendo:

—Verdaderamente tú eres el Hijo de Dios.

34Después de cruzar el lago, desembarcaron en Genesaret. 35Los habitantes de aquel lugar reconocieron a Jesús y divulgaron la noticia por todos los alrededores. Le llevaban todos los enfermos, 36suplicándole que les permitiera tocar siquiera el borde de su manto, y quienes lo tocaban quedaban sanos.

Lo limpio y lo impuro

15 Se acercaron a Jesús algunos fariseos y *maestros de la ley que habían llegado de Jerusalén, y le preguntaron:

2—¿Por qué quebrantan tus discípulos la tradición de los *ancianos? ¡Comen sin cumplir primero el rito de lavarse las manos

3Jesús les contestó:

—¿Y por qué ustedes quebrantan el mandamiento de Dios a causa de la tradición? 4Dios

20They all ate and were satisfied, and the disciples picked up twelve basketfuls of broken pieces that were left over. 21The number of those who ate was about five thousand men, besides women and children.

Jesus Walks on the Water

22Immediately Jesus made the disciples get into the boat and go on ahead of him to the other side, while he dismissed the crowd. 23After he had dismissed them, he went up on a mountainside by himself to pray. When evening came, he was there alone, 24but the boat was already a considerable distancec from land, buffeted by the waves because the wind was against it.

25During the fourth watch of the night Jesus went out to them, walking on the lake. 26When the disciples saw him walking on the lake, they were terrified. "It's a ghost," they said, and cried out in fear.

27But Jesus immediately said to them: "Take courage It is I. Don't be afraid."

28"Lord, if it's you," Peter replied, "tell me to come to you on the water."

29"Come," he said.

Then Peter got down out of the boat, walked on the water and came toward Jesus. 30But when he saw the wind, he was afraid and, beginning to sink, cried out, "Lord, save me "

31Immediately Jesus reached out his hand and caught him. "You of little faith," he said, "why did you doubt?"

32And when they climbed into the boat, the wind died down. 33Then those who were in the boat worshiped him, saying, "Truly you are the Son of God."

34When they had crossed over, they landed at Gennesaret. 35And when the men of that place recognized Jesus, they sent word to all the surrounding country. People brought all their sick to him 36and begged him to let the sick just touch the edge of his cloak, and all who touched him were healed.

Clean and Unclean

15 Then some Pharisees and teachers of the law came to Jesus from Jerusalem and asked, 2"Why do your disciples break the tradition of the elders? They don't wash their hands before they eat "

3Jesus replied, "And why do you break the command of God for the sake of your tradition? 4For God said, 'Honor your father and

---

y14:24 *bastante lejos.* Lit. *a muchos *estadios.*   z14:25 *la madrugada.* Lit. *la cuarta vigilia de la noche.*

dijo: "Honra a tu padre y a tu madre",*a* y también: "El que maldiga a su padre o a su madre será condenado a muerte." *b* 5Ustedes, en cambio, enseñan que un hijo puede decir a su padre o a su madre: "Cualquier ayuda que pudiera darte ya la he dedicado como ofrenda a Dios." 6En ese caso, el tal hijo no tiene que honrar a su padre.*c* Así por causa de la tradición anulan ustedes la palabra de Dios. 7¡*Hipócritas Tenía razón Isaías cuando profetizó de ustedes:

8»"Este pueblo me honra con los labios,
    pero su corazón está lejos de mí.
9En vano me adoran;
    sus enseñanzas no son más que reglas
      *humanas." d

10Jesús llamó a la multitud y dijo:
—Escuchen y entiendan. 11Lo que *contamina a una persona no es lo que entra en la boca sino lo que sale de ella.
12Entonces se le acercaron los discípulos y le dijeron:
—¿Sabes que los fariseos se *escandalizaron al oír eso?
13—Toda planta que mi Padre celestial no haya plantado será arrancada de raíz —les respondió—. 14Déjenlos; son guías ciegos.*e* Y si un ciego guía a otro ciego, ambos caerán en un hoyo.
15—Explícanos la comparación —le pidió Pedro.
16—¿También ustedes son todavía tan torpes? —les dijo Jesús—. 17¿No se dan cuenta de que todo lo que entra en la boca va al estómago y después se echa en la letrina? 18Pero lo que sale de la boca viene del corazón y contamina a la persona. 19Porque del corazón salen los malos pensamientos, los homicidios, los adulterios, la inmoralidad sexual, los robos, los falsos testimonios y las calumnias. 20Éstas son las cosas que contaminan a la persona, y no el comer sin lavarse las manos.

La fe de la mujer cananea

21Partiendo de allí, Jesús se retiró a la región de Tiro y Sidón. 22Una mujer cananea de las inmediaciones salió a su encuentro, gritando:
—¡Señor, Hijo de David, ten compasión de mí Mi hija sufre terriblemente por estar endemoniada.
23Jesús no le respondió palabra. Así que sus discípulos se acercaron a él y le rogaron:
—Despídela, porque viene detrás de nosotros gritando.

mother'*d* and 'Anyone who curses his father or mother must be put to death.'*e* 5But you say that if a man says to his father or mother, 'Whatever help you might otherwise have received from me is a gift devoted to God,' 6he is not to 'honor his father*f* with it. Thus you nullify the word of God for the sake of your tradition. 7You hypocrites Isaiah was right when he prophesied about you:

8"'These people honor me with their lips,
    but their hearts are far from me.
9They worship me in vain;
    their teachings are but rules taught by
      men.'*g*"

10Jesus called the crowd to him and said, "Listen and understand. 11What goes into a man's mouth does not make him 'unclean,' but what comes out of his mouth, that is what makes him 'unclean.'"
12Then the disciples came to him and asked, "Do you know that the Pharisees were offended when they heard this?"
13He replied, "Every plant that my heavenly Father has not planted will be pulled up by the roots. 14Leave them; they are blind guides.*h* If a blind man leads a blind man, both will fall into a pit."
15Peter said, "Explain the parable to us."
16"Are you still so dull?" Jesus asked them. 17"Don't you see that whatever enters the mouth goes into the stomach and then out of the body? 18But the things that come out of the mouth come from the heart, and these make a man 'unclean.' 19For out of the heart come evil thoughts, murder, adultery, sexual immorality, theft, false testimony, slander. 20These are what make a man 'unclean'; but eating with unwashed hands does not make him 'unclean.'"
21Leaving that place, Jesus withdrew to the region of Tyre and Sidon. 22A Canaanite woman from that vicinity came to him, crying out, "Lord, Son of David, have mercy on me My daughter is suffering terribly from demon-possession."
23Jesus did not answer a word. So his disciples came to him and urged him, "Send her away, for she keeps crying out after us."

*a*15:4 Éx 20:12; Dt 5:16   *b*15:4 Éx 21:17; Lv 20:9
*c*15:6 *padre.* Var. *padre ni a su madre.*   *d*15:9 Is 29:13
*e*15:14 *guías ciegos.* Var. *ciegos guías de ciegos.*
*d*4 Exodus 20:12; Deut. 5:16   *e*4 Exodus 21:17; Lev. 20:9
*f*6 Some manuscripts *father or his mother*   *g*9 Isaiah 29:13
*h*14 Some manuscripts *guides of the blind*

24—No fui enviado sino a las ovejas perdidas del pueblo de Israel —contestó Jesús.

25La mujer se acercó y, arrodillándose delante de él, le suplicó:

—¡Señor, ayúdame

26Él le respondió:

—No está bien quitarles el pan a los hijos y echárselo a los *perros.

27—Sí, Señor; pero hasta los perros comen las migajas que caen de la mesa de sus amos.

28—¡Mujer, qué grande es tu fe —contestó Jesús—. Que se cumpla lo que quieres.

Y desde ese mismo momento quedó sana su hija.

Jesús alimenta a los cuatro mil

29Salió Jesús de allí y llegó a orillas del mar de Galilea. Luego subió a la montaña y se sentó. **30**Se le acercaron grandes multitudes que llevaban cojos, ciegos, lisiados, mudos y muchos enfermos más, y los pusieron a sus pies; y él los sanó. **31**La gente se asombraba al ver a los mudos hablar, a los lisiados recobrar la salud, a los cojos andar y a los ciegos ver. Y alababan al Dios de Israel.

32Jesús llamó a sus discípulos y les dijo:

—Siento compasión de esta gente porque ya llevan tres días conmigo y no tienen nada que comer. No quiero despedirlos sin comer, no sea que se desmayen por el camino.

33Los discípulos objetaron:

—¿Dónde podríamos conseguir en este lugar despoblado suficiente pan para dar de comer a toda esta multitud?

34—¿Cuántos panes tienen? —les preguntó Jesús.

—Siete, y unos pocos pescaditos.

35Luego mandó que la gente se sentara en el suelo. **36**Tomando los siete panes y los pescados, dio gracias, los partió y se los fue dando a los discípulos. Éstos, a su vez, los distribuyeron a la gente. **37**Todos comieron hasta quedar satisfechos. Después los discípulos recogieron siete cestas llenas de pedazos que sobraron. **38**Los que comieron eran cuatro mil hombres, sin contar a las mujeres y a los niños. **39**Después de despedir a la gente, subió Jesús a la barca y se fue a la región de Magadán.ᶠ

Le piden a Jesús una señal

16 Los fariseos y los saduceos se acercaron a Jesús y, para ponerlo a prueba, le pidieron que les mostrara una señal del cielo.

2Él les contestó:ᵍ «Al atardecer, ustedes dicen

24He answered, "I was sent only to the lost sheep of Israel."

25The woman came and knelt before him. "Lord, help me " she said.

26He replied, "It is not right to take the children's bread and toss it to their dogs."

27"Yes, Lord," she said, "but even the dogs eat the crumbs that fall from their masters' table."

28Then Jesus answered, "Woman, you have great faith Your request is granted." And her daughter was healed from that very hour.

Jesus Feeds the Four Thousand

29Jesus left there and went along the Sea of Galilee. Then he went up on a mountainside and sat down. **30**Great crowds came to him, bringing the lame, the blind, the crippled, the mute and many others, and laid them at his feet; and he healed them. **31**The people were amazed when they saw the mute speaking, the crippled made well, the lame walking and the blind seeing. And they praised the God of Israel.

32Jesus called his disciples to him and said, "I have compassion for these people; they have already been with me three days and have nothing to eat. I do not want to send them away hungry, or they may collapse on the way."

33His disciples answered, "Where could we get enough bread in this remote place to feed such a crowd?"

34"How many loaves do you have?" Jesus asked.

"Seven," they replied, "and a few small fish."

35He told the crowd to sit down on the ground. **36**Then he took the seven loaves and the fish, and when he had given thanks, he broke them and gave them to the disciples, and they in turn to the people. **37**They all ate and were satisfied. Afterward the disciples picked up seven basketfuls of broken pieces that were left over. **38**The number of those who ate was four thousand, besides women and children. **39**After Jesus had sent the crowd away, he got into the boat and went to the vicinity of Magadan.

The Demand for a Sign

16 The Pharisees and Sadducees came to Jesus and tested him by asking him to show them a sign from heaven.

2He replied,ⁱ "When evening comes, you say, 'It will be fair weather, for the sky is red,' **3**and

---

ᶠ15:39 *Magadán.* Var. *Magdala.*　ᵍ16:2 Var. no incluye el resto del v. 2 y todo el v. 3.

ⁱ2 Some early manuscripts do not have the rest of verse 2 and all of verse 3.

que hará buen tiempo porque el cielo está rojizo, ³y por la mañana, que habrá tempestad porque el cielo está nublado y amenazante.ʰ Ustedes saben discernir el aspecto del cielo, pero no las señales de los tiempos. ⁴Esta generación malvada y adúltera busca una señal milagrosa, pero no se le dará más señal que la de Jonás.» Entonces Jesús los dejó y se fue.

La levadura de los fariseos y de los saduceos

⁵Cruzaron el lago, pero a los discípulos se les había olvidado llevar pan.

⁶—Tengan cuidado —les advirtió Jesús—; eviten la levadura de los fariseos y de los saduceos.

⁷Ellos comentaban entre sí: «Lo dice porque no trajimos pan.» ⁸Al darse cuenta de esto, Jesús les recriminó:

—Hombres de poca fe, ¿por qué están hablando de que no tienen pan? ⁹¿Todavía no entienden? ¿No recuerdan los cinco panes para los cinco mil, y el número de canastas que recogieron? ¹⁰¿Ni los siete panes para los cuatro mil, y el número de cestas que recogieron? ¹¹¿Cómo es que no entienden que no hablaba yo del pan sino de tener cuidado de la levadura de fariseos y saduceos?

¹²Entonces comprendieron que no les decía que se cuidaran de la levadura del pan sino de la enseñanza de los fariseos y de los saduceos.

La confesión de Pedro

¹³Cuando llegó a la región de Cesarea de Filipo, Jesús preguntó a sus discípulos:

—¿Quién dice la gente que es el Hijo del hombre?

Le respondieron:

¹⁴—Unos dicen que es Juan el Bautista, otros que Elías, y otros que Jeremías o uno de los profetas.

¹⁵—Y ustedes, ¿quién dicen que soy yo?

¹⁶—Tú eres el *Cristo, el Hijo del Dios viviente —afirmó Simón Pedro.

¹⁷—*Dichoso tú, Simón, hijo de Jonás —le dijo Jesús—, porque eso no te lo reveló ningún mortal,ⁱ sino mi Padre que está en el cielo. ¹⁸Yo te digo que tú eres Pedro,ʲ y sobre esta piedra edificaré mi iglesia, y las puertas del reino de la muerteᵏ no prevalecerán contra ella. ¹⁹Te daré las llaves del reino de los cielos; todo lo que ates en la tierra quedará atado en el cielo, y todo lo que desates en la tierra quedará desatado en el cielo.

in the morning, 'Today it will be stormy, for the sky is red and overcast.' You know how to interpret the appearance of the sky, but you cannot interpret the signs of the times. ⁴A wicked and adulterous generation looks for a miraculous sign, but none will be given it except the sign of Jonah." Jesus then left them and went away.

The Yeast of the Pharisees and Sadducees

⁵When they went across the lake, the disciples forgot to take bread. ⁶"Be careful," Jesus said to them. "Be on your guard against the yeast of the Pharisees and Sadducees."

⁷They discussed this among themselves and said, "It is because we didn't bring any bread."

⁸Aware of their discussion, Jesus asked, "You of little faith, why are you talking among yourselves about having no bread? ⁹Do you still not understand? Don't you remember the five loaves for the five thousand, and how many basketfuls you gathered? ¹⁰Or the seven loaves for the four thousand, and how many basketfuls you gathered? ¹¹How is it you don't understand that I was not talking to you about bread? But be on your guard against the yeast of the Pharisees and Sadducees." ¹²Then they understood that he was not telling them to guard against the yeast used in bread, but against the teaching of the Pharisees and Sadducees.

Peter's Confession of Christ

¹³When Jesus came to the region of Caesarea Philippi, he asked his disciples, "Who do people say the Son of Man is?"

¹⁴They replied, "Some say John the Baptist; others say Elijah; and still others, Jeremiah or one of the prophets."

¹⁵"But what about you?" he asked. "Who do you say I am?"

¹⁶Simon Peter answered, "You are the Christ,ʲ the Son of the living God."

¹⁷Jesus replied, "Blessed are you, Simon son of Jonah, for this was not revealed to you by man, but by my Father in heaven. ¹⁸And I tell you that you are Peter,ᵏ and on this rock I will build my church, and the gates of Hadesˡ will not overcome it.ᵐ ¹⁹I will give you the keys of the kingdom of heaven; whatever you bind on earth will beⁿ bound in heaven, and whatever you loose on earth will beᵒ loosed in heaven."

ʰ 16:3 amenazante. Lit. rojizo.   ⁱ 16:17 ningún mortal. Lit. *carne y sangre.   ʲ 16:18 Pedro significa piedra.
ᵏ 16:18 del reino de la muerte. Lit. del *Hades.

ʲ 16 Or Messiah; also in verse 20   ᵏ 18 Peter means rock.
ˡ 18 Or hell   ᵐ 18 Or not prove stronger than it   ⁿ 19 Or have been   ᵒ 19 Or have been

20Luego les ordenó a sus discípulos que no dijeran a nadie que él era el Cristo.

Jesús predice su muerte

21Desde entonces comenzó Jesús a advertir a sus discípulos que tenía que ir a Jerusalén y sufrir muchas cosas a manos de los *ancianos, de los jefes de los sacerdotes y de los *maestros de la ley, y que era necesario que lo mataran y que al tercer día resucitara. 22Pedro lo llevó aparte y comenzó a reprenderlo:

—¡De ninguna manera, Señor ¡Esto no te sucederá jamás

23Jesús se volvió y le dijo a Pedro:

—¡Aléjate de mí, Satanás Quieres hacerme *tropezar; no piensas en las cosas de Dios sino en las de los hombres.

24Luego dijo Jesús a sus discípulos:

—Si alguien quiere ser mi discípulo, tiene que negarse a sí mismo, tomar su cruz y seguirme. 25Porque el que quiera salvar su *vida, la perderá; pero el que pierda su vida por mi causa, la encontrará. 26¿De qué sirve ganar el mundo entero si se pierde la vida? ¿O qué se puede dar a cambio de la vida? 27Porque el Hijo del hombre ha de venir en la gloria de su Padre con sus ángeles, y entonces recompensará a cada persona según lo que haya hecho. 28Les aseguro que algunos de los aquí presentes no sufrirán la muerte sin antes haber visto al Hijo del hombre llegar en su reino.

La transfiguración

17 Seis días después, Jesús tomó consigo a Pedro, a *Jacobo y a Juan, el hermano de Jacobo, y los llevó aparte, a una montaña alta. 2Allí se transfiguró en presencia de ellos; su rostro resplandeció como el sol, y su ropa se volvió blanca como la luz. 3En esto, se les aparecieron Moisés y Elías conversando con Jesús. 4Pedro le dijo a Jesús:

—Señor, ¡qué bien que estemos aquí Si quieres, levantaré tres albergues: uno para ti, otro para Moisés y otro para Elías.

5Mientras estaba aún hablando, apareció una nube luminosa que los envolvió, de la cual salió una voz que dijo: «Éste es mi Hijo amado; estoy muy complacido con él. ¡Escúchenlo »

6Al oír esto, los discípulos se postraron sobre su rostro, aterrorizados. 7Pero Jesús se acercó a ellos y los tocó.

—Levántense —les dijo—. No tengan miedo.

8Cuando alzaron la vista, no vieron a nadie más que a Jesús.

9Mientras bajaban de la montaña, Jesús les encargó:

—No le cuenten a nadie lo que han visto hasta que el Hijo del hombre *resucite.

20Then he warned his disciples not to tell anyone that he was the Christ.

Jesus Predicts His Death

21From that time on Jesus began to explain to his disciples that he must go to Jerusalem and suffer many things at the hands of the elders, chief priests and teachers of the law, and that he must be killed and on the third day be raised to life.
22Peter took him aside and began to rebuke him. "Never, Lord " he said. "This shall never happen to you "

23Jesus turned and said to Peter, "Get behind me, Satan You are a stumbling block to me; you do not have in mind the things of God, but the things of men."

24Then Jesus said to his disciples, "If anyone would come after me, he must deny himself and take up his cross and follow me. 25For whoever wants to save his life^p will lose it, but whoever loses his life for me will find it. 26What good will it be for a man if he gains the whole world, yet forfeits his soul? Or what can a man give in exchange for his soul? 27For the Son of Man is going to come in his Father's glory with his angels, and then he will reward each person according to what he has done. 28I tell you the truth, some who are standing here will not taste death before they see the Son of Man coming in his kingdom."

The Transfiguration

17 After six days Jesus took with him Peter, James and John the brother of James, and led them up a high mountain by themselves. 2There he was transfigured before them. His face shone like the sun, and his clothes became as white as the light. 3Just then there appeared before them Moses and Elijah, talking with Jesus.

4Peter said to Jesus, "Lord, it is good for us to be here. If you wish, I will put up three shelters—one for you, one for Moses and one for Elijah."

5While he was still speaking, a bright cloud enveloped them, and a voice from the cloud said, "This is my Son, whom I love; with him I am well pleased. Listen to him "

6When the disciples heard this, they fell face-down to the ground, terrified. 7But Jesus came and touched them. "Get up," he said. "Don't be afraid." 8When they looked up, they saw no one except Jesus.

9As they were coming down the mountain, Jesus instructed them, "Don't tell anyone what

p 25 The Greek word means either *life* or *soul*; also in verse 26.

10Entonces los discípulos le preguntaron a Jesús:

—¿Por qué dicen los *maestros de la ley que Elías tiene que venir primero?

11—Sin duda Elías viene, y restaurará todas las cosas —respondió Jesús—. **12**Pero les digo que Elías ya vino, y no lo reconocieron sino que hicieron con él todo lo que quisieron. De la misma manera va a sufrir el Hijo del hombre a manos de ellos.

13Entonces entendieron los discípulos que les estaba hablando de Juan el Bautista.

Jesús sana a un muchacho endemoniado

14Cuando llegaron a la multitud, un hombre se acercó a Jesús y se arrodilló delante de él. **15**—Señor, ten compasión de mi hijo. Le dan ataques y sufre terriblemente. Muchas veces cae en el fuego o en el agua. **16**Se lo traje a tus discípulos, pero no pudieron sanarlo.

17—¡Ah, generación incrédula y perversa —respondió Jesús—. ¿Hasta cuándo tendré que estar con ustedes? ¿Hasta cuándo tendré que soportarlos? Tráiganme acá al muchacho.

18Jesús reprendió al demonio, el cual salió del muchacho, y éste quedó sano desde aquel momento.

19Después los discípulos se acercaron a Jesús y, en privado, le preguntaron:

—¿Por qué nosotros no pudimos expulsarlo?

20—Porque ustedes tienen tan poca fe —les respondió—. Les aseguro que si tienen fe tan pequeña como un grano de mostaza, podrán decirle a esta montaña: "Trasládate de aquí para allá", y se trasladará. Para ustedes nada será imposible.[1]

22Estando reunidos en Galilea, Jesús les dijo: «El Hijo del hombre va a ser entregado en manos de los hombres. **23**Lo matarán, pero al tercer día resucitará.» Y los discípulos se entristecieron mucho.

El impuesto del templo

24Cuando Jesús y sus discípulos llegaron a Capernaúm, los que cobraban el impuesto del *templo[m] se acercaron a Pedro y le preguntaron:

—¿Su maestro no paga el impuesto del templo?

25—Sí, lo paga —respondió Pedro.

Al entrar Pedro en la casa, se adelantó Jesús a preguntarle:

—¿Tú qué opinas, Simón? Los reyes de la tierra, ¿a quiénes cobran tributos e impuestos: a los suyos o a los demás?

you have seen, until the Son of Man has been raised from the dead."

10The disciples asked him, "Why then do the teachers of the law say that Elijah must come first?"

11Jesus replied, "To be sure, Elijah comes and will restore all things. **12**But I tell you, Elijah has already come, and they did not recognize him, but have done to him everything they wished. In the same way the Son of Man is going to suffer at their hands." **13**Then the disciples understood that he was talking to them about John the Baptist.

The Healing of a Boy With a Demon

14When they came to the crowd, a man approached Jesus and knelt before him. **15**"Lord, have mercy on my son," he said. "He has seizures and is suffering greatly. He often falls into the fire or into the water. **16**I brought him to your disciples, but they could not heal him."

17"O unbelieving and perverse generation," Jesus replied, "how long shall I stay with you? How long shall I put up with you? Bring the boy here to me." **18**Jesus rebuked the demon, and it came out of the boy, and he was healed from that moment.

19Then the disciples came to Jesus in private and asked, "Why couldn't we drive it out?"

20He replied, "Because you have so little faith. I tell you the truth, if you have faith as small as a mustard seed, you can say to this mountain, 'Move from here to there' and it will move. Nothing will be impossible for you."[q]

22When they came together in Galilee, he said to them, "The Son of Man is going to be betrayed into the hands of men. **23**They will kill him, and on the third day he will be raised to life." And the disciples were filled with grief.

The Temple Tax

24After Jesus and his disciples arrived in Capernaum, the collectors of the two-drachma tax came to Peter and asked, "Doesn't your teacher pay the temple tax[r]?"

25"Yes, he does," he replied.

When Peter came into the house, Jesus was the first to speak. "What do you think, Simon?" he asked. "From whom do the kings of the earth collect duty and taxes—from their own sons or from others?"

---

[1]17:20 *imposible.* Var. *imposible.* [21] *Pero esta clase no sale sino con oración y ayuno.* [m]**17:24** *el impuesto del templo.* Lit. *las dos* *dracmas.*

[q]20 Some manuscripts *you.* [21] *But this kind does not go out except by prayer and fasting.* [r]24 Greek *the two drachmas*

26—A los demás —contestó Pedro.

—Entonces los suyos están exentos —le dijo Jesús—. 27Pero, para no *escandalizar a esta gente, vete al lago y echa el anzuelo. Saca el primer pez que pique; ábrele la boca y encontrarás una moneda.ⁿ Tómala y dásela a ellos por mi impuesto y por el tuyo.

El más importante en el reino de los cielos

18 En ese momento los discípulos se acercaron a Jesús y le preguntaron:

—¿Quién es el más importante en el reino de los cielos?

2Él llamó a un niño y lo puso en medio de ellos. 3Entonces dijo:

—Les aseguro que a menos que ustedes cambien y se vuelvan como niños, no entrarán en el reino de los cielos. 4Por tanto, el que se humilla como este niño será el más grande en el reino de los cielos.

5»Y el que recibe en mi nombre a un niño como éste, me recibe a mí. 6Pero si alguien hace *pecar a uno de estos pequeños que creen en mí, más le valdría que le colgaran al cuello una gran piedra de molino y lo hundieran en lo profundo del mar.

7»¡Ay del mundo por las cosas que hacen pecar a la gente Inevitable es que sucedan, pero ¡ay del que hace pecar a los demás 8Si tu mano o tu pie te hace pecar, córtatelo y arrójalo. Más te vale entrar en la vida manco o cojo que ser arrojado al fuego eterno con tus dos manos y tus dos pies. 9Y si tu ojo te hace pecar, sácatelo y arrójalo. Más te vale entrar tuerto en la vida que con dos ojos ser arrojado al fuego del infierno.ⁿ

Parábola de la oveja perdida

10»Miren que no menosprecien a uno de estos pequeños. Porque les digo que en el cielo los ángeles de ellos contemplan siempre el rostro de mi Padre celestial.ᵒ

12»¿Qué les parece? Si un hombre tiene cien ovejas y se le extravía una de ellas, ¿no dejará las noventa y nueve en las colinas para ir en busca de la extraviada? 13Y si llega a encontrarla, les aseguro que se pondrá más feliz por esa sola oveja que por las noventa y nueve que no se extraviaron. 14Así también, el Padre de ustedes que está en el cielo no quiere que se pierda ninguno de estos pequeños.

26"From others," Peter answered.

"Then the sons are exempt," Jesus said to him. 27"But so that we may not offend them, go to the lake and throw out your line. Take the first fish you catch; open its mouth and you will find a four-drachma coin. Take it and give it to them for my tax and yours."

The Greatest in the Kingdom of Heaven

18 At that time the disciples came to Jesus and asked, "Who is the greatest in the kingdom of heaven?"

2He called a little child and had him stand among them. 3And he said: "I tell you the truth, unless you change and become like little children, you will never enter the kingdom of heaven. 4Therefore, whoever humbles himself like this child is the greatest in the kingdom of heaven.

5"And whoever welcomes a little child like this in my name welcomes me. 6But if anyone causes one of these little ones who believe in me to sin, it would be better for him to have a large millstone hung around his neck and to be drowned in the depths of the sea.

7"Woe to the world because of the things that cause people to sin Such things must come, but woe to the man through whom they come 8If your hand or your foot causes you to sin, cut it off and throw it away. It is better for you to enter life maimed or crippled than to have two hands or two feet and be thrown into eternal fire. 9And if your eye causes you to sin, gouge it out and throw it away. It is better for you to enter life with one eye than to have two eyes and be thrown into the fire of hell.

The Parable of the Lost Sheep

10"See that you do not look down on one of these little ones. For I tell you that their angels in heaven always see the face of my Father in heaven.ˢ

12"What do you think? If a man owns a hundred sheep, and one of them wanders away, will he not leave the ninety-nine on the hills and go to look for the one that wandered off? 13And if he finds it, I tell you the truth, he is happier about that one sheep than about the ninety-nine that did not wander off. 14In the same way your Father in heaven is not willing that any of these little ones should be lost.

ⁿ17:27 *una moneda.* Lit. *un estatero* (moneda que equivale a cuatro *dracmas).   ⁿ18:9 *al fuego del infierno.* Lit. *a la *Gehenna del fuego.*   ᵒ18:10 *celestial.* Var. *celestial.* 11 *El Hijo del hombre vino a salvar lo que se había perdido.*

ˢ10 Some manuscripts *heaven.* 11 *The Son of Man came to save what was lost.*

El hermano que peca contra ti

15»Si tu hermano peca contra ti,*p* ve a solas con él y hazle ver su falta. Si te hace caso, has ganado a tu hermano. **16**Pero si no, lleva contigo a uno o dos más, para que "todo asunto se resuelva mediante el testimonio de dos o tres testigos".*q* **17**Si se niega a hacerles caso a ellos, díselo a la iglesia; y si incluso a la iglesia no le hace caso, trátalo como si fuera un incrédulo o un renegado.*r*

18»Les aseguro que todo lo que ustedes aten en la tierra quedará atado en el cielo, y todo lo que desaten en la tierra quedará desatado en el cielo.

19»Además les digo que si dos de ustedes en la tierra se ponen de acuerdo sobre cualquier cosa que pidan, les será concedida por mi Padre que está en el cielo. **20**Porque donde dos o tres se reúnen en mi nombre, allí estoy yo en medio de ellos.

Parábola del siervo despiadado

21Pedro se acercó a Jesús y le preguntó:

—Señor, ¿cuántas veces tengo que perdonar a mi hermano que peca contra mí? ¿Hasta siete veces?

22—No te digo que hasta siete veces, sino hasta setenta y siete veces*s* —le contestó Jesús—.

23»Por eso el reino de los cielos se parece a un rey que quiso ajustar cuentas con sus *siervos. **24**Al comenzar a hacerlo, se le presentó uno que le debía miles y miles de monedas de oro.*t* **25**Como él no tenía con qué pagar, el señor mandó que lo vendieran a él, a su esposa y a sus hijos, y todo lo que tenía, para así saldar la deuda. **26**El siervo se postró delante de él. "Tenga paciencia conmigo —le rogó—, y se lo pagaré todo." **27**El señor se compadeció de su siervo, le perdonó la deuda y lo dejó en libertad.

28»Al salir, aquel siervo se encontró con uno de sus compañeros que le debía cien monedas de plata.*u* Lo agarró por el cuello y comenzó a estrangularlo. "¡Págame lo que me debes ", le exigió. **29**Su compañero se postró delante de él. "Ten paciencia conmigo —le rogó—, y te lo pagaré." **30**Pero él se negó. Más bien fue y lo hizo meter en la cárcel hasta que pagara la deuda. **31**Cuando los demás siervos vieron lo ocurrido, se entristecieron mucho y fueron a contarle a su señor todo lo que había sucedido.

A Brother Who Sins Against You

15"If your brother sins against you,*t* go and show him his fault, just between the two of you. If he listens to you, you have won your brother over. **16**But if he will not listen, take one or two others along, so that 'every matter may be established by the testimony of two or three witnesses.'*u* **17**If he refuses to listen to them, tell it to the church; and if he refuses to listen even to the church, treat him as you would a pagan or a tax collector.

18"I tell you the truth, whatever you bind on earth will be*v* bound in heaven, and whatever you loose on earth will be*w* loosed in heaven.

19"Again, I tell you that if two of you on earth agree about anything you ask for, it will be done for you by my Father in heaven. **20**For where two or three come together in my name, there am I with them."

The Parable of the Unmerciful Servant

21Then Peter came to Jesus and asked, "Lord, how many times shall I forgive my brother when he sins against me? Up to seven times?"

22Jesus answered, "I tell you, not seven times, but seventy-seven times.*x*

23"Therefore, the kingdom of heaven is like a king who wanted to settle accounts with his servants. **24**As he began the settlement, a man who owed him ten thousand talents*y* was brought to him. **25**Since he was not able to pay, the master ordered that he and his wife and his children and all that he had be sold to repay the debt.

26"The servant fell on his knees before him. 'Be patient with me,' he begged, 'and I will pay back everything.' **27**The servant's master took pity on him, canceled the debt and let him go.

28"But when that servant went out, he found one of his fellow servants who owed him a hundred denarii.*z* He grabbed him and began to choke him. 'Pay back what you owe me ' he demanded.

29"His fellow servant fell to his knees and begged him, 'Be patient with me, and I will pay you back.'

30"But he refused. Instead, he went off and had the man thrown into prison until he could pay the debt. **31**When the other servants saw what had happened, they were greatly distressed and went and told their master everything that had happened.

---

p **18:15** *peca contra ti. Var. peca.* *q* **18:16** Dt 19:15 *r* **18:17** *un incrédulo o un renegado. Lit. un *gentil o un *recaudador de impuestos.* *s* **18:22** *setenta y siete veces.* Alt. *setenta veces siete.* *t* **18:24** *miles y miles de monedas de oro. Lit. una miríada de *talentos.* *u* **18:28** *monedas de plata. Lit. *denarios.*

t 15 Some manuscripts do not have *against you.* *u* 16 Deut. 19:15 *v* 18 Or *have been* *w* 18 Or *have been* *x* 22 Or *seventy times seven* *y* 24 That is, millions of dollars *z* 28 That is, a few dollars

32Entonces el señor mandó llamar al siervo. "¡Siervo malvado —le increpó—. Te perdoné toda aquella deuda porque me lo suplicaste. 33¿No debías tú también haberte compadecido de tu compañero, así como yo me compadecí de ti?" 34Y enojado, su señor lo entregó a los carceleros para que lo torturaran hasta que pagara todo lo que debía.

35»Así también mi Padre celestial los tratará a ustedes, a menos que cada uno perdone de corazón a su hermano.

El divorcio

19 Cuando Jesús acabó de decir estas cosas, salió de Galilea y se fue a la región de Judea, al otro lado del Jordán. 2Lo siguieron grandes multitudes, y sanó allí a los enfermos.

3Algunos fariseos se le acercaron y, para ponerlo a *prueba, le preguntaron:

—¿Está permitido que un hombre se divorcie de su esposa por cualquier motivo?

4—¿No han leído —replicó Jesús— que en el principio el Creador "los hizo hombre y mujer",v 5y dijo: "Por eso dejará el hombre a su padre y a su madre, y se unirá a su esposa, y los dos llegarán a ser un solo cuerpo"?w 6Así que ya no son dos, sino uno solo. Por tanto, lo que Dios ha unido, que no lo separe el hombre.

7Le replicaron:

—¿Por qué, entonces, mandó Moisés que un hombre le diera a su esposa un certificado de divorcio y la despidiera?

8—Moisés les permitió divorciarse de su esposa por lo obstinados que sonx —respondió Jesús—. Pero no fue así desde el principio. 9Les digo que, excepto en caso de infidelidad conyugal, el que se divorcia de su esposa, y se casa con otra, comete adulterio.

10—Si tal es la situación entre esposo y esposa —comentaron los discípulos—, es mejor no casarse.

11—No todos pueden comprender este asunto —respondió Jesús—, sino sólo aquellos a quienes se les ha concedido entenderlo. 12Pues algunos son *eunucos porque nacieron así; a otros los hicieron así los hombres; y otros se han hecho así por causa del reino de los cielos. El que pueda aceptar esto, que lo acepte.

Jesús y los niños

13Llevaron unos niños a Jesús para que les impusiera las manos y orara por ellos, pero los discípulos reprendían a quienes los llevaban.

32"Then the master called the servant in. 'You wicked servant,' he said, 'I canceled all that debt of yours because you begged me to. 33Shouldn't you have had mercy on your fellow servant just as I had on you?' 34In anger his master turned him over to the jailers to be tortured, until he should pay back all he owed.

35"This is how my heavenly Father will treat each of you unless you forgive your brother from your heart."

Divorce

19 When Jesus had finished saying these things, he left Galilee and went into the region of Judea to the other side of the Jordan. 2Large crowds followed him, and he healed them there.

3Some Pharisees came to him to test him. They asked, "Is it lawful for a man to divorce his wife for any and every reason?"

4"Haven't you read," he replied, "that at the beginning the Creator 'made them male and female,'a 5and said, 'For this reason a man will leave his father and mother and be united to his wife, and the two will become one flesh'b? 6So they are no longer two, but one. Therefore what God has joined together, let man not separate."

7"Why then," they asked, "did Moses command that a man give his wife a certificate of divorce and send her away?"

8Jesus replied, "Moses permitted you to divorce your wives because your hearts were hard. But it was not this way from the beginning. 9I tell you that anyone who divorces his wife, except for marital unfaithfulness, and marries another woman commits adultery."

10The disciples said to him, "If this is the situation between a husband and wife, it is better not to marry."

11Jesus replied, "Not everyone can accept this word, but only those to whom it has been given. 12For some are eunuchs because they were born that way; others were made that way by men; and others have renounced marriagec because of the kingdom of heaven. The one who can accept this should accept it."

13Then little children were brought to Jesus for him to place his hands on them and pray for them. But the disciples rebuked those who brought them.

---

v19:4 Gn 1:27   w19:5 Gn 2:24   x19:8 por lo obstinados que son. Lit. por su dureza de corazón.

a4 Gen. 1:27   b5 Gen. 2:24   c12 Or have made themselves eunuchs

14Jesús dijo: «Dejen que los niños vengan a mí, y no se lo impidan, porque el reino de los cielos es de quienes son como ellos.» **15**Después de poner las manos sobre ellos, se fue de allí.

El joven rico

16Sucedió que un hombre se acercó a Jesús y le preguntó:

—Maestro, ¿qué de bueno tengo que hacer para obtener la vida eterna?

17—¿Por qué me preguntas sobre lo que es bueno? —respondió Jesús—. Solamente hay uno que es bueno. Si quieres entrar en la vida, obedece los mandamientos.

18—¿Cuáles? —preguntó el hombre.

Contestó Jesús:

—"No mates, no cometas adulterio, no robes, no presentes falso testimonio, **19**honra a tu padre y a tu madre",*y* y "ama a tu prójimo como a ti mismo".*z*

20—Todos ésos los he cumplido —dijo el joven—. ¿Qué más me falta?

21—Si quieres ser *perfecto, anda, vende lo que tienes y dáselo a los pobres, y tendrás tesoro en el cielo. Luego ven y sígueme.

22Cuando el joven oyó esto, se fue triste porque tenía muchas riquezas.

23—Les aseguro —comentó Jesús a sus discípulos— que es difícil para un rico entrar en el reino de los cielos. **24**De hecho, le resulta más fácil a un camello pasar por el ojo de una aguja, que a un rico entrar en el reino de Dios.

25Al oír esto, los discípulos quedaron desconcertados y decían:

—En ese caso, ¿quién podrá salvarse?

26—Para los hombres es imposible —aclaró Jesús, mirándolos fijamente—, mas para Dios todo es posible.

27—¡Mira, nosotros lo hemos dejado todo por seguirte —le reclamó Pedro—. ¿Y qué ganamos con eso?

28—Les aseguro —respondió Jesús— que en la renovación de todas las cosas, cuando el Hijo del hombre se siente en su trono glorioso, ustedes que me han seguido se sentarán también en doce tronos para gobernar a las doce tribus de Israel. **29**Y todo el que por mi causa haya dejado casas, hermanos, hermanas, padre, madre,*a* hijos o terrenos, recibirá cien veces más y heredará la vida eterna. **30**Pero muchos de los primeros serán últimos, y muchos de los últimos serán primeros.

The Rich Young Man

16Now a man came up to Jesus and asked, "Teacher, what good thing must I do to get eternal life?"

17"Why do you ask me about what is good?" Jesus replied. "There is only One who is good. If you want to enter life, obey the commandments."

18"Which ones?" the man inquired.

Jesus replied, " 'Do not murder, do not commit adultery, do not steal, do not give false testimony, **19**honor your father and mother,'*d* and 'love your neighbor as yourself.'*e*

20"All these I have kept," the young man said. "What do I still lack?"

21Jesus answered, "If you want to be perfect, go, sell your possessions and give to the poor, and you will have treasure in heaven. Then come, follow me."

22When the young man heard this, he went away sad, because he had great wealth.

23Then Jesus said to his disciples, "I tell you the truth, it is hard for a rich man to enter the kingdom of heaven. **24**Again I tell you, it is easier for a camel to go through the eye of a needle than for a rich man to enter the kingdom of God."

25When the disciples heard this, they were greatly astonished and asked, "Who then can be saved?"

26Jesus looked at them and said, "With man this is impossible, but with God all things are possible."

27Peter answered him, "We have left everything to follow you What then will there be for us?"

28Jesus said to them, "I tell you the truth, at the renewal of all things, when the Son of Man sits on his glorious throne, you who have followed me will also sit on twelve thrones, judging the twelve tribes of Israel. **29**And everyone who has left houses or brothers or sisters or father or mother*f* or children or fields for my sake will receive a hundred times as much and will inherit eternal life. **30**But many who are first will be last, and many who are last will be first."

---

y **19:19** Éx 20:12-16; Dt 5:16-20   *z* **19:19** Lv 19:18
a **19:29** madre. Var. madre, esposa.

d 19 Exodus 20:12-16; Deut. 5:16-20   *e 19* Lev. 19:18
f 29 Some manuscripts mother or wife

Parábola de los viñadores

20 »Así mismo el reino de los cielos se parece a un propietario que salió de madrugada a contratar obreros para su viñedo. [2] Acordó darles la paga de un día de trabajo[b] y los envió a su viñedo. [3] Cerca de las nueve de la mañana,[c] salió y vio a otros que estaban desocupados en la plaza. [4] Les dijo: "Vayan también ustedes a trabajar en mi viñedo, y les pagaré lo que sea justo." [5] Así fueron. Salió de nuevo a eso del mediodía y a la media tarde, e hizo lo mismo. [6] Alrededor de las cinco de la tarde, salió y encontró a otros más que estaban sin trabajo. Les preguntó: "¿Por qué han estado aquí desocupados todo el día?" [7] "Porque nadie nos ha contratado", contestaron. Él les dijo: "Vayan también ustedes a trabajar en mi viñedo."

[8] Al atardecer, el dueño del viñedo le ordenó a su capataz: "Llama a los obreros y págales su jornal, comenzando por los últimos contratados hasta llegar a los primeros." [9] Se presentaron los obreros que habían sido contratados cerca de las cinco de la tarde, y cada uno recibió la paga de un día. [10] Por eso cuando llegaron los que fueron contratados primero, esperaban que recibirían más. Pero cada uno de ellos recibió también la paga de un día. [11] Al recibirla, comenzaron a murmurar contra el propietario. [12] "Estos que fueron los últimos en ser contratados trabajaron una sola hora —dijeron—, y usted los ha tratado como a nosotros que hemos soportado el peso del trabajo y el calor del día." [13] Pero él le contestó a uno de ellos: "Amigo, no estoy cometiendo ninguna injusticia contigo. ¿Acaso no aceptaste trabajar por esa paga? [14] Tómala y vete. Quiero darle al último obrero contratado lo mismo que te di a ti. [15] ¿Es que no tengo derecho a hacer lo que quiera con mi dinero? ¿O te da envidia de que yo sea generoso?"[d]

[16] »Así que los últimos serán primeros, y los primeros, últimos.

Jesús predice de nuevo su muerte

[17] Mientras subía Jesús rumbo a Jerusalén, tomó aparte a los doce discípulos y les dijo: [18] «Ahora vamos rumbo a Jerusalén, y el Hijo del hombre será entregado a los jefes de los sacerdotes y a los *maestros de la ley. Ellos lo condenarán a muerte [19] y lo entregarán a los *gentiles para que se burlen de él, lo azoten y lo crucifiquen. Pero al tercer día resucitará.»

The Parable of the Workers in the Vineyard

20 "For the kingdom of heaven is like a landowner who went out early in the morning to hire men to work in his vineyard. [2] He agreed to pay them a denarius for the day and sent them into his vineyard.

[3] "About the third hour he went out and saw others standing in the marketplace doing nothing. [4] He told them, 'You also go and work in my vineyard, and I will pay you whatever is right.' [5] So they went.

"He went out again about the sixth hour and the ninth hour and did the same thing. [6] About the eleventh hour he went out and found still others standing around. He asked them, 'Why have you been standing here all day long doing nothing?'

[7] " 'Because no one has hired us,' they answered.

"He said to them, 'You also go and work in my vineyard.'

[8] "When evening came, the owner of the vineyard said to his foreman, 'Call the workers and pay them their wages, beginning with the last ones hired and going on to the first.'

[9] "The workers who were hired about the eleventh hour came and each received a denarius. [10] So when those came who were hired first, they expected to receive more. But each one of them also received a denarius. [11] When they received it, they began to grumble against the landowner. [12] 'These men who were hired last worked only one hour,' they said, 'and you have made them equal to us who have borne the burden of the work and the heat of the day.'

[13] "But he answered one of them, 'Friend, I am not being unfair to you. Didn't you agree to work for a denarius? [14] Take your pay and go. I want to give the man who was hired last the same as I gave you. [15] Don't I have the right to do what I want with my own money? Or are you envious because I am generous?'

[16] "So the last will be first, and the first will be last."

Jesus Again Predicts His Death

[17] Now as Jesus was going up to Jerusalem, he took the twelve disciples aside and said to them, [18] "We are going up to Jerusalem, and the Son of Man will be betrayed to the chief priests and the teachers of the law. They will condemn him to death [19] and will turn him over to the Gentiles to be mocked and flogged and crucified. On the third day he will be raised to life "

---

[b] 20:2 *la paga de un día de trabajo.* Lit. *un *denario por el día;* también en vv. 9,10,13.   [c] 20:3 *las nueve de la mañana.* Lit. *la hora tercera;* en v. 5 *la hora sexta y novena;* en vv. 6 y 9 *la hora undécima.*   [d] 20:15 *¿O ... generoso?* Lit. *¿O es tu ojo malo porque yo soy bueno?*

La petición de una madre

20Entonces la madre de *Jacobo y de Juan,[e] junto con ellos, se acercó a Jesús y, arrodillándose, le pidió un favor.

21—¿Qué quieres? —le preguntó Jesús.

—Ordena que en tu reino uno de estos dos hijos míos se siente a tu *derecha y el otro a tu izquierda.

22—No saben lo que están pidiendo —les replicó Jesús—. ¿Pueden acaso beber el trago amargo de la copa que yo voy a beber?

—Sí, podemos.

23—Ciertamente beberán de mi copa —les dijo Jesús—, pero el sentarse a mi derecha o a mi izquierda no me corresponde concederlo. Eso ya lo ha decidido[f] mi Padre.

24Cuando lo oyeron los otros diez, se indignaron contra los dos hermanos. **25**Jesús los llamó y les dijo:

—Como ustedes saben, los gobernantes de las *naciones oprimen a los súbditos, y los altos oficiales abusan de su autoridad. **26**Pero entre ustedes no debe ser así. Al contrario, el que quiera hacerse grande entre ustedes deberá ser su servidor, **27**y el que quiera ser el primero deberá ser *esclavo de los demás; **28**así como el Hijo del hombre no vino para que le sirvan, sino para servir y para dar su *vida en rescate por muchos.

Dos ciegos reciben la vista

29Una gran multitud seguía a Jesús cuando él salía de Jericó con sus discípulos. **30**Dos ciegos que estaban sentados junto al camino, al oír que pasaba Jesús, gritaron:

—¡Señor, Hijo de David, ten compasión de nosotros

31La multitud los reprendía para que se callaran, pero ellos gritaban con más fuerza:

—¡Señor, Hijo de David, ten compasión de nosotros

32Jesús se detuvo y los llamó.

—¿Qué quieren que haga por ustedes?

33—Señor, queremos recibir la vista.

34Jesús se compadeció de ellos y les tocó los ojos. Al instante recobraron la vista y lo siguieron.

La entrada triunfal

21 Cuando se acercaban a Jerusalén y llegaron a Betfagué, al monte de los Olivos, Jesús envió a dos discípulos **2**con este encargo: «Vayan a la aldea que tienen enfrente, y ahí mismo encontrarán una burra atada, y un burrito con ella. Desátenlos y tráiganmelos. **3**Si

---

A Mother's Request

20Then the mother of Zebedee's sons came to Jesus with her sons and, kneeling down, asked a favor of him.

21"What is it you want?" he asked.

She said, "Grant that one of these two sons of mine may sit at your right and the other at your left in your kingdom."

22"You don't know what you are asking," Jesus said to them. "Can you drink the cup I am going to drink?"

"We can," they answered.

23Jesus said to them, "You will indeed drink from my cup, but to sit at my right or left is not for me to grant. These places belong to those for whom they have been prepared by my Father."

24When the ten heard about this, they were indignant with the two brothers. **25**Jesus called them together and said, "You know that the rulers of the Gentiles lord it over them, and their high officials exercise authority over them. **26**Not so with you. Instead, whoever wants to become great among you must be your servant, **27**and whoever wants to be first must be your slave— **28**just as the Son of Man did not come to be served, but to serve, and to give his life as a ransom for many."

Two Blind Men Receive Sight

29As Jesus and his disciples were leaving Jericho, a large crowd followed him. **30**Two blind men were sitting by the roadside, and when they heard that Jesus was going by, they shouted, "Lord, Son of David, have mercy on us "

31The crowd rebuked them and told them to be quiet, but they shouted all the louder, "Lord, Son of David, have mercy on us "

32Jesus stopped and called them. "What do you want me to do for you?" he asked.

33"Lord," they answered, "we want our sight."

34Jesus had compassion on them and touched their eyes. Immediately they received their sight and followed him.

The Triumphal Entry

21 As they approached Jerusalem and came to Bethphage on the Mount of Olives, Jesus sent two disciples, **2**saying to them, "Go to the village ahead of you, and at once you will find a donkey tied there, with her colt by her. Untie them and bring them to me. **3**If anyone says anything to you, tell him that the

---

*e**20:20** de Jacobo y de Juan. Lit. de los hijos de Zebedeo.*
*f**20:23** concederlo. Eso ya lo ha decidido. Lit. concederlo, sino para quienes lo ha preparado.*

alguien les dice algo, díganle que el Señor los necesita, pero que ya los devolverá.»

⁴Esto sucedió para que se cumpliera lo dicho por el profeta:

⁵«Digan a la hija de Sión:
  "Mira, tu rey viene hacia ti,
  humilde y montado en un burro,
    en un burrito, cría de una bestia de carga." »ᵍ

⁶Los discípulos fueron e hicieron como les había mandado Jesús. ⁷Llevaron la burra y el burrito, y pusieron encima sus mantos, sobre los cuales se sentó Jesús. ⁸Había mucha gente que tendía sus mantos sobre el camino; otros cortaban ramas de los árboles y las esparcían en el camino. ⁹Tanto la gente que iba delante de él como la que iba detrás, gritaba:

—¡Hosannaʰ al Hijo de David

—¡Bendito el que viene en el nombre del Señor ⁱ

—¡Hosanna en las alturas

¹⁰Cuando Jesús entró en Jerusalén, toda la ciudad se conmovió.

—¿Quién es éste? —preguntaban.

¹¹—Éste es el profeta Jesús, de Nazaret de Galilea —contestaba la gente.

Jesús en el templo

¹²Jesús entró en el *temploʲ y echó de allí a todos los que compraban y vendían. Volcó las mesas de los que cambiaban dinero y los puestos de los que vendían palomas. ¹³«Escrito está —les dijo—: "Mi casa será llamada casa de oración";ᵏ pero ustedes la están convirtiendo en "cueva de ladrones".ˡ»

¹⁴Se le acercaron en el templo ciegos y cojos, y los sanó. ¹⁵Pero cuando los jefes de los sacerdotes y los *maestros de la ley vieron que hacía cosas maravillosas, y que los niños gritaban en el templo: «¡Hosanna al Hijo de David », se indignaron.

¹⁶—¿Oyes lo que ésos están diciendo? —protestaron.

—Claro que sí —respondió Jesús—; ¿no han leído nunca:

Lord needs them, and he will send them right away."

⁴This took place to fulfill what was spoken through the prophet:

⁵"Say to the Daughter of Zion,
  'See, your king comes to you,
  gentle and riding on a donkey,
    on a colt, the foal of a donkey.'" ᵍ

⁶The disciples went and did as Jesus had instructed them. ⁷They brought the donkey and the colt, placed their cloaks on them, and Jesus sat on them. ⁸A very large crowd spread their cloaks on the road, while others cut branches from the trees and spread them on the road. ⁹The crowds that went ahead of him and those that followed shouted,

"Hosannaʰ to the Son of David "

"Blessed is he who comes in the name of the Lord " ⁱ

"Hosannaʲ in the highest "

¹⁰When Jesus entered Jerusalem, the whole city was stirred and asked, "Who is this?"

¹¹The crowds answered, "This is Jesus, the prophet from Nazareth in Galilee."

Jesus at the Temple

¹²Jesus entered the temple area and drove out all who were buying and selling there. He overturned the tables of the money changers and the benches of those selling doves. ¹³"It is written," he said to them, " 'My house will be called a house of prayer,'ᵏ but you are making it a 'den of robbers.'ˡ"

¹⁴The blind and the lame came to him at the temple, and he healed them. ¹⁵But when the chief priests and the teachers of the law saw the wonderful things he did and the children shouting in the temple area, "Hosanna to the Son of David," they were indignant.

¹⁶"Do you hear what these children are saying?" they asked him.

"Yes," replied Jesus, "have you never read,

---

g 21:5 Zac 9:9   h 21:9 Expresión hebrea que significa «¡Salva », y que llegó a ser una exclamación de alabanza; también en v. 15.   i 21:9 Sal 118:26   j 21:12 Es decir, en el área general del templo; también en vv. 14,15,23.   k 21:13 Is 56:7   l 21:13 Jer 7:11

g 5 Zech. 9:9   h 9 A Hebrew expression meaning "Save " which became an exclamation of praise; also in verse 15   i 9 Psalm 118:26   j 9 A Hebrew expression meaning "Save " which became an exclamation of praise; also in verse 15   k 13 Isaiah 56:7   l 13 Jer. 7:11

»"En los labios de los pequeños
  y de los niños de pecho
  has puesto la perfecta alabanza"?*m*

17Entonces los dejó y, saliendo de la ciudad, se fue a pasar la noche en Betania.

Se seca la higuera

18Muy de mañana, cuando volvía a la ciudad, tuvo hambre. **19**Al ver una higuera junto al camino, se acercó a ella, pero no encontró nada más que hojas.

—¡Nunca más vuelvas a dar fruto —le dijo.

Y al instante se secó la higuera.

20Los discípulos se asombraron al ver esto.

—¿Cómo es que se secó la higuera tan pronto? —preguntaron ellos.

21—Les aseguro que si tienen fe y no dudan —les respondió Jesús—, no sólo harán lo que he hecho con la higuera, sino que podrán decirle a este monte: "¡Quítate de ahí y tírate al mar ", y así se hará. **22**Si ustedes creen, recibirán todo lo que pidan en oración.

La autoridad de Jesús puesta en duda

23Jesús entró en el *templo y, mientras enseñaba, se le acercaron los jefes de los sacerdotes y los *ancianos del pueblo.

—¿Con qué autoridad haces esto? —lo interrogaron—. ¿Quién te dio esa autoridad?

24—Yo también voy a hacerles una pregunta. Si me la contestan, les diré con qué autoridad hago esto. **25**El bautismo de Juan, ¿de dónde procedía? ¿Del cielo o de la tierra?*n*

Ellos se pusieron a discutir entre sí: «Si respondemos: "Del cielo", nos dirá: "Entonces, ¿por qué no le creyeron?" **26**Pero si decimos: "De la tierra"… tememos al pueblo, porque todos consideran que Juan era un profeta.» Así que le respondieron a Jesús:

27—No lo sabemos.

—Pues yo tampoco les voy a decir con qué autoridad hago esto.

Parábola de los dos hijos

28»¿Qué les parece? —continuó Jesús—. Había un hombre que tenía dos hijos. Se dirigió al primero y le pidió: "Hijo, ve a trabajar hoy en el viñedo." **29**"No quiero", contestó, pero después se *arrepintió y fue. **30**Luego el padre se dirigió al otro hijo y le pidió lo mismo. Éste contestó: "Sí, señor"; pero no fue. **31**¿Cuál de los dos hizo lo que su padre quería?

" 'From the lips of children and infants
  you have ordained praise'*m*?"

17And he left them and went out of the city to Bethany, where he spent the night.

The Fig Tree Withers

18Early in the morning, as he was on his way back to the city, he was hungry. **19**Seeing a fig tree by the road, he went up to it but found nothing on it except leaves. Then he said to it, "May you never bear fruit again " Immediately the tree withered.

20When the disciples saw this, they were amazed. "How did the fig tree wither so quickly?" they asked.

21Jesus replied, "I tell you the truth, if you have faith and do not doubt, not only can you do what was done to the fig tree, but also you can say to this mountain, 'Go, throw yourself into the sea,' and it will be done. **22**If you believe, you will receive whatever you ask for in prayer."

The Authority of Jesus Questioned

23Jesus entered the temple courts, and, while he was teaching, the chief priests and the elders of the people came to him. "By what authority are you doing these things?" they asked. "And who gave you this authority?"

24Jesus replied, "I will also ask you one question. If you answer me, I will tell you by what authority I am doing these things. **25**John's baptism—where did it come from? Was it from heaven, or from men?"

They discussed it among themselves and said, "If we say, 'From heaven,' he will ask, 'Then why didn't you believe him?' **26**But if we say, 'From men'—we are afraid of the people, for they all hold that John was a prophet."

27So they answered Jesus, "We don't know."

Then he said, "Neither will I tell you by what authority I am doing these things.

The Parable of the Two Sons

28"What do you think? There was a man who had two sons. He went to the first and said, 'Son, go and work today in the vineyard.'

29" 'I will not,' he answered, but later he changed his mind and went.

30"Then the father went to the other son and said the same thing. He answered, 'I will, sir,' but he did not go.

31"Which of the two did what his father wanted?"

---

m 21:16 Sal 8:2   *n* 21:25 *la tierra.* Lit. *los hombres*; también en v. 26.   *m* 16 Psalm 8:2

—El primero —contestaron ellos.

Jesús les dijo:

—Les aseguro que los *recaudadores de impuestos y las prostitutas van delante de ustedes hacia el reino de Dios. 32Porque Juan fue enviado a ustedes a señalarles el camino de la justicia, y no le creyeron, pero los recaudadores de impuestos y las prostitutas sí le creyeron. E incluso después de ver esto, ustedes no se arrepintieron para creerle.

Parábola de los labradores malvados

33»Escuchen otra parábola: Había un propietario que plantó un viñedo. Lo cercó, cavó un lagar y construyó una torre de vigilancia. Luego arrendó el viñedo a unos labradores y se fue de viaje. 34Cuando se acercó el tiempo de la cosecha, mandó sus *siervos a los labradores para recibir de éstos lo que le correspondía. 35Los labradores agarraron a esos siervos; golpearon a uno, mataron a otro y apedrearon a un tercero. 36Después les mandó otros siervos, en mayor número que la primera vez, y también los maltrataron.

37»Por último, les mandó a su propio hijo, pensando: "¡A mi hijo sí lo respetarán " 38Pero cuando los labradores vieron al hijo, se dijeron unos a otros: "Éste es el heredero. Matémoslo, para quedarnos con su herencia." 39Así que le echaron mano, lo arrojaron fuera del viñedo y lo mataron.

40»Ahora bien, cuando vuelva el dueño, ¿qué hará con esos labradores?

41—Hará que esos malvados tengan un fin miserable —respondieron—, y arrendará el viñedo a otros labradores que le den lo que le corresponde cuando llegue el tiempo de la cosecha.

42Les dijo Jesús:

—¿No han leído nunca en las Escrituras:

»"La piedra que desecharon los constructores
　　ha llegado a ser la piedra angular;
esto es obra del Señor,
　　y nos deja maravillados"?[n]

43»Por eso les digo que el reino de Dios se les quitará a ustedes y se le entregará a un pueblo que produzca los frutos del reino. 44El que caiga sobre esta piedra quedará despedazado, y si ella cae sobre alguien, lo hará polvo.[o]

45Cuando los jefes de los sacerdotes y los fariseos oyeron las parábolas de Jesús, se dieron cuenta de que hablaba de ellos. 46Buscaban la manera de arrestarlo, pero temían a la gente porque ésta lo consideraba un profeta.

"The first," they answered.

Jesus said to them, "I tell you the truth, the tax collectors and the prostitutes are entering the kingdom of God ahead of you. 32For John came to you to show you the way of righteousness, and you did not believe him, but the tax collectors and the prostitutes did. And even after you saw this, you did not repent and believe him.

The Parable of the Tenants

33"Listen to another parable: There was a landowner who planted a vineyard. He put a wall around it, dug a winepress in it and built a watchtower. Then he rented the vineyard to some farmers and went away on a journey. 34When the harvest time approached, he sent his servants to the tenants to collect his fruit.

35"The tenants seized his servants; they beat one, killed another, and stoned a third. 36Then he sent other servants to them, more than the first time, and the tenants treated them the same way. 37Last of all, he sent his son to them. 'They will respect my son,' he said.

38"But when the tenants saw the son, they said to each other, 'This is the heir. Come, let's kill him and take his inheritance.' 39So they took him and threw him out of the vineyard and killed him.

40"Therefore, when the owner of the vineyard comes, what will he do to those tenants?"

41"He will bring those wretches to a wretched end," they replied, "and he will rent the vineyard to other tenants, who will give him his share of the crop at harvest time."

42Jesus said to them, "Have you never read in the Scriptures:

"'The stone the builders rejected
　　has become the capstone[n];
the Lord has done this,
　　and it is marvelous in our eyes'[o]?

43"Therefore I tell you that the kingdom of God will be taken away from you and given to a people who will produce its fruit. 44He who falls on this stone will be broken to pieces, but he on whom it falls will be crushed."[p]

45When the chief priests and the Pharisees heard Jesus' parables, they knew he was talking about them. 46They looked for a way to arrest him, but they were afraid of the crowd because the people held that he was a prophet.

---

[n]21:42 Sal 118:22,23　[o]21:44 Var. no incluye v. 44.

[n]42 Or cornerstone　[o]42 Psalm 118:22,23　[p]44 Some manuscripts do not have verse 44.

Parábola del banquete de bodas

22 Jesús volvió a hablarles en parábolas, y les dijo: 2«El reino de los cielos es como un rey que preparó un banquete de bodas para su hijo. 3Mandó a sus *siervos que llamaran a los invitados, pero éstos se negaron a asistir al banquete. 4Luego mandó a otros siervos y les ordenó: "Digan a los invitados que ya he preparado mi comida: Ya han matado mis bueyes y mis reses cebadas, y todo está listo. Vengan al banquete de bodas." 5Pero ellos no hicieron caso y se fueron: uno a su campo, otro a su negocio. 6Los demás agarraron a los siervos, los maltrataron y los mataron. 7El rey se enfureció. Mandó su ejército a destruir a los asesinos y a incendiar su ciudad. 8Luego dijo a sus siervos: "El banquete de bodas está preparado, pero los que invité no merecían venir. 9Vayan al cruce de los caminos e inviten al banquete a todos los que encuentren." 10Así que los siervos salieron a los caminos y reunieron a todos los que pudieron encontrar, buenos y malos, y se llenó de invitados el salón de bodas.

11»Cuando el rey entró a ver a los invitados, notó que allí había un hombre que no estaba vestido con el traje de boda. 12"Amigo, ¿cómo entraste aquí sin el traje de boda?", le dijo. El hombre se quedó callado. 13Entonces el rey dijo a los sirvientes: "Átenlo de pies y manos, y échenlo afuera, a la oscuridad, donde habrá llanto y rechinar de dientes. 14Porque muchos son los invitados, pero pocos los escogidos.»

El pago de impuestos al césar

15Entonces salieron los fariseos y tramaron cómo tenderle a Jesús una trampa con sus mismas palabras. 16Enviaron algunos de sus discípulos junto con los herodianos, los cuales le dijeron:

—Maestro, sabemos que eres un hombre íntegro y que enseñas el camino de Dios de acuerdo con la verdad. No te dejas influir por nadie porque no te fijas en las apariencias. 17Danos tu opinión: ¿Está permitido pagar impuestos al *césar o no?

18Conociendo sus malas intenciones, Jesús replicó:

—¡*Hipócritas ¿Por qué me tienden *trampas? 19Muéstrenme la moneda para el impuesto.

Y se la enseñaron.P

20—¿De quién son esta imagen y esta inscripción? —les preguntó.

21—Del césar —respondieron.

—Entonces denle al césar lo que es del césar y a Dios lo que es de Dios.

The Parable of the Wedding Banquet

22 Jesus spoke to them again in parables, saying: 2"The kingdom of heaven is like a king who prepared a wedding banquet for his son. 3He sent his servants to those who had been invited to the banquet to tell them to come, but they refused to come.

4"Then he sent some more servants and said, 'Tell those who have been invited that I have prepared my dinner: My oxen and fattened cattle have been butchered, and everything is ready. Come to the wedding banquet.'

5"But they paid no attention and went off—one to his field, another to his business. 6The rest seized his servants, mistreated them and killed them. 7The king was enraged. He sent his army and destroyed those murderers and burned their city.

8"Then he said to his servants, 'The wedding banquet is ready, but those I invited did not deserve to come. 9Go to the street corners and invite to the banquet anyone you find.' 10So the servants went out into the streets and gathered all the people they could find, both good and bad, and the wedding hall was filled with guests.

11"But when the king came in to see the guests, he noticed a man there who was not wearing wedding clothes. 12'Friend,' he asked, 'how did you get in here without wedding clothes?' The man was speechless.

13"Then the king told the attendants, 'Tie him hand and foot, and throw him outside, into the darkness, where there will be weeping and gnashing of teeth.'

14"For many are invited, but few are chosen."

Paying Taxes to Caesar

15Then the Pharisees went out and laid plans to trap him in his words. 16They sent their disciples to him along with the Herodians. "Teacher," they said, "we know you are a man of integrity and that you teach the way of God in accordance with the truth. You aren't swayed by men, because you pay no attention to who they are. 17Tell us then, what is your opinion? Is it right to pay taxes to Caesar or not?"

18But Jesus, knowing their evil intent, said, "You hypocrites, why are you trying to trap me? 19Show me the coin used for paying the tax." They brought him a denarius, 20and he asked them, "Whose portrait is this? And whose inscription?"

21"Caesar's," they replied.

Then he said to them, "Give to Caesar what is Caesar's, and to God what is God's."

P 22:19 se la enseñaron. Lit. le trajeron un *denario.

22Al oír esto, se quedaron asombrados. Así que lo dejaron y se fueron.

El matrimonio en la resurrección

23Ese mismo día los saduceos, que decían que no hay resurrección, se le acercaron y le plantearon un problema: 24—Maestro, Moisés nos enseñó que si un hombre muere sin tener hijos, el hermano de ese hombre tiene que casarse con la viuda para que su hermano tenga descendencia. 25Pues bien, había entre nosotros siete hermanos. El primero se casó y murió y, como no tuvo hijos, dejó la esposa a su hermano. 26Lo mismo les pasó al segundo y al tercer hermano, y así hasta llegar al séptimo. 27Por último, murió la mujer. 28Ahora bien, en la resurrección, ¿de cuál de los siete será esposa esta mujer, ya que todos estuvieron casados con ella?

29Jesús les contestó:

—Ustedes andan equivocados porque desconocen las Escrituras y el poder de Dios. 30En la resurrección, las personas no se casarán ni serán dadas en casamiento, sino que serán como los ángeles que están en el cielo. 31Pero en cuanto a la resurrección de los muertos, ¿no han leído lo que Dios les dijo a ustedes: 32"Yo soy el Dios de Abraham, de Isaac y de Jacob"?q Él no es Dios de muertos, sino de vivos.

33Al oír esto, la gente quedó admirada de su enseñanza.

El mandamiento más importante

34Los fariseos se reunieron al oír que Jesús había hecho callar a los saduceos. 35Uno de ellos, *experto en la ley, le tendió una *trampa con esta pregunta:

36—Maestro, ¿cuál es el mandamiento más importante de la ley?

37—"Ama al Señor tu Dios con todo tu corazón, con todo tu ser y con toda tu mente"r —le respondió Jesús—. 38Éste es el primero y el más importante de los mandamientos. 39El segundo se parece a éste: "Ama a tu prójimo como a ti mismo."s 40De estos dos mandamientos dependen toda la ley y los profetas.

¿De quién es hijo el Cristo?

41Mientras estaban reunidos los fariseos, Jesús les preguntó:

42—¿Qué piensan ustedes acerca del *Cristo? ¿De quién es hijo?

—De David —le respondieron ellos.

43—Entonces, ¿cómo es que David, hablando por el Espíritu, lo llama "Señor"? Él afirma:

22When they heard this, they were amazed. So they left him and went away.

Marriage at the Resurrection

23That same day the Sadducees, who say there is no resurrection, came to him with a question. 24"Teacher," they said, "Moses told us that if a man dies without having children, his brother must marry the widow and have children for him. 25Now there were seven brothers among us. The first one married and died, and since he had no children, he left his wife to his brother. 26The same thing happened to the second and third brother, right on down to the seventh. 27Finally, the woman died. 28Now then, at the resurrection, whose wife will she be of the seven, since all of them were married to her?"

29Jesus replied, "You are in error because you do not know the Scriptures or the power of God. 30At the resurrection people will neither marry nor be given in marriage; they will be like the angels in heaven. 31But about the resurrection of the dead—have you not read what God said to you, 32'I am the God of Abraham, the God of Isaac, and the God of Jacob'q? He is not the God of the dead but of the living."

33When the crowds heard this, they were astonished at his teaching.

The Greatest Commandment

34Hearing that Jesus had silenced the Sadducees, the Pharisees got together. 35One of them, an expert in the law, tested him with this question:

36"Teacher, which is the greatest commandment in the Law?" 37Jesus replied: "'Love the Lord your God with all your heart and with all your soul and with all your mind.'r 38This is the first and greatest commandment. 39And the second is like it: 'Love your neighbor as yourself.'s 40All the Law and the Prophets hang on these two commandments."

Whose Son Is the Christ

41While the Pharisees were gathered together, Jesus asked them, 42"What do you think about the Christt? Whose son is he?"

"The son of David," they replied.

43He said to them, "How is it then that David, speaking by the Spirit, calls him 'Lord'? For he says,

---

q22:32 Éx 3:6   r22:37 Dt 6:5   s22:39 Lv 19:18

q32 Exodus 3:6   r37 Deut. 6:5   s39 Lev. 19:18
t42 Or Messiah

44»"Dijo el Señor a mi Señor:
'Siéntate a mi *derecha,
hasta que ponga a tus enemigos
debajo de tus pies.'" *t*

45Si David lo llama "Señor", ¿cómo puede entonces ser su hijo?

46Nadie pudo responderle ni una sola palabra, y desde ese día ninguno se atrevía a hacerle más preguntas.

Jesús denuncia a los fariseos y a los maestros de la ley

23 Después de esto, Jesús dijo a la gente y a sus discípulos: 2«Los *maestros de la ley y los fariseos tienen la responsabilidad de interpretar a Moisés.*u* 3Así que ustedes deben obedecerlos y hacer todo lo que les digan. Pero no hagan lo que hacen ellos, porque no practican lo que predican. 4Atan cargas pesadas y las ponen sobre la espalda de los demás, pero ellos mismos no están dispuestos a mover ni un dedo para levantarlas.

5»Todo lo hacen para que la gente los vea: Usan filacterias grandes y adornan sus ropas con borlas vistosas;*v* 6se mueren por el lugar de honor en los banquetes y los primeros asientos en las sinagogas, 7y porque la gente los salude en las plazas y los llame "Rabí".

8»Pero no permitan que a ustedes se les llame "Rabí", porque tienen un solo Maestro y todos ustedes son hermanos. 9Y no llamen "padre" a nadie en la tierra, porque ustedes tienen un solo Padre, y él está en el cielo. 10Ni permitan que los llamen "maestro", porque tienen un solo Maestro, el *Cristo. 11El más importante entre ustedes será siervo de los demás. 12Porque el que a sí mismo se enaltece será humillado, y el que se humilla será enaltecido.

13»¡Ay de ustedes, maestros de la ley y fariseos, *hipócritas Les cierran a los demás el reino de los cielos, y ni entran ustedes ni dejan entrar a los que intentan hacerlo.*w*

15»¡Ay de ustedes, maestros de la ley y fariseos, hipócritas Recorren tierra y mar para ganar un solo adepto, y cuando lo han logrado lo hacen dos veces más merecedor del infierno*x* que ustedes.

44" 'The Lord said to my Lord:
"Sit at my right hand
until I put your enemies
under your feet." ' *u*

45If then David calls him 'Lord,' how can he be his son?" 46No one could say a word in reply, and from that day on no one dared to ask him any more questions.

Seven Woes

23 Then Jesus said to the crowds and to his disciples: 2"The teachers of the law and the Pharisees sit in Moses' seat. 3So you must obey them and do everything they tell you. But do not do what they do, for they do not practice what they preach. 4They tie up heavy loads and put them on men's shoulders, but they themselves are not willing to lift a finger to move them.

5"Everything they do is done for men to see: They make their phylacteries*v* wide and the tassels on their garments long; 6they love the place of honor at banquets and the most important seats in the synagogues; 7they love to be greeted in the marketplaces and to have men call them 'Rabbi.'

8"But you are not to be called 'Rabbi,' for you have only one Master and you are all brothers. 9And do not call anyone on earth 'father,' for you have one Father, and he is in heaven. 10Nor are you to be called 'teacher,' for you have one Teacher, the Christ.*w* 11The greatest among you will be your servant. 12For whoever exalts himself will be humbled, and whoever humbles himself will be exalted.

13"Woe to you, teachers of the law and Pharisees, you hypocrites You shut the kingdom of heaven in men's faces. You yourselves do not enter, nor will you let those enter who are trying to.*x*

15"Woe to you, teachers of the law and Pharisees, you hypocrites You travel over land and sea to win a single convert, and when he becomes one, you make him twice as much a son of hell as you are.

*t*22:44 Sal 110:1 *u*23:2 tienen ... Moisés. Lit. se sientan en la cátedra de Moisés. *v*23:5 Usan ... vistosas. Lit. Ensanchan sus filacterias y engrandecen las borlas. Las filacterias eran pequeñas cajas en las que llevaban textos de las Escrituras en la frente y en los brazos; las borlas simbolizaban obediencia a los mandamientos (véanse Nm 15:38-39; Dt 6:8; 11:18). *w*23:13 hacerlo. Var. hacerlo. *14*¡Ay de ustedes, maestros de la ley y fariseos, hipócritas Ustedes devoran las casas de las viudas y por las apariencias hacen largas plegarias. Por esto se les castigará con más severidad. *x*23:15 merecedor del infierno. Lit. hijo de la *Gehenna.

*u*44 Psalm 110:1 *v*5 That is, boxes containing Scripture verses, worn on forehead and arm *w*10 Or Messiah *x*13 Some manuscripts to. *14*Woe to you, teachers of the law and Pharisees, you hypocrites You devour widows' houses and for a show make lengthy prayers. Therefore you will be punished more severely.

16»¡Ay de ustedes, guías ciegos , que dicen: "Si alguien jura por el templo, no significa nada; pero si jura por el oro del templo, queda obligado por su juramento." 17¡Ciegos insensatos ¿Qué es más importante: el oro, o el templo que hace sagrado al oro? 18También dicen ustedes: "Si alguien jura por el altar, no significa nada; pero si jura por la ofrenda que está sobre él, queda obligado por su juramento." 19¡Ciegos ¿Qué es más importante: la ofrenda, o el altar que hace sagrada la ofrenda? 20Por tanto, el que jura por el altar, jura no sólo por el altar sino por todo lo que está sobre él. 21El que jura por el templo, jura no sólo por el templo sino por quien habita en él. 22Y el que jura por el cielo, jura por el trono de Dios y por aquel que lo ocupa.

23»¡Ay de ustedes, maestros de la ley y fariseos, hipócritas Dan la décima parte de sus especias: la menta, el anís y el comino. Pero han descuidado los asuntos más importantes de la ley, tales como la justicia, la misericordia y la *fidelidad. Debían haber practicado esto sin descuidar aquello. 24¡Guías ciegos Cuelan el mosquito pero se tragan el camello.

25»¡Ay de ustedes, maestros de la ley y fariseos, hipócritas *Limpian el exterior del vaso y del plato, pero por dentro están llenos de robo y de desenfreno. 26¡Fariseo ciego Limpia primero por dentro el vaso y el plato, y así quedará limpio también por fuera.

27»¡Ay de ustedes, maestros de la ley y fariseos, hipócritas , que son como sepulcros blanqueados. Por fuera lucen hermosos pero por dentro están llenos de huesos de muertos y de podredumbre. 28Así también ustedes, por fuera dan la impresión de ser justos pero por dentro están llenos de hipocresía y de maldad.

29»¡Ay de ustedes, maestros de la ley y fariseos, hipócritas Construyen sepulcros para los profetas y adornan los monumentos de los justos. 30Y dicen: "Si hubiéramos vivido nosotros en los días de nuestros antepasados, no habríamos sido cómplices de ellos para derramar la sangre de los profetas." 31Pero así quedan implicados ustedes al declararse descendientes de los que asesinaron a los profetas. 32¡Completen de una vez por todas lo que sus antepasados comenzaron

33»¡Serpientes ¡Camada de víboras ¿Cómo escaparán ustedes de la condenación del infierno?y 34Por eso yo les voy a enviar profetas, sabios y maestros. A algunos de ellos ustedes los matarán y crucificarán; a otros los azotarán en sus sinagogas y los perseguirán de pueblo en pueblo. 35Así recaerá sobre ustedes la culpa de

16"Woe to you, blind guides You say, 'If anyone swears by the temple, it means nothing; but if anyone swears by the gold of the temple, he is bound by his oath.' 17You blind fools Which is greater: the gold, or the temple that makes the gold sacred? 18You also say, 'If anyone swears by the altar, it means nothing; but if anyone swears by the gift on it, he is bound by his oath.' 19You blind men Which is greater: the gift, or the altar that makes the gift sacred? 20Therefore, he who swears by the altar swears by it and by everything on it. 21And he who swears by the temple swears by it and by the one who dwells in it. 22And he who swears by heaven swears by God's throne and by the one who sits on it.

23"Woe to you, teachers of the law and Pharisees, you hypocrites You give a tenth of your spices—mint, dill and cummin. But you have neglected the more important matters of the law—justice, mercy and faithfulness. You should have practiced the latter, without neglecting the former. 24You blind guides You strain out a gnat but swallow a camel.

25"Woe to you, teachers of the law and Pharisees, you hypocrites You clean the outside of the cup and dish, but inside they are full of greed and self-indulgence. 26Blind Pharisee First clean the inside of the cup and dish, and then the outside also will be clean.

27"Woe to you, teachers of the law and Pharisees, you hypocrites You are like whitewashed tombs, which look beautiful on the outside but on the inside are full of dead men's bones and everything unclean. 28In the same way, on the outside you appear to people as righteous but on the inside you are full of hypocrisy and wickedness.

29"Woe to you, teachers of the law and Pharisees, you hypocrites You build tombs for the prophets and decorate the graves of the righteous. 30And you say, 'If we had lived in the days of our forefathers, we would not have taken part with them in shedding the blood of the prophets.' 31So you testify against yourselves that you are the descendants of those who murdered the prophets. 32Fill up, then, the measure of the sin of your forefathers

33"You snakes You brood of vipers How will you escape being condemned to hell? 34Therefore I am sending you prophets and wise men and teachers. Some of them you will kill and crucify; others you will flog in your synagogues and pursue from town to town. 35And so upon you will come all the

---

y 23:33 del infierno. Lit. de la *Gehenna.

toda la sangre justa que ha sido derramada sobre la tierra, desde la sangre del justo Abel hasta la de Zacarías, hijo de Berequías, a quien ustedes asesinaron entre el *santuario y el altar de los sacrificios. 36Les aseguro que todo esto vendrá sobre esta generación.

37»¡Jerusalén, Jerusalén, que matas a los profetas y apedreas a los que se te envían ¡Cuántas veces quise reunir a tus hijos, como reúne la gallina a sus pollitos debajo de sus alas, pero no quisiste 38Pues bien, la casa de ustedes va a quedar abandonada. 39Y les advierto que ya no volverán a verme hasta que digan: "¡Bendito el que viene en el nombre del Señor "ᶻ»

Señales del fin del mundo

24 Jesús salió del *templo y, mientras caminaba, se le acercaron sus discípulos y le mostraron los edificios del templo.

2Pero él les dijo:

—¿Ven todo esto? Les aseguro que no quedará piedra sobre piedra, pues todo será derribado.

3Más tarde estaba Jesús sentado en el monte de los Olivos, cuando llegaron los discípulos y le preguntaron en privado:

—¿Cuándo sucederá eso, y cuál será la señal de tu venida y del fin del mundo?

4—Tengan cuidado de que nadie los engañe —les advirtió Jesús—. 5Vendrán muchos que, usando mi nombre, dirán: "Yo soy el *Cristo", y engañarán a muchos. 6Ustedes oirán de guerras y de rumores de guerras, pero procuren no alarmarse. Es necesario que eso suceda, pero no será todavía el fin. 7Se levantará nación contra nación, y reino contra reino. Habrá hambres y terremotos por todas partes. 8Todo esto será apenas el comienzo de los dolores.

9»Entonces los entregarán a ustedes para que los persigan y los maten, y los odiarán todas las *naciones por causa de mi nombre. 10En aquel tiempo muchos se apartarán de la fe; unos a otros se traicionarán y se odiarán; 11y surgirá un gran número de falsos profetas que engañarán a muchos. 12Habrá tanta maldad que el amor de muchos se enfriará, 13pero el que se mantenga firme hasta el fin será salvo. 14Y este *evangelio del reino se predicará en todo el mundo como testimonio a todas las naciones, y entonces vendrá el fin.

15»Así que cuando vean en el lugar santo "el horrible sacrilegio",ᵃ de la que habló el profeta Daniel (el que lee, que lo entienda), 16los que estén en Judea huyan a las montañas. 17El que esté en la azotea no baje a

righteous blood that has been shed on earth, from the blood of righteous Abel to the blood of Zechariah son of Berekiah, whom you murdered between the temple and the altar. 36I tell you the truth, all this will come upon this generation.

37"O Jerusalem, Jerusalem, you who kill the prophets and stone those sent to you, how often I have longed to gather your children together, as a hen gathers her chicks under her wings, but you were not willing. 38Look, your house is left to you desolate. 39For I tell you, you will not see me again until you say, 'Blessed is he who comes in the name of the Lord.'ʸ"

Signs of the End of the Age

24 Jesus left the temple and was walking away when his disciples came up to him to call his attention to its buildings. 2"Do you see all these things?" he asked. "I tell you the truth, not one stone here will be left on another; every one will be thrown down."

3As Jesus was sitting on the Mount of Olives, the disciples came to him privately. "Tell us," they said, "when will this happen, and what will be the sign of your coming and of the end of the age?"

4Jesus answered: "Watch out that no one deceives you. 5For many will come in my name, claiming, 'I am the Christ,ᶻ' and will deceive many. 6You will hear of wars and rumors of wars, but see to it that you are not alarmed. Such things must happen, but the end is still to come. 7Nation will rise against nation, and kingdom against kingdom. There will be famines and earthquakes in various places. 8All these are the beginning of birth pains.

9"Then you will be handed over to be persecuted and put to death, and you will be hated by all nations because of me. 10At that time many will turn away from the faith and will betray and hate each other, 11and many false prophets will appear and deceive many people. 12Because of the increase of wickedness, the love of most will grow cold, 13but he who stands firm to the end will be saved. 14And this gospel of the kingdom will be preached in the whole world as a testimony to all nations, and then the end will come.

15"So when you see standing in the holy place 'the abomination that causes desolation,'ᵃ spoken of through the prophet Daniel—let the reader understand— 16then let those who are in Judea flee to the mountains. 17Let no one on the roof of his house go down to take anything out

---

ᶻ23:39 Sal 118:26   ᵃ24:15 *el horrible sacrilegio.* Lit. *la abominación de la desolación*; Dn 9:27; 11:31; 12:11.

ʸ39 Psalm 118:26   ᶻ5 Or *Messiah*; also in verse 23   ᵃ15 Daniel 9:27; 11:31; 12:11.

llevarse nada de su casa. 18Y el que esté en el campo no regrese para buscar su capa. 19¡Qué terrible será en aquellos días para las que estén embarazadas o amamantando 20Oren para que su huida no suceda en invierno ni en *sábado. 21Porque habrá una gran tribulación, como no la ha habido desde el principio del mundo hasta ahora, ni la habrá jamás. 22Si no se acortaran esos días, nadie sobreviviría, pero por causa de los elegidos se acortarán. 23Entonces, si alguien les dice a ustedes: "¡Miren, aquí está el Cristo " o "¡Allí está ", no lo crean. 24Porque surgirán falsos Cristos y falsos profetas que harán grandes señales y milagros para engañar, de ser posible, aun a los elegidos. 25Fíjense que se lo he dicho a ustedes de antemano.

26»Por eso, si les dicen: "¡Miren que está en el desierto ", no salgan; o: "¡Miren que está en la casa ", no lo crean. 27Porque así como el relámpago que sale del oriente se ve hasta en el occidente, así será la venida del Hijo del hombre. 28Donde esté el cadáver, allí se reunirán los buitres.

29»Inmediatamente después de la tribulación de aquellos días,

> »"se oscurecerá el sol
> y no brillará más la luna;
> las estrellas caerán del cielo
> y los cuerpos celestes serán sacudidos".[b]

30»La señal del Hijo del hombre aparecerá en el cielo, y se angustiarán todas las razas de la tierra. Verán al Hijo del hombre venir sobre las nubes del cielo con poder y gran gloria. 31Y al sonido de la gran trompeta mandará a sus ángeles, y reunirán de los cuatro vientos a los elegidos, de un extremo al otro del cielo.

32»Aprendan de la higuera esta lección: Tan pronto como se ponen tiernas sus ramas y brotan sus hojas, ustedes saben que el verano está cerca. 33Igualmente, cuando vean todas estas cosas, sepan que el tiempo está cerca, a las puertas. 34Les aseguro que no pasará esta generación hasta que todas estas cosas sucedan. 35El cielo y la tierra pasarán, pero mis palabras jamás pasarán.

Se desconocen el día y la hora

36»Pero en cuanto al día y la hora, nadie lo sabe, ni siquiera los ángeles en el cielo, ni el Hijo,[c] sino sólo el Padre. 37La venida del Hijo del hombre será como en tiempos de Noé. 38Porque en los días antes del diluvio

of the house. 18Let no one in the field go back to get his cloak. 19How dreadful it will be in those days for pregnant women and nursing mothers 20Pray that your flight will not take place in winter or on the Sabbath. 21For then there will be great distress, unequaled from the beginning of the world until now—and never to be equaled again. 22If those days had not been cut short, no one would survive, but for the sake of the elect those days will be shortened. 23At that time if anyone says to you, 'Look, here is the Christ ' or, 'There he is ' do not believe it. 24For false Christs and false prophets will appear and perform great signs and miracles to deceive even the elect—if that were possible. 25See, I have told you ahead of time.

26"So if anyone tells you, 'There he is, out in the desert,' do not go out; or, 'Here he is, in the inner rooms,' do not believe it. 27For as lightning that comes from the east is visible even in the west, so will be the coming of the Son of Man. 28Wherever there is a carcass, there the vultures will gather.

29"Immediately after the distress of those days

> " 'the sun will be darkened,
> and the moon will not give its light;
> the stars will fall from the sky,
> and the heavenly bodies will be shaken.'[b]

30"At that time the sign of the Son of Man will appear in the sky, and all the nations of the earth will mourn. They will see the Son of Man coming on the clouds of the sky, with power and great glory. 31And he will send his angels with a loud trumpet call, and they will gather his elect from the four winds, from one end of the heavens to the other.

32"Now learn this lesson from the fig tree: As soon as its twigs get tender and its leaves come out, you know that summer is near. 33Even so, when you see all these things, you know that it[c] is near, right at the door. 34I tell you the truth, this generation[d] will certainly not pass away until all these things have happened. 35Heaven and earth will pass away, but my words will never pass away.

The Day and Hour Unknown

36"No one knows about that day or hour, not even the angels in heaven, nor the Son,[e] but only the Father. 37As it was in the days of Noah, so it will be at the coming of the Son of Man. 38For in the days before the flood, people were eating and

---

b24:29 Is 13:10; 34:4   c24:36 Var. no incluye: ni el Hijo.

b29 Isaiah 13:10; 34:4   c33 Or he   d34 Or race
e36 Some manuscripts do not have nor the Son.

comían, bebían y se casaban y daban en casamiento, hasta el día en que Noé entró en el arca; 39y no supieron nada de lo que sucedería hasta que llegó el diluvio y se los llevó a todos. Así será en la venida del Hijo del hombre. 40Estarán dos hombres en el campo: uno será llevado y el otro será dejado. 41Dos mujeres estarán moliendo: una será llevada y la otra será dejada.

42»Por lo tanto, manténganse despiertos, porque no saben qué día vendrá su Señor. 43Pero entiendan esto: Si un dueño de casa supiera a qué hora de la noche va a llegar el ladrón, se mantendría despierto para no dejarlo forzar la entrada. 44Por eso también ustedes deben estar preparados, porque el Hijo del hombre vendrá cuando menos lo esperen.

45»¿Quién es el *siervo fiel y prudente a quien su señor ha dejado encargado de los sirvientes para darles la comida a su debido tiempo? 46*Dichoso el siervo cuando su señor, al regresar, lo encuentra cumpliendo con su deber. 47Les aseguro que lo pondrá a cargo de todos sus bienes. 48Pero ¿qué tal si ese siervo malo se pone a pensar: "Mi señor se está demorando", 49y luego comienza a golpear a sus compañeros, y a comer y beber con los borrachos? 50El día en que el siervo menos lo espere y a la hora menos pensada el señor volverá. 51Lo castigará severamente y le impondrá la condena que reciben los *hipócritas. Y habrá llanto y rechinar de dientes.

Parábola de las diez jóvenes

25 »El reino de los cielos será entonces como diez jóvenes solteras que tomaron sus lámparas y salieron a recibir al novio. 2Cinco de ellas eran insensatas y cinco prudentes. 3Las insensatas llevaron sus lámparas, pero no se abastecieron de aceite. 4En cambio, las prudentes llevaron vasijas de aceite junto con sus lámparas. 5Y como el novio tardaba en llegar, a todas les dio sueño y se durmieron. 6A medianoche se oyó un grito: "¡Ahí viene el novio ¡Salgan a recibirlo " 7Entonces todas las jóvenes se despertaron y se pusieron a preparar sus lámparas. 8Las insensatas dijeron a las prudentes: "Dennos un poco de su aceite porque nuestras lámparas se están apagando." 9"No —respondieron éstas—, porque así no va a alcanzar ni para nosotras ni para ustedes. Es mejor que vayan a los que venden aceite, y compren para ustedes mismas." 10Pero mientras iban a comprar el aceite llegó el novio, y las jóvenes que estaban preparadas entraron con él al banquete de bodas. Y se cerró la puerta. 11Después llegaron también las otras. "¡Señor ¡Señor —suplicaban—.

drinking, marrying and giving in marriage, up to the day Noah entered the ark; 39and they knew nothing about what would happen until the flood came and took them all away. That is how it will be at the coming of the Son of Man. 40Two men will be in the field; one will be taken and the other left. 41Two women will be grinding with a hand mill; one will be taken and the other left.

42"Therefore keep watch, because you do not know on what day your Lord will come. 43But understand this: If the owner of the house had known at what time of night the thief was coming, he would have kept watch and would not have let his house be broken into. 44So you also must be ready, because the Son of Man will come at an hour when you do not expect him.

45"Who then is the faithful and wise servant, whom the master has put in charge of the servants in his household to give them their food at the proper time? 46It will be good for that servant whose master finds him doing so when he returns. 47I tell you the truth, he will put him in charge of all his possessions. 48But suppose that servant is wicked and says to himself, 'My master is staying away a long time,' 49and he then begins to beat his fellow servants and to eat and drink with drunkards. 50The master of that servant will come on a day when he does not expect him and at an hour he is not aware of. 51He will cut him to pieces and assign him a place with the hypocrites, where there will be weeping and gnashing of teeth.

The Parable of the Ten Virgins

25 "At that time the kingdom of heaven will be like ten virgins who took their lamps and went out to meet the bridegroom. 2Five of them were foolish and five were wise. 3The foolish ones took their lamps but did not take any oil with them. 4The wise, however, took oil in jars along with their lamps. 5The bridegroom was a long time in coming, and they all became drowsy and fell asleep.

6"At midnight the cry rang out: 'Here's the bridegroom Come out to meet him '

7"Then all the virgins woke up and trimmed their lamps. 8The foolish ones said to the wise, 'Give us some of your oil; our lamps are going out.'

9"'No,' they replied, 'there may not be enough for both us and you. Instead, go to those who sell oil and buy some for yourselves.'

10"But while they were on their way to buy the oil, the bridegroom arrived. The virgins who were ready went in with him to the wedding banquet. And the door was shut.

11"Later the others also came. 'Sir Sir ' they said. 'Open the door for us '

¡Ábrenos la puerta " 12"¡No, no las conozco ", respondió él.

13»Por tanto —agregó Jesús—, manténganse despiertos porque no saben ni el día ni la
hora.

Parábola de las monedas de oro

14»El reino de los cielos será también como
un hombre que, al emprender un viaje, llamó
a sus *siervos y les encargó sus bienes. 15A
uno le dio cinco mil monedas de oro,*d* a otro
dos mil y a otro sólo mil, a cada uno según su
capacidad. Luego se fue de viaje. 16El que
había recibido las cinco mil fue en seguida y
negoció con ellas y ganó otras cinco mil. 17Así
mismo, el que recibió dos mil ganó otras dos
mil. 18Pero el que había recibido mil fue, cavó
un hoyo en la tierra y escondió el dinero de
su señor.

19»Después de mucho tiempo volvió el
señor de aquellos siervos y arregló cuentas con
ellos. 20El que había recibido las cinco mil
monedas llegó con las otras cinco mil. "Señor
—dijo—, usted me encargó cinco mil monedas. Mire, he ganado otras cinco mil." 21Su
señor le respondió: "¡Hiciste bien, siervo bueno y fiel En lo poco has sido fiel; te pondré
a cargo de mucho más. ¡Ven a compartir la
felicidad de tu señor " 22Llegó también el que
recibió dos mil monedas. "Señor —informó—, usted me encargó dos mil monedas. Mire, he ganado otras dos mil." 23Su señor le
respondió: "¡Hiciste bien, siervo bueno y fiel
Has sido fiel en lo poco; te pondré a cargo de
mucho más. ¡Ven a compartir la felicidad de
tu señor "

24»Después llegó el que había recibido sólo
mil monedas. "Señor —explicó—, yo sabía que
usted es un hombre duro, que cosecha donde no
ha sembrado y recoge donde no ha esparcido.
25Así que tuve miedo, y fui y escondí su dinero
en la tierra. Mire, aquí tiene lo que es suyo."
26Pero su señor le contestó: "¡Siervo malo y
perezoso ¿Así que sabías que cosecho donde no
he sembrado y recojo donde no he esparcido?
27Pues debías haber depositado mi dinero en el
banco, para que a mi regreso lo hubiera recibido
con intereses.

28»" Quítenle las mil monedas y dénselas al
que tiene las diez mil. 29Porque a todo el que
tiene, se le dará más, y tendrá en abundancia.
Al que no tiene se le quitará hasta lo que tiene.
30Y a ese siervo inútil échenlo afuera, a la

12"But he replied, 'I tell you the truth, I don't
know you.'

13" Therefore keep watch, because you do not
know the day or the hour.

The Parable of the Talents

14"Again, it will be like a man going on a
journey, who called his servants and entrusted his
property to them. 15To one he gave five talents*f* of
money, to another two talents, and to another one
talent, each according to his ability. Then he went
on his journey. 16The man who had received the
five talents went at once and put his money to
work and gained five more. 17So also, the one
with the two talents gained two more. 18But the
man who had received the one talent went off, dug
a hole in the ground and hid his master's money.

19"After a long time the master of those servants returned and settled accounts with them.
20The man who had received the five talents
brought the other five. 'Master,' he said, 'you
entrusted me with five talents. See, I have gained
five more.'

21"His master replied, 'Well done, good and
faithful servant You have been faithful with a
few things; I will put you in charge of many
things. Come and share your master's happi-
ness '

22"The man with the two talents also came.
'Master,' he said, 'you entrusted me with two
talents; see, I have gained two more.'

23"His master replied, 'Well done, good and
faithful servant You have been faithful with a
few things; I will put you in charge of many
things. Come and share your master's happi-
ness '

24"Then the man who had received the one
talent came. 'Master,' he said, 'I knew that you
are a hard man, harvesting where you have not
sown and gathering where you have not scattered seed. 25So I was afraid and went out and
hid your talent in the ground. See, here is what
belongs to you.'

26"His master replied, 'You wicked, lazy servant So you knew that I harvest where I have not
sown and gather where I have not scattered seed?
27Well then, you should have put my money on
deposit with the bankers, so that when I returned
I would have received it back with interest.

28" 'Take the talent from him and give it to the
one who has the ten talents. 29For everyone who
has will be given more, and he will have an
abundance. Whoever does not have, even what
he has will be taken from him. 30And throw that
worthless servant outside, into the darkness,

---

*d*25:15 *cinco mil monedas de oro.* Lit. *cinco *talentos* (y así
sucesivamente en el resto de este pasaje).

*f*15 A talent was worth more than a thousand dollars.

oscuridad, donde habrá llanto y rechinar de dientes."

Las ovejas y las cabras

31»Cuando el Hijo del hombre venga en su gloria, con todos sus ángeles, se sentará en su trono glorioso. **32**Todas las naciones se reunirán delante de él, y él separará a unos de otros, como separa el pastor las ovejas de las cabras. **33**Pondrá las ovejas a su *derecha, y las cabras a su izquierda.

34»Entonces dirá el Rey a los que estén a su derecha: "Vengan ustedes, a quienes mi Padre ha bendecido; reciban su herencia, el reino preparado para ustedes desde la creación del mundo. **35**Porque tuve hambre, y ustedes me dieron de comer; tuve sed, y me dieron de beber; fui forastero, y me dieron alojamiento; **36**necesité ropa, y me vistieron; estuve enfermo, y me atendieron; estuve en la cárcel, y me visitaron." **37**Y le contestarán los justos: "Señor, ¿cuándo te vimos hambriento y te alimentamos, o sediento y te dimos de beber? **38**¿Cuándo te vimos como forastero y te dimos alojamiento, o necesitado de ropa y te vestimos? **39**¿Cuándo te vimos enfermo o en la cárcel y te visitamos?" **40**El Rey les responderá: "Les aseguro que todo lo que hicieron por uno de mis hermanos, aun por el más pequeño, lo hicieron por mí."

41»Luego dirá a los que estén a su izquierda: "Apártense de mí, malditos, al fuego eterno preparado para el diablo y sus ángeles. **42**Porque tuve hambre, y ustedes no me dieron nada de comer; tuve sed, y no me dieron nada de beber; **43**fui forastero, y no me dieron alojamiento; necesité ropa, y no me vistieron; estuve enfermo y en la cárcel, y no me atendieron." **44**Ellos también le contestarán: "Señor, ¿cuándo te vimos hambriento o sediento, o como forastero, o necesitado de ropa, o enfermo, o en la cárcel, y no te ayudamos?" **45**Él les responderá: "Les aseguro que todo lo que no hicieron por el más pequeño de mis hermanos, tampoco lo hicieron por mí."

46»Aquéllos irán al castigo eterno, y los justos a la vida eterna.

La conspiración contra Jesús

26 Después de exponer todas estas cosas, Jesús les dijo a sus discípulos: **2**«Como ya saben, faltan dos días para la Pascua, y el Hijo del hombre será entregado para que lo crucifiquen.»

3Se reunieron entonces los jefes de los sacerdotes y los *ancianos del pueblo en el palacio de Caifás, el sumo sacerdote, **4**y con artimañas buscaban cómo arrestar a Jesús para matarlo. **5**«Pero no durante la fiesta —decían—, no sea que se amotine el pueblo.»

where there will be weeping and gnashing of teeth.'

The Sheep and the Goats

31"When the Son of Man comes in his glory, and all the angels with him, he will sit on his throne in heavenly glory. **32**All the nations will be gathered before him, and he will separate the people one from another as a shepherd separates the sheep from the goats. **33**He will put the sheep on his right and the goats on his left.

34"Then the King will say to those on his right, 'Come, you who are blessed by my Father; take your inheritance, the kingdom prepared for you since the creation of the world. **35**For I was hungry and you gave me something to eat, I was thirsty and you gave me something to drink, I was a stranger and you invited me in, **36**I needed clothes and you clothed me, I was sick and you looked after me, I was in prison and you came to visit me.'

37"Then the righteous will answer him, 'Lord, when did we see you hungry and feed you, or thirsty and give you something to drink? **38**When did we see you a stranger and invite you in, or needing clothes and clothe you? **39**When did we see you sick or in prison and go to visit you?'

40"The King will reply, 'I tell you the truth, whatever you did for one of the least of these brothers of mine, you did for me.'

41"Then he will say to those on his left, 'Depart from me, you who are cursed, into the eternal fire prepared for the devil and his angels. **42**For I was hungry and you gave me nothing to eat, I was thirsty and you gave me nothing to drink, **43**I was a stranger and you did not invite me in, I needed clothes and you did not clothe me, I was sick and in prison and you did not look after me.'

44"They also will answer, 'Lord, when did we see you hungry or thirsty or a stranger or needing clothes or sick or in prison, and did not help you?'

45"He will reply, 'I tell you the truth, whatever you did not do for one of the least of these, you did not do for me.'

46"Then they will go away to eternal punishment, but the righteous to eternal life."

The Plot Against Jesus

26 When Jesus had finished saying all these things, he said to his disciples, **2**"As you know, the Passover is two days away—and the Son of Man will be handed over to be crucified."

3Then the chief priests and the elders of the people assembled in the palace of the high priest, whose name was Caiaphas, **4**and they plotted to arrest Jesus in some sly way and kill him. **5**"But not during the Feast," they said, "or there may be a riot among the people."

Una mujer unge a Jesús en Betania

⁶Estando Jesús en Betania, en casa de Simón llamado el Leproso, ⁷se acercó una mujer con un frasco de alabastro lleno de un perfume muy caro, y lo derramó sobre la cabeza de Jesús mientras él estaba *sentado a la mesa.

⁸Al ver esto, los discípulos se indignaron.

—¿Para qué este desperdicio? —dijeron—. ⁹Podía haberse vendido este perfume por mucho dinero para darlo a los pobres.

¹⁰Consciente de ello, Jesús les dijo:

—¿Por qué molestan a esta mujer? Ella ha hecho una obra hermosa conmigo. ¹¹A los pobres siempre los tendrán con ustedes, pero a mí no me van a tener siempre. ¹²Al derramar ella este perfume sobre mi cuerpo, lo hizo a fin de prepararme para la sepultura. ¹³Les aseguro que en cualquier parte del mundo donde se predique este *evangelio, se contará también, en memoria de esta mujer, lo que ella hizo.

Judas acuerda traicionar a Jesús

¹⁴Uno de los doce, el que se llamaba Judas Iscariote, fue a ver a los jefes de los sacerdotes.

¹⁵—¿Cuánto me dan, y yo les entrego a Jesús? —les propuso.

Decidieron pagarle treinta monedas de plata. ¹⁶Y desde entonces Judas buscaba una oportunidad para entregarlo.

La Cena del Señor

¹⁷El primer día de la fiesta de los Panes sin levadura, se acercaron los discípulos a Jesús y le preguntaron:

—¿Dónde quieres que hagamos los preparativos para que comas la Pascua?

¹⁸Él les respondió que fueran a la ciudad, a la casa de cierto hombre, y le dijeran: «El Maestro dice: "Mi tiempo está cerca. Voy a celebrar la Pascua en tu casa con mis discípulos."» ¹⁹Los discípulos hicieron entonces como Jesús les había mandado, y prepararon la Pascua.

²⁰Al anochecer, Jesús estaba *sentado a la mesa con los doce. ²¹Mientras comían, les dijo:

—Les aseguro que uno de ustedes me va a traicionar.

²²Ellos se entristecieron mucho, y uno por uno comenzaron a preguntarle:

—¿Acaso seré yo, Señor?

²³—El que mete la mano conmigo en el plato es el que me va a traicionar —respondió Jesús—. ²⁴A la verdad el Hijo del hombre se irá, tal como está escrito de él, pero ¡ay de aquel que lo traiciona! Más le valdría a ese hombre no haber nacido.

²⁵—¿Acaso seré yo, Rabí? —le dijo Judas, el que lo iba a traicionar.

—Tú lo has dicho —le contestó Jesús.

Jesus Anointed at Bethany

⁶While Jesus was in Bethany in the home of a man known as Simon the Leper, ⁷a woman came to him with an alabaster jar of very expensive perfume, which she poured on his head as he was reclining at the table.

⁸When the disciples saw this, they were indignant. "Why this waste?" they asked. ⁹"This perfume could have been sold at a high price and the money given to the poor."

¹⁰Aware of this, Jesus said to them, "Why are you bothering this woman? She has done a beautiful thing to me. ¹¹The poor you will always have with you, but you will not always have me. ¹²When she poured this perfume on my body, she did it to prepare me for burial. ¹³I tell you the truth, wherever this gospel is preached throughout the world, what she has done will also be told, in memory of her."

Judas Agrees to Betray Jesus

¹⁴Then one of the Twelve—the one called Judas Iscariot—went to the chief priests ¹⁵and asked, "What are you willing to give me if I hand him over to you?" So they counted out for him thirty silver coins. ¹⁶From then on Judas watched for an opportunity to hand him over.

The Lord's Supper

¹⁷On the first day of the Feast of Unleavened Bread, the disciples came to Jesus and asked, "Where do you want us to make preparations for you to eat the Passover?"

¹⁸He replied, "Go into the city to a certain man and tell him, 'The Teacher says: My appointed time is near. I am going to celebrate the Passover with my disciples at your house.'" ¹⁹So the disciples did as Jesus had directed them and prepared the Passover.

²⁰When evening came, Jesus was reclining at the table with the Twelve. ²¹And while they were eating, he said, "I tell you the truth, one of you will betray me."

²²They were very sad and began to say to him one after the other, "Surely not I, Lord?"

²³Jesus replied, "The one who has dipped his hand into the bowl with me will betray me. ²⁴The Son of Man will go just as it is written about him. But woe to that man who betrays the Son of Man It would be better for him if he had not been born."

²⁵Then Judas, the one who would betray him, said, "Surely not I, Rabbi?"

Jesus answered, "Yes, it is you." ᵍ

ᵍ25 Or "You yourself have said it"

²⁶Mientras comían, Jesús tomó pan y lo bendijo. Luego lo partió y se lo dio a sus discípulos, diciéndoles:

—Tomen y coman; esto es mi cuerpo.

²⁷Después tomó la copa, dio gracias, y se la ofreció diciéndoles:

—Beban de ella todos ustedes. ²⁸Esto es mi sangre del pacto,ᵉ que es derramada por muchos para el perdón de pecados. ²⁹Les digo que no beberé de este fruto de la vid desde ahora en adelante, hasta el día en que beba con ustedes el vino nuevo en el reino de mi Padre.

³⁰Después de cantar los salmos, salieron al monte de los Olivos.

Jesús predice la negación de Pedro

³¹—Esta misma noche —les dijo Jesús— todos ustedes me abandonarán, porque está escrito:

» "Heriré al pastor,
    y se dispersarán las ovejas del rebaño."ᶠ

³²Pero después de que yo resucite, iré delante de ustedes a Galilea.

³³—Aunque todos te abandonen —declaró Pedro—, yo jamás lo haré.

³⁴—Te aseguro —le contestó Jesús— que esta misma noche, antes de que cante el gallo, me negarás tres veces.

³⁵—Aunque tenga que morir contigo —insistió Pedro—, jamás te negaré.

Y los demás discípulos dijeron lo mismo.

Jesús en Getsemaní

³⁶Luego fue Jesús con sus discípulos a un lugar llamado Getsemaní, y les dijo: «Siéntense aquí mientras voy más allá a orar.» ³⁷Se llevó a Pedro y a los dos hijos de Zebedeo, y comenzó a sentirse triste y angustiado. ³⁸«Es tal la angustia que me invade, que me siento morir —les dijo—. Quédense aquí y manténganse despiertos conmigo.»

³⁹Yendo un poco más allá, se postró sobre su rostro y oró: «Padre mío, si es posible, no me hagas beber este trago amargo.ᵍ Pero no sea lo que yo quiero, sino lo que quieres tú.»

⁴⁰Luego volvió adonde estaban sus discípulos y los encontró dormidos. «¿No pudieron mantenerse despiertos conmigo ni una hora? —le dijo a Pedro—. ⁴¹Estén alerta y oren para que no caigan en *tentación. El espíritu está dispuesto, pero el cuerpoʰ es débil.»

²⁶While they were eating, Jesus took bread, gave thanks and broke it, and gave it to his disciples, saying, "Take and eat; this is my body."

²⁷Then he took the cup, gave thanks and offered it to them, saying, "Drink from it, all of you. ²⁸This is my blood of theʰ covenant, which is poured out for many for the forgiveness of sins. ²⁹I tell you, I will not drink of this fruit of the vine from now on until that day when I drink it anew with you in my Father's kingdom."

³⁰When they had sung a hymn, they went out to the Mount of Olives.

Jesus Predicts Peter's Denial

³¹Then Jesus told them, "This very night you will all fall away on account of me, for it is written:

" 'I will strike the shepherd,
    and the sheep of the flock will be scattered.'ⁱ

³²But after I have risen, I will go ahead of you into Galilee."

³³Peter replied, "Even if all fall away on account of you, I never will."

³⁴"I tell you the truth," Jesus answered, "this very night, before the rooster crows, you will disown me three times."

³⁵But Peter declared, "Even if I have to die with you, I will never disown you." And all the other disciples said the same.

Gethsemane

³⁶Then Jesus went with his disciples to a place called Gethsemane, and he said to them, "Sit here while I go over there and pray." ³⁷He took Peter and the two sons of Zebedee along with him, and he began to be sorrowful and troubled. ³⁸Then he said to them, "My soul is overwhelmed with sorrow to the point of death. Stay here and keep watch with me."

³⁹Going a little farther, he fell with his face to the ground and prayed, "My Father, if it is possible, may this cup be taken from me. Yet not as I will, but as you will."

⁴⁰Then he returned to his disciples and found them sleeping. "Could you men not keep watch with me for one hour?" he asked Peter. ⁴¹"Watch and pray so that you will not fall into temptation. The spirit is willing, but the body is weak."

ᵉ26:28 *del pacto.* Var. *del nuevo pacto* (véase Lc 22:20).
ᶠ26:31 Zac 13:7   ᵍ26:39 *no … amargo.* Lit. *que pase de mí esta copa.*   ʰ26:41 *el cuerpo.* Lit. *la *carne.*

ʰ28 Some manuscripts *the new*   ⁱ31 Zech. 13:7

42Por segunda vez se retiró y oró: «Padre mío, si no es posible evitar que yo beba este trago amargo,^{i} hágase tu voluntad.»

43Cuando volvió, otra vez los encontró dormidos, porque se les cerraban los ojos de sueño. **44**Así que los dejó y se retiró a orar por tercera vez, diciendo lo mismo.

45Volvió de nuevo a los discípulos y les dijo: «¿Siguen durmiendo y descansando? Miren, se acerca la hora, y el Hijo del hombre va a ser entregado en manos de *pecadores. **46**¡Levántense ¡Vámonos ¡Ahí viene el que me traiciona »

Arresto de Jesús

47Todavía estaba hablando Jesús cuando llegó Judas, uno de los doce. Lo acompañaba una gran turba armada con espadas y palos, enviada por los jefes de los sacerdotes y los *ancianos del pueblo. **48**El traidor les había dado esta contraseña: «Al que le dé un beso, ése es; arréstenlo.» **49**En seguida Judas se acercó a Jesús y lo saludó.

—¡Rabí —le dijo, y lo besó.

50—Amigo —le replicó Jesús—, ¿a qué vienes?^{j}

Entonces los hombres se acercaron y prendieron a Jesús. **51**En eso, uno de los que estaban con él extendió la mano, sacó la espada e hirió al siervo del sumo sacerdote, cortándole una oreja.

52—Guarda tu espada —le dijo Jesús—, porque los que a hierro matan, a hierro mueren.^{k} **53**¿Crees que no puedo acudir a mi Padre, y al instante pondría a mi disposición más de doce batallones^l de ángeles? **54**Pero entonces, ¿cómo se cumplirían las Escrituras que dicen que así tiene que suceder?

55Y de inmediato dijo a la turba:

—¿Acaso soy un bandido,^{m} para que vengan con espadas y palos a arrestarme? Todos los días me sentaba a enseñar en el *templo, y no me prendieron. **56**Pero todo esto ha sucedido para que se cumpla lo que escribieron los profetas.

Entonces todos los discípulos lo abandonaron y huyeron.

Jesús ante el Consejo

57Los que habían arrestado a Jesús lo llevaron ante Caifás, el sumo sacerdote, donde se habían reunido los *maestros de la ley y los *ancianos. **58**Pero Pedro lo siguió de lejos hasta el patio del sumo sacerdote. Entró y se sentó con los guardias para ver en qué terminaba aquello.

42He went away a second time and prayed, "My Father, if it is not possible for this cup to be taken away unless I drink it, may your will be done."

43When he came back, he again found them sleeping, because their eyes were heavy. **44**So he left them and went away once more and prayed the third time, saying the same thing.

45Then he returned to the disciples and said to them, "Are you still sleeping and resting? Look, the hour is near, and the Son of Man is betrayed into the hands of sinners. **46**Rise, let us go Here comes my betrayer "

Jesus Arrested

47While he was still speaking, Judas, one of the Twelve, arrived. With him was a large crowd armed with swords and clubs, sent from the chief priests and the elders of the people. **48**Now the betrayer had arranged a signal with them: "The one I kiss is the man; arrest him." **49**Going at once to Jesus, Judas said, "Greetings, Rabbi " and kissed him.

50Jesus replied, "Friend, do what you came for."^{j}

Then the men stepped forward, seized Jesus and arrested him. **51**With that, one of Jesus' companions reached for his sword, drew it out and struck the servant of the high priest, cutting off his ear.

52"Put your sword back in its place," Jesus said to him, "for all who draw the sword will die by the sword. **53**Do you think I cannot call on my Father, and he will at once put at my disposal more than twelve legions of angels? **54**But how then would the Scriptures be fulfilled that say it must happen in this way?"

55At that time Jesus said to the crowd, "Am I leading a rebellion, that you have come out with swords and clubs to capture me? Every day I sat in the temple courts teaching, and you did not arrest me. **56**But this has all taken place that the writings of the prophets might be fulfilled." Then all the disciples deserted him and fled.

Before the Sanhedrin

57Those who had arrested Jesus took him to Caiaphas, the high priest, where the teachers of the law and the elders had assembled. **58**But Peter followed him at a distance, right up to the courtyard of the high priest. He entered and sat down with the guards to see the outcome.

---

^{i}**26:42** evitar … amargo. Lit. que esto pase de mí.
^{j}**26:50** ¿a qué vienes? Alt. haz lo que viniste a hacer.
^{k}**26:52** porque … mueren. Lit. Porque todos los que toman espada, por espada perecerán. ^{l}**26:53** batallones. Lit. legiones. ^{m}**26:55** bandido. Alt. insurgente.

^{j}50 Or "Friend, why have you come?"

59Los jefes de los sacerdotes y el *Consejo en pleno buscaban alguna prueba falsa contra Jesús para poder condenarlo a muerte. **60**Pero no la encontraron, a pesar de que se presentaron muchos falsos testigos.

Por fin se presentaron dos, **61**que declararon:

—Este hombre dijo: "Puedo destruir el *templo de Dios y reconstruirlo en tres días."

62Poniéndose en pie, el sumo sacerdote le dijo a Jesús:

—¿No vas a responder? ¿Qué significan estas denuncias en tu contra?

63Pero Jesús se quedó callado. Así que el sumo sacerdote insistió:

—Te ordeno en el nombre del Dios viviente que nos digas si eres el *Cristo, el Hijo de Dios.

64—Tú lo has dicho —respondió Jesús—. Pero yo les digo a todos: De ahora en adelante verán ustedes al Hijo del hombre sentado a la *derecha del Todopoderoso, y viniendo en las nubes del cielo.

65—¡Ha *blasfemado —exclamó el sumo sacerdote, rasgándose las vestiduras—. ¿Para qué necesitamos más testigos? ¡Miren, ustedes mismos han oído la blasfemia **66**¿Qué piensan de esto?

—Merece la muerte —le contestaron.

67Entonces algunos le escupieron en el rostro y le dieron puñetazos. Otros lo abofeteaban **68**y decían:

—A ver, Cristo, ¡adivina quién te pegó

Pedro niega a Jesús

69Mientras tanto, Pedro estaba sentado afuera, en el patio, y una criada se le acercó.

—Tú también estabas con Jesús de Galilea —le dijo.

70Pero él lo negó delante de todos, diciendo:

—No sé de qué estás hablando.

71Luego salió a la puerta, donde otra criada lo vio y dijo a los que estaban allí:

—Éste estaba con Jesús de Nazaret.

72Él lo volvió a negar, jurándoles:

—¡A ese hombre ni lo conozco

73Poco después se acercaron a Pedro los que estaban allí y le dijeron:

—Seguro que eres uno de ellos; se te nota por tu acento.

74Y comenzó a echarse maldiciones, y les juró:

—¡A ese hombre ni lo conozco

En ese instante cantó un gallo. **75**Entonces Pedro se acordó de lo que Jesús había dicho: «Antes de que cante el gallo, me negarás tres veces.» Y saliendo de allí, lloró amargamente.

59The chief priests and the whole Sanhedrin were looking for false evidence against Jesus so that they could put him to death. **60**But they did not find any, though many false witnesses came forward.

Finally two came forward **61**and declared, "This fellow said, 'I am able to destroy the temple of God and rebuild it in three days.'"

62Then the high priest stood up and said to Jesus, "Are you not going to answer? What is this testimony that these men are bringing against you?" **63**But Jesus remained silent.

The high priest said to him, "I charge you under oath by the living God: Tell us if you are the Christ,*k* the Son of God."

64"Yes, it is as you say," Jesus replied. "But I say to all of you: In the future you will see the Son of Man sitting at the right hand of the Mighty One and coming on the clouds of heaven."

65Then the high priest tore his clothes and said, "He has spoken blasphemy Why do we need any more witnesses? Look, now you have heard the blasphemy. **66**What do you think?"

"He is worthy of death," they answered.

67Then they spit in his face and struck him with their fists. Others slapped him **68**and said, "Prophesy to us, Christ. Who hit you?"

Peter Disowns Jesus

69Now Peter was sitting out in the courtyard, and a servant girl came to him. "You also were with Jesus of Galilee," she said.

70But he denied it before them all. "I don't know what you're talking about," he said.

71Then he went out to the gateway, where another girl saw him and said to the people there, "This fellow was with Jesus of Nazareth."

72He denied it again, with an oath: "I don't know the man "

73After a little while, those standing there went up to Peter and said, "Surely you are one of them, for your accent gives you away."

74Then he began to call down curses on himself and he swore to them, "I don't know the man "

Immediately a rooster crowed. **75**Then Peter remembered the word Jesus had spoken: "Before the rooster crows, you will disown me three times." And he went outside and wept bitterly.

*k*63 Or *Messiah*; also in verse 68

Judas se ahorca

27 Muy de mañana, todos los jefes de los sacerdotes y los *ancianos del pueblo tomaron la decisión de condenar a muerte a Jesús. 2Lo ataron, se lo llevaron y se lo entregaron a Pilato, el gobernador.

3Cuando Judas, el que lo había traicionado, vio que habían condenado a Jesús, sintió remordimiento y devolvió las treinta monedas de plata a los jefes de los sacerdotes y a los ancianos.

4—He pecado —les dijo— porque he entregado sangre inocente.

—¿Y eso a nosotros qué nos importa? —respondieron—. ¡Allá tú!

5Entonces Judas arrojó el dinero en el *santuario y salió de allí. Luego fue y se ahorcó.

6Los jefes de los sacerdotes recogieron las monedas y dijeron: «La ley no permite echar esto al tesoro, porque es precio de sangre.» 7Así que resolvieron comprar con ese dinero un terreno conocido como Campo del Alfarero, para sepultar allí a los extranjeros. 8Por eso se le ha llamado Campo de Sangre hasta el día de hoy. 9Así se cumplió lo dicho por el profeta Jeremías: «Tomaron las treinta monedas de plata, el precio que el pueblo de Israel le había fijado, 10y con ellas compraron el campo del alfarero, como me ordenó el Señor.»ⁿ

Jesús ante Pilato

11Mientras tanto, Jesús compareció ante el gobernador, y éste le preguntó:

—¿Eres tú el rey de los judíos?

—Tú lo dices —respondió Jesús.

12Al ser acusado por los jefes de los sacerdotes y por los *ancianos, Jesús no contestó nada.

13—¿No oyes lo que declaran contra ti? —le dijo Pilato.

14Pero Jesús no respondió ni a una sola acusación, por lo que el gobernador se llenó de asombro.

15Ahora bien, durante la fiesta el gobernador acostumbraba soltar un preso que la gente escogiera. 16Tenían un preso famoso llamado Barrabás. 17-18Así que cuando se reunió la multitud, Pilato, que sabía que le habían entregado a Jesús por envidia, les preguntó:

—¿A quién quieren que les suelte: a Barrabás o a Jesús, al que llaman *Cristo?

19Mientras Pilato estaba sentado en el tribunal, su esposa le envió el siguiente recado: «No te metas con ese justo, pues por causa de él, hoy he sufrido mucho en un sueño.»

Judas Hangs Himself

27 Early in the morning, all the chief priests and the elders of the people came to the decision to put Jesus to death. 2They bound him, led him away and handed him over to Pilate, the governor.

3When Judas, who had betrayed him, saw that Jesus was condemned, he was seized with remorse and returned the thirty silver coins to the chief priests and the elders. 4"I have sinned," he said, "for I have betrayed innocent blood."

"What is that to us?" they replied. "That's your responsibility."

5So Judas threw the money into the temple and left. Then he went away and hanged himself.

6The chief priests picked up the coins and said, "It is against the law to put this into the treasury, since it is blood money." 7So they decided to use the money to buy the potter's field as a burial place for foreigners. 8That is why it has been called the Field of Blood to this day. 9Then what was spoken by Jeremiah the prophet was fulfilled: "They took the thirty silver coins, the price set on him by the people of Israel, 10and they used them to buy the potter's field, as the Lord commanded me."ˡ

Jesus Before Pilate

11Meanwhile Jesus stood before the governor, and the governor asked him, "Are you the king of the Jews?"

"Yes, it is as you say," Jesus replied.

12When he was accused by the chief priests and the elders, he gave no answer. 13Then Pilate asked him, "Don't you hear the testimony they are bringing against you?" 14But Jesus made no reply, not even to a single charge—to the great amazement of the governor.

15Now it was the governor's custom at the Feast to release a prisoner chosen by the crowd. 16At that time they had a notorious prisoner, called Barabbas. 17So when the crowd had gathered, Pilate asked them, "Which one do you want me to release to you: Barabbas, or Jesus who is called Christ?" 18For he knew it was out of envy that they had handed Jesus over to him.

19While Pilate was sitting on the judge's seat, his wife sent him this message: "Don't have anything to do with that innocent man, for I have suffered a great deal today in a dream because of him."

ⁿ27:10 Véanse Zac 11:12,13; Jer 19:1-13; 32:6-9.   ˡ10 See Zech. 11:12,13; Jer. 19:1-13; 32:6-9.

20Pero los jefes de los sacerdotes y los ancianos persuadieron a la multitud a que le pidiera a Pilato soltar a Barrabás y ejecutar a Jesús.

21—¿A cuál de los dos quieren que les suelte? —preguntó el gobernador.

—A Barrabás.

22—¿Y qué voy a hacer con Jesús, al que llaman Cristo?

—¡Crucifícalo —respondieron todos.

23—¿Por qué? ¿Qué crimen ha cometido?

Pero ellos gritaban aún más fuerte:

—¡Crucifícalo

24Cuando Pilato vio que no conseguía nada, sino que más bien se estaba formando un tumulto, pidió agua y se lavó las manos delante de la gente.

—Soy inocente de la sangre de este hombre —dijo—. ¡Allá ustedes

25—¡Que su sangre caiga sobre nosotros y sobre nuestros hijos —contestó todo el pueblo.

26Entonces les soltó a Barrabás; pero a Jesús lo mandó azotar, y lo entregó para que lo crucificaran.

Los soldados se burlan de Jesús

27Los soldados del gobernador llevaron a Jesús al palacio[ñ] y reunieron a toda la tropa alrededor de él. **28**Le quitaron la ropa y le pusieron un manto de color escarlata. **29**Luego trenzaron una corona de espinas y se la colocaron en la cabeza, y en la mano derecha le pusieron una caña. Arrodillándose delante de él, se burlaban diciendo:

—¡Salve, rey de los judíos

30Y le escupían, y con la caña le golpeaban la cabeza. **31**Después de burlarse de él, le quitaron el manto, le pusieron su propia ropa y se lo llevaron para crucificarlo.

La crucifixión

32Al salir encontraron a un hombre de Cirene que se llamaba Simón, y lo obligaron a llevar la cruz. **33**Llegaron a un lugar llamado Gólgota (que significa «Lugar de la Calavera»). **34**Allí le dieron a Jesús vino mezclado con hiel; pero después de probarlo, se negó a beberlo. **35**Lo crucificaron y repartieron su ropa echando suertes.[o] **36**Y se sentaron a vigilarlo. **37**Encima de su cabeza pusieron por escrito la causa de su condena: «ÉSTE ES JESÚS, EL REY DE LOS JUDÍOS.» **38**Con él crucificaron a dos bandidos,[p] uno a su derecha y otro a su izquierda. **39**Los que

20But the chief priests and the elders persuaded the crowd to ask for Barabbas and to have Jesus executed.

21"Which of the two do you want me to release to you?" asked the governor.

"Barabbas," they answered.

22"What shall I do, then, with Jesus who is called Christ?" Pilate asked.

They all answered, "Crucify him "

23"Why? What crime has he committed?" asked Pilate.

But they shouted all the louder, "Crucify him "

24When Pilate saw that he was getting nowhere, but that instead an uproar was starting, he took water and washed his hands in front of the crowd. "I am innocent of this man's blood," he said. "It is your responsibility "

25All the people answered, "Let his blood be on us and on our children "

26Then he released Barabbas to them. But he had Jesus flogged, and handed him over to be crucified.

The Soldiers Mock Jesus

27Then the governor's soldiers took Jesus into the Praetorium and gathered the whole company of soldiers around him. **28**They stripped him and put a scarlet robe on him, **29**and then twisted together a crown of thorns and set it on his head. They put a staff in his right hand and knelt in front of him and mocked him. "Hail, king of the Jews " they said. **30**They spit on him, and took the staff and struck him on the head again and again. **31**After they had mocked him, they took off the robe and put his own clothes on him. Then they led him away to crucify him.

The Crucifixion

32As they were going out, they met a man from Cyrene, named Simon, and they forced him to carry the cross. **33**They came to a place called Golgotha (which means The Place of the Skull). **34**There they offered Jesus wine to drink, mixed with gall; but after tasting it, he refused to drink it. **35**When they had crucified him, they divided up his clothes by casting lots.[m] **36**And sitting down, they kept watch over him there. **37**Above his head they placed the written charge against him: THIS IS JESUS, THE KING OF THE JEWS. **38**Two robbers were crucified with him, one on his right and one on his left. **39**Those who

---

[ñ]**27:27** *palacio.* Lit. *pretorio.* [o]**27:35** *suertes.* Var. *suertes, para que se cumpliera lo dicho por medio del profeta:* «*Se repartieron entre ellos mi manto y sobre mi ropa echaron suertes*» (Sal 22:18; véase Jn 19:24). [p]**27:38** *bandidos.* Alt. *insurgentes;* también en v. 44.

[m]*35* A few late manuscripts *lots that the word spoken by the prophet might be fulfilled: "They divided my garments among themselves and cast lots for my clothing"* (Psalm 22:18)

pasaban meneaban la cabeza y *blasfemaban contra él:

40—Tú, que destruyes el *templo y en tres días lo reconstruyes, ¡sálvate a ti mismo ¡Si eres el Hijo de Dios, baja de la cruz

41De la misma manera se burlaban de él los jefes de los sacerdotes, junto con los *maestros de la ley y los *ancianos.

42—Salvó a otros —decían—, ¡pero no puede salvarse a sí mismo ¡Y es el Rey de Israel Que baje ahora de la cruz, y así creeremos en él. **43**Él confía en Dios; pues que lo libre Dios ahora, si de veras lo quiere. ¿Acaso no dijo: "Yo soy el Hijo de Dios"?

44Así también lo insultaban los bandidos que estaban crucificados con él.

Muerte de Jesús

45Desde el mediodía y hasta la media tarde*q* toda la tierra quedó en oscuridad. **46**Como a las tres de la tarde,*r* Jesús gritó con fuerza:

—Elí, Elí,*s* ¿lama sabactani? (que significa: "Dios mío, Dios mío, ¿por qué me has desamparado?").*t*

47Cuando lo oyeron, algunos de los que estaban allí dijeron:

—Está llamando a Elías.

48Al instante uno de ellos corrió en busca de una esponja. La empapó en vinagre, la puso en una caña y se la ofreció a Jesús para que bebiera. **49**Los demás decían:

—Déjalo, a ver si viene Elías a salvarlo.

50Entonces Jesús volvió a gritar con fuerza, y entregó su espíritu.

51En ese momento la cortina del *santuario del templo se rasgó en dos, de arriba abajo. La tierra tembló y se partieron las rocas. **52**Se abrieron los sepulcros, y muchos *santos que habían muerto resucitaron. **53**Salieron de los sepulcros y, después de la resurrección de Jesús, entraron en la ciudad santa y se aparecieron a muchos.

54Cuando el centurión y los que con él estaban custodiando a Jesús vieron el terremoto y todo lo que había sucedido, quedaron aterrados y exclamaron:

—¡Verdaderamente éste era el Hijo*u* de Dios

55Estaban allí, mirando de lejos, muchas mujeres que habían seguido a Jesús desde Galilea para servirle. **56**Entre ellas se encontraban María Magdalena, María la madre de *Jacobo y de José, y la madre de los hijos de Zebedeo.

passed by hurled insults at him, shaking their heads **40**and saying, "You who are going to destroy the temple and build it in three days, save yourself Come down from the cross, if you are the Son of God "

41In the same way the chief priests, the teachers of the law and the elders mocked him. **42**"He saved others," they said, "but he can't save himself He's the King of Israel Let him come down now from the cross, and we will believe in him. **43**He trusts in God. Let God rescue him now if he wants him, for he said, 'I am the Son of God.'" **44**In the same way the robbers who were crucified with him also heaped insults on him.

The Death of Jesus

45From the sixth hour until the ninth hour darkness came over all the land. **46**About the ninth hour Jesus cried out in a loud voice, "Eloi, Eloi,*n* lama sabachthani?"—which means, "My God, my God, why have you forsaken me?"*o*

47When some of those standing there heard this, they said, "He's calling Elijah."

48Immediately one of them ran and got a sponge. He filled it with wine vinegar, put it on a stick, and offered it to Jesus to drink. **49**The rest said, "Now leave him alone. Let's see if Elijah comes to save him."

50And when Jesus had cried out again in a loud voice, he gave up his spirit.

51At that moment the curtain of the temple was torn in two from top to bottom. The earth shook and the rocks split. **52**The tombs broke open and the bodies of many holy people who had died were raised to life. **53**They came out of the tombs, and after Jesus' resurrection they went into the holy city and appeared to many people.

54When the centurion and those with him who were guarding Jesus saw the earthquake and all that had happened, they were terrified, and exclaimed, "Surely he was the Son*p* of God "

55Many women were there, watching from a distance. They had followed Jesus from Galilee to care for his needs. **56**Among them were Mary Magdalene, Mary the mother of James and Joses, and the mother of Zebedee's sons.

---

q 27:45 Desde … tarde. Lit. *Desde la hora sexta hasta la hora novena.*   *r 27:46 Como … tarde.* Lit. *Como a la hora novena.*   *s 27:46 Elí, Elí.* Var. *Eloi, Eloi.*   *t 27:46 Sal 22:1*   *u 27:54 era el Hijo.* Alt. *era hijo.*

n 46 Some manuscripts *Eli, Eli*   *o 46* Psalm 22:1   *p 54* Or *a son*

Sepultura de Jesús

57Al atardecer, llegó un hombre rico de Arimatea, llamado José, que también se había convertido en discípulo de Jesús. **58**Se presentó ante Pilato para pedirle el cuerpo de Jesús, y Pilato ordenó que se lo dieran. **59**José tomó el cuerpo, lo envolvió en una sábana limpia **60**y lo puso en un sepulcro nuevo de su propiedad que había cavado en la roca. Luego hizo rodar una piedra grande a la entrada del sepulcro, y se fue. **61**Allí estaban, sentadas frente al sepulcro, María Magdalena y la otra María.

La guardia ante el sepulcro

62Al día siguiente, después del día de la preparación, los jefes de los sacerdotes y los fariseos se presentaron ante Pilato.

63—Señor —le dijeron—, nosotros recordamos que mientras ese engañador aún vivía, dijo: "A los tres días resucitaré." **64**Por eso, ordene usted que se selle el sepulcro hasta el tercer día, no sea que vengan sus discípulos, se roben el cuerpo y le digan al pueblo que ha *resucitado. Ese último engaño sería peor que el primero.

65—Llévense una guardia de soldados —les ordenó Pilato—, y vayan a asegurar el sepulcro lo mejor que puedan.

66Así que ellos fueron, cerraron el sepulcro con una piedra, y lo sellaron; y dejaron puesta la guardia.

La resurrección

28 Después del *sábado, al amanecer del primer día de la semana, María Magdalena y la otra María fueron a ver el sepulcro.

2Sucedió que hubo un terremoto violento, porque un ángel del Señor bajó del cielo y, acercándose al sepulcro, quitó la piedra y se sentó sobre ella. **3**Su aspecto era como el de un relámpago, y su ropa era blanca como la nieve. **4**Los guardias tuvieron tanto miedo de él que se pusieron a temblar y quedaron como muertos.

5El ángel dijo a las mujeres:

—No tengan miedo; sé que ustedes buscan a Jesús, el que fue crucificado. **6**No está aquí, pues ha resucitado, tal como dijo. Vengan a ver el lugar donde lo pusieron. **7**Luego vayan pronto a decirles a sus discípulos: "Él se ha *levantado de entre los muertos y va delante de ustedes a Galilea. Allí lo verán." Ahora ya lo saben.

8Así que las mujeres se alejaron a toda prisa del sepulcro, asustadas pero muy alegres, y corrieron a dar la noticia a los discípulos. **9**En eso Jesús les salió al encuentro y las saludó. Ellas se le acercaron, le abrazaron los pies y lo adoraron.

The Burial of Jesus

57As evening approached, there came a rich man from Arimathea, named Joseph, who had himself become a disciple of Jesus. **58**Going to Pilate, he asked for Jesus' body, and Pilate ordered that it be given to him. **59**Joseph took the body, wrapped it in a clean linen cloth, **60**and placed it in his own new tomb that he had cut out of the rock. He rolled a big stone in front of the entrance to the tomb and went away. **61**Mary Magdalene and the other Mary were sitting there opposite the tomb.

The Guard at the Tomb

62The next day, the one after Preparation Day, the chief priests and the Pharisees went to Pilate. **63**"Sir," they said, "we remember that while he was still alive that deceiver said, 'After three days I will rise again.' **64**So give the order for the tomb to be made secure until the third day. Otherwise, his disciples may come and steal the body and tell the people that he has been raised from the dead. This last deception will be worse than the first."

65"Take a guard," Pilate answered. "Go, make the tomb as secure as you know how." **66**So they went and made the tomb secure by putting a seal on the stone and posting the guard.

The Resurrection

28 After the Sabbath, at dawn on the first day of the week, Mary Magdalene and the other Mary went to look at the tomb.

2There was a violent earthquake, for an angel of the Lord came down from heaven and, going to the tomb, rolled back the stone and sat on it. **3**His appearance was like lightning, and his clothes were white as snow. **4**The guards were so afraid of him that they shook and became like dead men.

5The angel said to the women, "Do not be afraid, for I know that you are looking for Jesus, who was crucified. **6**He is not here; he has risen, just as he said. Come and see the place where he lay. **7**Then go quickly and tell his disciples: 'He has risen from the dead and is going ahead of you into Galilee. There you will see him.' Now I have told you."

8So the women hurried away from the tomb, afraid yet filled with joy, and ran to tell his disciples. **9**Suddenly Jesus met them. "Greetings," he said. They came to him, clasped his feet and worshiped him. **10**Then Jesus said to them, "Do not be afraid. Go and

10—No tengan miedo —les dijo Jesús—. Vayan a decirles a mis hermanos que se dirijan a Galilea, y allí me verán.

El informe de los guardias

11Mientras las mujeres iban de camino, algunos de los guardias entraron en la ciudad e informaron a los jefes de los sacerdotes de todo lo que había sucedido. 12Después de reunirse estos jefes con los *ancianos y de trazar un plan, les dieron a los soldados una fuerte suma de dinero 13y les encargaron: «Digan que los discípulos de Jesús vinieron por la noche y que, mientras ustedes dormían, se robaron el cuerpo. 14Y si el gobernador llega a enterarse de esto, nosotros responderemos por ustedes y les evitaremos cualquier problema.»

15Así que los soldados tomaron el dinero e hicieron como se les había instruido. Esta es la versión de los sucesos que hasta el día de hoy ha circulado entre los judíos.

La gran comisión

16Los once discípulos fueron a Galilea, a la montaña que Jesús les había indicado. 17Cuando lo vieron, lo adoraron; pero algunos dudaban. 18Jesús se acercó entonces a ellos y les dijo:

—Se me ha dado toda autoridad en el cielo y en la tierra. 19Por tanto, vayan y hagan discípulos de todas las *naciones, bautizándolos en el nombre del Padre y del Hijo y del Espíritu Santo, 20enseñándoles a obedecer todo lo que les he mandado a ustedes. Y les aseguro que estaré con ustedes siempre, hasta el fin del mundo.v

tell my brothers to go to Galilee; there they will see me."

The Guards' Report

11While the women were on their way, some of the guards went into the city and reported to the chief priests everything that had happened. 12When the chief priests had met with the elders and devised a plan, they gave the soldiers a large sum of money, 13telling them, "You are to say, 'His disciples came during the night and stole him away while we were asleep.' 14If this report gets to the governor, we will satisfy him and keep you out of trouble." 15So the soldiers took the money and did as they were instructed. And this story has been widely circulated among the Jews to this very day.

The Great Commission

16Then the eleven disciples went to Galilee, to the mountain where Jesus had told them to go. 17When they saw him, they worshiped him; but some doubted. 18Then Jesus came to them and said, "All authority in heaven and on earth has been given to me. 19Therefore go and make disciples of all nations, baptizing them inq the name of the Father and of the Son and of the Holy Spirit, 20and teaching them to obey everything I have commanded you. And surely I am with you always, to the very end of the age."

---

v28:20 el fin del mundo. Lit. la consumación del siglo.

q19 Or into; see Acts 8:16; 19:5; Romans 6:3; 1 Cor. 1:13; 10:2 and Gal. 3:27.

Evangelio según Marcos

Mark

Juan el Bautista prepara el camino

1 Comienzo del *evangelio de *Jesucristo, el Hijo de Dios.[a]

2 Sucedió como está escrito en el profeta Isaías:

«Yo estoy por enviar a mi mensajero delante de ti,
el cual preparará tu camino.»[b]
3 «Voz de uno que grita en el desierto:
"Preparen el camino del Señor,
háganle sendas derechas." »[c]

4 Así se presentó Juan, bautizando en el desierto y predicando el bautismo de *arrepentimiento para el perdón de pecados. 5 Toda la gente de la región de Judea y de la ciudad de Jerusalén acudía a él. Cuando confesaban sus pecados, él los bautizaba en el río Jordán. 6 La ropa de Juan estaba hecha de pelo de camello. Llevaba puesto un cinturón de cuero, y comía langostas y miel silvestre. 7 Predicaba de esta manera: «Después de mí viene uno más poderoso que yo; ni siquiera merezco agacharme para desatar la correa de sus sandalias. 8 Yo los he bautizado a ustedes con[d] agua, pero él los bautizará con el Espíritu Santo.»

Bautismo y tentación de Jesús

9 En esos días llegó Jesús desde Nazaret de Galilea y fue bautizado por Juan en el Jordán. 10 En seguida, al subir del agua, Jesús vio que el cielo se abría y que el Espíritu bajaba sobre él como una paloma. 11 También se oyó una voz del cielo que decía: «Tú eres mi Hijo amado; estoy muy complacido contigo.»

12 En seguida el Espíritu lo impulsó a ir al desierto, 13 y allí fue *tentado por Satanás durante cuarenta días. Estaba entre las fieras, y los ángeles le servían.

Llamamiento de los primeros discípulos

14 Después de que encarcelaron a Juan, Jesús se fue a Galilea a anunciar las buenas *nuevas de Dios. 15 «Se ha cumplido el tiempo —de-

John the Baptist Prepares the Way

1 The beginning of the gospel about Jesus Christ, the Son of God.[a]
2 It is written in Isaiah the prophet:

"I will send my messenger ahead of you,
who will prepare your way"[b]—
3 "a voice of one calling in the desert,
'Prepare the way for the Lord,
make straight paths for him.'"[c]

4 And so John came, baptizing in the desert region and preaching a baptism of repentance for the forgiveness of sins. 5 The whole Judean countryside and all the people of Jerusalem went out to him. Confessing their sins, they were baptized by him in the Jordan River. 6 John wore clothing made of camel's hair, with a leather belt around his waist, and he ate locusts and wild honey. 7 And this was his message: "After me will come one more powerful than I, the thongs of whose sandals I am not worthy to stoop down and untie. 8 I baptize you with[d] water, but he will baptize you with the Holy Spirit."

The Baptism and Temptation of Jesus

9 At that time Jesus came from Nazareth in Galilee and was baptized by John in the Jordan. 10 As Jesus was coming up out of the water, he saw heaven being torn open and the Spirit descending on him like a dove. 11 And a voice came from heaven: "You are my Son, whom I love; with you I am well pleased."

12 At once the Spirit sent him out into the desert, 13 and he was in the desert forty days, being tempted by Satan. He was with the wild animals, and angels attended him.

The Calling of the First Disciples

14 After John was put in prison, Jesus went into Galilee, proclaiming the good news of God. 15 "The time has come," he said. "The kingdom

---

a 1:1 Var. no incluye: el Hijo de Dios.   b 1:2 Mal 3:1
c 1:3 Is 40:3   d 1:8 con. Alt. en.

a 1 Some manuscripts do not have the Son of God.
b 2 Mal. 3:1   c 3 Isaiah 40:3   d 8 Or in

cía—. El reino de Dios está cerca. ¡*Arrepiéntanse y crean las buenas *nuevas »

16Pasando por la orilla del mar de Galilea,
Jesús vio a Simón y a su hermano Andrés que
echaban la red al lago, pues eran pescadores.
17«Vengan, síganme —les dijo Jesús—, y los
haré pescadores de hombres.» 18Al momento
dejaron las redes y lo siguieron.

19Un poco más adelante vio a *Jacobo y a su
hermano Juan, hijos de Zebedeo, que estaban en
su barca remendando sus redes. 20En seguida los
llamó, y ellos, dejando a su padre Zebedeo en la
barca con los jornaleros, se fueron con Jesús.

Jesús expulsa a un espíritu maligno

21Entraron en Capernaúm, y tan pronto como
llegó el *sábado, Jesús fue a la sinagoga y se
puso a enseñar. 22La gente se asombraba de su
enseñanza, porque la impartía como quien tiene
autoridad y no como los *maestros de la ley.
23De repente, en la sinagoga, un hombre que
estaba poseído por un *espíritu maligno gritó:

24—¿Por qué te entrometes, Jesús de Nazaret?
¿Has venido a destruirnos? Yo sé quién eres tú:
¡el Santo de Dios

25—¡Cállate —lo reprendió Jesús—. ¡Sal de
ese hombre

26Entonces el espíritu maligno sacudió al
hombre violentamente y salió de él dando un
alarido. 27Todos se quedaron tan asustados que
se preguntaban unos a otros: «¿Qué es esto?
¡Una enseñanza nueva, pues lo hace con autoridad Les da órdenes incluso a los espíritus malignos, y le obedecen.» 28Como resultado, su
fama se extendió rápidamente por toda la región
de Galilea.

Jesús sana a muchos enfermos

29Tan pronto como salieron de la sinagoga,
Jesús fue con *Jacobo y Juan a casa de Simón y
Andrés. 30La suegra de Simón estaba en cama
con fiebre, y en seguida se lo dijeron a Jesús.
31Él se le acercó, la tomó de la mano y la ayudó
a levantarse. Entonces se le quitó la fiebre y se
puso a servirles.

32Al atardecer, cuando ya se ponía el sol, la
gente le llevó a Jesús todos los enfermos y endemoniados, 33de manera que la población entera se
estaba congregando a la puerta. 34Jesús sanó a
muchos que padecían de diversas enfermedades.
También expulsó a muchos demonios, pero no
los dejaba hablar porque sabían quién era él.

Jesús ora en un lugar solitario

35Muy de madrugada, cuando todavía estaba
oscuro, Jesús se levantó, salió de la casa y se fue
a un lugar solitario, donde se puso a orar. 36Si-
món y sus compañeros salieron a buscarlo.

of God is near. Repent and believe the good
news "

16As Jesus walked beside the Sea of Galilee,
he saw Simon and his brother Andrew casting a
net into the lake, for they were fishermen.
17"Come, follow me," Jesus said, "and I will
make you fishers of men." 18At once they left
their nets and followed him.

19When he had gone a little farther, he saw
James son of Zebedee and his brother John in a
boat, preparing their nets. 20Without delay he
called them, and they left their father Zebedee
in the boat with the hired men and followed him.

Jesus Drives Out an Evil Spirit

21They went to Capernaum, and when the
Sabbath came, Jesus went into the synagogue
and began to teach. 22The people were amazed
at his teaching, because he taught them as one
who had authority, not as the teachers of the law.
23Just then a man in their synagogue who was
possessed by an evil^e spirit cried out, 24"What
do you want with us, Jesus of Nazareth? Have
you come to destroy us? I know who you
are—the Holy One of God "

25"Be quiet " said Jesus sternly. "Come out
of him " 26The evil spirit shook the man violently and came out of him with a shriek.

27The people were all so amazed that they
asked each other, "What is this? A new teaching—and with authority He even gives orders
to evil spirits and they obey him." 28News about
him spread quickly over the whole region of
Galilee.

Jesus Heals Many

29As soon as they left the synagogue, they
went with James and John to the home of Simon
and Andrew. 30Simon's mother-in-law was in
bed with a fever, and they told Jesus about her.
31So he went to her, took her hand and helped
her up. The fever left her and she began to wait
on them.

32That evening after sunset the people brought
to Jesus all the sick and demon-possessed. 33The
whole town gathered at the door, 34and Jesus
healed many who had various diseases. He also
drove out many demons, but he would not let the
demons speak because they knew who he was.

Jesus Prays in a Solitary Place

35Very early in the morning, while it was still
dark, Jesus got up, left the house and went off to
a solitary place, where he prayed. 36Simon and
his companions went to look for him, 37and

---

^{e}23 Greek *unclean*; also in verses 26 and 27

37Por fin lo encontraron y le dijeron:

—Todo el mundo te busca.

38Jesús respondió:

—Vámonos de aquí a otras aldeas cercanas donde también pueda predicar; para esto he venido.

39Así que recorrió toda Galilea, predicando en las sinagogas y expulsando demonios.

Jesús sana a un leproso

40Un hombre que tenía *lepra se le acercó, y de rodillas le suplicó:

—Si quieres, puedes *limpiarme.

41Movido a compasión, Jesús extendió la mano y tocó al hombre, diciéndole:

—Sí quiero. ¡Queda limpio!

42Al instante se le quitó la lepra y quedó sano.e 43Jesús lo despidió en seguida con una fuerte advertencia:

44—Mira, no se lo digas a nadie; sólo ve, preséntate al sacerdote y lleva por tu *purificación lo que ordenó Moisés, para que sirva de testimonio.

45Pero él salió y comenzó a hablar sin reserva, divulgando lo sucedido. Como resultado, Jesús ya no podía entrar en ningún pueblo abiertamente, sino que se quedaba afuera, en lugares solitarios. Aun así, gente de todas partes seguía acudiendo a él.

Jesús sana a un paralítico

2 Unos días después, cuando Jesús entró de nuevo en Capernaúm, corrió la voz de que estaba en casa. 2Se aglomeraron tantos que ya no quedaba sitio ni siquiera frente a la puerta mientras él les predicaba la palabra. 3Entonces llegaron cuatro hombres que le llevaban un paralítico. 4Como no podían acercarlo a Jesús por causa de la multitud, quitaron parte del techo encima de donde estaba Jesús y, luego de hacer una abertura, bajaron la camilla en la que estaba acostado el paralítico. 5Al ver Jesús la fe de ellos, le dijo al paralítico:

—Hijo, tus pecados quedan perdonados.

6Estaban sentados allí algunos *maestros de la ley, que pensaban: 7«¿Por qué habla éste así? ¡Está *blasfemando! ¿Quién puede perdonar pecados sino sólo Dios?»

8En ese mismo instante supo Jesús en su espíritu que esto era lo que estaban pensando.

—¿Por qué razonan así? —les dijo—. 9¿Qué es más fácil, decirle al paralítico: "Tus pecados son perdonados", o decirle: "Levántate, toma tu camilla y anda"? 10Pues para que sepan que el Hijo del hombre tiene autoridad en la tierra para

when they found him, they exclaimed: "Everyone is looking for you."

38Jesus replied, "Let us go somewhere else—to the nearby villages—so I can preach there also. That is why I have come." 39So he traveled throughout Galilee, preaching in their synagogues and driving out demons.

A Man With Leprosy

40A man with leprosyf came to him and begged him on his knees, "If you are willing, you can make me clean."

41Filled with compassion, Jesus reached out his hand and touched the man. "I am willing," he said. "Be clean!" 42Immediately the leprosy left him and he was cured.

43Jesus sent him away at once with a strong warning: 44"See that you don't tell this to anyone. But go, show yourself to the priest and offer the sacrifices that Moses commanded for your cleansing, as a testimony to them." 45Instead he went out and began to talk freely, spreading the news. As a result, Jesus could no longer enter a town openly but stayed outside in lonely places. Yet the people still came to him from everywhere.

Jesus Heals a Paralytic

2 A few days later, when Jesus again entered Capernaum, the people heard that he had come home. 2So many gathered that there was no room left, not even outside the door, and he preached the word to them. 3Some men came, bringing to him a paralytic, carried by four of them. 4Since they could not get him to Jesus because of the crowd, they made an opening in the roof above Jesus and, after digging through it, lowered the mat the paralyzed man was lying on. 5When Jesus saw their faith, he said to the paralytic, "Son, your sins are forgiven."

6Now some teachers of the law were sitting there, thinking to themselves, 7"Why does this fellow talk like that? He's blaspheming! Who can forgive sins but God alone?"

8Immediately Jesus knew in his spirit that this was what they were thinking in their hearts, and he said to them, "Why are you thinking these things? 9Which is easier: to say to the paralytic, 'Your sins are forgiven,' or to say, 'Get up, take your mat and walk'? 10But that you may know that the Son of Man has

---

e1:42 sano. Lit. limpio.

f40 The Greek word was used for various diseases affecting the skin—not necessarily leprosy.

perdonar pecados —se dirigió entonces al paralítico—: 11A ti te digo, levántate, toma tu camilla y vete a tu casa.

12Él se levantó, tomó su camilla en seguida y salió caminando a la vista de todos. Ellos se quedaron asombrados y comenzaron a alabar a Dios.

—Jamás habíamos visto cosa igual —decían.

Llamamiento de Leví

13De nuevo salió Jesús a la orilla del lago. Toda la gente acudía a él, y él les enseñaba. 14Al pasar vio a Leví hijo de Alfeo, donde éste cobraba impuestos.

—Sígueme —le dijo Jesús.

Y Leví se levantó y lo siguió.

15Sucedió que, estando Jesús a la mesa en casa de Leví, muchos *recaudadores de impuestos y *pecadores se *sentaron con él y sus discípulos, pues ya eran muchos los que lo seguían. 16Cuando los *maestros de la ley, que eran *fariseos, vieron con quién comía, les preguntaron a sus discípulos:

—¿Y éste come con recaudadores de impuestos y con pecadores?

17Al oírlos, Jesús les contestó:

—No son los sanos los que necesitan médico sino los enfermos. Y yo no he venido a llamar a justos sino a pecadores.

Le preguntan a Jesús sobre el ayuno

18Al ver que los discípulos de Juan y los *fariseos ayunaban, algunos se acercaron a Jesús y le preguntaron:

—¿Cómo es que los discípulos de Juan y de los fariseos ayunan, pero los tuyos no?

19Jesús les contestó:

—¿Acaso pueden ayunar los invitados del novio mientras él está con ellos? No pueden hacerlo mientras lo tienen con ellos. 20Pero llegará el día en que se les quitará el novio, y ese día sí ayunarán. 21Nadie remienda un vestido viejo con un retazo de tela nueva. De hacerlo así, el remiendo fruncirá el vestido y la rotura se hará peor. 22Ni echa nadie vino nuevo en odres viejos. De hacerlo así, el vino hará reventar los odres y se arruinarán tanto el vino como los odres. Más bien, el vino nuevo se echa en odres nuevos.

Señor del sábado

23Un *sábado, al cruzar Jesús los sembrados, sus discípulos comenzaron a arrancar a su paso unas espigas de trigo.

24—Mira —le preguntaron los *fariseos—, ¿por qué hacen ellos lo que está prohibido hacer en sábado?

25Él les contestó:

authority on earth to forgive sins . . . ." He said to the paralytic, 11"I tell you, get up, take your mat and go home." 12He got up, took his mat and walked out in full view of them all. This amazed everyone and they praised God, saying, "We have never seen anything like this "

The Calling of Levi

13Once again Jesus went out beside the lake. A large crowd came to him, and he began to teach them. 14As he walked along, he saw Levi son of Alphaeus sitting at the tax collector's booth. "Follow me," Jesus told him, and Levi got up and followed him.

15While Jesus was having dinner at Levi's house, many tax collectors and "sinners" were eating with him and his disciples, for there were many who followed him. 16When the teachers of the law who were Pharisees saw him eating with the "sinners" and tax collectors, they asked his disciples: "Why does he eat with tax collectors and 'sinners'?"

17On hearing this, Jesus said to them, "It is not the healthy who need a doctor, but the sick. I have not come to call the righteous, but sinners."

Jesus Questioned About Fasting

18Now John's disciples and the Pharisees were fasting. Some people came and asked Jesus, "How is it that John's disciples and the disciples of the Pharisees are fasting, but yours are not?"

19Jesus answered, "How can the guests of the bridegroom fast while he is with them? They cannot, so long as they have him with them. 20But the time will come when the bridegroom will be taken from them, and on that day they will fast.

21"No one sews a patch of unshrunk cloth on an old garment. If he does, the new piece will pull away from the old, making the tear worse. 22And no one pours new wine into old wineskins. If he does, the wine will burst the skins, and both the wine and the wineskins will be ruined. No, he pours new wine into new wineskins."

Lord of the Sabbath

23One Sabbath Jesus was going through the grainfields, and as his disciples walked along, they began to pick some heads of grain. 24The Pharisees said to him, "Look, why are they doing what is unlawful on the Sabbath?"

25He answered, "Have you never read what David did when he and his companions were

—¿Nunca han leído lo que hizo David en aquella ocasión, cuando él y sus compañeros tuvieron hambre y pasaron necesidad? 26Entró en la casa de Dios cuando Abiatar era el sumo sacerdote, y comió los panes consagrados a Dios, que sólo a los sacerdotes les es permitido comer. Y dio también a sus compañeros.

27»El sábado se hizo para el hombre, y no el hombre para el sábado —añadió—. 28Así que el Hijo del hombre es Señor incluso del sábado.

3 En otra ocasión entró en la sinagoga, y había allí un hombre que tenía la mano paralizada. 2Algunos que buscaban un motivo para acusar a Jesús no le quitaban la vista de encima para ver si sanaba al enfermo en *sábado. 3Entonces Jesús le dijo al hombre de la mano paralizada:

—Ponte de pie frente a todos.

4Luego dijo a los otros:

—¿Qué está permitido en sábado: hacer el bien o hacer el mal, salvar una *vida o matar?

Pero ellos permanecieron callados. 5Jesús se les quedó mirando, enojado y entristecido por la dureza de su corazón, y le dijo al hombre:

—Extiende la mano.

La extendió, y la mano le quedó restablecida. 6Tan pronto como salieron los fariseos, comenzaron a tramar con los herodianos cómo matar a Jesús.

La multitud sigue a Jesús

7Jesús se retiró al lago con sus discípulos, y mucha gente de Galilea lo siguió. 8Cuando se enteraron de todo lo que hacía, acudieron también a él muchos de Judea y Jerusalén, de Idumea, del otro lado del Jordán y de las regiones de Tiro y Sidón. 9Entonces, para evitar que la gente lo atropellara, encargó a sus discípulos que le tuvieran preparada una pequeña barca; 10pues como había sanado a muchos, todos los que sufrían dolencias se abalanzaban sobre él para tocarlo. 11Además, los *espíritus malignos, al verlo, se postraban ante él, gritando: «¡Tú eres el Hijo de Dios » 12Pero él les ordenó terminantemente que no dijeran quién era él.

Nombramiento de los doce apóstoles

13Subió Jesús a una montaña y llamó a los que quiso, los cuales se reunieron con él. 14Designó a doce, a quienes nombró apóstoles,f para que lo acompañaran y para enviarlos a predicar 15y ejercer autoridad para expulsar demonios. 16Éstos son los doce que él nombró: Simón (a quien llamó Pedro); 17*Jacobo y su hermano Juan, hijos de Zebedeo (a quienes llamó Boanerges, que significa: Hijos del trueno); 18Andrés, Feli-

hungry and in need? 26In the days of Abiathar the high priest, he entered the house of God and ate the consecrated bread, which is lawful only for priests to eat. And he also gave some to his companions."

27Then he said to them, "The Sabbath was made for man, not man for the Sabbath. 28So the Son of Man is Lord even of the Sabbath."

3 Another time he went into the synagogue, and a man with a shriveled hand was there. 2Some of them were looking for a reason to accuse Jesus, so they watched him closely to see if he would heal him on the Sabbath. 3Jesus said to the man with the shriveled hand, "Stand up in front of everyone."

4Then Jesus asked them, "Which is lawful on the Sabbath: to do good or to do evil, to save life or to kill?" But they remained silent.

5He looked around at them in anger and, deeply distressed at their stubborn hearts, said to the man, "Stretch out your hand." He stretched it out, and his hand was completely restored. 6Then the Pharisees went out and began to plot with the Herodians how they might kill Jesus.

Crowds Follow Jesus

7Jesus withdrew with his disciples to the lake, and a large crowd from Galilee followed. 8When they heard all he was doing, many people came to him from Judea, Jerusalem, Idumea, and the regions across the Jordan and around Tyre and Sidon. 9Because of the crowd he told his disciples to have a small boat ready for him, to keep the people from crowding him. 10For he had healed many, so that those with diseases were pushing forward to touch him. 11Whenever the evilg spirits saw him, they fell down before him and cried out, "You are the Son of God." 12But he gave them strict orders not to tell who he was.

The Appointing of the Twelve Apostles

13Jesus went up on a mountainside and called to him those he wanted, and they came to him. 14He appointed twelve—designating them apostlesh—that they might be with him and that he might send them out to preach 15and to have authority to drive out demons. 16These are the twelve he appointed: Simon (to whom he gave the name Peter); 17James son of Zebedee and his brother John (to them

---

f3:14 Var. no incluye: a quienes nombró apóstoles.

g11 Greek unclean; also in verse 30   h14 Some manuscripts do not have designating them apostles.

pe, Bartolomé, Mateo, Tomás, Jacobo, hijo de Alfeo; Tadeo, Simón el Zelote ¹⁹y Judas Iscariote, el que lo traicionó.

Jesús y Beelzebú

²⁰Luego entró en una casa, y de nuevo se aglomeró tanta gente que ni siquiera podían comer él y sus discípulos. ²¹Cuando se enteraron sus parientes, salieron a hacerse cargo de él, porque decían: «Está fuera de sí.»

²²Los *maestros de la ley que habían llegado de Jerusalén decían: «¡Está poseído por *Beelzebú Expulsa a los demonios por medio del príncipe de los demonios.»

²³Entonces Jesús los llamó y les habló en parábolas: «¿Cómo puede Satanás expulsar a Satanás? ²⁴Si un reino está dividido contra sí mismo, ese reino no puede mantenerse en pie. ²⁵Y si una familia está dividida contra sí misma, esa familia no puede mantenerse en pie. ²⁶Igualmente, si Satanás se levanta contra sí mismo y se divide, no puede mantenerse en pie, sino que ha llegado su fin. ²⁷Ahora bien, nadie puede entrar en la casa de alguien fuerte y arrebatarle sus bienes a menos que primero lo ate. Sólo entonces podrá robar su casa. ²⁸Les aseguro que todos los pecados y *blasfemias se les perdonarán a todos por igual, ²⁹excepto a quien blasfeme contra el Espíritu Santo. Éste no tendrá perdón jamás; es culpable de un pecado eterno.»

³⁰Es que ellos habían dicho: «Tiene un *espíritu maligno.»

La madre y los hermanos de Jesús

³¹En eso llegaron la madre y los hermanos de Jesús. Se quedaron afuera y enviaron a alguien a llamarlo, ³²pues había mucha gente sentada alrededor de él.

—Mira, tu madre y tus hermanosᵍ están afuera y te buscan —le dijeron.

³³—¿Quiénes son mi madre y mis hermanos? —replicó Jesús.

³⁴Luego echó una mirada a los que estaban sentados alrededor de él y añadió:

—Aquí tienen a mi madre y a mis hermanos. ³⁵Cualquiera que hace la voluntad de Dios es mi hermano, mi hermana y mi madre.

Parábola del sembrador

4 De nuevo comenzó Jesús a enseñar a la orilla del lago. La multitud que se reunió para verlo era tan grande que él subió y se sentó en una barca que estaba en el lago, mientras toda la gente que quedaba en la playa. ²Entonces se puso a enseñarles muchas cosas por medio de parábolas y, como

he gave the name Boanerges, which means Sons of Thunder); ¹⁸Andrew, Philip, Bartholomew, Matthew, Thomas, James son of Alphaeus, Thaddaeus, Simon the Zealot ¹⁹and Judas Iscariot, who betrayed him.

Jesus and Beelzebub

²⁰Then Jesus entered a house, and again a crowd gathered, so that he and his disciples were not even able to eat. ²¹When his family heard about this, they went to take charge of him, for they said, "He is out of his mind."

²²And the teachers of the law who came down from Jerusalem said, "He is possessed by Beelzebub*ⁱ* By the prince of demons he is driving out demons."

²³So Jesus called them and spoke to them in parables: "How can Satan drive out Satan? ²⁴If a kingdom is divided against itself, that kingdom cannot stand. ²⁵If a house is divided against itself, that house cannot stand. ²⁶And if Satan opposes himself and is divided, he cannot stand; his end has come. ²⁷In fact, no one can enter a strong man's house and carry off his possessions unless he first ties up the strong man. Then he can rob his house. ²⁸I tell you the truth, all the sins and blasphemies of men will be forgiven them. ²⁹But whoever blasphemes against the Holy Spirit will never be forgiven; he is guilty of an eternal sin."

³⁰He said this because they were saying, "He has an evil spirit."

Jesus' Mother and Brothers

³¹Then Jesus' mother and brothers arrived. Standing outside, they sent someone in to call him. ³²A crowd was sitting around him, and they told him, "Your mother and brothers are outside looking for you."

³³"Who are my mother and my brothers?" he asked.

³⁴Then he looked at those seated in a circle around him and said, "Here are my mother and my brothers ³⁵Whoever does God's will is my brother and sister and mother."

The Parable of the Sower

4 Again Jesus began to teach by the lake. The crowd that gathered around him was so large that he got into a boat and sat in it out on the lake, while all the people were along the shore at the water's edge. ²He taught them many

---

ᵍ 3:32 *tus hermanos*. Var. *tus hermanos y tus hermanas*.   ⁱ 22 Greek *Beezeboul* or *Beelzeboul* parte de su instrucción, les dijo: 3«¡Pongan atención Un sembrador salió a sembrar. 4Sucedió que al esparcir él la semilla, una parte cayó junto al camino, y llegaron los pájaros y se la comieron. 5Otra parte cayó en terreno pedregoso, sin mucha tierra. Esa semilla brotó pronto porque la tierra no era profunda; 6pero cuando salió el sol, las plantas se marchitaron y, por no tener raíz, se secaron. 7Otra parte de la semilla cayó entre espinos que, al crecer, la ahogaron, de modo que no dio fruto. 8Pero las otras semillas cayeron en buen terreno. Brotaron, crecieron y produjeron una cosecha que rindió el treinta, el sesenta y hasta el ciento por uno.

9»El que tenga oídos para oír, que oiga», añadió Jesús.

10Cuando se quedó solo, los doce y los que estaban alrededor de él le hicieron preguntas sobre las parábolas. 11«A ustedes se les ha revelado el *secreto del reino de Dios —les contestó—; pero a los de afuera todo les llega por medio de parábolas, 12para que

»"por mucho que vean, no perciban;
   y por mucho que oigan, no entiendan;
no sea que se conviertan y sean
   perdonados." h

13»¿No entienden esta parábola? —continuó Jesús—. ¿Cómo podrán, entonces, entender las demás? 14El sembrador siembra la palabra. 15Algunos son como lo sembrado junto al camino, donde se siembra la palabra. Tan pronto como la oyen, viene Satanás y les quita la palabra sembrada en ellos. 16Otros son como lo sembrado en terreno pedregoso: cuando oyen la palabra, en seguida la reciben con alegría, 17pero como no tienen raíz, duran poco tiempo. Cuando surgen problemas o persecución a causa de la palabra, en seguida se apartan de ella. 18Otros son como lo sembrado entre espinos: oyen la palabra, 19pero las preocupaciones de esta vida, el engaño de las riquezas y muchos otros malos deseos entran hasta ahogar la palabra, de modo que ésta no llega a dar fruto. 20Pero otros son como lo sembrado en buen terreno: oyen la palabra, la aceptan y producen una cosecha que rinde el treinta, el sesenta y hasta el ciento por uno.»

Una lámpara en una repisa

21También les dijo: «¿Acaso se trae una lámpara para ponerla debajo de un cajón o debajo de la cama? ¿No es, por el contrario, para ponerla en una repisa? 22No hay nada escondido que no esté destinado a descubrirse; tampoco hay

things by parables, and in his teaching said: 3"Listen A farmer went out to sow his seed. 4As he was scattering the seed, some fell along the path, and the birds came and ate it up. 5Some fell on rocky places, where it did not have much soil. It sprang up quickly, because the soil was shallow. 6But when the sun came up, the plants were scorched, and they withered because they had no root. 7Other seed fell among thorns, which grew up and choked the plants, so that they did not bear grain. 8Still other seed fell on good soil. It came up, grew and produced a crop, multiplying thirty, sixty, or even a hundred times."

9Then Jesus said, "He who has ears to hear, let him hear."

10When he was alone, the Twelve and the others around him asked him about the parables. 11He told them, "The secret of the kingdom of God has been given to you. But to those on the outside everything is said in parables 12so that,

" 'they may be ever seeing but never perceiving,
   and ever hearing but never understanding;
otherwise they might turn and be
   forgiven '/"

13Then Jesus said to them, "Don't you understand this parable? How then will you understand any parable? 14The farmer sows the word. 15Some people are like seed along the path, where the word is sown. As soon as they hear it, Satan comes and takes away the word that was sown in them. 16Others, like seed sown on rocky places, hear the word and at once receive it with joy. 17But since they have no root, they last only a short time. When trouble or persecution comes because of the word, they quickly fall away. 18Still others, like seed sown among thorns, hear the word; 19but the worries of this life, the deceitfulness of wealth and the desires for other things come in and choke the word, making it unfruitful. 20Others, like seed sown on good soil, hear the word, accept it, and produce a crop—thirty, sixty or even a hundred times what was sown."

A Lamp on a Stand

21He said to them, "Do you bring in a lamp to put it under a bowl or a bed? Instead, don't you put it on its stand? 22For whatever is hid-

h 4:12 Is 6:9,10   i 12 Isaiah 6:9,10

nada oculto que no esté destinado a ser revelado. 23El que tenga oídos para oír, que oiga.

24»Pongan mucha atención —añadió—. Con la medida que midan a otros, se les medirá a ustedes, y aún más se les añadirá. 25Al que tiene, se le dará más; al que no tiene, hasta lo poco que tiene se le quitará.»

Parábola de la semilla que crece

26Jesús continuó: «El reino de Dios se parece a quien esparce semilla en la tierra. 27Sin que éste sepa cómo, y ya sea que duerma o esté despierto, día y noche brota y crece la semilla. 28La tierra da fruto por sí sola; primero el tallo, luego la espiga, y después el grano lleno en la espiga. 29Tan pronto como el grano está maduro, se le mete la hoz, pues ha llegado el tiempo de la cosecha.»

Parábola del grano de mostaza

30También dijo: «¿Con qué vamos a comparar el reino de Dios? ¿Qué parábola podemos usar para describirlo? 31Es como un grano de mostaza: cuando se siembra en la tierra, es la semilla más pequeña que hay, 32pero una vez sembrada crece hasta convertirse en la más grande de las hortalizas, y echa ramas tan grandes que las aves pueden anidar bajo su sombra.»

33Y con muchas parábolas semejantes les enseñaba Jesús la palabra hasta donde podían entender. 34No les decía nada sin emplear parábolas. Pero cuando estaba a solas con sus discípulos, les explicaba todo.

Jesús calma la tormenta

35Ese día al anochecer, les dijo a sus discípulos:

—Crucemos al otro lado.

36Dejaron a la multitud y se fueron con él en la barca donde estaba. También lo acompañaban otras barcas. 37Se desató entonces una fuerte tormenta, y las olas azotaban la barca, tanto que ya comenzaba a inundarse. 38Jesús, mientras tanto, estaba en la popa, durmiendo sobre un cabezal, así que los discípulos lo despertaron.

—¡Maestro —gritaron—, ¿no te importa que nos ahoguemos?

39Él se levantó, reprendió al viento y ordenó al mar:

—¡Silencio ¡Cálmate

El viento se calmó y todo quedó completamente tranquilo.

40—¿Por qué tienen tanto miedo? —dijo a sus discípulos—. ¿Todavía*i* no tienen fe?

41Ellos estaban espantados y se decían unos a otros:

—¿Quién es éste, que hasta el viento y el mar le obedecen?

den is meant to be disclosed, and whatever is concealed is meant to be brought out into the open. 23If anyone has ears to hear, let him hear."

24"Consider carefully what you hear," he continued. "With the measure you use, it will be measured to you—and even more. 25Whoever has will be given more; whoever does not have, even what he has will be taken from him."

The Parable of the Growing Seed

26He also said, "This is what the kingdom of God is like. A man scatters seed on the ground. 27Night and day, whether he sleeps or gets up, the seed sprouts and grows, though he does not know how. 28All by itself the soil produces grain—first the stalk, then the head, then the full kernel in the head. 29As soon as the grain is ripe, he puts the sickle to it, because the harvest has come."

The Parable of the Mustard Seed

30Again he said, "What shall we say the kingdom of God is like, or what parable shall we use to describe it? 31It is like a mustard seed, which is the smallest seed you plant in the ground. 32Yet when planted, it grows and becomes the largest of all garden plants, with such big branches that the birds of the air can perch in its shade."

33With many similar parables Jesus spoke the word to them, as much as they could understand. 34He did not say anything to them without using a parable. But when he was alone with his own disciples, he explained everything.

Jesus Calms the Storm

35That day when evening came, he said to his disciples, "Let us go over to the other side." 36Leaving the crowd behind, they took him along, just as he was, in the boat. There were also other boats with him. 37A furious squall came up, and the waves broke over the boat, so that it was nearly swamped. 38Jesus was in the stern, sleeping on a cushion. The disciples woke him and said to him, "Teacher, don't you care if we drown?"

39He got up, rebuked the wind and said to the waves, "Quiet Be still " Then the wind died down and it was completely calm.

40He said to his disciples, "Why are you so afraid? Do you still have no faith?"

41They were terrified and asked each other, "Who is this? Even the wind and the waves obey him "

---

*i***4:40** *Todavía.* Var. *Cómo es que.*

Liberación de un endemoniado

5 Cruzaron el lago hasta llegar a la región de los gerasenos.*j* **2**Tan pronto como desembarcó Jesús, un hombre poseído por un *espíritu maligno le salió al encuentro de entre los sepulcros. **3**Este hombre vivía en los sepulcros, y ya nadie podía sujetarlo, ni siquiera con cadenas. **4**Muchas veces lo habían atado con cadenas y grilletes, pero él los destrozaba, y nadie tenía fuerza para dominarlo. **5**Noche y día andaba por los sepulcros y por las colinas, gritando y golpeándose con piedras.

6Cuando vio a Jesús desde lejos, corrió y se postró delante de él.

7—¿Por qué te entrometes, Jesús, Hijo del Dios Altísimo? —gritó con fuerza—. ¡Te ruego por Dios que no me atormentes

8Es que Jesús le había dicho: «¡Sal de este hombre, espíritu maligno »

9—¿Cómo te llamas? —le preguntó Jesús.

—Me llamo Legión —respondió—, porque somos muchos.

10Y con insistencia le suplicaba a Jesús que no los expulsara de aquella región.

11Como en una colina estaba paciendo una manada de muchos cerdos, los demonios le rogaron a Jesús:

12—Mándanos a los cerdos; déjanos entrar en ellos.

13Así que él les dio permiso. Cuando los espíritus malignos salieron del hombre, entraron en los cerdos, que eran unos dos mil, y la manada se precipitó al lago por el despeñadero y allí se ahogó.

14Los que cuidaban los cerdos salieron huyendo y dieron la noticia en el pueblo y por los campos, y la gente fue a ver lo que había pasado. **15**Llegaron adonde estaba Jesús, y cuando vieron al que había estado poseído por la legión de demonios, sentado, vestido y en su sano juicio, tuvieron miedo. **16**Los que habían presenciado estos hechos le contaron a la gente lo que había sucedido con el endemoniado y con los cerdos. **17**Entonces la gente comenzó a suplicarle a Jesús que se fuera de la región.

18Mientras subía Jesús a la barca, el que había estado endemoniado le rogaba que le permitiera acompañarlo. **19**Jesús no se lo permitió, sino que le dijo:

—Vete a tu casa, a los de tu familia, y diles todo lo que el Señor ha hecho por ti y cómo te ha tenido compasión.

20Así que el hombre se fue y se puso a proclamar en *Decápolis lo mucho que Jesús había

The Healing of a Demon-possessed Man

5 They went across the lake to the region of the Gerasenes.*k* **2**When Jesus got out of the boat, a man with an evil*l* spirit came from the tombs to meet him. **3**This man lived in the tombs, and no one could bind him any more, not even with a chain. **4**For he had often been chained hand and foot, but he tore the chains apart and broke the irons on his feet. No one was strong enough to subdue him. **5**Night and day among the tombs and in the hills he would cry out and cut himself with stones.

6When he saw Jesus from a distance, he ran and fell on his knees in front of him. **7**He shouted at the top of his voice, "What do you want with me, Jesus, Son of the Most High God? Swear to God that you won't torture me " **8**For Jesus had said to him, "Come out of this man, you evil spirit "

9Then Jesus asked him, "What is your name?"

"My name is Legion," he replied, "for we are many." **10**And he begged Jesus again and again not to send them out of the area.

11A large herd of pigs was feeding on the nearby hillside. **12**The demons begged Jesus, "Send us among the pigs; allow us to go into them." **13**He gave them permission, and the evil spirits came out and went into the pigs. The herd, about two thousand in number, rushed down the steep bank into the lake and were drowned.

14Those tending the pigs ran off and reported this in the town and countryside, and the people went out to see what had happened. **15**When they came to Jesus, they saw the man who had been possessed by the legion of demons, sitting there, dressed and in his right mind; and they were afraid. **16**Those who had seen it told the people what had happened to the demon-possessed man—and told about the pigs as well. **17**Then the people began to plead with Jesus to leave their region.

18As Jesus was getting into the boat, the man who had been demon-possessed begged to go with him. **19**Jesus did not let him, but said, "Go home to your family and tell them how much the Lord has done for you, and how he has had mercy on you." **20**So the man went away and began to tell in the Decapolis*m* how much Jesus

---

j 5:1 *gerasenos.* Var. *gadarenos*; otra var. *gergesenos.*

k 1 Some manuscripts *Gadarenes*; other manuscripts *Gergesenes* *l 2* Greek *unclean*; also in verses 8 and 13 *m 20* That is, the Ten Cities hecho por él. Y toda la gente se quedó asombrada.

Una niña muerta y una mujer enferma

21 Después de que Jesús regresó en la barca al otro lado del lago, se reunió alrededor de él una gran multitud, por lo que él se quedó en la orilla. 22 Llegó entonces uno de los jefes de la sinagoga, llamado Jairo. Al ver a Jesús, se arrojó a sus pies, 23 suplicándole con insistencia:

—Mi hijita se está muriendo. Ven y pon tus manos sobre ella para que se *sane y viva.

24 Jesús se fue con él, y lo seguía una gran multitud, la cual lo apretujaba. 25 Había entre la gente una mujer que hacía doce años padecía de hemorragias. 26 Había sufrido mucho a manos de varios médicos, y se había gastado todo lo que tenía sin que le hubiera servido de nada, pues en vez de mejorar, iba de mal en peor. 27 Cuando oyó hablar de Jesús, se acercó por detrás entre la gente y le tocó el manto. 28 Pensaba: «Si logro tocar siquiera su ropa, quedaré sana.» 29 Al instante cesó su hemorragia, y se dio cuenta de que su cuerpo había quedado libre de esa aflicción.

30 Al momento también Jesús se dio cuenta de que de él había salido poder, así que se volvió hacia la gente y preguntó:

—¿Quién me ha tocado la ropa?

31 —Ves que te apretuja la gente —le contestaron sus discípulos—, y aun así preguntas: "¿Quién me ha tocado?"

32 Pero Jesús seguía mirando a su alrededor para ver quién lo había hecho. 33 La mujer, sabiendo lo que le había sucedido, se acercó temblando de miedo y, arrojándose a sus pies, le confesó toda la verdad.

34 —¡Hija, tu fe te ha sanado —le dijo Jesús—. Vete en paz y queda sana de tu aflicción.

35 Todavía estaba hablando Jesús, cuando llegaron unos hombres de la casa de Jairo, jefe de la sinagoga, para decirle:

—Tu hija ha muerto. ¿Para qué sigues molestando al Maestro?

36 Sin hacer caso de la noticia, Jesús le dijo al jefe de la sinagoga:

—No tengas miedo; cree nada más.

37 No dejó que nadie lo acompañara, excepto Pedro, *Jacobo y Juan, el hermano de Jacobo. 38 Cuando llegaron a la casa del jefe de la sinagoga, Jesús notó el alboroto, y que la gente lloraba y daba grandes alaridos. 39 Entró y les dijo:

—¿Por qué tanto alboroto y llanto? La niña no está muerta sino dormida.

40 Entonces empezaron a burlarse de él, pero él los sacó a todos, tomó consigo al padre y a la madre de la niña y a los discípulos que estaban con él, y entró adonde estaba la niña. 41 La tomó de la mano y le dijo:

had done for him. And all the people were amazed.

A Dead Girl and a Sick Woman

21 When Jesus had again crossed over by boat to the other side of the lake, a large crowd gathered around him while he was by the lake. 22 Then one of the synagogue rulers, named Jairus, came there. Seeing Jesus, he fell at his feet 23 and pleaded earnestly with him, "My little daughter is dying. Please come and put your hands on her so that she will be healed and live." 24 So Jesus went with him.

A large crowd followed and pressed around him. 25 And a woman was there who had been subject to bleeding for twelve years. 26 She had suffered a great deal under the care of many doctors and had spent all she had, yet instead of getting better she grew worse. 27 When she heard about Jesus, she came up behind him in the crowd and touched his cloak, 28 because she thought, "If I just touch his clothes, I will be healed." 29 Immediately her bleeding stopped and she felt in her body that she was freed from her suffering.

30 At once Jesus realized that power had gone out from him. He turned around in the crowd and asked, "Who touched my clothes?"

31 "You see the people crowding against you," his disciples answered, "and yet you can ask, 'Who touched me?'"

32 But Jesus kept looking around to see who had done it. 33 Then the woman, knowing what had happened to her, came and fell at his feet and, trembling with fear, told him the whole truth. 34 He said to her, "Daughter, your faith has healed you. Go in peace and be freed from your suffering."

35 While Jesus was still speaking, some men came from the house of Jairus, the synagogue ruler. "Your daughter is dead," they said. "Why bother the teacher any more?"

36 Ignoring what they said, Jesus told the synagogue ruler, "Don't be afraid; just believe."

37 He did not let anyone follow him except Peter, James and John the brother of James. 38 When they came to the home of the synagogue ruler, Jesus saw a commotion, with people crying and wailing loudly. 39 He went in and said to them, "Why all this commotion and wailing? The child is not dead but asleep." 40 But they laughed at him.

After he put them all out, he took the child's father and mother and the disciples who were with him, and went in where the child was. 41 He took her by the hand and said to her,

—*Talita cum*[k] (que significa: Niña, a ti te digo, ¡levántate).

42La niña, que tenía doce años, se levantó en seguida y comenzó a andar. Ante este hecho todos se llenaron de asombro. **43**Él dio órdenes estrictas de que nadie se enterara de lo ocurrido, y les mandó que le dieran de comer a la niña.

Un profeta sin honra

6 Salió Jesús de allí y fue a su tierra, en compañía de sus discípulos. **2**Cuando llegó el *sábado, comenzó a enseñar en la sinagoga.

—¿De dónde sacó éste tales cosas? —decían maravillados muchos de los que le oían—. ¿Qué sabiduría es ésta que se le ha dado? ¿Cómo se explican estos milagros que vienen de sus manos? **3**¿No es acaso el carpintero, el hijo de María y hermano de *Jacobo, de José, de Judas y de Simón? ¿No están sus hermanas aquí con nosotros?

Y se *escandalizaban a causa de él. Por tanto, Jesús les dijo:

4—En todas partes se honra a un profeta, menos en su tierra, entre sus familiares y en su propia casa.

5En efecto, no pudo hacer allí ningún milagro, excepto sanar a unos pocos enfermos al imponerles las manos. **6**Y él se quedó asombrado por la incredulidad de ellos.

Jesús envía a los doce

Jesús recorría los alrededores, enseñando de pueblo en pueblo. **7**Reunió a los doce, y comenzó a enviarlos de dos en dos, dándoles autoridad sobre los *espíritus malignos.

8Les ordenó que no llevaran nada para el camino, ni pan, ni bolsa, ni dinero en el cinturón, sino sólo un bastón. **9**«Lleven sandalias —dijo—, pero no dos mudas de ropa.» **10**Y añadió: «Cuando entren en una casa, quédense allí hasta que salgan del pueblo. **11**Y si en algún lugar no los reciben bien o no los escuchan, al salir de allí sacúdanse el polvo de los pies, como un testimonio contra ellos.»

12Los doce salieron y exhortaban a la gente a que se *arrepintiera. **13**También expulsaban a muchos demonios y sanaban a muchos enfermos, ungiéndolos con aceite.

Decapitación de Juan el Bautista

14El rey Herodes se enteró de esto, pues el nombre de Jesús se había hecho famoso. Algunos decían:[l] «Juan el Bautista ha *resucitado, y por eso tiene poder para realizar milagros.» **15**Otros decían: «Es Elías.» Otros, en fin, afir-

"Talitha koum " (which means, "Little girl, I say to you, get up "). **42**Immediately the girl stood up and walked around (she was twelve years old). At this they were completely astonished. **43**He gave strict orders not to let anyone know about this, and told them to give her something to eat.

A Prophet Without Honor

6 Jesus left there and went to his hometown, accompanied by his disciples. **2**When the Sabbath came, he began to teach in the synagogue, and many who heard him were amazed.

"Where did this man get these things?" they asked. "What's this wisdom that has been given him, that he even does miracles **3**Isn't this the carpenter? Isn't this Mary's son and the brother of James, Joseph,[n] Judas and Simon? Aren't his sisters here with us?" And they took offense at him.

4Jesus said to them, "Only in his hometown, among his relatives and in his own house is a prophet without honor." **5**He could not do any miracles there, except lay his hands on a few sick people and heal them. **6**And he was amazed at their lack of faith.

Jesus Sends Out the Twelve

Then Jesus went around teaching from village to village. **7**Calling the Twelve to him, he sent them out two by two and gave them authority over evil[o] spirits.

8These were his instructions: "Take nothing for the journey except a staff—no bread, no bag, no money in your belts. **9**Wear sandals but not an extra tunic. **10**Whenever you enter a house, stay there until you leave that town. **11**And if any place will not welcome you or listen to you, shake the dust off your feet when you leave, as a testimony against them."

12They went out and preached that people should repent. **13**They drove out many demons and anointed many sick people with oil and healed them.

John the Baptist Beheaded

14King Herod heard about this, for Jesus' name had become well known. Some were saying,[p] "John the Baptist has been raised from the dead, and that is why miraculous powers are at work in him."

15Others said, "He is Elijah."

---

[k] 5:41 *cum.* Var. *cumi.*　[l] 6:14 *Algunos decían.* Var. *Él decía.*

[n] 3 Greek *Joses,* a variant of *Joseph*　[o] 7 Greek *unclean*
[p] 14 Some early manuscripts *He was saying*

maban: «Es un profeta, como los de antes.» [16]Pero cuando Herodes oyó esto, exclamó: «¡Juan, al que yo mandé que le cortaran la cabeza, ha resucitado!»

[17]En efecto, Herodes mismo había mandado que arrestaran a Juan y que lo encadenaran en la cárcel. Herodes se había casado con Herodías, esposa de Felipe su hermano, [18]y Juan le había estado diciendo a Herodes: «La ley te prohíbe tener a la esposa de tu hermano.» [19]Por eso Herodías le guardaba rencor a Juan y deseaba matarlo. Pero no había logrado hacerlo, [20]ya que Herodes temía a Juan y lo protegía, pues sabía que era un hombre justo y *santo. Cuando Herodes oía a Juan, se quedaba muy desconcertado, pero lo escuchaba con gusto.

[21]Por fin se presentó la oportunidad. En su cumpleaños Herodes dio un banquete a sus altos oficiales, a los comandantes militares y a los notables de Galilea. [22]La hija de Herodías entró en el banquete y bailó, y esto agradó a Herodes y a los invitados.

—Pídeme lo que quieras y te lo daré —le dijo el rey a la muchacha.

[23]Y le prometió bajo juramento:

—Te daré cualquier cosa que me pidas, aun cuando sea la mitad de mi reino.

[24]Ella salió a preguntarle a su madre:

—¿Qué debo pedir?

—La cabeza de Juan el Bautista —contestó.

[25]En seguida se fue corriendo la muchacha a presentarle al rey su petición:

—Quiero que ahora mismo me des en una bandeja la cabeza de Juan el Bautista.

[26]El rey se quedó angustiado, pero a causa de sus juramentos y en atención a los invitados, no quiso desairarla. [27]Así que en seguida envió a un verdugo con la orden de llevarle la cabeza de Juan. El hombre fue, decapitó a Juan en la cárcel [28]y volvió con la cabeza en una bandeja. Se la entregó a la muchacha, y ella se la dio a su madre. [29]Al enterarse de esto, los discípulos de Juan fueron a recoger el cuerpo y le dieron sepultura.

Jesús alimenta a los cinco mil

[30]Los apóstoles se reunieron con Jesús y le contaron lo que habían hecho y enseñado. [31]Y como no tenían tiempo ni para comer, pues era tanta la gente que iba y venía, Jesús les dijo:

—Vengan conmigo ustedes solos a un lugar tranquilo y descansen un poco.

[32]Así que se fueron solos en la barca a un lugar solitario. [33]Pero muchos que los vieron salir los reconocieron y, desde todos los poblados, corrieron por tierra hasta allá y llegaron antes que ellos. [34]Cuando Jesús desembarcó y vio tanta

And still others claimed, "He is a prophet, like one of the prophets of long ago."

[16]But when Herod heard this, he said, "John, the man I beheaded, has been raised from the dead."

[17]For Herod himself had given orders to have John arrested, and he had him bound and put in prison. He did this because of Herodias, his brother Philip's wife, whom he had married. [18]For John had been saying to Herod, "It is not lawful for you to have your brother's wife." [19]So Herodias nursed a grudge against John and wanted to kill him. But she was not able to, [20]because Herod feared John and protected him, knowing him to be a righteous and holy man. When Herod heard John, he was greatly puzzled[q]; yet he liked to listen to him.

[21]Finally the opportune time came. On his birthday Herod gave a banquet for his high officials and military commanders and the leading men of Galilee. [22]When the daughter of Herodias came in and danced, she pleased Herod and his dinner guests.

The king said to the girl, "Ask me for anything you want, and I'll give it to you." [23]And he promised her with an oath, "Whatever you ask I will give you, up to half my kingdom."

[24]She went out and said to her mother, "What shall I ask for?"

"The head of John the Baptist," she answered.

[25]At once the girl hurried in to the king with the request: "I want you to give me right now the head of John the Baptist on a platter."

[26]The king was greatly distressed, but because of his oaths and his dinner guests, he did not want to refuse her. [27]So he immediately sent an executioner with orders to bring John's head. The man went, beheaded John in the prison, [28]and brought back his head on a platter. He presented it to the girl, and she gave it to her mother. [29]On hearing of this, John's disciples came and took his body and laid it in a tomb.

Jesus Feeds the Five Thousand

[30]The apostles gathered around Jesus and reported to him all they had done and taught. [31]Then, because so many people were coming and going that they did not even have a chance to eat, he said to them, "Come with me by yourselves to a quiet place and get some rest."

[32]So they went away by themselves in a boat to a solitary place. [33]But many who saw them leaving recognized them and ran on foot from all the towns and got there ahead of them.

q 20 Some early manuscripts he did many things

gente, tuvo compasión de ellos, porque eran como ovejas sin pastor. Así que comenzó a enseñarles muchas cosas.

35Cuando ya se hizo tarde, se le acercaron sus discípulos y le dijeron:

—Éste es un lugar apartado y ya es muy tarde. 36Despide a la gente, para que vayan a los campos y pueblos cercanos y se compren algo de comer.

37—Denles ustedes mismos de comer —contestó Jesús.

—¡Eso costaría casi un año de trabajo *m* —objetaron—. ¿Quieres que vayamos y gastemos todo ese dinero en pan para darles de comer?

38—¿Cuántos panes tienen ustedes? —preguntó—. Vayan a ver.

Después de averiguarlo, le dijeron:

—Cinco, y dos pescados.

39Entonces les mandó que hicieran que la gente se sentara por grupos sobre la hierba verde. 40Así que ellos se acomodaron en grupos de cien y de cincuenta. 41Jesús tomó los cinco panes y los dos pescados y, mirando al cielo, los bendijo. Luego partió los panes y se los dio a los discípulos para que se los repartieran a la gente. También repartió los dos pescados entre todos. 42Comieron todos hasta quedar satisfechos, 43y los discípulos recogieron doce canastas llenas de pedazos de pan y de pescado. 44Los que comieron fueron cinco mil.

Jesús camina sobre el agua

45En seguida Jesús hizo que sus discípulos subieran a la barca y se le adelantaran al otro lado, a Betsaida, mientras él despedía a la multitud. 46Cuando se despidió, fue a la montaña para orar.

47Al anochecer, la barca se hallaba en medio del lago, y Jesús estaba en tierra solo. 48En la madrugada,*n* vio que los discípulos hacían grandes esfuerzos para remar, pues tenían el viento en contra. Se acercó a ellos caminando sobre el lago, e iba a pasarlos de largo. 49Los discípulos, al verlo caminar sobre el agua, creyeron que era un fantasma y se pusieron a gritar, 50llenos de miedo por lo que veían. Pero él habló en seguida con ellos y les dijo: «¡Cálmense Soy yo. No tengan miedo.»

51Subió entonces a la barca con ellos, y el viento se calmó. Estaban sumamente asombrados, 52porque tenían la mente embotada y no habían comprendido lo de los panes.

53Después de cruzar el lago, llegaron a tierra en Genesaret y atracaron allí. 54Al bajar ellos de

34When Jesus landed and saw a large crowd, he had compassion on them, because they were like sheep without a shepherd. So he began teaching them many things.

35By this time it was late in the day, so his disciples came to him. "This is a remote place," they said, "and it's already very late. 36Send the people away so they can go to the surrounding countryside and villages and buy themselves something to eat."

37But he answered, "You give them something to eat."

They said to him, "That would take eight months of a man's wages*r* Are we to go and spend that much on bread and give it to them to eat?"

38"How many loaves do you have?" he asked. "Go and see."

When they found out, they said, "Five—and two fish."

39Then Jesus directed them to have all the people sit down in groups on the green grass. 40So they sat down in groups of hundreds and fifties. 41Taking the five loaves and the two fish and looking up to heaven, he gave thanks and broke the loaves. Then he gave them to his disciples to set before the people. He also divided the two fish among them all. 42They all ate and were satisfied, 43and the disciples picked up twelve basketfuls of broken pieces of bread and fish. 44The number of the men who had eaten was five thousand.

Jesus Walks on the Water

45Immediately Jesus made his disciples get into the boat and go on ahead of him to Bethsaida, while he dismissed the crowd. 46After leaving them, he went up on a mountainside to pray.

47When evening came, the boat was in the middle of the lake, and he was alone on land. 48He saw the disciples straining at the oars, because the wind was against them. About the fourth watch of the night he went out to them, walking on the lake. He was about to pass by them, 49but when they saw him walking on the lake, they thought he was a ghost. They cried out, 50because they all saw him and were terrified.

Immediately he spoke to them and said, "Take courage It is I. Don't be afraid." 51Then he climbed into the boat with them, and the wind died down. They were completely amazed, 52for they had not understood about the loaves; their hearts were hardened.

53When they had crossed over, they landed at Gennesaret and anchored there. 54As soon

---

m **6:37** *casi un año de trabajo.* Lit. *doscientos *denarios.*
n **6:48** *En la madrugada.* Lit. *Alrededor de la cuarta vigilia de la noche.*

r 37 Greek *take two hundred denarii*

la barca, la gente en seguida reconoció a Jesús. 55Lo siguieron por toda aquella región y, adonde oían que él estaba, le llevaban en camillas a los que tenían enfermedades. 56Y dondequiera que iba, en pueblos, ciudades o caseríos, colocaban a los enfermos en las plazas. Le suplicaban que les permitiera tocar siquiera el borde de su manto, y quienes lo tocaban quedaban *sanos.

Lo puro y lo impuro

7 Los *fariseos y algunos de los *maestros de la ley que habían llegado de Jerusalén se reunieron alrededor de Jesús, 2y vieron a algunos de sus discípulos que comían con manos *impuras, es decir, sin habérselas lavado. 3(En efecto, los fariseos y los demás judíos no comen nada sin primero cumplir con el rito de lavarse las manos, ya que están aferrados a la tradición de los *ancianos. 4Al regresar del mercado, no comen nada antes de lavarse. Y siguen otras muchas tradiciones, tales como el rito de lavar copas, jarras y bandejas de cobre.ñ) 5Así que los fariseos y los maestros de la ley le preguntaron a Jesús:

—¿Por qué no siguen tus discípulos la tradición de los ancianos, en vez de comer con manos impuras?

6Él les contestó:

—Tenía razón Isaías cuando profetizó acerca de ustedes, *hipócritas, según está escrito:

»"Este pueblo me honra con los labios,
    pero su corazón está lejos de mí.
7En vano me adoran;
    sus enseñanzas no son más que reglas
    *humanas."o

8Ustedes han desechado los mandamientos divinos y se aferran a las tradiciones humanas.

9Y añadió:

—¡Qué buena manera tienen ustedes de dejar a un lado los mandamientos de Dios para mantenerp sus propias tradiciones! 10Por ejemplo, Moisés dijo: "Honra a tu padre y a tu madre",q y: "El que maldiga a su padre o a su madre será condenado a muerte".r 11Ustedes, en cambio, enseñan que un hijo puede decirle a su padre o a su madre: "Cualquier ayuda que pudiera haberte dado es corbán" (es decir, ofrenda dedicada a Dios). 12En ese caso, el tal hijo ya no está obligado a hacer nada por su padre ni por su madre. 13Así, por la tradición que se transmiten entre ustedes, anulan la palabra de Dios. Y hacen muchas cosas parecidas.

as they got out of the boat, people recognized Jesus. 55They ran throughout that whole region and carried the sick on mats to wherever they heard he was. 56And wherever he went—into villages, towns or countryside—they placed the sick in the marketplaces. They begged him to let them touch even the edge of his cloak, and all who touched him were healed.

Clean and Unclean

7 The Pharisees and some of the teachers of the law who had come from Jerusalem gathered around Jesus and 2saw some of his disciples eating food with hands that were "unclean," that is, unwashed. 3(The Pharisees and all the Jews do not eat unless they give their hands a ceremonial washing, holding to the tradition of the elders. 4When they come from the marketplace they do not eat unless they wash. And they observe many other traditions, such as the washing of cups, pitchers and kettles.s)

5So the Pharisees and teachers of the law asked Jesus, "Why don't your disciples live according to the tradition of the elders instead of eating their food with 'unclean' hands?"

6He replied, "Isaiah was right when he prophesied about you hypocrites; as it is written:

" 'These people honor me with their lips,
    but their hearts are far from me.
7They worship me in vain;
    their teachings are but rules taught by
    men.'t

8You have let go of the commands of God and are holding on to the traditions of men."

9And he said to them: "You have a fine way of setting aside the commands of God in order to observeu your own traditions. 10For Moses said, 'Honor your father and your mother,'v and, 'Anyone who curses his father or mother must be put to death.'w 11But you say that if a man says to his father or mother: 'Whatever help you might otherwise have received from me is Corban' (that is, a gift devoted to God), 12then you no longer let him do anything for his father or mother. 13Thus you nullify the word of God by your tradition that you have handed down. And you do many things like that."

ñ7:4 bandejas de cobre. Var. bandejas de cobre y divanes. o7:6,7 Is 29:13   p7:9 mantener. Var. establecer. q7:10 Éx 20:12; Dt 5:16   r7:10 Éx 21:17; Lv 20:9

s4 Some early manuscripts pitchers, kettles and dining couches   t7 Isaiah 29:13   u9 Some manuscripts set up v10 Exodus 20:12; Deut. 5:16   w10 Exodus 21:17; Lev. 20:9

14De nuevo Jesús llamó a la multitud.

—Escúchenme todos —dijo— y entiendan esto: 15Nada de lo que viene de afuera puede *contaminar a una persona. Más bien, lo que sale de la persona es lo que la contamina.s

17Después de que dejó a la gente y entró en la casa, sus discípulos le preguntaron sobre la comparación que había hecho.

18—¿Tampoco ustedes pueden entender? —les dijo—. ¿No se dan cuenta de que nada de lo que entra en una persona puede contaminarla? 19Porque no entra en su corazón sino en su estómago, y después va a dar a la letrina.

Con esto Jesús declaraba *limpios todos los alimentos. 20Luego añadió:

—Lo que sale de la persona es lo que la contamina. 21Porque de adentro, del corazón humano, salen los malos pensamientos, la inmoralidad sexual, los robos, los homicidios, los adulterios, 22la avaricia, la maldad, el engaño, el libertinaje, la envidia, la calumnia, la arrogancia y la necedad. 23Todos estos males vienen de adentro y contaminan a la persona.

La fe de una mujer sirofenicia

24Jesús partió de allí y fue a la región de Tiro.t Entró en una casa y no quería que nadie lo supiera, pero no pudo pasar inadvertido. 25De hecho, muy pronto se enteró de su llegada una mujer que tenía una niña poseída por un *espíritu maligno, así que fue y se arrojó a sus pies. 26Esta mujer era extranjera,u sirofenicia de nacimiento, y le rogaba que expulsara al demonio que tenía su hija.

27—Deja que primero se sacien los hijos —replicó Jesús—, porque no está bien quitarles el pan a los hijos y echárselo a los *perros.

28—Sí, Señor —respondió la mujer—, pero hasta los perros comen debajo de la mesa las migajas que dejan los hijos.

29Jesús le dijo:

—Por haberme respondido así, puedes irte tranquila; el demonio ha salido de tu hija.

30Cuando ella llegó a su casa, encontró a la niña acostada en la cama. El demonio ya había salido de ella.

Jesús sana a un sordomudo

31Luego regresó Jesús de la región de Tiro y se dirigió por Sidón al mar de Galilea, internándose en la región de *Decápolis. 32Allí le llevaron un sordo tartamudo, y le suplicaban que pusiera la mano sobre él.

33Jesús lo apartó de la multitud para estar a solas con él, le puso los dedos en los oídos y le

14Again Jesus called the crowd to him and said, "Listen to me, everyone, and understand this. 15Nothing outside a man can make him 'unclean' by going into him. Rather, it is what comes out of a man that makes him 'unclean.'"x

17After he had left the crowd and entered the house, his disciples asked him about this parable. 18"Are you so dull?" he asked. "Don't you see that nothing that enters a man from the outside can make him 'unclean'? 19For it doesn't go into his heart but into his stomach, and then out of his body." (In saying this, Jesus declared all foods "clean.")

20He went on: "What comes out of a man is what makes him 'unclean.' 21For from within, out of men's hearts, come evil thoughts, sexual immorality, theft, murder, adultery, 22greed, malice, deceit, lewdness, envy, slander, arrogance and folly. 23All these evils come from inside and make a man 'unclean.'"

The Faith of a Syrophoenician Woman

24Jesus left that place and went to the vicinity of Tyre.y He entered a house and did not want anyone to know it; yet he could not keep his presence secret. 25In fact, as soon as she heard about him, a woman whose little daughter was possessed by an evilz spirit came and fell at his feet. 26The woman was a Greek, born in Syrian Phoenicia. She begged Jesus to drive the demon out of her daughter.

27"First let the children eat all they want," he told her, "for it is not right to take the children's bread and toss it to their dogs."

28"Yes, Lord," she replied, "but even the dogs under the table eat the children's crumbs."

29Then he told her, "For such a reply, you may go; the demon has left your daughter."

30She went home and found her child lying on the bed, and the demon gone.

The Healing of a Deaf and Mute Man

31Then Jesus left the vicinity of Tyre and went through Sidon, down to the Sea of Galilee and into the region of the Decapolis.a 32There some people brought to him a man who was deaf and could hardly talk, and they begged him to place his hand on the man.

33After he took him aside, away from the crowd, Jesus put his fingers into the man's ears.

---

s7:15 contamina. Var. contamina. 16El que tenga oídos para oír, que oiga. t7:24 de Tiro. Var. de Tiro y Sidón. u7:26 extranjera. Lit. helénica (es decir, de cultura griega).

x15 Some early manuscripts 'unclean.' 16If anyone has ears to hear, let him hear. y24 Many early manuscripts Tyre and Sidon z25 Greek unclean a31 That is, the Ten Cities tocó la lengua con saliva.ᵛ ³⁴Luego, mirando al cielo, suspiró profundamente y le dijo: «¡Efatá » (que significa: ¡Ábrete). ³⁵Con esto, se le abrieron los oídos al hombre, se le destrabó la lengua y comenzó a hablar normalmente.

³⁶Jesús les mandó que no se lo dijeran a nadie, pero cuanto más se lo prohibía, tanto más lo seguían propagando. ³⁷La gente estaba sumamente asombrada, y decía: «Todo lo hace bien. Hasta hace oír a los sordos y hablar a los mudos.»

Jesús alimenta a los cuatro mil

8 En aquellos días se reunió de nuevo mucha gente. Como no tenían nada que comer, Jesús llamó a sus discípulos y les dijo:

²—Siento compasión de esta gente porque ya llevan tres días conmigo y no tienen nada que comer. ³Si los despido a sus casas sin haber comido, se van a desmayar por el camino, porque algunos de ellos han venido de lejos.

⁴Los discípulos objetaron:

—¿Dónde se va a conseguir suficiente pan en este lugar despoblado para darles de comer?

⁵—¿Cuántos panes tienen? —les preguntó Jesús.

—Siete —respondieron.

⁶Entonces mandó que la gente se sentara en el suelo. Tomando los siete panes, dio gracias, los partió y se los fue dando a sus discípulos para que los repartieran a la gente, y así lo hicieron. ⁷Tenían además unos cuantos pescaditos. Dio gracias por ellos también y les dijo a los discípulos que los repartieran. ⁸La gente comió hasta quedar satisfecha. Después los discípulos recogieron siete cestas llenas de pedazos que sobraron. ⁹Los que comieron eran unos cuatro mil. Tan pronto como los despidió, ¹⁰Jesús se embarcó con sus discípulos y se fue a la región de Dalmanuta.

¹¹Llegaron los *fariseos y comenzaron a discutir con Jesús. Para ponerlo a *prueba, le pidieron una señal del cielo. ¹²Él lanzó un profundo suspiro y dijo:ʷ «¿Por qué pide esta generación una señal milagrosa? Les aseguro que no se le dará ninguna señal.» ¹³Entonces los dejó, volvió a embarcarse y cruzó al otro lado.

La levadura de los fariseos y la de Herodes

¹⁴A los discípulos se les había olvidado llevar comida, y sólo tenían un pan en la barca. ¹⁵Tengan cuidado —les advirtió Jesús—; ¡ojo con la levadura de los *fariseos y con la de Herodes

Then he spit and touched the man's tongue. ³⁴He looked up to heaven and with a deep sigh said to him, "Ephphatha " (which means, "Be opened "). ³⁵At this, the man's ears were opened, his tongue was loosened and he began to speak plainly.

³⁶Jesus commanded them not to tell anyone. But the more he did so, the more they kept talking about it. ³⁷People were overwhelmed with amazement. "He has done everything well," they said. "He even makes the deaf hear and the mute speak."

Jesus Feeds the Four Thousand

8 During those days another large crowd gathered. Since they had nothing to eat, Jesus called his disciples to him and said, ²"I have compassion for these people; they have already been with me three days and have nothing to eat. ³If I send them home hungry, they will collapse on the way, because some of them have come a long distance."

⁴His disciples answered, "But where in this remote place can anyone get enough bread to feed them?"

⁵"How many loaves do you have?" Jesus asked.

"Seven," they replied.

⁶He told the crowd to sit down on the ground. When he had taken the seven loaves and given thanks, he broke them and gave them to his disciples to set before the people, and they did so. ⁷They had a few small fish as well; he gave thanks for them also and told the disciples to distribute them. ⁸The people ate and were satisfied. Afterward the disciples picked up seven basketfuls of broken pieces that were left over. ⁹About four thousand men were present. And having sent them away, ¹⁰he got into the boat with his disciples and went to the region of Dalmanutha.

¹¹The Pharisees came and began to question Jesus. To test him, they asked him for a sign from heaven. ¹²He sighed deeply and said, "Why does this generation ask for a miraculous sign? I tell you the truth, no sign will be given to it." ¹³Then he left them, got back into the boat and crossed to the other side.

The Yeast of the Pharisees and Herod

¹⁴The disciples had forgotten to bring bread, except for one loaf they had with them in the boat. ¹⁵"Be careful," Jesus warned them. "Watch out for the yeast of the Pharisees and that of Herod."

ᵛ7:33 con saliva. Lit. escupiendo. ʷ8:12 lanzó ... dijo. Lit. suspirando en su espíritu dijo.

16Ellos comentaban entre sí: «Lo dice porque no tenemos pan.» 17Al darse cuenta de esto, Jesús les dijo:

—¿Por qué están hablando de que no tienen pan? ¿Todavía no ven ni entienden? ¿Tienen la mente embotada? 18¿Es que tienen ojos, pero no ven, y oídos, pero no oyen? ¿Acaso no recuerdan? 19Cuando partí los cinco panes para los cinco mil, ¿cuántas canastas llenas de pedazos recogieron?

—Doce —respondieron.

20—Y cuando partí los siete panes para los cuatro mil, ¿cuántas cestas llenas de pedazos recogieron?

—Siete.

21Entonces concluyó:

—¿Y todavía no entienden?

Jesús sana a un ciego en Betsaida

22Cuando llegaron a Betsaida, algunas personas le llevaron un ciego a Jesús y le rogaron que lo tocara. 23Él tomó de la mano al ciego y lo sacó fuera del pueblo. Después de escupirle en los ojos y de poner las manos sobre él, le preguntó:

—¿Puedes ver ahora?

24El hombre alzó los ojos y dijo:

—Veo gente; parecen árboles que caminan.

25Entonces le puso de nuevo las manos sobre los ojos, y el ciego fue curado: recobró la vista y comenzó a ver todo con claridad. 26Jesús lo mandó a su casa con esta advertencia:

—No vayas a entrar en el pueblo.x

La confesión de Pedro

27Jesús y sus discípulos salieron hacia las aldeas de Cesarea de Filipo. En el camino les preguntó:

—¿Quién dice la gente que soy yo?

28—Unos dicen que Juan el Bautista, otros que Elías, y otros que uno de los profetas —contestaron.

29—Y ustedes, ¿quién dicen que soy yo?

—Tú eres el *Cristo —afirmó Pedro.

30Jesús les ordenó que no hablaran a nadie acerca de él.

Jesús predice su muerte

31Luego comenzó a enseñarles:

—El Hijo del hombre tiene que sufrir muchas cosas y ser rechazado por los *ancianos, por los jefes de los sacerdotes y por los *maestros de la ley. Es necesario que lo maten y que a los tres días resucite.

32Habló de esto con toda claridad. Pedro lo llevó aparte y comenzó a reprenderlo. 33Pero

16They discussed this with one another and said, "It is because we have no bread."

17Aware of their discussion, Jesus asked them: "Why are you talking about having no bread? Do you still not see or understand? Are your hearts hardened? 18Do you have eyes but fail to see, and ears but fail to hear? And don't you remember? 19When I broke the five loaves for the five thousand, how many basketfuls of pieces did you pick up?"

"Twelve," they replied.

20"And when I broke the seven loaves for the four thousand, how many basketfuls of pieces did you pick up?"

They answered, "Seven."

21He said to them, "Do you still not understand?"

The Healing of a Blind Man at Bethsaida

22They came to Bethsaida, and some people brought a blind man and begged Jesus to touch him. 23He took the blind man by the hand and led him outside the village. When he had spit on the man's eyes and put his hands on him, Jesus asked, "Do you see anything?"

24He looked up and said, "I see people; they look like trees walking around."

25Once more Jesus put his hands on the man's eyes. Then his eyes were opened, his sight was restored, and he saw everything clearly. 26Jesus sent him home, saying, "Don't go into the village.b"

Peter's Confession of Christ

27Jesus and his disciples went on to the villages around Caesarea Philippi. On the way he asked them, "Who do people say I am?"

28They replied, "Some say John the Baptist; others say Elijah; and still others, one of the prophets."

29"But what about you?" he asked. "Who do you say I am?"

Peter answered, "You are the Christ.c"

30Jesus warned them not to tell anyone about him.

Jesus Predicts His Death

31He then began to teach them that the Son of Man must suffer many things and be rejected by the elders, chief priests and teachers of the law, and that he must be killed and after three days rise again. 32He spoke plainly about this, and Peter took him aside and began to rebuke him.

---

b26 Some manuscripts Don't go and tell anyone in the village
c29 Or Messiah. "The Christ" (Greek) and "the Messiah" (Hebrew) both mean "the Anointed One."

x8:26 pueblo. Var. pueblo, ni a decírselo a nadie en el pueblo.

Jesús se dio la vuelta, miró a sus discípulos, y reprendió a Pedro.

—¡Aléjate de mí, Satanás —le dijo—. Tú no piensas en las cosas de Dios sino en las de los hombres.

34Entonces llamó a la multitud y a sus discípulos.

—Si alguien quiere ser mi discípulo —les dijo—, que se niegue a sí mismo, lleve su cruz y me siga. 35Porque el que quiera salvar su *vida, la perderá; pero el que pierda su vida por mi causa y por el *evangelio, la salvará. 36¿De qué sirve ganar el mundo entero si se pierde la vida? 37¿O qué se puede dar a cambio de la vida? 38Si alguien se avergüenza de mí y de mis palabras en medio de esta generación adúltera y pecadora, también el Hijo del hombre se avergonzará de él cuando venga en la gloria de su Padre con los santos ángeles.

9 Y añadió:
—Les aseguro que algunos de los aquí presentes no sufrirán la muerte sin antes haber visto el reino de Dios llegar con poder.

La transfiguración

2Seis días después Jesús tomó consigo a Pedro, a *Jacobo y a Juan, y los llevó a una montaña alta, donde estaban solos. Allí se transfiguró en presencia de ellos. 3Su ropa se volvió de un blanco resplandeciente como nadie en el mundo podría blanquearla. 4Y se les aparecieron Elías y Moisés, los cuales conversaban con Jesús. Tomando la palabra, 5Pedro le dijo a Jesús:

—Rabí, ¡qué bien que estemos aquí! Podemos levantar tres albergues: uno para ti, otro para Moisés y otro para Elías.

6No sabía qué decir, porque todos estaban asustados. 7Entonces apareció una nube que los envolvió, de la cual salió una voz que dijo: «Éste es mi Hijo amado. ¡Escúchenlo.»

8De repente, cuando miraron a su alrededor, ya no vieron a nadie más que a Jesús.

9Mientras bajaban de la montaña, Jesús les ordenó que no contaran a nadie lo que habían visto hasta que el Hijo del hombre se *levantara de entre los muertos. 10Guardaron el secreto, pero discutían entre ellos qué significaría eso de «levantarse de entre los muertos».

11—¿Por qué dicen los *maestros de la ley que Elías tiene que venir primero? —le preguntaron.

12—Sin duda Elías ha de venir primero para restaurar todas las cosas —respondió Jesús—. Pero entonces, ¿cómo es que está escrito que el Hijo del hombre tiene que sufrir mucho y ser rechazado? 13Pues bien, les digo que Elías ya ha venido, y le hicieron todo lo que quisieron, tal como está escrito de él.

33But when Jesus turned and looked at his disciples, he rebuked Peter. "Get behind me, Satan" he said. "You do not have in mind the things of God, but the things of men."

34Then he called the crowd to him along with his disciples and said: "If anyone would come after me, he must deny himself and take up his cross and follow me. 35For whoever wants to save his life_d_ will lose it, but whoever loses his life for me and for the gospel will save it. 36What good is it for a man to gain the whole world, yet forfeit his soul? 37Or what can a man give in exchange for his soul? 38If anyone is ashamed of me and my words in this adulterous and sinful generation, the Son of Man will be ashamed of him when he comes in his Father's glory with the holy angels."

9 And he said to them, "I tell you the truth, some who are standing here will not taste death before they see the kingdom of God come with power."

The Transfiguration

2After six days Jesus took Peter, James and John with him and led them up a high mountain, where they were all alone. There he was transfigured before them. 3His clothes became dazzling white, whiter than anyone in the world could bleach them. 4And there appeared before them Elijah and Moses, who were talking with Jesus.

5Peter said to Jesus, "Rabbi, it is good for us to be here. Let us put up three shelters—one for you, one for Moses and one for Elijah." 6(He did not know what to say, they were so frightened.)

7Then a cloud appeared and enveloped them, and a voice came from the cloud: "This is my Son, whom I love. Listen to him!"

8Suddenly, when they looked around, they no longer saw anyone with them except Jesus.

9As they were coming down the mountain, Jesus gave them orders not to tell anyone what they had seen until the Son of Man had risen from the dead. 10They kept the matter to themselves, discussing what "rising from the dead" meant.

11And they asked him, "Why do the teachers of the law say that Elijah must come first?"

12Jesus replied, "To be sure, Elijah does come first, and restores all things. Why then is it written that the Son of Man must suffer much and be rejected? 13But I tell you, Elijah has come, and they have done to him everything they wished, just as it is written about him."

_d_35 The Greek word means either _life_ or _soul_; also in verse 36.

Jesús sana a un muchacho endemoniado

14Cuando llegaron adonde estaban los otros discípulosᵞ, vieron que a su alrededor había mucha gente y que los *maestros de la ley discutían con ellos. 15Tan pronto como la gente vio a Jesús, todos se sorprendieron y corrieron a saludarlo.

16—¿Qué están discutiendo con ellos? —les preguntó.

17—Maestro —respondió un hombre de entre la multitud—, te he traído a mi hijo, pues está poseído por un espíritu que le ha quitado el habla. 18Cada vez que se apodera de él, lo derriba. Echa espumarajos, cruje los dientes y se queda rígido. Les pedí a tus discípulos que expulsaran al espíritu, pero no lo lograron.

19—¡Ah, generación incrédula —respondió Jesús—. ¿Hasta cuándo tendré que estar con ustedes? ¿Hasta cuándo tendré que soportarlos? Tráiganme al muchacho.

20Así que se lo llevaron. Tan pronto como vio a Jesús, el espíritu sacudió de tal modo al muchacho que éste cayó al suelo y comenzó a revolcarse echando espumarajos.

21—¿Cuánto tiempo hace que le pasa esto? —le preguntó Jesús al padre.

—Desde que era niño —contestó—. 22Muchas veces lo ha echado al fuego y al agua para matarlo. Si puedes hacer algo, ten compasión de nosotros y ayúdanos.

23—¿Cómo que si puedo? Para el que cree, todo es posible.

24—¡Sí creo —exclamó de inmediato el padre del muchacho—. ¡Ayúdame en mi poca fe!

25Al ver Jesús que se agolpaba mucha gente, reprendió al *espíritu maligno.

—Espíritu sordo y mudo —dijo—, te mando que salgas y que jamás vuelvas a entrar en él.

26El espíritu, dando un alarido y sacudiendo violentamente al muchacho, salió de él. Éste quedó como muerto, tanto que muchos decían: «Ya se murió.» 27Pero Jesús lo tomó de la mano y lo levantó, y el muchacho se puso de pie.

28Cuando Jesús entró en casa, sus discípulos le preguntaron en privado:

—¿Por qué nosotros no pudimos expulsarlo?

29—Esta clase de demonios sólo puede ser expulsada a fuerza de oraciónᶻ —respondió Jesús.

30Dejaron aquel lugar y pasaron por Galilea. Pero Jesús no quería que nadie lo supiera, 31porque estaba instruyendo a sus discípulos. Les decía: «El Hijo del hombre va a ser entregado en manos de los hombres. Lo matarán, y a los tres días de muerto resucitará.»

The Healing of a Boy with an Evil Spirit

14When they came to the other disciples, they saw a large crowd around them and the teachers of the law arguing with them. 15As soon as all the people saw Jesus, they were overwhelmed with wonder and ran to greet him.

16"What are you arguing with them about?" he asked.

17A man in the crowd answered, "Teacher, I brought you my son, who is possessed by a spirit that has robbed him of speech. 18Whenever it seizes him, it throws him to the ground. He foams at the mouth, gnashes his teeth and becomes rigid. I asked your disciples to drive out the spirit, but they could not."

19"O unbelieving generation," Jesus replied, "how long shall I stay with you? How long shall I put up with you? Bring the boy to me."

20So they brought him. When the spirit saw Jesus, it immediately threw the boy into a convulsion. He fell to the ground and rolled around, foaming at the mouth.

21Jesus asked the boy's father, "How long has he been like this?"

"From childhood," he answered. 22"It has often thrown him into fire or water to kill him. But if you can do anything, take pity on us and help us."

23"'If you can'?" said Jesus. "Everything is possible for him who believes."

24Immediately the boy's father exclaimed, "I do believe; help me overcome my unbelief!"

25When Jesus saw that a crowd was running to the scene, he rebuked the evilᵉ spirit. "You deaf and mute spirit," he said, "I command you, come out of him and never enter him again."

26The spirit shrieked, convulsed him violently and came out. The boy looked so much like a corpse that many said, "He's dead." 27But Jesus took him by the hand and lifted him to his feet, and he stood up.

28After Jesus had gone indoors, his disciples asked him privately, "Why couldn't we drive it out?"

29He replied, "This kind can come out only by prayer.ᶠ"

30They left that place and passed through Galilee. Jesus did not want anyone to know where they were, 31because he was teaching his disciples. He said to them, "The Son of Man is going to be betrayed into the hands of men. They will kill him, and after three days he will rise."

ᵞ9:14 Cuando llegaron … vieron. Var. Cuando llegó … vio.
ᶻ9:29 oración. Var. oración y ayuno.

ᵉ25 Greek unclean   ᶠ29 Some manuscripts prayer and fasting

³²Pero ellos no entendían lo que quería decir con esto, y no se atrevían a preguntárselo.

¿Quién es el más importante?

³³Llegaron a Capernaúm. Cuando ya estaba en casa, Jesús les preguntó:

—¿Qué venían discutiendo por el camino?

³⁴Pero ellos se quedaron callados, porque en el camino habían discutido entre sí quién era el más importante.

³⁵Entonces Jesús se sentó, llamó a los doce y les dijo:

—Si alguno quiere ser el primero, que sea el último de todos y el servidor de todos.

³⁶Luego tomó a un niño y lo puso en medio de ellos. Abrazándolo, les dijo:

³⁷—El que recibe en mi nombre a uno de estos niños, me recibe a mí; y el que me recibe a mí, no me recibe a mí sino al que me envió.

El que no está contra nosotros está a favor de nosotros

³⁸—Maestro —dijo Juan—, vimos a uno que expulsaba demonios en tu nombre y se lo impedimos porque no es de los nuestros.ᵃ

³⁹—No se lo impidan —replicó Jesús—. Nadie que haga un milagro en mi nombre puede a la vez hablar mal de mí. ⁴⁰El que no está contra nosotros está a favor de nosotros. ⁴¹Les aseguro que cualquiera que les dé un vaso de agua en mi nombre por ser ustedes de *Cristo no perderá su recompensa.

El hacer pecar

⁴²»Pero si alguien hace *pecar a uno de estos pequeños que creen en mí, más le valdría que le ataran al cuello una piedra de molino y lo arrojaran al mar. ⁴³Si tu mano te hace pecar, córtatela. Más te vale entrar en la vida manco, que ir con las dos manos al infierno,ᵇ donde el fuego nunca se apaga.ᶜ ⁴⁵Y si tu pie te hace pecar, córtatelo. Más te vale entrar en la vida cojo, que ser arrojado con los dos pies al infierno.ᵈ ⁴⁷Y si tu ojo te hace pecar, sácatelo. Más te vale entrar tuerto en el reino de Dios, que ser arrojado con los dos ojos al infierno, ⁴⁸donde

> »"su gusano no muere,
>   y el fuego no se apaga".ᵉ

⁴⁹La sal con que todos serán sazonados es el fuego.

³²But they did not understand what he meant and were afraid to ask him about it.

Who is Greatest?

³³They came to Capernaum. When he was in the house, he asked them, "What were you arguing about on the road?" ³⁴But they kept quiet because on the way they had argued about who was the greatest.

³⁵Sitting down, Jesus called the Twelve and said, "If anyone wants to be first, he must be the very last, and the servant of all."

³⁶He took a little child and had him stand among them. Taking him in his arms, he said to them, ³⁷"Whoever welcomes one of these little children in my name welcomes me; and whoever welcomes me does not welcome me but the one who sent me."

Whoever Is Not Against Us Is for Us

³⁸"Teacher," said John, "we saw a man driving out demons in your name and we told him to stop, because he was not one of us."

³⁹"Do not stop him," Jesus said. "No one who does a miracle in my name can in the next moment say anything bad about me, ⁴⁰for whoever is not against us is for us. ⁴¹I tell you the truth, anyone who gives you a cup of water in my name because you belong to Christ will certainly not lose his reward.

Causing to Sin

⁴²"And if anyone causes one of these little ones who believe in me to sin, it would be better for him to be thrown into the sea with a large millstone tied around his neck. ⁴³If your hand causes you to sin, cut it off. It is better for you to enter life maimed than with two hands to go into hell, where the fire never goes out.ᵍ ⁴⁵And if your foot causes you to sin, cut it off. It is better for you to enter life crippled than to have two feet and be thrown into hell.ʰ ⁴⁷And if your eye causes you to sin, pluck it out. It is better for you to enter the kingdom of God with one eye than to have two eyes and be thrown into hell, ⁴⁸where

> "'their worm does not die,
>   and the fire is not quenched.'ⁱ

⁴⁹Everyone will be salted with fire.

ᵃ9:38 *no es de los nuestros.* Lit. *no nos sigue.*   ᵇ9:43 *al infierno.* Lit. *a la *Gehenna;* también en vv. 45 y 47.   ᶜ9:43 *apaga.* Var. *apaga,* ⁴⁴*donde "su gusano no muere, y el fuego no se apaga".*   ᵈ9:45 *infierno.* Var. *infierno,* ⁴⁶*donde "su gusano no muere, y el fuego no se apaga".*   ᵉ9:48 Is 66:24

ᵍ43 Some manuscripts *out,* ⁴⁴*where / " 'their worm does not die, / and the fire is not quenched.'*   ʰ45 Some manuscripts *hell,* ⁴⁶*where / " 'their worm does not die, / and the fire is not quenched.'*   ⁱ48 Isaiah 66:24

⁵⁰»La sal es buena, pero si deja de ser salada, ¿cómo le pueden volver a dar sabor? Que no falte la sal entre ustedes, para que puedan vivir en paz unos con otros.

El divorcio

10 Jesús partió de aquel lugar y se fue a la región de Judea y al otro lado del Jordán. Otra vez se le reunieron las multitudes, y como era su costumbre, les enseñaba.

²En eso, unos *fariseos se le acercaron y, para ponerlo a *prueba, le preguntaron:

—¿Está permitido que un hombre se divorcie de su esposa?

³—¿Qué les mandó Moisés? —replicó Jesús.

⁴—Moisés permitió que un hombre le escribiera un certificado de divorcio y la despidiera —contestaron ellos.

⁵—Esa ley la escribió Moisés para ustedes por lo obstinados que son*ᶠ* —aclaró Jesús—. ⁶Pero al principio de la creación Dios "los hizo hombre y mujer".*ᵍ* ⁷"Por eso dejará el hombre a su padre y a su madre, y se unirá a su esposa,*ʰ* ⁸y los dos llegarán a ser un solo cuerpo."*ⁱ* Así que ya no son dos, sino uno solo. ⁹Por tanto, lo que Dios ha unido, que no lo separe el hombre.

¹⁰Vueltos a casa, los discípulos le preguntaron a Jesús sobre este asunto.

¹¹—El que se divorcia de su esposa y se casa con otra, comete adulterio contra la primera —respondió—. ¹²Y si la mujer se divorcia de su esposo y se casa con otro, comete adulterio.

Jesús y los niños

¹³Empezaron a llevarle niños a Jesús para que los tocara, pero los discípulos reprendían a quienes los llevaban. ¹⁴Cuando Jesús se dio cuenta, se indignó y les dijo: «Dejen que los niños vengan a mí, y no se lo impidan, porque el reino de Dios es de quienes son como ellos. ¹⁵Les aseguro que el que no reciba el reino de Dios como un niño, de ninguna manera entrará en él.» ¹⁶Y después de abrazarlos, los bendecía poniendo las manos sobre ellos.

El joven rico

¹⁷Cuando Jesús estaba ya para irse, un hombre llegó corriendo y se postró delante de él.

—Maestro bueno —le preguntó—, ¿qué debo hacer para heredar la vida eterna?

¹⁸—¿Por qué me llamas bueno? —respondió Jesús—. Nadie es bueno sino sólo Dios. ¹⁹Ya sabes los mandamientos: "No mates, no cometas adulterio, no robes, no presentes falso testi-

⁵⁰"Salt is good, but if it loses its saltiness, how can you make it salty again? Have salt in yourselves, and be at peace with each other."

Divorce

10 Jesus then left that place and went into the region of Judea and across the Jordan. Again crowds of people came to him, and as was his custom, he taught them.

²Some Pharisees came and tested him by asking, "Is it lawful for a man to divorce his wife?"

³"What did Moses command you?" he replied.

⁴They said, "Moses permitted a man to write a certificate of divorce and send her away."

⁵"It was because your hearts were hard that Moses wrote you this law," Jesus replied. ⁶"But at the beginning of creation God 'made them male and female.'*ʲ* ⁷'For this reason a man will leave his father and mother and be united to his wife,*ᵏ* ⁸and the two will become one flesh.'*ˡ* So they are no longer two, but one. ⁹Therefore what God has joined together, let man not separate."

¹⁰When they were in the house again, the disciples asked Jesus about this. ¹¹He answered, "Anyone who divorces his wife and marries another woman commits adultery against her. ¹²And if she divorces her husband and marries another man, she commits adultery."

The Little Children and Jesus

¹³People were bringing little children to Jesus to have him touch them, but the disciples rebuked them. ¹⁴When Jesus saw this, he was indignant. He said to them, "Let the little children come to me, and do not hinder them, for the kingdom of God belongs to such as these. ¹⁵I tell you the truth, anyone who will not receive the kingdom of God like a little child will never enter it." ¹⁶And he took the children in his arms, put his hands on them and blessed them.

The Rich Young Man

¹⁷As Jesus started on his way, a man ran up to him and fell on his knees before him. "Good teacher," he asked, "what must I do to inherit eternal life?"

¹⁸"Why do you call me good?" Jesus answered. "No one is good—except God alone. ¹⁹You know the commandments: 'Do not murder, do not commit adultery, do not steal, do not

---

*ᶠ***10:5** *por lo obstinados que son.* Lit. *por su dureza de corazón.* *ᵍ***10:6** Gn 1:27 *ʰ***10:7** Var. no incluye: *y se unirá a su esposa.* *ⁱ***10:8** Gn 2:24

*ʲ*6 Gen. 1:27 *ᵏ*7 Some early manuscripts do not have *and be united to his wife.* *ˡ*8 Gen. 2:24

monio, no defraudes, honra a tu padre y a tu madre."[j]

20—Maestro —dijo el hombre—, todo eso lo he cumplido desde que era joven.

21Jesús lo miró con amor y añadió:

—Una sola cosa te falta: anda, vende todo lo que tienes y dáselo a los pobres, y tendrás tesoro en el cielo. Luego ven y sígueme.

22Al oír esto, el hombre se desanimó y se fue triste porque tenía muchas riquezas.

23Jesús miró alrededor y les comentó a sus discípulos:

—¡Qué difícil es para los ricos entrar en el reino de Dios!

24Los discípulos se asombraron de sus palabras.

—Hijos, ¡qué difícil es entrar[k] en el reino de Dios —repitió Jesús—. 25Le resulta más fácil a un camello pasar por el ojo de una aguja, que a un rico entrar en el reino de Dios.

26Los discípulos se asombraron aún más, y decían entre sí: «Entonces, ¿quién podrá salvarse?»

27—Para los hombres es imposible —aclaró Jesús, mirándolos fijamente—, pero no para Dios; de hecho, para Dios todo es posible.

28—¿Qué de nosotros, que lo hemos dejado todo y te hemos seguido? —comenzó a reclamarle Pedro.

29—Les aseguro —respondió Jesús— que todo el que por mi causa y la del *evangelio haya dejado casa, hermanos, hermanas, madre, padre, hijos o terrenos, 30recibirá cien veces más ahora en este tiempo (casas, hermanos, hermanas, madres, hijos y terrenos, aunque con persecuciones); y en la edad venidera, la vida eterna. 31Pero muchos de los primeros serán últimos, y los últimos, primeros.

Jesús predice de nuevo su muerte

32Iban de camino subiendo a Jerusalén, y Jesús se les adelantó. Los discípulos estaban asombrados, y los otros que venían detrás tenían miedo. De nuevo tomó aparte a los doce y comenzó a decirles lo que le iba a suceder. 33«Ahora vamos rumbo a Jerusalén, y el Hijo del hombre será entregado a los jefes de los sacerdotes y a los *maestros de la ley. Ellos lo condenarán a muerte y lo entregarán a los *gentiles. 34Se burlarán de él, le escupirán, lo azotarán y lo matarán. Pero a los tres días resucitará.»

give false testimony, do not defraud, honor your father and mother.'[m]"

20"Teacher," he declared, "all these I have kept since I was a boy."

21Jesus looked at him and loved him. "One thing you lack," he said. "Go, sell everything you have and give to the poor, and you will have treasure in heaven. Then come, follow me."

22At this the man's face fell. He went away sad, because he had great wealth.

23Jesus looked around and said to his disciples, "How hard it is for the rich to enter the kingdom of God "

24The disciples were amazed at his words. But Jesus said again, "Children, how hard it is[n] to enter the kingdom of God 25It is easier for a camel to go through the eye of a needle than for a rich man to enter the kingdom of God."

26The disciples were even more amazed, and said to each other, "Who then can be saved?"

27Jesus looked at them and said, "With man this is impossible, but not with God; all things are possible with God."

28Peter said to him, "We have left everything to follow you "

29"I tell you the truth," Jesus replied, "no one who has left home or brothers or sisters or mother or father or children or fields for me and the gospel 30will fail to receive a hundred times as much in this present age (homes, brothers, sisters, mothers, children and fields—and with them, persecutions) and in the age to come, eternal life. 31But many who are first will be last, and the last first."

Jesus Again Predicts His Death

32They were on their way up to Jerusalem, with Jesus leading the way, and the disciples were astonished, while those who followed were afraid. Again he took the Twelve aside and told them what was going to happen to him. 33"We are going up to Jerusalem," he said, "and the Son of Man will be betrayed to the chief priests and teachers of the law. They will condemn him to death and will hand him over to the Gentiles, 34who will mock him and spit on him, flog him and kill him. Three days later he will rise."

---

[j] 10:19 Éx 20:12-16; Dt 5:16-20   [k] 10:24 es entrar. Var. es para los que confían en las riquezas entrar.

[m] 19 Exodus 20:12-16; Deut. 5:16-20   [n] 24 Some manuscripts is for those who trust in riches

La petición de Jacobo y Juan

35Se le acercaron *Jacobo y Juan, hijos de Zebedeo.

—Maestro —le dijeron—, queremos que nos concedas lo que te vamos a pedir.

36—¿Qué quieren que haga por ustedes?

37—Concédenos que en tu glorioso reino uno de nosotros se siente a tu *derecha y el otro a tu izquierda.

38—No saben lo que están pidiendo —les replicó Jesús—. ¿Pueden acaso beber el trago amargo de la copa que yo bebo, o pasar por la prueba del bautismo con el que voy a ser probado?^l

39—Sí, podemos.

—Ustedes beberán de la copa que yo bebo —les respondió Jesús— y pasarán por la prueba del bautismo con el que voy a ser probado, **40**pero el sentarse a mi derecha o a mi izquierda no me corresponde a mí concederlo. Eso ya está decidido.^m

41Los otros diez, al oír la conversación, se indignaron contra Jacobo y Juan. **42**Así que Jesús los llamó y les dijo:

—Como ustedes saben, los que se consideran jefes de las *naciones oprimen a los súbditos, y los altos oficiales abusan de su autoridad. **43**Pero entre ustedes no debe ser así. Al contrario, el que quiera hacerse grande entre ustedes deberá ser su servidor, **44**y el que quiera ser el primero deberá ser *esclavo de todos. **45**Porque ni aun el Hijo del hombre vino para que le sirvan, sino para servir y para dar su *vida en rescate por muchos.

El ciego Bartimeo recibe la vista

46Después llegaron a Jericó. Más tarde, salió Jesús de la ciudad acompañado de sus discípulos y de una gran multitud. Un mendigo ciego llamado Bartimeo (el hijo de Timeo) estaba sentado junto al camino. **47**Al oír que el que venía era Jesús de Nazaret, se puso a gritar:

—¡Jesús, Hijo de David, ten compasión de mí!

48Muchos lo reprendían para que se callara, pero él se puso a gritar aún más:

—¡Hijo de David, ten compasión de mí!

49Jesús se detuvo y dijo:

—Llámenlo.

Así que llamaron al ciego.

—¡Ánimo —le dijeron—. ¡Levántate! Te llama.

50Él, arrojando la capa, dio un salto y se acercó a Jesús.

The Request of James and John

35Then James and John, the sons of Zebedee, came to him. "Teacher," they said, "we want you to do for us whatever we ask."

36"What do you want me to do for you?" he asked.

37They replied, "Let one of us sit at your right and the other at your left in your glory."

38"You don't know what you are asking," Jesus said. "Can you drink the cup I drink or be baptized with the baptism I am baptized with?"

39"We can," they answered. Jesus said to them, "You will drink the cup I drink and be baptized with the baptism I am baptized with, **40**but to sit at my right or left is not for me to grant. These places belong to those for whom they have been prepared."

41When the ten heard about this, they became indignant with James and John. **42**Jesus called them together and said, "You know that those who are regarded as rulers of the Gentiles lord it over them, and their high officials exercise authority over them. **43**Not so with you. Instead, whoever wants to become great among you must be your servant, **44**and whoever wants to be first must be slave of all. **45**For even the Son of Man did not come to be served, but to serve, and to give his life as a ransom for many."

Blind Bartimaeus Receives His Sight

46Then they came to Jericho. As Jesus and his disciples, together with a large crowd, were leaving the city, a blind man, Bartimaeus (that is, the Son of Timaeus), was sitting by the roadside begging. **47**When he heard that it was Jesus of Nazareth, he began to shout, "Jesus, Son of David, have mercy on me"

48Many rebuked him and told him to be quiet, but he shouted all the more, "Son of David, have mercy on me"

49Jesus stopped and said, "Call him." So they called to the blind man, "Cheer up On your feet He's calling you." **50**Throwing his cloak aside, he jumped to his feet and came to Jesus.

---

^l**10:38** beber … probado? Lit. beber la copa que yo bebo, o ser bautizados con el bautismo con que yo soy bautizado?
^m**10:40** concederlo. Eso ya está decidido. Lit. concederlo, sino para quienes está preparado.

51—¿Qué quieres que haga por ti? —le preguntó.

—Rabí, quiero ver —respondió el ciego.

52—Puedes irte —le dijo Jesús—; tu fe te ha *sanado.

Al momento recobró la vista y empezó a seguir a Jesús por el camino.

La entrada triunfal

11 Cuando se acercaban a Jerusalén y llegaron a Betfagué y a Betania, junto al monte de los Olivos, Jesús envió a dos de sus discípulos 2con este encargo: «Vayan a la aldea que tienen enfrente. Tan pronto como entren en ella, encontrarán atado un burrito, en el que nunca se ha montado nadie. Desátenlo y tráiganlo acá. 3Y si alguien les dice: "¿Por qué hacen eso?", díganle: "El Señor lo necesita, y en seguida lo devolverá."»

4Fueron, encontraron un burrito afuera en la calle, atado a un portón, y lo desataron. 5Entonces algunos de los que estaban allí les preguntaron: «¿Qué hacen desatando el burrito?» 6Ellos contestaron como Jesús les había dicho, y les dejaron desatarlo. 7Le llevaron, pues, el burrito a Jesús. Luego pusieron encima sus mantos, y él se montó. 8Muchos tendieron sus mantos sobre el camino; otros usaron ramas que habían cortado en los campos. 9Tanto los que iban delante como los que iban detrás, gritaban:

—¡Hosanna [n]

—¡Bendito el que viene en el nombre del Señor [ñ]

10—¡Bendito el reino venidero de nuestro padre David

—¡Hosanna en las alturas

11Jesús entró en Jerusalén y fue al *templo. Después de observarlo todo, como ya era tarde, salió para Betania con los doce.

Jesús purifica el templo

12Al día siguiente, cuando salían de Betania, Jesús tuvo hambre. 13Viendo a lo lejos una higuera que tenía hojas, fue a ver si hallaba algún fruto. Cuando llegó a ella sólo encontró hojas, porque no era tiempo de higos. 14«¡Nadie vuelva jamás a comer fruto de ti », le dijo a la higuera. Y lo oyeron sus discípulos.

51"What do you want me to do for you?" Jesus asked him.

The blind man said, "Rabbi, I want to see."

52"Go," said Jesus, "your faith has healed you." Immediately he received his sight and followed Jesus along the road.

The Triumphal Entry

11 As they approached Jerusalem and came to Bethphage and Bethany at the Mount of Olives, Jesus sent two of his disciples, 2saying to them, "Go to the village ahead of you, and just as you enter it, you will find a colt tied there, which no one has ever ridden. Untie it and bring it here. 3If anyone asks you, 'Why are you doing this?' tell him, 'The Lord needs it and will send it back here shortly.'"

4They went and found a colt outside in the street, tied at a doorway. As they untied it, 5some people standing there asked, "What are you doing, untying that colt?" 6They answered as Jesus had told them to, and the people let them go. 7When they brought the colt to Jesus and threw their cloaks over it, he sat on it. 8Many people spread their cloaks on the road, while others spread branches they had cut in the fields. 9Those who went ahead and those who followed shouted,

"Hosanna [o]"

"Blessed is he who comes in the name of the Lord "[p]

10 "Blessed is the coming kingdom of our father David "

"Hosanna in the highest "

11Jesus entered Jerusalem and went to the temple. He looked around at everything, but since it was already late, he went out to Bethany with the Twelve.

Jesus Clears the Temple

12The next day as they were leaving Bethany, Jesus was hungry. 13Seeing in the distance a fig tree in leaf, he went to find out if it had any fruit. When he reached it, he found nothing but leaves, because it was not the season for figs. 14Then he said to the tree, "May no one ever eat fruit from you again." And his disciples heard him say it.

---

[n] 11:9 Expresión hebrea que significa «¡Salva », y que llegó a ser una exclamación de alabanza; también en v. 10.
[ñ] 11:9 Sal 118:25,26

[o] 9 A Hebrew expression meaning "Save " which became an exclamation of praise; also in verse 10   [p] 9 Psalm 118:25,26

¹⁵Llegaron, pues, a Jerusalén. Jesús entró en el *templo^o y comenzó a echar de allí a los que compraban y vendían. Volcó las mesas de los que cambiaban dinero y los puestos de los que vendían palomas, ¹⁶y no permitía que nadie atravesara el templo llevando mercancías. ¹⁷También les enseñaba con estas palabras: «¿No está escrito:

>"Mi casa será llamada
> casa de oración para todas las *naciones"?^p

Pero ustedes la han convertido en "cueva de ladrones".»^q

¹⁸Los jefes de los sacerdotes y los *maestros de la ley lo oyeron y comenzaron a buscar la manera de matarlo, pues le temían, ya que toda la gente se maravillaba de sus enseñanzas.

¹⁹Cuando cayó la tarde, salieron^r de la ciudad.

La higuera seca

²⁰Por la mañana, al pasar junto a la higuera, vieron que se había secado de raíz. ²¹Pedro, acordándose, le dijo a Jesús:

—¡Rabí, mira, se ha secado la higuera que maldijiste

²²—Tengan fe en Dios —respondió Jesús—. ²³Les aseguro^s que si alguno le dice a este monte: "Quítate de ahí y tírate al mar", creyendo, sin abrigar la menor duda de que lo que dice sucederá, lo obtendrá. ²⁴Por eso les digo: Crean que ya han recibido todo lo que estén pidiendo en oración, y lo obtendrán. ²⁵Y cuando estén orando, si tienen algo contra alguien, perdónenlo, para que también su Padre que está en el cielo les perdone a ustedes sus pecados.^t

La autoridad de Jesús puesta en duda

²⁷Llegaron de nuevo a Jerusalén, y mientras Jesús andaba por el *templo, se le acercaron los jefes de los sacerdotes, los *maestros de la ley y los *ancianos.

²⁸—¿Con qué autoridad haces esto? —lo interrogaron—. ¿Quién te dio autoridad para actuar así?

²⁹—Yo voy a hacerles una pregunta a ustedes —replicó él—. Contéstenmela, y les diré con qué autoridad hago esto: ³⁰El bautismo de Juan, ¿procedía del cielo o de la tierra?^u Respóndanme.

¹⁵On reaching Jerusalem, Jesus entered the temple area and began driving out those who were buying and selling there. He overturned the tables of the money changers and the benches of those selling doves, ¹⁶and would not allow anyone to carry merchandise through the temple courts. ¹⁷And as he taught them, he said, "Is it not written:

" 'My house will be called
  a house of prayer for all nations'^q?

But you have made it 'a den of robbers.'^r"

¹⁸The chief priests and the teachers of the law heard this and began looking for a way to kill him, for they feared him, because the whole crowd was amazed at his teaching.

¹⁹When evening came, they^s went out of the city.

The Withered Fig Tree

²⁰In the morning, as they went along, they saw the fig tree withered from the roots. ²¹Peter remembered and said to Jesus, "Rabbi, look The fig tree you cursed has withered "

²²"Have^t faith in God," Jesus answered. ²³"I tell you the truth, if anyone says to this mountain, 'Go, throw yourself into the sea,' and does not doubt in his heart but believes that what he says will happen, it will be done for him. ²⁴Therefore I tell you, whatever you ask for in prayer, believe that you have received it, and it will be yours. ²⁵And when you stand praying, if you hold anything against anyone, forgive him, so that your Father in heaven may forgive you your sins."^u

The Authority of Jesus Questioned

²⁷They arrived again in Jerusalem, and while Jesus was walking in the temple courts, the chief priests, the teachers of the law and the elders came to him. ²⁸"By what authority are you doing these things?" they asked. "And who gave you authority to do this?"

²⁹Jesus replied, "I will ask you one question. Answer me, and I will tell you by what authority I am doing these things. ³⁰John's baptism—was it from heaven, or from men? Tell me "

---

^o11:15 Es decir, en el área general del templo; también en v. 16. ^p11:17 Is 56:7 ^q11:17 Jer 7:11 ^r11:19 salieron. Var. salió. ^s11:22-23 Tengan fe … Les aseguro. Var. Si tienen fe … les aseguro. ^t11:25 pecados. Var. pecados. Pero si ustedes no perdonan, tampoco su Padre que está en el cielo les perdonará a ustedes sus pecados. ^u11:30 la tierra. Lit. los hombres; también en v. 32.

^q17 Isaiah 56:7 ^r17 Jer. 7:11 ^s19 Some early manuscripts he ^t22 Some early manuscripts If you have ^u25 Some manuscripts sins. ²⁶But if you do not forgive, neither will your Father who is in heaven forgive your sins.

31Ellos se pusieron a discutir entre sí: «Si respondemos: "Del cielo", nos dirá: "Entonces, ¿por qué no le creyeron?" 32Pero si decimos: "De la tierra" ... » Es que temían al pueblo, porque todos consideraban que Juan era realmente un profeta. 33Así que le respondieron a Jesús:

—No lo sabemos.

—Pues yo tampoco les voy a decir con qué autoridad hago esto.

Parábola de los labradores malvados

12 Entonces comenzó Jesús a hablarles en parábolas: «Un hombre plantó un viñedo. Lo cercó, cavó un lagar y construyó una torre de vigilancia. Luego arrendó el viñedo a unos labradores y se fue de viaje. 2Llegada la cosecha, mandó un *siervo a los labradores para recibir de ellos una parte del fruto. 3Pero ellos lo agarraron, lo golpearon y lo despidieron con las manos vacías. 4Entonces les mandó otro siervo; a éste le rompieron la cabeza y lo humillaron. 5Mandó a otro, y a éste lo mataron. Mandó a otros muchos, a unos los golpearon, a otros los mataron.

6»Le quedaba todavía uno, su hijo amado. Por último, lo mandó a él, pensando: "¡A mi hijo sí lo respetarán " 7Pero aquellos labradores se dijeron unos a otros: "Éste es el heredero. Matémoslo, y la herencia será nuestra." 8Así que le echaron mano y lo mataron, y lo arrojaron fuera del viñedo.

9»¿Qué hará el dueño? Volverá, acabará con los labradores, y dará el viñedo a otros. 10¿No han leído ustedes esta Escritura:

» "La piedra que desecharon los constructores

ha llegado a ser la piedra angular;

11 esto es obra del Señor,

y nos deja maravillados"?»v

12Cayendo en la cuenta de que la parábola iba dirigida contra ellos, buscaban la manera de arrestarlo. Pero temían a la multitud; así que lo dejaron y se fueron.

El pago de impuestos al césar

13Luego enviaron a Jesús algunos de los *fariseos y de los herodianos para tenderle una trampa con sus mismas palabras. 14Al llegar le dijeron:

—Maestro, sabemos que eres un hombre íntegro. No te dejas influir por nadie porque no te fijas en las apariencias, sino que de verdad enseñas el camino de Dios. ¿Está permitido pagar

The Parable of the Tenants

31They discussed it among themselves and said, "If we say, 'From heaven,' he will ask, 'Then why didn't you believe him?' 32But if we say, 'From men'...." (They feared the people, for everyone held that John really was a prophet.)

33So they answered Jesus, "We don't know."

Jesus said, "Neither will I tell you by what authority I am doing these things."

12 He then began to speak to them in parables: "A man planted a vineyard. He put a wall around it, dug a pit for the winepress and built a watchtower. Then he rented the vineyard to some farmers and went away on a journey. 2At harvest time he sent a servant to the tenants to collect from them some of the fruit of the vineyard. 3But they seized him, beat him and sent him away empty-handed. 4Then he sent another servant to them; they struck this man on the head and treated him shamefully. 5He sent still another, and that one they killed. He sent many others; some of them they beat, others they killed.

6"He had one left to send, a son, whom he loved. He sent him last of all, saying, 'They will respect my son.'

7"But the tenants said to one another, 'This is the heir. Come, let's kill him, and the inheritance will be ours.' 8So they took him and killed him, and threw him out of the vineyard.

9"What then will the owner of the vineyard do? He will come and kill those tenants and give the vineyard to others. 10Haven't you read this scripture:

" 'The stone the builders rejected

has become the capstonev;

11 the Lord has done this,

and it is marvelous in our eyes'w?"

12Then they looked for a way to arrest him because they knew he had spoken the parable against them. But they were afraid of the crowd; so they left him and went away.

Paying Taxes to Caesar

13Later they sent some of the Pharisees and Herodians to Jesus to catch him in his words. 14They came to him and said, "Teacher, we know you are a man of integrity. You aren't swayed by men, because you pay no attention to who they are; but you teach the way of God impuestos al *césar o no? 15¿Debemos pagar o no?

Pero Jesús, sabiendo que fingían, les replicó:

—¿Por qué me tienden *trampas? Tráiganme una moneda romanaʷ para verla.

16Le llevaron la moneda, y él les preguntó:

—¿De quién son esta imagen y esta inscripción?

—Del césar —contestaron.

17—Denle, pues, al césar lo que es del césar, y a Dios lo que es de Dios.

Y se quedaron admirados de él.

El matrimonio en la resurrección

18Entonces los saduceos, que dicen que no hay resurrección, fueron a verlo y le plantearon un problema:

19—Maestro, Moisés nos enseñó en sus escritos que si un hombre muere y deja a la viuda sin hijos, el hermano de ese hombre tiene que casarse con la viuda para que su hermano tenga descendencia. 20Ahora bien, había siete hermanos. El primero se casó y murió sin dejar descendencia. 21El segundo se casó con la viuda, pero también murió sin dejar descendencia. Lo mismo le pasó al tercero. 22En fin, ninguno de los siete dejó descendencia. Por último, murió también la mujer. 23Cuando resuciten, ¿de cuál será esposa esta mujer, ya que los siete estuvieron casados con ella?

24—¿Acaso no andan ustedes equivocados? —les replicó Jesús—. ¡Es que desconocen las Escrituras y el poder de Dios 25Cuando resuciten los muertos, no se casarán ni serán dados en casamiento, sino que serán como los ángeles que están en el cielo. 26Pero en cuanto a que los muertos resucitan, ¿no han leído en el libro de Moisés, en el pasaje sobre la zarza, cómo Dios le dijo: "Yo soy el Dios de Abraham, de Isaac y de Jacob"?ˣ 27Él no es Dios de muertos, sino de vivos. ¡Ustedes andan muy equivocados

El mandamiento más importante

28Uno de los *maestros de la ley se acercó y los oyó discutiendo. Al ver lo bien que Jesús les había contestado, le preguntó:

—De todos los mandamientos, ¿cuál es el más importante?

29—El más importante es: "Oye, Israel. El Señor nuestro Dios es el único Señorʸ —contestó Jesús—. 30Ama al Señor tu Dios con todo tu corazón, con toda tu alma, con toda tu mente y con todas tus fuerzas." ᶻ 31El segundo es: "Ama

in accordance with the truth. Is it right to pay taxes to Caesar or not? 15Should we pay or shouldn't we?"

But Jesus knew their hypocrisy. "Why are you trying to trap me?" he asked. "Bring me a denarius and let me look at it." 16They brought the coin, and he asked them, "Whose portrait is this? And whose inscription?"

"Caesar's," they replied.

17Then Jesus said to them, "Give to Caesar what is Caesar's and to God what is God's."

And they were amazed at him.

Marriage at the Resurrection

18Then the Sadducees, who say there is no resurrection, came to him with a question. 19"Teacher," they said, "Moses wrote for us that if a man's brother dies and leaves a wife but no children, the man must marry the widow and have children for his brother. 20Now there were seven brothers. The first one married and died without leaving any children. 21The second one married the widow, but he also died, leaving no child. It was the same with the third. 22In fact, none of the seven left any children. Last of all, the woman died too. 23At the resurrectionˣ whose wife will she be, since the seven were married to her?"

24Jesus replied, "Are you not in error because you do not know the Scriptures or the power of God? 25When the dead rise, they will neither marry nor be given in marriage; they will be like the angels in heaven. 26Now about the dead rising—have you not read in the book of Moses, in the account of the bush, how God said to him, 'I am the God of Abraham, the God of Isaac, and the God of Jacob'ʸ? 27He is not the God of the dead, but of the living. You are badly mistaken "

The Greatest Commandment

28One of the teachers of the law came and heard them debating. Noticing that Jesus had given them a good answer, he asked him, "Of all the commandments, which is the most important?"

29"The most important one," answered Jesus, "is this: 'Hear, O Israel, the Lord our God, the Lord is one.ᶻ 30Love the Lord your God with all your heart and with all your soul and with all your mind and with all your strength.'ᵃ 31The

---

ʷ12:15 una moneda romana. Lit. un *denario.
ˣ12:26 Éx 3:6   ʸ12:29 Dios es el único Señor. Alt. Dios, el Señor es uno.   ᶻ12:30 Dt 6:4,5

ˣ23 Some manuscripts resurrection, when men rise from the dead,   ʸ29 Exodus 3:6   ᶻ29 Or the Lord our God is one Lord   ᵃ30 Deut. 6:4,5 a tu prójimo como a ti mismo." *a* No hay otro mandamiento más importante que éstos.

32—Bien dicho, Maestro —respondió el hombre—. Tienes razón al decir que Dios es uno solo y que no hay otro fuera de él. **33**Amarlo con todo el corazón, con todo el entendimiento y con todas las fuerzas, y amar al prójimo como a uno mismo, es más importante que todos los holocaustos y sacrificios.

34Al ver Jesús que había respondido con inteligencia, le dijo:

—No estás lejos del reino de Dios.

Y desde entonces nadie se atrevió a hacerle más preguntas.

¿De quién es hijo el Cristo?

35Mientras enseñaba en el *templo, Jesús les propuso:

—¿Cómo es que los *maestros de la ley dicen que el *Cristo es hijo de David? **36**David mismo, hablando por el Espíritu Santo, declaró:

> »"Dijo el Señor a mi Señor:
> 'Siéntate a mi *derecha,
> hasta que ponga a tus enemigos
> debajo de tus pies.'" *b*

37Si David mismo lo llama "Señor", ¿cómo puede ser su hijo?

La muchedumbre lo escuchaba con agrado. **38**Como parte de su enseñanza Jesús decía:

—Tengan cuidado de los *maestros de la ley. Les gusta pasearse con ropas ostentosas y que los saluden en las plazas, **39**ocupar los primeros asientos en las sinagogas y los lugares de honor en los banquetes. **40**Se apoderan de los bienes de las viudas y a la vez hacen largas plegarias para impresionar a los demás. Éstos recibirán peor castigo.

La ofrenda de la viuda

41Jesús se sentó frente al lugar donde se depositaban las ofrendas, y estuvo observando cómo la gente echaba sus monedas en las alcancías del *templo. Muchos ricos echaban grandes cantidades. **42**Pero una viuda pobre llegó y echó dos moneditas de muy poco valor. *c*

43Jesús llamó a sus discípulos y les dijo: «Les aseguro que esta viuda pobre ha echado en el tesoro más que todos los demás. **44**Éstos dieron de lo que les sobraba; pero ella, de su pobreza, echó todo lo que tenía, todo su sustento.»

second is this: 'Love your neighbor as yourself.' *b* There is no commandment greater than these."

32"Well said, teacher," the man replied. "You are right in saying that God is one and there is no other but him. **33**To love him with all your heart, with all your understanding and with all your strength, and to love your neighbor as yourself is more important than all burnt offerings and sacrifices."

34When Jesus saw that he had answered wisely, he said to him, "You are not far from the kingdom of God." And from then on no one dared ask him any more questions.

Whose Son Is the Christ

35While Jesus was teaching in the temple courts, he asked, "How is it that the teachers of the law say that the Christ *c* is the son of David? **36**David himself, speaking by the Holy Spirit, declared:

> " 'The Lord said to my Lord:
> "Sit at my right hand
> until I put your enemies
> under your feet." ' *d*

37David himself calls him 'Lord.' How then can he be his son?"

The large crowd listened to him with delight.

38As he taught, Jesus said, "Watch out for the teachers of the law. They like to walk around in flowing robes and be greeted in the marketplaces, **39**and have the most important seats in the synagogues and the places of honor at banquets. **40**They devour widows' houses and for a show make lengthy prayers. Such men will be punished most severely."

The Widow's Offering

41Jesus sat down opposite the place where the offerings were put and watched the crowd putting their money into the temple treasury. Many rich people threw in large amounts. **42**But a poor widow came and put in two very small copper coins, *e* worth only a fraction of a penny. *f*

43Calling his disciples to him, Jesus said, "I tell you the truth, this poor widow has put more into the treasury than all the others. **44**They all gave out of their wealth; but she, out of her poverty, put in everything—all she had to live on."

a 12:31 Lv 19:18   *b* 12:36 Sal 110:1   *c* 12:42 dos monedatas de muy poco valor. Lit. dos *lepta, que es un cuadrante.

b 31 Lev. 19:18   *c* 35 Or Messiah   *d* 36 Psalm 110:1
e 42 Greek two lepta   *f* 42 Greek kodrantes

Señales del fin del mundo

13 Cuando salía Jesús del *templo, le dijo uno de sus discípulos:

—¡Mira, Maestro ¡Qué piedras ¡Qué edificios

2—¿Ves todos estos grandiosos edificios? —contestó Jesús—. No quedará piedra sobre piedra; todo será derribado.

3Más tarde estaba Jesús sentado en el monte de los Olivos, frente al templo. Y Pedro, *Jacobo, Juan y Andrés le preguntaron en privado:

4—Dinos, ¿cuándo sucederá eso? ¿Y cuál será la señal de que todo está a punto de cumplirse?

5—Tengan cuidado de que nadie los engañe —comenzó Jesús a advertirles—. 6Vendrán muchos que, usando mi nombre, dirán: "Yo soy", y engañarán a muchos. 7Cuando sepan de guerras y de rumores de guerras, no se alarmen. Es necesario que eso suceda, pero no será todavía el fin. 8Se levantará nación contra nación, y reino contra reino. Habrá terremotos por todas partes; también habrá hambre. Esto será apenas el comienzo de los dolores.

9»Pero ustedes cuídense. Los entregarán a los tribunales y los azotarán en las sinagogas. Por mi causa comparecerán ante gobernadores y reyes para dar testimonio ante ellos. 10Pero primero tendrá que predicarse el *evangelio a todas las *naciones. 11Y cuando los arresten y los sometan a juicio, no se preocupen de antemano por lo que van a decir. Sólo declaren lo que se les dé a decir en ese momento, porque no serán ustedes los que hablen, sino el Espíritu Santo.

12»El hermano entregará a la muerte al hermano, y el padre al hijo. Los hijos se rebelarán contra sus padres y les darán muerte. 13Todo el mundo los odiará a ustedes por causa de mi nombre, pero el que se mantenga firme hasta el fin será salvo.

14»Ahora bien, cuando vean "el horrible sacrilegio" d donde no debe estar (el que lee, que lo entienda), entonces los que estén en Judea huyan a las montañas. 15El que esté en la azotea no baje ni entre en casa para llevarse nada. 16Y el que esté en el campo no regrese para buscar su capa. 17¡Ay de las que estén embarazadas o amamantando en aquellos días 18Oren para que esto no suceda en invierno, 19porque serán días de tribulación como no la ha habido desde el principio, cuando Dios creó el mundo,e ni la habrá jamás. 20Si el Señor no hubiera acortado esos días, nadie sobreviviría. Pero por causa de los que él ha elegido, los ha acortado. 21Enton-

Signs of the End of the Age

13 As he was leaving the temple, one of his disciples said to him, "Look, Teacher What massive stones What magnificent buildings "

2"Do you see all these great buildings?" replied Jesus. "Not one stone here will be left on another; every one will be thrown down."

3As Jesus was sitting on the Mount of Olives opposite the temple, Peter, James, John and Andrew asked him privately, 4"Tell us, when will these things happen? And what will be the sign that they are all about to be fulfilled?"

5Jesus said to them: "Watch out that no one deceives you. 6Many will come in my name, claiming, 'I am he,' and will deceive many. 7When you hear of wars and rumors of wars, do not be alarmed. Such things must happen, but the end is still to come. 8Nation will rise against nation, and kingdom against kingdom. There will be earthquakes in various places, and famines. These are the beginning of birth pains.

9"You must be on your guard. You will be handed over to the local councils and flogged in the synagogues. On account of me you will stand before governors and kings as witnesses to them. 10And the gospel must first be preached to all nations. 11Whenever you are arrested and brought to trial, do not worry beforehand about what to say. Just say whatever is given you at the time, for it is not you speaking, but the Holy Spirit.

12"Brother will betray brother to death, and a father his child. Children will rebel against their parents and have them put to death. 13All men will hate you because of me, but he who stands firm to the end will be saved.

14"When you see 'the abomination that causes desolation'g standing where ith does not belong—let the reader understand—then let those who are in Judea flee to the mountains. 15Let no one on the roof of his house go down or enter the house to take anything out. 16Let no one in the field go back to get his cloak. 17How dreadful it will be in those days for pregnant women and nursing mothers 18Pray that this will not take place in winter, 19because those will be days of distress unequaled from the beginning, when God created the world, until now—and never to be equaled again. 20If the Lord had not cut short those days, no one would survive. But for the sake of the elect, whom he has chosen, he has shortened them. 21At that

---

d13:14 el horrible sacrilegio. Lit. la abominación de desolación; Dn 9:27; 11:31; 12:11.   e13:19 desde ... mundo. Lit. desde el principio de la creación que creó Dios hasta ahora.

g14 Daniel 9:27; 11:31; 12:11   h14 Or he; also in verse 29 ces, si alguien les dice a ustedes: "¡Miren, aquí está el *Cristo " o "¡Miren, allí está ", no lo crean. 22Porque surgirán falsos Cristos y falsos profetas que harán señales y milagros para engañar, de ser posible, aun a los elegidos. 23Así que tengan cuidado; los he prevenido de todo.

24»Pero en aquellos días, después de esa tribulación,

»" se oscurecerá el sol
y no brillará más la luna;
25 las estrellas caerán del cielo
y los cuerpos celestes serán sacudidos" ƒ

26»Verán entonces al Hijo del hombre venir en las nubes con gran poder y gloria. 27Y él enviará a sus ángeles para reunir de los cuatro vientos a los elegidos, desde los confines de la tierra hasta los confines del cielo.

28»Aprendan de la higuera esta lección: Tan pronto como se ponen tiernas sus ramas y brotan sus hojas, ustedes saben que el verano está cerca. 29Igualmente, cuando vean que suceden estas cosas, sepan que el tiempo está cerca, a las puertas. 30Les aseguro que no pasará esta generación hasta que todas estas cosas sucedan. 31El cielo y la tierra pasarán, pero mis palabras jamás pasarán.

Se desconocen el día y la hora

32»Pero en cuanto al día y la hora, nadie lo sabe, ni siquiera los ángeles en el cielo, ni el Hijo, sino sólo el Padre. 33¡Estén alerta ¡Vigilen g Porque ustedes no saben cuándo llegará ese momento. 34Es como cuando un hombre sale de viaje y deja su casa al cuidado de sus siervos, cada uno con su tarea, y le manda al portero que vigile.

35»Por lo tanto, manténganse despiertos, porque no saben cuándo volverá el dueño de la casa, si al atardecer, o a la medianoche, o al canto del gallo, o al amanecer; 36no sea que venga de repente y los encuentre dormidos. 37Lo que les digo a ustedes, se lo digo a todos: ¡Manténganse despiertos

Una mujer unge a Jesús en Betania

14 Faltaban sólo dos días para la Pascua y para la fiesta de los Panes sin levadura. Los jefes de los sacerdotes y los *maestros de la ley buscaban con artimañas cómo arrestar a Jesús para matarlo. 2Por eso decían: «No durante la fiesta, no sea que se amotine el pueblo.»

3En Betania, mientras estaba él *sentado a la mesa en casa de Simón llamado el leproso, llegó

time if anyone says to you, 'Look, here is the Christ[i] ' or, 'Look, there he is ' do not believe it. 22For false Christs and false prophets will appear and perform signs and miracles to deceive the elect—if that were possible. 23So be on your guard; I have told you everything ahead of time.

24" But in those days, following that distress,

" 'the sun will be darkened,
and the moon will not give its light;
25 the stars will fall from the sky,
and the heavenly bodies will be shaken.'[j]

26" At that time men will see the Son of Man coming in clouds with great power and glory. 27And he will send his angels and gather his elect from the four winds, from the ends of the earth to the ends of the heavens.

28" Now learn this lesson from the fig tree: As soon as its twigs get tender and its leaves come out, you know that summer is near. 29Even so, when you see these things happening, you know that it is near, right at the door. 30I tell you the truth, this generation[k] will certainly not pass away until all these things have happened. 31Heaven and earth will pass away, but my words will never pass away.

The Day and Hour Unknown

32" No one knows about that day or hour, not even the angels in heaven, nor the Son, but only the Father. 33Be on guard Be alert[l] You do not know when that time will come. 34It's like a man going away: He leaves his house and puts his servants in charge, each with his assigned task, and tells the one at the door to keep watch.

35" Therefore keep watch because you do not know when the owner of the house will come back—whether in the evening, or at midnight, or when the rooster crows, or at dawn. 36If he comes suddenly, do not let him find you sleeping. 37What I say to you, I say to everyone: 'Watch ' "

Jesus Anointed at Bethany

14 Now the Passover and the Feast of Unleavened Bread were only two days away, and the chief priests and the teachers of the law were looking for some sly way to arrest Jesus and kill him. 2" But not during the Feast," they said, " or the people may riot."

3While he was in Bethany, reclining at the table in the home of a man known as Simon the

---

ƒ13:25 Is 13:10; 34:4   g13:33 ¡Vigilen Var. ¡Vigilen y oren

i21 Or Messiah   j25 Isaiah 13:10; 34:4   k30 Or race
l33 Some manuscripts alert and pray

una mujer con un frasco de alabastro lleno de un perfume muy costoso, hecho de nardo puro. Rompió el frasco y derramó el perfume sobre la cabeza de Jesús.

4Algunos de los presentes comentaban indignados:

—¿Para qué este desperdicio de perfume? 5Podía haberse vendido por muchísimo dinero*h* para darlo a los pobres.

Y la reprendían con severidad.

6—Déjenla en paz —dijo Jesús—. ¿Por qué la molestan? Ella ha hecho una obra hermosa conmigo. 7A los pobres siempre los tendrán con ustedes, y podrán ayudarlos cuando quieran; pero a mí no me van a tener siempre. 8Ella hizo lo que pudo. Ungió mi cuerpo de antemano, preparándolo para la sepultura. 9Les aseguro que en cualquier parte del mundo donde se predique el *evangelio, se contará también, en memoria de esta mujer, lo que ella hizo.

10Judas Iscariote, uno de los doce, fue a los jefes de los sacerdotes para entregarles a Jesús. 11Ellos se alegraron al oírlo, y prometieron darle dinero. Así que él buscaba la ocasión propicia para entregarlo.

La Cena del Señor

12El primer día de la fiesta de los Panes sin levadura, cuando se acostumbraba sacrificar el cordero de la Pascua, los discípulos le preguntaron a Jesús:

—¿Dónde quieres que vayamos a hacer los preparativos para que comas la Pascua?

13Él envió a dos de sus discípulos con este encargo:

—Vayan a la ciudad y les saldrá al encuentro un hombre que lleva un cántaro de agua. Síganlo, 14y allí donde díganle al dueño: "El Maestro pregunta: ¿Dónde está la sala en la que pueda comer la Pascua con mis discípulos?" 15Él les mostrará en la planta alta una sala amplia, amueblada y arreglada. Preparen allí nuestra cena.

16Los discípulos salieron, entraron en la ciudad y encontraron todo tal y como les había dicho Jesús. Así que prepararon la Pascua.

17Al anochecer llegó Jesús con los doce. 18Mientras estaban *sentados a la mesa comiendo, dijo:

—Les aseguro que uno de ustedes, que está comiendo conmigo, me va a traicionar.

19Ellos se pusieron tristes, y uno tras otro empezaron a preguntarle:

—¿Acaso seré yo?

20—Es uno de los doce —contestó—, uno que moja el pan conmigo en el plato. 21A la verdad,

Leper, a woman came with an alabaster jar of very expensive perfume, made of pure nard. She broke the jar and poured the perfume on his head.

4Some of those present were saying indignantly to one another, "Why this waste of perfume? 5It could have been sold for more than a year's wages*m* and the money given to the poor." And they rebuked her harshly.

6"Leave her alone," said Jesus. "Why are you bothering her? She has done a beautiful thing to me. 7The poor you will always have with you, and you can help them any time you want. But you will not always have me. 8She did what she could. She poured perfume on my body beforehand to prepare for my burial. 9I tell you the truth, wherever the gospel is preached throughout the world, what she has done will also be told, in memory of her."

10Then Judas Iscariot, one of the Twelve, went to the chief priests to betray Jesus to them. 11They were delighted to hear this and promised to give him money. So he watched for an opportunity to hand him over.

The Lord's Supper

12On the first day of the Feast of Unleavened Bread, when it was customary to sacrifice the Passover lamb, Jesus' disciples asked him, "Where do you want us to go and make preparations for you to eat the Passover?"

13So he sent two of his disciples, telling them, "Go into the city, and a man carrying a jar of water will meet you. Follow him. 14Say to the owner of the house he enters, 'The Teacher asks: Where is my guest room, where I may eat the Passover with my disciples?' 15He will show you a large upper room, furnished and ready. Make preparations for us there."

16The disciples left, went into the city and found things just as Jesus had told them. So they prepared the Passover.

17When evening came, Jesus arrived with the Twelve. 18While they were reclining at the table eating, he said, "I tell you the truth, one of you will betray me—one who is eating with me."

19They were saddened, and one by one they said to him, "Surely not I?"

20"It is one of the Twelve," he replied, "one who dips bread into the bowl with me. 21The

---

h 14:5 *muchísimo dinero.* Lit. *más de trescientos* *denarios.*   *m* 5 Greek *than three hundred denarii* el Hijo del hombre se irá tal como está escrito de él, pero ¡ay de aquel que lo traiciona Más le valdría a ese hombre no haber nacido.

22Mientras comían, Jesús tomó pan y lo bendijo. Luego lo partió y se lo dio a ellos, diciéndoles:

—Tomen; esto es mi cuerpo.

23Después tomó una copa, dio gracias y se la dio a ellos, y todos bebieron de ella.

24—Esto es mi sangre del pacto,[i] que es derramada por muchos —les dijo—. 25Les aseguro que no volveré a beber del fruto de la vid hasta aquel día en que beba el vino nuevo en el reino de Dios.

26Después de cantar los salmos, salieron al monte de los Olivos.

Jesús predice la negación de Pedro

27—Todos ustedes me abandonarán —les dijo Jesús—, porque está escrito:

» "Heriré al pastor,
    y se dispersarán las ovejas."[j]

28Pero después de que yo resucite, iré delante de ustedes a Galilea.

29—Aunque todos te abandonen, yo no —declaró Pedro.

30—Te aseguro —le contestó Jesús— que hoy, esta misma noche, antes de que el gallo cante por segunda vez,[k] me negarás tres veces.

31—Aunque tenga que morir contigo —insistió Pedro con vehemencia—, jamás te negaré.

Y los demás dijeron lo mismo.

Getsemaní

32Fueron a un lugar llamado Getsemaní, y Jesús les dijo a sus discípulos: «Siéntense aquí mientras yo oro.» 33Se llevó a Pedro, a *Jacobo y a Juan, y comenzó a sentir temor y tristeza. 34«Es tal la angustia que me invade que me siento morir —les dijo—. Quédense aquí y vigilen.»

35Yendo un poco más allá, se postró en tierra y empezó a orar que, de ser posible, no tuviera él que pasar por aquella hora. 36Decía: «*Abba, Padre, todo es posible para ti. No me hagas beber este trago amargo,[l] pero no sea lo que yo quiero, sino lo que quieres tú.»

37Luego volvió a sus discípulos y los encontró dormidos. «Simón —le dijo a Pedro—, ¿estás dormido? ¿No pudiste mantenerte despierto ni una hora? 38Vigilen y oren para que no caigan en *tentación. El espíritu está dispuesto, pero el cuerpo[m] es débil.»

Son of Man will go just as it is written about him. But woe to that man who betrays the Son of Man It would be better for him if he had not been born."

22While they were eating, Jesus took bread, gave thanks and broke it, and gave it to his disciples, saying, "Take it; this is my body."

23Then he took the cup, gave thanks and offered it to them, and they all drank from it.

24"This is my blood of the[n] covenant, which is poured out for many," he said to them. 25"I tell you the truth, I will not drink again of the fruit of the vine until that day when I drink it anew in the kingdom of God."

26When they had sung a hymn, they went out to the Mount of Olives.

Jesus Predicts Peter's Denial

27"You will all fall away," Jesus told them, "for it is written:

" 'I will strike the shepherd,
    and the sheep will be scattered.'[o]

28But after I have risen, I will go ahead of you into Galilee."

29Peter declared, "Even if all fall away, I will not."

30"I tell you the truth," Jesus answered, "today—yes, tonight—before the rooster crows twice[p] you yourself will disown me three times."

31But Peter insisted emphatically, "Even if I have to die with you, I will never disown you." And all the others said the same.

Gethsemane

32They went to a place called Gethsemane, and Jesus said to his disciples, "Sit here while I pray." 33He took Peter, James and John along with him, and he began to be deeply distressed and troubled. 34"My soul is overwhelmed with sorrow to the point of death," he said to them. "Stay here and keep watch."

35Going a little farther, he fell to the ground and prayed that if possible the hour might pass from him. 36"Abba,[q] Father," he said, "everything is possible for you. Take this cup from me. Yet not what I will, but what you will."

37Then he returned to his disciples and found them sleeping. "Simon," he said to Peter, "are you asleep? Could you not keep watch for one hour? 38Watch and pray so that you will not fall into temptation. The spirit is willing, but the body is weak."

---

i 14:24 del pacto. Var. del nuevo pacto (véase Lc 22:20).
j 14:27 Zac 13:7 k 14:30 Var. no incluye: por segunda vez.
l 14:36 No … amargo. Lit. Quita de mí esta copa.
m 14:38 el cuerpo. Lit. la *carne.

n 24 Some manuscripts the new o 27 Zech. 13:7
p 30 Some early manuscripts do not have twice.
q 36 Aramaic for Father

39Una vez más se retiró e hizo la misma oración. **40**Cuando volvió, los encontró dormidos otra vez, porque se les cerraban los ojos de sueño. No sabían qué decirle. **41**Al volver por tercera vez, les dijo: «¿Siguen durmiendo y descansando? ¡Se acabó Ha llegado la hora. Miren, el Hijo del hombre va a ser entregado en manos de *pecadores. **42**¡Levántense ¡Vámonos ¡Ahí viene el que me traiciona »

Arresto de Jesús

43Todavía estaba hablando Jesús cuando de repente llegó Judas, uno de los doce. Lo acompañaba una turba armada con espadas y palos, enviada por los jefes de los sacerdotes, los *maestros de la ley y los *ancianos.

44El traidor les había dado esta contraseña: «Al que yo le dé un beso, ése es; arréstenlo y llévenselo bien asegurado.» **45**Tan pronto como llegó, Judas se acercó a Jesús.

—¡Rabí —le dijo, y lo besó.

46Entonces los hombres prendieron a Jesús. **47**Pero uno de los que estaban ahí desenfundó la espada e hirió al siervo del sumo sacerdote, cortándole una oreja.

48—¿Acaso soy un bandido*n* —dijo Jesús—, para que vengan con espadas y palos a arrestarme? **49**Día tras día estaba con ustedes, enseñando en el *templo, y no me prendieron. Pero es preciso que se cumplan las Escrituras.

50Entonces todos lo abandonaron y huyeron. **51**Cierto joven que se cubría con sólo una sábana iba siguiendo a Jesús. Lo detuvieron, **52**pero él soltó la sábana y escapó desnudo.

Jesús ante el Consejo

53Llevaron a Jesús ante el sumo sacerdote y se reunieron allí todos los jefes de los sacerdotes, los *ancianos y los *maestros de la ley. **54**Pedro lo siguió de lejos hasta dentro del patio del sumo sacerdote. Allí se sentó con los guardias, y se calentaba junto al fuego.

55Los jefes de los sacerdotes y el *Consejo en pleno buscaban alguna prueba contra Jesús para poder condenarlo a muerte, pero no la encontraban. **56**Muchos testificaban falsamente contra él, pero sus declaraciones no coincidían. **57**Entonces unos decidieron dar este falso testimonio contra él:

58—Nosotros le oímos decir: "Destruiré este *templo hecho por hombres y en tres días construiré otro, no hecho por hombres."

59Pero ni aun así concordaban sus declaraciones.

60Poniéndose de pie en el medio, el sumo sacerdote interrogó a Jesús:

*n***14:48** *bandido.* Alt. *insurgente.*

39Once more he went away and prayed the same thing. **40**When he came back, he again found them sleeping, because their eyes were heavy. They did not know what to say to him. **41**Returning the third time, he said to them, "Are you still sleeping and resting? Enough The hour has come. Look, the Son of Man is betrayed into the hands of sinners. **42**Rise Let us go Here comes my betrayer "

Jesus Arrested

43Just as he was speaking, Judas, one of the Twelve, appeared. With him was a crowd armed with swords and clubs, sent from the chief priests, the teachers of the law, and the elders.

44Now the betrayer had arranged a signal with them: "The one I kiss is the man; arrest him and lead him away under guard." **45**Going at once to Jesus, Judas said, "Rabbi " and kissed him. **46**The men seized Jesus and arrested him. **47**Then one of those standing near drew his sword and struck the servant of the high priest, cutting off his ear.

48"Am I leading a rebellion," said Jesus, "that you have come out with swords and clubs to capture me? **49**Every day I was with you, teaching in the temple courts, and you did not arrest me. But the Scriptures must be fulfilled." **50**Then everyone deserted him and fled.

51A young man, wearing nothing but a linen garment, was following Jesus. When they seized him, **52**he fled naked, leaving his garment behind.

Before the Sanhedrin

53They took Jesus to the high priest, and all the chief priests, elders and teachers of the law came together. **54**Peter followed him at a distance, right into the courtyard of the high priest. There he sat with the guards and warmed himself at the fire.

55The chief priests and the whole Sanhedrin were looking for evidence against Jesus so that they could put him to death, but they did not find any. **56**Many testified falsely against him, but their statements did not agree. **57**Then some stood up and gave this false testimony against him: **58**"We heard him say, 'I will destroy this man-made temple and in three days will build another, not made by man.'" **59**Yet even then their testimony did not agree.

60Then the high priest stood up before them and asked Jesus, "Are you not going to answer?

—¿No tienes nada que contestar? ¿Qué significan estas denuncias en tu contra?

61Pero Jesús se quedó callado y no contestó nada.

—¿Eres el *Cristo, el Hijo del Bendito? —le preguntó de nuevo el sumo sacerdote.

62—Sí, yo soy —dijo Jesús—. Y ustedes verán al Hijo del hombre sentado a la *derecha del Todopoderoso, y viniendo en las nubes del cielo.

63—¿Para qué necesitamos más testigos? —dijo el sumo sacerdote, rasgándose las vestiduras—. **64**¡Ustedes han oído la *blasfemia ¿Qué les parece?

Todos ellos lo condenaron como digno de muerte. **65**Algunos comenzaron a escupirle; le vendaron los ojos y le daban puñetazos.

—¡Profetiza —le gritaban.

Los guardias también le daban bofetadas.

Pedro niega a Jesús

66Mientras Pedro estaba abajo en el patio, pasó una de las criadas del sumo sacerdote. **67**Cuando vio a Pedro calentándose, se fijó en él.

—Tú también estabas con ese nazareno, con Jesús —le dijo ella.

68Pero él lo negó:

—No lo conozco. Ni siquiera sé de qué estás hablando.

Y salió afuera, a la entrada.ñ

69Cuando la criada lo vio allí, les dijo de nuevo a los presentes:

—Éste es uno de ellos.

70Él lo volvió a negar.

Poco después, los que estaban allí le dijeron a Pedro:

—Seguro que tú eres uno de ellos, pues eres galileo.

71Él comenzó a echarse maldiciones.

—¡No conozco a ese hombre del que hablan —les juró.

72Al instante un gallo cantó por segunda vez.o Pedro se acordó de lo que Jesús le había dicho: «Antes de que el gallo cante por segunda vez,p me negarás tres veces.» Y se echó a llorar.

Jesús ante Pilato

15 Tan pronto como amaneció, los jefes de los sacerdotes, con los *ancianos, los *maestros de la ley y el *Consejo en pleno, llegaron a una decisión. Ataron a Jesús, se lo llevaron y se lo entregaron a Pilato.

2—¿Eres tú el rey de los judíos? —le preguntó Pilato.

—Tú mismo lo dices —respondió.

What is this testimony that these men are bringing against you?" **61**But Jesus remained silent and gave no answer.

Again the high priest asked him, "Are you the Christ,r the Son of the Blessed One?"

62"I am," said Jesus. "And you will see the Son of Man sitting at the right hand of the Mighty One and coming on the clouds of heaven."

63The high priest tore his clothes. "Why do we need any more witnesses?" he asked. **64**"You have heard the blasphemy. What do you think?"

They all condemned him as worthy of death. **65**Then some began to spit at him; they blindfolded him, struck him with their fists, and said, "Prophesy " And the guards took him and beat him.

Peter Disowns Jesus

66While Peter was below in the courtyard, one of the servant girls of the high priest came by. **67**When she saw Peter warming himself, she looked closely at him.

"You also were with that Nazarene, Jesus," she said.

68But he denied it. "I don't know or understand what you're talking about," he said, and went out into the entryway.s

69When the servant girl saw him there, she said again to those standing around, "This fellow is one of them." **70**Again he denied it.

After a little while, those standing near said to Peter, "Surely you are one of them, for you are a Galilean."

71He began to call down curses on himself, and he swore to them, "I don't know this man you're talking about."

72Immediately the rooster crowed the second time.t Then Peter remembered the word Jesus had spoken to him: "Before the rooster crows twiceu you will disown me three times." And he broke down and wept.

Jesus Before Pilate

15 Very early in the morning, the chief priests, with the elders, the teachers of the law and the whole Sanhedrin, reached a decision. They bound Jesus, led him away and handed him over to Pilate.

2"Are you the king of the Jews?" asked Pilate.

"Yes, it is as you say," Jesus replied.

ñ **14:68** entrada. Var. entrada; y cantó el gallo.
o **14:72** Var. no incluye: por segunda vez.   p **14:72** Var. no incluye: por segunda vez.

r 61 Or Messiah   s 68 Some early manuscripts entryway and the rooster crowed   t 72 Some early manuscripts do not have the second time.   u 72 Some early manuscripts do not have twice.

3Los jefes de los sacerdotes se pusieron a acusarlo de muchas cosas.

4—¿No vas a contestar? —le preguntó de nuevo Pilato—. Mira de cuántas cosas te están acusando.

5Pero Jesús ni aun con eso contestó nada, de modo que Pilato se quedó asombrado.

6Ahora bien, durante la fiesta él acostumbraba soltarles un preso, el que la gente pidiera. 7Y resulta que un hombre llamado Barrabás estaba encarcelado con los rebeldes condenados por haber cometido homicidio en una insurrección. 8Subió la multitud y le pidió a Pilato que le concediera lo que acostumbraba.

9—¿Quieren que les suelte al rey de los judíos? —replicó Pilato, 10porque se daba cuenta de que los jefes de los sacerdotes habían entregado a Jesús por envidia.

11Pero los jefes de los sacerdotes incitaron a la multitud para que Pilato les soltara más bien a Barrabás.

12—¿Y qué voy a hacer con el que ustedes llaman el rey de los judíos? —les preguntó Pilato.

13—¡Crucifícalo —gritaron.

14—¿Por qué? ¿Qué crimen ha cometido? Pero ellos gritaron aún más fuerte:

—¡Crucifícalo

15Como quería satisfacer a la multitud, Pilato les soltó a Barrabás; a Jesús lo mandó azotar, y lo entregó para que lo crucificaran.

Los soldados se burlan de Jesús

16Los soldados llevaron a Jesús al interior del palacio (es decir, al pretorio) y reunieron a toda la tropa. 17Le pusieron un manto de color púrpura; luego trenzaron una corona de espinas, y se la colocaron.

18—¡Salve, rey de los judíos —lo aclamaban.

19Lo golpeaban en la cabeza con una caña y le escupían. Doblando la rodilla, le rendían homenaje. 20Después de burlarse de él, le quitaron el manto y le pusieron su propia ropa. Por fin, lo sacaron para crucificarlo.

La crucifixión

21A uno que pasaba por allí de vuelta del campo, un tal Simón de Cirene, padre de Alejandro y de Rufo, lo obligaron a llevar la cruz. 22Condujeron a Jesús al lugar llamado Gólgota (que significa: Lugar de la Calavera). 23Le ofrecieron vino mezclado con mirra, pero no lo tomó. 24Y lo crucificaron. Repartieron su ropa, echando suertes para ver qué le tocaría a cada uno.

25Eran las nueve de la mañana*q* cuando lo crucificaron. 26Un letrero tenía escrita la causa de

q 15:25 *Eran … mañana.* Lit. *Era la hora tercera.*

3The chief priests accused him of many things. 4So again Pilate asked him, "Aren't you going to answer? See how many things they are accusing you of."

5But Jesus still made no reply, and Pilate was amazed.

6Now it was the custom at the Feast to release a prisoner whom the people requested. 7A man called Barabbas was in prison with the insurrectionists who had committed murder in the uprising. 8The crowd came up and asked Pilate to do for them what he usually did.

9"Do you want me to release to you the king of the Jews?" asked Pilate, 10knowing it was out of envy that the chief priests had handed Jesus over to him. 11But the chief priests stirred up the crowd to have Pilate release Barabbas instead.

12"What shall I do, then, with the one you call the king of the Jews?" Pilate asked them.

13"Crucify him " they shouted.

14"Why? What crime has he committed?" asked Pilate.

But they shouted all the louder, "Crucify him "

15Wanting to satisfy the crowd, Pilate released Barabbas to them. He had Jesus flogged, and handed him over to be crucified.

The Soldiers Mock Jesus

16The soldiers led Jesus away into the palace (that is, the Praetorium) and called together the whole company of soldiers. 17They put a purple robe on him, then twisted together a crown of thorns and set it on him. 18And they began to call out to him, "Hail, king of the Jews " 19Again and again they struck him on the head with a staff and spit on him. Falling on their knees, they paid homage to him. 20And when they had mocked him, they took off the purple robe and put his own clothes on him. Then they led him out to crucify him.

The Crucifixion

21A certain man from Cyrene, Simon, the father of Alexander and Rufus, was passing by on his way in from the country, and they forced him to carry the cross. 22They brought Jesus to the place called Golgotha (which means The Place of the Skull). 23Then they offered him wine mixed with myrrh, but he did not take it. 24And they crucified him. Dividing up his clothes, they cast lots to see what each would get.

25It was the third hour when they crucified him. 26The written notice of the charge against him read: THE KING OF THE JEWS.

su condena: «EL REY DE LOS JUDÍOS.» 27Con él crucificaron a dos bandidos,ʳ uno a su derecha y otro a su izquierda.ˢ 29Los que pasaban meneaban la cabeza y *blasfemaban contra él.

—¡Eh Tú que destruyes el *templo y en tres días lo reconstruyes —decían—, 30¡baja de la cruz y sálvate a ti mismo

31De la misma manera se burlaban de él los jefes de los sacerdotes junto con los maestros de la ley.

—Salvó a otros —decían—, ¡pero no puede salvarse a sí mismo 32Que baje ahora de la cruz ese *Cristo, el rey de Israel, para que veamos y creamos.

También lo insultaban los que estaban crucificados con él.

Muerte de Jesús

33Desde el mediodía y hasta la media tarde quedó toda la tierra en oscuridad. 34A las tres de la tardeᵗ Jesús gritó a voz en cuello:

—*Eloi, Eloi, ¿lama sabactani?* (que significa: "Dios mío, Dios mío, ¿por qué me has desamparado?").ᵘ

35Cuando lo oyeron, algunos de los que estaban cerca dijeron:

—Escuchen, está llamando a Elías.

36Un hombre corrió, empapó una esponja en vinagre, la puso en una caña y se la ofreció a Jesús para que bebiera.

—Déjenlo, a ver si viene Elías a bajarlo —dijo.

37Entonces Jesús, lanzando un fuerte grito, expiró.

38La cortina del *santuario del templo se rasgó en dos, de arriba abajo. 39Y el centurión, que estaba frente a Jesús, al oír el grito yᵛ ver cómo murió, dijo:

—¡Verdaderamente este hombre era el Hijoʷ de Dios

40Algunas mujeres miraban desde lejos. Entre ellas estaban María Magdalena, María la madre de *Jacobo el menor y de José, y Salomé. 41Estas mujeres lo habían seguido y atendido cuando estaba en Galilea. Además había allí muchas otras que habían subido con él a Jerusalén.

Sepultura de Jesús

42Era el día de preparación (es decir, la víspera del *sábado). Así que al atardecer, 43José de Arimatea, miembro distinguido del *Consejo, y que también esperaba el reino de Dios, se atrevió

27They crucified two robbers with him, one on his right and one on his left. ᵛ 29Those who passed by hurled insults at him, shaking their heads and saying, "So You who are going to destroy the temple and build it in three days, 30come down from the cross and save yourself "

31In the same way the chief priests and the teachers of the law mocked him among themselves. "He saved others," they said, "but he can't save himself 32Let this Christ,ʷ this King of Israel, come down now from the cross, that we may see and believe." Those crucified with him also heaped insults on him.

The Death of Jesus

33At the sixth hour darkness came over the whole land until the ninth hour. 34And at the ninth hour Jesus cried out in a loud voice, "Eloi, Eloi, lama sabachthani?"—which means, "My God, my God, why have you forsaken me?"ˣ

35When some of those standing near heard this, they said, "Listen, he's calling Elijah."

36One man ran, filled a sponge with wine vinegar, put it on a stick, and offered it to Jesus to drink. "Now leave him alone. Let's see if Elijah comes to take him down," he said.

37With a loud cry, Jesus breathed his last.

38The curtain of the temple was torn in two from top to bottom. 39And when the centurion, who stood there in front of Jesus, heard his cry andʸ saw how he died, he said, "Surely this man was the Sonᶻ of God "

40Some women were watching from a distance. Among them were Mary Magdalene, Mary the mother of James the younger and of Joses, and Salome. 41In Galilee these women had followed him and cared for his needs. Many other women who had come up with him to Jerusalem were also there.

The Burial of Jesus

42It was Preparation Day (that is, the day before the Sabbath). So as evening approached, 43Joseph of Arimathea, a prominent member of the Council, who was himself waiting for the kingdom of God, went boldly to Pilate and asked for Jesus' body. 44Pilate was surprised to hear

---

ʳ15:27 *bandidos.* Alt. *insurgentes.* ˢ15:27 *izquierda.* Var. *izquierda. 28Así se cumplió la Escritura que dice: «Fue contado con los malhechores.»* (Is 53:12) ᵗ15:33-34 *Desde … tarde.* Lit. *Y llegando la hora sexta vino oscuridad sobre toda la tierra hasta la hora novena. 34Y en la hora novena.* ᵘ15:34 Sal 22:1 ᵛ15:39 Var. no incluye: *oír el grito y.* ʷ15:39 *era el Hijo.* Alt. *era hijo.*

ᵛ27 Some manuscripts *left, 28and the scripture was fulfilled which says, "He was counted with the lawless ones"* (Isaiah 53:12) ʷ32 Or *Messiah* ˣ34 Psalm 22:1 ʸ39 Some manuscripts do not have *heard his cry and.* ᶻ39 Or *a son* a presentarse ante Pilato para pedirle el cuerpo de Jesús. **44**Pilato, sorprendido de que ya hubiera muerto, llamó al centurión y le preguntó si hacía mucho que*x* había muerto. **45**Una vez informado por el centurión, le entregó el cuerpo a José. **46**Entonces José bajó el cuerpo, lo envolvió en una sábana que había comprado, y lo puso en un sepulcro cavado en la roca. Luego hizo rodar una piedra a la entrada del sepulcro. **47**María Magdalena y María la madre de José vieron dónde lo pusieron.

La resurrección

16 Cuando pasó el *sábado, María Magdalena, María la madre de *Jacobo, y Salomé compraron especias aromáticas para ir a ungir el cuerpo de Jesús. **2**Muy de mañana el primer día de la semana, apenas salido el sol, se dirigieron al sepulcro. **3**Iban diciéndose unas a otras: «¿Quién nos quitará la piedra de la entrada del sepulcro?» **4**Pues la piedra era muy grande.

Pero al fijarse bien, se dieron cuenta de que estaba corrida. **5**Al entrar en el sepulcro vieron a un joven vestido con un manto blanco, sentado a la derecha, y se asustaron.

6—No se asusten —les dijo—. Ustedes buscan a Jesús el nazareno, el que fue crucificado. ¡Ha resucitado No está aquí. Miren el lugar donde lo pusieron. **7**Pero vayan a decirles a los discípulos y a Pedro: "Él va delante de ustedes a Galilea. Allí lo verán, tal como les dijo."

8Temblorosas y desconcertadas, las mujeres salieron huyendo del sepulcro. No dijeron nada a nadie, porque tenían miedo.*y*

Apariciones y ascensión de Jesús

9Cuando Jesús resucitó en la madrugada del primer día de la semana, se apareció primero a María Magdalena, de la que había expulsado siete demonios. **10**Ella fue y avisó a los que habían estado con él, que estaban lamentándose y llorando. **11**Pero ellos, al oír que Jesús estaba vivo y que ella lo había visto, no lo creyeron.

12Después se apareció Jesús en otra forma a dos de ellos que iban de camino al campo. **13**Éstos volvieron y avisaron a los demás, pero no les creyeron a ellos tampoco.

14Por último se apareció Jesús a los once mientras comían; los reprendió por su falta de fe y por su obstinación en no creerles a los que lo habían visto *resucitado.

that he was already dead. Summoning the centurion, he asked him if Jesus had already died. **45**When he learned from the centurion that it was so, he gave the body to Joseph. **46**So Joseph bought some linen cloth, took down the body, wrapped it in the linen, and placed it in a tomb cut out of rock. Then he rolled a stone against the entrance of the tomb. **47**Mary Magdalene and Mary the mother of Joses saw where he was laid.

The Resurrection

16 When the Sabbath was over, Mary Magdalene, Mary the mother of James, and Salome bought spices so that they might go to anoint Jesus' body. **2**Very early on the first day of the week, just after sunrise, they were on their way to the tomb **3**and they asked each other, "Who will roll the stone away from the entrance of the tomb?"

4But when they looked up, they saw that the stone, which was very large, had been rolled away. **5**As they entered the tomb, they saw a young man dressed in a white robe sitting on the right side, and they were alarmed.

6"Don't be alarmed," he said. "You are looking for Jesus the Nazarene, who was crucified. He has risen He is not here. See the place where they laid him. **7**But go, tell his disciples and Peter, 'He is going ahead of you into Galilee. There you will see him, just as he told you.'"

8Trembling and bewildered, the women went out and fled from the tomb. They said nothing to anyone, because they were afraid.

[The most reliable early manuscripts and other ancient witnesses do not have Mark 16:9-20.]

9When Jesus rose early on the first day of the week, he appeared first to Mary Magdalene, out of whom he had driven seven demons. **10**She went and told those who had been with him and who were mourning and weeping. **11**When they heard that Jesus was alive and that she had seen him, they did not believe it.

12Afterward Jesus appeared in a different form to two of them while they were walking in the country. **13**These returned and reported it to the rest; but they did not believe them either.

14Later Jesus appeared to the Eleven as they were eating; he rebuked them for their lack of faith and their stubborn refusal to believe those who had seen him after he had risen.

15He said to them, "Go into all the world and preach the good news to all creation. **16**Whoever

---

*x***15:44** *hacía mucho que.* Var. *ya.*   *y***16:8** Los mss. más antiguos y otros testimonios de la antigüedad no incluyen Mr 16:9-20. En lugar de este pasaje, algunos mss. incluyen una conclusión más breve.

15Les dijo: «Vayan por todo el mundo y anuncien las buenas *nuevas a toda criatura.ᶻ 16El que crea y sea bautizado será salvo, pero el que no crea será condenado. 17Estas señales acompañarán a los que crean: en mi nombre expulsarán demonios; hablarán en nuevas lenguas; 18tomarán en sus manos serpientes; y cuando beban algo venenoso, no les hará daño alguno; pondrán las manos sobre los enfermos, y éstos recobrarán la salud.»

19Después de hablar con ellos, el Señor Jesús fue llevado al cielo y se sentó a la *derecha de Dios. 20Los discípulos salieron y predicaron por todas partes, y el Señor los ayudaba en la obra y confirmaba su palabra con las señales que la acompañaban.

believes and is baptized will be saved, but whoever does not believe will be condemned. 17And these signs will accompany those who believe: In my name they will drive out demons; they will speak in new tongues; 18they will pick up snakes with their hands; and when they drink deadly poison, it will not hurt them at all; they will place their hands on sick people, and they will get well."

19After the Lord Jesus had spoken to them, he was taken up into heaven and he sat at the right hand of God. 20Then the disciples went out and preached everywhere, and the Lord worked with them and confirmed his word by the signs that accompanied it.

ᶻ16:15 criatura. Lit. creación.

Evangelio según Lucas

Luke

Prólogo

1 Muchos han intentado hacer un relato de las cosas que se han cumplido[a] entre nosotros, ²tal y como nos las transmitieron los que desde el principio fueron testigos presenciales y servidores de la palabra. ³Por lo tanto, yo también, excelentísimo Teófilo, habiendo investigado todo esto con esmero desde su origen, he decidido escribírtelo ordenadamente, ⁴para que llegues a tener plena seguridad de lo que te enseñaron.

Anuncio del nacimiento de Juan el Bautista

⁵En tiempos de Herodes, rey de Judea, hubo un sacerdote llamado Zacarías, miembro del grupo de Abías. Su esposa Elisabet también era descendiente de Aarón. ⁶Ambos eran rectos e intachables delante de Dios; obedecían todos los mandamientos y preceptos del Señor. ⁷Pero no tenían hijos, porque Elisabet era estéril; y los dos eran de edad avanzada.

⁸Un día en que Zacarías, por haber llegado el turno de su grupo, oficiaba como sacerdote delante de Dios, ⁹le tocó en suerte, según la costumbre del sacerdocio, entrar en el *santuario del Señor para quemar incienso. ¹⁰Cuando llegó la hora de ofrecer el incienso, la multitud reunida afuera estaba orando. ¹¹En esto un ángel del Señor se le apareció a Zacarías a la derecha del altar del incienso. ¹²Al verlo, Zacarías se asustó, y el temor se apoderó de él. ¹³El ángel le dijo:

—No tengas miedo, Zacarías, pues ha sido escuchada tu oración. Tu esposa Elisabet te dará un hijo, y le pondrás por nombre Juan. ¹⁴Tendrás gozo y alegría, y muchos se regocijarán por su nacimiento, ¹⁵porque él será un gran hombre delante del Señor. Jamás tomará vino ni licor, y será lleno del Espíritu Santo aun desde su nacimiento.[b] ¹⁶Hará que muchos israelitas se vuelvan al Señor su Dios. ¹⁷Él irá primero, delante del Señor, con el espíritu y el poder de Elías, para reconciliar a[c] los padres con los hijos y guiar a los desobedientes a la sabiduría de los

Introduction

1 Many have undertaken to draw up an account of the things that have been fulfilled[a] among us, ²just as they were handed down to us by those who from the first were eyewitnesses and servants of the word. ³Therefore, since I myself have carefully investigated everything from the beginning, it seemed good also to me to write an orderly account for you, most excellent Theophilus, ⁴so that you may know the certainty of the things you have been taught.

The Birth of John the Baptist Foretold

⁵In the time of Herod king of Judea there was a priest named Zechariah, who belonged to the priestly division of Abijah; his wife Elizabeth was also a descendant of Aaron. ⁶Both of them were upright in the sight of God, observing all the Lord's commandments and regulations blamelessly. ⁷But they had no children, because Elizabeth was barren; and they were both well along in years.

⁸Once when Zechariah's division was on duty and he was serving as priest before God, ⁹he was chosen by lot, according to the custom of the priesthood, to go into the temple of the Lord and burn incense. ¹⁰And when the time for the burning of incense came, all the assembled worshipers were praying outside.

¹¹Then an angel of the Lord appeared to him, standing at the right side of the altar of incense. ¹²When Zechariah saw him, he was startled and was gripped with fear. ¹³But the angel said to him: "Do not be afraid, Zechariah; your prayer has been heard. Your wife Elizabeth will bear you a son, and you are to give him the name John. ¹⁴He will be a joy and delight to you, and many will rejoice because of his birth, ¹⁵for he will be great in the sight of the Lord. He is never to take wine or other fermented drink, and he will be filled with the Holy Spirit even from birth.[b] ¹⁶Many of the people of Israel will he bring back to the Lord their God. ¹⁷And he will go on before the Lord, in the spirit and power of Elijah, to turn the hearts of the fathers to their

---

[a]1:1 *se han cumplido*. Alt. *se han recibido con convicción*.
[b]1:15 *desde su nacimiento*. Alt. *antes de nacer*. Lit. *desde el vientre de su madre*.   [c]1:17 *reconciliar a*. Lit. *hacer volver los corazones de*; véase Mal 4:6.

[a]1 Or *been surely believed*   [b]15 Or *from his mother's womb*

justos. De este modo preparará un pueblo bien dispuesto para recibir al Señor.

18—¿Cómo podré estar seguro de esto? —preguntó Zacarías al ángel—. Ya soy anciano y mi esposa también es de edad avanzada.

19—Yo soy Gabriel y estoy a las órdenes de Dios —le contestó el ángel—. He sido enviado para hablar contigo y darte estas buenas *noticias. 20Pero como no creíste en mis palabras, las cuales se cumplirán a su debido tiempo, te vas a quedar mudo. No podrás hablar hasta el día en que todo esto suceda.

21Mientras tanto, el pueblo estaba esperando a Zacarías y les extrañaba que se demorara tanto en el santuario. 22Cuando por fin salió, no podía hablarles, así que se dieron cuenta de que allí había tenido una visión. Se podía comunicar sólo por señas, pues seguía mudo.

23Cuando terminaron los días de su servicio, regresó a su casa. 24Poco después, su esposa Elisabet quedó encinta y se mantuvo recluida por cinco meses. 25«Esto —decía ella— es obra del Señor, que ahora ha mostrado su bondad al quitarme la vergüenza que yo tenía ante los demás.»

Anuncio del nacimiento de Jesús

26A los seis meses, Dios envió al ángel Gabriel a Nazaret, pueblo de Galilea, 27a visitar a una joven virgen comprometida para casarse con un hombre que se llamaba José, descendiente de David. La virgen se llamaba María. 28El ángel se acercó a ella y le dijo:

—¡Te saludo,d tú que has recibido el favor de Dios El Señor está contigo.

29Ante estas palabras, María se perturbó, y se preguntaba qué podría significar este saludo.

30—No tengas miedo, María; Dios te ha concedido su favor —le dijo el ángel—. 31Quedarás encinta y darás a luz un hijo, y le pondrás por nombre Jesús. 32Él será un gran hombre, y lo llamarán Hijo del Altísimo. Dios el Señor le dará el trono de su padre David, 33y reinará sobre el pueblo de Jacob para siempre. Su reinado no tendrá fin.

34—¿Cómo podrá suceder esto —le preguntó María al ángel—, puesto que soy virgen?e

35—El Espíritu Santo vendrá sobre ti, y el poder del Altísimo te cubrirá con su sombra. Así que al santo niño que va a nacer lo llamarán Hijo de Dios. 36También tu parienta Elisabet va a tener un hijo en su vejez; de hecho, la que decían que era estéril ya está en el sexto mes de embarazo. 37Porque para Dios no hay nada imposible.

children and the disobedient to the wisdom of the righteous—to make ready a people prepared for the Lord."

18Zechariah asked the angel, "How can I be sure of this? I am an old man and my wife is well along in years."

19The angel answered, "I am Gabriel. I stand in the presence of God, and I have been sent to speak to you and to tell you this good news. 20And now you will be silent and not able to speak until the day this happens, because you did not believe my words, which will come true at their proper time."

21Meanwhile, the people were waiting for Zechariah and wondering why he stayed so long in the temple. 22When he came out, he could not speak to them. They realized he had seen a vision in the temple, for he kept making signs to them but remained unable to speak.

23When his time of service was completed, he returned home. 24After this his wife Elizabeth became pregnant and for five months remained in seclusion. 25"The Lord has done this for me," she said. "In these days he has shown his favor and taken away my disgrace among the people."

The Birth of Jesus Foretold

26In the sixth month, God sent the angel Gabriel to Nazareth, a town in Galilee, 27to a virgin pledged to be married to a man named Joseph, a descendant of David. The virgin's name was Mary. 28The angel went to her and said, "Greetings, you who are highly favored The Lord is with you."

29Mary was greatly troubled at his words and wondered what kind of greeting this might be. 30But the angel said to her, "Do not be afraid, Mary, you have found favor with God. 31You will be with child and give birth to a son, and you are to give him the name Jesus. 32He will be great and will be called the Son of the Most High. The Lord God will give him the throne of his father David, 33and he will reign over the house of Jacob forever; his kingdom will never end."

34"How will this be," Mary asked the angel, "since I am a virgin?"

35The angel answered, "The Holy Spirit will come upon you, and the power of the Most High will overshadow you. So the holy one to be born will be calledc the Son of God. 36Even Elizabeth your relative is going to have a child in her old age, and she who was said to be barren is in her sixth month. 37For nothing is impossible with God."

---

d1:28 ¡Te saludo. Alt. ¡Alégrate. e1:34 soy virgen? Lit. no conozco a hombre?   c35 Or So the child to be born will be called holy,

38—Aquí tienes a la sierva del Señor —contestó María—. Que él haga conmigo como me has dicho.

Con esto, el ángel la dejó.

María visita a Elisabet

39A los pocos días María emprendió el viaje y se fue de prisa a un pueblo en la región montañosa de Judea. 40Al llegar, entró en casa de Zacarías y saludó a Elisabet. 41Tan pronto como Elisabet oyó el saludo de María, la criatura saltó en su vientre. Entonces Elisabet, llena del Espíritu Santo, 42exclamó:

—¡Bendita tú entre las mujeres, y bendito el hijo que darás a luz f 43Pero, ¿cómo es esto, que la madre de mi Señor venga a verme? 44Te digo que tan pronto como llegó a mis oídos la voz de tu saludo, saltó de alegría la criatura que llevo en el vientre. 45¡*Dichosa tú que has creído, porque lo que el Señor te ha dicho se cumplirá

El cántico de María

46Entonces dijo María:

—Mi alma glorifica al Señor,
47 y mi espíritu se regocija en Dios mi
       Salvador,
48porque se ha dignado fijarse en su
       humilde sierva.
  Desde ahora me llamarán *dichosa todas
       las generaciones,
49 porque el Poderoso ha hecho grandes
       cosas por mí.
  ¡Santo es su nombre
50De generación en generación
  se extiende su misericordia a los que le
       temen.
51Hizo proezas con su brazo;
  desbarató las intrigas de los soberbios.g
52De sus tronos derrocó a los poderosos,
  mientras que ha exaltado a los humildes.
53A los hambrientos los colmó de bienes,
  y a los ricos los despidió con las manos
       vacías.
54-55Acudió en ayuda de su siervo Israel
  y, cumpliendo su promesa a nuestros pa-
       dres,
  mostróh su misericordia a Abraham
  y a su descendencia para siempre.

56María se quedó con Elisabet unos tres meses y luego regresó a su casa.

38"I am the Lord's servant," Mary answered. "May it be to me as you have said." Then the angel left her.

Mary Visits Elizabeth

39At that time Mary got ready and hurried to a town in the hill country of Judea, 40where she entered Zechariah's home and greeted Elizabeth. 41When Elizabeth heard Mary's greeting, the baby leaped in her womb, and Elizabeth was filled with the Holy Spirit. 42In a loud voice she exclaimed: "Blessed are you among women, and blessed is the child you will bear 43But why am I so favored, that the mother of my Lord should come to me? 44As soon as the sound of your greeting reached my ears, the baby in my womb leaped for joy. 45Blessed is she who has believed that what the Lord has said to her will be accomplished "

Mary's Song

46And Mary said:

"My soul glorifies the Lord
47 and my spirit rejoices in God my
       Savior,
48 for he has been mindful
  of the humble state of his servant.
  From now on all generations will call
       me blessed,
49 for the Mighty One has done great
       things for me—
  holy is his name.
50His mercy extends to those who fear
       him,
  from generation to generation.
51He has performed mighty deeds with
       his arm;
  he has scattered those who are proud
       in their inmost thoughts.
52He has brought down rulers from their
       thrones
  but has lifted up the humble.
53He has filled the hungry with good
       things
  but has sent the rich away empty.
54He has helped his servant Israel,
  remembering to be merciful
55to Abraham and his descendants
       forever,
  even as he said to our fathers."

56Mary stayed with Elizabeth for about three months and then returned home.

---

f1:42 *el hijo que darás a luz* Lit. *el fruto de tu vientre*
g1:51 *desbarató … soberbios.* Lit. *dispersó a los orgullosos en el pensamiento del corazón de ellos.* h1:54-55 *mostró.* Lit. *recordó.*

Nacimiento de Juan el Bautista

57Cuando se le cumplió el tiempo, Elisabet dio a luz un hijo. **58**Sus vecinos y parientes se enteraron de que el Señor le había mostrado gran misericordia, y compartieron su alegría.

59A los ocho días llevaron a circuncidar al niño. Como querían ponerle el nombre de su padre, Zacarías, **60**su madre se opuso.

—¡No —dijo ella—. Tiene que llamarse Juan.

61—Pero si nadie en tu familia tiene ese nombre —le dijeron.

62Entonces le hicieron señas a su padre, para saber qué nombre quería ponerle al niño. **63**Él pidió una tablilla, en la que escribió: «Su nombre es Juan.» Y todos quedaron asombrados. **64**Al instante se le desató la lengua, recuperó el habla y comenzó a alabar a Dios. **65**Todos los vecinos se llenaron de temor, y por toda la región montañosa de Judea se comentaba lo sucedido. **66**Quienes lo oían se preguntaban: «¿Qué llegará a ser este niño?» Porque la mano del Señor lo protegía.

El cántico de Zacarías

67Entonces su padre Zacarías, lleno del Espíritu Santo, profetizó:

68«Bendito sea el Señor, Dios de Israel,
porque ha venido a redimir^i a su pueblo.
69Nos envió un poderoso salvador^j
en la casa de David su siervo
70(como lo prometió en el pasado por
medio de sus *santos profetas),
71para librarnos de nuestros enemigos
y del poder de todos los que nos aborrecen;
72para mostrar misericordia a nuestros
padres
al acordarse de su santo pacto.
73 Así lo juró a Abraham nuestro padre:
74nos concedió que fuéramos libres del temor,
al rescatarnos del poder de nuestros enemigos,
para que le sirviéramos **75**con *santidad y
justicia,
viviendo en su presencia todos nuestros
días.

76Y tú, hijito mío, serás llamado profeta del
Altísimo,
porque irás delante del Señor para prepararle el camino.
77Darás a conocer a su pueblo la salvación
mediante el perdón de sus pecados,

The Birth of John the Baptist

57When it was time for Elizabeth to have her baby, she gave birth to a son. **58**Her neighbors and relatives heard that the Lord had shown her great mercy, and they shared her joy.

59On the eighth day they came to circumcise the child, and they were going to name him after his father Zechariah, **60**but his mother spoke up and said, "No He is to be called John."

61They said to her, "There is no one among your relatives who has that name."

62Then they made signs to his father, to find out what he would like to name the child. **63**He asked for a writing tablet, and to everyone's astonishment he wrote, "His name is John." **64**Immediately his mouth was opened and his tongue was loosed, and he began to speak, praising God. **65**The neighbors were all filled with awe, and throughout the hill country of Judea people were talking about all these things. **66**Everyone who heard this wondered about it, asking, "What then is this child going to be?" For the Lord's hand was with him.

Zechariah's Song

67His father Zechariah was filled with the Holy Spirit and prophesied:

68"Praise be to the Lord, the God of Israel,
because he has come and has redeemed
his people.
69He has raised up a horn^d of salvation for
us
in the house of his servant David
70(as he said through his holy prophets of
long ago),
71salvation from our enemies
and from the hand of all who hate us—
72to show mercy to our fathers
and to remember his holy covenant,
73the oath he swore to our father Abraham:
74to rescue us from the hand of our enemies,
and to enable us to serve him without
fear
75in holiness and righteousness before him
all our days.

76And you, my child, will be called a
prophet of the Most High;
for you will go on before the Lord to
prepare the way for him,
77to give his people the knowledge of
salvation
through the forgiveness of their sins,

---

^{i} **1:68** *ha venido a redimir.* Lit. *ha visitado y ha redimido.*
^{j} **1:69** *envió un poderoso salvador.* Lit. *levantó un cuerno de salvación.*

^{d} 69 *Horn* here symbolizes strength.

78 gracias a la entrañable misericordia de nuestro Dios.

Así nos visitará desde el cielo el sol naciente,

79 para dar luz a los que viven en tinieblas, en la más terrible oscuridad,^{k}

para guiar nuestros pasos por la senda de la paz.»

80 El niño crecía y se fortalecía en espíritu; y vivió en el desierto hasta el día en que se presentó públicamente al pueblo de Israel.

Nacimiento de Jesús

2 Por aquellos días Augusto *César decretó que se levantara un censo en todo el imperio romano.^{l} 2 (Este primer censo se efectuó cuando Cirenio gobernaba en Siria.) 3 Así que iban todos a inscribirse, cada cual a su propio pueblo.

4 También José, que era descendiente del rey David, subió de Nazaret, ciudad de Galilea, a Judea. Fue a Belén, la ciudad de David, 5 para inscribirse junto con María su esposa.^{m} Ella se encontraba encinta 6 y, mientras estaban allí, se le cumplió el tiempo. 7 Así que dio a luz a su hijo primogénito. Lo envolvió en pañales y lo acostó en un pesebre, porque no había lugar para ellos en la posada.

Los pastores y los ángeles

8 En esa misma región había unos pastores que pasaban la noche en el campo, turnándose para cuidar sus rebaños. 9 Sucedió que un ángel del Señor se les apareció. La gloria del Señor los envolvió en su luz, y se llenaron de temor. 10 Pero el ángel les dijo: «No tengan miedo. Miren que les traigo buenas *noticias que serán motivo de mucha alegría para todo el pueblo. 11 Hoy les ha nacido en la ciudad de David un Salvador, que es *Cristo el Señor. 12 Esto les servirá de señal: Encontrarán a un niño envuelto en pañales y acostado en un pesebre.»

13 De repente apareció una multitud de ángeles del cielo, que alababan a Dios y decían:

14 «Gloria a Dios en las alturas, y en la tierra paz a los que gozan de su buena voluntad.»^{n}

15 Cuando los ángeles se fueron al cielo, los pastores se dijeron unos a otros: «Vamos a Be-

78 because of the tender mercy of our God, by which the rising sun will come to us from heaven

79 to shine on those living in darkness and in the shadow of death, to guide our feet into the path of peace."

80 And the child grew and became strong in spirit; and he lived in the desert until he appeared publicly to Israel.

The Birth of Jesus

2 In those days Caesar Augustus issued a decree that a census should be taken of the entire Roman world. 2 (This was the first census that took place while Quirinius was governor of Syria.) 3 And everyone went to his own town to register.

4 So Joseph also went up from the town of Nazareth in Galilee to Judea, to Bethlehem the town of David, because he belonged to the house and line of David. 5 He went there to register with Mary, who was pledged to be married to him and was expecting a child. 6 While they were there, the time came for the baby to be born, 7 and she gave birth to her firstborn, a son. She wrapped him in cloths and placed him in a manger, because there was no room for them in the inn.

The Shepherds and the Angels

8 And there were shepherds living out in the fields nearby, keeping watch over their flocks at night. 9 An angel of the Lord appeared to them, and the glory of the Lord shone around them, and they were terrified. 10 But the angel said to them, "Do not be afraid. I bring you good news of great joy that will be for all the people. 11 Today in the town of David a Savior has been born to you; he is Christ^e the Lord. 12 This will be a sign to you: You will find a baby wrapped in cloths and lying in a manger."

13 Suddenly a great company of the heavenly host appeared with the angel, praising God and saying,

14 "Glory to God in the highest, and on earth peace to men on whom his favor rests."

15 When the angels had left them and gone into heaven, the shepherds said to one another, "Let's go to Bethlehem and see this thing that

---

^{k} 1:79 en la más terrible oscuridad. Lit. y en sombra de muerte. ^{l} 2:1 el imperio romano. Lit. el mundo. ^{m} 2:5 María su esposa. Lit. María, que estaba comprometida para casarse con él. ^{n} 2:14 paz … voluntad. Lit. paz a los hombres de buena voluntad. Var. paz, buena voluntad a los hombres.

^{e} 11 Or Messiah. "The Christ" (Greek) and "the Messiah" (Hebrew) both mean "the Anointed One"; also in verse 26.

lén, a ver esto que ha pasado y que el Señor nos ha dado a conocer.»

16Así que fueron de prisa y encontraron a María y a José, y al niño que estaba acostado en el pesebre. 17Cuando vieron al niño, contaron lo que les habían dicho acerca de él, 18y cuantos lo oyeron se asombraron de lo que los pastores decían. 19María, por su parte, guardaba todas estas cosas en su corazón y meditaba acerca de ellas. 20Los pastores regresaron glorificando y alabando a Dios por lo que habían visto y oído, pues todo sucedió tal como se les había dicho.

Presentación de Jesús en el templo

21Cuando se cumplieron los ocho días y fueron a circuncidarlo, lo llamaron Jesús, nombre que el ángel le había puesto antes de que fuera concebido.

22Así mismo, cuando se cumplió el tiempo en que, según la ley de Moisés, ellos debían *purificarse, José y María llevaron al niño a Jerusalén para presentarlo al Señor. 23Así cumplieron con lo que en la ley del Señor está escrito: «Todo varón primogénito será consagrado^ñ al Señor».^{o} 24También ofrecieron un sacrificio conforme a lo que la ley del Señor dice: «un par de tórtolas o dos pichones de paloma».^{p}

25Ahora bien, en Jerusalén había un hombre llamado Simeón, que era justo y devoto, y aguardaba con esperanza la redención^q de Israel. El Espíritu Santo estaba con él 26y le había revelado que no moriría sin antes ver al *Cristo del Señor. 27Movido por el Espíritu, fue al *templo. Cuando al niño Jesús lo llevaron sus padres para cumplir con la costumbre establecida por la ley, 28Simeón lo tomó en sus brazos y bendijo a Dios:

29«Según tu palabra, Soberano Señor,
   ya puedes despedir a tu *siervo en paz.
30Porque han visto mis ojos tu salvación,
31 que has preparado a la vista de todos los
      pueblos:
32luz que ilumina a las *naciones
   y gloria de tu pueblo Israel.»

33El padre y la madre del niño se quedaron maravillados por lo que se decía de él. 34Simeón les dio su bendición y le dijo a María, la madre de Jesús: «Este niño está destinado a causar la caída y el levantamiento de muchos en Israel, y a crear mucha oposición,^{r} 35a fin de que se manifiesten

has happened, which the Lord has told us about."

16So they hurried off and found Mary and Joseph, and the baby, who was lying in the manger. 17When they had seen him, they spread the word concerning what had been told them about this child, 18and all who heard it were amazed at what the shepherds said to them. 19But Mary treasured up all these things and pondered them in her heart. 20The shepherds returned, glorifying and praising God for all the things they had heard and seen, which were just as they had been told.

Jesus Presented in the Temple

21On the eighth day, when it was time to circumcise him, he was named Jesus, the name the angel had given him before he had been conceived.

22When the time of their purification according to the Law of Moses had been completed, Joseph and Mary took him to Jerusalem to present him to the Lord 23(as it is written in the Law of the Lord, "Every firstborn male is to be consecrated to the Lord"^{f}), 24and to offer a sacrifice in keeping with what is said in the Law of the Lord: "a pair of doves or two young pigeons."^{g}

25Now there was a man in Jerusalem called Simeon, who was righteous and devout. He was waiting for the consolation of Israel, and the Holy Spirit was upon him. 26It had been revealed to him by the Holy Spirit that he would not die before he had seen the Lord's Christ. 27Moved by the Spirit, he went into the temple courts. When the parents brought in the child Jesus to do for him what the custom of the Law required, 28Simeon took him in his arms and praised God, saying:

29"Sovereign Lord, as you have promised,
   you now dismiss^h your servant in peace.
30For my eyes have seen your salvation,
31 which you have prepared in the sight of
      all people,
32a light for revelation to the Gentiles
   and for glory to your people Israel."

33The child's father and mother marveled at what was said about him. 34Then Simeon blessed them and said to Mary, his mother: "This child is destined to cause the falling and rising of many in Israel, and to be a sign that will be spoken against, 35so that the thoughts of

---

^{ñ}**2:23** *Todo ... consagrado.* Lit. *Todo varón que abre la matriz será llamado santo.* ^{o}**2:23** Éx 13:2,12 ^{p}**2:24** Lv 12:8 ^{q}**2:25** *redención.* Lit. *consolación.* ^{r}**2:34** *a crear mucha oposición.* Lit. *a ser una señal contra la cual se hablará.*

^{f}23 Exodus 13:2,12 ^{g}24 Lev. 12:8 ^{h}29 Or *promised, / now dismiss* las intenciones de muchos corazones. En cuanto a ti, una espada te atravesará el alma.»

36Había también una profetisa, Ana, hija de Penuel, de la tribu de Aser. Era muy anciana; casada de joven, había vivido con su esposo siete años, 37y luego permaneció viuda hasta la edad de ochenta y cuatro.s Nunca salía del *templo, sino que día y noche adoraba a Dios con ayunos y oraciones. 38Llegando en ese mismo momento, Ana dio gracias a Dios y comenzó a hablar del niño a todos los que esperaban la redención de Jerusalén.

39Después de haber cumplido con todo lo que exigía la ley del Señor, José y María regresaron a Galilea, a su propio pueblo de Nazaret. 40El niño crecía y se fortalecía; progresaba en sabiduría, y la gracia de Dios lo acompañaba.

El niño Jesús en el templo

41Los padres de Jesús subían todos los años a Jerusalén para la fiesta de la Pascua. 42Cuando cumplió doce años, fueron allá según era la costumbre. 43Terminada la fiesta, emprendieron el viaje de regreso, pero el niño Jesús se había quedado en Jerusalén, sin que sus padres se dieran cuenta. 44Ellos, pensando que él estaba entre el grupo de viajeros, hicieron un día de camino mientras lo buscaban entre los parientes y conocidos. 45Al no encontrarlo, volvieron a Jerusalén en busca de él. 46Al cabo de tres días lo encontraron en el *templo, sentado entre los maestros, escuchándolos y haciéndoles preguntas. 47Todos los que lo oían se asombraban de su inteligencia y de sus respuestas. 48Cuando lo vieron sus padres, se quedaron admirados.

—Hijo, ¿por qué te has portado así con nosotros? —le dijo su madre—. ¡Mira que tu padre y yo te hemos estado buscando angustiados!

49—¿Por qué me buscaban? ¿No sabían que tengo que estar en la casa de mi Padre?

50Pero ellos no entendieron lo que les decía.

51Así que Jesús bajó con sus padres a Nazaret y vivió sujeto a ellos. Pero su madre conservaba todas estas cosas en el corazón. 52Jesús siguió creciendo en sabiduría y estatura, y cada vez más gozaba del favor de Dios y de toda la gente.

Juan el Bautista prepara el camino

3 En el año quince del reinado de Tiberio *César, Poncio Pilato gobernaba la provincia de Judea, Herodesf era tetrarca en Galilea, su hermano Felipe en Iturea y Traconite, y Lisanias en Abilene; 2el sumo sacerdocio lo ejercían Anás y Caifás. En aquel entonces, la palabra de

many hearts will be revealed. And a sword will pierce your own soul too."

36There was also a prophetess, Anna, the daughter of Phanuel, of the tribe of Asher. She was very old; she had lived with her husband seven years after her marriage, 37and then was a widow until she was eighty-four.i She never left the temple but worshiped night and day, fasting and praying. 38Coming up to them at that very moment, she gave thanks to God and spoke about the child to all who were looking forward to the redemption of Jerusalem.

39When Joseph and Mary had done everything required by the Law of the Lord, they returned to Galilee to their own town of Nazareth. 40And the child grew and became strong; he was filled with wisdom, and the grace of God was upon him.

The Boy Jesus at the Temple

41Every year his parents went to Jerusalem for the Feast of the Passover. 42When he was twelve years old, they went up to the Feast, according to the custom. 43After the Feast was over, while his parents were returning home, the boy Jesus stayed behind in Jerusalem, but they were unaware of it. 44Thinking he was in their company, they traveled on for a day. Then they began looking for him among their relatives and friends. 45When they did not find him, they went back to Jerusalem to look for him. 46After three days they found him in the temple courts, sitting among the teachers, listening to them and asking them questions. 47Everyone who heard him was amazed at his understanding and his answers. 48When his parents saw him, they were astonished. His mother said to him, "Son, why have you treated us like this? Your father and I have been anxiously searching for you."

49"Why were you searching for me?" he asked. "Didn't you know I had to be in my Father's house?" 50But they did not understand what he was saying to them.

51Then he went down to Nazareth with them and was obedient to them. But his mother treasured all these things in her heart. 52And Jesus grew in wisdom and stature, and in favor with God and men.

John the Baptist Prepares the Way

3 In the fifteenth year of the reign of Tiberius Caesar—when Pontius Pilate was governor of Judea, Herod tetrarch of Galilee, his brother Philip tetrarch of Iturea and Traconitis, and Lysanias tetrarch of Abilene— 2during the high

---

s 2:37 hasta la edad de ochenta y cuatro. Alt. durante ochenta y cuatro años.   f 3:1 Es decir, Herodes Antipas, hijo del rey Herodes (1:5).   i 37 Or widow for eighty-four years

Dios llegó a Juan hijo de Zacarías, en el desierto. ³Juan recorría toda la región del Jordán predicando el bautismo de *arrepentimiento para el perdón de pecados. ⁴Así está escrito en el libro del profeta Isaías:

«Voz de uno que grita en el desierto:
"Preparen el camino del Señor,
  háganle sendas derechas.
⁵Todo valle será rellenado,
  toda montaña y colina será allanada.
Los caminos torcidos se enderezarán,
  las sendas escabrosas quedarán llanas.
⁶Y todo *mortal verá la salvación de
  Dios."»ᵘ

⁷Muchos acudían a Juan para que los bautizara.

—¡Camada de víboras —les advirtió—. ¿Quién les dijo que podrán escapar del castigo que se acerca? ⁸Produzcan frutos que demuestren arrepentimiento. Y no se pongan a pensar: "Tenemos a Abraham por padre." Porque les digo que aun de estas piedras Dios es capaz de darle hijos a Abraham. ⁹Es más, el hacha ya está puesta a la raíz de los árboles, y todo árbol que no produzca buen fruto será cortado y arrojado al fuego.

¹⁰—¿Entonces qué debemos hacer? —le preguntaba la gente.

¹¹—El que tiene dos *camisas debe compartir con el que no tiene ninguna —les contestó Juan—, y el que tiene comida debe hacer lo mismo.

¹²Llegaron también unos *recaudadores de impuestos para que los bautizara.

—Maestro, ¿qué debemos hacer nosotros? —le preguntaron.

¹³—No cobren más de lo debido —les respondió.

¹⁴—Y nosotros, ¿qué debemos hacer? —le preguntaron unos soldados.

—No extorsionen a nadie ni hagan denuncias falsas; más bien confórmense con lo que les pagan.

¹⁵La gente estaba a la expectativa, y todos se preguntaban si acaso Juan sería el *Cristo.

¹⁶—Yo los bautizo a ustedes conᵛ agua —les respondió Juan a todos—. Pero está por llegar uno más poderoso que yo, a quien ni siquiera merezco desatarle la correa de sus sandalias. Él los bautizará con el Espíritu Santo y con fuego. ¹⁷Tiene el rastrillo en la mano para limpiar su era y recoger el trigo en su granero; la paja, en cambio, la quemará con fuego que nunca se apagará.

¹⁸Y con muchas otras palabras exhortaba Juan

priesthood of Annas and Caiaphas, the word of God came to John son of Zechariah in the desert. ³He went into all the country around the Jordan, preaching a baptism of repentance for the forgiveness of sins. ⁴As is written in the book of the words of Isaiah the prophet:

"A voice of one calling in the desert,
'Prepare the way for the Lord,
  make straight paths for him.
⁵Every valley shall be filled in,
  every mountain and hill made low.
The crooked roads shall become straight,
  the rough ways smooth.
⁶And all mankind will see God's
  salvation.'"ʲ

⁷John said to the crowds coming out to be baptized by him, "You brood of vipers Who warned you to flee from the coming wrath? ⁸Produce fruit in keeping with repentance. And do not begin to say to yourselves, 'We have Abraham as our father.' For I tell you that out of these stones God can raise up children for Abraham. ⁹The ax is already at the root of the trees, and every tree that does not produce good fruit will be cut down and thrown into the fire."

¹⁰"What should we do then?" the crowd asked.

¹¹John answered, "The man with two tunics should share with him who has none, and the one who has food should do the same."

¹²Tax collectors also came to be baptized. "Teacher," they asked, "what should we do?"

¹³"Don't collect any more than you are required to," he told

them. ¹⁴Then some soldiers asked him, "And what should we do?"

He replied, "Don't extort money and don't accuse people falsely—be content with your pay."

¹⁵The people were waiting expectantly and were all wondering in their hearts if John might possibly be the Christ.ᵏ ¹⁶John answered them all, "I baptize you withˡ water. But one more powerful than I will come, the thongs of whose sandals I am not worthy to untie. He will baptize you with the Holy Spirit and with fire. ¹⁷His winnowing fork is in his hand to clear his threshing floor and to gather the wheat into his barn, but he will burn up the chaff with unquenchable fire." ¹⁸And with many other words John exhorted the people and preached the good news to them.

ᵘ3:6 Is 40:3-5   ᵛ3:16 con. Alt. en.   ʲ6 Isaiah 40:3-5   ᵏ15 Or Messiah   ˡ16 Or in a la gente y le anunciaba las buenas *nuevas. 19Pero cuando reprendió al tetrarca Herodes por el asunto de su cuñada Herodías,ʷ y por todas las otras maldades que había cometido, 20Herodes llegó hasta el colmo de encerrar a Juan en la cárcel.

Bautismo y genealogía de Jesús

21Un día en que todos acudían a Juan para que los bautizara, Jesús fue bautizado también. Y mientras oraba, se abrió el cielo, 22y el Espíritu Santo bajó sobre él en forma de paloma. Entonces se oyó una voz del cielo que decía: «Tú eres mi Hijo amado; estoy muy complacido contigo.»

23Jesús tenía unos treinta años cuando comenzó su ministerio. Era hijo, según se creía, de José,

hijo de Elí, 24hijo de Matat,
hijo de Leví, hijo de Melquí,
hijo de Janay, hijo de José,
25hijo de Matatías, hijo de Amós,
hijo de Nahúm, hijo de Eslí,
hijo de Nagay, 26hijo de Máat,
hijo de Matatías, hijo de Semeí,
hijo de Josec, hijo de Judá,
27hijo de Yojanán, hijo de Resa,
hijo de Zorobabel, hijo de Salatiel,
hijo de Neri, 28hijo de Melquí,
hijo de Adí, hijo de Cosán,
hijo de Elmadán, hijo de Er,
29hijo de Josué, hijo de Eliezer,
hijo de Jorín, hijo de Matat,
hijo de Leví, 30hijo de Simeón,
hijo de Judá, hijo de José,
hijo de Jonán, hijo de Eliaquín,
31hijo de Melea, hijo de Mainán,
hijo de Matata, hijo de Natán,
hijo de David, 32hijo de Isaí,
hijo de Obed, hijo de Booz,
hijo de Salmón,ˣ hijo de Naasón,
33hijo de Aminadab, hijo de Aram,ʸ
hijo de Jezrón, hijo de Fares,
hijo de Judá, 34hijo de Jacob,
hijo de Isaac, hijo de Abraham,
hijo de Téraj, hijo de Najor,
35hijo de Serug, hijo de Ragau,
hijo de Péleg, hijo de Éber,
hijo de Selaj, 36hijo de Cainán,
hijo de Arfaxad, hijo de Sem,
hijo de Noé, hijo de Lamec,
37hijo de Matusalén, hijo de Enoc,
hijo de Jared, hijo de Malalel,
hijo de Cainán, 38hijo de Enós,

19But when John rebuked Herod the tetrarch because of Herodias, his brother's wife, and all the other evil things he had done, 20Herod added this to them all: He locked John up in prison.

The Baptism and Genealogy of Jesus

21When all the people were being baptized, Jesus was baptized too. And as he was praying, heaven was opened 22and the Holy Spirit descended on him in bodily form like a dove. And a voice came from heaven: "You are my Son, whom I love; with you I am well pleased."

23Now Jesus himself was about thirty years old when he began his ministry. He was the son, so it was thought, of Joseph,

the son of Heli, 24the son of Matthat,
the son of Levi, the son of Melki,
the son of Jannai, the son of Joseph,
25the son of Mattathias, the son of Amos,
the son of Nahum, the son of Esli,
the son of Naggai, 26the son of Maath,
the son of Mattathias, the son of Semein,
the son of Josech, the son of Joda,
27the son of Joanan, the son of Rhesa,
the son of Zerubbabel, the son of Shealtiel,
the son of Neri, 28the son of Melki,
the son of Addi, the son of Cosam,
the son of Elmadam, the son of Er,
29the son of Joshua, the son of Eliezer,
the son of Jorim, the son of Matthat,
the son of Levi, 30the son of Simeon,
the son of Judah, the son of Joseph,
the son of Jonam, the son of Eliakim,
31the son of Melea, the son of Menna,
the son of Mattatha, the son of Nathan,
the son of David, 32the son of Jesse,
the son of Obed, the son of Boaz,
the son of Salmon,ᵐ the son of Nahshon,
33the son of Amminadab, the son of Ram,ⁿ
the son of Hezron, the son of Perez,
the son of Judah, 34the son of Jacob,
the son of Isaac, the son of Abraham,
the son of Terah, the son of Nahor,
35the son of Serug, the son of Reu,
the son of Peleg, the son of Eber,
the son of Shelah, 36the son of Cainan,
the son of Arphaxad, the son of Shem,
the son of Noah, the son of Lamech,
37the son of Methuselah, the son of Enoch,
the son of Jared, the son of Mahalalel,
the son of Kenan, 38the son of Enosh,

ʷ3:19 Esposa de Felipe, hermano de Herodes Antipas.
ˣ3:32 Salmón. Var. Sala. ʸ3:33 Aminadab, hijo de Aram. Var. Aminadab, el hijo de Admín, el hijo de Arní; los mss. varían mucho en este versículo.

ᵐ32 Some early manuscripts Sala ⁿ33 Some manuscripts Amminadab, the son of Admin, the son of Arni; other manuscripts vary widely.

hijo de Set, hijo de Adán,
hijo de Dios.

Tentación de Jesús

4 Jesús, lleno del Espíritu Santo, volvió del Jordán y fue llevado por el Espíritu al desierto. 2Allí estuvo cuarenta días y fue *tentado por el diablo. No comió nada durante esos días, pasados los cuales tuvo hambre.

3—Si eres el Hijo de Dios —le propuso el diablo—, dile a esta piedra que se convierta en pan.

4Jesús le respondió:

—Escrito está: "No sólo de pan vive el hombre." z

5Entonces el diablo lo llevó a un lugar alto y le mostró en un instante todos los reinos del mundo.

6—Sobre estos reinos y todo su esplendor —le dijo—, te daré la autoridad, porque a mí me ha sido entregada, y puedo dársela a quien yo quiera. 7Así que, si me adoras, todo será tuyo.

Jesús le contestó:

8—Escrito está: "Adora al Señor tu Dios y sírvele solamente a él." a

9El diablo lo llevó luego a Jerusalén e hizo que se pusiera de pie en la parte más alta del *templo, y le dijo:

—Si eres el Hijo de Dios, ¡tírate de aquí! 10Pues escrito está:

»"Ordenará que sus ángeles te cuiden.
Te sostendrán en sus manos
11para que no tropieces con piedra alguna." b

12—También está escrito: "No pongas a prueba al Señor tu Dios" c —le replicó Jesús.

13Así que el diablo, habiendo agotado todo recurso de tentación, lo dejó hasta otra oportunidad.

Rechazan a Jesús en Nazaret

14Jesús regresó a Galilea en el poder del Espíritu, y se extendió su fama por toda aquella región. 15Enseñaba en las sinagogas, y todos lo admiraban.

16Fue a Nazaret, donde se había criado, y un *sábado entró en la sinagoga, como era su costumbre. Se levantó para hacer la lectura, 17y le entregaron el libro del profeta Isaías. Al desenrollarlo, encontró el lugar donde está escrito:

18«El Espíritu del Señor está sobre mí,
por cuanto me ha ungido
para anunciar buenas *nuevas a los pobres.

---

the son of Seth, the son of Adam,
the son of God.

The Temptation of Jesus

4 Jesus, full of the Holy Spirit, returned from the Jordan and was led by the Spirit in the desert, 2where for forty days he was tempted by the devil. He ate nothing during those days, and at the end of them he was hungry.

3The devil said to him, "If you are the Son of God, tell this stone to become bread."

4Jesus answered, "It is written: 'Man does not live on bread alone.'o"

5The devil led him up to a high place and showed him in an instant all the kingdoms of the world. 6And he said to him, "I will give you all their authority and splendor, for it has been given to me, and I can give it to anyone I want to. 7So if you worship me, it will all be yours."

8Jesus answered, "It is written: 'Worship the Lord your God and serve him only.'p"

9The devil led him to Jerusalem and had him stand on the highest point of the temple. "If you are the Son of God," he said, "throw yourself down from here. 10For it is written:

"'He will command his angels concerning you
to guard you carefully;
11they will lift you up in their hands,
so that you will not strike your foot
against a stone.'q"

12Jesus answered, "It says: 'Do not put the Lord your God to the test.'r"

13When the devil had finished all this tempting, he left him until an opportune time.

Jesus Rejected at Nazareth

14Jesus returned to Galilee in the power of the Spirit, and news about him spread through the whole countryside. 15He taught in their synagogues, and everyone praised him.

16He went to Nazareth, where he had been brought up, and on the Sabbath day he went into the synagogue, as was his custom. And he stood up to read. 17The scroll of the prophet Isaiah was handed to him. Unrolling it, he found the place where it is written:

18"The Spirit of the Lord is on me,
because he has anointed me
to preach good news to the poor.

---

z4:4 Dt 8:3   a4:8 Dt 6:13   b4:10-11 Sal 91:11,12
c4:12 Dt 6:16

o4 Deut. 8:3   p8 Deut. 6:13   q11 Psalm 91:11,12
r12 Deut. 6:16

Me ha enviado a proclamar libertad a los
cautivos
y dar vista a los ciegos,
a poner en libertad a los oprimidos,
19 a pregonar el año del favor del Señor.»[d]

20Luego enrolló el libro, se lo devolvió al
ayudante y se sentó. Todos los que estaban en la
sinagoga lo miraban detenidamente, 21y él comenzó a hablarles: «Hoy se cumple esta Escritura en presencia de ustedes.»

22Todos dieron su aprobación, impresionados
por las hermosas palabras[e] que salían de su boca.
«¿No es éste el hijo de José?», se preguntaban.

23Jesús continuó: «Seguramente ustedes me
van a citar el proverbio: "¡Médico, cúrate a ti
mismo Haz aquí en tu tierra lo que hemos oído
que hiciste en Capernaúm." 24Pues bien, les
aseguro que a ningún profeta lo aceptan en su
propia tierra. 25No cabe duda de que en tiempos
de Elías, cuando el cielo se cerró por tres años y
medio, de manera que hubo una gran hambre en
toda la tierra, muchas viudas vivían en Israel.
26Sin embargo, Elías no fue enviado a ninguna
de ellas, sino a una viuda de Sarepta, en los
alrededores de Sidón. 27Así mismo, había en
Israel muchos enfermos de *lepra en tiempos del
profeta Eliseo, pero ninguno de ellos fue sanado,
sino Naamán el sirio.»

28Al oír esto, todos los que estaban en la
sinagoga se enfurecieron. 29Se levantaron, lo
expulsaron del pueblo y lo llevaron hasta la
cumbre de la colina sobre la que estaba construido el pueblo, para tirarlo por el precipicio. 30Pe-
ro él pasó por en medio de ellos y se fue.

Jesús expulsa a un espíritu maligno

31Jesús pasó a Capernaúm, un pueblo de Galilea, y el día *sábado enseñaba a la gente.
32Estaban asombrados de su enseñanza, porque
les hablaba con autoridad.

33Había en la sinagoga un hombre que estaba
poseído por un *espíritu maligno, quien gritó
con todas sus fuerzas:

34—¡Ah ¿Por qué te entrometes, Jesús de
Nazaret? ¿Has venido a destruirnos? Yo sé quién
eres tú: ¡el Santo de Dios

35—¡Cállate —lo reprendió Jesús—. ¡Sal de
ese hombre

Entonces el demonio derribó al hombre en
medio de la gente y salió de él sin hacerle ningún
daño.

36Todos se asustaron y se decían unos a otros:
«¿Qué clase de palabra es ésta? ¡Con autoridad

He has sent me to proclaim freedom for
the prisoners
and recovery of sight for the blind,
to release the oppressed,
19 to proclaim the year of the Lord's
favor." [s]

20Then he rolled up the scroll, gave it back to
the attendant and sat down. The eyes of everyone in the synagogue were fastened on him,
21and he began by saying to them, "Today this
scripture is fulfilled in your hearing."

22All spoke well of him and were amazed at
the gracious words that came from his lips.
"Isn't this Joseph's son?" they asked.

23Jesus said to them, "Surely you will quote
this proverb to me: 'Physician, heal yourself Do
here in your hometown what we have heard that
you did in Capernaum.'"

24"I tell you the truth," he continued, "no
prophet is accepted in his hometown. 25I assure
you that there were many widows in Israel in
Elijah's time, when the sky was shut for three
and a half years and there was a severe famine
throughout the land. 26Yet Elijah was not sent to
any of them, but to a widow in Zarephath in the
region of Sidon. 27And there were many in Israel
with leprosy[t] in the time of Elisha the prophet,
yet not one of them was cleansed—only Naa-
man the Syrian."

28All the people in the synagogue were furious when they heard this. 29They got up, drove
him out of the town, and took him to the brow
of the hill on which the town was built, in order
to throw him down the cliff. 30But he walked
right through the crowd and went on his way.

Jesus Drives Out an Evil Spirit

31Then he went down to Capernaum, a town
in Galilee, and on the Sabbath began to teach the
people. 32They were amazed at his teaching,
because his message had authority.

33In the synagogue there was a man possessed
by a demon, an evil[u] spirit. He cried out at the
top of his voice, 34"Ha What do you want with
us, Jesus of Nazareth? Have you come to destroy us? I know who you are—the Holy One of
God "

35"Be quiet " Jesus said sternly. "Come out
of him " Then the demon threw the man down
before them all and came out without injuring
him.

36All the people were amazed and said to each
other, "What is this teaching? With authority

---

[d]4:19 Is 61:1,2   [e]4:22 Todos ... palabras. Lit. Todos daban
testimonio de él y estaban asombrados de las palabras de
gracia.

[s]19 Isaiah 61:1,2   [t]27 The Greek word was used for various
diseases affecting the skin—not necessarily leprosy.
[u]33 Greek unclean; also in verse 36

y poder les da órdenes a los espíritus malignos, y salen » ³⁷Y se extendió su fama por todo aquel lugar.

Jesús sana a muchos enfermos

³⁸Cuando Jesús salió de la sinagoga, se fue a casa de Simón, cuya suegra estaba enferma con una fiebre muy alta. Le pidieron a Jesús que la ayudara, ³⁹así que se inclinó sobre ella y reprendió a la fiebre, la cual se le quitó. Ella se levantó en seguida y se puso a servirles.

⁴⁰Al ponerse el sol, la gente le llevó a Jesús todos los que padecían de diversas enfermedades; él puso las manos sobre cada uno de ellos y los sanó. ⁴¹Además, de muchas personas salían demonios que gritaban: «¡Tú eres el Hijo de Dios » Pero él los reprendía y no los dejaba hablar porque sabían que él era el *Cristo.

⁴²Cuando amaneció, Jesús salió y se fue a un lugar solitario. La gente andaba buscándolo, y cuando llegaron adonde él estaba, procuraban detenerlo para que no se fuera. ⁴³Pero él les dijo: «Es preciso que anuncie también a los demás pueblos las buenas *nuevas del reino de Dios, porque para esto fui enviado.»

⁴⁴Y siguió predicando en las sinagogas de los judíos.ᶠ

Llamamiento de los primeros discípulos

5 Un día estaba Jesús a orillas del lago de Genesaret,ᵍ y la gente lo apretujaba para escuchar el mensaje de Dios. ²Entonces vio dos barcas que los pescadores habían dejado en la playa mientras lavaban las redes. ³Subió a una de las barcas, que pertenecía a Simón, y le pidió que la alejara un poco de la orilla. Luego se sentó, y enseñaba a la gente desde la barca.

⁴Cuando acabó de hablar, le dijo a Simón:

—Lleva la barca hacia aguas más profundas, y echen allí las redes para pescar.

⁵—Maestro, hemos estado trabajando duro toda la noche y no hemos pescado nada —le contestó Simón—. Pero como tú me lo mandas, echaré las redes.

⁶Así lo hicieron, y recogieron una cantidad tan grande de peces que las redes se les rompían. ⁷Entonces llamaron por señas a sus compañeros de la otra barca para que los ayudaran. Ellos se acercaron y llenaron tanto las dos barcas que comenzaron a hundirse.

⁸Al ver esto, Simón Pedro cayó de rodillas delante de Jesús y le dijo:

—¡Apártate de mí, Señor; soy un pecador

⁹Es que él y todos sus compañeros estaban

Jesus Heals Many

³⁸Jesus left the synagogue and went to the home of Simon. Now Simon's mother-in-law was suffering from a high fever, and they asked Jesus to help her. ³⁹So he bent over her and rebuked the fever, and it left her. She got up at once and began to wait on them.

⁴⁰When the sun was setting, the people brought to Jesus all who had various kinds of sickness, and laying his hands on each one, he healed them. ⁴¹Moreover, demons came out of many people, shouting, "You are the Son of God " But he rebuked them and would not allow them to speak, because they knew he was the Christ.ᵛ

⁴²At daybreak Jesus went out to a solitary place. The people were looking for him and when they came to where he was, they tried to keep him from leaving them. ⁴³But he said, "I must preach the good news of the kingdom of God to the other towns also, because that is why I was sent." ⁴⁴And he kept on preaching in the synagogues of Judea.ʷ

The Calling of the First Disciples

5 One day as Jesus was standing by the Lake of Gennesaret,ˣ with the people crowding around him and listening to the word of God, ²he saw at the water's edge two boats, left there by the fishermen, who were washing their nets. ³He got into one of the boats, the one belonging to Simon, and asked him to put out a little from shore. Then he sat down and taught the people from the boat.

⁴When he had finished speaking, he said to Simon, "Put out into deep water, and let downʸ the nets for a catch."

⁵Simon answered, "Master, we've worked hard all night and haven't caught anything. But because you say so, I will let down the nets."

⁶When they had done so, they caught such a large number of fish that their nets began to break. ⁷So they signaled their partners in the other boat to come and help them, and they came and filled both boats so full that they began to sink.

⁸When Simon Peter saw this, he fell at Jesus' knees and said, "Go away from me, Lord; I am a sinful man " ⁹For he and all his companions were astonished at the catch of fish they had

---

ᶠ 4:44 los judíos. Lit. Judea. Var. Galilea.   ᵍ 5:1 Es decir, el mar de Galilea.

ᵛ 41 Or Messiah   ʷ 44 Or the land of the Jews; some manuscripts Galilee   ˣ 1 That is, Sea of Galilee   ʸ 4 The Greek verb is plural.

asombrados ante la pesca que habían hecho, 10como también lo estaban *Jacobo y Juan, hijos de Zebedeo, que eran socios de Simón.

—No temas; desde ahora serás pescador de hombres —le dijo Jesús a Simón.

11Así que llevaron las barcas a tierra y, dejándolo todo, siguieron a Jesús.

Jesús sana a un leproso

12En otra ocasión, cuando Jesús estaba en un pueblo, se presentó un hombre cubierto de *lepra. Al ver a Jesús, cayó rostro en tierra y le suplicó:

—Señor, si quieres, puedes *limpiarme.

13Jesús extendió la mano y tocó al hombre.

—Sí quiero —le dijo—. ¡Queda limpio!

Y al instante se le quitó la lepra.

14—No se lo digas a nadie —le ordenó Jesús—; sólo ve, preséntate al sacerdote y lleva por tu *purificación lo que ordenó Moisés, para que sirva de testimonio.

15Sin embargo, la fama de Jesús se extendía cada vez más, de modo que acudían a él multitudes para oírlo y para que los sanara de sus enfermedades. 16Él, por su parte, solía retirarse a lugares solitarios para orar.

Jesús sana a un paralítico

17Un día, mientras enseñaba, estaban sentados allí algunos *fariseos y *maestros de la ley que habían venido de todas las aldeas de Galilea y Judea, y también de Jerusalén. Y el poder del Señor estaba con él para sanar a los enfermos. 18Entonces llegaron unos hombres que llevaban en una camilla a un paralítico. Procuraron entrar para ponerlo delante de Jesús, 19pero no pudieron a causa de la multitud. Así que subieron a la azotea y, separando las tejas, lo bajaron en la camilla hasta ponerlo en medio de la gente, frente a Jesús.

20Al ver la fe de ellos, Jesús dijo:

—Amigo, tus pecados quedan perdonados.

21Los fariseos y los maestros de la ley comenzaron a pensar: «¿Quién es éste que dice *blasfemias? ¿Quién puede perdonar pecados sino sólo Dios?»

22Pero Jesús supo lo que estaban pensando y les dijo:

—¿Por qué razonan así? 23¿Qué es más fácil decir: "Tus pecados quedan perdonados", o "Levántate y anda"? 24Pues para que sepan que el Hijo del hombre tiene autoridad en la tierra para perdonar pecados —se dirigió entonces al paralítico—: A ti te digo, levántate, toma tu camilla y vete a tu casa.

25Al instante se levantó a la vista de todos, tomó la camilla en que había estado acostado, y se fue a su casa alabando a Dios. 26Todos quedaron asombrados y ellos también alababan a

taken, 10and so were James and John, the sons of Zebedee, Simon's partners.

Then Jesus said to Simon, "Don't be afraid; from now on you will catch men." 11So they pulled their boats up on shore, left everything and followed him.

The Man With Leprosy

12While Jesus was in one of the towns, a man came along who was covered with leprosy.z When he saw Jesus, he fell with his face to the ground and begged him, "Lord, if you are willing, you can make me clean."

13Jesus reached out his hand and touched the man. "I am willing," he said. "Be clean!" And immediately the leprosy left him.

14Then Jesus ordered him, "Don't tell anyone, but go, show yourself to the priest and offer the sacrifices that Moses commanded for your cleansing, as a testimony to them."

15Yet the news about him spread all the more, so that crowds of people came to hear him and to be healed of their sicknesses. 16But Jesus often withdrew to lonely places and prayed.

Jesus Heals a Paralytic

17One day as he was teaching, Pharisees and teachers of the law, who had come from every village of Galilee and from Judea and Jerusalem, were sitting there. And the power of the Lord was present for him to heal the sick. 18Some men came carrying a paralytic on a mat and tried to take him into the house to lay him before Jesus. 19When they could not find a way to do this because of the crowd, they went up on the roof and lowered him on his mat through the tiles into the middle of the crowd, right in front of Jesus.

20When Jesus saw their faith, he said, "Friend, your sins are forgiven."

21The Pharisees and the teachers of the law began thinking to themselves, "Who is this fellow who speaks blasphemy? Who can forgive sins but God alone?"

22Jesus knew what they were thinking and asked, "Why are you thinking these things in your hearts? 23Which is easier: to say, 'Your sins are forgiven,' or to say, 'Get up and walk'? 24But that you may know that the Son of Man has authority on earth to forgive sins...." He said to the paralyzed man, "I tell you, get up, take your mat and go home." 25Immediately he stood up in front of them, took what he had been

---

z 12 The Greek word was used for various diseases affecting the skin—not necessarily leprosy.

Dios. Estaban llenos de temor y decían: «Hoy hemos visto maravillas.»

Llamamiento de Leví

27Después de esto salió Jesús y se fijó en un *recaudador de impuestos llamado Leví, sentado a la mesa donde cobraba.

—Sígueme —le dijo Jesús.

28Y Leví se levantó, lo dejó todo y lo siguió.

29Luego Leví le ofreció a Jesús un gran banquete en su casa, y había allí un grupo numeroso de recaudadores de impuestos y otras personas que estaban comiendo con ellos. 30Pero los *fariseos y los *maestros de la ley que eran de la misma secta les reclamaban a los discípulos de Jesús:

—¿Por qué comen y beben ustedes con recaudadores de impuestos y *pecadores?

31—No son los sanos los que necesitan médico sino los enfermos —les contestó Jesús—. 32No he venido a llamar a justos sino a pecadores para que se *arrepientan.

Le preguntan a Jesús sobre el ayuno

33Algunos dijeron a Jesús:

—Los discípulos de Juan ayunan y oran con frecuencia, lo mismo que los discípulos de los *fariseos, pero los tuyos se la pasan comiendo y bebiendo.

34Jesús les replicó:

—¿Acaso pueden obligar a los invitados del novio a que ayunen mientras él está con ellos? 35Llegará el día en que se les quitará el novio; en aquellos días sí ayunarán.

36Les contó esta parábola:

—Nadie quita un retazo de un vestido nuevo para remendar un vestido viejo. De hacerlo así, habrá rasgado el vestido nuevo, y el retazo nuevo no hará juego con el vestido viejo. 37Ni echa nadie vino nuevo en odres viejos. De hacerlo así, el vino nuevo hará reventar los odres, se derramará el vino y los odres se arruinarán. 38Más bien, el vino nuevo debe echarse en odres nuevos. 39Y nadie que haya bebido vino añejo quiere el nuevo, porque dice: "El añejo es mejor."

Señor del sábado

6 Un *sábado, al pasar Jesús por los sembrados, sus discípulos se pusieron a arrancar unas espigas de trigo, y las desgranaban para comérselas. 2Por eso algunos de los *fariseos les dijeron:

—¿Por qué hacen ustedes lo que está prohibido hacer en sábado?

3Jesús les contestó:

—¿Nunca han leído lo que hizo David en aquella ocasión en que él y sus compañeros tuvieron hambre? 4Entró en la casa de Dios y,

lying on and went home praising God. 26Everyone was amazed and gave praise to God. They were filled with awe and said, "We have seen remarkable things today."

The Calling of Levi

27After this, Jesus went out and saw a tax collector by the name of Levi sitting at his tax booth. "Follow me," Jesus said to him, 28and Levi got up, left everything and followed him.

29Then Levi held a great banquet for Jesus at his house, and a large crowd of tax collectors and others were eating with them. 30But the Pharisees and the teachers of the law who belonged to their sect complained to his disciples, "Why do you eat and drink with tax collectors and 'sinners'?"

31Jesus answered them, "It is not the healthy who need a doctor, but the sick. 32I have not come to call the righteous, but sinners to repentance."

Jesus Questioned About Fasting

33They said to him, "John's disciples often fast and pray, and so do the disciples of the Pharisees, but yours go on eating and drinking."

34Jesus answered, "Can you make the guests of the bridegroom fast while he is with them? 35But the time will come when the bridegroom will be taken from them; in those days they will fast."

36He told them this parable: "No one tears a patch from a new garment and sews it on an old one. If he does, he will have torn the new garment, and the patch from the new will not match the old. 37And no one pours new wine into old wineskins. If he does, the new wine will burst the skins, the wine will run out and the wineskins will be ruined. 38No, new wine must be poured into new wineskins. 39And no one after drinking old wine wants the new, for he says, 'The old is better.'"

Lord of the Sabbath

6 One Sabbath Jesus was going through the grainfields, and his disciples began to pick some heads of grain, rub them in their hands and eat the kernels. 2Some of the Pharisees asked, "Why are you doing what is unlawful on the Sabbath?"

3Jesus answered them, "Have you never read what David did when he and his companions were hungry? 4He entered the house of God, and taking the consecrated bread, he ate what is lawful only for priests to eat. And he tomando los panes consagrados a Dios, comió lo que sólo a los sacerdotes les es permitido comer. Y les dio también a sus compañeros.

5Entonces añadió:

—El Hijo del hombre es Señor del sábado.

6Otro sábado entró en la sinagoga y comenzó a enseñar. Había allí un hombre que tenía la mano derecha paralizada; 7así que los *maestros de la ley y los fariseos, buscando un motivo para acusar a Jesús, no le quitaban la vista de encima para ver si sanaría en sábado. 8Pero Jesús, que sabía lo que estaban pensando, le dijo al hombre de la mano paralizada:

—Levántate y ponte frente a todos.

Así que el hombre se puso de pie. Entonces Jesús dijo a los otros:

9—Voy a hacerles una pregunta: ¿Qué está permitido hacer en sábado: hacer el bien o el mal, salvar una *vida o destruirla?

10Jesús se quedó mirando a todos los que lo rodeaban, y le dijo al hombre:

—Extiende la mano.

Así lo hizo, y la mano le quedó restablecida. 11Pero ellos se enfurecieron y comenzaron a discutir qué podrían hacer contra Jesús.

Los doce apóstoles

12Por aquel tiempo se fue Jesús a la montaña a orar, y pasó toda la noche en oración a Dios. 13Al llegar la mañana, llamó a sus discípulos y escogió a doce de ellos, a los que nombró apóstoles: 14Simón (a quien llamó Pedro), su hermano Andrés, *Jacobo, Juan, Felipe, Bartolomé, 15Mateo, Tomás, Jacobo hijo de Alfeo, Simón, al que llamaban el Zelote, 16Judas hijo de Jacobo, y Judas Iscariote, que llegó a ser el traidor.

Bendiciones y ayes

17Luego bajó con ellos y se detuvo en un llano. Había allí una gran multitud de sus discípulos y mucha gente de toda Judea, de Jerusalén y de la costa de Tiro y Sidón, 18que habían llegado para oírlo y para que los sanara de sus enfermedades. Los que eran atormentados por *espíritus malignos quedaban liberados; 19así que toda la gente procuraba tocarlo, porque de él salía poder que sanaba a todos.

20Él entonces dirigió la mirada a sus discípulos y dijo:

«*Dichosos ustedes los pobres,
    porque el reino de Dios les pertenece.
21Dichosos ustedes que ahora pasan hambre,
    porque serán saciados.
Dichosos ustedes que ahora lloran,
    porque luego habrán de reír.
22Dichosos ustedes cuando los odien,

also gave some to his companions." 5Then Jesus said to them, "The Son of Man is Lord of the Sabbath."

6On another Sabbath he went into the synagogue and was teaching, and a man was there whose right hand was shriveled. 7The Pharisees and the teachers of the law were looking for a reason to accuse Jesus, so they watched him closely to see if he would heal on the Sabbath. 8But Jesus knew what they were thinking and said to the man with the shriveled hand, "Get up and stand in front of everyone." So he got up and stood there.

9Then Jesus said to them, "I ask you, which is lawful on the Sabbath: to do good or to do evil, to save life or to destroy it?"

10He looked around at them all, and then said to the man, "Stretch out your hand." He did so, and his hand was completely restored. 11But they were furious and began to discuss with one another what they might do to Jesus.

The Twelve Apostles

12One of those days Jesus went out to a mountainside to pray, and spent the night praying to God. 13When morning came, he called his disciples to him and chose twelve of them, whom he also designated apostles: 14Simon (whom he named Peter), his brother Andrew, James, John, Philip, Bartholomew, 15Matthew, Thomas, James son of Alphaeus, Simon who was called the Zealot, 16Judas son of James, and Judas Iscariot, who became a traitor.

Blessings and Woes

17He went down with them and stood on a level place. A large crowd of his disciples was there and a great number of people from all over Judea, from Jerusalem, and from the coast of Tyre and Sidon, 18who had come to hear him and to be healed of their diseases. Those troubled by evil[a] spirits were cured, 19and the people all tried to touch him, because power was coming from him and healing them all.

20Looking at his disciples, he said:

"Blessed are you who are poor,
    for yours is the kingdom of God.
21Blessed are you who hunger now,
    for you will be satisfied.
Blessed are you who weep now,
    for you will laugh.
22Blessed are you when men hate you,
    when they exclude you and insult you

a 18 Greek unclean

cuando los discriminen, los insulten y
los desprestigien[h]
por causa del Hijo del hombre.

23»Alégrense en aquel día y salten de gozo,
pues miren que les espera una gran recompensa
en el cielo. Dense cuenta de que los antepasados
de esta gente trataron así a los profetas.

24»Pero ¡ay de ustedes los ricos,
porque ya han recibido su consuelo
25 ¡Ay de ustedes los que ahora están saciados,
porque sabrán lo que es pasar hambre
¡Ay de ustedes los que ahora ríen,
porque sabrán lo que es derramar lágrimas
26 ¡Ay de ustedes cuando todos los elogien
Dense cuenta de que los antepasados de
esta gente trataron así a los falsos
profetas.

El amor a los enemigos

27»Pero a ustedes que me escuchan les digo:
Amen a sus enemigos, hagan bien a quienes
los odian, 28bendigan a quienes los maldicen,
oren por quienes los maltratan. 29Si alguien te
pega en una mejilla, vuélvele también la otra.
Si alguien te quita la *camisa, no le impidas
que se lleve también la capa. 30Dale a todo el
que te pida, y si alguien se lleva lo que es tuyo,
no se lo reclames. 31Traten a los demás tal y
como quieren que ellos los traten a ustedes.

32»¿Qué mérito tienen ustedes al amar a quienes los aman? Aun los *pecadores lo hacen así.
33¿Y qué mérito tienen ustedes al hacer bien a
quienes les hacen bien? Aun los pecadores actúan así. 34¿Y qué mérito tienen ustedes al dar
prestado a quienes pueden corresponderles?
Aun los pecadores se prestan entre sí, esperando
recibir el mismo trato. 35Ustedes, por el contrario, amen a sus enemigos, háganles bien y denles
prestado sin esperar nada a cambio. Así tendrán
una gran recompensa y serán hijos del Altísimo,
porque él es bondadoso con los ingratos y malvados. 36Sean compasivos, así como su Padre es
compasivo.

El juzgar a los demás

37»No juzguen, y no se les juzgará. No condenen, y no se les condenará. Perdonen, y se les
perdonará. 38Den, y se les dará: se les echará en
el regazo una medida llena, apretada, sacudida
y desbordante. Porque con la medida que midan
a otros, se les medirá a ustedes.»

39También les contó esta parábola: «¿Acaso

and reject your name as evil, because of
the Son of Man.

23"Rejoice in that day and leap for joy, because great is your reward in heaven. For that is
how their fathers treated the prophets.

24 "But woe to you who are rich,
for you have already received your comfort.
25 Woe to you who are well fed now,
for you will go hungry.
Woe to you who laugh now,
for you will mourn and weep.
26 Woe to you when all men speak well of
you,
for that is how their fathers treated the
false prophets.

Love for Enemies

27"But I tell you who hear me: Love your
enemies, do good to those who hate you, 28bless
those who curse you, pray for those who mistreat you. 29If someone strikes you on one
cheek, turn to him the other also. If someone
takes your cloak, do not stop him from taking
your tunic. 30Give to everyone who asks you,
and if anyone takes what belongs to you, do not
demand it back. 31Do to others as you would
have them do to you.

32"If you love those who love you, what credit
is that to you? Even 'sinners' love those who
love them. 33And if you do good to those who
are good to you, what credit is that to you? Even
'sinners' do that. 34And if you lend to those from
whom you expect repayment, what credit is that
to you? Even 'sinners' lend to 'sinners,' expecting to be repaid in full. 35But love your enemies,
do good to them, and lend to them without
expecting to get anything back. Then your reward will be great, and you will be sons of the
Most High, because he is kind to the ungrateful
and wicked. 36Be merciful, just as your Father
is merciful.

Judging Others

37"Do not judge, and you will not be judged.
Do not condemn, and you will not be condemned. Forgive, and you will be forgiven.
38Give, and it will be given to you. A good
measure, pressed down, shaken together and
running over, will be poured into your lap. For
with the measure you use, it will be measured to
you."

39He also told them this parable: "Can a blind
man lead a blind man? Will they not both fall

---

[h]6:22 los desprestigien. Lit. echen su nombre como malo.

puede un ciego guiar a otro ciego? ¿No caerán ambos en el hoyo? **40**El discípulo no está por encima de su maestro, pero todo el que haya completado su aprendizaje, a lo sumo llega al nivel de su maestro.

41»¿Por qué te fijas en la astilla que tiene tu hermano en el ojo y no le das importancia a la viga que tienes en el tuyo? **42**¿Cómo puedes decirle a tu hermano: "Hermano, déjame sacarte la astilla del ojo", cuando tú mismo no te das cuenta de la viga en el tuyo? ¡*Hipócrita Saca primero la viga de tu propio ojo, y entonces verás con claridad para sacar la astilla del ojo de tu hermano.

El árbol y su fruto

43»Ningún árbol bueno da fruto malo; tampoco da buen fruto el árbol malo. **44**A cada árbol se le reconoce por su propio fruto. No se recogen higos de los espinos ni se cosechan uvas de las zarzas. **45**El que es bueno, de la bondad que atesora en el corazón produce el bien; pero el que es malo, de su maldad produce el mal, porque de lo que abunda en el corazón habla la boca.

El prudente y el insensato

46»¿Por qué me llaman ustedes "Señor, Señor", y no hacen lo que les digo? **47**Voy a decirles a quién se parece todo el que viene a mí, y oye mis palabras y las pone en práctica: **48**Se parece a un hombre que, al construir una casa, cavó bien hondo y puso el cimiento sobre la roca. De manera que cuando vino una inundación, el torrente azotó aquella casa, pero no pudo ni siquiera hacerla tambalear porque estaba bien construida. **49**Pero el que oye mis palabras y no las pone en práctica se parece a un hombre que construyó una casa sobre tierra y sin cimientos. Tan pronto como la azotó el torrente, la casa se derrumbó, y el desastre fue terrible.»

La fe del centurión

7 Cuando terminó de hablar al pueblo, Jesús entró en Capernaúm. **2**Había allí un centurión, cuyo *siervo, a quien él estimaba mucho, estaba enfermo, a punto de morir. **3**Como oyó hablar de Jesús, el centurión mandó a unos dirigentes*i* de los judíos a pedirle que fuera a sanar a su siervo. **4**Cuando llegaron ante Jesús, le rogaron con insistencia:

—Este hombre merece que le concedas lo que te pide: **5**aprecia tanto a nuestra nación, que nos ha construido una sinagoga.

6Así que Jesús fue con ellos. No estaba lejos de la casa cuando el centurión mandó unos amigos a decirle:

*i*7:3 *dirigentes.* Lit. **ancianos.*

into a pit? **40**A student is not above his teacher, but everyone who is fully trained will be like his teacher.

41"Why do you look at the speck of sawdust in your brother's eye and pay no attention to the plank in your own eye? **42**How can you say to your brother, 'Brother, let me take the speck out of your eye,' when you yourself fail to see the plank in your own eye? You hypocrite, first take the plank out of your eye, and then you will see clearly to remove the speck from your brother's eye.

A Tree and Its Fruit

43"No good tree bears bad fruit, nor does a bad tree bear good fruit. **44**Each tree is recognized by its own fruit. People do not pick figs from thornbushes, or grapes from briers. **45**The good man brings good things out of the good stored up in his heart, and the evil man brings evil things out of the evil stored up in his heart. For out of the overflow of his heart his mouth speaks.

The Wise and Foolish Builders

46"Why do you call me, 'Lord, Lord,' and do not do what I say? **47**I will show you what he is like who comes to me and hears my words and puts them into practice. **48**He is like a man building a house, who dug down deep and laid the foundation on rock. When a flood came, the torrent struck that house but could not shake it, because it was well built. **49**But the one who hears my words and does not put them into practice is like a man who built a house on the ground without a foundation. The moment the torrent struck that house, it collapsed and its destruction was complete."

The Faith of the Centurion

7 When Jesus had finished saying all this in the hearing of the people, he entered Capernaum. **2**There a centurion's servant, whom his master valued highly, was sick and about to die. **3**The centurion heard of Jesus and sent some elders of the Jews to him, asking him to come and heal his servant. **4**When they came to Jesus, they pleaded earnestly with him, "This man deserves to have you do this, **5**because he loves our nation and has built our synagogue." **6**So Jesus went with them.

He was not far from the house when the centurion sent friends to say to him: "Lord, don't trouble yourself, for I do not deserve to

—Señor, no te tomes tanta molestia, pues no merezco que entres bajo mi techo. 7Por eso ni siquiera me atreví a presentarme ante ti. Pero con una sola palabra que digas, quedará sano mi siervo. 8Yo mismo obedezco órdenes superiores y, además, tengo soldados bajo mi autoridad. Le digo a uno: "Ve", y va, y al otro: "Ven", y viene. Le digo a mi siervo: "Haz esto", y lo hace.

9Al oírlo, Jesús se asombró de él y, volviéndose a la multitud que lo seguía, comentó:

—Les digo que ni siquiera en Israel he encontrado una fe tan grande.

10Al regresar a casa, los enviados encontraron sano al siervo.

Jesús resucita al hijo de una viuda

11Poco después Jesús, en compañía de sus discípulos y de una gran multitud, se dirigió a un pueblo llamado Naín. 12Cuando ya se acercaba a las puertas del pueblo, vio que sacaban de allí a un muerto, hijo único de madre viuda. La acompañaba un grupo grande de la población. 13Al verla, el Señor se compadeció de ella y le dijo:

—No llores.

14Entonces se acercó y tocó el féretro. Los que lo llevaban se detuvieron, y Jesús dijo:

—Joven, ¡te ordeno que te levantes

15El muerto se incorporó y comenzó a hablar, y Jesús se lo entregó a su madre. 16Todos se llenaron de temor y alababan a Dios.

—Ha surgido entre nosotros un gran profeta —decían—. Dios ha venido en ayuda deⱼ su pueblo.

17Así que esta noticia acerca de Jesús se divulgó por toda Judeaᵏ y por todas las regiones vecinas.

Jesús y Juan el Bautista

18Los discípulos de Juan le contaron todo esto. Él llamó a dos de ellos 19y los envió al Señor a preguntarle:

—¿Eres tú el que ha de venir, o debemos esperar a otro?

20Cuando se acercaron a Jesús, ellos le dijeron:

—Juan el Bautista nos ha enviado a preguntarte: "¿Eres tú el que ha de venir, o debemos esperar a otro?"

21En ese mismo momento Jesús sanó a muchos que tenían enfermedades, dolencias y *espíritus malignos, y les dio la vista a muchos ciegos. 22Entonces les respondió a los enviados:

—Vayan y cuéntenle a Juan lo que han visto y oído: Los ciegos ven, los cojos andan, los que tienen *lepra son sanados, los sordos oyen, los

have you come under my roof. 7That is why I did not even consider myself worthy to come to you. But say the word, and my servant will be healed. 8For I myself am a man under authority, with soldiers under me. I tell this one, 'Go,' and he goes; and that one, 'Come,' and he comes. I say to my servant, 'Do this,' and he does it."

9When Jesus heard this, he was amazed at him, and turning to the crowd following him, he said, "I tell you, I have not found such great faith even in Israel." 10Then the men who had been sent returned to the house and found the servant well.

Jesus Raises a Widow's Son

11Soon afterward, Jesus went to a town called Nain, and his disciples and a large crowd went along with him. 12As he approached the town gate, a dead person was being carried out—the only son of his mother, and she was a widow. And a large crowd from the town was with her. 13When the Lord saw her, his heart went out to her and he said, "Don't cry."

14Then he went up and touched the coffin, and those carrying it stood still. He said, "Young man, I say to you, get up " 15The dead man sat up and began to talk, and Jesus gave him back to his mother.

16They were all filled with awe and praised God. "A great prophet has appeared among us," they said. "God has come to help his people." 17This news about Jesus spread throughout Judea ᵇ and the surrounding country.

Jesus and John the Baptist

18John's disciples told him about all these things. Calling two of them, 19he sent them to the Lord to ask, "Are you the one who was to come, or should we expect someone else?"

20When the men came to Jesus, they said, "John the Baptist sent us to you to ask, 'Are you the one who was to come, or should we expect someone else?'"

21At that very time Jesus cured many who had diseases, sicknesses and evil spirits, and gave sight to many who were blind. 22So he replied to the messengers, "Go back and report to John what you have seen and heard: The blind receive sight, the lame walk, those who have leprosyᶜ are cured, the deaf hear, the dead are raised, and the good news is preached

---

ʲ7:16 ha venido en ayuda de. Lit. ha visitado a.
ᵏ7:17 Judea. Alt. la tierra de los judíos.

ᵇ17 Or the land of the Jews   ᶜ22 The Greek word was used for various diseases affecting the skin—not necessarily leprosy.

muertos resucitan y a los pobres se les anuncian las buenas *nuevas. 23*Dichoso el que no *tropieza por causa mía.

24Cuando se fueron los enviados, Jesús comenzó a hablarle a la multitud acerca de Juan: «¿Qué salieron a ver al desierto? ¿Una caña sacudida por el viento? 25Si no, ¿qué salieron a ver? ¿A un hombre vestido con ropa fina? Claro que no, pues los que se visten ostentosamente y llevan una vida de lujo están en los palacios reales. 26Entonces, ¿qué salieron a ver? ¿A un profeta? Sí, les digo, y más que profeta. 27Éste es de quien está escrito:

» "Yo estoy por enviar a mi mensajero delante de ti,
el cual preparará el camino." *l*

28Les digo que entre los mortales no ha habido nadie más grande que Juan; sin embargo, el más pequeño en el reino de Dios es más grande que él.»

29Al oír esto, todo el pueblo, y hasta los *recaudadores de impuestos, reconocieron que el camino de Dios era justo, y fueron bautizados por Juan. 30Pero los *fariseos y los *expertos en la ley no se hicieron bautizar por Juan, rechazando así el propósito de Dios respecto a ellos.*m*

31«Entonces, ¿con qué puedo comparar a la gente de esta generación? ¿A quién se parecen ellos? 32Se parecen a niños sentados en la plaza que se gritan unos a otros:

» "Tocamos la flauta,
y ustedes no bailaron;
entonamos un canto fúnebre,
y ustedes no lloraron."

33Porque vino Juan el Bautista, que no comía pan ni bebía vino, y ustedes dicen: "Tiene un demonio." 34Vino el Hijo del hombre, que come y bebe, y ustedes dicen: "Éste es un glotón y un borracho, amigo de recaudadores de impuestos y de *pecadores." 35Pero la sabiduría queda demostrada por los que la siguen.»*n*

Una mujer pecadora unge a Jesús

36Uno de los *fariseos invitó a Jesús a comer, así que fue a la casa del fariseo y se *sentó a la mesa.*ñ* 37Ahora bien, vivía en aquel pueblo una mujer que tenía fama de *pecadora. Cuando ella se enteró de que Jesús estaba comiendo en casa del fariseo, se presentó con un frasco de alabastro lleno de perfume. 38Llorando, se arrojó a los

to the poor. 23Blessed is the man who does not fall away on account of me."

24After John's messengers left, Jesus began to speak to the crowd about John: "What did you go out into the desert to see? A reed swayed by the wind? 25If not, what did you go out to see? A man dressed in fine clothes? No, those who wear expensive clothes and indulge in luxury are in palaces. 26But what did you go out to see? A prophet? Yes, I tell you, and more than a prophet. 27This is the one about whom it is written:

" 'I will send my messenger ahead of you,
who will prepare your way before you.'*d*

28I tell you, among those born of women there is no one greater than John; yet the one who is least in the kingdom of God is greater than he."

29(All the people, even the tax collectors, when they heard Jesus' words, acknowledged that God's way was right, because they had been baptized by John. 30But the Pharisees and experts in the law rejected God's purpose for themselves, because they had not been baptized by John.)

31"To what, then, can I compare the people of this generation? What are they like? 32They are like children sitting in the marketplace and calling out to each other:

" 'We played the flute for you,
and you did not dance;
we sang a dirge,
and you did not cry.'

33For John the Baptist came neither eating bread nor drinking wine, and you say, 'He has a demon.' 34The Son of Man came eating and drinking, and you say, 'Here is a glutton and a drunkard, a friend of tax collectors and "sinners." ' 35But wisdom is proved right by all her children."

Jesus Anointed by a Sinful Woman

36Now one of the Pharisees invited Jesus to have dinner with him, so he went to the Pharisee's house and reclined at the table. 37When a woman who had lived a sinful life in that town learned that Jesus was eating at the Pharisee's house, she brought an alabaster jar of perfume, 38and as she stood behind him at his feet weep-

---

*l*7:27 Mal 3:1 *m*7:29-30 Algunos intérpretes piensan que estos versículos forman parte del discurso de Jesús.
*n*7:35 *queda ... siguen.* Lit. *ha sido justificada por todos sus hijos.* *ñ*7:36 *se sentó a la mesa.* Lit. *se recostó.* *d*27 Mal. 3:1

pies de Jesús,*ᵒ* de manera que se los bañaba en lágrimas. Luego se los secó con los cabellos; también se los besaba y se los ungía con el perfume.

39Al ver esto, el fariseo que lo había invitado dijo para sí: «Si este hombre fuera profeta, sabría quién es la que lo está tocando, y qué clase de mujer es: una pecadora.»

40Entonces Jesús le dijo a manera de respuesta:

—Simón, tengo algo que decirte.

—Dime, Maestro —respondió.

41—Dos hombres le debían dinero a cierto prestamista. Uno le debía quinientas monedas de plata,*ᵖ* y el otro cincuenta. **42**Como no tenían con qué pagarle, les perdonó la deuda a los dos. Ahora bien, ¿cuál de los dos lo amará más?

43—Supongo que aquel a quien más le perdonó —contestó Simón.

—Has juzgado bien —le dijo Jesús.

44Luego se volvió hacia la mujer y le dijo a Simón:

—¿Ves a esta mujer? Cuando entré en tu casa, no me diste agua para los pies, pero ella me ha bañado los pies en lágrimas y me los ha secado con sus cabellos. **45**Tú no me besaste, pero ella, desde que entré, no ha dejado de besarme los pies. **46**Tú no me ungiste la cabeza con aceite, pero ella me ungió los pies con perfume. **47**Por esto te digo: si ella ha amado mucho, es que sus muchos pecados le han sido perdonados.*q* Pero a quien poco se le perdona, poco ama.

48Entonces le dijo Jesús a ella:

—Tus pecados quedan perdonados.

49Los otros invitados comenzaron a decir entre sí: «¿Quién es éste, que hasta perdona pecados?»

50—Tu fe te ha salvado —le dijo Jesús a la mujer—; vete en paz.

Parábola del sembrador

8 Después de esto, Jesús estuvo recorriendo los pueblos y las aldeas, proclamando las buenas *nuevas del reino de Dios. Lo acompañaban los doce, **2**y también algunas mujeres que habían sido sanadas de *espíritus malignos y de enfermedades: María, a la que llamaban Magdalena, y de la que habían salido siete demonios; **3**Juana, esposa de Cuza, el administrador de Herodes; Susana y muchas más que los ayudaban con sus propios recursos.

4De cada pueblo salía gente para ver a Jesús, y cuando se reunió una gran multitud, él les

ing, she began to wet his feet with her tears. Then she wiped them with her hair, kissed them and poured perfume on them.

39When the Pharisee who had invited him saw this, he said to himself, "If this man were a prophet, he would know who is touching him and what kind of woman she is—that she is a sinner."

40Jesus answered him, "Simon, I have something to tell you."

"Tell me, teacher," he said.

41"Two men owed money to a certain moneylender. One owed him five hundred denarii,*ᵉ* and the other fifty. **42**Neither of them had the money to pay him back, so he canceled the debts of both. Now which of them will love him more?"

43Simon replied, "I suppose the one who had the bigger debt canceled."

"You have judged correctly," Jesus said.

44Then he turned toward the woman and said to Simon, "Do you see this woman? I came into your house. You did not give me any water for my feet, but she wet my feet with her tears and wiped them with her hair. **45**You did not give me a kiss, but this woman, from the time I entered, has not stopped kissing my feet. **46**You did not put oil on my head, but she has poured perfume on my feet. **47**Therefore, I tell you, her many sins have been forgiven—for she loved much. But he who has been forgiven little loves little."

48Then Jesus said to her, "Your sins are forgiven."

49The other guests began to say among themselves, "Who is this who even forgives sins?"

50Jesus said to the woman, "Your faith has saved you; go in peace."

The Parable of the Sower

8 After this, Jesus traveled about from one town and village to another, proclaiming the good news of the kingdom of God. The Twelve were with him, **2**and also some women who had been cured of evil spirits and diseases: Mary (called Magdalene) from whom seven demons had come out; **3**Joanna the wife of Cuza, the manager of Herod's household; Susanna; and many others. These women were helping to support them out of their own means.

4While a large crowd was gathering and people were coming to Jesus from town after town,

---

ᵒ **7:38** *se arrojó a los pies de Jesús*. Lit. *se puso detrás junto a sus pies*; es decir, detrás del recostadero.

ᵖ **7:41** *quinientas monedas de plata*. Lit. *quinientos* *denarios*. *q* **7:47** *te digo … perdonados*. Lit. *te digo que sus muchos pecados han sido perdonados porque amó mucho.*

ᵉ41 A denarius was a coin worth about a day's wages.

contó esta parábola: **5**«Un sembrador salió a sembrar. Al esparcir la semilla, una parte cayó junto al camino; fue pisoteada, y los pájaros se la comieron. **6**Otra parte cayó sobre las piedras y, cuando brotó, las plantas se secaron por falta de humedad. **7**Otra parte cayó entre espinos que, al crecer junto con la semilla, la ahogaron. **8**Pero otra parte cayó en buen terreno; así que brotó y produjo una cosecha del ciento por uno.»

Dicho esto, exclamó: «El que tenga oídos para oír, que oiga.»

9Sus discípulos le preguntaron cuál era el significado de esta parábola. **10**«A ustedes se les ha concedido que conozcan los *secretos del reino de Dios —les contestó—; pero a los demás se les habla por medio de parábolas para que

» "aunque miren, no vean;
aunque oigan, no entiendan".*r*

11»Éste es el significado de la parábola: La semilla es la palabra de Dios. **12**Los que están junto al camino son los que oyen, pero luego viene el diablo y les quita la palabra del corazón, no sea que crean y se salven. **13**Los que están sobre las piedras son los que reciben la palabra con alegría cuando la oyen, pero no tienen raíz. Éstos creen por algún tiempo, pero se apartan cuando llega la *prueba. **14**La parte que cayó entre espinos son los que oyen, pero, con el correr del tiempo, los ahogan las preocupaciones, las riquezas y los placeres de esta vida, y no maduran. **15**Pero la parte que cayó en buen terreno son los que oyen la palabra con corazón noble y bueno, y la retienen; y como perseveran, producen una buena cosecha.

Una lámpara en una repisa

16»Nadie enciende una lámpara para después cubrirla con una vasija o ponerla debajo de la cama, sino para ponerla en una repisa, a fin de que los que entren tengan luz. **17**No hay nada escondido que no llegue a descubrirse, ni nada oculto que no llegue a conocerse públicamente. **18**Por lo tanto, pongan mucha atención. Al que tiene, se le dará más; al que no tiene, hasta lo que cree tener se le quitará.»

La madre y los hermanos de Jesús

19La madre y los hermanos de Jesús fueron a verlo, pero como había mucha gente, no lograban acercársele.

20—Tu madre y tus hermanos están afuera y quieren verte —le avisaron.

he told this parable: **5**"A farmer went out to sow his seed. As he was scattering the seed, some fell along the path; it was trampled on, and the birds of the air ate it up. **6**Some fell on rock, and when it came up, the plants withered because they had no moisture. **7**Other seed fell among thorns, which grew up with it and choked the plants. **8**Still other seed fell on good soil. It came up and yielded a crop, a hundred times more than was sown."

When he said this, he called out, "He who has ears to hear, let him hear."

9His disciples asked him what this parable meant. **10**He said, "The knowledge of the secrets of the kingdom of God has been given to you, but to others I speak in parables, so that,

" 'though seeing, they may not see;
though hearing, they may not understand.'*f*

11"This is the meaning of the parable: The seed is the word of God. **12**Those along the path are the ones who hear, and then the devil comes and takes away the word from their hearts, so that they may not believe and be saved. **13**Those on the rock are the ones who receive the word with joy when they hear it, but they have no root. They believe for a while, but in the time of testing they fall away. **14**The seed that fell among thorns stands for those who hear, but as they go on their way they are choked by life's worries, riches and pleasures, and they do not mature. **15**But the seed on good soil stands for those with a noble and good heart, who hear the word, retain it, and by persevering produce a crop.

A Lamp on a Stand

16"No one lights a lamp and hides it in a jar or puts it under a bed. Instead, he puts it on a stand, so that those who come in can see the light. **17**For there is nothing hidden that will not be disclosed, and nothing concealed that will not be known or brought out into the open. **18**Therefore consider carefully how you listen. Whoever has will be given more; whoever does not have, even what he thinks he has will be taken from him."

Jesus' Mother and Brother

19Now Jesus' mother and brothers came to see him, but they were not able to get near him because of the crowd. **20**Someone told him, "Your mother and brothers are standing outside, wanting to see you."

*r*8:10 Is 6:9   *f*10 Isaiah 6:9

21Pero él les contestó:

—Mi madre y mis hermanos son los que oyen la palabra de Dios y la ponen en práctica.

Jesús calma la tormenta

22Un día subió Jesús con sus discípulos a una barca.

—Crucemos al otro lado del lago —les dijo.

Así que partieron, **23**y mientras navegaban, él se durmió. Entonces se desató una tormenta sobre el lago, de modo que la barca comenzó a inundarse y corrían gran peligro.

24Los discípulos fueron a despertarlo.

—¡Maestro, Maestro, nos vamos a ahogar —gritaron.

Él se levantó y reprendió al viento y a las olas; la tormenta se apaciguó y todo quedó tranquilo.

25—¿Dónde está la fe de ustedes? —les dijo a sus discípulos.

Con temor y asombro ellos se decían unos a otros: «¿Quién es éste, que manda aun a los vientos y al agua, y le obedecen?»

Liberación de un endemoniado

26Navegaron hasta la región de los gerasenos,[s] que está al otro lado del lago, frente a Galilea. **27**Al desembarcar Jesús, un endemoniado que venía del pueblo le salió al encuentro. Hacía mucho tiempo que este hombre no se vestía; tampoco vivía en una casa sino en los sepulcros. **28**Cuando vio a Jesús, dio un grito y se arrojó a sus pies. Entonces exclamó con fuerza:

—¿Por qué te entrometes, Jesús, Hijo del Dios Altísimo? ¡Te ruego que no me atormentes!

29Es que Jesús le había ordenado al *espíritu maligno que saliera del hombre. Se había apoderado de él muchas veces y, aunque le sujetaban los pies y las manos con cadenas y lo mantenían bajo custodia, rompía las cadenas y el demonio lo arrastraba a lugares solitarios.

30—¿Cómo te llamas? —le preguntó Jesús.

—Legión —respondió, ya que habían entrado en él muchos demonios.

31Y éstos le suplicaban a Jesús que no los mandara al *abismo. **32**Como había una manada grande de cerdos paciendo en la colina, le rogaron a Jesús que los dejara entrar en ellos. Así que él les dio permiso. **33**Y cuando los demonios salieron del hombre, entraron en los cerdos, y la manada se precipitó al lago por el despeñadero y se ahogó.

34Al ver lo sucedido, los que cuidaban los cerdos huyeron y dieron la noticia en el pueblo y por los campos, **35**y la gente salió a ver lo que había pasado. Llegaron adonde estaba Jesús y

21He replied, "My mother and brothers are those who hear God's word and put it into practice."

Jesus Calms the Storm

22One day Jesus said to his disciples, "Let's go over to the other side of the lake." So they got into a boat and set out. **23**As they sailed, he fell asleep. A squall came down on the lake, so that the boat was being swamped, and they were in great danger.

24The disciples went and woke him, saying, "Master, Master, we're going to drown "

He got up and rebuked the wind and the raging waters; the storm subsided, and all was calm. **25**"Where is your faith?" he asked his disciples.

In fear and amazement they asked one another, "Who is this? He commands even the winds and the water, and they obey him."

The Healing of a Demon-possessed Man

26They sailed to the region of the Gerasenes,[g] which is across the lake from Galilee. **27**When Jesus stepped ashore, he was met by a demon-possessed man from the town. For a long time this man had not worn clothes or lived in a house, but had lived in the tombs. **28**When he saw Jesus, he cried out and fell at his feet, shouting at the top of his voice, "What do you want with me, Jesus, Son of the Most High God? I beg you, don't torture me " **29**For Jesus had commanded the evil[h] spirit to come out of the man. Many times it had seized him, and though he was chained hand and foot and kept under guard, he had broken his chains and had been driven by the demon into solitary places.

30Jesus asked him, "What is your name?"

"Legion," he replied, because many demons had gone into him. **31**And they begged him repeatedly not to order them to go into the Abyss.

32A large herd of pigs was feeding there on the hillside. The demons begged Jesus to let them go into them, and he gave them permission. **33**When the demons came out of the man, they went into the pigs, and the herd rushed down the steep bank into the lake and was drowned.

34When those tending the pigs saw what had happened, they ran off and reported this in the town and countryside, **35**and the people went out

8:26 gerasenos. Var. gadarenos; otra var. gergesenos; también en v. 37.

g26 Some manuscripts Gadarenes; other manuscripts Gergesenes; also in verse 37   *h29* Greek unclean encontraron, sentado a sus pies, al hombre de quien habían salido los demonios. Cuando lo vieron vestido y en su sano juicio, tuvieron miedo. 36Los que habían presenciado estas cosas le contaron a la gente cómo el endemoniado había sido *sanado. 37Entonces toda la gente de la región de los gerasenos le pidió a Jesús que se fuera de allí, porque les había entrado mucho miedo. Así que él subió a la barca para irse.

38Ahora bien, el hombre de quien habían salido los demonios le rogaba que le permitiera acompañarlo, pero Jesús lo despidió y le dijo:

39—Vuelve a tu casa y cuenta todo lo que Dios ha hecho por ti.

Así que el hombre se fue y proclamó por todo el pueblo lo mucho que Jesús había hecho por él.

Una niña muerta y una mujer enferma

40Cuando Jesús regresó, la multitud se alegró de verlo, pues todos estaban esperándolo. 41En esto llegó un hombre llamado Jairo, que era un jefe de la sinagoga. Arrojándose a los pies de Jesús, le suplicaba que fuera a su casa, 42porque su única hija, de unos doce años, se estaba muriendo.

Jesús se puso en camino y las multitudes lo apretujaban. 43Había entre la gente una mujer que hacía doce años padecía de hemorragias,f sin que nadie pudiera sanarla. 44Ella se le acercó por detrás y le tocó el borde del manto, y al instante cesó su hemorragia.

45—¿Quién me ha tocado? —preguntó Jesús.

Como todos negaban haberlo tocado, Pedro le dijo:

—Maestro, son multitudes las que te aprietan y te oprimen.

46—No, alguien me ha tocado —replicó Jesús—; yo sé que de mí ha salido poder.

47La mujer, al ver que no podía pasar inadvertida, se acercó temblando y se arrojó a sus pies. En presencia de toda la gente, contó por qué lo había tocado y cómo había sido sanada al instante.

48—Hija, tu fe te ha *sanado —le dijo Jesús—. Vete en paz.

49Todavía estaba hablando Jesús, cuando alguien llegó de la casa de Jairo, jefe de la sinagoga, para decirle:

—Tu hija ha muerto. No molestes más al Maestro.

50Al oír esto, Jesús le dijo a Jairo:

—No tengas miedo; cree nada más, y ella será sanada.

51Cuando llegó a la casa de Jairo, no dejó que nadie entrara con él, excepto Pedro, Juan y

to see what had happened. When they came to Jesus, they found the man from whom the demons had gone out, sitting at Jesus' feet, dressed and in his right mind; and they were afraid. 36Those who had seen it told the people how the demon-possessed man had been cured. 37Then all the people of the region of the Gerasenes asked Jesus to leave them, because they were overcome with fear. So he got into the boat and left.

38The man from whom the demons had gone out begged to go with him, but Jesus sent him away, saying, 39"Return home and tell how much God has done for you." So the man went away and told all over town how much Jesus had done for him.

A Dead Girl and a Sick Woman

40Now when Jesus returned, a crowd welcomed him, for they were all expecting him. 41Then a man named Jairus, a ruler of the synagogue, came and fell at Jesus' feet, pleading with him to come to his house 42because his only daughter, a girl of about twelve, was dying.

As Jesus was on his way, the crowds almost crushed him. 43And a woman was there who had been subject to bleeding for twelve years,i but no one could heal her. 44She came up behind him and touched the edge of his cloak, and immediately her bleeding stopped.

45"Who touched me?" Jesus asked.

When they all denied it, Peter said, "Master, the people are crowding and pressing against you."

46But Jesus said, "Someone touched me; I know that power has gone out from me."

47Then the woman, seeing that she could not go unnoticed, came trembling and fell at his feet. In the presence of all the people, she told why she had touched him and how she had been instantly healed. 48Then he said to her, "Daughter, your faith has healed you. Go in peace."

49While Jesus was still speaking, someone came from the house of Jairus, the synagogue ruler. "Your daughter is dead," he said. "Don't bother the teacher any more."

50Hearing this, Jesus said to Jairus, "Don't be afraid; just believe, and she will be healed."

51When he arrived at the house of Jairus, he did not let anyone go in with him except Peter,

f8:43 hemorragias. Var. hemorragias y que había gastado en médicos todo lo que tenía.

i43 Many manuscripts years, and she had spent all she had on doctors

*Jacobo, y el padre y la madre de la niña. 52Todos estaban llorando, muy afligidos por ella.

—Dejen de llorar —les dijo Jesús—. No está muerta sino dormida.

53Entonces ellos empezaron a burlarse de él porque sabían que estaba muerta. 54Pero él la tomó de la mano y le dijo:

—¡Niña, levántate

55Recobró la vida*u* y al instante se levantó. Jesús mandó darle de comer. 56Los padres se quedaron atónitos, pero él les advirtió que no contaran a nadie lo que había sucedido.

Jesús envía a los doce

9 Habiendo reunido a los doce, Jesús les dio poder y autoridad para expulsar a todos los demonios y para sanar enfermedades. 2Entonces los envió a predicar el reino de Dios y a sanar a los enfermos. 3«No lleven nada para el camino: ni bastón, ni bolsa, ni pan, ni dinero, ni dos mudas de ropa —les dijo—. 4En cualquier casa que entren, quédense allí hasta que salgan del pueblo. 5Si no los reciben bien, al salir de ese pueblo, sacúdanse el polvo de los pies como un testimonio contra sus habitantes.» 6Así que partieron y fueron por todas partes de pueblo en pueblo, predicando el evangelio y sanando a la gente.

7Herodes el tetrarca se enteró de todo lo que estaba sucediendo. Estaba perplejo porque algunos decían que Juan había *resucitado; 8otros, que se había aparecido Elías; y otros, en fin, que había resucitado alguno de los antiguos profetas. 9Pero Herodes dijo: «A Juan mandé que le cortaran la cabeza; ¿quién es, entonces, éste de quien oigo tales cosas?» Y procuraba verlo.

Jesús alimenta a los cinco mil

10Cuando regresaron los apóstoles, le relataron a Jesús lo que habían hecho. Él se los llevó consigo y se retiraron solos a un pueblo llamado Betsaida, 11pero la gente se enteró y lo siguió. Él los recibió y les habló del reino de Dios. También sanó a los que lo necesitaban.

12Al atardecer se le acercaron los doce y le dijeron:

—Despide a la gente, para que vaya a buscar alojamiento y comida en los campos y pueblos cercanos, pues donde estamos no hay nada.*v*

13—Denles ustedes mismos de comer —les dijo Jesús.

—No tenemos más que cinco panes y dos pescados, a menos que vayamos a comprar comida para toda esta gente —objetaron ellos, 14porque había allí unos cinco mil hombres.

John and James, and the child's father and mother. 52Meanwhile, all the people were wailing and mourning for her. "Stop wailing," Jesus said. "She is not dead but asleep."

53They laughed at him, knowing that she was dead. 54But he took her by the hand and said, "My child, get up!" 55Her spirit returned, and at once she stood up. Then Jesus told them to give her something to eat. 56Her parents were astonished, but he ordered them not to tell anyone what had happened.

Jesus Sends Out the Twelve

9 When Jesus had called the Twelve together, he gave them power and authority to drive out all demons and to cure diseases, 2and he sent them out to preach the kingdom of God and to heal the sick. 3He told them: "Take nothing for the journey—no staff, no bag, no bread, no money, no extra tunic. 4Whatever house you enter, stay there until you leave that town. 5If people do not welcome you, shake the dust off your feet when you leave their town, as a testimony against them." 6So they set out and went from village to village, preaching the gospel and healing people everywhere.

7Now Herod the tetrarch heard about all that was going on. And he was perplexed, because some were saying that John had been raised from the dead, 8others that Elijah had appeared, and still others that one of the prophets of long ago had come back to life. 9But Herod said, "I beheaded John. Who, then, is this I hear such things about?" And he tried to see him.

Jesus Feeds the Five Thousand

10When the apostles returned, they reported to Jesus what they had done. Then he took them with him and they withdrew by themselves to a town called Bethsaida, 11but the crowds learned about it and followed him. He welcomed them and spoke to them about the kingdom of God, and healed those who needed healing.

12Late in the afternoon the Twelve came to him and said, "Send the crowd away so they can go to the surrounding villages and countryside and find food and lodging, because we are in a remote place here."

13He replied, "You give them something to eat."

They answered, "We have only five loaves of bread and two fish—unless we go and buy food for all this crowd." 14(About five thousand men were there.)

---

u **8:55** *Recobró la vida.* Lit. *Y volvió el espíritu de ella.*
v **9:12** *donde estamos no hay nada.* Lit. *aquí estamos en un lugar desierto.*

Pero Jesús dijo a sus discípulos:

—Hagan que se sienten en grupos como de cincuenta cada uno.

15Así lo hicieron los discípulos, y se sentaron todos. 16Entonces Jesús tomó los cinco panes y los dos pescados, y mirando al cielo, los bendijo. Luego los partió y se los dio a los discípulos para que se los repartieran a la gente. 17Todos comieron hasta quedar satisfechos, y de los pedazos que sobraron se recogieron doce canastas.

La confesión de Pedro

18Un día cuando Jesús estaba orando para sí, estando allí sus discípulos, les preguntó:

—¿Quién dice la gente que soy yo?

19—Unos dicen que Juan el Bautista, otros que Elías, y otros que uno de los antiguos profetas ha resucitado —respondieron.

20—Y ustedes, ¿quién dicen que soy yo?

—El *Cristo de Dios —afirmó Pedro.

21Jesús les ordenó terminantemente que no dijeran esto a nadie. Y les dijo:

22—El Hijo del hombre tiene que sufrir muchas cosas y ser rechazado por los *ancianos, los jefes de los sacerdotes y los *maestros de la ley. Es necesario que lo maten y que resucite al tercer día.

23Dirigiéndose a todos, declaró:

—Si alguien quiere ser mi discípulo, que se niegue a sí mismo, lleve su cruz cada día y me siga. 24Porque el que quiera salvar su *vida, la perderá; pero el que pierda su vida por mi causa, la salvará. 25¿De qué le sirve a uno ganar el mundo entero si se pierde o se destruye a sí mismo? 26Si alguien se avergüenza de mí y de mis palabras, el Hijo del hombre se avergonzará de él cuando venga en su gloria y en la gloria del Padre y de los santos ángeles. 27Además, les aseguro que algunos de los aquí presentes no sufrirán la muerte sin antes haber visto el reino de Dios.

La transfiguración

28Unos ocho días después de decir esto, Jesús, acompañado de Pedro, Juan y *Jacobo, subió a una montaña a orar. 29Mientras oraba, su rostro se transformó, y su ropa se tornó blanca y radiante. 30Y aparecieron dos personajes —Moisés y Elías— que conversaban con Jesús. 31Tenían un aspecto glorioso, y hablaban de la partidaw de Jesús, que él estaba por llevar a cabo en Jerusalén. 32Pedro y sus compañeros estaban rendidos de sueño, pero cuando se despabilaron, vieron su gloria y a los dos personajes que estaban con él. 33Mientras éstos se apartaban de Jesús, Pedro, sin saber lo que estaba diciendo, propuso:

But he said to his disciples, "Have them sit down in groups of about fifty each." 15The disciples did so, and everybody sat down. 16Taking the five loaves and the two fish and looking up to heaven, he gave thanks and broke them. Then he gave them to the disciples to set before the people. 17They all ate and were satisfied, and the disciples picked up twelve basketfuls of broken pieces that were left over.

Peter's Confession of Christ

18Once when Jesus was praying in private and his disciples were with him, he asked them, "Who do the crowds say I am?"

19They replied, "Some say John the Baptist; others say Elijah; and still others, that one of the prophets of long ago has come back to life."

20"But what about you?" he asked. "Who do you say I am?"

Peter answered, "The Christj of God."

21Jesus strictly warned them not to tell this to anyone. 22And he said, "The Son of Man must suffer many things and be rejected by the elders, chief priests and teachers of the law, and he must be killed and on the third day be raised to life."

23Then he said to them all: "If anyone would come after me, he must deny himself and take up his cross daily and follow me. 24For whoever wants to save his life will lose it, but whoever loses his life for me will save it. 25What good is it for a man to gain the whole world, and yet lose or forfeit his very self? 26If anyone is ashamed of me and my words, the Son of Man will be ashamed of him when he comes in his glory and in the glory of the Father and of the holy angels. 27I tell you the truth, some who are standing here will not taste death before they see the kingdom of God."

The Transfiguration

28About eight days after Jesus said this, he took Peter, John and James with him and went up onto a mountain to pray. 29As he was praying, the appearance of his face changed, and his clothes became as bright as a flash of lightning. 30Two men, Moses and Elijah, 31appeared in glorious splendor, talking with Jesus. They spoke about his departure, which he was about to bring to fulfillment at Jerusalem. 32Peter and his companions were very sleepy, but when they became fully awake, they saw his glory and the two men standing with him. 33As the men were leaving Jesus, Peter said to him, "Master, it is

---

w 9:31 de la partida. Lit. del éxodo.   j 20 Or Messiah

—Maestro, ¡qué bien que estemos aquí Podemos levantar tres albergues: uno para ti, otro para Moisés y otro para Elías.

³⁴Estaba hablando todavía cuando apareció una nube que los envolvió, de modo que se asustaron. ³⁵Entonces salió de la nube una voz que dijo: «Éste es mi Hijo, mi escogido; escúchenlo.» ³⁶Después de oírse la voz, Jesús quedó solo. Los discípulos guardaron esto en secreto, y por algún tiempo a nadie contaron nada de lo que habían visto.

Jesús sana a un muchacho endemoniado

³⁷Al día siguiente, cuando bajaron de la montaña, le salió al encuentro mucha gente. ³⁸Y un hombre de entre la multitud exclamó:

—Maestro, te ruego que atiendas a mi hijo, pues es el único que tengo. ³⁹Resulta que un espíritu se posesiona de él, y de repente el muchacho se pone a gritar; también lo sacude con violencia y hace que eche espumarajos. Cuando lo atormenta, a duras penas lo suelta. ⁴⁰Ya les rogué a tus discípulos que lo expulsaran, pero no pudieron.

⁴¹—¡Ah, generación incrédula y perversa —respondió Jesús—. ¿Hasta cuándo tendré que estar con ustedes y soportarlos? Trae acá a tu hijo.

⁴²Estaba acercándose el muchacho cuando el demonio lo derribó con una convulsión. Pero Jesús reprendió al *espíritu maligno, sanó al muchacho y se lo devolvió al padre. ⁴³Y todos se quedaron asombrados de la grandeza de Dios.

En medio de tanta admiración por todo lo que hacía, Jesús dijo a sus discípulos:

⁴⁴—Presten mucha atención a lo que les voy a decir: El Hijo del hombre va a ser entregado en manos de los hombres.

⁴⁵Pero ellos no entendían lo que quería decir con esto. Les estaba encubierto para que no lo comprendieran, y no se atrevían a preguntárselo.

¿Quién va a ser el más importante?

⁴⁶Surgió entre los discípulos una discusión sobre quién de ellos sería el más importante. ⁴⁷Como Jesús sabía bien lo que pensaban, tomó a un niño y lo puso a su lado.

⁴⁸—El que recibe en mi nombre a este niño —les dijo—, me recibe a mí; y el que me recibe a mí, recibe al que me envió. El que es más insignificante entre todos ustedes, ése es el más importante.

⁴⁹—Maestro —intervino Juan—, vimos a un hombre que expulsaba demonios en tu nombre; pero como no anda con nosotros, tratamos de impedírselo.

⁵⁰—No se lo impidan —les replicó Jesús—, porque el que no está contra ustedes está a favor de ustedes.

good for us to be here. Let us put up three shelters—one for you, one for Moses and one for Elijah." (He did not know what he was saying.)

³⁴While he was speaking, a cloud appeared and enveloped them, and they were afraid as they entered the cloud. ³⁵A voice came from the cloud, saying, "This is my Son, whom I have chosen; listen to him." ³⁶When the voice had spoken, they found that Jesus was alone. The disciples kept this to themselves, and told no one at that time what they had seen.

The Healing of a Boy With an Evil Spirit

³⁷The next day, when they came down from the mountain, a large crowd met him. ³⁸A man in the crowd called out, "Teacher, I beg you to look at my son, for he is my only child. ³⁹A spirit seizes him and he suddenly screams; it throws him into convulsions so that he foams at the mouth. It scarcely ever leaves him and is destroying him. ⁴⁰I begged your disciples to drive it out, but they could not."

⁴¹"O unbelieving and perverse generation," Jesus replied, "how long shall I stay with you and put up with you? Bring your son here."

⁴²Even while the boy was coming, the demon threw him to the ground in a convulsion. But Jesus rebuked the evilᵏ spirit, healed the boy and gave him back to his father. ⁴³And they were all amazed at the greatness of God.

While everyone was marveling at all that Jesus did, he said to his disciples, ⁴⁴"Listen carefully to what I am about to tell you: The Son of Man is going to be betrayed into the hands of men." ⁴⁵But they did not understand what this meant. It was hidden from them, so that they did not grasp it, and they were afraid to ask him about it.

Who Will Be the Greatest

⁴⁶An argument started among the disciples as to which of them would be the greatest. ⁴⁷Jesus, knowing their thoughts, took a little child and had him stand beside him. ⁴⁸Then he said to them, "Whoever welcomes this little child in my name welcomes me; and whoever welcomes me welcomes the one who sent me. For he who is least among you all—he is the greatest."

⁴⁹"Master," said John, "we saw a man driving out demons in your name and we tried to stop him, because he is not one of us."

⁵⁰"Do not stop him," Jesus said, "for whoever is not against you is for you."

ᵏ42 Greek unclean

La oposición de los samaritanos

51Como se acercaba el tiempo de que fuera llevado al cielo, Jesús se hizo el firme propósito de ir a Jerusalén. **52**Envió por delante mensajeros, que entraron en un pueblo samaritano para prepararle alojamiento; **53**pero allí la gente no quiso recibirlo porque se dirigía a Jerusalén. **54**Cuando los discípulos *Jacobo y Juan vieron esto, le preguntaron:

—Señor, ¿quieres que hagamos caer fuego del cielo para^x que los destruya?

55Pero Jesús se volvió a ellos y los reprendió. **56**Luego^y siguieron la jornada a otra aldea.

Lo que cuesta seguir a Jesús

57Iban por el camino cuando alguien le dijo:

—Te seguiré a dondequiera que vayas.

58—Las zorras tienen madrigueras y las aves tienen nidos —le respondió Jesús—, pero el Hijo del hombre no tiene dónde recostar la cabeza.

59A otro le dijo:

—Sígueme.

—Señor —le contestó—, primero déjame ir a enterrar a mi padre.

60—Deja que los muertos entierren a sus propios muertos, pero tú ve y proclama el reino de Dios —le replicó Jesús.

61Otro afirmó:

—Te seguiré, Señor; pero primero déjame despedirme de mi familia.

62Jesús le respondió:

—Nadie que mire atrás después de poner la mano en el arado es apto para el reino de Dios.

Jesús envía a los setenta y dos

10 Después de esto, el Señor escogió a otros setenta y dos^z para enviarlos de dos en dos delante de él a todo pueblo y lugar adonde él pensaba ir. **2**«Es abundante la cosecha —les dijo—, pero son pocos los obreros. Pídanle, por tanto, al Señor de la cosecha que mande obreros a su campo. **3**¡Vayan ustedes Miren que los envío como corderos en medio de lobos. **4**No lleven monedero ni bolsa ni sandalias; ni se detengan a saludar a nadie por el camino.

5»Cuando entren en una casa, digan primero: "Paz a esta casa." **6**Si hay allí alguien digno de paz, gozará de ella; y si no, la bendición no se cumplirá.^{a} **7**Quédense en esa casa, y coman y

Samaritan Opposition

51As the time approached for him to be taken up to heaven, Jesus resolutely set out for Jerusalem. **52**And he sent messengers on ahead, who went into a Samaritan village to get things ready for him; **53**but the people there did not welcome him, because he was heading for Jerusalem. **54**When the disciples James and John saw this, they asked, "Lord, do you want us to call fire down from heaven to destroy them^l?" **55**But Jesus turned and rebuked them, **56**and^m they went to another village.

The Cost of Following Jesus

57As they were walking along the road, a man said to him, "I will follow you wherever you go."

58Jesus replied, "Foxes have holes and birds of the air have nests, but the Son of Man has no place to lay his head."

59He said to another man, "Follow me."

But the man replied, "Lord, first let me go and bury my father."

60Jesus said to him, "Let the dead bury their own dead, but you go and proclaim the kingdom of God."

61Still another said, "I will follow you, Lord; but first let me go back and say good-by to my family."

62Jesus replied, "No one who puts his hand to the plow and looks back is fit for service in the kingdom of God."

Jesus Sends Out the Seventy-two

10 After this the Lord appointed seventy-two^n others and sent them two by two ahead of him to every town and place where he was about to go. **2**He told them, "The harvest is plentiful, but the workers are few. Ask the Lord of the harvest, therefore, to send out workers into his harvest field. **3**Go I am sending you out like lambs among wolves. **4**Do not take a purse or bag or sandals; and do not greet anyone on the road.

5"When you enter a house, first say, 'Peace to this house.' **6**If a man of peace is there, your peace will rest on him; if not, it will return to you. **7**Stay in that house, eating and drinking

---

^{x}**9:54** *cielo para.* Var. *cielo, como hizo Elías, para.*
^{y}**9:55,56** *reprendió.* **56***Luego.* Var. *reprendió.* / —*Ustedes no saben de qué espíritu son —les dijo—,* **56***porque el Hijo del Hombre no vino para destruir la vida de las personas sino para salvarla.* / *Luego.* ^{z}**10:1** *setenta y dos.* Var. *setenta;* también en v. 17. ^{a}**10:6** *Si hay ... se cumplirá.* Lit. *Si hay allí un hijo de paz, la paz de ustedes reposará sobre él; y si no, volverá a ustedes.*

^{l}**54** Some manuscripts *them, even as Elijah did*
^{m}**55,56** Some manuscripts *them. And he said, "You do not know what kind of spirit you are of, for the Son of Man did not come to destroy men's lives, but to save them."* **56***And*
^{n}**1** Some manuscripts *seventy;* also in verse 17

beban de lo que ellos tengan, porque el trabajador tiene derecho a su sueldo. No anden de casa en casa.

8»Cuando entren en un pueblo y los reciban, coman lo que les sirvan. **9**Sanen a los enfermos que encuentren allí y díganles: "El reino de Dios ya está cerca de ustedes." **10**Pero cuando entren en un pueblo donde no los reciban, salgan a las plazas y digan: **11**"Aun el polvo de este pueblo, que se nos ha pegado a los pies, nos lo sacudimos en protesta contra ustedes. Pero tengan por seguro que ya está cerca el reino de Dios." **12**Les digo que en aquel día será más tolerable el castigo para Sodoma que para ese pueblo.

13»¡Ay de ti, Corazín ¡Ay de ti, Betsaida Si se hubieran hecho en Tiro y en Sidón los milagros que se hicieron en medio de ustedes, ya hace tiempo que se habrían *arrepentido con grandes lamentos.*b* **14**Pero en el juicio será más tolerable el castigo para Tiro y Sidón que para ustedes. **15**Y tú, Capernaúm, ¿acaso serás levantada hasta el cielo? No, sino que descenderás hasta el *abismo.

16»El que los escucha a ustedes, me escucha a mí; el que los rechaza a ustedes, me rechaza a mí; y el que me rechaza a mí, rechaza al que me envió.»

17Cuando los setenta y dos regresaron, dijeron contentos:

—Señor, hasta los demonios se nos someten en tu nombre.

18—Yo veía a Satanás caer del cielo como un rayo —respondió él—. **19**Sí, les he dado autoridad a ustedes para pisotear serpientes y escorpiones y vencer todo el poder del enemigo; nada les podrá hacer daño. **20**Sin embargo, no se alegren de que puedan someter a los espíritus, sino alégrense de que sus nombres están escritos en el cielo.

21En aquel momento Jesús, lleno de alegría por el Espíritu Santo, dijo: «Te alabo, Padre, Señor del cielo y de la tierra, porque habiendo escondido estas cosas de los sabios e instruidos, se las has revelado a los que son como niños. Sí, Padre, porque esa fue tu buena voluntad.

22»Mi Padre me ha entregado todas las cosas. Nadie sabe quién es el Hijo, sino el Padre, y nadie sabe quién es el Padre, sino el Hijo y aquel a quien el Hijo quiera revelárselo.»

23Volviéndose a sus discípulos, les dijo aparte: «*Dichosos los ojos que ven lo que ustedes ven. **24**Les digo que muchos profetas y reyes quisieron ver lo que ustedes ven, pero no lo vieron; y oír lo que ustedes oyen, pero no lo oyeron.»

whatever they give you, for the worker deserves his wages. Do not move around from house to house.

8"When you enter a town and are welcomed, eat what is set before you. **9**Heal the sick who are there and tell them, 'The kingdom of God is near you.' **10**But when you enter a town and are not welcomed, go into its streets and say, **11**'Even the dust of your town that sticks to our feet we wipe off against you. Yet be sure of this: The kingdom of God is near.' **12**I tell you, it will be more bearable on that day for Sodom than for that town.

13"Woe to you, Korazin Woe to you, Bethsaida For if the miracles that were performed in you had been performed in Tyre and Sidon, they would have repented long ago, sitting in sackcloth and ashes. **14**But it will be more bearable for Tyre and Sidon at the judgment than for you. **15**And you, Capernaum, will you be lifted up to the skies? No, you will go down to the depths.*o*

16"He who listens to you listens to me; he who rejects you rejects me; but he who rejects me rejects him who sent me."

17The seventy-two returned with joy and said, "Lord, even the demons submit to us in your name."

18He replied, "I saw Satan fall like lightning from heaven. **19**I have given you authority to trample on snakes and scorpions and to overcome all the power of the enemy; nothing will harm you. **20**However, do not rejoice that the spirits submit to you, but rejoice that your names are written in heaven."

21At that time Jesus, full of joy through the Holy Spirit, said, "I praise you, Father, Lord of heaven and earth, because you have hidden these things from the wise and learned, and revealed them to little children. Yes, Father, for this was your good pleasure.

22"All things have been committed to me by my Father. No one knows who the Son is except the Father, and no one knows who the Father is except the Son and those to whom the Son chooses to reveal him."

23Then he turned to his disciples and said privately, "Blessed are the eyes that see what you see. **24**For I tell you that many prophets and kings wanted to see what you see but did not see it, and to hear what you hear but did not hear it."

---

b **10:13** *con grandes lamentos.* Lit. *sentados en saco y ceniza.*   *o* 15 Greek *Hades*

Parábola del buen samaritano

25En esto se presentó un *experto en la ley y, para poner a prueba a Jesús, le hizo esta pregunta:

—Maestro, ¿qué tengo que hacer para heredar la vida eterna?

26Jesús replicó:

—¿Qué está escrito en la ley? ¿Cómo la interpretas tú?

27Como respuesta el hombre citó:

—"Ama al Señor tu Dios con todo tu corazón, con todo tu ser, con todas tus fuerzas y con toda tu mente",c y: "Ama a tu prójimo como a ti mismo." d

28—Bien contestado —le dijo Jesús—. Haz eso y vivirás.

29Pero él quería justificarse, así que le preguntó a Jesús:

—¿Y quién es mi prójimo?

30Jesús respondió:

—Bajaba un hombre de Jerusalén a Jericó, y cayó en manos de unos ladrones. Le quitaron la ropa, lo golpearon y se fueron, dejándolo medio muerto. 31Resulta que viajaba por el mismo camino un sacerdote quien, al verlo, se desvió y siguió de largo. 32Así también llegó a aquel lugar un levita, y al verlo, se desvió y siguió de largo. 33Pero un samaritano que iba de viaje llegó adonde estaba el hombre y, viéndolo, se compadeció de él. 34Se acercó, le curó las heridas con vino y aceite, y se las vendó. Luego lo montó sobre su propia cabalgadura, lo llevó a un alojamiento y lo cuidó. 35Al día siguiente, sacó dos monedas de platae y se las dio al dueño del alojamiento. "Cuídemelo —le dijo—, y lo que gaste usted de más, se lo pagaré cuando yo vuelva." 36¿Cuál de estos tres piensas que demostró ser el prójimo del que cayó en manos de los ladrones?

37—El que se compadeció de él —contestó el experto en la ley.

—Anda entonces y haz tú lo mismo —concluyó Jesús.

En casa de Marta y María

38Mientras iba de camino con sus discípulos, Jesús entró en una aldea, y una mujer llamada Marta lo recibió en su casa. 39Tenía ella una hermana llamada María que, sentada a los pies del Señor, escuchaba lo que él decía. 40Marta, por su parte, se sentía abrumada porque tenía mucho que hacer. Así que se acercó a él y le dijo:

—Señor, ¿no te importa que mi hermana me haya dejado sirviendo sola? ¡Dile que me ayude

The Parable of the Good Samaritan

25On one occasion an expert in the law stood up to test Jesus. "Teacher," he asked, "what must I do to inherit eternal life?"

26"What is written in the Law?" he replied. "How do you read it?"

27He answered: " 'Love the Lord your God with all your heart and with all your soul and with all your strength and with all your mind'p; and, 'Love your neighbor as yourself.'q"

28"You have answered correctly," Jesus replied. "Do this and you will live."

29But he wanted to justify himself, so he asked Jesus, "And who is my neighbor?"

30In reply Jesus said: "A man was going down from Jerusalem to Jericho, when he fell into the hands of robbers. They stripped him of his clothes, beat him and went away, leaving him half dead. 31A priest happened to be going down the same road, and when he saw the man, he passed by on the other side. 32So too, a Levite, when he came to the place and saw him, passed by on the other side. 33But a Samaritan, as he traveled, came where the man was; and when he saw him, he took pity on him. 34He went to him and bandaged his wounds, pouring on oil and wine. Then he put the man on his own donkey, took him to an inn and took care of him. 35The next day he took out two silver coinsr and gave them to the innkeeper. 'Look after him,' he said, 'and when I return, I will reimburse you for any extra expense you may have.'

36"Which of these three do you think was a neighbor to the man who fell into the hands of robbers?"

37The expert in the law replied, "The one who had mercy on him."

Jesus told him, "Go and do likewise."

At the Home of Martha and Mary

38As Jesus and his disciples were on their way, he came to a village where a woman named Martha opened her home to him. 39She had a sister called Mary, who sat at the Lord's feet listening to what he said. 40But Martha was distracted by all the preparations that had to be made. She came to him and asked, "Lord, don't you care that my sister has left me to do the work by myself? Tell her to help me "

---

c10:27 Dt 6:5   d10:27 Lv 19:18   e10:35 monedas de plata. Lit. *denarios.

p27 Deut. 6:5   q27 Lev. 19:18   r35 Greek two denarii

41—Marta, Marta —le contestó Jesús—, estás inquieta y preocupada por muchas cosas, **42**pero sólo una es necesaria.*f* María ha escogido la mejor, y nadie se la quitará.

Jesús enseña sobre la oración

11 Un día estaba Jesús orando en cierto lugar. Cuando terminó, le dijo uno de sus discípulos:

—Señor, enséñanos a orar, así como Juan enseñó a sus discípulos.

2Él les dijo:

—Cuando oren, digan:

»"Padre,*g*
*santificado sea tu nombre.
Venga tu reino.*h*
3Danos cada día nuestro pan cotidiano.*i*
4Perdónanos nuestros pecados,
  porque también nosotros perdonamos a
    todos los que nos ofenden.*j*
Y no nos metas en *tentación."*k*

5»Supongamos —continuó— que uno de ustedes tiene un amigo, y a medianoche va y le dice: "Amigo, préstame tres panes, **6**pues se me ha presentado un amigo recién llegado de viaje, y no tengo nada que ofrecerle." **7**Y el que está adentro le contesta: "No me molestes. Ya está cerrada la puerta, y mis hijos y yo estamos acostados. No puedo levantarme a darte nada." **8**Les digo que, aunque no se levante a darle pan por ser amigo suyo, sí se levantará por su impertinencia y le dará cuanto necesite.

9»Así que yo les digo: Pidan, y se les dará; busquen, y encontrarán; llamen, y se les abrirá la puerta. **10**Porque todo el que pide, recibe; el que busca, encuentra; y al que llama, se le abre.

11»¿Quién de ustedes que sea padre, si su hijo le pide*l* un pescado, le dará en cambio una serpiente? **12**¿O si le pide un huevo, le dará un escorpión? **13**Pues si ustedes, aun siendo malos, saben dar cosas buenas a sus hijos, ¡cuánto más el Padre celestial dará el Espíritu Santo a quienes se lo pidan!

Jesús y Beelzebú

14En otra ocasión Jesús expulsaba de un hombre a un demonio que lo había dejado mudo. Cuando salió el demonio, el mudo habló, y la

41 "Martha, Martha," the Lord answered, "you are worried and upset about many things, **42**but only one thing is needed.*s* Mary has chosen what is better, and it will not be taken away from her."

Jesus' Teaching on Prayer

11 One day Jesus was praying in a certain place. When he finished, one of his disciples said to him, "Lord, teach us to pray, just as John taught his disciples."

2He said to them, "When you pray, say:

" 'Father,*t*
hallowed be your name,
your kingdom come.*u*
3Give us each day our daily bread.
4Forgive us our sins,
  for we also forgive everyone who sins
    against us.*v*
And lead us not into temptation.*w* ' "

5Then he said to them, "Suppose one of you has a friend, and he goes to him at midnight and says, 'Friend, lend me three loaves of bread, **6**because a friend of mine on a journey has come to me, and I have nothing to set before him.'

7"Then the one inside answers, 'Don't bother me. The door is already locked, and my children are with me in bed. I can't get up and give you anything.' **8**I tell you, though he will not get up and give him the bread because he is his friend, yet because of the man's boldness*x* he will get up and give him as much as he needs.

9"So I say to you: Ask and it will be given to you; seek and you will find; knock and the door will be opened to you. **10**For everyone who asks receives; he who seeks finds; and to him who knocks, the door will be opened.

11"Which of you fathers, if your son asks for*y* a fish, will give him a snake instead? **12**Or if he asks for an egg, will give him a scorpion? **13**If you then, though you are evil, know how to give good gifts to your children, how much more will your Father in heaven give the Holy Spirit to those who ask him!"

Jesus and Beelzebub

14Jesus was driving out a demon that was mute. When the demon left, the man who had been mute spoke, and the crowd was amazed.

---

*f*10:42 *sólo una es necesaria.* Var. *se necesitan pocas cosas, o una sola.*   *g*11:2 *Padre.* Var. *Padre nuestro que estás en el cielo* (véase Mt 6:9).   *h*11:2 *reino.* Var. *reino. Hágase tu voluntad en la tierra como en el cielo* (véase Mt 6:10). *i*11:3 *nuestro pan cotidiano.* Alt. *el pan que necesitamos.* *j*11:4 *nos ofenden.* Lit. *nos deben.*   *k*11:4 *tentación.* Var. *tentación, sino líbranos del maligno* (véase Mt 6:13). *l*11:11 *le pide.* Var. *le pide pan, le dará una piedra; o si le pide.*

*s*42 Some manuscripts *but few things are needed—or only one*   *t*2 Some manuscripts *Our Father in heaven*   *u*2 Some manuscripts *come. May your will be done on earth as it is in heaven.*   *v*4 Greek *everyone who is indebted to us* *w*4 Some manuscripts *temptation but deliver us from the evil one*   *x*8 Or *persistence*   *y*11 Some manuscripts *for bread, will give him a stone; or if he asks for* gente se quedó asombrada. 15Pero algunos dijeron: «Éste expulsa a los demonios por medio de *Beelzebú, príncipe de los demonios.» 16Otros, para ponerlo a *prueba, le pedían una señal del cielo.

17Como él conocía sus pensamientos, les dijo: «Todo reino dividido contra sí mismo quedará asolado, y una casa dividida contra sí misma se derrumbará.*m* 18Por tanto, si Satanás está dividido contra sí mismo, ¿cómo puede mantenerse en pie su reino? Lo pregunto porque ustedes dicen que yo expulso a los demonios por medio de Beelzebú. 19Ahora bien, si yo expulso a los demonios por medio de Beelzebú, ¿los seguidores de ustedes por medio de quién los expulsan? Por eso ellos mismos los juzgarán a ustedes. 20Pero si expulso a los demonios con el poder*n* de Dios, eso significa que ha llegado a ustedes el reino de Dios.

21»Cuando un hombre fuerte y bien armado cuida su hacienda, sus bienes están seguros. 22Pero si lo ataca otro más fuerte que él y lo vence, le quita las armas en que confiaba y reparte el botín. 23»El que no está de mi parte, está contra mí; y el que conmigo no recoge, esparce.

24»Cuando un *espíritu maligno sale de una persona, va por lugares áridos buscando un descanso. Y al no encontrarlo, dice: "Volveré a mi casa, de donde salí." 25Cuando llega, la encuentra barrida y arreglada. 26Luego va y trae otros siete espíritus más malvados que él, y entran a vivir allí. Así que el estado final de aquella persona resulta peor que el inicial.»

27Mientras Jesús decía estas cosas, una mujer de entre la multitud exclamó:

—¡*Dichosa la mujer que te dio a luz y te amamantó *ñ*

28—Dichosos más bien —contestó Jesús— los que oyen la palabra de Dios y la obedecen.

La señal de Jonás

29Como crecía la multitud, Jesús se puso a decirles: «Ésta es una generación malvada. Pide una señal milagrosa, pero no se le dará más señal que la de Jonás. 30Así como Jonás fue una señal para los habitantes de Nínive, también lo será el Hijo del hombre para esta generación. 31La reina del Sur se levantará en el día del juicio y condenará a esta gente; porque ella vino desde los confines de la tierra para escuchar la sabiduría de Salomón, y aquí tienen ustedes a uno más grande que Salomón. 32Los ninivitas se levantarán en el día del juicio y condenarán a esta

15But some of them said, "By Beelzebub,*z* the prince of demons, he is driving out demons." 16Others tested him by asking for a sign from heaven.

17Jesus knew their thoughts and said to them: "Any kingdom divided against itself will be ruined, and a house divided against itself will fall. 18If Satan is divided against himself, how can his kingdom stand? I say this because you claim that I drive out demons by Beelzebub. 19Now if I drive out demons by Beelzebub, by whom do your followers drive them out? So then, they will be your judges. 20But if I drive out demons by the finger of God, then the kingdom of God has come to you.

21"When a strong man, fully armed, guards his own house, his possessions are safe. 22But when someone stronger attacks and overpowers him, he takes away the armor in which the man trusted and divides up the spoils.

23"He who is not with me is against me, and he who does not gather with me, scatters.

24"When an evil*a* spirit comes out of a man, it goes through arid places seeking rest and does not find it. Then it says, 'I will return to the house I left.' 25When it arrives, it finds the house swept clean and put in order. 26Then it goes and takes seven other spirits more wicked than itself, and they go in and live there. And the final condition of that man is worse than the first."

27As Jesus was saying these things, a woman in the crowd called out, "Blessed is the mother who gave you birth and nursed you."

28He replied, "Blessed rather are those who hear the word of God and obey it."

The Sign of Jonah

29As the crowds increased, Jesus said, "This is a wicked generation. It asks for a miraculous sign, but none will be given it except the sign of Jonah. 30For as Jonah was a sign to the Ninevites, so also will the Son of Man be to this generation. 31The Queen of the South will rise at the judgment with the men of this generation and condemn them; for she came from the ends of the earth to listen to Solomon's wisdom, and now one*b* greater than Solomon is here. 32The men of Nineveh will stand up at the judgment with this generation and condemn it; for they

m 11:17 *y una casa … derrumbará.* Alt. *y sus casas se derrumbarán unas sobre otras.*   *n* 11:20 *poder.* Lit. *dedo.* *ñ* 11:27 *¡Dichosa … amamantó* Lit. *¡Dichoso el vientre que te llevó y los pechos que te criaron*

z 15 Greek *Beezeboul* or *Beelzeboul;* also in verses 18 and 19   *a* 24 Greek *unclean*   *b* 31 Or *something;* also in verse 32 generación; porque ellos se *arrepintieron al escuchar la predicación de Jonás, y aquí tienen ustedes a uno más grande que Jonás.

La lámpara del cuerpo

33»Nadie enciende una lámpara para luego ponerla en un lugar escondido o cubrirla con un cajón, sino para ponerla en una repisa, a fin de que los que entren tengan luz. 34Tus ojos son la lámpara de tu cuerpo. Si tu visión es clara, todo tu ser disfrutará de la luz; pero si está nublada, todo tu ser estará en la oscuridad.º 35Asegúrate de que la luz que crees tener no sea oscuridad. 36Por tanto, si todo tu ser disfruta de la luz, sin que ninguna parte quede en la oscuridad, estarás completamente iluminado, como cuando una lámpara te alumbra con su luz.»

Jesús denuncia a los fariseos y a los expertos en la ley

37Cuando Jesús terminó de hablar, un *fariseo lo invitó a comer con él; así que entró en la casa y se *sentó a la mesa. 38Pero el fariseo se sorprendió al ver que Jesús no había cumplido con el rito de lavarse antes de comer.

39—Resulta que ustedes los fariseos —les dijo el Señor—, *limpian el vaso y el plato por fuera, pero por dentro están ustedes llenos de codicia y de maldad. 40¡Necios ¿Acaso el que hizo lo de afuera no hizo también lo de adentro? 41Den más bien a los pobres de lo que está dentro,ᵖ y así todo quedará limpio para ustedes.

42»¡Ay de ustedes, fariseos , que dan la décima parte de la menta, de la ruda y de toda clase de legumbres, pero descuidan la justicia y el amor de Dios. Debían haber practicado esto, sin dejar de hacer aquello.

43»¡Ay de ustedes, fariseos , que se mueren por los primeros puestos en las sinagogas y los saludos en las plazas.

44»¡Ay de ustedes , que son como tumbas sin lápida, sobre las que anda la gente sin darse cuenta.

45Uno de los *expertos en la ley le respondió:

—Maestro, al hablar así nos insultas también a nosotros.

46Contestó Jesús:

—¡Ay de ustedes también, expertos en la ley Abruman a los demás con cargas que apenas se pueden soportar, pero ustedes mismos no levantan ni un dedo para ayudarlos.

47»¡Ay de ustedes , que construyen monumentos para los profetas, a quienes los antepa-

repented at the preaching of Jonah, and now one greater than Jonah is here.

The Lamp of the Body

33"No one lights a lamp and puts it in a place where it will be hidden, or under a bowl. Instead he puts it on its stand, so that those who come in may see the light. 34Your eye is the lamp of your body. When your eyes are good, your whole body also is full of light. But when they are bad, your body also is full of darkness. 35See to it, then, that the light within you is not darkness. 36Therefore, if your whole body is full of light, and no part of it dark, it will be completely lighted, as when the light of a lamp shines on you."

Six Woes

37When Jesus had finished speaking, a Pharisee invited him to eat with him; so he went in and reclined at the table. 38But the Pharisee, noticing that Jesus did not first wash before the meal, was surprised.

39Then the Lord said to him, "Now then, you Pharisees clean the outside of the cup and dish, but inside you are full of greed and wickedness. 40You foolish people Did not the one who made the outside make the inside also? 41But give what is inside the dish,ᶜ to the poor, and everything will be clean for you.

42"Woe to you Pharisees, because you give God a tenth of your mint, rue and all other kinds of garden herbs, but you neglect justice and the love of God. You should have practiced the latter without leaving the former undone.

43"Woe to you Pharisees, because you love the most important seats in the synagogues and greetings in the marketplaces.

44"Woe to you, because you are like unmarked graves, which men walk over without knowing it."

45One of the experts in the law answered him, "Teacher, when you say these things, you insult us also."

46Jesus replied, "And you experts in the law, woe to you, because you load people down with burdens they can hardly carry, and you yourselves will not lift one finger to help them.

47"Woe to you, because you build tombs for the prophets, and it was your forefathers who

---

º 11:34 Si tu visión … oscuridad. Lit. Cuando tu ojo es bueno, todo tu cuerpo está iluminado; pero cuando es malo, también tu cuerpo está oscuro.   ᵖ 11:41 lo que está dentro. Alt. lo que tienen.   ᶜ 41 Or what you have sados de ustedes mataron. 48En realidad^q aprueban lo que hicieron sus antepasados; ellos mataron a los profetas, y ustedes les construyen los sepulcros. 49Por eso dijo Dios en su sabiduría: "Les enviaré profetas y apóstoles, de los cuales matarán a unos y perseguirán a otros." 50Por lo tanto, a esta generación se le pedirán cuentas de la sangre de todos los profetas derramada desde el principio del mundo, 51desde la sangre de Abel hasta la sangre de Zacarías, el que murió entre el altar y el *santuario. Sí, les aseguro que de todo esto se le pedirán cuentas a esta generación.

52»¡Ay de ustedes, expertos en la ley , porque se han adueñado de la llave del conocimiento. Ustedes mismos no han entrado, y a los que querían entrar les han cerrado el paso.

53Cuando Jesús salió de allí, los *maestros de la ley y los fariseos, resentidos, se pusieron a acosarlo a preguntas. 54Estaban tendiéndole trampas para ver si fallaba en algo.

Advertencias y estímulos

12 Mientras tanto, se habían reunido millares de personas, tantas que se atropellaban unas a otras. Jesús comenzó a hablar, dirigiéndose primero a sus discípulos: «Cuídense de la levadura de los *fariseos, o sea, de la *hipocresía. 2No hay nada encubierto que no llegue a revelarse, ni nada escondido que no llegue a conocerse. 3Así que todo lo que ustedes han dicho en la oscuridad se dará a conocer a plena luz, y lo que han susurrado a puerta cerrada se proclamará desde las azoteas.

4»A ustedes, mis amigos, les digo que no teman a los que matan el cuerpo pero después no pueden hacer más. 5Les voy a enseñar más bien a quién deben temer: teman al que, después de dar muerte, tiene poder para echarlos al infierno.^r Sí, les aseguro que a él deben temerle. 6¿No se venden cinco gorriones por dos monedita?^s Sin embargo, Dios no se olvida de ninguno de ellos. 7Así mismo sucede con ustedes: aun los cabellos de su cabeza están contados. No tengan miedo; ustedes valen más que muchos gorriones.

8»Les aseguro que a cualquiera que me reconozca delante de la gente, también el Hijo del hombre lo reconocerá delante de los ángeles de Dios. 9Pero al que me desconozca delante de la gente se le desconocerá delante de los ángeles de Dios. 10Y todo el que pronuncie alguna palabra contra el Hijo del hombre será perdonado, pero el que *blasfeme contra el Espíritu Santo no tendrá perdón.

killed them. 48So you testify that you approve of what your forefathers did; they killed the prophets, and you build their tombs. 49Because of this, God in his wisdom said, 'I will send them prophets and apostles, some of whom they will kill and others they will persecute.' 50Therefore this generation will be held responsible for the blood of all the prophets that has been shed since the beginning of the world, 51from the blood of Abel to the blood of Zechariah, who was killed between the altar and the sanctuary. Yes, I tell you, this generation will be held responsible for it all.

52"Woe to you experts in the law, because you have taken away the key to knowledge. You yourselves have not entered, and you have hindered those who were entering."

53When Jesus left there, the Pharisees and the teachers of the law began to oppose him fiercely and to besiege him with questions, 54waiting to catch him in something he might say.

Warnings and Encouragements

12 Meanwhile, when a crowd of many thousands had gathered, so that they were trampling on one another, Jesus began to speak first to his disciples, saying: "Be on your guard against the yeast of the Pharisees, which is hypocrisy. 2There is nothing concealed that will not be disclosed, or hidden that will not be made known. 3What you have said in the dark will be heard in the daylight, and what you have whispered in the ear in the inner rooms will be proclaimed from the roofs.

4"I tell you, my friends, do not be afraid of those who kill the body and after that can do no more. 5But I will show you whom you should fear: Fear him who, after the killing of the body, has power to throw you into hell. Yes, I tell you, fear him. 6Are not five sparrows sold for two pennies^d? Yet not one of them is forgotten by God. 7Indeed, the very hairs of your head are all numbered. Don't be afraid; you are worth more than many sparrows.

8"I tell you, whoever acknowledges me before men, the Son of Man will also acknowledge him before the angels of God. 9But he who disowns me before men will be disowned before the angels of God. 10And everyone who speaks a word against the Son of Man will be forgiven, but anyone who blasphemes against the Holy Spirit will not be forgiven.

---

^q 11:48 En realidad. Lit. Así que ustedes son testigos y.
^r 12:5 al infierno. Lit. a la *Gehenna.   ^s 12:6 monedita. Lit. asaria.

^d 6 Greek two assaria

11»Cuando los hagan comparecer ante las sinagogas, los gobernantes y las autoridades, no se preocupen de cómo van a defenderse o de qué van a decir, 12porque en ese momento el Espíritu Santo les enseñará lo que deben responder.»

Parábola del rico insensato

13Uno de entre la multitud le pidió:

—Maestro, dile a mi hermano que comparta la herencia conmigo.

14—Hombre —replicó Jesús—, ¿quién me nombró a mí juez o árbitro entre ustedes?

15»¡Tengan cuidado —advirtió a la gente—. Absténganse de toda avaricia; la vida de una persona no depende de la abundancia de sus bienes.

16Entonces les contó esta parábola:

—El terreno de un hombre rico le produjo una buena cosecha. 17Así que se puso a pensar: "¿Qué voy a hacer? No tengo dónde almacenar mi cosecha." 18Por fin dijo: "Ya sé lo que voy a hacer: derribaré mis graneros y construiré otros más grandes, donde pueda almacenar todo mi grano y mis bienes. 19Y diré: Alma mía, ya tienes bastantes cosas buenas guardadas para muchos años. Descansa, come, bebe y goza de la vida." 20Pero Dios le dijo: "¡Necio Esta misma noche te van a reclamar la *vida. ¿Y quién se quedará con lo que has acumulado?"

21»Así le sucede al que acumula riquezas para sí mismo, en vez de ser rico delante de Dios.

No se preocupen

22Luego dijo Jesús a sus discípulos:

—Por eso les digo: No se preocupen por su *vida, qué comerán; ni por su cuerpo, con qué se vestirán. 23La vida tiene más valor que la comida, y el cuerpo más que la ropa. 24Fíjense en los cuervos: no siembran ni cosechan, ni tienen almacén ni granero; sin embargo, Dios los alimenta. ¡Cuánto más valen ustedes que las aves 25¿Quién de ustedes, por mucho que se preocupe, puede añadir una sola hora al curso de su vida?[f] 26Ya que no pueden hacer algo tan insignificante, ¿por qué se preocupan por lo demás?

27»Fíjense cómo crecen los lirios. No trabajan ni hilan; sin embargo, les digo que ni siquiera Salomón, con todo su esplendor, se vestía como uno de ellos. 28Si así viste Dios a la hierba que hoy está en el campo y mañana es arrojada al horno, ¡cuánto más hará por ustedes, gente de poca fe 29Así que no se afanen por lo que han de comer o beber; dejen de atormentarse. 30El mundo *pagano anda tras todas estas cosas, pero

The Parable of the Rich Fool

13Someone in the crowd said to him, "Teacher, tell my brother to divide the inheritance with me."

14Jesus replied, "Man, who appointed me a judge or an arbiter between you?" 15Then he said to them, "Watch out Be on your guard against all kinds of greed; a man's life does not consist in the abundance of his possessions."

16And he told them this parable: "The ground of a certain rich man produced a good crop. 17He thought to himself, 'What shall I do? I have no place to store my crops.'

18"Then he said, 'This is what I'll do. I will tear down my barns and build bigger ones, and there I will store all my grain and my goods. 19And I'll say to myself, "You have plenty of good things laid up for many years. Take life easy; eat, drink and be merry." '

20"But God said to him, 'You fool This very night your life will be demanded from you. Then who will get what you have prepared for yourself?'

21"This is how it will be with anyone who stores up things for himself but is not rich toward God."

Do Not Worry

22Then Jesus said to his disciples: "Therefore I tell you, do not worry about your life, what you will eat; or about your body, what you will wear. 23Life is more than food, and the body more than clothes. 24Consider the ravens: They do not sow or reap, they have no storeroom or barn; yet God feeds them. And how much more valuable you are than birds 25Who of you by worrying can add a single hour to his life[e]? 26Since you cannot do this very little thing, why do you worry about the rest?

27"Consider how the lilies grow. They do not labor or spin. Yet I tell you, not even Solomon in all his splendor was dressed like one of these. 28If that is how God clothes the grass of the field, which is here today, and tomorrow is thrown into the fire, how much more will he clothe you, O you of little faith 29And do not set your heart on what you will eat or drink; do not worry about it. 30For the pagan world runs after all such

---

f 12:25 puede añadir ... su vida. Alt. puede aumentar su estatura siquiera medio metro (lit. un *codo).   e 25 Or single cubit to his height el Padre sabe que ustedes las necesitan. 31Ustedes, por el contrario, busquen el reino de Dios, y estas cosas les serán añadidas.

32»No tengan miedo, mi rebaño pequeño, porque es la buena voluntad del Padre darles el reino. 33Vendan sus bienes y den a los pobres. Proveánse de bolsas que no se desgasten; acumulen un tesoro inagotable en el cielo, donde no hay ladrón que aceche ni polilla que destruya. 34Pues donde tengan ustedes su tesoro, allí estará también su corazón.

La vigilancia

35»Manténganse listos, con la ropa bien ajustada[u] y la luz encendida. 36Pórtense como siervos que esperan a que regrese su señor de un banquete de bodas, para abrirle la puerta tan pronto como él llegue y toque. 37*Dichosos los *siervos a quienes su señor encuentre pendientes de su llegada. Créanme que se ajustará la ropa, hará que los siervos se sienten a la mesa, y él mismo se pondrá a servirles. 38Sí, dichosos aquellos siervos a quienes su señor encuentre preparados, aunque llegue a la medianoche o de madrugada. 39Pero entiendan esto: Si un dueño de casa supiera a qué hora va a llegar el ladrón, estaría pendiente para no dejarlo forzar la entrada. 40Así mismo deben ustedes estar preparados, porque el Hijo del hombre vendrá cuando menos lo esperen.

41—Señor —le preguntó Pedro—, ¿cuentas esta parábola para nosotros, o para todos?

42Respondió el Señor:

—¿Dónde se halla un mayordomo fiel y prudente a quien su señor deja encargado de los siervos para repartirles la comida a su debido tiempo? 43Dichoso el siervo cuyo señor, al regresar, lo encuentra cumpliendo con su deber. 44Les aseguro que lo pondrá a cargo de todos sus bienes. 45Pero ¡qué tal si ese siervo se pone a pensar: "Mi señor tarda en volver", y luego comienza a golpear a los criados y a las criadas, y a comer y beber y emborracharse 46El señor de ese siervo volverá el día en que el siervo menos lo espere y a la hora menos pensada. Entonces lo castigará severamente y le impondrá la condena que reciben los incrédulos.[v]

47»El siervo que conoce la voluntad de su señor, y no se prepara para cumplirla, recibirá muchos golpes. 48En cambio, el que no la conoce y hace algo que merezca castigo, recibirá pocos golpes. A todo el que se le ha dado mucho, se le exigirá mucho; y al que se le ha confiado mucho, se le pedirá aun más.

things, and your Father knows that you need them. 31But seek his kingdom, and these things will be given to you as well.

32"Do not be afraid, little flock, for your Father has been pleased to give you the kingdom. 33Sell your possessions and give to the poor. Provide purses for yourselves that will not wear out, a treasure in heaven that will not be exhausted, where no thief comes near and no moth destroys. 34For where your treasure is, there your heart will be also.

Watchfulness

35"Be dressed ready for service and keep your lamps burning, 36like men waiting for their master to return from a wedding banquet, so that when he comes and knocks they can immediately open the door for him. 37It will be good for those servants whose master finds them watching when he comes. I tell you the truth, he will dress himself to serve, will have them recline at the table and will come and wait on them. 38It will be good for those servants whose master finds them ready, even if he comes in the second or third watch of the night. 39But understand this: If the owner of the house had known at what hour the thief was coming, he would not have let his house be broken into. 40You also must be ready, because the Son of Man will come at an hour when you do not expect him."

41Peter asked, "Lord, are you telling this parable to us, or to everyone?"

42The Lord answered, "Who then is the faithful and wise manager, whom the master puts in charge of his servants to give them their food allowance at the proper time? 43It will be good for that servant whom the master finds doing so when he returns. 44I tell you the truth, he will put him in charge of all his possessions. 45But suppose the servant says to himself, 'My master is taking a long time in coming,' and he then begins to beat the menservants and maidservants and to eat and drink and get drunk. 46The master of that servant will come on a day when he does not expect him and at an hour he is not aware of. He will cut him to pieces and assign him a place with the unbelievers.

47"That servant who knows his master's will and does not get ready or does not do what his master wants will be beaten with many blows. 48But the one who does not know and does things deserving punishment will be beaten with few blows. From everyone who has been given much, much will be demanded; and from the one who has been entrusted with much, much more will be asked.

---

[u] 12:35 *Manténganse … ajustada.* Lit. *Tengan sus lomos ceñidos.*   [v] 12:46 *lo castigará … incrédulos.* Lit. *lo cortará en dos y fijará su porción con los incrédulos.*

División en vez de paz

49»He venido a traer fuego a la tierra, y ¡cómo quisiera que ya estuviera ardiendo 50Pero tengo que pasar por la prueba de un bautismo, y ¡cuánta angustia siento hasta que se cumpla 51¿Creen ustedes que vine a traer paz a la tierra? ¡Les digo que no, sino división 52De ahora en adelante estarán divididos cinco en una familia, tres contra dos, y dos contra tres. 53Se enfrentarán el padre contra su hijo y el hijo contra su padre, la madre contra su hija y la hija contra su madre, la suegra contra su nuera y la nuera contra su suegra.

Señales de los tiempos

54Luego añadió Jesús, dirigiéndose a la multitud:

—Cuando ustedes ven que se levanta una nube en el occidente, en seguida dicen: "Va a llover", y así sucede. 55Y cuando sopla el viento del sur, dicen: "Va a hacer calor", y así sucede. 56¡*Hipócritas Ustedes saben interpretar la apariencia de la tierra y del cielo. ¿Cómo es que no saben interpretar el tiempo actual?

57»¿Por qué no juzgan por ustedes mismos lo que es justo? 58Si tienes que ir con un adversario al magistrado, procura reconciliarte con él en el camino, no sea que te lleve por la fuerza ante el juez, y el juez te entregue al alguacil, y el alguacil te meta en la cárcel. 59Te digo que no saldrás de allí hasta que pagues el último centavo.w

El que no se arrepiente perecerá

13 En aquella ocasión algunos que habían llegado le contaron a Jesús cómo Pilato había dado muerte a unos galileos cuando ellos ofrecían sus sacrificios.x 2Jesús les respondió: «¿Piensan ustedes que esos galileos, por haber sufrido así, eran más pecadores que todos los demás? 3¡Les digo que no De la misma manera, todos ustedes perecerán, a menos que se *arrepientan. 4¿O piensan que aquellos dieciocho que fueron aplastados por la torre de Siloé eran más culpables que todos los demás habitantes de Jerusalén? 5¡Les digo que no De la misma manera, todos ustedes perecerán, a menos que se arrepientan.»

6Entonces les contó esta parábola: «Un hombre tenía una higuera plantada en su viñedo, pero cuando fue a buscar fruto en ella, no encontró nada. 7Así que le dijo al viñador: "Mira, ya hace tres años que vengo a buscar fruto en esta higuera, y no he encontrado nada. ¡Córtala ¿Para qué ha de ocupar terreno?" 8"Señor —le contestó el

Not Peace but Division

49"I have come to bring fire on the earth, and how I wish it were already kindled 50But I have a baptism to undergo, and how distressed I am until it is completed 51Do you think I came to bring peace on earth? No, I tell you, but division. 52From now on there will be five in one family divided against each other, three against two and two against three. 53They will be divided, father against son and son against father, mother against daughter and daughter against mother, mother-in-law against daughter-in-law and daughter-in-law against mother-in-law."

Interpreting the Times

54He said to the crowd: "When you see a cloud rising in the west, immediately you say, 'It's going to rain,' and it does. 55And when the south wind blows, you say, 'It's going to be hot,' and it is. 56Hypocrites You know how to interpret the appearance of the earth and the sky. How is it that you don't know how to interpret this present time?

57"Why don't you judge for yourselves what is right? 58As you are going with your adversary to the magistrate, try hard to be reconciled to him on the way, or he may drag you off to the judge, and the judge turn you over to the officer, and the officer throw you into prison. 59I tell you, you will not get out until you have paid the last penny.f"

Repent or Perish

13 Now there were some present at that time who told Jesus about the Galileans whose blood Pilate had mixed with their sacrifices. 2Jesus answered, "Do you think that these Galileans were worse sinners than all the other Galileans because they suffered this way? 3I tell you, no But unless you repent, you too will all perish. 4Or those eighteen who died when the tower in Siloam fell on them—do you think they were more guilty than all the others living in Jerusalem? 5I tell you, no But unless you repent, you too will all perish."

6Then he told this parable: "A man had a fig tree, planted in his vineyard, and he went to look for fruit on it, but did not find any. 7So he said to the man who took care of the vineyard, 'For three years now I've been coming to look for fruit on this fig tree and haven't found any. Cut it down Why should it use up the soil?'

---

w 12:59 centavo. Lit. *lepton.   x 13:1 le contaron … sacrificios. Lit. le contaron acerca de los galileos cuya sangre Pilato mezcló con sus sacrificios.

f 59 Greek lepton

viñador—, déjela todavía por un año más, para que yo pueda cavar a su alrededor y echarle abono. 9Así tal vez en adelante dé fruto; si no, córtela."»

Jesús sana en sábado a una mujer encorvada

10Un *sábado Jesús estaba enseñando en una de las sinagogas, 11y estaba allí una mujer que por causa de un demonio llevaba dieciocho años enferma. Andaba encorvada y de ningún modo podía enderezarse. 12Cuando Jesús la vio, la llamó y le dijo:

—Mujer, quedas libre de tu enfermedad.

13Al mismo tiempo, puso las manos sobre ella, y al instante la mujer se enderezó y empezó a alabar a Dios. 14Indignado porque Jesús había sanado en sábado, el jefe de la sinagoga intervino, dirigiéndose a la gente:

—Hay seis días en que se puede trabajar, así que vengan esos días para ser sanados, y no el sábado.

15—*¡Hipócritas —le contestó el Señor—. ¿Acaso no desata cada uno de ustedes su buey o su burro en sábado, y lo saca del establo para llevarlo a tomar agua? 16Sin embargo, a esta mujer, que es hija de Abraham, y a quien Satanás tenía atada durante dieciocho largos años, ¿no se le debía quitar esta cadena en sábado?

17Cuando razonó así, quedaron humillados todos sus adversarios, pero la gente estaba encantada de tantas maravillas que él hacía.

Parábolas del grano de mostaza y de la levadura

18—¿A qué se parece el reino de Dios? —continuó Jesús—. ¿Con qué voy a compararlo? 19Se parece a un grano de mostaza que un hombre sembró en su huerto. Creció hasta convertirse en un árbol, y las aves anidaron en sus ramas.

20Volvió a decir:

—¿Con qué voy a comparar el reino de Dios? 21Es como la levadura que una mujer tomó y mezcló con una gran cantidady de harina, hasta que fermentó toda la masa.

La puerta estrecha

22Continuando su viaje a Jerusalén, Jesús enseñaba en los pueblos y aldeas por donde pasaba.

23—Señor, ¿son pocos los que van a salvarse? —le preguntó uno.

24—Esfuércense por entrar por la puerta estrecha —contestó—, porque les digo que muchos tratarán de entrar y no podrán. 25Tan pronto

8"'Sir,' the man replied, 'leave it alone for one more year, and I'll dig around it and fertilize it. 9If it bears fruit next year, fine If not, then cut it down.'"

A Crippled Woman Healed on the Sabbath

10On a Sabbath Jesus was teaching in one of the synagogues, 11and a woman was there who had been crippled by a spirit for eighteen years. She was bent over and could not straighten up at all. 12When Jesus saw her, he called her forward and said to her, "Woman, you are set free from your infirmity." 13Then he put his hands on her, and immediately she straightened up and praised God.

14Indignant because Jesus had healed on the Sabbath, the synagogue ruler said to the people, "There are six days for work. So come and be healed on those days, not on the Sabbath."

15The Lord answered him, "You hypocrites Doesn't each of you on the Sabbath untie his ox or donkey from the stall and lead it out to give it water? 16Then should not this woman, a daughter of Abraham, whom Satan has kept bound for eighteen long years, be set free on the Sabbath day from what bound her?"

17When he said this, all his opponents were humiliated, but the people were delighted with all the wonderful things he was doing.

The Parables of the Mustard Seed and the Yeast

18Then Jesus asked, "What is the kingdom of God like? What shall I compare it to? 19It is like a mustard seed, which a man took and planted in his garden. It grew and became a tree, and the birds of the air perched in its branches."

20Again he asked, "What shall I compare the kingdom of God to? 21It is like yeast that a woman took and mixed into a large amountg of flour until it worked all through the dough."

The Narrow Door

22Then Jesus went through the towns and villages, teaching as he made his way to Jerusalem. 23Someone asked him, "Lord, are only a few people going to be saved?"

He said to them, 24"Make every effort to enter through the narrow door, because many, I tell you, will try to enter and will not be able to. 25Once the owner of the house gets up and

---

y13:21 una gran cantidad. Lit. tres satas (probablemente unos 22 litros).

g21 Greek three satas (probably about 1/2 bushel or 22 liters) como el dueño de la casa se haya levantado a cerrar la puerta, ustedes desde afuera se pondrán a golpear la puerta, diciendo: "Señor, ábrenos." Pero él les contestará: "No sé quiénes son ustedes." 26Entonces dirán: "Comimos y bebimos contigo, y tú enseñaste en nuestras plazas." 27Pero él les contestará: "Les repito que no sé quiénes son ustedes. ¡Apártense de mí, todos ustedes hacedores de injusticia "

28»Allí habrá llanto y rechinar de dientes cuando vean en el reino de Dios a Abraham, Isaac, Jacob y a todos los profetas, mientras a ustedes los echan fuera. 29Habrá quienes lleguen del oriente y del occidente, del norte y del sur, para *sentarse al banquete en el reino de Dios. 30En efecto, hay últimos que serán primeros, y primeros que serán últimos.

Lamento de Jesús sobre Jerusalén

31En ese momento se acercaron a Jesús unos *fariseos y le dijeron:

—Sal de aquí y vete a otro lugar, porque Herodes quiere matarte.

32Él les contestó:

—Vayan y díganle a ese zorro: "Mira, hoy y mañana seguiré expulsando demonios y sanando a la gente, y al tercer día terminaré lo que debo hacer." 33Tengo que seguir adelante hoy, mañana y pasado mañana, porque no puede ser que muera un profeta fuera de Jerusalén.

34»¡Jerusalén, Jerusalén, que matas a los profetas y apedreas a los que se te envían ¡Cuántas veces quise reunir a tus hijos, como reúne la gallina a sus pollitos debajo de sus alas, pero no quisiste 35Pues bien, la casa de ustedes va a quedar abandonada. Y les advierto que ya no volverán a verme hasta el día que digan: "¡Bendito el que viene en el nombre del Señor " z

Jesús en casa de un fariseo

14 Un día Jesús fue a comer a casa de un notable de los *fariseos. Era *sábado, así que éstos estaban acechando a Jesús. 2Allí, delante de él, estaba un hombre enfermo de hidropesía. 3Jesús les preguntó a los *expertos en la ley y a los fariseos:

—¿Está permitido o no sanar en sábado?

4Pero ellos se quedaron callados. Entonces tomó al hombre, lo sanó y lo despidió.

5También les dijo:

—Si uno de ustedes tiene un hijoa o un buey que se le cae en un pozo, ¿no lo saca en seguida aunque sea sábado?

6Y no pudieron contestarle nada.

7Al notar cómo los invitados escogían los

closes the door, you will stand outside knocking and pleading, 'Sir, open the door for us.'

"But he will answer, 'I don't know you or where you come from.'

26"Then you will say, 'We ate and drank with you, and you taught in our streets.'

27"But he will reply, 'I don't know you or where you come from. Away from me, all you evildoers '

28"There will be weeping there, and gnashing of teeth, when you see Abraham, Isaac and Jacob and all the prophets in the kingdom of God, but you yourselves thrown out. 29People will come from east and west and north and south, and will take their places at the feast in the kingdom of God. 30Indeed there are those who are last who will be first, and first who will be last."

Jesus' Sorrow for Jerusalem

31At that time some Pharisees came to Jesus and said to him, "Leave this place and go somewhere else. Herod wants to kill you."

32He replied, "Go tell that fox, 'I will drive out demons and heal people today and tomorrow, and on the third day I will reach my goal.' 33In any case, I must keep going today and tomorrow and the next day—for surely no prophet can die outside Jerusalem

34"O Jerusalem, Jerusalem, you who kill the prophets and stone those sent to you, how often I have longed to gather your children together, as a hen gathers her chicks under her wings, but you were not willing 35Look, your house is left to you desolate. I tell you, you will not see me again until you say, 'Blessed is he who comes in the name of the Lord.' h"

Jesus at a Pharisee's House

14 One Sabbath, when Jesus went to eat in the house of a prominent Pharisee, he was being carefully watched. 2There in front of him was a man suffering from dropsy. 3Jesus asked the Pharisees and experts in the law, "Is it lawful to heal on the Sabbath or not?" 4But they remained silent. So taking hold of the man, he healed him and sent him away.

5Then he asked them, "If one of you has a son i or an ox that falls into a well on the Sabbath day, will you not immediately pull him out?" 6And they had nothing to say.

7When he noticed how the guests picked the places of honor at the table, he told them this

---

z 13:35 Sal 118:26   a 14:5 hijo. Var. burro.   h 35 Psalm 118:26   i 5 Some manuscripts donkey lugares de honor en la mesa, les contó esta parábola:

8—Cuando alguien te invite a una fiesta de bodas, no te sientes en el lugar de honor, no sea que haya algún invitado más distinguido que tú. **9**Si es así, el que los invitó a los dos vendrá y te dirá: "Cédele tu asiento a este hombre." Entonces, avergonzado, tendrás que ocupar el último asiento. **10**Más bien, cuando te inviten, siéntate en el último lugar, para que cuando venga el que te invitó, te diga: "Amigo, pasa más adelante a un lugar mejor." Así recibirás honor en presencia de todos los demás invitados. **11**Todo el que a sí mismo se enaltece será humillado, y el que se humilla será enaltecido.

12También dijo Jesús al que lo había invitado:

—Cuando des una comida o una cena, no invites a tus amigos, ni a tus hermanos, ni a tus parientes, ni a tus vecinos ricos; no sea que ellos, a su vez, te inviten y así seas recompensado. **13**Más bien, cuando des un banquete, invita a los pobres, a los inválidos, a los cojos y a los ciegos. **14**Entonces serás *dichoso, pues aunque ellos no tienen con qué recompensarte, serás recompensado en la resurrección de los justos.

Parábola del gran banquete

15Al oír esto, uno de los que estaban *sentados a la mesa con Jesús le dijo:

—¡*Dichoso el que coma en el banquete del reino de Dios

16Jesús le contestó:

—Cierto hombre preparó un gran banquete e invitó a muchas personas. **17**A la hora del banquete mandó a su siervo a decirles a los invitados: "Vengan, porque ya todo está listo." **18**Pero todos, sin excepción, comenzaron a disculparse. El primero le dijo: "Acabo de comprar un terreno y tengo que ir a verlo. Te ruego que me disculpes." **19**Otro adujo: "Acabo de comprar cinco yuntas de bueyes, y voy a probarlas. Te ruego que me disculpes." **20**Otro alegó: "Acabo de casarme y por eso no puedo ir." **21**El siervo regresó y le informó de esto a su señor. Entonces el dueño de la casa se enojó y le mandó a su siervo: "Sal de prisa por las plazas y los callejones del pueblo, y trae acá a los pobres, a los inválidos, a los cojos y a los ciegos." **22**"Señor —le dijo luego el siervo—, ya hice lo que usted me mandó, pero todavía hay lugar." **23**Entonces el señor le respondió: "Ve por los caminos y las veredas, y oblígalos a entrar para que se llene mi casa. **24**Les digo que ninguno de aquellos invitados disfrutará de mi banquete."

El precio del discipulado

25Grandes multitudes seguían a Jesús, y él se volvió y les dijo: **26**«Si alguno viene a mí y no

parable: **8**"When someone invites you to a wedding feast, do not take the place of honor, for a person more distinguished than you may have been invited. **9**If so, the host who invited both of you will come and say to you, 'Give this man your seat.' Then, humiliated, you will have to take the least important place. **10**But when you are invited, take the lowest place, so that when your host comes, he will say to you, 'Friend, move up to a better place.' Then you will be honored in the presence of all your fellow guests. **11**For everyone who exalts himself will be humbled, and he who humbles himself will be exalted."

12Then Jesus said to his host, "When you give a luncheon or dinner, do not invite your friends, your brothers or relatives, or your rich neighbors; if you do, they may invite you back and so you will be repaid. **13**But when you give a banquet, invite the poor, the crippled, the lame, the blind, **14**and you will be blessed. Although they cannot repay you, you will be repaid at the resurrection of the righteous."

The Parable of the Great Banquet

15When one of those at the table with him heard this, he said to Jesus, "Blessed is the man who will eat at the feast in the kingdom of God."

16Jesus replied: "A certain man was preparing a great banquet and invited many guests. **17**At the time of the banquet he sent his servant to tell those who had been invited, 'Come, for everything is now ready.'

18"But they all alike began to make excuses. The first said, 'I have just bought a field, and I must go and see it. Please excuse me.'

19"Another said, 'I have just bought five yoke of oxen, and I'm on my way to try them out. Please excuse me.'

20"Still another said, 'I just got married, so I can't come.'

21"The servant came back and reported this to his master. Then the owner of the house became angry and ordered his servant, 'Go out quickly into the streets and alleys of the town and bring in the poor, the crippled, the blind and the lame.'

22" 'Sir,' the servant said, 'what you ordered has been done, but there is still room.'

23"Then the master told his servant, 'Go out to the roads and country lanes and make them come in, so that my house will be full. **24**I tell you, not one of those men who were invited will get a taste of my banquet.' "

The Cost of Being a Disciple

25Large crowds were traveling with Jesus, and turning to them he said: **26**"If anyone comes to sacrifica el amor[b] a su padre y a su madre, a su esposa y a sus hijos, a sus hermanos y a sus hermanas, y aun a su propia *vida, no puede ser mi discípulo. 27Y el que no carga su cruz y me sigue, no puede ser mi discípulo.

28»Supongamos que alguno de ustedes quiere construir una torre. ¿Acaso no se sienta primero a calcular el costo, para ver si tiene suficiente dinero para terminarla? 29Si echa los cimientos y no puede terminarla, todos los que la vean comenzarán a burlarse de él, 30y dirán: "Este hombre ya no pudo terminar lo que comenzó a construir."

31»O supongamos que un rey está a punto de ir a la guerra contra otro rey. ¿Acaso no se sienta primero a calcular si con diez mil hombres puede enfrentarse al que viene contra él con veinte mil? 32Si no puede, enviará una delegación mientras el otro está todavía lejos, para pedir condiciones de paz. 33De la misma manera, cualquiera de ustedes que no renuncie a todos sus bienes, no puede ser mi discípulo.

34»La sal es buena, pero si se vuelve insípida, ¿cómo recuperará el sabor? 35No sirve ni para la tierra ni para el abono; hay que tirarla fuera.

»El que tenga oídos para oír, que oiga.»

Parábola de la oveja perdida

15 Muchos *recaudadores de impuestos y *pecadores se acercaban a Jesús para oírlo, 2de modo que los *fariseos y los *maestros de la ley se pusieron a murmurar: «Este hombre recibe a los pecadores y come con ellos.»

3Él entonces les contó esta parábola: 4«Supongamos que uno de ustedes tiene cien ovejas y pierde una de ellas. ¿No deja las noventa y nueve en el campo, y va en busca de la oveja perdida hasta encontrarla? 5Y cuando la encuentra, lleno de alegría la carga en los hombros 6y vuelve a la casa. Al llegar, reúne a sus amigos y vecinos, y les dice: "Alégrense conmigo; ya encontré la oveja que se me había perdido." 7Les digo que así es también en el cielo: habrá más alegría por un solo pecador que se *arrepienta, que por noventa y nueve justos que no necesitan arrepentirse.

Parábola de la moneda perdida

8»O supongamos que una mujer tiene diez monedas de plata[c] y pierde una. ¿No enciende una lámpara, barre la casa y busca con cuidado hasta encontrarla? 9Y cuando la encuentra, reúne a sus amigas y vecinas, y les dice: "Alégrense

me and does not hate his father and mother, his wife and children, his brothers and sisters—yes, even his own life—he cannot be my disciple. 27And anyone who does not carry his cross and follow me cannot be my disciple.

28"Suppose one of you wants to build a tower. Will he not first sit down and estimate the cost to see if he has enough money to complete it? 29For if he lays the foundation and is not able to finish it, everyone who sees it will ridicule him, 30saying, 'This fellow began to build and was not able to finish.'

31"Or suppose a king is about to go to war against another king. Will he not first sit down and consider whether he is able with ten thousand men to oppose the one coming against him with twenty thousand? 32If he is not able, he will send a delegation while the other is still a long way off and will ask for terms of peace. 33In the same way, any of you who does not give up everything he has cannot be my disciple.

34"Salt is good, but if it loses its saltiness, how can it be made salty again? 35It is fit neither for the soil nor for the manure pile; it is thrown out.

"He who has ears to hear, let him hear."

The Parable of the Lost Sheep

15 Now the tax collectors and "sinners" were all gathering around to hear him. 2But the Pharisees and the teachers of the law muttered, "This man welcomes sinners and eats with them."

3Then Jesus told them this parable: 4"Suppose one of you has a hundred sheep and loses one of them. Does he not leave the ninety-nine in the open country and go after the lost sheep until he finds it? 5And when he finds it, he joyfully puts it on his shoulders 6and goes home. Then he calls his friends and neighbors together and says, 'Rejoice with me; I have found my lost sheep.' 7I tell you that in the same way there will be more rejoicing in heaven over one sinner who repents than over ninety-nine righteous persons who do not need to repent.

The Parable of the Lost Coin

8"Or suppose a woman has ten silver coins[j] and loses one. Does she not light a lamp, sweep the house and search carefully until she finds it? 9And when she finds it, she calls her friends and neighbors together and says, 'Re-

---

[b]14:26 *no sacrifica el amor*. Lit. *no odia*.   [c]15:8 *monedas de plata*. Lit. *dracmas*.

[j]8 Greek *ten drachmas*, each worth about a day's wages

conmigo; ya encontré la moneda que se me había perdido." **10**Les digo que así mismo se alegra Dios con sus ángeles*d* por un pecador que se arrepiente.

Parábola del hijo perdido

11»Un hombre tenía dos hijos —continuó Jesús—. **12**El menor de ellos le dijo a su padre: "Papá, dame lo que me toca de la herencia." Así que el padre repartió sus bienes entre los dos. **13**Poco después el hijo menor juntó todo lo que tenía y se fue a un país lejano; allí vivió desenfrenadamente y derrochó su herencia.

14»Cuando ya lo había gastado todo, sobrevino una gran escasez en la región, y él comenzó a pasar necesidad. **15**Así que fue y consiguió empleo con un ciudadano de aquel país, quien lo mandó a sus campos a cuidar cerdos. **16**Tanta hambre tenía que hubiera querido llenarse el estómago con la comida que daban a los cerdos, pero aun así nadie le daba nada. **17**Por fin recapacitó y se dijo: "¡Cuántos jornaleros de mi padre tienen comida de sobra, y yo aquí me muero de hambre! **18**Tengo que volver a mi padre y decirle: Papá, he pecado contra el cielo y contra ti. **19**Ya no merezco que se me llame tu hijo; trátame como si fuera uno de tus jornaleros." **20**Así que emprendió el viaje y se fue a su padre.

»Todavía estaba lejos cuando su padre lo vio y se compadeció de él; salió corriendo a su encuentro, lo abrazó y lo besó. **21**El joven le dijo: "Papá, he pecado contra el cielo y contra ti. Ya no merezco que se me llame tu hijo."*e* **22**Pero el padre ordenó a sus *siervos: "¡Pronto! Traigan la mejor ropa para vestirlo. Pónganle también un anillo en el dedo y sandalias en los pies. **23**Traigan el ternero más gordo y mátenlo para celebrar un banquete. **24**Porque este hijo mío estaba muerto, pero ahora ha vuelto a la vida; se había perdido, pero ya lo hemos encontrado." Así que empezaron a hacer fiesta.

25»Mientras tanto, el hijo mayor estaba en el campo. Al volver, cuando se acercó a la casa, oyó la música del baile. **26**Entonces llamó a uno de los siervos y le preguntó qué pasaba. **27**"Ha llegado tu hermano —le respondió—, y tu papá ha matado el ternero más gordo porque lo ha recobrado a su hijo sano y salvo." **28**Indignado, el hermano mayor se negó a entrar. Así que su padre salió a suplicarle que lo hiciera. **29**Pero él le contestó: "¡Fíjate cuántos años te he servido sin desobedecer jamás tus órdenes, y ni un cabrito me has dado para celebrar una fiesta con mis amigos! **30**¡Pero ahora llega ese hijo tuyo, que ha despilfarrado tu

joice with me; I have found my lost coin.' **10**In the same way, I tell you, there is rejoicing in the presence of the angels of God over one sinner who repents."

The Parable of the Lost Son

11Jesus continued: "There was a man who had two sons. **12**The younger one said to his father, 'Father, give me my share of the estate.' So he divided his property between them.

13"Not long after that, the younger son got together all he had, set off for a distant country and there squandered his wealth in wild living. **14**After he had spent everything, there was a severe famine in that whole country, and he began to be in need. **15**So he went and hired himself out to a citizen of that country, who sent him to his fields to feed pigs. **16**He longed to fill his stomach with the pods that the pigs were eating, but no one gave him anything.

17"When he came to his senses, he said, 'How many of my father's hired men have food to spare, and here I am starving to death! **18**I will set out and go back to my father and say to him: Father, I have sinned against heaven and against you. **19**I am no longer worthy to be called your son; make me like one of your hired men.' **20**So he got up and went to his father.

"But while he was still a long way off, his father saw him and was filled with compassion for him; he ran to his son, threw his arms around him and kissed him.

21"The son said to him, 'Father, I have sinned against heaven and against you. I am no longer worthy to be called your son.'*k*

22"But the father said to his servants, 'Quick! Bring the best robe and put it on him. Put a ring on his finger and sandals on his feet. **23**Bring the fattened calf and kill it. Let's have a feast and celebrate. **24**For this son of mine was dead and is alive again; he was lost and is found.' So they began to celebrate.

25"Meanwhile, the older son was in the field. When he came near the house, he heard music and dancing. **26**So he called one of the servants and asked him what was going on. **27**'Your brother has come,' he replied, 'and your father has killed the fattened calf because he has him back safe and sound.'

28"The older brother became angry and refused to go in. So his father went out and pleaded with him. **29**But he answered his father, 'Look! All these years I've been slaving for you and never disobeyed your orders. Yet you never gave

---

d 15:10 *se alegra … ángeles.* Lit. *hay alegría en la presencia de los ángeles de Dios.*   *e* 15:21 *hijo.* Var. *hijo; trátame como si fuera uno de tus jornaleros.*

k 21 Some early manuscripts *son. Make me like one of your hired men.*

fortuna con prostitutas, y tú mandas matar en su honor el ternero más gordo "

31»"Hijo mío —le dijo su padre—, tú siempre estás conmigo, y todo lo que tengo es tuyo. 32Pero teníamos que hacer fiesta y alegrarnos, porque este hermano tuyo estaba muerto, pero ahora ha vuelto a la vida; se había perdido, pero ya lo hemos encontrado." »

Parábola del administrador astuto

16 Jesús contó otra parábola a sus discípulos: «Un hombre rico tenía un administrador a quien acusaron de derrochar sus bienes. 2Así que lo mandó a llamar y le dijo: "¿Qué es esto que me dicen de ti? Rinde cuentas de tu administración, porque ya no puedes seguir en tu puesto." 3El administrador reflexionó: "¿Qué voy a hacer ahora que mi patrón está por quitarme el puesto? No tengo fuerzas para cavar, y me da vergüenza pedir limosna. 4Tengo que asegurarme de que, cuando me echen de la administración, haya gente que me reciba en su casa. ¡Ya sé lo que voy a hacer "

5»Llamó entonces a cada uno de los que le debían algo a su patrón. Al primero le preguntó: "¿Cuánto le debes a mi patrón?" 6"Cien barriles*f* de aceite", le contestó él. El administrador le dijo: "Toma tu factura, siéntate en seguida y escribe cincuenta." 7Luego preguntó al segundo: "Y tú, ¿cuánto debes?" "Cien bultos*g* de trigo", contestó. El administrador le dijo: "Toma tu factura y escribe ochenta."

8»Pues bien, el patrón elogió al administrador de riquezas mundanas*h* por haber actuado con astucia. Es que los de este mundo, en su trato con los que son como ellos, son más astutos que los que han recibido la luz. 9Por eso les digo que se valgan de las riquezas mundanas para ganar amigos,*i* a fin de que cuando éstas se acaben haya quienes los reciban a ustedes en las viviendas eternas.

10»El que es honrado*j* en lo poco, también lo será en lo mucho; y el que no es íntegro*k* en lo poco, tampoco lo será en lo mucho. 11Por eso, si ustedes no han sido honrados en el uso de las riquezas mundanas,*l* ¿quién les confiará las verdaderas? 12Y si con lo ajeno no han sido honrados, ¿quién les dará a ustedes lo que les pertenece?

13»Ningún sirviente puede servir a dos patro-

me even a young goat so I could celebrate with my friends. 30But when this son of yours who has squandered your property with prostitutes comes home, you kill the fattened calf for him '

31"'My son,' the father said, 'you are always with me, and everything I have is yours. 32But we had to celebrate and be glad, because this brother of yours was dead and is alive again; he was lost and is found.'"

The Parable of the Shrewd Manager

16 Jesus told his disciples: "There was a rich man whose manager was accused of wasting his possessions. 2So he called him in and asked him, 'What is this I hear about you? Give an account of your management, because you cannot be manager any longer.'

3"The manager said to himself, 'What shall I do now? My master is taking away my job. I'm not strong enough to dig, and I'm ashamed to beg— 4I know what I'll do so that, when I lose my job here, people will welcome me into their houses.'

5"So he called in each one of his master's debtors. He asked the first, 'How much do you owe my master?'

6"'Eight hundred gallons*l* of olive oil,' he replied.

"The manager told him, 'Take your bill, sit down quickly, and make it four hundred.'

7"Then he asked the second, 'And how much do you owe?'

"'A thousand bushels*m* of wheat,' he replied.

"He told him, 'Take your bill and make it eight hundred.'

8"The master commended the dishonest manager because he had acted shrewdly. For the people of this world are more shrewd in dealing with their own kind than are the people of the light. 9I tell you, use worldly wealth to gain friends for yourselves, so that when it is gone, you will be welcomed into eternal dwellings.

10"Whoever can be trusted with very little can also be trusted with much, and whoever is dishonest with very little will also be dishonest with much. 11So if you have not been trustworthy in handling worldly wealth, who will trust you with true riches? 12And if you have not been trustworthy with someone else's property, who will give you property of your own?

13"No servant can serve two masters. Either he will hate the one and love the other, or he will

---

*f***16:6** *cien barriles*. Lit. *cien* *batos (unos 3.700 litros).
*g***16:7** *cien bultos*. Lit. *cien* *coros (unos 37.000 litros).
*h***16:8** *administrador de riquezas mundanas*. Alt. *administrador deshonesto*. Lit. *administrador de injusticia*.
*i***16:9** *se valgan ... amigos*. Lit. *se hagan amigos por medio del dinero de injusticia*. *j***16:10** *honrado*. Alt. *digno de confianza*. Lit. *fiel*; también en vv. 11,12. *k***16:10** *el que no es íntegro*. Lit. *el que es injusto*. *l***16:11** *las riquezas mundanas*. Lit. *el dinero injusto*.

*l*6 Greek *one hundred batous* (probably about 3 kiloliters)
*m*7 Greek *one hundred korous* (probably about 35 kiloliters)

nes. Menospreciará a uno y amará al otro, o querrá mucho a uno y despreciará al otro. Ustedes no pueden servir a la vez a Dios y a las riquezas.»

14Oían todo esto los *fariseos, a quienes les encantaba el dinero, y se burlaban de Jesús. 15Él les dijo: «Ustedes se hacen los buenos ante la gente, pero Dios conoce sus corazones. Dense cuenta de que aquello que la gente tiene en gran estima es detestable delante de Dios.

Otras enseñanzas

16»La ley y los profetas se proclamaron hasta Juan. Desde entonces se anuncian las buenas *nuevas del reino de Dios, y todos se esfuerzan por entrar en él.^{m} 17Es más fácil que desaparezcan el cielo y la tierra, que caiga una sola tilde de la ley.

18»Todo el que se divorcia de su esposa y se casa con otra, comete adulterio; y el que se casa con la divorciada, comete adulterio.

El rico y Lázaro

19»Había un hombre rico que se vestía lujosamente^n y daba espléndidos banquetes todos los días. 20A la puerta de su casa se tendía un mendigo llamado Lázaro, que estaba cubierto de llagas 21y que hubiera querido llenarse el estómago con lo que caía de la mesa del rico. Hasta los perros se acercaban y le lamían las llagas.

22»Resulta que murió el mendigo, y los ángeles se lo llevaron para que estuviera al lado de Abraham. También murió el rico, y lo sepultaron. 23En el infierno,^{ñ} en medio de sus tormentos, el rico levantó los ojos y vio de lejos a Abraham, y a Lázaro junto a él. 24Así que alzó la voz y lo llamó: "Padre Abraham, ten compasión de mí y manda a Lázaro que moje la punta del dedo en agua y me refresque la lengua, porque estoy sufriendo mucho en este fuego." 25Pero Abraham le contestó: "Hijo, recuerda que durante tu vida te fue muy bien, mientras que a Lázaro le fue muy mal; pero ahora a él le toca recibir consuelo aquí, y a ti, sufrir terriblemente. 26Además de eso, hay un gran abismo entre nosotros y ustedes, de modo que los que quieren pasar de aquí para allá no pueden, ni tampoco pueden los de allá para acá." 27»Él respondió: "Entonces te ruego, padre, que mandes a Lázaro a la casa de mi padre, 28para que advierta a mis cinco hermanos y no vengan ellos también a este lugar de tormento." 29Pero Abraham le contestó: "Ya tienen a Moisés y a los

be devoted to the one and despise the other. You cannot serve both God and Money."

14The Pharisees, who loved money, heard all this and were sneering at Jesus. 15He said to them, "You are the ones who justify yourselves in the eyes of men, but God knows your hearts. What is highly valued among men is detestable in God's sight.

Additional Teachings

16"The Law and the Prophets were proclaimed until John. Since that time, the good news of the kingdom of God is being preached, and everyone is forcing his way into it. 17It is easier for heaven and earth to disappear than for the least stroke of a pen to drop out of the Law.

18"Anyone who divorces his wife and marries another woman commits adultery, and the man who marries a divorced woman commits adultery.

The Rich Man and Lazarus

19"There was a rich man who was dressed in purple and fine linen and lived in luxury every day. 20At his gate was laid a beggar named Lazarus, covered with sores 21and longing to eat what fell from the rich man's table. Even the dogs came and licked his sores.

22"The time came when the beggar died and the angels carried him to Abraham's side. The rich man also died and was buried. 23In hell,^{n} where he was in torment, he looked up and saw Abraham far away, with Lazarus by his side. 24So he called to him, 'Father Abraham, have pity on me and send Lazarus to dip the tip of his finger in water and cool my tongue, because I am in agony in this fire.' 25"But Abraham replied, 'Son, remember that in your lifetime you received your good things, while Lazarus received bad things, but now he is comforted here and you are in agony. 26And besides all this, between us and you a great chasm has been fixed, so that those who want to go from here to you cannot, nor can anyone cross over from there to us.' 27"He answered, 'Then I beg you, father, send Lazarus to my father's house, 28for I have five brothers. Let him warn them, so that they will not also come to this place of torment.' 29"Abraham replied, 'They have Moses and the Prophets; let them listen to them.'

---

^{m}**16:16** *se esfuerzan por entrar en él.* Alt. *hacen violencia por entrar en él,* o *hacen violencia contra él.*
^{n}**16:19** *lujosamente.* Lit. *con púrpura y tela fina.*
^{ñ}**16:23** *infierno.* Lit. **Hades.*

profetas; ¡que les hagan caso a ellos! " 30"No les harán caso, padre Abraham —replicó el rico—; en cambio, si se les presentara uno de entre los muertos, entonces sí se *arrepentirían." 31Abraham le dijo: "Si no les hacen caso a Moisés y a los profetas, tampoco se convencerán aunque alguien se *levante de entre los muertos." »

El pecado, la fe y el deber

17 Luego dijo Jesús a sus discípulos:
—Los *tropiezos son inevitables, pero ¡ay de aquel que los ocasiona! 2Más le valdría ser arrojado al mar con una piedra de molino atada al cuello, que servir de tropiezo a uno solo de estos pequeños. 3Así que, ¡cuídense!

»Si tu hermano peca, repréndelo; y si se *arrepiente, perdónalo. 4Aun si peca contra ti siete veces en un día, y siete veces regresa a decirte "Me arrepiento", perdónalo.

5Entonces los apóstoles le dijeron al Señor:
—¡Aumenta nuestra fe!

6—Si ustedes tuvieran una fe tan pequeña como un grano de mostaza —les respondió el Señor—, podrían decirle a este árbol: "Desarráigate y plántate en el mar", y les obedecería.

7»Supongamos que uno de ustedes tiene un *siervo que ha estado arando el campo o cuidando las ovejas. Cuando el siervo regresa del campo, ¿acaso se le dice: "Ven en seguida a sentarte a la mesa"? 8¿No se le diría más bien: "Prepárame la comida y cámbiate de ropa para atenderme mientras yo ceno; después tú podrás cenar"? 9¿Acaso se le darían las gracias al siervo por haber hecho lo que se le mandó? 10Así también ustedes, cuando hayan hecho todo lo que se les ha mandado, deben decir: "Somos siervos inútiles; no hemos hecho más que cumplir con nuestro deber."

Jesús sana a diez leprosos

11Un día, siguiendo su viaje a Jerusalén, Jesús pasaba por Samaria y Galilea. 12Cuando estaba por entrar en un pueblo, salieron a su encuentro diez hombres enfermos de *lepra. Como se habían quedado a cierta distancia, 13gritaron:
—¡Jesús, Maestro, ten compasión de nosotros!

14Al verlos, les dijo:
—Vayan a presentarse a los sacerdotes.

Resultó que, mientras iban de camino, quedaron *limpios.

15Uno de ellos, al verse ya sano, regresó alabando a Dios a grandes voces. 16Cayó rostro en tierra a los pies de Jesús y le dio las gracias, no obstante que era samaritano.

17—¿Acaso no quedaron limpios los diez? —preguntó Jesús—. ¿Dónde están los otros nueve? 18¿No hubo ninguno que regresara a dar gloria a Dios, excepto este extranjero? 19Levánta-

30"'No, father Abraham,' he said, 'but if someone from the dead goes to them, they will repent.'

31"He said to him, 'If they do not listen to Moses and the Prophets, they will not be convinced even if someone rises from the dead.'"

Sin, Faith, Duty

17 Jesus said to his disciples: "Things that cause people to sin are bound to come, but woe to that person through whom they come. 2It would be better for him to be thrown into the sea with a millstone tied around his neck than for him to cause one of these little ones to sin. 3So watch yourselves.

"If your brother sins, rebuke him, and if he repents, forgive him. 4If he sins against you seven times in a day, and seven times comes back to you and says, 'I repent,' forgive him."

5The apostles said to the Lord, "Increase our faith!"

6He replied, "If you have faith as small as a mustard seed, you can say to this mulberry tree, 'Be uprooted and planted in the sea,' and it will obey you.

7"Suppose one of you had a servant plowing or looking after the sheep. Would he say to the servant when he comes in from the field, 'Come along now and sit down to eat'? 8Would he not rather say, 'Prepare my supper, get yourself ready and wait on me while I eat and drink; after that you may eat and drink'? 9Would he thank the servant because he did what he was told to do? 10So you also, when you have done everything you were told to do, should say, 'We are unworthy servants; we have only done our duty.'"

Ten Healed of Leprosy

11Now on his way to Jerusalem, Jesus traveled along the border between Samaria and Galilee. 12As he was going into a village, ten men who had leprosy[o] met him. They stood at a distance 13and called out in a loud voice, "Jesus, Master, have pity on us!"

14When he saw them, he said, "Go, show yourselves to the priests." And as they went, they were cleansed.

15One of them, when he saw he was healed, came back, praising God in a loud voice. 16He threw himself at Jesus' feet and thanked him—and he was a Samaritan.

17Jesus asked, "Were not all ten cleansed? Where are the other nine? 18Was no one found

---

o 12 The Greek word was used for various diseases affecting the skin—not necessarily leprosy.

te y vete —le dijo al hombre—; tu fe te ha *sanado.

La venida del reino de Dios

20 Los *fariseos le preguntaron a Jesús cuándo iba a venir el reino de Dios, y él les respondió:

—La venida del reino de Dios no se puede someter a cálculos.º **21** No van a decir: "¡Mírenlo acá! ¡Mírenlo allá!" Dense cuenta de que el reino de Dios está entre ᵖ ustedes.

22 A sus discípulos les dijo:

—Llegará el tiempo en que ustedes anhelarán vivir siquiera uno de los días del Hijo del hombre, pero no podrán. **23** Les dirán: "¡Mírenlo allá! ¡Mírenlo acá!" No vayan; no los sigan. **24** Porque en su día�q el Hijo del hombre será como el relámpago que fulgura e ilumina el cielo de uno a otro extremo. **25** Pero antes él tiene que sufrir muchas cosas y ser rechazado por esta generación.

26 »Tal como sucedió en tiempos de Noé, así también será cuando venga el Hijo del hombre. **27** Comían, bebían, y se casaban y daban en casamiento, hasta el día en que Noé entró en el arca; entonces llegó el diluvio y los destruyó a todos.

28 »Lo mismo sucedió en tiempos de Lot: comían y bebían, compraban y vendían, sembraban y edificaban. **29** Pero el día en que Lot salió de Sodoma, llovió del cielo fuego y azufre y acabó con todos.

30 »Así será el día en que se manifieste el Hijo del hombre. **31** En aquel día, el que esté en la azotea y tenga sus cosas dentro de la casa, que no baje a buscarlas. Así mismo el que esté en el campo, no regrese por lo que haya dejado atrás. **32** ¡Acuérdense de la esposa de Lot! **33** El que procure conservar su *vida, la perderá; y el que la pierda, la conservará. **34** Les digo que en aquella noche estarán dos personas en una misma cama: una será llevada y la otra será dejada. **35** Dos mujeres estarán moliendo juntas: una será llevada y la otra será dejada.ʳ

37 —¿Dónde, Señor? —preguntaron.

—Donde esté el cadáver, allí se reunirán los buitres —respondió él.

Parábola de la viuda insistente

18 Jesús les contó a sus discípulos una parábola para mostrarles que debían orar siempre, sin desanimarse. **2** Les dijo: «Había en cierto pueblo un juez que no tenía temor de Dios

to return and give praise to God except this foreigner?" **19** Then he said to him, "Rise and go; your faith has made you well."

The Coming of the Kingdom of God

20 Once, having been asked by the Pharisees when the kingdom of God would come, Jesus replied, "The kingdom of God does not come with your careful observation, **21** nor will people say, 'Here it is,' or 'There it is,' because the kingdom of God is within ᵖ you."

22 Then he said to his disciples, "The time is coming when you will long to see one of the days of the Son of Man, but you will not see it. **23** Men will tell you, 'There he is!' or 'Here he is!' Do not go running off after them. **24** For the Son of Man in his dayq will be like the lightning, which flashes and lights up the sky from one end to the other. **25** But first he must suffer many things and be rejected by this generation.

26 "Just as it was in the days of Noah, so also will it be in the days of the Son of Man. **27** People were eating, drinking, marrying and being given in marriage up to the day Noah entered the ark. Then the flood came and destroyed them all.

28 "It was the same in the days of Lot. People were eating and drinking, buying and selling, planting and building. **29** But the day Lot left Sodom, fire and sulfur rained down from heaven and destroyed them all.

30 "It will be just like this on the day the Son of Man is revealed. **31** On that day no one who is on the roof of his house, with his goods inside, should go down to get them. Likewise, no one in the field should go back for anything. **32** Remember Lot's wife! **33** Whoever tries to keep his life will lose it, and whoever loses his life will preserve it. **34** I tell you, on that night two people will be in one bed; one will be taken and the other left. **35** Two women will be grinding grain together; one will be taken and the other left." ʳ

37 "Where, Lord?" they asked.

He replied, "Where there is a dead body, there the vultures will gather."

The Parable of the Persistent Widow

18 Then Jesus told his disciples a parable to show them that they should always pray and not give up. **2** He said: "In a certain town there was a judge who neither feared God nor cared about men. **3** And there was a widow

---

º **17:20** *La venida ... cálculos.* Lit. *El reino de Dios no viene con observación.* ᵖ **17:21** *entre.* Alt. *dentro de.* q **17:24** Var. *no incluye: en su día.* ʳ **17:35** *dejada.* Var. *dejada.* 36 *Estarán dos hombres en el campo: uno será llevado y el otro será dejado* (véase Mt 24:40).

ᵖ *21* Or *among* q *24* Some manuscripts do not have *in his day.* ʳ *35* Some manuscripts *left. 36 Two men will be in the field; one will be taken and the other left.*

ni consideración de nadie. ³En el mismo pueblo había una viuda que insistía en pedirle: "Hágame usted justicia contra mi adversario." ⁴Durante algún tiempo él se negó, pero por fin concluyó: "Aunque no temo a Dios ni tengo consideración de nadie, ⁵como esta viuda no deja de molestarme, voy a tener que hacerle justicia, no sea que con sus visitas me haga la vida imposible." »

⁶Continuó el Señor: «Tengan en cuenta lo dicho por el juez injusto. ⁷¿Acaso Dios no hará justicia a sus escogidos, que claman a él día y noche? ¿Se tardará mucho en responderles? ⁸Les digo que sí les hará justicia, y sin demora. No obstante, cuando venga el Hijo del hombre, ¿encontrará fe en la tierra?»

Parábola del fariseo y del recaudador de impuestos

⁹A algunos que, confiando en sí mismos, se creían justos y que despreciaban a los demás, Jesús les contó esta parábola: ¹⁰«Dos hombres subieron al *templo a orar; uno era *fariseo y el otro, *recaudador de impuestos. ¹¹El fariseo se puso a orar consigo mismo: "Oh Dios, te doy gracias porque no soy como otros hombres —ladrones, malhechores, adúlteros— ni mucho menos como ese recaudador de impuestos. ¹²Ayuno dos veces a la semana y doy la décima parte de todo lo que recibo." ¹³En cambio, el recaudador de impuestos, que se había quedado a cierta distancia, ni siquiera se atrevía a alzar la vista al cielo, sino que se golpeaba el pecho y decía: "¡Oh Dios, ten compasión de mí, que soy pecador!"

¹⁴»Les digo que éste, y no aquél, volvió a su casa *justificado ante Dios. Pues todo el que a sí mismo se enaltece será humillado, y el que se humilla será enaltecido.»

Jesús y los niños

¹⁵También le llevaban niños pequeños a Jesús para que los tocara. Al ver esto, los discípulos reprendían a quienes los llevaban. ¹⁶Pero Jesús llamó a los niños y dijo: «Dejen que los niños vengan a mí, y no se lo impidan, porque el reino de Dios es de quienes son como ellos. ¹⁷Les aseguro que el que no reciba el reino de Dios como un niño, de ninguna manera entrará en él.»

El dirigente rico

¹⁸Cierto dirigente le preguntó:
—Maestro bueno, ¿qué tengo que hacer para heredar la vida eterna?

¹⁹—¿Por qué me llamas bueno? —respondió Jesús—. Nadie es bueno sino sólo Dios. ²⁰Ya sabes los mandamientos: "No cometas adulte-

in that town who kept coming to him with the plea, 'Grant me justice against my adversary.'

⁴"For some time he refused. But finally he said to himself, 'Even though I don't fear God or care about men, ⁵yet because this widow keeps bothering me, I will see that she gets justice, so that she won't eventually wear me out with her coming!' "

⁶And the Lord said, "Listen to what the unjust judge says. ⁷And will not God bring about justice for his chosen ones, who cry out to him day and night? Will he keep putting them off? ⁸I tell you, he will see that they get justice, and quickly. However, when the Son of Man comes, will he find faith on the earth?"

The Parable of the Pharisee and the Tax Collector

⁹To some who were confident of their own righteousness and looked down on everybody else, Jesus told this parable: ¹⁰"Two men went up to the temple to pray, one a Pharisee and the other a tax collector. ¹¹The Pharisee stood up and prayed about ˢ himself: 'God, I thank you that I am not like other men—robbers, evildoers, adulterers—or even like this tax collector. ¹²I fast twice a week and give a tenth of all I get.'

¹³"But the tax collector stood at a distance. He would not even look up to heaven, but beat his breast and said, 'God, have mercy on me, a sinner.'

¹⁴"I tell you that this man, rather than the other, went home justified before God. For everyone who exalts himself will be humbled, and he who humbles himself will be exalted."

The Little Children and Jesus

¹⁵People were also bringing babies to Jesus to have him touch them. When the disciples saw this, they rebuked them. ¹⁶But Jesus called the children to him and said, "Let the little children come to me, and do not hinder them, for the kingdom of God belongs to such as these. ¹⁷I tell you the truth, anyone who will not receive the kingdom of God like a little child will never enter it."

The Rich Ruler

¹⁸A certain ruler asked him, "Good teacher, what must I do to inherit eternal life?"

¹⁹"Why do you call me good?" Jesus answered. "No one is good—except God alone. ²⁰You know the commandments: 'Do not commit adultery, do not murder, do not steal, do not

ˢ 11 Or to

rio, no mates, no robes, no presentes falso testimonio, honra a tu padre y a tu madre."[s]

21—Todo eso lo he cumplido desde que era joven —dijo el hombre.

22Al oír esto, Jesús añadió:

—Todavía te falta una cosa: vende todo lo que tienes y repártelo entre los pobres, y tendrás tesoro en el cielo. Luego ven y sígueme.

23Cuando el hombre oyó esto, se entristeció mucho, pues era muy rico. 24Al verlo tan afligido, Jesús comentó:

—¡Qué difícil es para los ricos entrar en el reino de Dios 25En realidad, le resulta más fácil a un camello pasar por el ojo de una aguja, que a un rico entrar en el reino de Dios.

26Los que lo oyeron preguntaron:

—Entonces, ¿quién podrá salvarse?

27—Lo que es imposible para los hombres es posible para Dios —aclaró Jesús.

28—Mira —le dijo Pedro—, nosotros hemos dejado todo lo que teníamos para seguirte.

29—Les aseguro —respondió Jesús— que todo el que por causa del reino de Dios haya dejado casa, esposa, hermanos, padres o hijos, 30recibirá mucho más en este tiempo; y en la edad venidera, la vida eterna.

Jesús predice de nuevo su muerte

31Entonces Jesús tomó aparte a los doce y les dijo: «Ahora vamos rumbo a Jerusalén, donde se cumplirá todo lo que escribieron los profetas acerca del Hijo del hombre. 32En efecto, será entregado a los *gentiles. Se burlarán de él, lo insultarán, le escupirán; 33y después de azotarlo, lo matarán. Pero al tercer día resucitará.»

34Los discípulos no entendieron nada de esto. Les era incomprensible, pues no captaban el sentido de lo que les hablaba.

Un mendigo ciego recibe la vista

35Sucedió que al acercarse Jesús a Jericó, estaba un ciego sentado junto al camino pidiendo limosna. 36Cuando oyó a la multitud que pasaba, preguntó qué acontecía.

37—Jesús de Nazaret está pasando por aquí —le respondieron.

38—¡Jesús, Hijo de David, ten compasión de mí —gritó el ciego.

39Los que iban delante lo reprendían para que se callara, pero él se puso a gritar aún más fuerte:

—¡Hijo de David, ten compasión de mí

40Jesús se detuvo y mandó que se lo trajeran. Cuando el ciego se acercó, le preguntó Jesús:

41—¿Qué quieres que haga por ti?

—Señor, quiero ver.

give false testimony, honor your father and mother.'[t]

21"All these I have kept since I was a boy," he said.

22When Jesus heard this, he said to him, "You still lack one thing. Sell everything you have and give to the poor, and you will have treasure in heaven. Then come, follow me."

23When he heard this, he became very sad, because he was a man of great wealth. 24Jesus looked at him and said, "How hard it is for the rich to enter the kingdom of God 25Indeed, it is easier for a camel to go through the eye of a needle than for a rich man to enter the kingdom of God."

26Those who heard this asked, "Who then can be saved?"

27Jesus replied, "What is impossible with men is possible with God."

28Peter said to him, "We have left all we had to follow you "

29"I tell you the truth," Jesus said to them, "no one who has left home or wife or brothers or parents or children for the sake of the kingdom of God 30will fail to receive many times as much in this age and, in the age to come, eternal life."

Jesus Again Predicts His Death

31Jesus took the Twelve aside and told them, "We are going up to Jerusalem, and everything that is written by the prophets about the Son of Man will be fulfilled. 32He will be handed over to the Gentiles. They will mock him, insult him, spit on him, flog him and kill him. 33On the third day he will rise again."

34The disciples did not understand any of this. Its meaning was hidden from them, and they did not know what he was talking about.

A Blind Beggar Receives His Sight

35As Jesus approached Jericho, a blind man was sitting by the roadside begging. 36When he heard the crowd going by, he asked what was happening. 37They told him, "Jesus of Nazareth is passing by."

38He called out, "Jesus, Son of David, have mercy on me "

39Those who led the way rebuked him and told him to be quiet, but he shouted all the more, "Son of David, have mercy on me "

40Jesus stopped and ordered the man to be brought to him. When he came near, Jesus asked him, 41"What do you want me to do for you?"

"Lord, I want to see," he replied.

---

[s] **18:20** Éx 20:12-16; Dt 5:16-20   [t] 20 Exodus 20:12-16; Deut. 5:16-20

42—¡Recibe la vista —le dijo Jesús—. Tu fe te ha *sanado.

43Al instante recobró la vista. Entonces, glorificando a Dios, comenzó a seguir a Jesús, y todos los que lo vieron daban alabanza a Dios.

Zaqueo, el recaudador de impuestos

19 Jesús llegó a Jericó y comenzó a cruzar la ciudad. 2Resulta que había allí un hombre llamado Zaqueo, jefe de los *recaudadores de impuestos, que era muy rico. 3Estaba tratando de ver quién era Jesús, pero la multitud se lo impedía, pues era de baja estatura. 4Por eso se adelantó corriendo y se subió a un árbol para poder verlo, ya que Jesús iba a pasar por allí.

5Llegando al lugar, Jesús miró hacia arriba y le dijo:

—Zaqueo, baja en seguida. Tengo que quedarme hoy en tu casa.

6Así que se apresuró a bajar y, muy contento, recibió a Jesús en su casa.

7Al ver esto, todos empezaron a murmurar: «Ha ido a hospedarse con un *pecador.»

8Pero Zaqueo dijo resueltamente:

—Mira, Señor: Ahora mismo voy a dar a los pobres la mitad de mis bienes, y si en algo he defraudado a alguien, le devolveré cuatro veces la cantidad que sea.

9—Hoy ha llegado la salvación a esta casa —le dijo Jesús—, ya que éste también es hijo de Abraham. 10Porque el Hijo del hombre vino a buscar y a salvar lo que se había perdido.

Parábola del dinero

11Como la gente lo escuchaba, pasó a contarles una parábola, porque estaba cerca de Jerusalén y la gente pensaba que el reino de Dios iba a manifestarse en cualquier momento. 12Así que les dijo: «Un hombre de la nobleza se fue a un país lejano para ser coronado rey y luego regresar. 13Llamó a diez de sus *siervos y entregó a cada cual una buena cantidad de dinero.^t Les instruyó: "Hagan negocio con este dinero hasta que yo vuelva." 14Pero sus súbditos lo odiaban y mandaron tras él una delegación a decir: "No queremos a éste por rey."

15»A pesar de todo, fue nombrado rey. Cuando regresó a su país, mandó llamar a los siervos a quienes había entregado el dinero, para enterarse de lo que habían ganado. 16Se presentó el primero y dijo: "Señor, su dinero^u ha producido diez veces más." 17"¡Hiciste bien, siervo bueno —le respondió el rey—. Puesto que has sido fiel en tan poca cosa, te doy el gobierno de diez

Zacchaeus the Tax Collector

42Jesus said to him, "Receive your sight; your faith has healed you." 43Immediately he received his sight and followed Jesus, praising God. When all the people saw it, they also praised God.

19 Jesus entered Jericho and was passing through. 2A man was there by the name of Zacchaeus; he was a chief tax collector and was wealthy. 3He wanted to see who Jesus was, but being a short man he could not, because of the crowd. 4So he ran ahead and climbed a sycamore-fig tree to see him, since Jesus was coming that way.

5When Jesus reached the spot, he looked up and said to him, "Zacchaeus, come down immediately. I must stay at your house today." 6So he came down at once and welcomed him gladly.

7All the people saw this and began to mutter, "He has gone to be the guest of a 'sinner.'"

8But Zacchaeus stood up and said to the Lord, "Look, Lord Here and now I give half of my possessions to the poor, and if I have cheated anybody out of anything, I will pay back four times the amount."

9Jesus said to him, "Today salvation has come to this house, because this man, too, is a son of Abraham. 10For the Son of Man came to seek and to save what was lost."

The Parable of the Ten Minas

11While they were listening to this, he went on to tell them a parable, because he was near Jerusalem and the people thought that the kingdom of God was going to appear at once. 12He said: "A man of noble birth went to a distant country to have himself appointed king and then to return. 13So he called ten of his servants and gave them ten minas.^u 'Put this money to work,' he said, 'until I come back.'

14"But his subjects hated him and sent a delegation after him to say, 'We don't want this man to be our king.'

15"He was made king, however, and returned home. Then he sent for the servants to whom he had given the money, in order to find out what they had gained with it.

16"The first one came and said, 'Sir, your mina has earned ten more.'

17"'Well done, my good servant ' his master replied. 'Because you have been trustworthy in a very small matter, take charge of ten cities.'

---

^t**19:13** *y entregó … de dinero.* Lit. *y les entregó diez *minas* (una mina equivalía al salario de unos tres meses).
^u**19:16** *dinero.* Lit. *mina;* también en vv. 18,20,24.

^u*13* A mina was about three months' wages.

ciudades." ¹⁸Se presentó el segundo y dijo: "Señor, su dinero ha producido cinco veces más." ¹⁹El rey le respondió: "A ti te pongo sobre cinco ciudades."

²⁰»Llegó otro siervo y dijo: "Señor, aquí tiene su dinero; lo he tenido guardado, envuelto en un pañuelo. ²¹Es que le tenía miedo a usted, que es un hombre muy exigente: toma lo que no depositó y cosecha lo que no sembró." ²²El rey le contestó: "Siervo malo, con tus propias palabras te voy a juzgar. ¿Así que sabías que soy muy exigente, que tomo lo que no deposité y cosecho lo que no sembré? ²³Entonces, ¿por qué no pusiste mi dinero en el banco, para que al regresar pudiera reclamar los intereses?" ²⁴Luego dijo a los presentes: "Quítenle el dinero y dénselo al que recibió diez veces más." ²⁵"Señor —protestaron—, ¡él ya tiene diez veces más " ²⁶El rey contestó: "Les aseguro que a todo el que tiene, se le dará más, pero al que no tiene, se le quitará hasta lo que tiene. ²⁷Pero en cuanto a esos enemigos míos que no me querían por rey, tráiganlos acá y mátenlos delante de mí." »

La entrada triunfal

²⁸Dicho esto, Jesús siguió adelante, subiendo hacia Jerusalén. ²⁹Cuando se acercó a Betfagué y a Betania, junto al monte llamado de los Olivos, envió a dos de sus discípulos con este encargo: ³⁰«Vayan a la aldea que está enfrente y, al entrar en ella, encontrarán atado a un burrito en el que nadie se ha montado. Desátenlo y tráiganlo acá. ³¹Y si alguien les pregunta: "¿Por qué lo desatan?", díganle: "El Señor lo necesita." »

³²Fueron y lo encontraron tal como él les había dicho. ³³Cuando estaban desatando el burrito, los dueños les preguntaron:

—¿Por qué desatan el burrito?

³⁴—El Señor lo necesita —contestaron.

³⁵Se lo llevaron, pues, a Jesús. Luego pusieron sus mantos encima del burrito y ayudaron a Jesús a montarse. ³⁶A medida que avanzaba, la gente tendía sus mantos sobre el camino.

³⁷Al acercarse él a la bajada del monte de los Olivos, todos los discípulos se entusiasmaron y comenzaron a alabar a Dios por tantos milagros que habían visto. Gritaban:

³⁸—¡Bendito el Rey que viene en el
　　nombre del Señor ᵛ

　—¡Paz en el cielo y gloria en las alturas

¹⁸"The second came and said, 'Sir, your mina has earned five more.'

¹⁹"His master answered, 'You take charge of five cities.'

²⁰"Then another servant came and said, 'Sir, here is your mina; I have kept it laid away in a piece of cloth. ²¹I was afraid of you, because you are a hard man. You take out what you did not put in and reap what you did not sow.'

²²"His master replied, 'I will judge you by your own words, you wicked servant You knew, did you, that I am a hard man, taking out what I did not put in, and reaping what I did not sow? ²³Why then didn't you put my money on deposit, so that when I came back, I could have collected it with interest?'

²⁴"Then he said to those standing by, 'Take his mina away from him and give it to the one who has ten minas.'

²⁵"'Sir,' they said, 'he already has ten '

²⁶"He replied, 'I tell you that to everyone who has, more will be given, but as for the one who has nothing, even what he has will be taken away. ²⁷But those enemies of mine who did not want me to be king over them—bring them here and kill them in front of me.'"

The Triumphal Entry

²⁸After Jesus had said this, he went on ahead, going up to Jerusalem. ²⁹As he approached Bethphage and Bethany at the hill called the Mount of Olives, he sent two of his disciples, saying to them, ³⁰"Go to the village ahead of you, and as you enter it, you will find a colt tied there, which no one has ever ridden. Untie it and bring it here. ³¹If anyone asks you, 'Why are you untying it?' tell him, 'The Lord needs it.'"

³²Those who were sent ahead went and found it just as he had told them. ³³As they were untying the colt, its owners asked them, "Why are you untying the colt?"

³⁴They replied, "The Lord needs it."

³⁵They brought it to Jesus, threw their cloaks on the colt and put Jesus on it. ³⁶As he went along, people spread their cloaks on the road.

³⁷When he came near the place where the road goes down the Mount of Olives, the whole crowd of disciples began joyfully to praise God in loud voices for all the miracles they had seen:

³⁸"Blessed is the king who comes in the
　　name of the Lord " ᵛ

　"Peace in heaven and glory in the highest "

39Algunos de los *fariseos que estaban entre la gente le reclamaron a Jesús:

—¡Maestro, reprende a tus discípulos

40Pero él respondió:

—Les aseguro que si ellos se callan, gritarán las piedras.

Jesús en el templo

41Cuando se acercaba a Jerusalén, Jesús vio la ciudad y lloró por ella. 42Dijo:

—¡Cómo quisiera que hoy supieras lo que te puede traer paz Pero eso ahora está oculto a tus ojos. 43Te sobrevendrán días en que tus enemigos levantarán un muro y te rodearán, y te encerrarán por todos lados. 44Te derribarán a ti y a tus hijos dentro de tus murallas. No dejarán ni una piedra sobre otra, porque no reconociste el tiempo en que Dios vino a salvarte.*w*

45Luego entró en el *templo*x* y comenzó a echar de allí a los que estaban vendiendo. 46«Escrito está —les dijo—: "Mi casa será casa de oración";*y* pero ustedes la han convertido en "cueva de ladrones".*z*»

47Todos los días enseñaba en el templo, y los jefes de los sacerdotes, los *maestros de la ley y los dirigentes del pueblo procuraban matarlo. 48Sin embargo, no encontraban la manera de hacerlo, porque todo el pueblo lo escuchaba con gran interés.

La autoridad de Jesús puesta en duda

20 Un día, mientras Jesús enseñaba al pueblo en el *templo y les predicaba el *evangelio, se le acercaron los jefes de los sacerdotes y los *maestros de la ley, junto con los *ancianos.

2—Dinos con qué autoridad haces esto —lo interrogaron—. ¿Quién te dio esa autoridad?

3—Yo también voy a hacerles una pregunta a ustedes —replicó él—. Díganme: 4El bautismo de Juan, ¿procedía del cielo o de la tierra?*a*

5Ellos, pues, lo discutieron entre sí: «Si respondemos: "Del cielo", nos dirá: "¿Por qué no le creyeron?" 6Pero si decimos: "De la tierra", todo el pueblo nos apedreará, porque están convencidos de que Juan era un profeta.»

Así que le respondieron:

7—No sabemos de dónde era.

8—Pues yo tampoco les voy a decir con qué autoridad hago esto.

Parábola de los labradores malvados

9Pasó luego a contarle a la gente esta parábola:

39Some of the Pharisees in the crowd said to Jesus, "Teacher, rebuke your disciples "

40"I tell you," he replied, "if they keep quiet, the stones will cry out."

41As he approached Jerusalem and saw the city, he wept over it 42and said, "If you, even you, had only known on this day what would bring you peace—but now it is hidden from your eyes. 43The days will come upon you when your enemies will build an embankment against you and encircle you and hem you in on every side. 44They will dash you to the ground, you and the children within your walls. They will not leave one stone on another, because you did not recognize the time of God's coming to you."

Jesus at the Temple

45Then he entered the temple area and began driving out those who were selling. 46"It is written," he said to them, " 'My house will be a house of prayer'*w*; but you have made it 'a den of robbers.'*x*"

47Every day he was teaching at the temple. But the chief priests, the teachers of the law and the leaders among the people were trying to kill him. 48Yet they could not find any way to do it, because all the people hung on his words.

The Authority of Jesus Questioned

20 One day as he was teaching the people in the temple courts and preaching the gospel, the chief priests and the teachers of the law, together with the elders, came up to him. 2"Tell us by what authority you are doing these things," they said. "Who gave you this authority?"

3He replied, "I will also ask you a question. Tell me, 4John's baptism—was it from heaven, or from men?"

5They discussed it among themselves and said, "If we say, 'From heaven,' he will ask, 'Why didn't you believe him?' 6But if we say, 'From men,' all the people will stone us, because they are persuaded that John was a prophet."

7So they answered, "We don't know where it was from."

8Jesus said, "Neither will I tell you by what authority I am doing these things."

The Parable of the Tenants

9He went on to tell the people this parable: "A man planted a vineyard, rented it to some

---

w **19:44** *el tiempo ... salvarte.* Lit. *el tiempo de tu visitación.*
x **19:45** Es decir, en el área general del templo.
y **19:46** Is 56:7   *z* **19:46** Jer 7:11   *a* **20:4** *la tierra.* Lit. *los hombres;* también en v. 6.

w 46 Isaiah 56:7   *x 46* Jer. 7:11

—Un hombre plantó un viñedo, se lo arrendó a unos labradores y se fue de viaje por largo tiempo. 10Llegada la cosecha, mandó un *siervo a los labradores para que le dieran parte de la cosecha. Pero los labradores lo golpearon y lo despidieron con las manos vacías. 11Les envió otro siervo, pero también a éste lo golpearon, lo humillaron y lo despidieron con las manos vacías. 12Entonces envió un tercero, pero aun a éste lo hirieron y lo expulsaron.

13»Entonces pensó el dueño del viñedo: "¿Qué voy a hacer? Enviaré a mi hijo amado; seguro que a él sí lo respetarán." 14Pero cuando lo vieron los labradores, trataron el asunto. "Éste es el heredero —dijeron—. Matémoslo, y la herencia será nuestra." 15Así que lo arrojaron fuera del viñedo y lo mataron.

»¿Qué les hará el dueño? 16Volverá, acabará con esos labradores y dará el viñedo a otros.

Al oír esto, la gente exclamó:

—¡Dios no lo quiera!

17Mirándolos fijamente, Jesús les dijo:

—Entonces, ¿qué significa esto que está escrito:

» "La piedra que desecharon los constructores
ha llegado a ser la piedra angular"?[b]

18Todo el que caiga sobre esa piedra quedará despedazado, y si ella cae sobre alguien, lo hará polvo.

19Los maestros de la ley y los jefes de los sacerdotes, cayendo en cuenta que la parábola iba dirigida contra ellos, buscaron la manera de echarle mano en aquel mismo momento. Pero temían al pueblo.

El pago de impuestos al césar

20Entonces, para acecharlo, enviaron espías que fingían ser gente honorable. Pensaban atrapar a Jesús en algo que él dijera, y así poder entregarlo a la jurisdicción del gobernador. 21—Maestro —dijeron los espías—, sabemos que lo que dices y enseñas es correcto. No juzgas por las apariencias, sino que de verdad enseñas el camino de Dios. 22¿Nos está permitido pagar impuestos al *césar o no?

23Pero Jesús, dándose cuenta de sus malas intenciones, replicó:

24—Muéstrenme una moneda romana.[c] ¿De quién son esta imagen y esta inscripción?

—Del césar —contestaron.

farmers and went away for a long time. 10At harvest time he sent a servant to the tenants so they would give him some of the fruit of the vineyard. But the tenants beat him and sent him away empty-handed. 11He sent another servant, but that one also they beat and treated shamefully and sent away empty-handed. 12He sent still a third, and they wounded him and threw him out.

13"Then the owner of the vineyard said, 'What shall I do? I will send my son, whom I love; perhaps they will respect him.'

14"But when the tenants saw him, they talked the matter over. 'This is the heir,' they said. 'Let's kill him, and the inheritance will be ours.' 15So they threw him out of the vineyard and killed him.

"What then will the owner of the vineyard do to them? 16He will come and kill those tenants and give the vineyard to others." When the people heard this, they said, "May this never be"

17Jesus looked directly at them and asked, "Then what is the meaning of that which is written:

" 'The stone the builders rejected
has become the capstone'[y][z]?

18Everyone who falls on that stone will be broken to pieces, but he on whom it falls will be crushed."

19The teachers of the law and the chief priests looked for a way to arrest him immediately, because they knew he had spoken this parable against them. But they were afraid of the people.

Paying Taxes to Caesar

20Keeping a close watch on him, they sent spies, who pretended to be honest. They hoped to catch Jesus in something he said so that they might hand him over to the power and authority of the governor. 21So the spies questioned him: "Teacher, we know that you speak and teach what is right, and that you do not show partiality but teach the way of God in accordance with the truth. 22Is it right for us to pay taxes to Caesar or not?"

23He saw through their duplicity and said to them, 24"Show me a denarius. Whose portrait and inscription are on it?"

25"Caesar's," they replied.

[b]20:17 Sal 118:22 [c]20:24 una moneda romana. Lit. un *denario.

[y]17 Or cornerstone [z]17 Psalm 118:22

25—Entonces denle al césar lo que es del césar, y a Dios lo que es de Dios.

26No pudieron atraparlo en lo que decía en público. Así que, admirados de su respuesta, se callaron.

La resurrección y el matrimonio

27Luego, algunos de los saduceos, que decían que no hay resurrección, se acercaron a Jesús y le plantearon un problema:

28—Maestro, Moisés nos enseñó en sus escritos que si un hombre muere y deja a la viuda sin hijos, el hermano de ese hombre tiene que casarse con la viuda para que su hermano tenga descendencia. 29Pues bien, había siete hermanos. El primero se casó y murió sin dejar hijos. 30Entonces el segundo 31y el tercero se casaron con ella, y así sucesivamente murieron los siete sin dejar hijos. 32Por último, murió también la mujer. 33Ahora bien, en la resurrección, ¿de cuál será esposa esta mujer, ya que los siete estuvieron casados con ella?

34—La gente de este mundo se casa y se da en casamiento —les contestó Jesús—. 35Pero en cuanto a los que sean dignos de tomar parte en el mundo venidero por la resurrección: ésos no se casarán ni serán dados en casamiento, 36ni tampoco podrán morir, pues serán como los ángeles. Son hijos de Dios porque toman parte en la resurrección. 37Pero que los muertos resucitan lo dio a entender Moisés mismo en el pasaje sobre la zarza, pues llama al Señor "el Dios de Abraham, de Isaac y de Jacob".d 38Él no es Dios de muertos, sino de vivos; en efecto, para él todos ellos viven.

39Algunos de los *maestros de la ley le respondieron:

—¡Bien dicho, Maestro

40Y ya no se atrevieron a hacerle más preguntas.

¿De quién es hijo el Cristo?

41Pero Jesús les preguntó:

—¿Cómo es que dicen que el *Cristo es hijo de David? 42David mismo declara en el libro de los Salmos:

»"Dijo el Señor a mi Señor:
  'Siéntate a mi *derecha,
43hasta que ponga a tus enemigos
  por estrado de tus pies.'"e

44David lo llama "Señor". ¿Cómo puede entonces ser su hijo?

45Mientras todo el pueblo lo escuchaba, Jesús les dijo a sus discípulos:

He said to them, "Then give to Caesar what is Caesar's, and to God what is God's."

26They were unable to trap him in what he had said there in public. And astonished by his answer, they became silent.

The Resurrection and Marriage

27Some of the Sadducees, who say there is no resurrection, came to Jesus with a question. 28"Teacher," they said, "Moses wrote for us that if a man's brother dies and leaves a wife but no children, the man must marry the widow and have children for his brother. 29Now there were seven brothers. The first one married a woman and died childless. 30The second 31and then the third married her, and in the same way the seven died, leaving no children. 32Finally, the woman died too. 33Now then, at the resurrection whose wife will she be, since the seven were married to her?"

34Jesus replied, "The people of this age marry and are given in marriage. 35But those who are considered worthy of taking part in that age and in the resurrection from the dead will neither marry nor be given in marriage, 36and they can no longer die; for they are like the angels. They are God's children, since they are children of the resurrection. 37But in the account of the bush, even Moses showed that the dead rise, for he calls the Lord 'the God of Abraham, and the God of Isaac, and the God of Jacob.'a 38He is not the God of the dead, but of the living, for to him all are alive."

39Some of the teachers of the law responded, "Well said, teacher" 40And no one dared to ask him any more questions.

Whose Son Is the Christ?

41Then Jesus said to them, "How is it that they say the Christb is the Son of David? 42David himself declares in the Book of Psalms:

"'The Lord said to my Lord:
"Sit at my right hand
43until I make your enemies
  a footstool for your feet."'c

44David calls him 'Lord.' How then can he be his son?"

45While all the people were listening, Jesus said to his disciples, 46"Beware of the teachers

d20:37 Éx 3:6   e20:43 Sal 110:1   a37 Exodus 3:6   b41 Or Messiah   c43 Psalm 110:1

46—Cuídense de los *maestros de la ley. Les gusta pasearse con ropas ostentosas y les encanta que los saluden en las plazas, y ocupar el primer puesto en las sinagogas y los lugares de honor en los banquetes. 47Devoran los bienes de las viudas y a la vez hacen largas plegarias para impresionar a los demás. Éstos recibirán peor castigo.

La ofrenda de la viuda

21 Jesús se detuvo a observar y vio a los ricos que echaban sus ofrendas en las alcancías del *templo. 2También vio a una viuda pobre que echaba dos monedas de cobre.ƒ

3—Les aseguro —dijo— que esta viuda pobre ha echado más que todos los demás. 4Todos ellos dieron sus ofrendas de lo que les sobraba; pero ella, de su pobreza, echó todo lo que tenía para su sustento.

Señales del fin del mundo

5Algunos de sus discípulos comentaban acerca del *templo, de cómo estaba adornado con hermosas piedras y con ofrendas dedicadas a Dios. Pero Jesús dijo:

6—En cuanto a todo esto que ven ustedes, llegará el día en que no quedará piedra sobre piedra; todo será derribado.

7—Maestro —le preguntaron—, ¿cuándo sucederá eso, y cuál será la señal de que está a punto de suceder?

8—Tengan cuidado; no se dejen engañar —les advirtió Jesús—. Vendrán muchos que usando mi nombre dirán: "Yo soy", y: "El tiempo está cerca." No los sigan ustedes. 9Cuando sepan de guerras y de revoluciones, no se asusten. Es necesario que eso suceda primero, pero el fin no vendrá en seguida.

10»Se levantará nación contra nación, y reino contra reino —continuó—. 11Habrá grandes terremotos, hambre y epidemias por todas partes, cosas espantosas y grandes señales del cielo.

12»Pero antes de todo esto, echarán mano de ustedes y los perseguirán. Los entregarán a las sinagogas y a las cárceles, y por causa de mi nombre los llevarán ante reyes y gobernadores. 13Así tendrán ustedes la oportunidad de dar testimonio ante ellos. 14Pero tengan en cuenta que no hay por qué preparar una defensa de antemano, 15pues yo mismo les daré tal elocuencia y sabiduría para responder, que ningún adversario podrá resistirles ni contradecirles. 16Ustedes serán traicionados aun por sus padres, hermanos, parientes y amigos, y a algunos de ustedes se les dará muerte. 17Todo el mundo los odiará por causa de mi nombre. 18Pero no se

of the law. They like to walk around in flowing robes and love to be greeted in the marketplaces and have the most important seats in the synagogues and the places of honor at banquets. 47They devour widows' houses and for a show make lengthy prayers. Such men will be punished most severely."

The Widow's Offering

21 As he looked up, Jesus saw the rich putting their gifts into the temple treasury. 2He also saw a poor widow put in two very small copper coins.d 3"I tell you the truth," he said, "this poor widow has put in more than all the others. 4All these people gave their gifts out of their wealth; but she out of her poverty put in all she had to live on."

Signs of the End of the Age

5Some of his disciples were remarking about how the temple was adorned with beautiful stones and with gifts dedicated to God. But Jesus said, 6"As for what you see here, the time will come when not one stone will be left on another; every one of them will be thrown down."

7"Teacher," they asked, "when will these things happen? And what will be the sign that they are about to take place?"

8He replied: "Watch out that you are not deceived. For many will come in my name, claiming, 'I am he,' and, 'The time is near.' Do not follow them. 9When you hear of wars and revolutions, do not be frightened. These things must happen first, but the end will not come right away."

10Then he said to them: "Nation will rise against nation, and kingdom against kingdom. 11There will be great earthquakes, famines and pestilences in various places, and fearful events and great signs from heaven.

12"But before all this, they will lay hands on you and persecute you. They will deliver you to synagogues and prisons, and you will be brought before kings and governors, and all on account of my name. 13This will result in your being witnesses to them. 14But make up your mind not to worry beforehand how you will defend yourselves. 15For I will give you words and wisdom that none of your adversaries will be able to resist or contradict. 16You will be betrayed even by parents, brothers, relatives and friends, and they will put some of you to death. 17All men will hate

---

ƒ21:2 dos monedas de cobre. Lit. dos *lepta.   d 2 Greek two lepta perderá ni un solo cabello de su cabeza. ¹⁹Si se mantienen firmes, se salvarán.ᵍ

²⁰»Ahora bien, cuando vean a Jerusalén rodeada de ejércitos, sepan que su desolación ya está cerca. ²¹Entonces los que estén en Judea huyan a las montañas, los que estén en la ciudad salgan de ella, y los que estén en el campo no entren en la ciudad. ²²Ése será el tiempo del juicio cuando se cumplirá todo lo que está escrito. ²³¡Ay de las que estén embarazadas o amamantando en aquellos días Porque habrá gran aflicción en la tierra, y castigo contra este pueblo. ²⁴Caerán a filo de espada y los llevarán cautivos a todas las naciones. Los *gentiles pisotearán a Jerusalén, hasta que se cumplan los tiempos señalados para ellos.

²⁵»Habrá señales en el sol, la luna y las estrellas. En la tierra, las naciones estarán angustiadas y perplejas por el bramido y la agitación del mar. ²⁶Se desmayarán de terror los hombres, temerosos por lo que va a sucederle al mundo, porque los cuerpos celestes serán sacudidos. ²⁷Entonces verán al Hijo del hombre venir en una nube con poder y gran gloria. ²⁸Cuando comiencen a suceder estas cosas, cobren ánimo y levanten la cabeza, porque se acerca su redención.

²⁹Jesús también les propuso esta comparación:

—Fíjense en la higuera y en los demás árboles. ³⁰Cuando brotan las hojas, ustedes pueden ver por sí mismos y saber que el verano está cerca. ³¹Igualmente, cuando vean que suceden estas cosas, sepan que el reino de Dios está cerca.

³²»Les aseguro que no pasará esta generación hasta que todas estas cosas sucedan. ³³El cielo y la tierra pasarán, pero mis palabras jamás pasarán.

³⁴»Tengan cuidado, no sea que se les endurezca el corazón por el vicio, la embriaguez y las preocupaciones de esta vida. De otra manera, aquel día caerá de improviso sobre ustedes, ³⁵pues vendrá como una trampa sobre todos los habitantes de la tierra. ³⁶Estén siempre vigilantes, y oren para que puedan escapar de todo lo que está por suceder, y presentarse delante del Hijo del hombre.

³⁷De día Jesús enseñaba en el templo, pero salía a pasar la noche en el monte llamado de los Olivos, ³⁸y toda la gente madrugaba para ir al templo a oírlo.

you because of me. ¹⁸But not a hair of your head will perish. ¹⁹By standing firm you will gain life.

²⁰"When you see Jerusalem being surrounded by armies, you will know that its desolation is near. ²¹Then let those who are in Judea flee to the mountains, let those in the city get out, and let those in the country not enter the city. ²²For this is the time of punishment in fulfillment of all that has been written. ²³How dreadful it will be in those days for pregnant women and nursing mothers There will be great distress in the land and wrath against this people. ²⁴They will fall by the sword and will be taken as prisoners to all the nations. Jerusalem will be trampled on by the Gentiles until the times of the Gentiles are fulfilled.

²⁵"There will be signs in the sun, moon and stars. On the earth, nations will be in anguish and perplexity at the roaring and tossing of the sea. ²⁶Men will faint from terror, apprehensive of what is coming on the world, for the heavenly bodies will be shaken. ²⁷At that time they will see the Son of Man coming in a cloud with power and great glory. ²⁸When these things begin to take place, stand up and lift up your heads, because your redemption is drawing near."

²⁹He told them this parable: "Look at the fig tree and all the trees. ³⁰When they sprout leaves, you can see for yourselves and know that summer is near. ³¹Even so, when you see these things happening, you know that the kingdom of God is near.

³²"I tell you the truth, this generationᵉ will certainly not pass away until all these things have happened. ³³Heaven and earth will pass away, but my words will never pass away.

³⁴"Be careful, or your hearts will be weighed down with dissipation, drunkenness and the anxieties of life, and that day will close on you unexpectedly like a trap. ³⁵For it will come upon all those who live on the face of the whole earth. ³⁶Be always on the watch, and pray that you may be able to escape all that is about to happen, and that you may be able to stand before the Son of Man."

³⁷Each day Jesus was teaching at the temple, and each evening he went out to spend the night on the hill called the Mount of Olives, ³⁸and all the people came early in the morning to hear him at the temple.

ᵍ21:19 *Si … salvarán.* Lit. *Por su perseverancia obtendrán sus almas.*   ᵉ32 Or *race*

Judas acuerda traicionar a Jesús

22 Se aproximaba la fiesta de los Panes sin levadura, llamada la Pascua. ²Los jefes de los sacerdotes y los *maestros de la ley buscaban algún modo de acabar con Jesús, porque temían al pueblo. ³Entonces entró Satanás en Judas, uno de los doce, al que llamaban Iscariote. ⁴Éste fue a los jefes de los sacerdotes y a los capitanes del *templo para tratar con ellos cómo les entregaría a Jesús. ⁵Ellos se alegraron y acordaron darle dinero. ⁶Él aceptó, y comenzó a buscar una oportunidad para entregarles a Jesús cuando no hubiera gente.

La última cena

⁷Cuando llegó el día de la fiesta de los Panes sin levadura, en que debía sacrificarse el cordero de la Pascua, ⁸Jesús envió a Pedro y a Juan, diciéndoles:

—Vayan a hacer los preparativos para que comamos la Pascua.

⁹—¿Dónde quieres que la preparemos? —le preguntaron.

¹⁰—Miren —contestó él—: al entrar ustedes en la ciudad les saldrá al encuentro un hombre que lleva un cántaro de agua. Síganlo hasta la casa en que entre, ¹¹y díganle al dueño de la casa: "El Maestro pregunta: ¿Dónde está la sala en la que voy a comer la Pascua con mis discípulos?" ¹²Él les mostrará en la planta alta una sala amplia y amueblada. Preparen allí la cena.

¹³Ellos se fueron y encontraron todo tal como les había dicho Jesús. Así que prepararon la Pascua.

¹⁴Cuando llegó la hora, Jesús y sus apóstoles se *sentaron a la mesa. ¹⁵Entonces les dijo:

—He tenido muchísimos deseos de comer esta Pascua con ustedes antes de padecer, ¹⁶pues les digo que no volveré a comerla hasta que tenga su pleno cumplimiento en el reino de Dios.

¹⁷Luego tomó la copa, dio gracias y dijo:

—Tomen esto y repártanlo entre ustedes. ¹⁸Les digo que no volveré a beber del fruto de la vid hasta que venga el reino de Dios.

¹⁹También tomó pan y, después de dar gracias, lo partió, se lo dio a ellos y dijo:

—Este pan es mi cuerpo, entregado por ustedes; hagan esto en memoria de mí.

²⁰De la misma manera tomó la copa después de la cena, y dijo:

—Esta copa es el nuevo pacto en mi sangre, que se derrama por ustedes. ²¹Pero sepan que la mano del que va a traicionarme está con la mía, sobre la mesa. ²²A la verdad el Hijo del hombre se irá según está decretado, pero ¡ay de aquel que lo traiciona

Judas Agrees to Betray Jesus

22 Now the Feast of Unleavened Bread, called the Passover, was approaching, ²and the chief priests and the teachers of the law were looking for some way to get rid of Jesus, for they were afraid of the people. ³Then Satan entered Judas, called Iscariot, one of the Twelve. ⁴And Judas went to the chief priests and the officers of the temple guard and discussed with them how he might betray Jesus. ⁵They were delighted and agreed to give him money. ⁶He consented, and watched for an opportunity to hand Jesus over to them when no crowd was present.

The Last Supper

⁷Then came the day of Unleavened Bread on which the Passover lamb had to be sacrificed. ⁸Jesus sent Peter and John, saying, "Go and make preparations for us to eat the Passover."

⁹"Where do you want us to prepare for it?" they asked.

¹⁰He replied, "As you enter the city, a man carrying a jar of water will meet you. Follow him to the house that he enters, ¹¹and say to the owner of the house, 'The Teacher asks: Where is the guest room, where I may eat the Passover with my disciples?' ¹²He will show you a large upper room, all furnished. Make preparations there."

¹³They left and found things just as Jesus had told them. So they prepared the Passover.

¹⁴When the hour came, Jesus and his apostles reclined at the table. ¹⁵And he said to them, "I have eagerly desired to eat this Passover with you before I suffer. ¹⁶For I tell you, I will not eat it again until it finds fulfillment in the kingdom of God."

¹⁷After taking the cup, he gave thanks and said, "Take this and divide it among you. ¹⁸For I tell you I will not drink again of the fruit of the vine until the kingdom of God comes."

¹⁹And he took bread, gave thanks and broke it, and gave it to them, saying, "This is my body given for you; do this in remembrance of me."

²⁰In the same way, after the supper he took the cup, saying, "This cup is the new covenant in my blood, which is poured out for you. ²¹But the hand of him who is going to betray me is with mine on the table. ²²The Son of Man will go as it has been decreed, but woe to that man who betrays him." ²³They began to question among themselves which of them it might be who would do this.

²³Entonces comenzaron a preguntarse unos a otros quién de ellos haría esto.

²⁴Tuvieron además un altercado sobre cuál de ellos sería el más importante. ²⁵Jesús les dijo:

—Los reyes de las *naciones oprimen a sus súbditos, y los que ejercen autoridad sobre ellos se llaman a sí mismos benefactores. ²⁶No sea así entre ustedes. Al contrario, el mayor debe comportarse como el menor, y el que manda como el que sirve. ²⁷Porque, ¿quién es más importante, el que está a la mesa o el que sirve? ¿No lo es el que está sentado a la mesa? Sin embargo, yo estoy entre ustedes como uno que sirve. ²⁸Ahora bien, ustedes son los que han estado siempre a mi lado en mis *pruebas. ²⁹Por eso, yo mismo les concedo un reino, así como mi Padre me lo concedió a mí, ³⁰para que coman y beban a mi mesa en mi reino, y se sienten en tronos para juzgar a las doce tribus de Israel.

³¹»Simón, Simón, mira que Satanás ha pedido zarandearlos a ustedes como si fueran trigo. ³²Pero yo he orado por ti, para que no falle tu fe. Y tú, cuando te hayas vuelto a mí, fortalece a tus hermanos.

³³—Señor —respondió Pedro—, estoy dispuesto a ir contigo tanto a la cárcel como a la muerte.

³⁴—Pedro, te digo que hoy mismo, antes de que cante el gallo, tres veces negarás que me conoces.

³⁵Luego Jesús dijo a todos:

—Cuando los envié a ustedes sin monedero ni bolsa ni sandalias, ¿acaso les faltó algo?

—Nada —respondieron.

³⁶—Ahora, en cambio, el que tenga un monedero, que lo lleve; así mismo, el que tenga una bolsa. Y el que nada tenga, que venda su manto y compre una espada. ³⁷Porque les digo que tiene que cumplirse en mí aquello que está escrito: "Y fue contado entre los transgresores."ʰ En efecto, lo que se ha escrito de mí se está cumpliendo.ⁱ

³⁸—Mira, Señor —le señalaron los discípulos—, aquí hay dos espadas.

—¡Basta —les contestó.

Jesús ora en el monte de los Olivos

³⁹Jesús salió de la ciudad y, como de costumbre, se dirigió al monte de los Olivos, y sus discípulos lo siguieron. ⁴⁰Cuando llegaron al lugar, les dijo: «Oren para que no caigan en *tentación.» ⁴¹Entonces se separó de ellos a una buena distancia,ʲ se arrodilló y empezó a orar: ⁴²«Padre, si quieres, no me hagas beber este trago amargo;ᵏ pero no se cumpla mi voluntad, sino la tuya.»

²⁴Also a dispute arose among them as to which of them was considered to be greatest. ²⁵Jesus said to them, "The kings of the Gentiles lord it over them; and those who exercise authority over them call themselves Benefactors. ²⁶But you are not to be like that. Instead, the greatest among you should be like the youngest, and the one who rules like the one who serves. ²⁷For who is greater, the one who is at the table or the one who serves? Is it not the one who is at the table? But I am among you as one who serves. ²⁸You are those who have stood by me in my trials. ²⁹And I confer on you a kingdom, just as my Father conferred one on me, ³⁰so that you may eat and drink at my table in my kingdom and sit on thrones, judging the twelve tribes of Israel.

³¹"Simon, Simon, Satan has asked to sift youᶠ as wheat. ³²But I have prayed for you, Simon, that your faith may not fail. And when you have turned back, strengthen your brothers."

³³But he replied, "Lord, I am ready to go with you to prison and to death."

³⁴Jesus answered, "I tell you, Peter, before the rooster crows today, you will deny three times that you know me."

³⁵Then Jesus asked them, "When I sent you without purse, bag or sandals, did you lack anything?"

"Nothing," they answered.

³⁶He said to them, "But now if you have a purse, take it, and also a bag; and if you don't have a sword, sell your cloak and buy one. ³⁷It is written: 'And he was numbered with the transgressors'ᵍ; and I tell you that this must be fulfilled in me. Yes, what is written about me is reaching its fulfillment."

³⁸The disciples said, "See, Lord, here are two swords."

"That is enough," he replied.

Jesus Prays on the Mount of Olives

³⁹Jesus went out as usual to the Mount of Olives, and his disciples followed him. ⁴⁰On reaching the place, he said to them, "Pray that you will not fall into temptation." ⁴¹He withdrew about a stone's throw beyond them, knelt down and prayed, ⁴²"Father, if you are willing, take this cup from me; yet not my will, but yours be done." ⁴³An angel from heaven

---

ʰ22:37 Is 53:12   ⁱ22:37 En efecto … cumpliendo. Lit. Porque lo que se acerca de mí tiene fin.   ʲ22:41 a una buena distancia. Lit. como a un tiro de piedra.   ᵏ22:42 no … amargo. Lit. quita de mí esta copa.

ᶠ31 The Greek is plural.   ᵍ37 Isaiah 53:12

43Entonces se le apareció un ángel del cielo para fortalecerlo. 44Pero, como estaba angustiado, se puso a orar con más fervor, y su sudor era como gotas de sangre que caían a tierra.[l]

45Cuando terminó de orar y volvió a los discípulos, los encontró dormidos, agotados por la tristeza. 46«¿Por qué están durmiendo? —les exhortó—. Levántense y oren para que no caigan en tentación.»

Arresto de Jesús

47Todavía estaba hablando Jesús cuando se apareció una turba, y al frente iba uno de los doce, el que se llamaba Judas. Éste se acercó a Jesús para besarlo, 48pero Jesús le preguntó:

—Judas, ¿con un beso traicionas al Hijo del hombre?

49Los discípulos que lo rodeaban, al darse cuenta de lo que pasaba, dijeron:

—Señor, ¿atacamos con la espada?

50Y uno de ellos hirió al siervo del sumo sacerdote, cortándole la oreja derecha.

51—¡Déjenlos —ordenó Jesús.

Entonces le tocó la oreja al hombre, y lo sanó. 52Luego dijo a los jefes de los sacerdotes, a los capitanes del *templo y a los *ancianos, que habían venido a prenderlo:

—¿Acaso soy un bandido,[m] para que vengan contra mí con espadas y palos? 53Todos los días estaba con ustedes en el templo, y no se atrevieron a ponerme las manos encima. Pero ya ha llegado la hora de ustedes, cuando reinan las tinieblas.

Pedro niega a Jesús

54Prendieron entonces a Jesús y lo llevaron a la casa del sumo sacerdote. Pedro los seguía de lejos. 55Pero luego, cuando encendieron una fogata en medio del patio y se sentaron alrededor, Pedro se les unió. 56Una criada lo vio allí sentado a la lumbre, lo miró detenidamente y dijo:

—Éste estaba con él.

57Pero él lo negó.

—Muchacha, yo no lo conozco.

58Poco después lo vio otro y afirmó:

—Tú también eres uno de ellos.

—¡No, hombre, no lo soy —contestó Pedro.

59Como una hora más tarde, otro lo acusó:

—Seguro que éste estaba con él; miren que es galileo.

60—¡Hombre, no sé de qué estás hablando —replicó Pedro.

En el mismo momento en que dijo eso, cantó el gallo. 61El Señor se volvió y miró directamente a Pedro. Entonces Pedro se acordó de lo que el Señor le había dicho: «Hoy mismo, antes de

appeared to him and strengthened him. 44And being in anguish, he prayed more earnestly, and his sweat was like drops of blood falling to the ground.[h]

45When he rose from prayer and went back to the disciples, he found them asleep, exhausted from sorrow. 46"Why are you sleeping?" he asked them. "Get up and pray so that you will not fall into temptation."

Jesus Arrested

47While he was still speaking a crowd came up, and the man who was called Judas, one of the Twelve, was leading them. He approached Jesus to kiss him, 48but Jesus asked him, "Judas, are you betraying the Son of Man with a kiss?"

49When Jesus' followers saw what was going to happen, they said, "Lord, should we strike with our swords?" 50And one of them struck the servant of the high priest, cutting off his right ear.

51But Jesus answered, "No more of this " And he touched the man's ear and healed him.

52Then Jesus said to the chief priests, the officers of the temple guard, and the elders, who had come for him, "Am I leading a rebellion, that you have come with swords and clubs? 53Every day I was with you in the temple courts, and you did not lay a hand on me. But this is your hour—when darkness reigns."

Peter Disowns Jesus

54Then seizing him, they led him away and took him into the house of the high priest. Peter followed at a distance. 55But when they had kindled a fire in the middle of the courtyard and had sat down together, Peter sat down with them. 56A servant girl saw him seated there in the firelight. She looked closely at him and said, "This man was with him."

57But he denied it. "Woman, I don't know him," he said.

58A little later someone else saw him and said, "You also are one of them."

"Man, I am not " Peter replied.

59About an hour later another asserted, "Certainly this fellow was with him, for he is a Galilean."

60Peter replied, "Man, I don't know what you're talking about " Just as he was speaking, the rooster crowed. 61The Lord turned and looked straight at Peter. Then Peter remembered the word the Lord had spoken to him: "Before

---

l22:44 Var. no incluye vv. 43 y 44.   m22:52 bandido. Alt. insurgente.

h44 Some early manuscripts do not have verses 43 and 44.

que el gallo cante, me negarás tres veces.» 62Y saliendo de allí, lloró amargamente.

Los soldados se burlan de Jesús

63Los hombres que vigilaban a Jesús comenzaron a burlarse de él y a golpearlo. 64Le vendaron los ojos, y le increpaban:

—¡Adivina quién te pegó

65Y le lanzaban muchos otros insultos.

Jesús ante Pilato y Herodes

66Al amanecer, se reunieron los *ancianos del pueblo, tanto los jefes de los sacerdotes como los *maestros de la ley, e hicieron comparecer a Jesús ante el *Consejo.

67—Si eres el *Cristo, dínoslo —le exigieron.

Jesús les contestó:

—Si se lo dijera a ustedes, no me lo creerían, 68y si les hiciera preguntas, no me contestarían. 69Pero de ahora en adelante el Hijo del hombre estará sentado a la *derecha del Dios Todopoderoso.

70—¿Eres tú, entonces, el Hijo de Dios? —le preguntaron a una voz.

—Ustedes mismos lo dicen.

71—¿Para qué necesitamos más testimonios? —resolvieron—. Acabamos de oírlo de sus propios labios.

23 Así que la asamblea en pleno se levantó, y lo llevaron a Pilato. 2Y comenzaron la acusación con estas palabras:

—Hemos descubierto a este hombre agitando a nuestra nación. Se opone al pago de impuestos al *emperador y afirma que él es el *Cristo, un rey.

3Así que Pilato le preguntó a Jesús:

—¿Eres tú el rey de los judíos?

—Tú mismo lo dices —respondió.

4Entonces Pilato declaró a los jefes de los sacerdotes y a la multitud:

—No encuentro que este hombre sea culpable de nada.

5Pero ellos insistían:

—Con sus enseñanzas agita al pueblo por toda Judea.n Comenzó en Galilea y ha llegado hasta aquí.

6Al oír esto, Pilato preguntó si el hombre era galileo. 7Cuando se enteró de que pertenecía a la jurisdicción de Herodes, se lo mandó a él, ya que en aquellos días también Herodes estaba en Jerusalén.

8Al ver a Jesús, Herodes se puso muy contento; hacía tiempo que quería verlo por lo que oía acerca de él, y esperaba presenciar algún milagro que hiciera Jesús. 9Lo acosó con muchas preguntas, pero Jesús no le contestaba nada.

---

the rooster crows today, you will disown me three times." 62And he went outside and wept bitterly.

The Guards Mock Jesus

63The men who were guarding Jesus began mocking and beating him. 64They blindfolded him and demanded, "Prophesy Who hit you?" 65And they said many other insulting things to him.

Jesus Before Pilate and Herod

66At daybreak the council of the elders of the people, both the chief priests and teachers of the law, met together, and Jesus was led before them. 67"If you are the Christ,i" they said, "tell us."

Jesus answered, "If I tell you, you will not believe me, 68and if I asked you, you would not answer. 69But from now on, the Son of Man will be seated at the right hand of the mighty God."

70They all asked, "Are you then the Son of God?"

He replied, "You are right in saying I am."

71Then they said, "Why do we need any more testimony? We have heard it from his own lips."

23 Then the whole assembly rose and led him off to Pilate. 2And they began to accuse him, saying, "We have found this man subverting our nation. He opposes payment of taxes to Caesar and claims to be Christ,j a king."

3So Pilate asked Jesus, "Are you the king of the Jews?"

"Yes, it is as you say," Jesus replied.

4Then Pilate announced to the chief priests and the crowd, "I find no basis for a charge against this man."

5But they insisted, "He stirs up the people all over Judeak by his teaching. He started in Galilee and has come all the way here."

6On hearing this, Pilate asked if the man was a Galilean. 7When he learned that Jesus was under Herod's jurisdiction, he sent him to Herod, who was also in Jerusalem at that time.

8When Herod saw Jesus, he was greatly pleased, because for a long time he had been wanting to see him. From what he had heard about him, he hoped to see him perform some miracle. 9He plied him with many questions, but Jesus gave him no answer. 10The chief

---

n23:5 toda Judea. Alt. toda la tierra de los judíos.

i67 Or Messiah   j2 Or Messiah; also in verses 35 and 39
k5 Or over the land of the Jews

10Allí estaban también los jefes de los sacerdotes y los *maestros de la ley, acusándolo con vehemencia. 11Entonces Herodes y sus soldados, con desprecio y burlas, le pusieron un manto lujoso y lo mandaron de vuelta a Pilato. 12Anteriormente, Herodes y Pilato no se llevaban bien, pero ese mismo día se hicieron amigos.

13Pilato entonces reunió a los jefes de los sacerdotes, a los gobernantes y al pueblo, 14y les dijo:

—Ustedes me trajeron a este hombre acusado de fomentar la rebelión entre el pueblo, pero resulta que lo he interrogado delante de ustedes sin encontrar que sea culpable de lo que ustedes lo acusan. 15Y es claro que tampoco Herodes lo ha juzgado culpable, puesto que nos lo devolvió. Como pueden ver, no ha cometido ningún delito que merezca la muerte, 16así que le daré una paliza y después lo soltaré.ñ

18Pero todos gritaron a una voz:

—¡Llévate a ése ¡Suéltanos a Barrabás

19A Barrabás lo habían metido en la cárcel por una insurrección en la ciudad, y por homicidio. 20Pilato, como quería soltar a Jesús, apeló al pueblo otra vez, 21pero ellos se pusieron a gritar:

—¡Crucifícalo ¡Crucifícalo

22Por tercera vez les habló:

—Pero, ¿qué crimen ha cometido este hombre? No encuentro que él sea culpable de nada que merezca la pena de muerte, así que le daré una paliza y después lo soltaré.

23Pero a voz en cuello ellos siguieron insistiendo en que lo crucificara, y con sus gritos se impusieron. 24Por fin Pilato decidió concederles su demanda: 25soltó al hombre que le pedían, el que por insurrección y homicidio había sido echado en la cárcel, y dejó que hicieran con Jesús lo que quisieran.

La crucifixión

26Cuando se lo llevaban, echaron mano de un tal Simón de Cirene, que volvía del campo, y le cargaron la cruz para que la llevara detrás de Jesús. 27Lo seguía mucha gente del pueblo, incluso mujeres que se golpeaban el pecho, lamentándose por él. 28Jesús se volvió hacia ellas y les dijo:

—Hijas de Jerusalén, no lloren por mí; lloren más bien por ustedes y por sus hijos. 29Miren, va a llegar el tiempo en que se dirá: "¡*Dichosas las estériles, que nunca dieron a luz ni amamantaron " 30Entonces

»"dirán a las montañas: '¡Caigan sobre nosotros ',
y a las colinas: '¡Cúbrannos '"o

priests and the teachers of the law were standing there, vehemently accusing him. 11Then Herod and his soldiers ridiculed and mocked him. Dressing him in an elegant robe, they sent him back to Pilate. 12That day Herod and Pilate became friends—before this they had been enemies.

13Pilate called together the chief priests, the rulers and the people, 14and said to them, "You brought me this man as one who was inciting the people to rebellion. I have examined him in your presence and have found no basis for your charges against him. 15Neither has Herod, for he sent him back to us; as you can see, he has done nothing to deserve death. 16Therefore, I will punish him and then release him." l

18With one voice they cried out, "Away with this man Release Barabbas to us " 19(Barabbas had been thrown into prison for an insurrection in the city, and for murder.)

20Wanting to release Jesus, Pilate appealed to them again. 21But they kept shouting, "Crucify him Crucify him "

22For the third time he spoke to them: "Why? What crime has this man committed? I have found in him no grounds for the death penalty. Therefore I will have him punished and then release him."

23But with loud shouts they insistently demanded that he be crucified, and their shouts prevailed. 24So Pilate decided to grant their demand. 25He released the man who had been thrown into prison for insurrection and murder, the one they asked for, and surrendered Jesus to their will.

The Crucifixion

26As they led him away, they seized Simon from Cyrene, who was on his way in from the country, and put the cross on him and made him carry it behind Jesus. 27A large number of people followed him, including women who mourned and wailed for him. 28Jesus turned and said to them, "Daughters of Jerusalem, do not weep for me; weep for yourselves and for your children. 29For the time will come when you will say, 'Blessed are the barren women, the wombs that never bore and the breasts that never nursed ' 30Then

" 'they will say to the mountains, "Fall on us "
and to the hills, "Cover us "'m

ñ23:16 soltaré. Var. soltaré. 17Ahora bien, durante la fiesta tenía la obligación de soltarles un preso (véanse Mt 27:15 y Mr 15:6).   o23:30 Os 10:8

l16 Some manuscripts him." 17Now he was obliged to release one man to them at the Feast.   m30 Hosea 10:8

31Porque si esto se hace cuando el árbol está verde, ¿qué no sucederá cuando esté seco?

32También llevaban con él a otros dos, ambos criminales, para ser ejecutados. 33Cuando llegaron al lugar llamado la Calavera, lo crucificaron allí, junto con los criminales, uno a su derecha y otro a su izquierda.

34—Padre —dijo Jesús—, perdónalos, porque no saben lo que hacen.p

Mientras tanto, echaban suertes para repartirse entre sí la ropa de Jesús.

35La gente, por su parte, se quedó allí observando, y aun los gobernantes estaban burlándose de él.

—Salvó a otros —decían—; que se salve a sí mismo, si es el *Cristo de Dios, el Escogido.

36También los soldados se acercaron para burlarse de él. Le ofrecieron vinagre 37y le dijeron:

—Si eres el rey de los judíos, sálvate a ti mismo.

38Resulta que había sobre él un letrero, que decía: «ÉSTE ES EL REY DE LOS JUDÍOS.»

39Uno de los criminales allí colgados empezó a insultarlo:

—¿No eres tú el Cristo? ¡Sálvate a ti mismo y a nosotros!

40Pero el otro criminal lo reprendió:

—¿Ni siquiera temor de Dios tienes, aunque sufres la misma condena? 41En nuestro caso, el castigo es justo, pues sufrimos lo que merecen nuestros delitos; éste, en cambio, no ha hecho nada malo.

42Luego dijo:

—Jesús, acuérdate de mí cuando vengas en tu reino.

43—Te aseguro que hoy estarás conmigo en el paraíso —le contestó Jesús.

Muerte de Jesús

44Desde el mediodía y hasta la media tardeq toda la tierra quedó sumida en la oscuridad, 45pues el sol se ocultó. Y la cortina del *santuario del templo se rasgó en dos. 46Entonces Jesús exclamó con fuerza:

—¡Padre, en tus manos encomiendo mi espíritu!

Y al decir esto, expiró.

47El centurión, al ver lo que había sucedido, alabó a Dios y dijo:

—Verdaderamente este hombre era justo.

48Entonces los que se habían reunido para presenciar aquel espectáculo, al ver lo ocurrido, se fueron de allí golpeándose el pecho. 49Pero todos los conocidos de Jesús, incluso las mujeres que lo habían seguido desde Galilea, se quedaron mirando desde lejos.

31For if men do these things when the tree is green, what will happen when it is dry?"

32Two other men, both criminals, were also led out with him to be executed. 33When they came to the place called the Skull, there they crucified him, along with the criminals—one on his right, the other on his left. 34Jesus said, "Father, forgive them, for they do not know what they are doing." n And they divided up his clothes by casting lots.

35The people stood watching, and the rulers even sneered at him. They said, "He saved others; let him save himself if he is the Christ of God, the Chosen One."

36The soldiers also came up and mocked him. They offered him wine vinegar 37and said, "If you are the king of the Jews, save yourself."

38There was a written notice above him, which read: THIS IS THE KING OF THE JEWS.

39One of the criminals who hung there hurled insults at him: "Aren't you the Christ? Save yourself and us."

40But the other criminal rebuked him. "Don't you fear God," he said, "since you are under the same sentence? 41We are punished justly, for we are getting what our deeds deserve. But this man has done nothing wrong."

42Then he said, "Jesus, remember me when you come into your kingdom.o"

43Jesus answered him, "I tell you the truth, today you will be with me in paradise."

Jesus' Death

44It was now about the sixth hour, and darkness came over the whole land until the ninth hour, 45for the sun stopped shining. And the curtain of the temple was torn in two. 46Jesus called out with a loud voice, "Father, into your hands I commit my spirit." When he had said this, he breathed his last.

47The centurion, seeing what had happened, praised God and said, "Surely this was a righteous man." 48When all the people who had gathered to witness this sight saw what took place, they beat their breasts and went away. 49But all those who knew him, including the women who had followed him from Galilee, stood at a distance, watching these things.

---

p23:34 Var. no incluye esta oración.   q23:44 el mediodía ... la media tarde. Lit. la hora sexta ... la hora novena.

n34 Some early manuscripts do not have this sentence.   o42 Some manuscripts come with your kingly power

Sepultura de Jesús

⁵⁰Había un hombre bueno y justo llamado José, miembro del *Consejo, ⁵¹que no había estado de acuerdo con la decisión ni con la conducta de ellos. Era natural de un pueblo de Judea llamado Arimatea, y esperaba el reino de Dios. ⁵²Éste se presentó ante Pilato y le pidió el cuerpo de Jesús. ⁵³Después de bajarlo, lo envolvió en una sábana de lino y lo puso en un sepulcro cavado en la roca, en el que todavía no se había sepultado a nadie. ⁵⁴Era el día de preparación para el *sábado, que estaba a punto de comenzar.

⁵⁵Las mujeres que habían acompañado a Jesús desde Galilea siguieron a José para ver el sepulcro y cómo colocaban el cuerpo. ⁵⁶Luego volvieron a casa y prepararon especias aromáticas y perfumes. Entonces descansaron el sábado, conforme al mandamiento.

La resurrección

24 El primer día de la semana, muy de mañana, las mujeres fueron al sepulcro, llevando las especias aromáticas que habían preparado. ²Encontraron que había sido quitada la piedra que cubría el sepulcro ³y, al entrar, no hallaron el cuerpo del Señor Jesús. ⁴Mientras se preguntaban qué habría pasado, se les presentaron dos hombres con ropas resplandecientes. ⁵Asustadas, se postraron sobre su rostro, pero ellos les dijeron:

—¿Por qué buscan ustedes entre los muertos al que vive? ⁶No está aquí; ¡ha resucitado! Recuerden lo que les dijo cuando todavía estaba con ustedes en Galilea: ⁷"El Hijo del hombre tiene que ser entregado en manos de hombres *pecadores, y ser crucificado, pero al tercer día resucitará."

⁸Entonces ellas se acordaron de las palabras de Jesús. ⁹Al regresar del sepulcro, les contaron todas estas cosas a los once y a todos los demás. ¹⁰Las mujeres eran María Magdalena, Juana, María la madre de *Jacobo, y las demás que las acompañaban. ¹¹Pero a los discípulos el relato les pareció una tontería, así que no les creyeron. ¹²Pedro, sin embargo, salió corriendo al sepulcro. Se asomó y vio sólo las vendas de lino. Luego volvió a su casa, extrañado de lo que había sucedido.

De camino a Emaús

¹³Aquel mismo día dos de ellos se dirigían a un pueblo llamado Emaús, a unos once kilómetrosʳ de Jerusalén. ¹⁴Iban conversando sobre

Jesus' Burial

⁵⁰Now there was a man named Joseph, a member of the Council, a good and upright man, ⁵¹who had not consented to their decision and action. He came from the Judean town of Arimathea and he was waiting for the kingdom of God. ⁵²Going to Pilate, he asked for Jesus' body. ⁵³Then he took it down, wrapped it in linen cloth and placed it in a tomb cut in the rock, one in which no one had yet been laid. ⁵⁴It was Preparation Day, and the Sabbath was about to begin.

⁵⁵The women who had come with Jesus from Galilee followed Joseph and saw the tomb and how his body was laid in it. ⁵⁶Then they went home and prepared spices and perfumes. But they rested on the Sabbath in obedience to the commandment.

The Resurrection

24 On the first day of the week, very early in the morning, the women took the spices they had prepared and went to the tomb. ²They found the stone rolled away from the tomb, ³but when they entered, they did not find the body of the Lord Jesus. ⁴While they were wondering about this, suddenly two men in clothes that gleamed like lightning stood beside them. ⁵In their fright the women bowed down with their faces to the ground, but the men said to them, "Why do you look for the living among the dead? ⁶He is not here; he has risen Remember how he told you, while he was still with you in Galilee: ⁷'The Son of Man must be delivered into the hands of sinful men, be crucified and on the third day be raised again.'" ⁸Then they remembered his words.

⁹When they came back from the tomb, they told all these things to the Eleven and to all the others. ¹⁰It was Mary Magdalene, Joanna, Mary the mother of James, and the others with them who told this to the apostles. ¹¹But they did not believe the women, because their words seemed to them like nonsense. ¹²Peter, however, got up and ran to the tomb. Bending over, he saw the strips of linen lying by themselves, and he went away, wondering to himself what had happened.

On the Road to Emmaus

¹³Now that same day two of them were going to a village called Emmaus, about seven milesᴾ from Jerusalem. ¹⁴They were talking with each

ʳ 24:13 unos once kilómetros. Lit. sesenta *estadios.

ᴾ 13 Greek sixty stadia (about 11 kilometers)

todo lo que había acontecido. 15Sucedió que, mientras hablaban y discutían, Jesús mismo se acercó y comenzó a caminar con ellos; 16pero no lo reconocieron, pues sus ojos estaban velados.

17—¿Qué vienen discutiendo por el camino? —les preguntó.

Se detuvieron, cabizbajos; 18y uno de ellos, llamado Cleofas, le dijo:

—¿Eres tú el único peregrino en Jerusalén que no se ha enterado de todo lo que ha pasado recientemente?

19—¿Qué es lo que ha pasado? —les preguntó.

—Lo de Jesús de Nazaret. Era un profeta, poderoso en obras y en palabras delante de Dios y de todo el pueblo. 20Los jefes de los sacerdotes y nuestros gobernantes lo entregaron para ser condenado a muerte, y lo crucificaron; 21pero nosotros abrigábamos la esperanza de que era él quien redimiría a Israel. Es más, ya hace tres días que sucedió todo esto. 22También algunas mujeres de nuestro grupo nos dejaron asombrados. Esta mañana, muy temprano, fueron al sepulcro 23pero no hallaron su cuerpo. Cuando volvieron, nos contaron que se les habían aparecido unos ángeles quienes les dijeron que él está vivo. 24Algunos de nuestros compañeros fueron después al sepulcro y lo encontraron tal como habían dicho las mujeres, pero a él no lo vieron.

25—¡Qué torpes son ustedes —les dijo—, y qué tardos de corazón para creer todo lo que han dicho los profetas 26¿Acaso no tenía que sufrir el *Cristo estas cosas antes de entrar en su gloria?

27Entonces, comenzando por Moisés y por todos los profetas, les explicó lo que se refería a él en todas las Escrituras.

28Al acercarse al pueblo adonde se dirigían, Jesús hizo como que iba más lejos. 29Pero ellos insistieron:

—Quédate con nosotros, que está atardeciendo; ya es casi de noche.

Así que entró para quedarse con ellos. 30Luego, estando con ellos a la mesa, tomó el pan, lo bendijo, lo partió y se lo dio. 31Entonces se les abrieron los ojos y lo reconocieron, pero él desapareció. 32Se decían el uno al otro:

—¿No ardía nuestro corazón mientras conversaba con nosotros en el camino y nos explicaba las Escrituras?

33Al instante se pusieron en camino y regresaron a Jerusalén. Allí encontraron a los once y a los que estaban reunidos con ellos. 34«¡Es cierto —decían—. El Señor ha resucitado y se le ha aparecido a Simón.»

35Los dos, por su parte, contaron lo que les había sucedido en el camino, y cómo habían reconocido a Jesús cuando partió el pan.

other about everything that had happened. 15As they talked and discussed these things with each other, Jesus himself came up and walked along with them; 16but they were kept from recognizing him.

17He asked them, "What are you discussing together as you walk along?"

They stood still, their faces downcast. 18One of them, named Cleopas, asked him, "Are you only a visitor to Jerusalem and do not know the things that have happened there in these days?"

19"What things?" he asked.

"About Jesus of Nazareth," they replied. "He was a prophet, powerful in word and deed before God and all the people. 20The chief priests and our rulers handed him over to be sentenced to death, and they crucified him; 21but we had hoped that he was the one who was going to redeem Israel. And what is more, it is the third day since all this took place. 22In addition, some of our women amazed us. They went to the tomb early this morning 23but didn't find his body. They came and told us that they had seen a vision of angels, who said he was alive. 24Then some of our companions went to the tomb and found it just as the women had said, but him they did not see."

25He said to them, "How foolish you are, and how slow of heart to believe all that the prophets have spoken 26Did not the Christ*q* have to suffer these things and then enter his glory?" 27And beginning with Moses and all the Prophets, he explained to them what was said in all the Scriptures concerning himself.

28As they approached the village to which they were going, Jesus acted as if he were going farther. 29But they urged him strongly, "Stay with us, for it is nearly evening; the day is almost over." So he went in to stay with them.

30When he was at the table with them, he took bread, gave thanks, broke it and began to give it to them. 31Then their eyes were opened and they recognized him, and he disappeared from their sight. 32They asked each other, "Were not our hearts burning within us while he talked with us on the road and opened the Scriptures to us?"

33They got up and returned at once to Jerusalem. There they found the Eleven and those with them, assembled together 34and saying, "It is true The Lord has risen and has appeared to Simon." 35Then the two told what had happened on the way, and how Jesus was recognized by them when he broke the bread.

q 26 Or Messiah; also in verse 46

Jesús se aparece a los discípulos

36Todavía estaban ellos hablando acerca de esto, cuando Jesús mismo se puso en medio de ellos y les dijo:

—Paz a ustedes.

37Aterrorizados, creyeron que veían a un espíritu.

38—¿Por qué se asustan tanto? —les preguntó—. ¿Por qué les vienen dudas? **39**Miren mis manos y mis pies. ¡Soy yo mismo Tóquenme y vean; un espíritu no tiene carne ni huesos, como ven que los tengo yo.

40Dicho esto, les mostró las manos y los pies. **41**Como ellos no acababan de creerlo a causa de la alegría y del asombro, les preguntó:

—¿Tienen aquí algo de comer?

42Le dieron un pedazo de pescado asado, **43**así que lo tomó y se lo comió delante de ellos. Luego les dijo:

44—Cuando todavía estaba yo con ustedes, les decía que tenía que cumplirse todo lo que está escrito acerca de mí en la ley de Moisés, en los profetas y en los salmos.

45Entonces les abrió el entendimiento para que comprendieran las Escrituras.

46—Esto es lo que está escrito —les explicó—: que el *Cristo padecerá y *resucitará al tercer día, **47**y en su nombre se predicarán el *arrepentimiento y el perdón de pecados a todas las *naciones, comenzando por Jerusalén. **48**Ustedes son testigos de estas cosas. **49**Ahora voy a enviarles lo que ha prometido mi Padre; pero ustedes quédense en la ciudad hasta que sean revestidos del poder de lo alto.

La ascensión

50Después los llevó Jesús hasta Betania; allí alzó las manos y los bendijo. **51**Sucedió que, mientras los bendecía, se alejó de ellos y fue llevado al cielo. **52**Ellos, entonces, lo adoraron y luego regresaron a Jerusalén con gran alegría. **53**Y estaban continuamente en el *templo, alabando a Dios.

Jesus Appears to the Disciples

36While they were still talking about this, Jesus himself stood among them and said to them, "Peace be with you."

37They were startled and frightened, thinking they saw a ghost. **38**He said to them, "Why are you troubled, and why do doubts rise in your minds? **39**Look at my hands and my feet. It is I myself Touch me and see; a ghost does not have flesh and bones, as you see I have."

40When he had said this, he showed them his hands and feet. **41**And while they still did not believe it because of joy and amazement, he asked them, "Do you have anything here to eat?" **42**They gave him a piece of broiled fish, **43**and he took it and ate it in their presence.

44He said to them, "This is what I told you while I was still with you: Everything must be fulfilled that is written about me in the Law of Moses, the Prophets and the Psalms."

45Then he opened their minds so they could understand the Scriptures. **46**He told them, "This is what is written: The Christ will suffer and rise from the dead on the third day, **47**and repentance and forgiveness of sins will be preached in his name to all nations, beginning at Jerusalem. **48**You are witnesses of these things. **49**I am going to send you what my Father has promised; but stay in the city until you have been clothed with power from on high."

The Ascension

50When he had led them out to the vicinity of Bethany, he lifted up his hands and blessed them. **51**While he was blessing them, he left them and was taken up into heaven. **52**Then they worshiped him and returned to Jerusalem with great joy. **53**And they stayed continually at the temple, praising God.

Evangelio según Juan

El Verbo se hizo hombre

1 En el principio ya existía el *Verbo,
     y el Verbo estaba con Dios,
     y el Verbo era Dios.
² Él estaba con Dios en el principio.
³ Por medio de él todas las cosas fueron
     creadas;
     sin él, nada de lo creado llegó a existir.
⁴ En él estaba la vida,
     y la vida era la luz de la *humanidad.
⁵ Esta luz resplandece en las tinieblas,
     y las tinieblas no han podido extinguirla.ᵃ

⁶ Vino un hombre llamado Juan. Dios lo envió ⁷ como testigo para dar testimonio de la luz, a fin de que por medio de él todos creyeran. ⁸ Juan no era la luz, sino que vino para dar testimonio de la luz. ⁹ Esa luz verdadera, la que alumbra a todo *ser humano, venía a este mundo.ᵇ

¹⁰ El que era la luz ya estaba en el mundo, y el mundo fue creado por medio de él, pero el mundo no lo reconoció. ¹¹ Vino a lo que era suyo, pero los suyos no lo recibieron. ¹² Mas a cuantos lo recibieron, a los que creen en su nombre, les dio el derecho de ser hijos de Dios. ¹³ Éstos no nacen de la sangre, ni por deseos *naturales, ni por voluntad humana, sino que nacen de Dios.

¹⁴ Y el Verbo se hizo hombre y habitóᶜ entre nosotros. Y hemos contemplado su gloria, la gloria que corresponde al Hijo *unigénito del Padre, lleno de gracia y de verdad.

¹⁵ Juan dio testimonio de él, y a voz en cuello proclamó: «Éste es aquel de quien yo decía: "El que viene después de mí es superior a mí, porque existía antes que yo."» ¹⁶ De su plenitud todos hemos recibido gracia sobre gracia, ¹⁷ pues la ley fue dada por medio de Moisés, mientras que la gracia y la verdad nos han llegado por medio de *Jesucristo. ¹⁸ A Dios nadie lo ha visto nunca; el Hijo unigénito, que es Diosᵈ y que vive en unión íntima con el Padre, nos lo ha dado a conocer.

Juan el Bautista niega ser el Cristo

¹⁹ Éste es el testimonio de Juan cuando los judíos de Jerusalén enviaron sacerdotes y levitas

John

The Word Became Flesh

1 In the beginning was the Word, and the
     Word was with God, and the Word was
God. ² He was with God in the beginning.

³ Through him all things were made; without him nothing was made that has been made. ⁴ In him was life, and that life was the light of men. ⁵ The light shines in the darkness, but the darkness has not understoodᵃ it.

⁶ There came a man who was sent from God; his name was John. ⁷ He came as a witness to testify concerning that light, so that through him all men might believe. ⁸ He himself was not the light; he came only as a witness to the light. ⁹ The true light that gives light to every man was coming into the world.ᵇ

¹⁰ He was in the world, and though the world was made through him, the world did not recognize him. ¹¹ He came to that which was his own, but his own did not receive him. ¹² Yet to all who received him, to those who believed in his name, he gave the right to become children of God— ¹³ children born not of natural descent,ᶜ nor of human decision or a husband's will, but born of God.

¹⁴ The Word became flesh and made his dwelling among us. We have seen his glory, the glory of the One and Only,ᵈ who came from the Father, full of grace and truth.

¹⁵ John testifies concerning him. He cries out, saying, "This was he of whom I said, 'He who comes after me has surpassed me because he was before me.'" ¹⁶ From the fullness of his grace we have all received one blessing after another. ¹⁷ For the law was given through Moses; grace and truth came through Jesus Christ. ¹⁸ No one has ever seen God, but God the One and Only,ᵉᶠ who is at the Father's side, has made him known.

John the Baptist Denies Being the Christ

¹⁹ Now this was John's testimony when the Jews of Jerusalem sent priests and Levites to ask

---

ᵃ 1:5 *extinguirla.* Alt. *comprenderla.*   ᵇ 1:9 *Esa … mundo.* Alt. *Esa era la luz verdadera que alumbra a todo *ser humano que viene al mundo.*   ᶜ 1:14 *habitó.* Lit. *puso su carpa.*   ᵈ 1:18 *el Hijo unigénito, que es Dios.* Lit. *Dios unigénito.* Var. *el Hijo unigénito.*

ᵃ 5 Or *darkness, and the darkness has not overcome*   ᵇ 9 Or *This was the true light that gives light to every man who comes into the world*   ᶜ 13 Greek *of bloods*   ᵈ 14 Or *the Only Begotten*   ᵉ 18 Or *the Only Begotten*   ᶠ 18 Some manuscripts *but the only* (or *only begotten*) *Son* a preguntarle quién era. 20No se negó a declararlo, sino que confesó con franqueza:

—Yo no soy el *Cristo.

21—¿Quién eres entonces? —le preguntaron—. ¿Acaso eres Elías?

—No lo soy.

—¿Eres el profeta?

—No lo soy.

22—¿Entonces quién eres? ¡Tenemos que llevar una respuesta a los que nos enviaron ¿Cómo te ves a ti mismo?

23—Yo soy la voz del que grita en el desierto: "Enderecen el camino del Señor" *e* —respondió Juan, con las palabras del profeta Isaías.

24Algunos que habían sido enviados por los *fariseos 25lo interrogaron:

—Pues si no eres el Cristo, ni Elías ni el profeta, ¿por qué bautizas?

26—Yo bautizo con *f* agua, pero entre ustedes hay alguien a quien no conocen, 27y que viene después de mí, al cual yo no soy digno ni siquiera de desatarle la correa de las sandalias.

28Todo esto sucedió en Betania, al otro lado del río Jordán, donde Juan estaba bautizando.

Jesús, el Cordero de Dios

29Al día siguiente Juan vio a Jesús que se acercaba a él, y dijo: «¡Aquí tienen al Cordero de Dios, que quita el pecado del mundo 30De éste hablaba yo cuando dije: "Después de mí viene un hombre que es superior a mí, porque existía antes que yo." 31Yo ni siquiera lo conocía, pero, para que él se revelara al pueblo de Israel, vine bautizando con agua.»

32Juan declaró: «Vi al Espíritu descender del cielo como una paloma y permanecer sobre él. 33Yo mismo no lo conocía, pero el que me envió a bautizar con agua me dijo: "Aquel sobre quien veas que el Espíritu desciende y permanece, es el que bautiza con el Espíritu Santo." 34Yo lo he visto y por eso testifico que éste es el Hijo de Dios.»

Los primeros discípulos de Jesús

35Al día siguiente Juan estaba de nuevo allí, con dos de sus discípulos. 36Al ver a Jesús que pasaba por ahí, dijo:

—¡Aquí tienen al Cordero de Dios

37Cuando los dos discípulos le oyeron decir esto, siguieron a Jesús. 38Jesús se volvió y, al ver que lo seguían, les preguntó:

—¿Qué buscan?

—Rabí, ¿dónde te hospedas? (Rabí significa: Maestro.)

39—Vengan a ver —les contestó Jesús.

Ellos fueron, pues, y vieron dónde se hospe-

him who he was. 20He did not fail to confess, but confessed freely, "I am not the Christ.*g*"

21They asked him, "Then who are you? Are you Elijah?"

He said, "I am not."

"Are you the Prophet?"

He answered, "No."

22Finally they said, "Who are you? Give us an answer to take back to those who sent us. What do you say about yourself?"

23John replied in the words of Isaiah the prophet, "I am the voice of one calling in the desert, 'Make straight the way for the Lord.'" *h*

24Now some Pharisees who had been sent 25questioned him, "Why then do you baptize if you are not the Christ, nor Elijah, nor the Prophet?"

26"I baptize with*i* water," John replied, "but among you stands one you do not know. 27He is the one who comes after me, the thongs of whose sandals I am not worthy to untie."

28This all happened at Bethany on the other side of the Jordan, where John was baptizing.

Jesus the Lamb of God

29The next day John saw Jesus coming toward him and said, "Look, the Lamb of God, who takes away the sin of the world 30This is the one I meant when I said, 'A man who comes after me has surpassed me because he was before me.' 31I myself did not know him, but the reason I came baptizing with water was that he might be revealed to Israel."

32Then John gave this testimony: "I saw the Spirit come down from heaven as a dove and remain on him. 33I would not have known him, except that the one who sent me to baptize with water told me, 'The man on whom you see the Spirit come down and remain is he who will baptize with the Holy Spirit.' 34I have seen and I testify that this is the Son of God."

Jesus' First Disciples

35The next day John was there again with two of his disciples. 36When he saw Jesus passing by, he said, "Look, the Lamb of God "

37When the two disciples heard him say this, they followed Jesus. 38Turning around, Jesus saw them following and asked, "What do you want?"

They said, "Rabbi" (which means Teacher), "where are you staying?"

39"Come," he replied, "and you will see."

---

*e*1:23 Is 40:3   *f*1:26 *con.* Alt. *en*; también en vv. 31 y 33.

*g*20 Or *Messiah.* "The Christ" (Greek) and "the Messiah" (Hebrew) both mean "the Anointed One"; also in verse 25.   *h*23 Isaiah 40:3   *i*26 Or *in;* also in verses 31 and 33 daba, y aquel mismo día se quedaron con él. Eran como las cuatro de la tarde.*g*

40Andrés, hermano de Simón Pedro, era uno de los dos que, al oír a Juan, habían seguido a Jesús. **41**Andrés encontró primero a su hermano Simón, y le dijo:

—Hemos encontrado al Mesías (es decir, el *Cristo).

42Luego lo llevó a Jesús, quien mirándolo fijamente, le dijo:

—Tú eres Simón, hijo de Juan. Serás llamado *Cefas (es decir, Pedro).

Jesús llama a Felipe y a Natanael

43Al día siguiente, Jesús decidió salir hacia Galilea. Se encontró con Felipe, y lo llamó:

—Sígueme.

44Felipe era del pueblo de Betsaida, lo mismo que Andrés y Pedro. **45**Felipe buscó a Natanael y le dijo:

—Hemos encontrado a Jesús de Nazaret, el hijo de José, aquel de quien escribió Moisés en la ley, y de quien escribieron los profetas.

46—¡De Nazaret —replicó Natanael—. ¿Acaso de allí puede salir algo bueno?

—Ven a ver —le contestó Felipe.

47Cuando Jesús vio que Natanael se le acercaba, comentó:

—Aquí tienen a un verdadero israelita, en quien no hay falsedad.

48—¿De dónde me conoces? —le preguntó Natanael.

—Antes de que Felipe te llamara, cuando aún estabas bajo la higuera, ya te había visto.

49—Rabí, ¡tú eres el Hijo de Dios ¡Tú eres el Rey de Israel —declaró Natanael.

50—¿Lo crees porque te dije que te vi cuando estabas debajo de la higuera? ¡Vas a ver aun cosas más grandes que éstas

Y añadió:

51—Ciertamente les aseguro que ustedes verán abrirse el cielo, y a los ángeles de Dios subir y bajar sobre el Hijo del hombre.

Jesús cambia el agua en vino

2 Al tercer día se celebró una boda en Caná de Galilea, y la madre de Jesús se encontraba allí. **2**También habían sido invitados a la boda Jesús y sus discípulos. **3**Cuando el vino se acabó, la madre de Jesús le dijo:

—Ya no tienen vino.

4—Mujer, ¿eso qué tiene que ver conmigo? —respondió Jesús—. Todavía no ha llegado mi hora.

So they went and saw where he was staying, and spent that day with him. It was about the tenth hour.

40Andrew, Simon Peter's brother, was one of the two who heard what John had said and who had followed Jesus. **41**The first thing Andrew did was to find his brother Simon and tell him, "We have found the Messiah" (that is, the Christ). **42**And he brought him to Jesus.

Jesus looked at him and said, "You are Simon son of John. You will be called Cephas" (which, when translated, is Peter*j*).

Jesus Calls Philip and Nathanael

43The next day Jesus decided to leave for Galilee. Finding Philip, he said to him, "Follow me."

44Philip, like Andrew and Peter, was from the town of Bethsaida. **45**Philip found Nathanael and told him, "We have found the one Moses wrote about in the Law, and about whom the prophets also wrote—Jesus of Nazareth, the son of Joseph."

46"Nazareth Can anything good come from there?" Nathanael asked.

"Come and see," said Philip.

47When Jesus saw Nathanael approaching, he said of him, "Here is a true Israelite, in whom there is nothing false."

48"How do you know me?" Nathanael asked.

Jesus answered, "I saw you while you were still under the fig tree before Philip called you."

49Then Nathanael declared, "Rabbi, you are the Son of God; you are the King of Israel."

50Jesus said, "You believe*k* because I told you I saw you under the fig tree. You shall see greater things than that." **51**He then added, "I tell you*l* the truth, you*m* shall see heaven open, and the angels of God ascending and descending on the Son of Man."

Jesus Changes Water to Wine

2 On the third day a wedding took place at Cana in Galilee. Jesus' mother was there, **2**and Jesus and his disciples had also been invited to the wedding. **3**When the wine was gone, Jesus' mother said to him, "They have no more wine."

4"Dear woman, why do you involve me?" Jesus replied, "My time has not yet come."

---

g **1:39** *Eran … tarde* (si se cuentan las horas a partir de las seis de la mañana, según la hora judía). Lit. *Era como la hora décima*; véase nota en 19:14.

j **42** Both *Cephas* (Aramaic) and *Peter* (Greek) mean *rock.*
k **50** Or *Do you believe …?*   *l* **51** The Greek is plural.
m **51** The Greek is plural.

⁵Su madre dijo a los sirvientes:

—Hagan lo que él les ordene.

⁶Había allí seis tinajas de piedra, de las que usan los judíos en sus ceremonias de *purificación. En cada una cabían unos cien litros.ʰ

⁷Jesús dijo a los sirvientes:

—Llenen de agua las tinajas.

Y los sirvientes las llenaron hasta el borde.

⁸—Ahora saquen un poco y llévenlo al encargado del banquete —les dijo Jesús.

Así lo hicieron. ⁹El encargado del banquete probó el agua convertida en vino sin saber de dónde había salido, aunque sí lo sabían los sirvientes que habían sacado el agua. Entonces llamó aparte al novio ¹⁰y le dijo:

—Todos sirven primero el mejor vino, y cuando los invitados ya han bebido mucho, entonces sirven el más barato; pero tú has guardado el mejor vino hasta ahora.

¹¹Ésta, la primera de sus señales, la hizo Jesús en Caná de Galilea. Así reveló su gloria, y sus discípulos creyeron en él.

¹²Después de esto Jesús bajó a Capernaúm con su madre, sus hermanos y sus discípulos, y se quedaron allí unos días.

Jesús purifica el templo

¹³Cuando se aproximaba la Pascua de los judíos, subió Jesús a Jerusalén. ¹⁴Y en el *temploⁱ halló a los que vendían bueyes, ovejas y palomas, e instalados en sus mesas a los que cambiaban dinero. ¹⁵Entonces, haciendo un látigo de cuerdas, echó a todos del templo, juntamente con sus ovejas y sus bueyes; regó por el suelo las monedas de los que cambiaban dinero y derribó sus mesas. ¹⁶A los que vendían las palomas les dijo:

—¡Saquen esto de aquí! ¿Cómo se atreven a convertir la casa de mi Padre en un mercado?

¹⁷Sus discípulos se acordaron de que está escrito: «El celo por tu casa me consumirá.»ʲ ¹⁸Entonces los judíos reaccionaron, preguntándole:

—¿Qué señal puedes mostrarnos para actuar de esta manera?

¹⁹—Destruyan este templo —respondió Jesús—, y lo levantaré de nuevo en tres días.

²⁰—Tardaron cuarenta y seis años en construir este templo, ¿y tú vas a levantarlo en tres días?

²¹Pero el templo al que se refería era su propio cuerpo. ²²Así, pues, cuando se *levantó de entre los muertos, sus discípulos se acordaron de lo que había dicho, y creyeron en la Escritura y en las palabras de Jesús.

²³Mientras estaba en Jerusalén, durante la fiesta de la Pascua, muchos creyeron en su nom-

⁵His mother said to the servants, "Do whatever he tells you."

⁶Nearby stood six stone water jars, the kind used by the Jews for ceremonial washing, each holding from twenty to thirty gallons.ⁿ

⁷Jesus said to the servants, "Fill the jars with water"; so they filled them to the brim.

⁸Then he told them, "Now draw some out and take it to the master of the banquet."

They did so, ⁹and the master of the banquet tasted the water that had been turned into wine. He did not realize where it had come from, though the servants who had drawn the water knew. Then he called the bridegroom aside ¹⁰and said, "Everyone brings out the choice wine first and then the cheaper wine after the guests have had too much to drink; but you have saved the best till now."

¹¹This, the first of his miraculous signs, Jesus performed in Cana of Galilee. He thus revealed his glory, and his disciples put their faith in him.

Jesus Clears the Temple

¹²After this he went down to Capernaum with his mother and brothers and his disciples. There they stayed for a few days.

¹³When it was almost time for the Jewish Passover, Jesus went up to Jerusalem. ¹⁴In the temple courts he found men selling cattle, sheep and doves, and others sitting at tables exchanging money. ¹⁵So he made a whip of cords, and drove all from the temple area, both sheep and cattle; he scattered the coins of the money changers and overturned their tables. ¹⁶To those who sold doves he said, "Get these out of here! How dare you turn my Father's house into a market!"

¹⁷His disciples remembered that it is written: "Zeal for your house will consume me."ᵒ

¹⁸Then the Jews demanded of him, "What miraculous sign can you show us to prove your authority to do all this?"

¹⁹Jesus answered them, "Destroy this temple, and I will raise it again in three days."

²⁰The Jews replied, "It has taken forty-six years to build this temple, and you are going to raise it in three days?" ²¹But the temple he had spoken of was his body. ²²After he was raised from the dead, his disciples recalled what he had said. Then they believed the Scripture and the words that Jesus had spoken.

²³Now while he was in Jerusalem at the Passover Feast, many people saw the miraculous signs he was doing and believed in his name.ᵖ

ʰ 2:6 *unos cien litros*. Lit. *entre dos y tres *metretas.*
ⁱ 2:14 Es decir, en el área general del templo; en vv. 19-21 el término griego significa **santuario*. ʲ 2:17 Sal 69:9

ⁿ 6 Greek *two to three metretes* (probably about 75 to 115 liters) ᵒ 17 Psalm 69:9 ᵖ 23 Or *and believed in him* bre al ver las señales que hacía. ²⁴En cambio Jesús no les creía porque los conocía a todos; ²⁵no necesitaba que nadie le informara nada*ᵏ* acerca de los demás, pues él conocía el interior del *ser humano.

²⁴But Jesus would not entrust himself to them, for he knew all men. ²⁵He did not need man's testimony about man, for he knew what was in a man.

Jesús enseña a Nicodemo

3 Había entre los *fariseos un dirigente de los judíos llamado Nicodemo. ²Éste fue de noche a visitar a Jesús.

—Rabí —le dijo—, sabemos que eres un maestro que ha venido de parte de Dios, porque nadie podría hacer las señales que tú haces si Dios no estuviera con él.

³—De veras te aseguro que quien no nazca de nuevo*ˡ* no puede ver el reino de Dios —dijo Jesús.

⁴—¿Cómo puede uno nacer de nuevo siendo ya viejo? —preguntó Nicodemo—. ¿Acaso puede entrar por segunda vez en el vientre de su madre y volver a nacer?

⁵—Yo te aseguro que quien no nazca de agua y del Espíritu, no puede entrar en el reino de Dios —respondió Jesús—. ⁶Lo que nace del cuerpo es cuerpo; lo que nace del Espíritu es espíritu. ⁷No te sorprendas de que te haya dicho: "Tienen que nacer de nuevo." ⁸El viento sopla por donde quiere, y lo oyes silbar, aunque ignoras de dónde viene y a dónde va. Lo mismo pasa con todo el que nace del Espíritu.

⁹Nicodemo replicó:

—¿Cómo es posible que esto suceda?

¹⁰—Tú eres maestro de Israel, ¿y no entiendes estas cosas? —respondió Jesús—. ¹¹Te digo con seguridad y verdad que hablamos de lo que sabemos y damos testimonio de lo que hemos visto personalmente, pero ustedes no aceptan nuestro testimonio. ¹²Si les he hablado de las cosas terrenales, y no creen, ¿entonces cómo van a creer si les hablo de las celestiales? ¹³Nadie ha subido jamás al cielo sino el que descendió del cielo, el Hijo del hombre.*ᵐ*

Jesús y el amor del Padre

¹⁴»Como levantó Moisés la serpiente en el desierto, así también tiene que ser levantado el Hijo del hombre, ¹⁵para que todo el que crea en él tenga vida eterna.*ⁿ*

¹⁶»Porque tanto amó Dios al mundo, que dio a su Hijo *unigénito, para que todo el que cree en él no se pierda, sino que tenga vida eterna. ¹⁷Dios no envió a su Hijo al mundo para condenar al mundo, sino para salvarlo por medio de él. ¹⁸El que cree en él no es condenado, pero el

Jesus Teaches Nicodemus

3 Now there was a man of the Pharisees named Nicodemus, a member of the Jewish ruling council. ²He came to Jesus at night and said, "Rabbi, we know you are a teacher who has come from God. For no one could perform the miraculous signs you are doing if God were not with him."

³In reply Jesus declared, "I tell you the truth, no one can see the kingdom of God unless he is born again.*�q*"

⁴"How can a man be born when he is old?" Nicodemus asked. "Surely he cannot enter a second time into his mother's womb to be born "

⁵Jesus answered, "I tell you the truth, no one can enter the kingdom of God unless he is born of water and the Spirit. ⁶Flesh gives birth to flesh, but the Spirit*ʳ* gives birth to spirit. ⁷You should not be surprised at my saying, 'You*ˢ* must be born again.' ⁸The wind blows wherever it pleases. You hear its sound, but you cannot tell where it comes from or where it is going. So it is with everyone born of the Spirit."

⁹"How can this be?" Nicodemus asked.

¹⁰"You are Israel's teacher," said Jesus, "and do you not understand these things? ¹¹I tell you the truth, we speak of what we know, and we testify to what we have seen, but still you people do not accept our testimony. ¹²I have spoken to you of earthly things and you do not believe; how then will you believe if I speak of heavenly things? ¹³No one has ever gone into heaven except the one who came from heaven—the Son of Man.*ᵗ* ¹⁴Just as Moses lifted up the snake in the desert, so the Son of Man must be lifted up, ¹⁵that everyone who believes in him may have eternal life.*ᵘ*

¹⁶"For God so loved the world that he gave his one and only Son,*ᵛ* that whoever believes in him shall not perish but have eternal life. ¹⁷For God did not send his Son into the world to condemn the world, but to save the world through him. ¹⁸Whoever believes in him is not condemned, but whoever does not believe stands condemned already because he has not

---

*ᵏ*2:25 *le informara nada.* Lit. *le diera testimonio.*   *ˡ*3:3 *de nuevo.* Alt. *de arriba*; también en v. 7.   *ᵐ*3:13 *hombre.* Var. *hombre que está en el cielo.*   *ⁿ*3:15 *todo ... eterna.* Alt. *todo el que cree tenga vida eterna en él.*

*�q*3 Or *born from above;* also in verse 7   *ʳ*6 Or *but spirit*   *ˢ*7 The Greek is plural.   *ᵗ*13 Some manuscripts *Man, who is in heaven*   *ᵘ*15 Or *believes may have eternal life in him*   *ᵛ*16 Or *his only begotten Son*

que no cree ya está condenado por no haber creído en el nombre del Hijo unigénito de Dios. [19]Ésta es la causa de la condenación: que la luz vino al mundo, pero la *humanidad prefirió las tinieblas a la luz, porque sus hechos eran perversos. [20]Pues todo el que hace lo malo aborrece la luz, y no se acerca a ella por temor a que sus obras queden al descubierto. [21]En cambio, el que practica la verdad se acerca a la luz, para que se vea claramente que ha hecho sus obras en obediencia a Dios.[ñ]

Testimonio de Juan el Bautista acerca de Jesús

[22]Después de esto Jesús fue con sus discípulos a la región de Judea. Allí pasó algún tiempo con ellos, y bautizaba. [23]También Juan estaba bautizando en Enón, cerca de Salín, porque allí había mucha agua. Así que la gente iba para ser bautizada. [24](Esto sucedió antes de que encarcelaran a Juan.) [25]Se entabló entonces una discusión entre los discípulos de Juan y un judío[o] en torno a los ritos de *purificación. [26]Aquéllos fueron a ver a Juan y le dijeron:

—Rabí, fíjate, el que estaba contigo al otro lado del Jordán, y de quien tú diste testimonio, ahora está bautizando, y todos acuden a él.

[27]—Nadie puede recibir nada a menos que Dios se lo conceda —les respondió Juan—. [28]Ustedes me son testigos de que dije: "Yo no soy el *Cristo, sino que he sido enviado delante de él." [29]El que tiene a la novia es el novio. Pero el amigo del novio, que está a su lado y lo escucha, se llena de alegría cuando oye la voz del novio. Ésa es la alegría que me inunda. [30]A él le toca crecer, y a mí menguar.

El que viene del cielo

[31]»El que viene de arriba está por encima de todos; el que es de la tierra, es terrenal y de lo terrenal habla. El que viene del cielo está por encima de todos [32]y da testimonio de lo que ha visto y oído, pero nadie recibe su testimonio. [33]El que lo recibe certifica que Dios es veraz. [34]El enviado de Dios comunica el mensaje divino, pues Dios mismo le da su Espíritu sin restricción. [35]El Padre ama al Hijo, y ha puesto todo en sus manos. [36]El que cree en el Hijo tiene vida eterna; pero el que rechaza al Hijo no sabrá lo que es esa vida, sino que permanecerá bajo el castigo de Dios.[p]

believed in the name of God's one and only Son.[w] [19]This is the verdict: Light has come into the world, but men loved darkness instead of light because their deeds were evil. [20]Everyone who does evil hates the light, and will not come into the light for fear that his deeds will be exposed. [21]But whoever lives by the truth comes into the light, so that it may be seen plainly that what he has done has been done through God."[x]

John the Baptist's Testimony About Jesus

[22]After this, Jesus and his disciples went out into the Judean countryside, where he spent some time with them, and baptized. [23]Now John also was baptizing at Aenon near Salim, because there was plenty of water, and people were constantly coming to be baptized. [24](This was before John was put in prison.) [25]An argument developed between some of John's disciples and a certain Jew[y] over the matter of ceremonial washing. [26]They came to John and said to him, "Rabbi, that man who was with you on the other side of the Jordan—the one you testified about—well, he is baptizing, and everyone is going to him."

[27]To this John replied, "A man can receive only what is given him from heaven. [28]You yourselves can testify that I said, 'I am not the Christ[z] but am sent ahead of him.' [29]The bride belongs to the bridegroom. The friend who attends the bridegroom waits and listens for him, and is full of joy when he hears the bridegroom's voice. That joy is mine, and it is now complete. [30]He must become greater; I must become less.

[31]"The one who comes from above is above all; the one who is from the earth belongs to the earth, and speaks as one from the earth. The one who comes from heaven is above all. [32]He testifies to what he has seen and heard, but no one accepts his testimony. [33]The man who has accepted it has certified that God is truthful. [34]For the one whom God has sent speaks the words of God, for God[a] gives the Spirit without limit. [35]The Father loves the Son and has placed everything in his hands. [36]Whoever believes in the Son has eternal life, but whoever rejects the Son will not see life, for God's wrath remains on him."[b]

[ñ]3:21 Algunos intérpretes consideran que el discurso de Jesús termina en el v. 15.   [o]3:25 un judío. Var. unos judíos.   [p]3:36 Algunos intérpretes consideran que los vv. 31-36 son comentario del autor del evangelio.

[w]18 Or God's only begotten Son   [x]21 Some interpreters end the quotation after verse 15.   [y]25 Some manuscripts and certain Jews   [z]28 Or Messiah   [a]34 Greek he   [b]36 Some interpreters end the quotation after verse 30.

Jesús y la samaritana

4 Jesús[q] se enteró de que los *fariseos sabían que él estaba haciendo y bautizando más discípulos que Juan 2(aunque en realidad no era Jesús quien bautizaba sino sus discípulos). 3Por eso se fue de Judea y volvió otra vez a Galilea. 4Como tenía que pasar por Samaria, 5llegó a un pueblo samaritano llamado Sicar, cerca del terreno que Jacob le había dado a su hijo José. 6Allí estaba el pozo de Jacob. Jesús, fatigado del camino, se sentó junto al pozo. Era cerca del mediodía.[r] 7-8Sus discípulos habían ido al pueblo a comprar comida.

En eso llegó a sacar agua una mujer de Samaria, y Jesús le dijo:

—Dame un poco de agua.

9Pero como los judíos no usan nada en común[s] con los samaritanos, la mujer le respondió:

—¿Cómo se te ocurre pedirme agua, si tú eres judío y yo soy samaritana?

10—Si supieras lo que Dios puede dar, y conocieras al que te está pidiendo agua —contestó Jesús—, tú le habrías pedido a él, y él te habría dado agua que da vida.

11—Señor, ni siquiera tienes con qué sacar agua, y el pozo es muy hondo; ¿de dónde, pues, vas a sacar esa agua que da vida? 12¿Acaso eres tú superior a nuestro padre Jacob, que nos dejó este pozo, del cual bebieron él, sus hijos y su ganado?

13—Todo el que beba de esta agua volverá a tener sed —respondió Jesús—, 14pero el que beba del agua que yo le daré, no volverá a tener sed jamás, sino que dentro de él esa agua se convertirá en un manantial del que brotará vida eterna.

15—Señor, dame de esa agua para que no vuelva a tener sed ni siga viniendo aquí a sacarla.

16—Ve a llamar a tu esposo, y vuelve acá —le dijo Jesús.

17—No tengo esposo —respondió la mujer.

—Bien has dicho que no tienes esposo. 18Es cierto que has tenido cinco, y el que ahora tienes no es tu esposo. En esto has dicho la verdad.

19—Señor, me doy cuenta de que tú eres profeta. 20Nuestros antepasados adoraron en este monte, pero ustedes los judíos dicen que el lugar donde debemos adorar está en Jerusalén.

21—Créeme, mujer, que se acerca la hora en que ni en este monte ni en Jerusalén adorarán ustedes al Padre. 22Ahora ustedes adoran lo que

Jesus Talks With a Samaritan Woman

4 The Pharisees heard that Jesus was gaining and baptizing more disciples than John, 2although in fact it was not Jesus who baptized, but his disciples. 3When the Lord learned of this, he left Judea and went back once more to Galilee.

4Now he had to go through Samaria. 5So he came to a town in Samaria called Sychar, near the plot of ground Jacob had given to his son Joseph. 6Jacob's well was there, and Jesus, tired as he was from the journey, sat down by the well. It was about the sixth hour.

7When a Samaritan woman came to draw water, Jesus said to her, "Will you give me a drink?" 8(His disciples had gone into the town to buy food.)

9The Samaritan woman said to him, "You are a Jew and I am a Samaritan woman. How can you ask me for a drink?" (For Jews do not associate with Samaritans.[c])

10Jesus answered her, "If you knew the gift of God and who it is that asks you for a drink, you would have asked him and he would have given you living water."

11"Sir," the woman said, "you have nothing to draw with and the well is deep. Where can you get this living water? 12Are you greater than our father Jacob, who gave us the well and drank from it himself, as did also his sons and his flocks and herds?"

13Jesus answered, "Everyone who drinks this water will be thirsty again, 14but whoever drinks the water I give him will never thirst. Indeed, the water I give him will become in him a spring of water welling up to eternal life."

15The woman said to him, "Sir, give me this water so that I won't get thirsty and have to keep coming here to draw water."

16He told her, "Go, call your husband and come back."

17"I have no husband," she replied.

Jesus said to her, "You are right when you say you have no husband. 18The fact is, you have had five husbands, and the man you now have is not your husband. What you have just said is quite true."

19"Sir," the woman said, "I can see that you are a prophet. 20Our fathers worshiped on this mountain, but you Jews claim that the place where we must worship is in Jerusalem."

21Jesus declared, "Believe me, woman, a time is coming when you will worship the Father neither on this mountain nor in Jerusalem. 22You

---

q 4:1 Jesús. Var. El Señor.   r 4:6 del mediodía. Lit. de la hora sexta; véase nota en 1:39.   s 4:9 no usan nada en común. Alt. no se llevan bien.

c 9 Or do not use dishes Samaritans have used

no conocen; nosotros adoramos lo que conocemos, porque la salvación proviene de los judíos. 23Pero se acerca la hora, y ha llegado ya, en que los verdaderos adoradores rendirán culto al Padre en espíritu y en verdad,[f] porque así quiere el Padre que sean los que le adoren. 24Dios es espíritu, y quienes lo adoran deben hacerlo en espíritu y en verdad.

25—Sé que viene el Mesías, al que llaman el *Cristo —respondió la mujer—. Cuando él venga nos explicará todas las cosas.

26—Ése soy yo, el que habla contigo —le dijo Jesús.

Los discípulos vuelven a reunirse con Jesús

27En esto llegaron sus discípulos y se sorprendieron de verlo hablando con una mujer, aunque ninguno le preguntó: «¿Qué pretendes?» o «¿De qué hablas con ella?»

28La mujer dejó su cántaro, volvió al pueblo y le decía a la gente:

29—Vengan a ver a un hombre que me ha dicho todo lo que he hecho. ¿No será éste el *Cristo?

30Salieron del pueblo y fueron a ver a Jesús. 31Mientras tanto, sus discípulos le insistían:

—Rabí, come algo.

32—Yo tengo un alimento que ustedes no conocen —replicó él.

33«¿Le habrán traído algo de comer?», comentaban entre sí los discípulos.

34—Mi alimento es hacer la voluntad del que me envió y terminar su obra —les dijo Jesús—. 35¿No dicen ustedes: "Todavía faltan cuatro meses para la cosecha"? Yo les digo: ¡Abran los ojos y miren los campos sembrados! Ya la cosecha está madura; 36ya el segador recibe su salario y recoge el fruto para vida eterna. Ahora tanto el sembrador como el segador se alegran juntos. 37Porque como dice el refrán: "Uno es el que siembra y otro el que cosecha." 38Yo los he enviado a ustedes a cosechar lo que no les costó ningún trabajo. Otros se han fatigado trabajando, y ustedes han cosechado el fruto de ese trabajo.

Muchos samaritanos creen en Jesús

39Muchos de los samaritanos que vivían en aquel pueblo creyeron en él por el testimonio que daba la mujer: «Me dijo todo lo que he hecho.» 40Así que cuando los samaritanos fueron a su encuentro le insistieron en que se quedara con ellos. Jesús permaneció allí dos días, 41y muchos más llegaron a creer por lo que él mismo decía.

Samaritans worship what you do not know; we worship what we do know, for salvation is from the Jews. 23Yet a time is coming and has now come when the true worshipers will worship the Father in spirit and truth, for they are the kind of worshipers the Father seeks. 24God is spirit, and his worshipers must worship in spirit and in truth."

25The woman said, "I know that Messiah" (called Christ) "is coming. When he comes, he will explain everything to us."

26Then Jesus declared, "I who speak to you am he."

The Disciples Rejoin Jesus

27Just then his disciples returned and were surprised to find him talking with a woman. But no one asked, "What do you want?" or "Why are you talking with her?"

28Then, leaving her water jar, the woman went back to the town and said to the people, 29"Come, see a man who told me everything I ever did. Could this be the Christ[d]?" 30They came out of the town and made their way toward him.

31Meanwhile his disciples urged him, "Rabbi, eat something."

32But he said to them, "I have food to eat that you know nothing about."

33Then his disciples said to each other, "Could someone have brought him food?"

34"My food," said Jesus, "is to do the will of him who sent me and to finish his work. 35Do you not say, 'Four months more and then the harvest'? I tell you, open your eyes and look at the fields! They are ripe for harvest. 36Even now the reaper draws his wages, even now he harvests the crop for eternal life, so that the sower and the reaper may be glad together. 37Thus the saying 'One sows and another reaps' is true. 38I sent you to reap what you have not worked for. Others have done the hard work, and you have reaped the benefits of their labor."

Many Samaritans Believe

39Many of the Samaritans from that town believed in him because of the woman's testimony, "He told me everything I ever did." 40So when the Samaritans came to him, they urged him to stay with them, and he stayed two days. 41And because of his words many more became believers.

---

f4:23 en espíritu y en verdad. Alt. por el Espíritu y la verdad; también en v. 24.

d29 Or Messiah

42—Ya no creemos sólo por lo que tú dijiste —le decían a la mujer—; ahora lo hemos oído nosotros mismos, y sabemos que verdaderamente éste es el Salvador del mundo.

Jesús sana al hijo de un funcionario

43Después de esos dos días Jesús salió de allí rumbo a Galilea 44(pues, como él mismo había dicho, a ningún profeta se le honra en su propia tierra). 45Cuando llegó a Galilea, fue bien recibido por los galileos, pues éstos habían visto personalmente todo lo que había hecho en Jerusalén durante la fiesta de la Pascua, ya que ellos habían estado también allí.

46Y volvió otra vez Jesús a Caná de Galilea, donde había convertido el agua en vino. Había allí un funcionario real, cuyo hijo estaba enfermo en Capernaúm. 47Cuando este hombre se enteró de que Jesús había llegado de Judea a Galilea, fue a su encuentro y le suplicó que bajara a sanar a su hijo, pues estaba a punto de morir.

48—Ustedes nunca van a creer si no ven señales y prodigios —le dijo Jesús.

49—Señor —rogó el funcionario—, baja antes de que se muera mi hijo.

50—Vuelve a casa, que tu hijo vive —le dijo Jesús—.

El hombre creyó lo que Jesús le dijo, y se fue. 51Cuando se dirigía a su casa, sus siervos salieron a su encuentro y le dieron la noticia de que su hijo estaba vivo. 52Cuando les preguntó a qué hora había comenzado su hijo a sentirse mejor, le contestaron:

—Ayer a la una de la tarde*u* se le quitó la fiebre.

53Entonces el padre se dio cuenta de que precisamente a esa hora Jesús le había dicho: «Tu hijo vive.» Así que creyó él con toda su familia.

54Ésta fue la segunda señal que hizo Jesús después de que volvió de Judea a Galilea.

Jesús sana a un inválido

5 Algún tiempo después, se celebraba una fiesta de los judíos, y subió Jesús a Jerusalén. 2Había allí, junto a la puerta de las Ovejas, un estanque rodeado de cinco pórticos, cuyo nombre en arameo es Betzatá.*y* 3En esos pórticos se hallaban tendidos muchos enfermos, ciegos, cojos y paralíticos.*w* 5Entre ellos se encon-

42They said to the woman, "We no longer believe just because of what you said; now we have heard for ourselves, and we know that this man really is the Savior of the world."

Jesus Heals the Official's Son

43After the two days he left for Galilee. 44(Now Jesus himself had pointed out that a prophet has no honor in his own country.) 45When he arrived in Galilee, the Galileans welcomed him. They had seen all that he had done in Jerusalem at the Passover Feast, for they also had been there.

46Once more he visited Cana in Galilee, where he had turned the water into wine. And there was a certain royal official whose son lay sick at Capernaum. 47When this man heard that Jesus had arrived in Galilee from Judea, he went to him and begged him to come and heal his son, who was close to death.

48"Unless you people see miraculous signs and wonders," Jesus told him, "you will never believe."

49The royal official said, "Sir, come down before my child dies."

50Jesus replied, "You may go. Your son will live."

The man took Jesus at his word and departed. 51While he was still on the way, his servants met him with the news that his boy was living. 52When he inquired as to the time when his son got better, they said to him, "The fever left him yesterday at the seventh hour."

53Then the father realized that this was the exact time at which Jesus had said to him, "Your son will live." So he and all his household believed.

54This was the second miraculous sign that Jesus performed, having come from Judea to Galilee.

The Healing at the Pool

5 Some time later, Jesus went up to Jerusalem for a feast of the Jews. 2Now there is in Jerusalem near the Sheep Gate a pool, which in Aramaic is called Bethesda*e* and which is surrounded by five covered colonnades. 3Here a great number of disabled people used to lie—the blind, the lame, the paralyzed.*f* 5One who was

---

*u*4:52 *la una de la tarde.* Lit. *la hora séptima;* véase nota en 1:39.   *v*5:2 *Betzatá.* Var. *Betesda;* otra var. *Betsaida.*
*w*5:3 *paralíticos.* Var. *paralíticos, que esperaban el movimiento del agua.* *4De cuando en cuando un ángel del Señor bajaba al estanque y agitaba el agua. El primero que entraba en el estanque después de cada agitación del agua quedaba sano de cualquier enfermedad que tuviera.*

*e*2 Some manuscripts *Bethzatha;* other manuscripts *Bethsaida*
*f*3 Some less important manuscripts *paralyzed—and they waited for the moving of the waters.* *4From time to time an angel of the Lord would come down and stir up the waters. The first one into the pool after each such disturbance would be cured of whatever disease he had.*

traba un hombre inválido que llevaba enfermo treinta y ocho años. ⁶Cuando Jesús lo vio allí, tirado en el suelo, y se enteró de que ya tenía mucho tiempo de estar así, le preguntó:

—¿Quieres quedar sano?

⁷—Señor —respondió—, no tengo a nadie que me meta en el estanque mientras se agita el agua, y cuando trato de hacerlo, otro se mete antes.

⁸—Levántate, recoge tu camilla y anda —le contestó Jesús.

⁹Al instante aquel hombre quedó sano, así que tomó su camilla y echó a andar. Pero ese día era *sábado. ¹⁰Por eso los judíos le dijeron al que había sido sanado:

—Hoy es sábado; no te está permitido cargar tu camilla.

¹¹—El que me sanó me dijo: "Recoge tu camilla y anda" —les respondió.

¹²—¿Quién es ese hombre que te dijo: "Recógela y anda"? —le interpelaron.

¹³El que había sido sanado no tenía idea de quién era, porque Jesús se había escabullido entre la mucha gente que había en el lugar.

¹⁴Después de esto Jesús lo encontró en el *templo y le dijo:

—Mira, ya has quedado sano. No vuelvas a pecar, no sea que te ocurra algo peor.

¹⁵El hombre se fue e informó a los judíos que Jesús era quien lo había sanado.

Vida mediante el Hijo

¹⁶Precisamente por esto los judíos perseguían a Jesús, pues hacía tales cosas en *sábado. ¹⁷Pero Jesús les respondía:

—Mi Padre aun hoy está trabajando, y yo también trabajo.

¹⁸Así que los judíos redoblaban sus esfuerzos para matarlo, pues no sólo quebrantaba el sábado sino que incluso llamaba a Dios su propio Padre, con lo que él mismo se hacía igual a Dios.

¹⁹Entonces Jesús afirmó:

—Ciertamente les aseguro que el hijo no puede hacer nada por su propia cuenta, sino solamente lo que ve que su padre hace, porque cualquier cosa que hace el padre, la hace también el hijo. ²⁰Pues el padre ama al hijo y le muestra todo lo que hace. Sí, y aun cosas más grandes que éstas le mostrará, que los dejará a ustedes asombrados. ²¹Porque así como el Padre resucita a los muertos y les da vida, así también el Hijo da vida a quienes a él le place. ²²Además, el Padre no juzga a nadie, sino que todo juicio lo ha delegado en el Hijo, ²³para que todos honren al Hijo como lo honran a él. El que se niega a honrar al Hijo no honra al Padre que lo envió.

²⁴»Ciertamente les aseguro que el que oye mi palabra y cree al que me envió, tiene vida eterna y no será juzgado, sino que ha pasado de la

there had been an invalid for thirty-eight years. ⁶When Jesus saw him lying there and learned that he had been in this condition for a long time, he asked him, "Do you want to get well?"

⁷"Sir," the invalid replied, "I have no one to help me into the pool when the water is stirred. While I am trying to get in, someone else goes down ahead of me."

⁸Then Jesus said to him, "Get up Pick up your mat and walk." ⁹At once the man was cured; he picked up his mat and walked.

The day on which this took place was a Sabbath, ¹⁰and so the Jews said to the man who had been healed, "It is the Sabbath; the law forbids you to carry your mat."

¹¹But he replied, "The man who made me well said to me, 'Pick up your mat and walk.'"

¹²So they asked him, "Who is this fellow who told you to pick it up and walk?"

¹³The man who was healed had no idea who it was, for Jesus had slipped away into the crowd that was there.

¹⁴Later Jesus found him at the temple and said to him, "See, you are well again. Stop sinning or something worse may happen to you." ¹⁵The man went away and told the Jews that it was Jesus who had made him well.

Life Through the Son

¹⁶So, because Jesus was doing these things on the Sabbath, the Jews persecuted him. ¹⁷Jesus said to them, "My Father is always at his work to this very day, and I, too, am working." ¹⁸For this reason the Jews tried all the harder to kill him; not only was he breaking the Sabbath, but he was even calling God his own Father, making himself equal with God.

¹⁹Jesus gave them this answer: "I tell you the truth, the Son can do nothing by himself; he can do only what he sees his Father doing, because whatever the Father does the Son also does. ²⁰For the Father loves the Son and shows him all he does. Yes, to your amazement he will show him even greater things than these. ²¹For just as the Father raises the dead and gives them life, even so the Son gives life to whom he is pleased to give it. ²²Moreover, the Father judges no one, but has entrusted all judgment to the Son, ²³that all may honor the Son just as they honor the Father. He who does not honor the Son does not honor the Father, who sent him.

²⁴"I tell you the truth, whoever hears my word and believes him who sent me has eternal life and will not be condemned; he has crossed

muerte a la vida. ²⁵Ciertamente les aseguro que ya viene la hora, y ha llegado ya, en que los muertos oirán la voz del Hijo de Dios, y los que la oigan vivirán. ²⁶Porque así como el Padre tiene vida en sí mismo, así también ha concedido al Hijo el tener vida en sí mismo, ²⁷y le ha dado autoridad para juzgar, puesto que es el Hijo del hombre.

²⁸»No se asombren de esto, porque viene la hora en que todos los que están en los sepulcros oirán su voz, ²⁹y saldrán de allí. Los que han hecho el bien resucitarán para tener vida, pero los que han practicado el mal resucitarán para ser juzgados. ³⁰Yo no puedo hacer nada por mi propia cuenta; juzgo sólo según lo que oigo, y mi juicio es justo, pues no busco hacer mi propia voluntad sino cumplir la voluntad del que me envió.

Los testimonios a favor del Hijo

³¹»Si yo testifico en mi favor, ese testimonio no es válido. ³²Otro es el que testifica en mi favor, y me consta que es válido el testimonio que él da de mí.

³³»Ustedes enviaron a preguntarle a Juan, y él dio un testimonio válido. ³⁴Y no es que acepte yo el testimonio de un hombre; más bien lo menciono para que ustedes sean salvos. ³⁵Juan era una lámpara encendida y brillante, y ustedes decidieron disfrutar de su luz por algún tiempo.

³⁶»El testimonio con que yo cuento tiene más peso que el de Juan. Porque esa misma tarea que el Padre me ha encomendado que lleve a cabo, y que estoy haciendo, es la que testifica que el Padre me ha enviado. ³⁷Y el Padre mismo que me envió ha testificado en mi favor. Ustedes nunca han oído su voz, ni visto su figura, ³⁸ni vive su palabra en ustedes, porque no creen en aquel a quien él envió. ³⁹Ustedes estudian^x con diligencia las Escrituras porque piensan que en ellas hallan la vida eterna. ¡Y son ellas las que dan testimonio en mi favor ⁴⁰Sin embargo, ustedes no quieren venir a mí para tener esa vida.

⁴¹»La gloria *humana no la acepto, ⁴²pero a ustedes los conozco, y sé que no aman realmente a Dios.^y ⁴³Yo he venido en nombre de mi Padre, y ustedes no me aceptan; pero si otro viniera por su propia cuenta, a ése sí lo aceptarían. ⁴⁴¿Cómo va a ser posible que ustedes crean, si unos a otros se rinden gloria pero no buscan la gloria que viene del Dios único?^z

⁴⁵»Pero no piensen que yo voy a acusarlos delante del Padre. Quien los va a acusar es Moisés, en quien tienen puesta su esperanza.

over from death to life. ²⁵I tell you the truth, a time is coming and has now come when the dead will hear the voice of the Son of God and those who hear will live. ²⁶For as the Father has life in himself, so he has granted the Son to have life in himself. ²⁷And he has given him authority to judge because he is the Son of Man.

²⁸"Do not be amazed at this, for a time is coming when all who are in their graves will hear his voice ²⁹and come out—those who have done good will rise to live, and those who have done evil will rise to be condemned. ³⁰By myself I can do nothing; I judge only as I hear, and my judgment is just, for I seek not to please myself but him who sent me.

Testimonies About Jesus

³¹"If I testify about myself, my testimony is not valid. ³²There is another who testifies in my favor, and I know that his testimony about me is valid.

³³"You have sent to John and he has testified to the truth. ³⁴Not that I accept human testimony; but I mention it that you may be saved. ³⁵John was a lamp that burned and gave light, and you chose for a time to enjoy his light.

³⁶"I have testimony weightier than that of John. For the very work that the Father has given me to finish, and which I am doing, testifies that the Father has sent me. ³⁷And the Father who sent me has himself testified concerning me. You have never heard his voice nor seen his form, ³⁸nor does his word dwell in you, for you do not believe the one he sent. ³⁹You diligently study^g the Scriptures because you think that by them you possess eternal life. These are the Scriptures that testify about me, ⁴⁰yet you refuse to come to me to have life.

⁴¹"I do not accept praise from men, ⁴²but I know you. I know that you do not have the love of God in your hearts. ⁴³I have come in my Father's name, and you do not accept me; but if someone else comes in his own name, you will accept him. ⁴⁴How can you believe if you accept praise from one another, yet make no effort to obtain the praise that comes from the only God^h?

⁴⁵"But do not think I will accuse you before the Father. Your accuser is Moses, on whom your hopes are set. ⁴⁶If you believed Moses, you

---

^x**5:39** *Ustedes estudian.* Alt. *Estudien.*   ^y**5:42** *no aman … Dios.* Lit. *no tienen el amor de Dios en sí mismos.*   ^z**5:44** *del Dios único.* Var. *del Único.*

^g39 Or *Study diligently* (the imperative)   ^h44 Some early manuscripts *the Only One*

46Si le creyeran a Moisés, me creerían a mí, porque de mí escribió él. **47**Pero si no creen lo que él escribió, ¿cómo van a creer mis palabras?

Jesús alimenta a los cinco mil

6 Algún tiempo después, Jesús se fue a la otra orilla del mar de Galilea (o de Tiberíades). **2**Y mucha gente lo seguía, porque veían las señales milagrosas que hacía en los enfermos. **3**Entonces subió Jesús a una colina y se sentó con sus discípulos. **4**Faltaba muy poco tiempo para la fiesta judía de la Pascua.

5Cuando Jesús alzó la vista y vio una gran multitud que venía hacia él, le dijo a Felipe:

—¿Dónde vamos a comprar pan para que coma esta gente?

6Esto lo dijo sólo para ponerlo a *prueba, porque él ya sabía lo que iba a hacer.

7—Ni con el salario de ocho meses*a* podríamos comprar suficiente pan para darle un pedazo a cada uno —respondió Felipe.

8Otro de sus discípulos, Andrés, que era hermano de Simón Pedro, le dijo:

9—Aquí hay un muchacho que tiene cinco panes de cebada y dos pescados, pero ¿qué es esto para tanta gente?

10—Hagan que se sienten todos —ordenó Jesús.

En ese lugar había mucha hierba. Así que se sentaron, y los varones adultos eran como cinco mil. **11**Jesús tomó entonces los panes, dio gracias y distribuyó a los que estaban sentados todo lo que quisieron. Lo mismo hizo con los pescados.

12Una vez que quedaron satisfechos, dijo a sus discípulos:

—Recojan los pedazos que sobraron, para que no se desperdicie nada.

13Así lo hicieron, y con los pedazos de los cinco panes de cebada que les sobraron a los que habían comido, llenaron doce canastas.

14Al ver la señal que Jesús había realizado, la gente comenzó a decir: «En verdad éste es el profeta, el que ha de venir al mundo.» **15**Pero Jesús, dándose cuenta de que querían llevárselo a la fuerza y declararlo rey, se retiró de nuevo a la montaña él solo.

Jesús camina sobre el agua

16Cuando ya anochecía, sus discípulos bajaron al lago **17**y subieron a una barca, y comenzaron a cruzar el lago en dirección a Capernaúm. Para entonces ya había oscurecido, y Jesús todavía no se les había unido. **18**Por causa del fuerte viento que soplaba, el lago estaba picado. **19**Habrían

would believe me, for he wrote about me. **47**But since you do not believe what he wrote, how are you going to believe what I say?"

Jesus Feeds the Five Thousand

6 Some time after this, Jesus crossed to the far shore of the Sea of Galilee (that is, the Sea of Tiberias), **2**and a great crowd of people followed him because they saw the miraculous signs he had performed on the sick. **3**Then Jesus went up on a mountainside and sat down with his disciples. **4**The Jewish Passover Feast was near.

5When Jesus looked up and saw a great crowd coming toward him, he said to Philip, "Where shall we buy bread for these people to eat?" **6**He asked this only to test him, for he already had in mind what he was going to do.

7Philip answered him, "Eight months' wages*i* would not buy enough bread for each one to have a bite "

8Another of his disciples, Andrew, Simon Peter's brother, spoke up, **9**"Here is a boy with five small barley loaves and two small fish, but how far will they go among so many?"

10Jesus said, "Have the people sit down." There was plenty of grass in that place, and the men sat down, about five thousand of them. **11**Jesus then took the loaves, gave thanks, and distributed to those who were seated as much as they wanted. He did the same with the fish.

12When they had all had enough to eat, he said to his disciples, "Gather the pieces that are left over. Let nothing be wasted." **13**So they gathered them and filled twelve baskets with the pieces of the five barley loaves left over by those who had eaten.

14After the people saw the miraculous sign that Jesus did, they began to say, "Surely this is the Prophet who is to come into the world." **15**Jesus, knowing that they intended to come and make him king by force, withdrew again to a mountain by himself.

Jesus Walks on the Water

16When evening came, his disciples went down to the lake, **17**where they got into a boat and set off across the lake for Capernaum. By now it was dark, and Jesus had not yet joined them. **18**A strong wind was blowing and the waters grew rough. **19**When they had rowed three or three and a half miles,*j* they saw Jesus approaching the boat, walking on the water; and they were terrified. **20**But he said to them,

---

*a***6:7** *el salario de ocho meses.* Lit. *doscientos* *denarios.*

i 7 Greek *two hundred denarii*   *j* 19 Greek *rowed twenty-five or thirty stadia* (about 5 or 6 kilometers) remado unos cinco o seis kilómetros[b] cuando vieron que Jesús se acercaba a la barca, caminando sobre el agua, y se asustaron. 20Pero él les dijo: «No tengan miedo, que soy yo.» 21Así que se dispusieron a recibirlo a bordo, y en seguida la barca llegó a la orilla adonde se dirigían.

22Al día siguiente, la multitud que se había quedado en el otro lado del lago se dio cuenta de que los discípulos se habían embarcado solos. Allí había estado una sola barca, y Jesús no había entrado en ella con sus discípulos. 23Sin embargo, algunas barcas de Tiberíades se aproximaron al lugar donde la gente había comido el pan después de haber dado gracias el Señor. 24En cuanto la multitud se dio cuenta de que ni Jesús ni sus discípulos estaban allí, subieron a las barcas y se fueron a Capernaúm a buscar a Jesús.

Jesús, el pan de vida

25Cuando lo encontraron al otro lado del lago, le preguntaron:

—Rabí, ¿cuándo llegaste acá?

26—Ciertamente les aseguro que ustedes me buscan, no porque han visto señales sino porque comieron pan hasta llenarse. 27Trabajen, pero no por la comida que es perecedera, sino por la que permanece para vida eterna, la cual les dará el Hijo del hombre. Sobre éste ha puesto Dios el Padre su sello de aprobación.

28—¿Qué tenemos que hacer para realizar las obras que Dios exige? —le preguntaron.

29—Ésta es la obra de Dios: que crean en aquel a quien él envió —les respondió Jesús.

30—¿Y qué señal harás para que la veamos y te creamos? ¿Qué puedes hacer? —insistieron ellos—. 31Nuestros antepasados comieron el maná en el desierto, como está escrito: "Pan del cielo les dio a comer."[c]

32—Ciertamente les aseguro que no fue Moisés el que les dio a ustedes el pan del cielo —afirmó Jesús—. El que da el verdadero pan del cielo es mi Padre. 33El pan de Dios es el que baja del cielo y da vida al mundo.

34—Señor —le pidieron—, danos siempre ese pan.

35—Yo soy el pan de vida —declaró Jesús—. El que a mí viene nunca pasará hambre, y el que en mí cree nunca más volverá a tener sed. 36Pero como ya les dije, a pesar de que ustedes me han visto, no creen. 37Todos los que el Padre me da vendrán a mí; y al que a mí viene, no lo rechazo. 38Porque he bajado del cielo no para hacer mi voluntad sino la del que me envió. 39Y ésta es la voluntad del que me envió: que yo no pierda nada,

"It is I; don't be afraid." 21Then they were willing to take him into the boat, and immediately the boat reached the shore where they were heading.

22The next day the crowd that had stayed on the opposite shore of the lake realized that only one boat had been there, and that Jesus had not entered it with his disciples, but that they had gone away alone. 23Then some boats from Tiberias landed near the place where the people had eaten the bread after the Lord had given thanks. 24Once the crowd realized that neither Jesus nor his disciples were there, they got into the boats and went to Capernaum in search of Jesus.

Jesus the Bread of Life

25When they found him on the other side of the lake, they asked him, "Rabbi, when did you get here?"

26Jesus answered, "I tell you the truth, you are looking for me, not because you saw miraculous signs but because you ate the loaves and had your fill. 27Do not work for food that spoils, but for food that endures to eternal life, which the Son of Man will give you. On him God the Father has placed his seal of approval."

28Then they asked him, "What must we do to do the works God requires?"

29Jesus answered, "The work of God is this: to believe in the one he has sent."

30So they asked him, "What miraculous sign then will you give that we may see it and believe you? What will you do? 31Our forefathers ate the manna in the desert; as it is written: 'He gave them bread from heaven to eat.'[k]"

32Jesus said to them, "I tell you the truth, it is not Moses who has given you the bread from heaven, but it is my Father who gives you the true bread from heaven. 33For the bread of God is he who comes down from heaven and gives life to the world."

34"Sir," they said, "from now on give us this bread."

35Then Jesus declared, "I am the bread of life. He who comes to me will never go hungry, and he who believes in me will never be thirsty. 36But as I told you, you have seen me and still you do not believe. 37All that the Father gives me will come to me, and whoever comes to me I will never drive away. 38For I have come down from heaven not to do my will but to do the will of him who sent me. 39And this is the will of him who sent me, that I shall lose none of all that he has given me,

b6:19 cinco o seis kilómetros. Lit. veinticinco o treinta *estadios. c6:31 Éx 16:4; Neh 9:15; Sal 78:24,25

k31 Exodus 16:4; Neh. 9:15; Psalm 78:24,25

de lo que él me ha dado, sino que lo resucite en el día final. 40Porque la voluntad de mi Padre es que todo el que reconozca al Hijo y crea en él, tenga vida eterna, y yo lo resucitaré en el día final.

41Entonces los judíos comenzaron a murmurar contra él, porque dijo: «Yo soy el pan que bajó del cielo.» 42Y se decían: «¿Acaso no es éste Jesús, el hijo de José? ¿No conocemos a su padre y a su madre? ¿Cómo es que sale diciendo: "Yo bajé del cielo"?»

43—Dejen de murmurar —replicó Jesús—. 44Nadie puede venir a mí si no lo atrae el Padre que me envió, y yo lo resucitaré en el día final. 45En los profetas está escrito: "A todos los instruirá Dios." d En efecto, todo el que escucha al Padre y aprende de él, viene a mí. 46Al Padre nadie lo ha visto, excepto el que viene de Dios; sólo él ha visto al Padre. 47Ciertamente les aseguro que el que cree tiene vida eterna. 48Yo soy el pan de vida. 49Los antepasados de ustedes comieron el maná en el desierto, y sin embargo murieron. 50Pero éste es el pan que baja del cielo; el que come de él, no muere. 51Yo soy el pan vivo que bajó del cielo. Si alguno come de este pan, vivirá para siempre. Este pan es mi carne, que daré para que el mundo viva.

52Los judíos comenzaron a disputar acaloradamente entre sí: «¿Cómo puede éste darnos a comer su carne?»

53—Ciertamente les aseguro —afirmó Jesús— que si no comen la carne del Hijo del hombre ni beben su sangre, no tienen realmente vida. 54El que comee mi carne y bebe mi sangre tiene vida eterna, y yo lo resucitaré en el día final. 55Porque mi carne es verdadera comida y mi sangre es verdadera bebida. 56El que come mi carne y bebe mi sangre, permanece en mí y yo en él. 57Así como me envió el Padre viviente, y yo vivo por el Padre, también el que come de mí, vivirá por mí. 58Éste es el pan que bajó del cielo. Los antepasados de ustedes comieron maná y murieron, pero el que come de este pan vivirá para siempre.

59Todo esto lo dijo Jesús mientras enseñaba en la sinagoga de Capernaúm.

Muchos discípulos abandonan a Jesús

60Al escucharlo, muchos de sus discípulos exclamaron: «Esta enseñanza es muy difícil; ¿quién puede aceptarla?»

61Jesús, muy consciente de que sus discípulos murmuraban por lo que había dicho, les reprochó:

—¿Esto les causa *tropiezo? 62¿Qué tal si vieran al Hijo del hombre subir adonde antes estaba? 63El Espíritu da vida; la *carne no vale para nada. Las palabras que les he hablado son

but raise them up at the last day. 40For my Father's will is that everyone who looks to the Son and believes in him shall have eternal life, and I will raise him up at the last day."

41At this the Jews began to grumble about him because he said, "I am the bread that came down from heaven." 42They said, "Is this not Jesus, the son of Joseph, whose father and mother we know? How can he now say, 'I came down from heaven'?"

43"Stop grumbling among yourselves," Jesus answered. 44"No one can come to me unless the Father who sent me draws him, and I will raise him up at the last day. 45It is written in the Prophets: 'They will all be taught by God.'l Everyone who listens to the Father and learns from him comes to me. 46No one has seen the Father except the one who is from God; only he has seen the Father. 47I tell you the truth, he who believes has everlasting life. 48I am the bread of life. 49Your forefathers ate the manna in the desert, yet they died. 50But here is the bread that comes down from heaven, which a man may eat and not die. 51I am the living bread that came down from heaven. If anyone eats of this bread, he will live forever. This bread is my flesh, which I will give for the life of the world."

52Then the Jews began to argue sharply among themselves, "How can this man give us his flesh to eat?"

53Jesus said to them, "I tell you the truth, unless you eat the flesh of the Son of Man and drink his blood, you have no life in you. 54Whoever eats my flesh and drinks my blood has eternal life, and I will raise him up at the last day. 55For my flesh is real food and my blood is real drink. 56Whoever eats my flesh and drinks my blood remains in me, and I in him. 57Just as the living Father sent me and I live because of the Father, so the one who feeds on me will live because of me. 58This is the bread that came down from heaven. Your forefathers ate manna and died, but he who feeds on this bread will live forever." 59He said this while teaching in the synagogue in Capernaum.

Many Disciples Desert Jesus

60On hearing it, many of his disciples said, "This is a hard teaching. Who can accept it?"

61Aware that his disciples were grumbling about this, Jesus said to them, "Does this offend you? 62What if you see the Son of Man ascend to where he was before 63The Spirit gives life; the flesh counts for nothing. The words I have spoken to you are spiritm and they are life. 64Yet

---

d6:45 Is 54:13   e6:54 come. Lit. masca, o casca.   l45 Isaiah 54:13   m63 Or Spirit espíritu y son vida. 64Sin embargo, hay algunos de ustedes que no creen.

Es que Jesús conocía desde el principio quiénes eran los que no creían y quién era el que iba a traicionarlo. Así que añadió:

65—Por esto les dije que nadie puede venir a mí, a menos que se lo haya concedido el Padre.

66Desde entonces muchos de sus discípulos le volvieron la espalda y ya no andaban con él. Así que Jesús les preguntó a los doce:

67—¿También ustedes quieren marcharse?

68—Señor —contestó Simón Pedro—, ¿a quién iremos? Tú tienes palabras de vida eterna. 69Y nosotros hemos creído, y sabemos que tú eres el Santo de Dios.*f*

70—¿No los he escogido yo a ustedes doce? —repuso Jesús—. No obstante, uno de ustedes es un diablo.

71Se refería a Judas, hijo de Simón Iscariote, uno de los doce, que iba a traicionarlo.

Jesús va a la fiesta de los Tabernáculos

7 Algún tiempo después, Jesús andaba por Galilea. No tenía ningún interés en ir a Judea, porque allí los judíos buscaban la oportunidad para matarlo. 2Faltaba poco tiempo para la fiesta judía de los Tabernáculos,*g* 3así que los hermanos de Jesús le dijeron:

—Deberías salir de aquí e ir a Judea, para que tus discípulos vean las obras que realizas, 4porque nadie que quiera darse a conocer actúa en secreto. Ya que haces estas cosas, deja que el mundo te conozca.

5Lo cierto es que ni siquiera sus hermanos creían en él. 6Por eso Jesús les dijo:

—Para ustedes cualquier tiempo es bueno, pero el tiempo mío aún no ha llegado. 7El mundo no tiene motivos para aborrecerlos; a mí, sin embargo, me aborrece porque yo testifico que sus obras son malas. 8Suban ustedes a la fiesta. Yo no voy todavía*h* a esta fiesta porque mi tiempo aún no ha llegado.

9Dicho esto, se quedó en Galilea. 10Sin embargo, después de que sus hermanos se fueron a la fiesta, fue también él, no públicamente sino en secreto. 11Por eso las autoridades judías lo buscaban durante la fiesta, y decían: «¿Dónde se habrá metido?»

12Entre la multitud corrían muchos rumores acerca de él. Unos decían: «Es una buena persona.» Otros alegaban: «No, lo que pasa es que engaña a la gente.» 13Sin embargo, por temor a los judíos nadie hablaba de él abiertamente.

there are some of you who do not believe." For Jesus had known from the beginning which of them did not believe and who would betray him. 65He went on to say, "This is why I told you that no one can come to me unless the Father has enabled him."

66From this time many of his disciples turned back and no longer followed him.

67"You do not want to leave too, do you?" Jesus asked the Twelve.

68Simon Peter answered him, "Lord, to whom shall we go? You have the words of eternal life. 69We believe and know that you are the Holy One of God."

70Then Jesus replied, "Have I not chosen you, the Twelve? Yet one of you is a devil " 71(He meant Judas, the son of Simon Iscariot, who, though one of the Twelve, was later to betray him.)

Jesus Goes to the Feast of Tabernacles

7 After this, Jesus went around in Galilee, purposely staying away from Judea because the Jews there were waiting to take his life. 2But when the Jewish Feast of Tabernacles was near, 3Jesus' brothers said to him, "You ought to leave here and go to Judea, so that your disciples may see the miracles you do. 4No one who wants to become a public figure acts in secret. Since you are doing these things, show yourself to the world." 5For even his own brothers did not believe in him.

6Therefore Jesus told them, "The right time for me has not yet come; for you any time is right. 7The world cannot hate you, but it hates me because I testify that what it does is evil. 8You go to the Feast. I am not yet*n* going up to this Feast, because for me the right time has not yet come." 9Having said this, he stayed in Galilee.

10However, after his brothers had left for the Feast, he went also, not publicly, but in secret. 11Now at the Feast the Jews were watching for him and asking, "Where is that man?"

12Among the crowds there was widespread whispering about him. Some said, "He is a good man."

Others replied, "No, he deceives the people." 13But no one would say anything publicly about him for fear of the Jews.

---

f 6:69 *el Santo de Dios.* Var. *el *Cristo, el hijo del Dios viviente.*   *g* 7:2 *los Tabernáculos.* Alt. *las *Enramadas.*   *h* 7:8 Var. no incluye: *todavía.*

n 8 Some early manuscripts do not have *yet.*

Jesús enseña en la fiesta

14Jesús esperó hasta la mitad de la fiesta para subir al *templo y comenzar a enseñar. **15**Los judíos se admiraban y decían: «¿De dónde sacó éste tantos conocimientos sin haber estudiado?»

16—Mi enseñanza no es mía —replicó Jesús— sino del que me envió. **17**El que esté dispuesto a hacer la voluntad de Dios reconocerá si mi enseñanza proviene de Dios o si yo hablo por mi propia cuenta. **18**El que habla por cuenta propia busca su vanagloria; en cambio, el que busca glorificar al que lo envió es una persona íntegra y sin doblez. **19**¿No les ha dado Moisés la ley a ustedes? Sin embargo, ninguno de ustedes la cumple. ¿Por qué tratan entonces de matarme?

20—Estás endemoniado —contestó la multitud—. ¿Quién quiere matarte?

21—Hice un milagro y todos ustedes han quedado asombrados. **22**Por eso Moisés les dio la circuncisión, que en realidad no proviene de Moisés sino de los patriarcas, y aun en *sábado la practican. **23**Ahora bien, si para cumplir la ley de Moisés circuncidan a un varón incluso en sábado, ¿por qué se enfurecen conmigo si en sábado lo sano por completo? **24**No juzguen por las apariencias; juzguen con justicia.

¿Es éste el Cristo?

25Algunos de los que vivían en Jerusalén comentaban: «¿No es éste al que quieren matar? **26**Ahí está, hablando abiertamente, y nadie le dice nada. ¿Será que las autoridades se han convencido de que es el *Cristo? **27**Nosotros sabemos de dónde viene este hombre, pero cuando venga el Cristo nadie sabrá su procedencia.»

28Por eso Jesús, que seguía enseñando en el *templo, exclamó:

—¡Con que ustedes me conocen y saben de dónde vengo No he venido por mi propia cuenta, sino que me envió uno que es digno de confianza. Ustedes no lo conocen, **29**pero yo sí lo conozco porque vengo de parte suya, y él mismo me ha enviado.

30Entonces quisieron arrestarlo, pero nadie le echó mano porque aún no había llegado su hora. **31**Con todo, muchos de entre la multitud creyeron en él y decían: «Cuando venga el Cristo, ¿acaso va a hacer más señales que este hombre?»

32Los *fariseos oyeron a la multitud que murmuraba estas cosas acerca de él, y junto con los jefes de los sacerdotes mandaron unos guardias del templo para arrestarlo.

33—Voy a estar con ustedes un poco más de tiempo —afirmó Jesús—, y luego volveré al que me envió. **34**Me buscarán, pero no me encontrarán, porque adonde yo esté no podrán ustedes llegar.

Jesus Teaches at the Feast

14Not until halfway through the Feast did Jesus go up to the temple courts and begin to teach. **15**The Jews were amazed and asked, "How did this man get such learning without having studied?"

16Jesus answered, "My teaching is not my own. It comes from him who sent me. **17**If anyone chooses to do God's will, he will find out whether my teaching comes from God or whether I speak on my own. **18**He who speaks on his own does so to gain honor for himself, but he who works for the honor of the one who sent him is a man of truth; there is nothing false about him. **19**Has not Moses given you the law? Yet not one of you keeps the law. Why are you trying to kill me?"

20"You are demon-possessed," the crowd answered. "Who is trying to kill you?"

21Jesus said to them, "I did one miracle, and you are all astonished. **22**Yet, because Moses gave you circumcision (though actually it did not come from Moses, but from the patriarchs), you circumcise a child on the Sabbath. **23**Now if a child can be circumcised on the Sabbath so that the law of Moses may not be broken, why are you angry with me for healing the whole man on the Sabbath? **24**Stop judging by mere appearances, and make a right judgment."

Is Jesus the Christ?

25At that point some of the people of Jerusalem began to ask, "Isn't this the man they are trying to kill? **26**Here he is, speaking publicly, and they are not saying a word to him. Have the authorities really concluded that he is the Christ*o*? **27**But we know where this man is from; when the Christ comes, no one will know where he is from."

28Then Jesus, still teaching in the temple courts, cried out, "Yes, you know me, and you know where I am from. I am not here on my own, but he who sent me is true. You do not know him, **29**but I know him because I am from him and he sent me."

30At this they tried to seize him, but no one laid a hand on him, because his time had not yet come. **31**Still, many in the crowd put their faith in him. They said, "When the Christ comes, will he do more miraculous signs than this man?"

32The Pharisees heard the crowd whispering such things about him. Then the chief priests and the Pharisees sent temple guards to arrest him.

33Jesus said, "I am with you for only a short time, and then I go to the one who sent me. **34**You

o 26 Or Messiah; also in verses 27, 31, 41 and 42

35«¿Y éste a dónde piensa irse que no podamos encontrarlo? —comentaban entre sí los judíos—. ¿Será que piensa ir a nuestra gente dispersa entre las naciones,ⁱ para enseñar a los *griegos? 36¿Qué quiso decir con eso de que "me buscarán, pero no me encontrarán", y "adonde yo esté no podrán ustedes llegar"?»

Jesús en el último día de la fiesta

37En el último día, el más solemne de la fiesta, Jesús se puso de pie y exclamó:

—¡Si alguno tiene sed, que venga a mí y beba 38de aquel que cree en mí, como diceʲ la Escritura, brotarán ríos de agua viva.

39Con esto se refería al Espíritu que habrían de recibir más tarde los que creyeran en él. Hasta ese momento el Espíritu no había sido dado, porque Jesús no había sido glorificado todavía.

40Al oír sus palabras, algunos de entre la multitud decían: «Verdaderamente éste es el profeta.» 41Otros afirmaban: «¡Es el *Cristo » Pero otros objetaban: «¿Cómo puede el Cristo venir de Galilea? 42¿Acaso no dice la Escritura que el Cristo vendrá de la descendencia de David, y de Belén, el pueblo de donde era David?» 43Por causa de Jesús la gente estaba dividida. 44Algunos querían arrestarlo, pero nadie le puso las manos encima.

Incredulidad de los dirigentes judíos

45Los guardias del *templo volvieron a los jefes de los sacerdotes y a los *fariseos, quienes los interrogaron:

—¿Se puede saber por qué no lo han traído?

46—¡Nunca nadie ha hablado como ese hombre —declararon los guardias.

47—¿Así que también ustedes se han dejado engañar? —replicaron los fariseos—. 48¿Acaso ha creído en él alguno de los gobernantes o de los fariseos? 49¡No Pero esta gente, que no sabe nada de la ley, está bajo maldición.

50Nicodemo, que era uno de ellos y que antes había ido a ver a Jesús, les interpeló:

51—¿Acaso nuestra ley condena a un hombre sin antes escucharlo y averiguar lo que hace?

52—¿No eres tú también de Galilea? —protestaron—. Investiga y verás que de Galilea no ha salido ningún profeta.ᵏ

53Entonces todos se fueron a casa.

ⁱ7:35 *nuestra ... naciones.* Lit. *la diáspora de los griegos.* ʲ7:37-38 *que venga ... como dice.* Alt. *que venga a mí ¡Y que beba* 38*el que cree en mí De él, como dice.* ᵏ7:52 Los mss. más antiguos y otros testimonios de la antigüedad no incluyen Jn 7:53—8:11. En algunos códices y versiones que contienen el relato de la adúltera, esta sección aparece en diferentes lugares; por ejemplo, después de 7:44, o al final de este evangelio, o después de Lc 21:38.

will look for me, but you will not find me; and where I am, you cannot come."

35The Jews said to one another, "Where does this man intend to go that we cannot find him? Will he go where our people live scattered among the Greeks, and teach the Greeks? 36What did he mean when he said, 'You will look for me, but you will not find me,' and 'Where I am, you cannot come'?"

Jesus en el último día de la fiesta

37On the last and greatest day of the Feast, Jesus stood and said in a loud voice, "If anyone is thirsty, let him come to me and drink. 38Whoever believes in me, asᵖ the Scripture has said, streams of living water will flow from within him." 39By this he meant the Spirit, whom those who believed in him were later to receive. Up to that time the Spirit had not been given, since Jesus had not yet been glorified.

40On hearing his words, some of the people said, "Surely this man is the Prophet."

41Others said, "He is the Christ."

Still others asked, "How can the Christ come from Galilee? 42Does not the Scripture say that the Christ will come from David's family�q and from Bethlehem, the town where David lived?" 43Thus the people were divided because of Jesus. 44Some wanted to seize him, but no one laid a hand on him.

Unbelief of the Jewish Leaders

45Finally the temple guards went back to the chief priests and Pharisees, who asked them, "Why didn't you bring him in?"

46"No one ever spoke the way this man does," the guards declared.

47"You mean he has deceived you also?" the Pharisees retorted. 48"Has any of the rulers or of the Pharisees believed in him? 49No But this mob that knows nothing of the law—there is a curse on them."

50Nicodemus, who had gone to Jesus earlier and who was one of their own number, asked, 51"Does our law condemn anyone without first hearing him to find out what he is doing?"

52They replied, "Are you from Galilee, too? Look into it, and you will find that a prophetʳ does not come out of Galilee."

[The earliest and most reliable manuscripts and other ancient witnesses do not have John 7:53-8:11.]

53Then each went to his own home.

ᵖ38 Or / *If anyone is thirsty, let him come to me. / And let him drink,* 38*who believes in me. / As*   q42 Greek *seed*   ʳ52 Two early manuscripts *the Prophet*

La mujer sorprendida en adulterio

8 Pero Jesús se fue al monte de los Olivos. ²Al amanecer se presentó de nuevo en el *templo. Toda la gente se le acercó, y él se sentó a enseñarles. ³Los *maestros de la ley y los *fariseos llevaron entonces a una mujer sorprendida en adulterio, y poniéndola en medio del grupo ⁴le dijeron a Jesús:

—Maestro, a esta mujer se le ha sorprendido en el acto mismo de adulterio. ⁵En la ley Moisés nos ordenó apedrear a tales mujeres. ¿Tú qué dices?

⁶Con esta pregunta le estaban tendiendo una *trampa, para tener de qué acusarlo. Pero Jesús se inclinó y con el dedo comenzó a escribir en el suelo. ⁷Y como ellos lo acosaban a preguntas, Jesús se incorporó y les dijo:

—Aquel de ustedes que esté libre de pecado, que tire la primera piedra.

⁸E inclinándose de nuevo, siguió escribiendo en el suelo. ⁹Al oír esto, se fueron retirando uno tras otro, comenzando por los más viejos, hasta dejar a Jesús solo con la mujer, que aún seguía allí. ¹⁰Entonces él se incorporó y le preguntó:

—Mujer, ¿dónde están?[/] ¿Ya nadie te condena?

¹¹—Nadie, Señor.

—Tampoco yo te condeno. Ahora vete, y no vuelvas a pecar.

Validez del testimonio de Jesús

¹²Una vez más Jesús se dirigió a la gente, y les dijo:

—Yo soy la luz del mundo. El que me sigue no andará en tinieblas, sino que tendrá la luz de la vida.

¹³—Tú te presentas como tu propio testigo —alegaron los *fariseos—, así que tu testimonio no es válido.

¹⁴—Aunque yo sea mi propio testigo —repuso Jesús—, mi testimonio es válido, porque sé de dónde he venido y a dónde voy. Pero ustedes no saben de dónde vengo ni a dónde voy. ¹⁵Ustedes juzgan según criterios *humanos; yo, en cambio, no juzgo a nadie. ¹⁶Y si lo hago, mis juicios son válidos porque no los emito por mi cuenta sino en unión con el Padre que me envió. ¹⁷En la ley de ustedes está escrito que el testimonio de dos personas es válido. ¹⁸Uno de mis testigos soy yo mismo, y el Padre que me envió también da testimonio de mí.

¹⁹—¿Dónde está tu padre?

—Si supieran quién soy yo, sabrían también quién es mi Padre.

---

⁸:¹⁰ *¿dónde están?* Var. *¿dónde están los que te acusaban?*

8 But Jesus went to the Mount of Olives. ²At dawn he appeared again in the temple courts, where all the people gathered around him, and he sat down to teach them. ³The teachers of the law and the Pharisees brought in a woman caught in adultery. They made her stand before the group ⁴and said to Jesus, "Teacher, this woman was caught in the act of adultery. ⁵In the Law Moses commanded us to stone such women. Now what do you say?" ⁶They were using this question as a trap, in order to have a basis for accusing him.

But Jesus bent down and started to write on the ground with his finger. ⁷When they kept on questioning him, he straightened up and said to them, "If any one of you is without sin, let him be the first to throw a stone at her." ⁸Again he stooped down and wrote on the ground.

⁹At this, those who heard began to go away one at a time, the older ones first, until only Jesus was left, with the woman still standing there. ¹⁰Jesus straightened up and asked her, "Woman, where are they? Has no one condemned you?"

¹¹"No one, sir," she said.

"Then neither do I condemn you," Jesus declared. "Go now and leave your life of sin."

The Validity of Jesus' Testimony

¹²When Jesus spoke again to the people, he said, "I am the light of the world. Whoever follows me will never walk in darkness, but will have the light of life."

¹³The Pharisees challenged him, "Here you are, appearing as your own witness; your testimony is not valid."

¹⁴Jesus answered, "Even if I testify on my own behalf, my testimony is valid, for I know where I came from and where I am going. But you have no idea where I come from or where I am going. ¹⁵You judge by human standards; I pass judgment on no one. ¹⁶But if I do judge, my decisions are right, because I am not alone. I stand with the Father, who sent me. ¹⁷In your own Law it is written that the testimony of two men is valid. ¹⁸I am one who testifies for myself; my other witness is the Father, who sent me."

¹⁹Then they asked him, "Where is your father?"

"You do not know me or my Father," Jesus replied. "If you knew me, you would know my Father also." ²⁰He spoke these words while

20Estas palabras las dijo Jesús en el lugar donde se depositaban las ofrendas, mientras enseñaba en el *templo. Pero nadie le echó mano porque aún no había llegado su tiempo.

Yo no soy de este mundo

21De nuevo Jesús les dijo:

—Yo me voy, y ustedes me buscarán, pero en su pecado morirán. Adonde yo voy, ustedes no pueden ir.

22Comentaban, por tanto, los judíos: «¿Acaso piensa suicidarse? ¿Será por eso que dice: "Adonde yo voy, ustedes no pueden ir"?»

23—Ustedes son de aquí abajo —continuó Jesús—; yo soy de allá arriba. Ustedes son de este mundo; yo no soy de este mundo. 24Por eso les he dicho que morirán en sus pecados, pues si no creen que yo soy el que afirmo ser,m en sus pecados morirán.

25—¿Quién eres tú? —le preguntaron.

—En primer lugar, ¿qué tengo que explicarles?n —contestó Jesús—. 26Son muchas las cosas que tengo que decir y juzgar de ustedes. Pero el que me envió es veraz, y lo que le he oído decir es lo mismo que le repito al mundo.

27Ellos no entendieron que les hablaba de su Padre. 28Por eso Jesús añadió:

—Cuando hayan levantado al Hijo del hombre, sabrán ustedes que yo soy, y que no hago nada por mi propia cuenta, sino que hablo conforme a lo que el Padre me ha enseñado. 29El que me envió está conmigo; no me ha dejado solo, porque siempre hago lo que le agrada.

30Mientras aún hablaba, muchos creyeron en él.

Los hijos de Abraham

31Jesús se dirigió entonces a los judíos que habían creído en él, y les dijo:

—Si se mantienen fieles a mis enseñanzas, serán realmente mis discípulos; 32y conocerán la verdad, y la verdad los hará libres.

33—Nosotros somos descendientes de Abraham —le contestaron—, y nunca hemos sido esclavos de nadie. ¿Cómo puedes decir que seremos liberados?

34—Ciertamente les aseguro que todo el que peca es esclavo del pecado —respondió Jesús—. 35Ahora bien, el esclavo no se queda para siempre en la familia; pero el hijo sí se queda en ella para siempre. 36Así que si el Hijo los libera, serán ustedes verdaderamente libres. 37Yo sé que ustedes son descendientes de Abraham. Sin embargo,

teaching in the temple area near the place where the offerings were put. Yet no one seized him, because his time had not yet come.

21Once more Jesus said to them, "I am going away, and you will look for me, and you will die in your sin. Where I go, you cannot come."

22This made the Jews ask, "Will he kill himself? Is that why he says, 'Where I go, you cannot come'?"

23But he continued, "You are from below; I am from above. You are of this world; I am not of this world. 24I told you that you would die in your sins; if you do not believe that I am the one I claim to be,s you will indeed die in your sins."

25"Who are you?" they asked.

"Just what I have been claiming all along," Jesus replied. 26"I have much to say in judgment of you. But he who sent me is reliable, and what I have heard from him I tell the world."

27They did not understand that he was telling them about his Father. 28So Jesus said, "When you have lifted up the Son of Man, then you will know that I am the one I claim to be and that I do nothing on my own but speak just what the Father has taught me. 29The one who sent me is with me; he has not left me alone, for I always do what pleases him." 30Even as he spoke, many put their faith in him.

The Children of Abraham

31To the Jews who had believed him, Jesus said, "If you hold to my teaching, you are really my disciples. 32Then you will know the truth, and the truth will set you free."

33They answered him, "We are Abraham's descendants t and have never been slaves of anyone. How can you say that we shall be set free?"

34Jesus replied, "I tell you the truth, everyone who sins is a slave to sin. 35Now a slave has no permanent place in the family, but a son belongs to it forever. 36So if the Son sets you free, you will be free indeed. 37I know you are Abraham's descendants. Yet you are ready to kill me, because you have no room for my word. 38I am telling you what I have seen in the Father's presence, and you do what you have heard from your father.u"

m8:24 el que afirmo ser. Alt. aquél; también en v. 28.
n8:25 En primer … explicarles? Alt. Lo que desde el principio he venido diciéndoles.

s24 Or I am he; also in verse 28 t33 Greek seed; also in verse 37 u38 Or presence. Therefore do what you have heard from the Father.

procuran matarme porque no está en sus planes aceptar mi palabra. **38**Yo hablo de lo que he visto en presencia del Padre; así también ustedes, hagan lo que del Padre han escuchado.

39—Nuestro padre es Abraham —replicaron.

—Si fueran hijos de Abraham, harían lo mismo que él hizo. **40**Ustedes, en cambio, quieren matarme, ¡a mí, que les he expuesto la verdad que he recibido de parte de Dios Abraham jamás haría tal cosa. **41**Las obras de ustedes son como las de su padre.

—Nosotros no somos hijos nacidos de prostitución —le reclamaron—. Un solo Padre tenemos, y es Dios mismo.

Los hijos del diablo

42—Si Dios fuera su Padre —les contestó Jesús—, ustedes me amarían, porque yo he venido de Dios y aquí me tienen. No he venido por mi propia cuenta, sino que él me envió. **43**¿Por qué no entienden mi modo de hablar? Porque no pueden aceptar mi palabra. **44**Ustedes son de su padre, el diablo, cuyos deseos quieren cumplir. Desde el principio éste ha sido un asesino, y no se mantiene en la verdad, porque no hay verdad en él. Cuando miente, expresa su propia naturaleza, porque es un mentiroso. ¡Es el padre de la mentira **45**Y sin embargo a mí, que les digo la verdad, no me creen. **46**¿Quién de ustedes me puede probar que soy culpable de pecado? Si digo la verdad, ¿por qué no me creen? **47**El que es de Dios escucha lo que Dios dice. Pero ustedes no escuchan, porque no son de Dios.

Declaración de Jesús acerca de sí mismo

48—¿No tenemos razón al decir que eres un samaritano, y que estás endemoniado? —replicaron los judíos.

49—No estoy poseído por ningún demonio —contestó Jesús—. Tan sólo honro a mi Padre; pero ustedes me deshonran a mí. **50**Yo no busco mi propia gloria; pero hay uno que la busca, y él es el juez. **51**Ciertamente les aseguro que el que cumple mi palabra, nunca morirá.

52—¡Ahora estamos convencidos de que estás endemoniado —exclamaron los judíos—. Abraham murió, y también los profetas, pero tú sales diciendo que si alguno guarda tu palabra, nunca morirá. **53**¿Acaso eres tú mayor que nuestro padre Abraham? Él murió, y también murieron los profetas. ¿Quién te crees tú?

54—Si yo me glorifico a mí mismo —les respondió Jesús—, mi gloria no significa nada. Pero quien me glorifica es mi Padre, el que ustedes dicen que es su Dios, **55**aunque no lo conocen. Yo, en cambio, sí lo conozco. Si dijera que no lo conozco, sería tan mentiroso como ustedes; pero lo conozco y cumplo su palabra.

39"Abraham is our father," they answered.

"If you were Abraham's children," said Jesus, "then you would[v] do the things Abraham did. **40**As it is, you are determined to kill me, a man who has told you the truth that I heard from God. Abraham did not do such things. **41**You are doing the things your own father does."

"We are not illegitimate children," they protested. "The only Father we have is God himself."

The Children of the Devil

42Jesus said to them, "If God were your Father, you would love me, for I came from God and now am here. I have not come on my own; but he sent me. **43**Why is my language not clear to you? Because you are unable to hear what I say. **44**You belong to your father, the devil, and you want to carry out your father's desire. He was a murderer from the beginning, not holding to the truth, for there is no truth in him. When he lies, he speaks his native language, for he is a liar and the father of lies. **45**Yet because I tell the truth, you do not believe me **46**Can any of you prove me guilty of sin? If I am telling the truth, why don't you believe me? **47**He who belongs to God hears what God says. The reason you do not hear is that you do not belong to God."

The Claims of Jesus About Himself

48The Jews answered him, "Aren't we right in saying that you are a Samaritan and demon-possessed?"

49"I am not possessed by a demon," said Jesus, "but I honor my Father and you dishonor me. **50**I am not seeking glory for myself; but there is one who seeks it, and he is the judge. **51**I tell you the truth, if anyone keeps my word, he will never see death."

52At this the Jews exclaimed, "Now we know that you are demon-possessed Abraham died and so did the prophets, yet you say that if anyone keeps your word, he will never taste death. **53**Are you greater than our father Abraham? He died, and so did the prophets. Who do you think you are?"

54Jesus replied, "If I glorify myself, my glory means nothing. My Father, whom you claim as your God, is the one who glorifies me. **55**Though you do not know him, I know him. If I said I did

---

v39 Some early manuscripts "If you are Abraham's children," said Jesus, "then

56Abraham, el padre de ustedes, se regocijó al pensar que vería mi día; y lo vio y se alegró.

57—Ni a los cincuenta años llegas —le dijeron los judíos—, ¿y has visto a Abraham?

58—Ciertamente les aseguro que, antes de que Abraham naciera, ¡yo soy

59Entonces los judíos tomaron piedras para arrojárselas, pero Jesús se escondió y salió inadvertido del templo.*ñ*

Jesús sana a un ciego de nacimiento

9 A su paso, Jesús vio a un hombre que era ciego de nacimiento. 2Y sus discípulos le preguntaron:

—Rabí, para que este hombre haya nacido ciego, ¿quién pecó, él o sus padres?

3—Ni él pecó, ni sus padres —respondió Jesús—, sino que esto sucedió para que la obra de Dios se hiciera evidente en su vida. 4Mientras sea de día, tenemos que llevar a cabo la obra del que me envió. Viene la noche cuando nadie puede trabajar. 5Mientras esté yo en el mundo, luz soy del mundo.

6Dicho esto, escupió en el suelo, hizo barro con la saliva y se lo untó en los ojos al ciego, diciéndole:

7—Ve y lávate en el estanque de Siloé (que significa: Enviado).

El ciego fue y se lavó, y al volver ya veía.

8Sus vecinos y los que lo habían visto pedir limosna decían: «¿No es éste el que se sienta a mendigar?» 9Unos aseguraban: «Sí, es él.» Otros decían: «No es él, sino que se le parece.» Pero él insistía: «Soy yo.»

10—¿Cómo entonces se te han abierto los ojos? —le preguntaron.

11—Ese hombre que se llama Jesús hizo un poco de barro, me lo untó en los ojos y me dijo: "Ve y lávate en Siloé." Así que fui, me lavé, y entonces pude ver.

12—¿Y dónde está ese hombre? —le preguntaron.

—No lo sé —respondió.

Las autoridades investigan la sanidad del ciego

13Llevaron ante los *fariseos al que había sido ciego. 14Era *sábado cuando Jesús hizo el barro y le abrió los ojos al ciego. 15Por eso los fariseos, a su vez, le preguntaron cómo había recibido la vista.

—Me untó barro en los ojos, me lavé, y ahora veo —respondió.

16Algunos de los fariseos comentaban: «Ese

not, I would be a liar like you, but I do know him and keep his word. 56Your father Abraham rejoiced at the thought of seeing my day; he saw it and was glad."

57"You are not yet fifty years old," the Jews said to him, "and you have seen Abraham "

58"I tell you the truth," Jesus answered, "before Abraham was born, I am " 59At this, they picked up stones to stone him, but Jesus hid himself, slipping away from the temple grounds.

Jesus Heals a Man Born Blind

9 As he went along, he saw a man blind from birth. 2His disciples asked him, "Rabbi, who sinned, this man or his parents, that he was born blind?"

3"Neither this man nor his parents sinned," said Jesus, "but this happened so that the work of God might be displayed in his life. 4As long as it is day, we must do the work of him who sent me. Night is coming, when no one can work. 5While I am in the world, I am the light of the world."

6Having said this, he spit on the ground, made some mud with the saliva, and put it on the man's eyes. 7"Go," he told him, "wash in the Pool of Siloam" (this word means Sent). So the man went and washed, and came home seeing.

8His neighbors and those who had formerly seen him begging asked, "Isn't this the same man who used to sit and beg?" 9Some claimed that he was.

Others said, "No, he only looks like him."

But he himself insisted, "I am the man."

10"How then were your eyes opened?" they demanded.

11He replied, "The man they call Jesus made some mud and put it on my eyes. He told me to go to Siloam and wash. So I went and washed, and then I could see."

12"Where is this man?" they asked him.

"I don't know," he said.

The Pharisees Investigate the Healing

13They brought to the Pharisees the man who had been blind. 14Now the day on which Jesus had made the mud and opened the man's eyes was a Sabbath. 15Therefore the Pharisees also asked him how he had received his sight. "He put mud on my eyes," the man replied, "and I washed, and now I see."

16Some of the Pharisees said, "This man is not from God, for he does not keep the Sabbath."

But others asked, "How can a sinner do such miraculous signs?" So they were divided.

ñ 8:59 *templo.* Var. *templo atravesando por en medio de ellos, y así se fue.*

hombre no viene de parte de Dios, porque no respeta el sábado.» Otros objetaban: «¿Cómo puede un pecador hacer semejantes señales?» Y había desacuerdo entre ellos.

17Por eso interrogaron de nuevo al ciego:

—¿Y qué opinas tú de él? Fue a ti a quien te abrió los ojos.

—Yo digo que es profeta —contestó.

18Pero los judíos no creían que el hombre hubiera sido ciego y que ahora viera, y hasta llamaron a sus padres **19**y les preguntaron:

—¿Es éste su hijo, el que dicen ustedes que nació ciego? ¿Cómo es que ahora puede ver?

20—Sabemos que éste es nuestro hijo —contestaron los padres—, y sabemos también que nació ciego. **21**Lo que no sabemos es cómo ahora puede ver, ni quién le abrió los ojos. Pregúntenselo a él, que ya es mayor de edad y puede responder por sí mismo.

22Sus padres contestaron así por miedo a los judíos, pues ya éstos habían convenido que se expulsara de la sinagoga a todo el que reconociera que Jesús era el *Cristo. **23**Por eso dijeron sus padres: «Pregúntenselo a él, que ya es mayor de edad.»

24Por segunda vez llamaron los judíos al que había sido ciego, y le dijeron:

—Júralo por Dios.*o* A nosotros nos consta que ese hombre es *pecador.

25—Si es pecador, no lo sé —respondió el hombre—. Lo único que sé es que yo era ciego y ahora veo.

26Pero ellos le insistieron:

—¿Qué te hizo? ¿Cómo te abrió los ojos?

27—Ya les dije y no me hicieron caso. ¿Por qué quieren oírlo de nuevo? ¿Es que también ustedes quieren hacerse sus discípulos?

28Entonces lo insultaron y le dijeron:

—¡Discípulo de ése lo serás tú ¡Nosotros somos discípulos de Moisés **29**Y sabemos que a Moisés le habló Dios; pero de éste no sabemos ni de dónde salió.

30—¡Allí está lo sorprendente —respondió el hombre—: que ustedes no sepan de dónde salió, y que a mí me haya abierto los ojos. **31**Sabemos que Dios no escucha a los pecadores, pero sí a los piadosos y a quienes hacen su voluntad. **32**Jamás se ha sabido que alguien le haya abierto los ojos a uno que nació ciego. **33**Si este hombre no viniera de parte de Dios, no podría hacer nada.

34Ellos replicaron:

—Tú, que naciste sumido en pecado, ¿vas a darnos lecciones?

Y lo expulsaron.

17Finally they turned again to the blind man, "What have you to say about him? It was your eyes he opened."

The man replied, "He is a prophet."

18The Jews still did not believe that he had been blind and had received his sight until they sent for the man's parents. **19**"Is this your son?" they asked. "Is this the one you say was born blind? How is it that now he can see?"

20"We know he is our son," the parents answered, "and we know he was born blind. **21**But how he can see now, or who opened his eyes, we don't know. Ask him. He is of age; he will speak for himself." **22**His parents said this because they were afraid of the Jews, for already the Jews had decided that anyone who acknowledged that Jesus was the Christ*w* would be put out of the synagogue. **23**That was why his parents said, "He is of age; ask him."

24A second time they summoned the man who had been blind. "Give glory to God,*x*" they said. "We know this man is a sinner."

25He replied, "Whether he is a sinner or not, I don't know. One thing I do know. I was blind but now I see "

26Then they asked him, "What did he do to you? How did he open your eyes?"

27He answered, "I have told you already and you did not listen. Why do you want to hear it again? Do you want to become his disciples, too?"

28Then they hurled insults at him and said, "You are this fellow's disciple We are disciples of Moses **29**We know that God spoke to Moses, but as for this fellow, we don't even know where he comes from."

30The man answered, "Now that is remarkable You don't know where he comes from, yet he opened my eyes. **31**We know that God does not listen to sinners. He listens to the godly man who does his will. **32**Nobody has ever heard of opening the eyes of a man born blind. **33**If this man were not from God, he could do nothing."

34To this they replied, "You were steeped in sin at birth; how dare you lecture us " And they threw him out.

---

o 9:24 *Júralo por Dios.* Lit. *Da gloria a Dios*; véase Jos 7:19.   *w* 22 Or *Messiah*   *x* 24 A solemn charge to tell the truth (see Joshua 7:19)

La ceguera espiritual

35Jesús se enteró de que habían expulsado a aquel hombre, y al encontrarlo le preguntó:

—¿Crees en el Hijo del hombre?

36—¿Quién es, Señor? Dímelo, para que crea en él.

37—Pues ya lo has visto —le contestó Jesús—; es el que está hablando contigo.

38—Creo, Señor —declaró el hombre.

Y, postrándose, lo adoró.

39Entonces Jesús dijo:

—Yo he venido a este mundo para juzgarlo, para que los ciegos vean, y los que ven se queden ciegos.

40Algunos fariseos que estaban con él, al oírlo hablar así, le preguntaron:

—¿Qué? ¿Acaso también nosotros somos ciegos?

41Jesús les contestó:

—Si fueran ciegos, no serían culpables de pecado, pero como afirman que ven, su pecado permanece.

Jesús, el buen pastor

10 »Ciertamente les aseguro que el que no entra por la puerta al redil de las ovejas, sino que trepa y se mete por otro lado, es un ladrón y un bandido. **2**El que entra por la puerta es el pastor de las ovejas. **3**El portero le abre la puerta, y las ovejas oyen su voz. Llama por nombre a las ovejas y las saca del redil. **4**Cuando ya ha sacado a todas las que son suyas, va delante de ellas, y las ovejas lo siguen porque reconocen su voz. **5**Pero a un desconocido jamás lo siguen; más bien, huyen de él porque no reconocen voces extrañas.

6Jesús les puso este ejemplo, pero ellos no captaron el sentido de sus palabras. **7**Por eso volvió a decirles: «Ciertamente les aseguro que yo soy la puerta de las ovejas. **8**Todos los que vinieron antes de mí eran unos ladrones y unos bandidos, pero las ovejas no les hicieron caso. **9**Yo soy la puerta; el que entre por esta puerta, que soy yo, será salvo.*p* Se moverá con entera libertad,*q* y hallará pastos. **10**El ladrón no viene más que a robar, matar y destruir; yo he venido para que tengan vida, y la tengan en abundancia.

11»Yo soy el buen pastor. El buen pastor da su *vida por las ovejas. **12**El asalariado no es el pastor, y a él no le pertenecen las ovejas. Cuando ve que el lobo se acerca, abandona las ovejas y huye; entonces el lobo ataca al rebaño y lo dispersa. **13**Y ese hombre huye porque, siendo asalariado, no le importan las ovejas.

14»Yo soy el buen pastor; conozco a mis ove-

Spiritual Blindness

35Jesus heard that they had thrown him out, and when he found him, he said, "Do you believe in the Son of Man?"

36"Who is he, sir?" the man asked. "Tell me so that I may believe in him."

37Jesus said, "You have now seen him; in fact, he is the one speaking with you."

38Then the man said, "Lord, I believe," and he worshiped him.

39Jesus said, "For judgment I have come into this world, so that the blind will see and those who see will become blind."

40Some Pharisees who were with him heard him say this and asked, "What? Are we blind too?"

41Jesus said, "If you were blind, you would not be guilty of sin; but now that you claim you can see, your guilt remains.

The Shepherd and His Flock

10 "I tell you the truth, the man who does not enter the sheep pen by the gate, but climbs in by some other way, is a thief and a robber. **2**The man who enters by the gate is the shepherd of his sheep. **3**The watchman opens the gate for him, and the sheep listen to his voice. He calls his own sheep by name and leads them out. **4**When he has brought out all his own, he goes on ahead of them, and his sheep follow him because they know his voice. **5**But they will never follow a stranger; in fact, they will run away from him because they do not recognize a strangers voice." **6**Jesus used this figure of speech, but they did not understand what he was telling them.

7Therefore Jesus said again, "I tell you the truth, I am the gate for the sheep. **8**All who ever came before me were thieves and robbers, but the sheep did not listen to them. **9**I am the gate; whoever enters through me will be saved.*y* He will come in and go out, and find pasture. **10**The thief comes only to steal and kill and destroy; I have come that they may have life, and have it to the full.

11"I am the good shepherd. The good shepherd lays down his life for the sheep. **12**The hired hand is not the shepherd who owns the sheep. So when he sees the wolf coming, he abandons the sheep and runs away. Then the wolf attacks the flock and scatters it. **13**The man runs away because he is a hired hand and cares nothing for the sheep.

p **10:9** *será salvo.* Alt. *se mantendrá seguro.*   *q* **10:9** *Se moverá … libertad.* Lit. *Entrará y saldrá.*

y 9 Or *kept safe*

jas, y ellas me conocen a mí, 15así como el Padre me conoce a mí y yo lo conozco a él, y doy mi vida por las ovejas. 16Tengo otras ovejas que no son de este redil, y también a ellas debo traerlas. Así ellas escucharán mi voz, y habrá un solo rebaño y un solo pastor. 17Por eso me ama el Padre: porque entrego mi vida para volver a recibirla. 18Nadie me la arrebata, sino que yo la entrego por mi propia voluntad. Tengo autoridad para entregarla, y tengo también autoridad para volver a recibirla. Éste es el mandamiento que recibí de mi Padre.»

19De nuevo las palabras de Jesús fueron motivo de disensión entre los judíos. 20Muchos de ellos decían: «Está endemoniado y loco de remate. ¿Para qué hacerle caso?» 21Pero otros opinaban: «Estas palabras no son de un endemoniado. ¿Puede acaso un demonio abrirles los ojos a los ciegos?»

Jesús y la fiesta de la Dedicación

22Por esos días se celebraba en Jerusalén la fiesta de la Dedicación.ʳ Era invierno, 23y Jesús andaba en el *templo, por el pórtico de Salomón. 24Entonces lo rodearon los judíos y le preguntaron:

—¿Hasta cuándo vas a tenernos en suspenso? Si tú eres el *Cristo, dínoslo con franqueza.

25—Ya se lo he dicho a ustedes, y no lo creen. Las obras que hago en nombre de mi Padre son las que me acreditan, 26pero ustedes no creen porque no son de mi rebaño. 27Mis ovejas oyen mi voz; yo las conozco y ellas me siguen. 28Yo les doy vida eterna, y nunca perecerán, ni nadie podrá arrebatármelas de la mano. 29Mi Padre, que me las ha dado, es más grande que todos;ˢ y de la mano del Padre nadie las puede arrebatar. 30El Padre y yo somos uno.

31Una vez más los judíos tomaron piedras para arrojárselas, 32pero Jesús les dijo:

—Yo les he mostrado muchas obras irreprochables que proceden del Padre. ¿Por cuál de ellas me quieren apedrear?

33—No te apedreamos por ninguna de ellas sino por *blasfemia; porque tú, siendo hombre, te haces pasar por Dios.

34—¿Y acaso —respondió Jesús— no está escrito en su ley: "Yo he dicho que ustedes son dioses"?ᵗ 35Si Dios llamó "dioses" a aquellos para quienes vino la palabra (y la Escritura no puede ser quebrantada), 36¿por qué acusan de blasfemia a quien el Padre apartó para sí y envió al mundo? ¿Tan sólo porque dijo: "Yo soy el Hijo de Dios"? 37Si no hago las obras de mi Padre, no me

14"I am the good shepherd; I know my sheep and my sheep know me— 15just as the Father knows me and I know the Father—and I lay down my life for the sheep. 16I have other sheep that are not of this sheep pen. I must bring them also. They too will listen to my voice, and there shall be one flock and one shepherd. 17The reason my Father loves me is that I lay down my life—only to take it up again. 18No one takes it from me, but I lay it down of my own accord. I have authority to lay it down and authority to take it up again. This command I received from my Father."

19At these words the Jews were again divided. 20Many of them said, "He is demon-possessed and raving mad. Why listen to him?" 21But others said, "These are not the sayings of a man possessed by a demon. Can a demon open the eyes of the blind?"

The Unbelief of the Jews

22Then came the Feast of Dedicationᶻ at Jerusalem. It was winter, 23and Jesus was in the temple area walking in Solomon's Colonnade. 24The Jews gathered around him, saying, "How long will you keep us in suspense? If you are the Christ,ᵃ tell us plainly."

25Jesus answered, "I did tell you, but you do not believe. The miracles I do in my Father's name speak for me, 26but you do not believe because you are not my sheep. 27My sheep listen to my voice; I know them, and they follow me. 28I give them eternal life, and they shall never perish; no one can snatch them out of my hand. 29My Father, who has given them to me, is greater than allᵇ; no one can snatch them out of my Father's hand. 30I and the Father are one."

31Again the Jews picked up stones to stone him, 32but Jesus said to them, "I have shown you many great miracles from the Father. For which of these do you stone me?"

33"We are not stoning you for any of these," replied the Jews, "but for blasphemy, because you, a mere man, claim to be God."

34Jesus answered them, "Is it not written in your Law, 'I have said you are gods'ᶜ? 35If he called them 'gods,' to whom the word of God came—and the Scripture cannot be broken— 36what about the one whom the Father set apart as his very own and sent into the world? Why then do you accuse me of blas-

ʳ10:22 Es decir, Hanukkah.   ˢ10:29 Mi Padre … todos. Var. Lo que mi Padre me ha dado es más grande que todo.   ᵗ10:34 Sal 82:6

ᶻ22 That is, Hanukkah   ᵃ24 Or Messiah   ᵇ29 Many early manuscripts What my Father has given me is greater than all   ᶜ34 Psalm 82:6

crean. 38Pero si las hago, aunque no me crean a mí, crean a mis obras, para que sepan y entiendan que el Padre está en mí, y que yo estoy en el Padre.

39Nuevamente intentaron arrestarlo, pero él se les escapó de las manos.

40Volvió Jesús al otro lado del Jordán, al lugar donde Juan había estado bautizando antes; y allí se quedó. 41Mucha gente acudía a él, y decía: «Aunque Juan nunca hizo ninguna señal milagrosa, todo lo que dijo acerca de este hombre era verdad.» 42Y muchos en aquel lugar creyeron en Jesús.

Muerte de Lázaro

11 Había un hombre enfermo llamado Lázaro, que era de Betania, el pueblo de María y Marta, sus hermanas. 2María era la misma que ungió con perfume al Señor, y le secó los pies con sus cabellos. 3Las dos hermanas mandaron a decirle a Jesús: «Señor, tu amigo querido está enfermo.»

4Cuando Jesús oyó esto, dijo: «Esta enfermedad no terminará en muerte, sino que es para la gloria de Dios, para que por ella el Hijo de Dios sea glorificado.»

5Jesús amaba a Marta, a su hermana y a Lázaro. 6A pesar de eso, cuando oyó que Lázaro estaba enfermo, se quedó dos días más donde se encontraba. 7Después dijo a sus discípulos:

—Volvamos a Judea.

8—Rabí —objetaron ellos—, hace muy poco los judíos intentaron apedrearte, ¿y todavía quieres volver allá?

9—¿Acaso el día no tiene doce horas? —respondió Jesús—. El que anda de día no tropieza, porque tiene la luz de este mundo. 10Pero el que anda de noche sí tropieza, porque no tiene luz.

11Dicho esto, añadió:

—Nuestro amigo Lázaro duerme, pero voy a despertarlo.

12—Señor —respondieron sus discípulos—, si duerme, es que va a recuperarse.

13Jesús les hablaba de la muerte de Lázaro, pero sus discípulos pensaron que se refería al sueño natural. 14Por eso les dijo claramente:

—Lázaro ha muerto, 15y por causa de ustedes me alegro de no haber estado allí, para que crean. Pero vamos a verlo.

16Entonces Tomás, apodado el Gemelo,u dijo a los otros discípulos:

—Vayamos también nosotros, para morir con él.

Jesús consuela a las hermanas de Lázaro

17A su llegada, Jesús se encontró con que Lázaro llevaba ya cuatro días en el sepulcro.

phemy because I said, 'I am God's Son'? 37Do not believe me unless I do what my Father does. 38But if I do it, even though you do not believe me, believe the miracles, that you may know and understand that the Father is in me, and I in the Father." 39Again they tried to seize him, but he escaped their grasp.

40Then Jesus went back across the Jordan to the place where John had been baptizing in the early days. Here he stayed 41and many people came to him. They said, "Though John never performed a miraculous sign, all that John said about this man was true." 42And in that place many believed in Jesus.

The Death of Lazarus

11 Now a man named Lazarus was sick. He was from Bethany, the village of Mary and her sister Martha. 2This Mary, whose brother Lazarus now lay sick, was the same one who poured perfume on the Lord and wiped his feet with her hair. 3So the sisters sent word to Jesus, "Lord, the one you love is sick."

4When he heard this, Jesus said, "This sickness will not end in death. No, it is for God's glory so that God's Son may be glorified through it." 5Jesus loved Martha and her sister and Lazarus. 6Yet when he heard that Lazarus was sick, he stayed where he was two more days.

7Then he said to his disciples, "Let us go back to Judea."

8"But Rabbi," they said, "a short while ago the Jews tried to stone you, and yet you are going back there?"

9Jesus answered, "Are there not twelve hours of daylight? A man who walks by day will not stumble, for he sees by this world's light. 10It is when he walks by night that he stumbles, for he has no light."

11After he had said this, he went on to tell them, "Our friend Lazarus has fallen asleep; but I am going there to wake him up."

12His disciples replied, "Lord, if he sleeps, he will get better." 13Jesus had been speaking of his death, but his disciples thought he meant natural sleep.

14So then he told them plainly, "Lazarus is dead, 15and for your sake I am glad I was not there, so that you may believe. But let us go to him."

16Then Thomas (called Didymus) said to the rest of the disciples, "Let us also go, that we may die with him."

Jesus Comforts the Sisters

17On his arrival, Jesus found that Lazarus had already been in the tomb for four days. 18Beth-

---

u 11:16 apodado el Gemelo. Lit. llamado Dídimos.

18Betania estaba cerca de Jerusalén, como a tres kilómetros*v* de distancia, 19y muchos judíos habían ido a casa de Marta y de María, a darles el pésame por la muerte de su hermano. 20Cuando Marta supo que Jesús llegaba, fue a su encuentro; pero María se quedó en la casa.

21—Señor —le dijo Marta a Jesús—, si hubieras estado aquí, mi hermano no habría muerto. 22Pero yo sé que aun ahora Dios te dará todo lo que le pidas.

23—Tu hermano resucitará —le dijo Jesús.

24—Yo sé que resucitará en la resurrección, en el día final —respondió Marta.

25Entonces Jesús le dijo:

—Yo soy la resurrección y la vida. El que cree en mí vivirá, aunque muera; 26y todo el que vive y cree en mí no morirá jamás. ¿Crees esto?

27—Sí, Señor; yo creo que tú eres el *Cristo, el Hijo de Dios, el que había de venir al mundo.

28Dicho esto, Marta regresó a la casa y, llamando a su hermana María, le dijo en privado:

—El Maestro está aquí y te llama.

29Cuando María oyó esto, se levantó rápidamente y fue a su encuentro. 30Jesús aún no había entrado en el pueblo, sino que todavía estaba en el lugar donde Marta se había encontrado con él. 31Los judíos que habían estado con María en la casa, dándole el pésame, al ver que se había levantado y había salido de prisa, la siguieron, pensando que iba al sepulcro a llorar.

32Cuando María llegó adonde estaba Jesús y lo vio, se arrojó a sus pies y le dijo:

—Señor, si hubieras estado aquí, mi hermano no habría muerto.

33Al ver llorar a María y a los judíos que la habían acompañado, Jesús se turbó y se conmovió profundamente.

34—¿Dónde lo han puesto? —preguntó.

—Ven a verlo, Señor —le respondieron.

35Jesús lloró.

36—¡Miren cuánto lo quería —dijeron los judíos.

37Pero algunos de ellos comentaban:

—Éste, que le abrió los ojos al ciego, ¿no podría haber impedido que Lázaro muriera?

Jesús resucita a Lázaro

38Conmovido una vez más, Jesús se acercó al sepulcro. Era una cueva cuya entrada estaba tapada con una piedra.

39—Quiten la piedra —ordenó Jesús.

Marta, la hermana del difunto, objetó:

—Señor, ya debe oler mal, pues lleva cuatro días allí.

any was less than two miles*d* from Jerusalem, 19and many Jews had come to Martha and Mary to comfort them in the loss of their brother. 20When Martha heard that Jesus was coming, she went out to meet him, but Mary stayed at home.

21"Lord," Martha said to Jesus, "if you had been here, my brother would not have died. 22But I know that even now God will give you whatever you ask."

23Jesus said to her, "Your brother will rise again."

24Martha answered, "I know he will rise again in the resurrection at the last day."

25Jesus said to her, "I am the resurrection and the life. He who believes in me will live, even though he dies; 26and whoever lives and believes in me will never die. Do you believe this?"

27"Yes, Lord," she told him, "I believe that you are the Christ,*e* the Son of God, who was to come into the world."

28And after she had said this, she went back and called her sister Mary aside. "The Teacher is here," she said, "and is asking for you." 29When Mary heard this, she got up quickly and went to him. 30Now Jesus had not yet entered the village, but was still at the place where Martha had met him. 31When the Jews who had been with Mary in the house, comforting her, noticed how quickly she got up and went out, they followed her, supposing she was going to the tomb to mourn there.

32When Mary reached the place where Jesus was and saw him, she fell at his feet and said, "Lord, if you had been here, my brother would not have died."

33When Jesus saw her weeping, and the Jews who had come along with her also weeping, he was deeply moved in spirit and troubled. 34"Where have you laid him?" he asked.

"Come and see, Lord," they replied.

35Jesus wept.

36Then the Jews said, "See how he loved him."

37But some of them said, "Could not he who opened the eyes of the blind man have kept this man from dying?"

Jesus Raises Lazarus From the Dead

38Jesus, once more deeply moved, came to the tomb. It was a cave with a stone laid across the entrance. 39"Take away the stone," he said.

"But, Lord," said Martha, the sister of the dead man, "by this time there is a bad odor, for he has been there four days."

---

*v*11:18 *tres kilómetros.* Lit. *quince *estadios.*

*d*18 Greek *fifteen stadia* (about 3 kilometers)   *e*27 Or Messiah

40—¿No te dije que si crees verás la gloria de Dios? —le contestó Jesús.

41Entonces quitaron la piedra. Jesús, alzando la vista, dijo:

—Padre, te doy gracias porque me has escuchado. 42Ya sabía yo que siempre me escuchas, pero lo dije por la gente que está aquí presente, para que crean que tú me enviaste.

43Dicho esto, gritó con todas sus fuerzas:

—¡Lázaro, sal fuera!

44El muerto salió, con vendas en las manos y en los pies, y el rostro cubierto con un sudario.

—Quítenle las vendas y dejen que se vaya —les dijo Jesús.

La conspiración para matar a Jesús

45Muchos de los judíos que habían ido a ver a María y que habían presenciado lo hecho por Jesús, creyeron en él. 46Pero algunos de ellos fueron a ver a los *fariseos y les contaron lo que Jesús había hecho. 47Entonces los jefes de los sacerdotes y los fariseos convocaron a una reunión del *Consejo.

—¿Qué vamos a hacer? —dijeron—. Este hombre está haciendo muchas señales milagrosas. 48Si lo dejamos seguir así, todos van a creer en él, y vendrán los romanos y acabarán con nuestro lugar sagrado, e incluso con nuestra nación.

49Uno de ellos, llamado Caifás, que ese año era el sumo sacerdote, les dijo:

—¡Ustedes no saben nada en absoluto 50No entienden que les conviene más que muera un solo hombre por el pueblo, y no que perezca toda la nación.

51Pero esto no lo dijo por su propia cuenta sino que, como era sumo sacerdote ese año, profetizó que Jesús moriría por la nación judía, 52y no sólo por esa nación sino también por los hijos de Dios que estaban dispersos, para congregarlos y unificarlos. 53Así que desde ese día convinieron en quitarle la vida.

54Por eso Jesús ya no andaba en público entre los judíos. Se retiró más bien a una región cercana al desierto, a un pueblo llamado Efraín, donde se quedó con sus discípulos.

55Faltaba poco para la Pascua judía, así que muchos subieron del campo a Jerusalén para su *purificación ceremonial antes de la Pascua. 56Andaban buscando a Jesús, y mientras estaban en el *templo comentaban entre sí: «¿Qué les parece? ¿Acaso no vendrá a la fiesta?» 57Por su parte, los jefes de los sacerdotes y los fariseos habían dado la orden de que si alguien llegaba a saber dónde estaba Jesús, debía denunciarlo para que lo arrestaran.

40Then Jesus said, "Did I not tell you that if you believed, you would see the glory of God?"

41So they took away the stone. Then Jesus looked up and said, "Father, I thank you that you have heard me. 42I knew that you always hear me, but I said this for the benefit of the people standing here, that they may believe that you sent me."

43When he had said this, Jesus called in a loud voice, "Lazarus, come out!" 44The dead man came out, his hands and feet wrapped with strips of linen, and a cloth around his face.

Jesus said to them, "Take off the grave clothes and let him go."

The Plot to Kill Jesus

45Therefore many of the Jews who had come to visit Mary, and had seen what Jesus did, put their faith in him. 46But some of them went to the Pharisees and told them what Jesus had done. 47Then the chief priests and the Pharisees called a meeting of the Sanhedrin.

"What are we accomplishing?" they asked. "Here is this man performing many miraculous signs. 48If we let him go on like this, everyone will believe in him, and then the Romans will come and take away both our place*f* and our nation."

49Then one of them, named Caiaphas, who was high priest that year, spoke up, "You know nothing at all 50You do not realize that it is better for you that one man die for the people than that the whole nation perish."

51He did not say this on his own, but as high priest that year he prophesied that Jesus would die for the Jewish nation, 52and not only for that nation but also for the scattered children of God, to bring them together and make them one. 53So from that day on they plotted to take his life.

54Therefore Jesus no longer moved about publicly among the Jews. Instead he withdrew to a region near the desert, to a village called Ephraim, where he stayed with his disciples.

55When it was almost time for the Jewish Passover, many went up from the country to Jerusalem for their ceremonial cleansing before the Passover. 56They kept looking for Jesus, and as they stood in the temple area they asked one another, "What do you think? Isn't he coming to the Feast at all?" 57But the chief priests and Pharisees had given orders that if anyone found out where Jesus was, he should report it so that they might arrest him.

f 48 Or *temple*

María unge a Jesús en Betania

12 Seis días antes de la Pascua llegó Jesús a Betania, donde vivía Lázaro, a quien Jesús había *resucitado. ²Allí se dio una cena en honor de Jesús. Marta servía, y Lázaro era uno de los que estaban a la mesa con él. ³María tomó entonces como medio litro de nardo puro, que era un perfume muy caro, y lo derramó sobre los pies de Jesús, secándoselos luego con sus cabellos. Y la casa se llenó de la fragancia del perfume.

⁴Judas Iscariote, que era uno de sus discípulos y que más tarde lo traicionaría, objetó:

⁵—¿Por qué no se vendió este perfume, que vale muchísimo dinero,ʷ para dárselo a los pobres?

⁶Dijo esto, no porque se interesara por los pobres sino porque era un ladrón y, como tenía a su cargo la bolsa del dinero, acostumbraba robarse lo que echaban en ella.

⁷—Déjala en paz —respondió Jesús—. Ella ha estado guardando este perfume para el día de mi sepultura.ˣ ⁸A los pobres siempre los tendrán con ustedes, pero a mí no siempre me tendrán.

⁹Mientras tanto, muchos de los judíos se enteraron de que Jesús estaba allí, y fueron a ver no sólo a Jesús sino también a Lázaro, a quien Jesús había resucitado. ¹⁰Entonces los jefes de los sacerdotes resolvieron matar también a Lázaro, ¹¹pues por su causa muchos se apartaban de los judíos y creían en Jesús.

La entrada triunfal

¹²Al día siguiente muchos de los que habían ido a la fiesta se enteraron de que Jesús se dirigía a Jerusalén; ¹³tomaron ramas de palma y salieron a recibirlo, gritando a voz en cuello:

—¡Hosanna

—¡Bendito el que viene en el nombre del Señor ʸ

—¡Bendito el Rey de Israel

¹⁴Jesús encontró un burrito y se montó en él, como dice la Escritura:

¹⁵«No temas, oh hija de Sión;
    mira, que aquí viene tu rey,
    montado sobre un burrito.»ᶻ

Jesus Anointed at Bethany

12 Six days before the Passover, Jesus arrived at Bethany, where Lazarus lived, whom Jesus had raised from the dead. ²Here a dinner was given in Jesus' honor. Martha served, while Lazarus was among those reclining at the table with him. ³Then Mary took about a pintᵍ of pure nard, an expensive perfume; she poured it on Jesus' feet and wiped his feet with her hair. And the house was filled with the fragrance of the perfume.

⁴But one of his disciples, Judas Iscariot, who was later to betray him, objected, ⁵" Why wasn't this perfume sold and the money given to the poor? It was worth a year's wages.ʰ" ⁶He did not say this because he cared about the poor but because he was a thief; as keeper of the money bag, he used to help himself to what was put into it.

⁷"Leave her alone," Jesus replied. "It was intendedⱼ that she should save this perfume for the day of my burial. ⁸You will always have the poor among you, but you will not always have me."

⁹Meanwhile a large crowd of Jews found out that Jesus was there and came, not only because of him but also to see Lazarus, whom he had raised from the dead. ¹⁰So the chief priests made plans to kill Lazarus as well, ¹¹for on account of him many of the Jews were going over to Jesus and putting their faith in him.

The Triumphal Entry

¹²The next day the great crowd that had come for the Feast heard that Jesus was on his way to Jerusalem. ¹³They took palm branches and went out to meet him, shouting,

"Hosanna ⁱ"

"Blessed is he who comes in the name of the Lord "ⱼ

"Blessed is the King of Israel "

¹⁴Jesus found a young donkey and sat upon it, as it is written,

¹⁵"Do not be afraid, O Daughter of Zion;
    see, your king is coming,
    seated on a donkey's colt." ᵏ

ʷ **12:5** *perfume … dinero.* Lit. *perfume por trescientos* *denarios.*   ˣ**12:7** *Jesús—. Ella … sepultura.* Var. *Jesús— para que guarde* [es decir, *se acuerde de*] *esto el día de mi sepultura.*   ʸ**12:13** Sal 118:25,26   ᶻ**12:15** Zac 9:9

ᵍ3 Greek *a litra* (probably about 0.5 liter)   ʰ5 Greek *three hundred denarii*   ⁱ13 A Hebrew expression meaning "Save " which became an exclamation of praise   ⱼ13 Psalm 118:25, 26   ᵏ15 Zech. 9:9

16Al principio, sus discípulos no entendieron lo que sucedía. Sólo después de que Jesús fue glorificado se dieron cuenta de que se había cumplido en él lo que de él ya estaba escrito.

17La gente que había estado con Jesús cuando él llamó a Lázaro del sepulcro y lo resucitó de entre los muertos, seguía difundiendo la noticia. 18Muchos que se habían enterado de la señal realizada por Jesús salían a su encuentro. 19Por eso los *fariseos comentaban entre sí: «Como pueden ver, así no vamos a lograr nada. ¡Miren cómo lo sigue todo el mundo »

Jesús predice su muerte

20Entre los que habían subido a adorar en la fiesta había algunos *griegos. 21Éstos se acercaron a Felipe, que era de Betsaida de Galilea, y le pidieron:

—Señor, queremos ver a Jesús.

22Felipe fue a decírselo a Andrés, y ambos fueron a decírselo a Jesús.

23—Ha llegado la hora de que el Hijo del hombre sea glorificado —les contestó Jesús—. 24Ciertamente les aseguro que si el grano de trigo no cae en tierra y muere, se queda solo. Pero si muere, produce mucho fruto. 25El que se apega a su *vida la pierde; en cambio, el que aborrece su vida en este mundo, la conserva para la vida eterna. 26Quien quiera servirme, debe seguirme; y donde yo esté, allí también estará mi siervo. A quien me sirva, mi Padre lo honrará.

27»Ahora todo mi ser está angustiado, ¿y acaso voy a decir: "Padre, sálvame de esta hora difícil"? ¡Si precisamente para afrontarla he venido 28¡Padre, glorifica tu nombre »

Se oyó entonces, desde el cielo, una voz que decía: «Ya lo he glorificado, y volveré a glorificarlo.» 29La multitud que estaba allí, y que oyó la voz, decía que había sido un trueno; otros decían que un ángel le había hablado.

30—Esa voz no vino por mí sino por ustedes —dijo Jesús—. 31El juicio de este mundo ha llegado ya, y el príncipe de este mundo va a ser expulsado. 32Pero yo, cuando sea levantado de la tierra, atraeré a todos a mí mismo.

33Con esto daba Jesús a entender de qué manera iba a morir.

34—De la ley hemos sabido —le respondió la gente— que el *Cristo permanecerá para siempre; ¿cómo, pues, dices que el Hijo del hombre tiene que ser levantado? ¿Quién es ese Hijo del hombre?

35—Ustedes van a tener la luz sólo un poco más de tiempo —les dijo Jesús—. Caminen mientras tienen la luz, antes de que los envuelvan las tinieblas. El que camina en las tinieblas no sabe a dónde va. 36Mientras tienen la luz, crean en ella, para que sean hijos de la luz.

16At first his disciples did not understand all this. Only after Jesus was glorified did they realize that these things had been written about him and that they had done these things to him.

17Now the crowd that was with him when he called Lazarus from the tomb and raised him from the dead continued to spread the word. 18Many people, because they had heard that he had given this miraculous sign, went out to meet him. 19So the Pharisees said to one another, "See, this is getting us nowhere. Look how the whole world has gone after him "

Jesus Predicts His Death

20Now there were some Greeks among those who went up to worship at the Feast. 21They came to Philip, who was from Bethsaida in Galilee, with a request. "Sir," they said, "we would like to see Jesus." 22Philip went to tell Andrew; Andrew and Philip in turn told Jesus.

23Jesus replied, "The hour has come for the Son of Man to be glorified. 24I tell you the truth, unless a kernel of wheat falls to the ground and dies, it remains only a single seed. But if it dies, it produces many seeds. 25The man who loves his life will lose it, while the man who hates his life in this world will keep it for eternal life. 26Whoever serves me must follow me; and where I am, my servant also will be. My Father will honor the one who serves me.

27"Now my heart is troubled, and what shall I say? 'Father, save me from this hour'? No, it was for this very reason I came to this hour. 28Father, glorify your name "

Then a voice came from heaven, "I have glorified it, and will glorify it again." 29The crowd that was there and heard it said it had thundered; others said an angel had spoken to him.

30Jesus said, "This voice was for your benefit, not mine. 31Now is the time for judgment on this world; now the prince of this world will be driven out. 32But I, when I am lifted up from the earth, will draw all men to myself." 33He said this to show the kind of death he was going to die.

34The crowd spoke up, "We have heard from the Law that the Christ/ will remain forever, so how can you say, 'The Son of Man must be lifted up'? Who is this 'Son of Man'?"

35Then Jesus told them, "You are going to have the light just a little while longer. Walk while you have the light, before darkness overtakes you. The man who walks in the dark does not know where he is going. 36Put your trust in the light while you have it, so that you may

l34 Or Messiah

Cuando terminó de hablar, Jesús se fue y se escondió de ellos.

Los judíos siguen en su incredulidad

37A pesar de haber hecho Jesús todas estas señales en presencia de ellos, todavía no creían en él. **38**Así se cumplió lo dicho por el profeta Isaías:

«Señor, ¿quién ha creído a nuestro mensaje,
y a quién se le ha revelado el poder del Señor?»*a*

39Por eso no podían creer, pues también había dicho Isaías:

40«Les ha cegado los ojos
y endurecido el corazón,
para que no vean con los ojos,
ni entiendan con el corazón
ni se conviertan; y yo los sane.»*b*

41Esto lo dijo Isaías porque vio la gloria de Jesús y habló de él.

42Sin embargo, muchos de ellos, incluso de entre los jefes, creyeron en él, pero no lo confesaban porque temían que los *fariseos los expulsaran de la sinagoga. **43**Preferían recibir honores de los hombres más que de parte de Dios.

44«El que cree en mí —clamó Jesús con voz fuerte—, cree no sólo en mí sino en el que me envió. **45**Y el que me ve a mí, ve al que me envió. **46**Yo soy la luz que ha venido al mundo, para que todo el que crea en mí no viva en tinieblas.

47»Si alguno escucha mis palabras, pero no las obedece, no seré yo quien lo juzgue; pues no vine a juzgar al mundo sino a salvarlo. **48**El que me rechaza y no acepta mis palabras tiene quien lo juzgue. La palabra que yo he proclamado lo condenará en el día final. **49**Yo no he hablado por mi propia cuenta; el Padre que me envió me ordenó qué decir y cómo decirlo. **50**Y sé muy bien que su mandato es vida eterna. Así que todo lo que digo es lo que el Padre me ha ordenado decir.»

Jesús les lava los pies a sus discípulos

13 Se acercaba la fiesta de la Pascua. Jesús sabía que le había llegado la hora de abandonar este mundo para volver al Padre. Y habiendo amado a los suyos que estaban en el mundo, los amó hasta el fin.*c*

become sons of light." When he had finished speaking, Jesus left and hid himself from them.

The Jews Continue in Their Unbelief

37Even after Jesus had done all these miraculous signs in their presence, they still would not believe in him. **38**This was to fulfill the word of Isaiah the prophet:

"Lord, who has believed our message
and to whom has the arm of the Lord
been revealed?" *m*

39For this reason they could not believe, because, as Isaiah says elsewhere:

40"He has blinded their eyes
and deadened their hearts,
so they can neither see with their eyes,
nor understand with their hearts,
nor turn—and I would heal them." *n*

41Isaiah said this because he saw Jesus' glory and spoke about him.

42Yet at the same time many even among the leaders believed in him. But because of the Pharisees they would not confess their faith for fear they would be put out of the synagogue; **43**for they loved praise from men more than praise from God.

44Then Jesus cried out, "When a man believes in me, he does not believe in me only, but in the one who sent me. **45**When he looks at me, he sees the one who sent me. **46**I have come into the world as a light, so that no one who believes in me should stay in darkness.

47"As for the person who hears my words but does not keep them, I do not judge him. For I did not come to judge the world, but to save it. **48**There is a judge for the one who rejects me and does not accept my words; that very word which I spoke will condemn him at the last day. **49**For I did not speak of my own accord, but the Father who sent me commanded me what to say and how to say it. **50**I know that his command leads to eternal life. So whatever I say is just what the Father has told me to say."

Jesus Washes His Disciples' Feet

13 It was just before the Passover Feast. Jesus knew that the time had come for him to leave this world and go to the Father. Having loved his own who were in the world, he now showed them the full extent of his love.*o*

---

a **12:38** Is 53:1   *b* **12:40** Is 6:10   *c* **13:1** *hasta el fin.* Alt. *hasta lo sumo.*

m 38 Isaiah 53:1   *n* 40 Isaiah 6:10   *o* 1 Or *he loved them to the last*

2Llegó la hora de la cena. El diablo ya había incitado a Judas Iscariote, hijo de Simón, para que traicionara a Jesús. 3Sabía Jesús que el Padre había puesto todas las cosas bajo su dominio, y que había salido de Dios y a él volvía; 4así que se levantó de la mesa, se quitó el manto y se ató una toalla a la cintura. 5Luego echó agua en un recipiente y comenzó a lavarles los pies a sus discípulos y a secárselos con la toalla que llevaba a la cintura.

6Cuando llegó a Simón Pedro, éste le dijo:

—¿Y tú, Señor, me vas a lavar los pies a mí?

7—Ahora no entiendes lo que estoy haciendo —le respondió Jesús—, pero lo entenderás más tarde.

8—¡No —protestó Pedro—. ¡Jamás me lavarás los pies

—Si no te los lavo,*d* no tendrás parte conmigo.

9—Entonces, Señor, ¡no sólo los pies sino también las manos y la cabeza

10—El que ya se ha bañado no necesita lavarse más que los pies —le contestó Jesús—; pues ya todo su cuerpo está limpio. Y ustedes ya están limpios, aunque no todos. 11Jesús sabía quién lo iba a traicionar, y por eso dijo que no todos estaban limpios.

12Cuando terminó de lavarles los pies, se puso el manto y volvió a su lugar. Entonces les dijo:

—¿Entienden lo que he hecho con ustedes? 13Ustedes me llaman Maestro y Señor, y dicen bien, porque lo soy. 14Pues si yo, el Señor y el Maestro, les he lavado los pies, también ustedes deben lavarse los pies los unos a los otros. 15Les he puesto el ejemplo, para que hagan lo mismo que yo he hecho con ustedes. 16Ciertamente les aseguro que ningún *siervo es más que su amo, y ningún mensajero es más que el que lo envió. 17¿Entienden esto? *Dichosos serán si lo ponen en práctica.

Jesús predice la traición de Judas

18»No me refiero a todos ustedes; yo sé a quiénes he escogido. Pero esto es para que se cumpla la Escritura: "El que comparte el pan conmigo me ha puesto la zancadilla." *e*

19»Les digo esto ahora, antes de que suceda, para que cuando suceda crean que yo soy. 20Ciertamente les aseguro que el que recibe al que yo envío me recibe a mí, y el que me recibe a mí recibe al que me envió.

21Dicho esto, Jesús se angustió profundamente y declaró:

—Ciertamente les aseguro que uno de ustedes me va a traicionar.

2The evening meal was being served, and the devil had already prompted Judas Iscariot, son of Simon, to betray Jesus. 3Jesus knew that the Father had put all things under his power, and that he had come from God and was returning to God; 4so he got up from the meal, took off his outer clothing, and wrapped a towel around his waist. 5After that, he poured water into a basin and began to wash his disciples' feet, drying them with the towel that was wrapped around him.

6He came to Simon Peter, who said to him, "Lord, are you going to wash my feet?"

7Jesus replied, "You do not realize now what I am doing, but later you will understand."

8"No," said Peter, "you shall never wash my feet."

Jesus answered, "Unless I wash you, you have no part with me."

9"Then, Lord," Simon Peter replied, "not just my feet but my hands and my head as well "

10Jesus answered, "A person who has had a bath needs only to wash his feet; his whole body is clean. And you are clean, though not every one of you." 11For he knew who was going to betray him, and that was why he said not every one was clean.

12When he had finished washing their feet, he put on his clothes and returned to his place. "Do you understand what I have done for you?" he asked them. 13"You call me 'Teacher' and 'Lord,' and rightly so, for that is what I am. 14Now that I, your Lord and Teacher, have washed your feet, you also should wash one another's feet. 15I have set you an example that you should do as I have done for you. 16I tell you the truth, no servant is greater than his master, nor is a messenger greater than the one who sent him. 17Now that you know these things, you will be blessed if you do them.

Jesus Predicts His Betrayal

18"I am not referring to all of you; I know those I have chosen. But this is to fulfill the scripture: 'He who shares my bread has lifted up his heel against me.'*p*

19"I am telling you now before it happens, so that when it does happen you will believe that I am He. 20I tell you the truth, whoever accepts anyone I send accepts me; and whoever accepts me accepts the one who sent me."

21After he had said this, Jesus was troubled in spirit and testified, "I tell you the truth, one of you is going to betray me."

---

*d*13:8 *te los lavo*. Lit. *te lavo*.　　*e*13:18 Sal 41:9　　*p*18 Psalm 41:9

²²Los discípulos se miraban unos a otros sin saber a cuál de ellos se refería. ²³Uno de ellos, el discípulo a quien Jesús amaba, estaba a su lado. ²⁴Simón Pedro le hizo señas a ese discípulo y le dijo:

—Pregúntale a quién se refiere.

²⁵—Señor, ¿quién es? —preguntó él, reclinándose sobre Jesús.

²⁶—Aquel a quien yo le dé este pedazo de pan que voy a mojar en el plato —le contestó Jesús.

Acto seguido, mojó el pedazo de pan y se lo dio a Judas Iscariote, hijo de Simón. ²⁷Tan pronto como Judas tomó el pan, Satanás entró en él.

—Lo que vas a hacer, hazlo pronto —le dijo Jesús.

²⁸Ninguno de los que estaban a la mesa entendió por qué le dijo eso Jesús. ²⁹Como Judas era el encargado del dinero, algunos pensaron que Jesús le estaba diciendo que comprara lo necesario para la fiesta, o que diera algo a los pobres. ³⁰En cuanto Judas tomó el pan, salió de allí. Ya era de noche.

Jesús predice la negación de Pedro

³¹Cuando Judas hubo salido, Jesús dijo:

—Ahora es glorificado el Hijo del hombre, y Dios es glorificado en él. ³²Si Dios es glorificado en él,ᶠ Dios glorificará al Hijo en sí mismo, y lo hará muy pronto.

³³»Mis queridos hijos, poco tiempo me queda para estar con ustedes. Me buscarán, y lo que antes les dije a los judíos, ahora se lo digo a ustedes: Adonde yo voy, ustedes no pueden ir.

³⁴»Este mandamiento nuevo les doy: que se amen los unos a los otros. Así como yo los he amado, también ustedes deben amarse los unos a los otros. ³⁵De este modo todos sabrán que son mis discípulos, si se aman los unos a los otros.

³⁶—¿Y a dónde vas, Señor? —preguntó Simón Pedro.

—Adonde yo voy, no puedes seguirme ahora, pero me seguirás más tarde.

³⁷—Señor —insistió Pedro—, ¿por qué no puedo seguirte ahora? Por ti daré hasta la *vida.

³⁸—¿Tú darás la vida por mí? ¡De veras te aseguro que antes de que cante el gallo, me negarás tres veces

Jesús consuela a sus discípulos

14 »No se angustien. Confíen en Dios, y confíen también en mí.ᵍ ²En el hogar de mi Padre hay muchas viviendas; si no fuera así, ya se lo habría dicho a ustedes. Voy a prepararles un lugar. ³Y si me voy y se lo preparo, vendré para llevármelos conmigo. Así ustedes estarán

²²His disciples stared at one another, at a loss to know which of them he meant. ²³One of them, the disciple whom Jesus loved, was reclining next to him. ²⁴Simon Peter motioned to this disciple and said, "Ask him which one he means."

²⁵Leaning back against Jesus, he asked him, "Lord, who is it?"

²⁶Jesus answered, "It is the one to whom I will give this piece of bread when I have dipped it in the dish." Then, dipping the piece of bread, he gave it to Judas Iscariot, son of Simon. ²⁷As soon as Judas took the bread, Satan entered into him.

"What you are about to do, do quickly," Jesus told him, ²⁸but no one at the meal understood why Jesus said this to him. ²⁹Since Judas had charge of the money, some thought Jesus was telling him to buy what was needed for the Feast, or to give something to the poor. ³⁰As soon as Judas had taken the bread, he went out. And it was night.

Jesus Predicts Peter's Denial

³¹When he was gone, Jesus said, "Now is the Son of Man glorified and God is glorified in him. ³²If God is glorified in him,�q God will glorify the Son in himself, and will glorify him at once.

³³"My children, I will be with you only a little longer. You will look for me, and just as I told the Jews, so I tell you now: Where I am going, you cannot come.

³⁴"A new command I give you: Love one another. As I have loved you, so you must love one another. ³⁵By this all men will know that you are my disciples, if you love one another."

³⁶Simon Peter asked him, "Lord, where are you going?"

Jesus replied, "Where I am going, you cannot follow now, but you will follow later."

³⁷Peter asked, "Lord, why can't I follow you now? I will lay down my life for you."

³⁸Then Jesus answered, "Will you really lay down your life for me? I tell you the truth, before the rooster crows, you will disown me three times

Jesus Comforts His Disciples

14 "Do not let your hearts be troubled. Trust in Godʳ; trust also in me. ²In my Father's house are many rooms; if it were not so, I would have told you. I am going there to prepare a place for you. ³And if I go and prepare a place for you,

---

ᶠ 13:32 Var. no incluye: *Si Dios es glorificado en él.*
ᵍ 14:1 *Confíen ... en mí.* Alt. *Ustedes confían en Dios; confíen también en mí.*

 q 32 Many early manuscripts do not have *If God is glorified in him.*   r 1 Or *You trust in God* donde yo esté. **4**Ustedes ya conocen el camino para ir adonde yo voy.

Jesús, el camino al Padre

5Dijo entonces Tomás:

—Señor, no sabemos a dónde vas, así que ¿cómo podemos conocer el camino?

6—Yo soy el camino, la verdad y la vida —le contestó Jesús—. Nadie llega al Padre sino por mí. **7**Si ustedes realmente me conocieran, conocerían*h* también a mi Padre. Y ya desde este momento lo conocen y lo han visto.

8—Señor —dijo Felipe—, muéstranos al Padre y con eso nos basta.

9—¡Pero, Felipe ¿Tanto tiempo llevo ya entre ustedes, y todavía no me conoces? El que me ha visto a mí, ha visto al Padre. ¿Cómo puedes decirme: "Muéstranos al Padre"? **10**¿Acaso no crees que yo estoy en el Padre, y que el Padre está en mí? Las palabras que yo les comunico, no las hablo como cosa mía, sino que es el Padre, que está en mí, el que realiza sus obras. **11**Créanme cuando les digo que yo estoy en el Padre y que el Padre está en mí; o al menos créanme por las obras mismas. **12**Ciertamente les aseguro que el que cree en mí las obras que yo hago también él las hará, y aun las hará mayores, porque yo vuelvo al Padre. **13**Cualquier cosa que ustedes pidan en mi nombre, yo la haré; así será glorificado el Padre en el Hijo. **14**Lo que pidan en mi nombre, yo lo haré.

Jesús promete el Espíritu Santo

15»Si ustedes me aman, obedecerán mis mandamientos. **16**Y yo le pediré al Padre, y él les dará otro *Consolador para que los acompañe siempre: **17**el Espíritu de verdad, a quien el mundo no puede aceptar porque no lo ve ni lo conoce. Pero ustedes sí lo conocen, porque vive con ustedes y estará*i* en ustedes. **18**No los voy a dejar huérfanos; volveré a ustedes. **19**Dentro de poco el mundo ya no me verá más, pero ustedes sí me verán. Y porque yo vivo, también ustedes vivirán. **20**En aquel día ustedes se darán cuenta de que yo estoy en mi Padre, y ustedes en mí, y yo en ustedes. **21**¿Quién es el que me ama? El que hace suyos mis mandamientos y los obedece. Y al que me ama, mi Padre lo amará, y yo también lo amaré y me manifestaré a él.

22Judas (no el Iscariote) le dijo:

—¿Por qué, Señor, estás dispuesto a manifestarte a nosotros, y no al mundo?

23Le contestó Jesús:

—El que me ama, obedecerá mi palabra, y mi Padre lo amará, y haremos nuestra vivienda en

I will come back and take you to be with me that you also may be where I am. **4**You know the way to the place where I am going."

Jesus the Way to the Father

5Thomas said to him, "Lord, we don't know where you are going, so how can we know the way?"

6Jesus answered, "I am the way and the truth and the life. No one comes to the Father except through me. **7**If you really knew me, you would know*s* my Father as well. From now on, you do know him and have seen him."

8Philip said, "Lord, show us the Father and that will be enough for us."

9Jesus answered: "Don't you know me, Philip, even after I have been among you such a long time? Anyone who has seen me has seen the Father. How can you say, 'Show us the Father'? **10**Don't you believe that I am in the Father, and that the Father is in me? The words I say to you are not just my own. Rather, it is the Father, living in me, who is doing his work. **11**Believe me when I say that I am in the Father and the Father is in me; or at least believe on the evidence of the miracles themselves. **12**I tell you the truth, anyone who has faith in me will do what I have been doing. He will do even greater things than these, because I am going to the Father. **13**And I will do whatever you ask in my name, so that the Son may bring glory to the Father. **14**You may ask me for anything in my name, and I will do it.

Jesus Promises the Holy Spirit

15"If you love me, you will obey what I command. **16**And I will ask the Father, and he will give you another Counselor to be with you forever— **17**the Spirit of truth. The world cannot accept him, because it neither sees him nor knows him. But you know him, for he lives with you and will be*t* in you. **18**I will not leave you as orphans; I will come to you. **19**Before long, the world will not see me anymore, but you will see me. Because I live, you also will live. **20**On that day you will realize that I am in my Father, and you are in me, and I am in you. **21**Whoever has my commands and obeys them, he is the one who loves me. He who loves me will be loved by my Father, and I too will love him and show myself to him."

22Then Judas (not Judas Iscariot) said, "But, Lord, why do you intend to show yourself to us and not to the world?"

23Jesus replied, "If anyone loves me, he will obey my teaching. My Father will love him, and

---

h 14:7 *me conocieran, conocerían.* Var. *me han conocido, conocerán.*   *i* 14:17 *estará.* Var. *está.*

s 7 Some early manuscripts *If you really have known me, you will know*   *t* 17 Some early manuscripts *and is* él. 24El que no me ama, no obedece mis palabras. Pero estas palabras que ustedes oyen no son mías sino del Padre, que me envió.

25»Todo esto lo digo ahora que estoy con ustedes. 26Pero el Consolador, el Espíritu Santo, a quien el Padre enviará en mi nombre, les enseñará todas las cosas y les hará recordar todo lo que les he dicho. 27La paz les dejo; mi paz les doy. Yo no se la doy a ustedes como la da el mundo. No se angustien ni se acobarden.

28»Ya me han oído decirles: "Me voy, pero vuelvo a ustedes." Si me amaran, se alegrarían de que voy al Padre, porque el Padre es más grande que yo. 29Y les he dicho esto ahora, antes de que suceda, para que cuando suceda, crean. 30Ya no hablaré más con ustedes, porque viene el príncipe de este mundo. Él no tiene ningún dominio sobre mí, 31pero el mundo tiene que saber que amo al Padre, y que hago exactamente lo que él me ha ordenado que haga.

»¡Levántense, vámonos de aquí

Jesús, la vid verdadera

15 »Yo soy la vid verdadera, y mi Padre es el labrador. 2Toda rama que en mí no da fruto, la corta; pero toda rama que da fruto la poda*j* para que dé más fruto todavía. 3Ustedes ya están limpios por la palabra que les he comunicado. 4Permanezcan en mí, y yo permaneceré en ustedes. Así como ninguna rama puede dar fruto por sí misma, sino que tiene que permanecer en la vid, así tampoco ustedes pueden dar fruto si no permanecen en mí.

5»Yo soy la vid y ustedes son las ramas. El que permanece en mí, como yo en él, dará mucho fruto; separados de mí no pueden ustedes hacer nada. 6El que no permanece en mí es desechado y se seca, como las ramas que se recogen, se arrojan al fuego y se queman. 7Si permanecen en mí y mis palabras permanecen en ustedes, pidan lo que quieran, y se les concederá. 8Mi Padre es glorificado cuando ustedes dan mucho fruto y muestran así que son mis discípulos.

9»Así como el Padre me ha amado a mí, también yo los he amado a ustedes. Permanezcan en mi amor. 10Si obedecen mis mandamientos, permanecerán en mi amor, así como yo he obedecido los mandamientos de mi Padre y permanezco en su amor. 11Les he dicho esto para que tengan mi alegría y así su alegría sea completa. 12Y éste es mi mandamiento: que se amen los unos a los otros, como yo los he amado. 13Nadie tiene amor más grande que el dar la *vida por sus amigos. 14Ustedes son mis amigos si hacen lo que yo les mando. 15Ya no los llamo *siervos, porque el siervo no está al tanto de lo

we will come to him and make our home with him. 24He who does not love me will not obey my teaching. These words you hear are not my own; they belong to the Father who sent me.

25"All this I have spoken while still with you. 26But the Counselor, the Holy Spirit, whom the Father will send in my name, will teach you all things and will remind you of everything I have said to you. 27Peace I leave with you; my peace I give you. I do not give to you as the world gives. Do not let your hearts be troubled and do not be afraid.

28"You heard me say, 'I am going away and I am coming back to you.' If you loved me, you would be glad that I am going to the Father, for the Father is greater than I. 29I have told you now before it happens, so that when it does happen you will believe. 30I will not speak with you much longer, for the prince of this world is coming. He has no hold on me, 31but the world must learn that I love the Father and that I do exactly what my Father has commanded me.

"Come now; let us leave.

The Vine and the Branches

15 "I am the true vine, and my Father is the gardener. 2He cuts off every branch in me that bears no fruit, while every branch that does bear fruit he prunes*u* so that it will be even more fruitful. 3You are already clean because of the word I have spoken to you. 4Remain in me, and I will remain in you. No branch can bear fruit by itself; it must remain in the vine. Neither can you bear fruit unless you remain in me.

5"I am the vine; you are the branches. If a man remains in me and I in him, he will bear much fruit; apart from me you can do nothing. 6If anyone does not remain in me, he is like a branch that is thrown away and withers; such branches are picked up, thrown into the fire and burned. 7If you remain in me and my words remain in you, ask whatever you wish, and it will be given you. 8This is to my Father's glory, that you bear much fruit, showing yourselves to be my disciples.

9"As the Father has loved me, so have I loved you. Now remain in my love. 10If you obey my commands, you will remain in my love, just as I have obeyed my Father's commands and remain in his love. 11I have told you this so that my joy may be in you and that your joy may be complete. 12My command is this: Love each other as I have loved you. 13Greater love has no one than this, that he lay down his life for his friends. 14You are my friends if you do what I command. 15I no longer call you servants, because a servant

---

j 15:2 *poda.* Alt. *limpia.*   *u* 2 The Greek for *prunes* also means *cleans.*

que hace su amo; los he llamado amigos, porque todo lo que a mi Padre le oí decir se lo he dado a conocer a ustedes. ¹⁶No me escogieron ustedes a mí, sino que yo los escogí a ustedes y los comisioné para que vayan y den fruto, un fruto que perdure. Así el Padre les dará todo lo que le pidan en mi nombre. ¹⁷Éste es mi mandamiento: que se amen los unos a los otros.

Jesús y sus discípulos aborrecidos por el mundo

¹⁸»Si el mundo los aborrece, tengan presente que antes que a ustedes, me aborreció a mí. ¹⁹Si fueran del mundo, el mundo los querría como a los suyos. Pero ustedes no son del mundo, sino que yo los he escogido de entre el mundo. Por eso el mundo los aborrece. ²⁰Recuerden lo que les dije: "Ningún *siervo es más que su amo."ᵏ Si a mí me han perseguido, también a ustedes los perseguirán. Si han obedecido mis enseñanzas, también obedecerán las de ustedes. ²¹Los tratarán así por causa de mi nombre, porque no conocen al que me envió. ²²Si yo no hubiera venido ni les hubiera hablado, no serían culpables de pecado. Pero ahora no tienen excusa por su pecado. ²³El que me aborrece a mí, también aborrece a mi Padre. ²⁴Si yo no hubiera hecho entre ellos las obras que ningún otro antes ha realizado, no serían culpables de pecado. Pero ahora las han visto, y sin embargo a mí y a mi Padre nos han aborrecido. ²⁵Pero esto sucede para que se cumpla lo que está escrito en la ley de ellos: "Me odiaron sin motivo."ˡ

²⁶»Cuando venga el *Consolador, que yo les enviaré de parte del Padre, el Espíritu de verdad que procede del Padre, él testificará acerca de mí. ²⁷Y también ustedes darán testimonio porque han estado conmigo desde el principio.

16 »Todo esto les he dicho para que no flaquee su fe. ²Los expulsarán de las sinagogas; y hasta viene el día en que cualquiera que los mate pensará que le está prestando un servicio a Dios. ³Actuarán de este modo porque no nos han conocido ni al Padre ni a mí. ⁴Y les digo esto para que cuando llegue ese día se acuerden de que ya se lo había advertido. Sin embargo, no les dije esto al principio porque yo estaba con ustedes.

La obra del Espíritu Santo

⁵»Ahora vuelvo al que me envió, pero ninguno de ustedes me pregunta: "¿A dónde vas?" ⁶Al contrario, como les he dicho estas cosas, se han entristecido mucho. ⁷Pero les digo la verdad: Les conviene que me vaya porque, si no lo hago, el *Consolador no vendrá a ustedes; en

does not know his master's business. Instead, I have called you friends, for everything that I learned from my Father I have made known to you. ¹⁶You did not choose me, but I chose you and appointed you to go and bear fruit—fruit that will last. Then the Father will give you whatever you ask in my name. ¹⁷This is my command: Love each other.

The World Hates the Disciples

¹⁸"If the world hates you, keep in mind that it hated me first. ¹⁹If you belonged to the world, it would love you as its own. As it is, you do not belong to the world, but I have chosen you out of the world. That is why the world hates you. ²⁰Remember the words I spoke to you: 'No servant is greater than his master.'ᵛ If they persecuted me, they will persecute you also. If they obeyed my teaching, they will obey yours also. ²¹They will treat you this way because of my name, for they do not know the One who sent me. ²²If I had not come and spoken to them, they would not be guilty of sin. Now, however, they have no excuse for their sin. ²³He who hates me hates my Father as well. ²⁴If I had not done among them what no one else did, they would not be guilty of sin. But now they have seen these miracles, and yet they have hated both me and my Father. ²⁵But this is to fulfill what is written in their Law: 'They hated me without reason.'ʷ

²⁶"When the Counselor comes, whom I will send to you from the Father, the Spirit of truth who goes out from the Father, he will testify about me. ²⁷And you also must testify, for you have been with me from the beginning.

16 "All this I have told you so that you will not go astray. ²They will put you out of the synagogue; in fact, a time is coming when anyone who kills you will think he is offering a service to God. ³They will do such things because they have not known the Father or me. ⁴I have told you this, so that when the time comes you will remember that I warned you. I did not tell you this at first because I was with you.

The Work of the Holy Spirit

⁵"Now I am going to him who sent me, yet none of you asks me, 'Where are you going?' ⁶Because I have said these things, you are filled with grief. ⁷But I tell you the truth: It is for your good that I am going away. Unless I go away, the Counselor will not come to you; but if I go, I will send him to you. ⁸When he

---

ᵏ15:20 Jn 13:16   ˡ15:25 Sal 35:19; 69:4   ᵛ20 John 13:16   ʷ25 Psalms 35:19; 69:4

cambio, si me voy, se lo enviaré a ustedes. **8**Y cuando él venga, convencerá al mundo de su error*m* en cuanto al pecado, a la justicia y al juicio; **9**en cuanto al pecado, porque no creen en mí; **10**en cuanto a la justicia, porque voy al Padre y ustedes ya no podrán verme; **11**y en cuanto al juicio, porque el príncipe de este mundo ya ha sido juzgado.

12»Muchas cosas me quedan aún por decirles, que por ahora no podrían soportar. **13**Pero cuando venga el Espíritu de la verdad, él los guiará a toda la verdad, porque no hablará por su propia cuenta sino que dirá sólo lo que oiga y les anunciará las cosas por venir. **14**Él me glorificará porque tomará de lo mío y se lo dará a conocer a ustedes. **15**Todo cuanto tiene el Padre es mío. Por eso les dije que el Espíritu tomará de lo mío y se lo dará a conocer a ustedes.

16»Dentro de poco ya no me verán; pero un poco después volverán a verme.

La despedida de Jesús

17Algunos de sus discípulos comentaban entre sí:

«¿Qué quiere decir con eso de que "dentro de poco ya no me verán", y "un poco después volverán a verme", y "porque voy al Padre"?» **18**E insistían: «¿Qué quiere decir con eso de "dentro de poco"? No sabemos de qué habla.»

19Jesús se dio cuenta de que querían hacerle preguntas acerca de esto, así que les dijo:

—¿Se están preguntando qué quise decir cuando dije: "Dentro de poco ya no me verán", y "un poco después volverán a verme"? **20**Ciertamente les aseguro que ustedes llorarán de dolor, mientras que el mundo se alegrará. Se pondrán tristes, pero su tristeza se convertirá en alegría. **21**La mujer que está por dar a luz siente dolores porque ha llegado su momento, pero en cuanto nace la criatura se olvida de su angustia por la alegría de haber traído al mundo un nuevo ser. **22**Lo mismo les pasa a ustedes: Ahora están tristes, pero cuando vuelva a verlos se alegrarán, y nadie les va a quitar esa alegría. **23**En aquel día ya no me preguntarán nada. Ciertamente les aseguro que mi Padre les dará todo lo que le pidan en mi nombre. **24**Hasta ahora no han pedido nada en mi nombre. Pidan y recibirán, para que su alegría sea completa.

25»Les he dicho todo esto por medio de comparaciones, pero viene la hora en que ya no les hablaré así, sino que les hablaré claramente acerca de mi Padre. **26**En aquel día pedirán en mi nombre. Y no digo que voy a rogar por

comes, he will convict the world of guilt*x* in regard to sin and righteousness and judgment: **9**in regard to sin, because men do not believe in me; **10**in regard to righteousness, because I am going to the Father, where you can see me no longer; **11**and in regard to judgment, because the prince of this world now stands condemned.

12"I have much more to say to you, more than you can now bear. **13**But when he, the Spirit of truth, comes, he will guide you into all truth. He will not speak on his own; he will speak only what he hears, and he will tell you what is yet to come. **14**He will bring glory to me by taking from what is mine and making it known to you. **15**All that belongs to the Father is mine. That is why I said the Spirit will take from what is mine and make it known to you.

16"In a little while you will see me no more, and then after a little while you will see me."

The Disciples' Grief Will Turn to Joy

17Some of his disciples said to one another, "What does he mean by saying, 'In a little while you will see me no more, and then after a little while you will see me,' and 'Because I am going to the Father'? **18**They kept asking, "What does he mean by 'a little while'? We don't understand what he is saying."

19Jesus saw that they wanted to ask him about this, so he said to them, "Are you asking one another what I meant when I said, 'In a little while you will see me no more, and then after a little while you will see me'? **20**I tell you the truth, you will weep and mourn while the world rejoices. You will grieve, but your grief will turn to joy. **21**A woman giving birth to a child has pain because her time has come; but when her baby is born she forgets the anguish because of her joy that a child is born into the world. **22**So with you: Now is your time of grief, but I will see you again and you will rejoice, and no one will take away your joy. **23**In that day you will no longer ask me anything. I tell you the truth, my Father will give you whatever you ask in my name. **24**Until now you have not asked for anything in my name. Ask and you will receive, and your joy will be complete.

25"Though I have been speaking figuratively, a time is coming when I will no longer use this kind of language but will tell you plainly about my Father. **26**In that day you will ask in my name. I am not saying that I will ask the Father

---

m **16:8** *convencerá … error.* Alt. *pondrá en evidencia la culpa del mundo.*

x **8** Or *will expose the guilt of the world*

ustedes al Padre, 27ya que el Padre mismo los
ama porque me han amado y han creído que yo
he venido de parte de Dios. 28Salí del Padre y
vine al mundo; ahora dejo de nuevo el mundo y
vuelvo al Padre.

29—Ahora sí estás hablando directamente, sin
vueltas ni rodeos —le dijeron sus discípulos—.
30Ya podemos ver que sabes todas las cosas, y
que ni siquiera necesitas que nadie te haga preguntas. Por esto creemos que saliste de Dios.

31—¿Hasta ahora me creen?ⁿ —contestó
Jesús—. 32Miren que la hora viene, y ya está
aquí, en que ustedes serán dispersados, y cada
uno se irá a su propia casa y a mí me dejarán
solo. Sin embargo, solo no estoy, porque el
Padre está conmigo. 33Yo les he dicho estas
cosas para que en mí hallen paz. En este mundo
afrontarán aflicciones, pero ¡anímense Yo he
vencido al mundo.

Jesús ora por sí mismo

17 Después de que Jesús dijo esto, dirigió
la mirada al cielo y oró así:

«Padre, ha llegado la hora. Glorifica a tu
Hijo, para que tu Hijo te glorifique a ti, 2ya que
le has conferido autoridad sobre todo *mortal
para que él les conceda vida eterna a todos los
que le has dado. 3Y ésta es la vida eterna: que
te conozcan a ti, el único Dios verdadero, y a
*Jesucristo, a quien tú has enviado. 4Yo te he
glorificado en la tierra, y he llevado a cabo la
obra que me encomendaste. 5Y ahora, Padre,
glorifícame en tu presencia con la gloria que
tuve contigo antes de que el mundo existiera.

Jesús ora por sus discípulos

6»A los que me diste del mundo les he
revelado quién eres.ñ Eran tuyos; tú me los
diste y ellos han obedecido tu palabra. 7Ahora
saben que todo lo que me has dado viene de ti,
8porque les he entregado las palabras que me
diste, y ellos las aceptaron; saben con certeza
que salí de ti, y han creído que tú me enviaste.
9Ruego por ellos. No ruego por el mundo, sino
por los que me has dado, porque son tuyos.
10Todo lo que yo tengo es tuyo, y todo lo que
tú tienes es mío; y por medio de ellos he sido
glorificado. 11Ya no voy a estar por más tiempo en el mundo, pero ellos están todavía en el
mundo, y yo vuelvo a ti.

»Padre santo, protégelos con el poder de tu
nombre, el nombre que me diste, para que sean
uno, lo mismo que nosotros. 12Mientras estaba
con ellos, los protegía y los preservaba me-

on your behalf. 27No, the Father himself loves
you because you have loved me and have believed that I came from God. 28I came from the
Father and entered the world; now I am leaving
the world and going back to the Father."

29Then Jesus' disciples said, "Now you are
speaking clearly and without figures of speech.
30Now we can see that you know all things and
that you do not even need to have anyone ask
you questions. This makes us believe that you
came from God."

31"You believe at last "ʸ Jesus answered.
32"But a time is coming, and has come, when
you will be scattered, each to his own home. You
will leave me all alone. Yet I am not alone, for
my Father is with me.

33"I have told you these things, so that in me
you may have peace. In this world you will have
trouble. But take heart I have overcome the
world."

Jesus Prays for Himself

17 After Jesus said this, he looked toward
heaven and prayed:

"Father, the time has come. Glorify your
Son, that your Son may glorify you. 2For you
granted him authority over all people that he
might give eternal life to all those you have
given him. 3Now this is eternal life: that they
may know you, the only true God, and Jesus
Christ, whom you have sent. 4I have brought
you glory on earth by completing the work you
gave me to do. 5And now, Father, glorify me
in your presence with the glory I had with you
before the world began.

Jesus Prays for His Disciples

6"I have revealed youᶻ to those whom you
gave me out of the world. They were yours;
you gave them to me and they have obeyed
your word. 7Now they know that everything
you have given me comes from you. 8For I
gave them the words you gave me and they
accepted them. They knew with certainty that
I came from you, and they believed that you
sent me. 9I pray for them. I am not praying for
the world, but for those you have given me,
for they are yours. 10All I have is yours, and
all you have is mine. And glory has come to
me through them. 11I will remain in the world
no longer, but they are still in the world, and I
am coming to you. Holy Father, protect them
by the power of your name—the name you
gave me—so that they may be one as we are

ⁿ16:31 ¿Hasta … creen? Alt. ¿Ahora creen?   ñ17:6 quién
eres. Lit. tu nombre; también en v. 26.   ʸ31 Or "Do you now believe?"   ᶻ6 Greek your name; also
in verse 26

diante el nombre que me diste, y ninguno se perdió sino aquel que nació para perderse, a fin de que se cumpliera la Escritura.

13»Ahora vuelvo a ti, pero digo estas cosas mientras todavía estoy en el mundo, para que tengan mi alegría en plenitud. 14Yo les he entregado tu palabra, y el mundo los ha odiado porque no son del mundo, como tampoco yo soy del mundo. 15No te pido que los quites del mundo, sino que los protejas del maligno. 16Ellos no son del mundo, como tampoco lo soy yo. 17*Santifícalos en la verdad; tu palabra es la verdad. 18Como tú me enviaste al mundo, yo los envío también al mundo. 19Y por ellos me santifico a mí mismo, para que también ellos sean santificados en la verdad.

Jesús ora por todos los creyentes

20»No ruego sólo por éstos. Ruego también por los que han de creer en mí por el mensaje de ellos, 21para que todos sean uno. Padre, así como tú estás en mí y yo en ti, permite que ellos también estén en nosotros, para que el mundo crea que tú me has enviado. 22Yo les he dado la gloria que me diste, para que sean uno, así como nosotros somos uno: 23yo en ellos y tú en mí. Permite que alcancen la *perfección en la unidad, y así el mundo reconozca que tú me enviaste y que los has amado a ellos tal como me has amado a mí.

24»Padre, quiero que los que me has dado estén conmigo donde yo estoy. Que vean mi gloria, la gloria que me has dado porque me amaste desde antes de la creación del mundo. 25»Padre justo, aunque el mundo no te conoce, yo sí te conozco, y éstos reconocen que tú me enviaste. 26Yo les he dado a conocer quién eres, y seguiré haciéndolo, para que el amor con que me has amado esté en ellos, y yo mismo esté en ellos.»

Arresto de Jesús

18 Cuando Jesús terminó de orar, salió con sus discípulos y cruzó el arroyo de Cedrón. Al otro lado había un huerto en el que entró con sus discípulos.

2También Judas, el que lo traicionaba, conocía aquel lugar, porque muchas veces Jesús se había reunido allí con sus discípulos. 3Así que Judas llegó al huerto, a la cabeza de un destacamento[o] de soldados y guardias de los jefes de los sacerdotes y de los *fariseos. Llevaban antorchas, lámparas y armas. 4Jesús, que sabía todo lo que le iba a suceder, les salió al encuentro.

one. 12While I was with them, I protected them and kept them safe by that name you gave me. None has been lost except the one doomed to destruction so that Scripture would be fulfilled.

13"I am coming to you now, but I say these things while I am still in the world, so that they may have the full measure of my joy within them. 14I have given them your word and the world has hated them, for they are not of the world any more than I am of the world. 15My prayer is not that you take them out of the world but that you protect them from the evil one. 16They are not of the world, even as I am not of it. 17Sanctify[a] them by the truth; your word is truth. 18As you sent me into the world, I have sent them into the world. 19For them I sanctify myself, that they too may be truly sanctified.

Jesus Prays for All Believers

20"My prayer is not for them alone. I pray also for those who will believe in me through their message, 21that all of them may be one, Father, just as you are in me and I am in you. May they also be in us so that the world may believe that you have sent me. 22I have given them the glory that you gave me, that they may be one as we are one: 23I in them and you in me. May they be brought to complete unity to let the world know that you sent me and have loved them even as you have loved me.

24"Father, I want those you have given me to be with me where I am, and to see my glory, the glory you have given me because you loved me before the creation of the world. 25"Righteous Father, though the world does not know you, I know you, and they know that you have sent me. 26I have made you known to them, and will continue to make you known in order that the love you have for me may be in them and that I myself may be in them."

Jesus Arrested

18 When he had finished praying, Jesus left with his disciples and crossed the Kidron Valley. On the other side there was an olive grove, and he and his disciples went into it.

2Now Judas, who betrayed him, knew the place, because Jesus had often met there with his disciples. 3So Judas came to the grove, guiding a detachment of soldiers and some officials from the chief priests and Pharisees. They were carrying torches, lanterns and weapons.

---

o 18:3 *un destacamento.* Lit. *una cohorte* (que tenía 600 soldados).

a 17 Greek *hagiazo* (*set apart for sacred use* or *make holy*); also in verse 19

—¿A quién buscan? —les preguntó.

5—A Jesús de Nazaret —contestaron.

—Yo soy.

Judas, el traidor, estaba con ellos. 6Cuando Jesús les dijo: «Yo soy», dieron un paso atrás y se desplomaron.

7—¿A quién buscan? —volvió a preguntarles Jesús.

—A Jesús de Nazaret —repitieron.

8—Ya les dije que yo soy. Si es a mí a quien buscan, dejen que éstos se vayan.

9Esto sucedió para que se cumpliera lo que había dicho: «De los que me diste ninguno se perdió.»p

10Simón Pedro, que tenía una espada, la desenfundó e hirió al siervo del sumo sacerdote, cortándole la oreja derecha. (El siervo se llamaba Malco.)

11—¡Vuelve esa espada a su funda —le ordenó Jesús a Pedro—. ¿Acaso no he de beber el trago amargo que el Padre me da a beber?

Jesús ante Anás

12Entonces los soldados, con su comandante, y los guardias de los judíos, arrestaron a Jesús. Lo ataron 13y lo llevaron primeramente a Anás, que era suegro de Caifás, el sumo sacerdote de aquel año. 14Caifás era el que había aconsejado a los judíos que era preferible que muriera un solo hombre por el pueblo.

Pedro niega a Jesús

15Simón Pedro y otro discípulo seguían a Jesús. Y como el otro discípulo era conocido del sumo sacerdote, entró en el patio del sumo sacerdote con Jesús; 16Pedro, en cambio, tuvo que quedarse afuera, junto a la puerta. El discípulo conocido del sumo sacerdote volvió entonces a salir, habló con la portera de turno y consiguió que Pedro entrara.

17—¿No eres tú también uno de los discípulos de ese hombre? —le preguntó la portera.

—No lo soy —respondió Pedro.

18Los criados y los guardias estaban de pie alrededor de una fogata que habían hecho para calentarse, pues hacía frío. Pedro también estaba de pie con ellos, calentándose.

Jesús ante el sumo sacerdote

19Mientras tanto, el sumo sacerdote interrogaba a Jesús acerca de sus discípulos y de sus enseñanzas.

20—Yo he hablado abiertamente al mundo —respondió Jesús—. Siempre he enseñado en las sinagogas o en el *templo, donde se congregan todos los judíos. En secreto no he dicho nada.

4Jesus, knowing all that was going to happen to him, went out and asked them, "Who is it you want?"

5"Jesus of Nazareth," they replied.

"I am he," Jesus said. (And Judas the traitor was standing there with them.) 6When Jesus said, "I am he," they drew back and fell to the ground.

7Again he asked them, "Who is it you want?"

And they said, "Jesus of Nazareth."

8"I told you that I am he," Jesus answered. "If you are looking for me, then let these men go." 9This happened so that the words he had spoken would be fulfilled: "I have not lost one of those you gave me." b

10Then Simon Peter, who had a sword, drew it and struck the high priest's servant, cutting off his right ear. (The servant's name was Malchus.)

11Jesus commanded Peter, "Put your sword away Shall I not drink the cup the Father has given me?"

Jesus Taken to Annas

12Then the detachment of soldiers with its commander and the Jewish officials arrested Jesus. They bound him 13and brought him first to Annas, who was the father-in-law of Caiaphas, the high priest that year. 14Caiaphas was the one who had advised the Jews that it would be good if one man died for the people.

Peter's First Denial

15Simon Peter and another disciple were following Jesus. Because this disciple was known to the high priest, he went with Jesus into the high priest's courtyard, 16but Peter had to wait outside at the door. The other disciple, who was known to the high priest, came back, spoke to the girl on duty there and brought Peter in.

17"You are not one of his disciples, are you?" the girl at the door asked Peter.

He replied, "I am not."

18It was cold, and the servants and officials stood around a fire they had made to keep warm. Peter also was standing with them, warming himself.

The High Priest Questions Jesus

19Meanwhile, the high priest questioned Jesus about his disciples and his teaching.

20"I have spoken openly to the world," Jesus replied. "I always taught in synagogues or at the temple, where all the Jews come together. I said

21¿Por qué me interrogas a mí? ¡Interroga a los que me han oído hablar Ellos deben saber lo que dije.

22Apenas dijo esto, uno de los guardias que estaba allí cerca le dio una bofetada y le dijo:

—¿Así contestas al sumo sacerdote?

23—Si he dicho algo malo —replicó Jesús—, demuéstramelo. Pero si lo que dije es correcto, ¿por qué me pegas?

24Entonces Anás lo envió,*q* todavía atado, a Caifás, el sumo sacerdote.

Pedro niega de nuevo a Jesús

25Mientras tanto, Simón Pedro seguía de pie, calentándose.

—¿No eres tú también uno de sus discípulos? —le preguntaron.

—No lo soy —dijo Pedro, negándolo.

26—¿Acaso no te vi en el huerto con él? —insistió uno de los siervos del sumo sacerdote, pariente de aquel a quien Pedro le había cortado la oreja.

27Pedro volvió a negarlo, y en ese instante cantó el gallo.

Jesús ante Pilato

28Luego los judíos llevaron a Jesús de la casa de Caifás al palacio del gobernador romano.*r* Como ya amanecía, los judíos no entraron en el palacio, pues de hacerlo se *contaminarían ritualmente y no podrían comer la Pascua. 29Así que Pilato salió a interrogarlos:

—¿De qué delito acusan a este hombre?

30—Si no fuera un malhechor —respondieron—, no te lo habríamos entregado.

31—Pues llévenselo ustedes y júzguenlo según su propia ley —les dijo Pilato.

—Nosotros no tenemos ninguna autoridad para ejecutar a nadie —objetaron los judíos.

32Esto sucedió para que se cumpliera lo que Jesús había dicho, al indicar la clase de muerte que iba a sufrir.

33Pilato volvió a entrar en el palacio y llamó a Jesús.

—¿Eres tú el rey de los judíos? —le preguntó.

34—¿Eso lo dices tú —le respondió Jesús—, o es que otros te han hablado de mí?

35—¿Acaso soy judío? —replicó Pilato—. Han sido tu propio pueblo y los jefes de los sacerdotes los que te entregaron a mí. ¿Qué has hecho?

36—Mi reino no es de este mundo —contestó Jesús—. Si lo fuera, mis propios guardias pelearían para impedir que los judíos me arrestaran. Pero mi reino no es de este mundo.

37—¡Así que eres rey —le dijo Pilato.

nothing in secret. 21Why question me? Ask those who heard me. Surely they know what I said."

22When Jesus said this, one of the officials nearby struck him in the face. "Is this the way you answer the high priest?" he demanded.

23"If I said something wrong," Jesus replied, "testify as to what is wrong. But if I spoke the truth, why did you strike me?" 24Then Annas sent him, still bound, to Caiaphas the high priest.*c*

Peter's Second and Third Denials

25As Simon Peter stood warming himself, he was asked, "You are not one of his disciples, are you?"

He denied it, saying, "I am not."

26One of the high priest's servants, a relative of the man whose ear Peter had cut off, challenged him, "Didn't I see you with him in the olive grove?" 27Again Peter denied it, and at that moment a rooster began to crow.

Jesus Before Pilate

28Then the Jews led Jesus from Caiaphas to the palace of the Roman governor. By now it was early morning, and to avoid ceremonial uncleanness the Jews did not enter the palace; they wanted to be able to eat the Passover. 29So Pilate came out to them and asked, "What charges are you bringing against this man?"

30"If he were not a criminal," they replied, "we would not have handed him over to you."

31Pilate said, "Take him yourselves and judge him by your own law."

"But we have no right to execute anyone," the Jews objected. 32This happened so that the words Jesus had spoken indicating the kind of death he was going to die would be fulfilled.

33Pilate then went back inside the palace, summoned Jesus and asked him, "Are you the king of the Jews?"

34"Is that your own idea," Jesus asked, "or did others talk to you about me?"

35"Am I a Jew?" Pilate replied. "It was your people and your chief priests who handed you over to me. What is it you have done?"

36Jesus said, "My kingdom is not of this world. If it were, my servants would fight to prevent my arrest by the Jews. But now my kingdom is from another place."

---

q 18:24 *Entonces ... envió.* Alt. *Ahora bien, Anás lo había enviado.* *r* 18:28 *al ... romano.* Lit. *al pretorio.*

c 24 Or (*Now Annas had sent him, still bound, to Caiaphas the high priest.*)

—Eres tú quien dice que soy rey. Yo para esto nací, y para esto vine al mundo: para dar testimonio de la verdad. Todo el que está de parte de la verdad escucha mi voz.

38—¿Y qué es la verdad? —preguntó Pilato.

Dicho esto, salió otra vez a ver a los judíos.

—Yo no encuentro que éste sea culpable de nada —declaró—. **39**Pero como ustedes tienen la costumbre de que les suelte a un preso durante la Pascua, ¿quieren que les suelte al "rey de los judíos"?

40—¡No, no sueltes a ése; suelta a Barrabás —volvieron a gritar desaforadamente.

Y Barrabás era un bandido.*s*

La sentencia

19 Pilato tomó entonces a Jesús y mandó que lo azotaran. **2**Los soldados, que habían tejido una corona de espinas, se la pusieron a Jesús en la cabeza y lo vistieron con un manto de color púrpura.

3—¡Viva el rey de los judíos —le gritaban, mientras se le acercaban para abofetearlo.

4Pilato volvió a salir.

—Aquí lo tienen —dijo a los judíos—. Lo he sacado para que sepan que no lo encuentro culpable de nada.

5Cuando salió Jesús, llevaba puestos la corona de espinas y el manto de color púrpura.

—¡Aquí tienen al hombre —les dijo Pilato.

6Tan pronto como lo vieron, los jefes de los sacerdotes y los guardias gritaron a voz en cuello:

—¡Crucifícalo ¡Crucifícalo

—Pues llévenselo y crucifíquenlo ustedes —replicó Pilato—. Por mi parte, no lo encuentro culpable de nada.

7—Nosotros tenemos una ley, y según esa ley debe morir, porque se ha hecho pasar por Hijo de Dios —insistieron los judíos.

8Al oír esto, Pilato se atemorizó aún más, **9**así que entró de nuevo en el palacio y le preguntó a Jesús:

—¿De dónde eres tú?

Pero Jesús no le contestó nada.

10—¿Te niegas a hablarme? —le dijo Pilato—. ¿No te das cuenta de que tengo poder para ponerte en libertad o para mandar que te crucifiquen?

11—No tendrías ningún poder sobre mí si no se te hubiera dado de arriba —le contestó Jesús—. Por eso el que me puso en tus manos es culpable de un pecado más grande.

12Desde entonces Pilato procuraba poner en libertad a Jesús, pero los judíos gritaban desaforadamente:

—Si dejas en libertad a este hombre, no eres

37"You are a king, then " said Pilate.

Jesus answered, "You are right in saying I am a king. In fact, for this reason I was born, and for this I came into the world, to testify to the truth. Everyone on the side of truth listens to me."

38"What is truth?" Pilate asked. With this he went out again to the Jews and said, "I find no basis for a charge against him. **39**But it is your custom for me to release to you one prisoner at the time of the Passover. Do you want me to release 'the king of the Jews'?"

40They shouted back, "No, not him Give us Barabbas " Now Barabbas had taken part in a rebellion.

Jesus Sentenced to be Crucified

19 Then Pilate took Jesus and had him flogged. **2**The soldiers twisted together a crown of thorns and put it on his head. They clothed him in a purple robe **3**and went up to him again and again, saying, "Hail, king of the Jews " And they struck him in the face.

4Once more Pilate came out and said to the Jews, "Look, I am bringing him out to you to let you know that I find no basis for a charge against him." **5**When Jesus came out wearing the crown of thorns and the purple robe, Pilate said to them, "Here is the man "

6As soon as the chief priests and their officials saw him, they shouted, "Crucify Crucify "

But Pilate answered, "You take him and crucify him. As for me, I find no basis for a charge against him."

7The Jews insisted, "We have a law, and according to that law he must die, because he claimed to be the Son of God."

8When Pilate heard this, he was even more afraid, **9**and he went back inside the palace. "Where do you come from?" he asked Jesus, but Jesus gave him no answer. **10**"Do you refuse to speak to me?" Pilate said. "Don't you realize I have power either to free you or to crucify you?"

11Jesus answered, "You would have no power over me if it were not given to you from above. Therefore the one who handed me over to you is guilty of a greater sin."

12From then on, Pilate tried to set Jesus free, but the Jews kept shouting, "If you let this man go, you are no friend of Caesar. Anyone who claims to be a king opposes Caesar."

13When Pilate heard this, he brought Jesus out and sat down on the judge's seat at a place

s **18:40** *bandido.* Alt. *insurgente.*

amigo del *emperador. Cualquiera que pretende ser rey se hace su enemigo.

13Al oír esto, Pilato llevó a Jesús hacia fuera y se sentó en el tribunal, en un lugar al que llamaban el Empedrado (que en arameo se dice Gabatá). 14Era el día de la preparación para la Pascua, cerca del mediodía.¹

—Aquí tienen a su rey —dijo Pilato a los judíos.

15—¡Fuera ¡Fuera ¡Crucifícalo —vociferaron.

—¿Acaso voy a crucificar a su rey? —replicó Pilato.

—No tenemos más rey que el emperador romano —contestaron los jefes de los sacerdotes.

16Entonces Pilato se lo entregó para que lo crucificaran, y los soldados se lo llevaron.

La crucifixión

17Jesús salió cargando su propia cruz hacia el lugar de la Calavera (que en arameo se llama Gólgota). 18Allí lo crucificaron, y con él a otros dos, uno a cada lado y Jesús en medio.

19Pilato mandó que se pusiera sobre la cruz un letrero en el que estuviera escrito: «JESÚS DE NAZARET, REY DE LOS JUDÍOS.» 20Muchos de los judíos lo leyeron, porque el sitio en que crucificaron a Jesús estaba cerca de la ciudad. El letrero estaba escrito en arameo, latín y griego.

21—No escribas "Rey de los judíos" —protestaron ante Pilato los jefes de los sacerdotes judíos—. Era él quien decía ser rey de los judíos.

22—Lo que he escrito, escrito queda —les contestó Pilato.

23Cuando los soldados crucificaron a Jesús, tomaron su manto y lo partieron en cuatro partes, una para cada uno de ellos. Tomaron también la túnica, la cual no tenía costura, sino que era de una sola pieza, tejida de arriba abajo.

24—No la dividamos —se dijeron unos a otros—. Echemos suertes para ver a quién le toca.

Y así lo hicieron los soldados. Esto sucedió para que se cumpliera la Escritura que dice:

«Se repartieron entre ellos mi manto,
y sobre mi ropa echaron suertes.»ᵘ

25Junto a la cruz de Jesús estaban su madre, la hermana de su madre, María la esposa de Cleofas, y María Magdalena. 26Cuando Jesús vio a su madre, y a su lado al discípulo a quien él amaba, dijo a su madre:

known as the Stone Pavement (which in Aramaic is Gabbatha). 14It was the day of Preparation of Passover Week, about the sixth hour.

"Here is your king," Pilate said to the Jews.

15But they shouted, "Take him away Take him away Crucify him "

"Shall I crucify your king?" Pilate asked.

"We have no king but Caesar," the chief priests answered.

16Finally Pilate handed him over to them to be crucified.

The Crucifixion

So the soldiers took charge of Jesus. 17Carrying his own cross, he went out to the place of the Skull (which in Aramaic is called Golgotha). 18Here they crucified him, and with him two others—one on each side and Jesus in the middle.

19Pilate had a notice prepared and fastened to the cross. It read: JESUS OF NAZARETH, THE KING OF THE JEWS. 20Many of the Jews read this sign, for the place where Jesus was crucified was near the city, and the sign was written in Aramaic, Latin and Greek. 21The chief priests of the Jews protested to Pilate, "Do not write 'The King of the Jews,' but that this man claimed to be king of the Jews."

22Pilate answered, "What I have written, I have written."

23When the soldiers crucified Jesus, they took his clothes, dividing them into four shares, one for each of them, with the undergarment remaining. This garment was seamless, woven in one piece from top to bottom.

24"Let's not tear it," they said to one another. "Let's decide by lot who will get it."

This happened that the scripture might be fulfilled which said,

"They divided my garments among them
and cast lots for my clothing." ᵈ

So this is what the soldiers did.

25Near the cross of Jesus stood his mother, his mother's sister, Mary the wife of Clopas, and Mary Magdalene. 26When Jesus saw his mother there, and the disciple whom he loved standing nearby, he said to his mother, "Dear woman, here is your son," 27and to the disciple, "Here

---

ᶦ19:14 del mediodía. Alt. de las seis de la mañana (si se cuentan las horas a partir de la medianoche, según la hora romana). Lit. de la hora sexta; véase nota en 1:39.
ᵘ19:24 Sal 22:18

ᵈ24 Psalm 22:18

—Mujer, ahí tienes a tu hijo.

²⁷Luego dijo al discípulo:

—Ahí tienes a tu madre.

Y desde aquel momento ese discípulo la recibió en su casa.

Muerte de Jesús

²⁸Después de esto, como Jesús sabía que ya todo había terminado, y para que se cumpliera la Escritura, dijo:

—Tengo sed.

²⁹Había allí una vasija llena de vinagre; así que empaparon una esponja en el vinagre, la pusieron en una caña^v y se la acercaron a la boca. ³⁰Al probar Jesús el vinagre, dijo:

—Todo se ha cumplido.

Luego inclinó la cabeza y entregó el espíritu.

³¹Era el día de la preparación para la Pascua. Los judíos no querían que los cuerpos permanecieran en la cruz en *sábado, por ser éste un día muy solemne. Así que le pidieron a Pilato ordenar que les quebraran las piernas a los crucificados y bajaran sus cuerpos. ³²Fueron entonces los soldados y le quebraron las piernas al primer hombre que había sido crucificado con Jesús, y luego al otro. ³³Pero cuando se acercaron a Jesús y vieron que ya estaba muerto, no le quebraron las piernas, ³⁴sino que uno de los soldados le abrió el costado con una lanza, y al instante le brotó sangre y agua. ³⁵El que lo vio ha dado testimonio de ello, y su testimonio es verídico. Él sabe que dice la verdad, para que también ustedes crean. ³⁶Estas cosas sucedieron para que se cumpliera la Escritura: «No le quebrarán ningún hueso»^{w} ³⁷y, como dice otra Escritura: «Mirarán al que han traspasado.»^{x}

Sepultura de Jesús

³⁸Después de esto, José de Arimatea le pidió a Pilato el cuerpo de Jesús. José era discípulo de Jesús, aunque en secreto por miedo a los judíos. Con el permiso de Pilato, fue y retiró el cuerpo. ³⁹También Nicodemo, el que antes había visitado a Jesús de noche, llegó con unos treinta y cuatro kilos^y de una mezcla de mirra y áloe. ⁴⁰Ambos tomaron el cuerpo de Jesús y, conforme a la costumbre judía de dar sepultura, lo envolvieron en vendas con las especias aromáticas. ⁴¹En el lugar donde crucificaron a Jesús había un huerto, y en el huerto un sepulcro nuevo en el que todavía no se había sepultado a nadie. ⁴²Como era el día judío de la preparación, y el sepulcro estaba cerca, pusieron allí a Jesús.

is your mother." From that time on, this disciple took her into his home.

The Death of Jesus

²⁸Later, knowing that all was now completed, and so that the Scripture would be fulfilled, Jesus said, "I am thirsty." ²⁹A jar of wine vinegar was there, so they soaked a sponge in it, put the sponge on a stalk of the hyssop plant, and lifted it to Jesus' lips. ³⁰When he had received the drink, Jesus said, "It is finished." With that, he bowed his head and gave up his spirit.

³¹Now it was the day of Preparation, and the next day was to be a special Sabbath. Because the Jews did not want the bodies left on the crosses during the Sabbath, they asked Pilate to have the legs broken and the bodies taken down. ³²The soldiers therefore came and broke the legs of the first man who had been crucified with Jesus, and then those of the other. ³³But when they came to Jesus and found that he was already dead, they did not break his legs. ³⁴Instead, one of the soldiers pierced Jesus' side with a spear, bringing a sudden flow of blood and water. ³⁵The man who saw it has given testimony, and his testimony is true. He knows that he tells the truth, and he testifies so that you also may believe. ³⁶These things happened so that the scripture would be fulfilled: "Not one of his bones will be broken," ^{e} ³⁷and, as another scripture says, "They will look on the one they have pierced." ^{f}

The Burial of Jesus

³⁸Later, Joseph of Arimathea asked Pilate for the body of Jesus. Now Joseph was a disciple of Jesus, but secretly because he feared the Jews. With Pilate's permission, he came and took the body away. ³⁹He was accompanied by Nicodemus, the man who earlier had visited Jesus at night. Nicodemus brought a mixture of myrrh and aloes, about seventy-five pounds.^{g} ⁴⁰Taking Jesus' body, the two of them wrapped it, with the spices, in strips of linen. This was in accordance with Jewish burial customs. ⁴¹At the place where Jesus was crucified, there was a garden, and in the garden a new tomb, in which no one had ever been laid. ⁴²Because it was the Jewish day of Preparation and since the tomb was nearby, they laid Jesus there.

---

^{v}**19:29** *una caña.* Lit. *una rama de hisopo.*
^{w}**19:36** Ex 12:46; Nm 9:12; Sal 34:20 ^{x}**19:37** Zac 12:10
^{y}**19:39** *unos … kilos.* Lit. *como cien litrai.*

^{e}36 Exodus 12:46; Num. 9:12; Psalm 34:20 ^{f}37 Zech. 12:10 ^{g}39 Greek *a hundred litrai* (about 34 kilograms)

El sepulcro vacío

20 El primer día de la semana, muy de mañana, cuando todavía estaba oscuro, María Magdalena fue al sepulcro y vio que habían quitado la piedra que cubría la entrada. ²Así que fue corriendo a ver a Simón Pedro y al otro discípulo, a quien Jesús amaba, y les dijo:

—¡Se han llevado del sepulcro al Señor, y no sabemos dónde lo han puesto

³Pedro y el otro discípulo se dirigieron entonces al sepulcro. ⁴Ambos fueron corriendo, pero como el otro discípulo corría más aprisa que Pedro, llegó primero al sepulcro. ⁵Inclinándose, se asomó y vio allí las vendas, pero no entró. ⁶Tras él llegó Simón Pedro, y entró en el sepulcro. Vio allí las vendas ⁷y el sudario que había cubierto la cabeza de Jesús, aunque el sudario no estaba con las vendas sino enrollado en un lugar aparte. ⁸En ese momento entró también el otro discípulo, el que había llegado primero al sepulcro; y vio y creyó. ⁹Hasta entonces no habían entendido la Escritura, que dice que Jesús tenía que resucitar.

Jesús se aparece a María Magdalena

¹⁰Los discípulos regresaron a su casa, ¹¹pero María se quedó afuera, llorando junto al sepulcro. Mientras lloraba, se inclinó para mirar dentro del sepulcro, ¹²y vio a dos ángeles vestidos de blanco, sentados donde había estado el cuerpo de Jesús, uno a la cabecera y otro a los pies.

¹³—¿Por qué lloras, mujer? —le preguntaron los ángeles.

—Es que se han llevado a mi Señor, y no sé dónde lo han puesto —les respondió.

¹⁴Apenas dijo esto, volvió la mirada y allí vio a Jesús de pie, aunque no sabía que era él. ¹⁵Jesús le dijo:

—¿Por qué lloras, mujer? ¿A quién buscas?

Ella, pensando que se trataba del que cuidaba el huerto, le dijo:

—Señor, si usted se lo ha llevado, dígame dónde lo ha puesto, y yo iré por él.

¹⁶—María —le dijo Jesús.

Ella se volvió y exclamó:

—¡Raboni (que en arameo significa: Maestro).

¹⁷—Suéltame,ᶻ porque todavía no he vuelto al Padre. Ve más bien a mis hermanos y diles: "Vuelvo a mi Padre, que es Padre de ustedes; a mi Dios, que es Dios de ustedes."

¹⁸María Magdalena fue a darles la noticia a los discípulos. «¡He visto al Señor », exclamaba, y les contaba lo que él le había dicho.

ᶻ **20:17** *Suéltame.* Lit. *No me toques.*

The Empty Tomb

20 Early on the first day of the week, while it was still dark, Mary Magdalene went to the tomb and saw that the stone had been removed from the entrance. ²So she came running to Simon Peter and the other disciple, the one Jesus loved, and said, "They have taken the Lord out of the tomb, and we don't know where they have put him "

³So Peter and the other disciple started for the tomb. ⁴Both were running, but the other disciple outran Peter and reached the tomb first. ⁵He bent over and looked in at the strips of linen lying there but did not go in. ⁶Then Simon Peter, who was behind him, arrived and went into the tomb. He saw the strips of linen lying there, ⁷as well as the burial cloth that had been around Jesus' head. The cloth was folded up by itself, separate from the linen. ⁸Finally the other disciple, who had reached the tomb first, also went inside. He saw and believed. ⁹(They still did not understand from Scripture that Jesus had to rise from the dead.)

Jesus Appears to Mary Magdalene

¹⁰Then the disciples went back to their homes, ¹¹but Mary stood outside the tomb crying. As she wept, she bent over to look into the tomb ¹²and saw two angels in white, seated where Jesus' body had been, one at the head and the other at the foot.

¹³They asked her, "Woman, why are you crying?"

"They have taken my Lord away," she said, "and I don't know where they have put him." ¹⁴At this, she turned around and saw Jesus standing there, but she did not realize that it was Jesus.

¹⁵"Woman," he said, "why are you crying? Who is it you are looking for?"

Thinking he was the gardener, she said, "Sir, if you have carried him away, tell me where you have put him, and I will get him."

¹⁶Jesus said to her, "Mary."

She turned toward him and cried out in Aramaic, "Rabboni " (which means Teacher).

¹⁷Jesus said, "Do not hold on to me, for I have not yet returned to the Father. Go instead to my brothers and tell them, 'I am returning to my Father and your Father, to my God and your God.'"

¹⁸Mary Magdalene went to the disciples with the news: "I have seen the Lord " And she told them that he had said these things to her.

Jesús se aparece a sus discípulos

19Al atardecer de aquel primer día de la semana, estando reunidos los discípulos a puerta cerrada por temor a los judíos, entró Jesús y, poniéndose en medio de ellos, los saludó.

—¡La paz sea con ustedes

20Dicho esto, les mostró las manos y el costado. Al ver al Señor, los discípulos se alegraron.

21—¡La paz sea con ustedes —repitió Jesús—. Como el Padre me envió a mí, así yo los envío a ustedes.

22Acto seguido, sopló sobre ellos y les dijo:

—Reciban el Espíritu Santo. **23**A quienes les perdonen sus pecados, les serán perdonados; a quienes no se los perdonen, no les serán perdonados.

Jesús se aparece a Tomás

24Tomás, al que apodaban el Gemelo,*a* y que era uno de los doce, no estaba con los discípulos cuando llegó Jesús. **25**Así que los otros discípulos le dijeron:

—¡Hemos visto al Señor

—Mientras no vea yo la marca de los clavos en sus manos, y meta mi dedo en las marcas y mi mano en su costado, no lo creeré —repuso Tomás.

26Una semana más tarde estaban los discípulos de nuevo en la casa, y Tomás estaba con ellos. Aunque las puertas estaban cerradas, Jesús entró y, poniéndose en medio de ellos, los saludó.

—¡La paz sea con ustedes

27Luego le dijo a Tomás:

—Pon tu dedo aquí y mira mis manos. Acérca tu mano y métela en mi costado. Y no seas incrédulo, sino hombre de fe.

28—¡Señor mío y Dios mío —exclamó Tomás.

29—Porque me has visto, has creído —le dijo Jesús—; *dichosos los que no han visto y sin embargo creen.

30Jesús hizo muchas otras señales milagrosas en presencia de sus discípulos, las cuales no están registradas en este libro. **31**Pero éstas se han escrito para que ustedes crean que Jesús es el *Cristo, el Hijo de Dios, y para que al creer en su nombre tengan vida.

Jesús y la pesca milagrosa

21 Después de esto Jesús se apareció de nuevo a sus discípulos, junto al lago de Tiberíades.*b* Sucedió de esta manera: **2**Estaban juntos Simón Pedro, Tomás (al que apodaban el

Jesus Appears to His Disciples

19On the evening of that first day of the week, when the disciples were together, with the doors locked for fear of the Jews, Jesus came and stood among them and said, "Peace be with you "
20After he said this, he showed them his hands and side. The disciples were overjoyed when they saw the Lord.

21Again Jesus said, "Peace be with you As the Father has sent me, I am sending you." **22**And with that he breathed on them and said, "Receive the Holy Spirit. **23**If you forgive anyone his sins, they are forgiven; if you do not forgive them, they are not forgiven."

Jesus Appears to Thomas

24Now Thomas (called Didymus), one of the Twelve, was not with the disciples when Jesus came. **25**So the other disciples told him, "We have seen the Lord "

But he said to them, "Unless I see the nail marks in his hands and put my finger where the nails were, and put my hand into his side, I will not believe it."

26A week later his disciples were in the house again, and Thomas was with them. Though the doors were locked, Jesus came and stood among them and said, "Peace be with you " **27**Then he said to Thomas, "Put your finger here; see my hands. Reach out your hand and put it into my side. Stop doubting and believe."

28Thomas said to him, "My Lord and my God "

29Then Jesus told him, "Because you have seen me, you have believed; blessed are those who have not seen and yet have believed."

30Jesus did many other miraculous signs in the presence of his disciples, which are not recorded in this book. **31**But these are written that you may*h* believe that Jesus is the Christ, the Son of God, and that by believing you may have life in his name.

Jesus and the Miraculous Catch of Fish

21 Afterward Jesus appeared again to his disciples, by the Sea of Tiberias.*i* It happened this way: **2**Simon Peter, Thomas (called Didymus), Nathanael from Cana in Galilee, the sons of Zebedee, and two other

---

a **20:24** *apodaban el Gemelo.* Lit. *llamaban Dídimos.*
b **21:1** Es decir, el mar de Galilea.

h **31** Some manuscripts *may continue to*   *i* **1** That is, Sea of Galilee

Gemelo[c]), Natanael, el de Caná de Galilea, los hijos de Zebedeo, y otros dos discípulos.

3—Me voy a pescar —dijo Simón Pedro.

—Nos vamos contigo —contestaron ellos.

Salieron, pues, de allí y se embarcaron, pero esa noche no pescaron nada.

4Al despuntar el alba Jesús se hizo presente en la orilla, pero los discípulos no se dieron cuenta de que era él.

5—Muchachos, ¿no tienen algo de comer? —les preguntó Jesús.

—No —respondieron ellos.

6—Tiren la red a la derecha de la barca, y pescarán algo.

Así lo hicieron, y era tal la cantidad de pescados que ya no podían sacar la red.

7—¡Es el Señor —dijo a Pedro el discípulo a quien Jesús amaba.

Tan pronto como Simón Pedro le oyó decir: «Es el Señor», se puso la ropa, pues estaba semidesnudo, y se tiró al agua. 8Los otros discípulos lo siguieron en la barca, arrastrando la red llena de pescados, pues estaban a escasos cien metros[d] de la orilla. 9Al desembarcar, vieron unas brasas con un pescado encima, y un pan.

10—Traigan algunos de los pescados que acaban de sacar —les dijo Jesús.

11Simón Pedro subió a bordo y arrastró hasta la orilla la red, la cual estaba llena de pescados de buen tamaño. Eran ciento cincuenta y tres, pero a pesar de ser tantos la red no se rompió.

12—Vengan a desayunar —les dijo Jesús.

Ninguno de los discípulos se atrevía a preguntarle: «¿Quién eres tú?», porque sabían que era el Señor. 13Jesús se acercó, tomó el pan y se lo dio a ellos, e hizo lo mismo con el pescado. 14Ésta fue la tercera vez que Jesús se apareció a sus discípulos después de haber *resucitado.

Jesús restituye a Pedro

15Cuando terminaron de desayunar, Jesús le preguntó a Simón Pedro:

—Simón, hijo de Juan, ¿me amas más que éstos?

—Sí, Señor, tú sabes que te quiero —contestó Pedro.

—Apacienta mis corderos —le dijo Jesús.

16Y volvió a preguntarle:

—Simón, hijo de Juan, ¿me amas?

—Sí, Señor, tú sabes que te quiero.

—Cuida de mis ovejas.

17Por tercera vez Jesús le preguntó:

—Simón, hijo de Juan, ¿me quieres?

disciples were together. 3"I'm going out to fish," Simon Peter told them, and they said, "We'll go with you." So they went out and got into the boat, but that night they caught nothing.

4Early in the morning, Jesus stood on the shore, but the disciples did not realize that it was Jesus.

5He called out to them, "Friends, haven't you any fish?"

"No," they answered.

6He said, "Throw your net on the right side of the boat and you will find some." When they did, they were unable to haul the net in because of the large number of fish.

7Then the disciple whom Jesus loved said to Peter, "It is the Lord " As soon as Simon Peter heard him say, "It is the Lord," he wrapped his outer garment around him (for he had taken it off) and jumped into the water. 8The other disciples followed in the boat, towing the net full of fish, for they were not far from shore, about a hundred yards.[j] 9When they landed, they saw a fire of burning coals there with fish on it, and some bread.

10Jesus said to them, "Bring some of the fish you have just caught."

11Simon Peter climbed aboard and dragged the net ashore. It was full of large fish, 153, but even with so many the net was not torn. 12Jesus said to them, "Come and have breakfast." None of the disciples dared ask him, "Who are you?" They knew it was the Lord. 13Jesus came, took the bread and gave it to them, and did the same with the fish. 14This was now the third time Jesus appeared to his disciples after he was raised from the dead.

Jesus Reinstates Peter

15When they had finished eating, Jesus said to Simon Peter, "Simon son of John, do you truly love me more than these?"

"Yes, Lord," he said, "you know that I love you."

Jesus said, "Feed my lambs."

16Again Jesus said, "Simon son of John, do you truly love me?"

He answered, "Yes, Lord, you know that I love you."

Jesus said, "Take care of my sheep."

17The third time he said to him, "Simon son of John, do you love me?"

---

[c]21:2 apodaban el Gemelo. Lit. llamaban Dídimos.
[d]21:8 a escasos cien metros. Lit. a unos doscientos *codos.

[j]8 Greek about two hundred cubits (about 90 meters)

A Pedro le dolió que por tercera vez Jesús le hubiera preguntado: «¿Me quieres?» Así que le dijo:

—Señor, tú lo sabes todo; tú sabes que te quiero.

—Apacienta mis ovejas —le dijo Jesús—. ¹⁸De veras te aseguro que cuando eras más joven te vestías tú mismo e ibas adonde querías; pero cuando seas viejo, extenderás las manos y otro te vestirá y te llevará adonde no quieras ir. ¹⁹Esto dijo Jesús para dar a entender la clase de muerte con que Pedro glorificaría a Dios. Después de eso añadió:

—¡Sígueme

²⁰Al volverse, Pedro vio que los seguía el discípulo a quien Jesús amaba, el mismo que en la cena se había reclinado sobre Jesús y le había dicho: «Señor, ¿quién es el que va a traicionarte?» ²¹Al verlo, Pedro preguntó:

—Señor, ¿y éste, qué?

²²—Si quiero que él permanezca vivo hasta que yo vuelva, ¿a ti qué? Tú sígueme no más.

²³Por este motivo corrió entre los hermanos el rumor de que aquel discípulo no moriría. Pero Jesús no dijo que no moriría, sino solamente: «Si quiero que él permanezca vivo hasta que yo vuelva, ¿a ti qué?»

²⁴Éste es el discípulo que da testimonio de estas cosas, y las escribió. Y estamos convencidos de que su testimonio es verídico.

²⁵Jesús hizo también muchas otras cosas, tantas que, si se escribiera cada una de ellas, pienso que los libros escritos no cabrían en el mundo entero.

Peter was hurt because Jesus asked him the third time, "Do you love me?" He said, "Lord, you know all things; you know that I love you."

Jesus said, "Feed my sheep. ¹⁸I tell you the truth, when you were younger you dressed yourself and went where you wanted; but when you are old you will stretch out your hands, and someone else will dress you and lead you where you do not want to go." ¹⁹Jesus said this to indicate the kind of death by which Peter would glorify God. Then he said to him, "Follow me "

²⁰Peter turned and saw that the disciple whom Jesus loved was following them. (This was the one who had leaned back against Jesus at the supper and had said, "Lord, who is going to betray you?") ²¹When Peter saw him, he asked, "Lord, what about him?"

²²Jesus answered, "If I want him to remain alive until I return, what is that to you? You must follow me." ²³Because of this, the rumor spread among the brothers that this disciple would not die. But Jesus did not say that he would not die; he only said, "If I want him to remain alive until I return, what is that to you?"

²⁴This is the disciple who testifies to these things and who wrote them down. We know that his testimony is true.

²⁵Jesus did many other things as well. If every one of them were written down, I suppose that even the whole world would not have room for the books that would be written.

Hechos de los Apóstoles

Acts

Jesús llevado al cielo

1 Estimado Teófilo, en mi primer libro me referí a todo lo que Jesús comenzó a hacer y enseñar 2hasta el día en que fue llevado al cielo, luego de darles instrucciones por medio del Espíritu Santo a los apóstoles que había escogido. 3Después de padecer la muerte, se les presentó dándoles muchas pruebas convincentes de que estaba vivo. Durante cuarenta días se les apareció y les habló acerca del reino de Dios. 4Una vez, mientras comía con ellos, les ordenó:

—No se alejen de Jerusalén, sino esperen la promesa del Padre, de la cual les he hablado: 5Juan bautizó con*a* agua, pero dentro de pocos días ustedes serán bautizados con el Espíritu Santo.

6Entonces los que estaban reunidos con él le preguntaron:

—Señor, ¿es ahora cuando vas a restablecer el reino a Israel?

7—No les toca a ustedes conocer la hora ni el momento determinados por la autoridad misma del Padre —les contestó Jesús—. 8Pero cuando venga el Espíritu Santo sobre ustedes, recibirán poder y serán mis testigos tanto en Jerusalén como en toda Judea y Samaria, y hasta los confines de la tierra.

9Habiendo dicho esto, mientras ellos lo miraban, fue llevado a las alturas hasta que una nube lo ocultó de su vista. 10Ellos se quedaron mirando fijamente al cielo mientras él se alejaba. De repente, se les acercaron dos hombres vestidos de blanco, que les dijeron:

11—Galileos, ¿qué hacen aquí mirando al cielo? Este mismo Jesús, que ha sido llevado de entre ustedes al cielo, vendrá otra vez de la misma manera que lo han visto irse.

Elección de Matías para reemplazar a Judas

12Entonces regresaron a Jerusalén desde el monte llamado de los Olivos, situado aproximadamente a un kilómetro de la ciudad.*b* 13Cuando llegaron, subieron al lugar donde se alojaban.

Jesus Taken Up Into Heaven

1 In my former book, Theophilus, I wrote about all that Jesus began to do and to teach 2until the day he was taken up to heaven, after giving instructions through the Holy Spirit to the apostles he had chosen. 3After his suffering, he showed himself to these men and gave many convincing proofs that he was alive. He appeared to them over a period of forty days and spoke about the kingdom of God. 4On one occasion, while he was eating with them, he gave them this command: "Do not leave Jerusalem, but wait for the gift my Father promised, which you have heard me speak about. 5For John baptized with*a* water, but in a few days you will be baptized with the Holy Spirit."

6So when they met together, they asked him, "Lord, are you at this time going to restore the kingdom to Israel?"

7He said to them: "It is not for you to know the times or dates the Father has set by his own authority. 8But you will receive power when the Holy Spirit comes on you; and you will be my witnesses in Jerusalem, and in all Judea and Samaria, and to the ends of the earth."

9After he said this, he was taken up before their very eyes, and a cloud hid him from their sight.

10They were looking intently up into the sky as he was going, when suddenly two men dressed in white stood beside them. 11"Men of Galilee," they said, "why do you stand here looking into the sky? This same Jesus, who has been taken from you into heaven, will come back in the same way you have seen him go into heaven."

Matthias Chosen to Replace Judas

12Then they returned to Jerusalem from the hill called the Mount of Olives, a Sabbath day's walk*b* from the city. 13When they arrived, they

---

*a*1:5 con. Alt. en.   *b*1:12 situado … ciudad. Lit. que está cerca de Jerusalén, camino de un *sábado (es decir, lo que la ley permitía caminar en el día de reposo).

*a*5 Or in   *b*12 That is, about 3/4 mile (about 1,100 meters)

Estaban allí Pedro, Juan, *Jacobo, Andrés, Felipe, Tomás, Bartolomé, Mateo, Jacobo hijo de Alfeo, Simón el Zelote y Judas hijo de Jacobo. 14Todos, en un mismo espíritu, se dedicaban a la oración, junto con las mujeres y con los hermanos de Jesús y su madre María.

15Por aquellos días Pedro se puso de pie en medio de los creyentes,c que eran un grupo como de ciento veinte personas, 16y les dijo: «Hermanos, tenía que cumplirse la Escritura que, por boca de David, había predicho el Espíritu Santo en cuanto a Judas, el que sirvió de guía a los que arrestaron a Jesús. 17Judas se contaba entre los nuestros y participaba en nuestro ministerio. 18(Con el dinero que obtuvo por su crimen, Judas compró un terreno; allí cayó de cabeza, se reventó, y se le salieron las vísceras. 19Todos en Jerusalén se enteraron de ello, así que aquel terreno fue llamado Acéldama, que en su propio idioma quiere decir "Campo de Sangre".)

20»Porque en el libro de los Salmos —continuó Pedro— está escrito:

»"Que su lugar quede desierto,
　y que nadie lo habite." d

También está escrito:

»"Que otro se haga cargo de su oficio." e

21-22Por tanto, es preciso que se una a nosotros un testigo de la resurrección, uno de los que nos acompañaban todo el tiempo que el Señor Jesús vivió entre nosotros, desde que Juan bautizaba hasta el día en que Jesús fue llevado de entre nosotros.»

23Así que propusieron a dos: a José, llamado Barsabás, apodado el Justo, y a Matías. 24Y oraron así: «Señor, tú que conoces el corazón de todos, muéstranos a cuál de estos dos has elegido 25para que se haga cargo del servicio apostólico que Judas dejó para irse al lugar que le correspondía.» 26Luego echaron suertes y la elección recayó en Matías; así que él fue reconocido junto con los once apóstoles.

El Espíritu Santo desciende en Pentecostés

2 Cuando llegó el día de Pentecostés, estaban todos juntos en el mismo lugar. 2De repente, vino del cielo un ruido como el de una violenta ráfaga de viento y llenó toda la casa donde estaban reunidos. 3Se les aparecieron entonces

went upstairs to the room where they were staying. Those present were Peter, John, James and Andrew; Philip and Thomas, Bartholomew and Matthew; James son of Alphaeus and Simon the Zealot, and Judas son of James. 14They all joined together constantly in prayer, along with the women and Mary the mother of Jesus, and with his brothers.

15In those days Peter stood up among the believersc (a group numbering about a hundred and twenty) 16and said, "Brothers, the Scripture had to be fulfilled which the Holy Spirit spoke long ago through the mouth of David concerning Judas, who served as guide for those who arrested Jesus— 17he was one of our number and shared in this ministry."

18(With the reward he got for his wickedness, Judas bought a field; there he fell headlong, his body burst open and all his intestines spilled out. 19Everyone in Jerusalem heard about this, so they called that field in their language Akeldama, that is, Field of Blood.)

20"For," said Peter, "it is written in the book of Psalms,

"'May his place be deserted;
　let there be no one to dwell in it,'d

and,

"'May another take his place of leadership.'e

21Therefore it is necessary to choose one of the men who have been with us the whole time the Lord Jesus went in and out among us, 22beginning from John's baptism to the time when Jesus was taken up from us. For one of these must become a witness with us of his resurrection."

23So they proposed two men: Joseph called Barsabbas (also known as Justus) and Matthias. 24Then they prayed, "Lord, you know everyone's heart. Show us which of these two you have chosen 25to take over this apostolic ministry, which Judas left to go where he belongs." 26Then they cast lots, and the lot fell to Matthias; so he was added to the eleven apostles.

The Holy Spirit Comes at Pentecost

2 When the day of Pentecost came, they were all together in one place. 2Suddenly a sound like the blowing of a violent wind came from heaven and filled the whole house where they were sitting. 3They saw what seemed to be

---

c 1:15 creyentes. Lit. hermanos.　　d 1:20 Sal 69:25
e 1:20 Sal 109:8

c 15 Greek brothers　　d 20 Psalm 69:25　　e 20 Psalm 109:8

unas lenguas como de fuego que se repartieron y se posaron sobre cada uno de ellos. 4Todos fueron llenos del Espíritu Santo y comenzaron a hablar en diferentes *lenguas, según el Espíritu les concedía expresarse.

5Estaban de visita en Jerusalén judíos piadosos, procedentes de todas las naciones de la tierra. 6Al oír aquel bullicio, se agolparon y quedaron todos pasmados porque cada uno los escuchaba hablar en su propio idioma. 7Desconcertados y maravillados, decían: «¿No son galileos todos estos que están hablando? 8¿Cómo es que cada uno de nosotros los oye hablar en su lengua materna? 9Partos, medos y elamitas; habitantes de Mesopotamia, de Judea y de Capadocia, del Ponto y de *Asia, 10de Frigia y de Panfilia, de Egipto y de las regiones de Libia cercanas a Cirene; visitantes llegados de Roma; 11judíos y *prosélitos; cretenses y árabes: ¡todos por igual los oímos proclamar en nuestra propia lengua las maravillas de Dios »

12Desconcertados y perplejos, se preguntaban: «¿Qué quiere decir esto?» 13Otros se burlaban y decían: «Lo que pasa es que están borrachos.»

Pedro se dirige a la multitud

14Entonces Pedro, con los once, se puso de pie y dijo a voz en cuello: «Compatriotas judíos y todos ustedes que están en Jerusalén, déjenme explicarles lo que sucede; presten atención a lo que les voy a decir. 15Éstos no están borrachos, como suponen ustedes. ¡Apenas son las nueve de la mañana ƒ 16En realidad lo que pasa es lo que anunció el profeta Joel:

17»"Sucederá que en los últimos días
  —dice Dios—,
    derramaré mi Espíritu sobre todo el género *humano.
  Los hijos y las hijas de ustedes profetizarán,
    tendrán visiones los jóvenes
    y sueños los ancianos.
18En esos días derramaré mi Espíritu
    aun sobre mis *siervos y mis siervas,
    y profetizarán.
19Arriba en el cielo y abajo en la tierra
    mostraré prodigios:
    sangre, fuego y nubes de humo.
20El sol se convertirá en tinieblas
    y la luna en sangre
  antes que llegue el día del Señor,
    día grande y esplendoroso.
21Y todo el que invoque el nombre del Señor
    será salvo." g

tongues of fire that separated and came to rest on each of them. 4All of them were filled with the Holy Spirit and began to speak in other tongues ƒ as the Spirit enabled them.

5Now there were staying in Jerusalem God-fearing Jews from every nation under heaven. 6When they heard this sound, a crowd came together in bewilderment, because each one heard them speaking in his own language. 7Utterly amazed, they asked: "Are not all these men who are speaking Galileans? 8Then how is it that each of us hears them in his own native language? 9Parthians, Medes and Elamites; residents of Mesopotamia, Judea and Cappadocia, Pontus and Asia, 10Phrygia and Pamphylia, Egypt and the parts of Libya near Cyrene; visitors from Rome 11(both Jews and converts to Judaism); Cretans and Arabs—we hear them declaring the wonders of God in our own tongues " 12Amazed and perplexed, they asked one another, "What does this mean?"

13Some, however, made fun of them and said, "They have had too much wine. g"

Peter Addresses the Crowd

14Then Peter stood up with the Eleven, raised his voice and addressed the crowd: "Fellow Jews and all of you who live in Jerusalem, let me explain this to you; listen carefully to what I say. 15These men are not drunk, as you suppose. It's only nine in the morning 16No, this is what was spoken by the prophet Joel:

17" 'In the last days, God says,
    I will pour out my Spirit on all people.
  Your sons and daughters will prophesy,
    your young men will see visions,
    your old men will dream dreams.
18Even on my servants, both men and
    women,
    I will pour out my Spirit in those days,
    and they will prophesy.
19I will show wonders in the heaven above
    and signs on the earth below,
    blood and fire and billows of smoke.
20The sun will be turned to darkness
    and the moon to blood
    before the coming of the great and glorious day of the Lord.
21And everyone who calls
    on the name of the Lord will be saved.' h

---

²²»Pueblo de Israel, escuchen esto: Jesús de Nazaret fue un hombre acreditado por Dios ante ustedes con milagros, señales y prodigios, los cuales realizó Dios entre ustedes por medio de él, como bien lo saben. ²³Éste fue entregado según el determinado propósito y el previo conocimiento de Dios; y por medio de gente malvada,*h* ustedes lo mataron, clavándolo en la cruz. ²⁴Sin embargo, Dios lo resucitó, librándolo de las angustias de la muerte, porque era imposible que la muerte lo mantuviera bajo su dominio. ²⁵En efecto, David dijo de él:

»"Veía yo al Señor siempre delante de mí,
    porque él está a mi *derecha
    para que no caiga.
²⁶Por eso mi corazón se alegra, y canta con
    gozo mi lengua;
    mi cuerpo también vivirá en esperanza.
²⁷No dejarás que mi *vida termine en el
    sepulcro;*i*
    no permitirás que tu santo sufra corrup-
    ción.
²⁸Me has dado a conocer los caminos de la
    vida;
    me llenarás de alegría en tu presencia."*j*

²⁹»Hermanos, permítanme hablarles con franqueza acerca del patriarca David, que murió y fue sepultado, y cuyo sepulcro está entre nosotros hasta el día de hoy. ³⁰Era profeta y sabía que Dios le había prometido bajo juramento poner en el trono a uno de sus descendientes.*k* ³¹Fue así como previó lo que iba a suceder. Refiriéndose a la resurrección del *Mesías, afirmó que Dios no dejaría que su vida terminara en el sepulcro, ni que su fin fuera la corrupción. ³²A este Jesús, Dios lo resucitó, y de ello todos nosotros somos testigos. ³³Exaltado por el poder*l* de Dios, y habiendo recibido del Padre el Espíritu Santo prometido, ha derramado esto que ustedes ahora ven y oyen. ³⁴David no subió al cielo, y sin embargo declaró:

»"Dijo el Señor a mi Señor:
    Siéntate a mi derecha,
³⁵hasta que ponga a tus enemigos
    por estrado de tus pies."*m*

³⁶»Por tanto, sépalo bien todo Israel que a este Jesús, a quien ustedes crucificaron, Dios lo ha hecho Señor y Mesías.»

²²"Men of Israel, listen to this: Jesus of Nazareth was a man accredited by God to you by miracles, wonders and signs, which God did among you through him, as you yourselves know. ²³This man was handed over to you by God's set purpose and foreknowledge; and you, with the help of wicked men,*i* put him to death by nailing him to the cross. ²⁴But God raised him from the dead, freeing him from the agony of death, because it was impossible for death to keep its hold on him. ²⁵David said about him:

"'I saw the Lord always before me.
    Because he is at my right hand,
    I will not be shaken.
²⁶Therefore my heart is glad and my tongue
    rejoices;
    my body also will live in hope,
²⁷because you will not abandon me to the
    grave,
    nor will you let your Holy One see de-
    cay.
²⁸You have made known to me the paths of
    life;
    you will fill me with joy in your pres-
    ence.'*j*

²⁹"Brothers, I can tell you confidently that the patriarch David died and was buried, and his tomb is here to this day. ³⁰But he was a prophet and knew that God had promised him on oath that he would place one of his descendants on his throne. ³¹Seeing what was ahead, he spoke of the resurrection of the Christ,*k* that he was not abandoned to the grave, nor did his body see decay. ³²God has raised this Jesus to life, and we are all witnesses of the fact. ³³Exalted to the right hand of God, he has received from the Father the promised Holy Spirit and has poured out what you now see and hear. ³⁴For David did not ascend to heaven, and yet he said,

"'The Lord said to my Lord:
    "Sit at my right hand
³⁵until I make your enemies
    a footstool for your feet."'*l*

³⁶"Therefore let all Israel be assured of this:

---

*h*2:23 *gente malvada.* Lit. *quienes carecían de la ley.*
*i*2:27 *sepulcro.* Lit. **Hades*; también en v. 31.
*j*2:28 Sal 16:8-11 *k*2:30 Sal 132:11 *l*2:33 *por el poder.*
Alt. *a la derecha.* *m*2:35 Sal 110:1

*i*23 Or *of those not having the law* (that is, Gentiles)
*j*28 Psalm 16:8-11 *k*31 Or *Messiah.* "The Christ" (Greek) and "the Messiah" (Hebrew) both mean "the Anointed One"; also in verse 36. *l*35 Psalm 110:1

37Cuando oyeron esto, todos se sintieron profundamente conmovidos y les dijeron a Pedro y a los otros apóstoles:

—Hermanos, ¿qué debemos hacer?

38—*Arrepiéntase y bautícese cada uno de ustedes en el nombre de *Jesucristo para perdón de sus pecados —les contestó Pedro—, y recibirán el don del Espíritu Santo. 39En efecto, la promesa es para ustedes, para sus hijos y para todos los extranjeros,n es decir, para todos aquellos a quienes el Señor nuestro Dios quiera llamar.

40Y con muchas otras razones les exhortaba insistentemente:

—¡Sálvense de esta generación perversa

La comunidad de los creyentes

41Así, pues, los que recibieron su mensaje fueron bautizados, y aquel día se unieron a la iglesia unas tres mil personas. 42Se mantenían firmes en la enseñanza de los apóstoles, en la comunión, en el partimiento del pan y en la oración. 43Todos estaban asombrados por los muchos prodigios y señales que realizaban los apóstoles. 44Todos los creyentes estaban juntos y tenían todo en común: 45vendían sus propiedades y posesiones, y compartían sus bienes entre sí según la necesidad de cada uno. 46No dejaban de reunirse en el *templo ni un solo día. De casa en casa partían el pan y compartían la comida con alegría y generosidad, 47alabando a Dios y disfrutando de la estimación general del pueblo. Y cada día el Señor añadía al grupo los que iban siendo salvos.

Pedro sana a un mendigo lisiado

3 Un día subían Pedro y Juan al *templo a las tres de la tarde,ñ que es la hora de la oración. 2Junto a la puerta llamada Hermosa había un hombre lisiado de nacimiento, al que todos los días dejaban allí para que pidiera limosna a los que entraban en el templo. 3Cuando éste vio que Pedro y Juan estaban por entrar, les pidió limosna. 4Pedro, con Juan, mirándolo fijamente, le dijo:

—¡Míranos

5El hombre fijó en ellos la mirada, esperando recibir algo.

6—No tengo plata ni oro —declaró Pedro—, pero lo que tengo te doy. En el nombre de *Jesucristo de Nazaret, ¡levántate y anda

7Y tomándolo por la mano derecha, lo levantó. Al instante los pies y los tobillos del hombre cobraron fuerza. 8De un salto se puso en pie y comenzó a caminar. Luego entró con ellos en el templo con sus propios pies, saltando y alabando

God has made this Jesus, whom you crucified, both Lord and Christ."

37When the people heard this, they were cut to the heart and said to Peter and the other apostles, "Brothers, what shall we do?"

38Peter replied, "Repent and be baptized, every one of you, in the name of Jesus Christ for the forgiveness of your sins. And you will receive the gift of the Holy Spirit. 39The promise is for you and your children and for all who are far off—for all whom the Lord our God will call."

40With many other words he warned them; and he pleaded with them, "Save yourselves from this corrupt generation." 41Those who accepted his message were baptized, and about three thousand were added to their number that day.

The Fellowship of the Believers

42They devoted themselves to the apostles' teaching and to the fellowship, to the breaking of bread and to prayer. 43Everyone was filled with awe, and many wonders and miraculous signs were done by the apostles. 44All the believers were together and had everything in common. 45Selling their possessions and goods, they gave to anyone as he had need. 46Every day they continued to meet together in the temple courts. They broke bread in their homes and ate together with glad and sincere hearts, 47praising God and enjoying the favor of all the people. And the Lord added to their number daily those who were being saved.

Peter Heals the Crippled Beggar

3 One day Peter and John were going up to the temple at the time of prayer—at three in the afternoon. 2Now a man crippled from birth was being carried to the temple gate called Beautiful, where he was put every day to beg from those going into the temple courts. 3When he saw Peter and John about to enter, he asked them for money. 4Peter looked straight at him, as did John. Then Peter said, "Look at us " 5So the man gave them his attention, expecting to get something from them.

6Then Peter said, "Silver or gold I do not have, but what I have I give you. In the name of Jesus Christ of Nazareth, walk." 7Taking him by the right hand, he helped him up, and instantly the man's feet and ankles became strong. 8He jumped to his feet and began to walk. Then he went with them into the temple courts, walking

---

n2:39 los extranjeros. Lit. los que están lejos.   ñ3:1 las tres de la tarde. Lit. la hora novena.

a Dios. 9Cuando todo el pueblo lo vio caminar y alabar a Dios, 10lo reconocieron como el mismo hombre que acostumbraba pedir limosna sentado junto a la puerta llamada Hermosa, y se llenaron de admiración y asombro por lo que le había ocurrido.

Pedro se dirige a los espectadores

11Mientras el hombre seguía aferrado a Pedro y a Juan, toda la gente, que no salía de su asombro, corrió hacia ellos al lugar conocido como Pórtico de Salomón. 12Al ver esto, Pedro les dijo: «Pueblo de Israel, ¿por qué les sorprende lo que ha pasado? ¿Por qué nos miran como si, por nuestro propio poder o virtud, hubiéramos hecho caminar a este hombre? 13El Dios de Abraham, de Isaac y de Jacob, el Dios de nuestros antepasados, ha glorificado a su siervo Jesús. Ustedes lo entregaron y lo rechazaron ante Pilato, aunque éste había decidido soltarlo. 14Rechazaron al Santo y Justo, y pidieron que se indultara a un asesino. 15Mataron al autor de la vida, pero Dios lo *levantó de entre los muertos, y de eso nosotros somos testigos. 16Por la fe en el nombre de Jesús, él ha restablecido a este hombre a quien ustedes ven y conocen. Esta fe que viene por medio de Jesús lo ha sanado por completo, como les consta a ustedes.

17»Ahora bien, hermanos, yo sé que ustedes y sus dirigentes actuaron así por ignorancia. 18Pero de este modo Dios cumplió lo que de antemano había anunciado por medio de todos los profetas: que su *Mesías tenía que padecer. 19Por tanto, para que sean borrados sus pecados, *arrepiéntanse y vuélvanse a Dios, a fin de que vengan tiempos de descanso de parte del Señor, 20enviándoles el Mesías que ya había sido preparado para ustedes, el cual es Jesús. 21Es necesario que él permanezca en el cielo hasta que llegue el tiempo de la restauración de todas las cosas, como Dios lo ha anunciado desde hace siglos por medio de sus *santos profetas. 22Moisés dijo: "El Señor su Dios hará surgir para ustedes, de entre sus propios hermanos, a un profeta como yo; presten atención a todo lo que les diga. 23Porque quien no le haga caso será eliminado del pueblo." o

24»En efecto, a partir de Samuel todos los profetas han anunciado estos días. 25Ustedes, pues, son herederos de los profetas y del pacto que Dios estableció con nuestros antepasados al decirle a Abraham: "Todos los pueblos del mundo serán bendecidos por medio de tu descendencia." p 26Cuando Dios resucitó a su siervo, lo envió primero a ustedes para darles la bendición de que cada uno se convierta de sus maldades.»

and jumping, and praising God. 9When all the people saw him walking and praising God, 10they recognized him as the same man who used to sit begging at the temple gate called Beautiful, and they were filled with wonder and amazement at what had happened to him.

Peter Speaks to the Onlookers

11While the beggar held on to Peter and John, all the people were astonished and came running to them in the place called Solomon's Colonnade. 12When Peter saw this, he said to them: "Men of Israel, why does this surprise you? Why do you stare at us as if by our own power or godliness we had made this man walk? 13The God of Abraham, Isaac and Jacob, the God of our fathers, has glorified his servant Jesus. You handed him over to be killed, and you disowned him before Pilate, though he had decided to let him go. 14You disowned the Holy and Righteous One and asked that a murderer be released to you. 15You killed the author of life, but God raised him from the dead. We are witnesses of this. 16By faith in the name of Jesus, this man whom you see and know was made strong. It is Jesus' name and the faith that comes through him that has given this complete healing to him, as you can all see.

17"Now, brothers, I know that you acted in ignorance, as did your leaders. 18But this is how God fulfilled what he had foretold through all the prophets, saying that his Christ m would suffer. 19Repent, then, and turn to God, so that your sins may be wiped out, that times of refreshing may come from the Lord, 20and that he may send the Christ, who has been appointed for you—even Jesus. 21He must remain in heaven until the time comes for God to restore everything, as he promised long ago through his holy prophets. 22For Moses said, 'The Lord your God will raise up for you a prophet like me from among your own people; you must listen to everything he tells you. 23Anyone who does not listen to him will be completely cut off from among his people.' n

24"Indeed, all the prophets from Samuel on, as many as have spoken, have foretold these days. 25And you are heirs of the prophets and of the covenant God made with your fathers. He said to Abraham, 'Through your offspring all peoples on earth will be blessed.' o 26When God raised up his servant, he sent him first to you to bless you by turning each of you from your wicked ways."

m 18 Or Messiah; also in verse 20   n 23 Deut. 18:15,18,19
o 25 Gen. 22:18; 26:4

o 3:23 Lv 23:29; Dt 18:15,18,19   p 3:25 Gn 22:18; 26:4

Pedro y Juan ante el Consejo

4 Mientras Pedro y Juan le hablaban a la gente, se les presentaron los sacerdotes, el capitán de la guardia del *templo y los saduceos. ²Estaban muy disgustados porque los apóstoles enseñaban a la gente y proclamaban la resurrección, que se había hecho evidente en el caso de Jesús. ³Prendieron a Pedro y a Juan y, como ya anochecía, los metieron en la cárcel hasta el día siguiente. ⁴Pero muchos de los que oyeron el mensaje creyeron, y el número de éstos llegaba a unos cinco mil.

⁵Al día siguiente se reunieron en Jerusalén los gobernantes, los *ancianos y los *maestros de la ley. ⁶Allí estaban el sumo sacerdote Anás, Caifás, Juan, Alejandro y los otros miembros de la familia del sumo sacerdote. ⁷Hicieron que Pedro y Juan comparecieran ante ellos y comenzaron a interrogarlos:

—¿Con qué poder, o en nombre de quién, hicieron ustedes esto?

⁸Pedro, lleno del Espíritu Santo, les respondió:

—Gobernantes del pueblo y ancianos: ⁹Hoy se nos procesa por haber favorecido a un inválido, ¡y se nos pregunta cómo fue sanado ¹⁰Sepan, pues, todos ustedes y todo el pueblo de Israel que este hombre está aquí delante de ustedes, sano gracias al nombre de *Jesucristo de Nazaret, crucificado por ustedes pero *resucitado por Dios. ¹¹Jesucristo es "la piedra que desecharon ustedes los constructores, y que ha llegado a ser la piedra angular".�q ¹²De hecho, en ningún otro hay salvación, porque no hay bajo el cielo otro nombre dado a los hombres mediante el cual podamos ser salvos.

¹³Los gobernantes, al ver la osadía con que hablaban Pedro y Juan, y al darse cuenta de que eran gente sin estudios ni preparación, quedaron asombrados y reconocieron que habían estado con Jesús. ¹⁴Además, como vieron que los acompañaba el hombre que había sido sanado, no tenían nada que alegar. ¹⁵Así que les mandaron que se retiraran del *Consejo, y se pusieron a deliberar entre sí: ¹⁶«¿Qué vamos a hacer con estos sujetos? Es un hecho que por medio de ellos ha ocurrido un milagro evidente; todos los que viven en Jerusalén lo saben, y no podemos negarlo. ¹⁷Pero para evitar que este asunto siga divulgándose entre la gente, vamos a amenazarlos para que no vuelvan a hablar de ese nombre a nadie.»

¹⁸Los llamaron y les ordenaron terminantemente que dejaran de hablar y enseñar acerca del nombre de Jesús. ¹⁹Pero Pedro y Juan replicaron:

Peter and John Before the Sanhedrin

4 The priests and the captain of the temple guard and the Sadducees came up to Peter and John while they were speaking to the people. ²They were greatly disturbed because the apostles were teaching the people and proclaiming in Jesus the resurrection of the dead. ³They seized Peter and John, and because it was evening, they put them in jail until the next day. ⁴But many who heard the message believed, and the number of men grew to about five thousand.

⁵The next day the rulers, elders and teachers of the law met in Jerusalem. ⁶Annas the high priest was there, and so were Caiaphas, John, Alexander and the other men of the high priest's family. ⁷They had Peter and John brought before them and began to question them: "By what power or what name did you do this?"

⁸Then Peter, filled with the Holy Spirit, said to them: "Rulers and elders of the people! ⁹If we are being called to account today for an act of kindness shown to a cripple and are asked how he was healed, ¹⁰then know this, you and all the people of Israel: It is by the name of Jesus Christ of Nazareth, whom you crucified but whom God raised from the dead, that this man stands before you healed. ¹¹He is

" 'the stone you builders rejected,
which has become the capstone.ᵖ'q

¹²Salvation is found in no one else, for there is no other name under heaven given to men by which we must be saved."

¹³When they saw the courage of Peter and John and realized that they were unschooled, ordinary men, they were astonished and they took note that these men had been with Jesus. ¹⁴But since they could see the man who had been healed standing there with them, there was nothing they could say. ¹⁵So they ordered them to withdraw from the Sanhedrin and then conferred together. ¹⁶"What are we going to do with these men?" they asked. "Everybody living in Jerusalem knows they have done an outstanding miracle, and we cannot deny it. ¹⁷But to stop this thing from spreading any further among the people, we must warn these men to speak no longer to anyone in this name."

¹⁸Then they called them in again and commanded them not to speak or teach at all in the name of Jesus. ¹⁹But Peter and John replied,

—¿Es justo delante de Dios obedecerlos a ustedes en vez de obedecerlo a él? ¡Júzguenlo ustedes mismos 20Nosotros no podemos dejar de hablar de lo que hemos visto y oído.

21Después de nuevas amenazas, los dejaron irse. Por causa de la gente, no hallaban manera de castigarlos: todos alababan a Dios por lo que había sucedido, 22pues el hombre que había sido milagrosamente sanado tenía más de cuarenta años.

La oración de los creyentes

23Al quedar libres, Pedro y Juan volvieron a los suyos y les relataron todo lo que les habían dicho los jefes de los sacerdotes y los *ancianos. 24Cuando lo oyeron, alzaron unánimes la voz en oración a Dios: «Soberano Señor, creador del cielo y de la tierra, del mar y de todo lo que hay en ellos, 25tú, por medio del Espíritu Santo, dijiste en labios de nuestro padre David, tu siervo:

» " ¿Por qué se sublevan las *naciones
    y en vano conspiran los pueblos?
26 Los reyes de la tierra se rebelan
    y los gobernantes se confabulan
    contra el Señor
    y contra su ungido." r

27En efecto, en esta ciudad se reunieron Herodes y Poncio Pilato, con los *gentiles y con el pueblos de Israel, contra tu santo siervo Jesús, a quien ungiste 28para hacer lo que de antemano tu poder y tu voluntad habían determinado que sucediera. 29Ahora, Señor, toma en cuenta sus amenazas y concede a tus *siervos el proclamar tu palabra sin temor alguno. 30Por eso, extiende tu mano para sanar y hacer señales y prodigios mediante el nombre de tu santo siervo Jesús.»

31Después de haber orado, tembló el lugar en que estaban reunidos; todos fueron llenos del Espíritu Santo, y proclamaban la palabra de Dios sin temor alguno.

Los creyentes comparten sus bienes

32Todos los creyentes eran de un solo sentir y pensar. Nadie consideraba suya ninguna de sus posesiones, sino que las compartían. 33Los apóstoles, a su vez, con gran poder seguían dando testimonio de la resurrección del Señor Jesús. La gracia de Dios se derramaba abundantemente sobre todos ellos, 34pues no había ningún necesitado en la comunidad. Quienes poseían casas o terrenos los vendían, llevaban el dinero de las ventas 35y lo entregaban a los

"Judge for yourselves whether it is right in God's sight to obey you rather than God. 20For we cannot help speaking about what we have seen and heard."

21After further threats they let them go. They could not decide how to punish them, because all the people were praising God for what had happened. 22For the man who was miraculously healed was over forty years old.

The Believers' Prayer

23On their release, Peter and John went back to their own people and reported all that the chief priests and elders had said to them. 24When they heard this, they raised their voices together in prayer to God. "Sovereign Lord," they said, "you made the heaven and the earth and the sea, and everything in them. 25You spoke by the Holy Spirit through the mouth of your servant, our father David:

" 'Why do the nations rage
    and the peoples plot in vain?
26 The kings of the earth take their stand
    and the rulers gather together
    against the Lord
    and against his Anointed One.r's

27Indeed Herod and Pontius Pilate met together with the Gentiles and the peoplet of Israel in this city to conspire against your holy servant Jesus, whom you anointed. 28They did what your power and will had decided beforehand should happen. 29Now, Lord, consider their threats and enable your servants to speak your word with great boldness. 30Stretch out your hand to heal and perform miraculous signs and wonders through the name of your holy servant Jesus."

31After they prayed, the place where they were meeting was shaken. And they were all filled with the Holy Spirit and spoke the word of God boldly.

The Believers Share Their Possessions

32All the believers were one in heart and mind. No one claimed that any of his possessions was his own, but they shared everything they had. 33With great power the apostles continued to testify to the resurrection of the Lord Jesus, and much grace was upon them all. 34There were no needy persons among them. For from time to time those who owned lands or houses sold them, brought the money from the

---

r 4:26 ungido. Lit. *Cristo; Sal 2:1-2.   s 4:27 el pueblo. Lit. los pueblos.

r 26 That is, Christ or Messiah   s 26 Psalm 2:1,2   t 27 The Greek is plural.

apóstoles para que se distribuyera a cada uno según su necesidad.

36José, un levita natural de Chipre, a quien los apóstoles llamaban Bernabé (que significa: Consolador*), 37vendió un terreno que poseía, llevó el dinero y lo puso a disposición de los apóstoles.

Ananías y Safira

5 1-2Un hombre llamado Ananías también vendió una propiedad y, en complicidad con su esposa Safira, se quedó con parte del dinero y puso el resto a disposición de los apóstoles.

3—Ananías —le reclamó Pedro—, ¿cómo es posible que Satanás haya llenado tu corazón para que le mintieras al Espíritu Santo y te quedaras con parte del dinero que recibiste por el terreno? 4¿Acaso no era tuyo antes de venderlo? Y una vez vendido, ¿no estaba el dinero en tu poder? ¿Cómo se te ocurrió hacer esto? ¡No has mentido a los hombres sino a Dios

5Al oír estas palabras, Ananías cayó muerto. Y un gran temor se apoderó de todos los que se enteraron de lo sucedido. 6Entonces se acercaron los más jóvenes, envolvieron el cuerpo, se lo llevaron y le dieron sepultura.

7Unas tres horas más tarde entró la esposa, sin saber lo que había ocurrido.

8—Dime —le preguntó Pedro—, ¿vendieron ustedes el terreno por tal precio?

—Sí —dijo ella—, por tal precio.

9—¿Por qué se pusieron de acuerdo para poner a *prueba al Espíritu del Señor? —le recriminó Pedro—. ¡Mira Los que sepultaron a tu esposo acaban de regresar y ahora te llevarán a ti.

10En ese mismo instante ella cayó muerta a los pies de Pedro. Entonces entraron los jóvenes y, al verla muerta, se la llevaron y le dieron sepultura al lado de su esposo. 11Y un gran temor se apoderó de toda la iglesia y de todos los que se enteraron de estos sucesos.

Los apóstoles sanan a muchas personas

12Por medio de los apóstoles ocurrían muchas señales y prodigios entre el pueblo; y todos los creyentes se reunían de común acuerdo en el Pórtico de Salomón. 13Nadie entre el pueblo se atrevía a juntarse con ellos, aunque los elogiaban. 14Y seguía aumentando el número de los que creían y aceptaban al Señor. 15Era tal la multitud de hombres y mujeres, que hasta sacaban a los enfermos a las plazas y los ponían en colchonetas y camillas para que, al pasar Pedro, por lo menos su sombra cayera sobre alguno de ellos. 16También de los pueblos vecinos a Jeru-

sales 35and put it at the apostles' feet, and it was distributed to anyone as he had need.

36Joseph, a Levite from Cyprus, whom the apostles called Barnabas (which means Son of Encouragement), 37sold a field he owned and brought the money and put it at the apostles' feet.

Ananias and Sapphira

5 Now a man named Ananias, together with his wife Sapphira, also sold a piece of property. 2With his wife's full knowledge he kept back part of the money for himself, but brought the rest and put it at the apostles' feet.

3Then Peter said, "Ananias, how is it that Satan has so filled your heart that you have lied to the Holy Spirit and have kept for yourself some of the money you received for the land? 4Didn't it belong to you before it was sold? And after it was sold, wasn't the money at your disposal? What made you think of doing such a thing? You have not lied to men but to God."

5When Ananias heard this, he fell down and died. And great fear seized all who heard what had happened. 6Then the young men came forward, wrapped up his body, and carried him out and buried him.

7About three hours later his wife came in, not knowing what had happened. 8Peter asked her, "Tell me, is this the price you and Ananias got for the land?"

"Yes," she said, "that is the price."

9Peter said to her, "How could you agree to test the Spirit of the Lord? Look The feet of the men who buried your husband are at the door, and they will carry you out also."

10At that moment she fell down at his feet and died. Then the young men came in and, finding her dead, carried her out and buried her beside her husband. 11Great fear seized the whole church and all who heard about these events.

The Apostles Heal Many

12The apostles performed many miraculous signs and wonders among the people. And all the believers used to meet together in Solomon's Colonnade. 13No one else dared join them, even though they were highly regarded by the people. 14Nevertheless, more and more men and women believed in the Lord and were added to their number. 15As a result, people brought the sick into the streets and laid them on beds and mats so that at least Peter's shadow might fall on some of them as he passed by. 16Crowds gathered also from the towns

---

*4:36 *Consolador*. Lit. *Hijo de consolación*.

salén acudían multitudes que llevaban personas enfermas y atormentadas por *espíritus malignos, y todas eran sanadas.

Persiguen a los apóstoles

17El sumo sacerdote y todos sus partidarios, que pertenecían a la secta de los saduceos, se llenaron de envidia. **18**Entonces arrestaron a los apóstoles y los metieron en la cárcel común. **19**Pero en la noche un ángel del Señor abrió las puertas de la cárcel y los sacó. **20**«Vayan —les dijo—, preséntense en el *templo y comuniquen al pueblo todo este mensaje de vida.»

21Conforme a lo que habían oído, al amanecer entraron en el templo y se pusieron a enseñar. Cuando llegaron el sumo sacerdote y sus partidarios, convocaron a la *Consejo, es decir, a la asamblea general de los *ancianos de Israel, y mandaron traer de la cárcel a los apóstoles. **22**Pero al llegar los guardias a la cárcel, no los encontraron. Así que volvieron con el siguiente informe: **23**«Encontramos la cárcel cerrada, con todas las medidas de seguridad, y a los guardias firmes a las puertas; pero cuando abrimos, no encontramos a nadie adentro.»

24Al oírlo, el capitán de la guardia del templo y los jefes de los sacerdotes se quedaron perplejos, preguntándose en qué terminaría todo aquello. **25**En esto, se presentó alguien que les informó: «¡Miren! Los hombres que ustedes metieron en la cárcel están en el templo y siguen enseñando al pueblo.» **26**Fue entonces el capitán con sus guardias y trajo a los apóstoles sin recurrir a la fuerza, porque temían ser apedreados por la gente. **27**Los condujeron ante el Consejo, y el sumo sacerdote les reclamó:

28—Terminantemente les hemos prohibido enseñar en ese nombre. Sin embargo, ustedes han llenado a Jerusalén con sus enseñanzas, y se han propuesto echarnos la culpa a nosotros de la muerte*u* de ese hombre.

29—¡Es necesario obedecer a Dios antes que a los hombres —respondieron Pedro y los demás apóstoles—. **30**El Dios de nuestros antepasados resucitó a Jesús, a quien ustedes mataron colgándolo de un madero.*v* Dios lo exaltó como Príncipe y Salvador, para que diera a Israel *arrepentimiento y perdón de pecados. **32**Nosotros somos testigos de estos acontecimientos, y también lo es el Espíritu Santo que Dios ha dado a quienes le obedecen.

33A los que oyeron esto se les subió la sangre a la cabeza y querían matarlos. **34**Pero un *fariseo llamado Gamaliel, *maestro de la ley muy

around Jerusalem, bringing their sick and those tormented by evil*u* spirits, and all of them were healed.

The Apostles Persecuted

17Then the high priest and all his associates, who were members of the party of the Sadducees, were filled with jealousy. **18**They arrested the apostles and put them in the public jail. **19**But during the night an angel of the Lord opened the doors of the jail and brought them out. **20**"Go, stand in the temple courts," he said, "and tell the people the full message of this new life."

21At daybreak they entered the temple courts, as they had been told, and began to teach the people.

When the high priest and his associates arrived, they called together the Sanhedrin—the full assembly of the elders of Israel—and sent to the jail for the apostles. **22**But on arriving at the jail, the officers did not find them there. So they went back and reported, **23**"We found the jail securely locked, with the guards standing at the doors; but when we opened them, we found no one inside." **24**On hearing this report, the captain of the temple guard and the chief priests were puzzled, wondering what would come of this.

25Then someone came and said, "Look! The men you put in jail are standing in the temple courts teaching the people." **26**At that, the captain went with his officers and brought the apostles. They did not use force, because they feared that the people would stone them.

27Having brought the apostles, they made them appear before the Sanhedrin to be questioned by the high priest. **28**"We gave you strict orders not to teach in this name," he said. "Yet you have filled Jerusalem with your teaching and are determined to make us guilty of this man's blood."

29Peter and the other apostles replied: "We must obey God rather than men! **30**The God of our fathers raised Jesus from the dead—whom you had killed by hanging him on a tree. **31**God exalted him to his own right hand as Prince and Savior that he might give repentance and forgiveness of sins to Israel. **32**We are witnesses of these things, and so is the Holy Spirit, whom God has given to those who obey him."

33When they heard this, they were furious and wanted to put them to death. **34**But a Pharisee named Gamaliel, a teacher of the law, who was

---

*u***5:28** *muerte.* Lit. *sangre.*   *v***5:31** *Por su poder.* Alt. *A su derecha.*

u 16 Greek *unclean*

respetado por todo el pueblo, se puso de pie en el Consejo y mandó que hicieran salir por un momento a los apóstoles. ³⁵Luego dijo: «Hombres de Israel, piensen dos veces en lo que están a punto de hacer con estos hombres. ³⁶Hace algún tiempo surgió Teudas, jactándose de ser alguien, y se le unieron unos cuatrocientos hombres. Pero lo mataron y todos sus seguidores se dispersaron y allí se acabó todo. ³⁷Después de él surgió Judas el galileo, en los días del censo, y logró que la gente lo siguiera. A él también lo mataron, y todos sus secuaces se dispersaron. ³⁸En este caso les aconsejo que dejen a estos hombres en paz. ¡Suéltenlos Si lo que se proponen y hacen es de origen humano, fracasará; ³⁹pero si es de Dios, no podrán destruirlos, y ustedes se encontrarán luchando contra Dios.»

Se dejaron persuadir por Gamaliel. ⁴⁰Entonces llamaron a los apóstoles y, luego de azotarlos, les ordenaron que no hablaran más en el nombre de Jesús. Después de eso los soltaron.

⁴¹Así, pues, los apóstoles salieron del Consejo, llenos de gozo por haber sido considerados dignos de sufrir afrentas por causa del Nombre. ⁴²Y día tras día, en el templo y de casa en casa, no dejaban de enseñar y anunciar las buenas *nuevas de que Jesús es el *Mesías.

Elección de los siete

6 En aquellos días, al aumentar el número de los discípulos, se quejaron los judíos de habla griega contra los de habla aramea^w de que sus viudas eran desatendidas en la distribución diaria de los alimentos. ²Así que los doce reunieron a toda la comunidad de discípulos y les dijeron: «No está bien que nosotros los apóstoles descuidemos el ministerio de la palabra de Dios para servir las mesas. ³Hermanos, escojan de entre ustedes a siete hombres de buena reputación, llenos del Espíritu y de sabiduría, para encargarles esta responsabilidad. ⁴Así nosotros nos dedicaremos de lleno a la oración y al ministerio de la palabra.»

⁵Esta propuesta agradó a toda la asamblea. Escogieron a Esteban, hombre lleno de fe y del Espíritu Santo, y a Felipe, a Prócoro, a Nicanor, a Timón, a Parmenas y a Nicolás, un prosélito de Antioquía. ⁶Los presentaron a los apóstoles, quienes oraron y les impusieron las manos.

⁷Y la palabra de Dios se difundía: el número de los discípulos aumentaba considerablemente en Jerusalén, e incluso muchos de los sacerdotes obedecían a la fe.

honored by all the people, stood up in the Sanhedrin and ordered that the men be put outside for a little while. ³⁵Then he addressed them: "Men of Israel, consider carefully what you intend to do to these men. ³⁶Some time ago Theudas appeared, claiming to be somebody, and about four hundred men rallied to him. He was killed, all his followers were dispersed, and it all came to nothing. ³⁷After him, Judas the Galilean appeared in the days of the census and led a band of people in revolt. He too was killed, and all his followers were scattered. ³⁸Therefore, in the present case I advise you: Leave these men alone Let them go For if their purpose or activity is of human origin, it will fail. ³⁹But if it is from God, you will not be able to stop these men; you will only find yourselves fighting against God."

⁴⁰His speech persuaded them. They called the apostles in and had them flogged. Then they ordered them not to speak in the name of Jesus, and let them go.

⁴¹The apostles left the Sanhedrin, rejoicing because they had been counted worthy of suffering disgrace for the Name. ⁴²Day after day, in the temple courts and from house to house, they never stopped teaching and proclaiming the good news that Jesus is the Christ.^v

The Choosing of the Seven

6 In those days when the number of disciples was increasing, the Grecian Jews among them complained against the Hebraic Jews because their widows were being overlooked in the daily distribution of food. ²So the Twelve gathered all the disciples together and said, "It would not be right for us to neglect the ministry of the word of God in order to wait on tables. ³Brothers, choose seven men from among you who are known to be full of the Spirit and wisdom. We will turn this responsibility over to them ⁴and will give our attention to prayer and the ministry of the word."

⁵This proposal pleased the whole group. They chose Stephen, a man full of faith and of the Holy Spirit; also Philip, Procorus, Nicanor, Timon, Parmenas, and Nicolas from Antioch, a convert to Judaism. ⁶They presented these men to the apostles, who prayed and laid their hands on them.

⁷So the word of God spread. The number of disciples in Jerusalem increased rapidly, and a large number of priests became obedient to the faith.

---

^w 6:1 los judíos … aramea. Lit. los helenistas contra los hebreos.

^v 42 Or Messiah

Arresto de Esteban

8Esteban, hombre lleno de la gracia y del poder de Dios, hacía grandes prodigios y señales milagrosas entre el pueblo. **9**Con él se pusieron a discutir ciertos individuos de la sinagoga llamada de los Libertos, donde había judíos de Cirene y de Alejandría, de Cilicia y de la provincia de *Asia. **10**Como no podían hacer frente a la sabiduría ni al Espíritu con que hablaba Esteban, **11**instigaron a unos hombres a decir: «Hemos oído a Esteban *blasfemar contra Moisés y contra Dios.»

12Agitaron al pueblo, a los *ancianos y a los *maestros de la ley. Se apoderaron de Esteban y lo llevaron ante el *Consejo. **13**Presentaron testigos falsos, que declararon: «Este hombre no deja de hablar contra este lugar santo y contra la ley. **14**Le hemos oído decir que ese Jesús de Nazaret destruirá este lugar y cambiará las tradiciones que nos dejó Moisés.»

15Todos los que estaban sentados en el Consejo fijaron la mirada en Esteban y vieron que su rostro se parecía al de un ángel.

Discurso de Esteban ante el Consejo

7 —¿Son ciertas estas acusaciones? —le preguntó el sumo sacerdote.

2Él contestó:

—Hermanos y padres, ¡escúchenme El Dios de la gloria se apareció a nuestro padre Abraham cuando éste aún vivía en Mesopotamia, antes de radicarse en Jarán. **3**"Deja tu tierra y a tus parientes —le dijo Dios—, y ve a la tierra que yo te mostraré." *x*

4»Entonces salió de la tierra de los caldeos y se estableció en Jarán. Desde allí, después de la muerte de su padre, Dios lo trasladó a esta tierra donde ustedes viven ahora. **5**No le dio herencia alguna en ella, ni siquiera dónde plantar el pie, pero le prometió dársela en posesión a él y a su descendencia, aunque Abraham no tenía ni un solo hijo todavía. **6**Dios le dijo así: "Tus descendientes vivirán como extranjeros en tierra extraña, donde serán esclavizados y maltratados durante cuatrocientos años. **7**Pero sea cual sea la nación que los esclavice, yo la castigaré, y luego tus descendientes saldrán de esa tierra y me adorarán en este lugar." *y* **8**Hizo con Abraham el pacto que tenía por señal la circuncisión. Así, cuando Abraham tuvo a su hijo Isaac, lo circuncidó a los ocho días de nacido, e Isaac a Jacob, y Jacob a los doce patriarcas.

9»Por envidia los patriarcas vendieron a José

Stephen Seized

8Now Stephen, a man full of God's grace and power, did great wonders and miraculous signs among the people. **9**Opposition arose, however, from members of the Synagogue of the Freedmen (as it was called)—Jews of Cyrene and Alexandria as well as the provinces of Cilicia and Asia. These men began to argue with Stephen, **10**but they could not stand up against his wisdom or the Spirit by whom he spoke.

11Then they secretly persuaded some men to say, "We have heard Stephen speak words of blasphemy against Moses and against God."

12So they stirred up the people and the elders and the teachers of the law. They seized Stephen and brought him before the Sanhedrin. **13**They produced false witnesses, who testified, "This fellow never stops speaking against this holy place and against the law. **14**For we have heard him say that this Jesus of Nazareth will destroy this place and change the customs Moses handed down to us."

15All who were sitting in the Sanhedrin looked intently at Stephen, and they saw that his face was like the face of an angel.

Stephen's Speech to the Sanhedrin

7 Then the high priest asked him, "Are these charges true?"

2To this he replied: "Brothers and fathers, listen to me The God of glory appeared to our father Abraham while he was still in Mesopotamia, before he lived in Haran. **3**'Leave your country and your people,' God said, 'and go to the land I will show you.' *w*

4"So he left the land of the Chaldeans and settled in Haran. After the death of his father, God sent him to this land where you are now living. **5**He gave him no inheritance here, not even a foot of ground. But God promised him that he and his descendants after him would possess the land, even though at that time Abraham had no child. **6**God spoke to him in this way: 'Your descendants will be strangers in a country not their own, and they will be enslaved and mistreated four hundred years. **7**But I will punish the nation they serve as slaves,' God said, 'and afterward they will come out of that country and worship me in this place.' *x* **8**Then he gave Abraham the covenant of circumcision. And Abraham became the father of Isaac and circumcised him eight days after his birth. Later Isaac became the father of Jacob, and Jacob became the father of the twelve patriarchs.

---

*x***7:3** Gn 12:1   *y***7:7** Gn 15:13,14; Éx 3:12   *w*3 Gen. 12:1   *x*7 Gen. 15:13,14 como esclavo, quien fue llevado a Egipto; pero Dios estaba con él [10]y lo libró de todas sus desgracias. Le dio sabiduría para ganarse el favor del faraón, rey de Egipto, que lo nombró gobernador del país y del palacio real.

[11]»Hubo entonces un hambre que azotó a todo Egipto y a Canaán, causando mucho sufrimiento, y nuestros antepasados no encontraban alimentos. [12]Al enterarse Jacob de que había comida en Egipto, mandó allá a nuestros antepasados en una primera visita. [13]En la segunda, José se dio a conocer a sus hermanos, y el faraón supo del origen de José. [14]Después de esto, José mandó llamar a su padre Jacob y a toda su familia, setenta y cinco personas en total. [15]Bajó entonces Jacob a Egipto, y allí murieron él y nuestros antepasados. [16]Sus restos fueron llevados a Siquén y puestos en el sepulcro que a buen precio Abraham había comprado a los hijos de Jamor en Siquén.

[17]»Cuando ya se acercaba el tiempo de que se cumpliera la promesa que Dios le había hecho a Abraham, el pueblo crecía y se multiplicaba en Egipto. [18]Por aquel entonces subió al trono de Egipto un nuevo rey que no sabía nada de José. [19]Este rey usó de artimañas con nuestro pueblo y oprimió a nuestros antepasados, obligándolos a dejar abandonados a sus hijos recién nacidos para que murieran.

[20]»En aquel tiempo nació Moisés, y fue agradable a los ojos de Dios.ᶻ Por tres meses se crió en la casa de su padre [21]y, al quedar abandonado, la hija del faraón lo adoptó y lo crió como a su propio hijo. [22]Así Moisés fue instruido en toda la sabiduría de los egipcios, y era poderoso en palabra y en obra.

[23]»Cuando cumplió cuarenta años, Moisés tuvo el deseo de allegarse a sus hermanos israelitas. [24]Al ver que un egipcio maltrataba a uno de ellos, acudió en su defensa y lo vengó matando al egipcio. [25]Moisés suponía que sus hermanos reconocerían que Dios iba a liberarlos por medio de él, pero ellos no lo comprendieron así. [26]Al día siguiente, Moisés sorprendió a dos israelitas que estaban peleando. Trató de reconciliarlos, diciéndoles: "Señores, ustedes son hermanos; ¿por qué quieren hacerse daño?"

[27]»Pero el que estaba maltratando al otro empujó a Moisés y le dijo: "¿Y quién te nombró a ti gobernante y juez sobre nosotros? [28]¿Acaso quieres matarme a mí, como mataste ayer al egipcio?"ᵃ [29]Al oír esto, Moisés huyó a Madián; allí vivió como extranjero y tuvo dos hijos.

[30]»Pasados cuarenta años, se le apareció un ángel en el desierto cercano al monte Sinaí, en

[9]"Because the patriarchs were jealous of Joseph, they sold him as a slave into Egypt. But God was with him [10]and rescued him from all his troubles. He gave Joseph wisdom and enabled him to gain the goodwill of Pharaoh king of Egypt; so he made him ruler over Egypt and all his palace.

[11]"Then a famine struck all Egypt and Canaan, bringing great suffering, and our fathers could not find food. [12]When Jacob heard that there was grain in Egypt, he sent our fathers on their first visit. [13]On their second visit, Joseph told his brothers who he was, and Pharaoh learned about Joseph's family. [14]After this, Joseph sent for his father Jacob and his whole family, seventy-five in all. [15]Then Jacob went down to Egypt, where he and our fathers died. [16]Their bodies were brought back to Shechem and placed in the tomb that Abraham had bought from the sons of Hamor at Shechem for a certain sum of money.

[17]"As the time drew near for God to fulfill his promise to Abraham, the number of our people in Egypt greatly increased. [18]Then another king, who knew nothing about Joseph, became ruler of Egypt. [19]He dealt treacherously with our people and oppressed our forefathers by forcing them to throw out their newborn babies so that they would die.

[20]"At that time Moses was born, and he was no ordinary child.ʸ For three months he was cared for in his father's house. [21]When he was placed outside, Pharaoh's daughter took him and brought him up as her own son. [22]Moses was educated in all the wisdom of the Egyptians and was powerful in speech and action.

[23]"When Moses was forty years old, he decided to visit his fellow Israelites. [24]He saw one of them being mistreated by an Egyptian, so he went to his defense and avenged him by killing the Egyptian. [25]Moses thought that his own people would realize that God was using him to rescue them, but they did not. [26]The next day Moses came upon two Israelites who were fighting. He tried to reconcile them by saying, 'Men, you are brothers; why do you want to hurt each other?'

[27]"But the man who was mistreating the other pushed Moses aside and said, 'Who made you ruler and judge over us? [28]Do you want to kill me as you killed the Egyptian yesterday?'ᶻ [29]When Moses heard this, he fled to Midian, where he settled as a foreigner and had two sons.

[30]"After forty years had passed, an angel appeared to Moses in the flames of a burning bush

---

ᶻ 7:20 *fue … Dios.* Alt. *era sumamente hermoso.*
ᵃ 7:28 Éx 2:14

ʸ 20 Or *was fair in the sight of God*   ᶻ 28 Exodus 2:14

las llamas de una zarza que ardía. 31Moisés se asombró de lo que veía. Al acercarse para observar, oyó la voz del Señor: 32"Yo soy el Dios de tus antepasados, el Dios de Abraham, de Isaac y de Jacob."b Moisés se puso a temblar de miedo, y no se atrevía a mirar.

33»Le dijo el Señor: "Quítate las sandalias, porque estás pisando tierra santa. 34Ciertamente he visto la opresión que sufre mi pueblo en Egipto. Los he escuchado quejarse, así que he descendido para librarlos. Ahora ven y te enviaré de vuelta a Egipto."c

35»A este mismo Moisés, a quien habían rechazado diciéndole: "¿Y quién te nombró gobernante y juez?", Dios lo envió para ser gobernante y libertador, mediante el poder del ángel que se le apareció en la zarza. 36Él los sacó de Egipto haciendo prodigios y señales milagrosas tanto en la tierra de Egipto como en el Mar Rojo, y en el desierto durante cuarenta años.

37»Este Moisés les dijo a los israelitas: "Dios hará surgir para ustedes, de entre sus propios hermanos, un profeta como yo."d 38Este mismo Moisés estuvo en la asamblea en el desierto, con el ángel que le habló en el monte Sinaí, y con nuestros antepasados. Fue también él quien recibió palabras de vida para comunicárnoslas a nosotros.

39»Nuestros antepasados no quisieron obedecerlo a él, sino que lo rechazaron. Lo que realmente deseaban era volver a Egipto, 40por lo cual le dijeron a Aarón: "Tienes que hacernos dioses que vayan delante de nosotros, porque a ese Moisés que nos sacó de Egipto, ¡no sabemos qué pudo haberle pasado "e

41»Entonces se hicieron un ídolo en forma de becerro. Le ofrecieron sacrificios y tuvieron fiesta en honor de la obra de sus manos. 42Pero Dios les volvió la espalda y los entregó a que rindieran culto a los astros. Así está escrito en el libro de los profetas:

»"Casa de Israel, ¿acaso me ofrecieron
    ustedes sacrificios y ofrendas
  durante los cuarenta años en el desierto?
43Por el contrario, ustedes se hicieron cargo
    del tabernáculo de Moloc,
  de la estrella del dios Refán,
  y de las imágenes que hicieron para adorarlas.
  Por lo tanto, los mandaré al exilio"f más
    allá de Babilonia.

44»Nuestros antepasados tenían en el desierto el tabernáculo del testimonio, hecho como Dios

in the desert near Mount Sinai. 31When he saw this, he was amazed at the sight. As he went over to look more closely, he heard the Lord's voice: 32'I am the God of your fathers, the God of Abraham, Isaac and Jacob.'a Moses trembled with fear and did not dare to look.

33"Then the Lord said to him, 'Take off your sandals; the place where you are standing is holy ground. 34I have indeed seen the oppression of my people in Egypt. I have heard their groaning and have come down to set them free. Now come, I will send you back to Egypt.'b

35"This is the same Moses whom they had rejected with the words, 'Who made you ruler and judge?' He was sent to be their ruler and deliverer by God himself, through the angel who appeared to him in the bush. 36He led them out of Egypt and did wonders and miraculous signs in Egypt, at the Red Seac and for forty years in the desert.

37"This is that Moses who told the Israelites, 'God will send you a prophet like me from your own people.'d 38He was in the assembly in the desert, with the angel who spoke to him on Mount Sinai, and with our fathers; and he received living words to pass on to us.

39"But our fathers refused to obey him. Instead, they rejected him and in their hearts turned back to Egypt. 40They told Aaron, 'Make us gods who will go before us. As for this fellow Moses who led us out of Egypt—we don't know what has happened to him ' e 41That was the time they made an idol in the form of a calf. They brought sacrifices to it and held a celebration in honor of what their hands had made. 42But God turned away and gave them over to the worship of the heavenly bodies. This agrees with what is written in the book of the prophets:

"'Did you bring me sacrifices and offerings
    forty years in the desert, O house of Israel?
43You have lifted up the shrine of Molech
    and the star of your god Rephan,
    the idols you made to worship.
  Therefore I will send you into exile'f
    beyond Babylon.

44"Our forefathers had the tabernacle of the Testimony with them in the desert. It had been made as God directed Moses, according to the pattern he had seen. 45Having received the

---

b7:32 Éx 3:6   c7:34 Éx 3:5,7,8,10   d7:37 Dt 18:15
e7:40 Éx 32:1   f7:43 Am 5:25-27

a32 Exodus 3:6   b34 Exodus 3:5,7,8,10   c36 That is,
Sea of Reeds   d37 Deut. 18:15   e40 Exodus 32:1
f43 Amos 5:25-27

le había ordenado a Moisés, según el modelo que éste había visto. 45Después de haber recibido el tabernáculo, lo trajeron consigo bajo el mando de Josué, cuando conquistaron la tierra de las naciones que Dios expulsó de la presencia de ellos. Allí permaneció hasta el tiempo de David, 46quien disfrutó del favor de Dios y pidió que le permitiera proveer una morada para el Dios*g* de Jacob. 47Pero fue Salomón quien construyó la casa.

48»Sin embargo, el Altísimo no habita en casas construidas por manos humanas. Como dice el profeta:

49 »"El cielo es mi trono,
    y la tierra, el estrado de mis pies.
¿Qué clase de casa me construirán?
           —dice el Señor—.
¿O qué lugar de descanso?
50 ¿No es mi mano la que ha hecho todas
    estas cosas?"*h*

51»¡Tercos, duros de corazón y torpes de oídos *i* Ustedes son iguales que sus antepasados: ¡Siempre resisten al Espíritu Santo 52¿A cuál de los profetas no persiguieron sus antepasados? Ellos mataron a los que de antemano anunciaron la venida del Justo, y ahora a éste lo han traicionado y asesinado 53ustedes, que recibieron la ley promulgada por medio de ángeles y no la han obedecido.

Muerte de Esteban

54Al oír esto, rechinando los dientes montaron en cólera contra él. 55Pero Esteban, lleno del Espíritu Santo, fijó la mirada en el cielo y vio la gloria de Dios, y a Jesús de pie a la *derecha de Dios.

56—¡Veo el cielo abierto —exclamó—, y al Hijo del hombre de pie a la derecha de Dios

57Entonces ellos, gritando a voz en cuello, se taparon los oídos y todos a una se abalanzaron sobre él, 58lo sacaron a empellones fuera de la ciudad y comenzaron a apedrearlo. Los acusadores le encargaron sus mantos a un joven llamado Saulo.

59Mientras lo apedreaban, Esteban oraba.

—Señor Jesús —decía—, recibe mi espíritu.

60Luego cayó de rodillas y gritó:

—¡Señor, no les tomes en cuenta este pecado Cuando hubo dicho esto, murió.

tabernacle, our fathers under Joshua brought it with them when they took the land from the nations God drove out before them. It remained in the land until the time of David, 46who enjoyed God's favor and asked that he might provide a dwelling place for the God of Jacob.*g* 47But it was Solomon who built the house for him.

48"However, the Most High does not live in houses made by men. As the prophet says:

49 " 'Heaven is my throne,
    and the earth is my footstool.
What kind of house will you build for me?
          says the Lord.
Or where will my resting place be?
50 Has not my hand made all these things?'*h*

51"You stiff-necked people, with uncircumcised hearts and ears You are just like your fathers: You always resist the Holy Spirit 52Was there ever a prophet your fathers did not persecute? They even killed those who predicted the coming of the Righteous One. And now you have betrayed and murdered him— 53you who have received the law that was put into effect through angels but have not obeyed it."

The Stoning of Stephen

54When they heard this, they were furious and gnashed their teeth at him. 55But Stephen, full of the Holy Spirit, looked up to heaven and saw the glory of God, and Jesus standing at the right hand of God. 56"Look," he said, "I see heaven open and the Son of Man standing at the right hand of God."

57At this they covered their ears and, yelling at the top of their voices, they all rushed at him, 58dragged him out of the city and began to stone him. Meanwhile, the witnesses laid their clothes at the feet of a young man named Saul.

59While they were stoning him, Stephen prayed, "Lord Jesus, receive my spirit." 60Then he fell on his knees and cried out, "Lord, do not hold this sin against them." When he had said this, he fell asleep.

---

*g*7:46 para el Dios. Var. para la casa (es decir, la familia). *h*7:50 Is 66:1,2 *i*7:51 ¡Tercos … oídos Lit. ¡Duros de cuello e incircuncisos en los corazones y los oídos

*g*46 Some early manuscripts the house of Jacob
*h*50 Isaiah 66:1,2

8

Y Saulo estaba allí, aprobando la muerte de Esteban.

La iglesia perseguida y dispersa

Aquel día se desató una gran persecución contra la iglesia en Jerusalén, y todos, excepto los apóstoles, se dispersaron por las regiones de Judea y Samaria. 2Unos hombres piadosos sepultaron a Esteban e hicieron gran duelo por él. 3Saulo, por su parte, causaba estragos en la iglesia: entrando de casa en casa, arrastraba a hombres y mujeres y los metía en la cárcel.

Felipe en Samaria

4Los que se habían dispersado predicaban la palabra por dondequiera que iban. 5Felipe bajó a una ciudad de Samaria y les anunciaba al *Mesías. 6Al oír a Felipe y ver las señales milagrosas que realizaba, mucha gente se reunía y todos prestaban atención a su mensaje. 7De muchos endemoniados los *espíritus malignos salían dando alaridos, y un gran número de paralíticos y cojos quedaban sanos. 8Y aquella ciudad se llenó de alegría.

Simón el hechicero

9Ya desde antes había en esa ciudad un hombre llamado Simón que, jactándose de ser un gran personaje, practicaba la hechicería y asombraba a la gente de Samaria. 10Todos, desde el más pequeño hasta el más grande, le prestaban atención y exclamaban: «¡Este hombre es al que llaman el Gran Poder de Dios »

11Lo seguían porque por mucho tiempo los había tenido deslumbrados con sus artes mágicas. 12Pero cuando creyeron a Felipe, que les anunciaba las buenas *nuevas del reino de Dios y el nombre de *Jesucristo, tanto hombres como mujeres se bautizaron. 13Simón mismo creyó y, después de bautizarse, seguía a Felipe por todas partes, asombrado de los grandes milagros y señales que veía.

14Cuando los apóstoles que estaban en Jerusalén se enteraron de que los samaritanos habían aceptado la palabra de Dios, les enviaron a Pedro y a Juan. 15Éstos, al llegar, oraron por ellos para que recibieran el Espíritu Santo, 16porque el Espíritu aún no había descendido sobre ninguno de ellos; solamente habían sido bautizados en el nombre del Señor Jesús. 17Entonces Pedro y Juan les impusieron las manos, y ellos recibieron el Espíritu Santo.

18Al ver Simón que mediante la imposición de las manos de los apóstoles se daba el Espíritu Santo, les ofreció dinero 19y les pidió:

—Denme también a mí ese poder, para que todos a quienes yo les imponga las manos reciban el Espíritu Santo.

8

And Saul was there, giving approval to his death.

The Church Persecuted and Scattered

On that day a great persecution broke out against the church at Jerusalem, and all except the apostles were scattered throughout Judea and Samaria. 2Godly men buried Stephen and mourned deeply for him. 3But Saul began to destroy the church. Going from house to house, he dragged off men and women and put them in prison.

Philip in Samaria

4Those who had been scattered preached the word wherever they went. 5Philip went down to a city in Samaria and proclaimed the Christ[i] there. 6When the crowds heard Philip and saw the miraculous signs he did, they all paid close attention to what he said. 7With shrieks, evil[j] spirits came out of many, and many paralytics and cripples were healed. 8So there was great joy in that city.

Simon the Sorcerer

9Now for some time a man named Simon had practiced sorcery in the city and amazed all the people of Samaria. He boasted that he was someone great, 10and all the people, both high and low, gave him their attention and exclaimed, "This man is the divine power known as the Great Power." 11They followed him because he had amazed them for a long time with his magic. 12But when they believed Philip as he preached the good news of the kingdom of God and the name of Jesus Christ, they were baptized, both men and women. 13Simon himself believed and was baptized. And he followed Philip everywhere, astonished by the great signs and miracles he saw.

14When the apostles in Jerusalem heard that Samaria had accepted the word of God, they sent Peter and John to them. 15When they arrived, they prayed for them that they might receive the Holy Spirit, 16because the Holy Spirit had not yet come upon any of them; they had simply been baptized into[k] the name of the Lord Jesus. 17Then Peter and John placed their hands on them, and they received the Holy Spirit.

18When Simon saw that the Spirit was given at the laying on of the apostles' hands, he offered them money 19and said, "Give me also this ability so that everyone on whom I lay my hands may receive the Holy Spirit."

---

i 5 Or Messiah   j 7 Greek unclean   k 16 Or in

20—¡Que tu dinero perezca contigo —le contestó Pedro—, porque intentaste comprar el don de Dios con dinero 21No tienes arte ni parte en este asunto, porque no eres íntegro delante de Dios. 22Por eso, *arrepiéntete de tu maldad y ruega al Señor. Tal vez te perdone el haber tenido esa mala intención. 23Veo que vas camino a la amargura y a la esclavitud del pecado.

24—Rueguen al Señor por mí —respondió Simón—, para que no me suceda nada de lo que han dicho.

25Después de testificar y proclamar la palabra del Señor, Pedro y Juan se pusieron en camino de vuelta a Jerusalén, y de paso predicaron el *evangelio en muchas poblaciones de los samaritanos.

Felipe y el etíope

26Un ángel del Señor le dijo a Felipe: «Ponte en marcha hacia el sur, por el camino del desierto que baja de Jerusalén a Gaza.» 27Felipe emprendió el viaje, y resulta que se encontró con un etíope *eunuco, alto funcionario encargado de todo el tesoro de la Candace, reina de los etíopes. Éste había ido a Jerusalén para adorar 28y, en el viaje de regreso a su país, iba sentado en su carro, leyendo el libro del profeta Isaías. 29El Espíritu le dijo a Felipe: «Acércate y júntate a ese carro.»

30Felipe se acercó de prisa al carro y, al oír que el hombre leía al profeta Isaías, le preguntó:

—¿Acaso entiende usted lo que está leyendo?

31—¿Y cómo voy a entenderlo —contestó— si nadie me lo explica?

Así que invitó a Felipe a subir y sentarse con él. 32El pasaje de la Escritura que estaba leyendo era el siguiente:

«Como oveja, fue llevado al matadero;
    y como cordero que enmudece ante su
        trasquilador,
ni siquiera abrió su boca.
33 Lo humillaron y no le hicieron justicia.
    ¿Quién describirá su descendencia?
    Porque su vida fue arrancada de la tie-
        rra.»j

34—Dígame usted, por favor, ¿de quién habla aquí el profeta, de sí mismo o de algún otro? —le preguntó el eunuco a Felipe.

35Entonces Felipe, comenzando con ese mismo pasaje de la Escritura, le anunció las buenas *nuevas acerca de Jesús. 36Mientras iban por el camino, llegaron a un lugar donde había agua, y dijo el eunuco:

20Peter answered: "May your money perish with you, because you thought you could buy the gift of God with money 21You have no part or share in this ministry, because your heart is not right before God. 22Repent of this wickedness and pray to the Lord. Perhaps he will forgive you for having such a thought in your heart. 23For I see that you are full of bitterness and captive to sin."

24Then Simon answered, "Pray to the Lord for me so that nothing you have said may happen to me."

25When they had testified and proclaimed the word of the Lord, Peter and John returned to Jerusalem, preaching the gospel in many Samaritan villages.

Philip and the Ethiopian

26Now an angel of the Lord said to Philip, "Go south to the road—the desert road—that goes down from Jerusalem to Gaza." 27So he started out, and on his way he met an Ethiopianl eunuch, an important official in charge of all the treasury of Candace, queen of the Ethiopians. This man had gone to Jerusalem to worship, 28and on his way home was sitting in his chariot reading the book of Isaiah the prophet. 29The Spirit told Philip, "Go to that chariot and stay near it."

30Then Philip ran up to the chariot and heard the man reading Isaiah the prophet. "Do you understand what you are reading?" Philip asked.

31"How can I," he said, "unless someone explains it to me?" So he invited Philip to come up and sit with him.

32The eunuch was reading this passage of Scripture:

"He was led like a sheep to the slaughter,
    and as a lamb before the shearer is silent,
    so he did not open his mouth.
33 In his humiliation he was deprived of
      justice.
    Who can speak of his descendants?
    For his life was taken from the earth." m

34The eunuch asked Philip, "Tell me, please, who is the prophet talking about, himself or someone else?" 35Then Philip began with that very passage of Scripture and told him the good news about Jesus.

36As they traveled along the road, they came to some water and the eunuch said, "Look, here

—Mire usted, aquí hay agua. ¿Qué impide que yo sea bautizado?[k]

38Entonces mandó parar el carro, y ambos bajaron al agua, y Felipe lo bautizó. **39**Cuando subieron del agua, el Espíritu del Señor se llevó de repente a Felipe. El eunuco no volvió a verlo, pero siguió alegre su camino. **40**En cuanto a Felipe, apareció en Azoto, y se fue predicando el *evangelio en todos los pueblos hasta que llegó a Cesarea.

Conversión de Saulo

9 Mientras tanto, Saulo, respirando aún amenazas de muerte contra los discípulos del Señor, se presentó al sumo sacerdote **2**y le pidió cartas de extradición para las sinagogas de Damasco. Tenía la intención de encontrar y llevarse presos a Jerusalén a todos los que pertenecieran al Camino, fueran hombres o mujeres. **3**En el viaje sucedió que, al acercarse a Damasco, una luz del cielo relampagueó de repente a su alrededor. **4**Él cayó al suelo y oyó una voz que le decía:

—Saulo, Saulo, ¿por qué me persigues?

5—¿Quién eres, Señor? —preguntó.

—Yo soy Jesús, a quien tú persigues —le contestó la voz—. **6**Levántate y entra en la ciudad, que allí se te dirá lo que tienes que hacer.

7Los hombres que viajaban con Saulo se detuvieron atónitos, porque oían la voz pero no veían a nadie. **8**Saulo se levantó del suelo, pero cuando abrió los ojos no podía ver, así que lo tomaron de la mano y lo llevaron a Damasco. **9**Estuvo ciego tres días, sin comer ni beber nada.

10Había en Damasco un discípulo llamado Ananías, a quien el Señor llamó en una visión.

—¡Ananías

—Aquí estoy, Señor.

11—Anda, ve a la casa de Judas, en la calle llamada Derecha, y pregunta por un tal Saulo de Tarso. Está orando, **12**y ha visto en una visión a un hombre llamado Ananías, que entra y pone las manos sobre él para que recobre la vista.

13Entonces Ananías respondió:

—Señor, he oído hablar mucho de ese hombre y de todo el mal que ha causado a tus *santos en Jerusalén. **14**Y ahora lo tenemos aquí, autorizado por los jefes de los sacerdotes, para llevarse presos a todos los que invocan tu nombre.

15—¡Ve —insistió el Señor—, porque ese hombre es mi instrumento escogido para dar a conocer mi nombre tanto a las *naciones y a sus reyes como al pueblo de Israel. **16**Yo le mostraré cuánto tendrá que padecer por mi nombre.

is water. Why shouldn't I be baptized?"[n] **38**And he gave orders to stop the chariot. Then both Philip and the eunuch went down into the water and Philip baptized him. **39**When they came up out of the water, the Spirit of the Lord suddenly took Philip away, and the eunuch did not see him again, but went on his way rejoicing. **40**Philip, however, appeared at Azotus and traveled about, preaching the gospel in all the towns until he reached Caesarea.

Saul's Conversion

9 Meanwhile, Saul was still breathing out murderous threats against the Lord's disciples. He went to the high priest **2**and asked him for letters to the synagogues in Damascus, so that if he found any there who belonged to the Way, whether men or women, he might take them as prisoners to Jerusalem. **3**As he neared Damascus on his journey, suddenly a light from heaven flashed around him. **4**He fell to the ground and heard a voice say to him, "Saul, Saul, why do you persecute me?"

5"Who are you, Lord?" Saul asked.

"I am Jesus, whom you are persecuting," he replied. **6**"Now get up and go into the city, and you will be told what you must do."

7The men traveling with Saul stood there speechless; they heard the sound but did not see anyone. **8**Saul got up from the ground, but when he opened his eyes he could see nothing. So they led him by the hand into Damascus. **9**For three days he was blind, and did not eat or drink anything.

10In Damascus there was a disciple named Ananias. The Lord called to him in a vision, "Ananias "

"Yes, Lord," he answered.

11The Lord told him, "Go to the house of Judas on Straight Street and ask for a man from Tarsus named Saul, for he is praying. **12**In a vision he has seen a man named Ananias come and place his hands on him to restore his sight."

13"Lord," Ananias answered, "I have heard many reports about this man and all the harm he has done to your saints in Jerusalem. **14**And he has come here with authority from the chief priests to arrest all who call on your name."

15But the Lord said to Ananias, "Go This man is my chosen instrument to carry my name before the Gentiles and their kings and before the people of Israel. **16**I will show him how much he must suffer for my name."

---

[k] **8:36** *bautizado?* Var. *bautizado? / 37 —Si cree usted de todo corazón, bien puede —le dijo Felipe. / —Creo que Jesucristo es el Hijo de Dios —contestó el hombre.*

[n] 36 Some late manuscripts *baptized?" 37Philip said, "If you believe with all your heart, you may." The eunuch answered, "I believe that Jesus Christ is the Son of God."*

17 Ananías se fue y, cuando llegó a la casa, le impuso las manos a Saulo y le dijo: «Hermano Saulo, el Señor Jesús, que se te apareció en el camino, me ha enviado para que recobres la vista y seas lleno del Espíritu Santo.» **18** Al instante cayó de los ojos de Saulo algo como escamas, y recobró la vista. Se levantó y fue bautizado; **19** y habiendo comido, recobró las fuerzas.

Saulo en Damasco y en Jerusalén

Saulo pasó varios días con los discípulos que estaban en Damasco, **20** y en seguida se dedicó a predicar en las sinagogas, afirmando que Jesús es el Hijo de Dios. **21** Todos los que le oían se quedaban asombrados, y preguntaban: «¿No es éste el que en Jerusalén perseguía a muerte a los que invocan ese nombre? ¿Y no ha venido aquí para llevárselos presos y entregarlos a los jefes de los sacerdotes?» **22** Pero Saulo cobraba cada vez más fuerza y confundía a los judíos que vivían en Damasco, demostrándoles que Jesús es el *Mesías.

23 Después de muchos días, los judíos se pusieron de acuerdo para hacerlo desaparecer, **24** pero Saulo se enteró de sus maquinaciones. Día y noche vigilaban de cerca las puertas de la ciudad con el fin de eliminarlo. **25** Pero sus discípulos se lo llevaron de noche y lo bajaron en un canasto por una abertura en la muralla.

26 Cuando llegó a Jerusalén, trataba de juntarse con los discípulos, pero todos tenían miedo de él, porque no creían que de veras fuera discípulo. **27** Entonces Bernabé lo tomó a su cargo y lo llevó a los apóstoles. Saulo les describió en detalle cómo en el camino había visto al Señor, el cual le había hablado, y cómo en Damasco había predicado con libertad en el nombre de Jesús. **28** Así que se quedó con ellos, y andaba por todas partes en Jerusalén, hablando abiertamente en el nombre del Señor. **29** Conversaba y discutía con los judíos de habla griega,[l] pero ellos se proponían eliminarlo. **30** Cuando se enteraron de ello los hermanos, se lo llevaron a Cesarea y de allí lo mandaron a Tarso.

31 Mientras tanto, la iglesia disfrutaba de paz a la vez que se consolidaba en toda Judea, Galilea y Samaria, pues vivía en el temor del Señor. E iba creciendo en número, fortalecida por el Espíritu Santo.

Eneas y Dorcas

32 Pedro, que estaba recorriendo toda la región, fue también a visitar a los *santos que vivían en Lida. **33** Allí encontró a un paralítico llamado Eneas, que llevaba ocho años en cama.

17 Then Ananias went to the house and entered it. Placing his hands on Saul, he said, "Brother Saul, the Lord—Jesus, who appeared to you on the road as you were coming here—has sent me so that you may see again and be filled with the Holy Spirit." **18** Immediately, something like scales fell from Saul's eyes, and he could see again. He got up and was baptized, **19** and after taking some food, he regained his strength.

Saul in Damascus and Jerusalem

Saul spent several days with the disciples in Damascus. **20** At once he began to preach in the synagogues that Jesus is the Son of God. **21** All those who heard him were astonished and asked, "Isn't he the man who raised havoc in Jerusalem among those who call on this name? And hasn't he come here to take them as prisoners to the chief priests?" **22** Yet Saul grew more and more powerful and baffled the Jews living in Damascus by proving that Jesus is the Christ.[o]

23 After many days had gone by, the Jews conspired to kill him, **24** but Saul learned of their plan. Day and night they kept close watch on the city gates in order to kill him. **25** But his followers took him by night and lowered him in a basket through an opening in the wall.

26 When he came to Jerusalem, he tried to join the disciples, but they were all afraid of him, not believing that he really was a disciple. **27** But Barnabas took him and brought him to the apostles. He told them how Saul on his journey had seen the Lord and that the Lord had spoken to him, and how in Damascus he had preached fearlessly in the name of Jesus. **28** So Saul stayed with them and moved about freely in Jerusalem, speaking boldly in the name of the Lord. **29** He talked and debated with the Grecian Jews, but they tried to kill him. **30** When the brothers learned of this, they took him down to Caesarea and sent him off to Tarsus.

31 Then the church throughout Judea, Galilee and Samaria enjoyed a time of peace. It was strengthened; and encouraged by the Holy Spirit, it grew in numbers, living in the fear of the Lord.

Aeneas and Dorcas

32 As Peter traveled about the country, he went to visit the saints in Lydda. **33** There he found a man named Aeneas, a paralytic who had been bedridden for eight years. **34** "Aeneas," Peter

---

[l] **9:29** *los judíos de habla griega.* Lit. *los helenistas.*   [o] **22** Or *Messiah*

34«Eneas —le dijo Pedro—, *Jesucristo te sana. Levántate y tiende tu cama.» Y al instante se levantó. 35Todos los que vivían en Lida y en Sarón lo vieron, y se convirtieron al Señor.

36Había en Jope una discípula llamada Tabita (que traducido es Dorcas*m*). Ésta se esmeraba en hacer buenas obras y en ayudar a los pobres. 37Sucedió que en esos días cayó enferma y murió. Pusieron el cadáver, después de lavarlo, en un cuarto de la planta alta. 38Y como Lida estaba cerca de Jope, los discípulos, al enterarse de que Pedro se encontraba en Lida, enviaron a dos hombres a rogarle: «¡Por favor, venga usted a Jope en seguida »

39Sin demora, Pedro se fue con ellos, y cuando llegó lo llevaron al cuarto de arriba. Todas las viudas se presentaron, llorando y mostrándole las túnicas y otros vestidos que Dorcas había hecho cuando aún estaba con ellas.

40Pedro hizo que todos salieran del cuarto; luego se puso de rodillas y oró. Volviéndose hacia la muerta, dijo: «Tabita, levántate.» Ella abrió los ojos y, al ver a Pedro, se incorporó. 41Él, tomándola de la mano, la levantó. Luego llamó a los *creyentes y a las viudas, a quienes la presentó viva. 42La noticia se difundió por todo Jope, y muchos creyeron en el Señor. 43Pedro se quedó en Jope un buen tiempo, en casa de un tal Simón, que era curtidor.

Cornelio manda llamar a Pedro

10 Vivía en Cesarea un centurión llamado Cornelio, del regimiento conocido como el Italiano. 2Él y toda su familia eran devotos y temerosos de Dios. Realizaba muchas obras de beneficencia para el pueblo de Israel y oraba a Dios constantemente. 3Un día, como a las tres de la tarde,*n* tuvo una visión. Vio claramente a un ángel de Dios que se le acercaba y le decía:

—¡Cornelio

4—¿Qué quieres, Señor? —le preguntó Cornelio, mirándolo fijamente y con mucho miedo.

—Dios ha recibido tus oraciones y tus obras de beneficencia como una ofrenda —le contestó el ángel—. 5Envía de inmediato a algunos hombres a Jope para que hagan venir a un tal Simón, apodado Pedro. 6Él se hospeda con Simón el curtidor, que tiene su casa junto al mar.

7Después de que se fue el ángel que le había hablado, Cornelio llamó a dos de sus siervos y a un soldado devoto de los que le servían regularmente. 8Les explicó todo lo que había sucedido y los envió a Jope.

said to him, "Jesus Christ heals you. Get up and take care of your mat." Immediately Aeneas got up. 35All those who lived in Lydda and Sharon saw him and turned to the Lord.

36In Joppa there was a disciple named Tabitha (which, when translated, is Dorcas*p*), who was always doing good and helping the poor. 37About that time she became sick and died, and her body was washed and placed in an upstairs room. 38Lydda was near Joppa; so when the disciples heard that Peter was in Lydda, they sent two men to him and urged him, "Please come at once "

39Peter went with them, and when he arrived he was taken upstairs to the room. All the widows stood around him, crying and showing him the robes and other clothing that Dorcas had made while she was still with them.

40Peter sent them all out of the room; then he got down on his knees and prayed. Turning toward the dead woman, he said, "Tabitha, get up." She opened her eyes, and seeing Peter she sat up. 41He took her by the hand and helped her to her feet. Then he called the believers and the widows and presented her to them alive. 42This became known all over Joppa, and many people believed in the Lord. 43Peter stayed in Joppa for some time with a tanner named Simon.

Cornelius Calls for Peter

10 At Caesarea there was a man named Cornelius, a centurion in what was known as the Italian Regiment. 2He and all his family were devout and God-fearing; he gave generously to those in need and prayed to God regularly. 3One day at about three in the afternoon he had a vision. He distinctly saw an angel of God, who came to him and said, "Cornelius "

4Cornelius stared at him in fear. "What is it, Lord?" he asked.

The angel answered, "Your prayers and gifts to the poor have come up as a memorial offering before God. 5Now send men to Joppa to bring back a man named Simon who is called Peter. 6He is staying with Simon the tanner, whose house is by the sea."

7When the angel who spoke to him had gone, Cornelius called two of his servants and a devout soldier who was one of his attendants. 8He told them everything that had happened and sent them to Joppa.

---

m **9:36** Tanto *Tabita* (arameo) como *Dorcas* (griego) significan *gacela*.   *n* **10:3** *las tres de la tarde.* Lit. *la hora novena;* también en v. 30.

p 36 Both *Tabitha* (Aramaic) and *Dorcas* (Greek) mean *gazelle.*

La visión de Pedro

9Al día siguiente, mientras ellos iban de camino y se acercaban a la ciudad, Pedro subió a la azotea a orar. Era casi el mediodía.*ñ* **10**Tuvo hambre y quiso algo de comer. Mientras se lo preparaban, le sobrevino un éxtasis. **11**Vio el cielo abierto y algo parecido a una gran sábana que, suspendida por las cuatro puntas, descendía hacia la tierra. **12**En ella había toda clase de cuadrúpedos, como también reptiles y aves.

13—Levántate, Pedro; mata y come —le dijo una voz.

14—¡De ninguna manera, Señor —replicó Pedro—. Jamás he comido nada *impuro o inmundo.

15Por segunda vez le insistió la voz:

—Lo que Dios ha purificado, tú no lo llames impuro.

16Esto sucedió tres veces, y en seguida la sábana fue recogida al cielo.

17Pedro no atinaba a explicarse cuál podría ser el significado de la visión. Mientras tanto, los hombres enviados por Cornelio, que estaban preguntando por la casa de Simón, se presentaron a la puerta. **18**Llamando, averiguaron si allí se hospedaba Simón, apodado Pedro.

19Mientras Pedro seguía reflexionando sobre el significado de la visión, el Espíritu le dijo: «Mira, Simón, tres*o* hombres te buscan. **20**Date prisa, baja y no dudes en ir con ellos, porque yo los he enviado.»

21Pedro bajó y les dijo a los hombres:

—Aquí estoy; yo soy el que ustedes buscan. ¿Qué asunto los ha traído por acá?

22Ellos le contestaron:

—Venimos de parte del centurión Cornelio, un hombre justo y temeroso de Dios, respetado por todo el pueblo judío. Un ángel de Dios le dio instrucciones de invitarlo a usted a su casa para escuchar lo que usted tiene que decirle.

23Entonces Pedro los invitó a pasar y los hospedó.

Pedro en casa de Cornelio

Al día siguiente, Pedro se fue con ellos acompañado de algunos creyentes de Jope. **24**Un día después llegó a Cesarea. Cornelio estaba esperándolo con los parientes y amigos íntimos que había reunido. **25**Al llegar Pedro a la casa, Cornelio salió a recibirlo y, postrándose delante de él, le rindió homenaje. **26**Pero Pedro hizo que se levantara, y le dijo:

Peter's Vision

9About noon the following day as they were on their journey and approaching the city, Peter went up on the roof to pray. **10**He became hungry and wanted something to eat, and while the meal was being prepared, he fell into a trance. **11**He saw heaven opened and something like a large sheet being let down to earth by its four corners. **12**It contained all kinds of four-footed animals, as well as reptiles of the earth and birds of the air. **13**Then a voice told him, "Get up, Peter. Kill and eat."

14"Surely not, Lord " Peter replied. "I have never eaten anything impure or unclean."

15The voice spoke to him a second time, "Do not call anything impure that God has made clean."

16This happened three times, and immediately the sheet was taken back to heaven.

17While Peter was wondering about the meaning of the vision, the men sent by Cornelius found out where Simon's house was and stopped at the gate. **18**They called out, asking if Simon who was known as Peter was staying there.

19While Peter was still thinking about the vision, the Spirit said to him, "Simon, three*q* men are looking for you. **20**So get up and go downstairs. Do not hesitate to go with them, for I have sent them."

21Peter went down and said to the men, "I'm the one you're looking for. Why have you come?"

22The men replied, "We have come from Cornelius the centurion. He is a righteous and God-fearing man, who is respected by all the Jewish people. A holy angel told him to have you come to his house so that he could hear what you have to say." **23**Then Peter invited the men into the house to be his guests.

Peter at Cornelius' House

The next day Peter started out with them, and some of the brothers from Joppa went along. **24**The following day he arrived in Caesarea. Cornelius was expecting them and had called together his relatives and close friends. **25**As Peter entered the house, Cornelius met him and fell at his feet in reverence. **26**But Peter made

---

*ñ*10:9 *casi el mediodía.* Lit. *alrededor de la hora sexta.*
*o*10:19 Var. no incluye *tres* (un ms. antiguo dice: *dos*).

*q*19 One early manuscript *two*; other manuscripts do not have the number.

—Ponte de pie, que sólo soy un hombre como tú.

27Pedro entró en la casa conversando con él, y encontró a muchos reunidos.

28Entonces les habló así:

—Ustedes saben muy bien que nuestra ley prohíbe que un judío se junte con un extranjero o lo visite. Pero Dios me ha hecho ver que a nadie debo llamar *impuro o inmundo. 29Por eso, cuando mandaron por mí, vine sin poner ninguna objeción. Ahora permítanme preguntarles: ¿para qué me hicieron venir?

30Cornelio contestó:

—Hace cuatro días a esta misma hora, las tres de la tarde, estaba yo en casa orando.p De repente apareció delante de mí un hombre vestido con ropa brillante, 31y me dijo: "Cornelio, Dios ha oído tu oración y se ha acordado de tus obras de beneficencia. 32Por lo tanto, envía a alguien a Jope para hacer venir a Simón, apodado Pedro, que se hospeda en casa de Simón el curtidor, junto al mar." 33Así que inmediatamente mandé a llamarte, y tú has tenido la bondad de venir. Ahora estamos todos aquí, en la presencia de Dios, para escuchar todo lo que el Señor te ha encomendado que nos digas.

34Pedro tomó la palabra, y dijo:

—Ahora comprendo que en realidad para Dios no hay favoritismos, 35sino que en toda nación él ve con agrado a los que le temen y actúan con justicia. 36Dios envió su mensaje al pueblo de Israel, anunciando las buenas *nuevas de la paz por medio de *Jesucristo, que es el Señor de todos. 37Ustedes conocen este mensaje que se difundió por toda Judea, comenzando desde Galilea, después del bautismo que predicó Juan. 38Me refiero a Jesús de Nazaret: cómo lo ungió Dios con el Espíritu Santo y con poder, y cómo anduvo haciendo el bien y sanando a todos los que estaban oprimidos por el diablo, porque Dios estaba con él. 39Nosotros somos testigos de todo lo que hizo en la tierra de los judíos y en Jerusalén. Lo mataron, colgándolo de un madero, 40pero Dios lo resucitó al tercer día y dispuso que se apareciera, 41no a todo el pueblo, sino a nosotros, testigos previamente escogidos por Dios, que comimos y bebimos con él después de su *resurrección. 42Él nos mandó a predicar al pueblo y a dar solemne testimonio de que ha sido nombrado por Dios como juez de vivos y muertos. 43De él dan testimonio todos los profetas, que todo el que cree en él recibe, por medio de su nombre, el perdón de los pecados.

44Mientras Pedro estaba todavía hablando, el Espíritu Santo descendió sobre todos los que

him get up. "Stand up," he said, "I am only a man myself."

27Talking with him, Peter went inside and found a large gathering of people. 28He said to them: "You are well aware that it is against our law for a Jew to associate with a Gentile or visit him. But God has shown me that I should not call any man impure or unclean. 29So when I was sent for, I came without raising any objection. May I ask why you sent for me?"

30Cornelius answered: "Four days ago I was in my house praying at this hour, at three in the afternoon. Suddenly a man in shining clothes stood before me 31and said, 'Cornelius, God has heard your prayer and remembered your gifts to the poor. 32Send to Joppa for Simon who is called Peter. He is a guest in the home of Simon the tanner, who lives by the sea.' 33So I sent for you immediately, and it was good of you to come. Now we are all here in the presence of God to listen to everything the Lord has commanded you to tell us."

34Then Peter began to speak: "I now realize how true it is that God does not show favoritism 35but accepts men from every nation who fear him and do what is right. 36You know the message God sent to the people of Israel, telling the good news of peace through Jesus Christ, who is Lord of all. 37You know what has happened throughout Judea, beginning in Galilee after the baptism that John preached— 38how God anointed Jesus of Nazareth with the Holy Spirit and power, and how he went around doing good and healing all who were under the power of the devil, because God was with him.

39"We are witnesses of everything he did in the country of the Jews and in Jerusalem. They killed him by hanging him on a tree, 40but God raised him from the dead on the third day and caused him to be seen. 41He was not seen by all the people, but by witnesses whom God had already chosen—by us who ate and drank with him after he rose from the dead. 42He commanded us to preach to the people and to testify that he is the one whom God appointed as judge of the living and the dead. 43All the prophets testify about him that everyone who believes in him receives forgiveness of sins through his name."

44While Peter was still speaking these words, the Holy Spirit came on all who heard the message. 45The circumcised believers who had come with Peter were astonished that the gift of the Holy Spirit had been

p10:30 en casa orando. Var. en casa ayunando y orando.

escuchaban el mensaje. **45**Los defensores de la circuncisión que habían llegado con Pedro se quedaron asombrados de que el don del Espíritu Santo se hubiera derramado también sobre los *gentiles, **46**pues los oían hablar en *lenguas y alabar a Dios. Entonces Pedro respondió:

47—¿Acaso puede alguien negar el agua para que sean bautizados estos que han recibido el Espíritu Santo lo mismo que nosotros?

48Y mandó que fueran bautizados en el nombre de Jesucristo. Entonces le pidieron que se quedara con ellos algunos días.

Pedro explica su comportamiento

11 Los apóstoles y los hermanos de toda Judea se enteraron de que también los *gentiles habían recibido la palabra de Dios. **2**Así que cuando Pedro subió a Jerusalén, los defensores de la circuncisión lo criticaron **3**diciendo:

—Entraste en casa de hombres incircuncisos y comiste con ellos.

4Entonces Pedro comenzó a explicarles paso a paso lo que había sucedido:

5—Yo estaba orando en la ciudad de Jope y tuve en éxtasis una visión. Vi que del cielo descendía algo parecido a una gran sábana que, suspendida por las cuatro puntas, bajaba hasta donde yo estaba. **6**Me fijé en lo que había en ella, y vi cuadrúpedos, fieras, reptiles y aves. **7**Luego oí una voz que me decía: "Levántate, Pedro; mata y come." **8**Repliqué: "¡De ninguna manera, Señor Jamás ha entrado en mi boca nada *impuro o inmundo." **9**Por segunda vez insistió la voz del cielo: "Lo que Dios ha purificado, tú no lo llames impuro." **10**Esto sucedió tres veces, y luego todo volvió a ser llevado al cielo.

11»En aquel momento se presentaron en la casa donde yo estaba tres hombres que desde Cesarea habían sido enviados a verme. **12**El Espíritu me dijo que fuera con ellos sin dudar. También fueron conmigo estos seis hermanos, y entramos en la casa de aquel hombre. **13**Él nos contó cómo en su casa se le había aparecido un ángel que le dijo: "Manda a alguien a Jope para hacer venir a Simón, apodado Pedro. **14**Él te traerá un mensaje mediante el cual serán salvos tú y toda tu familia."

15»Cuando comencé a hablarles, el Espíritu Santo descendió sobre ellos tal como al principio descendió sobre nosotros. **16**Entonces recordé lo que había dicho el Señor: "Juan bautizó con*q* agua, pero ustedes serán bautizados con el Espíritu Santo." **17**Por tanto, si Dios les ha dado a ellos el mismo don que a nosotros al creer en

poured out even on the Gentiles. **46**For they heard them speaking in tongues*r* and praising God.

Then Peter said, **47**"Can anyone keep these people from being baptized with water? They have received the Holy Spirit just as we have." **48**So he ordered that they be baptized in the name of Jesus Christ. Then they asked Peter to stay with them for a few days.

Peter Explains His Actions

11 The apostles and the brothers throughout Judea heard that the Gentiles also had received the word of God. **2**So when Peter went up to Jerusalem, the circumcised believers criticized him **3**and said, "You went into the house of uncircumcised men and ate with them."

4Peter began and explained everything to them precisely as it had happened: **5**"I was in the city of Joppa praying, and in a trance I saw a vision. I saw something like a large sheet being let down from heaven by its four corners, and it came down to where I was. **6**I looked into it and saw four-footed animals of the earth, wild beasts, reptiles, and birds of the air. **7**Then I heard a voice telling me, 'Get up, Peter. Kill and eat.'

8"I replied, 'Surely not, Lord Nothing impure or unclean has ever entered my mouth.'

9"The voice spoke from heaven a second time, 'Do not call anything impure that God has made clean.' **10**This happened three times, and then it was all pulled up to heaven again.

11"Right then three men who had been sent to me from Caesarea stopped at the house where I was staying. **12**The Spirit told me to have no hesitation about going with them. These six brothers also went with me, and we entered the man's house. **13**He told us how he had seen an angel appear in his house and say, 'Send to Joppa for Simon who is called Peter. **14**He will bring you a message through which you and all your household will be saved.'

15"As I began to speak, the Holy Spirit came on them as he had come on us at the beginning. **16**Then I remembered what the Lord had said: 'John baptized with*s* water, but you will be baptized with the Holy Spirit.' **17**So if God gave them the same gift as he gave us, who believed in the Lord Jesus Christ, who was I to think that I could oppose God?"

q **11:16** con. Alt. en.   *r* 46 Or other languages   *s* 16 Or in el Señor *Jesucristo, ¿quién soy yo para pretender estorbar a Dios?

18Al oír esto, se apaciguaron y alabaron a Dios diciendo:

—¡Así que también a los gentiles les ha concedido Dios el *arrepentimiento para vida

La iglesia en Antioquía

19Los que se habían dispersado a causa de la persecución que se desató por el caso de Esteban llegaron hasta Fenicia, Chipre y Antioquía, sin anunciar a nadie el mensaje excepto a los judíos. 20Sin embargo, había entre ellos algunas personas de Chipre y de Cirene que, al llegar a Antioquía, comenzaron a hablarles también a los de habla griega, anunciándoles las buenas *nuevas acerca del Señor Jesús. 21El poder del Señor estaba con ellos, y un gran número creyó y se convirtió al Señor.

22La noticia de estos sucesos llegó a oídos de la iglesia de Jerusalén, y mandaron a Bernabé a Antioquía. 23Cuando él llegó y vio las evidencias de la gracia de Dios, se alegró y animó a todos a hacerse el firme propósito de permanecer fieles al Señor, 24pues era un hombre bueno, lleno del Espíritu Santo y de fe. Un gran número de personas aceptó al Señor.

25Después partió Bernabé para Tarso en busca de Saulo, 26y cuando lo encontró, lo llevó a Antioquía. Durante todo un año se reunieron los dos con la iglesia y enseñaron a mucha gente. Fue en Antioquía donde a los discípulos se les llamó «cristianos» por primera vez.

27Por aquel tiempo unos profetas bajaron de Jerusalén a Antioquía. 28Uno de ellos, llamado Ágabo, se puso de pie y predijo por medio del Espíritu que iba a haber una gran hambre en todo el mundo, lo cual sucedió durante el reinado de Claudio. 29Entonces decidieron que cada uno de los discípulos, según los recursos de cada cual, enviaría ayuda a los hermanos que vivían en Judea. 30Así lo hicieron, mandando su ofrenda a los *ancianos por medio de Bernabé y de Saulo.

Pedro escapa milagrosamente de la cárcel

12 En ese tiempo el rey Herodes hizo arrestar a algunos de la iglesia con el fin de maltratarlos. 2A *Jacobo, hermano de Juan, lo mandó matar a espada. 3Al ver que esto agradaba a los judíos, procedió a prender también a Pedro. Esto sucedió durante la fiesta de los Panes sin levadura. 4Después de arrestarlo, lo metió en la cárcel y lo puso bajo la vigilancia de cuatro grupos de cuatro soldados cada uno. Tenía la intención de hacerlo comparecer en juicio público después de la Pascua. 5Pero mientras

18When they heard this, they had no further objections and praised God, saying, "So then, God has granted even the Gentiles repentance unto life."

The Church in Antioch

19Now those who had been scattered by the persecution in connection with Stephen traveled as far as Phoenicia, Cyprus and Antioch, telling the message only to Jews. 20Some of them, however, men from Cyprus and Cyrene, went to Antioch and began to speak to Greeks also, telling them the good news about the Lord Jesus. 21The Lord's hand was with them, and a great number of people believed and turned to the Lord.

22News of this reached the ears of the church at Jerusalem, and they sent Barnabas to Antioch. 23When he arrived and saw the evidence of the grace of God, he was glad and encouraged them all to remain true to the Lord with all their hearts. 24He was a good man, full of the Holy Spirit and faith, and a great number of people were brought to the Lord.

25Then Barnabas went to Tarsus to look for Saul, 26and when he found him, he brought him to Antioch. So for a whole year Barnabas and Saul met with the church and taught great numbers of people. The disciples were called Christians first at Antioch.

27During this time some prophets came down from Jerusalem to Antioch. 28One of them, named Agabus, stood up and through the Spirit predicted that a severe famine would spread over the entire Roman world. (This happened during the reign of Claudius.) 29The disciples, each according to his ability, decided to provide help for the brothers living in Judea. 30This they did, sending their gift to the elders by Barnabas and Saul.

Peter's Miraculous Escape From Prison

12 It was about this time that King Herod arrested some who belonged to the church, intending to persecute them. 2He had James, the brother of John, put to death with the sword. 3When he saw that this pleased the Jews, he proceeded to seize Peter also. This happened during the Feast of Unleavened Bread. 4After arresting him, he put him in prison, handing him over to be guarded by four squads of four soldiers each. Herod intended to bring him out for public trial after the Passover.

5So Peter was kept in prison, but the church was earnestly praying to God for him.

mantenían a Pedro en la cárcel, la iglesia oraba constante y fervientemente a Dios por él.

⁶La misma noche en que Herodes estaba a punto de sacar a Pedro para someterlo a juicio, éste dormía entre dos soldados, sujeto con dos cadenas. Unos guardias vigilaban la entrada de la cárcel. ⁷De repente apareció un ángel del Señor y una luz resplandeció en la celda. Despertó a Pedro con unas palmadas en el costado y le dijo: «¡Date prisa, levántate» Las cadenas cayeron de las manos de Pedro. ⁸Le dijo además el ángel: «Vístete y cálzate las sandalias.» Así lo hizo, y el ángel añadió: «Échate la capa encima y sígueme.»

⁹Pedro salió tras él, pero no sabía si realmente estaba sucediendo lo que el ángel hacía. Le parecía que se trataba de una visión. ¹⁰Pasaron por la primera y la segunda guardia, y llegaron al portón de hierro que daba a la ciudad. El portón se les abrió por sí solo, y salieron. Caminaron unas cuadras, y de repente el ángel lo dejó solo.

¹¹Entonces Pedro volvió en sí y se dijo: «Ahora estoy completamente seguro de que el Señor ha enviado a su ángel para librarme del poder de Herodes y de todo lo que el pueblo judío esperaba.»

¹²Cuando cayó en cuenta de esto, fue a casa de María, la madre de Juan, apodado Marcos, donde muchas personas estaban reunidas orando. ¹³Llamó a la puerta de la calle, y salió a responder una sierva llamada Rode. ¹⁴Al reconocer la voz de Pedro, se puso tan contenta que volvió corriendo sin abrir.

—¡Pedro está a la puerta —exclamó.

¹⁵—¡Estás loca —le dijeron.

Ella insistía en que así era, pero los otros decían:

—Debe de ser su ángel.

¹⁶Entre tanto, Pedro seguía llamando. Cuando abrieron la puerta y lo vieron, quedaron pasmados. ¹⁷Con la mano Pedro les hizo señas de que se callaran, y les contó cómo el Señor lo había sacado de la cárcel.

—Cuéntenles esto a Jacobo y a los hermanos —les dijo.

Luego salió y se fue a otro lugar.

¹⁸Al amanecer se produjo un gran alboroto entre los soldados respecto al paradero de Pedro. ¹⁹Herodes hizo averiguaciones, pero al no encontrarlo, les tomó declaración a los guardias y mandó matarlos. Después viajó de Judea a Cesarea y se quedó allí.

Muerte de Herodes

²⁰Herodes estaba furioso con los de Tiro y de Sidón, pero ellos se pusieron de acuerdo y se presentaron ante él. Habiéndose ganado el favor de Blasto, camarero del rey, pidieron paz, por-

⁶The night before Herod was to bring him to trial, Peter was sleeping between two soldiers, bound with two chains, and sentries stood guard at the entrance. ⁷Suddenly an angel of the Lord appeared and a light shone in the cell. He struck Peter on the side and woke him up. "Quick, get up " he said, and the chains fell off Peter's wrists.

⁸Then the angel said to him, "Put on your clothes and sandals." And Peter did so. "Wrap your cloak around you and follow me," the angel told him. ⁹Peter followed him out of the prison, but he had no idea that what the angel was doing was really happening; he thought he was seeing a vision. ¹⁰They passed the first and second guards and came to the iron gate leading to the city. It opened for them by itself, and they went through it. When they had walked the length of one street, suddenly the angel left him.

¹¹Then Peter came to himself and said, "Now I know without a doubt that the Lord sent his angel and rescued me from Herod's clutches and from everything the Jewish people were anticipating."

¹²When this had dawned on him, he went to the house of Mary the mother of John, also called Mark, where many people had gathered and were praying. ¹³Peter knocked at the outer entrance, and a servant girl named Rhoda came to answer the door. ¹⁴When she recognized Peter's voice, she was so overjoyed she ran back without opening it and exclaimed, "Peter is at the door "

¹⁵"You're out of your mind," they told her. When she kept insisting that it was so, they said, "It must be his angel."

¹⁶But Peter kept on knocking, and when they opened the door and saw him, they were astonished. ¹⁷Peter motioned with his hand for them to be quiet and described how the Lord had brought him out of prison. "Tell James and the brothers about this," he said, and then he left for another place.

¹⁸In the morning, there was no small commotion among the soldiers as to what had become of Peter. ¹⁹After Herod had a thorough search made for him and did not find him, he cross-examined the guards and ordered that they be executed.

Herod's Death

Then Herod went from Judea to Caesarea and stayed there a while. ²⁰He had been quarreling with the people of Tyre and Sidon; they now joined together and sought an audience with him. Having secured the support of Blastus, a trusted personal servant of the king, they asked que su región dependía del país del rey para obtener sus provisiones.

²¹El día señalado, Herodes, ataviado con su ropaje real y sentado en su trono, le dirigió un discurso al pueblo. ²²La gente gritaba: «¡Voz de un dios, no de hombre » ²³Al instante un ángel del Señor lo hirió, porque no le había dado la gloria a Dios; y Herodes murió comido de gusanos.

²⁴Pero la palabra de Dios seguía extendiéndose y difundiéndose.

²⁵Cuando Bernabé y Saulo cumplieron su servicio, regresaron de^r Jerusalén llevando con ellos a Juan, llamado también Marcos.

Despedida de Bernabé y Saulo

13 En la iglesia de Antioquía eran profetas y maestros Bernabé; Simeón, apodado el Negro; Lucio de Cirene; Manaén, que se había criado con Herodes el tetrarca; y Saulo. ²Mientras ayunaban y participaban en el culto al Señor, el Espíritu Santo dijo: «Apártenme ahora a Bernabé y a Saulo para el trabajo al que los he llamado.» ³Así que después de ayunar, orar e imponerles las manos, los despidieron.

En Chipre

⁴Bernabé y Saulo, enviados por el Espíritu Santo, bajaron a Seleucia, y de allí navegaron a Chipre. ⁵Al llegar a Salamina, predicaron la palabra de Dios en las sinagogas de los judíos. Tenían también a Juan como ayudante.

⁶Recorrieron toda la isla hasta Pafos. Allí se encontraron con un hechicero, un falso profeta judío llamado Barjesús, ⁷que estaba con el gobernador^s Sergio Paulo. El gobernador, hombre inteligente, mandó llamar a Bernabé y a Saulo, en un esfuerzo por escuchar la palabra de Dios. ⁸Pero Elimas el hechicero (que es lo que significa su nombre) se les oponía y procuraba apartar de la fe al gobernador. ⁹Entonces Saulo, o sea Pablo, lleno del Espíritu Santo, clavó los ojos en Elimas y le dijo: ¹⁰«¡Hijo del diablo y enemigo de toda justicia, lleno de todo tipo de engaño y de fraude ¿Nunca dejarás de torcer los caminos rectos del Señor? ¹¹Ahora la mano del Señor está contra ti; vas a quedarte ciego y por algún tiempo no podrás ver la luz del sol.»

Al instante cayeron sobre él sombra y oscuridad, y comenzó a buscar a tientas quien lo llevara de la mano. ¹²Al ver lo sucedido, el gobernador creyó, maravillado de la enseñanza acerca del Señor.

for peace, because they depended on the king's country for their food supply.

²¹On the appointed day Herod, wearing his royal robes, sat on his throne and delivered a public address to the people. ²²They shouted, "This is the voice of a god, not of a man." ²³Immediately, because Herod did not give praise to God, an angel of the Lord struck him down, and he was eaten by worms and died.

²⁴But the word of God continued to increase and spread.

²⁵When Barnabas and Saul had finished their mission, they returned from^t Jerusalem, taking with them John, also called Mark.

Barnabas and Saul Sent Off

13 In the church at Antioch there were prophets and teachers: Barnabas, Simeon called Niger, Lucius of Cyrene, Manaen (who had been brought up with Herod the tetrarch) and Saul. ²While they were worshiping the Lord and fasting, the Holy Spirit said, "Set apart for me Barnabas and Saul for the work to which I have called them." ³So after they had fasted and prayed, they placed their hands on them and sent them off.

On Cyprus

⁴The two of them, sent on their way by the Holy Spirit, went down to Seleucia and sailed from there to Cyprus. ⁵When they arrived at Salamis, they proclaimed the word of God in the Jewish synagogues. John was with them as their helper.

⁶They traveled through the whole island until they came to Paphos. There they met a Jewish sorcerer and false prophet named Bar-Jesus, ⁷who was an attendant of the proconsul, Sergius Paulus. The proconsul, an intelligent man, sent for Barnabas and Saul because he wanted to hear the word of God. ⁸But Elymas the sorcerer (for that is what his name means) opposed them and tried to turn the proconsul from the faith. ⁹Then Saul, who was also called Paul, filled with the Holy Spirit, looked straight at Elymas and said, ¹⁰"You are a child of the devil and an enemy of everything that is right You are full of all kinds of deceit and trickery. Will you never stop perverting the right ways of the Lord? ¹¹Now the hand of the Lord is against you. You are going to be blind, and for a time you will be unable to see the light of the sun."

Immediately mist and darkness came over him, and he groped about, seeking someone to lead him by the hand. ¹²When the proconsul saw what had happened, he believed, for he was amazed at the teaching about the Lord.

---

^r12:25 *regresaron de.* Var. *regresaron a.*
^s13:7 *gobernador.* Lit. *procónsul*; también en vv. 8 y 12.

^t25 Some manuscripts *to*

En Antioquía de Pisidia

13Pablo y sus compañeros se hicieron a la mar desde Pafos, y llegaron a Perge de Panfilia. Juan se separó de ellos y regresó a Jerusalén; 14ellos, por su parte, siguieron su viaje desde Perge hasta Antioquía de Pisidia. El *sábado entraron en la sinagoga y se sentaron. 15Al terminar la lectura de la ley y los profetas, los jefes de la sinagoga mandaron a decirles: «Hermanos, si tienen algún mensaje de aliento para el pueblo, hablen.»

16Pablo se puso en pie, hizo una señal con la mano y dijo: «Escúchenme, israelitas, y ustedes, los *gentiles temerosos de Dios: 17El Dios de este pueblo de Israel escogió a nuestros antepasados y engrandeció al pueblo mientras vivían como extranjeros en Egipto. Con gran poder los sacó de aquella tierra 18y soportó su mal proceder[f] en el desierto unos cuarenta años. 19Luego de destruir siete naciones en Canaán, dio a su pueblo la tierra de ellas en herencia. 20Todo esto duró unos cuatrocientos cincuenta años.

»Después de esto, Dios les asignó jueces hasta los días del profeta Samuel. 21Entonces pidieron un rey, y Dios les dio a Saúl, hijo de Quis, de la tribu de Benjamín, que gobernó por cuarenta años. 22Tras destituir a Saúl, les puso por rey a David, de quien dio este testimonio: "He encontrado en David, hijo de Isaí, un hombre conforme a mi corazón; él realizará todo lo que yo quiero."

23»De los descendientes de éste, conforme a la promesa, Dios ha provisto a Israel un salvador, que es Jesús. 24Antes de la venida de Jesús, Juan predicó un bautismo de *arrepentimiento a todo el pueblo de Israel. 25Cuando estaba completando su carrera, Juan decía: "¿Quién suponen ustedes que soy? No soy aquél. Miren, después de mí viene uno a quien no soy digno ni siquiera de desatarle las sandalias."

26»Hermanos, descendientes de Abraham, y ustedes, los gentiles temerosos de Dios: a nosotros se nos ha enviado este mensaje de salvación. 27Los habitantes de Jerusalén y sus gobernantes no reconocieron a Jesús. Por tanto, al condenarlo, cumplieron las palabras de los profetas que se leen todos los sábados. 28Aunque no encontraron ninguna causa digna de muerte, le pidieron a Pilato que lo mandara a ejecutar. 29Después de llevar a cabo todas las cosas que estaban escritas acerca de él, lo bajaron del madero y lo sepultaron. 30Pero Dios lo *levantó de entre los muertos. 31Durante muchos días lo vieron los que habían subido con él de Galilea a Jerusalén, y ellos son ahora sus testigos ante el pueblo.

32»Nosotros les anunciamos a ustedes las buenas *nuevas respecto a la promesa hecha a nues-

In Pisidian Antioch

13From Paphos, Paul and his companions sailed to Perga in Pamphylia, where John left them to return to Jerusalem. 14From Perga they went on to Pisidian Antioch. On the Sabbath they entered the synagogue and sat down. 15After the reading from the Law and the Prophets, the synagogue rulers sent word to them, saying, "Brothers, if you have a message of encouragement for the people, please speak."

16Standing up, Paul motioned with his hand and said: "Men of Israel and you Gentiles who worship God, listen to me 17The God of the people of Israel chose our fathers; he made the people prosper during their stay in Egypt, with mighty power he led them out of that country, 18he endured their conduct[u] for about forty years in the desert, 19he overthrew seven nations in Canaan and gave their land to his people as their inheritance. 20All this took about 450 years.

"After this, God gave them judges until the time of Samuel the prophet. 21Then the people asked for a king, and he gave them Saul son of Kish, of the tribe of Benjamin, who ruled forty years. 22After removing Saul, he made David their king. He testified concerning him: 'I have found David son of Jesse a man after my own heart; he will do everything I want him to do.'

23"From this man's descendants God has brought to Israel the Savior Jesus, as he promised. 24Before the coming of Jesus, John preached repentance and baptism to all the people of Israel. 25As John was completing his work, he said: 'Who do you think I am? I am not that one. No, but he is coming after me, whose sandals I am not worthy to untie.'

26"Brothers, children of Abraham, and you God-fearing Gentiles, it is to us that this message of salvation has been sent. 27The people of Jerusalem and their rulers did not recognize Jesus, yet in condemning him they fulfilled the words of the prophets that are read every Sabbath. 28Though they found no proper ground for a death sentence, they asked Pilate to have him executed. 29When they had carried out all that was written about him, they took him down from the tree and laid him in a tomb. 30But God raised him from the dead, 31and for many days he was seen by those who had traveled with him from Galilee to Jerusalem. They are now his witnesses to our people.

---

f13:18 soportó su mal proceder. Var. los cuidó.   u18 Some manuscripts and cared for them tros antepasados. ³³Dios nos la ha cumplido plenamente a nosotros, los descendientes de ellos, al resucitar a Jesús. Como está escrito en el segundo salmo:

»"Tú eres mi hijo;
hoy mismo te he engendrado." *u*

³⁴Dios lo *resucitó para que no volviera jamás a la corrupción. Así se cumplieron estas palabras:

»"Yo les daré las bendiciones santas y se-
guras prometidas a David." *v*

³⁵Por eso dice en otro pasaje:

»"No permitirás que el fin de tu santo sea
la corrupción." *w*

³⁶»Ciertamente David, después de servir a su propia generación conforme al propósito de Dios, murió, fue sepultado con sus antepasados, y su cuerpo sufrió la corrupción. ³⁷Pero aquel a quien Dios resucitó no sufrió la corrupción de su cuerpo.

³⁸»Por tanto, hermanos, sepan que por medio de Jesús se les anuncia a ustedes el perdón de los pecados. ³⁹Ustedes no pudieron ser *justifi-cados de esos pecados por la ley de Moisés, pero todo el que cree es justificado por medio de Jesús. ⁴⁰Tengan cuidado, no sea que les suceda lo que han dicho los profetas:

⁴¹»" ¡Miren, burlones
¡Asómbrense y desaparezcan
Estoy por hacer en estos días una obra
que ustedes nunca creerán,
aunque alguien se la explique." *x*»

⁴²Al salir ellos de la sinagoga, los invitaron a que el siguiente sábado les hablaran más de estas cosas. ⁴³Cuando se disolvió la asamblea, muchos judíos y prosélitos fieles acompañaron a Pablo y a Bernabé, los cuales en su conversación con ellos les instaron a perseverar en la gracia de Dios.

⁴⁴El siguiente sábado casi toda la ciudad se congregó para oír la palabra del Señor. ⁴⁵Pero cuando los judíos vieron a las multitudes, se llenaron de celos y contradecían con maldicio-nes lo que Pablo decía.

⁴⁶Pablo y Bernabé les contestaron valiente-mente: «Era necesario que les anunciáramos la palabra de Dios primero a ustedes. Como la rechazan y no se consideran dignos de la vida eterna, ahora vamos a dirigirnos a los gentiles.

³²"We tell you the good news: What God promised our fathers ³³he has fulfilled for us, their children, by raising up Jesus. As it is writ-ten in the second Psalm:

" 'You are my Son;
today I have become your Father.' *v' w*

³⁴The fact that God raised him from the dead, never to decay, is stated in these words:

" 'I will give you the holy and sure blessings promised to David.' *x*

³⁵So it is stated elsewhere:

" 'You will not let your Holy One see decay.' *y*

³⁶" For when David had served God's purpose in his own generation, he fell asleep; he was buried with his fathers and his body decayed. ³⁷But the one whom God raised from the dead did not see decay.

³⁸"Therefore, my brothers, I want you to know that through Jesus the forgiveness of sins is proclaimed to you. ³⁹Through him everyone who believes is justified from everything you could not be justified from by the law of Moses. ⁴⁰Take care that what the prophets have said does not happen to you:

⁴¹" 'Look, you scoffers,
wonder and perish,
for I am going to do something in your
days
that you would never believe,
even if someone told you.' *z*"

⁴²As Paul and Barnabas were leaving the synagogue, the people invited them to speak further about these things on the next Sabbath. ⁴³When the congregation was dismissed, many of the Jews and devout converts to Ju-daism followed Paul and Barnabas, who talked with them and urged them to continue in the grace of God.

⁴⁴On the next Sabbath almost the whole city gathered to hear the word of the Lord. ⁴⁵When the Jews saw the crowds, they were filled with jealousy and talked abusively against what Paul was saying.

⁴⁶Then Paul and Barnabas answered them boldly: "We had to speak the word of God to

---

u **13:33** Sal 2:7   *v* **13:34** Is 55:3   *w* **13:35** Sal 16:10
x **13:41** Hab 1:5

v 33 Or *have begotten you*   *w 33* Psalm 2:7   *x 34* Isaiah 55:3
y 35 Psalm 16:10   *z 41* Hab. 1:5

47Así nos lo ha mandado el Señor:

> »"Te he puesto por luz para las *naciones,
> a fin de que lleves mi salvación hasta
> los confines de la tierra." *y*»

48Al oír esto, los gentiles se alegraron y celebraron la palabra del Señor; y creyeron todos los que estaban destinados a la vida eterna.

49La palabra del Señor se difundía por toda la región. 50Pero los judíos incitaron a mujeres muy distinguidas y favorables al judaísmo, y a los hombres más prominentes de la ciudad, y provocaron una persecución contra Pablo y Bernabé. Por tanto, los expulsaron de la región. 51Ellos, por su parte, se sacudieron el polvo de los pies en señal de protesta contra la ciudad, y se fueron a Iconio. 52Y los discípulos quedaron llenos de alegría y del Espíritu Santo.

En Iconio

14 En Iconio, Pablo y Bernabé entraron, como de costumbre, en la sinagoga judía y hablaron de tal manera que creyó una multitud de judíos y de *griegos. 2Pero los judíos incrédulos incitaron a los *gentiles y les amargaron el ánimo contra los hermanos. 3En todo caso, Pablo y Bernabé pasaron allí bastante tiempo, hablando valientemente en el nombre del Señor, quien confirmaba el mensaje de su gracia, haciendo señales y prodigios por medio de ellos. 4La gente de la ciudad estaba dividida: unos estaban de parte de los judíos, y otros de parte de los apóstoles. 5Hubo un complot tanto de los gentiles como de los judíos, apoyados por sus dirigentes, para maltratarlos y apedrearlos. 6Al darse cuenta de esto, los apóstoles huyeron a Listra y a Derbe, ciudades de Licaonia, y a sus alrededores, 7donde siguieron anunciando las buenas *nuevas.

En Listra y Derbe

8En Listra vivía un hombre lisiado de nacimiento, que no podía mover las piernas y nunca había caminado. Estaba sentado, 9escuchando a Pablo, quien al reparar en él y ver que tenía fe para ser sanado, 10le ordenó con voz fuerte:

—¡Ponte en pie y enderézate

El hombre dio un salto y empezó a caminar. 11Al ver lo que Pablo había hecho, la gente comenzó a gritar en el idioma de Licaonia:

—¡Los dioses han tomado forma humana y han venido a visitarnos

12A Bernabé lo llamaban Zeus, y a Pablo, Hermes, porque era el que dirigía la palabra. 13El sacerdote de Zeus, el dios cuyo templo

you first. Since you reject it and do not consider yourselves worthy of eternal life, we now turn to the Gentiles. 47For this is what the Lord has commanded us:

> "'I have made you*a* a light for the Gentiles,
> that you*b* may bring salvation to the
> ends of the earth.'*c*"

48When the Gentiles heard this, they were glad and honored the word of the Lord; and all who were appointed for eternal life believed.

49The word of the Lord spread through the whole region. 50But the Jews incited the God-fearing women of high standing and the leading men of the city. They stirred up persecution against Paul and Barnabas, and expelled them from their region. 51So they shook the dust from their feet in protest against them and went to Iconium. 52And the disciples were filled with joy and with the Holy Spirit.

In Iconium

14 At Iconium Paul and Barnabas went as usual into the Jewish synagogue. There they spoke so effectively that a great number of Jews and Gentiles believed. 2But the Jews who refused to believe stirred up the Gentiles and poisoned their minds against the brothers. 3So Paul and Barnabas spent considerable time there, speaking boldly for the Lord, who confirmed the message of his grace by enabling them to do miraculous signs and wonders. 4The people of the city were divided; some sided with the Jews, others with the apostles. 5There was a plot afoot among the Gentiles and Jews, together with their leaders, to mistreat them and stone them. 6But they found out about it and fled to the Lycaonian cities of Lystra and Derbe and to the surrounding country, 7where they continued to preach the good news.

In Lystra and Derbe

8In Lystra there sat a man crippled in his feet, who was lame from birth and had never walked. 9He listened to Paul as he was speaking. Paul looked directly at him, saw that he had faith to be healed 10and called out, "Stand up on your feet " At that, the man jumped up and began to walk.

11When the crowd saw what Paul had done, they shouted in the Lycaonian language, "The gods have come down to us in human form "

---

a 47 The Greek is singular.   *b* 47 The Greek is singular.
c 47 Isaiah 49:6

estaba a las afueras de la ciudad, llevó toros y guirnaldas a las puertas y, con toda la multitud, quería ofrecerles sacrificios.

14Al enterarse de esto los apóstoles Bernabé y Pablo, se rasgaron las vestiduras y se lanzaron por entre la multitud, gritando:

15—Señores, ¿por qué hacen esto? Nosotros también somos hombres mortales como ustedes. Las buenas *nuevas que les anunciamos es que dejen estas cosas sin valor y se vuelvan al Dios viviente, que hizo el cielo, la tierra, el mar y todo lo que hay en ellos. 16En épocas pasadas él permitió que todas las *naciones siguieran su propio camino. 17Sin embargo, no ha dejado de dar testimonio de sí mismo haciendo el bien, dándoles lluvias del cielo y estaciones fructíferas, proporcionándoles comida y alegría de corazón. 18A pesar de todo lo que dijeron, a duras penas evitaron que la multitud les ofreciera sacrificios.

19En eso llegaron de Antioquía y de Iconio unos judíos que hicieron cambiar de parecer a la multitud. Apedrearon a Pablo y lo arrastraron fuera de la ciudad, creyendo que estaba muerto. 20Pero cuando lo rodearon los discípulos, él se levantó y volvió a entrar en la ciudad. Al día siguiente, partió para Derbe en compañía de Bernabé.

El regreso a Antioquía de Siria

21Después de anunciar las buenas *nuevas en aquella ciudad y de hacer muchos discípulos, Pablo y Bernabé regresaron a Listra, a Iconio y a Antioquía, 22fortaleciendo a los discípulos y animándolos a perseverar en la fe. «Es necesario pasar por muchas dificultades para entrar en el reino de Dios», les decían. 23En cada iglesia nombraron *ancianos y, con oración y ayuno, los encomendaron al Señor, en quien habían creído. 24Atravesando Pisidia, llegaron a Panfilia, 25y cuando terminaron de predicar la palabra en Perge, bajaron a Atalía.

26De Atalía navegaron a Antioquía, donde se los había encomendado a la gracia de Dios para la obra que ya habían realizado. 27Cuando llegaron, reunieron a la iglesia e informaron de todo lo que Dios había hecho por medio de ellos, y de cómo había abierto la puerta de la fe a los *gentiles. 28Y se quedaron allí mucho tiempo con los discípulos.

El concilio de Jerusalén

15 Algunos que habían llegado de Judea a Antioquía se pusieron a enseñar a los hermanos: «A menos que ustedes se circunciden, conforme a la tradición de Moisés, no pueden ser salvos.» 2Esto provocó un altercado y un serio debate de Pablo y Bernabé con ellos. Entonces se decidió que Pablo y Bernabé, y algu-

12Barnabas they called Zeus, and Paul they called Hermes because he was the chief speaker. 13The priest of Zeus, whose temple was just outside the city, brought bulls and wreaths to the city gates because he and the crowd wanted to offer sacrifices to them.

14But when the apostles Barnabas and Paul heard of this, they tore their clothes and rushed out into the crowd, shouting: 15"Men, why are you doing this? We too are only men, human like you. We are bringing you good news, telling you to turn from these worthless things to the living God, who made heaven and earth and sea and everything in them. 16In the past, he let all nations go their own way. 17Yet he has not left himself without testimony: He has shown kindness by giving you rain from heaven and crops in their seasons; he provides you with plenty of food and fills your hearts with joy." 18Even with these words, they had difficulty keeping the crowd from sacrificing to them.

19Then some Jews came from Antioch and Iconium and won the crowd over. They stoned Paul and dragged him outside the city, thinking he was dead. 20But after the disciples had gathered around him, he got up and went back into the city. The next day he and Barnabas left for Derbe.

The Return to Antioch in Syria

21They preached the good news in that city and won a large number of disciples. Then they returned to Lystra, Iconium and Antioch, 22strengthening the disciples and encouraging them to remain true to the faith. "We must go through many hardships to enter the kingdom of God," they said. 23Paul and Barnabas appointed elders[d] for them in each church and, with prayer and fasting, committed them to the Lord, in whom they had put their trust. 24After going through Pisidia, they came into Pamphylia, 25and when they had preached the word in Perga, they went down to Attalia.

26From Attalia they sailed back to Antioch, where they had been committed to the grace of God for the work they had now completed. 27On arriving there, they gathered the church together and reported all that God had done through them and how he had opened the door of faith to the Gentiles. 28And they stayed there a long time with the disciples.

The Council at Jerusalem

15 Some men came down from Judea to Antioch and were teaching the brothers: "Unless you are circumcised, according to the

---

d23 Or *Barnabas ordained elders*; or *Barnabas had elders elected* nos otros creyentes, subieran a Jerusalén para tratar este asunto con los apóstoles y los *ancianos. ³Enviados por la iglesia, al pasar por Fenicia y Samaria contaron cómo se habían convertido los *gentiles. Estas noticias llenaron de alegría a todos los creyentes. ⁴Al llegar a Jerusalén, fueron muy bien recibidos tanto por la iglesia como por los apóstoles y los ancianos, a quienes informaron de todo lo que Dios había hecho por medio de ellos.

⁵Entonces intervinieron algunos creyentes que pertenecían a la secta de los *fariseos y afirmaron:

—Es necesario circuncidar a los gentiles y exigirles que obedezcan la ley de Moisés.

⁶Los apóstoles y los ancianos se reunieron para examinar este asunto. ⁷Después de una larga discusión, Pedro tomó la palabra:

—Hermanos, ustedes saben que desde un principio Dios me escogió de entre ustedes para que por mi boca los gentiles oyeran el mensaje del *evangelio y creyeran. ⁸Dios, que conoce el corazón humano, mostró que los aceptaba dándoles el Espíritu Santo, lo mismo que a nosotros. ⁹Sin hacer distinción alguna entre nosotros y ellos, purificó sus corazones por la fe. ¹⁰Entonces, ¿por qué tratan ahora de provocar a Dios poniendo sobre el cuello de esos discípulos un yugo que ni nosotros ni nuestros antepasados hemos podido soportar? ¹¹¡No puede ser Más bien, como ellos, creemos que somos salvos^z por la gracia de nuestro Señor Jesús.

¹²Toda la asamblea guardó silencio para escuchar a Bernabé y a Pablo, que les contaron las señales y prodigios que Dios había hecho por medio de ellos entre los gentiles. ¹³Cuando terminaron, *Jacobo tomó la palabra y dijo:

—Hermanos, escúchenme. ¹⁴*Simón^a nos ha expuesto cómo Dios desde el principio tuvo a bien escoger de entre los gentiles un pueblo para honra de su nombre. ¹⁵Con esto concuerdan las palabras de los profetas, tal como está escrito:

¹⁶»"Después de esto volveré
y reedificaré la choza caída de David.
Reedificaré sus ruinas,
y la restauraré,
¹⁷para que busque al Señor el resto de la
*humanidad,
todas las *naciones que llevan mi nombre.
¹⁸Así dice el Señor, que hace estas cosas"^{b}
conocidas desde tiempos antiguos.^{c}

custom taught by Moses, you cannot be saved." ²This brought Paul and Barnabas into sharp dispute and debate with them. So Paul and Barnabas were appointed, along with some other believers, to go up to Jerusalem to see the apostles and elders about this question. ³The church sent them on their way, and as they traveled through Phoenicia and Samaria, they told how the Gentiles had been converted. This news made all the brothers very glad. ⁴When they came to Jerusalem, they were welcomed by the church and the apostles and elders, to whom they reported everything God had done through them.

⁵Then some of the believers who belonged to the party of the Pharisees stood up and said, "The Gentiles must be circumcised and required to obey the law of Moses."

⁶The apostles and elders met to consider this question. ⁷After much discussion, Peter got up and addressed them: "Brothers, you know that some time ago God made a choice among you that the Gentiles might hear from my lips the message of the gospel and believe. ⁸God, who knows the heart, showed that he accepted them by giving the Holy Spirit to them, just as he did to us. ⁹He made no distinction between us and them, for he purified their hearts by faith. ¹⁰Now then, why do you try to test God by putting on the necks of the disciples a yoke that neither we nor our fathers have been able to bear? ¹¹No We believe it is through the grace of our Lord Jesus that we are saved, just as they are."

¹²The whole assembly became silent as they listened to Barnabas and Paul telling about the miraculous signs and wonders God had done among the Gentiles through them. ¹³When they finished, James spoke up: "Brothers, listen to me. ¹⁴Simon^e has described to us how God at first showed his concern by taking from the Gentiles a people for himself. ¹⁵The words of the prophets are in agreement with this, as it is written:

¹⁶" 'After this I will return
and rebuild David's fallen tent.
Its ruins I will rebuild,
and I will restore it,
¹⁷that the remnant of men may seek the
Lord,
and all the Gentiles who bear my name,
says the Lord, who does these things'^{f}
¹⁸ that have been known for ages.^{g}

^{z}15:11 que somos salvos. Alt. a fin de ser salvos.
^{a}15:14 Simón. Lit. Simeón. ^{b}15:18 Am 9:11,12
^{c}15:18 "... que hace ... antiguos. Var. "... que hace todas estas cosas"; conocidas del Señor son todas sus obras desde tiempos antiguos.

^{e}14 Greek Simeon, a variant of Simon; that is, Peter
^{f}17 Amos 9:11,12 ^{g}17,18 Some manuscripts things'—/
^{18}known to the Lord for ages is his work

19»Por lo tanto, yo considero que debemos dejar de ponerles trabas a los gentiles que se convierten a Dios. 20Más bien debemos escribirles que se abstengan de lo *contaminado por los ídolos, de la inmoralidad sexual, de la carne de animales estrangulados y de sangre. 21En efecto, desde tiempos antiguos Moisés siempre ha tenido en cada ciudad quien lo predique y lo lea en las sinagogas todos los *sábados.

Carta del concilio a los creyentes gentiles

22Entonces los apóstoles y los *ancianos, de común acuerdo con toda la iglesia, decidieron escoger a algunos de ellos y enviarlos a Antioquía con Pablo y Bernabé. Escogieron a Judas, llamado Barsabás, y a Silas, que tenían buena reputación entre los hermanos. 23Con ellos mandaron la siguiente carta:

Los apóstoles y los ancianos,

a nuestros hermanos *gentiles en Antioquía, Siria y Cilicia:

Saludos.

24Nos hemos enterado de que algunos de los nuestros, sin nuestra autorización, los han inquietado a ustedes, alarmándoles con lo que les han dicho. 25Así que de común acuerdo hemos decidido escoger a algunos hombres y enviarlos a ustedes con nuestros queridos hermanos Pablo y Bernabé, 26quienes han arriesgado su *vida por el nombre de nuestro Señor *Jesucristo. 27Por tanto, les enviamos a Judas y a Silas para que les confirmen personalmente lo que les escribimos. 28Nos pareció bien al Espíritu Santo y a nosotros no imponerles a ustedes ninguna carga aparte de los siguientes requisitos: 29abstenerse de lo sacrificado a los ídolos, de sangre, de la carne de animales estrangulados y de la inmoralidad sexual. Bien harán ustedes si evitan estas cosas.

Con nuestros mejores deseos.

30Una vez despedidos, ellos bajaron a Antioquía, donde reunieron a la congregación y entregaron la carta. 31Los creyentes la leyeron y se alegraron por su mensaje alentador. 32Judas y Silas, que también eran profetas, hablaron extensamente para animarlos y fortalecerlos. 33Después de pasar algún tiempo allí, los hermanos los despidieron en paz, para que regresaran a quienes los habían enviado.d 35Pablo y Berna-

19"It is my judgment, therefore, that we should not make it difficult for the Gentiles who are turning to God. 20Instead we should write to them, telling them to abstain from food polluted by idols, from sexual immorality, from the meat of strangled animals and from blood. 21For Moses has been preached in every city from the earliest times and is read in the synagogues on every Sabbath."

The Council's Letter to Gentile Believers

22Then the apostles and elders, with the whole church, decided to choose some of their own men and send them to Antioch with Paul and Barnabas. They chose Judas (called Barsabbas) and Silas, two men who were leaders among the brothers. 23With them they sent the following letter:

The apostles and elders, your brothers,

To the Gentile believers in Antioch, Syria and Cilicia:

Greetings.

24We have heard that some went out from us without our authorization and disturbed you, troubling your minds by what they said. 25So we all agreed to choose some men and send them to you with our dear friends Barnabas and Paul— 26men who have risked their lives for the name of our Lord Jesus Christ. 27Therefore we are sending Judas and Silas to confirm by word of mouth what we are writing. 28It seemed good to the Holy Spirit and to us not to burden you with anything beyond the following requirements: 29You are to abstain from food sacrificed to idols, from blood, from the meat of strangled animals and from sexual immorality. You will do well to avoid these things.

Farewell.

30The men were sent off and went down to Antioch, where they gathered the church together and delivered the letter. 31The people read it and were glad for its encouraging message. 32Judas and Silas, who themselves were prophets, said much to encourage and strengthen the brothers. 33After spending some time there, they were sent off by the brothers with the blessing of peace to return to those who had sent them.h

---

d15:33 enviado. Var. enviado, 34pero Silas decidió quedarse.

h33 Some manuscripts them, 34but Silas decided to remain there bé permanecieron en Antioquía, enseñando y anunciando la palabra del Señor en compañía de muchos otros.

Desacuerdo entre Pablo y Bernabé

³⁶Algún tiempo después, Pablo le dijo a Bernabé: «Volvamos a visitar a los creyentes en todas las ciudades en donde hemos anunciado la palabra del Señor, y veamos cómo están.» ³⁷Resulta que Bernabé quería llevar con ellos a Juan Marcos, ³⁸pero a Pablo no le pareció prudente llevarlo, porque los había abandonado en Panfilia y no había seguido con ellos en el trabajo. ³⁹Se produjo entre ellos un conflicto tan serio que acabaron por separarse. Bernabé se llevó a Marcos y se embarcó rumbo a Chipre, ⁴⁰mientras que Pablo escogió a Silas. Después de que los hermanos lo encomendaron a la gracia del Señor, Pablo partió ⁴¹y viajó por Siria y Cilicia, consolidando a las iglesias.

Timoteo se une a Pablo y a Silas

16 Llegó Pablo a Derbe y después a Listra, donde se encontró con un discípulo llamado Timoteo, hijo de una mujer judía creyente, pero de padre *griego. ²Los hermanos en Listra y en Iconio hablaban bien de Timoteo, ³así que Pablo decidió llevárselo. Por causa de los judíos que vivían en aquella región, lo circuncidó, pues todos sabían que su padre era griego. ⁴Al pasar por las ciudades, entregaban los acuerdos tomados por los apóstoles y los *ancianos de Jerusalén, para que los pusieran en práctica. ⁵Y así las iglesias se fortalecían en la fe y crecían en número día tras día.

La visión de Pablo del hombre macedonio

⁶Atravesaron la región de Frigia y Galacia, ya que el Espíritu Santo les había impedido que predicaran la palabra en la provincia de *Asia. ⁷Cuando llegaron cerca de Misia, intentaron pasar a Bitinia, pero el Espíritu de Jesús no se lo permitió. ⁸Entonces, pasando de largo por Misia, bajaron a Troas. ⁹Durante la noche Pablo tuvo una visión en la que un hombre de Macedonia, puesto de pie, le rogaba: «Pasa a Macedonia y ayúdanos.» ¹⁰Después de que Pablo tuvo la visión, en seguida nos preparamos para partir hacia Macedonia, convencidos de que Dios nos había llamado a anunciar el *evangelio a los macedonios.

Conversión de Lidia en Filipos

¹¹Zarpando de Troas, navegamos directamente a Samotracia, y al día siguiente a Neápolis. ¹²De allí fuimos a Filipos, que es una colonia romana y la ciudad principal de ese distrito de

³⁵But Paul and Barnabas remained in Antioch, where they and many others taught and preached the word of the Lord.

Disagreement Between Paul and Barnabas

³⁶Some time later Paul said to Barnabas, "Let us go back and visit the brothers in all the towns where we preached the word of the Lord and see how they are doing." ³⁷Barnabas wanted to take John, also called Mark, with them, ³⁸but Paul did not think it wise to take him, because he had deserted them in Pamphylia and had not continued with them in the work. ³⁹They had such a sharp disagreement that they parted company. Barnabas took Mark and sailed for Cyprus, ⁴⁰but Paul chose Silas and left, commended by the brothers to the grace of the Lord. ⁴¹He went through Syria and Cilicia, strengthening the churches.

Timothy Joins Paul and Silas

16 He came to Derbe and then to Lystra, where a disciple named Timothy lived, whose mother was a Jewess and a believer, but whose father was a Greek. ²The brothers at Lystra and Iconium spoke well of him. ³Paul wanted to take him along on the journey, so he circumcised him because of the Jews who lived in that area, for they all knew that his father was a Greek. ⁴As they traveled from town to town, they delivered the decisions reached by the apostles and elders in Jerusalem for the people to obey. ⁵So the churches were strengthened in the faith and grew daily in numbers.

Paul's Vision of the Man of Macedonia

⁶Paul and his companions traveled throughout the region of Phrygia and Galatia, having been kept by the Holy Spirit from preaching the word in the province of Asia. ⁷When they came to the border of Mysia, they tried to enter Bithynia, but the Spirit of Jesus would not allow them to. ⁸So they passed by Mysia and went down to Troas. ⁹During the night Paul had a vision of a man of Macedonia standing and begging him, "Come over to Macedonia and help us." ¹⁰After Paul had seen the vision, we got ready at once to leave for Macedonia, concluding that God had called us to preach the gospel to them.

Lydia's Conversion in Philippi

¹¹From Troas we put out to sea and sailed straight for Samothrace, and the next day on to Neapolis. ¹²From there we traveled to Philippi, a Roman colony and the leading city of that

Macedonia. En esa ciudad nos quedamos varios días.

13El *sábado salimos a las afueras de la ciudad, y fuimos por la orilla del río, donde esperábamos encontrar un lugar de oración. Nos sentamos y nos pusimos a conversar con las mujeres que se habían reunido. 14Una de ellas, que se llamaba Lidia, adoraba a Dios. Era de la ciudad de Tiatira y vendía telas de púrpura. Mientras escuchaba, el Señor le abrió el corazón para que respondiera al mensaje de Pablo. 15Cuando fue bautizada con su familia, nos hizo la siguiente invitación: «Si ustedes me consideran creyente en el Señor, vengan a hospedarse en mi casa.» Y nos persuadió.

Pablo y Silas en la cárcel

16Una vez, cuando íbamos al lugar de oración, nos salió al encuentro una joven esclava que tenía un espíritu de adivinación. Con sus poderes ganaba mucho dinero para sus amos. 17Nos seguía a Pablo y a nosotros, gritando:

—Estos hombres son *siervos del Dios Altísimo, y les anuncian a ustedes el camino de salvación.

18Así continuó durante muchos días. Por fin Pablo se molestó tanto que se volvió y reprendió al espíritu:

—¡En el nombre de *Jesucristo, te ordeno que salgas de ella

Y en aquel mismo momento el espíritu la dejó.

19Cuando los amos de la joven se dieron cuenta de que se les había esfumado la esperanza de ganar dinero, echaron mano a Pablo y a Silas y los arrastraron a la plaza, ante las autoridades. 20Los presentaron ante los magistrados y dijeron:

—Estos hombres son judíos, y están alborotando a nuestra ciudad, 21enseñando costumbres que a los romanos se nos prohíbe admitir o practicar.

22Entonces la multitud se amotinó contra Pablo y Silas, y los magistrados mandaron que les arrancaran la ropa y los azotaran. 23Después de darles muchos golpes, los echaron en la cárcel, y ordenaron al carcelero que los custodiara con la mayor seguridad. 24Al recibir tal orden, éste los metió en el calabozo interior y les sujetó los pies en el cepo.

25A eso de la medianoche, Pablo y Silas se pusieron a orar y a cantar himnos a Dios, y los otros presos los escuchaban. 26De repente se produjo un terremoto tan fuerte que la cárcel se estremeció hasta sus cimientos. Al instante se abrieron todas las puertas y a los presos se les soltaron las cadenas. 27El carcelero despertó y, al ver las puertas de la cárcel de par en par, sacó la espada y estuvo a punto de matarse, porque pensaba que los presos se habían escapado. Pero Pablo le gritó:

district of Macedonia. And we stayed there several days.

13On the Sabbath we went outside the city gate to the river, where we expected to find a place of prayer. We sat down and began to speak to the women who had gathered there. 14One of those listening was a woman named Lydia, a dealer in purple cloth from the city of Thyatira, who was a worshiper of God. The Lord opened her heart to respond to Paul's message. 15When she and the members of her household were baptized, she invited us to her home. "If you consider me a believer in the Lord," she said, "come and stay at my house." And she persuaded us.

Paul and Silas in Prison

16Once when we were going to the place of prayer, we were met by a slave girl who had a spirit by which she predicted the future. She earned a great deal of money for her owners by fortune-telling. 17This girl followed Paul and the rest of us, shouting, "These men are servants of the Most High God, who are telling you the way to be saved." 18She kept this up for many days. Finally Paul became so troubled that he turned around and said to the spirit, "In the name of Jesus Christ I command you to come out of her" At that moment the spirit left her.

19When the owners of the slave girl realized that their hope of making money was gone, they seized Paul and Silas and dragged them into the marketplace to face the authorities. 20They brought them before the magistrates and said, "These men are Jews, and are throwing our city into an uproar 21by advocating customs unlawful for us Romans to accept or practice."

22The crowd joined in the attack against Paul and Silas, and the magistrates ordered them to be stripped and beaten. 23After they had been severely flogged, they were thrown into prison, and the jailer was commanded to guard them carefully. 24Upon receiving such orders, he put them in the inner cell and fastened their feet in the stocks.

25About midnight Paul and Silas were praying and singing hymns to God, and the other prisoners were listening to them. 26Suddenly there was such a violent earthquake that the foundations of the prison were shaken. At once all the prison doors flew open, and everybody's chains came loose. 27The jailer woke up, and when he saw the prison doors open, he drew his sword and was about to kill himself because he thought the prisoners had

28—¡No te hagas ningún daño ¡Todos estamos aquí

29El carcelero pidió luz, entró precipitadamente y se echó temblando a los pies de Pablo y de Silas. 30Luego los sacó y les preguntó:

—Señores, ¿qué tengo que hacer para ser salvo?

31—Cree en el Señor Jesús; así tú y tu familia serán salvos —le contestaron.

32Luego les expusieron la palabra de Dios a él y a todos los demás que estaban en su casa. 33A esas horas de la noche, el carcelero se los llevó y les lavó las heridas; en seguida fueron bautizados él y toda su familia. 34El carcelero los llevó a su casa, les sirvió comida y se alegró mucho junto con toda su familia por haber creído en Dios.

35Al amanecer, los magistrados mandaron a unos guardias al carcelero con esta orden: «Suelta a esos hombres.» 36El carcelero, entonces, le informó a Pablo:

—Los magistrados han ordenado que los suelte. Así que pueden irse. Vayan en paz.

37Pero Pablo respondió a los guardias:

—¿Cómo? A nosotros, que somos ciudadanos romanos, que nos han azotado públicamente y sin proceso alguno, y nos han echado en la cárcel, ¿ahora quieren expulsarnos a escondidas? ¡Nada de eso Que vengan ellos personalmente a escoltarnos hasta la salida.

38Los guardias comunicaron la respuesta a los magistrados. Éstos se asustaron cuando oyeron que Pablo y Silas eran ciudadanos romanos, 39así que fueron a presentarles sus disculpas. Los escoltaron desde la cárcel, pidiéndoles que se fueran de la ciudad. 40Al salir de la cárcel, Pablo y Silas se dirigieron a la casa de Lidia, donde se vieron con los hermanos y los animaron. Después se fueron.

En Tesalónica

17 Atravesando Anfípolis y Apolonia, Pablo y Silas llegaron a Tesalónica, donde había una sinagoga de los judíos. 2Como era su costumbre, Pablo entró en la sinagoga y tres *sábados seguidos discutió con ellos. Basándose en las Escrituras, 3les explicaba y demostraba que era necesario que el *Mesías padeciera y *resucitara. Les decía: «Este Jesús que les anuncio es el Mesías.» 4Algunos de los judíos se convencieron y se unieron a Pablo y a Silas, como también lo hicieron un buen número de mujeres prominentes y muchos *griegos que adoraban a Dios.

5Pero los judíos, llenos de envidia, reclutaron a unos maleantes callejeros, con los que armaron una turba y empezaron a alborotar la ciudad. Asaltaron la casa de Jasón en busca de Pablo y Silas, con el fin de procesarlos públicamente. 6Pero como no los encontraron, arrastraron a

escaped. 28But Paul shouted, "Don't harm yourself We are all here "

29The jailer called for lights, rushed in and fell trembling before Paul and Silas. 30He then brought them out and asked, "Sirs, what must I do to be saved?"

31They replied, "Believe in the Lord Jesus, and you will be saved—you and your household." 32Then they spoke the word of the Lord to him and to all the others in his house. 33At that hour of the night the jailer took them and washed their wounds; then immediately he and all his family were baptized. 34The jailer brought them into his house and set a meal before them; he was filled with joy because he had come to believe in God—he and his whole family.

35When it was daylight, the magistrates sent their officers to the jailer with the order: "Release those men." 36The jailer told Paul, "The magistrates have ordered that you and Silas be released. Now you can leave. Go in peace."

37But Paul said to the officers: "They beat us publicly without a trial, even though we are Roman citizens, and threw us into prison. And now do they want to get rid of us quietly? No Let them come themselves and escort us out."

38The officers reported this to the magistrates, and when they heard that Paul and Silas were Roman citizens, they were alarmed. 39They came to appease them and escorted them from the prison, requesting them to leave the city. 40After Paul and Silas came out of the prison, they went to Lydia's house, where they met with the brothers and encouraged them. Then they left.

In Thessalonica

17 When they had passed through Amphipolis and Apollonia, they came to Thessalonica, where there was a Jewish synagogue. 2As his custom was, Paul went into the synagogue, and on three Sabbath days he reasoned with them from the Scriptures, 3explaining and proving that the Christ[i] had to suffer and rise from the dead. "This Jesus I am proclaiming to you is the Christ,[j]" he said. 4Some of the Jews were persuaded and joined Paul and Silas, as did a large number of God-fearing Greeks and not a few prominent women.

5But the Jews were jealous; so they rounded up some bad characters from the marketplace, formed a mob and started a riot in the city. They rushed to Jason's house in search of Paul and Silas in order to bring them out to the crowd.[k]

---

i 3 Or *Messiah*   *j 3* Or *Messiah*   *k 5* Or *the assembly of the people*

Jasón y a algunos otros hermanos ante las autoridades de la ciudad, gritando: «¡Estos que han trastornado el mundo entero han venido también acá, 7y Jasón los ha recibido en su casa Todos ellos actúan en contra de los decretos del *emperador, afirmando que hay otro rey, uno que se llama Jesús.» 8Al oír esto, la multitud y las autoridades de la ciudad se alborotaron; 9entonces éstas exigieron fianza a Jasón y a los demás para dejarlos en libertad.

En Berea

10Tan pronto como se hizo de noche, los hermanos enviaron a Pablo y a Silas a Berea, quienes al llegar se dirigieron a la sinagoga de los judíos. 11Éstos eran de sentimientos más nobles que los de Tesalónica, de modo que recibieron el mensaje con toda avidez y todos los días examinaban las Escrituras para ver si era verdad lo que se les anunciaba. 12Muchos de los judíos creyeron, y también un buen número de *griegos, incluso mujeres distinguidas y no pocos hombres.

13Cuando los judíos de Tesalónica se enteraron de que también en Berea estaba Pablo predicando la palabra de Dios, fueron allá para agitar y alborotar a las multitudes. 14En seguida los hermanos enviaron a Pablo hasta la costa, pero Silas y Timoteo se quedaron en Berea. 15Los que acompañaban a Pablo lo llevaron hasta Atenas. Luego regresaron con instrucciones de que Silas y Timoteo se reunieran con él tan pronto como les fuera posible.

En Atenas

16Mientras Pablo los esperaba en Atenas, le dolió en el alma ver que la ciudad estaba llena de ídolos. 17Así que discutía en la sinagoga con los judíos y con los *griegos que adoraban a Dios, y a diario hablaba en la plaza con los que se encontraban por allí. 18Algunos filósofos epicúreos y estoicos entablaron conversación con él. Unos decían: «¿Qué querrá decir este charlatán?» Otros comentaban: «Parece que es predicador de dioses extranjeros.» Decían esto porque Pablo les anunciaba las buenas *nuevas de Jesús y de la resurrección. 19Entonces se lo llevaron a una reunión del Areópago.

—¿Se puede saber qué nueva enseñanza es esta que usted presenta? —le preguntaron—. 20Porque nos viene usted con ideas que nos suenan extrañas, y queremos saber qué significan.

21Es que todos los atenienses y los extranjeros que vivían allí se pasaban el tiempo sin hacer otra cosa más que escuchar y comentar las últimas novedades.

22Pablo se puso en medio del Areópago y tomó la palabra:

—¡Ciudadanos atenienses Observo que uste-

6But when they did not find them, they dragged Jason and some other brothers before the city officials, shouting: "These men who have caused trouble all over the world have now come here, 7and Jason has welcomed them into his house. They are all defying Caesar's decrees, saying that there is another king, one called Jesus." 8When they heard this, the crowd and the city officials were thrown into turmoil. 9Then they made Jason and the others post bond and let them go.

In Berea

10As soon as it was night, the brothers sent Paul and Silas away to Berea. On arriving there, they went to the Jewish synagogue. 11Now the Bereans were of more noble character than the Thessalonians, for they received the message with great eagerness and examined the Scriptures every day to see if what Paul said was true. 12Many of the Jews believed, as did also a number of prominent Greek women and many Greek men.

13When the Jews in Thessalonica learned that Paul was preaching the word of God at Berea, they went there too, agitating the crowds and stirring them up. 14The brothers immediately sent Paul to the coast, but Silas and Timothy stayed at Berea. 15The men who escorted Paul brought him to Athens and then left with instructions for Silas and Timothy to join him as soon as possible.

In Athens

16While Paul was waiting for them in Athens, he was greatly distressed to see that the city was full of idols. 17So he reasoned in the synagogue with the Jews and the God-fearing Greeks, as well as in the marketplace day by day with those who happened to be there. 18A group of Epicurean and Stoic philosophers began to dispute with him. Some of them asked, "What is this babbler trying to say?" Others remarked, "He seems to be advocating foreign gods." They said this because Paul was preaching the good news about Jesus and the resurrection. 19Then they took him and brought him to a meeting of the Areopagus, where they said to him, "May we know what this new teaching is that you are presenting? 20You are bringing some strange ideas to our ears, and we want to know what they mean." 21(All the Athenians and the foreigners who lived there spent their time doing nothing but talking about and listening to the latest ideas.)

22Paul then stood up in the meeting of the Areopagus and said: "Men of Athens I see that in every way you are very religious. 23For as I des son sumamente religiosos en todo lo que hacen. 23 Al pasar y fijarme en sus lugares sagrados, encontré incluso un altar con esta inscripción: A UN DIOS DESCONOCIDO. Pues bien, eso que ustedes adoran como algo desconocido es lo que yo les anuncio.

24»El Dios que hizo el mundo y todo lo que hay en él es Señor del cielo y de la tierra. No vive en templos construidos por hombres, 25 ni se deja servir por manos *humanas, como si necesitara de algo. Por el contrario, él es quien da a todos la vida, el aliento y todas las cosas. 26 De un solo hombre hizo todas las naciones^e para que habitaran toda la tierra; y determinó los períodos de su historia y las fronteras de sus territorios. 27 Esto lo hizo Dios para que todos lo busquen y, aunque sea a tientas, lo encuentren. En verdad, él no está lejos de ninguno de nosotros, 28 "puesto que en él vivimos, nos movemos y existimos". Como algunos de sus propios poetas griegos han dicho: "De él somos descendientes."

29»Por tanto, siendo descendientes de Dios, no debemos pensar que la divinidad sea como el oro, la plata o la piedra: escultura hecha como resultado del ingenio y de la destreza del *ser humano. 30 Pues bien, Dios pasó por alto aquellos tiempos de tal ignorancia, pero ahora manda a todos, en todas partes, que se *arrepientan. 31 Él ha fijado un día en que juzgará al mundo con justicia, por medio del hombre que ha designado. De ello ha dado pruebas a todos al *levantarlo de entre los muertos.

32 Cuando oyeron de la resurrección, unos se burlaron; pero otros le dijeron:

—Queremos que usted nos hable en otra ocasión sobre este tema.

33 En ese momento Pablo salió de la reunión. 34 Algunas personas se unieron a Pablo y creyeron. Entre ellos estaba Dionisio, miembro del Areópago, también una mujer llamada Dámaris, y otros más.

En Corinto

18 Después de esto, Pablo se marchó de Atenas y se fue a Corinto. 2 Allí se encontró con un judío llamado Aquila, natural del Ponto, y con su esposa Priscila. Hacía poco habían llegado de Italia, porque Claudio había mandado que todos los judíos fueran expulsados de Roma. Pablo fue a verlos 3 y, como hacía tiendas de campaña al igual que ellos, se quedó para que trabajaran juntos. 4 Todos los *sábados discutía en la sinagoga, tratando de persuadir a judíos y a *griegos.

5 Cuando Silas y Timoteo llegaron de Macedonia, Pablo se dedicó exclusivamente a la pre-

walked around and looked carefully at your objects of worship, I even found an altar with this inscription: TO AN UNKNOWN GOD. Now what you worship as something unknown I am going to proclaim to you.

24 "The God who made the world and everything in it is the Lord of heaven and earth and does not live in temples built by hands. 25 And he is not served by human hands, as if he needed anything, because he himself gives all men life and breath and everything else. 26 From one man he made every nation of men, that they should inhabit the whole earth; and he determined the times set for them and the exact places where they should live. 27 God did this so that men would seek him and perhaps reach out for him and find him, though he is not far from each one of us. 28 'For in him we live and move and have our being.' As some of your own poets have said, 'We are his offspring.'

29 "Therefore since we are God's offspring, we should not think that the divine being is like gold or silver or stone—an image made by man's design and skill. 30 In the past God overlooked such ignorance, but now he commands all people everywhere to repent. 31 For he has set a day when he will judge the world with justice by the man he has appointed. He has given proof of this to all men by raising him from the dead."

32 When they heard about the resurrection of the dead, some of them sneered, but others said, "We want to hear you again on this subject." 33 At that, Paul left the Council. 34 A few men became followers of Paul and believed. Among them was Dionysius, a member of the Areopagus, also a woman named Damaris, and a number of others.

In Corinth

18 After this, Paul left Athens and went to Corinth. 2 There he met a Jew named Aquila, a native of Pontus, who had recently come from Italy with his wife Priscilla, because Claudius had ordered all the Jews to leave Rome. Paul went to see them, 3 and because he was a tentmaker as they were, he stayed and worked with them. 4 Every Sabbath he reasoned in the synagogue, trying to persuade Jews and Greeks.

5 When Silas and Timothy came from Macedonia, Paul devoted himself exclusively to preaching, testifying to the Jews that Jesus was the Christ. [i] 6 But when the Jews opposed Paul

---

^e 17:26 *todas las naciones.* Alt. *todo el género humano.*   ⁱ 5 Or *Messiah;* also in verse 28

dicación, testificándoles a los judíos que Jesús era el *Mesías. 6Pero cuando los judíos se opusieron a Pablo y lo insultaron, éste se sacudió la ropa en señal de protesta y les dijo: «¡Caiga la sangre de ustedes sobre su propia cabeza Estoy libre de responsabilidad. De ahora en adelante me dirigiré a los *gentiles.»

7Entonces Pablo salió de la sinagoga y se fue a la casa de un tal Ticio Justo, que adoraba a Dios y que vivía al lado de la sinagoga. 8Crispo, el jefe de la sinagoga, creyó en el Señor con toda su familia. También creyeron y fueron bautizados muchos de los corintios que oyeron a Pablo.

9Una noche el Señor le dijo a Pablo en una visión: «No tengas miedo; sigue hablando y no te calles, 10pues estoy contigo. Aunque te ataquen, no voy a dejar que nadie te haga daño, porque tengo mucha gente en esta ciudad.» 11Así que Pablo se quedó allí un año y medio, enseñando entre el pueblo la palabra de Dios.

12Mientras Galión era gobernador f de Acaya, los judíos a una atacaron a Pablo y lo condujeron al tribunal.

13—Este hombre —denunciaron ellos— anda persuadiendo a la gente a adorar a Dios de una manera que va en contra de nuestra ley.

14Pablo ya iba a hablar cuando Galión les dijo:

—Si ustedes los judíos estuvieran entablando una demanda sobre algún delito o algún crimen grave, sería razonable que los escuchara. 15Pero como se trata de cuestiones de palabras, de nombres y de su propia ley, arréglense entre ustedes. No quiero ser juez de tales cosas.

16Así que mandó que los expulsaran del tribunal. 17Entonces se abalanzaron todos sobre Sóstenes, el jefe de la sinagoga, y lo golpearon delante del tribunal. Pero Galión no le dio ninguna importancia al asunto.

Priscila, Aquila y Apolos

18Pablo permaneció en Corinto algún tiempo más. Después se despidió de los hermanos y emprendió el viaje rumbo a Siria, acompañado de Priscila y Aquila. En Cencreas, antes de embarcarse, se hizo rapar la cabeza a causa de un voto que había hecho. 19Al llegar a Éfeso, Pablo se separó de sus acompañantes y entró en la sinagoga, donde se puso a discutir con los judíos. 20Éstos le pidieron que se quedara más tiempo con ellos. Él no accedió, 21pero al despedirse les prometió: «Ya volveré, si Dios quiere.» Y zarpó de Éfeso. 22Cuando desembarcó en Cesarea, subió a Jerusalén a saludar a la iglesia y luego bajó a Antioquía.

23Después de pasar algún tiempo allí, Pablo se

and became abusive, he shook out his clothes in protest and said to them, "Your blood be on your own heads I am clear of my responsibility. From now on I will go to the Gentiles."

7Then Paul left the synagogue and went next door to the house of Titius Justus, a worshiper of God. 8Crispus, the synagogue ruler, and his entire household believed in the Lord; and many of the Corinthians who heard him believed and were baptized.

9One night the Lord spoke to Paul in a vision: "Do not be afraid; keep on speaking, do not be silent. 10For I am with you, and no one is going to attack and harm you, because I have many people in this city." 11So Paul stayed for a year and a half, teaching them the word of God.

12While Gallio was proconsul of Achaia, the Jews made a united attack on Paul and brought him into court. 13"This man," they charged, "is persuading the people to worship God in ways contrary to the law."

14Just as Paul was about to speak, Gallio said to the Jews, "If you Jews were making a complaint about some misdemeanor or serious crime, it would be reasonable for me to listen to you. 15But since it involves questions about words and names and your own law—settle the matter yourselves. I will not be a judge of such things." 16So he had them ejected from the court. 17Then they all turned on Sosthenes the synagogue ruler and beat him in front of the court. But Gallio showed no concern whatever.

Priscilla, Aquila and Apollos

18Paul stayed on in Corinth for some time. Then he left the brothers and sailed for Syria, accompanied by Priscilla and Aquila. Before he sailed, he had his hair cut off at Cenchrea because of a vow he had taken. 19They arrived at Ephesus, where Paul left Priscilla and Aquila. He himself went into the synagogue and reasoned with the Jews. 20When they asked him to spend more time with them, he declined. 21But as he left, he promised, "I will come back if it is God's will." Then he set sail from Ephesus. 22When he landed at Caesarea, he went up and greeted the church and then went down to Antioch.

23After spending some time in Antioch, Paul set out from there and traveled from place to place throughout the region of Galatia and Phrygia, strengthening all the disciples.

24Meanwhile a Jew named Apollos, a native of Alexandria, came to Ephesus. He was a

---

f 18:12 *gobernador.* Lit. *procónsul.*

fue a visitar una por una las congregaciones[g] de Galacia y Frigia, animando a todos los discípulos. 24Por aquel entonces llegó a Éfeso un judío llamado Apolos, natural de Alejandría. Era un hombre ilustrado y convincente en el uso de las Escrituras. 25Había sido instruido en el camino del Señor, y con gran fervor[h] hablaba y enseñaba con la mayor exactitud acerca de Jesús, aunque conocía sólo el bautismo de Juan. 26Comenzó a hablar valientemente en la sinagoga. Al oírlo Priscila y Aquila, lo tomaron a su cargo y le explicaron con mayor precisión el camino de Dios.

27Como Apolos quería pasar a Acaya, los hermanos lo animaron y les escribieron a los discípulos de allá para que lo recibieran. Cuando llegó, ayudó mucho a quienes por la gracia habían creído, 28pues refutaba vigorosamente en público a los judíos, demostrando por las Escrituras que Jesús es el *Mesías.

Pablo en Éfeso

19 Mientras Apolos estaba en Corinto, Pablo recorrió las regiones del interior y llegó a Éfeso. Allí encontró a algunos discípulos.

2—¿Recibieron ustedes el Espíritu Santo cuando creyeron? —les preguntó.

—No, ni siquiera hemos oído hablar del Espíritu Santo —respondieron.

3—Entonces, ¿qué bautismo recibieron?

—El bautismo de Juan.

4Pablo les explicó:

—El bautismo de Juan no era más que un bautismo de *arrepentimiento. Él le decía al pueblo que creyera en el que venía después de él, es decir, en Jesús.

5Al oír esto, fueron bautizados en el nombre del Señor Jesús. 6Cuando Pablo les impuso las manos, el Espíritu Santo vino sobre ellos, y empezaron a hablar en *lenguas y a profetizar. 7Eran en total unos doce hombres.

8Pablo entró en la sinagoga y habló allí con toda valentía durante tres meses. Discutía acerca del reino de Dios, tratando de convencerlos, 9pero algunos se negaron obstinadamente a creer, y ante la congregación hablaban mal del Camino. Así que Pablo se alejó de ellos y formó un grupo aparte con los discípulos; y a diario debatía en la escuela de Tirano. 10Esto continuó por espacio de dos años, de modo que todos los judíos y los *griegos que vivían en la provincia de *Asia llegaron a escuchar la palabra del Señor.

11Dios hacía milagros extraordinarios por medio de Pablo, 12a tal grado que a los enfermos

learned man, with a thorough knowledge of the Scriptures. 25He had been instructed in the way of the Lord, and he spoke with great fervor[m] and taught about Jesus accurately, though he knew only the baptism of John. 26He began to speak boldly in the synagogue. When Priscilla and Aquila heard him, they invited him to their home and explained to him the way of God more adequately.

27When Apollos wanted to go to Achaia, the brothers encouraged him and wrote to the disciples there to welcome him. On arriving, he was a great help to those who by grace had believed. 28For he vigorously refuted the Jews in public debate, proving from the Scriptures that Jesus was the Christ.

Paul in Ephesus

19 While Apollos was at Corinth, Paul took the road through the interior and arrived at Ephesus. There he found some disciples 2and asked them, "Did you receive the Holy Spirit when[n] you believed?"

They answered, "No, we have not even heard that there is a Holy Spirit."

3So Paul asked, "Then what baptism did you receive?"

"John's baptism," they replied.

4Paul said, "John's baptism was a baptism of repentance. He told the people to believe in the one coming after him, that is, in Jesus." 5On hearing this, they were baptized into[o] the name of the Lord Jesus. 6When Paul placed his hands on them, the Holy Spirit came on them, and they spoke in tongues[p] and prophesied. 7There were about twelve men in all.

8Paul entered the synagogue and spoke boldly there for three months, arguing persuasively about the kingdom of God. 9But some of them became obstinate; they refused to believe and publicly maligned the Way. So Paul left them. He took the disciples with him and had discussions daily in the lecture hall of Tyrannus. 10This went on for two years, so that all the Jews and Greeks who lived in the province of Asia heard the word of the Lord.

11God did extraordinary miracles through Paul, 12so that even handkerchiefs and aprons that had touched him were taken to the sick, and their illnesses were cured and the evil spirits left them.

---

g 18:23 una por una las congregaciones. Lit. por orden la región.   h 18:25 con gran fervor. Lit. con fervor en el Espíritu.

m 25 Or with fervor in the Spirit   n 2 Or after   o 5 Or in   p 6 Or other languages les llevaban pañuelos y delantales que habían tocado el cuerpo de Pablo, y quedaban sanos de sus enfermedades, y los espíritus malignos salían de ellos.

13 Algunos judíos que andaban expulsando espíritus malignos intentaron invocar sobre los endemoniados el nombre del Señor Jesús. Decían: «¡En el nombre de Jesús, a quien Pablo predica, les ordeno que salgan » 14 Esto lo hacían siete hijos de un tal Esceva, que era uno de los jefes de los sacerdotes judíos.

15 Un día el *espíritu maligno les replicó: «Conozco a Jesús, y sé quién es Pablo, pero ustedes ¿quiénes son?» 16 Y abalanzándose sobre ellos, el hombre que tenía el espíritu maligno los dominó a todos. Los maltrató con tanta violencia que huyeron de la casa desnudos y heridos.

17 Cuando se enteraron los judíos y los griegos que vivían en Éfeso, el temor se apoderó de todos ellos, y el nombre del Señor Jesús era glorificado. 18 Muchos de los que habían creído llegaban ahora y confesaban públicamente sus prácticas malvadas. 19 Un buen número de los que practicaban la hechicería juntaron sus libros en un montón y los quemaron delante de todos. Cuando calcularon el precio de aquellos libros, resultó un total de cincuenta mil monedas de plata.[i] 20 Así la palabra del Señor crecía y se difundía con poder arrollador.

21 Después de todos estos sucesos, Pablo tomó la determinación de ir a Jerusalén, pasando por Macedonia y Acaya. Decía: «Después de estar allí, tengo que visitar Roma.» 22 Entonces envió a Macedonia a dos de sus ayudantes, Timoteo y Erasto, mientras él se quedaba por algún tiempo en la provincia de Asia.

El disturbio en Éfeso

23 Por aquellos días se produjo un gran disturbio a propósito del Camino. 24 Un platero llamado Demetrio, que hacía figuras en plata del templo de Artemisa,[j] proporcionaba a los artesanos no poca ganancia. 25 Los reunió con otros obreros del ramo, y les dijo:

—Compañeros, ustedes saben que obtenemos buenos ingresos de este oficio. 26 Les consta además que el tal Pablo ha logrado persuadir a mucha gente, no sólo en Éfeso sino en casi toda la provincia de *Asia. Él sostiene que no son dioses los que se hacen con las manos. 27 Ahora bien, no sólo hay el peligro de que se desprestigie nuestro oficio, sino también de que el templo de la gran diosa Artemisa sea menospreciado, y que la diosa misma, a quien adoran toda la

13 Some Jews who went around driving out evil spirits tried to invoke the name of the Lord Jesus over those who were demon-possessed. They would say, "In the name of Jesus, whom Paul preaches, I command you to come out." 14 Seven sons of Sceva, a Jewish chief priest, were doing this. 15 One day the evil spirit answered them, "Jesus I know, and I know about Paul, but who are you?" 16 Then the man who had the evil spirit jumped on them and overpowered them all. He gave them such a beating that they ran out of the house naked and bleeding.

17 When this became known to the Jews and Greeks living in Ephesus, they were all seized with fear, and the name of the Lord Jesus was held in high honor. 18 Many of those who believed now came and openly confessed their evil deeds. 19 A number who had practiced sorcery brought their scrolls together and burned them publicly. When they calculated the value of the scrolls, the total came to fifty thousand drachmas.[q] 20 In this way the word of the Lord spread widely and grew in power.

21 After all this had happened, Paul decided to go to Jerusalem, passing through Macedonia and Achaia. "After I have been there," he said, "I must visit Rome also." 22 He sent two of his helpers, Timothy and Erastus, to Macedonia, while he stayed in the province of Asia a little longer.

The Riot in Ephesus

23 About that time there arose a great disturbance about the Way. 24 A silversmith named Demetrius, who made silver shrines of Artemis, brought in no little business for the craftsmen. 25 He called them together, along with the workmen in related trades, and said: "Men, you know we receive a good income from this business. 26 And you see and hear how this fellow Paul has convinced and led astray large numbers of people here in Ephesus and in practically the whole province of Asia. He says that man-made gods are no gods at all. 27 There is danger not only that our trade will lose its good name, but also that the temple of the great goddess Artemis will be discredited, and the goddess herself, who is worshiped throughout the province of Asia and the world, will be robbed of her divine majesty."

i 19:19 monedas de plata. Es decir, *dracmas.
j 19:24 Nombre griego de la Diana de los romanos; también en vv. 27,28,34 y 35.

q 19 A drachma was a silver coin worth about a day's wages.

provincia de Asia y el mundo entero, sea despojada de su divina majestad.

28Al oír esto, se enfurecieron y comenzaron a gritar:

—¡Grande es Artemisa de los efesios

29En seguida toda la ciudad se alborotó. La turba en masa se precipitó en el teatro, arrastrando a Gayo y a Aristarco, compañeros de viaje de Pablo, que eran de Macedonia. **30**Pablo quiso presentarse ante la multitud, pero los discípulos no se lo permitieron. **31**Incluso algunas autoridades de la provincia, que eran amigos de Pablo, le enviaron un recado, rogándole que no se arriesgara a entrar en el teatro.

32Había confusión en la asamblea. Cada uno gritaba una cosa distinta, y la mayoría ni siquiera sabía para qué se habían reunido. **33**Los judíos empujaron a un tal Alejandro hacia adelante, y algunos de entre la multitud lo sacaron para que tomara la palabra. Él agitó la mano para pedir silencio y presentar su defensa ante el pueblo. **34**Pero cuando se dieron cuenta de que era judío, todos se pusieron a gritar al unísono como por dos horas:

—¡Grande es Artemisa de los efesios

35El secretario del concejo municipal logró calmar a la multitud y dijo:

—Ciudadanos de Éfeso, ¿acaso no sabe todo el mundo que la ciudad de Éfeso es guardiana del templo de la gran Artemisa y de su estatua bajada del cielo? **36**Ya que estos hechos son innegables, es preciso que ustedes se calmen y no hagan nada precipitadamente. **37**Ustedes han traído a estos hombres, aunque ellos no han cometido ningún sacrilegio ni han *blasfemado contra nuestra diosa. **38**Así que si Demetrio y sus compañeros de oficio tienen alguna queja contra alguien, para eso hay tribunales y gobernadores.*k* Vayan y presenten allí sus acusaciones unos contra otros. **39**Si tienen alguna otra demanda, que se resuelva en legítima asamblea. **40**Tal y como están las cosas, con los sucesos de hoy corremos el riesgo de que nos acusen de causar disturbios. ¿Qué razón podríamos dar de este alboroto, si no hay ninguna?

41Dicho esto, despidió la asamblea.

Recorrido por Macedonia y Grecia

20 Cuando cesó el alboroto, Pablo mandó llamar a los discípulos y, después de animarlos, se despidió y salió rumbo a Macedonia. **2**Recorrió aquellas regiones, alentando a los creyentes en muchas ocasiones, y por fin llegó a Grecia, **3**donde se quedó tres meses. Como los judíos tramaban un atentado contra él cuando estaba a punto de embarcarse para Siria, decidió

28When they heard this, they were furious and began shouting: "Great is Artemis of the Ephesians " **29**Soon the whole city was in an uproar. The people seized Gaius and Aristarchus, Paul's traveling companions from Macedonia, and rushed as one man into the theater. **30**Paul wanted to appear before the crowd, but the disciples would not let him. **31**Even some of the officials of the province, friends of Paul, sent him a message begging him not to venture into the theater.

32The assembly was in confusion: Some were shouting one thing, some another. Most of the people did not even know why they were there. **33**The Jews pushed Alexander to the front, and some of the crowd shouted instructions to him. He motioned for silence in order to make a defense before the people. **34**But when they realized he was a Jew, they all shouted in unison for about two hours: "Great is Artemis of the Ephesians "

35The city clerk quieted the crowd and said: "Men of Ephesus, doesn't all the world know that the city of Ephesus is the guardian of the temple of the great Artemis and of her image, which fell from heaven? **36**Therefore, since these facts are undeniable, you ought to be quiet and not do anything rash. **37**You have brought these men here, though they have neither robbed temples nor blasphemed our goddess. **38**If, then, Demetrius and his fellow craftsmen have a grievance against anybody, the courts are open and there are proconsuls. They can press charges. **39**If there is anything further you want to bring up, it must be settled in a legal assembly. **40**As it is, we are in danger of being charged with rioting because of today's events. In that case we would not be able to account for this commotion, since there is no reason for it." **41**After he had said this, he dismissed the assembly.

Through Macedonia and Greece

20 When the uproar had ended, Paul sent for the disciples and, after encouraging them, said good-by and set out for Macedonia. **2**He traveled through that area, speaking many words of encouragement to the people, and finally arrived in Greece, **3**where he stayed three months. Because the Jews made a plot against him just as he was about to sail for Syria, he decided to go back through Macedonia. **4**He was accompanied by Sopater son of Pyrrhus from Berea, Aristarchus and Secundus from Thessalonica, Gaius from Derbe, Timothy also, and

---

k **19:38** *gobernadores.* Lit. *procónsules.*

regresar por Macedonia. **4**Lo acompañaron Sópater hijo de Pirro, de Berea; Aristarco y Segundo, de Tesalónica; Gayo, de Derbe; Timoteo; y por último, Tíquico y Trófimo, de la provincia de *Asia. **5**Éstos se adelantaron y nos esperaron en Troas. **6**Pero nosotros zarpamos de Filipos después de la fiesta de los Panes sin levadura, y a los cinco días nos reunimos con los otros en Troas, donde pasamos siete días.

Visita de Pablo a Troas

7El primer día de la semana nos reunimos para partir el pan. Como iba a salir al día siguiente, Pablo estuvo hablando a los creyentes, y prolongó su discurso hasta la medianoche. **8**En el cuarto del piso superior donde estábamos reunidos había muchas lámparas. **9**Un joven llamado Eutico, que estaba sentado en una ventana, comenzó a dormirse mientras Pablo alargaba su discurso. Cuando se quedó profundamente dormido, se cayó desde el tercer piso y lo recogieron muerto. **10**Pablo bajó, se echó sobre el joven y lo abrazó. «¡No se alarmen —les dijo—. ¡Está vivo » **11**Luego volvió a subir, partió el pan y comió. Siguió hablando hasta el amanecer, y entonces se fue. **12**Al joven se lo llevaron vivo a su casa, para gran consuelo de todos.

Pablo se despide de los ancianos de Éfeso

13Nosotros, por nuestra parte, nos embarcamos anticipadamente y zarpamos para Asón, donde íbamos a recoger a Pablo. Así se había planeado, ya que él iba a hacer esa parte del viaje por tierra. **14**Cuando se encontró con nosotros en Asón, lo tomamos a bordo y fuimos a Mitilene. **15**Desde allí zarpamos al día siguiente y llegamos frente a Quío. Al otro día cruzamos en dirección a Samos, y un día después llegamos a Mileto. **16**Pablo había decidido pasar de largo a Éfeso para no demorarse en la provincia de *Asia, porque tenía prisa por llegar a Jerusalén para el día de Pentecostés, si fuera posible.

17Desde Mileto, Pablo mandó llamar a los *ancianos de la iglesia de Éfeso. **18**Cuando llegaron, les dijo: «Ustedes saben cómo me porté todo el tiempo que estuve con ustedes, desde el primer día que vine a la provincia de Asia. **19**He servido al Señor con toda humildad y con lágrimas, a pesar de haber sido sometido a duras *pruebas por las maquinaciones de los judíos. **20**Ustedes saben que no he vacilado en predicarles nada que les fuera de provecho, sino que les he enseñado públicamente y en las casas. **21**A judíos y a *griegos les he instado a convertirse a Dios y a creer en nuestro Señor Jesús.

Tychicus and Trophimus from the province of Asia. **5**These men went on ahead and waited for us at Troas. **6**But we sailed from Philippi after the Feast of Unleavened Bread, and five days later joined the others at Troas, where we stayed seven days.

Eutychus Raised From the Dead at Troas

7On the first day of the week we came together to break bread. Paul spoke to the people and, because he intended to leave the next day, kept on talking until midnight. **8**There were many lamps in the upstairs room where we were meeting. **9**Seated in a window was a young man named Eutychus, who was sinking into a deep sleep as Paul talked on and on. When he was sound asleep, he fell to the ground from the third story and was picked up dead. **10**Paul went down, threw himself on the young man and put his arms around him. "Don't be alarmed," he said. "He's alive " **11**Then he went upstairs again and broke bread and ate. After talking until daylight, he left. **12**The people took the young man home alive and were greatly comforted.

Paul's Farewell to the Ephesian Elders

13We went on ahead to the ship and sailed for Assos, where we were going to take Paul aboard. He had made this arrangement because he was going there on foot. **14**When he met us at Assos, we took him aboard and went on to Mitylene. **15**The next day we set sail from there and arrived off Kios. The day after that we crossed over to Samos, and on the following day arrived at Miletus. **16**Paul had decided to sail past Ephesus to avoid spending time in the province of Asia, for he was in a hurry to reach Jerusalem, if possible, by the day of Pentecost.

17From Miletus, Paul sent to Ephesus for the elders of the church. **18**When they arrived, he said to them: "You know how I lived the whole time I was with you, from the first day I came into the province of Asia. **19**I served the Lord with great humility and with tears, although I was severely tested by the plots of the Jews. **20**You know that I have not hesitated to preach anything that would be helpful to you but have taught you publicly and from house to house. **21**I have declared to both Jews and Greeks that they must turn to God in repentance and have faith in our Lord Jesus.

22"And now, compelled by the Spirit, I am going to Jerusalem, not knowing what will hap-

22»Y ahora tengan en cuenta que voy a Jerusalén obligado[l] por el Espíritu, sin saber lo que allí me espera. 23Lo único que sé es que en todas las ciudades el Espíritu Santo me asegura que me esperan prisiones y sufrimientos. 24Sin embargo, considero que mi *vida carece de valor para mí mismo, con tal de que termine mi carrera y lleve a cabo el servicio que me ha encomendado el Señor Jesús, que es el de dar testimonio del *evangelio de la gracia de Dios.

25»Escuchen, yo sé que ninguno de ustedes, entre quienes he andado predicando el reino de Dios, volverá a verme. 26Por tanto, hoy les declaro que soy inocente de la sangre de todos, 27porque sin vacilar les he proclamado todo el propósito de Dios. 28Tengan cuidado de sí mismos y de todo el rebaño sobre el cual el Espíritu Santo los ha puesto como *obispos para pastorear la iglesia de Dios,[m] que él adquirió con su propia sangre.[n] 29Sé que después de mi partida entrarán en medio de ustedes lobos feroces que procurarán acabar con el rebaño. 30Aun de entre ustedes mismos se levantarán algunos que enseñarán falsedades para arrastrar a los discípulos que los sigan. 31Así que estén alerta. Recuerden que día y noche, durante tres años, no he dejado de amonestar con lágrimas a cada uno en particular.

32»Ahora los encomiendo a Dios y al mensaje de su gracia, mensaje que tiene poder para edificarlos y darles herencia entre todos los *santificados. 33No he codiciado ni la plata ni el oro ni la ropa de nadie. 34Ustedes mismos saben bien que estas manos se han ocupado de mis propias necesidades y de las de mis compañeros. 35Con mi ejemplo les he mostrado que es preciso trabajar duro para ayudar a los necesitados, recordando las palabras del Señor Jesús: "Hay más *dicha en dar que en recibir."»

36Después de decir esto, Pablo se puso de rodillas con todos ellos y oró. 37Todos lloraban inconsolablemente mientras lo abrazaban y lo besaban. 38Lo que más los entristecía era su declaración de que ellos no volverían a verlo. Luego lo acompañaron hasta el barco.

Rumbo a Jerusalén

21 Después de separarnos de ellos, zarpamos y navegamos directamente a Cos. Al día siguiente fuimos a Rodas, y de allí a Pátara. 2Como encontramos un barco que iba para Fenicia, subimos a bordo y zarpamos. 3Después de avistar Chipre y de pasar al sur de la isla, navegamos hacia Siria y llegamos a Tiro, donde el barco tenía que descargar. 4Allí encontramos a los dis-

pen to me there. 23I only know that in every city the Holy Spirit warns me that prison and hardships are facing me. 24However, I consider my life worth nothing to me, if only I may finish the race and complete the task the Lord Jesus has given me—the task of testifying to the gospel of God's grace.

25"Now I know that none of you among whom I have gone about preaching the kingdom will ever see me again. 26Therefore, I declare to you today that I am innocent of the blood of all men. 27For I have not hesitated to proclaim to you the whole will of God. 28Keep watch over yourselves and all the flock of which the Holy Spirit has made you overseers.[r] Be shepherds of the church of God,[s] which he bought with his own blood. 29I know that after I leave, savage wolves will come in among you and will not spare the flock. 30Even from your own number men will arise and distort the truth in order to draw away disciples after them. 31So be on your guard Remember that for three years I never stopped warning each of you night and day with tears.

32"Now I commit you to God and to the word of his grace, which can build you up and give you an inheritance among all those who are sanctified. 33I have not coveted anyone's silver or gold or clothing. 34You yourselves know that these hands of mine have supplied my own needs and the needs of my companions. 35In everything I did, I showed you that by this kind of hard work we must help the weak, remembering the words the Lord Jesus himself said: 'It is more blessed to give than to receive.'"

36When he had said this, he knelt down with all of them and prayed. 37They all wept as they embraced him and kissed him. 38What grieved them most was his statement that they would never see his face again. Then they accompanied him to the ship.

On to Jerusalem

21 After we had torn ourselves away from them, we put out to sea and sailed straight to Cos. The next day we went to Rhodes and from there to Patara. 2We found a ship crossing over to Phoenicia, went on board and set sail. 3After sighting Cyprus and passing to the south of it, we sailed on to Syria. We landed

---

[l]20:22 obligado. Lit. atado.   [m]20:28 de Dios. Var. del Señor.   [n]20:28 su propia sangre. Var. la sangre de su propio hijo.

[r]28 Traditionally bishops   [s]28 Many manuscripts of the Lord

cípulos y nos quedamos con ellos siete días. Ellos, por medio del Espíritu, exhortaron a Pablo a que no subiera a Jerusalén. 5Pero al cabo de algunos días, partimos y continuamos nuestro viaje. Todos los discípulos, incluso las mujeres y los niños, nos acompañaron hasta las afueras de la ciudad, y allí en la playa nos arrodillamos y oramos. 6Luego de despedirnos, subimos a bordo y ellos regresaron a sus hogares.

7Nosotros continuamos nuestro viaje en barco desde Tiro y arribamos a Tolemaida, donde saludamos a los hermanos y nos quedamos con ellos un día. 8Al día siguiente salimos y llegamos a Cesarea, y nos hospedamos en casa de Felipe el evangelista, que era uno de los siete; 9éste tenía cuatro hijas solteras que profetizaban.

10Llevábamos allí varios días, cuando bajó de Judea un profeta llamado Ágabo. 11Éste vino a vernos, y, tomando el cinturón de Pablo, se ató con él de pies y manos, y dijo:

—Así dice el Espíritu Santo: "De esta manera atarán los judíos de Jerusalén al dueño de este cinturón, y lo entregarán en manos de los *gentiles."

12Al oír esto, nosotros y los de aquel lugar le rogamos a Pablo que no subiera a Jerusalén.

13—¿Por qué lloran? ¡Me parten el alma —respondió Pablo—. Por el nombre del Señor Jesús estoy dispuesto no sólo a ser atado sino también a morir en Jerusalén.

14Como no se dejaba convencer, desistimos exclamando:

—¡Que se haga la voluntad del Señor!

15Después de esto, acabamos los preparativos y subimos a Jerusalén. 16Algunos de los discípulos de Cesarea nos acompañaron y nos llevaron a la casa de Mnasón, donde íbamos a alojarnos. Éste era de Chipre, y uno de los primeros discípulos.

Llegada de Pablo a Jerusalén

17Cuando llegamos a Jerusalén, los creyentes nos recibieron calurosamente. 18Al día siguiente Pablo fue con nosotros a ver a *Jacobo, y todos los *ancianos estaban presentes. 19Después de saludarlos, Pablo les relató detalladamente lo que Dios había hecho entre los *gentiles por medio de su ministerio.

20Al oírlo, alabaron a Dios. Luego le dijeron a Pablo: «Ya ves, hermano, cuántos miles de judíos han creído, y todos ellos siguen aferrados a la ley. 21Ahora bien, han oído decir que tú enseñas que se aparten de Moisés todos los judíos que viven entre los gentiles. Les recomiendas que no circunciden a sus hijos ni vivan según nuestras costumbres. 22¿Qué vamos a hacer? Sin duda se van a enterar de que has llegado. 23Por eso, será mejor que sigas nuestro

at Tyre, where our ship was to unload its cargo. 4Finding the disciples there, we stayed with them seven days. Through the Spirit they urged Paul not to go on to Jerusalem. 5But when our time was up, we left and continued on our way. All the disciples and their wives and children accompanied us out of the city, and there on the beach we knelt to pray. 6After saying good-by to each other, we went aboard the ship, and they returned home.

7We continued our voyage from Tyre and landed at Ptolemais, where we greeted the brothers and stayed with them for a day. 8Leaving the next day, we reached Caesarea and stayed at the house of Philip the evangelist, one of the Seven. 9He had four unmarried daughters who prophesied.

10After we had been there a number of days, a prophet named Agabus came down from Judea. 11Coming over to us, he took Paul's belt, tied his own hands and feet with it and said, "The Holy Spirit says, 'In this way the Jews of Jerusalem will bind the owner of this belt and will hand him over to the Gentiles.'"

12When we heard this, we and the people there pleaded with Paul not to go up to Jerusalem. 13Then Paul answered, "Why are you weeping and breaking my heart? I am ready not only to be bound, but also to die in Jerusalem for the name of the Lord Jesus." 14When he would not be dissuaded, we gave up and said, "The Lord's will be done."

15After this, we got ready and went up to Jerusalem. 16Some of the disciples from Caesarea accompanied us and brought us to the home of Mnason, where we were to stay. He was a man from Cyprus and one of the early disciples.

Paul's Arrival at Jerusalem

17When we arrived at Jerusalem, the brothers received us warmly. 18The next day Paul and the rest of us went to see James, and all the elders were present. 19Paul greeted them and reported in detail what God had done among the Gentiles through his ministry.

20When they heard this, they praised God. Then they said to Paul: "You see, brother, how many thousands of Jews have believed, and all of them are zealous for the law. 21They have been informed that you teach all the Jews who live among the Gentiles to turn away from Moses, telling them not to circumcise their children or live according to our customs. 22What shall we do? They will certainly hear that you have come, 23so do what we tell you. There are four men with us who have made a consejo. Hay aquí entre nosotros cuatro hombres que tienen que cumplir un voto. 24Llévatelos, toma parte en sus ritos de *purificación y paga los gastos que corresponden al voto de rasurarse la cabeza. Así todos sabrán que no son ciertos esos informes acerca de ti, sino que tú también vives en obediencia a la ley. 25En cuanto a los creyentes gentiles, ya les hemos comunicado por escrito nuestra decisión de que se abstengan de lo sacrificado a los ídolos, de sangre, de la carne de animales estrangulados y de la inmoralidad sexual.»

26Al día siguiente Pablo se llevó a los hombres y se purificó con ellos. Luego entró en el *templo para dar aviso de la fecha en que vencería el plazo de la purificación y se haría la ofrenda por cada uno de ellos.

Arresto de Pablo

27Cuando estaban a punto de cumplirse los siete días, unos judíos de la provincia de *Asia vieron a Pablo en el *templo. Alborotaron a toda la multitud y le echaron mano, 28gritando: «¡Israelitas ¡Ayúdennos Éste es el individuo que anda por todas partes enseñando a toda la gente contra nuestro pueblo, nuestra ley y este lugar. Además, hasta ha metido a unos *griegos en el templo, y ha profanado este lugar santo.»

29Ya antes habían visto en la ciudad a Trófimo el efesio en compañía de Pablo, y suponían que Pablo lo había metido en el templo.

30Toda la ciudad se alborotó. La gente se precipitó en masa, agarró a Pablo y lo sacó del templo a rastras, e inmediatamente se cerraron las puertas. 31Estaban por matarlo, cuando se le informó al comandante del batallón romano que toda la ciudad de Jerusalén estaba amotinada. 32En seguida tomó algunos centuriones con sus tropas, y bajó corriendo hacia la multitud. Al ver al comandante y a sus soldados, los amotinados dejaron de golpear a Pablo.

33El comandante se abrió paso, lo arrestó y ordenó que lo sujetaran con dos cadenas. Luego preguntó quién era y qué había hecho. 34Entre la multitud cada uno gritaba una cosa distinta. Como el comandante no pudo averiguar la verdad a causa del alboroto, mandó que condujeran a Pablo al cuartel. 35Cuando Pablo llegó a las gradas, los soldados tuvieron que llevárselo en vilo debido a la violencia de la turba. 36El pueblo en masa iba detrás gritando: «¡Que lo maten »

Pablo se dirige a la multitud

37Cuando los soldados estaban a punto de meterlo en el cuartel, Pablo le preguntó al comandante:

—¿Me permite decirle algo?

vow. 24Take these men, join in their purification rites and pay their expenses, so that they can have their heads shaved. Then everybody will know there is no truth in these reports about you, but that you yourself are living in obedience to the law. 25As for the Gentile believers, we have written to them our decision that they should abstain from food sacrificed to idols, from blood, from the meat of strangled animals and from sexual immorality."

26The next day Paul took the men and purified himself along with them. Then he went to the temple to give notice of the date when the days of purification would end and the offering would be made for each of them.

Paul Arrested

27When the seven days were nearly over, some Jews from the province of Asia saw Paul at the temple. They stirred up the whole crowd and seized him, 28shouting, "Men of Israel, help us This is the man who teaches all men everywhere against our people and our law and this place. And besides, he has brought Greeks into the temple area and defiled this holy place." 29(They had previously seen Trophimus the Ephesian in the city with Paul and assumed that Paul had brought him into the temple area.)

30The whole city was aroused, and the people came running from all directions. Seizing Paul, they dragged him from the temple, and immediately the gates were shut. 31While they were trying to kill him, news reached the commander of the Roman troops that the whole city of Jerusalem was in an uproar. 32He at once took some officers and soldiers and ran down to the crowd. When the rioters saw the commander and his soldiers, they stopped beating Paul.

33The commander came up and arrested him and ordered him to be bound with two chains. Then he asked who he was and what he had done. 34Some in the crowd shouted one thing and some another, and since the commander could not get at the truth because of the uproar, he ordered that Paul be taken into the barracks. 35When Paul reached the steps, the violence of the mob was so great he had to be carried by the soldiers. 36The crowd that followed kept shouting, "Away with him "

Paul Speaks to the Crowd

37As the soldiers were about to take Paul into the barracks, he asked the commander, "May I say something to you?"

—¿Hablas griego? —replicó el comandante—. [38]¿No eres el egipcio que hace algún tiempo provocó una rebelión y llevó al desierto a cuatro mil guerrilleros?

[39]—No, yo soy judío, natural de Tarso, una ciudad muy importante de Cilicia —le respondió Pablo—. Por favor, permítame hablarle al pueblo.

[40]Con el permiso del comandante, Pablo se puso de pie en las gradas y hizo una señal con la mano a la multitud. Cuando todos guardaron silencio, les dijo en arameo:[ñ]

22
«Padres y hermanos, escuchen ahora mi defensa.»

[2]Al oír que les hablaba en arameo, guardaron más silencio.

Pablo continuó: [3]«Yo soy judío, nacido en Tarso de Cilicia, pero criado en esta ciudad. Bajo la tutela de Gamaliel recibí instrucción cabal en la ley de nuestros antepasados, y fui tan celoso de Dios como cualquiera de ustedes lo es hoy día. [4]Perseguí a muerte a los seguidores de este Camino, arrestando y echando en la cárcel a hombres y mujeres por igual, [5]y así lo pueden atestiguar el sumo sacerdote y todo el *Consejo de *ancianos. Incluso obtuve de parte de ellos cartas de extradición para nuestros hermanos judíos en Damasco, y fui allá con el fin de traer presos a Jerusalén a los que encontrara, para que fueran castigados.

[6]»Sucedió que a eso del mediodía, cuando me acercaba a Damasco, una intensa luz del cielo relampagueó de repente a mi alrededor. [7]Caí al suelo y oí una voz que me decía: "Saulo, Saulo, ¿por qué me persigues?" [8]"¿Quién eres, Señor?", pregunté. "Yo soy Jesús de Nazaret, a quien tú persigues", me contestó él. [9]Los que me acompañaban vieron la luz, pero no percibieron la voz del que me hablaba. [10]"¿Qué debo hacer, Señor?", le pregunté. "Levántate —dijo el Señor—, y entra en Damasco. Allí se te dirá todo lo que se ha dispuesto que hagas." [11]Mis compañeros me llevaron de la mano hasta Damasco porque el resplandor de aquella luz me había dejado ciego.

[12]»Vino a verme un tal Ananías, hombre devoto que observaba la ley y a quien respetaban mucho los judíos que allí vivían. [13]Se puso a mi lado y me dijo: "Hermano Saulo, ¡recibe la vista!" Y en aquel mismo instante recobré la vista y pude verlo. [14]Luego dijo: "El Dios de nuestros antepasados te ha escogido para que conozcas su voluntad, y para que veas al Justo y oigas las palabras de su boca. [15]Tú serás testigo ante toda persona de lo que has visto y oído. [16]Y ahora,

"Do you speak Greek?" he replied. [38]"Aren't you the Egyptian who started a revolt and led four thousand terrorists out into the desert some time ago?"

[39]Paul answered, "I am a Jew, from Tarsus in Cilicia, a citizen of no ordinary city. Please let me speak to the people."

[40]Having received the commander's permission, Paul stood on the steps and motioned to the crowd. When they were all silent, he said to them in Aramaic[f]:

22
"Brothers and fathers, listen now to my defense." [2]When they heard him speak to them in Aramaic, they became very quiet.

Then Paul said: [3]"I am a Jew, born in Tarsus of Cilicia, but brought up in this city. Under Gamaliel I was thoroughly trained in the law of our fathers and was just as zealous for God as any of you are today. [4]I persecuted the followers of this Way to their death, arresting both men and women and throwing them into prison, [5]as also the high priest and all the Council can testify. I even obtained letters from them to their brothers in Damascus, and went there to bring these people as prisoners to Jerusalem to be punished.

[6]"About noon as I came near Damascus, suddenly a bright light from heaven flashed around me. [7]I fell to the ground and heard a voice say to me, 'Saul! Saul! Why do you persecute me?'

[8]"'Who are you, Lord?' I asked.

"'I am Jesus of Nazareth, whom you are persecuting,' he replied. [9]My companions saw the light, but they did not understand the voice of him who was speaking to me.

[10]"'What shall I do, Lord?' I asked.

"'Get up,' the Lord said, 'and go into Damascus. There you will be told all that you have been assigned to do.' [11]My companions led me by the hand into Damascus, because the brilliance of the light had blinded me.

[12]"A man named Ananias came to see me. He was a devout observer of the law and highly respected by all the Jews living there. [13]He stood beside me and said, 'Brother Saul, receive your sight!' And at that very moment I was able to see him.

[14]"Then he said: 'The God of our fathers has chosen you to know his will and to see the Righteous One and to hear words from his mouth. [15]You will be his witness to all men of what you have seen and heard. [16]And now what

---

[ñ]21:40 *arameo*. Lit. *el dialecto hebreo*; también en 22:2.

[f]40 Or possibly *Hebrew*; also in 22:2

¿qué esperas? Levántate, bautízate y lávate de tus pecados, invocando su nombre."

17»Cuando volví a Jerusalén, mientras oraba en el *templo tuve una visión 18y vi al Señor que me hablaba: "¡Date prisa Sal inmediatamente de Jerusalén, porque no aceptarán tu testimonio acerca de mí." 19"Señor —le respondí—, ellos saben que yo andaba de sinagoga en sinagoga encarcelando y azotando a los que creen en ti; 20y cuando se derramaba la sangre de tu testigo*o* Esteban, ahí estaba yo, dando mi aprobación y cuidando la ropa de quienes lo mataban." 21Pero el Señor me replicó: "Vete; yo te enviaré lejos, a los *gentiles." »

Pablo el ciudadano romano

22La multitud estuvo escuchando a Pablo hasta que pronunció esas palabras. Entonces levantaron la voz y gritaron: «¡Bórralo de la tierra ¡Ese tipo no merece vivir »

23Como seguían gritando, tirando sus mantos y arrojando polvo al aire, 24el comandante ordenó que metieran a Pablo en el cuartel. Mandó que lo interrogaran a latigazos con el fin de averiguar por qué gritaban así contra él. 25Cuando lo estaban sujetando con cadenas para azotarlo, Pablo le dijo al centurión que estaba allí:

—¿Permite la ley que ustedes azoten a un ciudadano romano antes de ser juzgado?

26Al oír esto, el centurión fue y avisó al comandante.

—¿Qué va a hacer usted? Resulta que ese hombre es ciudadano romano.

27El comandante se acercó a Pablo y le dijo:

—Dime, ¿eres ciudadano romano?

—Sí, lo soy.

28—A mí me costó una fortuna adquirir mi ciudadanía —le dijo el comandante.

—Pues yo la tengo de nacimiento —replicó Pablo.

29Los que iban a interrogarlo se retiraron en seguida. Al darse cuenta de que Pablo era ciudadano romano, el comandante mismo se asustó de haberlo encadenado.

Pablo ante el Consejo

30Al día siguiente, como el comandante quería saber con certeza de qué acusaban los judíos a Pablo, lo desató y mandó que se reunieran los jefes de los sacerdotes y el *Consejo en pleno. Luego llevó a Pablo para que compareciera ante ellos.

23 Pablo se quedó mirando fijamente al Consejo y dijo:

—Hermanos, hasta hoy yo he actuado delante de Dios con toda buena conciencia.

are you waiting for? Get up, be baptized and wash your sins away, calling on his name.'

17"When I returned to Jerusalem and was praying at the temple, I fell into a trance 18and saw the Lord speaking. 'Quick ' he said to me. 'Leave Jerusalem immediately, because they will not accept your testimony about me.'

19"'Lord,' I replied, 'these men know that I went from one synagogue to another to imprison and beat those who believe in you. 20And when the blood of your martyr*u* Stephen was shed, I stood there giving my approval and guarding the clothes of those who were killing him.'

21"Then the Lord said to me, 'Go; I will send you far away to the Gentiles.'"

Paul the Roman Citizen

22The crowd listened to Paul until he said this. Then they raised their voices and shouted, "Rid the earth of him He's not fit to live "

23As they were shouting and throwing off their cloaks and flinging dust into the air, 24the commander ordered Paul to be taken into the barracks. He directed that he be flogged and questioned in order to find out why the people were shouting at him like this. 25As they stretched him out to flog him, Paul said to the centurion standing there, "Is it legal for you to flog a Roman citizen who hasn't even been found guilty?"

26When the centurion heard this, he went to the commander and reported it. "What are you going to do?" he asked. "This man is a Roman citizen."

27The commander went to Paul and asked, "Tell me, are you a Roman citizen?"

"Yes, I am," he answered.

28Then the commander said, "I had to pay a big price for my citizenship."

"But I was born a citizen," Paul replied.

29Those who were about to question him withdrew immediately. The commander himself was alarmed when he realized that he had put Paul, a Roman citizen, in chains.

Before the Sanhedrin

30The next day, since the commander wanted to find out exactly why Paul was being accused by the Jews, he released him and ordered the chief priests and all the Sanhedrin to assemble. Then he brought Paul and had him stand before them.

23 Paul looked straight at the Sanhedrin and said, "My brothers, I have fulfilled my duty to God in all good conscience to this

---

*o*22:20 testigo. Alt. mártir.   *u*20 Or witness

2Ante esto, el sumo sacerdote Ananías ordenó a los que estaban cerca de Pablo que lo golpearan en la boca.

3—¡Hipócrita,ᵖ a usted también lo va a golpear Dios —reaccionó Pablo—. ¡Ahí está sentado para juzgarme según la ley , ¿y usted mismo viola la ley al mandar que me golpeen?

4Los que estaban junto a Pablo le interpelaron:

—¿Cómo te atreves a insultar al sumo sacerdote de Dios?

5—Hermanos, no me había dado cuenta de que es el sumo sacerdote —respondió Pablo—; de hecho está escrito: "No hables mal del jefe de tu pueblo." �q

6Pablo, sabiendo que unos de ellos eran saduceos y los demás *fariseos, exclamó en el Consejo:

—Hermanos, yo soy fariseo de pura cepa. Me están juzgando porque he puesto mi esperanza en la resurrección de los muertos.

7Apenas dijo esto, surgió un altercado entre los fariseos y los saduceos, y la asamblea quedó dividida. 8(Los saduceos sostienen que no hay resurrección, ni ángeles ni espíritus; los fariseos, en cambio, reconocen todo esto.)

9Se produjo un gran alboroto, y algunos de los *maestros de la ley que eran fariseos se pusieron de pie y protestaron. «No encontramos ningún delito en este hombre —dijeron—. ¿Acaso no podría haberle hablado un espíritu o un ángel?»

10Se tornó tan violento el altercado que el comandante tuvo miedo de que hicieran pedazos a Pablo. Así que ordenó a los soldados que bajaran para sacarlo de allí por la fuerza y llevárselo al cuartel.

11A la noche siguiente el Señor se apareció a Pablo, y le dijo: «¡Ánimo Así como has dado testimonio de mí en Jerusalén, es necesario que lo des también en Roma.»

Conspiración para matar a Pablo

12Muy de mañana los judíos tramaron una conspiración y juraron bajo maldición no comer ni beber hasta que lograran matar a Pablo. 13Más de cuarenta hombres estaban implicados en esta conspiración. 14Se presentaron ante los jefes de los sacerdotes y los *ancianos, y les dijeron:

—Nosotros hemos jurado bajo maldición no comer nada hasta que logremos matar a Pablo. 15Ahora, con el respaldo del *Consejo, pídanle al comandante que haga comparecer al reo ante ustedes, con el pretexto de obtener información más precisa sobre su caso. Nosotros estaremos listos para matarlo en el camino.

16Pero cuando el hijo de la hermana de Pablo se enteró de esta emboscada, entró en el cuartel

day." 2At this the high priest Ananias ordered those standing near Paul to strike him on the mouth. 3Then Paul said to him, "God will strike you, you whitewashed wall You sit there to judge me according to the law, yet you yourself violate the law by commanding that I be struck "

4Those who were standing near Paul said, "You dare to insult God's high priest?"

5Paul replied, "Brothers, I did not realize that he was the high priest; for it is written: 'Do not speak evil about the ruler of your people.' ᵛ"

6Then Paul, knowing that some of them were Sadducees and the others Pharisees, called out in the Sanhedrin, "My brothers, I am a Pharisee, the son of a Pharisee. I stand on trial because of my hope in the resurrection of the dead." 7When he said this, a dispute broke out between the Pharisees and the Sadducees, and the assembly was divided. 8(The Sadducees say that there is no resurrection, and that there are neither angels nor spirits, but the Pharisees acknowledge them all.)

9There was a great uproar, and some of the teachers of the law who were Pharisees stood up and argued vigorously. "We find nothing wrong with this man," they said. "What if a spirit or an angel has spoken to him?" 10The dispute became so violent that the commander was afraid Paul would be torn to pieces by them. He ordered the troops to go down and take him away from them by force and bring him into the barracks.

11The following night the Lord stood near Paul and said, "Take courage As you have testified about me in Jerusalem, so you must also testify in Rome."

The Plot to Kill Paul

12The next morning the Jews formed a conspiracy and bound themselves with an oath not to eat or drink until they had killed Paul. 13More than forty men were involved in this plot. 14They went to the chief priests and elders and said, "We have taken a solemn oath not to eat anything until we have killed Paul. 15Now then, you and the Sanhedrin petition the commander to bring him before you on the pretext of wanting more accurate information about his case. We are ready to kill him before he gets here."

16But when the son of Paul's sister heard of this plot, he went into the barracks and told Paul.

---

y avisó a Pablo. **17**Éste llamó entonces a uno de los centuriones y le pidió:

—Lleve a este joven al comandante, porque tiene algo que decirle.

18Así que el centurión lo llevó al comandante, y le dijo:

—El preso Pablo me llamó y me pidió que le trajera este joven, porque tiene algo que decirle.

19El comandante tomó de la mano al joven, lo llevó aparte y le preguntó:

—¿Qué quieres decirme?

20—Los judíos se han puesto de acuerdo para pedirle a usted que mañana lleve a Pablo ante el Consejo con el pretexto de obtener información más precisa acerca de él. **21**No se deje convencer, porque más de cuarenta de ellos lo esperan emboscados. Han jurado bajo maldición no comer ni beber hasta que hayan logrado matarlo. Ya están listos; sólo aguardan a que usted les conceda su petición.

22El comandante despidió al joven con esta advertencia:

—No le digas a nadie que me has informado de esto.

Trasladan a Pablo a Cesarea

23Entonces el comandante llamó a dos de sus centuriones y les ordenó:

—Alisten un destacamento de doscientos soldados de infantería, setenta de caballería y doscientos lanceros para que vayan a Cesarea esta noche a las nueve.*r* **24**Y preparen cabalgaduras para llevar a Pablo sano y salvo al gobernador Félix.

25Además, escribió una carta en estos términos:

26Claudio Lisias,

a su excelencia el gobernador Félix:

Saludos.

27Los judíos prendieron a este hombre y estaban a punto de matarlo, pero yo llegué con mis soldados y lo rescaté, porque me había enterado de que es ciudadano romano. **28**Yo quería saber de qué lo acusaban, así que lo llevé al *Consejo judío. **29**Descubrí que lo acusaban de algunas cuestiones de su ley, pero no había contra él cargo alguno que mereciera la muerte o la cárcel. **30**Cuando me informaron que se tramaba una conspiración contra este hombre, decidí enviarlo a usted en seguida. También les ordené a sus acusadores que ex-

17Then Paul called one of the centurions and said, "Take this young man to the commander; he has something to tell him." **18**So he took him to the commander.

The centurion said, "Paul, the prisoner, sent for me and asked me to bring this young man to you because he has something to tell you."

19The commander took the young man by the hand, drew him aside and asked, "What is it you want to tell me?"

20He said: "The Jews have agreed to ask you to bring Paul before the Sanhedrin tomorrow on the pretext of wanting more accurate information about him. **21**Don't give in to them, because more than forty of them are waiting in ambush for him. They have taken an oath not to eat or drink until they have killed him. They are ready now, waiting for your consent to their request."

22The commander dismissed the young man and cautioned him, "Don't tell anyone that you have reported this to me."

Paul Transferred to Caesarea

23Then he called two of his centurions and ordered them, "Get ready a detachment of two hundred soldiers, seventy horsemen and two hundred spearmen*w* to go to Caesarea at nine tonight. **24**Provide mounts for Paul so that he may be taken safely to Governor Felix."

25He wrote a letter as follows:

26Claudius Lysias,

To His Excellency, Governor Felix:

Greetings.

27This man was seized by the Jews and they were about to kill him, but I came with my troops and rescued him, for I had learned that he is a Roman citizen. **28**I wanted to know why they were accusing him, so I brought him to their Sanhedrin. **29**I found that the accusation had to do with questions about their law, but there was no charge against him that deserved death or imprisonment. **30**When I was informed of a plot to be carried out against the man, I sent him to you at once. I also ordered his accusers to present to you their case against him.

---

r **23:23** *esta … nueve.* Lit. *a la tercera hora de la noche.*   *w* **23** The meaning of the Greek for this word is uncertain.

pongan delante de usted los cargos que tengan contra él.

31 Así que los soldados, según se les había ordenado, tomaron a Pablo y lo llevaron de noche hasta Antípatris. 32 Al día siguiente dejaron que la caballería siguiera con él mientras ellos volvían al cuartel. 33 Cuando la caballería llegó a Cesarea, le entregaron la carta al gobernador y le presentaron también a Pablo. 34 Félix leyó la carta y le preguntó de qué provincia era. Al enterarse de que Pablo era de Cilicia, 35 le dijo: «Te daré audiencia cuando lleguen tus acusadores.» Y ordenó que lo dejaran bajo custodia en el palacio de Herodes.

El proceso ante Félix

24 Cinco días después, el sumo sacerdote Ananías bajó a Cesarea con algunos de los *ancianos y un abogado llamado Tértulo, para presentar ante el gobernador las acusaciones contra Pablo. 2 Cuando se hizo comparecer al acusado, Tértulo expuso su caso ante Félix:

—Excelentísimo Félix, bajo su mandato hemos disfrutado de un largo período de paz, y gracias a la previsión suya se han llevado a cabo reformas en pro de esta nación. 3 En todas partes y en toda ocasión reconocemos esto con profunda gratitud. 4 Pero a fin de no importunarlo más, le ruego que, con la bondad que lo caracteriza, nos escuche brevemente. 5 Hemos descubierto que este hombre es una plaga que por todas partes anda provocando disturbios entre los judíos. Es cabecilla de la secta de los nazarenos. 6 Incluso trató de profanar el *templo; por eso lo prendimos. 8 Usted⁵ mismo, al interrogarlo, podrá cerciorarse de la verdad de todas las acusaciones que presentamos contra él.

9 Los judíos corroboraron la acusación, afirmando que todo esto era cierto. 10 Cuando el gobernador, con un gesto, le concedió la palabra, Pablo respondió:

—Sé que desde hace muchos años usted ha sido juez de esta nación; así que de buena gana presento mi defensa. 11 Usted puede comprobar fácilmente que no hace más de doce días que subí a Jerusalén para adorar. 12 Mis acusadores no me encontraron discutiendo con nadie en el templo, ni promoviendo motines entre la gente en las sinagogas ni en ninguna otra parte de la ciudad. 13 Tampoco pueden probarle a usted las cosas de que ahora me acusan. 14 Sin embargo, esto sí

31 So the soldiers, carrying out their orders, took Paul with them during the night and brought him as far as Antipatris. 32 The next day they let the cavalry go on with him, while they returned to the barracks. 33 When the cavalry arrived in Caesarea, they delivered the letter to the governor and handed Paul over to him. 34 The governor read the letter and asked what province he was from. Learning that he was from Cilicia, 35 he said, "I will hear your case when your accusers get here." Then he ordered that Paul be kept under guard in Herod's palace.

The Trial Before Felix

24 Five days later the high priest Ananias went down to Caesarea with some of the elders and a lawyer named Tertullus, and they brought their charges against Paul before the governor. 2 When Paul was called in, Tertullus presented his case before Felix: "We have enjoyed a long period of peace under you, and your foresight has brought about reforms in this nation. 3 Everywhere and in every way, most excellent Felix, we acknowledge this with profound gratitude. 4 But in order not to weary you further, I would request that you be kind enough to hear us briefly.

5 "We have found this man to be a troublemaker, stirring up riots among the Jews all over the world. He is a ringleader of the Nazarene sect 6 and even tried to desecrate the temple; so we seized him. 8 By ˣ examining him yourself you will be able to learn the truth about all these charges we are bringing against him."

9 The Jews joined in the accusation, asserting that these things were true.

10 When the governor motioned for him to speak, Paul replied: "I know that for a number of years you have been a judge over this nation; so I gladly make my defense. 11 You can easily verify that no more than twelve days ago I went up to Jerusalem to worship. 12 My accusers did not find me arguing with anyone at the temple, or stirring up a crowd in the synagogues or anywhere else in the city. 13 And they cannot prove to you the charges they are now making against me. 14 However, I admit that I worship

---

ˢ 24:6-8 *prendimos.* ⁸ *Usted.* Var. *prendimos y quisimos juzgarlo según nuestra ley.* ⁷ *Pero el comandante Lisias intervino, y con mucha fuerza lo arrebató de nuestras manos* ⁸ *y mandó que sus acusadores se presentaran ante usted. Usted*

ˣ 6-8 Some manuscripts *him and wanted to judge him according to our law.* ⁷ *But the commander, Lysias, came and with the use of much force snatched him from our hands* ⁸ *and ordered his accusers to come before you. By* confieso: que adoro al Dios de nuestros antepasados siguiendo este Camino que mis acusadores llaman secta, pues estoy de acuerdo con todo lo que enseña la ley y creo lo que está escrito en los profetas. 15Tengo en Dios la misma esperanza que estos hombres profesan, de que habrá una resurrección de los justos y de los injustos. 16En todo esto procuro conservar siempre limpia mi conciencia delante de Dios y de los hombres.

17»Después de una ausencia de varios años, volví a Jerusalén para traerle donativos a mi pueblo y presentar ofrendas. 18En esto estaba, habiéndome ya *purificado, cuando me encontraron en el templo. No me acompañaba ninguna multitud, ni estaba implicado en ningún disturbio. 19Los que me vieron eran algunos judíos de la provincia de *Asia, y son ellos los que deberían estar delante de usted para formular sus acusaciones, si es que tienen algo contra mí. 20De otro modo, estos que están aquí deberían declarar qué delito hallaron en mí cuando comparecí ante el *Consejo, 21a no ser lo que exclamé en presencia de ellos: "Es por la resurrección de los muertos por lo que hoy me encuentro procesado delante de ustedes."

22Entonces Félix, que estaba bien informado del Camino, suspendió la sesión.

—Cuando venga el comandante Lisias, decidiré su caso —les dijo.

23Luego le ordenó al centurión que mantuviera custodiado a Pablo, pero que le diera cierta libertad y permitiera que sus amigos lo atendieran.

24Algunos días después llegó Félix con su esposa Drusila, que era judía. Mandó llamar a Pablo y lo escuchó hablar acerca de la fe en *Cristo Jesús. 25Al disertar Pablo sobre la justicia, el dominio propio y el juicio venidero, Félix tuvo miedo y le dijo: «¡Basta por ahora Puedes retirarte. Cuando sea oportuno te mandaré llamar otra vez.» 26Félix también esperaba que Pablo le ofreciera dinero; por eso mandaba llamarlo con frecuencia y conversaba con él.

27Transcurridos dos años, Félix tuvo como sucesor a Porcio Festo, pero como Félix quería congraciarse con los judíos, dejó preso a Pablo.

El proceso ante Festo

25 Tres días después de llegar a la provincia, Festo subió de Cesarea a Jerusalén. 2Entonces los jefes de los sacerdotes y los dirigentes de los judíos presentaron sus acusaciones contra Pablo. 3Insistentemente le pidieron a Festo que les hiciera el favor de trasladar a Pablo a Jerusalén. Lo cierto es que ellos estaban preparando una emboscada para matarlo en el camino. 4Festo respondió: «Pablo está preso en Cesarea, y yo mismo partiré en breve para allá. 5Que vayan conmigo algunos de los dirigentes de

the God of our fathers as a follower of the Way, which they call a sect. I believe everything that agrees with the Law and that is written in the Prophets, 15and I have the same hope in God as these men, that there will be a resurrection of both the righteous and the wicked. 16So I strive always to keep my conscience clear before God and man.

17"After an absence of several years, I came to Jerusalem to bring my people gifts for the poor and to present offerings. 18I was ceremonially clean when they found me in the temple courts doing this. There was no crowd with me, nor was I involved in any disturbance. 19But there are some Jews from the province of Asia, who ought to be here before you and bring charges if they have anything against me. 20Or these who are here should state what crime they found in me when I stood before the Sanhedrin— 21unless it was this one thing I shouted as I stood in their presence: 'It is concerning the resurrection of the dead that I am on trial before you today.'"

22Then Felix, who was well acquainted with the Way, adjourned the proceedings. "When Lysias the commander comes," he said, "I will decide your case." 23He ordered the centurion to keep Paul under guard but to give him some freedom and permit his friends to take care of his needs.

24Several days later Felix came with his wife Drusilla, who was a Jewess. He sent for Paul and listened to him as he spoke about faith in Christ Jesus. 25As Paul discoursed on righteousness, self-control and the judgment to come, Felix was afraid and said, "That's enough for now You may leave. When I find it convenient, I will send for you." 26At the same time he was hoping that Paul would offer him a bribe, so he sent for him frequently and talked with him.

27When two years had passed, Felix was succeeded by Porcius Festus, but because Felix wanted to grant a favor to the Jews, he left Paul in prison.

The Trial Before Festus

25 Three days after arriving in the province, Festus went up from Caesarea to Jerusalem, 2where the chief priests and Jewish leaders appeared before him and presented the charges against Paul. 3They urgently requested Festus, as a favor to them, to have Paul transferred to Jerusalem, for they were preparing an ambush to kill him along the way. 4Festus answered, "Paul is being held at Caesarea, and I myself am going there soon. 5Let some of your

ustedes y formulen allí sus acusaciones contra él, si es que ha hecho algo malo.»

6 Después de pasar entre los judíos unos ocho o diez días, Festo bajó a Cesarea, y al día siguiente convocó al tribunal y mandó que le trajeran a Pablo. 7 Cuando éste se presentó, los judíos que habían bajado de Jerusalén lo rodearon, formulando contra él muchas acusaciones graves que no podían probar.

8 Pablo se defendía:

—No he cometido ninguna falta, ni contra la ley de los judíos ni contra el templo ni contra el *emperador.

9 Pero Festo, queriendo congraciarse con los judíos, le preguntó:

—¿Estás dispuesto a subir a Jerusalén para ser juzgado allí ante mí?

10 Pablo contestó:

—Ya estoy ante el tribunal del emperador, que es donde se me debe juzgar. No les he hecho ningún agravio a los judíos, como usted sabe muy bien. 11 Si soy culpable de haber hecho algo que merezca la muerte, no me niego a morir. Pero si no son ciertas las acusaciones que estos judíos formulan contra mí, nadie tiene el derecho de entregarme a ellos para complacerlos. ¡Apelo al emperador

12 Después de consultar con sus asesores, Festo declaró:

—Has apelado al emperador. ¡Al emperador irás

Festo consulta al rey Agripa

13 Pasados algunos días, el rey Agripa y Berenice llegaron a Cesarea para saludar a Festo. 14 Como se entretuvieron allí varios días, Festo le presentó al rey el caso de Pablo.

—Hay aquí un hombre —le dijo— que Félix dejó preso. 15 Cuando fui a Jerusalén, los jefes de los sacerdotes y los *ancianos de los judíos presentaron acusaciones contra él y exigieron que se le condenara. 16 Les respondí que no es costumbre de los romanos entregar a ninguna persona sin antes concederle al acusado un careo con sus acusadores, y darle la oportunidad de defenderse de los cargos. 17 Cuando acudieron a mí, no dilaté el caso, sino que convoqué al tribunal el día siguiente y mandé traer a este hombre. 18 Al levantarse para hablar, sus acusadores no alegaron en su contra ninguno de los delitos que yo había supuesto. 19 Más bien, tenían contra él algunas cuestiones tocantes a su propia religión y sobre un tal Jesús, ya muerto, que Pablo sostiene que está vivo. 20 Yo no sabía cómo investigar tales cuestiones, así que le pregunté si estaba dispuesto a ir a Jerusalén para ser juzgado allí con respecto a esos cargos. 21 Pero como Pablo apeló para que se le reservara el

leaders come with me and press charges against the man there, if he has done anything wrong."

6 After spending eight or ten days with them, he went down to Caesarea, and the next day he convened the court and ordered that Paul be brought before him. 7 When Paul appeared, the Jews who had come down from Jerusalem stood around him, bringing many serious charges against him, which they could not prove.

8 Then Paul made his defense: "I have done nothing wrong against the law of the Jews or against the temple or against Caesar."

9 Festus, wishing to do the Jews a favor, said to Paul, "Are you willing to go up to Jerusalem and stand trial before me there on these charges?"

10 Paul answered: "I am now standing before Caesar's court, where I ought to be tried. I have not done any wrong to the Jews, as you yourself know very well. 11 If, however, I am guilty of doing anything deserving death, I do not refuse to die. But if the charges brought against me by these Jews are not true, no one has the right to hand me over to them. I appeal to Caesar "

12 After Festus had conferred with his council, he declared: "You have appealed to Caesar. To Caesar you will go "

Festus Consults King Agrippa

13 A few days later King Agrippa and Bernice arrived at Caesarea to pay their respects to Festus. 14 Since they were spending many days there, Festus discussed Paul's case with the king. He said: "There is a man whom Felix left as a prisoner. 15 When I went to Jerusalem, the chief priests and elders of the Jews brought charges against him and asked that he be condemned.

16 "I told them that it is not the Roman custom to hand over any man before he has faced his accusers and has had an opportunity to defend himself against their charges. 17 When they came here with me, I did not delay the case, but convened the court the next day and ordered the man to be brought in. 18 When his accusers got up to speak, they did not charge him with any of the crimes I had expected. 19 Instead, they had some points of dispute with him about their own religion and about a dead man named Jesus who Paul claimed was alive. 20 I was at a loss how to investigate such matters; so I asked if he would be willing to go to Jerusalem and stand trial there on these charges. 21 When Paul made his appeal to be held over for the Emperor's deci-

fallo al emperador,ᶠ ordené que quedara deteni-
do hasta ser remitido a Roma.ᵘ

²²—A mí también me gustaría oír a ese hombre —le dijo Agripa a Festo.

—Pues mañana mismo lo oirá usted —le contestó Festo.

Pablo ante Agripa

²³Al día siguiente Agripa y Berenice se presentaron con gran pompa, y entraron en la sala
de la audiencia acompañados por oficiales de
alto rango y por las personalidades más distinguidas de la ciudad. Festo mandó que le trajeran
a Pablo, ²⁴y dijo:

—Rey Agripa y todos los presentes: Aquí tienen a este hombre. Todo el pueblo judío me ha
presentado una demanda contra él, tanto en Jerusalén como aquí en Cesarea, pidiendo a gritos su
muerte. ²⁵He llegado a la conclusión de que él no
ha hecho nada que merezca la muerte, pero como
apeló al emperador, he decidido enviarlo a Roma.
²⁶El problema es que no tengo definido nada que
escribir al soberano acerca de él. Por eso lo he
hecho comparecer ante ustedes, y especialmente
delante de usted, rey Agripa, para que como
resultado de esta investigación tenga yo algunos
datos para mi carta; ²⁷me parece absurdo enviar
un preso sin especificar los cargos contra él.

26 Entonces Agripa le dijo a Pablo:
—Tienes permiso para defenderte.

Pablo hizo un ademán con la mano y comenzó
así su defensa:

²—Rey Agripa, para mí es un privilegio presentarme hoy ante usted para defenderme de las
acusaciones de los judíos, ³sobre todo porque
usted está bien informado de todas las tradiciones y controversias de los judíos. Por eso le
ruego que me escuche con paciencia.

⁴»Todos los judíos saben cómo he vivido
desde que era niño, desde mi edad temprana
entre mi gente y también en Jerusalén. ⁵Ellos me
conocen desde hace mucho tiempo y pueden
atestiguar, si quieren, que viví como *fariseo, de
acuerdo con la secta más estricta de nuestra
religión. ⁶Y ahora me juzgan por la esperanza
que tengo en la promesa que Dios hizo a nuestros antepasados. ⁷Ésta es la promesa que nuestras doce tribus esperan alcanzar rindiendo culto
a Dios con diligencia día y noche. Es por esta
esperanza, oh rey, por lo que me acusan los
judíos. ⁸¿Por qué les parece a ustedes increíble
que Dios resucite a los muertos?

⁹»Pues bien, yo mismo estaba convencido de
que debía hacer todo lo posible por combatir el
nombre de Jesús de Nazaret. ¹⁰Eso es precisa-

---

sion, I ordered him held until I could send
him to Caesar."

²²Then Agrippa said to Festus, "I would like
to hear this man myself." He replied, "Tomorrow you will hear him."

Paul Before Agrippa

²³The next day Agrippa and Bernice came
with great pomp and entered the audience
room with the high ranking officers and the
leading men of the city. At the command of
Festus, Paul was brought in. ²⁴Festus said:
"King Agrippa, and all who are present with
us, you see this man The whole Jewish com-
munity has petitioned me about him in Jerusalem and here in Caesarea, shouting that he
ought not to live any longer. ²⁵I found he had
done nothing deserving of death, but because
he made his appeal to the Emperor I decided
to send him to Rome. ²⁶But I have nothing
definite to write to His Majesty about him.
Therefore I have brought him before all of
you, and especially before you, King Agrippa,
so that as a result of this investigation I may
have something to write. ²⁷For I think it is
unreasonable to send on a prisoner without
specifying the charges against him."

26 Then Agrippa said to Paul, "You have
permission to speak for yourself." So
Paul motioned with his hand and began his
defense: ²"King Agrippa, I consider myself for-
tunate to stand before you today as I make my
defense against all the accusations of the Jews,
³and especially so because you are well acquainted with all the Jewish customs and controversies. Therefore, I beg you to listen to me
patiently.

⁴"The Jews all know the way I have lived
ever since I was a child, from the beginning
of my life in my own country, and also in
Jerusalem. ⁵They have known me for a long
time and can testify, if they are willing, that
according to the strictest sect of our religion,
I lived as a Pharisee. ⁶And now it is because
of my hope in what God has promised our
fathers that I am on trial today. ⁷This is the
promise our twelve tribes are hoping to see
fulfilled as they earnestly serve God day and
night. O king, it is because of this hope that
the Jews are accusing me. ⁸Why should any
of you consider it incredible that God raises
the dead?

⁹"I too was convinced that I ought to do all
that was possible to oppose the name of Jesus of
Nazareth. ¹⁰And that is just what I did in Jerusalem. On the authority of the chief priests I put
many of the saints in prison, and when they were

ᶠ25:21 *al emperador.* Lit. *al augusto*; también en v. 25.
ᵘ25:21 *a Roma.* Lit. *al *césar.*

mente lo que hice en Jerusalén. Con la autoridad de los jefes de los sacerdotes metí en la cárcel a muchos de los *santos, y cuando los mataban, yo manifestaba mi aprobación. 11Muchas veces anduve de sinagoga en sinagoga castigándolos para obligarlos a *blasfemar. Mi obsesión contra ellos me llevaba al extremo de perseguirlos incluso en ciudades del extranjero.

12»En uno de esos viajes iba yo hacia Damasco con la autoridad y la comisión de los jefes de los sacerdotes. 13A eso del mediodía, oh rey, mientras iba por el camino, vi una luz del cielo, más refulgente que el sol, que con su resplandor nos envolvió a mí y a mis acompañantes. 14Todos caímos al suelo, y yo oí una voz que me decía en arameo:y "Saulo, Saulo, ¿por qué me persigues? ¿Qué sacas con darte cabezazos contra la pared?"w 15Entonces pregunté: "¿Quién eres, Señor?" "Yo soy Jesús, a quien tú persigues —me contestó el Señor—. 16Ahora, ponte en pie y escúchame. Me he aparecido a ti con el fin de designarte siervo y testigo de lo que has visto de mí y de lo que te voy a revelar. 17Te libraré de tu propio pueblo y de los *gentiles. Te envío a éstos 18para que les abras los ojos y se conviertan de las tinieblas a la luz, y del poder de Satanás a Dios, a fin de que, por la fe en mí, reciban el perdón de los pecados y la herencia entre los *santificados."

19»Así que, rey Agripa, no fui desobediente a esa visión celestial. 20Al contrario, comenzando con los que estaban en Damasco, siguiendo con los que estaban en Jerusalén y en toda Judea, y luego con los gentiles, a todos les prediqué que se *arrepintieran y se convirtieran a Dios, y que demostraran su arrepentimiento con sus buenas obras. 21Sólo por eso los judíos me prendieron en el *templo y trataron de matarme. 22Pero Dios me ha ayudado hasta hoy, y así me mantengo firme, testificando a grandes y pequeños. No he dicho sino lo que los profetas y Moisés ya dijeron que sucedería: 23que el *Cristo padecería y que, siendo el primero en resucitar, proclamaría la luz a su propio pueblo y a los gentiles.

24Al llegar Pablo a este punto de su defensa, Festo interrumpió.

—¡Estás loco, Pablo —le gritó—. El mucho estudio te ha hecho perder la cabeza.

25—No estoy loco, excelentísimo Festo —contestó Pablo—. Lo que digo es cierto y sensato. 26El rey está familiarizado con estas cosas, y por eso hablo ante él con tanto atrevimiento. Estoy convencido de que nada de esto ignora, porque no sucedió en un rincón. 27Rey

put to death, I cast my vote against them. 11Many a time I went from one synagogue to another to have them punished, and I tried to force them to blaspheme. In my obsession against them, I even went to foreign cities to persecute them.

12"On one of these journeys I was going to Damascus with the authority and commission of the chief priests. 13About noon, O king, as I was on the road, I saw a light from heaven, brighter than the sun, blazing around me and my companions. 14We all fell to the ground, and I heard a voice saying to me in Aramaic,y 'Saul, Saul, why do you persecute me? It is hard for you to kick against the goads.'

15"Then I asked, 'Who are you, Lord?'

"'I am Jesus, whom you are persecuting,' the Lord replied. 16'Now get up and stand on your feet. I have appeared to you to appoint you as a servant and as a witness of what you have seen of me and what I will show you. 17I will rescue you from your own people and from the Gentiles. I am sending you to them 18to open their eyes and turn them from darkness to light, and from the power of Satan to God, so that they may receive forgiveness of sins and a place among those who are sanctified by faith in me.'

19"So then, King Agrippa, I was not disobedient to the vision from heaven. 20First to those in Damascus, then to those in Jerusalem and in all Judea, and to the Gentiles also, I preached that they should repent and turn to God and prove their repentance by their deeds. 21That is why the Jews seized me in the temple courts and tried to kill me. 22But I have had God's help to this very day, and so I stand here and testify to small and great alike. I am saying nothing beyond what the prophets and Moses said would happen— 23that the Christz would suffer and, as the first to rise from the dead, would proclaim light to his own people and to the Gentiles."

24At this point Festus interrupted Paul's defense. "You are out of your mind, Paul " he shouted. "Your great learning is driving you insane."

25"I am not insane, most excellent Festus," Paul replied. "What I am saying is true and reasonable. 26The king is familiar with these things, and I can speak freely to him. I am convinced that none of this has escaped his notice, because it was not done in a corner. 27King Agrippa, do you believe the prophets? I know you do."

---

y26:14 arameo. Lit. el dialecto hebreo.   w26:14 ¿Qué sacas ... pared? Lit. Te es difícil dar coces contra el aguijón.

y14 Or Hebrew   z23 Or Messiah

Agripa, ¿cree usted en los profetas? ¡A mí me consta que sí

28—Un poco más y me convences a hacerme cristiano[x] —le dijo Agripa.

29—Sea por poco o por mucho —le replicó Pablo—, le pido a Dios que no sólo usted, sino también todos los que me están escuchando hoy, lleguen a ser como yo, aunque sin estas cadenas.

30Se levantó el rey, y también el gobernador, Berenice y los que estaban sentados con ellos. 31Al retirarse, decían entre sí:

—Este hombre no ha hecho nada que merezca la muerte ni la cárcel.

32Y Agripa le dijo a Festo:

—Se podría poner en libertad a este hombre si no hubiera apelado al *emperador.

Pablo viaja a Roma

27 Cuando se decidió que navegáramos rumbo a Italia, entregaron a Pablo y a algunos otros presos a un centurión llamado Julio, que pertenecía al batallón imperial. 2Subimos a bordo de un barco, con matrícula de Adramitio, que estaba a punto de zarpar hacia los puertos de la provincia de *Asia, y nos hicimos a la mar. Nos acompañaba Aristarco, un macedonio de Tesalónica.

3Al día siguiente hicimos escala en Sidón; y Julio, con mucha amabilidad, le permitió a Pablo visitar a sus amigos para que lo atendieran. 4Desde Sidón zarpamos y navegamos al abrigo de Chipre, porque los vientos nos eran contrarios. 5Después de atravesar el mar frente a las costas de Cilicia y Panfilia, arribamos a Mira de Licia. 6Allí el centurión encontró un barco de Alejandría que iba para Italia, y nos hizo subir a bordo. 7Durante muchos días la navegación fue lenta, y a duras penas llegamos frente a Gnido. Como el viento nos era desfavorable para seguir el rumbo trazado, navegamos al amparo de Creta, frente a Salmona. 8Seguimos con dificultad a lo largo de la costa y llegamos a un lugar llamado Buenos Puertos, cerca de la ciudad de Lasea.

9Se había perdido mucho tiempo, y era peligrosa la navegación por haber pasado ya la fiesta del ayuno.[y] Así que Pablo les advirtió: 10«Señores, veo que nuestro viaje va a ser desastroso y que va a causar mucho perjuicio tanto para el barco y su carga como para nuestras propias *vidas.» 11Pero el centurión, en vez de hacerle caso, siguió el consejo del timonel y del dueño del barco. 12Como el puerto no era adecuado para invernar, la mayoría decidió que debíamos

28Then Agrippa said to Paul, "Do you think that in such a short time you can persuade me to be a Christian?"

29Paul replied, "Short time or long—I pray God that not only you but all who are listening to me today may become what I am, except for these chains."

30The king rose, and with him the governor and Bernice and those sitting with them. 31They left the room, and while talking with one another, they said, "This man is not doing anything that deserves death or imprisonment."

32Agrippa said to Festus, "This man could have been set free if he had not appealed to Caesar."

Paul Sails for Rome

27 When it was decided that we would sail for Italy, Paul and some other prisoners were handed over to a centurion named Julius, who belonged to the Imperial Regiment. 2We boarded a ship from Adramyttium about to sail for ports along the coast of the province of Asia, and we put out to sea. Aristarchus, a Macedonian from Thessalonica, was with us.

3The next day we landed at Sidon; and Julius, in kindness to Paul, allowed him to go to his friends so they might provide for his needs. 4From there we put out to sea again and passed to the lee of Cyprus because the winds were against us. 5When we had sailed across the open sea off the coast of Cilicia and Pamphylia, we landed at Myra in Lycia. 6There the centurion found an Alexandrian ship sailing for Italy and put us on board. 7We made slow headway for many days and had difficulty arriving off Cnidus. When the wind did not allow us to hold our course, we sailed to the lee of Crete, opposite Salmone. 8We moved along the coast with difficulty and came to a place called Fair Havens, near the town of Lasea.

9Much time had been lost, and sailing had already become dangerous because by now it was after the Fast.[a] So Paul warned them, 10"Men, I can see that our voyage is going to be disastrous and bring great loss to ship and cargo, and to our own lives also." 11But the centurion, instead of listening to what Paul said, followed the advice of the pilot and of the owner of the ship. 12Since the harbor was

---

x26:28 Un poco ... cristiano. Alt. ¿Con tan poco pretendes hacerme cristiano? y27:9 Es decir, el día de la *Expiación (Yom Kippur) en septiembre, de manera que se acercaba el invierno.

a9 That is, the Day of Atonement (Yom Kippur)

seguir adelante, con la esperanza de llegar a Fenice, puerto de Creta que da al suroeste y al noroeste, y pasar allí el invierno.

La tempestad

13 Cuando comenzó a soplar un viento suave del sur, creyeron que podían conseguir lo que querían, así que levaron anclas y navegaron junto a la costa de Creta. 14 Poco después se nos vino encima un viento huracanado, llamado Nordeste, que venía desde la isla. 15 El barco quedó atrapado por la tempestad y no podía hacerle frente al viento, así que nos dejamos llevar a la deriva. 16 Mientras pasábamos al abrigo de un islote llamado Cauda, a duras penas pudimos sujetar el bote salvavidas. 17 Después de subirlo a bordo, amarraron con sogas todo el casco del barco para reforzarlo. Temiendo que fueran a encallar en los bancos de arena de la Sirte, echaron el ancla flotante y dejaron el barco a la deriva. 18 Al día siguiente, dado que la tempestad seguía arremetiendo con mucha fuerza contra nosotros, comenzaron a arrojar la carga por la borda. 19 Al tercer día, con sus propias manos arrojaron al mar los aparejos del barco. 20 Como pasaron muchos días sin que aparecieran ni el sol ni las estrellas, y la tempestad seguía arreciando, perdimos al fin toda esperanza de salvarnos.

21 Llevábamos ya mucho tiempo sin comer, así que Pablo se puso en medio de todos y dijo: «Señores, debían haber seguido mi consejo y no haber zarpado de Creta; así se habrían ahorrado este perjuicio y esta pérdida. 22 Pero ahora los exhorto a cobrar ánimo, porque ninguno de ustedes perderá la *vida; sólo se perderá el barco. 23 Anoche se me apareció un ángel del Dios a quien pertenezco y a quien sirvo, 24 y me dijo: "No tengas miedo, Pablo. Tienes que comparecer ante el *emperador; y Dios te ha concedido la vida de todos los que navegan contigo." 25 Así que ¡ánimo, señores Confío en Dios que sucederá tal y como se me dijo. 26 Sin embargo, tenemos que encallar en alguna isla.»

El naufragio

27 Ya habíamos pasado catorce noches a la deriva por el mar Adriático, z cuando a eso de la medianoche los marineros presintieron que se aproximaban a tierra. 28 Echaron la sonda y encontraron que el agua tenía unos treinta y siete metros de profundidad. Más adelante volvieron a echar la sonda y encontraron que tenía cerca de veintisiete metros a de profundidad. 29 Te-

unsuitable to winter in, the majority decided that we should sail on, hoping to reach Phoenix and winter there. This was a harbor in Crete, facing both southwest and northwest.

The Storm

13 When a gentle south wind began to blow, they thought they had obtained what they wanted; so they weighed anchor and sailed along the shore of Crete. 14 Before very long, a wind of hurricane force, called the "northeaster," swept down from the island. 15 The ship was caught by the storm and could not head into the wind; so we gave way to it and were driven along. 16 As we passed to the lee of a small island called Cauda, we were hardly able to make the lifeboat secure. 17 When the men had hoisted it aboard, they passed ropes under the ship itself to hold it together. Fearing that they would run aground on the sandbars of Syrtis, they lowered the sea anchor and let the ship be driven along. 18 We took such a violent battering from the storm that the next day they began to throw the cargo overboard. 19 On the third day, they threw the ship's tackle overboard with their own hands. 20 When neither sun nor stars appeared for many days and the storm continued raging, we finally gave up all hope of being saved.

21 After the men had gone a long time without food, Paul stood up before them and said: "Men, you should have taken my advice not to sail from Crete; then you would have spared yourselves this damage and loss. 22 But now I urge you to keep up your courage, because not one of you will be lost; only the ship will be destroyed. 23 Last night an angel of the God whose I am and whom I serve stood beside me 24 and said, 'Do not be afraid, Paul. You must stand trial before Caesar; and God has graciously given you the lives of all who sail with you.' 25 So keep up your courage, men, for I have faith in God that it will happen just as he told me. 26 Nevertheless, we must run aground on some island."

The Shipwreck

27 On the fourteenth night we were still being driven across the Adriatic b Sea, when about midnight the sailors sensed they were approaching land. 28 They took soundings and found that the water was a hundred and twenty feet c deep. A short time later they took soundings again and found it was ninety feet d deep. 29 Fearing that we

---

z 27:27 En la antigüedad el nombre Adriático se refería a una zona que se extendía muy al sur de Italia. a 27:28 treinta y siete metros … veintisiete metros. Lit. veinte *brazas … quince brazas.

b 27 In ancient times the name referred to an area extending well south of Italy. c 28 Greek twenty orguias (about 37 meters) d 28 Greek fifteen orguias (about 27 meters) miendo que fuéramos a estrellarnos contra las rocas, echaron cuatro anclas por la popa y se pusieron a rogar que amaneciera. 30En un intento por escapar del barco, los marineros comenzaron a bajar el bote salvavidas al mar, con el pretexto de que iban a echar algunas anclas desde la proa. 31Pero Pablo les advirtió al centurión y a los soldados: «Si ésos no se quedan en el barco, no podrán salvarse ustedes.» 32Así que los soldados cortaron las amarras del bote salvavidas y lo dejaron caer al agua.

33Estaba a punto de amanecer cuando Pablo animó a todos a tomar alimento: «Hoy hace ya catorce días que ustedes están con la vida en un hilo, y siguen sin probar bocado. 34Les ruego que coman algo, pues lo necesitan para sobrevivir. Ninguno de ustedes perderá ni un solo cabello de la cabeza.» 35Dicho esto, tomó pan y dio gracias a Dios delante de todos. Luego lo partió y comenzó a comer. 36Todos se animaron y también comieron. 37Éramos en total doscientas setenta y seis personas en el barco. 38Una vez satisfechos, aligeraron el barco echando el trigo al mar.

39Cuando amaneció, no reconocieron la tierra, pero vieron una bahía que tenía playa, donde decidieron encallar el barco a como diera lugar. 40Cortaron las anclas y las dejaron caer en el mar, desatando a la vez las amarras de los timones. Luego izaron a favor del viento la vela de proa y se dirigieron a la playa. 41Pero el barco fue a dar en un banco de arena y encalló. La proa se encajó en el fondo y quedó varada, mientras la popa se hacía pedazos al embate de las olas.

42Los soldados pensaron matar a los presos para que ninguno escapara a nado. 43Pero el centurión quería salvarle la vida a Pablo, y les impidió llevar a cabo el plan. Dio orden de que los que pudieran nadar saltaran primero por la borda para llegar a tierra, 44y de que los demás salieran valiéndose de tablas o de restos del barco. De esta manera todos llegamos sanos y salvos a tierra.

En la isla de Malta

28 Una vez a salvo, nos enteramos de que la isla se llamaba Malta. 2Los isleños nos trataron con toda clase de atenciones. Encendieron una fogata y nos invitaron a acercarnos, porque estaba lloviendo y hacía frío. 3Sucedió que Pablo recogió un montón de leña y la estaba echando al fuego, cuando una víbora que huía del calor se le prendió en la mano. 4Al ver la serpiente colgada de la mano de Pablo, los isleños se pusieron a comentar entre sí: «Sin duda este hombre es un asesino, pues aunque se salvó del mar, la justicia divina no va a consentir que siga con vida.» 5Pero Pablo sacudió la mano y la serpiente cayó en el fuego, y él no sufrió ningún

would be dashed against the rocks, they dropped four anchors from the stern and prayed for daylight. 30In an attempt to escape from the ship, the sailors let the lifeboat down into the sea, pretending they were going to lower some anchors from the bow. 31Then Paul said to the centurion and the soldiers, "Unless these men stay with the ship, you cannot be saved." 32So the soldiers cut the ropes that held the lifeboat and let it fall away.

33Just before dawn Paul urged them all to eat. "For the last fourteen days," he said, "you have been in constant suspense and have gone without food—you haven't eaten anything. 34Now I urge you to take some food. You need it to survive. Not one of you will lose a single hair from his head." 35After he said this, he took some bread and gave thanks to God in front of them all. Then he broke it and began to eat. 36They were all encouraged and ate some food themselves. 37Altogether there were 276 of us on board. 38When they had eaten as much as they wanted, they lightened the ship by throwing the grain into the sea.

39When daylight came, they did not recognize the land, but they saw a bay with a sandy beach, where they decided to run the ship aground if they could. 40Cutting loose the anchors, they left them in the sea and at the same time untied the ropes that held the rudders. Then they hoisted the foresail to the wind and made for the beach. 41But the ship struck a sandbar and ran aground. The bow stuck fast and would not move, and the stern was broken to pieces by the pounding of the surf.

42The soldiers planned to kill the prisoners to prevent any of them from swimming away and escaping. 43But the centurion wanted to spare Paul's life and kept them from carrying out their plan. He ordered those who could swim to jump overboard first and get to land. 44The rest were to get there on planks or on pieces of the ship. In this way everyone reached land in safety.

Ashore on Malta

28 Once safely on shore, we found out that the island was called Malta. 2The islanders showed us unusual kindness. They built a fire and welcomed us all because it was raining and cold. 3Paul gathered a pile of brushwood and, as he put it on the fire, a viper, driven out by the heat, fastened itself on his hand. 4When the islanders saw the snake hanging from his hand, they said to each other, "This man must be a murderer; for though he escaped from the sea, Justice has not allowed him to live." 5But Paul shook the snake off into the fire and suf-

daño. 6La gente esperaba que se hinchara o cayera muerto de repente, pero después de esperar un buen rato y de ver que nada extraño le sucedía, cambiaron de parecer y decían que era un dios.

7Cerca de allí había una finca que pertenecía a Publio, el funcionario principal de la isla. Éste nos recibió en su casa con amabilidad y nos hospedó durante tres días. 8El padre de Publio estaba en cama, enfermo con fiebre y disentería. Pablo entró a verlo y, después de orar, le impuso las manos y lo sanó. 9Como consecuencia de esto, los demás enfermos de la isla también acudían y eran sanados. 10Nos colmaron de muchas atenciones y nos proveyeron de todo lo necesario para el viaje.

Llegada a Roma

11Al cabo de tres meses en la isla, zarpamos en un barco que había invernado allí. Era una nave de Alejandría que tenía por insignia a los dioses Dióscuros.[b] 12Hicimos escala en Siracusa, donde nos quedamos tres días. 13Desde allí navegamos bordeando la costa y llegamos a Regio. Al día siguiente se levantó el viento del sur, y al segundo día llegamos a Poteoli. 14Allí encontramos a algunos creyentes que nos invitaron a pasar una semana con ellos. Y por fin llegamos a Roma. 15Los hermanos de Roma, habiéndose enterado de nuestra situación, salieron hasta el Foro de Apio y Tres Tabernas a recibirnos. Al verlos, Pablo dio gracias a Dios y cobró ánimo. 16Cuando llegamos a Roma, a Pablo se le permitió tener su domicilio particular, con un soldado que lo custodiara.

Pablo predica bajo custodia en Roma

17Tres días más tarde, Pablo convocó a los dirigentes de los judíos. Cuando estuvieron reunidos, les dijo:

—A mí, hermanos, a pesar de no haber hecho nada contra mi pueblo ni contra las costumbres de nuestros antepasados, me arrestaron en Jerusalén y me entregaron a los romanos. 18Éstos me interrogaron y quisieron soltarme por no ser yo culpable de ningún delito que mereciera la muerte. 19Cuando los judíos se opusieron, me vi obligado a apelar al *emperador, pero no porque tuviera alguna acusación que presentar contra mi nación. 20Por este motivo he pedido verlos y hablar con ustedes. Precisamente por la esperanza de Israel estoy encadenado.

21—Nosotros no hemos recibido ninguna carta de Judea que tenga que ver contigo —le contestaron ellos—, ni ha llegado ninguno de

fered no ill effects. 6The people expected him to swell up or suddenly fall dead, but after waiting a long time and seeing nothing unusual happen to him, they changed their minds and said he was a god.

7There was an estate nearby that belonged to Publius, the chief official of the island. He welcomed us to his home and for three days entertained us hospitably. 8His father was sick in bed, suffering from fever and dysentery. Paul went in to see him and, after prayer, placed his hands on him and healed him. 9When this had happened, the rest of the sick on the island came and were cured. 10They honored us in many ways and when we were ready to sail, they furnished us with the supplies we needed.

Arrival at Rome

11After three months we put out to sea in a ship that had wintered in the island. It was an Alexandrian ship with the figurehead of the twin gods Castor and Pollux. 12We put in at Syracuse and stayed there three days. 13From there we set sail and arrived at Rhegium. The next day the south wind came up, and on the following day we reached Puteoli. 14There we found some brothers who invited us to spend a week with them. And so we came to Rome. 15The brothers there had heard that we were coming, and they traveled as far as the Forum of Appius and the Three Taverns to meet us. At the sight of these men Paul thanked God and was encouraged. 16When we got to Rome, Paul was allowed to live by himself, with a soldier to guard him.

Paul Preaches at Rome Under Guard

17Three days later he called together the leaders of the Jews. When they had assembled, Paul said to them: "My brothers, although I have done nothing against our people or against the customs of our ancestors, I was arrested in Jerusalem and handed over to the Romans. 18They examined me and wanted to release me, because I was not guilty of any crime deserving death. 19But when the Jews objected, I was compelled to appeal to Caesar—not that I had any charge to bring against my own people. 20For this reason I have asked to see you and talk with you. It is because of the hope of Israel that I am bound with this chain."

21They replied, "We have not received any letters from Judea concerning you, and none of the brothers who have come from there has

---

[b] 28:11 Dioses gemelos de la mitología griega, probablemente Cástor y Pólux.

los hermanos de allá con malos informes o que haya hablado mal de ti. 22Pero queremos oír tu punto de vista, porque lo único que sabemos es que en todas partes se habla en contra de esa secta.

23Señalaron un día para reunirse con Pablo, y acudieron en mayor número a la casa donde estaba alojado. Desde la mañana hasta la tarde estuvo explicándoles y testificándoles acerca del reino de Dios y tratando de convencerlos respecto a Jesús, partiendo de la ley de Moisés y de los profetas. 24Unos se convencieron por lo que él decía, pero otros se negaron a creer. 25No pudieron ponerse de acuerdo entre sí, y comenzaron a irse cuando Pablo añadió esta última declaración: «Con razón el Espíritu Santo les habló a sus antepasados por medio del profeta Isaías diciendo:

26»"Ve a este pueblo y dile:
'Por mucho que oigan, no entenderán;
por mucho que vean, no percibirán.'
27Porque el corazón de este pueblo se ha
vuelto insensible;
se les han embotado los oídos,
y se les han cerrado los ojos.
De lo contrario, verían con los ojos,
oirían con los oídos,
entenderían con el corazón
y se convertirían, y yo los sanaría." c

28»Por tanto, quiero que sepan que esta salvación de Dios se ha enviado a los *gentiles, y ellos sí escucharán.» d

30Durante dos años completos permaneció Pablo en la casa que tenía alquilada, y recibía a todos los que iban a verlo. 31Y predicaba el reino de Dios y enseñaba acerca del Señor *Jesucristo sin impedimento y sin temor alguno.

reported or said anything bad about you. 22But we want to hear what your views are, for we know that people everywhere are talking against this sect."

23They arranged to meet Paul on a certain day, and came in even larger numbers to the place where he was staying. From morning till evening he explained and declared to them the kingdom of God and tried to convince them about Jesus from the Law of Moses and from the Prophets. 24Some were convinced by what he said, but others would not believe. 25They disagreed among themselves and began to leave after Paul had made this final statement: "The Holy Spirit spoke the truth to your forefathers when he said through Isaiah the prophet:

26" 'Go to this people and say,
"You will be ever hearing but never
understanding;
you will be ever seeing but never perceiving."
27For this people's heart has become
calloused;
they hardly hear with their ears,
and they have closed their eyes.
Otherwise they might see with their eyes,
hear with their ears,
understand with their hearts
and turn, and I would heal them.' e

28"Therefore I want you to know that God's salvation has been sent to the Gentiles, and they will listen " f

30For two whole years Paul stayed there in his own rented house and welcomed all who came to see him. 31Boldly and without hindrance he preached the kingdom of God and taught about the Lord Jesus Christ.

---

c28:27 Is 6:9,10   d28:28 escucharán.» Var. escucharán.»
29Después que él dijo esto, los judíos se fueron, discutiendo acaloradamente entre ellos.

e27 Isaiah 6:9,10   f28 Some manuscripts listen " 29After he said this, the Jews left, arguing vigorously among themselves.

Carta a los Romanos

Romans

1 Pablo, *siervo de *Cristo Jesús, llamado a ser apóstol, apartado para anunciar el *evangelio de Dios, 2que por medio de sus profetas ya había prometido en las sagradas Escrituras. 3Este evangelio habla de su Hijo, que según la *naturaleza humana era descendiente de David, 4pero que según el Espíritu de *santidad fue designado*a* con poder Hijo de Dios por la resurrección. Él es Jesucristo nuestro Señor. 5Por medio de él, y en honor a su nombre, recibimos el don apostólico para persuadir a todas las *naciones que obedezcan a la fe.*b* 6Entre ellas están incluidos también ustedes, a quienes Jesucristo ha llamado.

7Les escribo a todos ustedes, los amados de Dios que están en Roma, que han sido llamados a ser *santos.

Que Dios nuestro Padre y el Señor Jesucristo les concedan gracia y paz.

Pablo anhela visitar Roma

8En primer lugar, por medio de Jesucristo doy gracias a mi Dios por todos ustedes, pues en el mundo entero se habla bien de su fe. 9Dios, a quien sirvo de corazón predicando el *evangelio de su Hijo, me es testigo de que los recuerdo a ustedes sin cesar. 10Siempre pido en mis oraciones que, si es la voluntad de Dios, por fin se me abra ahora el camino para ir a visitarlos.

11Tengo muchos deseos de verlos para impartirles algún don espiritual que los fortalezca; 12mejor dicho, para que unos a otros nos animemos con la fe que compartimos. 13Quiero que sepan, hermanos, que aunque hasta ahora no he podido visitarlos, muchas veces me he propuesto hacerlo, para recoger algún fruto entre ustedes, tal como lo he recogido entre las otras naciones.

14Estoy en deuda con todos, sean cultos o incultos,*c* instruidos o ignorantes. 15De allí mi gran anhelo de predicarles el evangelio también a ustedes que están en Roma.

16A la verdad, no me avergüenzo del evangelio, pues es poder de Dios para la salvación de todos los que creen: de los judíos primeramente, pero también de los *gentiles. 17De hecho, en el

1 Paul, a servant of Christ Jesus, called to be an apostle and set apart for the gospel of God— 2the gospel he promised beforehand through his prophets in the Holy Scriptures 3regarding his Son, who as to his human nature was a descendant of David, 4and who through the Spirit*a* of holiness was declared with power to be the Son of God*b* by his resurrection from the dead: Jesus Christ our Lord. 5Through him and for his name's sake, we received grace and apostleship to call people from among all the Gentiles to the obedience that comes from faith. 6And you also are among those who are called to belong to Jesus Christ.

7To all in Rome who are loved by God and called to be saints:

Grace and peace to you from God our Father and from the Lord Jesus Christ.

Paul's Longing to Visit Rome

8First, I thank my God through Jesus Christ for all of you, because your faith is being reported all over the world. 9God, whom I serve with my whole heart in preaching the gospel of his Son, is my witness how constantly I remember you 10in my prayers at all times; and I pray that now at last by God's will the way may be opened for me to come to you.

11I long to see you so that I may impart to you some spiritual gift to make you strong— 12that is, that you and I may be mutually encouraged by each other's faith. 13I do not want you to be unaware, brothers, that I planned many times to come to you (but have been prevented from doing so until now) in order that I might have a harvest among you, just as I have had among the other Gentiles.

14I am obligated both to Greeks and non-Greeks, both to the wise and the foolish. 15That is why I am so eager to preach the gospel also to you who are at Rome.

16I am not ashamed of the gospel, because it is the power of God for the salvation of everyone who believes: first for the Jew, then for the Gentile. 17For in the gospel a righteousness

---

a 1:4 según el Espíritu de *santidad fue designado. Alt. según su espíritu de santidad fue declarado.   *b* 1:5 para … la fe. Lit. para la obediencia de la fe entre todas las naciones.   *c* 1:14 sean cultos o incultos. Lit. *griegos y bárbaros.

a 4 Or who as to his spirit   *b* 4 Or was appointed to be the Son of God with power evangelio se revela la justicia que proviene de Dios, la cual es por fe de principio a fin,^{d} tal como está escrito: «El justo vivirá por la fe.»^{e}

La ira de Dios contra la humanidad

18Ciertamente, la ira de Dios viene revelándose desde el cielo contra toda impiedad e injusticia de los *seres humanos, que con su maldad obstruyen la verdad. **19**Me explico: lo que se puede conocer acerca de Dios es evidente para ellos, pues él mismo se lo ha revelado. **20**Porque desde la creación del mundo las cualidades invisibles de Dios, es decir, su eterno poder y su naturaleza divina, se perciben claramente a través de lo que él creó, de modo que nadie tiene excusa. **21**A pesar de haber conocido a Dios, no lo glorificaron como a Dios ni le dieron gracias, sino que se extraviaron en sus inútiles razonamientos, y se les oscureció su insensato corazón. **22**Aunque afirmaban ser sabios, se volvieron necios **23**y cambiaron la gloria del Dios inmortal por imágenes que eran réplicas del hombre mortal, de las aves, de los cuadrúpedos y de los reptiles.

24Por eso Dios los entregó a los malos deseos de sus corazones, que conducen a la impureza sexual, de modo que degradaron sus cuerpos los unos con los otros. **25**Cambiaron la verdad de Dios por la mentira, adorando y sirviendo a los seres creados antes que al Creador, quien es bendito por siempre. Amén.

26Por tanto, Dios los entregó a pasiones vergonzosas. En efecto, las mujeres cambiaron las relaciones naturales por las que van contra la naturaleza. **27**Así mismo los hombres dejaron las relaciones naturales con la mujer y se encendieron en pasiones lujuriosas los unos con los otros. Hombres con hombres cometieron actos indecentes, y en sí mismos recibieron el castigo que merecía su perversión.

28Además, como estimaron que no valía la pena tomar en cuenta el conocimiento de Dios, él a su vez los entregó a la depravación mental, para que hicieran lo que no debían hacer. **29**Se han llenado de toda clase de maldad, perversidad, avaricia y depravación. Están repletos de envidia, homicidios, disensiones, engaño y malicia. Son chismosos, **30**calumniadores, enemigos de Dios, insolentes, soberbios y arrogantes; se ingenian maldades; se rebelan contra sus padres; **31**son insensatos, desleales, insensibles, despiadados. **32**Saben bien que, según el justo decreto de Dios, quienes practican tales cosas merecen la muerte; sin embargo, no sólo siguen practicándolas sino que incluso aprueban a quienes las practican.

from God is revealed, a righteousness that is by faith from first to last,^{c} just as it is written: "The righteous will live by faith." ^{d}

God's Wrath Against Mankind

18The wrath of God is being revealed from heaven against all the godlessness and wickedness of men who suppress the truth by their wickedness, **19**since what may be known about God is plain to them, because God has made it plain to them. **20**For since the creation of the world God's invisible qualities—his eternal power and divine nature—have been clearly seen, being understood from what has been made, so that men are without excuse.

21For although they knew God, they neither glorified him as God nor gave thanks to him, but their thinking became futile and their foolish hearts were darkened. **22**Although they claimed to be wise, they became fools **23**and exchanged the glory of the immortal God for images made to look like mortal man and birds and animals and reptiles.

24Therefore God gave them over in the sinful desires of their hearts to sexual impurity for the degrading of their bodies with one another. **25**They exchanged the truth of God for a lie, and worshiped and served created things rather than the Creator—who is forever praised. Amen.

26Because of this, God gave them over to shameful lusts. Even their women exchanged natural relations for unnatural ones. **27**In the same way the men also abandoned natural relations with women and were inflamed with lust for one another. Men committed indecent acts with other men, and received in themselves the due penalty for their perversion.

28Furthermore, since they did not think it worthwhile to retain the knowledge of God, he gave them over to a depraved mind, to do what ought not to be done. **29**They have become filled with every kind of wickedness, evil, greed and depravity. They are full of envy, murder, strife, deceit and malice. They are gossips, **30**slanderers, God-haters, insolent, arrogant and boastful; they invent ways of doing evil; they disobey their parents; **31**they are senseless, faithless, heartless, ruthless. **32**Although they know God's righteous decree that those who do such things deserve death, they not only continue to do these very things but also approve of those who practice them.

---

^{d}**1:17** *por fe … fin.* Lit. *de fe a fe.* ^{e}**1:17** Hab 2:4 ^{c} *17* Or *is from faith to faith* ^{d} *17* Hab. 2:4

El justo juicio de Dios

2 Por tanto, no tienes excusa tú, quienquiera que seas, cuando juzgas a los demás, pues al juzgar a otros te condenas a ti mismo, ya que practicas las mismas cosas. 2 Ahora bien, sabemos que el juicio de Dios contra los que practican tales cosas se basa en la verdad. 3 ¿Piensas entonces que vas a escapar del juicio de Dios, tú que juzgas a otros y sin embargo haces lo mismo que ellos? 4 ¿No ves que desprecias las riquezas de la bondad de Dios, de su tolerancia y de su paciencia, al no reconocer que su bondad quiere llevarte al *arrepentimiento?

5 Pero por tu obstinación y por tu corazón empedernido sigues acumulando castigo contra ti mismo para el día de la ira, cuando Dios revelará su justo juicio. 6 Porque Dios «pagará a cada uno según lo que merezcan sus obras».ᶠ 7 Él dará vida eterna a los que, perseverando en las buenas obras, buscan gloria, honor e inmortalidad. 8 Pero los que por egoísmo rechazan la verdad para aferrarse a la maldad, recibirán el gran castigo de Dios. 9 Habrá sufrimiento y angustia para todos los que hacen el mal, los judíos primeramente, y también los *gentiles; 10 pero gloria, honor y paz para todos los que hacen el bien, los judíos primeramente, y también los gentiles. 11 Porque con Dios no hay favoritismos.

12 Todos los que han pecado sin conocer la ley, también perecerán sin la ley; y todos los que han pecado conociendo la ley, por la ley serán juzgados. 13 Porque Dios no considera justos a los que oyen la ley sino a los que la cumplen. 14 De hecho, cuando los gentiles, que no tienen la ley, cumplen por naturaleza lo que la ley exige,ᵍ ellos son ley para sí mismos, aunque no tengan la ley. 15 Éstos muestran que llevan escrito en el corazón lo que la ley exige, como lo atestigua su conciencia, pues sus propios pensamientos algunas veces los acusan y otras veces los excusan. 16 Así sucederá el día en que, por medio de Jesucristo, Dios juzgará los secretos de toda persona, como lo declara mi *evangelio.

Los judíos y la ley

17 Ahora bien, tú que llevas el nombre de judío; que dependes de la ley y te *jactas de tu relación con Dios; 18 que conoces su voluntad y sabes discernir lo que es mejor porque eres instruido por la ley; 19 que estás convencido de ser guía de los ciegos y luz de los que están en

God's Righteous Judgment

2 You, therefore, have no excuse, you who pass judgment on someone else, for at whatever point you judge the other, you are condemning yourself, because you who pass judgment do the same things. 2 Now we know that God's judgment against those who do such things is based on truth. 3 So when you, a mere man, pass judgment on them and yet do the same things, do you think you will escape God's judgment? 4 Or do you show contempt for the riches of his kindness, tolerance and patience, not realizing that God's kindness leads you toward repentance?

5 But because of your stubbornness and your unrepentant heart, you are storing up wrath against yourself for the day of God's wrath, when his righteous judgment will be revealed. 6 God "will give to each person according to what he has done."ᵉ 7 To those who by persistence in doing good seek glory, honor and immortality, he will give eternal life. 8 But for those who are self-seeking and who reject the truth and follow evil, there will be wrath and anger. 9 There will be trouble and distress for every human being who does evil: first for the Jew, then for the Gentile; 10 but glory, honor and peace for everyone who does good: first for the Jew, then for the Gentile. 11 For God does not show favoritism.

12 All who sin apart from the law will also perish apart from the law, and all who sin under the law will be judged by the law. 13 For it is not those who hear the law who are righteous in God's sight, but it is those who obey the law who will be declared righteous. 14 (Indeed, when Gentiles, who do not have the law, do by nature things required by the law, they are a law for themselves, even though they do not have the law, 15 since they show that the requirements of the law are written on their hearts, their consciences also bearing witness, and their thoughts now accusing, now even defending them.) 16 This will take place on the day when God will judge men's secrets through Jesus Christ, as my gospel declares.

The Jews and the Law

17 Now you, if you call yourself a Jew; if you rely on the law and brag about your relationship to God; 18 if you know his will and approve of what is superior because you are instructed by the law; 19 if you are convinced that you are a guide for the blind, a light for those who are in

---

ᶠ 2:6 Sal 62:12; Pr 24:12   ᵍ 2:14 *que no tienen … exige.* Alt. *que por naturaleza no tienen la ley, cumplen lo que la ley exige.*

ᵉ 6 Psalm 62:12; Prov. 24:12

la oscuridad, **20**instructor de los ignorantes, maestro de los sencillos, pues tienes en la ley la esencia misma del conocimiento y de la verdad; **21**en fin, tú que enseñas a otros, ¿no te enseñas a ti mismo? Tú que predicas contra el robo, ¿robas? **22**Tú que dices que no se debe cometer adulterio, ¿adulteras? Tú que aborreces a los ídolos, ¿robas de sus templos? **23**Tú que te jactas de la ley, ¿deshonras a Dios quebrantando la ley? **24**Así está escrito: «Por causa de ustedes se *blasfema el nombre de Dios entre los *gentiles.»*h*

25La circuncisión tiene valor si observas la ley; pero si la quebrantas, vienes a ser como un *incircunciso. **26**Por lo tanto, si los gentiles cumplen*i* los requisitos de la ley, ¿no se les considerará como si estuvieran circuncidados? **27**El que no está físicamente circuncidado, pero obedece la ley, te condenará a ti que, a pesar de tener el mandamiento escrito*j* y la circuncisión, quebrantas la ley.

28Lo exterior no hace a nadie judío, ni consiste la circuncisión en una señal en el cuerpo. **29**El verdadero judío lo es interiormente; y la circuncisión es la del corazón, la que realiza el Espíritu, no el mandamiento escrito. Al que es judío así, lo alaba Dios y no la gente.

Fidelidad de Dios

3 Entonces, ¿qué se gana con ser judío, o qué valor tiene la circuncisión? **2**Mucho, desde cualquier punto de vista. En primer lugar, a los judíos se les confiaron las palabras mismas de Dios.

3Pero entonces, si a algunos les faltó la fe, ¿acaso su falta de fe anula la *fidelidad de Dios? **4**¡De ninguna manera Dios es siempre veraz, aunque el hombre sea mentiroso. Así está escrito:

«Por eso, eres justo en tu sentencia,
y triunfarás cuando te juzguen.»*k*

5Pero si nuestra injusticia pone de relieve la justicia de Dios, ¿qué diremos? ¿Que Dios es injusto al descargar sobre nosotros su ira? (Hablo en términos humanos.) **6**¡De ninguna manera Si así fuera, ¿cómo podría Dios juzgar al mundo? **7**Alguien podría objetar: «Si mi mentira destaca la verdad de Dios y así aumenta su gloria, ¿por qué todavía se me juzga como pecador? **8**¿Por qué no decir: Hagamos lo malo para que venga lo bueno?» Así nos calumnian algunos, asegurando que eso es lo que enseñamos. ¡Pero bien merecida se tienen la condenación

the dark, **20**an instructor of the foolish, a teacher of infants, because you have in the law the embodiment of knowledge and truth— **21**you, then, who teach others, do you not teach yourself? You who preach against stealing, do you steal? **22**You who say that people should not commit adultery, do you commit adultery? You who abhor idols, do you rob temples? **23**You who brag about the law, do you dishonor God by breaking the law? **24**As it is written: "God's name is blasphemed among the Gentiles because of you." *f*

25Circumcision has value if you observe the law, but if you break the law, you have become as though you had not been circumcised. **26**If those who are not circumcised keep the law's requirements, will they not be regarded as though they were circumcised? **27**The one who is not circumcised physically and yet obeys the law will condemn you who, even though you have the*g* written code and circumcision, are a lawbreaker.

28A man is not a Jew if he is only one outwardly, nor is circumcision merely outward and physical. **29**No, a man is a Jew if he is one inwardly; and circumcision is circumcision of the heart, by the Spirit, not by the written code. Such a man's praise is not from men, but from God.

God's Faithfulness

3 What advantage, then, is there in being a Jew, or what value is there in circumcision? **2**Much in every way First of all, they have been entrusted with the very words of God.

3What if some did not have faith? Will their lack of faith nullify God's faithfulness? **4**Not at all Let God be true, and every man a liar. As it is written:

"So that you may be proved right when
    you speak
and prevail when you judge." *h*

5But if our unrighteousness brings out God's righteousness more clearly, what shall we say? That God is unjust in bringing his wrath on us? (I am using a human argument.) **6**Certainly not If that were so, how could God judge the world? **7**Someone might argue, "If my falsehood enhances God's truthfulness and so increases his glory, why am I still condemned as a sinner?" **8**Why not say—as we are being slanderously reported as saying and as some claim that we say—"Let us do evil that good may result"? Their condemnation is deserved.

---

*h*2:24 Is 52:5; Ez 36:22   *i*2:26 *si ... cumplen.* Lit. *si la incircuncisión guarda.*   *j*2:27 *el mandamiento escrito.* Lit. *la letra;* también en v. 29.   *k*3:4 Sal 51:4

*f*24 Isaiah 52:5; Ezek. 36:22   *g*27 Or *who, by means of a*   *h*4 Psalm 51:4

No hay un solo justo

9 ¿A qué conclusión llegamos? ¿Acaso los judíos somos mejores? ¡De ninguna manera Ya hemos demostrado que tanto los judíos como los *gentiles están bajo el pecado. 10 Así está escrito:

«No hay un solo justo, ni siquiera uno;
11   no hay nadie que entienda,
      nadie que busque a Dios.
12 Todos se han descarriado,
      a una se han corrompido.
   No hay nadie que haga lo bueno;
      ¡no hay uno solo »[l]
13 «Su garganta es un sepulcro abierto;
      con su lengua profieren engaños.»[m]
   «¡Veneno de víbora hay en sus labios »[n]
14   «Llena está su boca de maldiciones y de
      amargura.»[ñ]
15 «Veloces son sus pies para ir a derramar
      sangre;
16   dejan ruina y miseria en sus caminos,
17 y no conocen la senda de la paz.»[o]
18   «No hay temor de Dios delante de sus
      ojos.»[p]

19 Ahora bien, sabemos que todo lo que dice la ley, lo dice a quienes están sujetos a ella, para que todo el mundo se calle la boca y quede convicto delante de Dios. 20 Por tanto, nadie será *justificado en presencia de Dios por hacer las obras que exige la ley; más bien, mediante la ley cobramos conciencia del pecado.

La justicia mediante la fe

21 Pero ahora, sin la mediación de la ley, se ha manifestado la justicia de Dios, de la que dan testimonio la ley y los profetas. 22 Esta justicia de Dios llega, mediante la *fe en Jesucristo, a todos los que creen. De hecho, no hay distinción, 23 pues todos han pecado y están privados de la gloria de Dios, 24 pero por su gracia son *justificados gratuitamente mediante la redención que Cristo Jesús efectuó.[q] 25 Dios lo ofreció como un sacrificio de *expiación[r] que se recibe por la fe en su sangre, para así demostrar su justicia. Anteriormente, en su paciencia, Dios había pasado por alto los pecados; 26 pero en el tiempo presente ha ofrecido a Jesucristo para manifestar su justicia. De este modo Dios es justo y, a la vez, el que justifica a los que tienen fe en Jesús.

No One is Righteous

9 What shall we conclude then? Are we any better[i]? Not at all We have already made the charge that Jews and Gentiles alike are all under sin. 10 As it is written:

" There is no one righteous, not even one;
11   there is no one who understands,
      no one who seeks God.
12 All have turned away,
      they have together become worthless;
   there is no one who does good,
      not even one."[j]
13 " Their throats are open graves;
      their tongues practice deceit."[k]
   "The poison of vipers is on their lips."[l]
14   " Their mouths are full of cursing and
      bitterness."[m]
15 " Their feet are swift to shed blood;
16   ruin and misery mark their ways,
17 and the way of peace they do not know."[n]
18   " There is no fear of God before their
      eyes."[o]

19 Now we know that whatever the law says, it says to those who are under the law, so that every mouth may be silenced and the whole world held accountable to God. 20 Therefore no one will be declared righteous in his sight by observing the law; rather, through the law we become conscious of sin.

Righteousness Through Faith

21 But now a righteousness from God, apart from law, has been made known, to which the Law and the Prophets testify. 22 This righteousness from God comes through faith in Jesus Christ to all who believe. There is no difference, 23 for all have sinned and fall short of the glory of God, 24 and are justified freely by his grace through the redemption that came by Christ Jesus. 25 God presented him as a sacrifice of atonement,[p] through faith in his blood. He did this to demonstrate his justice, because in his forbearance he had left the sins committed beforehand unpunished— 26 he did it to demonstrate his justice at the present time, so as to be just and the one who justifies those who have faith in Jesus.

---

[l] 3:12 Sal 14:1-3; 53:1-3; Ec 7:20   [m] 3:13 Sal 5:9
[n] 3:13 Sal 140:3   [ñ] 3:14 Sal 10:7   [o] 3:17 Is 59:7,8
[p] 3:18 Sal 36:1   [q] 3:24 redención … efectuó. Lit. redención en Cristo Jesús.   [r] 3:25 un sacrificio de *expiación. Lit. propiciación.

[i] 9 Or worse   [j] 12 Psalms 14:1-3; 53:1-3; Eccles. 7:20
[k] 13 Psalm 5:9   [l] 13 Psalm 140:3   [m] 14 Psalm 10:7
[n] 17 Isaiah 59:7,8   [o] 18 Psalm 36:1   [p] 25 Or as the one who would turn aside his wrath, taking away sin

27¿Dónde, pues, está la *jactancia? Queda excluida. ¿Por cuál principio? ¿Por el de la observancia de la ley? No, sino por el de la fe. 28Porque sostenemos que todos somos justificados por la fe, y no por las obras que la ley exige. 29¿Es acaso Dios sólo Dios de los judíos? ¿No lo es también de los *gentiles? Sí, también es Dios de los gentiles, 30pues no hay más que un solo Dios. Él justificará por la fe a los que están circuncidados y, mediante esa misma fe, a los que no lo están. 31¿Quiere decir que anulamos la ley con la fe? ¡De ninguna manera Más bien, confirmamos la ley.

Abraham, justificado por la fe

4 Entonces, ¿qué diremos en el caso de nuestro antepasado Abraham?ˢ 2En realidad, si Abraham hubiera sido *justificado por las obras, habría tenido de qué *jactarse, pero no delante de Dios. 3Pues ¿qué dice la Escritura? «Le creyó Abraham a Dios, y esto se le tomó en cuenta como justicia.»ᵗ

4Ahora bien, cuando alguien trabaja, no se le toma en cuenta el salario como un favor sino como una deuda. 5Sin embargo, al que no trabaja, sino que cree en el que justifica al malvado, se le toma en cuenta la fe como justicia. 6David dice lo mismo cuando habla de la dicha de aquel a quien Dios le atribuye justicia sin la mediación de las obras:

7 «¡*Dichosos aquellos
    a quienes se les perdonan las transgresiones
    y se les cubren los pecados
8 ¡Dichoso aquel
    cuyo pecado el Señor no tomará en cuenta »ᵘ

9¿Acaso se ha reservado esta dicha sólo para los que están circuncidados? ¿Acaso no es también para los *gentiles?ᵛ Hemos dicho que a Abraham se le tomó en cuenta la fe como justicia. 10¿Bajo qué circunstancias sucedió esto? ¿Fue antes o después de ser circuncidado? ¡Antes, y no después 11Es más, cuando todavía no estaba circuncidado, recibió la señal de la circuncisión como sello de la justicia que se le había tomado en cuenta por la fe. Por tanto, Abraham es padre de todos los que creen, aunque no hayan sido circuncidados, y a éstos se les toma en cuenta su fe como justicia. 12Y también es padre de aquellos que, además de haber sido

27Where, then, is boasting? It is excluded. On what principle? On that of observing the law? No, but on that of faith. 28For we maintain that a man is justified by faith apart from observing the law. 29Is God the God of Jews only? Is he not the God of Gentiles too? Yes, of Gentiles too, 30since there is only one God, who will justify the circumcised by faith and the uncircumcised through that same faith. 31Do we, then, nullify the law by this faith? Not at all Rather, we uphold the law.

Abraham Justified by Faith

4 What then shall we say that Abraham, our forefather, discovered in this matter? 2If, in fact, Abraham was justified by works, he had something to boast about—but not before God. 3What does the Scripture say? "Abraham believed God, and it was credited to him as righteousness."�q

4Now when a man works, his wages are not credited to him as a gift, but as an obligation. 5However, to the man who does not work but trusts God who justifies the wicked, his faith is credited as righteousness. 6David says the same thing when he speaks of the blessedness of the man to whom God credits righteousness apart from works:

7 "Blessed are they
    whose transgressions are forgiven,
    whose sins are covered.
8 Blessed is the man
    whose sin the Lord will never count
    against him."ʳ

9Is this blessedness only for the circumcised, or also for the uncircumcised? We have been saying that Abraham's faith was credited to him as righteousness. 10Under what circumstances was it credited? Was it after he was circumcised, or before? It was not after, but before 11And he received the sign of circumcision, a seal of the righteousness that he had by faith while he was still uncircumcised. So then, he is the father of all who believe but have not been circumcised, in order that righteousness might be credited to them. 12And he is also the father of the circumcised who not only are circumcised but who also walk in the footsteps of the faith that our father Abraham had before he was circumcised.

ˢ4:1 ¿qué … Abraham? Lit. ¿qué diremos que descubrió Abraham, nuestro antepasado según la *carne?
ᵗ4:3 Gn 15:6; también en v. 22   ᵘ4:8 Sal 32:1,2
ᵛ4:9 los *gentiles. Lit. la *incircuncisión.

q3 Gen. 15:6; also in verse 22   r8 Psalm 32:1,2

circuncidados, siguen las huellas de nuestro padre Abraham, quien creyó cuando todavía era incircunciso.

13En efecto, no fue mediante la ley como Abraham y su descendencia recibieron la promesa de que él sería heredero del mundo, sino mediante la fe, la cual se le tomó en cuenta como justicia. **14**Porque si los que viven por la ley fueran los herederos, entonces la fe no tendría ya ningún valor y la promesa no serviría de nada. **15**La ley, en efecto, acarrea castigo. Pero donde no hay ley, tampoco hay transgresión.

16Por eso la promesa viene por la fe, a fin de que por la gracia quede garantizada para toda la descendencia de Abraham; esta promesa no es sólo para los que son de la ley sino para los que son también de la fe de Abraham, quien es el padre que tenemos en común **17**delante de Dios, tal como está escrito: «Te he confirmado como padre de muchas naciones.»ʷ Así que Abraham creyó en el Dios que da vida a los muertos y que llama las cosas que no son como si ya existieran.

18Contra toda esperanza, Abraham creyó y esperó, y de este modo llegó a ser padre de muchas naciones, tal como se le había dicho: «¡Así de numerosa será tu descendencia »ˣ **19**Su fe no flaqueó, aunque reconocía que su cuerpo estaba como muerto, pues ya tenía unos cien años, y que también estaba muerta la matriz de Sara. **20**Ante la promesa de Dios no vaciló como un incrédulo, sino que se reafirmó en su fe y dio gloria a Dios, **21**plenamente convencido de que Dios tenía poder para cumplir lo que había prometido. **22**Por eso se le tomó en cuenta su fe como justicia. **23**Y esto de que «se le tomó en cuenta» no se escribió sólo para Abraham, **24**sino también para nosotros. Dios tomará en cuenta nuestra fe como justicia, pues creemos en aquel que *levantó de entre los muertos a Jesús nuestro Señor. **25**Él fue entregado a la muerte por nuestros pecados, y resucitó para nuestra justificación.

Paz y alegría

5 En consecuencia, ya que hemos sido *justificados mediante la fe, tenemosʸ paz con Dios por medio de nuestro Señor Jesucristo. **2**También por medio de él, y mediante la fe, tenemos acceso a esta gracia en la cual nos mantenemos firmes. Así que nos *regocijamos en la esperanza de alcanzar la gloria de Dios. **3**Y no sólo en esto, sino también en nuestros sufrimientos, porque sabemos que el sufrimiento produce perseverancia; **4**la perseverancia, entereza de carácter; la entereza de carácter, espe-

13It was not through law that Abraham and his offspring received the promise that he would be heir of the world, but through the righteousness that comes by faith. **14**For if those who live by law are heirs, faith has no value and the promise is worthless, **15**because law brings wrath. And where there is no law there is no transgression.

16Therefore, the promise comes by faith, so that it may be by grace and may be guaranteed to all Abraham's offspring—not only to those who are of the law but also to those who are of the faith of Abraham. He is the father of us all. **17**As it is written: "I have made you a father of many nations."ˢ He is our father in the sight of God, in whom he believed—the God who gives life to the dead and calls things that are not as though they were.

18Against all hope, Abraham in hope believed and so became the father of many nations, just as it had been said to him, "So shall your offspring be."ᵗ **19**Without weakening in his faith, he faced the fact that his body was as good as dead—since he was about a hundred years old—and that Sarah's womb was also dead. **20**Yet he did not waver through unbelief regarding the promise of God, but was strengthened in his faith and gave glory to God, **21**being fully persuaded that God had power to do what he had promised. **22**This is why "it was credited to him as righteousness." **23**The words "it was credited to him" were written not for him alone, **24**but also for us, to whom God will credit righteousness—for us who believe in him who raised Jesus our Lord from the dead. **25**He was delivered over to death for our sins and was raised to life for our justification.

Peace and Joy

5 Therefore, since we have been justified through faith, weᵘ have peace with God through our Lord Jesus Christ, **2**through whom we have gained access by faith into this grace in which we now stand. And weᵛ rejoice in the hope of the glory of God. **3**Not only so, but weʷ also rejoice in our sufferings, because we know that suffering produces perseverance; **4**perseverance, character; and character, ranza. 5Y esta esperanza no nos defrauda, porque Dios ha derramado su amor en nuestro corazón por el Espíritu Santo que nos ha dado.

6A la verdad, como éramos incapaces de salvarnos,z en el tiempo señalado Cristo murió por los malvados. 7Difícilmente habrá quien muera por un justo, aunque tal vez haya quien se atreva a morir por una persona buena. 8Pero Dios demuestra su amor por nosotros en esto: en que cuando todavía éramos pecadores, Cristo murió por nosotros.

9Y ahora que hemos sido justificados por su sangre, ¡con cuánta más razón, por medio de él, seremos salvados del castigo de Dios 10Porque si, cuando éramos enemigos de Dios, fuimos reconciliados con él mediante la muerte de su Hijo, ¡con cuánta más razón, habiendo sido reconciliados, seremos salvados por su vida 11Y no sólo esto, sino que también nos regocijamos en Dios por nuestro Señor Jesucristo, pues gracias a él ya hemos recibido la reconciliación.

De Adán, la muerte; de Cristo, la vida

12Por medio de un solo hombre el pecado entró en el mundo, y por medio del pecado entró la muerte; fue así como la muerte pasó a toda la *humanidad, porque todos pecaron.a 13Antes de promulgarse la ley, ya existía el pecado en el mundo. Es cierto que el pecado no se toma en cuenta cuando no hay ley; 14sin embargo, desde Adán hasta Moisés la muerte reinó, incluso sobre los que no pecaron quebrantando un mandato, como lo hizo Adán, quien es figura de aquel que había de venir.

15Pero la transgresión de Adán no puede compararse con la gracia de Dios. Pues si por la transgresión de un solo hombre murieron todos, ¡cuánto más el don que vino por la gracia de un solo hombre, Jesucristo, abundó para todos 16Tampoco se puede comparar la dádiva de Dios con las consecuencias del pecado de Adán. El juicio que lleva a la condenación fue resultado de un solo pecado, pero la dádiva que lleva a la *justificación tiene que ver conb una multitud de transgresiones. 17Pues si por la transgresión de un solo hombre reinó la muerte, con mayor razón los que reciben en abundancia la gracia y el don de la justicia reinarán en vida por medio de un solo hombre, Jesucristo.

18Por tanto, así como una sola transgresión causó la condenación de todos, también un solo acto de justicia produjo la justificación que da

hope. 5And hope does not disappoint us, because God has poured out his love into our hearts by the Holy Spirit, whom he has given us.

6You see, at just the right time, when we were still powerless, Christ died for the ungodly. 7Very rarely will anyone die for a righteous man, though for a good man someone might possibly dare to die. 8But God demonstrates his own love for us in this: While we were still sinners, Christ died for us.

9Since we have now been justified by his blood, how much more shall we be saved from God's wrath through him 10For if, when we were God's enemies, we were reconciled to him through the death of his Son, how much more, having been reconciled, shall we be saved through his life 11Not only is this so, but we also rejoice in God through our Lord Jesus Christ, through whom we have now received reconciliation.

Death Through Adam, Life Through Christ

12Therefore, just as sin entered the world through one man, and death through sin, and in this way death came to all men, because all sinned— 13for before the law was given, sin was in the world. But sin is not taken into account when there is no law. 14Nevertheless, death reigned from the time of Adam to the time of Moses, even over those who did not sin by breaking a command, as did Adam, who was a pattern of the one to come.

15But the gift is not like the trespass. For if the many died by the trespass of the one man, how much more did God's grace and the gift that came by the grace of the one man, Jesus Christ, overflow to the many 16Again, the gift of God is not like the result of the one man's sin: The judgment followed one sin and brought condemnation, but the gift followed many trespasses and brought justification. 17For if, by the trespass of the one man, death reigned through that one man, how much more will those who receive God's abundant provision of grace and of the gift of righteousness reign in life through the one man, Jesus Christ.

18Consequently, just as the result of one trespass was condemnation for all men, so also the result of one act of righteousness was justifica-

---

z 5:6 *como ... salvarnos.* Lit. *cuando todavía éramos débiles.*
a 5:12 En el griego este versículo es la primera parte de una oración comparativa que se reinicia y concluye en el v. 18.
b 5:16 *resultado ... con.* Alt. *resultado del pecado de uno solo, pero la dádiva que lleva a la justificación fue resultado de.*

vida a todos. **19**Porque así como por la desobediencia de uno solo muchos fueron constituidos pecadores, también por la obediencia de uno solo muchos serán constituidos justos.

20En lo que atañe a la ley, ésta intervino para que aumentara la transgresión. Pero allí donde abundó el pecado, sobreabundó la gracia, **21**a fin de que, así como reinó el pecado en la muerte, reine también la gracia que nos trae justificación y vida eterna por medio de Jesucristo nuestro Señor.

Muertos al pecado, vivos en Cristo

6 ¿Qué concluiremos? ¿Vamos a persistir en el pecado, para que la gracia abunde? **2**¡De ninguna manera Nosotros, que hemos muerto al pecado, ¿cómo podemos seguir viviendo en él? **3**¿Acaso no saben ustedes que todos los que fuimos bautizados para unirnos con Cristo Jesús, en realidad fuimos bautizados para participar en su muerte? **4**Por tanto, mediante el bautismo fuimos sepultados con él en su muerte, a fin de que, así como Cristo *resucitó por el poder*^c del Padre, también nosotros llevemos una vida nueva.

5En efecto, si hemos estado unidos con él en su muerte, sin duda también estaremos unidos con él en su resurrección. **6**Sabemos que nuestra vieja naturaleza fue crucificada con él para que nuestro cuerpo pecaminoso perdiera su poder, de modo que ya no siguiéramos siendo esclavos del pecado; **7**porque el que muere queda liberado del pecado.

8Ahora bien, si hemos muerto con Cristo, confiamos que también viviremos con él. **9**Pues sabemos que Cristo, por haber sido *levantado de entre los muertos, ya no puede volver a morir; la muerte ya no tiene dominio sobre él. **10**En cuanto a su muerte, murió al pecado una vez y para siempre; en cuanto a su vida, vive para Dios.

11De la misma manera, también ustedes considérense muertos al pecado, pero vivos para Dios en Cristo Jesús. **12**Por lo tanto, no permitan ustedes que el pecado reine en su cuerpo mortal, ni obedezcan a sus malos deseos. **13**No ofrezcan los miembros de su cuerpo al pecado como instrumentos de injusticia; al contrario, ofrézcanse más bien a Dios como quienes han vuelto de la muerte a la vida, presentando los miembros de su cuerpo como instrumentos de justicia. **14**Así el pecado no tendrá dominio sobre ustedes, porque ya no están bajo la ley sino bajo la gracia.

Esclavos de la justicia

15Entonces, ¿qué? ¿Vamos a pecar porque no estamos ya bajo la ley sino bajo la gracia? ¡De

tion that brings life for all men. **19**For just as through the disobedience of the one man the many were made sinners, so also through the obedience of the one man the many will be made righteous.

20The law was added so that the trespass might increase. But where sin increased, grace increased all the more, **21**so that, just as sin reigned in death, so also grace might reign through righteousness to bring eternal life through Jesus Christ our Lord.

Dead to Sin, Alive in Christ

6 What shall we say, then? Shall we go on sinning so that grace may increase? **2**By no means We died to sin; how can we live in it any longer? **3**Or don't you know that all of us who were baptized into Christ Jesus were baptized into his death? **4**We were therefore buried with him through baptism into death in order that, just as Christ was raised from the dead through the glory of the Father, we too may live a new life.

5If we have been united with him like this in his death, we will certainly also be united with him in his resurrection. **6**For we know that our old self was crucified with him so that the body of sin might be done away with,^x that we should no longer be slaves to sin— **7**because anyone who has died has been freed from sin.

8Now if we died with Christ, we believe that we will also live with him. **9**For we know that since Christ was raised from the dead, he cannot die again; death no longer has mastery over him. **10**The death he died, he died to sin once for all; but the life he lives, he lives to God.

11In the same way, count yourselves dead to sin but alive to God in Christ Jesus. **12**Therefore do not let sin reign in your mortal body so that you obey its evil desires. **13**Do not offer the parts of your body to sin, as instruments of wickedness, but rather offer yourselves to God, as those who have been brought from death to life; and offer the parts of your body to him as instruments of righteousness. **14**For sin shall not be your master, because you are not under law, but under grace.

Slaves to Righteousness

15What then? Shall we sin because we are not under law but under grace? By no means

---

^c **6:4** *el poder.* Lit. *la gloria.*   ^x **6** Or *be rendered powerless* ninguna manera ¹⁶¿Acaso no saben ustedes que, cuando se entregan a alguien para obedecerlo, son *esclavos de aquel a quien obedecen? Claro que lo son, ya sea del pecado que lleva a la muerte, o de la obediencia que lleva a la justicia. ¹⁷Pero gracias a Dios que, aunque antes eran esclavos del pecado, ya se han sometido de corazón a la enseñanza*d* que les fue transmitida. ¹⁸En efecto, habiendo sido liberados del pecado, ahora son ustedes esclavos de la justicia.

¹⁹Hablo en términos humanos, por las limitaciones de su *naturaleza humana. Antes ofrecían ustedes los miembros de su cuerpo para servir a la impureza, que lleva más y más a la maldad; ofrézcanlos ahora para servir a la justicia que lleva a la *santidad. ²⁰Cuando ustedes eran esclavos del pecado, estaban libres del dominio de la justicia. ²¹¿Qué fruto cosechaban entonces? ¡Cosas que ahora los avergüenzan y que conducen a la muerte ²²Pero ahora que han sido liberados del pecado y se han puesto al servicio de Dios, cosechan la santidad que conduce a la vida eterna. ²³Porque la paga del pecado es muerte, mientras que la dádiva de Dios es vida eterna en Cristo Jesús, nuestro Señor.

Analogía tomada del matrimonio

7 Hermanos, les hablo como a quienes conocen la ley. ¿Acaso no saben que uno está sujeto a la ley solamente en vida? ²Por ejemplo, la casada está ligada por ley a su esposo sólo mientras éste vive; pero si su esposo muere, ella queda libre de la ley que la unía a su esposo. ³Por eso, si se casa con otro hombre mientras su esposo vive, se le considera adúltera. Pero si muere su esposo, ella queda libre de esa ley, y no es adúltera aunque se case con otro hombre.

⁴Así mismo, hermanos míos, ustedes murieron a la ley mediante el cuerpo crucificado de Cristo, a fin de pertenecer al que fue *levantado de entre los muertos. De este modo daremos fruto para Dios. ⁵Porque cuando nuestra *naturaleza pecaminosa aún nos dominaba,*e* las malas pasiones que la ley nos despertaba actuaban en los miembros de nuestro cuerpo, y dábamos fruto para muerte. ⁶Pero ahora, al morir a lo que nos tenía subyugados, hemos quedado libres de la ley, a fin de servir a Dios con el nuevo poder que nos da el Espíritu, y no por medio del antiguo mandamiento escrito.

Conflicto con el pecado

⁷¿Qué concluiremos? ¿Que la ley es pecado? ¡De ninguna manera Sin embargo, si no fuera

¹⁶Don't you know that when you offer yourselves to someone to obey him as slaves, you are slaves to the one whom you obey—whether you are slaves to sin, which leads to death, or to obedience, which leads to righteousness? ¹⁷But thanks be to God that, though you used to be slaves to sin, you wholeheartedly obeyed the form of teaching to which you were entrusted. ¹⁸You have been set free from sin and have become slaves to righteousness.

¹⁹I put this in human terms because you are weak in your natural selves. Just as you used to offer the parts of your body in slavery to impurity and to ever-increasing wickedness, so now offer them in slavery to righteousness leading to holiness. ²⁰When you were slaves to sin, you were free from the control of righteousness. ²¹What benefit did you reap at that time from the things you are now ashamed of? Those things result in death ²²But now that you have been set free from sin and have become slaves to God, the benefit you reap leads to holiness, and the result is eternal life. ²³For the wages of sin is death, but the gift of God is eternal life in*y* Christ Jesus our Lord.

An Illustration From Marriage

7 Do you not know, brothers—for I am speaking to men who know the law—that the law has authority over a man only as long as he lives? ²For example, by law a married woman is bound to her husband as long as he is alive, but if her husband dies, she is released from the law of marriage. ³So then, if she marries another man while her husband is still alive, she is called an adulteress. But if her husband dies, she is released from that law and is not an adulteress, even though she marries another man.

⁴So, my brothers, you also died to the law through the body of Christ, that you might belong to another, to him who was raised from the dead, in order that we might bear fruit to God. ⁵For when we were controlled by the sinful nature,*z* the sinful passions aroused by the law were at work in our bodies, so that we bore fruit for death. ⁶But now, by dying to what once bound us, we have been released from the law so that we serve in the new way of the Spirit, and not in the old way of the written code.

Struggling With Sin

⁷What shall we say, then? Is the law sin? Certainly not Indeed I would not have known

---

*d*6:17 *a la enseñanza.* Lit. *al modelo de enseñanza.*
*e*7:5 *cuando … dominaba.* Lit. *cuando estábamos en la* *carne.*

*y*23 Or *through*   *z*5 Or *the flesh*; also in verse 25 por la ley, no me habría dado cuenta de lo que es el pecado. Por ejemplo, nunca habría sabido yo lo que es codiciar si la ley no hubiera dicho: «No codicies.»*f* 8Pero el pecado, aprovechando la oportunidad que le proporcionó el mandamiento, despertó en mí toda clase de codicia. Porque aparte de la ley el pecado está muerto. 9En otro tiempo yo tenía vida aparte de la ley; pero cuando vino el mandamiento, cobró vida el pecado y yo morí. 10Se me hizo evidente que el mismo mandamiento que debía haberme dado vida me llevó a la muerte; 11porque el pecado se aprovechó del mandamiento, me engañó, y por medio de él me mató.

12Concluimos, pues, que la ley es santa, y que el mandamiento es santo, justo y bueno. 13Pero entonces, ¿lo que es bueno se convirtió en muerte para mí? ¡De ninguna manera Más bien fue el pecado lo que, valiéndose de lo bueno, me produjo la muerte; ocurrió así para que el pecado se manifestara claramente, o sea, para que mediante el mandamiento se demostrara lo extremadamente malo que es el pecado.

14Sabemos, en efecto, que la ley es espiritual. Pero yo soy meramente *humano, y estoy vendido como esclavo al pecado. 15No entiendo lo que me pasa, pues no hago lo que quiero, sino lo que aborrezco. 16Ahora bien, si hago lo que no quiero, estoy de acuerdo en que la ley es buena; 17pero, en ese caso, ya no soy yo quien lo lleva a cabo sino el pecado que habita en mí. 18Yo sé que en mí, es decir, en mi *naturaleza pecaminosa, nada bueno habita. Aunque deseo hacer lo bueno, no soy capaz de hacerlo. 19De hecho, no hago el bien que quiero, sino el mal que no quiero. 20Y si hago lo que no quiero, ya no soy yo quien lo hace sino el pecado que habita en mí.

21Así que descubro esta ley: que cuando quiero hacer el bien, me acompaña el mal. 22Porque en lo íntimo de mi ser me deleito en la ley de Dios; 23pero me doy cuenta de que en los miembros de mi cuerpo hay otra ley, que es la ley del pecado. Esta ley lucha contra la ley de mi mente, y me tiene cautivo. 24¡Soy un pobre miserable ¿Quién me librará de este cuerpo mortal? 25¡Gracias a Dios por medio de Jesucristo nuestro Señor

En conclusión, con la mente yo mismo me someto a la ley de Dios, pero mi *naturaleza pecaminosa está sujeta a la ley del pecado.

Vida mediante el Espíritu

8 Por lo tanto, ya no hay ninguna condenación para los que están unidos a Cristo Jesús,*g* 2pues por medio de él la ley del Espíritu

what sin was except through the law. For I would not have known what coveting really was if the law had not said, "Do not covet." *a* 8But sin, seizing the opportunity afforded by the commandment, produced in me every kind of covetous desire. For apart from law, sin is dead. 9Once I was alive apart from law; but when the commandment came, sin sprang to life and I died. 10I found that the very commandment that was intended to bring life actually brought death.

11For sin, seizing the opportunity afforded by the commandment, deceived me, and through the commandment put me to death. 12So then, the law is holy, and the commandment is holy, righteous and good. 13Did that which is good, then, become death to me? By no means But in order that sin might be recognized as sin, it produced death in me through what was good, so that through the commandment sin might become utterly sinful.

14We know that the law is spiritual; but I am unspiritual, sold as a slave to sin. 15I do not understand what I do. For what I want to do I do not do, but what I hate I do. 16And if I do what I do not want to do, I agree that the law is good. 17As it is, it is no longer I myself who do it, but it is sin living in me. 18I know that nothing good lives in me, that is, in my sinful nature.*b* For I have the desire to do what is good, but I cannot carry it out. 19For what I do is not the good I want to do; no, the evil I do not want to do—this I keep on doing. 20Now if I do what I do not want to do, it is no longer I who do it, but it is sin living in me that does it.

21So I find this law at work: When I want to do good, evil is right there with me. 22For in my inner being I delight in God's law; 23but I see another law at work in the members of my body, waging war against the law of my mind and making me a prisoner of the law of sin at work within my members. 24What a wretched man I am Who will rescue me from this body of death? 25Thanks be to God—through Jesus Christ our Lord

So then, I myself in my mind am a slave to God's law, but in the sinful nature a slave to the law of sin.

Life Through the Spirit

8 Therefore, there is now no condemnation for those who are in Christ Jesus,*c* 2because through Christ Jesus the law of the Spirit of life set me free from the law of sin and death. 3For

---

f7:7 Éx 20:17; Dt 5:21   *g8:1* Jesús. Var. Jesús, los que no viven según la naturaleza pecaminosa sino según el Espíritu (véase v. 4).

a7 Exodus 20:17; Deut. 5:21   *b18* Or my flesh   *c1* Some later manuscripts Jesus, who do not live according to the sinful nature but according to the Spirit, de vida me[h] ha liberado de la ley del pecado y de la muerte. ³En efecto, la ley no pudo liberarnos porque la *naturaleza pecaminosa anuló su poder; por eso Dios envió a su propio Hijo en condición semejante a nuestra condición de pecadores,[i] para que se ofreciera en sacrificio por el pecado. Así condenó Dios al pecado en la naturaleza humana, ⁴a fin de que las justas demandas de la ley se cumplieran en nosotros, que no vivimos según la naturaleza pecaminosa sino según el Espíritu.

⁵Los que viven conforme a la naturaleza pecaminosa fijan la mente en los deseos de tal naturaleza; en cambio, los que viven conforme al Espíritu fijan la mente en los deseos del Espíritu. ⁶La mentalidad pecaminosa es muerte, mientras que la mentalidad que proviene del Espíritu es vida y paz. ⁷La mentalidad pecaminosa es enemiga de Dios, pues no se somete a la ley de Dios, ni es capaz de hacerlo. ⁸Los que viven según la naturaleza pecaminosa no pueden agradar a Dios.

⁹Sin embargo, ustedes no viven según la naturaleza pecaminosa sino según el Espíritu, si es que el Espíritu de Dios vive en ustedes. Y si alguno no tiene el Espíritu de Cristo, no es de Cristo. ¹⁰Pero si Cristo está en ustedes, el cuerpo está muerto a causa del pecado, pero el Espíritu que está en ustedes es vida[j] a causa de la justicia. ¹¹Y si el Espíritu de aquel que *levantó a Jesús de entre los muertos vive en ustedes, el mismo que levantó a Cristo de entre los muertos también dará vida a sus cuerpos mortales por medio de su Espíritu, que vive en ustedes.

¹²Por tanto, hermanos, tenemos una obligación, pero no es la de vivir conforme a la naturaleza pecaminosa. ¹³Porque si ustedes viven conforme a ella, morirán; pero si por medio del Espíritu dan muerte a los malos hábitos del cuerpo, vivirán. ¹⁴Porque todos los que son guiados por el Espíritu de Dios son hijos de Dios. ¹⁵Y ustedes no recibieron un espíritu que de nuevo los esclavice al miedo, sino el Espíritu que los adopta como hijos y les permite clamar: «¡*Abba! ¡Padre!» ¹⁶El Espíritu mismo le asegura a nuestro espíritu que somos hijos de Dios. ¹⁷Y si somos hijos, somos herederos; herederos de Dios y coherederos con Cristo, pues si ahora sufrimos con él, también tendremos parte con él en su gloria.

La gloria futura

¹⁸De hecho, considero que en nada se compararán los sufrimientos actuales con la gloria que habrá de revelarse en nosotros. ¹⁹La creación aguarda con ansiedad la revelación de los hijos de

what the law was powerless to do in that it was weakened by the sinful nature,[d] God did by sending his own Son in the likeness of sinful man to be a sin offering.[e] And so he condemned sin in sinful man,[f] ⁴in order that the righteous requirements of the law might be fully met in us, who do not live according to the sinful nature but according to the Spirit.

⁵Those who live according to the sinful nature have their minds set on what that nature desires; but those who live in accordance with the Spirit have their minds set on what the Spirit desires. ⁶The mind of sinful man[g] is death, but the mind controlled by the Spirit is life and peace; ⁷the sinful mind[h] is hostile to God. It does not submit to God's law, nor can it do so. ⁸Those controlled by the sinful nature cannot please God.

⁹You, however, are controlled not by the sinful nature but by the Spirit, if the Spirit of God lives in you. And if anyone does not have the Spirit of Christ, he does not belong to Christ. ¹⁰But if Christ is in you, your body is dead because of sin, yet your spirit is alive because of righteousness. ¹¹And if the Spirit of him who raised Jesus from the dead is living in you, he who raised Christ from the dead will also give life to your mortal bodies through his Spirit, who lives in you.

¹²Therefore, brothers, we have an obligation—but it is not to the sinful nature, to live according to it. ¹³For if you live according to the sinful nature, you will die; but if by the Spirit you put to death the misdeeds of the body, you will live, ¹⁴because those who are led by the Spirit of God are sons of God. ¹⁵For you did not receive a spirit that makes you a slave again to fear, but you received the Spirit of sonship.[i] And by him we cry, "Abba,[j] Father." ¹⁶The Spirit himself testifies with our spirit that we are God's children. ¹⁷Now if we are children, then we are heirs—heirs of God and co-heirs with Christ, if indeed we share in his sufferings in order that we may also share in his glory.

Future Glory

¹⁸I consider that our present sufferings are not worth comparing with the glory that will be revealed in us. ¹⁹The creation waits in eager expectation for the sons of God to be revealed.

---

[h]8:2 *me.* Var. *te.*   [i]8:3 *en condición semejante …
pecadores.* Lit. *en semejanza de *carne de pecado.*   [j]8:10 *el
Espíritu … vida.* Alt. *el espíritu de ustedes vive.*

[d]3 Or *the flesh*; also in verses 4, 5, 8, 9, 12 and 13   [e]3 Or
man, for sin   [f]3 Or *in the flesh*   [g]6 Or *mind set on the flesh*
[h]7 Or *the mind set on the flesh*   [i]15 Or *adoption*
[j]15 Aramaic for *Father*

Dios, **20**porque fue sometida a la frustración. Esto no sucedió por su propia voluntad, sino por la del que así lo dispuso. Pero queda la firme esperanza **21**de que la creación misma ha de ser liberada de la corrupción que la esclaviza, para así alcanzar la gloriosa libertad de los hijos de Dios.

22Sabemos que toda la creación todavía gime a una, como si tuviera dolores de parto. **23**Y no sólo ella, sino también nosotros mismos, que tenemos las *primicias del Espíritu, gemimos interiormente, mientras aguardamos nuestra adopción como hijos, es decir, la redención de nuestro cuerpo. **24**Porque en esa esperanza fuimos salvados. Pero la esperanza que se ve, ya no es esperanza. ¿Quién espera lo que ya tiene? **25**Pero si esperamos lo que todavía no tenemos, en la espera mostramos nuestra constancia.

26Así mismo, en nuestra debilidad el Espíritu acude a ayudarnos. No sabemos qué pedir, pero el Espíritu mismo intercede por nosotros con gemidos que no pueden expresarse con palabras. **27**Y Dios, que examina los corazones, sabe cuál es la intención del Espíritu, porque el Espíritu intercede por los *creyentes conforme a la voluntad de Dios.

Más que vencedores

28Ahora bien, sabemos que Dios dispone todas las cosas para el bien de quienes lo aman,*k* los que han sido llamados de acuerdo con su propósito. **29**Porque a los que Dios conoció de antemano, también los predestinó a ser transformados según la imagen de su Hijo, para que él sea el primogénito entre muchos hermanos. **30**A los que predestinó, también los llamó; a los que llamó, también los *justificó; y a los que justificó, también los glorificó.

31¿Qué diremos frente a esto? Si Dios está de nuestra parte, ¿quién puede estar en contra nuestra? **32**El que no escatimó ni a su propio Hijo, sino que lo entregó por todos nosotros, ¿cómo no habrá de darnos generosamente, junto con él, todas las cosas? **33**¿Quién acusará a los que Dios ha escogido? Dios es el que justifica. **34**¿Quién condenará? Cristo Jesús es el que murió, e incluso *resucitó, y está a la *derecha de Dios e intercede por nosotros. **35**¿Quién nos apartará del amor de Cristo? ¿La tribulación, o la angustia, la persecución, el hambre, la indigencia, el peligro, o la violencia? **36**Así está escrito:

«Por tu causa siempre nos llevan a la
    muerte;
¡nos tratan como a ovejas para el matadero »*l*

20For the creation was subjected to frustration, not by its own choice, but by the will of the one who subjected it, in hope **21**that*k* the creation itself will be liberated from its bondage to decay and brought into the glorious freedom of the children of God.

22We know that the whole creation has been groaning as in the pains of childbirth right up to the present time. **23**Not only so, but we ourselves, who have the firstfruits of the Spirit, groan inwardly as we wait eagerly for our adoption as sons, the redemption of our bodies. **24**For in this hope we were saved. But hope that is seen is no hope at all. Who hopes for what he already has? **25**But if we hope for what we do not yet have, we wait for it patiently.

26In the same way, the Spirit helps us in our weakness. We do not know what we ought to pray for, but the Spirit himself intercedes for us with groans that words cannot express. **27**And he who searches our hearts knows the mind of the Spirit, because the Spirit intercedes for the saints in accordance with God's will.

More Than Conquerors

28And we know that in all things God works for the good of those who love him,*l* who*m* have been called according to his purpose. **29**For those God foreknew he also predestined to be conformed to the likeness of his Son, that he might be the firstborn among many brothers. **30**And those he predestined, he also called; those he called, he also justified; those he justified, he also glorified.

31What, then, shall we say in response to this? If God is for us, who can be against us? **32**He who did not spare his own Son, but gave him up for us all—how will he not also, along with him, graciously give us all things? **33**Who will bring any charge against those whom God has chosen? It is God who justifies. **34**Who is he that condemns? Christ Jesus, who died—more than that, who was raised to life—is at the right hand of God and is also interceding for us. **35**Who shall separate us from the love of Christ? Shall trouble or hardship or persecution or famine or nakedness or danger or sword? **36**As it is written:

"For your sake we face death all day long;
    we are considered as sheep to be slaughtered." *n*

---

*k***8:28** *Dios … aman.* Var. *todo actúa para el bien de quienes aman a Dios.*   *l***8:36** Sal 44:22

*k*21 Or *subjected it in hope. 21 For*   *l*28 Some manuscripts
*And we know that all things work together for good to those
who love God*   *m*28 Or *works together with those who love
him to bring about what is good—with those who*
*n*36 Psalm 44:22

37Sin embargo, en todo esto somos más que vencedores por medio de aquel que nos amó. **38**Pues estoy convencido de que ni la muerte ni la vida, ni los ángeles ni los demonios,*m* ni lo presente ni lo por venir, ni los poderes, **39**ni lo alto ni lo profundo, ni cosa alguna en toda la creación, podrá apartarnos del amor que Dios nos ha manifestado en Cristo Jesús nuestro Señor.

La elección soberana de Dios

9 Digo la verdad en Cristo; no miento. Mi conciencia me lo confirma en el Espíritu Santo. **2**Me invade una gran tristeza y me embarga un continuo dolor. **3**Desearía yo mismo ser maldecido y separado de Cristo por el bien de mis hermanos, los de mi propia raza, **4**el pueblo de Israel. De ellos son la adopción como hijos, la gloria divina, los pactos, la ley, y el privilegio de adorar a Dios y contar con sus promesas. **5**De ellos son los patriarcas, y de ellos, según la *naturaleza humana, nació Cristo, quien es Dios sobre todas las cosas. ¡Alabado sea por siempre *n* Amén.

6Ahora bien, no digamos que la Palabra de Dios ha fracasado. Lo que sucede es que no todos los que descienden de Israel son Israel. **7**Tampoco por ser descendientes de Abraham son todos hijos suyos. Al contrario: «Tu descendencia se establecerá por medio de Isaac.»*ñ* **8**En otras palabras, los hijos de Dios no son los descendientes *naturales; más bien, se considera descendencia de Abraham a los hijos de la promesa. **9**Y la promesa es ésta: «Dentro de un año vendré, y para entonces Sara tendrá un hijo.»*o*

10No sólo eso. También sucedió que los hijos de Rebeca tuvieron un mismo padre, que fue nuestro antepasado Isaac. **11**Sin embargo, antes de que los mellizos nacieran, o hicieran algo bueno o malo, y para confirmar el propósito de la elección divina, **12**no en base a las obras sino al llamado de Dios, se le dijo a ella: «El mayor servirá al menor.»*p* **13**Y así está escrito: «Amé a Jacob, pero aborrecí a Esaú.»*q*

14¿Qué concluiremos? ¿Acaso es Dios injusto? ¡De ninguna manera **15**Es un hecho que a Moisés le dice:

> «Tendré clemencia de quien yo quiera tenerla,
> y seré compasivo con quien yo quiera serlo.»*r*

37No, in all these things we are more than conquerors through him who loved us. **38**For I am convinced that neither death nor life, neither angels nor demons,*o* neither the present nor the future, nor any powers, **39**neither height nor depth, nor anything else in all creation, will be able to separate us from the love of God that is in Christ Jesus our Lord.

God's Sovereign Choice

9 I speak the truth in Christ—I am not lying, my conscience confirms it in the Holy Spirit— **2**I have great sorrow and unceasing anguish in my heart. **3**For I could wish that I myself were cursed and cut off from Christ for the sake of my brothers, those of my own race, **4**the people of Israel. Theirs is the adoption as sons; theirs the divine glory, the covenants, the receiving of the law, the temple worship and the promises. **5**Theirs are the patriarchs, and from them is traced the human ancestry of Christ, who is God over all, forever praised *p* Amen.

6It is not as though God's word had failed. For not all who are descended from Israel are Israel. **7**Nor because they are his descendants are they all Abraham's children. On the contrary, "It is through Isaac that your offspring will be reckoned." *q* **8**In other words, it is not the natural children who are God's children, but it is the children of the promise who are regarded as Abraham's offspring. **9**For this was how the promise was stated: "At the appointed time I will return, and Sarah will have a son." *r*

10Not only that, but Rebekah's children had one and the same father, our father Isaac. **11**Yet, before the twins were born or had done anything good or bad—in order that God's purpose in election might stand: **12**not by works but by him who calls—she was told, "The older will serve the younger." *s* **13**Just as it is written: "Jacob I loved, but Esau I hated." *t*

14What then shall we say? Is God unjust? Not at all **15**For he says to Moses,

> "I will have mercy on whom I have mercy,
> and I will have compassion on whom I have compassion." *u*

---

m **8:38** *demonios.* Alt. *gobernantes celestiales.*   *n* **9:5** *Cristo ... siempre* Alt. *Cristo. ¡Dios, que está sobre todas las cosas, sea alabado por siempre*   *ñ* **9:7** Gn 21:12   *o* **9:9** Gn 18:10,14   *p* **9:12** Gn 25:23   *q* **9:13** Mal 1:2,3   *r* **9:15** Éx 33:19

o 38 Or *nor heavenly rulers*   *p 5* Or *Christ, who is over all. God be forever praised* Or *Christ. God who is over all be forever praised*   *q 7* Gen. 21:12   *r 9* Gen. 18:10,14   *s 12* Gen. 25:23   *t 13* Mal. 1:2,3   *u 15* Exodus 33:19

16Por lo tanto, la elección no depende del deseo ni del esfuerzo humano sino de la misericordia de Dios. 17Porque la Escritura le dice al faraón: «Te he levantado precisamente para mostrar en ti mi poder, y para que mi nombre sea proclamado por toda la tierra.»*s* 18Así que Dios tiene misericordia de quien él quiere tenerla, y endurece a quien él quiere endurecer.

19Pero tú me dirás: «Entonces, ¿por qué todavía nos echa la culpa Dios? ¿Quién puede oponerse a su voluntad?» 20Respondo: ¿Quién eres tú para pedirle cuentas a Dios? «¿Acaso le dirá la olla de barro al que la modeló: "¿Por qué me hiciste así?"»*t* 21¿No tiene derecho el alfarero de hacer del mismo barro unas vasijas para usos especiales y otras para fines ordinarios?

22¿Y qué si Dios, queriendo mostrar su ira y dar a conocer su poder, soportó con mucha paciencia a los que eran objeto de su castigo*u* y estaban destinados a la destrucción? 23¿Qué si lo hizo para dar a conocer sus gloriosas riquezas a los que eran objeto de su misericordia, y a quienes de antemano preparó para esa gloria? 24Ésos somos nosotros, a quienes Dios llamó no sólo de entre los judíos sino también de entre los *gentiles. 25Así lo dice Dios en el libro de Oseas:

«Llamaré "mi pueblo" a los que no son
mi pueblo;
y llamaré "mi amada" a la que no es mi
amada»,*v*
26«Y sucederá que en el mismo lugar donde
se les dijo:
"Ustedes no son mi pueblo",
serán llamados "hijos del Dios
viviente".»*w*

27Isaías, por su parte, proclama respecto de Israel:

«Aunque los israelitas sean tan numerosos
como la arena del mar,
sólo el remanente será salvo;
28porque plenamente y sin demora
el Señor cumplirá su sentencia en la tierra.»*x*

29Así había dicho Isaías:

«Si el Señor Todopoderoso
no nos hubiera dejado descendientes,
seríamos ya como Sodoma,
nos pareceríamos a Gomorra.»*y*

16It does not, therefore, depend on man's desire or effort, but on God's mercy. 17For the Scripture says to Pharaoh: "I raised you up for this very purpose, that I might display my power in you and that my name might be proclaimed in all the earth."*v* 18Therefore God has mercy on whom he wants to have mercy, and he hardens whom he wants to harden.

19One of you will say to me: "Then why does God still blame us? For who resists his will?" 20But who are you, O man, to talk back to God? "Shall what is formed say to him who formed it, 'Why did you make me like this?'"*w* 21Does not the potter have the right to make out of the same lump of clay some pottery for noble purposes and some for common use?

22What if God, choosing to show his wrath and make his power known, bore with great patience the objects of his wrath—prepared for destruction? 23What if he did this to make the riches of his glory known to the objects of his mercy, whom he prepared in advance for glory— 24even us, whom he also called, not only from the Jews but also from the Gentiles? 25As he says in Hosea:

"I will call them 'my people' who are not
my people;
and I will call her 'my loved one' who
is not my loved one,"*x*
26and,

"It will happen that in the very place
where it was said to them,
'You are not my people,'
they will be called 'sons of the living
God.'"*y*

27Isaiah cries out concerning Israel:

"Though the number of the Israelites be
like the sand by the sea,
only the remnant will be saved.
28For the Lord will carry out
his sentence on earth with speed and fi-
nality."*z*

29It is just as Isaiah said previously:

"Unless the Lord Almighty
had left us descendants,
we would have become like Sodom,
we would have been like Gomorrah."*a*

*s*9:17 Éx 9:16   *t*9:20 Is 29:16; 45:9   *u*9:22 *objeto de su castigo.* Lit. *vasijas de ira.*   *v*9:25 Os 2:23   *w*9:26 Os 1:10   *x*9:28 Is 10:22,23   *y*9:29 Is 1:9

*v*17 Exodus 9:16   *w*20 Isaiah 29:16; 45:9   *x*25 Hosea 2:23   *y*26 Hosea 1:10   *z*28 Isaiah 10:22,23   *a*29 Isaiah 1:9

Incredulidad de Israel

³⁰¿Qué concluiremos? Pues que los *gentiles, que no buscaban la justicia, la han alcanzado. Me refiero a la justicia que es por la fe. ³¹En cambio Israel, que iba en busca de una ley que le diera justicia, no ha alcanzado esa justicia. ³²¿Por qué no? Porque no la buscaron mediante la fe sino mediante las obras, como si fuera posible alcanzarla así. Por eso tropezaron con la «piedra de tropiezo», ³³como está escrito:

«Miren que pongo en Sión una piedra de
     tropiezo
   y una roca que hace *caer;
pero el que confíe en él no será
     defraudado.»ᶻ

10 Hermanos, el deseo de mi corazón, y mi oración a Dios por los israelitas, es que lleguen a ser salvos. ²Puedo declarar en favor de ellos que muestran celo por Dios, pero su celo no se basa en el conocimiento. ³No conociendo la justicia que proviene de Dios, y procurando establecer la suya propia, no se sometieron a la justicia de Dios. ⁴De hecho, Cristo es el fin de la ley, para que todo el que cree reciba la justicia.

⁵Así describe Moisés la justicia que se basa en la ley: «Quien practique estas cosas viviráᵃ por ellas.»ᵃ ⁶Pero la justicia que se basa en la fe afirma: «No digas en tu corazón: " ¿Quién subirá al cielo?" ᵇ (es decir, para hacer bajar a Cristo), ⁷o " ¿Quién bajará al *abismo?" » (es decir, para hacer subir a Cristo de entre los muertos). ⁸¿Qué afirma entonces? «La palabra está cerca de ti; la tienes en la boca y en el corazón.»ᶜ Ésta es la palabra de fe que predicamos: ⁹que si confiesas con tu boca que Jesús es el Señor, y crees en tu corazón que Dios lo *levantó de entre los muertos, serás salvo. ¹⁰Porque con el corazón se cree para ser *justificado, pero con la boca se confiesa para ser salvo. ¹¹Así dice la Escritura: «Todo el que confíe en él no será jamás defraudado.»ᵈ ¹²No hay diferencia entre judíos y *gentiles, pues el mismo Señor es Señor de todos y bendice abundantemente a cuantos lo invocan, ¹³porque «todo el que invoque el nombre del Señor será salvo».ᵉ

¹⁴Ahora bien, ¿cómo invocarán a aquel en quien no han creído? ¿Y cómo creerán en aquel de quien no han oído? ¿Y cómo oirán si no hay quien les predique? ¹⁵¿Y quién predicará sin ser

Israel's Unbelief

³⁰What then shall we say? That the Gentiles, who did not pursue righteousness, have obtained it, a righteousness that is by faith; ³¹but Israel, who pursued a law of righteousness, has not attained it. ³²Why not? Because they pursued it not by faith but as if it were by works. They stumbled over the "stumbling stone." ³³As it is written:

"See, I lay in Zion a stone that causes
     men to stumble
   and a rock that makes them fall,
and the one who trusts in him will never
     be put to shame." ᵇ

10 Brothers, my heart's desire and prayer to God for the Israelites is that they may be saved. ²For I can testify about them that they are zealous for God, but their zeal is not based on knowledge. ³Since they did not know the righteousness that comes from God and sought to establish their own, they did not submit to God's righteousness. ⁴Christ is the end of the law so that there may be righteousness for everyone who believes.

⁵Moses describes in this way the righteousness that is by the law: "The man who does these things will live by them." ᶜ ⁶But the righteousness that is by faith says: "Do not say in your heart, 'Who will ascend into heaven?'ᵈ" (that is, to bring Christ down) ⁷"or 'Who will descend into the deep?'ᵉ" (that is, to bring Christ up from the dead). ⁸But what does it say? "The word is near you; it is in your mouth and in your heart," ᶠ that is, the word of faith we are proclaiming: ⁹That if you confess with your mouth, "Jesus is Lord," and believe in your heart that God raised him from the dead, you will be saved. ¹⁰For it is with your heart that you believe and are justified, and it is with your mouth that you confess and are saved. ¹¹As the Scripture says, "Anyone who trusts in him will never be put to shame." ᵍ ¹²For there is no difference between Jew and Gentile—the same Lord is Lord of all and richly blesses all who call on him, ¹³for, "Everyone who calls on the name of the Lord will be saved." ʰ

¹⁴How, then, can they call on the one they have not believed in? And how can they believe in the one of whom they have not heard? And how can they hear without someone preaching to them? ¹⁵And how can they

---

ᶻ 9:33 Is 8:14; 28:16   ᵃ 10:5 Lv 18:5   ᵇ 10:6 Dt 30:12
ᶜ 10:8 Dt 30:14   ᵈ 10:11 Is 28:16   ᵉ 10:13 Jl 2:32

ᵇ 33 Isaiah 8:14; 28:16   ᶜ 5 Lev. 18:5   ᵈ 6 Deut. 30:12
ᵉ 7 Deut. 30:13   ᶠ 8 Deut. 30:14   ᵍ 11 Isaiah 28:16
ʰ 13 Joel 2:32

enviado? Así está escrito: «¡Qué hermoso es recibir al mensajero que trae*f* buenas *nuevas »

16Sin embargo, no todos los israelitas aceptaron las buenas nuevas. Isaías dice: «Señor, ¿quién ha creído a nuestro mensaje?»*g* 17Así que la fe viene como resultado de oír el mensaje, y el mensaje que se oye es la palabra de Cristo.*h* 18Pero pregunto: ¿Acaso no oyeron? ¡Claro que sí

«Por toda la tierra se difundió su voz,
	¡sus palabras llegan hasta los confines
		del mundo »*i*

19Pero insisto: ¿Acaso no entendió Israel? En primer lugar, Moisés dice:

«Yo haré que ustedes sientan envidia de
	los que no son nación;
	voy a irritarlos con una nación insensata.»*j*

20Luego Isaías se atreve a decir:

«Dejé que me hallaran los que no me buscaban;
	me di a conocer a los que no preguntaban por mí.»*k*

21En cambio, respecto de Israel, dice:

«Todo el día extendí mis manos
	hacia un pueblo desobediente y rebelde.»*l*

El remanente de Israel

11 Por lo tanto, pregunto: ¿Acaso rechazó Dios a su pueblo? ¡De ninguna manera Yo mismo soy israelita, descendiente de Abraham, de la tribu de Benjamín. 2Dios no rechazó a su pueblo, al que de antemano conoció. ¿No saben lo que relata la Escritura en cuanto a Elías? Acusó a Israel delante de Dios: 3«Señor, han matado a tus profetas y han derribado tus altares. Yo soy el único que ha quedado con vida, ¡y ahora quieren matarme a mí también »*m* 4¿Y qué le contestó la voz divina? «He apartado para mí siete mil hombres, los que no se han arrodillado ante Baal.»*n* 5Así también hay en la actualidad un remanente escogido por gracia. 6Y si es por gracia, ya no es por obras; porque en tal caso la gracia ya no sería gracia.*ñ*

preach unless they are sent? As it is written, "How beautiful are the feet of those who bring good news " *i*

16But not all the Israelites accepted the good news. For Isaiah says, "Lord, who has believed our message?"*j* 17Consequently, faith comes from hearing the message, and the message is heard through the word of Christ. 18But I ask: Did they not hear? Of course they did:

"Their voice has gone out into all the
	earth,
	their words to the ends of the world." *k*

19Again I ask: Did Israel not understand? First, Moses says,

"I will make you envious by those who
	are not a nation;
	I will make you angry by a nation that
		has no understanding." *l*

20And Isaiah boldly says,

"I was found by those who did not seek
	me;
	I revealed myself to those who did not
		ask for me." *m*

21But concerning Israel he says,

"All day long I have held out my hands
	to a disobedient and obstinate people." *n*

The Remnant of Israel

11 I ask then: Did God reject his people? By no means I am an Israelite myself, a descendant of Abraham, from the tribe of Benjamin. 2God did not reject his people, whom he foreknew. Don't you know what the Scripture says in the passage about Elijah—how he appealed to God against Israel: 3"Lord, they have killed your prophets and torn down your altars; I am the only one left, and they are trying to kill me"*o*? 4And what was God's answer to him? "I have reserved for myself seven thousand who have not bowed the knee to Baal." *p* 5So too, at the present time there is a remnant chosen by grace. 6And if by grace, then it is no longer by works; if it were, grace would no longer be grace.*q*

*f*10:15 ¡Qué hermoso … trae. Lit. ¡Qué hermosos son los pies de los que anuncian; Is 52:7. 		*g*10:16 Is 53:1 *h*10:17 Cristo. Var. Dios. 		*i*10:18 Sal 19:4 *j*10:19 Dt 32:21 		*k*10:20 Is 65:1 		*l*10:21 Is 65:2 *m*11:3 1R 19:10,14 		*n*11:4 1R 19:18 		*ñ*11:6 no sería gracia. Var. no sería gracia. Pero si es por obras, ya no es gracia; porque en tal caso la obra ya no sería obra.

*i*15 Isaiah 52:7 		*j*16 Isaiah 53:1 		*k*18 Psalm 19:4 *l*19 Deut. 32:21 		*m*20 Isaiah 65:1 		*n*21 Isaiah 65:2 *o*3 1 Kings 19:10,14 		*p*4 1 Kings 19:18 		*q*6 Some manuscripts by grace. But if by works, then it is no longer grace; if it were, work would no longer be work.

7¿Qué concluiremos? Pues que Israel no consiguió lo que tanto deseaba, pero sí lo consiguieron los elegidos. Los demás fueron endurecidos, 8como está escrito:

> «Dios les dio un espíritu insensible,
> ojos con los que no pueden ver
> y oídos con los que no pueden oír,
> hasta el día de hoy.»*o*

9Y David dice:

> «Que sus banquetes se les conviertan en
>   red y en trampa,
> en *tropezadero y en castigo.
> 10Que se les nublen los ojos para que no
>   vean,
>   y se encorven sus espaldas para siem-
>   pre.»*p*

Ramas injertadas

11Ahora pregunto: ¿Acaso tropezaron para no volver a levantarse? ¡De ninguna manera Más bien, gracias a su transgresión ha venido la salvación a los *gentiles, para que Israel sienta celos. 12Pero si su transgresión ha enriquecido al mundo, es decir, si su fracaso ha enriquecido a los gentiles, ¡cuánto mayor será la riqueza que su plena restauración producirá

13Me dirijo ahora a ustedes, los gentiles. Como apóstol que soy de ustedes, le hago honor a mi ministerio, 14pues quisiera ver si de algún modo despierto los celos de mi propio pueblo, para así salvar a algunos de ellos. 15Pues si el haberlos rechazado dio como resultado la reconciliación entre Dios y el mundo, ¿no será su restitución una vuelta a la vida? 16Si se consagra la parte de la masa que se ofrece como *primicias, también se consagra toda la masa; si la raíz es santa, también lo son las ramas.

17Ahora bien, es verdad que algunas de las ramas han sido desgajadas, y que tú, siendo de olivo silvestre, has sido injertado entre las otras ramas. Ahora participas de la savia nutritiva de la raíz del olivo. 18Sin embargo, no te vayas a creer mejor que las ramas originales. Y si te jactas de ello, ten en cuenta que no eres tú quien nutre a la raíz, sino que es la raíz la que te nutre a ti. 19Tal vez dirás: «Desgajaron unas ramas para que yo fuera injertado.» 20De acuerdo. Pero ellas fueron desgajadas por su falta de fe, y tú por la fe te mantienes firme. Así que no seas arrogante sino temeroso; 21porque si Dios no tuvo miramientos con las ramas originales, tampoco los tendrá contigo.

7What then? What Israel sought so earnestly it did not obtain, but the elect did. The others were hardened, 8as it is written:

> "God gave them a spirit of stupor,
> eyes so that they could not see
> and ears so that they could not hear,
> to this very day."*r*

9And David says:

> "May their table become a snare and a
>   trap,
> a stumbling block and a retribution for
>   them.
> 10May their eyes be darkened so they
>   cannot see,
>   and their backs be bent forever."*s*

Ingrafted Branches

11Again I ask: Did they stumble so as to fall beyond recovery? Not at all Rather, because of their transgression, salvation has come to the Gentiles to make Israel envious. 12But if their transgression means riches for the world, and their loss means riches for the Gentiles, how much greater riches will their fullness bring

13I am talking to you Gentiles. Inasmuch as I am the apostle to the Gentiles, I make much of my ministry 14in the hope that I may somehow arouse my own people to envy and save some of them. 15For if their rejection is the reconciliation of the world, what will their acceptance be but life from the dead? 16If the part of the dough offered as firstfruits is holy, then the whole batch is holy; if the root is holy, so are the branches.

17If some of the branches have been broken off, and you, though a wild olive shoot, have been grafted in among the others and now share in the nourishing sap from the olive root, 18do not boast over those branches. If you do, consider this: You do not support the root, but the root supports you. 19You will say then, "Branches were broken off so that I could be grafted in." 20Granted. But they were broken off because of unbelief, and you stand by faith. Do not be arrogant, but be afraid. 21For if God did not spare the natural branches, he will not spare you either.

o 11:8 Dt 29:4; Is 29:10   *p* 11:10 Sal 69:22,23   *r* 8 Deut. 29:4; Isaiah 29:10   *s* 10 Psalm 69:22,23

22Por tanto, considera la bondad y la severidad de Dios: severidad hacia los que cayeron y bondad hacia ti. Pero si no te mantienes en su bondad, tú también serás desgajado. 23Y si ellos dejan de ser incrédulos, serán injertados, porque Dios tiene poder para injertarlos de nuevo. 24Después de todo, si tú fuiste cortado de un olivo silvestre, al que por naturaleza pertenecías, y contra tu condición natural fuiste injertado en un olivo cultivado, ¡con cuánta mayor facilidad las ramas naturales de ese olivo serán injertadas de nuevo en él

Todo Israel será salvo

25Hermanos, quiero que entiendan este *misterio para que no se vuelvan presuntuosos. Parte de Israel se ha endurecido, y así permanecerá hasta que haya entrado la totalidad de los *gentiles. 26De esta manera todo Israel será salvo, como está escrito:

«El redentor vendrá de Sión;
    y apartará de Jacob la impiedad.
27Y éste será mi pacto con ellos
    cuando perdone sus pecados.»q

28Con respecto al *evangelio, los israelitas son enemigos de Dios para bien de ustedes; pero si tomamos en cuenta la elección, son amados de Dios por causa de los patriarcas, 29porque las dádivas de Dios son irrevocables, como lo es también su llamamiento. 30De hecho, en otro tiempo ustedes fueron desobedientes a Dios; pero ahora, por la desobediencia de los israelitas, han sido objeto de su misericordia. 31Así mismo, estos que han desobedecido recibirán misericordia ahora, como resultado de la misericordia de Dios hacia ustedes. 32En fin, Dios ha sujetado a todos a la desobediencia, con el fin de tener misericordia de todos.

Doxología

33¡Qué profundas son las riquezas de la sabiduría y del conocimiento de Dios

¡Qué indescifrables sus juicios
    e impenetrables sus caminos
34«¿Quién ha conocido la mente del Señor,
    o quién ha sido su consejero?»r
35«¿Quién le ha dado primero a Dios,
    para que luego Dios le pague?»s
36Porque todas las cosas proceden de él,
    y existen por él y para él.
¡A él sea la gloria por siempre Amén.

22Consider therefore the kindness and sternness of God: sternness to those who fell, but kindness to you, provided that you continue in his kindness. Otherwise, you also will be cut off. 23And if they do not persist in unbelief, they will be grafted in, for God is able to graft them in again. 24After all, if you were cut out of an olive tree that is wild by nature, and contrary to nature were grafted into a cultivated olive tree, how much more readily will these, the natural branches, be grafted into their own olive tree

All Israel Will Be Saved

25I do not want you to be ignorant of this mystery, brothers, so that you may not be conceited: Israel has experienced a hardening in part until the full number of the Gentiles has come in. 26And so all Israel will be saved, as it is written:

"The deliverer will come from Zion;
    he will turn godlessness away from Jacob.
27And this ist my covenant with them
    when I take away their sins." u

28As far as the gospel is concerned, they are enemies on your account; but as far as election is concerned, they are loved on account of the patriarchs, 29for God's gifts and his call are irrevocable. 30Just as you who were at one time disobedient to God have now received mercy as a result of their disobedience, 31so they too have now become disobedient in order that they too may nowv receive mercy as a result of God's mercy to you. 32For God has bound all men over to disobedience so that he may have mercy on them all.

Doxology

33Oh, the depth of the riches of the wisdom
    andw knowledge of God
How unsearchable his judgments,
    and his paths beyond tracing out
34"Who has known the mind of the Lord?
    Or who has been his counselor?" x
35"Who has ever given to God,
    that God should repay him?" y
36For from him and through him and to him
    are all things.
To him be the glory forever Amen.

---

q11:27 Is 59:20,21; 27:9; Jer 31:33,34   r11:34 Is 40:13
s11:35 Job 41:11

t27 Or will be   u27 Isaiah 59:20,21; 27:9; Jer. 31:33,34
v31 Some manuscripts do not have now.   w33 Or riches and the wisdom and the   x34 Isaiah 40:13   y35 Job 41:11

Sacrificios vivos

12 Por lo tanto, hermanos, tomando en cuenta la misericordia de Dios, les ruego que cada uno de ustedes, en adoración espiritual,[t] ofrezca su cuerpo como sacrificio vivo, *santo y agradable a Dios. 2No se amolden al mundo actual, sino sean transformados mediante la renovación de su mente. Así podrán comprobar cuál es la voluntad de Dios, buena, agradable y perfecta.

3Por la gracia que se me ha dado, les digo a todos ustedes: Nadie tenga un concepto de sí más alto que el que debe tener, sino más bien piense de sí mismo con moderación, según la medida de fe que Dios le haya dado. 4Pues así como cada uno de nosotros tiene un solo cuerpo con muchos miembros, y no todos estos miembros desempeñan la misma función, 5también nosotros, siendo muchos, formamos un solo cuerpo en Cristo, y cada miembro está unido a todos los demás. 6Tenemos dones diferentes, según la gracia que se nos ha dado. Si el don de alguien es el de profecía, que lo use en proporción con su fe;[u] 7si es el de prestar un servicio, que lo preste; si es el de enseñar, que enseñe; 8si es el de animar a otros, que los anime; si es el de socorrer a los necesitados, que dé con generosidad; si es el de dirigir, que dirija con esmero; si es el de mostrar compasión, que lo haga con alegría.

El amor

9El amor debe ser sincero. Aborrezcan el mal; aférrense al bien. 10Ámense los unos a los otros con amor fraternal, respetándose y honrándose mutuamente. 11Nunca dejen de ser diligentes; antes bien, sirvan al Señor con el fervor que da el Espíritu. 12Alégrense en la esperanza, muestren paciencia en el sufrimiento, perseveren en la oración. 13Ayuden a los hermanos necesitados. Practiquen la hospitalidad. 14Bendigan a quienes los persigan; bendigan y no maldigan. 15Alégrense con los que están alegres; lloren con los que lloran. 16Vivan en armonía los unos con los otros. No sean arrogantes, sino háganse solidarios con los humildes.[v] No se crean los únicos que saben.

17No paguen a nadie mal por mal. Procuren hacer lo bueno delante de todos. 18Si es posible, y en cuanto dependa de ustedes, vivan en paz con todos. 19No tomen venganza, hermanos míos, sino dejen el castigo en las manos de Dios,

Living Sacrifices

12 Therefore, I urge you, brothers, in view of God's mercy, to offer your bodies as living sacrifices, holy and pleasing to God—this is your spiritual[z] act of worship. 2Do not conform any longer to the pattern of this world, but be transformed by the renewing of your mind. Then you will be able to test and approve what God's will is—his good, pleasing and perfect will.

3For by the grace given me I say to every one of you: Do not think of yourself more highly than you ought, but rather think of yourself with sober judgment, in accordance with the measure of faith God has given you. 4Just as each of us has one body with many members, and these members do not all have the same function, 5so in Christ we who are many form one body, and each member belongs to all the others. 6We have different gifts, according to the grace given us. If a man's gift is prophesying, let him use it in proportion to his[a] faith. 7If it is serving, let him serve; if it is teaching, let him teach; 8if it is encouraging, let him encourage; if it is contributing to the needs of others, let him give generously; if it is leadership, let him govern diligently; if it is showing mercy, let him do it cheerfully.

Love

9Love must be sincere. Hate what is evil; cling to what is good. 10Be devoted to one another in brotherly love. Honor one another above yourselves. 11Never be lacking in zeal, but keep your spiritual fervor, serving the Lord. 12Be joyful in hope, patient in affliction, faithful in prayer. 13Share with God's people who are in need. Practice hospitality.

14Bless those who persecute you; bless and do not curse. 15Rejoice with those who rejoice; mourn with those who mourn. 16Live in harmony with one another. Do not be proud, but be willing to associate with people of low position.[b] Do not be conceited.

17Do not repay anyone evil for evil. Be careful to do what is right in the eyes of everybody. 18If it is possible, as far as it depends on you, live at peace with everyone. 19Do not take revenge, my friends, but leave room for God's wrath, for it is written: "It is mine to avenge;

---

[t]12:1 *espiritual*. Alt. *racional*.　[u]12:6 *en proporción con su fe*. Alt. *de acuerdo con la fe*.　[v]12:16 *háganse … humildes*. Alt. *estén dispuestos a ocuparse en oficios humildes*.

[z]1 Or *reasonable*　[a]6 Or *in agreement with the*　[b]16 Or *willing to do menial work*

porque está escrito: «Mía es la venganza; yo pagaré»,[w] dice el Señor. [20]Antes bien,

«Si tu enemigo tiene hambre, dale de comer;
si tiene sed, dale de beber.
Actuando así, harás que se avergüence de su conducta.»[x]

[21]No te dejes vencer por el mal; al contrario, vence el mal con el bien.

El respeto a las autoridades

13 Todos deben someterse a las autoridades públicas, pues no hay autoridad que Dios no haya dispuesto, así que las que existen fueron establecidas por él. [2]Por lo tanto, todo el que se opone a la autoridad se rebela contra lo que Dios ha instituido. Los que así proceden recibirán castigo. [3]Porque los gobernantes no están para infundir terror a los que hacen lo bueno sino a los que hacen lo malo. ¿Quieres librarte del miedo a la autoridad? Haz lo bueno, y tendrás su aprobación, [4]pues está al servicio de Dios para tu bien. Pero si haces lo malo, entonces debes tener miedo. No en vano lleva la espada, pues está al servicio de Dios para impartir justicia y castigar al malhechor. [5]Así que es necesario someterse a las autoridades, no sólo para evitar el castigo sino también por razones de conciencia.

[6]Por eso mismo pagan ustedes impuestos, pues las autoridades están al servicio de Dios, dedicadas precisamente a gobernar. [7]Paguen a cada uno lo que le corresponda: si deben impuestos, paguen los impuestos; si deben contribuciones, paguen las contribuciones; al que deban respeto, muéstrenle respeto; al que deban honor, ríndanle honor.

La responsabilidad hacia los demás

[8]No tengan deudas pendientes con nadie, a no ser la de amarse unos a otros. De hecho, quien ama al prójimo ha cumplido la ley. [9]Porque los mandamientos que dicen: «No cometas adulterio», «No mates», «No robes», «No codicies»,[y] y todos los demás mandamientos, se resumen en este precepto: «Ama a tu prójimo como a ti mismo.»[z] [10]El amor no perjudica al prójimo. Así que el amor es el cumplimiento de la ley.

[11]Hagan todo esto estando conscientes del tiempo en que vivimos. Ya es hora de que despierten del sueño, pues nuestra salvación está ahora más cerca que cuando inicialmente creí-

I will repay," [c] says the Lord. [20]On the contrary:

"If your enemy is hungry, feed him;
if he is thirsty, give him something to drink.
In doing this, you will heap burning coals on his head." [d]

[21]Do not be overcome by evil, but overcome evil with good.

Submission to the Authorities

13 Everyone must submit himself to the governing authorities, for there is no authority except that which God has established. The authorities that exist have been established by God. [2]Consequently, he who rebels against the authority is rebelling against what God has instituted, and those who do so will bring judgment on themselves. [3]For rulers hold no terror for those who do right, but for those who do wrong. Do you want to be free from fear of the one in authority? Then do what is right and he will commend you. [4]For he is God's servant to do you good. But if you do wrong, be afraid, for he does not bear the sword for nothing. He is God's servant, an agent of wrath to bring punishment on the wrongdoer. [5]Therefore, it is necessary to submit to the authorities, not only because of possible punishment but also because of conscience. [6]This is also why you pay taxes, for the authorities are God's servants, who give their full time to governing. [7]Give everyone what you owe him: If you owe taxes, pay taxes; if revenue, then revenue; if respect, then respect; if honor, then honor.

Love, for the Day is Near

[8]Let no debt remain outstanding, except the continuing debt to love one another, for he who loves his fellowman has fulfilled the law. [9]The commandments, "Do not commit adultery," "Do not murder," "Do not steal," "Do not covet," [e] and whatever other commandment there may be, are summed up in this one rule: "Love your neighbor as yourself." [f] [10]Love does no harm to its neighbor. Therefore love is the fulfillment of the law.

[11]And do this, understanding the present time. The hour has come for you to wake up from your slumber, because our salvation is nearer now

---

[w]**12:19** Dt 32:35   [x]**12:20** *harás … conducta.* Lit. *ascuas de fuego amontonarás sobre su cabeza* (Pr 25:21,22).
[y]**13:9** Éx 20:13-15,17; Dt 5:17-19,21   [z]**13:9** Lv 19:18

[c]*19* Deut. 32:35   [d]*20* Prov. 25:21,22
[e]*9* Exodus 20:13-15,17; Deut. 5:17-19,21   [f]*9* Lev. 19:18

mos. 12La noche está muy avanzada y ya se acerca el día. Por eso, dejemos a un lado las obras de la oscuridad y pongámonos la armadura de la luz. 13Vivamos decentemente, como a la luz del día, no en orgías y borracheras, ni en inmoralidad sexual y libertinaje, ni en disensiones y envidias. 14Más bien, revístanse ustedes del Señor Jesucristo, y no se preocupen por satisfacer los deseos de la *naturaleza pecaminosa.

Los débiles y los fuertes

14 Reciban al que es débil en la fe, pero no para entrar en discusiones. 2A algunos su fe les permite comer de todo, pero hay quienes son débiles en la fe, y sólo comen verduras. 3El que come de todo no debe menospreciar al que no come ciertas cosas, y el que no come de todo no debe condenar al que lo hace, pues Dios lo ha aceptado. 4¿Quién eres tú para juzgar al siervo de otro? Que se mantenga en pie, o que caiga, es asunto de su propio señor. Y se mantendrá en pie, porque el Señor tiene poder para sostenerlo.

5Hay quien considera que un día tiene más importancia que otro, pero hay quien considera iguales todos los días. Cada uno debe estar firme en sus propias opiniones. 6El que le da importancia especial a cierto día, lo hace para el Señor. El que come de todo, come para el Señor, y lo demuestra dándole gracias a Dios; y el que no come, para el Señor se abstiene, y también da gracias a Dios. 7Porque ninguno de nosotros vive para sí mismo, ni tampoco muere para sí. 8Si vivimos, para el Señor vivimos; y si morimos, para el Señor morimos. Así pues, sea que vivamos o que muramos, del Señor somos. 9Para esto mismo murió Cristo, y volvió a vivir, para ser Señor tanto de los que han muerto como de los que aún viven. 10Tú, entonces, ¿por qué juzgas a tu hermano? O tú, ¿por qué lo menosprecias? ¡Todos tendremos que comparecer ante el tribunal de Dios 11Está escrito:

«Tan cierto como que yo vivo —dice el
    Señor—,
ante mí se doblará toda rodilla
y toda lengua confesará a Dios.»*a*

12Así que cada uno de nosotros tendrá que dar cuentas de sí a Dios.

13Por tanto, dejemos de juzgarnos unos a otros. Más bien, propónganse no poner *tropiezos ni obstáculos al hermano. 14Yo, de mi parte, estoy plenamente convencido en el Señor Jesús

than when we first believed. 12The night is nearly over; the day is almost here. So let us put aside the deeds of darkness and put on the armor of light. 13Let us behave decently, as in the daytime, not in orgies and drunkenness, not in sexual immorality and debauchery, not in dissension and jealousy. 14Rather, clothe yourselves with the Lord Jesus Christ, and do not think about how to gratify the desires of the sinful nature.*g*

The Weak and the Strong

14 Accept him whose faith is weak, without passing judgment on disputable matters. 2One man's faith allows him to eat everything, but another man, whose faith is weak, eats only vegetables. 3The man who eats everything must not look down on him who does not, and the man who does not eat everything must not condemn the man who does, for God has accepted him. 4Who are you to judge someone else's servant? To his own master he stands or falls. And he will stand, for the Lord is able to make him stand.

5One man considers one day more sacred than another; another man considers every day alike. Each one should be fully convinced in his own mind. 6He who regards one day as special, does so to the Lord. He who eats meat, eats to the Lord, for he gives thanks to God; and he who abstains, does so to the Lord and gives thanks to God. 7For none of us lives to himself alone and none of us dies to himself alone. 8If we live, we live to the Lord; and if we die, we die to the Lord. So, whether we live or die, we belong to the Lord.

9For this very reason, Christ died and returned to life so that he might be the Lord of both the dead and the living. 10You, then, why do you judge your brother? Or why do you look down on your brother? For we will all stand before God's judgment seat. 11It is written:

" 'As surely as I live,' says the Lord,
    'every knee will bow before me;
        every tongue will confess to God.' "*h*

12So then, each of us will give an account of himself to God.

13Therefore let us stop passing judgment on one another. Instead, make up your mind not to put any stumbling block or obstacle in your brother's way. 14As one who is in the Lord

---

*a*14:11 Is 45:23   *g*14 Or the flesh   *h*11 Isaiah 45:23

de que no hay nada *impuro en sí mismo. Si algo es impuro, lo es solamente para quien así lo considera. 15Ahora bien, si tu hermano se angustia por causa de lo que comes, ya no te comportas con amor. No destruyas, por causa de la comida, al hermano por quien Cristo murió. 16En una palabra, no den lugar a que se hable mal del bien que ustedes practican, 17porque el reino de Dios no es cuestión de comidas o bebidas sino de justicia, paz y alegría en el Espíritu Santo. 18El que de esta manera sirve a Cristo, agrada a Dios y es aprobado por sus semejantes.

19Por lo tanto, esforcémonos por promover todo lo que conduzca a la paz y a la mutua edificación. 20No destruyas la obra de Dios por causa de la comida. Todo alimento es puro; lo malo es hacer tropezar a otros por lo que uno come. 21Más vale no comer carne ni beber vino, ni hacer nada que haga *caer a tu hermano.

22Así que la convicción[b] que tengas tú al respecto, manténla como algo entre Dios y tú. *Dichoso aquel a quien su conciencia no lo acusa por lo que hace. 23Pero el que tiene dudas en cuanto a lo que come, se condena; porque no lo hace por convicción. Y todo lo que no se hace por convicción es pecado.

15 Los fuertes en la fe debemos apoyar a los débiles, en vez de hacer lo que nos agrada. 2Cada uno debe agradar al prójimo para su bien, con el fin de edificarlo. 3Porque ni siquiera Cristo se agradó a sí mismo sino que, como está escrito: «Sobre mí han recaído los insultos de tus detractores.»[c] 4De hecho, todo lo que se escribió en el pasado se escribió para enseñarnos, a fin de que, alentados por las Escrituras, perseveremos en mantener nuestra esperanza.

5Que el Dios que infunde aliento y perseverancia les conceda vivir juntos en armonía, conforme al ejemplo de Cristo Jesús, 6para que con un solo corazón y a una sola voz glorifiquen al Dios y Padre de nuestro Señor Jesucristo.

7Por tanto, acéptense mutuamente, así como Cristo los aceptó a ustedes para gloria de Dios. 8Les digo que Cristo se hizo servidor de los judíos[d] para demostrar la fidelidad de Dios, a fin de confirmar las promesas hechas a los patriarcas, 9y para que los *gentiles glorifiquen a Dios por su compasión, como está escrito:

«Por eso te alabaré entre las *naciones;
cantaré salmos a tu nombre.»[e]

Jesus, I am fully convinced that no food[i] is unclean in itself. But if anyone regards something as unclean, then for him it is unclean. 15If your brother is distressed because of what you eat, you are no longer acting in love. Do not by your eating destroy your brother for whom Christ died. 16Do not allow what you consider good to be spoken of as evil. 17For the kingdom of God is not a matter of eating and drinking, but of righteousness, peace and joy in the Holy Spirit, 18because anyone who serves Christ in this way is pleasing to God and approved by men.

19Let us therefore make every effort to do what leads to peace and to mutual edification. 20Do not destroy the work of God for the sake of food. All food is clean, but it is wrong for a man to eat anything that causes someone else to stumble. 21It is better not to eat meat or drink wine or to do anything else that will cause your brother to fall.

22So whatever you believe about these things keep between yourself and God. Blessed is the man who does not condemn himself by what he approves. 23But the man who has doubts is condemned if he eats, because his eating is not from faith; and everything that does not come from faith is sin.

15 We who are strong ought to bear with the failings of the weak and not to please ourselves. 2Each of us should please his neighbor for his good, to build him up. 3For even Christ did not please himself but, as it is written: "The insults of those who insult you have fallen on me."[j] 4For everything that was written in the past was written to teach us, so that through endurance and the encouragement of the Scriptures we might have hope.

5May the God who gives endurance and encouragement give you a spirit of unity among yourselves as you follow Christ Jesus, 6so that with one heart and mouth you may glorify the God and Father of our Lord Jesus Christ.

7Accept one another, then, just as Christ accepted you, in order to bring praise to God. 8For I tell you that Christ has become a servant of the Jews[k] on behalf of God's truth, to confirm the promises made to the patriarchs 9so that the Gentiles may glorify God for his mercy, as it is written:

"Therefore I will praise you among the Gentiles;
I will sing hymns to your name."[l]

---

[b]14:22 convicción. Lit. fe; también en v. 23.
[c]15:3 Sal 69:9   [d]15:8 de los judíos. Lit. de la *circuncisión.
[e]15:9 2S 22:50; Sal 18:49

[i]14 Or that nothing   [j]3 Psalm 69:9   [k]8 Greek circumcision
[l]9 2 Samuel 22:50; Psalm 18:49

10En otro pasaje dice:

>>«Alégrense, naciones, con el pueblo de
Dios.»f

11Y en otra parte:

>>«¡Alaben al Señor, naciones todas
¡Pueblos todos, cántenle alabanzas »g

12A su vez, Isaías afirma:

>>«Brotará la raíz de Isaí,
el que se levantará para gobernar a las
naciones;
en él los pueblos pondrán su esperanza.»h

13Que el Dios de la esperanza los llene de toda
alegría y paz a ustedes que creen en él, para que
rebosen de esperanza por el poder del Espíritu
Santo.

Pablo, ministro de los gentiles

14Por mi parte, hermanos míos, estoy seguro
de que ustedes mismos rebosan de bondad,
abundan en conocimiento y están capacitados
para instruirse unos a otros. 15Sin embargo, les
he escrito con mucha franqueza sobre algunos
asuntos, como para refrescarles la memoria. Me
he atrevido a hacerlo por causa de la gracia que
Dios me dio 16para ser ministro de Cristo Jesús
a los *gentiles. Yo tengo el deber sacerdotal de
proclamar el *evangelio de Dios, a fin de que los
gentiles lleguen a ser una ofrenda aceptable a
Dios, *santificada por el Espíritu Santo.

17Por tanto, mi servicio a Dios es para mí
motivo de *orgullo en Cristo Jesús. 18No me
atreveré a hablar de nada sino de lo que Cristo
ha hecho por medio de mí para que los gentiles
lleguen a obedecer a Dios. Lo ha hecho con
palabras y obras, 19mediante poderosas señales
y milagros, por el poder del Espíritu de Dios. Así
que, habiendo comenzado en Jerusalén, he completado la proclamación del evangelio de Cristo
por todas partes, hasta la región de Iliria. 20En
efecto, mi propósito ha sido predicar el evangelio donde Cristo no sea conocido, para no edificar sobre fundamento ajeno. 21Más bien, como
está escrito:

>>«Los que nunca habían recibido noticia
de él, lo verán;
y entenderán los que no habían oído hablar de él.»i

10Again, it says,

>>"Rejoice, O Gentiles, with his people." m

11And again,

>>"Praise the Lord, all you Gentiles,
and sing praises to him, all you peoples." n

12And again, Isaiah says,

>>"The Root of Jesse will spring up,
one who will arise to rule over the nations;
the Gentiles will hope in him." o

13May the God of hope fill you with all joy
and peace as you trust in him, so that you may
overflow with hope by the power of the Holy
Spirit.

Paul the Minister to the Gentiles

14I myself am convinced, my brothers, that
you yourselves are full of goodness, complete
in knowledge and competent to instruct one
another. 15I have written you quite boldly on
some points, as if to remind you of them again,
because of the grace God gave me 16to be a
minister of Christ Jesus to the Gentiles with
the priestly duty of proclaiming the gospel of
God, so that the Gentiles might become an
offering acceptable to God, sanctified by the
Holy Spirit.

17Therefore I glory in Christ Jesus in my
service to God. 18I will not venture to speak
of anything except what Christ has accomplished through me in leading the Gentiles to
obey God by what I have said and done— 19by
the power of signs and miracles, through the
power of the Spirit. So from Jerusalem all the
way around to Illyricum, I have fully proclaimed the gospel of Christ. 20It has always
been my ambition to preach the gospel where
Christ was not known, so that I would not be
building on someone else's foundation.
21Rather, as it is written:

>>"Those who were not told about him will
see,
and those who have not heard will understand." p

---

f15:10 Dt 32:43   g15:11 Sal 117:1   h15:12 Is 11:10
i15:21 Is 52:15

m10 Deut. 32:43   n11 Psalm 117:1   o12 Isaiah 11:10
p21 Isaiah 52:15

22Este trabajo es lo que muchas veces me ha impedido ir a visitarlos.

Pablo piensa visitar Roma

23Pero ahora que ya no me queda un lugar dónde trabajar en estas regiones, y como desde hace muchos años anhelo verlos, 24tengo planes de visitarlos cuando vaya rumbo a España. Espero que, después de que haya disfrutado de la compañía de ustedes por algún tiempo, me ayuden a continuar el viaje. 25Por ahora, voy a Jerusalén para llevar ayuda a los *hermanos, 26ya que Macedonia y Acaya tuvieron a bien hacer una colecta para los hermanos pobres de Jerusalén. 27Lo hicieron de buena voluntad, aunque en realidad era su obligación hacerlo. Porque si los *gentiles han participado de las bendiciones espirituales de los judíos, están en deuda con ellos para servirles con las bendiciones materiales. 28Así que, una vez que yo haya cumplido esta tarea y entregado en sus manos este fruto, saldré para España y de paso los visitaré a ustedes. 29Sé que, cuando los visite, iré con la abundante bendición de Cristo.

30Les ruego, hermanos, por nuestro Señor Jesucristo y por el amor del Espíritu, que se unan conmigo en esta lucha y que oren a Dios por mí. 31Pídanle que me libre de caer en manos de los incrédulos que están en Judea, y que los hermanos de Jerusalén reciban bien la ayuda que les llevo. 32De este modo, por la voluntad de Dios, llegaré a ustedes con alegría y podré descansar entre ustedes por algún tiempo. 33El Dios de paz sea con todos ustedes. Amén.

Saludos personales

16 Les recomiendo a nuestra hermana Febe, diaconisa de la iglesia de Cencreas. 2Les pido que la reciban dignamente en el Señor, como conviene hacerlo entre hermanos en la fe; préstenle toda la ayuda que necesite, porque ella ha ayudado a muchas personas, entre las que me cuento yo.

3 Saluden a *Priscila y a Aquila, mis compañeros de trabajo en Cristo Jesús. 4Por salvarme la *vida, ellos arriesgaron la suya. Tanto yo como todas las iglesias de los *gentiles les estamos agradecidos.

5 Saluden igualmente a la iglesia que se reúne en la casa de ellos.

Saluden a mi querido hermano Epeneto, el primer convertido a Cristo en la provincia de *Asia.ʲ

22This is why I have often been hindered from coming to you.

Paul's Plan to Visit Rome

23But now that there is no more place for me to work in these regions, and since I have been longing for many years to see you, 24I plan to do so when I go to Spain. I hope to visit you while passing through and to have you assist me on my journey there, after I have enjoyed your company for a while. 25Now, however, I am on my way to Jerusalem in the service of the saints there. 26For Macedonia and Achaia were pleased to make a contribution for the poor among the saints in Jerusalem. 27They were pleased to do it, and indeed they owe it to them. For if the Gentiles have shared in the Jews' spiritual blessings, they owe it to the Jews to share with them their material blessings. 28So after I have completed this task and have made sure that they have received this fruit, I will go to Spain and visit you on the way. 29I know that when I come to you, I will come in the full measure of the blessing of Christ.

30I urge you, brothers, by our Lord Jesus Christ and by the love of the Spirit, to join me in my struggle by praying to God for me. 31Pray that I may be rescued from the unbelievers in Judea and that my service in Jerusalem may be acceptable to the saints there, 32so that by God's will I may come to you with joy and together with you be refreshed. 33The God of peace be with you all. Amen.

Personal Greetings

16 I commend to you our sister Phoebe, a servant�q of the church in Cenchrea. 2I ask you to receive her in the Lord in a way worthy of the saints and to give her any help she may need from you, for she has been a great help to many people, including me.

3 Greet Priscillaʳ and Aquila, my fellow workers in Christ Jesus. 4They risked their lives for me. Not only I but all the churches of the Gentiles are grateful to them.

5 Greet also the church that meets at their house.

Greet my dear friend Epenetus, who was the first convert to Christ in the province of Asia.

ʲ16:5 el primer ... *Asia. Lit. las *primicias de Asia.   q 1 Or deaconess   r 3 Greek Prisca, a variant of Priscilla

6 Saluden a María, que tanto ha trabajado por ustedes.

7 Saluden a Andrónico y a Junías,*k* mis parientes y compañeros de cárcel, destacados entre los apóstoles y convertidos a Cristo antes que yo.

8 Saluden a Amplias, mi querido hermano en el Señor.

9 Saluden a Urbano, nuestro compañero de trabajo en Cristo, y a mi querido hermano Estaquis.

10 Saluden a Apeles, que ha dado tantas pruebas de su fe en Cristo.

Saluden a los de la familia de Aristóbulo.

11 Saluden a Herodión, mi pariente.

Saluden a los de la familia de Narciso, fieles en el Señor.

12 Saluden a Trifena y a Trifosa, las cuales se esfuerzan trabajando por el Señor.

Saluden a mi querida hermana Pérsida, que ha trabajado muchísimo en el Señor.

13 Saluden a Rufo, distinguido creyente,*l* y a su madre, que ha sido también como una madre para mí.

14 Saluden a Asíncrito, a Flegonte, a Hermes, a Patrobas, a Hermas y a los hermanos que están con ellos.

15 Saluden a Filólogo, a Julia, a Nereo y a su hermana, a Olimpas y a todos los hermanos que están con ellos.

16 Salúdense unos a otros con un beso santo.

Todas las iglesias de Cristo les mandan saludos.

17 Les ruego, hermanos, que se cuiden de los que causan divisiones y dificultades, y van en contra de lo que a ustedes se les ha enseñado. Apártense de ellos. **18** Tales individuos no sirven a Cristo nuestro Señor, sino a sus propios deseos.*m* Con palabras suaves y lisonjeras engañan a los ingenuos. **19** Es cierto que ustedes viven en obediencia, lo que es bien conocido de todos y me alegra mucho; pero quiero que sean sagaces para el bien e inocentes para el mal.

20 Muy pronto el Dios de paz aplastará a Satanás bajo los pies de ustedes.

Que la gracia de nuestro Señor Jesús sea con ustedes.

21 Saludos de parte de Timoteo, mi compañero de trabajo, como también de Lucio, Jasón y Sosípater, mis parientes.

22 Yo, Tercio, que escribo esta carta, los saludo en el Señor.

6 Greet Mary, who worked very hard for you.

7 Greet Andronicus and Junias, my relatives who have been in prison with me. They are outstanding among the apostles, and they were in Christ before I was.

8 Greet Ampliatus, whom I love in the Lord.

9 Greet Urbanus, our fellow worker in Christ, and my dear friend Stachys.

10 Greet Apelles, tested and approved in Christ.

Greet those who belong to the household of Aristobulus.

11 Greet Herodion, my relative.

Greet those in the household of Narcissus who are in the Lord.

12 Greet Tryphena and Tryphosa, those women who work hard in the Lord.

Greet my dear friend Persis, another woman who has worked very hard in the Lord.

13 Greet Rufus, chosen in the Lord, and his mother, who has been a mother to me, too.

14 Greet Asyncritus, Phlegon, Hermes, Patrobas, Hermas and the brothers with them.

15 Greet Philologus, Julia, Nereus and his sister, and Olympas and all the saints with them.

16 Greet one another with a holy kiss.

All the churches of Christ send greetings.

17 I urge you, brothers, to watch out for those who cause divisions and put obstacles in your way that are contrary to the teaching you have learned. Keep away from them. **18** For such people are not serving our Lord Christ, but their own appetites. By smooth talk and flattery they deceive the minds of naive people. **19** Everyone has heard about your obedience, so I am full of joy over you; but I want you to be wise about what is good, and innocent about what is evil.

20 The God of peace will soon crush Satan under your feet.

The grace of our Lord Jesus be with you.

21 Timothy, my fellow worker, sends his greetings to you, as do Lucius, Jason and Sosipater, my relatives.

22 I, Tertius, who wrote down this letter, greet you in the Lord.

---

k **16:7** *Junías.* Alt. *Junia.*   *l* **16:13** *distinguido creyente.* Lit. *escogido en el Señor.*   *m* **16:18** *sus propios deseos.* Lit. *su propio estómago.*

23Saludos de parte de Gayo, de cuya hospitalidad disfrutamos yo y toda la iglesia de este lugar.

También les mandan saludos Erasto, que es el tesorero de la ciudad, y nuestro hermano Cuarto.[n]

25-26El Dios eterno ocultó su *misterio durante largos siglos, pero ahora lo ha revelado por medio de los escritos proféticos, según su propio mandato, para que todas las *naciones obedezcan a la fe.[ñ] ¡Al que puede fortalecerlos a ustedes conforme a mi *evangelio y a la predicación acerca de Jesucristo, 27al único sabio Dios, sea la gloria para siempre por medio de Jesucristo Amén.

23Gaius, whose hospitality I and the whole church here enjoy, sends you his greetings.

Erastus, who is the city's director of public works, and our brother Quartus send you their greetings.[s]

25Now to him who is able to establish you by my gospel and the proclamation of Jesus Christ, according to the revelation of the mystery hidden for long ages past, 26but now revealed and made known through the prophetic writings by the command of the eternal God, so that all nations might believe and obey him— 27to the only wise God be glory forever through Jesus Christ Amen.

---

[n]16:23 Cuarto. Var. Cuarto. 24La gracia de nuestro Señor Jesucristo sea con todos ustedes. Amén. [ñ]16:25-26 para ... la fe. Lit. para la obediencia de la fe a todas las naciones.

[s]23 Some manuscripts their greetings. 24May the grace of our Lord Jesus Christ be with all of you. Amen.

Primera Carta a los Corintios

1 Corinthians

1 Pablo, llamado por la voluntad de Dios a ser apóstol de *Cristo Jesús, y nuestro hermano Sóstenes,

²a la iglesia de Dios que está en Corinto, a los que han sido *santificados en Cristo Jesús y llamados a ser su santo pueblo, junto con todos los que en todas partes invocan el nombre de nuestro Señor Jesucristo, Señor de ellos y de nosotros:

³Que Dios nuestro Padre y el Señor Jesucristo les concedan gracia y paz.

Acción de gracias

⁴Siempre doy gracias a Dios por ustedes, pues él, en Cristo Jesús, les ha dado su gracia. ⁵Unidos a Cristo ustedes se han llenado de toda riqueza, tanto en palabra como en conocimiento. ⁶Así se ha confirmado en ustedes nuestro testimonio acerca de Cristo, ⁷de modo que no les falta ningún don espiritual mientras esperan con ansias que se manifieste nuestro Señor Jesucristo. ⁸Él los mantendrá firmes hasta el fin, para que sean irreprochables en el día de nuestro Señor Jesucristo. ⁹Fiel es Dios, quien los ha llamado a tener comunión con su Hijo Jesucristo, nuestro Señor.

Divisiones en la iglesia

¹⁰Les suplico, hermanos, en el nombre de nuestro Señor Jesucristo, que todos vivan en armonía y que no haya divisiones entre ustedes, sino que se mantengan unidos en un mismo pensar y en un mismo propósito. ¹¹Digo esto, hermanos míos, porque algunos de la familia de Cloé me han informado que hay rivalidades entre ustedes. ¹²Me refiero a que unos dicen: «Yo sigo a Pablo»; otros afirman: «Yo, a Apolos»; otros: «Yo, a *Cefas»; y otros: «Yo, a Cristo.»

¹³¿Cómo ¿Está dividido Cristo? ¿Acaso Pablo fue crucificado por ustedes? ¿O es que fueron bautizados en el nombre de Pablo? ¹⁴Gracias a Dios que no bauticé a ninguno de ustedes, excepto a Crispo y a Gayo, ¹⁵de modo que nadie puede decir que fue bautizado en mi nombre. ¹⁶Bueno, también bauticé a la familia de Estéfanas; fuera de éstos, no recuerdo haber bautizado a ningún otro. ¹⁷Pues Cristo no me envió a

1 Paul, called to be an apostle of Christ Jesus by the will of God, and our brother Sosthenes,

²To the church of God in Corinth, to those sanctified in Christ Jesus and called to be holy, together with all those everywhere who call on the name of our Lord Jesus Christ—their Lord and ours:

³Grace and peace to you from God our Father and the Lord Jesus Christ.

Thanksgiving

⁴I always thank God for you because of his grace given you in Christ Jesus. ⁵For in him you have been enriched in every way—in all your speaking and in all your knowledge— ⁶because our testimony about Christ was confirmed in you. ⁷Therefore you do not lack any spiritual gift as you eagerly wait for our Lord Jesus Christ to be revealed. ⁸He will keep you strong to the end, so that you will be blameless on the day of our Lord Jesus Christ. ⁹God, who has called you into fellowship with his Son Jesus Christ our Lord, is faithful.

Divisions in the Church

¹⁰I appeal to you, brothers, in the name of our Lord Jesus Christ, that all of you agree with one another so that there may be no divisions among you and that you may be perfectly united in mind and thought. ¹¹My brothers, some from Chloe's household have informed me that there are quarrels among you. ¹²What I mean is this: One of you says, "I follow Paul"; another, "I follow Apollos"; another, "I follow Cephas[a]"; still another, "I follow Christ."

¹³Is Christ divided? Was Paul crucified for you? Were you baptized into[b] the name of Paul? ¹⁴I am thankful that I did not baptize any of you except Crispus and Gaius, ¹⁵so no one can say that you were baptized into my name. ¹⁶(Yes, I also baptized the household of Stephanas; beyond that, I don't remember if I baptized anyone else.) ¹⁷For Christ did not send me to baptize,

---

a 12 That is, Peter   b 13 Or in; also in verse 15

bautizar sino a predicar el *evangelio, y eso sin discursos de sabiduría humana, para que la cruz de Cristo no perdiera su eficacia.

Cristo, sabiduría y poder de Dios

18Me explico: El mensaje de la cruz es una locura para los que se pierden; en cambio, para los que se salvan, es decir, para nosotros, este mensaje es el poder de Dios. **19**Pues está escrito:

> «Destruiré la sabiduría de los sabios;
> frustraré la inteligencia de los inteligen-
> tes.»[a]

20¿Dónde está el sabio? ¿Dónde el erudito? ¿Dónde el filósofo de esta época? ¿No ha convertido Dios en locura la sabiduría de este mundo? **21**Ya que Dios, en su sabio designio, dispuso que el mundo no lo conociera mediante la sabiduría humana, tuvo a bien salvar, mediante la locura de la predicación, a los que creen. **22**Los judíos piden señales milagrosas y los *gentiles buscan sabiduría, **23**mientras que nosotros predicamos a Cristo crucificado. Este mensaje es motivo de *tropiezo para los judíos, y es locura para los gentiles, **24**pero para los que Dios ha llamado, lo mismo judíos que gentiles, Cristo es el poder de Dios y la sabiduría de Dios. **25**Pues la locura de Dios es más sabia que la sabiduría humana, y la debilidad de Dios es más fuerte que la fuerza humana.

26Hermanos, consideren su propio llamamiento: No muchos de ustedes son sabios, según criterios meramente *humanos; ni son muchos los poderosos ni muchos los de noble cuna. **27**Pero Dios escogió lo insensato del mundo para avergonzar a los sabios, y escogió lo débil del mundo para avergonzar a los poderosos. **28**También escogió Dios lo más bajo y despreciado, y lo que no es nada, para anular lo que es, **29**a fin de que en su presencia nadie pueda *jactarse. **30**Pero gracias a él ustedes están unidos a Cristo Jesús, a quien Dios ha hecho nuestra sabiduría —es decir, nuestra *justificación, *santificación y redención— **31**para que, como está escrito: «Si alguien ha de gloriarse, que se gloríe en el Señor.»[b]

2 Yo mismo, hermanos, cuando fui a anunciarles el testimonio[c] de Dios, no lo hice con gran elocuencia y sabiduría. **2**Me propuse más bien, estando entre ustedes, no saber de cosa alguna, excepto de Jesucristo, y de éste crucificado. **3**Es más, me presenté ante ustedes con tanta debilidad que temblaba de miedo. **4**No les hablé ni les prediqué con palabras sabias y elo-

but to preach the gospel—not with words of human wisdom, lest the cross of Christ be emptied of its power.

Christ the Wisdom and Power of God

18For the message of the cross is foolishness to those who are perishing, but to us who are being saved it is the power of God. **19**For it is written:

> "I will destroy the wisdom of the wise;
> the intelligence of the intelligent I will
> frustrate." [c]

20Where is the wise man? Where is the scholar? Where is the philosopher of this age? Has not God made foolish the wisdom of the world? **21**For since in the wisdom of God the world through its wisdom did not know him, God was pleased through the foolishness of what was preached to save those who believe. **22**Jews demand miraculous signs and Greeks look for wisdom, **23**but we preach Christ crucified: a stumbling block to Jews and foolishness to Gentiles, **24**but to those whom God has called, both Jews and Greeks, Christ the power of God and the wisdom of God. **25**For the foolishness of God is wiser than man's wisdom, and the weakness of God is stronger than man's strength.

26Brothers, think of what you were when you were called. Not many of you were wise by human standards; not many were influential; not many were of noble birth. **27**But God chose the foolish things of the world to shame the wise; God chose the weak things of the world to shame the strong. **28**He chose the lowly things of this world and the despised things—and the things that are not—to nullify the things that are, **29**so that no one may boast before him. **30**It is because of him that you are in Christ Jesus, who has become for us wisdom from God—that is, our righteousness, holiness and redemption. **31**Therefore, as it is written: "Let him who boasts boast in the Lord." [d]

2 When I came to you, brothers, I did not come with eloquence or superior wisdom as I proclaimed to you the testimony about God.[e] **2**For I resolved to know nothing while I was with you except Jesus Christ and him crucified. **3**I came to you in weakness and fear, and with much trembling. **4**My message and my preaching were not with wise and persuasive

---

a 1:19 Is 29:14　b 1:31 Jer 9:24　c 2:1 testimonio. Var. *misterio.

c 19 Isaiah 29:14　d 31 Jer. 9:24　e 1 Some manuscripts as I proclaimed to you God's mystery cuentes sino con demostración del poder del Espíritu, [5]para que la fe de ustedes no dependiera de la sabiduría humana sino del poder de Dios.

Sabiduría procedente del Espíritu

[6]En cambio, hablamos con sabiduría entre los que han alcanzado madurez,[d] pero no con la sabiduría de este mundo ni con la de sus gobernantes, los cuales terminarán en nada. [7]Más bien, exponemos el *misterio de la sabiduría de Dios, una sabiduría que ha estado escondida y que Dios había destinado para nuestra gloria desde la eternidad. [8]Ninguno de los gobernantes de este mundo la entendió, porque de haberla entendido no habrían crucificado al Señor de la gloria. [9]Sin embargo, como está escrito:

«Ningún ojo ha visto,
ningún oído ha escuchado,
ninguna mente humana ha concebido
lo que Dios ha preparado para quienes
lo aman.»[e]

[10]Ahora bien, Dios nos ha revelado esto por medio de su Espíritu, pues el Espíritu lo examina todo, hasta las profundidades de Dios. [11]En efecto, ¿quién conoce los pensamientos del *ser humano sino su propio espíritu que está en él? Así mismo, nadie conoce los pensamientos de Dios sino el Espíritu de Dios. [12]Nosotros no hemos recibido el espíritu del mundo sino el Espíritu que procede de Dios, para que entendamos lo que por su gracia él nos ha concedido. [13]Esto es precisamente de lo que hablamos, no con las palabras que enseña la sabiduría humana sino con las que enseña el Espíritu, de modo que expresamos verdades espirituales en términos espirituales.[f] [14]El que no tiene el Espíritu[g] no acepta lo que procede del Espíritu de Dios, pues para él es locura. No puede entenderlo, porque hay que discernirlo espiritualmente. [15]En cambio, el que es espiritual lo juzga todo, aunque él mismo no está sujeto al juicio de nadie, porque

[16]«¿quién ha conocido la mente del Señor
para que pueda instruirlo?»[h]

Nosotros, por nuestra parte, tenemos la mente de Cristo.

words, but with a demonstration of the Spirit's power, [5]so that your faith might not rest on men's wisdom, but on God's power.

Wisdom From the Spirit

[6]We do, however, speak a message of wisdom among the mature, but not the wisdom of this age or of the rulers of this age, who are coming to nothing. [7]No, we speak of God's secret wisdom, a wisdom that has been hidden and that God destined for our glory before time began. [8]None of the rulers of this age understood it, for if they had, they would not have crucified the Lord of glory. [9]However, as it is written:

"No eye has seen,
no ear has heard,
no mind has conceived
what God has prepared for those who
love him"[f]—

[10]but God has revealed it to us by his Spirit.

The Spirit searches all things, even the deep things of God. [11]For who among men knows the thoughts of a man except the man's spirit within him? In the same way no one knows the thoughts of God except the Spirit of God. [12]We have not received the spirit of the world but the Spirit who is from God, that we may understand what God has freely given us. [13]This is what we speak, not in words taught us by human wisdom but in words taught by the Spirit, expressing spiritual truths in spiritual words.[g] [14]The man without the Spirit does not accept the things that come from the Spirit of God, for they are foolishness to him, and he cannot understand them, because they are spiritually discerned. [15]The spiritual man makes judgments about all things, but he himself is not subject to any man's judgment:

[16]"For who has known the mind of the Lord
that he may instruct him?"[h]

But we have the mind of Christ.

---

[d]2:6 los que … madurez. Lit. los *perfectos.   [e]2:9 Is 64:4
[f]2:13 expresamos … espirituales. Alt. interpretamos verdades espirituales a personas espirituales.   [g]2:14 El que no tiene el Espíritu. Lit. El hombre *síquico (o natural).
[h]2:16 Is 40:13

[f]9 Isaiah 64:4   [g]13 Or Spirit, interpreting spiritual truths to spiritual men   [h]16 Isaiah 40:13

Sobre las divisiones en la iglesia

3 Yo, hermanos, no pude dirigirme a ustedes como a espirituales sino como a inmaduros,[i] apenas niños en Cristo. **2**Les di leche porque no podían asimilar alimento sólido, ni pueden todavía, **3**pues aún son inmaduros. Mientras haya entre ustedes celos y contiendas, ¿no serán inmaduros? ¿Acaso no se están comportando según criterios meramente *humanos? **4**Cuando uno afirma: «Yo sigo a Pablo», y otro: «Yo sigo a Apolos», ¿no es porque están actuando con criterios humanos?[j]

5Después de todo, ¿qué es Apolos? ¿Y qué es Pablo? Nada más que servidores por medio de los cuales ustedes llegaron a creer, según lo que el Señor le asignó a cada uno. **6**Yo sembré, Apolos regó, pero Dios ha dado el crecimiento. **7**Así que no cuenta ni el que siembra ni el que riega, sino sólo Dios, quien es el que hace crecer. **8**El que siembra y el que riega están al mismo nivel, aunque cada uno será recompensado según su propio trabajo. **9**En efecto, nosotros somos colaboradores al servicio de Dios; y ustedes son el campo de cultivo de Dios, son el edificio de Dios.

10Según la gracia que Dios me ha dado, yo, como maestro constructor, eché los cimientos, y otro construye sobre ellos. Pero cada uno tenga cuidado de cómo construye, **11**porque nadie puede poner un fundamento diferente del que ya está puesto, que es Jesucristo. **12**Si alguien construye sobre este fundamento, ya sea con oro, plata y piedras preciosas, o con madera, heno y paja, **13**su obra se mostrará tal cual es, pues el día del juicio la dejará al descubierto. El fuego la dará a conocer, y pondrá a prueba la calidad del trabajo de cada uno. **14**Si lo que alguien ha construido permanece, recibirá su recompensa, **15**pero si su obra es consumida por las llamas, él sufrirá pérdida. Será salvo, pero como quien pasa por el fuego.

16¿No saben que ustedes son templo de Dios y que el Espíritu de Dios habita en ustedes? **17**Si alguno destruye el templo de Dios, él mismo será destruido por Dios; porque el templo de Dios es sagrado, y ustedes son ese templo.

18Que nadie se engañe. Si alguno de ustedes se cree sabio según las normas de esta época, hágase ignorante para así llegar a ser sabio. **19**Porque a los ojos de Dios la sabiduría de este mundo es locura. Como está escrito: «Él atrapa a los sabios en su propia astucia»;[k] **20**y también dice: «El Señor conoce los pensamientos de los sabios y sabe que son absurdos.»[l] **21**Por lo tanto, ¡que nadie base su

On Divisions in the Church

3 Brothers, I could not address you as spiritual but as worldly—mere infants in Christ. **2**I gave you milk, not solid food, for you were not yet ready for it. Indeed, you are still not ready. **3**You are still worldly. For since there is jealousy and quarreling among you, are you not worldly? Are you not acting like mere men? **4**For when one says, "I follow Paul," and another, "I follow Apollos," are you not mere men?

5What, after all, is Apollos? And what is Paul? Only servants, through whom you came to believe—as the Lord has assigned to each his task. **6**I planted the seed, Apollos watered it, but God made it grow. **7**So neither he who plants nor he who waters is anything, but only God, who makes things grow. **8**The man who plants and the man who waters have one purpose, and each will be rewarded according to his own labor. **9**For we are God's fellow workers; you are God's field, God's building.

10By the grace God has given me, I laid a foundation as an expert builder, and someone else is building on it. But each one should be careful how he builds. **11**For no one can lay any foundation other than the one already laid, which is Jesus Christ. **12**If any man builds on this foundation using gold, silver, costly stones, wood, hay or straw, **13**his work will be shown for what it is, because the Day will bring it to light. It will be revealed with fire, and the fire will test the quality of each man's work. **14**If what he has built survives, he will receive his reward. **15**If it is burned up, he will suffer loss; he himself will be saved, but only as one escaping through the flames.

16Don't you know that you yourselves are God's temple and that God's Spirit lives in you? **17**If anyone destroys God's temple, God will destroy him; for God's temple is sacred, and you are that temple.

18Do not deceive yourselves. If any one of you thinks he is wise by the standards of this age, he should become a "fool" so that he may become wise. **19**For the wisdom of this world is foolishness in God's sight. As it is written: "He catches the wise in their craftiness"[i]; **20**and again, "The Lord knows that the thoughts of the wise are futile."[j] **21**So then,

---

[i] 3:1 *inmaduros.* Lit. *carnales*; también en v. 3.
[j] 3:4 ¿*no es … humanos?* Lit. ¿*no son ustedes hombres?*
[k] 3:19 Job 5:13   [l] 3:20 Sal 94:11

[i] 19 Job 5:13   [j] 20 Psalm 94:11

*orgullo en el hombre. Al fin y al cabo, todo es de ustedes, 22ya sea Pablo, o Apolos, o *Cefas, o el universo, o la vida, o la muerte, o lo presente o lo por venir; todo es de ustedes, 23y ustedes son de Cristo, y Cristo es de Dios.

Apóstoles de Cristo

4 Que todos nos consideren servidores de Cristo, encargados de administrar los *misterios de Dios. 2Ahora bien, a los que reciben un encargo se les exige que demuestren ser dignos de confianza. 3Por mi parte, muy poco me preocupa que me juzguen ustedes o cualquier tribunal humano; es más, ni siquiera me juzgo a mí mismo. 4Porque aunque la conciencia no me remuerde, no por eso quedo absuelto; el que me juzga es el Señor. 5Por lo tanto, no juzguen nada antes de tiempo; esperen hasta que venga el Señor. Él sacará a la luz lo que está oculto en la oscuridad y pondrá al descubierto las intenciones de cada corazón. Entonces cada uno recibirá de Dios la alabanza que le corresponda.

6Hermanos, todo esto lo he aplicado a Apolos y a mí mismo para beneficio de ustedes, con el fin de que aprendan de nosotros aquello de «no ir más allá de lo que está escrito». Así ninguno de ustedes podrá engreírse de haber favorecido al uno en perjuicio del otro. 7¿Quién te distingue de los demás? ¿Qué tienes que no hayas recibido? Y si lo recibiste, ¿por qué presumes como si no te lo hubieran dado?

8¡Ya tienen todo lo que desean! ¡Ya se han enriquecido! ¡Han llegado a ser reyes, y eso sin nosotros! ¡Ojalá fueran de veras reyes para que también nosotros reináramos con ustedes! 9Por lo que veo, a nosotros los apóstoles Dios nos ha hecho desfilar en el último lugar, como a los sentenciados a muerte. Hemos llegado a ser un espectáculo para todo el universo, tanto para los ángeles como para los hombres. 10¡Por causa de Cristo, nosotros somos los ignorantes; ustedes, en Cristo, son los inteligentes! ¡Los débiles somos nosotros; los fuertes son ustedes! ¡A ustedes se les estima; a nosotros se nos desprecia! 11Hasta el momento pasamos hambre, tenemos sed, nos falta ropa, se nos maltrata, no tenemos dónde vivir. 12Con estas manos nos matamos trabajando. Si nos maldicen, bendecimos; si nos persiguen, lo soportamos; 13si nos calumnian, los tratamos con gentileza. Se nos considera la escoria de la tierra, la basura del mundo, y así hasta el día de hoy.

14No les escribo esto para avergonzarlos sino para amonestarlos, como a hijos míos amados. 15De hecho, aunque tuvieran ustedes miles de tutores en Cristo, padres sí que no tienen muchos, porque mediante el *evangelio yo fui el padre que los engendró en Cristo Jesús. 16Por

no more boasting about men! All things are yours, 22whether Paul or Apollos or Cephas[k] or the world or life or death or the present or the future—all are yours, 23and you are of Christ, and Christ is of God.

Apostles of Christ

4 So then, men ought to regard us as servants of Christ and as those entrusted with the secret things of God. 2Now it is required that those who have been given a trust must prove faithful. 3I care very little if I am judged by you or by any human court; indeed, I do not even judge myself. 4My conscience is clear, but that does not make me innocent. It is the Lord who judges me. 5Therefore judge nothing before the appointed time; wait till the Lord comes. He will bring to light what is hidden in darkness and will expose the motives of men's hearts. At that time each will receive his praise from God.

6Now, brothers, I have applied these things to myself and Apollos for your benefit, so that you may learn from us the meaning of the saying, "Do not go beyond what is written." Then you will not take pride in one man over against another. 7For who makes you different from anyone else? What do you have that you did not receive? And if you did receive it, why do you boast as though you did not?

8Already you have all you want! Already you have become rich! You have become kings—and that without us! How I wish that you really had become kings so that we might be kings with you! 9For it seems to me that God has put us apostles on display at the end of the procession, like men condemned to die in the arena. We have been made a spectacle to the whole universe, to angels as well as to men. 10We are fools for Christ, but you are so wise in Christ! We are weak, but you are strong! You are honored, we are dishonored! 11To this very hour we go hungry and thirsty, we are in rags, we are brutally treated, we are homeless. 12We work hard with our own hands. When we are cursed, we bless; when we are persecuted, we endure it; 13when we are slandered, we answer kindly. Up to this moment we have become the scum of the earth, the refuse of the world.

14I am not writing this to shame you, but to warn you, as my dear children. 15Even though you have ten thousand guardians in Christ, you do not have many fathers, for in Christ Jesus I became your father through the gospel. 16There-

k 22 That is, Peter

tanto, les ruego que sigan mi ejemplo. [17]Con este propósito les envié a Timoteo, mi amado y fiel hijo en el Señor. Él les recordará mi manera de comportarme en Cristo Jesús, como enseño por todas partes y en todas las iglesias.

[18]Ahora bien, algunos de ustedes se han vuelto presuntuosos, pensando que no iré a verlos. [19]Lo cierto es que, si Dios quiere, iré a visitarlos muy pronto, y ya veremos no sólo cómo hablan sino cuánto poder tienen esos presumidos. [20]Porque el reino de Dios no es cuestión de palabras sino de poder. [21]¿Qué prefieren? ¿Que vaya a verlos con un látigo, o con amor y espíritu apacible?

¡Expulsen al hermano inmoral

5 Es ya del dominio público que hay entre ustedes un caso de inmoralidad sexual que ni siquiera entre los *paganos se tolera, a saber, que uno de ustedes tiene por mujer a la esposa de su padre. [2]¡Y de esto se sienten orgullosos ¿No debieran, más bien, haber lamentado lo sucedido y expulsado de entre ustedes al que hizo tal cosa? [3]Yo, por mi parte, aunque no estoy físicamente entre ustedes, sí estoy presente en espíritu, y ya he juzgado, como si estuviera presente, al que cometió este pecado. [4]Cuando se reúnan en el nombre de nuestro Señor Jesús, y con su poder yo los acompañe en espíritu, [5]entreguen a este hombre a Satanás para destrucción de su *naturaleza pecaminosa[m] a fin de que su espíritu sea salvo en el día del Señor.

[6]Hacen mal en *jactarse. ¿No se dan cuenta de que un poco de levadura hace fermentar toda la masa? [7]Deshágense de la vieja levadura para que sean masa nueva, panes sin levadura, como lo son en realidad. Porque Cristo, nuestro Cordero pascual, ya ha sido sacrificado. [8]Así que celebremos nuestra Pascua no con la vieja levadura, que es la malicia y la perversidad, sino con pan sin levadura, que es la sinceridad y la verdad.

[9]Por carta ya les he dicho que no se relacionen con personas inmorales. [10]Por supuesto, no me refería a la gente inmoral de este mundo, ni a los avaros, estafadores o idólatras. En tal caso, tendrían ustedes que salirse de este mundo. [11]Pero en esta carta quiero aclararles que no deben relacionarse con nadie que, llamándose hermano, sea inmoral o avaro, idólatra, calumniador, borracho o estafador. Con tal persona ni siquiera deben juntarse para comer.

[12]¿Acaso me toca a mí juzgar a los de afuera? ¿No son ustedes los que deben juzgar a los de adentro? [13]Dios juzgará a los de afuera. «Expulsen al malvado de entre ustedes.»[n]

fore I urge you to imitate me. [17]For this reason I am sending to you Timothy, my son whom I love, who is faithful in the Lord. He will remind you of my way of life in Christ Jesus, which agrees with what I teach everywhere in every church.

[18]Some of you have become arrogant, as if I were not coming to you. [19]But I will come to you very soon, if the Lord is willing, and then I will find out not only how these arrogant people are talking, but what power they have. [20]For the kingdom of God is not a matter of talk but of power. [21]What do you prefer? Shall I come to you with a whip, or in love and with a gentle spirit?

Expel the Immoral Brother

5 It is actually reported that there is sexual immorality among you, and of a kind that does not occur even among pagans: A man has his father's wife. [2]And you are proud Shouldn't you rather have been filled with grief and have put out of your fellowship the man who did this? [3]Even though I am not physically present, I am with you in spirit. And I have already passed judgment on the one who did this, just as if I were present. [4]When you are assembled in the name of our Lord Jesus and I am with you in spirit, and the power of our Lord Jesus is present, [5]hand this man over to Satan, so that the sinful nature[l] may be destroyed and his spirit saved on the day of the Lord.

[6]Your boasting is not good. Don't you know that a little yeast works through the whole batch of dough? [7]Get rid of the old yeast that you may be a new batch without yeast—as you really are. For Christ, our Passover lamb, has been sacrificed. [8]Therefore let us keep the Festival, not with the old yeast, the yeast of malice and wickedness, but with bread without yeast, the bread of sincerity and truth.

[9]I have written you in my letter not to associate with sexually immoral people— [10]not at all meaning the people of this world who are immoral, or the greedy and swindlers, or idolaters. In that case you would have to leave this world. [11]But now I am writing you that you must not associate with anyone who calls himself a brother but is sexually immoral or greedy, an idolater or a slanderer, a drunkard or a swindler. With such a man do not even eat.

[12]What business is it of mine to judge those outside the church? Are you not to judge those inside? [13]God will judge those outside. "Expel the wicked man from among you." [m]

---

m **5:5** su *naturaleza pecaminosa*. Alt. su cuerpo. Lit. la *carne*.   *n* **5:13** Dt 17:7; 19:19; 21:21; 22:21,24; 24:7

l 5 Or *that his body*; or *that the flesh*   *m* 13 Deut. 17:7; 19:19; 21:21; 22:21,24; 24:7

Pleitos entre creyentes

6 Si alguno de ustedes tiene un pleito con otro, ¿cómo se atreve a presentar demanda ante los inconversos, en vez de acudir a los *creyentes? 2¿Acaso no saben que los creyentes juzgarán al mundo? Y si ustedes han de juzgar al mundo, ¿cómo no van a ser capaces de juzgar casos insignificantes? 3¡No saben que aun a los ángeles los juzgaremos? ¡Cuánto más los asuntos de esta vida 4Por tanto, si tienen pleitos sobre tales asuntos, ¿cómo es que nombran como jueces a los que no cuentan para nada ante la iglesia?ñ 5Digo esto para que les dé vergüenza. ¿Acaso no hay entre ustedes nadie lo bastante sabio como para juzgar un pleito entre creyentes? 6Al contrario, un hermano demanda a otro, ¡y esto ante los incrédulos

7En realidad, ya es una grave falla el solo hecho de que haya pleitos entre ustedes. ¿No sería mejor soportar la injusticia? ¿No sería mejor dejar que los defrauden? 8Lejos de eso, son ustedes los que defraudan y cometen injusticias, ¡y conste que se trata de sus hermanos

9¿No saben que los malvados no heredarán el reino de Dios? ¡No se dejen engañar Ni los fornicarios, ni los idólatras, ni los adúlteros, ni los sodomitas, ni los pervertidos sexuales, 10ni los ladrones, ni los avaros, ni los borrachos, ni los calumniadores, ni los estafadores heredarán el reino de Dios. 11Y eso eran algunos de ustedes. Pero ya han sido lavados, ya han sido *santificados, ya han sido *justificados en el nombre del Señor Jesucristo y por el Espíritu de nuestro Dios.

La inmoralidad sexual

12«Todo me está permitido», pero no todo es para mi bien. «Todo me está permitido», pero no dejaré que nada me domine. 13«Los alimentos son para el estómago y el estómago para los alimentos»; así es, y Dios los destruirá a ambos. Pero el cuerpo no es para la inmoralidad sexual sino para el Señor, y el Señor para el cuerpo. 14Con su poder Dios resucitó al Señor, y nos resucitará también a nosotros. 15¿No saben que sus cuerpos son miembros de Cristo mismo? ¿Tomaré acaso los miembros de Cristo para unirlos con una prostituta? ¡Jamás 16¿No saben que el que se une a una prostituta se hace un solo cuerpo con ella? Pues la Escritura dice: «Los dos llegarán a ser un solo cuerpo.»o 17Pero el que se une al Señor se hace uno con él en espíritu.

Lawsuits Among Believers

6 If any of you has a dispute with another, dare he take it before the ungodly for judgment instead of before the saints? 2Do you not know that the saints will judge the world? And if you are to judge the world, are you not competent to judge trivial cases? 3Do you not know that we will judge angels? How much more the things of this life 4Therefore, if you have disputes about such matters, appoint as judges even men of little account in the church n 5I say this to shame you. Is it possible that there is nobody among you wise enough to judge a dispute between believers? 6But instead, one brother goes to law against another—and this in front of unbelievers

7The very fact that you have lawsuits among you means you have been completely defeated already. Why not rather be wronged? Why not rather be cheated? 8Instead, you yourselves cheat and do wrong, and you do this to your brothers.

9Do you not know that the wicked will not inherit the kingdom of God? Do not be deceived: Neither the sexually immoral nor idolaters nor adulterers nor male prostitutes nor homosexual offenders 10nor thieves nor the greedy nor drunkards nor slanderers nor swindlers will inherit the kingdom of God. 11And that is what some of you were. But you were washed, you were sanctified, you were justified in the name of the Lord Jesus Christ and by the Spirit of our God.

Sexual Immorality

12"Everything is permissible for me"—but not everything is beneficial. "Everything is permissible for me"—but I will not be mastered by anything. 13"Food for the stomach and the stomach for food"—but God will destroy them both. The body is not meant for sexual immorality, but for the Lord, and the Lord for the body. 14By his power God raised the Lord from the dead, and he will raise us also. 15Do you not know that your bodies are members of Christ himself? Shall I then take the members of Christ and unite them with a prostitute? Never 16Do you not know that he who unites himself with a prostitute is one with her in body? For it is said, "The two will become one flesh." o 17But he who unites himself with the Lord is one with him in spirit.

ñ6:4 ¿cómo … iglesia? Alt. ¡nombren como jueces aun a los que no cuentan para nada ante la iglesia o6:16 un solo cuerpo. Lit. una sola *carne; Gn 2:24.

n4 Or matters, do you appoint as judges men of little account in the church? o16 Gen. 2:24

18Huyan de la inmoralidad sexual. Todos los demás pecados que una persona comete quedan fuera de su cuerpo; pero el que comete inmoralidades sexuales peca contra su propio cuerpo. 19¿Acaso no saben que su cuerpo es templo del Espíritu Santo, quien está en ustedes y al que han recibido de parte de Dios? Ustedes no son sus propios dueños; 20fueron comprados por un precio. Por tanto, honren con su cuerpo a Dios.

Consejos matrimoniales

7 Paso ahora a los asuntos que me plantearon por escrito: «Es mejor no tener relaciones sexuales.»p 2Pero en vista de tanta inmoralidad, cada hombre debe tener su propia esposa, y cada mujer su propio esposo. 3El hombre debe cumplir su deber conyugal con su esposa, e igualmente la mujer con su esposo. 4La mujer ya no tiene derecho sobre su propio cuerpo, sino su esposo. Tampoco el hombre tiene derecho sobre su propio cuerpo, sino su esposa. 5No se nieguen el uno al otro, a no ser de común acuerdo, y sólo por un tiempo, para dedicarse a la oración. No tarden en volver a unirse nuevamente; de lo contrario, pueden caer en *tentación de Satanás, por falta de dominio propio. 6Ahora bien, esto lo digo como una concesión y no como una orden. 7En realidad, preferiría que todos fueran como yo. No obstante, cada uno tiene de Dios su propio don: éste posee uno; aquél, otro.

8A los solteros y a las viudas les digo que sería mejor que se quedaran como yo. 9Pero si no pueden dominarse, que se casen, porque es preferible casarse que quemarse de pasión.

10A los casados les doy la siguiente orden (no yo sino el Señor): que la mujer no se separe de su esposo. 11Sin embargo, si se separa, que no se vuelva a casar; de lo contrario, que se reconcilie con su esposo. Así mismo, que el hombre no se divorcie de su esposa.

12A los demás les digo yo (no es mandamiento del Señor): Si algún hermano tiene una esposa que no es creyente, y ella consiente en vivir con él, que no se divorcie de ella. 13Y si una mujer tiene un esposo que no es creyente, y él consiente en vivir con ella, que no se divorcie de él. 14Porque el esposo no creyente ha sido *santificado por la unión con su esposa, y la esposa no creyente ha sido santificada por la unión con su esposo creyente. Si así no fuera, sus hijos serían impuros, mientras que, de hecho, son santos.

15Sin embargo, si el cónyuge no creyente decide separarse, no se lo impidan. En tales circunstancias, el cónyuge creyente queda sin

18Flee from sexual immorality. All other sins a man commits are outside his body, but he who sins sexually sins against his own body. 19Do you not know that your body is a temple of the Holy Spirit, who is in you, whom you have received from God? You are not your own; 20you were bought at a price. Therefore honor God with your body.

Marriage

7 Now for the matters you wrote about: It is good for a man not to marry.p 2But since there is so much immorality, each man should have his own wife, and each woman her own husband. 3The husband should fulfill his marital duty to his wife, and likewise the wife to her husband. 4The wife's body does not belong to her alone but also to her husband. In the same way, the husband's body does not belong to him alone but also to his wife. 5Do not deprive each other except by mutual consent and for a time, so that you may devote yourselves to prayer. Then come together again so that Satan will not tempt you because of your lack of self-control. 6I say this as a concession, not as a command. 7I wish that all men were as I am. But each man has his own gift from God; one has this gift, another has that.

8Now to the unmarried and the widows I say: It is good for them to stay unmarried, as I am. 9But if they cannot control themselves, they should marry, for it is better to marry than to burn with passion.

10To the married I give this command (not I, but the Lord): A wife must not separate from her husband. 11But if she does, she must remain unmarried or else be reconciled to her husband. And a husband must not divorce his wife.

12To the rest I say this (I, not the Lord): If any brother has a wife who is not a believer and she is willing to live with him, he must not divorce her. 13And if a woman has a husband who is not a believer and he is willing to live with her, she must not divorce him. 14For the unbelieving husband has been sanctified through his wife, and the unbelieving wife has been sanctified through her believing husband. Otherwise your children would be unclean, but as it is, they are holy.

15But if the unbeliever leaves, let him do so. A believing man or woman is not bound in

---

p7:1 «Es … sexuales.» Alt. «Es mejor no casarse.» Lit. Es bueno para el hombre no tocar mujer.

p 1 Or "It is good for a man not to have sexual relations with a woman."

obligación; Dios nos ha llamado a vivir en paz. ¹⁶¿Cómo sabes tú, mujer, si acaso salvarás a tu esposo? ¿O cómo sabes tú, hombre, si acaso salvarás a tu esposa?

¹⁷En cualquier caso, cada uno debe vivir conforme a la condición que el Señor le asignó y a la cual Dios lo ha llamado. Ésta es la norma que establezco en todas las iglesias. ¹⁸¿Fue llamado alguno estando ya *circuncidado? Que no disimule su condición. ¿Fue llamado alguno sin estar circuncidado? Que no se circuncide. ¹⁹Para nada cuenta estar o no estar circuncidado; lo que importa es cumplir los mandatos de Dios. ²⁰Que cada uno permanezca en la condición en que estaba cuando Dios lo llamó. ²¹¿Eras *esclavo cuando fuiste llamado? No te preocupes, aunque si tienes la oportunidad de conseguir tu libertad, aprovéchala. ²²Porque el que era esclavo cuando el Señor lo llamó es un liberto del Señor; del mismo modo, el que era libre cuando fue llamado es un esclavo de Cristo. ²³Ustedes fueron comprados por un precio; no se vuelvan esclavos de nadie. ²⁴Hermanos, cada uno permanezca ante Dios en la condición en que estaba cuando Dios lo llamó.

²⁵En cuanto a las personas solteras,�q no tengo ningún mandato del Señor, pero doy mi opinión como quien por la misericordia del Señor es digno de confianza. ²⁶Pienso que, a causa de la crisis actual, es bueno que cada persona se quede como está. ²⁷¿Estás casado? No procures divorciarte. ¿Estás soltero? No busques esposa. ²⁸Pero si te casas, no pecas; y si una jovenʳ se casa, tampoco comete pecado. Sin embargo, los que se casan tendrán que pasar por muchos aprietos,ˢ y yo quiero evitárselos.

²⁹Lo que quiero decir, hermanos, es que nos queda poco tiempo. De aquí en adelante los que tienen esposa deben vivir como si no la tuvieran; ³⁰los que lloran, como si no lloraran; los que se alegran, como si no se alegraran; los que compran algo, como si no lo poseyeran; ³¹los que disfrutan de las cosas de este mundo, como si no disfrutaran de ellas; porque este mundo, en su forma actual, está por desaparecer.

³²Yo preferiría que estuvieran libres de preocupaciones. El soltero se preocupa de las cosas del Señor y de cómo agradarlo. ³³Pero el casado se preocupa de las cosas de este mundo y de cómo agradar a su esposa; ³⁴sus intereses están divididos. La mujer no casada, lo mismo que la joven soltera,ᵗ se preocupaᵘ de las cosas del

such circumstances; God has called us to live in peace. ¹⁶How do you know, wife, whether you will save your husband? Or, how do you know, husband, whether you will save your wife?

¹⁷Nevertheless, each one should retain the place in life that the Lord assigned to him and to which God has called him. This is the rule I lay down in all the churches. ¹⁸Was a man already circumcised when he was called? He should not become uncircumcised. Was a man uncircumcised when he was called? He should not be circumcised. ¹⁹Circumcision is nothing and uncircumcision is nothing. Keeping God's commands is what counts. ²⁰Each one should remain in the situation which he was in when God called him. ²¹Were you a slave when you were called? Don't let it trouble you—although if you can gain your freedom, do so. ²²For he who was a slave when he was called by the Lord is the Lord's freedman; similarly, he who was a free man when he was called is Christ's slave. ²³You were bought at a price; do not become slaves of men. ²⁴Brothers, each man, as responsible to God, should remain in the situation God called him to.

²⁵Now about virgins: I have no command from the Lord, but I give a judgment as one who by the Lord's mercy is trustworthy. ²⁶Because of the present crisis, I think that it is good for you to remain as you are. ²⁷Are you married? Do not seek a divorce. Are you unmarried? Do not look for a wife. ²⁸But if you do marry, you have not sinned; and if a virgin marries, she has not sinned. But those who marry will face many troubles in this life, and I want to spare you this.

²⁹What I mean, brothers, is that the time is short. From now on those who have wives should live as if they had none; ³⁰those who mourn, as if they did not; those who are happy, as if they were not; those who buy something, as if it were not theirs to keep; ³¹those who use the things of the world, as if not engrossed in them. For this world in its present form is passing away.

³²I would like you to be free from concern. An unmarried man is concerned about the Lord's affairs—how he can please the Lord. ³³But a married man is concerned about the affairs of this world—how he can please his wife— ³⁴and his interests are divided. An unmarried woman or virgin is concerned about the Lord's affairs: Her aim is to be devoted to the

---

�q 7:25 *personas solteras*. Lit. *vírgenes.*   ʳ 7:28 *joven*. Lit. *virgen.*   ˢ 7:28 *tendrán … aprietos*. Lit. *tendrán aflicción en la *carne.*   ᵗ 7:34 *La mujer … soltera*. Lit. *La mujer no casada y la virgen.*   ᵘ 7:33-34 *su esposa; … se preocupa.* Var. *su esposa. ³⁴También hay diferencia entre la esposa y la joven soltera. La que no es casada se preocupa.*

Señor; se afana por consagrarse al Señor tanto en cuerpo como en espíritu. Pero la casada se preocupa de las cosas de este mundo y de cómo agradar a su esposo. **35**Les digo esto por su propio bien, no para ponerles restricciones sino para que vivan con decoro y plenamente dedicados al Señor.

36Si alguno piensa que no está tratando a su prometida[v] como es debido, y ella ha llegado ya a su madurez, por lo cual él se siente obligado a casarse, que lo haga. Con eso no peca; que se casen. **37**Pero el que se mantiene firme en su propósito, y no está dominado por sus impulsos sino que domina su propia voluntad, y ha resuelto no casarse con su prometida, también hace bien. **38**De modo que el que se casa con su prometida hace bien, pero el que no se casa hace mejor.[w]

39La mujer está ligada a su esposo mientras él vive; pero si el esposo muere, ella queda libre para casarse con quien quiera, con tal de que sea en el Señor. **40**En mi opinión, ella será más feliz si no se casa, y creo que yo también tengo el Espíritu de Dios.

Lo sacrificado a los ídolos

8 En cuanto a lo sacrificado a los ídolos, es cierto que todos tenemos conocimiento. El conocimiento envanece, mientras que el amor edifica. **2**El que cree que sabe algo, todavía no sabe como debiera saber. **3**Pero el que ama a Dios es conocido por él.

4De modo que, en cuanto a comer lo sacrificado a los ídolos, sabemos que un ídolo no es absolutamente nada, y que hay un solo Dios. **5**Pues aunque haya los así llamados dioses, ya sea en el cielo o en la tierra (y por cierto que hay muchos «dioses» y muchos «señores»), **6**para nosotros no hay más que un solo Dios, el Padre, de quien todo procede y para el cual vivimos; y no hay más que un solo Señor, es decir, Jesucristo, por quien todo existe y por medio del cual vivimos.

7Pero no todos tienen conocimiento de esto. Algunos siguen tan acostumbrados a los ídolos, que comen carne a sabiendas de que ha sido sacrificada a un ídolo, y su conciencia se contamina por ser débil. **8**Pero lo que comemos no nos acerca a Dios; no somos mejores por comer ni peores por no comer.

Lord in both body and spirit. But a married woman is concerned about the affairs of this world—how she can please her husband. **35**I am saying this for your own good, not to restrict you, but that you may live in a right way in undivided devotion to the Lord.

36If anyone thinks he is acting improperly toward the virgin he is engaged to, and if she is getting along in years and he feels he ought to marry, he should do as he wants. He is not sinning. They should get married. **37**But the man who has settled the matter in his own mind, who is under no compulsion but has control over his own will, and who has made up his mind not to marry the virgin—this man also does the right thing. **38**So then, he who marries the virgin does right, but he who does not marry her does even better.[q]

39A woman is bound to her husband as long as he lives. But if her husband dies, she is free to marry anyone she wishes, but he must belong to the Lord. **40**In my judgment, she is happier if she stays as she is—and I think that I too have the Spirit of God.

Food Sacrificed to Idols

8 Now about food sacrificed to idols: We know that we all possess knowledge.[r] Knowledge puffs up, but love builds up. **2**The man who thinks he knows something does not yet know as he ought to know. **3**But the man who loves God is known by God.

4So then, about eating food sacrificed to idols: We know that an idol is nothing at all in the world and that there is no God but one. **5**For even if there are so-called gods, whether in heaven or on earth (as indeed there are many "gods" and many "lords"), **6**yet for us there is but one God, the Father, from whom all things came and for whom we live; and there is but one Lord, Jesus Christ, through whom all things came and through whom we live.

7But not everyone knows this. Some people are still so accustomed to idols that when they eat such food they think of it as having been sacrificed to an idol, and since their conscience is weak, it is defiled. **8**But food does not bring us near to God; we are no worse if we do not eat, and no better if we do.

v 7:36 prometida. Lit. virgen; también en vv. 37 y 38.
w 7:36-38 Alt. **36**Si alguno piensa que no está tratando a su hija como es debido, y ella ha llegado a su madurez, por lo cual él se siente obligado a darla en matrimonio, que lo haga. Con eso no peca; que la dé en matrimonio. **37**Pero el que se mantiene firme en su propósito, y no está dominado por sus impulsos sino que domina su propia voluntad, y ha resuelto mantener soltera a su hija, también hace bien. **38**De modo que el que da a su hija en matrimonio hace bien, pero el que no la da en matrimonio hace mejor.

q 36-38 Or **36**If anyone thinks he is not treating his daughter properly, and if she is getting along in years, and he feels she ought to marry, he should do as he wants. He is not sinning. He should let her get married. **37**But the man who has settled the matter in his own mind, who is under no compulsion but has control over his own will, and who has made up his mind to keep the virgin unmarried—this man also does the right thing. **38**So then, he who gives his virgin in marriage does right, but he who does not give her in marriage does even better.   **r 1** Or "We all possess knowledge," as you say

⁹Sin embargo, tengan cuidado de que su libertad no se convierta en motivo de tropiezo para los débiles. ¹⁰Porque si alguien de conciencia débil te ve a ti, que tienes este conocimiento, comer en el templo de un ídolo, ¿no se sentirá animado a comer lo que ha sido sacrificado a los ídolos? ¹¹Entonces ese hermano débil, por quien Cristo murió, se perderá a causa de tu conocimiento. ¹²Al pecar así contra los hermanos, hiriendo su débil conciencia, pecan ustedes contra Cristo. ¹³Por lo tanto, si mi comida ocasiona la caída de mi hermano, no comeré carne jamás, para no hacerlo *caer en pecado.

Los derechos de un apóstol

9 ¿No soy libre? ¿No soy apóstol? ¿No he visto a Jesús nuestro Señor? ¿No son ustedes el fruto de mi trabajo en el Señor? ²Aunque otros no me reconozcan como apóstol, ¡para ustedes sí lo soy Porque ustedes mismos son el sello de mi apostolado en el Señor.

³Ésta es mi defensa contra los que me critican: ⁴¿Acaso no tenemos derecho a comer y a beber? ⁵¿No tenemos derecho a viajar acompañados por una esposa creyente, como hacen los demás apóstoles y *Cefas y los hermanos del Señor? ⁶¿O es que sólo Bernabé y yo estamos obligados a ganarnos la vida con otros trabajos?

⁷¿Qué soldado presta servicio militar pagándose sus propios gastos? ¿Qué agricultor planta un viñedo y no come de sus uvas? ¿Qué pastor cuida un rebaño y no toma de la leche que ordeña? ⁸No piensen que digo esto solamente desde un punto de vista humano. ¿No lo dice también la ley? ⁹Porque en la ley de Moisés está escrito: «No le pongas bozal al buey mientras esté trillando.»ˣ ¿Acaso se preocupa Dios por los bueyes, ¹⁰o lo dice más bien por nosotros? Por supuesto que lo dice por nosotros, porque cuando el labrador ara y el segador trilla, deben hacerlo con la esperanza de participar de la cosecha. ¹¹Si hemos sembrado semilla espiritual entre ustedes, ¿será mucho pedir que cosechemos de ustedes lo material?ʸ ¹²Si otros tienen derecho a este sustento de parte de ustedes, ¿no lo tendremos aún más nosotros?

Sin embargo, no ejercimos este derecho, sino que lo soportamos todo con tal de no crear obstáculo al *evangelio de Cristo. ¹³¿No saben que los que sirven en el templo reciben su alimento del templo, y que los que atienden el altar participan de lo que se ofrece en el altar? ¹⁴Así también el Señor ha ordenado que quienes predican el evangelio vivan de este ministerio.

¹⁵Pero no me he aprovechado de ninguno de estos derechos, ni escribo de esta manera porque

⁹Be careful, however, that the exercise of your freedom does not become a stumbling block to the weak. ¹⁰For if anyone with a weak conscience sees you who have this knowledge eating in an idol's temple, won't he be emboldened to eat what has been sacrificed to idols? ¹¹So this weak brother, for whom Christ died, is destroyed by your knowledge. ¹²When you sin against your brothers in this way and wound their weak conscience, you sin against Christ. ¹³Therefore, if what I eat causes my brother to fall into sin, I will never eat meat again, so that I will not cause him to fall.

The Rights of an Apostle

9 Am I not free? Am I not an apostle? Have I not seen Jesus our Lord? Are you not the result of my work in the Lord? ²Even though I may not be an apostle to others, surely I am to you For you are the seal of my apostleship in the Lord.

³This is my defense to those who sit in judgment on me. ⁴Don't we have the right to food and drink? ⁵Don't we have the right to take a believing wife along with us, as do the other apostles and the Lord's brothers and Cephasˢ? ⁶Or is it only I and Barnabas who must work for a living?

⁷Who serves as a soldier at his own expense? Who plants a vineyard and does not eat of its grapes? Who tends a flock and does not drink of the milk? ⁸Do I say this merely from a human point of view? Doesn't the Law say the same thing? ⁹For it is written in the Law of Moses: "Do not muzzle an ox while it is treading out the grain." ᵗ Is it about oxen that God is concerned? ¹⁰Surely he says this for us, doesn't he? Yes, this was written for us, because when the plowman plows and the thresher threshes, they ought to do so in the hope of sharing in the harvest. ¹¹If we have sown spiritual seed among you, is it too much if we reap a material harvest from you? ¹²If others have this right of support from you, shouldn't we have it all the more?

But we did not use this right. On the contrary, we put up with anything rather than hinder the gospel of Christ. ¹³Don't you know that those who work in the temple get their food from the temple, and those who serve at the altar share in what is offered on the altar? ¹⁴In the same way, the Lord has commanded that those who preach the gospel should receive their living from the gospel.

ˣ9:9 Dt 25:4   ʸ9:11 *lo material.* Lit. *las cosas *carnales.*   ˢ5 That is, Peter   ᵗ9 Deut. 25:4

quiera reclamarlos. Prefiero morir a que alguien me prive de este motivo de *orgullo. **16**Sin embargo, cuando predico el evangelio, no tengo de qué enorgullecerme, ya que estoy bajo la obligación de hacerlo. ¡Ay de mí si no predico el evangelio **17**En efecto, si lo hiciera por mi propia voluntad, tendría recompensa; pero si lo hago por obligación, no hago más que cumplir la tarea que se me ha encomendado. **18**¿Cuál es, entonces, mi recompensa? Pues que al predicar el evangelio pueda presentarlo gratuitamente, sin hacer valer mi derecho.

19Aunque soy libre respecto a todos, de todos me he hecho *esclavo para ganar a tantos como sea posible. **20**Entre los judíos me volví judío, a fin de ganarlos a ellos. Entre los que viven bajo la ley me volví como los que están sometidos a ella (aunque yo mismo no vivo bajo la ley), a fin de ganar a éstos. **21**Entre los que no tienen la ley me volví como los que están sin ley (aunque no estoy libre de la ley de Dios sino comprometido con la ley de Cristo), a fin de ganar a los que están sin ley. **22**Entre los débiles me hice débil, a fin de ganar a los débiles. Me hice todo para todos, a fin de salvar a algunos por todos los medios posibles. **23**Todo esto lo hago por causa del evangelio, para participar de sus frutos.

24¿No saben que en una carrera todos los corredores compiten, pero sólo uno obtiene el premio? Corran, pues, de tal modo que lo obtengan. **25**Todos los deportistas se entrenan con mucha disciplina. Ellos lo hacen para obtener un premio que se echa a perder; nosotros, en cambio, por uno que dura para siempre. **26**Así que yo no corro como quien no tiene meta; no lucho como quien da golpes al aire. **27**Más bien, golpeo mi cuerpo y lo domino, no sea que, después de haber predicado a otros, yo mismo quede descalificado.

Advertencias basadas en la historia de Israel

10 No quiero que desconozcan, hermanos, que nuestros antepasados estuvieron todos bajo la nube y que todos atravesaron el mar. **2**Todos ellos fueron bautizados en la nube y en el mar para unirse a Moisés. **3**Todos también comieron el mismo alimento espiritual **4**y tomaron la misma bebida espiritual, pues bebían de la roca espiritual que los acompañaba, y la roca era Cristo. **5**Sin embargo, la mayoría de ellos no agradaron a Dios, y sus cuerpos quedaron tendidos en el desierto.

6Todo eso sucedió para servirnos de ejemplo,ᶻ a fin de que no nos apasionemos por lo malo,

15But I have not used any of these rights. And I am not writing this in the hope that you will do such things for me. I would rather die than have anyone deprive me of this boast. **16**Yet when I preach the gospel, I cannot boast, for I am compelled to preach. Woe to me if I do not preach the gospel **17**If I preach voluntarily, I have a reward; if not voluntarily, I am simply discharging the trust committed to me. **18**What then is my reward? Just this: that in preaching the gospel I may offer it free of charge, and so not make use of my rights in preaching it.

19Though I am free and belong to no man, I make myself a slave to everyone, to win as many as possible. **20**To the Jews I became like a Jew, to win the Jews. To those under the law I became like one under the law (though I myself am not under the law), so as to win those under the law. **21**To those not having the law I became like one not having the law (though I am not free from God's law but am under Christ's law), so as to win those not having the law. **22**To the weak I became weak, to win the weak. I have become all things to all men so that by all possible means I might save some. **23**I do all this for the sake of the gospel, that I may share in its blessings.

24Do you not know that in a race all the runners run, but only one gets the prize? Run in such a way as to get the prize. **25**Everyone who competes in the games goes into strict training. They do it to get a crown that will not last; but we do it to get a crown that will last forever. **26**Therefore I do not run like a man running aimlessly; I do not fight like a man beating the air. **27**No, I beat my body and make it my slave so that after I have preached to others, I myself will not be disqualified for the prize.

Warnings From Israel's History

10 For I do not want you to be ignorant of the fact, brothers, that our forefathers were all under the cloud and that they all passed through the sea. **2**They were all baptized into Moses in the cloud and in the sea. **3**They all ate the same spiritual food **4**and drank the same spiritual drink; for they drank from the spiritual rock that accompanied them, and that rock was Christ. **5**Nevertheless, God was not pleased with most of them; their bodies were scattered over the desert.

6Now these things occurred as examplesᵘ to keep us from setting our hearts on evil things as

---

ᶻ**10:6** *ejemplo.* Lit. *tipo*; también en v. 11.　　　ᵘ6 Or *types*; also in verse 11 como lo hicieron ellos. 7No sean idólatras, como lo fueron algunos de ellos, según está escrito: «Se sentó el pueblo a comer y a beber, y se entregó al desenfreno.»ᵃ 8No cometamos inmoralidad sexual, como algunos lo hicieron, por lo que en un sólo día perecieron veintitrés mil. 9Tampoco pongamos a *prueba al Señor, como lo hicieron algunos y murieron víctimas de las serpientes. 10Ni murmuren contra Dios, como lo hicieron algunos y sucumbieron a manos del ángel destructor.

11Todo eso les sucedió para servir de ejemplo, y quedó escrito para advertencia nuestra, pues a nosotros nos ha llegado el fin de los tiempos. 12Por lo tanto, si alguien piensa que está firme, tenga cuidado de no caer. 13Ustedes no han sufrido ninguna *tentación que no sea común al género *humano. Pero Dios es fiel, y no permitirá que ustedes sean tentados más allá de lo que puedan aguantar. Más bien, cuando llegue la tentación, él les dará también una salida a fin de que puedan resistir.

Las fiestas idólatras y la Cena del Señor

14Por tanto, mis queridos hermanos, huyan de la idolatría. 15Me dirijo a personas sensatas; juzguen ustedes mismos lo que digo. 16Esa copa de bendición por la cual damos gracias,ᵇ ¿no significa que entramos en comunión con la sangre de Cristo? Ese pan que partimos, ¿no significa que entramos en comunión con el cuerpo de Cristo? 17Hay un solo pan del cual todos participamos; por eso, aunque somos muchos, formamos un solo cuerpo.

18Consideren al pueblo de Israel como tal:ᶜ ¿No entran en comunión con el altar los que comen de lo sacrificado? 19¿Qué quiero decir con esta comparación? ¿Que el sacrificio que los *gentiles ofrecen a los ídolos sea algo, o que el ídolo mismo sea algo? 20No, sino que cuando ellos ofrecen sacrificios, lo hacen para los demonios, no para Dios, y no quiero que ustedes entren en comunión con los demonios. 21No pueden beber de la copa del Señor y también de la copa de los demonios; no pueden participar de la mesa del Señor y también de la mesa de los demonios. 22¿O vamos a provocar a celos al Señor? ¿Somos acaso más fuertes que él?

La libertad del creyente

23«Todo está permitido», pero no todo es provechoso. «Todo está permitido», pero no todo es constructivo. 24Que nadie busque sus propios intereses sino los del prójimo.

they did. 7Do not be idolaters, as some of them were; as it is written: "The people sat down to eat and drink and got up to indulge in pagan revelry."ᵛ 8We should not commit sexual immorality, as some of them did—and in one day twenty-three thousand of them died. 9We should not test the Lord, as some of them did—and were killed by snakes. 10And do not grumble, as some of them did—and were killed by the destroying angel.

11These things happened to them as examples and were written down as warnings for us, on whom the fulfillment of the ages has come. 12So, if you think you are standing firm, be careful that you don't fall 13No temptation has seized you except what is common to man. And God is faithful; he will not let you be tempted beyond what you can bear. But when you are tempted, he will also provide a way out so that you can stand up under it.

Idol Feasts and the Lord's Supper

14Therefore, my dear friends, flee from idolatry. 15I speak to sensible people; judge for yourselves what I say. 16Is not the cup of thanksgiving for which we give thanks a participation in the blood of Christ? And is not the bread that we break a participation in the body of Christ? 17Because there is one loaf, we, who are many, are one body, for we all partake of the one loaf.

18Consider the people of Israel: Do not those who eat the sacrifices participate in the altar? 19Do I mean then that a sacrifice offered to an idol is anything, or that an idol is anything? 20No, but the sacrifices of pagans are offered to demons, not to God, and I do not want you to be participants with demons. 21You cannot drink the cup of the Lord and the cup of demons too; you cannot have a part in both the Lord's table and the table of demons. 22Are we trying to arouse the Lord's jealousy? Are we stronger than he?

The Believer's Freedom

23"Everything is permissible"—but not everything is beneficial. "Everything is permissible"—but not everything is constructive. 24Nobody should seek his own good, but the good of others.

ᵃ10:7 Éx 32:6   ᵇ10:16 por la cual damos gracias. Lit. que bendecimos.   ᶜ10:18 como tal. Lit. según la *carne.

ᵛ7 Exodus 32:6

25Coman de todo lo que se vende en la carnicería, sin preguntar nada por motivos de conciencia, 26porque «del Señor es la tierra y todo cuanto hay en ella».d

27Si algún incrédulo los invita a comer, y ustedes aceptan la invitación, coman de todo lo que les sirvan sin preguntar nada por motivos de conciencia. 28Ahora bien, si alguien les dice: «Esto ha sido ofrecido en sacrificio a los ídolos», entonces no lo coman, por consideración al que se lo mencionó, y por motivos de conciencia.e 29(Me refiero a la conciencia del otro, no a la de ustedes.) ¿Por qué se ha de juzgar mi libertad de acuerdo con la conciencia ajena? 30Si con gratitud participo de la comida, ¿me van a condenar por comer algo por lo cual doy gracias a Dios?

31En conclusión, ya sea que coman o beban o hagan cualquier otra cosa, háganlo todo para la gloria de Dios. 32No hagan *tropezar a nadie, ni a judíos, ni a *gentiles ni a la iglesia de Dios. 33Hagan como yo, que procuro agradar a todos en todo. No busco mis propios intereses sino los de los demás, para que sean salvos.

11 Imítenme a mí, como yo imito a Cristo.

Decoro en el culto

2Los elogio porque se acuerdan de mí en todo y retienen las enseñanzas,f tal como se las transmití.

3Ahora bien, quiero que entiendan que Cristo es cabeza de todo hombre, mientras que el hombre es cabeza de la mujer y Dios es cabeza de Cristo. 4Todo hombre que ora o profetiza con la cabeza cubiertag deshonra al que es su cabeza. 5En cambio, toda mujer que ora o profetiza con la cabeza descubierta deshonra al que es su cabeza; es como si estuviera rasurada. 6Si la mujer no se cubre la cabeza, que se corte también el cabello; pero si es vergonzoso para la mujer tener el pelo corto o la cabeza rasurada, que se la cubra. 7El hombre no debe cubrirse la cabeza, ya que él es imagen y gloria de Dios, mientras que la mujer es gloria del hombre. 8De hecho, el hombre no procede de la mujer sino la mujer del hombre; 9ni tampoco fue creado el hombre a causa de la mujer, sino la mujer a causa del hombre. 10Por esta razón, y a causa de los ángeles, la mujer debe llevar sobre la cabeza señal de autoridad.h

11Sin embargo, en el Señor, ni la mujer existe aparte del hombre ni el hombre aparte de la mujer.

25Eat anything sold in the meat market without raising questions of conscience, 26for, "The earth is the Lord's, and everything in it." w

27If some unbeliever invites you to a meal and you want to go, eat whatever is put before you without raising questions of conscience. 28But if anyone says to you, "This has been offered in sacrifice," then do not eat it, both for the sake of the man who told you and for conscience' sakex— 29the other man's conscience, I mean, not yours. For why should my freedom be judged by another's conscience? 30If I take part in the meal with thankfulness, why am I denounced because of something I thank God for?

31So whether you eat or drink or whatever you do, do it all for the glory of God. 32Do not cause anyone to stumble, whether Jews, Greeks or the church of God— 33even as I try to please everybody in every way. For I am not seeking my own good but the good of many, so that they may be saved.

11 Follow my example, as I follow the example of Christ.

Propriety in Worship

2I praise you for remembering me in everything and for holding to the teachings,y just as I passed them on to you.

3Now I want you to realize that the head of every man is Christ, and the head of the woman is man, and the head of Christ is God. 4Every man who prays or prophesies with his head covered dishonors his head. 5And every woman who prays or prophesies with her head uncovered dishonors her head—it is just as though her head were shaved. 6If a woman does not cover her head, she should have her hair cut off; and if it is a disgrace for a woman to have her hair cut or shaved off, she should cover her head. 7A man ought not to cover his head,z since he is the image and glory of God; but the woman is the glory of man. 8For man did not come from woman, but woman from man; 9neither was man created for woman, but woman for man. 10For this reason, and because of the angels, the woman ought to have a sign of authority on her head.

11In the Lord, however, woman is not independent of man, nor is man independent of

---

d 10:26 Sal 24:1   e 10:28 conciencia. Var. conciencia, porque «del Señor es la tierra y todo cuanto hay en ella». f 11:2 enseñanzas. Alt. tradiciones.   g 11:4 la cabeza cubierta. Alt. el cabello largo; también en el resto del pasaje. h 11:10 debe … autoridad. Lit. debe tener autoridad sobre la cabeza.

w 26 Psalm 24:1   x 28 Some manuscripts conscience' sake, for "the earth is the Lord's and everything in it"   y 2 Or traditions   z 4-7 Or 4Every man who prays or prophesies with long hair dishonors his head. 5And every woman who prays or prophesies with no covering of hair on her head dishonors her head—she is just like one of the "shorn women." 6If a woman has no covering, let her be for now with short hair, but since it is a disgrace for a woman to have her hair shorn or shaved, she should grow it again. 7A man ought not to have long hair

12Porque así como la mujer procede del hombre, también el hombre nace de la mujer; pero todo proviene de Dios. 13Juzguen ustedes mismos: ¿Es apropiado que la mujer ore a Dios sin cubrirse la cabeza? 14¿No les enseña el mismo orden natural de las cosas que es una vergüenza para el hombre dejarse crecer el cabello, 15mientras que es una gloria para la mujer llevar cabello largo? Es que a ella se le ha dado su cabellera como velo. 16Si alguien insiste en discutir este asunto, tenga en cuenta que nosotros no tenemos otra costumbre, ni tampoco las iglesias de Dios.

La Cena del Señor

17Al darles las siguientes instrucciones, no puedo elogiarlos, ya que sus reuniones traen más perjuicio que beneficio. 18En primer lugar, oigo decir que cuando se reúnen como iglesia hay divisiones entre ustedes, y hasta cierto punto lo creo. 19Sin duda, tiene que haber grupos sectarios entre ustedes, para que se demuestre quiénes cuentan con la aprobación de Dios. 20De hecho, cuando se reúnen, ya no es para comer la Cena del Señor, 21porque cada uno se adelanta a comer su propia cena, de manera que unos se quedan con hambre mientras otros se emborrachan. 22¿Acaso no tienen casas donde comer y beber? ¿O es que menosprecian a la iglesia de Dios y quieren avergonzar a los que no tienen nada? ¿Qué les diré? ¿Voy a elogiarlos por esto? ¡Claro que no

23Yo recibí del Señor lo mismo que les transmití a ustedes: Que el Señor Jesús, la noche en que fue traicionado, tomó pan, 24y después de dar gracias, lo partió y dijo: «Este pan es mi cuerpo, que por ustedes entrego; hagan esto en memoria de mí.» 25De la misma manera, después de cenar, tomó la copa y dijo: «Esta copa es el nuevo pacto en mi sangre; hagan esto, cada vez que beban de ella, en memoria de mí.» 26Porque cada vez que comen este pan y beben de esta copa, proclaman la muerte del Señor hasta que él venga.

27Por lo tanto, cualquiera que coma el pan o beba de la copa del Señor de manera indigna, será culpable de pecar contra el cuerpo y la sangre del Señor. 28Así que cada uno debe examinarse a sí mismo antes de comer el pan y beber de la copa. 29Porque el que come y bebe sin discernir el cuerpo,ⁱ come y bebe su propia condena. 30Por eso hay entre ustedes muchos débiles y enfermos, e incluso varios han muerto. 31Si nos examináramos a nosotros mismos, no se nos juzgaría; 32pero si nos juzga el Señor, nos disciplina para que no seamos condenados con el mundo.

woman. 12For as woman came from man, so also man is born of woman. But everything comes from God. 13Judge for yourselves: Is it proper for a woman to pray to God with her head uncovered? 14Does not the very nature of things teach you that if a man has long hair, it is a disgrace to him, 15but that if a woman has long hair, it is her glory? For long hair is given to her as a covering. 16If anyone wants to be contentious about this, we have no other practice—nor do the churches of God.

The Lord's Supper

17In the following directives I have no praise for you, for your meetings do more harm than good. 18In the first place, I hear that when you come together as a church, there are divisions among you, and to some extent I believe it. 19No doubt there have to be differences among you to show which of you have God's approval. 20When you come together, it is not the Lord's Supper you eat, 21for as you eat, each of you goes ahead without waiting for anybody else. One remains hungry, another gets drunk. 22Don't you have homes to eat and drink in? Or do you despise the church of God and humiliate those who have nothing? What shall I say to you? Shall I praise you for this? Certainly not

23For I received from the Lord what I also passed on to you: The Lord Jesus, on the night he was betrayed, took bread, 24and when he had given thanks, he broke it and said, "This is my body, which is for you; do this in remembrance of me." 25In the same way, after supper he took the cup, saying, "This cup is the new covenant in my blood; do this, whenever you drink it, in remembrance of me." 26For whenever you eat this bread and drink this cup, you proclaim the Lord's death until he comes.

27Therefore, whoever eats the bread or drinks the cup of the Lord in an unworthy manner will be guilty of sinning against the body and blood of the Lord. 28A man ought to examine himself before he eats of the bread and drinks of the cup. 29For anyone who eats and drinks without recognizing the body of the Lord eats and drinks judgment on himself. 30That is why many among you are weak and sick, and a number of you have fallen asleep. 31But if we judged ourselves, we would not come under judgment. 32When we are judged by the Lord, we are being disciplined so that we will not be condemned with the world.

33So then, my brothers, when you come together to eat, wait for each other. 34If anyone is

---

i 11:29 *cuerpo.* Var. *cuerpo del Señor.*

³³Así que, hermanos míos, cuando se reúnan para comer, espérense unos a otros. ³⁴Si alguno tiene hambre, que coma en su casa, para que las reuniones de ustedes no resulten dignas de condenación.

Los demás asuntos los arreglaré cuando los visite.

Los dones espirituales

12 En cuanto a los dones espirituales, hermanos, quiero que entiendan bien este asunto. ²Ustedes saben que cuando eran *paganos se dejaban arrastrar hacia los ídolos mudos. ³Por eso les advierto que nadie que esté hablando por el Espíritu de Dios puede maldecir a Jesús; ni nadie puede decir: «Jesús es el Señor» sino por el Espíritu Santo.

⁴Ahora bien, hay diversos dones, pero un mismo Espíritu. ⁵Hay diversas maneras de servir, pero un mismo Señor. ⁶Hay diversas funciones, pero es un mismo Dios el que hace todas las cosas en todos.

⁷A cada uno se le da una manifestación especial del Espíritu para el bien de los demás. ⁸A unos Dios les da por el Espíritu palabra de sabiduría; a otros, por el mismo Espíritu, palabra de conocimiento; ⁹a otros, fe por medio del mismo Espíritu; a otros, y por ese mismo Espíritu, dones para sanar enfermos; ¹⁰a otros, poderes milagrosos; a otros, profecía; a otros, el discernir espíritus; a otros, el hablar en diversas *lenguas; y a otros, el interpretar lenguas. ¹¹Todo esto lo hace un mismo y único Espíritu, quien reparte a cada uno según él lo determina.

Un cuerpo con muchos miembros

¹²De hecho, aunque el cuerpo es uno solo, tiene muchos miembros, y todos los miembros, no obstante ser muchos, forman un solo cuerpo. Así sucede con Cristo. ¹³Todos fuimos bautizados por^j un solo Espíritu para constituir un solo cuerpo —ya seamos judíos o *gentiles, esclavos o libres—, y a todos se nos dio a beber de un mismo Espíritu.

¹⁴Ahora bien, el cuerpo no consta de un solo miembro sino de muchos. ¹⁵Si el pie dijera: «Como no soy mano, no soy del cuerpo», no por eso dejaría de ser parte del cuerpo. ¹⁶Y si la oreja dijera: «Como no soy ojo, no soy del cuerpo», no por eso dejaría de ser parte del cuerpo. ¹⁷Si todo el cuerpo fuera ojo, ¿qué sería del oído? Si todo el cuerpo fuera oído, ¿qué sería del olfato? ¹⁸En realidad, Dios colocó cada miembro del cuerpo como mejor le pareció. ¹⁹Si todos ellos fueran un solo miembro, ¿qué sería del cuerpo?

hungry, he should eat at home, so that when you meet together it may not result in judgment.

And when I come I will give further directions.

Spiritual Gifts

12 Now about spiritual gifts, brothers, I do not want you to be ignorant. ²You know that when you were pagans, somehow or other you were influenced and led astray to mute idols. ³Therefore I tell you that no one who is speaking by the Spirit of God says, "Jesus be cursed," and no one can say, "Jesus is Lord," except by the Holy Spirit.

⁴There are different kinds of gifts, but the same Spirit. ⁵There are different kinds of service, but the same Lord. ⁶There are different kinds of working, but the same God works all of them in all men.

⁷Now to each one the manifestation of the Spirit is given for the common good. ⁸To one there is given through the Spirit the message of wisdom, to another the message of knowledge by means of the same Spirit, ⁹to another faith by the same Spirit, to another gifts of healing by that one Spirit, ¹⁰to another miraculous powers, to another prophecy, to another distinguishing between spirits, to another speaking in different kinds of tongues,^a and to still another the interpretation of tongues.^b ¹¹All these are the work of one and the same Spirit, and he gives them to each one, just as he determines.

¹²The body is a unit, though it is made up of many parts; and though all its parts are many, they form one body. So it is with Christ. ¹³For we were all baptized by^c one Spirit into one body—whether Jews or Greeks, slave or free—and we were all given the one Spirit to drink.

¹⁴Now the body is not made up of one part but of many. ¹⁵If the foot should say, "Because I am not a hand, I do not belong to the body," it would not for that reason cease to be part of the body. ¹⁶And if the ear should say, "Because I am not an eye, I do not belong to the body," it would not for that reason cease to be part of the body. ¹⁷If the whole body were an eye, where would the sense of hearing be? If the whole body were an ear, where would the sense of smell be? ¹⁸But in fact God has arranged the parts in the body, every one of them, just as he wanted them to be. ¹⁹If they were all one part, where would the

---

^j12:13 por. Alt. con, o en.   ^a10 Or languages; also in verse 28   ^b10 Or languages; also in verse 28   ^c13 Or with; or in

20Lo cierto es que hay muchos miembros, pero el cuerpo es uno solo.

21El ojo no puede decirle a la mano: «No te necesito.» Ni puede la cabeza decirles a los pies: «No los necesito.» 22Al contrario, los miembros del cuerpo que parecen más débiles son indispensables, 23y a los que nos parecen menos honrosos los tratamos con honra especial. Y se les trata con especial modestia a los miembros que nos parecen menos presentables, 24mientras que los más presentables no requieren trato especial. Así Dios ha dispuesto los miembros de nuestro cuerpo, dando mayor honra a los que menos tenían, 25a fin de que no haya división en el cuerpo, sino que sus miembros se preocupen por igual unos por otros. 26Si uno de los miembros sufre, los demás comparten su sufrimiento; y si uno de ellos recibe honor, los demás se alegran con él.

27Ahora bien, ustedes son el cuerpo de Cristo, y cada uno es miembro de ese cuerpo. 28En la iglesia Dios ha puesto, en primer lugar, apóstoles; en segundo lugar, profetas; en tercer lugar, maestros; luego los que hacen milagros; después los que tienen dones para sanar enfermos, los que ayudan a otros, los que administran y los que hablan en diversas *lenguas. 29¿Son todos apóstoles? ¿Son todos profetas? ¿Son todos maestros? ¿Hacen todos milagros? 30¿Tienen todos dones para sanar enfermos? ¿Hablan todos en lenguas? ¿Acaso interpretan todos? 31Ustedes, por su parte, ambicionen^k los mejores dones.

El amor

Ahora les voy a mostrar un camino más excelente.

13 Si hablo en *lenguas *humanas y angelicales, pero no tengo amor, no soy más que un metal que resuena o un platillo que hace ruido. 2Si tengo el don de profecía y entiendo todos los *misterios y poseo todo conocimiento, y si tengo una fe que logra trasladar montañas, pero me falta el amor, no soy nada. 3Si reparto entre los pobres todo lo que poseo, y si entrego mi cuerpo para que lo consuman las llamas,^l pero no tengo amor, nada gano con eso.

4El amor es paciente, es bondadoso. El amor no es envidioso ni jactancioso ni orgulloso. 5No se comporta con rudeza, no es egoísta, no se enoja fácilmente, no guarda rencor. 6El amor no se deleita en la maldad sino que se regocija con la verdad. 7Todo lo disculpa, todo lo cree, todo lo espera, todo lo soporta.

8El amor jamás se extingue, mientras que el don de profecía cesará, el de lenguas será silen-

body be? 20As it is, there are many parts, but one body.

21The eye cannot say to the hand, "I don't need you." And the head cannot say to the feet, "I don't need you." 22On the contrary, those parts of the body that seem to be weaker are indispensable, 23and the parts that we think are less honorable we treat with special honor. And the parts that are unpresentable are treated with special modesty, 24while our presentable parts need no special treatment. But God has combined the members of the body and has given greater honor to the parts that lacked it, 25so that there should be no division in the body, but that its parts should have equal concern for each other. 26If one part suffers, every part suffers with it; if one part is honored, every part rejoices with it.

27Now you are the body of Christ, and each one of you is a part of it. 28And in the church God has appointed first of all apostles, second prophets, third teachers, then workers of miracles, also those having gifts of healing, those able to help others, those with gifts of administration, and those speaking in different kinds of tongues. 29Are all apostles? Are all prophets? Are all teachers? Do all work miracles? 30Do all have gifts of healing? Do all speak in tongues^d? Do all interpret? 31But eagerly desire^e the greater gifts.

And now I will show you the most excellent way.

Love

13 If I speak in the tongues^f of men and of angels, but have not love, I am only a resounding gong or a clanging cymbal. 2If I have the gift of prophecy and can fathom all mysteries and all knowledge, and if I have a faith that can move mountains, but have not love, I am nothing. 3If I give all I possess to the poor and surrender my body to the flames,^g but have not love, I gain nothing.

4Love is patient, love is kind. It does not envy, it does not boast, it is not proud. 5It is not rude, it is not self-seeking, it is not easily angered, it keeps no record of wrongs. 6Love does not delight in evil but rejoices with the truth. 7It always protects, always trusts, always hopes, always perseveres.

8Love never fails. But where there are prophecies, they will cease; where there are tongues,

---

k12:31 ambicionen. Alt. ambicionan.   l13:3 para … llamas. Var. para tener de qué *jactarme.

d30 Or other languages   e31 Or But you are eagerly desiring   f1 Or languages   g3 Some early manuscripts body that I may boast ciado y el de conocimiento desaparecerá. 9Porque conocemos y profetizamos de manera imperfecta; 10pero cuando llegue lo perfecto, lo imperfecto desaparecerá. 11Cuando yo era niño, hablaba como niño, pensaba como niño, razonaba como niño; cuando llegué a ser adulto, dejé atrás las cosas de niño. 12Ahora vemos de manera indirecta y velada, como en un espejo; pero entonces veremos cara a cara. Ahora conozco de manera imperfecta, pero entonces conoceré tal y como soy conocido.

13Ahora, pues, permanecen estas tres virtudes: la fe, la esperanza y el amor. Pero la más excelente de ellas es el amor.

El don de lenguas y el de profecía

14 Empéñense en seguir el amor y ambicionen los dones espirituales, sobre todo el de profecía. 2Porque el que habla en *lenguas no habla a los demás sino a Dios. En realidad, nadie le entiende lo que dice, pues habla *misterios por el Espíritu.m 3En cambio, el que profetiza habla a los demás para edificarlos, animarlos y consolarlos. 4El que habla en lenguas se edifica a sí mismo; en cambio, el que profetiza edifica a la iglesia. 5Yo quisiera que todos ustedes hablaran en lenguas, pero mucho más que profetizaran. El que profetiza aventaja al que habla en lenguas, a menos que éste también interprete, para que la iglesia reciba edificación.

6Hermanos, si ahora fuera a visitarlos y les hablara en lenguas, ¿de qué les serviría, a menos que les presentara alguna revelación, conocimiento, profecía o enseñanza? 7Aun en el caso de los instrumentos musicales, tales como la flauta o el arpa, ¿cómo se reconocerá lo que tocan si no dan distintamente sus sonidos? 8Y si la trompeta no da un toque claro, ¿quién se va a preparar para la batalla? 9Así sucede con ustedes. A menos que su lengua pronuncie palabras comprensibles, ¿cómo se sabrá lo que dicen? Será como si hablaran al aire. 10¡Quién sabe cuántos idiomas hay en el mundo, y ninguno carece de sentido 11Pero si no capto el sentido de lo que alguien dice, seré como un extranjero para el que me habla, y él lo será para mí. 12Por eso ustedes, ya que tanto ambicionan dones espirituales, procuren que éstos abunden para la edificación de la iglesia.

13Por esta razón, el que habla en lenguas pida en oración el don de interpretar lo que diga. 14Porque si yo oro en lenguas, mi espíritu ora, pero mi entendimiento no se beneficia en nada. 15¿Qué debo hacer entonces? Pues orar con el espíritu, pero también con el entendimiento;

they will be stilled; where there is knowledge, it will pass away. 9For we know in part and we prophesy in part, 10but when perfection comes, the imperfect disappears. 11When I was a child, I talked like a child, I thought like a child, I reasoned like a child. When I became a man, I put childish ways behind me. 12Now we see but a poor reflection as in a mirror; then we shall see face to face. Now I know in part; then I shall know fully, even as I am fully known.

13And now these three remain: faith, hope and love. But the greatest of these is love.

Gifts of Prophecy and Tongues

14 Follow the way of love and eagerly desire spiritual gifts, especially the gift of prophecy. 2For anyone who speaks in a tongueh does not speak to men but to God. Indeed, no one understands him; he utters mysteries with his spirit.i 3But everyone who prophesies speaks to men for their strengthening, encouragement and comfort. 4He who speaks in a tongue edifies himself, but he who prophesies edifies the church. 5I would like every one of you to speak in tongues,j but I would rather have you prophesy. He who prophesies is greater than one who speaks in tongues,k unless he interprets, so that the church may be edified.

6Now, brothers, if I come to you and speak in tongues, what good will I be to you, unless I bring you some revelation or knowledge or prophecy or word of instruction? 7Even in the case of lifeless things that make sounds, such as the flute or harp, how will anyone know what tune is being played unless there is a distinction in the notes? 8Again, if the trumpet does not sound a clear call, who will get ready for battle? 9So it is with you. Unless you speak intelligible words with your tongue, how will anyone know what you are saying? You will just be speaking into the air. 10Undoubtedly there are all sorts of languages in the world, yet none of them is without meaning. 11If then I do not grasp the meaning of what someone is saying, I am a foreigner to the speaker, and he is a foreigner to me. 12So it is with you. Since you are eager to have spiritual gifts, try to excel in gifts that build up the church.

13For this reason anyone who speaks in a tongue should pray that he may interpret what he says. 14For if I pray in a tongue, my spirit prays, but my mind is unfruitful. 15So what shall I do? I will pray with my spirit, but I will also

---

h2 Or another language; also in verses 4, 13, 14, 19, 26 and 27   i2 Or by the Spirit   j5 Or other languages; also in verses 6, 18, 22, 23 and 39   k5 Or other languages; also in verses 6, 18, 22, 23 and 39

m14:2 por el Espíritu. Alt. en su espíritu.

cantar con el espíritu, pero también con el entendimiento. [16]De otra manera, si alabas a Dios con el espíritu, ¿cómo puede quien no es instruido[n] decir «amén» a tu acción de gracias, puesto que no entiende lo que dices? [17]En ese caso tu acción de gracias es admirable, pero no edifica al otro.

[18]Doy gracias a Dios porque hablo en lenguas más que todos ustedes. [19]Sin embargo, en la iglesia prefiero emplear cinco palabras comprensibles y que me sirvan para instruir a los demás, que diez mil palabras en lenguas.

[20]Hermanos, no sean niños en su modo de pensar. Sean niños en cuanto a la malicia, pero adultos en su modo de pensar. [21]En la ley está escrito:

«Por medio de gente de lengua extraña
　y por boca de extranjeros
　hablaré a este pueblo,
　　pero ni aun así me escucharán»,[ñ] dice el
　　Señor.

[22]De modo que el hablar en lenguas es una señal, no para los creyentes sino para los incrédulos; en cambio, la profecía no es señal para los incrédulos sino para los creyentes. [23]Así que, si toda la iglesia se reúne y todos hablan en lenguas, y entran algunos que no entienden o no creen, ¿no dirán que ustedes están locos? [24]Pero si uno que no cree o uno que no entiende entra cuando todos están profetizando, se sentirá reprendido y juzgado por todos, [25]y los secretos de su corazón quedarán al descubierto. Así que se postrará ante Dios y lo adorará, exclamando: «¡Realmente Dios está entre ustedes »

Orden en los cultos

[26]¿Qué concluimos, hermanos? Que cuando se reúnan, cada uno puede tener un himno, una enseñanza, una revelación, un mensaje en *lenguas, o una interpretación. Todo esto debe hacerse para la edificación de la iglesia. [27]Si se habla en lenguas, que hablen dos —o cuando mucho tres—, cada uno por turno; y que alguien interprete. [28]Si no hay intérprete, que guarden silencio en la iglesia y cada uno hable para sí mismo y para Dios.

[29]En cuanto a los profetas, que hablen dos o tres, y que los demás examinen con cuidado lo dicho. [30]Si alguien que está sentado recibe una revelación, el que esté hablando ceda la palabra. [31]Así todos pueden profetizar por turno, para que todos reciban instrucción y aliento. [32]El don

pray with my mind; I will sing with my spirit, but I will also sing with my mind. [16]If you are praising God with your spirit, how can one who finds himself among those who do not understand[l] say "Amen" to your thanksgiving, since he does not know what you are saying? [17]You may be giving thanks well enough, but the other man is not edified.

[18]I thank God that I speak in tongues more than all of you. [19]But in the church I would rather speak five intelligible words to instruct others than ten thousand words in a tongue.

[20]Brothers, stop thinking like children. In regard to evil be infants, but in your thinking be adults. [21]In the Law it is written:

"Through men of strange tongues
　and through the lips of foreigners
I will speak to this people,
　but even then they will not listen to
　　me," [m]

says the Lord.

[22]Tongues, then, are a sign, not for believers but for unbelievers; prophecy, however, is for believers, not for unbelievers. [23]So if the whole church comes together and everyone speaks in tongues, and some who do not understand[n] or some unbelievers come in, will they not say that you are out of your mind? [24]But if an unbeliever or someone who does not understand[o] comes in while everybody is prophesying, he will be convinced by all that he is a sinner and will be judged by all, [25]and the secrets of his heart will be laid bare. So he will fall down and worship God, exclaiming, "God is really among you "

Orderly Worship

[26]What then shall we say, brothers? When you come together, everyone has a hymn, or a word of instruction, a revelation, a tongue or an interpretation. All of these must be done for the strengthening of the church. [27]If anyone speaks in a tongue, two—or at the most three—should speak, one at a time, and someone must interpret. [28]If there is no interpreter, the speaker should keep quiet in the church and speak to himself and God.

[29]Two or three prophets should speak, and the others should weigh carefully what is said. [30]And if a revelation comes to someone who is sitting down, the first speaker should stop. [31]For you can all prophesy in turn so that everyone may be instructed and encouraged.

---

[n]14:16 *quien no es instruido.* Lit. *el que ocupa el lugar del indocto.*　[ñ]14:21 Is 28:11,12　[l]16 Or *among the inquirers*　[m]21 Isaiah 28:11,12　[n]23 Or *some inquirers*　[o]24 Or *or some inquirer*

de profecía está⁰ bajo el control de los profetas, ³³porque Dios no es un Dios de desorden sino de paz.

Como es costumbre en las congregaciones de los *creyentes, ³⁴guarden las mujeres silencio en la iglesia, pues no les está permitido hablar. Que estén sumisas, como lo establece la ley. ³⁵Si quieren saber algo, que se lo pregunten en casa a sus esposos; porque no está bien visto que una mujer hable en la iglesia.

³⁶¿Acaso la palabra de Dios procedió de ustedes? ¿O son ustedes los únicos que la han recibido? ³⁷Si alguno se cree profeta o espiritual, reconozca que esto que les escribo es mandato del Señor. ³⁸Si no lo reconoce, tampoco él será reconocido.ᵖ

³⁹Así que, hermanos míos, ambicionen el don de profetizar, y no prohíban que se hable en lenguas. ⁴⁰Pero todo debe hacerse de una manera apropiada y con orden.

La resurrección de Cristo

15 Ahora, hermanos, quiero recordarles el *evangelio que les prediqué, el mismo que recibieron y en el cual se mantienen firmes. ²Mediante este evangelio son salvos, si se aferran a la palabra que les prediqué. De otro modo, habrán creído en vano.

³Porque ante todo�q les transmití a ustedes lo que yo mismo recibí: que Cristo murió por nuestros pecados según las Escrituras, ⁴que fue sepultado, que resucitó al tercer día según las Escrituras, ⁵y que se apareció a *Cefas, y luego a los doce. ⁶Después se apareció a más de quinientos hermanos a la vez, la mayoría de los cuales vive todavía, aunque algunos han muerto. ⁷Luego se apareció a *Jacobo, más tarde a todos los apóstoles, ⁸y por último, como a uno nacido fuera de tiempo, se me apareció también a mí.

⁹Admito que yo soy el más insignificante de los apóstoles y que ni siquiera merezco ser llamado apóstol, porque perseguí a la iglesia de Dios. ¹⁰Pero por la gracia de Dios soy lo que soy, y la gracia que él me concedió no fue infructuosa. Al contrario, he trabajado con más tesón que todos ellos, aunque no yo sino la gracia de Dios que está conmigo. ¹¹En fin, ya sea que se trate de mí o de ellos, esto es lo que predicamos, y esto es lo que ustedes han creído.

La resurrección de los muertos

¹²Ahora bien, si se predica que Cristo ha sido levantado de entre los muertos, ¿cómo dicen algunos de ustedes que no hay resurrección?

³²The spirits of prophets are subject to the control of prophets. ³³For God is not a God of disorder but of peace.

As in all the congregations of the saints, ³⁴women should remain silent in the churches. They are not allowed to speak, but must be in submission, as the Law says. ³⁵If they want to inquire about something, they should ask their own husbands at home; for it is disgraceful for a woman to speak in the church.

³⁶Did the word of God originate with you? Or are you the only people it has reached? ³⁷If anybody thinks he is a prophet or spiritually gifted, let him acknowledge that what I am writing to you is the Lord's command. ³⁸If he ignores this, he himself will be ignored.ᵖ

³⁹Therefore, my brothers, be eager to prophesy, and do not forbid speaking in tongues. ⁴⁰But everything should be done in a fitting and orderly way.

The Resurrection of Christ

15 Now, brothers, I want to remind you of the gospel I preached to you, which you received and on which you have taken your stand. ²By this gospel you are saved, if you hold firmly to the word I preached to you. Otherwise, you have believed in vain.

³For what I received I passed on to you as of first importanceq: that Christ died for our sins according to the Scriptures, ⁴that he was buried, that he was raised on the third day according to the Scriptures, ⁵and that he appeared to Peter,ʳ and then to the Twelve. ⁶After that, he appeared to more than five hundred of the brothers at the same time, most of whom are still living, though some have fallen asleep. ⁷Then he appeared to James, then to all the apostles, ⁸and last of all he appeared to me also, as to one abnormally born.

⁹For I am the least of the apostles and do not even deserve to be called an apostle, because I persecuted the church of God. ¹⁰But by the grace of God I am what I am, and his grace to me was not without effect. No, I worked harder than all of them—yet not I, but the grace of God that was with me. ¹¹Whether, then, it was I or they, this is what we preach, and this is what you believed.

The Resurrection of the Dead

¹²But if it is preached that Christ has been raised from the dead, how can some of you say that there is no resurrection of the dead?

ᵒ 14:32 *El don ... está.* Lit. *Los espíritus de los profetas están.*
ᵖ 14:38 *tampoco ... reconocido.* Var. *que no lo reconozca.*
q 15:3 *ante todo.* Alt. *al principio.*

ᵖ 38 Some manuscripts *If he is ignorant of this, let him be ignorant*   q 3 Or *you at the first*   ʳ 5 Greek *Cephas*

¹³Si no hay resurrección, entonces ni siquiera Cristo ha resucitado. ¹⁴Y si Cristo no ha resucitado, nuestra predicación no sirve para nada, como tampoco la fe de ustedes. ¹⁵Aún más, resultaríamos falsos testigos de Dios por haber testificado que Dios resucitó a Cristo, lo cual no habría sucedido, si en verdad los muertos no resucitan. ¹⁶Porque si los muertos no resucitan, tampoco Cristo ha resucitado. ¹⁷Y si Cristo no ha resucitado, la fe de ustedes es ilusoria y todavía están en sus pecados. ¹⁸En este caso, también están perdidos los que murieron en Cristo. ¹⁹Si la esperanza que tenemos en Cristo fuera sólo para esta vida, seríamos los más desdichados de todos los *mortales.

²⁰Lo cierto es que Cristo ha sido *levantado de entre los muertos, como *primicias de los que murieron. ²¹De hecho, ya que la muerte vino por medio de un hombre, también por medio de un hombre viene la resurrección de los muertos. ²²Pues así como en Adán todos mueren, también en Cristo todos volverán a vivir, ²³pero cada uno en su debido orden: Cristo, las primicias; después, cuando él venga, los que le pertenecen. ²⁴Entonces vendrá el fin, cuando él entregue el reino a Dios el Padre, luego de destruir todo dominio, autoridad y poder. ²⁵Porque es necesario que Cristo reine hasta poner a todos sus enemigos debajo de sus pies. ²⁶El último enemigo que será destruido es la muerte, ²⁷pues Dios «ha sometido todo a su dominio».ʳ Al decir que «todo» ha quedado sometido a su dominio, es claro que no se incluye a Dios mismo, quien todo lo sometió a Cristo. ²⁸Y cuando todo le sea sometido, entonces el Hijo mismo se someterá a aquel que le sometió todo, para que Dios sea todo en todos.

²⁹Si no hay resurrección, ¿qué sacan los que se bautizan por los muertos? Si en definitiva los muertos no resucitan, ¿por qué se bautizan por ellos? ³⁰Y nosotros, ¿por qué nos exponemos al peligro a todas horas? ³¹Que cada día muero, hermanos, es tan cierto como el *orgullo que siento por ustedes en Cristo Jesús nuestro Señor. ³²¿Qué he ganado si, sólo por motivos humanos, en Éfeso luché contra las fieras? Si los muertos no resucitan,

> «comamos y bebamos,
> que mañana moriremos».ˢ

³³No se dejen engañar: «Las malas compañías corrompen las buenas costumbres.» ³⁴Vuelvan a su sano juicio, como conviene, y dejen de pecar. En efecto, hay algunos de ustedes que no

¹³If there is no resurrection of the dead, then not even Christ has been raised. ¹⁴And if Christ has not been raised, our preaching is useless and so is your faith. ¹⁵More than that, we are then found to be false witnesses about God, for we have testified about God that he raised Christ from the dead. But he did not raise him if in fact the dead are not raised. ¹⁶For if the dead are not raised, then Christ has not been raised either. ¹⁷And if Christ has not been raised, your faith is futile; you are still in your sins. ¹⁸Then those also who have fallen asleep in Christ are lost. ¹⁹If only for this life we have hope in Christ, we are to be pitied more than all men.

²⁰But Christ has indeed been raised from the dead, the firstfruits of those who have fallen asleep. ²¹For since death came through a man, the resurrection of the dead comes also through a man. ²²For as in Adam all die, so in Christ all will be made alive. ²³But each in his own turn: Christ, the firstfruits; then, when he comes, those who belong to him. ²⁴Then the end will come, when he hands over the kingdom to God the Father after he has destroyed all dominion, authority and power. ²⁵For he must reign until he has put all his enemies under his feet. ²⁶The last enemy to be destroyed is death. ²⁷For he "has put everything under his feet."ˢ Now when it says that "everything" has been put under him, it is clear that this does not include God himself, who put everything under Christ. ²⁸When he has done this, then the Son himself will be made subject to him who put everything under him, so that God may be all in all.

²⁹Now if there is no resurrection, what will those do who are baptized for the dead? If the dead are not raised at all, why are people baptized for them? ³⁰And as for us, why do we endanger ourselves every hour? ³¹I die every day—I mean that, brothers—just as surely as I glory over you in Christ Jesus our Lord. ³²If I fought wild beasts in Ephesus for merely human reasons, what have I gained? If the dead are not raised,

> "Let us eat and drink,
> for tomorrow we die."ᵗ

³³Do not be misled: "Bad company corrupts good character." ³⁴Come back to your senses as you ought, and stop sinning; for there are some

tienen conocimiento de Dios; para vergüenza de ustedes lo digo.

El cuerpo resucitado

35Tal vez alguien pregunte: «¿Cómo resucitarán los muertos? ¿Con qué clase de cuerpo vendrán?» **36**¡Qué tontería Lo que tú siembras no cobra vida a menos que muera. **37**No plantas el cuerpo que luego ha de nacer sino que siembras una simple semilla de trigo o de otro grano. **38**Pero Dios le da el cuerpo que quiso darle, y a cada clase de semilla le da un cuerpo propio. **39**No todos los cuerpos son iguales: hay cuerpos *humanos; también los hay de animales terrestres, de aves y de peces. **40**Así mismo hay cuerpos celestes y cuerpos terrestres; pero el esplendor de los cuerpos celestes es uno, y el de los cuerpos terrestres es otro. **41**Uno es el esplendor del sol, otro el de la luna y otro el de las estrellas. Cada estrella tiene su propio brillo.

42Así sucederá también con la resurrección de los muertos. Lo que se siembra en corrupción, resucita en incorrupción; **43**lo que se siembra en oprobio, resucita en gloria; lo que se siembra en debilidad, resucita en poder; **44**se siembra un cuerpo natural,^{t} resucita un cuerpo espiritual.

Si hay un cuerpo natural, también hay un cuerpo espiritual. **45**Así está escrito: «El primer hombre, Adán, se convirtió en un ser viviente»;^{u} el último Adán, en el Espíritu que da vida. **46**No vino primero lo espiritual sino lo natural, y después lo espiritual. **47**El primer hombre era del polvo de la tierra; el segundo hombre, del cielo. **48**Como es aquel hombre terrenal, así son también los de la tierra; y como es el celestial, así son también los del cielo. **49**Y así como hemos llevado la imagen de aquel hombre terrenal, llevaremos^v también la imagen del celestial.

50Les declaro, hermanos, que el cuerpo mortal^w no puede heredar el reino de Dios, ni lo corruptible puede heredar lo incorruptible. **51**Fíjense bien en el *misterio que les voy a revelar: No todos moriremos, pero todos seremos transformados, **52**en un instante, en un abrir y cerrar de ojos, al toque final de la trompeta. Pues sonará la trompeta y los muertos resucitarán con un cuerpo incorruptible, y nosotros seremos transformados. **53**Porque lo corruptible tiene que revestirse de lo incorruptible, y lo mortal, de inmortalidad. **54**Cuando lo corruptible se revista de lo incorruptible, y lo mortal, de inmortalidad, entonces se cumplirá lo que está escrito: «La muerte ha sido devorada por la victoria.»^{x}

who are ignorant of God—I say this to your shame.

The Resurrection Body

35But someone may ask, "How are the dead raised? With what kind of body will they come?" **36**How foolish What you sow does not come to life unless it dies. **37**When you sow, you do not plant the body that will be, but just a seed, perhaps of wheat or of something else. **38**But God gives it a body as he has determined, and to each kind of seed he gives its own body. **39**All flesh is not the same: Men have one kind of flesh, animals have another, birds another and fish another. **40**There are also heavenly bodies and there are earthly bodies; but the splendor of the heavenly bodies is one kind, and the splendor of the earthly bodies is another. **41**The sun has one kind of splendor, the moon another and the stars another; and star differs from star in splendor.

42So will it be with the resurrection of the dead. The body that is sown is perishable, it is raised imperishable; **43**it is sown in dishonor, it is raised in glory; it is sown in weakness, it is raised in power; **44**it is sown a natural body, it is raised a spiritual body.

If there is a natural body, there is also a spiritual body. **45**So it is written: "The first man Adam became a living being"^{u}; the last Adam, a life-giving spirit. **46**The spiritual did not come first, but the natural, and after that the spiritual. **47**The first man was of the dust of the earth, the second man from heaven. **48**As was the earthly man, so are those who are of the earth; and as is the man from heaven, so also are those who are of heaven. **49**And just as we have borne the likeness of the earthly man, so shall we^v bear the likeness of the man from heaven.

50I declare to you, brothers, that flesh and blood cannot inherit the kingdom of God, nor does the perishable inherit the imperishable. **51**Listen, I tell you a mystery: We will not all sleep, but we will all be changed— **52**in a flash, in the twinkling of an eye, at the last trumpet. For the trumpet will sound, the dead will be raised imperishable, and we will be changed. **53**For the perishable must clothe itself with the imperishable, and the mortal with immortality. **54**When the perishable has been clothed with the imperishable, and the mortal with immortality, then the saying that is written will come true: "Death has been swallowed up in victory."^{w}

---

^{t}**15:44** *natural*. Lit. **síquico*; también en v. 46.
^{u}**15:45** Gn 2:7 ^{v}**15:49** *llevaremos*. Var. *llevemos*.
^{w}**15:50** *el cuerpo mortal*. Lit. **carne y sangre*.
^{x}**15:54** Is 25:8

^{u}*45* Gen. 2:7 ^{v}*49* Some early manuscripts *so let us*
^{w}*54* Isaiah 25:8

55 «¿Dónde está, oh muerte, tu victoria?
   ¿Dónde está, oh muerte, tu aguijón?»ʸ

56 El aguijón de la muerte es el pecado, y el poder del pecado es la ley. 57 ¡Pero gracias a Dios, que nos da la victoria por medio de nuestro Señor Jesucristo

58 Por lo tanto, mis queridos hermanos, manténganse firmes e inconmovibles, progresando siempre en la obra del Señor, conscientes de que su trabajo en el Señor no es en vano.

La colecta para el pueblo de Dios

16 En cuanto a la colecta para los *creyentes, sigan las instrucciones que di a las iglesias de Galacia. 2 El primer día de la semana, cada uno de ustedes aparte y guarde algún dinero conforme a sus ingresos, para que no se tengan que hacer colectas cuando yo vaya. 3 Luego, cuando llegue, daré cartas de presentación a los que ustedes hayan aprobado y los enviaré a Jerusalén con los donativos que hayan recogido. 4 Si conviene que yo también vaya, iremos juntos.

Encargos personales

5 Después de pasar por Macedonia, pues tengo que atravesar esa región, iré a verlos. 6 Es posible que me quede con ustedes algún tiempo, y tal vez pase allí el invierno, para que me ayuden a seguir el viaje a dondequiera que vaya. 7 Esta vez no quiero verlos sólo de paso; más bien, espero permanecer algún tiempo con ustedes, si el Señor así lo permite. 8 Pero me quedaré en Éfeso hasta Pentecostés, 9 porque se me ha presentado una gran oportunidad para un trabajo eficaz, a pesar de que hay muchos en mi contra.

10 Si llega Timoteo, procuren que se sienta cómodo entre ustedes, porque él trabaja como yo en la obra del Señor. 11 Por tanto, que nadie lo menosprecie. Ayúdenlo a seguir su viaje en paz para que pueda volver a reunirse conmigo, pues estoy esperándolo junto con los hermanos.

12 En cuanto a nuestro hermano Apolos, le rogué encarecidamente que en compañía de otros hermanos les hiciera una visita. No quiso de ninguna manera ir ahora, pero lo hará cuando se le presente la oportunidad.

13 Manténganse alerta; permanezcan firmes en la fe; sean valientes y fuertes. 14 Hagan todo con amor.

15 Bien saben que los de la familia de Estéfanas fueron los primeros convertidos de Acaya,ᶻ y que se han dedicado a servir a los *creyentes.

55 "Where, O death, is your victory?
   Where, O death, is your sting?" ˣ

56 The sting of death is sin, and the power of sin is the law. 57 But thanks be to God He gives us the victory through our Lord Jesus Christ.

58 Therefore, my dear brothers, stand firm. Let nothing move you. Always give yourselves fully to the work of the Lord, because you know that your labor in the Lord is not in vain.

The Collection for God's People

16 Now about the collection for God's people: Do what I told the Galatian churches to do. 2 On the first day of every week, each one of you should set aside a sum of money in keeping with his income, saving it up, so that when I come no collections will have to be made. 3 Then, when I arrive, I will give letters of introduction to the men you approve and send them with your gift to Jerusalem. 4 If it seems advisable for me to go also, they will accompany me.

Personal Requests

5 After I go through Macedonia, I will come to you—for I will be going through Macedonia. 6 Perhaps I will stay with you awhile, or even spend the winter, so that you can help me on my journey, wherever I go. 7 I do not want to see you now and make only a passing visit; I hope to spend some time with you, if the Lord permits. 8 But I will stay on at Ephesus until Pentecost, 9 because a great door for effective work has opened to me, and there are many who oppose me.

10 If Timothy comes, see to it that he has nothing to fear while he is with you, for he is carrying on the work of the Lord, just as I am. 11 No one, then, should refuse to accept him. Send him on his way in peace so that he may return to me. I am expecting him along with the brothers.

12 Now about our brother Apollos: I strongly urged him to go to you with the brothers. He was quite unwilling to go now, but he will go when he has the opportunity.

13 Be on your guard; stand firm in the faith; be men of courage; be strong. 14 Do everything in love.

15 You know that the household of Stephanas were the first converts in Achaia, and they have devoted themselves to the service of the saints.

ʸ15:55 Os 13:14   ᶻ16:15 los primeros convertidos de Acaya. Lit. las *primicias de Acaya.   ˣ55 Hosea 13:14

Les recomiendo, hermanos, 16que se pongan a disposición de aquéllos y de todo el que colabore en este arduo trabajo. 17Me alegré cuando llegaron Estéfanas, Fortunato y Acaico, porque ellos han suplido lo que ustedes no podían darme, 18ya que han tranquilizado mi espíritu y también el de ustedes. Tales personas merecen que se les exprese reconocimiento.

Saludos finales

19Las iglesias de la provincia de *Asia les mandan saludos. Aquila y *Priscila los saludan cordialmente en el Señor, como también la iglesia que se reúne en la casa de ellos. 20Todos los hermanos les mandan saludos. Salúdense unos a otros con un beso santo.

21Yo, Pablo, escribo este saludo de mi puño y letra.

22Si alguno no ama al Señor, quede bajo maldición. ¡Marana ta a

23Que la gracia del Señor Jesús sea con ustedes.

24Los amo a todos ustedes en Cristo Jesús. Amén.b

I urge you, brothers, 16to submit to such as these and to everyone who joins in the work, and labors at it. 17I was glad when Stephanas, Fortunatus and Achaicus arrived, because they have supplied what was lacking from you. 18For they refreshed my spirit and yours also. Such men deserve recognition.

Final Greetings

19The churches in the province of Asia send you greetings. Aquila and Priscillay greet you warmly in the Lord, and so does the church that meets at their house. 20All the brothers here send you greetings. Greet one another with a holy kiss.

21I, Paul, write this greeting in my own hand.

22If anyone does not love the Lord—a curse be on him. Come, O Lordz

23The grace of the Lord Jesus be with you.

24My love to all of you in Christ Jesus. Amen.a

---

a 16:22 ¡Marana ta Expresión aramea que significa: «Ven, Señor»; otra posible lectura es Maran ata, que significa: «El Señor viene.» b 16:24 Var. no incluye: Amén.

y 19 Greek Prisca, a variant of Priscilla z 22 In Aramaic the expression Come, O Lord is Marana tha. a 24 Some manuscripts do not have Amen.

Segunda Carta a los Corintios

2 Corinthians

1 Pablo, apóstol de *Cristo Jesús por la voluntad de Dios, y Timoteo nuestro hermano,

a la iglesia de Dios que está en Corinto y a todos los *santos en toda la región de Acaya:

2Que Dios nuestro padre y el Señor Jesucristo les concedan gracia y paz.

El Dios de toda consolación

3Alabado sea el Dios y Padre de nuestro Señor Jesucristo, Padre misericordioso y Dios de toda consolación, **4**quien nos consuela en todas nuestras tribulaciones para que con el mismo consuelo que de Dios hemos recibido, también nosotros podamos consolar a todos los que sufren. **5**Pues así como participamos abundantemente en los sufrimientos de Cristo, así también por medio de él tenemos abundante consuelo. **6**Si sufrimos, es para que ustedes tengan consuelo y salvación; y si somos consolados, es para que ustedes tengan el consuelo que los ayude a soportar con paciencia los mismos sufrimientos que nosotros padecemos. **7**Firme es la esperanza que tenemos en cuanto a ustedes, porque sabemos que así como participan de nuestros sufrimientos, así también participan de nuestro consuelo.

8Hermanos, no queremos que desconozcan las aflicciones que sufrimos en la provincia de *Asia. Estábamos tan agobiados bajo tanta presión, que hasta perdimos la esperanza de salir con vida; **9**nos sentíamos como sentenciados a muerte. Pero eso sucedió para que no confiáramos en nosotros mismos sino en Dios, que resucita a los muertos. **10**Él nos libró y nos librará de tal peligro de muerte. En él tenemos puesta nuestra esperanza, y él seguirá librándonos. **11**Mientras tanto, ustedes nos ayudan orando por nosotros. Así muchos darán gracias a Dios por nosotros*a* a causa del don que se nos ha concedido en respuesta a tantas oraciones.

Pablo cambia de planes

12Para nosotros, el motivo de *satisfacción es el testimonio de nuestra conciencia: Nos hemos comportado en el mundo, y especialmente entre

1 Paul, an apostle of Christ Jesus by the will of God, and Timothy our brother,

To the church of God in Corinth, together with all the saints throughout Achaia:

2Grace and peace to you from God our Father and the Lord Jesus Christ.

The God of All Comfort

3Praise be to the God and Father of our Lord Jesus Christ, the Father of compassion and the God of all comfort, **4**who comforts us in all our troubles, so that we can comfort those in any trouble with the comfort we ourselves have received from God. **5**For just as the sufferings of Christ flow over into our lives, so also through Christ our comfort overflows. **6**If we are distressed, it is for your comfort and salvation; if we are comforted, it is for your comfort, which produces in you patient endurance of the same sufferings we suffer. **7**And our hope for you is firm, because we know that just as you share in our sufferings, so also you share in our comfort.

8We do not want you to be uninformed, brothers, about the hardships we suffered in the province of Asia. We were under great pressure, far beyond our ability to endure, so that we despaired even of life. **9**Indeed, in our hearts we felt the sentence of death. But this happened that we might not rely on ourselves but on God, who raises the dead. **10**He has delivered us from such a deadly peril, and he will deliver us. On him we have set our hope that he will continue to deliver us, **11**as you help us by your prayers. Then many will give thanks on our*a* behalf for the gracious favor granted us in answer to the prayers of many.

Paul's Change of Plans

12Now this is our boast: Our conscience testifies that we have conducted ourselves in the world, and especially in our relations with you,

---

*a*1:11 *nosotros.* Var. *ustedes.*   *a 11* Many manuscripts *your* ustedes, con la *santidad y sinceridad que vienen de Dios. Nuestra conducta no se ha ajustado a la sabiduría *humana sino a la gracia de Dios. 13No estamos escribiéndoles nada que no puedan leer ni entender. Espero que comprenderán del todo, 14así como ya nos han comprendido en parte, que pueden sentirse *orgullosos de nosotros como también nosotros nos sentiremos orgullosos de ustedes en el día del Señor Jesús.

15Confiando en esto, quise visitarlos primero a ustedes para que recibieran una doble bendición; 16es decir, visitarlos de paso a Macedonia, y verlos otra vez a mi regreso de allá. Así podrían ayudarme a seguir el viaje a Judea. 17Al proponerme esto, ¿acaso lo hice a la ligera? ¿O es que hago mis planes según criterios meramente *humanos, de manera que diga «sí, sí» y «no, no» al mismo tiempo?

18Pero tan cierto como que Dios es fiel, el mensaje que les hemos dirigido no es «sí» y «no». 19Porque el Hijo de Dios, Jesucristo, a quien *Silvano, Timoteo y yo predicamos entre ustedes, no fue «sí» y «no»; en él siempre ha sido «sí». 20Todas las promesas que ha hecho Dios son «sí» en Cristo. Así que por medio de Cristo respondemos «amén» para la gloria de Dios. 21Dios es el que nos mantiene firmes en Cristo, tanto a nosotros como a ustedes. Él nos ungió, 22nos selló como propiedad suya y puso su Espíritu en nuestro corazón, como garantía de sus promesas.

23¡Por mi *vida Pongo a Dios por testigo de que es sólo por consideración a ustedes por lo que todavía no he ido a Corinto. 24No es que intentemos imponerles la fe, sino que deseamos contribuir a la alegría de ustedes, pues por la fe se mantienen firmes.

2 En efecto, decidí no hacerles otra visita que les causara tristeza. 2Porque si yo los entristezco, ¿quién me brindará alegría sino aquel a quien haya entristecido? 3Les escribí como lo hice para que, al llegar yo, los que debían alegrarme no me causaran tristeza. Estaba confiado de que todos ustedes harían suya mi alegría. 4Les escribí con gran tristeza y angustia de corazón, y con muchas lágrimas, no para entristecerlos sino para darles a conocer la profundidad del amor que les tengo.

Perdón para el pecador

5Si alguno ha causado tristeza, no me la ha causado sólo a mí; hasta cierto punto —y lo digo para no exagerar— se la ha causado a todos ustedes. 6Para él es suficiente el castigo que le impuso la mayoría. 7Más bien debieran perdonarlo y consolarlo para que no sea consumido por la excesiva tristeza. 8Por eso les ruego que reafirmen su amor hacia él. 9Con este propósito

in the holiness and sincerity that are from God. We have done so not according to worldly wisdom but according to God's grace. 13For we do not write you anything you cannot read or understand. And I hope that, 14as you have understood us in part, you will come to understand fully that you can boast of us just as we will boast of you in the day of the Lord Jesus.

15Because I was confident of this, I planned to visit you first so that you might benefit twice. 16I planned to visit you on my way to Macedonia and to come back to you from Macedonia, and then to have you send me on my way to Judea. 17When I planned this, did I do it lightly? Or do I make my plans in a worldly manner so that in the same breath I say, "Yes, yes" and "No, no"?

18But as surely as God is faithful, our message to you is not "Yes" and "No." 19For the Son of God, Jesus Christ, who was preached among you by me and Silas[b] and Timothy, was not "Yes" and "No," but in him it has always been "Yes." 20For no matter how many promises God has made, they are "Yes" in Christ. And so through him the "Amen" is spoken by us to the glory of God. 21Now it is God who makes both us and you stand firm in Christ. He anointed us, 22set his seal of ownership on us, and put his Spirit in our hearts as a deposit, guaranteeing what is to come.

23I call God as my witness that it was in order to spare you that I did not return to Corinth. 24Not that we lord it over your faith, but we work with you for your joy, because it is by faith you stand firm.

2 So I made up my mind that I would not make another painful visit to you. 2For if I grieve you, who is left to make me glad but you whom I have grieved? 3I wrote as I did so that when I came I should not be distressed by those who ought to make me rejoice. I had confidence in all of you, that you would all share my joy. 4For I wrote you out of great distress and anguish of heart and with many tears, not to grieve you but to let you know the depth of my love for you.

Forgiveness for the Sinner

5If anyone has caused grief, he has not so much grieved me as he has grieved all of you, to some extent—not to put it too severely. 6The punishment inflicted on him by the majority is sufficient for him. 7Now instead, you ought to forgive and comfort him, so that he will not be overwhelmed by excessive sorrow. 8I urge you, therefore, to reaffirm your love

b 19 Greek *Silvanus*, a variant of *Silas*

les escribí: para ver si pasan la prueba de la completa obediencia. 10A quien ustedes perdonen, yo también lo perdono. De hecho, si había algo que perdonar, lo he perdonado por consideración a ustedes en presencia de Cristo, 11para que Satanás no se aproveche de nosotros, pues no ignoramos sus artimañas.

Ministros del nuevo pacto

12Ahora bien, cuando llegué a Troas para predicar el *evangelio de Cristo, descubrí que el Señor me había abierto las puertas. 13Aun así, me sentí intranquilo por no haber encontrado allí a mi hermano Tito, por lo cual me despedí de ellos y me fui a Macedonia.

14Sin embargo, gracias a Dios que en Cristo siempre nos lleva triunfantes*b* y, por medio de nosotros, esparce por todas partes la fragancia de su conocimiento. 15Porque para Dios nosotros somos el aroma de Cristo entre los que se salvan y entre los que se pierden. 16Para éstos somos olor de muerte que los lleva a la muerte; para aquéllos, olor de vida que los lleva a la vida. ¿Y quién es competente para semejante tarea? 17A diferencia de muchos, nosotros no somos de los que trafican con la palabra de Dios. Más bien, hablamos con sinceridad delante de él en Cristo, como enviados de Dios que somos.

3 ¿Acaso comenzamos otra vez a recomendarnos a nosotros mismos? ¿O acaso tenemos que presentarles o pedirles a ustedes cartas de recomendación, como hacen algunos? 2Ustedes mismos son nuestra carta, escrita en nuestro corazón, conocida y leída por todos. 3Es evidente que ustedes son una carta de Cristo, expedida*c* por nosotros, escrita no con tinta sino con el Espíritu del Dios viviente; no en tablas de piedra sino en tablas de carne, en los corazones.

4Ésta es la confianza que delante de Dios tenemos por medio de Cristo. 5No es que nos consideremos competentes en nosotros mismos. Nuestra capacidad viene de Dios. 6Él nos ha capacitado para ser servidores de un nuevo pacto, no el de la letra sino el del Espíritu; porque la letra mata, pero el Espíritu da vida.

La gloria del nuevo pacto

7El ministerio que causaba muerte, el que estaba grabado con letras en piedra, fue tan glorioso que los israelitas no podían mirar la cara de Moisés debido a la gloria que se reflejaba en su rostro, la cual ya se estaba extinguiendo. 8Pues bien, si aquel ministerio fue así, ¿no será todavía más glorioso el ministerio del Espíritu?

for him. 9The reason I wrote you was to see if you would stand the test and be obedient in everything. 10If you forgive anyone, I also forgive him. And what I have forgiven—if there was anything to forgive—I have forgiven in the sight of Christ for your sake, 11in order that Satan might not outwit us. For we are not unaware of his schemes.

Ministers of the New Covenant

12Now when I went to Troas to preach the gospel of Christ and found that the Lord had opened a door for me, 13I still had no peace of mind, because I did not find my brother Titus there. So I said good-by to them and went on to Macedonia.

14But thanks be to God, who always leads us in triumphal procession in Christ and through us spreads everywhere the fragrance of the knowledge of him. 15For we are to God the aroma of Christ among those who are being saved and those who are perishing. 16To the one we are the smell of death; to the other, the fragrance of life. And who is equal to such a task? 17Unlike so many, we do not peddle the word of God for profit. On the contrary, in Christ we speak before God with sincerity, like men sent from God.

3 Are we beginning to commend ourselves again? Or do we need, like some people, letters of recommendation to you or from you? 2You yourselves are our letter, written on our hearts, known and read by everybody. 3You show that you are a letter from Christ, the result of our ministry, written not with ink but with the Spirit of the living God, not on tablets of stone but on tablets of human hearts.

4Such confidence as this is ours through Christ before God. 5Not that we are competent in ourselves to claim anything for ourselves, but our competence comes from God. 6He has made us competent as ministers of a new covenant—not of the letter but of the Spirit; for the letter kills, but the Spirit gives life.

The Glory of the New Covenant

7Now if the ministry that brought death, which was engraved in letters on stone, came with glory, so that the Israelites could not look steadily at the face of Moses because of its glory, fading though it was, 8will not the ministry of the Spirit be even more glorious? 9If the minis-

---

*b*2:14 *nos lleva triunfantes.* Alt. *nos conduce en desfile victorioso.*   *c*3:3 *expedida.* Lit. *ministrada.*

⁹Si es glorioso el ministerio que trae condenación, ¡cuánto más glorioso será el ministerio que trae la justicia ¹⁰En efecto, lo que fue glorioso ya no lo es, si se le compara con esta excelsa gloria. ¹¹Y si vino con gloria lo que ya se estaba extinguiendo, ¡cuánto mayor será la gloria de lo que permanece

¹²Así que, como tenemos tal esperanza, actuamos con plena confianza. ¹³No hacemos como Moisés, quien se ponía un velo sobre el rostro para que los israelitas no vieran el fin del resplandor que se iba extinguiendo. ¹⁴Sin embargo, la mente de ellos se embotó, de modo que hasta el día de hoy tienen puesto el mismo velo al leer el antiguo pacto. El velo no les ha sido quitado, porque sólo se quita en Cristo. ¹⁵Hasta el día de hoy, siempre que leen a Moisés, un velo les cubre el corazón. ¹⁶Pero cada vez que alguien se vuelve al Señor, el velo es quitado. ¹⁷Ahora bien, el Señor es el Espíritu; y donde está el Espíritu del Señor, allí hay libertad. ¹⁸Así, todos nosotros, que con el rostro descubierto reflejamos*d* como en un espejo la gloria del Señor, somos transformados a su semejanza con más y más gloria por la acción del Señor, que es el Espíritu.

Tesoros en vasijas de barro

4 Por esto, ya que por la misericordia de Dios tenemos este ministerio, no nos desanimamos. ²Más bien, hemos renunciado a todo lo vergonzoso que se hace a escondidas; no actuamos con engaño ni torcemos la palabra de Dios. Al contrario, mediante la clara exposición de la verdad, nos recomendamos a toda conciencia *humana en la presencia de Dios. ³Pero si nuestro *evangelio está encubierto, lo está para los que se pierden. ⁴El dios de este mundo ha cegado la mente de estos incrédulos, para que no vean la luz del glorioso evangelio de Cristo, el cual es la imagen de Dios. ⁵No nos predicamos a nosotros mismos sino a Jesucristo como Señor; nosotros no somos más que servidores de ustedes por causa de Jesús. ⁶Porque Dios, que ordenó que la luz resplandeciera en las tinieblas,*e* hizo brillar su luz en nuestro corazón para que conociéramos la gloria de Dios que resplandece en el rostro de Cristo.

⁷Pero tenemos este tesoro en vasijas de barro para que se vea que tan sublime poder viene de Dios y no de nosotros. ⁸Nos vemos atribulados en todo, pero no abatidos; perplejos, pero no desesperados; ⁹perseguidos, pero no abandonados; derribados, pero no destruidos. ¹⁰Dondequiera que vamos, siempre llevamos en nuestro cuerpo la muerte de Jesús, para que también su

try that condemns men is glorious, how much more glorious is the ministry that brings righteousness ¹⁰For what was glorious has no glory now in comparison with the surpassing glory. ¹¹And if what was fading away came with glory, how much greater is the glory of that which lasts

¹²Therefore, since we have such a hope, we are very bold. ¹³We are not like Moses, who would put a veil over his face to keep the Israelites from gazing at it while the radiance was fading away. ¹⁴But their minds were made dull, for to this day the same veil remains when the old covenant is read. It has not been removed, because only in Christ is it taken away. ¹⁵Even to this day when Moses is read, a veil covers their hearts. ¹⁶But whenever anyone turns to the Lord, the veil is taken away. ¹⁷Now the Lord is the Spirit, and where the Spirit of the Lord is, there is freedom. ¹⁸And we, who with unveiled faces all reflect*c* the Lord's glory, are being transformed into his likeness with ever-increasing glory, which comes from the Lord, who is the Spirit.

Treasures in Jars of Clay

4 Therefore, since through God's mercy we have this ministry, we do not lose heart. ²Rather, we have renounced secret and shameful ways; we do not use deception, nor do we distort the word of God. On the contrary, by setting forth the truth plainly we commend ourselves to every man's conscience in the sight of God. ³And even if our gospel is veiled, it is veiled to those who are perishing. ⁴The god of this age has blinded the minds of unbelievers, so that they cannot see the light of the gospel of the glory of Christ, who is the image of God. ⁵For we do not preach ourselves, but Jesus Christ as Lord, and ourselves as your servants for Jesus' sake. ⁶For God, who said, "Let light shine out of darkness," *d* made his light shine in our hearts to give us the light of the knowledge of the glory of God in the face of Christ.

⁷But we have this treasure in jars of clay to show that this all-surpassing power is from God and not from us. ⁸We are hard pressed on every side, but not crushed; perplexed, but not in despair; ⁹persecuted, but not abandoned; struck down, but not destroyed. ¹⁰We always carry around in our body the death of Jesus,

---

d 3:18 *reflejamos.* Alt. *contemplamos.*   *e* 4:6 Gn 1:3   *c* 18 Or *contemplate*   *d* 6 Gen. 1:3

vida se manifieste en nuestro cuerpo. ¹¹Pues a nosotros, los que vivimos, siempre se nos entrega a la muerte por causa de Jesús, para que también su vida se manifieste en nuestro cuerpoᶠ mortal. ¹²Así que la muerte actúa en nosotros, y en ustedes la vida.

¹³Escrito está: «Creí, y por eso hablé.»�g Con ese mismo espíritu de fe también nosotros creemos, y por eso hablamos. ¹⁴Pues sabemos que aquel que resucitó al Señor Jesús nos resucitará también a nosotros con él y nos llevará junto con ustedes a su presencia. ¹⁵Todo esto es por el bien de ustedes, para que la gracia que está alcanzando a más y más personas haga abundar la acción de gracias para la gloria de Dios.

¹⁶Por tanto, no nos desanimamos. Al contrario, aunque por fuera nos vamos desgastando, por dentro nos vamos renovando día tras día. ¹⁷Pues los sufrimientos ligeros y efímeros que ahora padecemos producen una gloria eterna que vale muchísimo más que todo sufrimiento. ¹⁸Así que no nos fijamos en lo visible sino en lo invisible, ya que lo que se ve es pasajero, mientras que lo que no se ve es eterno.

Nuestra morada celestial

5 De hecho, sabemos que si esta tienda de campaña en que vivimos se deshace, tenemos de Dios un edificio, una casa eterna en el cielo, no construida por manos humanas. ²Mientras tanto suspiramos, anhelando ser revestidos de nuestra morada celestial, ³porque cuando seamos revestidos, no se nos hallará desnudos. ⁴Realmente, vivimos en esta tienda de campaña, suspirando y agobiados, pues no deseamos ser desvestidos sino revestidos, para que lo mortal sea absorbido por la vida. ⁵Es Dios quien nos ha hecho para este fin y nos ha dado su Espíritu como garantía de sus promesas.

⁶Por eso mantenemos siempre la confianza, aunque sabemos que mientras vivamos en este cuerpo estaremos alejados del Señor. ⁷Vivimos por fe, no por vista. ⁸Así que nos mantenemos confiados, y preferiríamos ausentarnos de este cuerpo y vivir junto al Señor. ⁹Por eso nos empeñamos en agradarle, ya sea que vivamos en nuestro cuerpo o que lo hayamos dejado. ¹⁰Porque es necesario que todos comparezcamos ante el tribunal de Cristo, para que cada uno reciba lo que le corresponda, según lo bueno o malo que haya hecho mientras vivió en el cuerpo.

El ministerio de la reconciliación

¹¹Por tanto, como sabemos lo que es temer al Señor, tratamos de persuadir a todos, aunque

so that the life of Jesus may also be revealed in our body. ¹¹For we who are alive are always being given over to death for Jesus' sake, so that his life may be revealed in our mortal body. ¹²So then, death is at work in us, but life is at work in you.

¹³It is written: "I believed; therefore I have spoken."ᵉ With that same spirit of faith we also believe and therefore speak, ¹⁴because we know that the one who raised the Lord Jesus from the dead will also raise us with Jesus and present us with you in his presence. ¹⁵All this is for your benefit, so that the grace that is reaching more and more people may cause thanksgiving to overflow to the glory of God.

¹⁶Therefore we do not lose heart. Though outwardly we are wasting away, yet inwardly we are being renewed day by day. ¹⁷For our light and momentary troubles are achieving for us an eternal glory that far outweighs them all. ¹⁸So we fix our eyes not on what is seen, but on what is unseen. For what is seen is temporary, but what is unseen is eternal.

Our Heavenly Dwelling

5 Now we know that if the earthly tent we live in is destroyed, we have a building from God, an eternal house in heaven, not built by human hands. ²Meanwhile we groan, longing to be clothed with our heavenly dwelling, ³because when we are clothed, we will not be found naked. ⁴For while we are in this tent, we groan and are burdened, because we do not wish to be unclothed but to be clothed with our heavenly dwelling, so that what is mortal may be swallowed up by life. ⁵Now it is God who has made us for this very purpose and has given us the Spirit as a deposit, guaranteeing what is to come.

⁶Therefore we are always confident and know that as long as we are at home in the body we are away from the Lord. ⁷We live by faith, not by sight. ⁸We are confident, I say, and would prefer to be away from the body and at home with the Lord. ⁹So we make it our goal to please him, whether we are at home in the body or away from it. ¹⁰For we must all appear before the judgment seat of Christ, that each one may receive what is due him for the things done while in the body, whether good or bad.

The Ministry of Reconciliation

¹¹Since, then, we know what it is to fear the Lord, we try to persuade men. What we are is

---

ᶠ4:11 *nuestro cuerpo.* Lit. *nuestra *carne.*   ᵍ4:13 Sal 116:10   ᵉ13 Psalm 116:10

para Dios es evidente lo que somos, y espero que también lo sea para la conciencia de ustedes. 12No buscamos el recomendarnos otra vez a ustedes, sino que les damos una oportunidad de sentirse *orgullosos de nosotros, para que tengan con qué responder a los que se dejan llevar por las apariencias y no por lo que hay dentro del corazón. 13Si estamos locos, es por Dios; y si estamos cuerdos, es por ustedes. 14El amor de Cristo nos obliga, porque estamos convencidos de que uno murió por todos, y por consiguiente todos murieron. 15Y él murió por todos, para que los que viven ya no vivan para sí, sino para el que murió por ellos y fue resucitado.

16Así que de ahora en adelante no consideramos a nadie según criterios meramente *humanos.h Aunque antes conocimos a Cristo de esta manera, ya no lo conocemos así. 17Por lo tanto, si alguno está en Cristo, es una nueva creación. ¡Lo viejo ha pasado, ha llegado ya lo nuevo 18Todo esto proviene de Dios, quien por medio de Cristo nos reconcilió consigo mismo y nos dio el ministerio de la reconciliación: 19esto es, que en Cristo, Dios estaba reconciliando al mundo consigo mismo, no tomándole en cuenta sus pecados y encargándonos a nosotros el mensaje de la reconciliación. 20Así que somos embajadores de Cristo, como si Dios los exhortara a ustedes por medio de nosotros: «En nombre de Cristo les rogamos que se reconcilien con Dios.» 21Al que no cometió pecado alguno, por nosotros Dios lo trató como pecador,i para que en él recibiéramosj la justicia de Dios.

6 Nosotros, colaboradores de Dios, les rogamos que no reciban su gracia en vano. 2Porque él dice:

«En el momento propicio te escuché,
    y en el día de salvación te ayudé.»k

Les digo que éste es el momento propicio de Dios; ¡hoy es el día de salvación

Privaciones de Pablo

3Por nuestra parte, a nadie damos motivo alguno de tropiezo, para que no se desacredite nuestro servicio. 4Más bien, en todo y con mucha paciencia nos acreditamos como servidores de Dios: en sufrimientos, privaciones y angustias; 5en azotes, cárceles y tumultos; en trabajos pesados, desvelos y hambre. 6Servimos con pureza, conocimiento, constancia y bondad; en el Espíritu Santo y en amor sincero; 7con palabras

plain to God, and I hope it is also plain to your conscience. 12We are not trying to commend ourselves to you again, but are giving you an opportunity to take pride in us, so that you can answer those who take pride in what is seen rather than in what is in the heart. 13If we are out of our mind, it is for the sake of God; if we are in our right mind, it is for you. 14For Christ's love compels us, because we are convinced that one died for all, and therefore all died. 15And he died for all, that those who live should no longer live for themselves but for him who died for them and was raised again.

16So from now on we regard no one from a worldly point of view. Though we once regarded Christ in this way, we do so no longer. 17Therefore, if anyone is in Christ, he is a new creation; the old has gone, the new has come 18All this is from God, who reconciled us to himself through Christ and gave us the ministry of reconciliation: 19that God was reconciling the world to himself in Christ, not counting men's sins against them. And he has committed to us the message of reconciliation. 20We are therefore Christ's ambassadors, as though God were making his appeal through us. We implore you on Christ's behalf: Be reconciled to God. 21God made him who had no sin to be sinf for us, so that in him we might become the righteousness of God.

6 As God's fellow workers we urge you not to receive God's grace in vain. 2For he says,

"In the time of my favor I heard you,
    and in the day of salvation I helped
        you." g

I tell you, now is the time of God's favor, now is the day of salvation.

Paul's Hardships

3We put no stumbling block in anyone's path, so that our ministry will not be discredited. 4Rather, as servants of God we commend ourselves in every way: in great endurance; in troubles, hardships and distresses; 5in beatings, imprisonments and riots; in hard work, sleepless nights and hunger; 6in purity, understanding, patience and kindness; in the Holy Spirit and in sincere love; 7in truthful speech

---

h5:16 criterios … humanos. Lit. la carne.   i5:21 lo trató como pecador. Alt. lo hizo sacrificio por el pecado. Lit. lo hizo pecado.   j5:21 recibiéramos. Lit. llegáramos a ser.
k6:2 Is 49:8

f21 Or be a sin offering   g2 Isaiah 49:8

de verdad y con el poder de Dios; con armas de justicia, tanto ofensivas como defensivas;[l] [8]por honra y por deshonra, por mala y por buena fama; veraces, pero tenidos por engañadores; [9]conocidos, pero tenidos por desconocidos; como moribundos, pero aún con vida; golpeados, pero no muertos; [10]aparentemente tristes, pero siempre alegres; pobres en apariencia, pero enriqueciendo a muchos; como si no tuviéramos nada, pero poseyéndolo todo.

[11]Hermanos corintios, les hemos hablado con toda franqueza; les hemos abierto de par en par nuestro corazón. [12]Nunca les hemos negado nuestro afecto, pero ustedes sí nos niegan el suyo. [13]Para corresponder del mismo modo —les hablo como si fueran mis hijos—, ¡abran también su corazón de par en par

No formen yunta con los incrédulos

[14]No formen yunta con los incrédulos. ¿Qué tienen en común la justicia y la maldad? ¿O qué comunión puede tener la luz con la oscuridad? [15]¿Qué armonía tiene Cristo con el diablo?[m] ¿Qué tiene en común un creyente con un incrédulo? [16]¿En qué concuerdan el templo de Dios y los ídolos? Porque nosotros somos templo del Dios viviente. Como él ha dicho: «Viviré con ellos y caminaré entre ellos. Yo seré su Dios, y ellos serán mi pueblo.»[n] Por tanto, el Señor añade:

[17]«Salgan de en medio de ellos
　　y apártense.
No toquen nada *impuro,
　　y yo los recibiré.»[ñ]
[18]«Yo seré un padre para ustedes,
　　y ustedes serán mis hijos y mis hijas,
　　　　dice el Señor Todopoderoso.»[o]

7 Como tenemos estas promesas, queridos hermanos, purifiquémonos de todo lo que contamina el cuerpo y el espíritu, para completar en el temor de Dios la obra de nuestra *santificación.

La alegría de Pablo

[2]Hagan lugar para nosotros en su corazón. A nadie hemos agraviado, a nadie hemos corrompido, a nadie hemos explotado. [3]No digo esto para condenarlos; ya les he dicho que tienen un lugar tan amplio en nuestro corazón que con ustedes viviríamos o moriríamos. [4]Les tengo mucha confianza y me siento muy *orgulloso de ustedes. Estoy muy animado; en medio de todas nuestras aflicciones se desborda mi alegría.

and in the power of God; with weapons of righteousness in the right hand and in the left; [8]through glory and dishonor, bad report and good report; genuine, yet regarded as impostors; [9]known, yet regarded as unknown; dying, and yet we live on; beaten, and yet not killed; [10]sorrowful, yet always rejoicing; poor, yet making many rich; having nothing, and yet possessing everything.

[11]We have spoken freely to you, Corinthians, and opened wide our hearts to you. [12]We are not withholding our affection from you, but you are withholding yours from us. [13]As a fair exchange—I speak as to my children—open wide your hearts also.

Do Not Be Yoked With Unbelievers

[14]Do not be yoked together with unbelievers. For what do righteousness and wickedness have in common? Or what fellowship can light have with darkness? [15]What harmony is there between Christ and Belial[h]? What does a believer have in common with an unbeliever? [16]What agreement is there between the temple of God and idols? For we are the temple of the living God. As God has said: "I will live with them and walk among them, and I will be their God, and they will be my people."[i]

[17]"Therefore come out from them
　　and be separate,
　　　　　　　　　　says the Lord.
Touch no unclean thing,
　　and I will receive you."[j]
[18]"I will be a Father to you,
　　and you will be my sons and daughters,
　　　　says the Lord Almighty."[k]

7 Since we have these promises, dear friends, let us purify ourselves from everything that contaminates body and spirit, perfecting holiness out of reverence for God.

Paul's Joy

[2]Make room for us in your hearts. We have wronged no one, we have corrupted no one, we have exploited no one. [3]I do not say this to condemn you; I have said before that you have such a place in our hearts that we would live or die with you. [4]I have great confidence in you; I take great pride in you. I am greatly encouraged; in all our troubles my joy knows no bounds.

---

[l]6:7 *ofensivas como defensivas.* Lit. *en la mano derecha como en la izquierda.*　　[m]6:15 *el diablo.* Lit. *Beliar,* otra forma de *Belial.*　　[n]6:16 Lv 26:12; Jer 32:38; Ez 37:27　　[ñ]6:17 Is 52:11; Ez 20:34,41　　[o]6:18 2S 7:8,14; 1Cr 17:13

[h]15 Greek *Beliar,* a variant of *Belial*　　[i]16 Lev. 26:12; Jer. 32:38; Ezek. 37:27　　[j]17 Isaiah 52:11; Ezek. 20:34,41　　[k]18 2 Samuel 7:14; 7:8

5Cuando llegamos a Macedonia, nuestro cuerpo no tuvo ningún descanso, sino que nos vimos acosados por todas partes; conflictos por fuera, temores por dentro. 6Pero Dios, que consuela a los abatidos, nos consoló con la llegada de Tito, 7y no sólo con su llegada sino también con el consuelo que él había recibido de ustedes. Él nos habló del anhelo, de la profunda tristeza y de la honda preocupación que ustedes tienen por mí, lo cual me llenó de alegría.

8Si bien los entristecí con mi carta, no me pesa. Es verdad que antes me pesó, porque me di cuenta de que por un tiempo mi carta los había entristecido. 9Sin embargo, ahora me alegro, no porque se hayan entristecido sino porque su tristeza los llevó al *arrepentimiento. Ustedes se entristecieron tal como Dios lo quiere, de modo que nosotros de ninguna manera los hemos perjudicado. 10La tristeza que proviene de Dios produce el arrepentimiento que lleva a la salvación, de la cual no hay que arrepentirse, mientras que la tristeza del mundo produce la muerte. 11Fíjense lo que ha producido en ustedes esta tristeza que proviene de Dios: ¡qué empeño, qué afán por disculparse, qué indignación, qué temor, qué anhelo, qué preocupación, qué disposición para ver que se haga justicia En todo han demostrado su inocencia en este asunto. 12Así que, a pesar de que les escribí, no fue por causa del ofensor ni del ofendido, sino más bien para que delante de Dios se dieran cuenta por ustedes mismos de cuánto interés tienen en nosotros. 13Todo esto nos reanima.

Además del consuelo que hemos recibido, nos alegró muchísimo el ver lo feliz que estaba Tito debido a que todos ustedes fortalecieron su espíritu. 14Ya le había dicho que me sentía orgulloso de ustedes, y no me han hecho quedar mal. Al contrario, así como todo lo que les dijimos es verdad, también resultaron ciertos los elogios que hice de ustedes delante de Tito. 15Y él les tiene aún más cariño al recordar que todos ustedes fueron obedientes y lo recibieron con temor y temblor. 16Me alegro de que puedo confiar plenamente en ustedes.

Estímulo a la generosidad

8 Ahora, hermanos, queremos que se enteren de la gracia que Dios ha dado a las iglesias de Macedonia. 2En medio de las pruebas más difíciles, su desbordante alegría y su extrema pobreza abundaron en rica generosidad. 3Soy testigo de que dieron espontáneamente tanto como podían, y aún más de lo que podían, 4rogándonos con insistencia que les concediéramos el privilegio de tomar parte en esta ayuda para los *santos. 5Incluso hicieron más de lo que esperábamos, ya que se entregaron a sí mismos, primeramente al Señor y después a nosotros,

5For when we came into Macedonia, this body of ours had no rest, but we were harassed at every turn—conflicts on the outside, fears within. 6But God, who comforts the downcast, comforted us by the coming of Titus, 7and not only by his coming but also by the comfort you had given him. He told us about your longing for me, your deep sorrow, your ardent concern for me, so that my joy was greater than ever.

8Even if I caused you sorrow by my letter, I do not regret it. Though I did regret it—I see that my letter hurt you, but only for a little while— 9yet now I am happy, not because you were made sorry, but because your sorrow led you to repentance. For you became sorrowful as God intended and so were not harmed in any way by us. 10Godly sorrow brings repentance that leads to salvation and leaves no regret, but worldly sorrow brings death. 11See what this godly sorrow has produced in you: what earnestness, what eagerness to clear yourselves, what indignation, what alarm, what longing, what concern, what readiness to see justice done. At every point you have proved yourselves to be innocent in this matter. 12So even though I wrote to you, it was not on account of the one who did the wrong or of the injured party, but rather that before God you could see for yourselves how devoted to us you are. 13By all this we are encouraged.

In addition to our own encouragement, we were especially delighted to see how happy Titus was, because his spirit has been refreshed by all of you. 14I had boasted to him about you, and you have not embarrassed me. But just as everything we said to you was true, so our boasting about you to Titus has proved to be true as well. 15And his affection for you is all the greater when he remembers that you were all obedient, receiving him with fear and trembling. 16I am glad I can have complete confidence in you.

Generosity Encouraged

8 And now, brothers, we want you to know about the grace that God has given the Macedonian churches. 2Out of the most severe trial, their overflowing joy and their extreme poverty welled up in rich generosity. 3For I testify that they gave as much as they were able, and even beyond their ability. Entirely on their own, 4they urgently pleaded with us for the privilege of sharing in this service to the saints. 5And they did not do as we expected, but they gave themselves first to the Lord and then to us

conforme a la voluntad de Dios. 6De modo que rogamos a Tito que llevara a feliz término esta obra de gracia entre ustedes, puesto que ya la había comenzado. 7Pero ustedes, así como sobresalen en todo —en fe, en palabras, en conocimiento, en dedicación y en su amor hacia nosotros*p*—, procuren también sobresalir en esta gracia de dar.

8No es que esté dándoles órdenes, sino que quiero probar la sinceridad de su amor en comparación con la dedicación de los demás. 9Ya conocen la gracia de nuestro Señor Jesucristo, que aunque era rico, por causa de ustedes se hizo pobre, para que mediante su pobreza ustedes llegaran a ser ricos.

10Aquí va mi consejo sobre lo que les conviene en este asunto: El año pasado ustedes fueron los primeros no sólo en dar sino también en querer hacerlo. 11Lleven ahora a feliz término la obra, para que, según sus posibilidades, cumplan con lo que de buena gana propusieron. 12Porque si uno lo hace de buena voluntad, lo que da es bien recibido según lo que tiene, y no según lo que no tiene.

13No se trata de que otros encuentren alivio mientras que ustedes sufren escasez; es más bien cuestión de igualdad. 14En las circunstancias actuales la abundancia de ustedes suplirá lo que ellos necesitan, para que a su vez la abundancia de ellos supla lo que ustedes necesitan. Así habrá igualdad, 15como está escrito: «Ni al que recogió mucho le sobraba, ni al que recogió poco le faltaba.»*q*

Tito enviado a Corinto

16Gracias a Dios que puso en el corazón de Tito la misma preocupación que yo tengo por ustedes. 17De hecho, cuando accedió a nuestra petición de ir a verlos, lo hizo con mucho entusiasmo y por su propia voluntad. 18Junto con él les enviamos al hermano que se ha ganado el reconocimiento de todas las iglesias por los servicios prestados al *evangelio. 19Además, las iglesias lo escogieron para que nos acompañe cuando llevemos la ofrenda, la cual administramos para honrar al Señor y demostrar nuestro ardiente deseo de servir. 20Queremos evitar cualquier crítica sobre la forma en que administramos este generoso donativo; 21porque procuramos hacer lo correcto, no sólo delante del Señor sino también delante de los demás.

22Con ellos les enviamos a nuestro hermano que nos ha demostrado con frecuencia y de muchas maneras que es diligente, y ahora lo es

in keeping with God's will. 6So we urged Titus, since he had earlier made a beginning, to bring also to completion this act of grace on your part. 7But just as you excel in everything—in faith, in speech, in knowledge, in complete earnestness and in your love for us*l*—see that you also excel in this grace of giving.

8I am not commanding you, but I want to test the sincerity of your love by comparing it with the earnestness of others. 9For you know the grace of our Lord Jesus Christ, that though he was rich, yet for your sakes he became poor, so that you through his poverty might become rich.

10And here is my advice about what is best for you in this matter: Last year you were the first not only to give but also to have the desire to do so. 11Now finish the work, so that your eager willingness to do it may be matched by your completion of it, according to your means. 12For if the willingness is there, the gift is acceptable according to what one has, not according to what he does not have.

13Our desire is not that others might be relieved while you are hard pressed, but that there might be equality. 14At the present time your plenty will supply what they need, so that in turn their plenty will supply what you need. Then there will be equality, 15as it is written: "He who gathered much did not have too much, and he who gathered little did not have too little." *m*

Titus Sent to Corinth

16I thank God, who put into the heart of Titus the same concern I have for you. 17For Titus not only welcomed our appeal, but he is coming to you with much enthusiasm and on his own initiative. 18And we are sending along with him the brother who is praised by all the churches for his service to the gospel. 19What is more, he was chosen by the churches to accompany us as we carry the offering, which we administer in order to honor the Lord himself and to show our eagerness to help. 20We want to avoid any criticism of the way we administer this liberal gift. 21For we are taking pains to do what is right, not only in the eyes of the Lord but also in the eyes of men.

22In addition, we are sending with them our brother who has often proved to us in many

*p*8:7 *su amor hacia nosotros.* Var. *nuestro amor hacia ustedes.*   *q*8:15 Éx 16:18   *l*7 Some manuscripts *in our love for you*   *m*15 Exodus 16:18

aún más por la gran confianza que tiene en ustedes. 23En cuanto a Tito, es mi compañero y colaborador entre ustedes; y en cuanto a los otros hermanos, son enviados de las iglesias, son una honra para Cristo. 24Por tanto, den a estos hombres una prueba de su amor y muéstrenles por qué nos sentimos *orgullosos de ustedes, para testimonio ante las iglesias.

9 No hace falta que les escriba acerca de esta ayuda para los *santos, 2porque conozco la buena disposición que ustedes tienen. Esto lo he comentado con orgullo entre los macedonios, diciéndoles que desde el año pasado ustedes los de Acaya estaban preparados para dar. El entusiasmo de ustedes ha servido de estímulo a la mayoría de ellos. 3Con todo, les envío a estos hermanos para que en este asunto no resulte vano nuestro *orgullo por ustedes, sino que estén preparados, como ya he dicho que lo estarían, 4no sea que algunos macedonios vayan conmigo y los encuentren desprevenidos. En ese caso nosotros —por no decir nada de ustedes— nos avergonzaríamos por haber estado tan seguros. 5Así que me pareció necesario rogar a estos hermanos que se adelantaran a visitarlos y completaran los preparativos para esa generosa colecta que ustedes habían prometido. Entonces estará lista como una ofrenda generosa,r y no como una tacañería.

Sembrar con generosidad

6Recuerden esto: El que siembra escasamente, escasamente cosechará, y el que siembra en abundancia, en abundancia cosechará.s 7Cada uno debe dar según lo que haya decidido en su corazón, no de mala gana ni por obligación, porque Dios ama al que da con alegría. 8Y Dios puede hacer que toda gracia abunde para ustedes, de manera que siempre, en toda circunstancia, tengan todo lo necesario, y toda buena obra abunde en ustedes. 9Como está escrito:

«Repartió sus bienes entre los pobres;
    su justicia permanece para siempre.»t'

10El que le suple semilla al que siembra también le suplirá pan para que coma, aumentará los cultivos y hará que ustedes produzcan una abundante cosecha de justicia. 11Ustedes serán enriquecidos en todo sentido para que en toda ocasión puedan ser generosos, y para que por medio de nosotros la generosidad de ustedes resulte en acciones de gracias a Dios.

12Esta ayuda que es un servicio sagrado no sólo suple las necesidades de los *santos sino

ways that he is zealous, and now even more so because of his great confidence in you. 23As for Titus, he is my partner and fellow worker among you; as for our brothers, they are representatives of the churches and an honor to Christ. 24Therefore show these men the proof of your love and the reason for our pride in you, so that the churches can see it.

9 There is no need for me to write to you about this service to the saints. 2For I know your eagerness to help, and I have been boasting about it to the Macedonians, telling them that since last year you in Achaia were ready to give; and your enthusiasm has stirred most of them to action. 3But I am sending the brothers in order that our boasting about you in this matter should not prove hollow, but that you may be ready, as I said you would be. 4For if any Macedonians come with me and find you unprepared, we—not to say anything about you—would be ashamed of having been so confident. 5So I thought it necessary to urge the brothers to visit you in advance and finish the arrangements for the generous gift you had promised. Then it will be ready as a generous gift, not as one grudgingly given.

Sowing Generously

6Remember this: Whoever sows sparingly will also reap sparingly, and whoever sows generously will also reap generously. 7Each man should give what he has decided in his heart to give, not reluctantly or under compulsion, for God loves a cheerful giver. 8And God is able to make all grace abound to you, so that in all things at all times, having all that you need, you will abound in every good work. 9As it is written:

"He has scattered abroad his gifts to the poor;
    his righteousness endures forever." n

10Now he who supplies seed to the sower and bread for food will also supply and increase your store of seed and will enlarge the harvest of your righteousness. 11You will be made rich in every way so that you can be generous on every occasion, and through us your generosity will result in thanksgiving to God.

12This service that you perform is not only supplying the needs of God's people but is also

---

r 9:5 *una ofrenda generosa.* Lit. *una bendición.*
s 9:6 *siembra ... cosechará.* Lit. *siembra en bendición, en bendición cosechará.*   t 9:9 Sal 112:9

n 9 Psalm 112:9

que también redunda en abundantes acciones de gracias a Dios. 13En efecto, al recibir esta demostración de servicio, ellos alabarán a Dios por la obediencia con que ustedes acompañan la confesión del *evangelio de Cristo, y por su generosa solidaridad con ellos y con todos. 14Además, en las oraciones de ellos por ustedes, expresarán el afecto que les tienen por la sobreabundante gracia que ustedes han recibido de Dios. 15¡Gracias a Dios por su don inefable

Pablo defiende su ministerio

10 Por la ternura y la bondad de Cristo, yo, Pablo, apelo a ustedes personalmente; yo mismo que, según dicen, soy tímido cuando me encuentro cara a cara con ustedes pero atrevido cuando estoy lejos. 2Les ruego que cuando vaya no tenga que ser tan atrevido como me he propuesto ser con algunos que opinan que vivimos según criterios meramente *humanos, 3pues aunque vivimos en el *mundo, no libramos batallas como lo hace el mundo. 4Las armas con que luchamos no son del mundo, sino que tienen el poder divino para derribar fortalezas. 5Destruimos argumentos y toda altivez que se levanta contra el conocimiento de Dios, y llevamos cautivo todo pensamiento para que se someta a Cristo. 6Y estamos dispuestos a castigar cualquier acto de desobediencia una vez que yo pueda contar con la completa obediencia de ustedes.

7Fíjense en lo que está a la vista.ᵘ Si alguno está convencido de ser de Cristo, considere esto de nuevo: nosotros somos tan de Cristo como él. 8No me avergonzaré de *jactarme de nuestra autoridad más de la cuenta, autoridad que el Señor nos ha dado para la edificación y no para la destrucción de ustedes. 9No quiero dar la impresión de que trato de asustarlos con mis cartas, 10pues algunos dicen: «Sus cartas son duras y fuertes, pero él en persona no impresiona a nadie, y como orador es un fracaso.» 11Tales personas deben darse cuenta de que lo que somos por escrito estando ausentes, lo seremos con hechos estando presentes.

12No nos atrevemos a igualarnos ni a compararnos con algunos que tanto se recomiendan a sí mismos. Al medirse con su propia medida y compararse unos con otros, no saben lo que hacen. 13Nosotros, por nuestra parte, no vamos a jactarnos más de lo debido. Nos limitaremos al campo que Dios nos ha asignado según su medida, en la cual también ustedes están incluidos. 14Si no hubiéramos estado antes entre ustedes, se podría alegar que estamos rebasando

overflowing in many expressions of thanks to God. 13Because of the service by which you have proved yourselves, men will praise God for the obedience that accompanies your confession of the gospel of Christ, and for your generosity in sharing with them and with everyone else. 14And in their prayers for you their hearts will go out to you, because of the surpassing grace God has given you. 15Thanks be to God for his indescribable gift

Paul's Defense of His Ministry

10 By the meekness and gentleness of Christ, I appeal to you—I, Paul, who am "timid" when face to face with you, but "bold" when away 2I beg you that when I come I may not have to be as bold as I expect to be toward some people who think that we live by the standards of this world. 3For though we live in the world, we do not wage war as the world does. 4The weapons we fight with are not the weapons of the world. On the contrary, they have divine power to demolish strongholds. 5We demolish arguments and every pretension that sets itself up against the knowledge of God, and we take captive every thought to make it obedient to Christ. 6And we will be ready to punish every act of disobedience, once your obedience is complete.

7You are looking only on the surface of things.ᵒ If anyone is confident that he belongs to Christ, he should consider again that we belong to Christ just as much as he. 8For even if I boast somewhat freely about the authority the Lord gave us for building you up rather than pulling you down, I will not be ashamed of it. 9I do not want to seem to be trying to frighten you with my letters. 10For some say, "His letters are weighty and forceful, but in person he is unimpressive and his speaking amounts to nothing." 11Such people should realize that what we are in our letters when we are absent, we will be in our actions when we are present.

12We do not dare to classify or compare ourselves with some who commend themselves. When they measure themselves by themselves and compare themselves with themselves, they are not wise. 13We, however, will not boast beyond proper limits, but will confine our boasting to the field God has assigned to us, a field that reaches even to you. 14We are not going too far in our boasting, as would be the case if we

ᵘ10:7 Fíjense … vista. Alt. Ustedes se fijan en las apariencias.   ᵒ7 Or Look at the obvious facts estos límites, cuando lo cierto es que fuimos los primeros en llevarles el *evangelio de Cristo. 15No nos jactamos desmedidamente a costa del trabajo que otros han hecho. Al contrario, esperamos que, según vaya creciendo la fe de ustedes, también nuestro campo de acción entre ustedes se amplíe grandemente, 16para poder predicar el evangelio más allá de sus regiones, sin tener que jactarnos del trabajo ya hecho por otros. 17Más bien, «Si alguien ha de gloriarse, que se gloríe en el Señor».v 18Porque no es aprobado el que se recomienda a sí mismo sino aquel a quien recomienda el Señor.

Pablo y los falsos apóstoles

11 ¡Ojalá me aguanten unas cuantas tonterías ¡Sí, aguántenmelas w 2El celo que siento por ustedes proviene de Dios, pues los tengo prometidos a un solo esposo, que es Cristo, para presentárselos como una virgen pura. 3Pero me temo que, así como la serpiente con su astucia engañó a Eva, los pensamientos de ustedes sean desviados de un compromiso puro yx sincero con Cristo. 4Si alguien llega a ustedes predicando a un Jesús diferente del que les hemos predicado nosotros, o si reciben un espíritu o un *evangelio diferentes de los que ya recibieron, a ése lo aguantan con facilidad. 5Pero considero que en nada soy inferior a esos «superapóstoles». 6Quizás yo sea un mal orador, pero tengo conocimiento. Esto se lo hemos demostrado a ustedes de una y mil maneras.

7¿Es que cometí un pecado al humillarme yo para enaltecerlos a ustedes, predicándoles el *evangelio de Dios gratuitamente? 8De hecho, despojé a otras iglesias al recibir de ellas ayuda para servirles a ustedes. 9Cuando estuve entre ustedes y necesité algo, no fui una carga para nadie, ya que los hermanos que llegaron de Macedonia suplieron mis necesidades. He evitado serles una carga en cualquier sentido, y seguiré evitándolo. 10Es tan cierto que la verdad de Cristo está en mí, como lo es que nadie en las regiones de Acaya podrá privarme de este motivo de *orgullo. 11¿Por qué? ¿Porque no los amo? ¡Dios sabe que sí 12Pero seguiré haciendo lo que hago, a fin de quitar todo pretexto a aquellos que, buscando una oportunidad para hacerse iguales a nosotros, se *jactan de lo que hacen.

13Tales individuos son falsos apóstoles, obreros estafadores, que se disfrazan de apóstoles de Cristo. 14Y no es de extrañar, ya que Satanás mismo se disfraza de ángel de luz. 15Por eso no

had not come to you, for we did get as far as you with the gospel of Christ. 15Neither do we go beyond our limits by boasting of work done by others.p Our hope is that, as your faith continues to grow, our area of activity among you will greatly expand, 16so that we can preach the gospel in the regions beyond you. For we do not want to boast about work already done in another man's territory. 17But, "Let him who boasts boast in the Lord." q 18For it is not the one who commends himself who is approved, but the one whom the Lord commends.

Paul and the False Apostles

11 I hope you will put up with a little of my foolishness; but you are already doing that. 2I am jealous for you with a godly jealousy. I promised you to one husband, to Christ, so that I might present you as a pure virgin to him. 3But I am afraid that just as Eve was deceived by the serpent's cunning, your minds may somehow be led astray from your sincere and pure devotion to Christ. 4For if someone comes to you and preaches a Jesus other than the Jesus we preached, or if you receive a different spirit from the one you received, or a different gospel from the one you accepted, you put up with it easily enough. 5But I do not think I am in the least inferior to those "super-apostles." 6I may not be a trained speaker, but I do have knowledge. We have made this perfectly clear to you in every way.

7Was it a sin for me to lower myself in order to elevate you by preaching the gospel of God to you free of charge? 8I robbed other churches by receiving support from them so as to serve you. 9And when I was with you and needed something, I was not a burden to anyone, for the brothers who came from Macedonia supplied what I needed. I have kept myself from being a burden to you in any way, and will continue to do so. 10As surely as the truth of Christ is in me, nobody in the regions of Achaia will stop this boasting of mine. 11Why? Because I do not love you? God knows I do 12And I will keep on doing what I am doing in order to cut the ground from under those who want an opportunity to be considered equal with us in the things they boast about. 13For such men are false apostles, deceitful workmen, masquerading as apostles es de sorprenderse que sus servidores se disfracen de servidores de la justicia. Su fin corresponderá con lo que merecen sus acciones.

Los sufrimientos de Pablo

16Lo repito: Que nadie me tenga por insensato. Pero aun cuando así me consideren, de todos modos recíbanme, para poder *jactarme un poco. 17Al jactarme tan confiadamente, no hablo como quisiera el Señor sino con insensatez. 18Ya que muchos se ufanan como lo hace el mundo,y yo también lo haré. 19Por ser tan sensatos, ustedes de buena gana aguantan a los insensatos. 20Aguantan incluso a cualquiera que los esclaviza, o los explota, o se aprovecha de ustedes, o se comporta con altanería, o les da de bofetadas. 21¡Para vergüenza mía, confieso que hemos sido demasiado débiles.

Si alguien se atreve a dárselas de algo, también yo me atrevo a hacerlo; lo digo como un insensato. 22¿Son ellos hebreos? Pues yo también. ¿Son israelitas? También yo lo soy. ¿Son descendientes de Abraham? Yo también. 23¿Son servidores de Cristo? ¡Qué locura Yo lo soy más que ellos. He trabajado más arduamente, he sido encarcelado más veces, he recibido los azotes más severos, he estado en peligro de muerte repetidas veces. 24Cinco veces recibí de los judíos los treinta y nueve azotes. 25Tres veces me golpearon con varas, una vez me apedrearon, tres veces naufragué, y pasé un día y una noche como náufrago en alta mar. 26Mi vida ha sido un continuo ir y venir de un sitio a otro; en peligros de ríos, peligros de bandidos, peligros de parte de mis compatriotas, peligros a manos de los *gentiles, peligros en la ciudad, peligros en el campo, peligros en el mar y peligros de parte de falsos hermanos. 27He pasado muchos trabajos y fatigas, y muchas veces me he quedado sin dormir; he sufrido hambre y sed, y muchas veces me he quedado en ayunas; he sufrido frío y desnudez. 28Y como si fuera poco, cada día pesa sobre mí la preocupación por todas las iglesias. 29¿Cuando alguien se siente débil, no comparto yo su debilidad? ¿Y cuando a alguien se le hace *tropezar, no ardo yo de indignación?

30Si me veo obligado a jactarme, me jactaré de mi debilidad. 31El Dios y Padre del Señor Jesús (¡sea por siempre alabado) sabe que no miento. 32En Damasco, el gobernador bajo el rey Aretas mandó que se vigilara la ciudad de los damascenos con el fin de arrestarme; 33pero me bajaron en un canasto por una ventana de la muralla, y así escapé de las manos del gobernador.

of Christ. 14And no wonder, for Satan himself masquerades as an angel of light. 15It is not surprising, then, if his servants masquerade as servants of righteousness. Their end will be what their actions deserve.

Paul Boasts About His Sufferings

16I repeat: Let no one take me for a fool. But if you do, then receive me just as you would a fool, so that I may do a little boasting. 17In this self-confident boasting I am not talking as the Lord would, but as a fool. 18Since many are boasting in the way the world does, I too will boast. 19You gladly put up with fools since you are so wise 20In fact, you even put up with anyone who enslaves you or exploits you or takes advantage of you or pushes himself forward or slaps you in the face. 21To my shame I admit that we were too weak for that

What anyone else dares to boast about—I am speaking as a fool—I also dare to boast about. 22Are they Hebrews? So am I. Are they Israelites? So am I. Are they Abraham's descendants? So am I. 23Are they servants of Christ? (I am out of my mind to talk like this.) I am more. I have worked much harder, been in prison more frequently, been flogged more severely, and been exposed to death again and again. 24Five times I received from the Jews the forty lashes minus one. 25Three times I was beaten with rods, once I was stoned, three times I was shipwrecked, I spent a night and a day in the open sea, 26I have been constantly on the move. I have been in danger from rivers, in danger from bandits, in danger from my own countrymen, in danger from Gentiles; in danger in the city, in danger in the country, in danger at sea; and in danger from false brothers. 27I have labored and toiled and have often gone without sleep; I have known hunger and thirst and have often gone without food; I have been cold and naked. 28Besides everything else, I face daily the pressure of my concern for all the churches. 29Who is weak, and I do not feel weak? Who is led into sin, and I do not inwardly burn?

30If I must boast, I will boast of the things that show my weakness. 31The God and Father of the Lord Jesus, who is to be praised forever, knows that I am not lying. 32In Damascus the governor under King Aretas had the city of the Damascenes guarded in order to arrest me. 33But I was lowered in a basket from a window in the wall and slipped through his hands.

---

y 11:18 se ufanan … mundo. Lit. se *jactan según la *carne.

Visión y debilidad de Pablo

12 Me veo obligado a *jactarme, aunque nada se gane con ello. Paso a referirme a las visiones y revelaciones del Señor. ²Conozco a un seguidor de Cristo que hace catorce años fue llevado al tercer cielo (no sé si en el cuerpo o fuera del cuerpo; Dios lo sabe). ³Y sé que este hombre (no sé si en el cuerpo o aparte del cuerpo; Dios lo sabe) ⁴fue llevado al paraíso y escuchó cosas indecibles que a los *humanos no se nos permite expresar. ⁵De tal hombre podría hacer alarde; pero de mí no haré alarde sino de mis debilidades. ⁶Sin embargo, no sería insensato si decidiera jactarme, porque estaría diciendo la verdad. Pero no lo hago, para que nadie suponga que soy más de lo que aparento o de lo que digo.

⁷Para evitar que me volviera presumido por estas sublimes revelaciones, una espina me fue clavada en el cuerpo, es decir, un mensajero de Satanás, para que me atormentara. ⁸Tres veces le rogué al Señor que me la quitara; ⁹pero él me dijo: «Te basta con mi gracia, pues mi poder se perfecciona en la debilidad.» Por lo tanto, gustosamente haré más bien alarde de mis debilidades, para que permanezca sobre mí el poder de Cristo. ¹⁰Por eso me regocijo en debilidades, insultos, privaciones, persecuciones y dificultades que sufro por Cristo; porque cuando soy débil, entonces soy fuerte.

Preocupación de Pablo por los corintios

¹¹Me he portado como un insensato, pero ustedes me han obligado a ello. Ustedes debían haberme elogiado, pues de ningún modo soy inferior a los «superapóstoles», aunque yo no soy nada. ¹²Las marcas distintivas de un apóstol, tales como señales, prodigios y milagros, se dieron constantemente entre ustedes. ¹³¿En qué fueron ustedes inferiores a las demás iglesias? Pues sólo en que yo mismo nunca les fui una carga. ¡Perdónenme si los ofendo

¹⁴Miren que por tercera vez estoy listo para visitarlos, y no les seré una carga, pues no me interesa lo que ustedes tienen sino lo que ustedes son. Después de todo, no son los hijos los que deben ahorrar para los padres, sino los padres para los hijos. ¹⁵Así los de buena gana gastaré todo lo que tengo, y hasta yo mismo me desgastaré del todo por ustedes. Si los amo hasta el extremo, ¿me amarán menos? ¹⁶En todo caso, no les he sido una carga. ¿Es que, como soy tan astuto, les tendí una trampa para estafarlos? ¹⁷¿Acaso los exploté por medio de alguno de mis enviados? ¹⁸Le rogué a Tito que fuera a verlos y con él envié al hermano. ¿Acaso se aprovechó Tito de ustedes? ¿No procedimos los dos con el mismo espíritu y seguimos el mismo camino?

Paul's Vision and His Thorn

12 I must go on boasting. Although there is nothing to be gained, I will go on to visions and revelations from the Lord. ²I know a man in Christ who fourteen years ago was caught up to the third heaven. Whether it was in the body or out of the body I do not know—God knows. ³And I know that this man—whether in the body or apart from the body I do not know, but God knows— ⁴was caught up to paradise. He heard inexpressible things, things that man is not permitted to tell. ⁵I will boast about a man like that, but I will not boast about myself, except about my weaknesses. ⁶Even if I should choose to boast, I would not be a fool, because I would be speaking the truth. But I refrain, so no one will think more of me than is warranted by what I do or say.

⁷To keep me from becoming conceited because of these surpassingly great revelations, there was given me a thorn in my flesh, a messenger of Satan, to torment me. ⁸Three times I pleaded with the Lord to take it away from me. ⁹But he said to me, "My grace is sufficient for you, for my power is made perfect in weakness." Therefore I will boast all the more gladly about my weaknesses, so that Christ's power may rest on me. ¹⁰That is why, for Christ's sake, I delight in weaknesses, in insults, in hardships, in persecutions, in difficulties. For when I am weak, then I am strong.

Paul's Concern for the Corinthians

¹¹I have made a fool of myself, but you drove me to it. I ought to have been commended by you, for I am not in the least inferior to the "super-apostles," even though I am nothing. ¹²The things that mark an apostle—signs, wonders and miracles—were done among you with great perseverance. ¹³How were you inferior to the other churches, except that I was never a burden to you? Forgive me this wrong

¹⁴Now I am ready to visit you for the third time, and I will not be a burden to you, because what I want is not your possessions but you. After all, children should not have to save up for their parents, but parents for their children. ¹⁵So I will very gladly spend for you everything I have and expend myself as well. If I love you more, will you love me less? ¹⁶Be that as it may, I have not been a burden to you. Yet, crafty fellow that I am, I caught you by trickery ¹⁷Did I exploit you through any of the men I sent you? ¹⁸I urged Titus to go to you and I sent our brother with him. Titus did not exploit you, did he? Did we not act in the same spirit and follow the same course?

19¿Todo este tiempo han venido pensando que nos estábamos justificando ante ustedes? ¡Más bien, hemos estado hablando delante de Dios en Cristo Todo lo que hacemos, queridos hermanos, es para su edificación. **20**En realidad, me temo que cuando vaya a verlos no los encuentre como quisiera, ni ustedes me encuentren a mí como quisieran. Temo que haya peleas, celos, arrebatos de ira, rivalidades, calumnias, chismes, insultos y alborotos. **21**Temo que, al volver a visitarlos, mi Dios me humille delante de ustedes, y que yo tenga que llorar por muchos que han pecado desde hace algún tiempo pero no se han *arrepentido de la impureza, de la inmoralidad sexual y de los vicios a que se han entregado.

Advertencias finales

13 Ésta será la tercera vez que los visito. «Todo asunto se resolverá mediante el testimonio de dos o tres testigos.»z **2**Cuando estuve con ustedes por segunda vez les advertí, y ahora que estoy ausente se lo repito: Cuando vuelva a verlos, no seré indulgente con los que antes pecaron ni con ningún otro, **3**ya que están exigiendo una prueba de que Cristo habla por medio de mí. Él no se muestra débil en su trato con ustedes, sino que ejerce su poder entre ustedes. **4**Es cierto que fue crucificado en debilidad, pero ahora vive por el poder de Dios. De igual manera, nosotros participamos de su debilidad, pero por el poder de Dios viviremos con Cristo para ustedes.

5Examínense para ver si están en la fe; pruébense a sí mismos. ¿No se dan cuenta de que Cristo Jesús está en ustedes? ¡A menos que fracasen en la *prueba **6**Espero que reconozcan que nosotros no hemos fracasado. **7**Pedimos a Dios que no hagan nada malo, no para demostrar mi éxito, sino para que hagan lo bueno, aunque parezca que nosotros hemos fracasado. **8**Pues nada podemos hacer contra la verdad, sino a favor de la verdad. **9**De hecho, nos alegramos cuando nosotros somos débiles y ustedes fuertes; y oramos a Dios para que los restaure plenamente. **10**Por eso les escribo todo esto en mi ausencia, para que cuando vaya no tenga que ser severo en el uso de mi autoridad, la cual el Señor me ha dado para edificación y no para destrucción.

Saludos finales

11En fin, hermanos, alégrense, busquen*a* su restauración, hagan caso de mi exhortación,

19Have you been thinking all along that we have been defending ourselves to you? We have been speaking in the sight of God as those in Christ; and everything we do, dear friends, is for your strengthening. **20**For I am afraid that when I come I may not find you as I want you to be, and you may not find me as you want me to be. I fear that there may be quarreling, jealousy, outbursts of anger, factions, slander, gossip, arrogance and disorder. **21**I am afraid that when I come again my God will humble me before you, and I will be grieved over many who have sinned earlier and have not repented of the impurity, sexual sin and debauchery in which they have indulged.

Final Warnings

13 This will be my third visit to you. "Every matter must be established by the testimony of two or three witnesses."*r* **2**I already gave you a warning when I was with you the second time. I now repeat it while absent: On my return I will not spare those who sinned earlier or any of the others, **3**since you are demanding proof that Christ is speaking through me. He is not weak in dealing with you, but is powerful among you. **4**For to be sure, he was crucified in weakness, yet he lives by God's power. Likewise, we are weak in him, yet by God's power we will live with him to serve you.

5Examine yourselves to see whether you are in the faith; test yourselves. Do you not realize that Christ Jesus is in you—unless, of course, you fail the test? **6**And I trust that you will discover that we have not failed the test. **7**Now we pray to God that you will not do anything wrong. Not that people will see that we have stood the test but that you will do what is right even though we may seem to have failed. **8**For we cannot do anything against the truth, but only for the truth. **9**We are glad whenever we are weak but you are strong; and our prayer is for your perfection. **10**This is why I write these things when I am absent, that when I come I may not have to be harsh in my use of authority—the authority the Lord gave me for building you up, not for tearing you down.

Final Greetings

11Finally, brothers, good-by. Aim for perfection, listen to my appeal, be of one mind, live in

---

z **13:1** Dt 19:15   a **13:11** *alégrense, busquen.* Alt. *los saludo. Busquen.*

r *1* Deut. 19:15

sean de un mismo sentir, vivan en paz. Y el Dios de amor y de paz estará con ustedes.

12Salúdense unos a otros con un beso santo. 13Todos los *santos les mandan saludos.

14Que la gracia del Señor Jesucristo, el amor de Dios y la comunión del Espíritu Santo sean con todos ustedes.

peace. And the God of love and peace will be with you.

12Greet one another with a holy kiss. 13All the saints send their greetings.

14May the grace of the Lord Jesus Christ, and the love of God, and the fellowship of the Holy Spirit be with you all.

Carta a los Gálatas

Galatians

1 Pablo, apóstol, no por investidura ni mediación *humanas, sino por *Jesucristo y por Dios Padre, que lo *levantó de entre los muertos; 2y todos los hermanos que están conmigo,

a las iglesias de Galacia:

3Que Dios nuestro Padre y el Señor Jesucristo les concedan gracia y paz. 4Jesucristo dio su vida por nuestros pecados para rescatarnos de este mundo malvado, según la voluntad de nuestro Dios y Padre, 5a quien sea la gloria por los siglos de los siglos. Amén.

No hay otro evangelio

6Me asombra que tan pronto estén dejando ustedes a quien los llamó por la gracia de Cristo, para pasarse a otro *evangelio. 7No es que haya otro evangelio, sino que ciertos individuos están sembrando confusión entre ustedes y quieren tergiversar el evangelio de Cristo. 8Pero aun si alguno de nosotros o un ángel del cielo les predicara un evangelio distinto del que les hemos predicado, ¡que caiga bajo maldición! 9Como ya lo hemos dicho, ahora lo repito: si alguien les anda predicando un evangelio distinto del que recibieron, ¡que caiga bajo maldición!

10¿Qué busco con esto: ganarme la aprobación *humana o la de Dios? ¿Piensan que procuro agradar a los demás? Si yo buscara agradar a otros, no sería *siervo de Cristo.

Pablo, llamado por Dios

11Quiero que sepan, hermanos, que el *evangelio que yo predico no es invención *humana. 12No lo recibí ni lo aprendí de ningún *ser humano, sino que me llegó por revelación de Jesucristo.

13Ustedes ya están enterados de mi conducta cuando pertenecía al judaísmo, de la furia con que perseguía a la iglesia de Dios, tratando de destruirla. 14En la práctica del judaísmo, yo aventajaba a muchos de mis contemporáneos en mi celo exagerado por las tradiciones de mis antepasados. 15Sin embargo, Dios me había apartado desde el vientre de mi madre y me llamó por su gracia. Cuando él tuvo a bien 16revelarme a su Hijo para que yo lo predicara entre los *gentiles, no consulté con nadie. 17Tampoco subí a Jerusalén para ver a los que eran apóstoles antes que yo, sino que fui de

1 Paul, an apostle—sent not from men nor by man, but by Jesus Christ and God the Father, who raised him from the dead— 2and all the brothers with me,

To the churches in Galatia:

3Grace and peace to you from God our Father and the Lord Jesus Christ, 4who gave himself for our sins to rescue us from the present evil age, according to the will of our God and Father, 5to whom be glory for ever and ever. Amen.

No Other Gospel

6I am astonished that you are so quickly deserting the one who called you by the grace of Christ and are turning to a different gospel— 7which is really no gospel at all. Evidently some people are throwing you into confusion and are trying to pervert the gospel of Christ. 8But even if we or an angel from heaven should preach a gospel other than the one we preached to you, let him be eternally condemned! 9As we have already said, so now I say again: If anybody is preaching to you a gospel other than what you accepted, let him be eternally condemned!

10Am I now trying to win the approval of men, or of God? Or am I trying to please men? If I were still trying to please men, I would not be a servant of Christ.

Paul Called by God

11I want you to know, brothers, that the gospel I preached is not something that man made up. 12I did not receive it from any man, nor was I taught it; rather, I received it by revelation from Jesus Christ.

13For you have heard of my previous way of life in Judaism, how intensely I persecuted the church of God and tried to destroy it. 14I was advancing in Judaism beyond many Jews of my own age and was extremely zealous for the traditions of my fathers. 15But when God, who set me apart from birth[a] and called me by his grace, was pleased 16to reveal his Son in me, so that I might preach him among the Gentiles, I did not consult any man, 17nor did I go up to

a 15 Or from my mother's womb

inmediato a Arabia, de donde luego regresé a Damasco.

18Después de tres años, subí a Jerusalén para visitar a Pedro,*a* y me quedé con él quince días. 19No vi a ningún otro de los apóstoles; sólo vi a *Jacobo, el hermano del Señor. 20Dios me es testigo que en esto que les escribo no miento. 21Más tarde fui a las regiones de Siria y Cilicia. 22Pero en Judea las iglesias de*b* Cristo no me conocían personalmente. 23Sólo habían oído decir: «El que antes nos perseguía ahora predica la fe que procuraba destruir.» 24Y por causa mía glorificaban a Dios.

Los apóstoles aceptan a Pablo

2 Catorce años después subí de nuevo a Jerusalén, esta vez con Bernabé, llevando también a Tito. 2Fui en obediencia a una revelación, y me reuní en privado con los que eran reconocidos como dirigentes, y les expliqué el *evangelio que predico entre los *gentiles, para que todo mi esfuerzo no fuera en vano.*c* 3Ahora bien, ni siquiera Tito, que me acompañaba, fue obligado a circuncidarse, aunque era *griego. 4El problema era que algunos falsos hermanos se habían infiltrado entre nosotros para coartar la libertad que tenemos en Cristo Jesús a fin de esclavizarnos. 5Ni por un momento accedimos a someternos a ellos, pues queríamos que se preservara entre ustedes la integridad del evangelio.

6En cuanto a los que eran reconocidos como personas importantes —aunque no me interesa lo que fueran, porque Dios no juzga por las apariencias—, no me impusieron nada nuevo. 7Al contrario, reconocieron que a mí se me había encomendado predicar el evangelio a los gentiles, de la misma manera que se le había encomendado a Pedro predicarlo a los judíos.*d* 8El mismo Dios que facultó a Pedro como apóstol de los judíos*e* me facultó también a mí como apóstol de los gentiles. 9En efecto, *Jacobo, Pedro y Juan, que eran considerados columnas, al reconocer la gracia que yo había recibido, nos dieron la mano a Bernabé y a mí en señal de compañerismo, de modo que nosotros fuéramos a los gentiles y ellos a los judíos. 10Sólo nos pidieron que nos acordáramos de los pobres, y eso es precisamente lo que he venido haciendo con esmero.

Pablo se opone a Pedro

11Pues bien, cuando Pedro fue a Antioquía, le eché en cara su comportamiento condenable.

Jerusalem to see those who were apostles before I was, but I went immediately into Arabia and later returned to Damascus.

18Then after three years, I went up to Jerusalem to get acquainted with Peter*b* and stayed with him fifteen days. 19I saw none of the other apostles—only James, the Lord's brother. 20I assure you before God that what I am writing you is no lie. 21Later I went to Syria and Cilicia. 22I was personally unknown to the churches of Judea that are in Christ. 23They only heard the report: "The man who formerly persecuted us is now preaching the faith he once tried to destroy." 24And they praised God because of me.

Paul Accepted by the Apostles

2 Fourteen years later I went up again to Jerusalem, this time with Barnabas. I took Titus along also. 2I went in response to a revelation and set before them the gospel that I preach among the Gentiles. But I did this privately to those who seemed to be leaders, for fear that I was running or had run my race in vain. 3Yet not even Titus, who was with me, was compelled to be circumcised, even though he was a Greek. 4[This matter arose] because some false brothers had infiltrated our ranks to spy on the freedom we have in Christ Jesus and to make us slaves. 5We did not give in to them for a moment, so that the truth of the gospel might remain with you.

6As for those who seemed to be important—whatever they were makes no difference to me; God does not judge by external appearance—those men added nothing to my message. 7On the contrary, they saw that I had been entrusted with the task of preaching the gospel to the Gentiles,*c* just as Peter had been to the Jews.*d* 8For God, who was at work in the ministry of Peter as an apostle to the Jews, was also at work in my ministry as an apostle to the Gentiles. 9James, Peter*e* and John, those reputed to be pillars, gave me and Barnabas the right hand of fellowship when they recognized the grace given to me. They agreed that we should go to the Gentiles, and they to the Jews. 10All they asked was that we should continue to remember the poor, the very thing I was eager to do.

Paul Opposes Peter

11When Peter came to Antioch, I opposed him to his face, because he was clearly in the wrong.

---

a 1:18 Aquí el autor usa *Cefas, nombre arameo de Pedro; también en 2:9,11,14.   *b* 1:22 de. Lit. en.   *c* 2:2 para … vano. Lit. para que yo no estuviera corriendo o hubiera corrido en vano.   *d* 2:7 el evangelio … judíos. Lit. el evangelio de la incircuncisión, como a Pedro el de la *circuncisión.   *e* 2:8 los judíos. Lit. la circuncisión; también en v. 9.

b 18 Greek Cephas   *c* 7 Greek uncircumcised   *d* 7 Greek circumcised; also in verses 8 and 9   *e* 9 Greek Cephas; also in verses 11 and 14

12Antes que llegaran algunos de parte de *Jacobo, Pedro solía comer con los *gentiles. Pero cuando aquéllos llegaron, comenzó a retraerse y a separarse de los gentiles por temor a los partidarios de la *circuncisión.ᶠ 13Entonces los demás judíos se unieron a Pedro en su *hipocresía, y hasta el mismo Bernabé se dejó arrastrar por esa conducta hipócrita.

14Cuando vi que no actuaban rectamente, como corresponde a la integridad del *evangelio, le dije a Pedro delante de todos: «Si tú, que eres judío, vives como si no lo fueras, ¿por qué obligas a los gentiles a practicar el judaísmo?

15»Nosotros somos judíos de nacimiento y no *"pecadores paganos". 16Sin embargo, al reconocer que nadie es *justificado por las obras que demanda la ley sino por la *fe en Jesucristo, también nosotros hemos puesto nuestra fe en Cristo Jesús, para ser justificados por la fe en él y no por las obras de la ley; porque por éstas nadie será justificado.

17»Ahora bien, cuando buscamos ser justificados porᵍ Cristo, se hace evidente que nosotros mismos somos pecadores. ¿Quiere esto decir que Cristo está al servicio del pecado? ¡De ninguna manera! 18Si uno vuelve a edificar lo que antes había destruido, se haceʰ transgresor. 19Yo, por mi parte, mediante la ley he muerto a la ley, a fin de vivir para Dios. 20He sido crucificado con Cristo, y ya no vivo yo sino que Cristo vive en mí. Lo que ahora vivo en el cuerpo, lo vivo por la fe en el Hijo de Dios, quien me amó y dio su vida por mí. 21No desecho la gracia de Dios. Si la justicia se obtuviera mediante la ley, Cristo habría muerto en vano.»ⁱ

La fe o la observancia de la ley

3 ¡Gálatas torpes! ¿Quién los ha hechizado a ustedes, ante quienes Jesucristo crucificado ha sido presentado tan claramente? 2Sólo quiero que me respondan a esto: ¿Recibieron el Espíritu por las obras que demanda la ley, o por la fe con que aceptaron el mensaje? 3¿Tan torpes son? Después de haber comenzado con el Espíritu, ¿pretenden ahora perfeccionarse con esfuerzos *humanos?ʲ 4¿Tanto sufrir, para nada?ᵏ ¡Si es que de veras fue para nada! 5Al darles Dios su Espíritu y hacer milagros entre ustedes, ¿lo hace por las obras que demanda la ley o por la fe con que han aceptado el mensaje? 6Así fue con Abraham: «Le creyó a Dios, y esto se le tomó en cuenta como justicia.»ˡ

12Before certain men came from James, he used to eat with the Gentiles. But when they arrived, he began to draw back and separate himself from the Gentiles because he was afraid of those who belonged to the circumcision group. 13The other Jews joined him in his hypocrisy, so that by their hypocrisy even Barnabas was led astray.

14When I saw that they were not acting in line with the truth of the gospel, I said to Peter in front of them all, "You are a Jew, yet you live like a Gentile and not like a Jew. How is it, then, that you force Gentiles to follow Jewish customs?

15"We who are Jews by birth and not 'Gentile sinners' 16know that a man is not justified by observing the law, but by faith in Jesus Christ. So we, too, have put our faith in Christ Jesus that we may be justified by faith in Christ and not by observing the law, because by observing the law no one will be justified.

17"If, while we seek to be justified in Christ, it becomes evident that we ourselves are sinners, does that mean that Christ promotes sin? Absolutely not! 18If I rebuild what I destroyed, I prove that I am a lawbreaker. 19For through the law I died to the law so that I might live for God. 20I have been crucified with Christ and I no longer live, but Christ lives in me. The life I live in the body, I live by faith in the Son of God, who loved me and gave himself for me. 21I do not set aside the grace of God, for if righteousness could be gained through the law, Christ died for nothing"ᶠ

Faith or Observance of the Law

3 You foolish Galatians! Who has bewitched you? Before your very eyes Jesus Christ was clearly portrayed as crucified. 2I would like to learn just one thing from you: Did you receive the Spirit by observing the law, or by believing what you heard? 3Are you so foolish? After beginning with the Spirit, are you now trying to attain your goal by human effort? 4Have you suffered so much for nothing—if it really was for nothing? 5Does God give you his Spirit and work miracles among you because you observe the law, or because you believe what you heard?

6Consider Abraham: "He believed God, and it was credited to him as righteousness."ᵍ 7Understand, then, that those who believe are children of Abraham. 8The Scripture foresaw that God would justify the Gentiles by faith, and announced the gospel in advance to Abraham:

ᶠ2:12 los partidarios de la circuncisión. Alt. los judíos.
ᵍ2:17 por. Lit. en. ʰ2:18 Si uno vuelve ... se hace. Lit. Si vuelvo ... me hago. ⁱ2:21 Algunos intérpretes consideran que la cita termina al final del v. 14. ʲ3:3 ¿pretenden ... humanos? Lit. ¿se perfeccionan ahora con la *carne? ᵏ3:4 ¿Tanto sufrir, para nada? Alt. ¿Han tenido tan grandes experiencias en vano? ˡ3:6 Gn 15:6

ᶠ21 Some interpreters end the quotation after verse 14.
ᵍ6 Gen. 15:6

7Por lo tanto, sepan que los descendientes de Abraham son aquellos que viven por la fe. 8En efecto, la Escritura, habiendo previsto que Dios *justificaría por la fe a las *naciones, anunció de antemano el *evangelio a Abraham: «Por medio de ti serán bendecidas todas las naciones.»^{m} 9Así que los que viven por la fe son bendecidos junto con Abraham, el hombre de fe.

10Todos los que viven por las obras que demanda la ley están bajo maldición, porque está escrito: «Maldito sea quien no practique fielmente todo lo que está escrito en el libro de la ley.»^{n} 11Ahora bien, es evidente que por la ley nadie es justificado delante de Dios, porque «el justo vivirá por la fe».^{ñ} 12La ley no se basa en la fe; por el contrario, «quien practique estas cosas vivirá por ellas».^{o} 13Cristo nos rescató de la maldición de la ley al hacerse maldición por nosotros, pues está escrito: «Maldito todo el que es colgado de un madero.»^{p} 14Así sucedió, para que, por medio de Cristo Jesús, la bendición prometida a Abraham llegara a las naciones, y para que por la fe recibiéramos el Espíritu según la promesa.

La ley y la promesa

15Hermanos, voy a ponerles un ejemplo: aun en el caso de un pacto^q *humano, nadie puede anularlo ni añadirle nada una vez que ha sido ratificado. 16Ahora bien, las promesas se le hicieron a Abraham y a su descendencia. La Escritura no dice: «y a los descendientes», como refiriéndose a muchos, sino: «y a tu descendencia»,^{r} dando a entender uno solo, que es Cristo. 17Lo que quiero decir es esto: La ley, que vino cuatrocientos treinta años después, no anula el pacto que Dios había ratificado previamente; de haber sido así, quedaría sin efecto la promesa. 18Si la herencia se basa en la ley, ya no se basa en la promesa; pero Dios se la concedió gratuitamente a Abraham mediante una promesa.

19Entonces, ¿cuál era el propósito de la ley? Fue añadida por causa de^s las transgresiones hasta que viniera la descendencia a la cual se hizo la promesa. La ley se promulgó por medio de ángeles, por conducto de un mediador. 20Ahora bien, no hace falta mediador si hay una sola parte, y sin embargo Dios es uno solo.

21Si esto es así, ¿estará la ley en contra de las promesas de Dios? ¡De ninguna manera! Si se hubiera promulgado una ley capaz de dar vida, entonces sí que la justicia se basaría en la ley. 22Pero la Escritura declara que todo el mundo es

"All nations will be blessed through you." ^{h} 9So those who have faith are blessed along with Abraham, the man of faith.

10All who rely on observing the law are under a curse, for it is written: "Cursed is everyone who does not continue to do everything written in the Book of the Law." ^{i} 11Clearly no one is justified before God by the law, because, "The righteous will live by faith." ^{j} 12The law is not based on faith; on the contrary, "The man who does these things will live by them." ^{k} 13Christ redeemed us from the curse of the law by becoming a curse for us, for it is written: "Cursed is everyone who is hung on a tree." ^{l} 14He redeemed us in order that the blessing given to Abraham might come to the Gentiles through Christ Jesus, so that by faith we might receive the promise of the Spirit.

The Law and the Promise

15Brothers, let me take an example from everyday life. Just as no one can set aside or add to a human covenant that has been duly established, so it is in this case. 16The promises were spoken to Abraham and to his seed. The Scripture does not say "and to seeds," meaning many people, but "and to your seed," ^{m} meaning one person, who is Christ. 17What I mean is this: The law, introduced 430 years later, does not set aside the covenant previously established by God and thus do away with the promise. 18For if the inheritance depends on the law, then it no longer depends on a promise; but God in his grace gave it to Abraham through a promise.

19What, then, was the purpose of the law? It was added because of transgressions until the Seed to whom the promise referred had come. The law was put into effect through angels by a mediator. 20A mediator, however, does not represent just one party; but God is one.

21Is the law, therefore, opposed to the promises of God? Absolutely not! For if a law had been given that could impart life, then righteousness would certainly have come by the law. 22But the Scripture declares that the whole world is a prisoner of sin, so that what was promised, being given through faith in Jesus Christ, might be given to those who believe.

^{m}3:8 Gn 12:3; 18:18; 22:18 ^{n}3:10 Dt 27:26
^{ñ}3:11 Hab 2:4 ^{o}3:12 Lv 18:5 ^{p}3:13 Dt 21:23
^{q}3:15 pacto. Alt. testamento. ^{r}3:16 Gn 12:7; 13:15; 24:7
^{s}3:19 por causa de. Alt. para manifestar, o para aumentar.

^{h}8 Gen. 12:3; 18:18; 22:18 ^{i}10 Deut. 27:26
^{j}11 Hab. 2:4 ^{k}12 Lev. 18:5 ^{l}13 Deut. 21:23
^{m}16 Gen. 12:7; 13:15; 24:7

prisionero del pecado,[t] para que mediante la *fe en Jesucristo lo prometido se les conceda a los que creen.

23 Antes de venir esta fe, la ley nos tenía presos, encerrados hasta que la fe se revelara. 24 Así que la ley vino a ser nuestro guía encargado de conducirnos a Cristo,[u] para que fuéramos *justificados por la fe. 25 Pero ahora que ha llegado la fe, ya no estamos sujetos al guía.

Hijos de Dios

26 Todos ustedes son hijos de Dios mediante la *fe en Cristo Jesús, 27 porque todos los que han sido bautizados en Cristo se han revestido de Cristo. 28 Ya no hay judío ni *griego, esclavo ni libre, hombre ni mujer, sino que todos ustedes son uno solo en Cristo Jesús. 29 Y si ustedes pertenecen a Cristo, son la descendencia de Abraham y herederos según la promesa.

4 En otras palabras, mientras el heredero es menor de edad, en nada se diferencia de un *esclavo, a pesar de ser dueño de todo. 2 Al contrario, está bajo el cuidado de tutores y administradores hasta la fecha fijada por su padre. 3 Así también nosotros, cuando éramos menores, estábamos esclavizados por los *principios[v] de este mundo. 4 Pero cuando se cumplió el plazo,[w] Dios envió a su Hijo, nacido de una mujer, nacido bajo la ley, 5 para rescatar a los que estaban bajo la ley, a fin de que fuéramos adoptados como hijos. 6 Ustedes ya son hijos. Dios ha enviado a nuestros corazones el Espíritu de su Hijo, que clama: «¡*Abba ¡Padre » 7 Así que ya no eres esclavo sino hijo; y como eres hijo, Dios te ha hecho también heredero.

Preocupación de Pablo por los gálatas

8 Antes, cuando ustedes no conocían a Dios, eran esclavos de los que en realidad no son dioses. 9 Pero ahora que conocen a Dios —o más bien que Dios los conoce a ustedes—, ¿cómo es que quieren regresar a esos *principios ineficaces y sin valor? ¿Quieren volver a ser esclavos de ellos? 10 ¡Ustedes siguen guardando los días de fiesta, meses, estaciones y años 11 Temo por ustedes, que tal vez me haya estado esforzando en vano.

12 Hermanos, yo me he identificado con ustedes. Les suplico que ahora se identifiquen conmigo. No es que me hayan ofendido en algo. 13 Como bien saben, la primera vez que les prediqué el *evangelio fue debido a una enfermedad, 14 y

23 Before this faith came, we were held prisoners by the law, locked up until faith should be revealed. 24 So the law was put in charge to lead us to Christ[n] that we might be justified by faith. 25 Now that faith has come, we are no longer under the supervision of the law.

Sons of God

26 You are all sons of God through faith in Christ Jesus, 27 for all of you who were baptized into Christ have clothed yourselves with Christ. 28 There is neither Jew nor Greek, slave nor free, male nor female, for you are all one in Christ Jesus. 29 If you belong to Christ, then you are Abraham's seed, and heirs according to the promise.

4 What I am saying is that as long as the heir is a child, he is no different from a slave, although he owns the whole estate. 2 He is subject to guardians and trustees until the time set by his father. 3 So also, when we were children, we were in slavery under the basic principles of the world. 4 But when the time had fully come, God sent his Son, born of a woman, born under law, 5 to redeem those under law, that we might receive the full rights of sons. 6 Because you are sons, God sent the Spirit of his Son into our hearts, the Spirit who calls out, "Abba,[o] Father." 7 So you are no longer a slave, but a son; and since you are a son, God has made you also an heir.

Paul's Concern for the Galatians

8 Formerly, when you did not know God, you were slaves to those who by nature are not gods. 9 But now that you know God—or rather are known by God—how is it that you are turning back to those weak and miserable principles? Do you wish to be enslaved by them all over again? 10 You are observing special days and months and seasons and years 11 I fear for you, that somehow I have wasted my efforts on you.

12 I plead with you, brothers, become like me, for I became like you. You have done me no wrong. 13 As you know, it was because of an illness that I first preached the gospel to

[t]3:22 declara … pecado. Lit. lo ha encerrado todo bajo pecado.   [u]3:24 la ley … Cristo. Alt. la ley fue nuestro guía hasta que vino Cristo.   [v]4:3 los principios. Alt. los poderes espirituales, o las normas; también en v. 9.   [w]4:4 se cumplió el plazo. Lit. vino la plenitud del tiempo.

[n]24 Or charge until Christ came   [o]6 Aramaic for Father

aunque ésta fue una *prueba para ustedes, no me trataron con desprecio ni desdén. Al contrario, me recibieron como a un ángel de Dios, como si se tratara de Cristo Jesús. 15Pues bien, ¿qué pasó con todo ese entusiasmo? Me consta que, de haberles sido posible, se habrían sacado los ojos para dármelos. 16¡Y ahora resulta que por decirles la verdad me he vuelto su enemigo

17Esos que muestran mucho interés por ganárselos a ustedes no abrigan buenas intenciones. Lo que quieren es alejarlos de ustedes para que ustedes se entreguen a ellos. 18Está bien mostrar interés, con tal de que ese interés sea bien intencionado y constante, y que no se manifieste sólo cuando yo estoy con ustedes. 19Queridos hijos, por quienes vuelvo a sufrir dolores de parto hasta que Cristo sea formado en ustedes, 20¡cómo quisiera estar ahora con ustedes y hablarles de otra manera, porque lo que están haciendo me tiene perplejo

Agar y Sara

21Díganme ustedes, los que quieren estar bajo la ley: ¿por qué no le prestan atención a lo que la ley misma dice? 22¿Acaso no está escrito que Abraham tuvo dos hijos, uno de la esclava y otro de la libre? 23El de la esclava nació por decisión *humana, pero el de la libre nació en cumplimiento de una promesa.

24Ese relato puede interpretarse en sentido figurado: estas mujeres representan dos pactos. Uno, que es Agar, procede del monte Sinaí y tiene hijos que nacen para ser esclavos. 25Agar representa el monte Sinaí en Arabia, y corresponde a la actual ciudad de Jerusalén, porque junto con sus hijos vive en esclavitud. 26Pero la Jerusalén celestial es libre, y ésa es nuestra madre. 27Porque está escrito:

«Tú, mujer estéril que nunca has dado a luz,
  ¡grita de alegría
Tú, que nunca tuviste dolores de parto,
  ¡prorrumpe en gritos de júbilo
Porque más hijos que la casada
  tendrá la desamparada.»x

28Ustedes, hermanos, al igual que Isaac, son hijos por la promesa. 29Y así como en aquel tiempo el hijo nacido por decisión humana persiguió al hijo nacido por el Espíritu, así también sucede ahora. 30Pero, ¿qué dice la Escritura? «¡Echa de aquí a la esclava y a su hijo El hijo de la esclava jamás tendrá parte en la herencia con el hijo de la libre.»y 31Así que, hermanos, no somos hijos de la esclava sino de la libre.

you. 14Even though my illness was a trial to you, you did not treat me with contempt or scorn. Instead, you welcomed me as if I were an angel of God, as if I were Christ Jesus himself. 15What has happened to all your joy? I can testify that, if you could have done so, you would have torn out your eyes and given them to me. 16Have I now become your enemy by telling you the truth?

17Those people are zealous to win you over, but for no good. What they want is to alienate you ⌊from us⌋, so that you may be zealous for them. 18It is fine to be zealous, provided the purpose is good, and to be so always and not just when I am with you. 19My dear children, for whom I am again in the pains of childbirth until Christ is formed in you, 20how I wish I could be with you now and change my tone, because I am perplexed about you

Hagar and Sarah

21Tell me, you who want to be under the law, are you not aware of what the law says? 22For it is written that Abraham had two sons, one by the slave woman and the other by the free woman. 23His son by the slave woman was born in the ordinary way; but his son by the free woman was born as the result of a promise.

24These things may be taken figuratively, for the women represent two covenants. One covenant is from Mount Sinai and bears children who are to be slaves: This is Hagar. 25Now Hagar stands for Mount Sinai in Arabia and corresponds to the present city of Jerusalem, because she is in slavery with her children. 26But the Jerusalem that is above is free, and she is our mother. 27For it is written:

" Be glad, O barren woman,
  who bears no children;
break forth and cry aloud,
  you who have no labor pains;
because more are the children of the
    desolate woman
  than of her who has a husband." p

28Now you, brothers, like Isaac, are children of promise. 29At that time the son born in the ordinary way persecuted the son born by the power of the Spirit. It is the same now. 30But what does the Scripture say? "Get rid of the slave woman and her son, for the slave woman's son will never share in the inheritance with the free woman's son." q 31Therefore, brothers, we are not children of the slave woman, but of the free woman.

Libertad en Cristo

5 Cristo nos libertó para que vivamos en libertad. Por lo tanto, manténganse firmes[z] y no se sometan nuevamente al yugo de esclavitud.

2Escuchen bien: yo, Pablo, les digo que si se hacen circuncidar, Cristo no les servirá de nada. 3De nuevo declaro que todo el que se hace circuncidar está obligado a practicar toda la ley. 4Aquellos de entre ustedes que tratan de ser *justificados por la ley, han roto con Cristo; han caído de la gracia. 5Nosotros, en cambio, por obra del Espíritu y mediante la fe, aguardamos con ansias la justicia que es nuestra esperanza. 6En Cristo Jesús de nada vale estar o no estar circuncidados; lo que vale es la fe que actúa mediante el amor.

7Ustedes estaban corriendo bien. ¿Quién los estorbó para que dejaran de obedecer a la verdad? 8Tal instigación no puede venir de Dios, que es quien los ha llamado.

9«Un poco de levadura fermenta toda la masa.» 10Yo por mi parte confío en el Señor que ustedes no pensarán de otra manera. El que los está perturbando será castigado, sea quien sea. 11Hermanos, si es verdad que yo todavía predico la circuncisión, ¿por qué se me sigue persiguiendo? Si tal fuera mi predicación, la cruz no *ofendería tanto. 12¡Ojalá que esos instigadores acabaran por mutilarse del todo

13Les hablo así, hermanos, porque ustedes han sido llamados a ser libres; pero no se valgan de esa libertad para dar rienda suelta a sus *pasiones. Más bien sírvanse unos a otros con amor. 14En efecto, toda la ley se resume en un solo mandamiento: «Ama a tu prójimo como a ti mismo.»[a] 15Pero si siguen mordiéndose y devorándose, tengan cuidado, no sea que acaben por destruirse unos a otros.

La vida por el Espíritu

16Así que les digo: Vivan por el Espíritu, y no seguirán los deseos de la *naturaleza pecaminosa. 17Porque ésta desea lo que es contrario al Espíritu, y el Espíritu desea lo que es contrario a ella. Los dos se oponen entre sí, de modo que ustedes no pueden hacer lo que quieren. 18Pero si los guía el Espíritu, no están bajo la ley.

19Las obras de la naturaleza pecaminosa se conocen bien: inmoralidad sexual, impureza y libertinaje; 20idolatría y brujería; odio, discordia, celos, arrebatos de ira, rivalidades, disensiones, sectarismos 21y envidia; borracheras, or-

Freedom in Christ

5 It is for freedom that Christ has set us free. Stand firm, then, and do not let yourselves be burdened again by a yoke of slavery.

2Mark my words I, Paul, tell you that if you let yourselves be circumcised, Christ will be of no value to you at all. 3Again I declare to every man who lets himself be circumcised that he is obligated to obey the whole law. 4You who are trying to be justified by law have been alienated from Christ; you have fallen away from grace. 5But by faith we eagerly await through the Spirit the righteousness for which we hope. 6For in Christ Jesus neither circumcision nor uncircumcision has any value. The only thing that counts is faith expressing itself through love.

7You were running a good race. Who cut in on you and kept you from obeying the truth? 8That kind of persuasion does not come from the one who calls you. 9"A little yeast works through the whole batch of dough." 10I am confident in the Lord that you will take no other view. The one who is throwing you into confusion will pay the penalty, whoever he may be. 11Brothers, if I am still preaching circumcision, why am I still being persecuted? In that case the offense of the cross has been abolished. 12As for those agitators, I wish they would go the whole way and emasculate themselves

13You, my brothers, were called to be free. But do not use your freedom to indulge the sinful nature[r]; rather, serve one another in love. 14The entire law is summed up in a single command: "Love your neighbor as yourself."[s] 15If you keep on biting and devouring each other, watch out or you will be destroyed by each other.

Life by the Spirit

16So I say, live by the Spirit, and you will not gratify the desires of the sinful nature. 17For the sinful nature desires what is contrary to the Spirit, and the Spirit what is contrary to the sinful nature. They are in conflict with each other, so that you do not do what you want. 18But if you are led by the Spirit, you are not under law.

19The acts of the sinful nature are obvious: sexual immorality, impurity and debauchery; 20idolatry and witchcraft; hatred, discord, jealousy, fits of rage, selfish ambition, dissensions,

---

z 5:1 Cristo … firmes. Var. Por lo tanto, manténganse firmes en la libertad con que Cristo nos libertó.   a 5:14 Lv 19:18

r 13 Or the flesh; also in verses 16, 17, 19 and 24
s 14 Lev. 19:18

gías, y otras cosas parecidas. Les advierto ahora, como antes lo hice, que los que practican tales cosas no heredarán el reino de Dios.

22En cambio, el fruto del Espíritu es amor, alegría, paz, paciencia, amabilidad, bondad, *fidelidad, 23humildad y dominio propio. No hay ley que condene estas cosas. 24Los que son de Cristo Jesús han crucificado la naturaleza pecaminosa, con sus pasiones y deseos. 25Si el Espíritu nos da vida, andemos guiados por el Espíritu. 26No dejemos que la vanidad nos lleve a irritarnos y a envidiarnos unos a otros.

La ayuda mutua

6 Hermanos, si alguien es sorprendido en pecado, ustedes que son espirituales deben restaurarlo con una actitud humilde. Pero cuídese cada uno, porque también puede ser *tentado. 2Ayúdense unos a otros a llevar sus cargas, y así cumplirán la ley de Cristo. 3Si alguien cree ser algo, cuando en realidad no es nada, se engaña a sí mismo. 4Cada cual examine su propia conducta; y si tiene algo de qué presumir, que no se compare con nadie. 5Que cada uno cargue con su propia responsabilidad.

6El que recibe instrucción en la palabra de Dios, comparta todo lo bueno con quien le enseña.

7No se engañen: de Dios nadie se burla. Cada uno cosecha lo que siembra. 8El que siembra para agradar a su *naturaleza pecaminosa, de esa misma naturaleza cosechará destrucción; el que siembra para agradar al Espíritu, del Espíritu cosechará vida eterna. 9No nos cansemos de hacer el bien, porque a su debido tiempo cosecharemos si no nos damos por vencidos. 10Por lo tanto, siempre que tengamos la oportunidad, hagamos bien a todos, y en especial a los de la familia de la fe.

No la circuncisión, sino una nueva creación

11Miren que les escribo de mi puño y letra, ¡y con letras bien grandes

12Los que tratan de obligarlos a ustedes a circuncidarse lo hacen únicamente para dar una buena impresión y evitar ser perseguidos por causa de la cruz de Cristo. 13Ni siquiera esos que están circuncidados obedecen la ley; lo que pasa es que quieren obligarlos a circuncidarse para luego *jactarse de la señal que ustedes llevarían en el cuerpo.b 14En cuanto a mí, jamás se me ocurra jactarme de otra cosa sino de la cruz de nuestro Señor Jesucristo, por quienc el mundo

factions 21and envy; drunkenness, orgies, and the like. I warn you, as I did before, that those who live like this will not inherit the kingdom of God.

22But the fruit of the Spirit is love, joy, peace, patience, kindness, goodness, faithfulness, 23gentleness and self-control. Against such things there is no law. 24Those who belong to Christ Jesus have crucified the sinful nature with its passions and desires. 25Since we live by the Spirit, let us keep in step with the Spirit. 26Let us not become conceited, provoking and envying each other.

Doing Good to All

6 Brothers, if someone is caught in a sin, you who are spiritual should restore him gently. But watch yourself, or you also may be tempted. 2Carry each other's burdens, and in this way you will fulfill the law of Christ. 3If anyone thinks he is something when he is nothing, he deceives himself. 4Each one should test his own actions. Then he can take pride in himself, without comparing himself to somebody else, 5for each one should carry his own load.

6Anyone who receives instruction in the word must share all good things with his instructor.

7Do not be deceived: God cannot be mocked. A man reaps what he sows. 8The one who sows to please his sinful nature, from that nature¹ will reap destruction; the one who sows to please the Spirit, from the Spirit will reap eternal life. 9Let us not become weary in doing good, for at the proper time we will reap a harvest if we do not give up. 10Therefore, as we have opportunity, let us do good to all people, especially to those who belong to the family of believers.

Not Circumcision but a New Creation

11See what large letters I use as I write to you with my own hand

12Those who want to make a good impression outwardly are trying to compel you to be circumcised. The only reason they do this is to avoid being persecuted for the cross of Christ. 13Not even those who are circumcised obey the law, yet they want you to be circumcised that they may boast about your flesh.

---

b6:13 jactarse … cuerpo. Lit. jactarse en la *carne.
c6:14 por quien. Alt. por la cual.

¹8 Or his flesh, from the flesh

ha sido crucificado para mí, y yo para el mundo. **15**Para nada cuenta estar o no estar circuncidados; lo que importa es ser parte de una nueva creación. **16**Paz y misericordia desciendan sobre todos los que siguen esta norma, y sobre el Israel de Dios.

17Por lo demás, que nadie me cause más problemas, porque yo llevo en el cuerpo las cicatrices de Jesús.

18Hermanos, que la gracia de nuestro Señor Jesucristo sea con el espíritu de cada uno de ustedes. Amén.

14May I never boast except in the cross of our Lord Jesus Christ, through which *u* the world has been crucified to me, and I to the world. **15**Neither circumcision nor uncircumcision means anything; what counts is a new creation. **16**Peace and mercy to all who follow this rule, even to the Israel of God.

17Finally, let no one cause me trouble, for I bear on my body the marks of Jesus.

18The grace of our Lord Jesus Christ be with your spirit, brothers. Amen.

---

u 14 Or whom

Carta a los Efesios

1 Pablo, apóstol de *Cristo Jesús por la voluntad de Dios,

a los *santos y fieles*ᵃ* en Cristo Jesús que están en Éfeso:*ᵇ*

²Que Dios nuestro Padre y el Señor Jesucristo les concedan gracia y paz.

Bendiciones espirituales en Cristo

³Alabado sea Dios, Padre de nuestro Señor Jesucristo, que nos ha bendecido en las regiones celestiales con toda bendición espiritual en Cristo. ⁴Dios nos escogió en él antes de la creación del mundo, para que seamos santos y sin mancha delante de él. En amor ⁵nos predestinó para ser adoptados como hijos suyos por medio de Jesucristo, según el buen propósito de su voluntad, ⁶para alabanza de su gloriosa gracia, que nos concedió en su Amado. ⁷En él tenemos la redención mediante su sangre, el perdón de nuestros pecados, conforme a las riquezas de la gracia ⁸que Dios nos dio en abundancia con toda sabiduría y entendimiento. ⁹Él nos hizo conocer el *misterio de su voluntad conforme al buen propósito que de antemano estableció en Cristo, ¹⁰para llevarlo a cabo cuando se cumpliera el tiempo: reunir en él todas las cosas, tanto las del cielo como las de la tierra.

¹¹En Cristo también fuimos hechos herederos,*ᶜ* pues fuimos predestinados según el plan de aquel que hace todas las cosas conforme al designio de su voluntad, ¹²a fin de que nosotros, que ya hemos puesto nuestra esperanza en Cristo, seamos para alabanza de su gloria. ¹³En él también ustedes, cuando oyeron el mensaje de la verdad, el *evangelio que les trajo la salvación, y lo creyeron, fueron marcados con el sello que es el Espíritu Santo prometido. ¹⁴Éste garantiza nuestra herencia hasta que llegue la redención final del pueblo adquirido por Dios,*ᵈ* para alabanza de su gloria.

Acción de gracias e intercesión

¹⁵Por eso yo, por mi parte, desde que me enteré de la fe que tienen en el Señor Jesús y del amor

Ephesians

1 Paul, an apostle of Christ Jesus by the will of God,

To the saints in Ephesus,*ᵃ* the faithful*ᵇ* in Christ Jesus:

²Grace and peace to you from God our Father and the Lord Jesus Christ.

Spiritual Blessings in Christ

³Praise be to the God and Father of our Lord Jesus Christ, who has blessed us in the heavenly realms with every spiritual blessing in Christ. ⁴For he chose us in him before the creation of the world to be holy and blameless in his sight. In love ⁵he*ᶜ* predestined us to be adopted as his sons through Jesus Christ, in accordance with his pleasure and will— ⁶to the praise of his glorious grace, which he has freely given us in the One he loves. ⁷In him we have redemption through his blood, the forgiveness of sins, in accordance with the riches of God's grace ⁸that he lavished on us with all wisdom and understanding. ⁹And he*ᵈ* made known to us the mystery of his will according to his good pleasure, which he purposed in Christ, ¹⁰to be put into effect when the times will have reached their fulfillment—to bring all things in heaven and on earth together under one head, even Christ.

¹¹In him we were also chosen,*ᵉ* having been predestined according to the plan of him who works out everything in conformity with the purpose of his will, ¹²in order that we, who were the first to hope in Christ, might be for the praise of his glory. ¹³And you also were included in Christ when you heard the word of truth, the gospel of your salvation. Having believed, you were marked in him with a seal, the promised Holy Spirit, ¹⁴who is a deposit guaranteeing our inheritance until the redemption of those who are God's possession—to the praise of his glory.

Thanksgiving and Prayer

¹⁵For this reason, ever since I heard about your faith in the Lord Jesus and your love for

---

*ᵃ*1:1 *fieles.* Alt. *creyentes.*   *ᵇ*1:1 *los santos … Éfeso.* Var. *los santos que también son fieles en Cristo Jesús* (es decir, sin indicación de lugar).   *ᶜ*1:11 *fuimos hechos herederos.* Alt. *fuimos escogidos.*   *ᵈ*1:14 *hasta … Dios.* Alt. *hasta que lleguemos a adquirirla.*

ᵃ1 Some early manuscripts do not have *in Ephesus.*   *ᵇ1* Or *believers who are*   *ᶜ5* Or *sight in love.* *ᵈ5 He*   *ᵈ9* Or *us. With all wisdom and understanding,* *ᵈ9 he*   *ᵉ11* Or *were made heirs* que demuestran por todos los *santos, 16no he dejado de dar gracias por ustedes al recordarlos en mis oraciones. 17Pido que el Dios de nuestro Señor Jesucristo, el Padre glorioso, les dé el Espíritu de sabiduría y de revelación, para que lo conozcan mejor. 18Pido también que les sean iluminados los ojos del corazón para que sepan a qué esperanza él los ha llamado, cuál es la riqueza de su gloriosa herencia entre los santos, 19y cuán incomparable es la grandeza de su poder a favor de los que creemos. Ese poder es la fuerza grandiosa y eficaz 20que Dios ejerció en Cristo cuando lo resucitó de entre los muertos y lo sentó a su *derecha en las regiones celestiales, 21muy por encima de todo gobierno y autoridad, poder y dominio, y de cualquier otro nombre que se invoque, no sólo en este mundo sino también en el venidero. 22Dios sometió todas las cosas al dominio de Cristo,e y lo dio como cabeza de todo a la iglesia. 23Ésta, que es su cuerpo, es la plenitud de aquel que lo llena todo por completo.

La vida en Cristo

2 En otro tiempo ustedes estaban muertos en sus transgresiones y pecados, 2en los cuales andaban conforme a los poderes de este mundo. Se conducían según el que gobierna las tinieblas, según el espíritu que ahora ejerce su poder en los que viven en la desobediencia. 3En ese tiempo también todos nosotros vivíamos como ellos, impulsados por nuestros deseos pecaminosos, siguiendo nuestra propia voluntad y nuestros propósitos.f Como los demás, éramos por naturaleza objeto de la ira de Dios. 4Pero Dios, que es rico en misericordia, por su gran amor por nosotros, 5nos dio vida con Cristo, aun cuando estábamos muertos en pecados. ¡Por gracia ustedes han sido salvados! 6Y en unión con Cristo Jesús, Dios nos resucitó y nos hizo sentar con él en las regiones celestiales, 7para mostrar en los tiempos venideros la incomparable riqueza de su gracia, que por su bondad derramó sobre nosotros en Cristo Jesús. 8Porque por gracia ustedes han sido salvados mediante la fe; esto no procede de ustedes, sino que es el regalo de Dios, 9no por obras, para que nadie se *jacte. 10Porque somos hechura de Dios, creados en Cristo Jesús para buenas obras, las cuales Dios dispuso de antemano a fin de que las pongamos en práctica.

Unidad en Cristo

11Por lo tanto, recuerden ustedes los *gentiles de nacimiento —los que son llamados «incir-

all the saints, 16I have not stopped giving thanks for you, remembering you in my prayers. 17I keep asking that the God of our Lord Jesus Christ, the glorious Father, may give you the Spiritf of wisdom and revelation, so that you may know him better. 18I pray also that the eyes of your heart may be enlightened in order that you may know the hope to which he has called you, the riches of his glorious inheritance in the saints, 19and his incomparably great power for us who believe. That power is like the working of his mighty strength, 20which he exerted in Christ when he raised him from the dead and seated him at his right hand in the heavenly realms, 21far above all rule and authority, power and dominion, and every title that can be given, not only in the present age but also in the one to come. 22And God placed all things under his feet and appointed him to be head over everything for the church, 23which is his body, the fullness of him who fills everything in every way.

Made Alive in Christ

2 As for you, you were dead in your transgressions and sins, 2in which you used to live when you followed the ways of this world and of the ruler of the kingdom of the air, the spirit who is now at work in those who are disobedient. 3All of us also lived among them at one time, gratifying the cravings of our sinful natureg and following its desires and thoughts. Like the rest, we were by nature objects of wrath. 4But because of his great love for us, God, who is rich in mercy, 5made us alive with Christ even when we were dead in transgressions—it is by grace you have been saved. 6And God raised us up with Christ and seated us with him in the heavenly realms in Christ Jesus, 7in order that in the coming ages he might show the incomparable riches of his grace, expressed in his kindness to us in Christ Jesus. 8For it is by grace you have been saved, through faith—and this not from yourselves, it is the gift of God— 9not by works, so that no one can boast. 10For we are God's workmanship, created in Christ Jesus to do good works, which God prepared in advance for us to do.

One in Christ

11Therefore, remember that formerly you who are Gentiles by birth and called "uncircum-

---

e1:22 Dios … Cristo. Lit. Dios sujetó todas las cosas debajo de sus pies. f2:3 impulsados … propósitos. Lit. en los deseos de nuestra *carne, haciendo la voluntad de la carne y los pensamientos.

f17 Or a spirit   g3 Or our flesh

cuncisos» por aquellos que se llaman «de la *circuncisión», la cual se hace en el cuerpo por mano humana—, 12recuerden que en ese entonces ustedes estaban separados de Cristo, excluidos de la ciudadanía de Israel y ajenos a los pactos de la promesa, sin esperanza y sin Dios en el mundo. 13Pero ahora en Cristo Jesús, a ustedes que antes estaban lejos, Dios los ha acercado mediante la sangre de Cristo.

14Porque Cristo es nuestra paz: de los dos pueblos ha hecho uno solo, derribando mediante su sacrificiog el muro de enemistad que nos separaba, 15pues anuló la ley con sus mandamientos y requisitos. Esto lo hizo para crear en sí mismo de los dos pueblos una nueva *humanidad al hacer la paz, 16para reconciliar con Dios a ambos en un solo cuerpo mediante la cruz, por la que dio muerte a la enemistad. 17Él vino y proclamó paz a ustedes que estaban lejos y paz a los que estaban cerca. 18Pues por medio de él tenemos acceso al Padre por un mismo Espíritu.

19Por lo tanto, ustedes ya no son extraños ni extranjeros, sino conciudadanos de los *santos y miembros de la familia de Dios, 20edificados sobre el fundamento de los apóstoles y los profetas, siendo Cristo Jesús mismo la piedra angular. 21En él todo el edificio, bien armado, se va levantando para llegar a ser un templo santo en el Señor. 22En él también ustedes son edificados juntamente para ser morada de Dios por su Espíritu.

Pablo y el misterio de Cristo

3 Por esta razón yo, Pablo, prisionero de Cristo Jesús por el bien de ustedes los *gentiles, me arrodillo en oración.h 2Sin duda se han enterado del plan de la gracia de Dios que él me encomendó para ustedes, 3es decir, el *misterio que me dio a conocer por revelación, como ya les escribí brevemente. 4Al leer esto, podrán darse cuenta de que comprendo el misterio de Cristo. 5Ese misterio, que en otras generaciones no se les dio a conocer a los *seres humanos, ahora se les ha revelado por el Espíritu a los santos apóstoles y profetas de Dios; 6es decir, que los gentiles son, junto con Israel, beneficiarios de la misma herencia, miembros de un mismo cuerpo y participantes igualmente de la promesa en Cristo Jesús mediante el *evangelio.

7De este evangelio llegué a ser servidor como regalo que Dios, por su gracia, me dio conforme a su poder eficaz. 8Aunque soy el más insignificante de todos los *santos, recibí esta gracia de predicar a las *naciones las incalculables rique-

cised" by those who call themselves "the circumcision" (that done in the body by the hands of men)— 12remember that at that time you were separate from Christ, excluded from citizenship in Israel and foreigners to the covenants of the promise, without hope and without God in the world. 13But now in Christ Jesus you who once were far away have been brought near through the blood of Christ.

14For he himself is our peace, who has made the two one and has destroyed the barrier, the dividing wall of hostility, 15by abolishing in his flesh the law with its commandments and regulations. His purpose was to create in himself one new man out of the two, thus making peace, 16and in this one body to reconcile both of them to God through the cross, by which he put to death their hostility. 17He came and preached peace to you who were far away and peace to those who were near. 18For through him we both have access to the Father by one Spirit.

19Consequently, you are no longer foreigners and aliens, but fellow citizens with God's people and members of God's household, 20built on the foundation of the apostles and prophets, with Christ Jesus himself as the chief cornerstone. 21In him the whole building is joined together and rises to become a holy temple in the Lord. 22And in him you too are being built together to become a dwelling in which God lives by his Spirit.

Paul the Preacher to the Gentiles

3 For this reason I, Paul, the prisoner of Christ Jesus for the sake of you Gentiles—
2Surely you have heard about the administration of God's grace that was given to me for you, 3that is, the mystery made known to me by revelation, as I have already written briefly. 4In reading this, then, you will be able to understand my insight into the mystery of Christ, 5which was not made known to men in other generations as it has now been revealed by the Spirit to God's holy apostles and prophets. 6This mystery is that through the gospel the Gentiles are heirs together with Israel, members together of one body, and sharers together in the promise in Christ Jesus.

7I became a servant of this gospel by the gift of God's grace given me through the working of his power. 8Although I am less than the least of all God's people, this grace was given me: to preach to the Gentiles the unsearchable riches

---

g 2:14 *mediante su sacrificio*. Lit. *en su carne.*   h 3:1 En el griego este versículo termina con la palabra *gentiles*, y el tema se reinicia en el v. 14.

zas de Cristo, 9y de hacer entender a todos la realización del plan de Dios, el misterio que desde los tiempos eternos se mantuvo oculto en Dios, creador de todas las cosas. 10El fin de todo esto es que la sabiduría de Dios, en toda su diversidad, se dé a conocer ahora, por medio de la iglesia, a los poderes y autoridades en las regiones celestiales, 11conforme a su eterno propósito realizado en Cristo Jesús nuestro Señor. 12En él, mediante la fe, disfrutamos de libertad y confianza para acercarnos a Dios. 13Así que les pido que no se desanimen a causa de lo que sufro por ustedes, ya que estos sufrimientos míos son para ustedes un honor.

Oración por los efesios

14Por esta razón me arrodillo delante del Padre, 15de quien recibe nombre toda familia[i] en el cielo y en la tierra. 16Le pido que, por medio del Espíritu y con el poder que procede de sus gloriosas riquezas, los fortalezca a ustedes en lo íntimo de su ser, 17para que por fe Cristo habite en sus corazones. Y pido que, arraigados y cimentados en amor, 18puedan comprender, junto con todos los *santos, cuán ancho y largo, alto y profundo es el amor de Cristo; 19en fin, que conozcan ese amor que sobrepasa nuestro conocimiento, para que sean llenos de la plenitud de Dios.

20Al que puede hacer muchísimo más que todo lo que podamos imaginarnos o pedir, por el poder que obra eficazmente en nosotros, 21¡a él sea la gloria en la iglesia y en Cristo Jesús por todas las generaciones, por los siglos de los siglos Amén.

Unidad en el cuerpo de Cristo

4 Por eso yo, que estoy preso por la causa del Señor, les ruego que vivan de una manera digna del llamamiento que han recibido, 2siempre humildes y amables, pacientes, tolerantes unos con otros en amor. 3Esfuércense por mantener la unidad del Espíritu mediante el vínculo de la paz. 4Hay un solo cuerpo y un solo Espíritu, así como también fueron llamados a una sola esperanza; 5un solo Señor, una sola fe, un solo bautismo; 6un solo Dios y Padre de todos, que está sobre todos y por medio de todos y en todos.

7Pero a cada uno de nosotros se nos ha dado gracia en la medida en que Cristo ha repartido los dones. 8Por esto dice:

«Cuando ascendió a lo alto,
se llevó consigo a los cautivos
y dio dones a los hombres.»[j]

of Christ, 9and to make plain to everyone the administration of this mystery, which for ages past was kept hidden in God, who created all things. 10His intent was that now, through the church, the manifold wisdom of God should be made known to the rulers and authorities in the heavenly realms, 11according to his eternal purpose which he accomplished in Christ Jesus our Lord. 12In him and through faith in him we may approach God with freedom and confidence. 13I ask you, therefore, not to be discouraged because of my sufferings for you, which are your glory.

A Prayer for the Ephesians

14For this reason I kneel before the Father, 15from whom his whole family[h] in heaven and on earth derives its name. 16I pray that out of his glorious riches he may strengthen you with power through his Spirit in your inner being, 17so that Christ may dwell in your hearts through faith. And I pray that you, being rooted and established in love, 18may have power, together with all the saints, to grasp how wide and long and high and deep is the love of Christ, 19and to know this love that surpasses knowledge—that you may be filled to the measure of all the fullness of God.

20Now to him who is able to do immeasurably more than all we ask or imagine, according to his power that is at work within us, 21to him be glory in the church and in Christ Jesus throughout all generations, for ever and ever Amen.

Unity in the Body of Christ

4 As a prisoner for the Lord, then, I urge you to live a life worthy of the calling you have received. 2Be completely humble and gentle; be patient, bearing with one another in love. 3Make every effort to keep the unity of the Spirit through the bond of peace. 4There is one body and one Spirit—just as you were called to one hope when you were called— 5one Lord, one faith, one baptism; 6one God and Father of all, who is over all and through all and in all.

7But to each one of us grace has been given as Christ apportioned it. 8This is why it[i] says:

"When he ascended on high,
he led captives in his train
and gave gifts to men."[j]

---

i3:15 *familia*. Alt. *paternidad*. j4:8 Sal 68:18   h15 Or *whom all fatherhood* i8 Or *God* j8 Psalm 68:18

9(¿Qué quiere decir eso de que «ascendió», sino que también descendió a las partes bajas, o sea, a la tierra?*k* 10El que descendió es el mismo que ascendió por encima de todos los cielos, para llenarlo todo.) 11Él mismo constituyó a unos, apóstoles; a otros, profetas; a otros, evangelistas; y a otros, pastores y maestros, 12a fin de capacitar al *pueblo de Dios para la obra de servicio, para edificar el cuerpo de Cristo. 13De este modo, todos llegaremos a la unidad de la fe y del conocimiento del Hijo de Dios, a una *humanidad *perfecta que se conforme a la plena estatura de Cristo.

14Así ya no seremos niños, zarandeados por las olas y llevados de aquí para allá por todo viento de enseñanza y por la astucia y los artificios de quienes emplean artimañas engañosas. 15Más bien, al vivir la verdad con amor, creceremos hasta ser en todo como aquel que es la cabeza, es decir, Cristo. 16Por su acción todo el cuerpo crece y se edifica en amor, sostenido y ajustado por todos los ligamentos, según la actividad propia de cada miembro.

Vivan como hijos de luz

17Así que les digo esto y les insisto en el Señor: no vivan más con pensamientos frívolos como los *paganos. 18A causa de la ignorancia que los domina y por la dureza de su corazón, éstos tienen oscurecido el entendimiento y están alejados de la vida que proviene de Dios. 19Han perdido toda vergüenza, se han entregado a la inmoralidad, y no se sacian de cometer toda clase de actos indecentes.

20No fue ésta la enseñanza que ustedes recibieron acerca de Cristo, 21si de veras se les habló y enseñó de Jesús según la verdad que está en él. 22Con respecto a la vida que antes llevaban, se les enseñó que debían quitarse el ropaje de la vieja naturaleza, la cual está corrompida por los deseos engañosos; 23ser renovados en la actitud de su mente; 24y ponerse el ropaje de la nueva naturaleza, creada a imagen de Dios, en verdadera justicia y *santidad.

25Por lo tanto, dejando la mentira, hable cada uno a su prójimo con la verdad, porque todos somos miembros de un mismo cuerpo. 26«Si se enojan, no pequen.»*l* No dejen que el sol se ponga estando aún enojados, 27ni den cabida al diablo. 28El que robaba, que no robe más, sino que trabaje honradamente con las manos para tener qué compartir con los necesitados.

29Eviten toda conversación obscena. Por el contrario, que sus palabras contribuyan a la

9(What does "he ascended" mean except that he also descended to the lower, earthly regions*k*? 10He who descended is the very one who ascended higher than all the heavens, in order to fill the whole universe.) 11It was he who gave some to be apostles, some to be prophets, some to be evangelists, and some to be pastors and teachers, 12to prepare God's people for works of service, so that the body of Christ may be built up 13until we all reach unity in the faith and in the knowledge of the Son of God and become mature, attaining to the whole measure of the fullness of Christ.

14Then we will no longer be infants, tossed back and forth by the waves, and blown here and there by every wind of teaching and by the cunning and craftiness of men in their deceitful scheming. 15Instead, speaking the truth in love, we will in all things grow up into him who is the Head, that is, Christ. 16From him the whole body, joined and held together by every supporting ligament, grows and builds itself up in love, as each part does its work.

Living as Children of Light

17So I tell you this, and insist on it in the Lord, that you must no longer live as the Gentiles do, in the futility of their thinking. 18They are darkened in their understanding and separated from the life of God because of the ignorance that is in them due to the hardening of their hearts. 19Having lost all sensitivity, they have given themselves over to sensuality so as to indulge in every kind of impurity, with a continual lust for more.

20You, however, did not come to know Christ that way. 21Surely you heard of him and were taught in him in accordance with the truth that is in Jesus. 22You were taught, with regard to your former way of life, to put off your old self, which is being corrupted by its deceitful desires; 23to be made new in the attitude of your minds; 24and to put on the new self, created to be like God in true righteousness and holiness.

25Therefore each of you must put off falsehood and speak truthfully to his neighbor, for we are all members of one body. 26"In your anger do not sin"*l*: Do not let the sun go down while you are still angry, 27and do not give the devil a foothold. 28He who has been stealing must steal no longer, but must work, doing something useful with his own hands, that he may have something to share with those in need.

29Do not let any unwholesome talk come out of your mouths, but only what is helpful

---

k 4:9 *las partes bajas, o sea, a la tierra?* Alt. *las partes bajas de la tierra?*   *l* 4:26 Sal 4:4

k 9 Or *the depths of the earth*   *l* 26 Psalm 4:4

necesaria edificación y sean de bendición para quienes escuchan. 30No agravien al Espíritu Santo de Dios, con el cual fueron sellados para el día de la redención. 31Abandonen toda amargura, ira y enojo, gritos y calumnias, y toda forma de malicia. 32Más bien, sean bondadosos y compasivos unos con otros, y perdónense mutuamente, así como Dios los perdonó a ustedes en Cristo.

5 Por tanto, imiten a Dios, como hijos muy amados, 2y lleven una vida de amor, así como Cristo nos amó y se entregó por nosotros como ofrenda y sacrificio fragante para Dios.

3Entre ustedes ni siquiera debe mencionarse la inmoralidad sexual, ni ninguna clase de impureza o de avaricia, porque eso no es propio del *pueblo santo de Dios. 4Tampoco debe haber palabras indecentes, conversaciones necias ni chistes groseros, todo lo cual está fuera de lugar; haya más bien acción de gracias. 5Porque pueden estar seguros de que nadie que sea avaro (es decir, idólatra), inmoral o impuro tendrá herencia en el reino de Cristo y de Dios.m 6Que nadie los engañe con argumentaciones vanas, porque por esto viene el castigo de Dios sobre los que viven en la desobediencia. 7Así que no se hagan cómplices de ellos.

8Porque ustedes antes eran oscuridad, pero ahora son luz en el Señor. Vivan como hijos de luz 9(el fruto de la luz consiste en toda bondad, justicia y verdad) 10y comprueben lo que agrada al Señor. 11No tengan nada que ver con las obras infructuosas de la oscuridad, sino más bien denúncienlas, 12porque da vergüenza aun mencionar lo que los desobedientes hacen en secreto. 13Pero todo lo que la luz pone al descubierto se hace visible, 14porque la luz es lo que hace que todo sea visible. Por eso se dice:

«Despiértate, tú que duermes,
   *levántate de entre los muertos,
y te alumbrará Cristo.»

15Así que tengan cuidado de su manera de vivir. No vivan como necios sino como sabios, 16aprovechando al máximo cada momento oportuno, porque los días son malos. 17Por tanto, no sean insensatos, sino entiendan cuál es la voluntad del Señor. 18No se emborrachen con vino, que lleva al desenfreno. Al contrario, sean llenos del Espíritu. 19Anímense unos a otros con salmos, himnos y canciones espirituales. Canten y alaben al Señor con el corazón, 20dando siempre gracias a Dios el Padre por todo, en el nombre de nuestro Señor Jesucristo.

for building others up according to their needs, that it may benefit those who listen. 30And do not grieve the Holy Spirit of God, with whom you were sealed for the day of redemption. 31Get rid of all bitterness, rage and anger, brawling and slander, along with every form of malice. 32Be kind and compassionate to one another, forgiving each other, just as in Christ God forgave you.

5 Be imitators of God, therefore, as dearly loved children 2and live a life of love, just as Christ loved us and gave himself up for us as a fragrant offering and sacrifice to God.

3But among you there must not be even a hint of sexual immorality, or of any kind of impurity, or of greed, because these are improper for God's holy people. 4Nor should there be obscenity, foolish talk or coarse joking, which are out of place, but rather thanksgiving. 5For of this you can be sure: No immoral, impure or greedy person—such a man is an idolater—has any inheritance in the kingdom of Christ and of God.m 6Let no one deceive you with empty words, for because of such things God's wrath comes on those who are disobedient. 7Therefore do not be partners with them.

8For you were once darkness, but now you are light in the Lord. Live as children of light 9(for the fruit of the light consists in all goodness, righteousness and truth) 10and find out what pleases the Lord. 11Have nothing to do with the fruitless deeds of darkness, but rather expose them. 12For it is shameful even to mention what the disobedient do in secret. 13But everything exposed by the light becomes visible, 14for it is light that makes everything visible. This is why it is said:

"Wake up, O sleeper,
   rise from the dead,
and Christ will shine on you."

15Be very careful, then, how you live—not as unwise but as wise, 16making the most of every opportunity, because the days are evil. 17Therefore do not be foolish, but understand what the Lord's will is. 18Do not get drunk on wine, which leads to debauchery. Instead, be filled with the Spirit. 19Speak to one another with psalms, hymns and spiritual songs. Sing and make music in your heart to the Lord, 20always giving thanks to God the Father for everything, in the name of our Lord Jesus Christ.

---

m 5:5 de Cristo y de Dios. Alt. de Cristo, que es Dios.   m 5 Or kingdom of the Christ and God

Deberes conyugales

21Sométanse unos a otros, por reverencia a Cristo. **22**Esposas, sométanse a sus propios esposos como al Señor. **23**Porque el esposo es cabeza de su esposa, así como Cristo es cabeza y salvador de la iglesia, la cual es su cuerpo. **24**Así como la iglesia se somete a Cristo, también las esposas deben someterse a sus esposos en todo.

25Esposos, amen a sus esposas, así como Cristo amó a la iglesia y se entregó por ella **26**para hacerla santa. Él la purificó, lavándola con agua mediante la palabra, **27**para presentársela a sí mismo como una iglesia radiante, sin mancha ni arruga ni ninguna otra imperfección, sino santa e intachable. **28**Así mismo el esposo debe amar a su esposa como a su propio cuerpo. El que ama a su esposa se ama a sí mismo, **29**pues nadie ha odiado jamás a su propio cuerpo; al contrario, lo alimenta y lo cuida, así como Cristo hace con la iglesia, **30**porque somos miembros de su cuerpo. **31**«Por eso dejará el hombre a su padre y a su madre, y se unirá a su esposa, y los dos llegarán a ser un solo cuerpo.»[n] **32**Esto es un *misterio profundo; yo me refiero a Cristo y a la iglesia. **33**En todo caso, cada uno de ustedes ame también a su esposa como a sí mismo, y que la esposa respete a su esposo.

Deberes filiales

6 Hijos, obedezcan en el Señor a sus padres, porque esto es justo. **2**«Honra a tu padre y a tu madre —que es el primer mandamiento con promesa— **3**para que te vaya bien y disfrutes de una larga vida en la tierra.»[ñ]

4Y ustedes, padres, no hagan enojar a sus hijos, sino críenlos según la disciplina e instrucción del Señor.

Deberes de los esclavos y de sus amos

5*Esclavos, obedezcan a sus amos terrenales con respeto y temor, con integridad de corazón, como a Cristo. **6**No lo hagan sólo cuando los estén mirando, como los que quieren ganarse el favor *humano, sino como esclavos de Cristo, haciendo de todo corazón la voluntad de Dios. **7**Sirvan de buena gana, como quien sirve al Señor y no a los hombres, **8**sabiendo que el Señor recompensará a cada uno por el bien que haya hecho, sea esclavo o sea libre.

9Y ustedes, amos, correspondan a esta actitud de sus esclavos, dejando de amenazarlos. Recuerden que tanto ellos como ustedes tienen un mismo Amo[o] en el cielo, y que con él no hay favoritismos.

21Submit to one another out of reverence for Christ.

Wives and Husbands

22Wives, submit to your husbands as to the Lord. **23**For the husband is the head of the wife as Christ is the head of the church, his body, of which he is the Savior. **24**Now as the church submits to Christ, so also wives should submit to their husbands in everything.

25Husbands, love your wives, just as Christ loved the church and gave himself up for her **26**to make her holy, cleansing[n] her by the washing with water through the word, **27**and to present her to himself as a radiant church, without stain or wrinkle or any other blemish, but holy and blameless. **28**In this same way, husbands ought to love their wives as their own bodies. He who loves his wife loves himself. **29**After all, no one ever hated his own body, but he feeds and cares for it, just as Christ does the church— **30**for we are members of his body. **31**"For this reason a man will leave his father and mother and be united to his wife, and the two will become one flesh."[o] **32**This is a profound mystery—but I am talking about Christ and the church. **33**However, each one of you also must love his wife as he loves himself, and the wife must respect her husband.

Children and Parents

6 Children, obey your parents in the Lord, for this is right. **2**"Honor your father and mother"—which is the first commandment with a promise— **3**"that it may go well with you and that you may enjoy long life on the earth."[p]

4Fathers, do not exasperate your children; instead, bring them up in the training and instruction of the Lord.

Slaves and Masters

5Slaves, obey your earthly masters with respect and fear, and with sincerity of heart, just as you would obey Christ. **6**Obey them not only to win their favor when their eye is on you, but like slaves of Christ, doing the will of God from your heart. **7**Serve wholeheartedly, as if you were serving the Lord, not men, **8**because you know that the Lord will reward everyone for whatever good he does, whether he is slave or free.

9And masters, treat your slaves in the same way. Do not threaten them, since you know that he who is both their Master and yours is in heaven, and there is no favoritism with him.

---

n **5:31** Gn 2:24　　*ñ* **6:3** Éx 20:12; Dt 5:16　　*o* **6:9** *Amo.* Lit. *Señor.*

n 26 Or *having cleansed*　　*o* 31 Gen. 2:24　　*p* 3 Deut. 5:16

La armadura de Dios

10Por último, fortalézcanse con el gran poder del Señor. 11Pónganse toda la armadura de Dios para que puedan hacer frente a las artimañas del diablo. 12Porque nuestra lucha no es contra *seres humanos, sino contra poderes, contra autoridades, contra potestades que dominan este mundo de tinieblas, contra fuerzas espirituales malignas en las regiones celestiales. 13Por lo tanto, pónganse toda la armadura de Dios, para que cuando llegue el día malo puedan resistir hasta el fin con firmeza. 14Manténganse firmes, ceñidos con el cinturón de la verdad, protegidos por la coraza de justicia, 15y calzados con la disposición de proclamar el *evangelio de la paz. 16Además de todo esto, tomen el escudo de la fe, con el cual pueden apagar todas las flechas encendidas del maligno. 17Tomen el casco de la salvación y la espada del Espíritu, que es la palabra de Dios.

18Oren en el Espíritu en todo momento, con peticiones y ruegos. Manténganse alerta y perseveren en oración por todos los *santos.

19Oren también por mí para que, cuando hable, Dios me dé las palabras para dar a conocer con valor el *misterio del evangelio, 20por el cual soy embajador en cadenas. Oren para que lo proclame valerosamente, como debo hacerlo.

Saludos finales

21Nuestro querido hermano Tíquico, fiel servidor en el Señor, les contará todo, para que también ustedes sepan cómo me va y qué estoy haciendo. 22Lo envío a ustedes precisamente para que sepan cómo estamos y para que cobren ánimo.

23Que Dios el Padre y el Señor Jesucristo les concedan paz, amor y fe a los hermanos. 24La gracia sea con todos los que aman a nuestro Señor Jesucristo con amor imperecedero.

The Armor of God

10Finally, be strong in the Lord and in his mighty power. 11Put on the full armor of God so that you can take your stand against the devil's schemes. 12For our struggle is not against flesh and blood, but against the rulers, against the authorities, against the powers of this dark world and against the spiritual forces of evil in the heavenly realms. 13Therefore put on the full armor of God, so that when the day of evil comes, you may be able to stand your ground, and after you have done everything, to stand. 14Stand firm then, with the belt of truth buckled around your waist, with the breastplate of righteousness in place, 15and with your feet fitted with the readiness that comes from the gospel of peace. 16In addition to all this, take up the shield of faith, with which you can extinguish all the flaming arrows of the evil one. 17Take the helmet of salvation and the sword of the Spirit, which is the word of God. 18And pray in the Spirit on all occasions with all kinds of prayers and requests. With this in mind, be alert and always keep on praying for all the saints.

19Pray also for me, that whenever I open my mouth, words may be given me so that I will fearlessly make known the mystery of the gospel, 20for which I am an ambassador in chains. Pray that I may declare it fearlessly, as I should.

Final Greetings

21Tychicus, the dear brother and faithful servant in the Lord, will tell you everything, so that you also may know how I am and what I am doing. 22I am sending him to you for this very purpose, that you may know how we are, and that he may encourage you.

23Peace to the brothers, and love with faith from God the Father and the Lord Jesus Christ. 24Grace to all who love our Lord Jesus Christ with an undying love.

Carta a los Filipenses

1 Pablo y Timoteo, *siervos de *Cristo Jesús,

a todos los *santos en Cristo Jesús que están en Filipos, junto con los *obispos y diáconos:

2Que Dios nuestro Padre y el Señor Jesucristo les concedan gracia y paz.

Acción de gracias e intercesión

3Doy gracias a mi Dios cada vez que me acuerdo de ustedes. 4En todas mis oraciones por todos ustedes, siempre oro con alegría, 5porque han participado en el *evangelio desde el primer día hasta ahora. 6Estoy convencido de esto: el que comenzó tan buena obra en ustedes la irá *perfeccionando hasta el día de Cristo Jesús. 7Es justo que yo piense así de todos ustedes porque los llevoᵃ en el corazón; pues, ya sea que me encuentre preso o defendiendo o confirmando el evangelio, todos ustedes participan conmigo de la gracia que Dios me ha dado. 8Dios es testigo de cuánto los quiero a todos con el entrañable amor de Cristo Jesús.

9Esto es lo que pido en oración: que el amor de ustedes abunde cada vez más en conocimiento y en buen juicio, 10para que disciernan lo que es mejor, y sean puros e irreprochables para el día de Cristo, 11llenos del fruto de justicia que se produce por medio de Jesucristo, para gloria y alabanza de Dios.

El vivir es Cristo

12Hermanos, quiero que sepan que, en realidad, lo que me ha pasado ha contribuido al avance del *evangelio. 13Es más, se ha hecho evidente a toda la guardia del palacioᵇ y a todos los demás que estoy encadenado por causa de Cristo. 14Gracias a mis cadenas, ahora más que nunca la mayoría de los hermanos, confiados en el Señor, se han atrevido a anunciar sin temor la palabra de Dios.

15Es cierto que algunos predican a Cristo por envidia y rivalidad, pero otros lo hacen con buenas intenciones. 16Estos últimos lo hacen por amor, pues saben que he sido puesto para la defensa del evangelio. 17Aquéllos predican a Cristo por ambición personal y no por motivos

Philippians

1 Paul and Timothy, servants of Christ Jesus,

To all the saints in Christ Jesus at Philippi, together with the overseersᵃ and deacons:

2Grace and peace to you from God our Father and the Lord Jesus Christ.

Thanksgiving and Prayer

3I thank my God every time I remember you. 4In all my prayers for all of you, I always pray with joy 5because of your partnership in the gospel from the first day until now, 6being confident of this, that he who began a good work in you will carry it on to completion until the day of Christ Jesus.

7It is right for me to feel this way about all of you, since I have you in my heart; for whether I am in chains or defending and confirming the gospel, all of you share in God's grace with me. 8God can testify how I long for all of you with the affection of Christ Jesus.

9And this is my prayer: that your love may abound more and more in knowledge and depth of insight, 10so that you may be able to discern what is best and may be pure and blameless until the day of Christ, 11filled with the fruit of righteousness that comes through Jesus Christ—to the glory and praise of God.

Paul's Chains Advance the Gospel

12Now I want you to know, brothers, that what has happened to me has really served to advance the gospel. 13As a result, it has become clear throughout the whole palace guardᵇ and to everyone else that I am in chains for Christ. 14Because of my chains, most of the brothers in the Lord have been encouraged to speak the word of God more courageously and fearlessly.

15It is true that some preach Christ out of envy and rivalry, but others out of goodwill. 16The latter do so in love, knowing that I am put here for the defense of the gospel. 17The former preach Christ out of selfish ambition, not sin-

---

ᵃ1:7 los llevo. Alt. me llevan.   ᵇ1:13 a toda la guardia del palacio. Alt. en todo el palacio.

ᵃ1 Traditionally bishops   ᵇ13 Or whole palace

puros, creyendo que así van a aumentar las angustias que sufro en mi prisión.*c*

18¿Qué importa? Al fin y al cabo, y sea como sea, con motivos falsos o con sinceridad, se predica a Cristo. Por eso me alegro; es más, seguiré alegrándome **19**porque sé que, gracias a las oraciones de ustedes y a la ayuda que me da el Espíritu de Jesucristo, todo esto resultará en mi liberación.*d* **20**Mi ardiente anhelo y esperanza es que en nada seré avergonzado, sino que con toda libertad, ya sea que yo viva o muera, ahora como siempre, Cristo será exaltado en mi cuerpo. **21**Porque para mí el vivir es Cristo y el morir es ganancia. **22**Ahora bien, si seguir viviendo en este mundo*e* representa para mí un trabajo fructífero, ¿qué escogeré? ¡No lo sé **23**Me siento presionado por dos posibilidades: deseo partir y estar con Cristo, que es muchísimo mejor, **24**pero por el bien de ustedes es preferible que yo permanezca en este mundo. **25**Convencido de esto, sé que permaneceré y continuaré con todos ustedes para contribuir a su jubiloso avance en la fe. **26**Así, cuando yo vuelva, su *satisfacción en Cristo Jesús abundará por causa mía.

27Pase lo que pase, compórtense de una manera digna del evangelio de Cristo. De este modo, ya sea que vaya a verlos o que, estando ausente, sólo tenga noticias de ustedes, sabré que siguen firmes en un mismo propósito, luchando unánimes por la fe del evangelio **28**y sin temor alguno a sus adversarios, lo cual es para ellos señal de destrucción. Para ustedes, en cambio, es señal de salvación, y esto proviene de Dios. **29**Porque a ustedes se les ha concedido no sólo creer en Cristo, sino también sufrir por él, **30**pues sostienen la misma lucha que antes me vieron sostener, y que ahora saben que sigo sosteniendo.

Humillación y exaltación de Cristo

2 Por tanto, si sienten algún estímulo en su unión con Cristo, algún consuelo en su amor, algún compañerismo en el Espíritu, algún afecto entrañable, **2**llénenme de alegría teniendo un mismo parecer, un mismo amor, unidos en alma y pensamiento. **3**No hagan nada por egoísmo o vanidad; más bien, con humildad consideren a los demás como superiores a ustedes mismos. **4**Cada uno debe velar no sólo por sus propios intereses sino también por los intereses de los demás.

5La actitud de ustedes debe ser como la de Cristo Jesús,

cerely, supposing that they can stir up trouble for me while I am in chains.*c* **18**But what does it matter? The important thing is that in every way, whether from false motives or true, Christ is preached. And because of this I rejoice.

Yes, and I will continue to rejoice, **19**for I know that through your prayers and the help given by the Spirit of Jesus Christ, what has happened to me will turn out for my deliverance.*d* **20**I eagerly expect and hope that I will in no way be ashamed, but will have sufficient courage so that now as always Christ will be exalted in my body, whether by life or by death. **21**For to me, to live is Christ and to die is gain. **22**If I am to go on living in the body, this will mean fruitful labor for me. Yet what shall I choose? I do not know **23**I am torn between the two: I desire to depart and be with Christ, which is better by far; **24**but it is more necessary for you that I remain in the body. **25**Convinced of this, I know that I will remain, and I will continue with all of you for your progress and joy in the faith, **26**so that through my being with you again your joy in Christ Jesus will overflow on account of me.

27Whatever happens, conduct yourselves in a manner worthy of the gospel of Christ. Then, whether I come and see you or only hear about you in my absence, I will know that you stand firm in one spirit, contending as one man for the faith of the gospel **28**without being frightened in any way by those who oppose you. This is a sign to them that they will be destroyed, but that you will be saved—and that by God. **29**For it has been granted to you on behalf of Christ not only to believe on him, but also to suffer for him, **30**since you are going through the same struggle you saw I had, and now hear that I still have.

Imitating Christ's Humility

2 If you have any encouragement from being united with Christ, if any comfort from his love, if any fellowship with the Spirit, if any tenderness and compassion, **2**then make my joy complete by being like-minded, having the same love, being one in spirit and purpose. **3**Do nothing out of selfish ambition or vain conceit, but in humility consider others better than yourselves. **4**Each of you should look not only to your own interests, but also to the interests of others.

5Your attitude should be the same as that of Christ Jesus:

---

c **1:16-17** Var. invierte el orden de vv. 16 y 17.
d **1:19** *liberación*. Alt. *salvación*.   *e* **1:22** *este mundo*. Lit. *la *carne*; también en v. 24.

c *16,17* Some late manuscripts have verses 16 and 17 in reverse order.   *d* *19* Or *salvation*

6 quien, siendo por naturaleza*f* Dios,
 no consideró el ser igual a Dios como algo a qué aferrarse.
7 Por el contrario, se rebajó
 voluntariamente,
 tomando la naturaleza*g* de *siervo
 y haciéndose semejante a los seres *humanos.
8 Y al manifestarse como hombre,
 se humilló a sí mismo
 y se hizo obediente hasta la muerte,
 ¡y muerte de cruz!
9 Por eso Dios lo exaltó hasta lo sumo
 y le otorgó el nombre
 que está sobre todo nombre,
10 para que ante el nombre de Jesús
 se doble toda rodilla
 en el cielo y en la tierra
 y debajo de la tierra,
11 y toda lengua confiese que Jesucristo es
 el Señor,
 para gloria de Dios Padre.

Testimonio de luz

12 Así que, mis queridos hermanos, como han obedecido siempre —no sólo en mi presencia sino mucho más ahora en mi ausencia— lleven a cabo su salvación con temor y temblor, 13 pues Dios es quien produce en ustedes tanto el querer como el hacer para que se cumpla su buena voluntad.

14 Háganlo todo sin quejas ni contiendas, 15 para que sean intachables y puros, hijos de Dios sin culpa en medio de una generación torcida y depravada. En ella ustedes brillan como estrellas en el firmamento, 16 manteniendo en alto*h* la palabra de vida. Así en el día de Cristo me sentiré *satisfecho de no haber corrido ni trabajado en vano. 17 Y aunque mi vida fuera derramada*i* sobre el sacrificio y servicio que proceden de su fe, me alegro y comparto con todos ustedes mi alegría. 18 Así también ustedes, alégrense y compartan su alegría conmigo.

Dos colaboradores ejemplares

19 Espero en el Señor Jesús enviarles pronto a Timoteo, para que también yo cobre ánimo al recibir noticias de ustedes. 20 No tengo a nadie más que, como él, se preocupe de veras por el bienestar de ustedes, 21 pues todos los demás buscan sus propios intereses y no los de Jesucristo. 22 Pero ustedes conocen bien la entereza de carácter de Timoteo, que ha servido conmigo en la obra del *evangelio, como un hijo junto a

6 Who, being in very nature*e* God,
 did not consider equality with God
 something to be grasped,
7 but made himself nothing,
 taking the very nature*f* of a servant,
 being made in human likeness.
8 And being found in appearance as a man,
 he humbled himself
 and became obedient to death—
 even death on a cross!
9 Therefore God exalted him to the highest
 place
 and gave him the name that is above every name,
10 that at the name of Jesus every knee
 should bow,
 in heaven and on earth and under the
 earth,
11 and every tongue confess that Jesus
 Christ is Lord,
 to the glory of God the Father.

Shining as Stars

12 Therefore, my dear friends, as you have always obeyed—not only in my presence, but now much more in my absence—continue to work out your salvation with fear and trembling, 13 for it is God who works in you to will and to act according to his good purpose.

14 Do everything without complaining or arguing, 15 so that you may become blameless and pure, children of God without fault in a crooked and depraved generation, in which you shine like stars in the universe 16 as you hold out*g* the word of life—in order that I may boast on the day of Christ that I did not run or labor for nothing. 17 But even if I am being poured out like a drink offering on the sacrifice and service coming from your faith, I am glad and rejoice with all of you. 18 So you too should be glad and rejoice with me.

Timothy and Epaphroditus

19 I hope in the Lord Jesus to send Timothy to you soon, that I also may be cheered when I receive news about you. 20 I have no one else like him, who takes a genuine interest in your welfare. 21 For everyone looks out for his own interests, not those of Jesus Christ. 22 But you know that Timothy has proved himself, because as a son with his father he has served with me in the work of the gospel. 23 I hope, therefore, to send him as soon as I see how things go with me.

---

f **2:6** *por naturaleza.* Lit. *en forma de.*   *g* **2:7** *la naturaleza.* Lit. *la forma.*   *h* **2:16** *manteniendo en alto.* Alt. *ya que se aferran a.*   *i* **2:17** *derramada.* Es decir, como libación.

e 6 Or *in the form of*   *f* 7 Or *the form*   *g* 16 Or *hold on to* su padre. 23Así que espero enviárselo tan pronto como se aclaren mis asuntos. 24Y confío en el Señor que yo mismo iré pronto.

25Ahora bien, creo que es necesario enviarles de vuelta a Epafrodito, mi hermano, colaborador y compañero de lucha, a quien ustedes han enviado para atenderme en mis necesidades. 26Él los extraña mucho a todos y está afligido porque ustedes se enteraron de que estaba enfermo. 27En efecto, estuvo enfermo y al borde de la muerte; pero Dios se compadeció de él, y no sólo de él sino también de mí, para no añadir tristeza a mi tristeza. 28Así que lo envío urgentemente para que, al verlo de nuevo, ustedes se alegren y yo esté menos preocupado. 29Recíbanlo en el Señor con toda alegría y honren a los que son como él, 30porque estuvo a punto de morir por la obra de Cristo, arriesgando la *vida para suplir el servicio que ustedes no podían prestarme.

Plena confianza en Cristo

3 Por lo demás, hermanos míos, alégrense en el Señor. Para mí no es molestia volver a escribirles lo mismo, y a ustedes les da la seguridad.

2Cuídense de esos *perros, cuídense de esos que hacen el mal, cuídense de esos que mutilan el cuerpo. 3Porque la *circuncisión somos nosotros, los que por medio del Espíritu de Dios adoramos, nos *enorgullecemos en Cristo Jesús y no ponemos nuestra confianza en esfuerzos *humanos. 4Yo mismo tengo motivos para tal confianza. Si cualquier otro cree tener motivos para confiar en esfuerzos humanos, yo más: 5circuncidado al octavo día, del pueblo de Israel, de la tribu de Benjamín, hebreo de pura cepa; en cuanto a la interpretación de la ley, *fariseo; 6en cuanto al celo, perseguidor de la iglesia; en cuanto a la justicia que la ley exige, intachable.

7Sin embargo, todo aquello que para mí era ganancia, ahora lo considero pérdida por causa de Cristo. 8Es más, todo lo considero pérdida por razón del incomparable valor de conocer a Cristo Jesús, mi Señor. Por él lo he perdido todo, y lo tengo por estiércol, a fin de ganar a Cristo 9y encontrarme unido a él. No quiero mi propia justicia que procede de la ley, sino la que se obtiene mediante la *fe en Cristo, la justicia que procede de Dios, basada en la fe. 10Lo he perdido todo a fin de conocer a Cristo, experimentar el poder que se manifestó en su resurrección, participar en sus sufrimientos y llegar a ser semejante a él en su muerte. 11Así espero alcanzar la resurrección de entre los muertos.

Ciudadanos del cielo

12No es que ya lo haya conseguido todo, o que ya sea *perfecto. Sin embargo, sigo adelante esperando alcanzar aquello para lo cual Cristo

24And I am confident in the Lord that I myself will come soon.

25But I think it is necessary to send back to you Epaphroditus, my brother, fellow worker and fellow soldier, who is also your messenger, whom you sent to take care of my needs. 26For he longs for all of you and is distressed because you heard he was ill. 27Indeed he was ill, and almost died. But God had mercy on him, and not on him only but also on me, to spare me sorrow upon sorrow. 28Therefore I am all the more eager to send him, so that when you see him again you may be glad and I may have less anxiety. 29Welcome him in the Lord with great joy, and honor men like him, 30because he almost died for the work of Christ, risking his life to make up for the help you could not give me.

No Confidence in the Flesh

3 Finally, my brothers, rejoice in the Lord It is no trouble for me to write the same things to you again, and it is a safeguard for you.

2Watch out for those dogs, those men who do evil, those mutilators of the flesh. 3For it is we who are the circumcision, we who worship by the Spirit of God, who glory in Christ Jesus, and who put no confidence in the flesh— 4though I myself have reasons for such confidence.

If anyone else thinks he has reasons to put confidence in the flesh, I have more: 5circumcised on the eighth day, of the people of Israel, of the tribe of Benjamin, a Hebrew of Hebrews; in regard to the law, a Pharisee; 6as for zeal, persecuting the church; as for legalistic righteousness, faultless.

7But whatever was to my profit I now consider loss for the sake of Christ. 8What is more, I consider everything a loss compared to the surpassing greatness of knowing Christ Jesus my Lord, for whose sake I have lost all things. I consider them rubbish, that I may gain Christ 9and be found in him, not having a righteousness of my own that comes from the law, but that which is through faith in Christ—the righteousness that comes from God and is by faith. 10I want to know Christ and the power of his resurrection and the fellowship of sharing in his sufferings, becoming like him in his death, 11and so, somehow, to attain to the resurrection from the dead.

Pressing on Toward the Goal

12Not that I have already obtained all this, or have already been made perfect, but I press on to take hold of that for which Christ Jesus took

Jesús me alcanzó a mí. [13]Hermanos, no pienso que yo mismo lo haya logrado ya. Más bien, una cosa hago: olvidando lo que queda atrás y esforzándome por alcanzar lo que está delante, [14]sigo avanzando hacia la meta para ganar el premio que Dios ofrece mediante su llamamiento celestial en Cristo Jesús.

[15]Así que, ¡escuchen los perfectos Todos debemos[j] tener este modo de pensar. Y si en algo piensan de forma diferente, Dios les hará ver esto también. [16]En todo caso, vivamos de acuerdo con lo que ya hemos alcanzado.[k]

[17]Hermanos, sigan todos mi ejemplo, y fíjense en los que se comportan conforme al modelo que les hemos dado. [18]Como les he dicho a menudo, y ahora lo repito hasta con lágrimas, muchos se comportan como enemigos de la cruz de Cristo. [19]Su destino es la destrucción, adoran al dios de sus propios deseos[l] y se enorgullecen de lo que es su vergüenza. Sólo piensan en lo terrenal. [20]En cambio, nosotros somos ciudadanos del cielo, de donde anhelamos recibir al Salvador, el Señor Jesucristo. [21]Él transformará nuestro cuerpo miserable para que sea como su cuerpo glorioso, mediante el poder con que somete a sí mismo todas las cosas.

4 Por lo tanto, queridos hermanos míos, a quienes amo y extraño mucho, ustedes que son mi alegría y mi corona, manténganse así firmes en el Señor.

Exhortaciones

[2]Ruego a Evodia y también a Síntique que se pongan de acuerdo en el Señor. [3]Y a ti, mi fiel compañero,[m] te pido que ayudes a estas mujeres que han luchado a mi lado en la obra del *evangelio, junto con Clemente y los demás colaboradores míos, cuyos nombres están en el libro de la vida.

[4]Alégrense siempre en el Señor. Insisto: ¡Alégrense [5]Que su amabilidad sea evidente a todos. El Señor está cerca. [6]No se inquieten por nada; más bien, en toda ocasión, con oración y ruego, presenten sus peticiones a Dios y denle gracias. [7]Y la paz de Dios, que sobrepasa todo entendimiento, cuidará sus corazones y sus pensamientos en Cristo Jesús.

[8]Por último, hermanos, consideren bien todo lo verdadero, todo lo respetable, todo lo justo, todo lo puro, todo lo amable, todo lo digno de admiración, en fin, todo lo que sea excelente o merezca elogio. [9]Pongan en práctica lo que de

hold of me. [13]Brothers, I do not consider myself yet to have taken hold of it. But one thing I do: Forgetting what is behind and straining toward what is ahead, [14]I press on toward the goal to win the prize for which God has called me heavenward in Christ Jesus.

[15]All of us who are mature should take such a view of things. And if on some point you think differently, that too God will make clear to you. [16]Only let us live up to what we have already attained.

[17]Join with others in following my example, brothers, and take note of those who live according to the pattern we gave you. [18]For, as I have often told you before and now say again even with tears, many live as enemies of the cross of Christ. [19]Their destiny is destruction, their god is their stomach, and their glory is in their shame. Their mind is on earthly things. [20]But our citizenship is in heaven. And we eagerly await a Savior from there, the Lord Jesus Christ, [21]who, by the power that enables him to bring everything under his control, will transform our lowly bodies so that they will be like his glorious body.

4 Therefore, my brothers, you whom I love and long for, my joy and crown, that is how you should stand firm in the Lord, dear friends

Exhortations

[2]I plead with Euodia and I plead with Syntyche to agree with each other in the Lord. [3]Yes, and I ask you, loyal yokefellow,[h] help these women who have contended at my side in the cause of the gospel, along with Clement and the rest of my fellow workers, whose names are in the book of life.

[4]Rejoice in the Lord always. I will say it again: Rejoice [5]Let your gentleness be evident to all. The Lord is near. [6]Do not be anxious about anything, but in everything, by prayer and petition, with thanksgiving, present your requests to God. [7]And the peace of God, which transcends all understanding, will guard your hearts and your minds in Christ Jesus.

[8]Finally, brothers, whatever is true, whatever is noble, whatever is right, whatever is pure, whatever is lovely, whatever is admirable—if anything is excellent or praiseworthy—think about such things. [9]Whatever you have learned

---

[j]3:15 *Así ... debemos.* Alt. *Así que los que somos perfectos debemos.*   [k]3:16 *alcanzado.* Var. *alcanzado, una misma regla, un mismo modo de pensar.*   [l]3:19 *adoran ... deseos.* Lit. *su dios es el estómago.*   [m]4:3 *mi fiel compañero.* Alt. *fiel Sícigo.*

[h]3 Or *loyal Syzygus*

mí han aprendido, recibido y oído, y lo que han visto en mí, y el Dios de paz estará con ustedes.

Gratitud por la ayuda recibida

10Me alegro muchísimo en el Señor de que al fin hayan vuelto a interesarse en mí. Claro está que tenían interés, sólo que no habían tenido la oportunidad de demostrarlo. 11No digo esto porque esté necesitado, pues he aprendido a estar satisfecho en cualquier situación en que me encuentre. 12Sé lo que es vivir en la pobreza, y lo que es vivir en la abundancia. He aprendido a vivir en todas y cada una de las circunstancias, tanto a quedar saciado como a pasar hambre, a tener de sobra como a sufrir escasez. 13Todo lo puedo en Cristo que me fortalece.

14Sin embargo, han hecho bien en participar conmigo en mi angustia. 15Y ustedes mismos, filipenses, saben que en el principio de la obra del *evangelio, cuando salí de Macedonia, ninguna iglesia participó conmigo en mis ingresos y gastos, excepto ustedes. 16Incluso a Tesalónica me enviaron ayuda una y otra vez para suplir mis necesidades. 17No digo esto porque esté tratando de conseguir más ofrendas, sino que trato de aumentar el crédito a su cuenta. 18Ya he recibido todo lo que necesito y aún más; tengo hasta de sobra ahora que he recibido de Epafrodito lo que me enviaron. Es una ofrenda fragante, un sacrificio que Dios acepta con agrado. 19Así que mi Dios les proveerá de todo lo que necesiten, conforme a las gloriosas riquezas que tiene en Cristo Jesús.

20A nuestro Dios y Padre sea la gloria por los siglos de los siglos. Amén.

Saludos finales

21Saluden a todos los *santos en Cristo Jesús. Los hermanos que están conmigo les mandan saludos. 22Saludos de parte de todos los santos, especialmente los de la casa del *emperador.

23Que la gracia del Señor Jesucristo sea con su espíritu. Amén.[n]

or received or heard from me, or seen in me—put it into practice. And the God of peace will be with you.

Thanks for Their Gifts

10I rejoice greatly in the Lord that at last you have renewed your concern for me. Indeed, you have been concerned, but you had no opportunity to show it. 11I am not saying this because I am in need, for I have learned to be content whatever the circumstances. 12I know what it is to be in need, and I know what it is to have plenty. I have learned the secret of being content in any and every situation, whether well fed or hungry, whether living in plenty or in want. 13I can do everything through him who gives me strength.

14Yet it was good of you to share in my troubles. 15Moreover, as you Philippians know, in the early days of your acquaintance with the gospel, when I set out from Macedonia, not one church shared with me in the matter of giving and receiving, except you only; 16for even when I was in Thessalonica, you sent me aid again and again when I was in need. 17Not that I am looking for a gift, but I am looking for what may be credited to your account. 18I have received full payment and even more; I am amply supplied, now that I have received from Epaphroditus the gifts you sent. They are a fragrant offering, an acceptable sacrifice, pleasing to God. 19And my God will meet all your needs according to his glorious riches in Christ Jesus.

20To our God and Father be glory for ever and ever. Amen.

Final Greetings

21Greet all the saints in Christ Jesus. The brothers who are with me send greetings. 22All the saints send you greetings, especially those who belong to Caesar's household.

23The grace of the Lord Jesus Christ be with your spirit. Amen.[i]

Carta a los Colosenses

1 Pablo, apóstol de *Cristo Jesús por la voluntad de Dios, y el hermano Timoteo,

²a los *santos y fieles hermanos*a* en Cristo que están en Colosas:

Que Dios nuestro Padre les conceda*b* gracia y paz.

Acción de gracias e intercesión

³Siempre que oramos por ustedes, damos gracias a Dios, el Padre de nuestro Señor Jesucristo, ⁴pues hemos recibido noticias de su fe en Cristo Jesús y del amor que tienen por todos los *santos ⁵a causa de la esperanza reservada para ustedes en el cielo. De esta esperanza ya han sabido por la palabra de verdad, que es el *evangelio ⁶que ha llegado hasta ustedes. Este evangelio está dando fruto y creciendo en todo el mundo, como también ha sucedido entre ustedes desde el día en que supieron de la gracia de Dios y la comprendieron plenamente. ⁷Así lo aprendieron de Epafras, nuestro querido colaborador*c* y fiel servidor de Cristo para el bien de ustedes.*d* ⁸Fue él quien nos contó del amor que tienen en el Espíritu.

⁹Por eso, desde el día en que lo supimos no hemos dejado de orar por ustedes. Pedimos que Dios les haga conocer plenamente su voluntad con toda sabiduría y comprensión espiritual, ¹⁰para que vivan de manera digna del Señor, agradándole en todo. Esto implica dar fruto en toda buena obra, crecer en el conocimiento de Dios ¹¹y ser fortalecidos en todo sentido con su glorioso poder. Así perseverarán con paciencia en toda situación, ¹²dando gracias con alegría al Padre. Él los*e* ha facultado para participar de la herencia de los santos en el reino de la luz. ¹³Él nos libró del dominio de la oscuridad y nos trasladó al reino de su amado Hijo, ¹⁴en quien tenemos redención,*f* el perdón de pecados.

La supremacía de Cristo

¹⁵Él es la imagen del Dios invisible,
    el primogénito*g* de toda creación,

Colossians

1 Paul, an apostle of Christ Jesus by the will of God, and Timothy our brother,

²To the holy and faithful*a* brothers in Christ at Colosse:

Grace and peace to you from God our Father.*b*

Thanksgiving and Prayer

³We always thank God, the Father of our Lord Jesus Christ, when we pray for you, ⁴because we have heard of your faith in Christ Jesus and of the love you have for all the saints— ⁵the faith and love that spring from the hope that is stored up for you in heaven and that you have already heard about in the word of truth, the gospel ⁶that has come to you. All over the world this gospel is bearing fruit and growing, just as it has been doing among you since the day you heard it and understood God's grace in all its truth. ⁷You learned it from Epaphras, our dear fellow servant, who is a faithful minister of Christ on our*c* behalf, ⁸and who also told us of your love in the Spirit.

⁹For this reason, since the day we heard about you, we have not stopped praying for you and asking God to fill you with the knowledge of his will through all spiritual wisdom and understanding. ¹⁰And we pray this in order that you may live a life worthy of the Lord and may please him in every way: bearing fruit in every good work, growing in the knowledge of God, ¹¹being strengthened with all power according to his glorious might so that you may have great endurance and patience, and joyfully ¹²giving thanks to the Father, who has qualified you*d* to share in the inheritance of the saints in the kingdom of light. ¹³For he has rescued us from the dominion of darkness and brought us into the kingdom of the Son he loves, ¹⁴in whom we have redemption,*e* the forgiveness of sins.

The Supremacy of Christ

¹⁵He is the image of the invisible God, the firstborn over all creation. ¹⁶For by him all

---

*a***1:2** *santos y fieles hermanos.* Alt. *santos hermanos creyentes.*   *b***1:2** *Padre les conceda.* Var. *Padre y el Señor Jesucristo les concedan.*   *c***1:7** *colaborador.* Lit. *coesclavo.* *d***1:7** *de ustedes.* Var. *de nosotros.*   *e***1:12** *los.* Var. *nos.* *f***1:14** *redención.* Var. *redención mediante su sangre* (véase Ef 1:7).   *g***1:15** *el primogénito.* Es decir, el que tiene anterioridad y preeminencia; también en v. 18.

a 2 Or *believing*   *b* 2 Some manuscripts *Father and the Lord Jesus Christ*   *c* 7 Some manuscripts *your*   *d* 12 Some manuscripts *us*   *e* 14 A few late manuscripts *redemption through his blood*

16 porque por medio de él fueron creadas
todas las cosas
en el cielo y en la tierra, visibles e invisibles,
sean tronos, poderes, principados o autoridades:
todo ha sido creado
por medio de él y para él.
17 Él es anterior a todas las cosas,
que por medio de él forman un todo coherente.*h*
18 Él es la cabeza del cuerpo,
que es la iglesia.
Él es el principio,
el primogénito de la resurrección,
para ser en todo el primero.
19 Porque a Dios le agradó habitar en él con
toda su plenitud
20   y, por medio de él, reconciliar consigo
todas las cosas,
tanto las que están en la tierra como las
que están en el cielo,
haciendo la paz mediante la sangre que
derramó en la cruz.

21 En otro tiempo ustedes, por su actitud y sus malas acciones, estaban alejados de Dios y eran sus enemigos. 22 Pero ahora Dios, a fin de presentarlos *santos, intachables e irreprochables delante de él, los ha reconciliado en el cuerpo mortal de Cristo mediante su muerte, 23 con tal de que se mantengan firmes en la fe, bien cimentados y estables, sin abandonar la esperanza que ofrece el *evangelio. Éste es el evangelio que ustedes oyeron y que ha sido proclamado en toda la creación debajo del cielo, y del que yo, Pablo, he llegado a ser servidor.

Trabajo de Pablo por la iglesia

24 Ahora me alegro en medio de mis sufrimientos por ustedes, y voy completando en mí mismo*i* lo que falta de las aflicciones de Cristo, en favor de su cuerpo, que es la iglesia. 25 De ésta llegué a ser servidor según el plan que Dios me encomendó para ustedes: el dar cumplimiento a la palabra de Dios, 26 anunciando el *misterio que se ha mantenido oculto por siglos y generaciones, pero que ahora se ha manifestado a sus *santos. 27 A éstos Dios se propuso dar a conocer cuál es la gloriosa riqueza de este misterio entre las *naciones, que es Cristo en ustedes, la esperanza de gloria.
28 A este Cristo proclamamos, aconsejando y enseñando con toda sabiduría a todos los *seres

things were created: things in heaven and on earth, visible and invisible, whether thrones or powers or rulers or authorities; all things were created by him and for him. 17 He is before all things, and in him all things hold together. 18 And he is the head of the body, the church; he is the beginning and the firstborn from among the dead, so that in everything he might have the supremacy. 19 For God was pleased to have all his fullness dwell in him, 20 and through him to reconcile to himself all things, whether things on earth or things in heaven, by making peace through his blood, shed on the cross.

21 Once you were alienated from God and were enemies in your minds because of*f* your evil behavior. 22 But now he has reconciled you by Christ's physical body through death to present you holy in his sight, without blemish and free from accusation— 23 if you continue in your faith, established and firm, not moved from the hope held out in the gospel. This is the gospel that you heard and that has been proclaimed to every creature under heaven, and of which I, Paul, have become a servant.

Paul's Labor for the Church

24 Now I rejoice in what was suffered for you, and I fill up in my flesh what is still lacking in regard to Christ's afflictions, for the sake of his body, which is the church. 25 I have become its servant by the commission God gave me to present to you the word of God in its fullness— 26 the mystery that has been kept hidden for ages and generations, but is now disclosed to the saints. 27 To them God has chosen to make known among the Gentiles the glorious riches of this mystery, which is Christ in you, the hope of glory.
28 We proclaim him, admonishing and teaching everyone with all wisdom, so that we may

---

h 1:17 *por medio … coherente.* Alt. *por medio de él continúan existiendo.*   *i* 1:24 *en mí mismo.* Lit. *en mi *carne.*   *f* 21 Or *minds, as shown by* humanos, para presentarlos a todos *perfectos en él. 29Con este fin trabajo y lucho fortalecido por el poder de Cristo que obra en mí.

2 Quiero que sepan qué gran lucha sostengo por el bien de ustedes y de los que están en Laodicea, y de tantos que no me conocen personalmente. 2Quiero que lo sepan para que cobren ánimo, permanezcan unidos por amor, y tengan toda la riqueza que proviene de la convicción y del entendimiento. Así conocerán el *misterio de Dios, es decir, a Cristo, 3en quien están escondidos todos los tesoros de la sabiduría y del conocimiento. 4Les digo esto para que nadie los engañe con argumentos capciosos. 5Aunque estoy físicamente ausente, los acompaño en espíritu, y me alegro al ver su buen orden y la firmeza de su fe en Cristo.

Libertad en Cristo

6Por eso, de la manera que recibieron a Cristo Jesús como Señor, vivan ahora en él, 7arraigados y edificados en él, confirmados en la fe como se les enseñó, y llenos de gratitud.

8Cuídense de que nadie los cautive con la vana y engañosa filosofía que sigue tradiciones *humanas, la que va de acuerdo con los *principios*j* de este mundo y no conforme a Cristo.

9Toda la plenitud de la divinidad habita en forma corporal en Cristo; 10y en él, que es la cabeza de todo poder y autoridad, ustedes han recibido esa plenitud. 11Además, en él fueron *circuncidados, no por mano humana sino con la circuncisión que consiste en despojarse del cuerpo pecaminoso.*k* Esta circuncisión la efectuó Cristo. 12Ustedes la recibieron al ser sepultados con él en el bautismo. En él también fueron resucitados mediante la fe en el poder de Dios, quien lo resucitó de entre los muertos.

13Antes de recibir esa circuncisión, ustedes estaban muertos en sus pecados. Sin embargo, Dios nos*l* dio vida en unión con Cristo, al perdonarnos todos los pecados 14y anular la deuda*m* que teníamos pendiente por los requisitos de la ley. Él anuló esa deuda que nos era adversa, clavándola en la cruz. 15Desarmó a los poderes y a las potestades, y por medio de Cristo*n* los humilló en público al exhibirlos en su desfile triunfal.

16Así que nadie los juzgue a ustedes por lo que comen o beben, o con respecto a días de fiesta religiosa, de luna nueva o de reposo. 17Todo esto es una sombra de las cosas que están por venir; la realidad se halla en Cristo. 18No dejen que les

present everyone perfect in Christ. 29To this end I labor, struggling with all his energy, which so powerfully works in me.

2 I want you to know how much I am struggling for you and for those at Laodicea, and for all who have not met me personally. 2My purpose is that they may be encouraged in heart and united in love, so that they may have the full riches of complete understanding, in order that they may know the mystery of God, namely, Christ, 3in whom are hidden all the treasures of wisdom and knowledge. 4I tell you this so that no one may deceive you by fine-sounding arguments. 5For though I am absent from you in body, I am present with you in spirit and delight to see how orderly you are and how firm your faith in Christ is.

Freedom From Human Regulations Through Life With Christ

6So then, just as you received Christ Jesus as Lord, continue to live in him, 7rooted and built up in him, strengthened in the faith as you were taught, and overflowing with thankfulness.

8See to it that no one takes you captive through hollow and deceptive philosophy, which depends on human tradition and the basic principles of this world rather than on Christ.

9For in Christ all the fullness of the Deity lives in bodily form, 10and you have been given fullness in Christ, who is the head over every power and authority. 11In him you were also circumcised, in the putting off of the sinful nature,*g* not with a circumcision done by the hands of men but with the circumcision done by Christ, 12having been buried with him in baptism and raised with him through your faith in the power of God, who raised him from the dead.

13When you were dead in your sins and in the uncircumcision of your sinful nature,*h* God made you*i* alive with Christ. He forgave us all our sins, 14having canceled the written code, with its regulations, that was against us and that stood opposed to us; he took it away, nailing it to the cross. 15And having disarmed the powers and authorities, he made a public spectacle of them, triumphing over them by the cross.*j*

16Therefore do not let anyone judge you by what you eat or drink, or with regard to a religious festival, a New Moon celebration or a Sabbath day. 17These are a shadow of the things that were to come; the reality, however, is found in Christ. 18Do not let anyone who delights in

*j*2:8 los principios. Alt. los poderes espirituales, o las normas; también en v. 20. *k*2:11 cuerpo pecaminoso. Lit. cuerpo de la *carne. *l*2:13 nos. Var. les. *m*2:14 la deuda. Lit. el pagaré. *n*2:15 por medio de Cristo. Alt. mediante la cruz.

*g*11 Or the flesh   *h*13 Or your flesh   *i*13 Some manuscripts us   *j*15 Or them in him prive de esta realidad ninguno de esos que se ufanan en fingir humildad y adoración de ángeles. Los tales hacen alarde de lo que no han visto; y, envanecidos por su razonamiento *humano, [19]no se mantienen firmemente unidos a la Cabeza. Por la acción de ésta, todo el cuerpo, sostenido y ajustado mediante las articulaciones y ligamentos, va creciendo como Dios quiere.

[20]Si con Cristo ustedes ya han muerto a los principios de este mundo, ¿por qué, como si todavía pertenecieran al mundo, se someten a preceptos tales como: [21]«No tomes en tus manos, no pruebes, no toques»? [22]Estos preceptos, basados en reglas y enseñanzas humanas, se refieren a cosas que van a desaparecer con el uso. [23]Tienen sin duda apariencia de sabiduría, con su afectada piedad, falsa humildad y severo trato del cuerpo, pero de nada sirven frente a los apetitos de la naturaleza pecaminosa.[ñ]

Normas para una vida santa

3 Ya que han resucitado con Cristo, busquen las cosas de arriba, donde está Cristo sentado a la *derecha de Dios. [2]Concentren su atención en las cosas de arriba, no en las de la tierra, [3]pues ustedes han muerto y su vida está escondida con Cristo en Dios. [4]Cuando Cristo, que es la vida de ustedes,[o] se manifieste, entonces también ustedes serán manifestados con él en gloria.

[5]Por tanto, hagan morir todo lo que es propio de la naturaleza terrenal: inmoralidad sexual, impureza, bajas pasiones, malos deseos y avaricia, la cual es idolatría. [6]Por estas cosas viene el castigo de Dios.[p] [7]Ustedes las practicaron en otro tiempo, cuando vivían en ellas. [8]Pero ahora abandonen también todo esto: enojo, ira, malicia, calumnia y lenguaje obsceno. [9]Dejen de mentirse unos a otros, ahora que se han quitado el ropaje de la vieja naturaleza con sus vicios, [10]y se han puesto el de la nueva naturaleza, que se va renovando en conocimiento a imagen de su Creador. [11]En esta nueva naturaleza no hay *griego ni judío, *circunciso ni incircunciso, culto ni inculto,[q] esclavo ni libre, sino que Cristo es todo y está en todos.

[12]Por lo tanto, como escogidos de Dios, *santos y amados, revístanse de afecto entrañable y de bondad, humildad, amabilidad y paciencia, [13]de modo que se toleren unos a otros y se perdonen si alguno tiene queja contra otro. Así como el Señor los perdonó, perdonen también ustedes. [14]Por encima de todo, vístanse de amor, que es el vínculo perfecto.

false humility and the worship of angels disqualify you for the prize. Such a person goes into great detail about what he has seen, and his unspiritual mind puffs him up with idle notions. [19]He has lost connection with the Head, from whom the whole body, supported and held together by its ligaments and sinews, grows as God causes it to grow.

[20]Since you died with Christ to the basic principles of this world, why, as though you still belonged to it, do you submit to its rules: [21]"Do not handle Do not taste Do not touch"? [22]These are all destined to perish with use, because they are based on human commands and teachings. [23]Such regulations indeed have an appearance of wisdom, with their self-imposed worship, their false humility and their harsh treatment of the body, but they lack any value in restraining sensual indulgence.

Rules for Holy Living

3 Since, then, you have been raised with Christ, set your hearts on things above, where Christ is seated at the right hand of God. [2]Set your minds on things above, not on earthly things. [3]For you died, and your life is now hidden with Christ in God. [4]When Christ, who is your[k] life, appears, then you also will appear with him in glory.

[5]Put to death, therefore, whatever belongs to your earthly nature: sexual immorality, impurity, lust, evil desires and greed, which is idolatry. [6]Because of these, the wrath of God is coming.[l] [7]You used to walk in these ways, in the life you once lived. [8]But now you must rid yourselves of all such things as these: anger, rage, malice, slander, and filthy language from your lips. [9]Do not lie to each other, since you have taken off your old self with its practices [10]and have put on the new self, which is being renewed in knowledge in the image of its Creator. [11]Here there is no Greek or Jew, circumcised or uncircumcised, barbarian, Scythian, slave or free, but Christ is all, and is in all.

[12]Therefore, as God's chosen people, holy and dearly loved, clothe yourselves with compassion, kindness, humility, gentleness and patience. [13]Bear with each other and forgive whatever grievances you may have against one another. Forgive as the Lord forgave you. [14]And over all these virtues put on love, which binds them all together in perfect unity.

[ñ] **2:23** *los apetitos de la naturaleza pecaminosa.* Lit. *la satisfacción de la* *carne.*   [o] **3:4** *de ustedes.* Var. *de nosotros.*   [p] **3:6** *de Dios.* Var. *de Dios sobre los que son desobedientes.*   [q] **3:11** *culto ni inculto.* Lit. *bárbaro, escita.*

[k] **4** Some manuscripts *our*   [l] **6** Some early manuscripts *coming on those who are disobedient*

15Que gobierne en sus corazones la paz de Cristo, a la cual fueron llamados en un solo cuerpo. Y sean agradecidos. 16Que habite en ustedes la palabra de Cristo con toda su riqueza: instrúyanse y aconséjense unos a otros con toda sabiduría; canten salmos, himnos y canciones espirituales a Dios, con gratitud de corazón. 17Y todo lo que hagan, de palabra o de obra, háganlo en el nombre del Señor Jesús, dando gracias a Dios el Padre por medio de él.

Normas para la familia cristiana

18Esposas, sométanse a sus esposos, como conviene en el Señor.

19Esposos, amen a sus esposas y no sean duros con ellas.

20Hijos, obedezcan a sus padres en todo, porque esto agrada al Señor.

21Padres, no exasperen a sus hijos, no sea que se desanimen.

22*Esclavos, obedezcan en todo a sus amos terrenales, no sólo cuando ellos los estén mirando, como si ustedes quisieran ganarse el favor *humano, sino con integridad de corazón y por respeto al Señor. 23Hagan lo que hagan, trabajen de buena gana, como para el Señor y no como para nadie en este mundo, 24conscientes de que el Señor los recompensará con la herencia. Ustedes sirven a Cristo el Señor. 25El que hace el mal pagará por su propia maldad, y en esto no hay favoritismos.

4 Amos, proporcionen a sus esclavos lo que es justo y equitativo, conscientes de que ustedes también tienen un Amo en el cielo.

Instrucciones adicionales

2Dedíquense a la oración: perseveren en ella con agradecimiento 3y, al mismo tiempo, intercedan por nosotros a fin de que Dios nos abra las puertas para proclamar la palabra, el *misterio de Cristo por el cual estoy preso. 4Oren para que yo lo anuncie con claridad, como debo hacerlo. 5Compórtense sabiamente con los que no creen en Cristo,r aprovechando al máximo cada momento oportuno. 6Que su conversación sea siempre amena y de buen gusto. Así sabrán cómo responder a cada uno.

Saludos finales

7Nuestro querido hermano Tíquico, fiel servidor y colaboradors en el Señor, les contará en detalle cómo me va. 8Lo envío a ustedes precisamente para que tengan noticias de nosotros, y

15Let the peace of Christ rule in your hearts, since as members of one body you were called to peace. And be thankful. 16Let the word of Christ dwell in you richly as you teach and admonish one another with all wisdom, and as you sing psalms, hymns and spiritual songs with gratitude in your hearts to God. 17And whatever you do, whether in word or deed, do it all in the name of the Lord Jesus, giving thanks to God the Father through him.

Rules for Christian Households

18Wives, submit to your husbands, as is fitting in the Lord.

19Husbands, love your wives and do not be harsh with them.

20Children, obey your parents in everything, for this pleases the Lord.

21Fathers, do not embitter your children, or they will become discouraged.

22Slaves, obey your earthly masters in everything; and do it, not only when their eye is on you and to win their favor, but with sincerity of heart and reverence for the Lord. 23Whatever you do, work at it with all your heart, as working for the Lord, not for men, 24since you know that you will receive an inheritance from the Lord as a reward. It is the Lord Christ you are serving. 25Anyone who does wrong will be repaid for his wrong, and there is no favoritism.

4 Masters, provide your slaves with what is right and fair, because you know that you also have a Master in heaven.

Further Instructions

2Devote yourselves to prayer, being watchful and thankful. 3And pray for us, too, that God may open a door for our message, so that we may proclaim the mystery of Christ, for which I am in chains. 4Pray that I may proclaim it clearly, as I should. 5Be wise in the way you act toward outsiders; make the most of every opportunity. 6Let your conversation be always full of grace, seasoned with salt, so that you may know how to answer everyone.

Final Greetings

7Tychicus will tell you all the news about me. He is a dear brother, a faithful minister and fellow servant in the Lord. 8I am sending him to you for the express purpose that you may know

---

r 4:5 los que no creen en Cristo. Lit. los de afuera.
s 4:7 colaborador. Lit. coesclavo.

así cobren ánimo.[f] [9]Va con Onésimo, querido y fiel hermano, que es uno de ustedes. Ellos los pondrán al tanto de todo lo que sucede aquí.

[10]Aristarco, mi compañero de cárcel, les manda saludos, como también Marcos, el primo de Bernabé. En cuanto a Marcos, ustedes ya han recibido instrucciones; si va a visitarlos, recíbanlo bien. [11]También los saluda Jesús, llamado el Justo. Éstos son los únicos judíos que colaboran conmigo en pro del reino de Dios, y me han sido de mucho consuelo. [12]Les manda saludos Epafras, que es uno de ustedes. Este *siervo de Cristo Jesús está siempre luchando en oración por ustedes, para que, plenamente convencidos,[u] se mantengan firmes, cumpliendo en todo la voluntad de Dios. [13]A mí me consta que él se preocupa mucho por ustedes y por los que están en Laodicea y en Hierápolis. [14]Los saludan Lucas, el querido médico, y Demas. [15]Saluden a los hermanos que están en Laodicea, como también a Ninfas y a la iglesia que se reúne en su casa.

[16]Una vez que se les haya leído a ustedes esta carta, que se lea también en la iglesia de Laodicea, y ustedes lean la carta dirigida a esa iglesia.

[17]Díganle a Arquipo que se ocupe de la tarea que recibió en el Señor, y que la lleve a cabo.

[18]Yo, Pablo, escribo este saludo de mi puño y letra. Recuerden que estoy preso. Que la gracia sea con ustedes.

about our[m] circumstances and that he may encourage your hearts. [9]He is coming with Onesimus, our faithful and dear brother, who is one of you. They will tell you everything that is happening here.

[10]My fellow prisoner Aristarchus sends you his greetings, as does Mark, the cousin of Barnabas. (You have received instructions about him; if he comes to you, welcome him.) [11]Jesus, who is called Justus, also sends greetings. These are the only Jews among my fellow workers for the kingdom of God, and they have proved a comfort to me. [12]Epaphras, who is one of you and a servant of Christ Jesus, sends greetings. He is always wrestling in prayer for you, that you may stand firm in all the will of God, mature and fully assured. [13]I vouch for him that he is working hard for you and for those at Laodicea and Hierapolis. [14]Our dear friend Luke, the doctor, and Demas send greetings. [15]Give my greetings to the brothers at Laodicea, and to Nympha and the church in her house.

[16]After this letter has been read to you, see that it is also read in the church of the Laodiceans and that you in turn read the letter from Laodicea.

[17]Tell Archippus: "See to it that you complete the work you have received in the Lord."

[18]I, Paul, write this greeting in my own hand. Remember my chains. Grace be with you.

---

[f] 4:8 *para que … ánimo.* Var. *para que él tenga noticias de ustedes, y los anime.* [u] 4:12 *plenamente convencidos.* Alt. *perfectos y convencidos.*

[m] 8 Some manuscripts *that he may know about your*

Primera Carta a los Tesalonicenses

1 Pablo, *Silvano y Timoteo,

a la iglesia de los tesalonicenses que está en Dios el Padre y en el Señor *Jesucristo:

Gracia y paz a ustedes.*a*

Acción de gracias por los tesalonicenses

2 Siempre damos gracias a Dios por todos ustedes cuando los mencionamos en nuestras oraciones. 3 Los recordamos constantemente delante de nuestro Dios y Padre a causa de la obra realizada por su fe, el trabajo motivado por su amor, y la constancia sostenida por su esperanza en nuestro Señor Jesucristo.

4 Hermanos amados de Dios, sabemos que él los ha escogido, 5 porque nuestro *evangelio les llegó no sólo con palabras sino también con poder, es decir, con el Espíritu Santo y con profunda convicción. Como bien saben, estuvimos entre ustedes buscando su bien. 6 Ustedes se hicieron imitadores nuestros y del Señor cuando, a pesar de mucho sufrimiento, recibieron el mensaje con la alegría que infunde el Espíritu Santo. 7 De esta manera se constituyeron en ejemplo para todos los creyentes de Macedonia y de Acaya. 8 Partiendo de ustedes, el mensaje del Señor se ha proclamado no sólo en Macedonia y en Acaya sino en todo lugar; a tal punto se ha divulgado su fe en Dios que ya no es necesario que nosotros digamos nada. 9 Ellos mismos cuentan de lo bien que ustedes nos recibieron, y de cómo se convirtieron a Dios dejando los ídolos para servir al Dios vivo y verdadero, 10 y esperar del cielo a Jesús, su Hijo a quien *resucitó, que nos libra del castigo venidero.

Ministerio de Pablo en Tesalónica

2 Hermanos, bien saben que nuestra visita a ustedes no fue un fracaso. 2 Y saben también que, a pesar de las aflicciones e insultos que antes sufrimos en Filipos, cobramos confianza en nuestro Dios y nos atrevimos a comunicarles el *evangelio en medio de una gran lucha. 3 Nuestra predicación no se origina en el error ni en malas intenciones, ni procura engañar a na-

1 Thessalonians

1 Paul, Silas*a* and Timothy,

To the church of the Thessalonians in God the Father and the Lord Jesus Christ:

Grace and peace to you.*b*

Thanksgiving for the Thessalonians' Faith

2 We always thank God for all of you, mentioning you in our prayers. 3 We continually remember before our God and Father your work produced by faith, your labor prompted by love, and your endurance inspired by hope in our Lord Jesus Christ.

4 For we know, brothers loved by God, that he has chosen you, 5 because our gospel came to you not simply with words, but also with power, with the Holy Spirit and with deep conviction. You know how we lived among you for your sake. 6 You became imitators of us and of the Lord; in spite of severe suffering, you welcomed the message with the joy given by the Holy Spirit. 7 And so you became a model to all the believers in Macedonia and Achaia. 8 The Lord's message rang out from you not only in Macedonia and Achaia—your faith in God has become known everywhere. Therefore we do not need to say anything about it, 9 for they themselves report what kind of reception you gave us. They tell how you turned to God from idols to serve the living and true God, 10 and to wait for his Son from heaven, whom he raised from the dead—Jesus, who rescues us from the coming wrath.

Paul's Ministry in Thessalonica

2 You know, brothers, that our visit to you was not a failure. 2 We had previously suffered and been insulted in Philippi, as you know, but with the help of our God we dared to tell you his gospel in spite of strong opposition. 3 For the appeal we make does not

---

a 1:1 *a ustedes.* Var. *a ustedes de nuestro Padre y del Señor Jesucristo.*

a 1 Greek *Silvanus,* a variant of *Silas*   *b* 1 Some early manuscripts *you from God our Father and the Lord Jesus Christ* die. 4Al contrario, hablamos como hombres a quienes Dios aprobó y les confió el evangelio: no tratamos de agradar a la gente sino a Dios, que examina nuestro corazón. 5Como saben, nunca hemos recurrido a las adulaciones ni a las excusas para obtener dinero; Dios es testigo. 6Tampoco hemos buscado honores de nadie; ni de ustedes ni de otros. 7Aunque como apóstoles de Cristo hubiéramos podido ser exigentes con ustedes, los tratamos con delicadeza.*b* Como una madre*c* que amamanta y cuida a sus hijos, 8así nosotros, por el cariño que les tenemos, nos deleitamos en compartir con ustedes no sólo el evangelio de Dios sino también nuestra *vida. ¡Tanto llegamos a quererlos 9Recordarán, hermanos, nuestros esfuerzos y fatigas para proclamarles el evangelio de Dios, y cómo trabajamos día y noche para no serles una carga.

10Dios y ustedes me son testigos de que nos comportamos con ustedes los creyentes en una forma santa, justa e irreprochable. 11Saben también que a cada uno de ustedes lo hemos tratado como trata un padre a sus propios hijos. 12Los hemos animado, consolado y exhortado a llevar una vida digna de Dios, que los llama a su reino y a su gloria.

13Así que no dejamos de dar gracias a Dios, porque al oír ustedes la palabra de Dios que les predicamos, la aceptaron no como palabra *humana sino como lo que realmente es, palabra de Dios, la cual actúa en ustedes los creyentes. 14Ustedes, hermanos, siguieron el ejemplo de las iglesias de Dios en Cristo Jesús que están en Judea, ya que sufrieron a manos de sus compatriotas lo mismo que sufrieron aquellas iglesias a manos de los judíos. 15Éstos mataron al Señor Jesús y a los profetas, y a nosotros nos expulsaron. No agradan a Dios y son hostiles a todos, 16pues procuran impedir que prediquemos a los *gentiles para que sean salvos. Así en todo lo que hacen llegan al colmo de su pecado. Pero el castigo de Dios vendrá sobre ellos con toda severidad.*d*

Pablo anhela ver a los tesalonicenses

17Nosotros, hermanos, luego de estar separados de ustedes por algún tiempo, en lo físico pero no en lo espiritual, con ferviente anhelo hicimos todo lo humanamente posible por ir a verlos. 18Sí, deseábamos visitarlos —yo mismo, Pablo, más de una vez intenté ir—, pero Satanás nos lo impidió. 19En resumidas cuentas, ¿cuál es nuestra esperanza, alegría o motivo*e* de *orgullo

spring from error or impure motives, nor are we trying to trick you. 4On the contrary, we speak as men approved by God to be entrusted with the gospel. We are not trying to please men but God, who tests our hearts. 5You know we never used flattery, nor did we put on a mask to cover up greed—God is our witness. 6We were not looking for praise from men, not from you or anyone else.

As apostles of Christ we could have been a burden to you, 7but we were gentle among you, like a mother caring for her little children. 8We loved you so much that we were delighted to share with you not only the gospel of God but our lives as well, because you had become so dear to us. 9Surely you remember, brothers, our toil and hardship; we worked night and day in order not to be a burden to anyone while we preached the gospel of God to you.

10You are witnesses, and so is God, of how holy, righteous and blameless we were among you who believed. 11For you know that we dealt with each of you as a father deals with his own children, 12encouraging, comforting and urging you to live lives worthy of God, who calls you into his kingdom and glory.

13And we also thank God continually because, when you received the word of God, which you heard from us, you accepted it not as the word of men, but as it actually is, the word of God, which is at work in you who believe. 14For you, brothers, became imitators of God's churches in Judea, which are in Christ Jesus: You suffered from your own countrymen the same things those churches suffered from the Jews, 15who killed the Lord Jesus and the prophets and also drove us out. They displease God and are hostile to all men 16in their effort to keep us from speaking to the Gentiles so that they may be saved. In this way they always heap up their sins to the limit. The wrath of God has come upon them at last.*c*

Paul's Longing to See the Thessalonians

17But, brothers, when we were torn away from you for a short time (in person, not in thought), out of our intense longing we made every effort to see you. 18For we wanted to come to you—certainly I, Paul, did, again and again—but Satan stopped us. 19For what is our hope, our joy, or the crown in which we will

---

b 2:7 *exigentes ... delicadeza.* Var. *exigentes, fuimos niños entre ustedes.*   *c* 2:7 *madre.* Alt. *nodriza.*   *d* 2:16 *Pero ... severidad.* Lit. *Pero la ira vino sobre ellos hasta el fin.*   *e* 2:19 *motivo.* Lit. *corona.*

c 16 Or *them fully*

delante de nuestro Señor Jesús para cuando él venga? ¿Quién más sino ustedes? **20**Sí, ustedes son nuestro orgullo y alegría.

3 Por tanto, cuando ya no pudimos soportarlo más, pensamos que era mejor quedarnos solos en Atenas. **2**Así que les enviamos a Timoteo, hermano nuestro y colaborador de Dios*f* en el *evangelio de Cristo, con el fin de afianzarlos y animarlos en la fe **3**para que nadie fuera perturbado por estos sufrimientos. Ustedes mismos saben que se nos destinó para esto, **4**pues cuando estábamos con ustedes les advertimos que íbamos a padecer sufrimientos. Y así sucedió. **5**Por eso, cuando ya no pude soportarlo más, mandé a Timoteo a indagar acerca de su fe, no fuera que el *tentador los hubiera inducido a hacer lo malo y que nuestro trabajo hubiera sido en vano.

El informe alentador de Timoteo

6Ahora Timoteo acaba de volver de Tesalónica con buenas noticias de la fe y del amor de ustedes. Nos dice que conservan gratos recuerdos de nosotros y que tienen muchas ganas de vernos, tanto como nosotros a ustedes. **7**Por eso, hermanos, en medio de todas nuestras angustias y sufrimientos ustedes nos han dado ánimo por su fe. **8**¡Ahora sí que vivimos al saber que están firmes en el Señor **9**¿Cómo podemos agradecer bastante a nuestro Dios por ustedes y por toda la alegría que nos han proporcionado delante de él? **10**Día y noche le suplicamos que nos permita verlos de nuevo para suplir lo que le falta a su fe.

11Que el Dios y Padre nuestro, y nuestro Señor Jesús, nos preparen el camino para ir a verlos. **12**Que el Señor los haga crecer para que se amen más y más unos a otros, y a todos, tal como nosotros los amamos a ustedes. **13**Que los fortalezca interiormente para que, cuando nuestro Señor Jesús venga con todos sus *santos, la santidad de ustedes sea intachable delante de nuestro Dios y Padre.

La vida que agrada a Dios

4 Por lo demás, hermanos, les pedimos encarecidamente en el nombre del Señor Jesús que sigan progresando en el modo de vivir que agrada a Dios, tal como lo aprendieron de nosotros. De hecho, ya lo están practicando. **2**Ustedes saben cuáles son las instrucciones que les dimos de parte del Señor Jesús.

3La voluntad de Dios es que sean *santificados; que se aparten de la inmoralidad sexual; **4**que cada uno aprenda a controlar su propio

glory in the presence of our Lord Jesus when he comes? Is it not you? **20**Indeed, you are our glory and joy.

3 So when we could stand it no longer, we thought it best to be left by ourselves in Athens. **2**We sent Timothy, who is our brother and God's fellow worker*d* in spreading the gospel of Christ, to strengthen and encourage you in your faith, **3**so that no one would be unsettled by these trials. You know quite well that we were destined for them. **4**In fact, when we were with you, we kept telling you that we would be persecuted. And it turned out that way, as you well know. **5**For this reason, when I could stand it no longer, I sent to find out about your faith. I was afraid that in some way the tempter might have tempted you and our efforts might have been useless.

Timothy's Encouraging Report

6But Timothy has just now come to us from you and has brought good news about your faith and love. He has told us that you always have pleasant memories of us and that you long to see us, just as we also long to see you. **7**Therefore, brothers, in all our distress and persecution we were encouraged about you because of your faith. **8**For now we really live, since you are standing firm in the Lord. **9**How can we thank God enough for you in return for all the joy we have in the presence of our God because of you? **10**Night and day we pray most earnestly that we may see you again and supply what is lacking in your faith.

11Now may our God and Father himself and our Lord Jesus clear the way for us to come to you. **12**May the Lord make your love increase and overflow for each other and for everyone else, just as ours does for you. **13**May he strengthen your hearts so that you will be blameless and holy in the presence of our God and Father when our Lord Jesus comes with all his holy ones.

Living to Please God

4 Finally, brothers, we instructed you how to live in order to please God, as in fact you are living. Now we ask you and urge you in the Lord Jesus to do this more and more. **2**For you know what instructions we gave you by the authority of the Lord Jesus.

3It is God's will that you should be sanctified: that you should avoid sexual immorality; **4**that each of you should learn to control his own

---

f **3:2** *colaborador de Dios.* Var. *servidor de Dios;* otra var. *servidor de Dios y colaborador nuestro.*

d 2 Some manuscripts *brother and fellow worker;* other manuscripts *brother and God's servant* cuerpo[g] de una manera santa y honrosa, **5**sin dejarse llevar por los malos deseos como hacen los *paganos, que no conocen a Dios; **6**y que nadie perjudique a su hermano ni se aproveche de él en este asunto. El Señor castiga todo esto, como ya les hemos dicho y advertido. **7**Dios no nos llamó a la impureza sino a la santidad; **8**por tanto, el que rechaza estas instrucciones no rechaza a un hombre sino a Dios, quien les da a ustedes su Espíritu Santo.

9En cuanto al amor fraternal, no necesitan que les escribamos, porque Dios mismo les ha enseñado a amarse unos a otros. **10**En efecto, ustedes aman a todos los hermanos que viven en Macedonia. No obstante, hermanos, les animamos a amarse aún más, **11**a procurar vivir en paz con todos, a ocuparse de sus propias responsabilidades y a trabajar con sus propias manos. Así les he mandado, **12**para que por su modo de vivir se ganen el respeto de los que no son creyentes, y no tengan que depender de nadie.

La venida del Señor

13Hermanos, no queremos que ignoren lo que va a pasar con los que ya han muerto,[h] para que no se entristezcan como esos otros que no tienen esperanza. **14**¿Acaso no creemos que Jesús murió y resucitó? Así también Dios resucitará con Jesús a los que han muerto en unión con él. **15**Conforme a lo dicho por el Señor, afirmamos que nosotros, los que estemos vivos y hayamos quedado hasta la venida del Señor, de ninguna manera nos adelantaremos a los que hayan muerto. **16**El Señor mismo descenderá del cielo con voz de mando, con voz de arcángel y con trompeta de Dios, y los muertos en Cristo resucitarán primero. **17**Luego los que estemos vivos, los que hayamos quedado, seremos arrebatados junto con ellos en las nubes para encontrarnos con el Señor en el aire. Y así estaremos con el Señor para siempre. **18**Por lo tanto, anímense unos a otros con estas palabras.

5 Ahora bien, hermanos, ustedes no necesitan que se les escriba acerca de tiempos y fechas, **2**porque ya saben que el día del Señor llegará como ladrón en la noche. **3**Cuando estén diciendo: «Paz y seguridad», vendrá de improviso sobre ellos la destrucción, como le llegan a la mujer encinta los dolores de parto. De ninguna manera podrán escapar.

4Ustedes, en cambio, hermanos, no están en la oscuridad para que ese día los sorprenda como un ladrón. **5**Todos ustedes son hijos de la luz y del día. No somos de la noche ni de la oscuridad.

body[e] in a way that is holy and honorable, **5**not in passionate lust like the heathen, who do not know God; **6**and that in this matter no one should wrong his brother or take advantage of him. The Lord will punish men for all such sins, as we have already told you and warned you. **7**For God did not call us to be impure, but to live a holy life. **8**Therefore, he who rejects this instruction does not reject man but God, who gives you his Holy Spirit.

9Now about brotherly love we do not need to write to you, for you yourselves have been taught by God to love each other. **10**And in fact, you do love all the brothers throughout Macedonia. Yet we urge you, brothers, to do so more and more.

11Make it your ambition to lead a quiet life, to mind your own business and to work with your hands, just as we told you, **12**so that your daily life may win the respect of outsiders and so that you will not be dependent on anybody.

The Coming of the Lord

13Brothers, we do not want you to be ignorant about those who fall asleep, or to grieve like the rest of men, who have no hope. **14**We believe that Jesus died and rose again and so we believe that God will bring with Jesus those who have fallen asleep in him. **15**According to the Lord's own word, we tell you that we who are still alive, who are left till the coming of the Lord, will certainly not precede those who have fallen asleep. **16**For the Lord himself will come down from heaven, with a loud command, with the voice of the archangel and with the trumpet call of God, and the dead in Christ will rise first. **17**After that, we who are still alive and are left will be caught up together with them in the clouds to meet the Lord in the air. And so we will be with the Lord forever. **18**Therefore encourage each other with these words.

5 Now, brothers, about times and dates we do not need to write to you, **2**for you know very well that the day of the Lord will come like a thief in the night. **3**While people are saying, "Peace and safety," destruction will come on them suddenly, as labor pains on a pregnant woman, and they will not escape.

4But you, brothers, are not in darkness so that this day should surprise you like a thief. **5**You are all sons of the light and sons of the day. We

---

[g] 4:4 *aprenda … cuerpo.* Alt. *trate a su esposa,* o *consiga esposa.*   [h] 4:13 *han muerto.* Lit. *duermen;* el mismo verbo en vv. 14 y 15.

[e] 4 Or *learn to live with his own wife;* or *learn to acquire a wife*

6No debemos, pues, dormirnos como los demás, sino mantenernos alerta y en nuestro sano juicio. 7Los que duermen, de noche duermen, y los que se emborrachan, de noche se emborrachan. 8Nosotros que somos del día, por el contrario, estemos siempre en nuestro sano juicio, protegidos por la coraza de la fe y del amor, y por el casco de la esperanza de salvación; 9pues Dios no nos destinó a sufrir el castigo sino a recibir la salvación por medio de nuestro Señor Jesucristo. 10Él murió por nosotros para que, en la vida o en la muerte,*i* vivamos junto con él. 11Por eso, anímense y edifíquense unos a otros, tal como lo vienen haciendo.

Instrucciones finales

12Hermanos, les pedimos que sean considerados con los que trabajan arduamente entre ustedes, y los guían y amonestan en el Señor. 13Ténganlos en alta estima, y ámenlos por el trabajo que hacen. Vivan en paz unos con otros. 14Hermanos, también les rogamos que amonesten a los holgazanes, estimulen a los desanimados, ayuden a los débiles y sean pacientes con todos. 15Asegúrense de que nadie pague mal por mal; más bien, esfuércense siempre por hacer el bien, no sólo entre ustedes sino a todos.

16Estén siempre alegres, 17oren sin cesar, 18den gracias a Dios en toda situación, porque esta es su voluntad para ustedes en Cristo Jesús.

19No apaguen el Espíritu, 20no desprecien las profecías, 21sométanlo todo a prueba, aférrense a lo bueno, 22eviten toda clase de mal.

23Que Dios mismo, el Dios de paz, los *santifique por completo, y conserve todo su ser —espíritu, alma y cuerpo— irreprochable para la venida de nuestro Señor Jesucristo. 24El que los llama es fiel, y así lo hará.

25Hermanos, oren también por nosotros. 26Saluden a todos los hermanos con un beso santo. 27Les encargo delante del Señor que lean esta carta a todos los hermanos.

28Que la gracia de nuestro Señor Jesucristo sea con ustedes.

do not belong to the night or to the darkness. 6So then, let us not be like others, who are asleep, but let us be alert and self-controlled. 7For those who sleep, sleep at night, and those who get drunk, get drunk at night. 8But since we belong to the day, let us be self-controlled, putting on faith and love as a breastplate, and the hope of salvation as a helmet. 9For God did not appoint us to suffer wrath but to receive salvation through our Lord Jesus Christ. 10He died for us so that, whether we are awake or asleep, we may live together with him. 11Therefore encourage one another and build each other up, just as in fact you are doing.

Final Instructions

12Now we ask you, brothers, to respect those who work hard among you, who are over you in the Lord and who admonish you. 13Hold them in the highest regard in love because of their work. Live in peace with each other. 14And we urge you, brothers, warn those who are idle, encourage the timid, help the weak, be patient with everyone. 15Make sure that nobody pays back wrong for wrong, but always try to be kind to each other and to everyone else.

16Be joyful always; 17pray continually; 18give thanks in all circumstances, for this is God's will for you in Christ Jesus.

19Do not put out the Spirit's fire; 20do not treat prophecies with contempt. 21Test everything. Hold on to the good. 22Avoid every kind of evil.

23May God himself, the God of peace, sanctify you through and through. May your whole spirit, soul and body be kept blameless at the coming of our Lord Jesus Christ. 24The one who calls you is faithful and he will do it.

25Brothers, pray for us. 26Greet all the brothers with a holy kiss. 27I charge you before the Lord to have this letter read to all the brothers.

28The grace of our Lord Jesus Christ be with you.

---

*i*5:10 *en la vida o en la muerte.* Lit. *despiertos o dormidos.*

Segunda Carta a los Tesalonicenses

1 Pablo, *Silvano y Timoteo,

a la iglesia de los tesalonicenses, unida a Dios nuestro Padre y al Señor *Jesucristo:

²Que Dios el Padre y el Señor Jesucristo les concedan gracia y paz.

Acción de gracias y oración

³Hermanos, siempre debemos dar gracias a Dios por ustedes, como es justo, porque su fe se acrecienta cada vez más, y en cada uno de ustedes sigue abundando el amor hacia los otros. ⁴Así que nos sentimos orgullosos de ustedes ante las iglesias de Dios por la perseverancia y la fe que muestran al soportar toda clase de persecuciones y sufrimientos. ⁵Todo esto prueba que el juicio de Dios es justo, y por tanto él los considera dignos de su reino, por el cual están sufriendo.

⁶Dios, que es justo, pagará con sufrimiento a quienes los hacen sufrir a ustedes. ⁷Y a ustedes que sufren, les dará descanso, lo mismo que a nosotros. Esto sucederá cuando el Señor Jesús se manifieste desde el cielo entre llamas de fuego, con sus poderosos ángeles, ⁸para castigar a los que no conocen a Dios ni obedecen el *evangelio de nuestro Señor Jesús. ⁹Ellos sufrirán el castigo de la destrucción eterna, lejos de la presencia del Señor y de la majestad de su poder, ¹⁰el día en que venga para ser glorificado por medio de sus *santos y admirado por todos los que hayan creído, entre los cuales están ustedes porque creyeron el testimonio que les dimos.

¹¹Por eso oramos constantemente por ustedes, para que nuestro Dios los considere dignos del llamamiento que les ha hecho, y por su poder *perfeccione toda disposición al bien y toda obra que realicen por la fe. ¹²Oramos así, de modo que el nombre de nuestro Señor Jesús sea glorificado por medio de ustedes, y ustedes por él, conforme a la gracia de nuestro Dios y del Señor Jesucristo.ᵃ

Manifestación y juicio del malvado

2 Ahora bien, hermanos, en cuanto a la venida de nuestro Señor Jesucristo y a nuestra

2 Thessalonians

1 Paul, Silasᵃ and Timothy,

To the church of the Thessalonians in God our Father and the Lord Jesus Christ:

²Grace and peace to you from God the Father and the Lord Jesus Christ.

Thanksgiving and Prayer

³We ought always to thank God for you, brothers, and rightly so, because your faith is growing more and more, and the love every one of you has for each other is increasing. ⁴Therefore, among God's churches we boast about your perseverance and faith in all the persecutions and trials you are enduring.

⁵All this is evidence that God's judgment is right, and as a result you will be counted worthy of the kingdom of God, for which you are suffering. ⁶God is just: He will pay back trouble to those who trouble you ⁷and give relief to you who are troubled, and to us as well. This will happen when the Lord Jesus is revealed from heaven in blazing fire with his powerful angels. ⁸He will punish those who do not know God and do not obey the gospel of our Lord Jesus. ⁹They will be punished with everlasting destruction and shut out from the presence of the Lord and from the majesty of his power ¹⁰on the day he comes to be glorified in his holy people and to be marveled at among all those who have believed. This includes you, because you believed our testimony to you.

¹¹With this in mind, we constantly pray for you, that our God may count you worthy of his calling, and that by his power he may fulfill every good purpose of yours and every act prompted by your faith. ¹²We pray this so that the name of our Lord Jesus may be glorified in you, and you in him, according to the grace of our God and the Lord Jesus Christ.ᵇ

The Man of Lawlessness

2 Concerning the coming of our Lord Jesus Christ and our being gathered to him, we ask you, brothers, ²not to become easily un-

---

ᵃ 1:12 *Dios y del Señor Jesucristo.* Alt. *Dios y Señor, Jesucristo.*

ᵃ 1 Greek *Silvanus,* a variant of *Silas*   ᵇ 12 Or God and Lord, Jesus Christ reunión con él, les pedimos que ²no pierdan la cabeza ni se alarmen por ciertas profecías,ᵇ ni por mensajes orales o escritos supuestamente nuestros, que digan: «¡Ya llegó el día del Señor » ³No se dejen engañar de ninguna manera, porque primero tiene que llegar la rebelión contra Diosᶜ y manifestarse el hombre de maldad,ᵈ el destructor por naturaleza.ᵉ ⁴Éste se opone y se levanta contra todo lo que lleva el nombre de Dios o es objeto de adoración, hasta el punto de adueñarse del templo de Dios y pretender ser Dios.

⁵¿No recuerdan que ya les hablaba de esto cuando estaba con ustedes? ⁶Bien saben que hay algo que detiene a este hombre, a fin de que él se manifieste a su debido tiempo. ⁷Es cierto que el *misterio de la maldad ya está ejerciendo su poder; pero falta que sea quitado de en medio el que ahora lo detiene. ⁸Entonces se manifestará aquel malvado, a quien el Señor Jesús derrocará con el soplo de su boca y destruirá con el esplendor de su venida. ⁹El malvado vendrá, por obra de Satanás, con toda clase de milagros, señales y prodigios falsos. ¹⁰Con toda perversidad engañará a los que se pierden por haberse negado a amar la verdad y así ser salvos. ¹¹Por eso Dios permite que, por el poder del engaño, crean en la mentira. ¹²Así serán condenados todos los que no creyeron en la verdad sino que se deleitaron en el mal.

Exhortación a la perseverancia

¹³Nosotros, en cambio, siempre debemos dar gracias a Dios por ustedes, hermanos amados por el Señor, porque desde el principio Dios los escogióᶠ para ser salvos, mediante la obra *santificadora del Espíritu y la fe que tienen en la verdad. ¹⁴Para esto Dios los llamó por nuestro *evangelio, a fin de que tengan parte en la gloria de nuestro Señor Jesucristo. ¹⁵Así que, hermanos, sigan firmes y manténganse fieles a las enseñanzasᵍ que, oralmente o por carta, les hemos transmitido.

¹⁶Que nuestro Señor Jesucristo mismo y Dios nuestro Padre, que nos amó y por su gracia nos dio consuelo eterno y una buena esperanza, ¹⁷los anime y les fortalezca el corazón, para que tanto en palabra como en obra hagan todo lo que sea bueno.

settled or alarmed by some prophecy, report or letter supposed to have come from us, saying that the day of the Lord has already come. ³Don't let anyone deceive you in any way, for that day will not come until the rebellion occurs and the man of lawlessnessᶜ is revealed, the man doomed to destruction. ⁴He will oppose and will exalt himself over everything that is called God or is worshiped, so that he sets himself up in God's temple, proclaiming himself to be God.

⁵Don't you remember that when I was with you I used to tell you these things? ⁶And now you know what is holding him back, so that he may be revealed at the proper time. ⁷For the secret power of lawlessness is already at work; but the one who now holds it back will continue to do so till he is taken out of the way. ⁸And then the lawless one will be revealed, whom the Lord Jesus will overthrow with the breath of his mouth and destroy by the splendor of his coming. ⁹The coming of the lawless one will be in accordance with the work of Satan displayed in all kinds of counterfeit miracles, signs and wonders, ¹⁰and in every sort of evil that deceives those who are perishing. They perish because they refused to love the truth and so be saved. ¹¹For this reason God sends them a powerful delusion so that they will believe the lie ¹²and so that all will be condemned who have not believed the truth but have delighted in wickedness.

Stand Firm

¹³But we ought always to thank God for you, brothers loved by the Lord, because from the beginning God chose youᵈ to be saved through the sanctifying work of the Spirit and through belief in the truth. ¹⁴He called you to this through our gospel, that you might share in the glory of our Lord Jesus Christ. ¹⁵So then, brothers, stand firm and hold to the teachingsᵉ we passed on to you, whether by word of mouth or by letter.

¹⁶May our Lord Jesus Christ himself and God our Father, who loved us and by his grace gave us eternal encouragement and good hope, ¹⁷encourage your hearts and strengthen you in every good deed and word.

ᵇ2:2 por ciertas profecías. Lit. por espíritu.   ᶜ2:3 la rebelión contra Dios. Lit. la apostasia.   ᵈ2:3 maldad. Var. pecado.   ᵉ2:3 el destructor por naturaleza. Alt. el que está destinado a la destrucción. Lit. el hijo de la destrucción. ᶠ2:13 desde … escogió. Var. Dios los escogió como sus *primicias.   ᵍ2:15 enseñanzas. Alt. tradiciones.

ᶜ3 Some manuscripts sin   ᵈ13 Some manuscripts because God chose you as his firstfruits   ᵉ15 Or traditions

Oración por la difusión del evangelio

3 Por último, hermanos, oren por nosotros para que el mensaje del Señor se difunda rápidamente y se le reciba con honor, tal como sucedió entre ustedes. 2Oren además para que seamos librados de personas perversas y malvadas, porque no todos tienen fe. 3Pero el Señor es fiel, y él los fortalecerá y los protegerá del maligno. 4Confiamos en el Señor de que ustedes cumplen y seguirán cumpliendo lo que les hemos enseñado. 5Que el Señor los lleve a amar como Dios ama, y a perseverar como Cristo perseveró.

Exhortación al trabajo

6Hermanos, en el nombre del Señor Jesucristo les ordenamos que se aparten de todo hermano que esté viviendo como un vago y no según las enseñanzas recibidas*h* de nosotros. 7Ustedes mismos saben cómo deben seguir nuestro ejemplo. Nosotros no vivimos como ociosos entre ustedes, 8ni comimos el pan de nadie sin pagarlo. Al contrario, día y noche trabajamos arduamente y sin descanso para no ser una carga a ninguno de ustedes. 9Y lo hicimos así, no porque no tuviéramos derecho a tal ayuda, sino para darles buen ejemplo. 10Porque incluso cuando estábamos con ustedes, les ordenamos: «El que no quiera trabajar, que tampoco coma.»

11Nos hemos enterado de que entre ustedes hay algunos que andan de vagos, sin trabajar en nada, y que sólo se ocupan de lo que no les importa. 12A tales personas les ordenamos y exhortamos en el Señor Jesucristo que tranquilamente se pongan a trabajar para ganarse la vida. 13Ustedes, hermanos, no se cansen de hacer el bien.

14Si alguno no obedece las instrucciones que les damos en esta carta, denúncienlo públicamente y no se relacionen con él, para que se avergüence. 15Sin embargo, no lo tengan por enemigo, sino amonéstenlo como a hermano.

Saludos finales

16Que el Señor de paz les conceda su paz siempre y en todas las circunstancias. El Señor sea con todos ustedes.

17Yo, Pablo, escribo este saludo de mi puño y letra. Ésta es la señal distintiva de todas mis cartas; así escribo yo.

18Que la gracia de nuestro Señor Jesucristo sea con todos ustedes.

Request for Prayer

3 Finally, brothers, pray for us that the message of the Lord may spread rapidly and be honored, just as it was with you. 2And pray that we may be delivered from wicked and evil men, for not everyone has faith. 3But the Lord is faithful, and he will strengthen and protect you from the evil one. 4We have confidence in the Lord that you are doing and will continue to do the things we command. 5May the Lord direct your hearts into God's love and Christ's perseverance.

Warning Against Idleness

6In the name of the Lord Jesus Christ, we command you, brothers, to keep away from every brother who is idle and does not live according to the teaching*f* you received from us. 7For you yourselves know how you ought to follow our example. We were not idle when we were with you, 8nor did we eat anyone's food without paying for it. On the contrary, we worked night and day, laboring and toiling so that we would not be a burden to any of you. 9We did this, not because we do not have the right to such help, but in order to make ourselves a model for you to follow. 10For even when we were with you, we gave you this rule: "If a man will not work, he shall not eat."

11We hear that some among you are idle. They are not busy; they are busybodies. 12Such people we command and urge in the Lord Jesus Christ to settle down and earn the bread they eat. 13And as for you, brothers, never tire of doing what is right.

14If anyone does not obey our instruction in this letter, take special note of him. Do not associate with him, in order that he may feel ashamed. 15Yet do not regard him as an enemy, but warn him as a brother.

Special Greetings

16Now may the Lord of peace himself give you peace at all times and in every way. The Lord be with all of you.

17I, Paul, write this greeting in my own hand, which is the distinguishing mark in all my letters. This is how I write.

18The grace of our Lord Jesus Christ be with you all.

---

h 3:6 *las enseñanzas recibidas.* Alt. *la tradición recibida.*   *f* 6 Or *tradition*

Primera Carta a Timoteo

1 Timothy

1 Pablo, apóstol de *Cristo Jesús por mandato de Dios nuestro Salvador y de Cristo Jesús nuestra esperanza,

2 a Timoteo, mi verdadero hijo en la fe:

Que Dios el Padre y Cristo Jesús nuestro Señor te concedan gracia, misericordia y paz.

Advertencia contra los falsos maestros de la ley

3 Al partir para Macedonia, te encargué que permanecieras en Éfeso y les ordenaras a algunos supuestos maestros que dejen de enseñar doctrinas falsas **4** y de prestar atención a leyendas y genealogías interminables. Esas cosas provocan controversias en vez de llevar adelante la obra de Dios que es por la fe. **5** Debes hacerlo así para que el amor brote de un corazón limpio, de una buena conciencia y de una fe sincera. **6** Algunos se han desviado de esa línea de conducta y se han enredado en discusiones inútiles. **7** Pretenden ser maestros de la ley, pero en realidad no saben de qué hablan ni entienden lo que con tanta seguridad afirman.

8 Ahora bien, sabemos que la ley es buena, si se aplica como es debido. **9** Tengamos en cuenta que la ley no se ha instituido para los justos sino para los desobedientes y rebeldes, para los impíos y pecadores, para los irreverentes y profanos. La ley es para los que maltratan a sus propios padres,*a* para los asesinos, **10** para los adúlteros y los homosexuales, para los traficantes de esclavos, los embusteros y los que juran en falso. En fin, la ley es para todo lo que está en contra de la sana doctrina **11** enseñada por el glorioso *evangelio que el Dios bendito me ha confiado.

La gracia que el Señor dio a Pablo

12 Doy gracias al que me fortalece, Cristo Jesús nuestro Señor, pues me consideró digno de confianza al ponerme a su servicio. **13** Anteriormente, yo era un *blasfemo, un perseguidor y un insolente; pero Dios tuvo misericordia de mí porque yo era un incrédulo y actuaba con ignorancia. **14** Pero la gracia de nuestro Señor se

1 Paul, an apostle of Christ Jesus by the command of God our Savior and of Christ Jesus our hope,

2 To Timothy my true son in the faith:

Grace, mercy and peace from God the Father and Christ Jesus our Lord.

Warning Against False Teachers of the Law

3 As I urged you when I went into Macedonia, stay there in Ephesus so that you may command certain men not to teach false doctrines any longer **4** nor to devote themselves to myths and endless genealogies. These promote controversies rather than God's work—which is by faith. **5** The goal of this command is love, which comes from a pure heart and a good conscience and a sincere faith. **6** Some have wandered away from these and turned to meaningless talk. **7** They want to be teachers of the law, but they do not know what they are talking about or what they so confidently affirm.

8 We know that the law is good if one uses it properly. **9** We also know that law*a* is made not for the righteous but for lawbreakers and rebels, the ungodly and sinful, the unholy and irreligious; for those who kill their fathers or mothers, for murderers, **10** for adulterers and perverts, for slave traders and liars and perjurers—and for whatever else is contrary to the sound doctrine **11** that conforms to the glorious gospel of the blessed God, which he entrusted to me.

The Lord's Grace to Paul

12 I thank Christ Jesus our Lord, who has given me strength, that he considered me faithful, appointing me to his service. **13** Even though I was once a blasphemer and a persecutor and a violent man, I was shown mercy because I acted in ignorance and unbelief. **14** The grace of our Lord was poured out on

---

a 1:9 *los que maltratan a sus propios padres.* Lit. *los parricidas y matricidas.*

a 9 Or *that the law*

derramó sobre mí con abundancia, junto con la fe y el amor que hay en Cristo Jesús.

¹⁵Este mensaje es digno de crédito y merece ser aceptado por todos: que Cristo Jesús vino al mundo a salvar a los pecadores, de los cuales yo soy el primero. ¹⁶Pero precisamente por eso Dios fue misericordioso conmigo, a fin de que en mí, el peor de los pecadores, pudiera Cristo Jesús mostrar su infinita bondad. Así vengo a ser ejemplo para los que, creyendo en él, recibirán la vida eterna. ¹⁷Por tanto, al Rey eterno, inmortal, invisible, al único Dios, sea honor y gloria por los siglos de los siglos. Amén.

¹⁸Timoteo, hijo mío, te doy este encargo porque tengo en cuenta las profecías que antes se hicieron acerca de ti. Deseo que, apoyado en ellas, pelees la buena batalla ¹⁹y mantengas la fe y una buena conciencia. Por no hacerle caso a su conciencia, algunos han naufragado en la fe. ²⁰Entre ellos están Himeneo y Alejandro, a quienes he entregado a Satanás para que aprendan a no blasfemar.

Instrucciones sobre la adoración

2 Así que recomiendo, ante todo, que se hagan plegarias, oraciones, súplicas y acciones de gracias por todos, ²especialmente por los gobernantes*ᵇ* y por todas las autoridades, para que tengamos paz y tranquilidad, y llevemos una vida piadosa y digna. ³Esto es bueno y agradable a Dios nuestro Salvador, ⁴pues él quiere que todos sean salvos y lleguen a conocer la verdad. ⁵Porque hay un solo Dios y un solo mediador entre Dios y los hombres, Jesucristo hombre, ⁶quien dio su vida como rescate por todos. Este testimonio Dios lo ha dado a su debido tiempo, ⁷y para proclamarlo me nombró heraldo y apóstol. Digo la verdad y no miento: Dios me hizo maestro de los *gentiles para enseñarles la verdadera fe.

⁸Quiero, pues, que en todas partes los hombres levanten las manos al cielo con pureza de corazón, sin enojos ni contiendas.

⁹En cuanto a las mujeres, quiero que ellas se vistan decorosamente, con modestia y recato, sin peinados ostentosos, ni oro, ni perlas ni vestidos costosos. ¹⁰Que se adornen más bien con buenas obras, como corresponde a mujeres que profesan servir a Dios.

¹¹La mujer debe aprender con serenidad,*ᶜ* con toda sumisión. ¹²No permito que la mujer enseñe al hombre y ejerza autoridad sobre él; debe mantenerse ecuánime.*ᵈ* ¹³Porque primero fue formado Adán, y Eva después. ¹⁴Además, no

me abundantly, along with the faith and love that are in Christ Jesus.

¹⁵Here is a trustworthy saying that deserves full acceptance: Christ Jesus came into the world to save sinners—of whom I am the worst. ¹⁶But for that very reason I was shown mercy so that in me, the worst of sinners, Christ Jesus might display his unlimited patience as an example for those who would believe on him and receive eternal life. ¹⁷Now to the King eternal, immortal, invisible, the only God, be honor and glory for ever and ever. Amen.

¹⁸Timothy, my son, I give you this instruction in keeping with the prophecies once made about you, so that by following them you may fight the good fight, ¹⁹holding on to faith and a good conscience. Some have rejected these and so have shipwrecked their faith. ²⁰Among them are Hymenaeus and Alexander, whom I have handed over to Satan to be taught not to blaspheme.

Instructions on Worship

2 I urge, then, first of all, that requests, prayers, intercession and thanksgiving be made for everyone— ²for kings and all those in authority, that we may live peaceful and quiet lives in all godliness and holiness. ³This is good, and pleases God our Savior, ⁴who wants all men to be saved and to come to a knowledge of the truth. ⁵For there is one God and one mediator between God and men, the man Christ Jesus, ⁶who gave himself as a ransom for all men—the testimony given in its proper time. ⁷And for this purpose I was appointed a herald and an apostle—I am telling the truth, I am not lying—and a teacher of the true faith to the Gentiles.

⁸I want men everywhere to lift up holy hands in prayer, without anger or disputing.

⁹I also want women to dress modestly, with decency and propriety, not with braided hair or gold or pearls or expensive clothes, ¹⁰but with good deeds, appropriate for women who profess to worship God.

¹¹A woman should learn in quietness and full submission. ¹²I do not permit a woman to teach or to have authority over a man; she must be silent. ¹³For Adam was formed first, then Eve. ¹⁴And Adam was not the one deceived; it was

---

*ᵇ***2:2** *gobernantes.* Lit. *reyes.*   *ᶜ***2:11** *con serenidad.* Alt. *en silencio.*   *ᵈ***2:12** *debe mantenerse ecuánime.* Alt. *debe guardar silencio.*

fue Adán el engañado, sino la mujer; y ella, una vez engañada, incurrió en pecado. ¹⁵Pero la mujer se salvará ͤ siendo madre y permaneciendo con sensatez en la fe, el amor y la *santidad.

Obispos y diáconos

3 Se dice, y es verdad, que si alguno desea ser *obispo, a noble función aspira. ²Así que el obispo debe ser intachable, esposo de una sola mujer, moderado, sensato, respetable, hospitalario, capaz de enseñar; ³no debe ser borracho ni pendenciero, ni amigo del dinero, sino amable y apacible. ⁴Debe gobernar bien su casa y hacer que sus hijos le obedezcan con el debido respeto; ⁵porque el que no sabe gobernar su propia familia, ¿cómo podrá cuidar de la iglesia de Dios? ⁶No debe ser un recién convertido, no sea que se vuelva presuntuoso y caiga en la misma condenación en que cayó el diablo. ⁷Se requiere además que hablen bien de él los que no pertenecen a la iglesia,ᶠ para que no caiga en descrédito y en la trampa del diablo.

⁸Los diáconos, igualmente, deben ser honorables, sinceros, no amigos del mucho vino ni codiciosos de las ganancias mal habidas. ⁹Deben guardar, con una conciencia limpia, las grandes verdades�g de la fe. ¹⁰Que primero sean puestos a prueba, y después, si no hay nada que reprocharles, que sirvan como diáconos.

¹¹Así mismo, las esposas de los diáconosʰ deben ser honorables, no calumniadoras sino moderadas y dignas de toda confianza.

¹²El diácono debe ser esposo de una sola mujer y gobernar bien a sus hijos y su propia casa. ¹³Los que ejercen bien el diaconado se ganan un lugar de honor y adquieren mayor confianza para hablar de su fe en Cristo Jesús.

¹⁴Aunque espero ir pronto a verte, escribo estas instrucciones para que, ¹⁵si me retraso, sepas cómo hay que portarse en la casa de Dios, que es la iglesia del Dios viviente, columna y fundamento de la verdad. ¹⁶No hay duda de que es grande el *misterio de nuestra fe:ⁱ

Él ʲ se manifestó como hombre;ᵏ
fue vindicado por ˡ el Espíritu,
visto por los ángeles,
    proclamado entre las *naciones,
creído en el mundo,
    recibido en la gloria.

the woman who was deceived and became a sinner. ¹⁵But women ᵇ will be saved ᶜ through childbearing—if they continue in faith, love and holiness with propriety.

Overseers and Deacons

3 Here is a trustworthy saying: If anyone sets his heart on being an overseer,ᵈ he desires a noble task. ²Now the overseer must be above reproach, the husband of but one wife, temperate, self-controlled, respectable, hospitable, able to teach, ³not given to drunkenness, not violent but gentle, not quarrelsome, not a lover of money. ⁴He must manage his own family well and see that his children obey him with proper respect. ⁵(If anyone does not know how to manage his own family, how can he take care of God's church?) ⁶He must not be a recent convert, or he may become conceited and fall under the same judgment as the devil. ⁷He must also have a good reputation with outsiders, so that he will not fall into disgrace and into the devil's trap.

⁸Deacons, likewise, are to be men worthy of respect, sincere, not indulging in much wine, and not pursuing dishonest gain. ⁹They must keep hold of the deep truths of the faith with a clear conscience. ¹⁰They must first be tested; and then if there is nothing against them, let them serve as deacons.

¹¹In the same way, their wivesᵉ are to be women worthy of respect, not malicious talkers but temperate and trustworthy in everything.

¹²A deacon must be the husband of but one wife and must manage his children and his household well. ¹³Those who have served well gain an excellent standing and great assurance in their faith in Christ Jesus.

¹⁴Although I hope to come to you soon, I am writing you these instructions so that, ¹⁵if I am delayed, you will know how people ought to conduct themselves in God's household, which is the church of the living God, the pillar and foundation of the truth. ¹⁶Beyond all question, the mystery of godliness is great:

Heᶠ appeared in a body,g
    was vindicated by the Spirit,
    was seen by angels,
        was preached among the nations,
    was believed on in the world,
        was taken up in glory.

ᵉ2:15 *se salvará.* Alt. *será restaurada.*　ᶠ3:7 *hablen … iglesia.* Lit. *tenga buen testimonio de los de afuera.*　g3:9 *las grandes verdades.* Lit. *el *misterio.*　ʰ3:11 *las esposas de los diáconos.* Alt. *las diaconisas.*　ⁱ3:16 *de nuestra fe.* Lit. *de la piedad.*　ʲ3:16 *Él.* Lit. *Quien.* Var. *Dios.*　ᵏ3:16 *como hombre.* Lit. *en la *carne.*　ˡ3:16 *vindicado por.* Lit. *justificado en.*

ᵇ15 Greek *she*　ᶜ15 Or *restored*　ᵈ1 Traditionally *bishop*; also in verse 2　ᵉ11 Or *way, deaconesses*　ᶠ16 Some manuscripts *God*　g16 Or *in the flesh*

Instrucciones a Timoteo

4 El Espíritu dice claramente que, en los últimos tiempos, algunos abandonarán la fe para seguir a inspiraciones engañosas y doctrinas diabólicas. ²Tales enseñanzas provienen de embusteros hipócritas, que tienen la conciencia encallecida.*m* ³Prohíben el matrimonio y no permiten comer ciertos alimentos que Dios ha creado para que los creyentes,*n* conocedores de la verdad, los coman con acción de gracias. ⁴Todo lo que Dios ha creado es bueno, y nada es despreciable si se recibe con acción de gracias, ⁵porque la palabra de Dios y la oración lo *santifican.

⁶Si enseñas estas cosas a los hermanos, serás un buen servidor de Cristo Jesús, nutrido con las verdades de la fe y de la buena enseñanza que paso a paso has seguido. ⁷Rechaza las leyendas profanas y otros mitos semejantes.*ñ* Más bien, ejercítate en la piedad, ⁸pues aunque el ejercicio físico trae algún provecho, la piedad es útil para todo, ya que incluye una promesa no sólo para la vida presente sino también para la venidera. ⁹Este mensaje es digno de crédito y merece ser aceptado por todos. ¹⁰En efecto, si trabajamos y nos esforzamos es porque hemos puesto nuestra esperanza en el Dios viviente, que es el Salvador de todos, especialmente de los que creen.

¹¹Encarga y enseña estas cosas. ¹²Que nadie te menosprecie por ser joven. Al contrario, que los creyentes vean en ti un ejemplo a seguir en la manera de hablar, en la conducta, y en amor, fe y pureza. ¹³En tanto que llego, dedícate a la lectura pública de las Escrituras, y a enseñar y animar a los hermanos. ¹⁴Ejercita el don que recibiste mediante profecía, cuando los *ancianos te impusieron las manos.

¹⁵Sé diligente en estos asuntos; entrégate de lleno a ellos, de modo que todos puedan ver que estás progresando. ¹⁶Ten cuidado de tu conducta y de tu enseñanza. Persevera en todo ello, porque así te salvarás a ti mismo y a los que te escuchen.

Cómo tratar a viudas, ancianos y esclavos

5 No reprendas con dureza al anciano, sino aconséjalo como si fuera tu padre. Trata a los jóvenes como a hermanos; ²a las ancianas, como a madres; a las jóvenes, como a hermanas, con toda pureza.

³Reconoce debidamente a las viudas que de veras están desamparadas. ⁴Pero si una viuda tiene hijos o nietos, que éstos aprendan primero a cumplir sus obligaciones con su propia familia

Instructions to Timothy

4 The Spirit clearly says that in later times some will abandon the faith and follow deceiving spirits and things taught by demons. ²Such teachings come through hypocritical liars, whose consciences have been seared as with a hot iron. ³They forbid people to marry and order them to abstain from certain foods, which God created to be received with thanksgiving by those who believe and who know the truth. ⁴For everything God created is good, and nothing is to be rejected if it is received with thanksgiving, ⁵because it is consecrated by the word of God and prayer.

⁶If you point these things out to the brothers, you will be a good minister of Christ Jesus, brought up in the truths of the faith and of the good teaching that you have followed. ⁷Have nothing to do with godless myths and old wives' tales; rather, train yourself to be godly. ⁸For physical training is of some value, but godliness has value for all things, holding promise for both the present life and the life to come. ⁹This is a trustworthy saying that deserves full acceptance ¹⁰(and for this we labor and strive), that we have put our hope in the living God, who is the Savior of all men, and especially of those who believe.

¹¹Command and teach these things. ¹²Don't let anyone look down on you because you are young, but set an example for the believers in speech, in life, in love, in faith and in purity. ¹³Until I come, devote yourself to the public reading of Scripture, to preaching and to teaching. ¹⁴Do not neglect your gift, which was given you through a prophetic message when the body of elders laid their hands on you.

¹⁵Be diligent in these matters; give yourself wholly to them, so that everyone may see your progress. ¹⁶Watch your life and doctrine closely. Persevere in them, because if you do, you will save both yourself and your hearers.

Advice About Widows, Elders and Slaves

5 Do not rebuke an older man harshly, but exhort him as if he were your father. Treat younger men as brothers, ²older women as mothers, and younger women as sisters, with absolute purity.

³Give proper recognition to those widows who are really in need. ⁴But if a widow has children or grandchildren, these should learn first of all to put their religion into practice by

---

m **4:2** *encallecida.* Lit. *cauterizada.*   *n* **4:3** *creyentes.* Alt. *fieles.*   *ñ* **4:7** *Rechaza … semejantes.* Lit. *Rechaza los mitos profanos y de viejas.*

y correspondan así a sus padres y abuelos, porque eso agrada a Dios. 5La viuda desamparada, como ha quedado sola, pone su esperanza en Dios y persevera noche y día en sus oraciones y súplicas. 6En cambio, la viuda que se entrega al placer ya está muerta en vida. 7Encárgales estas cosas para que sean intachables. 8El que no provee para los suyos, y sobre todo para los de su propia casa, ha negado la fe y es peor que un incrédulo.

9En la lista de las viudas debe figurar únicamente la que tenga más de sesenta años, que haya sido fiel a su esposo,º 10y que sea reconocida por sus buenas obras, tales como criar hijos, practicar la hospitalidad, lavar los pies de los *creyentes, ayudar a los que sufren y aprovechar toda oportunidad para hacer el bien.

11No incluyas en esa lista a las viudas más jóvenes, porque cuando sus pasiones las alejan de Cristo, les da por casarse. 12Así resultan culpables de faltar a su primer compromiso. 13Además se acostumbran a estar ociosas y andar de casa en casa. Y no sólo se vuelven holgazanas sino también chismosas y entrometidas, hablando de lo que no deben. 14Por eso exhorto a las viudas jóvenes a que se casen y tengan hijos, y a que lleven bien su hogar y no den lugar a las críticas del enemigo. 15Y es que algunas ya se han descarriado para seguir a Satanás.

16Si alguna creyente tiene viudas en su familia, debe ayudarlas para que no sean una carga a la iglesia; así la iglesia podrá atender a las viudas desamparadas.

17Los *ancianos que dirigen bien los asuntos de la iglesia son dignos de doble honor,p especialmente los que dedican sus esfuerzos a la predicación y a la enseñanza. 18Pues la Escritura dice: «No le pongas bozal al buey mientras esté trillando»,q y «El trabajador merece que se le pague su salario».r 19No admitas ninguna acusación contra un anciano, a no ser que esté respaldada por dos o tres testigos. 20A los que pecan, repréndelos en público para que sirva de escarmiento.

21Te insto delante de Dios, de Cristo Jesús y de los santos ángeles, a que sigas estas instrucciones sin dejarte llevar de prejuicios ni favoritismos.

22No te apresures a imponerle las manos a nadie, no sea que te hagas cómplice de pecados ajenos. Consérvate puro.

caring for their own family and so repaying their parents and grandparents, for this is pleasing to God. 5The widow who is really in need and left all alone puts her hope in God and continues night and day to pray and to ask God for help. 6But the widow who lives for pleasure is dead even while she lives. 7Give the people these instructions, too, so that no one may be open to blame. 8If anyone does not provide for his relatives, and especially for his immediate family, he has denied the faith and is worse than an unbeliever.

9No widow may be put on the list of widows unless she is over sixty, has been faithful to her husband,h 10and is well known for her good deeds, such as bringing up children, showing hospitality, washing the feet of the saints, helping those in trouble and devoting herself to all kinds of good deeds.

11As for younger widows, do not put them on such a list. For when their sensual desires overcome their dedication to Christ, they want to marry. 12Thus they bring judgment on themselves, because they have broken their first pledge. 13Besides, they get into the habit of being idle and going about from house to house. And not only do they become idlers, but also gossips and busybodies, saying things they ought not to. 14So I counsel younger widows to marry, to have children, to manage their homes and to give the enemy no opportunity for slander. 15Some have in fact already turned away to follow Satan.

16If any woman who is a believer has widows in her family, she should help them and not let the church be burdened with them, so that the church can help those widows who are really in need.

17The elders who direct the affairs of the church well are worthy of double honor, especially those whose work is preaching and teaching. 18For the Scripture says, "Do not muzzle the ox while it is treading out the grain," i and "The worker deserves his wages." j 19Do not entertain an accusation against an elder unless it is brought by two or three witnesses. 20Those who sin are to be rebuked publicly, so that the others may take warning.

21I charge you, in the sight of God and Christ Jesus and the elect angels, to keep these instructions without partiality, and to do nothing out of favoritism.

22Do not be hasty in the laying on of hands, and do not share in the sins of others. Keep yourself pure.

º5:9 que haya sido fiel a su esposo. Alt. que no haya tenido más de un esposo.   p5:17 honor. Alt. honorario.
q5:18 Dt 25:4   r5:18 Lc 10:7

h9 Or has had but one husband   i18 Deut. 25:4
j18 Luke 10:7

23No sigas bebiendo sólo agua; toma también un poco de vino a causa de tu mal de estómago y tus frecuentes enfermedades.

24Los pecados de algunos son evidentes aun antes de ser investigados, mientras que los pecados de otros se descubren después. **25**De igual manera son evidentes las buenas obras, y aunque estén ocultas, tarde o temprano se manifestarán.[s]

6 Todos los que aún son esclavos deben reconocer que sus amos merecen todo respeto; así evitarán que se hable mal del nombre de Dios y de nuestra enseñanza. **2**Los que tienen amos creyentes no deben faltarles al respeto por ser hermanos. Al contrario, deben servirles todavía mejor, porque los que se benefician de sus servicios son creyentes y hermanos queridos. Esto es lo que debes enseñar y recomendar.

El amor al dinero

3Si alguien enseña falsas doctrinas, apartándose de la sana enseñanza de nuestro Señor Jesucristo y de la doctrina que se ciñe a la verdadera religión,[t] **4**es un obstinado que nada entiende. Ese tal padece del afán enfermizo de provocar discusiones inútiles que generan envidias, discordias, insultos, suspicacias **5**y altercados entre personas de mente depravada, carentes de la verdad. Éste es de los que piensan que la religión es un medio de obtener ganancias. **6**Es cierto que con la verdadera religión se obtienen grandes ganancias, pero sólo si uno está satisfecho con lo que tiene. **7**Porque nada trajimos a este mundo, y nada podemos llevarnos. **8**Así que, si tenemos ropa y comida, contentémonos con eso. **9**Los que quieren enriquecerse caen en la *tentación y se vuelven esclavos de sus muchos deseos. Estos afanes insensatos y dañinos hunden a la gente en la ruina y en la destrucción. **10**Porque el amor al dinero es la raíz de toda clase de males. Por codiciarlo, algunos se han desviado de la fe y se han causado muchísimos sinsabores.

Encargo de Pablo a Timoteo

11Tú, en cambio, hombre de Dios, huye de todo eso, y esmérate en seguir la justicia, la piedad, la fe, el amor, la constancia y la humildad. **12**Pelea la buena batalla de la fe; haz tuya la vida eterna, a la que fuiste llamado y por la cual hiciste aquella admirable declaración de fe delante de muchos testigos. **13**Teniendo a Dios por testigo, el cual da vida a todas las cosas, y a Cristo Jesús, que dio su admirable testimonio delante de Poncio Pilato, te encargo **14**que guar-

23Stop drinking only water, and use a little wine because of your stomach and your frequent illnesses.

24The sins of some men are obvious, reaching the place of judgment ahead of them; the sins of others trail behind them. **25**In the same way, good deeds are obvious, and even those that are not cannot be hidden.

6 All who are under the yoke of slavery should consider their masters worthy of full respect, so that God's name and our teaching may not be slandered. **2**Those who have believing masters are not to show less respect for them because they are brothers. Instead, they are to serve them even better, because those who benefit from their service are believers, and dear to them. These are the things you are to teach and urge on them.

Love of Money

3If anyone teaches false doctrines and does not agree to the sound instruction of our Lord Jesus Christ and to godly teaching, **4**he is conceited and understands nothing. He has an unhealthy interest in controversies and quarrels about words that result in envy, strife, malicious talk, evil suspicions **5**and constant friction between men of corrupt mind, who have been robbed of the truth and who think that godliness is a means to financial gain.

6But godliness with contentment is great gain. **7**For we brought nothing into the world, and we can take nothing out of it. **8**But if we have food and clothing, we will be content with that. **9**People who want to get rich fall into temptation and a trap and into many foolish and harmful desires that plunge men into ruin and destruction. **10**For the love of money is a root of all kinds of evil. Some people, eager for money, have wandered from the faith and pierced themselves with many griefs.

Paul's Charge to Timothy

11But you, man of God, flee from all this, and pursue righteousness, godliness, faith, love, endurance and gentleness. **12**Fight the good fight of the faith. Take hold of the eternal life to which you were called when you made your good confession in the presence of many witnesses. **13**In the sight of God, who gives life to everything, and of Christ Jesus, who while testifying before Pontius Pilate made the good confession, I charge you **14**to keep this

---

[s] **5:25** *y aunque … se manifestarán.* Alt. *y si son malas, no podrán quedar ocultas.*   [t]**6:3** *la verdadera religión.* Lit. *la piedad*; también en vv. 5 y 6.

des este mandato sin mancha ni reproche hasta la venida de nuestro Señor Jesucristo, [15]la cual Dios a su debido tiempo hará que se cumpla.

Al único y bendito Soberano,
Rey de reyes y Señor de señores,
[16]al único inmortal,
que vive en luz inaccesible,
a quien nadie ha visto ni puede ver,
a él sea el honor y el poder eternamente.
Amén.

[17]A los ricos de este mundo, mándales que no sean arrogantes ni pongan su esperanza en las riquezas, que son tan inseguras, sino en Dios, que nos provee de todo en abundancia para que lo disfrutemos. [18]Mándales que hagan el bien, que sean ricos en buenas obras, y generosos, dispuestos a compartir lo que tienen. [19]De este modo atesorarán para sí un seguro caudal para el futuro y obtendrán la vida verdadera.

[20]Timoteo, ¡cuida bien lo que se te ha confiado Evita las discusiones profanas e inútiles, y los argumentos de la falsa ciencia. [21]Algunos, por abrazarla, se han desviado de la fe.

Que la gracia sea con ustedes.

command without spot or blame until the appearing of our Lord Jesus Christ, [15]which God will bring about in his own time—God, the blessed and only Ruler, the King of kings and Lord of lords, [16]who alone is immortal and who lives in unapproachable light, whom no one has seen or can see. To him be honor and might forever. Amen.

[17]Command those who are rich in this present world not to be arrogant nor to put their hope in wealth, which is so uncertain, but to put their hope in God, who richly provides us with everything for our enjoyment. [18]Command them to do good, to be rich in good deeds, and to be generous and willing to share. [19]In this way they will lay up treasure for themselves as a firm foundation for the coming age, so that they may take hold of the life that is truly life.

[20]Timothy, guard what has been entrusted to your care. Turn away from godless chatter and the opposing ideas of what is falsely called knowledge, [21]which some have professed and in so doing have wandered from the faith.

Grace be with you.

Segunda Carta a Timoteo

2 Timothy

1 Pablo, apóstol de *Cristo Jesús por la voluntad de Dios, según la promesa de vida que tenemos en Cristo Jesús,

²a mi querido hijo Timoteo:

Que Dios el Padre y Cristo Jesús nuestro Señor te concedan gracia, misericordia y paz.

Exhortación a la fidelidad

³Al recordarte de día y de noche en mis oraciones, siempre doy gracias a Dios, a quien sirvo con una conciencia limpia como lo hicieron mis antepasados. ⁴Y al acordarme de tus lágrimas, anhelo verte para llenarme de alegría. ⁵Traigo a la memoria tu fe sincera, la cual animó primero a tu abuela Loida y a tu madre Eunice, y ahora te anima a ti. De eso estoy convencido. ⁶Por eso te recomiendo que avives la llama del don de Dios que recibiste cuando te impuse las manos. ⁷Pues Dios no nos ha dado un espíritu de timidez, sino de poder, de amor y de dominio propio.

⁸Así que no te avergüences de dar testimonio de nuestro Señor, ni tampoco de mí, que por su causa soy prisionero. Al contrario, tú también, con el poder de Dios, debes soportar sufrimientos por el *evangelio. ⁹Pues Dios nos salvó y nos llamó a una vida *santa, no por nuestras propias obras, sino por su propia determinación y gracia. Nos concedió este favor en Cristo Jesús antes del comienzo del tiempo; ¹⁰y ahora lo ha revelado con la venida de nuestro Salvador Cristo Jesús, quien destruyó la muerte y sacó a la luz la vida incorruptible mediante el evangelio. ¹¹De este evangelio he sido yo designado heraldo, apóstol y maestro. ¹²Por ese motivo padezco estos sufrimientos. Pero no me avergüenzo, porque sé en quién he creído, y estoy seguro de que tiene poder para guardar hasta aquel día lo que le he confiado.ᵃ

¹³Con fe y amor en Cristo Jesús, sigue el ejemplo de la sana doctrina que de mí aprendiste. ¹⁴Con el poder del Espíritu Santo que vive en nosotros, cuida la preciosa enseñanzaᵇ que se te ha confiado.

1 Paul, an apostle of Christ Jesus by the will of God, according to the promise of life that is in Christ Jesus,

²To Timothy, my dear son:

Grace, mercy and peace from God the Father and Christ Jesus our Lord.

Encouragement to Be Faithful

³I thank God, whom I serve, as my forefathers did, with a clear conscience, as night and day I constantly remember you in my prayers. ⁴Recalling your tears, I long to see you, so that I may be filled with joy. ⁵I have been reminded of your sincere faith, which first lived in your grandmother Lois and in your mother Eunice and, I am persuaded, now lives in you also. ⁶For this reason I remind you to fan into flame the gift of God, which is in you through the laying on of my hands. ⁷For God did not give us a spirit of timidity, but a spirit of power, of love and of self-discipline.

⁸So do not be ashamed to testify about our Lord, or ashamed of me his prisoner. But join with me in suffering for the gospel, by the power of God, ⁹who has saved us and called us to a holy life—not because of anything we have done but because of his own purpose and grace. This grace was given us in Christ Jesus before the beginning of time, ¹⁰but it has now been revealed through the appearing of our Savior, Christ Jesus, who has destroyed death and has brought life and immortality to light through the gospel. ¹¹And of this gospel I was appointed a herald and an apostle and a teacher. ¹²That is why I am suffering as I am. Yet I am not ashamed, because I know whom I have believed, and am convinced that he is able to guard what I have entrusted to him for that day.

¹³What you heard from me, keep as the pattern of sound teaching, with faith and love in Christ Jesus. ¹⁴Guard the good deposit that was entrusted to you—guard it with the help of the Holy Spirit who lives in us.

ᵃ 1:12 lo que le he confiado. Alt. lo que me ha confiado.
ᵇ 1:14 la preciosa enseñanza. Lit. el buen depósito.

15Ya sabes que todos los de la provincia de *Asia me han abandonado, incluso Figelo y Hermógenes.

16Que el Señor le conceda misericordia a la familia de Onesíforo, porque muchas veces me dio ánimo y no se avergonzó de mis cadenas. **17**Al contrario, cuando estuvo en Roma me buscó sin descanso hasta encontrarme. **18**Que el Señor le conceda hallar misericordia divina en aquel día. Tú conoces muy bien los muchos servicios que me prestó en Éfeso.

2 Así que tú, hijo mío, fortalécete por la gracia que tenemos en Cristo Jesús. **2**Lo que me has oído decir en presencia de muchos testigos, encomiéndalo a creyentes dignos de confianza, que a su vez estén capacitados para enseñar a otros. **3**Comparte nuestros sufrimientos, como buen soldado de Cristo Jesús. **4**Ningún soldado que quiera agradar a su superior se enreda en cuestiones civiles. **5**Así mismo, el atleta no recibe la corona de vencedor si no compite según el reglamento. **6**El labrador que trabaja duro tiene derecho a recibir primero parte de la cosecha. **7**Reflexiona en lo que te digo, y el Señor te dará una mayor comprensión de todo esto.

8No dejes de recordar a Jesucristo, descendiente de David, *levantado de entre los muertos. Este es mi *evangelio, **9**por el que sufro al extremo de llevar cadenas como un criminal. Pero la palabra de Dios no está encadenada. **10**Así que todo lo soporto por el bien de los elegidos, para que también ellos alcancen la gloriosa y eterna salvación que tenemos en Cristo Jesús.

11Este mensaje es digno de crédito:

Si morimos con él,
también viviremos con él;
12si resistimos,
también reinaremos con él.
Si lo negamos,
también él nos negará;
13si somos infieles,
él sigue siendo fiel,
ya que no puede negarse a sí mismo.

Un obrero aprobado por Dios

14No dejes de recordarles esto. Adviérteles delante de Dios que eviten las discusiones inútiles, pues no sirven nada más que para destruir a los oyentes. **15**Esfuérzate por presentarte a Dios aprobado, como obrero que no tiene de qué avergonzarse y que interpreta rectamente la palabra de verdad. **16**Evita las palabrerías profanas, porque los que se dan a ellas se alejan cada vez más de la vida piadosa, **17**y sus enseñanzas se extienden como gangrena. Entre ellos están Himeneo y Fileto, **18**que se han desviado de la verdad. Andan diciendo que la resurrección ya

15You know that everyone in the province of Asia has deserted me, including Phygelus and Hermogenes.

16May the Lord show mercy to the household of Onesiphorus, because he often refreshed me and was not ashamed of my chains. **17**On the contrary, when he was in Rome, he searched hard for me until he found me. **18**May the Lord grant that he will find mercy from the Lord on that day. You know very well in how many ways he helped me in Ephesus.

2 You then, my son, be strong in the grace that is in Christ Jesus. **2**And the things you have heard me say in the presence of many witnesses entrust to reliable men who will also be qualified to teach others. **3**Endure hardship with us like a good soldier of Christ Jesus. **4**No one serving as a soldier gets involved in civilian affairs—he wants to please his commanding officer. **5**Similarly, if anyone competes as an athlete, he does not receive the victor's crown unless he competes according to the rules. **6**The hardworking farmer should be the first to receive a share of the crops. **7**Reflect on what I am saying, for the Lord will give you insight into all this.

8Remember Jesus Christ, raised from the dead, descended from David. This is my gospel, **9**for which I am suffering even to the point of being chained like a criminal. But God's word is not chained. **10**Therefore I endure everything for the sake of the elect, that they too may obtain the salvation that is in Christ Jesus, with eternal glory.

11Here is a trustworthy saying:

If we died with him,
we will also live with him;
12if we endure,
we will also reign with him.
If we disown him,
he will also disown us;
13if we are faithless,
he will remain faithful,
for he cannot disown himself.

A Workman Approved by God

14Keep reminding them of these things. Warn them before God against quarreling about words; it is of no value, and only ruins those who listen. **15**Do your best to present yourself to God as one approved, a workman who does not need to be ashamed and who correctly handles the word of truth. **16**Avoid godless chatter, because those who indulge in it will become more and more ungodly. **17**Their teaching will spread like gangrene. Among them are Hymenaeus and Philetus, **18**who have wandered away from the truth. They say that the resurrection has already tuvo lugar, y así trastornan la fe de algunos. [19]A pesar de todo, el fundamento de Dios es sólido y se mantiene firme, pues está sellado con esta inscripción: «El Señor conoce a los suyos»,[c] y esta otra: «Que se aparte de la maldad todo el que invoca el nombre del Señor».[d]

[20]En una casa grande no sólo hay vasos de oro y de plata sino también de madera y de barro, unos para los usos más nobles y otros para los usos más bajos. [21]Si alguien se mantiene limpio, llegará a ser un vaso noble, *santificado, útil para el Señor y preparado para toda obra buena.

[22]Huye de las malas pasiones de la juventud, y esmérate en seguir la justicia, la fe, el amor y la paz, junto con los que invocan al Señor con un corazón limpio. [23]No tengas nada que ver con discusiones necias y sin sentido, pues ya sabes que terminan en pleitos. [24]Y un *siervo del Señor no debe andar peleando; más bien, debe ser amable con todos, capaz de enseñar y no propenso a irritarse. [25]Así, humildemente, debe corregir a los adversarios, con la esperanza de que Dios les conceda el *arrepentimiento para conocer la verdad, [26]de modo que se despierten y escapen de la trampa en que el diablo los tiene cautivos, sumisos a su voluntad.

La impiedad en los últimos días

3 Ahora bien, ten en cuenta que en los últimos días vendrán tiempos difíciles. [2]La gente estará llena de egoísmo y avaricia; serán jactanciosos, arrogantes, *blasfemos, desobedientes a los padres, ingratos, impíos, [3]insensibles, implacables, calumniadores, libertinos, despiadados, enemigos de todo lo bueno, [4]traicioneros, impetuosos, vanidosos y más amigos del placer que de Dios. [5]Aparentarán ser piadosos, pero su conducta desmentirá el poder de la piedad. ¡Con esa gente ni te metas!

[6]Así son los que van de casa en casa cautivando a mujeres débiles cargadas de pecados, que se dejan llevar de toda clase de pasiones. [7]Ellas siempre están aprendiendo, pero nunca logran conocer la verdad. [8]Del mismo modo que Janes y Jambres se opusieron a Moisés, también esa gente se opone a la verdad. Son personas de mente depravada, reprobadas en la fe. [9]Pero no llegarán muy lejos, porque todo el mundo se dará cuenta de su insensatez, como pasó con aquellos dos.

Encargo de Pablo a Timoteo

[10]Tú, en cambio, has seguido paso a paso mis enseñanzas, mi manera de vivir, mi propósito,

taken place, and they destroy the faith of some. [19]Nevertheless, God's solid foundation stands firm, sealed with this inscription: "The Lord knows those who are his,"[a] and, "Everyone who confesses the name of the Lord must turn away from wickedness."

[20]In a large house there are articles not only of gold and silver, but also of wood and clay; some are for noble purposes and some for ignoble. [21]If a man cleanses himself from the latter, he will be an instrument for noble purposes, made holy, useful to the Master and prepared to do any good work.

[22]Flee the evil desires of youth, and pursue righteousness, faith, love and peace, along with those who call on the Lord out of a pure heart. [23]Don't have anything to do with foolish and stupid arguments, because you know they produce quarrels. [24]And the Lord's servant must not quarrel; instead, he must be kind to everyone, able to teach, not resentful. [25]Those who oppose him he must gently instruct, in the hope that God will grant them repentance leading them to a knowledge of the truth, [26]and that they will come to their senses and escape from the trap of the devil, who has taken them captive to do his will.

Godlessness in the Last Days

3 But mark this: There will be terrible times in the last days. [2]People will be lovers of themselves, lovers of money, boastful, proud, abusive, disobedient to their parents, ungrateful, unholy, [3]without love, unforgiving, slanderous, without self-control, brutal, not lovers of the good, [4]treacherous, rash, conceited, lovers of pleasure rather than lovers of God— [5]having a form of godliness but denying its power. Have nothing to do with them.

[6]They are the kind who worm their way into homes and gain control over weak-willed women, who are loaded down with sins and are swayed by all kinds of evil desires, [7]always learning but never able to acknowledge the truth. [8]Just as Jannes and Jambres opposed Moses, so also these men oppose the truth—men of depraved minds, who, as far as the faith is concerned, are rejected. [9]But they will not get very far because, as in the case of those men, their folly will be clear to everyone.

Paul's Charge to Timothy

[10]You, however, know all about my teaching, my way of life, my purpose, faith, patience,

---

[c]**2:19** Nm 16:5, según LXX　　[d]**2:19** Véanse Nm 16:26 y Jl 3:5

[a]*19* Num. 16:5 (see Septuagint)

mi fe, mi paciencia, mi amor, mi constancia, 11mis persecuciones y mis sufrimientos. Estás enterado de lo que sufrí en Antioquía, Iconio y Listra, y de las persecuciones que soporté. Y de todas ellas me libró el Señor. 12Así mismo serán perseguidos todos los que quieran llevar una vida piadosa en Cristo Jesús, 13mientras que esos malvados embaucadores irán de mal en peor, engañando y siendo engañados. 14Pero tú, permanece firme en lo que has aprendido y de lo cual estás convencido, pues sabes de quiénes lo aprendiste. 15Desde tu niñez conoces las Sagradas Escrituras, que pueden darte la sabiduría necesaria para la salvación mediante la fe en Cristo Jesús. 16Toda la Escritura es inspirada por Dios y útil para enseñar, para reprender, para corregir y para instruir en la justicia, 17a fin de que el siervo de Dios esté enteramente capacitado para toda buena obra.

4 En presencia de Dios y de Cristo Jesús, que ha de venir en su reino y que juzgará a los vivos y a los muertos, te doy este solemne encargo: 2Predica la Palabra; persiste en hacerlo, sea o no sea oportuno; corrige, reprende y anima con mucha paciencia, sin dejar de enseñar. 3Porque llegará el tiempo en que no van a tolerar la sana doctrina, sino que, llevados de sus propios deseos, se rodearán de maestros que les digan las novelerías que quieren oír. 4Dejarán de escuchar la verdad y se volverán a los mitos. 5Tú, por el contrario, sé prudente en todas las circunstancias, soporta los sufrimientos, dedícate a la evangelización; cumple con los deberes de tu ministerio.

6Yo, por mi parte, ya estoy a punto de ser ofrecido como un sacrificio, y el tiempo de mi partida ha llegado. 7He peleado la buena batalla, he terminado la carrera, me he mantenido en la fe. 8Por lo demás me espera la corona de justicia que el Señor, el juez justo, me otorgará en aquel día; y no sólo a mí, sino también a todos los que con amor hayan esperado su venida.

Instrucciones personales

9Haz todo lo posible por venir a verme cuanto antes, 10pues Demas, por amor a este mundo, me ha abandonado y se ha ido a Tesalónica. Crescente se ha ido a Galacia y Tito a Dalmacia. 11Sólo Lucas está conmigo. Recoge a Marcos y tráelo contigo, porque me es de ayuda en mi ministerio. 12A Tíquico lo mandé a Éfeso. 13Cuando vengas, trae la capa que dejé en Troas, en casa de Carpo; trae también los libros, especialmente los pergaminos.

14Alejandro el herrero me ha hecho mucho daño. El Señor le dará su merecido. 15Tú también cuídate de él, porque se opuso tenazmente a nuestro mensaje.

love, endurance, 11persecutions, sufferings—what kinds of things happened to me in Antioch, Iconium and Lystra, the persecutions I endured. Yet the Lord rescued me from all of them. 12In fact, everyone who wants to live a godly life in Christ Jesus will be persecuted, 13while evil men and impostors will go from bad to worse, deceiving and being deceived. 14But as for you, continue in what you have learned and have become convinced of, because you know those from whom you learned it, 15and how from infancy you have known the holy Scriptures, which are able to make you wise for salvation through faith in Christ Jesus. 16All Scripture is God-breathed and is useful for teaching, rebuking, correcting and training in righteousness, 17so that the man of God may be thoroughly equipped for every good work.

4 In the presence of God and of Christ Jesus, who will judge the living and the dead, and in view of his appearing and his kingdom, I give you this charge: 2Preach the Word; be prepared in season and out of season; correct, rebuke and encourage—with great patience and careful instruction. 3For the time will come when men will not put up with sound doctrine. Instead, to suit their own desires, they will gather around them a great number of teachers to say what their itching ears want to hear. 4They will turn their ears away from the truth and turn aside to myths. 5But you, keep your head in all situations, endure hardship, do the work of an evangelist, discharge all the duties of your ministry.

6For I am already being poured out like a drink offering, and the time has come for my departure. 7I have fought the good fight, I have finished the race, I have kept the faith. 8Now there is in store for me the crown of righteousness, which the Lord, the righteous Judge, will award to me on that day—and not only to me, but also to all who have longed for his appearing.

Personal Remarks

9Do your best to come to me quickly, 10for Demas, because he loved this world, has deserted me and has gone to Thessalonica. Crescens has gone to Galatia, and Titus to Dalmatia. 11Only Luke is with me. Get Mark and bring him with you, because he is helpful to me in my ministry. 12I sent Tychicus to Ephesus. 13When you come, bring the cloak that I left with Carpus at Troas, and my scrolls, especially the parchments.

14Alexander the metalworker did me a great deal of harm. The Lord will repay him for what he has done. 15You too should be on your guard against him, because he strongly opposed our message.

16En mi primera defensa, nadie me respaldó, sino que todos me abandonaron. Que no les sea tomado en cuenta. **17**Pero el Señor estuvo a mi lado y me dio fuerzas para que por medio de mí se llevara a cabo la predicación del mensaje y lo oyeran todos los *paganos. Y fui librado de la boca del león. **18**El Señor me librará de todo mal y me preservará para su reino celestial. A él sea la gloria por los siglos de los siglos. Amén.

Saludos finales

19Saludos a *Priscila y a Aquila, y a la familia de Onesíforo. **20**Erasto se quedó en Corinto; a Trófimo lo dejé enfermo en Mileto. **21**Haz todo lo posible por venir antes del invierno. Te mandan saludos Eubulo, Pudente, Lino, Claudia y todos los hermanos. **22**El Señor esté con tu espíritu. Que la gracia sea con ustedes.

16At my first defense, no one came to my support, but everyone deserted me. May it not be held against them. **17**But the Lord stood at my side and gave me strength, so that through me the message might be fully proclaimed and all the Gentiles might hear it. And I was delivered from the lion's mouth. **18**The Lord will rescue me from every evil attack and will bring me safely to his heavenly kingdom. To him be glory for ever and ever. Amen.

Final Greetings

19Greet Priscilla[b] and Aquila and the household of Onesiphorus. **20**Erastus stayed in Corinth, and I left Trophimus sick in Miletus. **21**Do your best to get here before winter. Eubulus greets you, and so do Pudens, Linus, Claudia and all the brothers.

22The Lord be with your spirit. Grace be with you.

_b 19_ Greek _Prisca_, a variant of _Priscilla_

Carta a Tito

1 Pablo, *siervo de Dios y apóstol de Jesucristo, llamado para que, mediante la fe, los elegidos de Dios lleguen a conocer la verdadera religión.^a ²Nuestra esperanza es la vida eterna, la cual Dios, que no miente, ya había prometido antes de la creación. ³Ahora, a su debido tiempo, él ha cumplido esta promesa mediante la predicación que se me ha confiado por orden de Dios nuestro Salvador.

⁴A Tito, mi verdadero hijo en esta fe que compartimos:

Que Dios el Padre y Cristo Jesús nuestro Salvador te concedan gracia y paz.

Tarea de Tito en Creta

⁵Te dejé en Creta para que pusieras en orden lo que quedaba por hacer y en cada pueblo nombraras^b *ancianos de la iglesia, de acuerdo con las instrucciones que te di. ⁶El anciano debe ser intachable, esposo de una sola mujer; sus hijos deben ser creyentes,^c libres de sospecha de libertinaje o de desobediencia. ⁷El *obispo tiene a su cargo la obra de Dios, y por lo tanto debe ser intachable: no arrogante, ni iracundo, ni borracho, ni violento, ni codicioso de ganancias mal habidas. ⁸Al contrario, debe ser hospitalario, amigo del bien, sensato, justo, santo y disciplinado. ⁹Debe apegarse a la palabra fiel, según la enseñanza que recibió, de modo que también pueda exhortar a otros con la sana doctrina y refutar a los que se opongan.

¹⁰Y es que hay muchos rebeldes, charlatanes y engañadores, especialmente los partidarios de la *circuncisión. ¹¹A ésos hay que taparles la boca, ya que están arruinando familias enteras al enseñar lo que no se debe; y lo hacen para obtener ganancias mal habidas. ¹²Fue precisamente uno de sus propios profetas el que dijo: «Los cretenses son siempre mentirosos, malas bestias, glotones perezosos.» ¹³¡Y es la verdad Por eso, repréndelos con severidad a fin de que sean sanos en la fe ¹⁴y no hagan caso de leyendas judías ni de lo que exigen esos que rechazan la verdad. ¹⁵Para los puros todo es puro, pero para los corruptos e incrédulos no hay nada puro. Al

Titus

1 Paul, a servant of God and an apostle of Jesus Christ for the faith of God's elect and the knowledge of the truth that leads to godliness— ²a faith and knowledge resting on the hope of eternal life, which God, who does not lie, promised before the beginning of time, ³and at his appointed season he brought his word to light through the preaching entrusted to me by the command of God our Savior,

⁴To Titus, my true son in our common faith:

Grace and peace from God the Father and Christ Jesus our Savior.

Titus' Task on Crete

⁵The reason I left you in Crete was that you might straighten out what was left unfinished and appoint^a elders in every town, as I directed you. ⁶An elder must be blameless, the husband of but one wife, a man whose children believe and are not open to the charge of being wild and disobedient. ⁷Since an overseer^b is entrusted with God's work, he must be blameless—not overbearing, not quick-tempered, not given to drunkenness, not violent, not pursuing dishonest gain. ⁸Rather he must be hospitable, one who loves what is good, who is self-controlled, upright, holy and disciplined. ⁹He must hold firmly to the trustworthy message as it has been taught, so that he can encourage others by sound doctrine and refute those who oppose it.

¹⁰For there are many rebellious people, mere talkers and deceivers, especially those of the circumcision group. ¹¹They must be silenced, because they are ruining whole households by teaching things they ought not to teach—and that for the sake of dishonest gain. ¹²Even one of their own prophets has said, "Cretans are always liars, evil brutes, lazy gluttons." ¹³This testimony is true. Therefore, rebuke them sharply, so that they will be sound in the faith ¹⁴and will pay no attention to Jewish myths or to the commands of those who reject the truth. ¹⁵To the pure, all things are pure, but to those who are corrupted and do

---

^a1:1 *la verdadera religión.* Lit. *la verdad que es según la piedad.*   ^b1:5 *nombraras.* Alt. *ordenaras.*   ^c1:6 *creyentes.* Alt. *fieles.*

^a5 Or *ordain*   ^b7 Traditionally *bishop*

contrario, tienen corrompidas la mente y la conciencia. 16Profesan conocer a Dios, pero con sus acciones lo niegan; son abominables, desobedientes e incapaces de hacer nada bueno.

Lo que se debe enseñar

2 Tú, en cambio, predica lo que va de acuerdo con la sana doctrina. 2A los *ancianos, enséñales que sean moderados, respetables, sensatos, e íntegros en la fe, en el amor y en la constancia.

3A las ancianas, enséñales que sean reverentes en su conducta, y no calumniadoras ni adictas al mucho vino. Deben enseñar lo bueno 4y aconsejar a las jóvenes a amar a sus esposos y a sus hijos, 5a ser sensatas y puras, cuidadosas del hogar, bondadosas y sumisas a sus esposos, para que no se hable mal de la palabra de Dios.

6A los jóvenes, exhórtalos a ser sensatos. 7Con tus buenas obras, dales tú mismo ejemplo en todo. Cuando enseñes, hazlo con integridad y seriedad, 8y con un mensaje sano e intachable. Así se avergonzará cualquiera que se oponga, pues no podrá decir nada malo de nosotros.

9Enseña a los *esclavos a someterse en todo a sus amos, a procurar agradarles y a no ser respondones. 10No deben robarles sino demostrar que son dignos de toda confianza, para que en todo hagan honor a la enseñanza de Dios nuestro Salvador.

11En verdad, Dios ha manifestado a toda la *humanidad su gracia, la cual trae salvación 12y nos enseña a rechazar la impiedad y las pasiones mundanas. Así podremos vivir en este mundo con justicia, piedad y dominio propio, 13mientras aguardamos la bendita esperanza, es decir, la gloriosa venida de nuestro gran Dios y Salvador Jesucristo. 14Él se entregó por nosotros para rescatarnos de toda maldad y purificar para sí un pueblo elegido, dedicado a hacer el bien.

15Esto es lo que debes enseñar. Exhorta y reprende con toda autoridad. Que nadie te menosprecie.

La conducta del creyente

3 Recuérdales a todos que deben mostrarse obedientes y sumisos ante los gobernantes y las autoridades. Siempre deben estar dispuestos a hacer lo bueno: 2a no hablar mal de nadie, sino a buscar la paz y ser respetuosos, demostrando plena humildad en su trato con todo el mundo.

3En otro tiempo también nosotros éramos necios y desobedientes. Estábamos descarriados y éramos esclavos de todo género de pasiones y placeres. Vivíamos en la malicia y en la envidia. Éramos detestables y nos odiábamos unos a otros. 4Pero cuando se manifestaron la bondad y el amor de Dios nuestro Salvador, 5él nos

not believe, nothing is pure. In fact, both their minds and consciences are corrupted. 16They claim to know God, but by their actions they deny him. They are detestable, disobedient and unfit for doing anything good.

What Must Be Taught to Various Groups

2 You must teach what is in accord with sound doctrine. 2Teach the older men to be temperate, worthy of respect, self-controlled, and sound in faith, in love and in endurance.

3Likewise, teach the older women to be reverent in the way they live, not to be slanderers or addicted to much wine, but to teach what is good. 4Then they can train the younger women to love their husbands and children, 5to be self-controlled and pure, to be busy at home, to be kind, and to be subject to their husbands, so that no one will malign the word of God.

6Similarly, encourage the young men to be self-controlled. 7In everything set them an example by doing what is good. In your teaching show integrity, seriousness 8and soundness of speech that cannot be condemned, so that those who oppose you may be ashamed because they have nothing bad to say about us.

9Teach slaves to be subject to their masters in everything, to try to please them, not to talk back to them, 10and not to steal from them, but to show that they can be fully trusted, so that in every way they will make the teaching about God our Savior attractive.

11For the grace of God that brings salvation has appeared to all men. 12It teaches us to say "No" to ungodliness and worldly passions, and to live self-controlled, upright and godly lives in this present age, 13while we wait for the blessed hope—the glorious appearing of our great God and Savior, Jesus Christ, 14who gave himself for us to redeem us from all wickedness and to purify for himself a people that are his very own, eager to do what is good.

15These, then, are the things you should teach. Encourage and rebuke with all authority. Do not let anyone despise you.

Doing What is Good

3 Remind the people to be subject to rulers and authorities, to be obedient, to be ready to do whatever is good, 2to slander no one, to be peaceable and considerate, and to show true humility toward all men.

3At one time we too were foolish, disobedient, deceived and enslaved by all kinds of passions and pleasures. We lived in malice and envy, being hated and hating one another. 4But when the kindness and love of God our Savior salvó, no por nuestras propias obras de justicia sino por su misericordia. Nos salvó mediante el lavamiento de la regeneración y de la renovación por el Espíritu Santo, 6el cual fue derramado abundantemente sobre nosotros por medio de Jesucristo nuestro Salvador. 7Así lo hizo para que, *justificados por su gracia, llegáramos a ser herederos que abrigan la esperanza de recibir la vida eterna. 8Este mensaje es digno de confianza, y quiero que lo recalques, para que los que han creído en Dios se empeñen en hacer buenas obras. Esto es excelente y provechoso para todos.

9Evita las necias controversias y genealogías, las discusiones y peleas sobre la ley, porque carecen de provecho y de sentido. 10Al que cause divisiones, amonéstalo dos veces, y después evítalo. 11Puedes estar seguro de que tal individuo se condena a sí mismo por ser un perverso pecador.

Instrucciones personales y saludos finales

12Tan pronto como te haya enviado a Artemas o a Tíquico, haz todo lo posible por ir a Nicópolis a verme, pues he decidido pasar allí el invierno. 13Ayuda en todo lo que puedas al abogado Zenas y a Apolos, de modo que no les falte nada para su viaje. 14Que aprendan los nuestros a empeñarse en hacer buenas obras, a fin de que atiendan a lo que es realmente necesario y no lleven una vida inútil.

15Saludos de parte de todos los que me acompañan. Saludos a los que nos aman en la fe.

Que la gracia sea con todos ustedes.

appeared, 5he saved us, not because of righteous things we had done, but because of his mercy. He saved us through the washing of rebirth and renewal by the Holy Spirit, 6whom he poured out on us generously through Jesus Christ our Savior, 7so that, having been justified by his grace, we might become heirs having the hope of eternal life. 8This is a trustworthy saying. And I want you to stress these things, so that those who have trusted in God may be careful to devote themselves to doing what is good. These things are excellent and profitable for everyone.

9But avoid foolish controversies and genealogies and arguments and quarrels about the law, because these are unprofitable and useless. 10Warn a divisive person once, and then warn him a second time. After that, have nothing to do with him. 11You may be sure that such a man is warped and sinful; he is self-condemned.

Final Remarks

12As soon as I send Artemas or Tychicus to you, do your best to come to me at Nicopolis, because I have decided to winter there. 13Do everything you can to help Zenas the lawyer and Apollos on their way and see that they have everything they need. 14Our people must learn to devote themselves to doing what is good, in order that they may provide for daily necessities and not live unproductive lives.

15Everyone with me sends you greetings. Greet those who love us in the faith.

Grace be with you all.

Carta a Filemón

¹Pablo, prisionero de *Cristo Jesús, y el hermano Timoteo,

a ti, querido Filemón, compañero de trabajo, ²a la hermana Apia, a Arquipo nuestro compañero de lucha, y a la iglesia que se reúne en tu casa:

³Que Dios nuestro Padre y el Señor Jesucristo les concedan gracia y paz.

Acción de gracias y petición

⁴Siempre doy gracias a mi Dios al recordarte en mis oraciones, ⁵porque tengo noticias de tu amor y tu *fidelidad hacia el Señor Jesús y hacia todos los creyentes. ⁶Pido a Dios que el compañerismo que brota de tu fe sea eficaz para la causa de Cristo mediante el reconocimiento de todo lo bueno que compartimos. ⁷Hermano, tu amor me ha alegrado y animado mucho porque has reconfortado el corazón de los *santos.

Intercesión de Pablo por Onésimo

⁸Por eso, aunque en Cristo tengo la franqueza suficiente para ordenarte lo que debes hacer, ⁹prefiero rogártelo en nombre del amor. Yo, Pablo, ya anciano y ahora, además, prisionero de Cristo Jesús, ¹⁰te suplico por mi hijo Onésimo,ᵃ quien llegó a ser hijo mío mientras yo estaba preso. ¹¹En otro tiempo te era inútil, pero ahora nos es útil tanto a ti como a mí.

¹²Te lo envío de vuelta, y con él va mi propio corazón. ¹³Yo hubiera querido retenerlo para que me sirviera en tu lugar mientras estoy preso por causa del *evangelio. ¹⁴Sin embargo, no he querido hacer nada sin tu consentimiento, para que tu favor no sea por obligación sino espontáneo. ¹⁵Tal vez por eso Onésimo se alejó de ti por algún tiempo, para que ahora lo recibas para siempre, ¹⁶ya no como a esclavo, sino como algo mejor: como a un hermano querido, muy especial para mí, pero mucho más para ti, como persona y como hermano en el Señor.

¹⁷De modo que, si me tienes por compañero, recíbelo como a mí mismo. ¹⁸Si te ha perjudicado o te debe algo, cárgalo a mi cuenta. ¹⁹Yo,

Philemon

¹Paul, a prisoner of Christ Jesus, and Timothy our brother,

To Philemon our dear friend and fellow worker, ²to Apphia our sister, to Archippus our fellow soldier and to the church that meets in your home:

³Grace to you and peace from God our Father and the Lord Jesus Christ.

Thanksgiving and Prayer

⁴I always thank my God as I remember you in my prayers, ⁵because I hear about your faith in the Lord Jesus and your love for all the saints. ⁶I pray that you may be active in sharing your faith, so that you will have a full understanding of every good thing we have in Christ. ⁷Your love has given me great joy and encouragement, because you, brother, have refreshed the hearts of the saints.

Paul's Plea for Onesimus

⁸Therefore, although in Christ I could be bold and order you to do what you ought to do, ⁹yet I appeal to you on the basis of love. I then, as Paul—an old man and now also a prisoner of Christ Jesus— ¹⁰I appeal to you for my son Onesimus,ᵃ who became my son while I was in chains. ¹¹Formerly he was useless to you, but now he has become useful both to you and to me.

¹²I am sending him—who is my very heart—back to you. ¹³I would have liked to keep him with me so that he could take your place in helping me while I am in chains for the gospel. ¹⁴But I did not want to do anything without your consent, so that any favor you do will be spontaneous and not forced. ¹⁵Perhaps the reason he was separated from you for a little while was that you might have him back for good— ¹⁶no longer as a slave, but better than a slave, as a dear brother. He is very dear to me but even dearer to you, both as a man and as a brother in the Lord.

¹⁷So if you consider me a partner, welcome him as you would welcome me. ¹⁸If he has done you any wrong or owes you anything, charge it

ᵃ10 *Onésimo* significa *útil*.

ᵃ10 *Onesimus* means *useful*.

Pablo, lo escribo de mi puño y letra: te lo pagaré; por no decirte que tú mismo me debes lo que eres. **20**Sí, hermano, ¡que reciba yo de ti algún beneficio en el Señor Reconforta mi corazón en Cristo. **21**Te escribo confiado en tu obediencia, seguro de que harás aún más de lo que te pido.

22Además de eso, prepárame alojamiento, porque espero que Dios les conceda el tenerme otra vez con ustedes en respuesta a sus oraciones.

23Te mandan saludos Epafras, mi compañero de cárcel en Cristo Jesús, **24**y también Marcos, Aristarco, Demas y Lucas, mis compañeros de trabajo.

25Que la gracia del Señor Jesucristo sea con su espíritu.

to me. **19**I, Paul, am writing this with my own hand. I will pay it back—not to mention that you owe me your very self. **20**I do wish, brother, that I may have some benefit from you in the Lord; refresh my heart in Christ. **21**Confident of your obedience, I write to you, knowing that you will do even more than I ask.

22And one thing more: Prepare a guest room for me, because I hope to be restored to you in answer to your prayers.

23Epaphras, my fellow prisoner in Christ Jesus, sends you greetings. **24**And so do Mark, Aristarchus, Demas and Luke, my fellow workers.

25The grace of the Lord Jesus Christ be with your spirit.

Carta a los Hebreos

El Hijo, superior a los ángeles

1 Dios, que muchas veces y de varias maneras habló a nuestros antepasados en otras épocas por medio de los profetas, **2** en estos días finales nos ha hablado por medio de su Hijo. A éste lo designó heredero de todo, y por medio de él hizo el universo. **3** El Hijo es el resplandor de la gloria de Dios, la fiel imagen de lo que él es, y el que sostiene todas las cosas con su palabra poderosa. Después de llevar a cabo la purificación de los pecados, se sentó a la *derecha de la Majestad en las alturas. **4** Así llegó a ser superior a los ángeles en la misma medida en que el nombre que ha heredado supera en excelencia al de ellos.

5 Porque, ¿a cuál de los ángeles dijo Dios jamás:

«Tú eres mi hijo;
     hoy mismo te he engendrado»;*a*

y en otro pasaje:

«Yo seré su padre,
     y él será mi hijo»?*b*

6 Además, al introducir a su Primogénito en el mundo, Dios dice:

«Que lo adoren todos los ángeles de Dios.»*c*

7 En cuanto a los ángeles dice:

«Él hace de los vientos sus ángeles,
     y de las llamas de fuego sus servidores.»*d*

8 Pero con respecto al Hijo dice:

«Tu trono, oh Dios, permanece por los si-
     glos de los siglos,
y el cetro de tu reino es un cetro de justi-
     cia.
9 Has amado la justicia y odiado la maldad;
     por eso Dios, tu Dios, te ha ungido con
     aceite de alegría,
exaltándote por encima de tus compañe-
     ros.»*e*

Hebrews

The Son Superior to Angels

1 In the past God spoke to our forefathers through the prophets at many times and in various ways, **2** but in these last days he has spoken to us by his Son, whom he appointed heir of all things, and through whom he made the universe. **3** The Son is the radiance of God's glory and the exact representation of his being, sustaining all things by his powerful word. After he had provided purification for sins, he sat down at the right hand of the Majesty in heaven. **4** So he became as much superior to the angels as the name he has inherited is superior to theirs.

5 For to which of the angels did God ever say,

"You are my Son;
     today I have become your Father*a*" *b*?

Or again,

"I will be his Father,
     and he will be my Son" *c*?

6 And again, when God brings his firstborn into the world, he says,

"Let all God's angels worship him." *d*

7 In speaking of the angels he says,

"He makes his angels winds,
     his servants flames of fire." *e*

8 But about the Son he says,

"Your throne, O God, will last for ever
     and ever,
and righteousness will be the scepter of
     your kingdom.
9 You have loved righteousness and hated
     wickedness;
therefore God, your God, has set you
     above your companions
by anointing you with the oil of joy." *f*

---

a 1:5 Sal 2:7   *b* 1:5 2 S 7:14; 1 Cr 17:13   *c* 1:6 Dt 32:43 (según Qumrán y LXX)   *d* 1:7 Sal 104:4   *e* 1:9 Sal 45:6,7

a 5 Or *have begotten you*   *b* 5 Psalm 2:7   *c* 5 2 Samuel 7:14; 1 Chron. 17:13   *d* 6 Deut. 32:43 (see Dead Sea Scrolls and Septuagint)   *e* 7 Psalm 104:4   *f* 9 Psalm 45:6,7

10También dice:

«En el principio, oh Señor, tú afirmaste la
tierra,
y los cielos son la obra de tus manos.
11 Ellos perecerán, pero tú permaneces para
siempre.
Todos ellos se desgastarán como un vestido.
12 Los doblarás como un manto,
y cambiarán como ropa que se muda;
pero tú eres siempre el mismo,
y tus años no tienen fin.»*f*

13¿A cuál de los ángeles dijo Dios jamás:
«Siéntate a mi derecha,
hasta que ponga a tus enemigos
por estrado de tus pies»?*g*

14¿No son todos los ángeles espíritus dedicados
al servicio divino, enviados para ayudar a los
que han de heredar la salvación?

Advertencia a prestar atención

2 Por eso es necesario que prestemos más
atención a lo que hemos oído, no sea que
perdamos el rumbo. 2Porque si el mensaje anunciado por los ángeles tuvo validez, y toda
transgresión y desobediencia recibió su justo castigo, 3¿cómo escaparemos nosotros si descuida-
mos una salvación tan grande? Esta salvación fue
anunciada primeramente por el Señor, y los que la
oyeron nos la confirmaron. 4A la vez, Dios ratifi-
có su testimonio acerca de ella con señales, prodigios, diversos milagros y dones distribuidos por
el Espíritu Santo según su voluntad.

Jesús, hecho igual a sus hermanos

5Dios no puso bajo el dominio de los ángeles
el mundo venidero del que estamos hablando.
6Como alguien ha atestiguado en algún lugar:

«¿Qué es el hombre, para que en él pienses?
¿Qué es el *ser humano,*h para que lo tomes en cuenta?
7 Lo hiciste un poco*i* menor que los ángeles,
y lo coronaste de gloria y de honra;
8   ¡todo lo sometiste a su dominio »*j*

Si Dios puso bajo él todas las cosas, entonces no
hay nada que no le esté sujeto. Ahora bien, es
cierto que todavía no vemos que todo le esté
sujeto. 9Sin embargo, vemos a Jesús, que fue
hecho un poco inferior a los ángeles, coronado

10He also says,

"In the beginning, O Lord, you laid the
foundations of the earth,
and the heavens are the work of your
hands.
11 They will perish, but you remain;
they will all wear out like a garment.
12 You will roll them up like a robe;
like a garment they will be changed.
But you remain the same,
and your years will never end."*g*

13To which of the angels did God ever say,
"Sit at my right hand
until I make your enemies
a footstool for your feet"*h*?

14Are not all angels ministering spirits sent to
serve those who will inherit salvation?

Warning to Pay Attention

2 We must pay more careful attention,
therefore, to what we have heard, so that
we do not drift away. 2For if the message
spoken by angels was binding, and every vio-
lation and disobedience received its just punishment, 3how shall we escape if we ignore
such a great salvation? This salvation, which
was first announced by the Lord, was confirmed to us by those who heard him. 4God
also testified to it by signs, wonders and various miracles, and gifts of the Holy Spirit distributed according to his will.

Jesus Made Like His Brothers

5It is not to angels that he has subjected the
world to come, about which we are speaking.
6But there is a place where someone has testified:

"What is man that you are mindful of
him,
the son of man that you care for him?
7 You made him a little*i* lower than the
angels;
you crowned him with glory and honor
8   and put everything under his feet." *j*

In putting everything under him, God left nothing that is not subject to him. Yet at present we
do not see everything subject to him. 9But we
see Jesus, who was made a little lower than the

---

f **1:12** Sal 102:25-27   *g* **1:13** Sal 110:1   *h* **2:6** el *ser
humano.* Lit. *o hijo de hombre.*   *i* **2:7** *un poco.* Alt. *por un
poco de tiempo;* también en v. 9.   *j* **2:8** Sal 8:4-6

g 12 Psalm 102:25-27   *h* 13 Psalm 110:1   *i* 7 Or *him for a
little while;* also in verse 9   *j* 8 Psalm 8:4-6

de gloria y honra por haber padecido la muerte. Así, por la gracia de Dios, la muerte que él sufrió resulta en beneficio de todos.

10En efecto, a fin de llevar a muchos hijos a la gloria, convenía que Dios, para quien y por medio de quien todo existe, *perfeccionara mediante el sufrimiento al autor de la salvación de ellos. **11**Tanto el que *santifica como los que son santificados tienen un mismo origen, por lo cual Jesús no se avergüenza de llamarlos hermanos, **12**cuando dice:

> «Proclamaré tu nombre a mis hermanos;
> en medio de la congregación te alabaré.»^{k}

13En otra parte dice:

> «Yo confiaré en él.»^{l}

Y añade:

> «Aquí me tienen, con los hijos que Dios
> me ha dado.»^{m}

14Por tanto, ya que ellos son de carne y hueso,^{n} él también compartió esa naturaleza humana para anular, mediante la muerte, al que tiene el dominio de la muerte —es decir, al diablo—, **15**y librar a todos los que por temor a la muerte estaban sometidos a esclavitud durante toda la vida. **16**Pues, ciertamente, no vino en auxilio de los ángeles sino de los descendientes de Abraham. **17**Por eso era preciso que en todo se asemejara a sus hermanos, para ser un sumo sacerdote fiel y misericordioso al servicio de Dios, a fin de *expiar^ñ los pecados del pueblo. **18**Por haber sufrido él mismo la *tentación, puede socorrer a los que son tentados.

Jesús, superior a Moisés

3 Por lo tanto, hermanos, ustedes que han sido *santificados y que tienen parte en el mismo llamamiento celestial, consideren a Jesús, apóstol y sumo sacerdote de la fe que profesamos. **2**Él fue fiel al que lo nombró, como lo fue también Moisés en toda la casa de Dios. **3**De hecho, Jesús ha sido estimado digno de mayor honor que Moisés, así como el constructor de una casa recibe mayor honor que la casa misma. **4**Porque toda casa tiene su constructor, pero el constructor de todo es Dios. **5**Moisés fue fiel como siervo en toda la casa de Dios, para dar testimonio de lo que Dios diría en el futuro. **6***Cristo, en cambio, es fiel como Hijo al frente

angels, now crowned with glory and honor because he suffered death, so that by the grace of God he might taste death for everyone.

10In bringing many sons to glory, it was fitting that God, for whom and through whom everything exists, should make the author of their salvation perfect through suffering. **11**Both the one who makes men holy and those who are made holy are of the same family. So Jesus is not ashamed to call them brothers. **12**He says,

> " I will declare your name to my brothers;
> in the presence of the congregation I
> will sing your praises." ^{k}

13And again,

> "I will put my trust in him." ^{l}

And again he says,

> "Here am I, and the children God has given me." ^{m}

14Since the children have flesh and blood, he too shared in their humanity so that by his death he might destroy him who holds the power of death—that is, the devil— **15**and free those who all their lives were held in slavery by their fear of death. **16**For surely it is not angels he helps, but Abraham's descendants. **17**For this reason he had to be made like his brothers in every way, in order that he might become a merciful and faithful high priest in service to God, and that he might make atonement for^n the sins of the people. **18**Because he himself suffered when he was tempted, he is able to help those who are being tempted.

Jesus Greater Than Moses

3 Therefore, holy brothers, who share in the heavenly calling, fix your thoughts on Jesus, the apostle and high priest whom we confess. **2**He was faithful to the one who appointed him, just as Moses was faithful in all God's house. **3**Jesus has been found worthy of greater honor than Moses, just as the builder of a house has greater honor than the house itself. **4**For every house is built by someone, but God is the builder of everything. **5**Moses was faithful as a servant in all God's house, testifying to what would be said in the future. **6**But Christ is faithful as a son over God's house. And we are his

---

^{k}**2:12** Sal 22:22 ^{l}**2:13** Is 8:17 ^{m}**2:13** Is 8:18
^{n}**2:14** carne y hueso. Lit. sangre y carne. ^{ñ}**2:17** expiar. Lit. hacer propiciación por.

^{k}12 Psalm 22:22 ^{l}13 Isaiah 8:17 ^{m}13 Isaiah 8:18
^{n}17 Or and that he might turn aside God's wrath, taking away

de la casa de Dios. Y esa casa somos nosotros, con tal que mantengamos*o* nuestra confianza y la esperanza que nos *enorgullece.

Advertencia contra la incredulidad

7Por eso, como dice el Espíritu Santo:

«Si ustedes oyen hoy su voz,
8   no endurezcan el corazón
como sucedió en la rebelión,
    en aquel día de *prueba en el desierto.
9Allí sus antepasados me *tentaron y me
    pusieron a prueba,
    a pesar de haber visto mis obras cuaren-
    ta años.
10Por eso me enojé con aquella generación,
    y dije: "Siempre se descarría su corazón,
    y no han reconocido mis caminos."
11Así que, en mi enojo, hice este juramento:
    "Jamás entrarán en mi reposo." »*p*

12Cuídense, hermanos, de que ninguno de ustedes tenga un corazón pecaminoso e incrédulo que los haga apartarse del Dios vivo. 13Más bien, mientras dure ese «hoy», anímense unos a otros cada día, para que ninguno de ustedes se endurezca por el engaño del pecado. 14Hemos llegado a tener parte con *Cristo, con tal que retengamos firme hasta el fin la confianza que tuvimos al principio. 15Como se acaba de decir:

«Si ustedes oyen hoy su voz,
    no endurezcan el corazón
    como sucedió en la rebelión.»*q*

16Ahora bien, ¿quiénes fueron los que oyeron y se rebelaron? ¿No fueron acaso todos los que salieron de Egipto guiados por Moisés? 17¿Y con quiénes se enojó Dios durante cuarenta años? ¿No fue acaso con los que pecaron, los cuales cayeron muertos en el desierto? 18¿Y a quiénes juró Dios que jamás entrarían en su reposo, sino a los que desobedecieron?*r* 19Como podemos ver, no pudieron entrar por causa de su incredulidad.

Reposo del pueblo de Dios

4 Cuidémonos, por tanto, no sea que, aunque la promesa de entrar en su reposo sigue vigente, alguno de ustedes parezca quedarse atrás. 2Porque a nosotros, lo mismo que a ellos, se nos ha anunciado la buena *noticia; pero el mensaje que escucharon no les sirvió de nada, porque no se unieron en la fe a*s* los que habían

house, if we hold on to our courage and the hope of which we boast.

Warning Against Unbelief

7So, as the Holy Spirit says:

"Today, if you hear his voice,
8   do not harden your hearts
    as you did in the rebellion,
    during the time of testing in the desert,
9where your fathers tested and tried me
    and for forty years saw what I did.
10That is why I was angry with that
    generation,
    and I said, 'Their hearts are always go-
    ing astray,
    and they have not known my ways.'
11So I declared on oath in my anger,
    'They shall never enter my rest.'"*o*

12See to it, brothers, that none of you has a sinful, unbelieving heart that turns away from the living God. 13But encourage one another daily, as long as it is called Today, so that none of you may be hardened by sin's deceitfulness. 14We have come to share in Christ if we hold firmly till the end the confidence we had at first. 15As has just been said:

"Today, if you hear his voice,
    do not harden your hearts
    as you did in the rebellion."*p*

16Who were they who heard and rebelled? Were they not all those Moses led out of Egypt? 17And with whom was he angry for forty years? Was it not with those who sinned, whose bodies fell in the desert? 18And to whom did God swear that they would never enter his rest if not to those who disobeyed*q*? 19So we see that they were not able to enter, because of their unbelief.

A Sabbath-Rest for the People of God

4 Therefore, since the promise of entering his rest still stands, let us be careful that none of you be found to have fallen short of it. 2For we also have had the gospel preached to us, just as they did; but the message they heard was of no value to them, because those who heard did not combine it with faith.*r*

---

*o*3:6 *mantengamos.* Var. *mantengamos firme hasta el fin.*
*p*3:11 Sal 95:7-11   *q*3:15 Sal 95:7,8   *r*3:18 *los que desobedecieron.* Alt. *los que no creyeron.*   *s*4:2 *no se unieron en la fe a.* Var. *no se combinó con fe para.*

*o*11 Psalm 95:7-11   *p*15 Psalm 95:7,8   *q*18 Or *disbelieved*   *r*2 Many manuscripts *because they did not share in the faith of those who obeyed* prestado atención a ese mensaje. ³En tal reposo entramos los que somos creyentes, conforme Dios ha dicho:

«Así que, en mi enojo, hice este juramento:
"Jamás entrarán en mi reposo." »ᵗ

Es cierto que su trabajo quedó terminado con la creación del mundo, ⁴pues en algún lugar se ha dicho así del séptimo día: «Y en el séptimo día reposó Dios de todas sus obras.»ᵘ ⁵Y en el pasaje citado también dice: «Jamás entrarán en mi reposo.»

⁶Sin embargo, todavía falta que algunos entren en ese reposo, y los primeros a quienes se les anunció la buena noticia no entraron por causa de su desobediencia. ⁷Por eso, Dios volvió a fijar un día, que es «hoy», cuando mucho después declaró por medio de David lo que ya se ha mencionado:

«Si ustedes oyen hoy su voz,
no endurezcan el corazón.»ᵛ

⁸Si Josué les hubiera dado el reposo, Dios no habría hablado posteriormente de otro día. ⁹Por consiguiente, queda todavía un reposo especialʷ para el pueblo de Dios; ¹⁰porque el que entra en el reposo de Dios descansa también de sus obras, así como Dios descansó de las suyas. ¹¹Esforcémonos, pues, por entrar en ese reposo, para que nadie caiga al seguir aquel ejemplo de desobediencia.

¹²Ciertamente, la palabra de Dios es viva y poderosa, y más cortante que cualquier espada de dos filos. Penetra hasta lo más profundo del alma y del espíritu, hasta la médula de los huesos,ˣ y juzga los pensamientos y las intenciones del corazón. ¹³Ninguna cosa creada escapa a la vista de Dios. Todo está al descubierto, expuesto a los ojos de aquel a quien hemos de rendir cuentas.

Jesús, el gran sumo sacerdote

¹⁴Por lo tanto, ya que en Jesús, el Hijo de Dios, tenemos un gran sumo sacerdote que ha atravesado los cielos, aferrémonos a la fe que profesamos. ¹⁵Porque no tenemos un sumo sacerdote incapaz de compadecerse de nuestras debilidades, sino uno que ha sido *tentado en todo de la misma manera que nosotros, aunque sin pecado. ¹⁶Así que acerquémonos confiadamente al trono de la gracia para recibir misericordia y hallar la gracia que nos ayude en el momento que más la necesitemos.

³Now we who have believed enter that rest, just as God has said,

"So I declared on oath in my anger,
'They shall never enter my rest.'"ˢ

And yet his work has been finished since the creation of the world. ⁴For somewhere he has spoken about the seventh day in these words: "And on the seventh day God rested from all his work."ᵗ ⁵And again in the passage above he says, "They shall never enter my rest."

⁶It still remains that some will enter that rest, and those who formerly had the gospel preached to them did not go in, because of their disobedience. ⁷Therefore God again set a certain day, calling it Today, when a long time later he spoke through David, as was said before:

"Today, if you hear his voice,
do not harden your hearts."ᵘ

⁸For if Joshua had given them rest, God would not have spoken later about another day. ⁹There remains, then, a Sabbath-rest for the people of God; ¹⁰for anyone who enters God's rest also rests from his own work, just as God did from his. ¹¹Let us, therefore, make every effort to enter that rest, so that no one will fall by following their example of disobedience.

¹²For the word of God is living and active. Sharper than any double-edged sword, it penetrates even to dividing soul and spirit, joints and marrow; it judges the thoughts and attitudes of the heart. ¹³Nothing in all creation is hidden from God's sight. Everything is uncovered and laid bare before the eyes of him to whom we must give account.

Jesus the Great High Priest

¹⁴Therefore, since we have a great high priest who has gone through the heavens,ᵛ Jesus the Son of God, let us hold firmly to the faith we profess. ¹⁵For we do not have a high priest who is unable to sympathize with our weaknesses, but we have one who has been tempted in every way, just as we are—yet was without sin. ¹⁶Let us then approach the throne of grace with confidence, so that we may receive mercy and find grace to help us in our time of need.

ᵗ4:3 Sal 95:11; también en v. 5   ᵘ4:4 Gn 2:2
ᵛ4:7 Sal 95:7,8   ʷ4:9 *un reposo especial.* Lit. *un sabático.*
ˣ4:12 *Penetra … huesos.* Lit. *Penetra hasta la división de alma y espíritu, y de articulaciones y médulas.*

ˢ3 Psalm 95:11; also in verse 5   ᵗ4 Gen. 2:2
ᵘ7 Psalm 95:7,8   ᵛ14 Or *gone into heaven*

5 Todo sumo sacerdote es escogido de entre los hombres. Él mismo es nombrado para representar a su pueblo ante Dios, y ofrecer dones y sacrificios por los pecados. ²Puede tratar con paciencia a los ignorantes y extraviados, ya que él mismo está sujeto a las debilidades humanas. ³Por tal razón se ve obligado a ofrecer sacrificios por sus propios pecados, como también por los del pueblo.

⁴Nadie ocupa ese cargo por iniciativa propia; más bien, lo ocupa el que es llamado por Dios, como sucedió con Aarón. ⁵Tampoco *Cristo se glorificó a sí mismo haciéndose sumo sacerdote, sino que Dios le dijo:

«Tú eres mi hijo;
    hoy mismo te he engendrado.»ʸ

⁶Y en otro pasaje dice:

«Tú eres sacerdote para siempre,
    según el orden de Melquisedec.»ᶻ

⁷En los días de su vida *mortal, Jesús ofreció oraciones y súplicas con fuerte clamor y lágrimas al que podía salvarlo de la muerte, y fue escuchado por su reverente sumisión. ⁸Aunque era Hijo, mediante el sufrimiento aprendió a obedecer; ⁹y consumada su *perfección, llegó a ser autor de salvación eterna para todos los que le obedecen, ¹⁰y Dios lo nombró sumo sacerdote según el orden de Melquisedec.

Advertencia contra la apostasía

¹¹Sobre este tema tenemos mucho que decir aunque es difícil explicarlo, porque a ustedes lo que les entra por un oído les sale por el otro.ᵃ ¹²En realidad, a estas alturas ya deberían ser maestros, y sin embargo necesitan que alguien vuelva a enseñarles las verdades más elementales de la palabra de Dios. Dicho de otro modo, necesitan leche en vez de alimento sólido. ¹³El que sólo se alimenta de leche es inexperto en el mensaje de justicia; es como un niño de pecho. ¹⁴En cambio, el alimento sólido es para los adultos, para los que tienen la capacidad de distinguir entre lo bueno y lo malo, pues han ejercitado su facultad de percepción espiritual.

6 Por eso, dejando a un lado las enseñanzas elementales acerca de *Cristo, avancemos hacia la madurez. No volvamos a poner los fundamentos, tales como el *arrepentimiento de las obras que conducen a la muerte, la fe en Dios, ²la instrucción sobre bautismos, la imposición

5 Every high priest is selected from among men and is appointed to represent them in matters related to God, to offer gifts and sacrifices for sins. ²He is able to deal gently with those who are ignorant and are going astray, since he himself is subject to weakness. ³This is why he has to offer sacrifices for his own sins, as well as for the sins of the people.

⁴No one takes this honor upon himself; he must be called by God, just as Aaron was. ⁵So Christ also did not take upon himself the glory of becoming a high priest. But God said to him,

"You are my Son;
    today I have become your Father."ʷ ˣ

⁶And he says in another place,

"You are a priest forever,
    in the order of Melchizedek."ʸ

⁷During the days of Jesus' life on earth, he offered up prayers and petitions with loud cries and tears to the one who could save him from death, and he was heard because of his reverent submission. ⁸Although he was a son, he learned obedience from what he suffered ⁹and, once made perfect, he became the source of eternal salvation for all who obey him ¹⁰and was designated by God to be high priest in the order of Melchizedek.

Warning Against Falling Away

¹¹We have much to say about this, but it is hard to explain because you are slow to learn. ¹²In fact, though by this time you ought to be teachers, you need someone to teach you the elementary truths of God's word all over again. You need milk, not solid food ¹³Anyone who lives on milk, being still an infant, is not acquainted with the teaching about righteousness. ¹⁴But solid food is for the mature, who by constant use have trained themselves to distinguish good from evil.

6 Therefore let us leave the elementary teachings about Christ and go on to maturity, not laying again the foundation of repentance from acts that lead to death,ᶻ and of faith in God, ²instruction about baptisms, the

---

de manos, la resurrección de los muertos y el juicio eterno. ³Así procederemos, si Dios lo permite.

⁴⁻⁶Es imposible que renueven su arrepentimiento aquellos que han sido una vez iluminados, que han saboreado el don celestial, que han tenido parte en el Espíritu Santo y que han experimentado la buena palabra de Dios y los poderes del mundo venidero, y después de todo esto se han apartado. Es imposible, porque así vuelven a crucificar, para su propio mal, al Hijo de Dios, y lo exponen a la vergüenza pública.

⁷Cuando la tierra bebe la lluvia que con frecuencia cae sobre ella, y produce una buena cosecha para los que la cultivan, recibe bendición de Dios. ⁸En cambio, cuando produce espinos y cardos, no vale nada; está a punto de ser maldecida, y acabará por ser quemada.

⁹En cuanto a ustedes, queridos hermanos, aunque nos expresamos así, estamos seguros de que les espera lo mejor, es decir, lo que atañe a la salvación. ¹⁰Porque Dios no es injusto como para olvidarse de las obras y del amor que, para su gloria,ᵇ ustedes han mostrado sirviendo a los *santos, como lo siguen haciendo. ¹¹Deseamos, sin embargo, que cada uno de ustedes siga mostrando ese mismo empeño hasta la realización final y completa de su esperanza. ¹²No sean perezosos; más bien, imiten a quienes por su fe y paciencia heredan las promesas.

La certeza de la promesa de Dios

¹³Cuando Dios hizo su promesa a Abraham, como no tenía a nadie superior por quien jurar, juró por sí mismo, ¹⁴y dijo: «Te bendeciré en gran manera y multiplicaré tu descendencia.»ᶜ ¹⁵Y así, después de esperar con paciencia, Abraham recibió lo que se le había prometido.

¹⁶Los *seres humanos juran por alguien superior a ellos mismos, y el juramento, al confirmar lo que se ha dicho, pone punto final a toda discusión. ¹⁷Por eso Dios, queriendo demostrar claramente a los herederos de la promesa que su propósito es inmutable, la confirmó con un juramento. ¹⁸Lo hizo así para que, mediante la promesa y el juramento, que son dos realidades inmutables en las cuales es imposible que Dios mienta, tengamos un estímulo poderoso los que, buscando refugio, nos aferramos a la esperanza que está delante de nosotros. ¹⁹Tenemos como firme y segura ancla del alma una esperanza que penetra hasta detrás de la cortina del *santuario, ²⁰hasta donde Jesús, el precursor, entró por nosotros, llegando a ser sumo sacerdote para siempre, según el orden de Melquisedec.

laying on of hands, the resurrection of the dead, and eternal judgment. ³And God permitting, we will do so.

⁴It is impossible for those who have once been enlightened, who have tasted the heavenly gift, who have shared in the Holy Spirit, ⁵who have tasted the goodness of the word of God and the powers of the coming age, ⁶if they fall away, to be brought back to repentance, becauseᵃ to their loss they are crucifying the Son of God all over again and subjecting him to public disgrace.

⁷Land that drinks in the rain often falling on it and that produces a crop useful to those for whom it is farmed receives the blessing of God. ⁸But land that produces thorns and thistles is worthless and is in danger of being cursed. In the end it will be burned.

⁹Even though we speak like this, dear friends, we are confident of better things in your case—things that accompany salvation. ¹⁰God is not unjust; he will not forget your work and the love you have shown him as you have helped his people and continue to help them. ¹¹We want each of you to show this same diligence to the very end, in order to make your hope sure. ¹²We do not want you to become lazy, but to imitate those who through faith and patience inherit what has been promised.

The Certainty of God's Promise

¹³When God made his promise to Abraham, since there was no one greater for him to swear by, he swore by himself, ¹⁴saying, "I will surely bless you and give you many descendants."ᵇ ¹⁵And so after waiting patiently, Abraham received what was promised.

¹⁶Men swear by someone greater than themselves, and the oath confirms what is said and puts an end to all argument. ¹⁷Because God wanted to make the unchanging nature of his purpose very clear to the heirs of what was promised, he confirmed it with an oath. ¹⁸God did this so that, by two unchangeable things in which it is impossible for God to lie, we who have fled to take hold of the hope offered to us may be greatly encouraged. ¹⁹We have this hope as an anchor for the soul, firm and secure. It enters the inner sanctuary behind the curtain, ²⁰where Jesus, who went before us, has entered on our behalf. He has become a high priest forever, in the order of Melchizedek.

El sacerdocio de Melquisedec

7 Este Melquisedec, rey de Salén y sacerdote del Dios Altísimo, salió al encuentro de Abraham, que regresaba de derrotar a los reyes, y lo bendijo. ²Abraham, a su vez, le dio la décima parte de todo. El nombre Melquisedec significa, en primer lugar, «rey de justicia» y, además, «rey de Salén», esto es, «rey de paz». ³No tiene padre ni madre ni genealogía; no tiene comienzo ni fin, pero a semejanza del Hijo de Dios, permanece como sacerdote para siempre.

⁴Consideren la grandeza de ese hombre, a quien nada menos que el patriarca Abraham dio la décima parte del botín. ⁵Ahora bien, los descendientes de Leví que reciben el sacerdocio tienen, por ley, el mandato de cobrar los diezmos del pueblo, es decir, de sus hermanos, aunque éstos también son descendientes de Abraham. ⁶En cambio, Melquisedec, que no era descendiente de Leví, recibió los diezmos de Abraham y bendijo al que tenía las promesas. ⁷Es indiscutible que la persona que bendice es superior a la que recibe la bendición. ⁸En el caso de los levitas, los diezmos los reciben hombres mortales; en el otro caso, los recibe Melquisedec, de quien se da testimonio de que vive. ⁹Hasta podría decirse que Leví, quien ahora recibe los diezmos, los pagó por medio de Abraham, ¹⁰ya que Leví estaba presente en su antepasado Abraham cuando Melquisedec le salió al encuentro.

Jesús, semejante a Melquisedec

¹¹Si hubiera sido posible alcanzar la *perfección mediante el sacerdocio levítico (pues bajo éste se le dio la ley al pueblo), ¿qué necesidad había de que más adelante surgiera otro sacerdote, según el orden de Melquisedec y no según el de Aarón? ¹²Porque cuando cambia el sacerdocio, también tiene que cambiarse la ley. ¹³En efecto, Jesús, de quien se dicen estas cosas, era de otra tribu, de la cual nadie se ha dedicado al servicio del altar. ¹⁴Es evidente que nuestro Señor procedía de la tribu de Judá, respecto a la cual nada dijo Moisés con relación al sacerdocio. ¹⁵Y lo que hemos dicho resulta aún más evidente si, a semejanza de Melquisedec, surge otro sacerdote ¹⁶que ha llegado a serlo, no conforme a un requisito legal respecto a linaje *humano, sino conforme al poder de una vida indestructible. ¹⁷Pues de él se da testimonio:

> «Tú eres sacerdote para siempre,
>   según el orden de Melquisedec.»ᵈ

¹⁸Por una parte, la ley anterior queda anulada

Melchizedek the Priest

7 This Melchizedek was king of Salem and priest of God Most High. He met Abraham returning from the defeat of the kings and blessed him, ²and Abraham gave him a tenth of everything. First, his name means "king of righteousness"; then also, "king of Salem" means "king of peace." ³Without father or mother, without genealogy, without beginning of days or end of life, like the Son of God he remains a priest forever.

⁴Just think how great he was: Even the patriarch Abraham gave him a tenth of the plunder ⁵Now the law requires the descendants of Levi who become priests to collect a tenth from the people—that is, their brothers—even though their brothers are descended from Abraham. ⁶This man, however, did not trace his descent from Levi, yet he collected a tenth from Abraham and blessed him who had the promises. ⁷And without doubt the lesser person is blessed by the greater. ⁸In the one case, the tenth is collected by men who die; but in the other case, by him who is declared to be living. ⁹One might even say that Levi, who collects the tenth, paid the tenth through Abraham, ¹⁰because when Melchizedek met Abraham, Levi was still in the body of his ancestor.

Jesus Like Melchizedek

¹¹If perfection could have been attained through the Levitical priesthood (for on the basis of it the law was given to the people), why was there still need for another priest to come—one in the order of Melchizedek, not in the order of Aaron? ¹²For when there is a change of the priesthood, there must also be a change of the law. ¹³He of whom these things are said belonged to a different tribe, and no one from that tribe has ever served at the altar. ¹⁴For it is clear that our Lord descended from Judah, and in regard to that tribe Moses said nothing about priests. ¹⁵And what we have said is even more clear if another priest like Melchizedek appears, ¹⁶one who has become a priest not on the basis of a regulation as to his ancestry but on the basis of the power of an indestructible life. ¹⁷For it is declared:

> "You are a priest forever,
>   in the order of Melchizedek."ᶜ

ᵈ7:17 Sal 110:4; también en v. 21   ᶜ17 Psalm 110:4

por ser inútil e ineficaz, 19ya que no *perfeccionó nada. Y por la otra, se introduce una esperanza mejor, mediante la cual nos acercamos a Dios.

20¡Y no fue sin juramento Los otros sacerdotes llegaron a serlo sin juramento, 21mientras que éste llegó a serlo con el juramento de aquel que le dijo:

«El Señor ha jurado,
   y no cambiará de parecer:
   "Tú eres sacerdote para siempre."»

22Por tanto, Jesús ha llegado a ser el que garantiza un pacto superior.

23Ahora bien, como a aquellos sacerdotes la muerte les impedía seguir ejerciendo sus funciones, ha habido muchos de ellos; 24pero como Jesús permanece para siempre, su sacerdocio es imperecedero. 25Por eso también puede salvar por completo*e* a los que por medio de él se acercan a Dios, ya que vive siempre para interceder por ellos.

26Nos convenía tener un sumo sacerdote así: santo, irreprochable, puro, apartado de los pecadores y exaltado sobre los cielos. 27A diferencia de los otros sumos sacerdotes, él no tiene que ofrecer sacrificios día tras día, primero por sus propios pecados y luego por los del pueblo; porque él ofreció el sacrificio una sola vez y para siempre cuando se ofreció a sí mismo. 28De hecho, la ley designa como sumos sacerdotes a hombres débiles; pero el juramento, posterior a la ley, designa al Hijo, quien ha sido hecho *perfecto para siempre.

El sumo sacerdote de un nuevo pacto

8 Ahora bien, el punto principal de lo que venimos diciendo es que tenemos tal sumo sacerdote, aquel que se sentó a la *derecha del trono de la Majestad en el cielo, 2el que sirve en el *santuario, es decir, en el verdadero tabernáculo levantado por el Señor y no por ningún *ser humano.

3A todo sumo sacerdote se le nombra para presentar ofrendas y sacrificios, por lo cual es necesario que también tenga algo que ofrecer. 4Si Jesús estuviera en la tierra, no sería sacerdote, pues aquí ya hay sacerdotes que presentan las ofrendas en conformidad con la ley. 5Estos sacerdotes sirven en un santuario que es copia y sombra del que está en el cielo, tal como se le advirtió a Moisés cuando estaba a punto de construir el tabernáculo: «Asegúrate de hacerlo todo según el modelo que se te ha mostrado en la montaña.»*f* 6Pero el servicio sacerdotal que Jesús ha recibido es superior al de ellos, así

18The former regulation is set aside because it was weak and useless 19(for the law made nothing perfect), and a better hope is introduced, by which we draw near to God.

20And it was not without an oath Others became priests without any oath, 21but he became a priest with an oath when God said to him:

"The Lord has sworn
   and will not change his mind:
   'You are a priest forever.'"*d*

22Because of this oath, Jesus has become the guarantee of a better covenant.

23Now there have been many of those priests, since death prevented them from continuing in office; 24but because Jesus lives forever, he has a permanent priesthood. 25Therefore he is able to save completely*e* those who come to God through him, because he always lives to intercede for them.

26Such a high priest meets our need—one who is holy, blameless, pure, set apart from sinners, exalted above the heavens. 27Unlike the other high priests, he does not need to offer sacrifices day after day, first for his own sins, and then for the sins of the people. He sacrificed for their sins once for all when he offered himself. 28For the law appoints as high priests men who are weak; but the oath, which came after the law, appointed the Son, who has been made perfect forever.

The High Priest of a New Covenant

8 The point of what we are saying is this: We do have such a high priest, who sat down at the right hand of the throne of the Majesty in heaven, 2and who serves in the sanctuary, the true tabernacle set up by the Lord, not by man.

3Every high priest is appointed to offer both gifts and sacrifices, and so it was necessary for this one also to have something to offer. 4If he were on earth, he would not be a priest, for there are already men who offer the gifts prescribed by the law. 5They serve at a sanctuary that is a copy and shadow of what is in heaven. This is why Moses was warned when he was about to build the tabernacle: "See to it that you make everything according to the pattern shown you on the mountain."*f* 6But

*e*7:25 *por completo.* Alt. *para siempre.*   *f*8:5 Éx 25:40   *d*21 Psalm 110:4   *e*25 Or *forever*   *f*5 Exodus 25:40

como el pacto del cual es mediador es superior al antiguo, puesto que se basa en mejores promesas.

7Efectivamente, si ese primer pacto hubiera sido *perfecto, no habría lugar para un segundo pacto. **8**Pero Dios, reprochándoles sus defectos, dijo:

«Vienen días —dice el Señor—,
en que haré un nuevo pacto
con la casa de Israel
y con la casa de Judá.
9No será un pacto
como el que hice con sus antepasados
el día en que los tomé de la mano
y los saqué de Egipto,
ya que ellos no permanecieron fieles a mi pacto,
y yo los abandoné
—dice el Señor—.
10Éste es el pacto que después de aquel tiempo
haré con la casa de Israel —dice el Señor—:
Pondré mis leyes en su mente
y las escribiré en su corazón.
Yo seré su Dios,
y ellos serán mi pueblo.
11Ya no tendrá nadie que enseñar a su prójimo,
ni dirá nadie a su hermano: "¡Conoce al Señor",
porque todos, desde el más pequeño hasta el más grande,
me conocerán.
12Yo les perdonaré sus iniquidades,
y nunca más me acordaré de sus pecados.»*g*

13Al llamar «nuevo» a ese pacto, ha declarado obsoleto al anterior; y lo que se vuelve obsoleto y envejece ya está por desaparecer.

El culto en el tabernáculo terrenal

9 Ahora bien, el primer pacto tenía sus normas para el culto, y un *santuario terrenal. **2**En efecto, se habilitó un tabernáculo de tal modo que en su primera parte, llamada el Lugar Santo, estaban el candelabro, la mesa y los panes consagrados. **3**Tras la segunda cortina estaba la parte llamada el Lugar Santísimo, **4**el cual tenía el altar de oro para el incienso y el arca del pacto, toda recubierta de oro. Dentro del arca había una urna de oro que contenía el maná, la vara de Aarón que había retoñado, y las tablas del pacto.

the ministry Jesus has received is as superior to theirs as the covenant of which he is mediator is superior to the old one, and it is founded on better promises.

7For if there had been nothing wrong with that first covenant, no place would have been sought for another. **8**But God found fault with the people and said*g*:

"The time is coming, declares the Lord,
when I will make a new covenant
with the house of Israel
and with the house of Judah.
9It will not be like the covenant
I made with their forefathers
when I took them by the hand
to lead them out of Egypt,
because they did not remain faithful to my covenant,
and I turned away from them,
declares the Lord.
10This is the covenant I will make with the house of Israel
after that time, declares the Lord.
I will put my laws in their minds
and write them on their hearts.
I will be their God,
and they will be my people.
11No longer will a man teach his neighbor,
or a man his brother, saying, 'Know the Lord,'
because they will all know me,
from the least of them to the greatest.
12For I will forgive their wickedness
and will remember their sins no more." *h*

13By calling this covenant "new," he has made the first one obsolete; and what is obsolete and aging will soon disappear.

Worship in the Earthly Tabernacle

9 Now the first covenant had regulations for worship and also an earthly sanctuary. **2**A tabernacle was set up. In its first room were the lampstand, the table and the consecrated bread; this was called the Holy Place. **3**Behind the second curtain was a room called the Most Holy Place, **4**which had the golden altar of incense and the gold-covered ark of the covenant. This ark contained the gold jar of manna, Aaron's staff that had budded, and

5Encima del arca estaban los *querubines de la gloria, que cubrían con su sombra el lugar de la *expiación.*h* Pero ahora no se puede hablar de eso en detalle.

6Así dispuestas todas estas cosas, los sacerdotes entran continuamente en la primera parte del tabernáculo para celebrar el culto. 7Pero en la segunda parte entra únicamente el sumo sacerdote, y sólo una vez al año, provisto siempre de sangre que ofrece por sí mismo y por los pecados de ignorancia cometidos por el pueblo. 8Con esto el Espíritu Santo da a entender que, mientras siga en pie el primer tabernáculo, aún no se habrá revelado el camino que conduce al Lugar Santísimo. 9Esto nos ilustra hoy día que las ofrendas y los sacrificios que allí se ofrecen no tienen poder alguno para *perfeccionar la conciencia de los que celebran ese culto. 10No se trata más que de reglas externas relacionadas con alimentos, bebidas y diversas ceremonias de *purificación, válidas sólo hasta el tiempo señalado para reformarlo todo.

La sangre de Cristo

11*Cristo, por el contrario, al presentarse como sumo sacerdote de los bienes definitivos*i* en el tabernáculo más excelente y *perfecto, no hecho por manos humanas (es decir, que no es de esta creación), 12entró una sola vez y para siempre en el Lugar Santísimo. No lo hizo con sangre de machos cabríos y becerros, sino con su propia sangre, logrando así un rescate eterno. 13La sangre de machos cabríos y de toros, y las cenizas de una novilla rociadas sobre personas *impuras, las *santifican de modo que quedan *limpias por fuera. 14Si esto es así, ¡cuánto más la sangre de Cristo, quien por medio del Espíritu eterno se ofreció sin mancha a Dios, purificará nuestra conciencia de las obras que conducen a la muerte, a fin de que sirvamos al Dios viviente!

15Por eso Cristo es mediador de un nuevo pacto, para que los llamados reciban la herencia eterna prometida, ahora que él ha muerto para liberarlos de los pecados cometidos bajo el primer pacto.

16En el caso de un testamento,*j* es necesario constatar la muerte del testador, 17pues un testamento sólo adquiere validez cuando el testador muere, y no entra en vigor mientras vive. 18De ahí que ni siquiera el primer pacto se haya establecido sin sangre. 19Después de promulgar todos los mandamientos de la ley a todo el pueblo, Moisés tomó la sangre de los becerros

the stone tablets of the covenant. 5Above the ark were the cherubim of the Glory, overshadowing the atonement cover.*i* But we cannot discuss these things in detail now.

6When everything had been arranged like this, the priests entered regularly into the outer room to carry on their ministry. 7But only the high priest entered the inner room, and that only once a year, and never without blood, which he offered for himself and for the sins the people had committed in ignorance. 8The Holy Spirit was showing by this that the way into the Most Holy Place had not yet been disclosed as long as the first tabernacle was still standing. 9This is an illustration for the present time, indicating that the gifts and sacrifices being offered were not able to clear the conscience of the worshiper. 10They are only a matter of food and drink and various ceremonial washings—external regulations applying until the time of the new order.

The Blood of Christ

11When Christ came as high priest of the good things that are already here,*j* he went through the greater and more perfect tabernacle that is not man-made, that is to say, not a part of this creation. 12He did not enter by means of the blood of goats and calves; but he entered the Most Holy Place once for all by his own blood, having obtained eternal redemption. 13The blood of goats and bulls and the ashes of a heifer sprinkled on those who are ceremonially unclean sanctify them so that they are outwardly clean. 14How much more, then, will the blood of Christ, who through the eternal Spirit offered himself unblemished to God, cleanse our consciences from acts that lead to death,*k* so that we may serve the living God

15For this reason Christ is the mediator of a new covenant, that those who are called may receive the promised eternal inheritance—now that he has died as a ransom to set them free from the sins committed under the first covenant.

16In the case of a will,*l* it is necessary to prove the death of the one who made it, 17because a will is in force only when somebody has died; it never takes effect while the one who made it is living. 18This is why even the first covenant was not put into effect without blood. 19When Moses had proclaimed every

---

*h*9:5 *el lugar de la expiación.* Lit. *el *propiciatorio.*
*i*9:11 *definitivos.* Var. *venideros.* *j*9:16 En griego la misma palabra se emplea para *pacto* y para *testamento;* también en v. 17.

*i*5 Traditionally *the mercy seat* *j*11 Some early manuscripts *are to come* *k*14 Or *from useless rituals* *l*16 Same Greek word as *covenant;* also in verse 17 junto con agua, lana escarlata y ramas de hisopo, y roció el libro de la ley y a todo el pueblo, 20diciendo: «Ésta es la sangre del pacto que Dios ha mandado que ustedes cumplan.»k 21De la misma manera roció con la sangre el tabernáculo y todos los objetos que se usaban en el culto. 22De hecho, la ley exige que casi todo sea purificado con sangre, pues sin derramamiento de sangre no hay perdón.

23Así que era necesario que las copias de las realidades celestiales fueran purificadas con esos sacrificios, pero que las realidades mismas lo fueran con sacrificios superiores a aquéllos. 24En efecto, Cristo no entró en un santuario hecho por manos humanas, simple copia del verdadero santuario, sino en el cielo mismo, para presentarse ahora ante Dios en favor nuestro. 25Ni entró en el cielo para ofrecerse vez tras vez, como entra el sumo sacerdote en el Lugar Santísimo cada año con sangre ajena. 26Si así fuera, Cristo habría tenido que sufrir muchas veces desde la creación del mundo. Al contrario, ahora, al final de los tiempos, se ha presentado una sola vez y para siempre a fin de acabar con el pecado mediante el sacrificio de sí mismo. 27Y así como está establecido que los seres *humanos mueran una sola vez, y después venga el juicio, 28también Cristo fue ofrecido en sacrificio una sola vez para quitar los pecados de muchos; y aparecerá por segunda vez, ya no para cargar con pecado alguno, sino para traer salvación a quienes lo esperan.

El sacrificio de Cristo, ofrecido una vez y para siempre

10 La ley es sólo una sombra de los bienes venideros, y no la presencia^l misma de estas realidades. Por eso nunca puede, mediante los mismos sacrificios que se ofrecen sin cesar año tras año, hacer *perfectos a los que adoran. 2De otra manera, ¿no habrían dejado ya de hacerse sacrificios? Pues los que rinden culto, *purificados de una vez por todas, ya no se habrían sentido culpables de pecado. 3Pero esos sacrificios son un recordatorio anual de los pecados, 4ya que es imposible que la sangre de los toros y de los machos cabríos quite los pecados.

5Por eso, al entrar en el mundo, *Cristo dijo:

«A ti no te complacen sacrificios ni ofrendas;
en su lugar, me preparaste un cuerpo;
6no te agradaron ni holocaustos
ni sacrificios por el pecado.
7Por eso dije: "Aquí me tienes

commandment of the law to all the people, he took the blood of calves, together with water, scarlet wool and branches of hyssop, and sprinkled the scroll and all the people. 20He said, "This is the blood of the covenant, which God has commanded you to keep."^{m} 21In the same way, he sprinkled with the blood both the tabernacle and everything used in its ceremonies. 22In fact, the law requires that nearly everything be cleansed with blood, and without the shedding of blood there is no forgiveness.

23It was necessary, then, for the copies of the heavenly things to be purified with these sacrifices, but the heavenly things themselves with better sacrifices than these. 24For Christ did not enter a man-made sanctuary that was only a copy of the true one; he entered heaven itself, now to appear for us in God's presence. 25Nor did he enter heaven to offer himself again and again, the way the high priest enters the Most Holy Place every year with blood that is not his own. 26Then Christ would have had to suffer many times since the creation of the world. But now he has appeared once for all at the end of the ages to do away with sin by the sacrifice of himself. 27Just as man is destined to die once, and after that to face judgment, 28so Christ was sacrificed once to take away the sins of many people; and he will appear a second time, not to bear sin, but to bring salvation to those who are waiting for him.

Christ's Sacrifice Once for All

10 The law is only a shadow of the good things that are coming—not the realities themselves. For this reason it can never, by the same sacrifices repeated endlessly year after year, make perfect those who draw near to worship. 2If it could, would they not have stopped being offered? For the worshipers would have been cleansed once for all, and would no longer have felt guilty for their sins. 3But those sacrifices are an annual reminder of sins, 4because it is impossible for the blood of bulls and goats to take away sins.

5Therefore, when Christ came into the world, he said:

"Sacrifice and offering you did not desire,
but a body you prepared for me;
6with burnt offerings and sin offerings
you were not pleased.

---

^{k}9:20 Éx 24:8 ^{l}10:1 presencia. Lit. imagen. ^{m}20 Exodus 24:8

—como el libro dice de mí—.
He venido, oh Dios, a hacer tu
voluntad." »*m*

8Primero dijo: «Sacrificios y ofrendas, holocaustos y expiaciones no te complacen ni fueron
de tu agrado» (a pesar de que la ley exigía que
se ofrecieran). 9Luego añadió: «Aquí me tienes:
He venido a hacer tu voluntad.» Así quitó lo
primero para establecer lo segundo. 10Y en virtud de esa voluntad somos *santificados mediante el sacrificio del cuerpo de *Jesucristo,
ofrecido una vez y para siempre.

11Todo sacerdote celebra el culto día tras día
ofreciendo repetidas veces los mismos sacrificios, que nunca pueden quitar los pecados. 12Pe-
ro ese sacerdote, después de ofrecer por los
pecados un solo sacrificio para siempre, se sentó
a la *derecha de Dios, 13en espera de que sus
enemigos sean puestos por estrado de sus pies.
14Porque con un solo sacrificio ha hecho perfectos para siempre a los que está santificando.

15También el Espíritu Santo nos da testimonio
de ello. Primero dice:

16«Éste es el pacto que haré con ellos
     después de aquel tiempo —dice el
     Señor—:
   Pondré mis leyes en su corazón,
     y las escribiré en su mente.»*n*

17Después añade:

«Y nunca más me acordaré de sus peca-
     dos y maldades.»*ñ*

18Y cuando éstos han sido perdonados, ya no
hace falta otro sacrificio por el pecado.

Llamada a la perseverancia

19Así que, hermanos, mediante la sangre de
Jesús, tenemos plena libertad para entrar en el
Lugar Santísimo, 20por el camino nuevo y vivo
que él nos ha abierto a través de la cortina, es
decir, a través de su cuerpo; 21y tenemos además
un gran sacerdote al frente de la familia de Dios.
22Acerquémonos, pues, a Dios con corazón sincero y con la plena seguridad que da la fe,
interiormente purificados de una conciencia
culpable y exteriormente lavados con agua pura.
23Mantengamos firme la esperanza que profesamos, porque fiel es el que hizo la promesa.
24Preocupémonos los unos por los otros, a fin de
estimularnos al amor y a las buenas obras. 25No

7Then I said, 'Here I am—it is written
   about me in the scroll—
   I have come to do your will, O God.'"*n*

8First he said, "Sacrifices and offerings, burnt
offerings and sin offerings you did not desire,
nor were you pleased with them" (although the
law required them to be made). 9Then he said,
"Here I am, I have come to do your will." He
sets aside the first to establish the second. 10And
by that will, we have been made holy through
the sacrifice of the body of Jesus Christ once for
all.

11Day after day every priest stands and performs his religious duties; again and again he
offers the same sacrifices, which can never
take away sins. 12But when this priest had
offered for all time one sacrifice for sins, he
sat down at the right hand of God. 13Since that
time he waits for his enemies to be made his
footstool, 14because by one sacrifice he has
made perfect forever those who are being
made holy.

15The Holy Spirit also testifies to us about
this. First he says:

16"This is the covenant I will make with
     them
   after that time, says the Lord.
   I will put my laws in their hearts,
     and I will write them on their minds."*o*

17Then he adds:

"Their sins and lawless acts
     I will remember no more."*p*

18And where these have been forgiven, there
is no longer any sacrifice for sin. 19Therefore,
brothers, since we have confidence to enter the
Most Holy Place by the blood of Jesus, 20by
a new and living way opened for us through
the curtain, that is, his body, 21and since we
have a great priest over the house of God, 22let
us draw near to God with a sincere heart in
full assurance of faith, having our hearts sprinkled to cleanse us from a guilty conscience
and having our bodies washed with pure water.
23Let us hold unswervingly to the hope we
profess, for he who promised is faithful. 24And
let us consider how we may spur one another

---

m **10:7** Sal 40:6-8 (véase LXX)   *n* **10:16** Jer 31:33   *n* 7 Psalm 40:6-8 (see Septuagint)   *o* 16 Jer. 31:33
ñ **10:17** Jer 31:34   *p* 17 Jer. 31:34

dejemos de congregarnos, como acostumbran hacerlo algunos, sino animémonos unos a otros, y con mayor razón ahora que vemos que aquel día se acerca.

26Si después de recibir el conocimiento de la verdad pecamos obstinadamente, ya no hay sacrificio por los pecados. **27**Sólo queda una terrible expectativa de juicio, el fuego ardiente que ha de devorar a los enemigos de Dios. **28**Cualquiera que rechazaba la ley de Moisés moría irremediablemente por el testimonio de dos o tres testigos. **29**¿Cuánto mayor castigo piensan ustedes que merece el que ha pisoteado al Hijo de Dios, que ha profanado la sangre del pacto por la cual había sido *santificado, y que ha insultado al Espíritu de la gracia? **30**Pues conocemos al que dijo: «Mía es la venganza; yo pagaré»;*o* y también: «El Señor juzgará a su pueblo.»*p* **31**¡Terrible cosa es caer en las manos del Dios vivo!

32Recuerden aquellos días pasados cuando ustedes, después de haber sido iluminados, sostuvieron una dura lucha y soportaron mucho sufrimiento. **33**Unas veces se vieron expuestos públicamente al insulto y a la persecución; otras veces se solidarizaron con los que eran tratados de igual manera. **34**También se compadecieron de los encarcelados, y cuando a ustedes les confiscaron sus bienes, lo aceptaron con alegría, conscientes de que tenían un patrimonio mejor y más permanente.

35Así que no pierdan la confianza, porque ésta será grandemente recompensada. **36**Ustedes necesitan perseverar para que, después de haber cumplido la voluntad de Dios, reciban lo que él ha prometido. **37**Pues dentro de muy poco tiempo,

«el que ha de venir vendrá, y no tardará.
38 Pero mi justo*q* vivirá por la fe.
Y si se vuelve atrás,
no será de mi agrado.»*r*

39Pero nosotros no somos de los que se vuelven atrás y acaban por perderse, sino de los que tienen fe y preservan su *vida.

Por la fe

11 Ahora bien, la fe es la garantía de lo que se espera, la certeza de lo que no se ve. **2**Gracias a ella fueron aprobados los antiguos.

3Por la fe entendemos que el universo fue formado por la palabra de Dios, de modo que lo visible no provino de lo que se ve.

4Por la fe Abel ofreció a Dios un sacrificio

on toward love and good deeds. **25**Let us not give up meeting together, as some are in the habit of doing, but let us encourage one another—and all the more as you see the Day approaching.

26If we deliberately keep on sinning after we have received the knowledge of the truth, no sacrifice for sins is left, **27**but only a fearful expectation of judgment and of raging fire that will consume the enemies of God. **28**Anyone who rejected the law of Moses died without mercy on the testimony of two or three witnesses. **29**How much more severely do you think a man deserves to be punished who has trampled the Son of God under foot, who has treated as an unholy thing the blood of the covenant that sanctified him, and who has insulted the Spirit of grace? **30**For we know him who said, "It is mine to avenge; I will repay,"*q* and again, "The Lord will judge his people."*r* **31**It is a dreadful thing to fall into the hands of the living God.

32Remember those earlier days after you had received the light, when you stood your ground in a great contest in the face of suffering. **33**Sometimes you were publicly exposed to insult and persecution; at other times you stood side by side with those who were so treated. **34**You sympathized with those in prison and joyfully accepted the confiscation of your property, because you knew that you yourselves had better and lasting possessions.

35So do not throw away your confidence; it will be richly rewarded. **36**You need to persevere so that when you have done the will of God, you will receive what he has promised. **37**For in just a very little while,

"He who is coming will come and will not delay.
38 But my righteous one*s* will live by faith.
And if he shrinks back,
I will not be pleased with him."*t*

39But we are not of those who shrink back and are destroyed, but of those who believe and are saved.

By Faith

11 Now faith is being sure of what we hope for and certain of what we do not see. **2**This is what the ancients were commended for.

3By faith we understand that the universe was formed at God's command, so that what is seen was not made out of what was visible. **4**By faith

---

más aceptable que el de Caín, por lo cual recibió testimonio de ser justo, pues Dios aceptó su ofrenda. Y por la fe Abel, a pesar de estar muerto, habla todavía.

5Por la fe Enoc fue sacado de este mundo sin experimentar la muerte; no fue hallado porque Dios se lo llevó, pero antes de ser llevado recibió testimonio de haber agradado a Dios. 6En realidad, sin fe es imposible agradar a Dios, ya que cualquiera que se acerca a Dios tiene que creer que él existe y que recompensa a quienes lo buscan.

7Por la fe Noé, advertido sobre cosas que aún no se veían, con temor reverente construyó un arca para salvar a su familia. Por esa fe condenó al mundo y llegó a ser heredero de la justicia que viene por la fe.

8Por la fe Abraham, cuando fue llamado para ir a un lugar que más tarde recibiría como herencia, obedeció y salió sin saber a dónde iba. 9Por la fe se radicó como extranjero en la tierra prometida, y habitó en tiendas de campaña con Isaac y Jacob, herederos también de la misma promesa, 10porque esperaba la ciudad de cimientos sólidos, de la cual Dios es arquitecto y constructor.

11Por la fe Abraham, a pesar de su avanzada edad y de que Sara misma era estéril,s recibió fuerza para tener hijos, porque consideró fiel al que le había hecho la promesa. 12Así que de este solo hombre, ya en decadencia, nacieron descendientes numerosos como las estrellas del cielo e incontables como la arena a la orilla del mar.

13Todos ellos vivieron por la fe, y murieron sin haber recibido las cosas prometidas; más bien, las reconocieron a lo lejos, y confesaron que eran extranjeros y peregrinos en la tierra. 14Al expresarse así, claramente dieron a entender que andaban en busca de una patria. 15Si hubieran estado pensando en aquella patria de donde habían emigrado, habrían tenido oportunidad de regresar a ella. 16Antes bien, anhelaban una patria mejor, es decir, la celestial. Por lo tanto, Dios no se avergonzó de ser llamado su Dios, y les preparó una ciudad.

17Por la fe Abraham, que había recibido las promesas, fue puesto a *prueba y ofreció a Isaac, su hijo único, 18a pesar de que Dios le había dicho: «Tu *descendencia se establecerá por medio de Isaac.»t 19Consideraba Abraham que Dios tiene poder hasta para resucitar a los muertos, y así, en sentido figurado, recobró a Isaac de entre los muertos.

20Por la fe Isaac bendijo a Jacob y a Esaú,

Abel offered God a better sacrifice than Cain did. By faith he was commended as a righteous man, when God spoke well of his offerings. And by faith he still speaks, even though he is dead.

5By faith Enoch was taken from this life, so that he did not experience death; he could not be found, because God had taken him away. For before he was taken, he was commended as one who pleased God. 6And without faith it is impossible to please God, because anyone who comes to him must believe that he exists and that he rewards those who earnestly seek him.

7By faith Noah, when warned about things not yet seen, in holy fear built an ark to save his family. By his faith he condemned the world and became heir of the righteousness that comes by faith.

8By faith Abraham, when called to go to a place he would later receive as his inheritance, obeyed and went, even though he did not know where he was going. 9By faith he made his home in the promised land like a stranger in a foreign country; he lived in tents, as did Isaac and Jacob, who were heirs with him of the same promise. 10For he was looking forward to the city with foundations, whose architect and builder is God.

11By faith Abraham, even though he was past age—and Sarah herself was barren—was enabled to become a father because heu considered him faithful who had made the promise. 12And so from this one man, and he as good as dead, came descendants as numerous as the stars in the sky and as countless as the sand on the seashore.

13All these people were still living by faith when they died. They did not receive the things promised; they only saw them and welcomed them from a distance. And they admitted that they were aliens and strangers on earth. 14People who say such things show that they are looking for a country of their own. 15If they had been thinking of the country they had left, they would have had opportunity to return. 16Instead, they were longing for a better country—a heavenly one. Therefore God is not ashamed to be called their God, for he has prepared a city for them.

17By faith Abraham, when God tested him, offered Isaac as a sacrifice. He who had received the promises was about to sacrifice his one and only son, 18even though God had said to him, "It is through Isaac that your offspringv will be reckoned." w 19Abraham reasoned that God could raise the dead, and figuratively speaking, he did receive Isaac back from death.

---

s 11:11 Por … estéril. Alt. Por la fe incluso Sara, a pesar de su avanzada edad y de que era estéril. t 11:18 Gn 21:12

u 11 Or By faith even Sarah, who was past age, was enabled to bear children because she   v 18 Greek seed w 18 Gen. 21:12

previendo lo que les esperaba en el futuro.

²¹Por la fe Jacob, cuando estaba a punto de morir, bendijo a cada uno de los hijos de José, y adoró apoyándose en la punta de su bastón.

²²Por la fe José, al fin de su vida, se refirió a la salida de los israelitas de Egipto y dio instrucciones acerca de sus restos mortales.

²³Por la fe Moisés, recién nacido, fue escondido por sus padres durante tres meses, porque vieron que era un niño precioso, y no tuvieron miedo del edicto del rey.

²⁴Por la fe Moisés, ya adulto, renunció a ser llamado hijo de la hija del faraón. ²⁵Prefirió ser maltratado con el pueblo de Dios a disfrutar de los efímeros placeres del pecado. ²⁶Consideró que el oprobio por causa del *Mesías era una mayor riqueza que los tesoros de Egipto, porque tenía la mirada puesta en la recompensa. ²⁷Por la fe salió de Egipto sin tenerle miedo a la ira del rey, pues se mantuvo firme como si estuviera viendo al Invisible. ²⁸Por la fe celebró la Pascua y el rociamiento de la sangre, para que el exterminador de los primogénitos no tocara a los de Israel.

²⁹Por la fe el pueblo cruzó el Mar Rojo como por tierra seca; pero cuando los egipcios intentaron cruzarlo, se ahogaron.

³⁰Por la fe cayeron las murallas de Jericó, después de haber marchado el pueblo siete días a su alrededor.

³¹Por la fe la prostituta Rajab no murió junto con los desobedientes,ᵘ pues había recibido en paz a los espías.

³²¿Qué más voy a decir? Me faltaría tiempo para hablar de Gedeón, Barac, Sansón, Jefté, David, Samuel y los profetas, ³³los cuales por la fe conquistaron reinos, hicieron justicia y alcanzaron lo prometido; cerraron bocas de leones, ³⁴apagaron la furia de las llamas y escaparon del filo de la espada; sacaron fuerzas de flaqueza; se mostraron valientes en la guerra y pusieron en fuga a ejércitos extranjeros. ³⁵Hubo mujeres que por la resurrección recobraron a sus muertos. Otros, en cambio, fueron muertos a golpes, pues para alcanzar una mejor resurrección no aceptaron que los pusieran en libertad. ³⁶Otros sufrieron la prueba de burlas y azotes, e incluso de cadenas y cárceles. ³⁷Fueron apedreados,ᵛ aserrados por la mitad, asesinados a filo de espada. Anduvieron fugitivos de aquí para allá, cubiertos de pieles de oveja y de cabra, pasando necesidades, afligidos y maltratados. ³⁸¡El mundo no merecía gente así Anduvieron sin rumbo por desiertos y montañas, por cuevas y cavernas.

³⁹Aunque todos obtuvieron un testimonio fa-

²⁰By faith Isaac blessed Jacob and Esau in regard to their future.

²¹By faith Jacob, when he was dying, blessed each of Joseph's sons, and worshiped as he leaned on the top of his staff.

²²By faith Joseph, when his end was near, spoke about the exodus of the Israelites from Egypt and gave instructions about his bones.

²³By faith Moses' parents hid him for three months after he was born, because they saw he was no ordinary child, and they were not afraid of the king's edict.

²⁴By faith Moses, when he had grown up, refused to be known as the son of Pharaoh's daughter. ²⁵He chose to be mistreated along with the people of God rather than to enjoy the pleasures of sin for a short time. ²⁶He regarded disgrace for the sake of Christ as of greater value than the treasures of Egypt, because he was looking ahead to his reward. ²⁷By faith he left Egypt, not fearing the king's anger; he persevered because he saw him who is invisible. ²⁸By faith he kept the Passover and the sprinkling of blood, so that the destroyer of the firstborn would not touch the firstborn of Israel.

²⁹By faith the people passed through the Red Seaˣ as on dry land; but when the Egyptians tried to do so, they were drowned.

³⁰By faith the walls of Jericho fell, after the people had marched around them for seven days.

³¹By faith the prostitute Rahab, because she welcomed the spies, was not killed with those who were disobedient.ʸ

³²And what more shall I say? I do not have time to tell about Gideon, Barak, Samson, Jephthah, David, Samuel and the prophets, ³³who through faith conquered kingdoms, administered justice, and gained what was promised; who shut the mouths of lions, ³⁴quenched the fury of the flames, and escaped the edge of the sword; whose weakness was turned to strength; and who became powerful in battle and routed foreign armies. ³⁵Women received back their dead, raised to life again. Others were tortured and refused to be released, so that they might gain a better resurrection. ³⁶Some faced jeers and flogging, while still others were chained and put in prison. ³⁷They were stonedᶻ; they were sawed in two; they were put to death by the sword. They went about in sheepskins and goatskins, destitute, persecuted and mistreated— ³⁸the world was not worthy of them. They wandered in deserts and mountains, and in caves and holes in the ground.

ᵘ11:31 *desobedientes.* Alt. *incrédulos.*   ᵛ11:37 *apedreados.*
Var. *apedreados, puestos a prueba.*

ˣ29 That is, Sea of Reeds   ʸ31 Or *unbelieving*   ᶻ37 Some
early manuscripts *stoned; they were put to the test;*

vorable mediante la fe, ninguno de ellos vio el cumplimiento de la promesa. **40**Esto sucedió para que ellos no llegaran a la meta*w* sin nosotros, pues Dios nos había preparado algo mejor.

Dios disciplina a sus hijos

12 Por tanto, también nosotros, que estamos rodeados de una multitud tan grande de testigos, despojémonos del lastre que nos estorba, en especial del pecado que nos asedia, y corramos con perseverancia la carrera que tenemos por delante. **2**Fijemos la mirada en Jesús, el iniciador y *perfeccionador de nuestra fe, quien por el gozo que le esperaba, soportó la cruz, menospreciando la vergüenza que ella significaba, y ahora está sentado a la *derecha del trono de Dios. **3**Así, pues, consideren a aquel que perseveró frente a tanta oposición por parte de los pecadores, para que no se cansen ni pierdan el ánimo.

4En la lucha que ustedes libran contra el pecado, todavía no han tenido que resistir hasta derramar su sangre. **5**Y ya han olvidado por completo las palabras de aliento que como a hijos se les dirige:

«Hijo mío, no tomes a la ligera la disciplina del Señor
ni te desanimes cuando te reprenda,
6porque el Señor disciplina a los que ama,
y azota a todo el que recibe como hijo.»*x*

7Lo que soportan es para su disciplina, pues Dios los está tratando como a hijos. ¿Qué hijo hay a quien el padre no disciplina? **8**Si a ustedes se les deja sin la disciplina que todos reciben, entonces son bastardos y no hijos legítimos. **9**Después de todo, aunque nuestros padres *humanos nos disciplinaban, los respetábamos. ¿No hemos de someternos, con mayor razón, al Padre de los espíritus, para que vivamos? **10**En efecto, nuestros padres nos disciplinaban por un breve tiempo, como mejor les parecía; pero Dios lo hace para nuestro bien, a fin de que participemos de su *santidad. **11**Ciertamente, ninguna disciplina, en el momento de recibirla, parece agradable, sino más bien penosa; sin embargo, después produce una cosecha de justicia y paz para quienes han sido entrenados por ella.

12Por tanto, renueven las fuerzas de sus manos cansadas y de sus rodillas debilitadas. **13**«Hagan sendas derechas para sus pies»,*y* para que la pierna coja no se disloque sino que se sane.

39These were all commended for their faith, yet none of them received what had been promised. **40**God had planned something better for us so that only together with us would they be made perfect.

God Disciplines His Sons

12 Therefore, since we are surrounded by such a great cloud of witnesses, let us throw off everything that hinders and the sin that so easily entangles, and let us run with perseverance the race marked out for us. **2**Let us fix our eyes on Jesus, the author and perfecter of our faith, who for the joy set before him endured the cross, scorning its shame, and sat down at the right hand of the throne of God. **3**Consider him who endured such opposition from sinful men, so that you will not grow weary and lose heart.

4In your struggle against sin, you have not yet resisted to the point of shedding your blood. **5**And you have forgotten that word of encouragement that addresses you as sons:

"My son, do not make light of the Lord's discipline,
and do not lose heart when he rebukes you,
6because the Lord disciplines those he loves,
and he punishes everyone he accepts as a son." *a*

7Endure hardship as discipline; God is treating you as sons. For what son is not disciplined by his father? **8**If you are not disciplined (and everyone undergoes discipline), then you are illegitimate children and not true sons. **9**Moreover, we have all had human fathers who disciplined us and we respected them for it. How much more should we submit to the Father of our spirits and live **10**Our fathers disciplined us for a little while as they thought best; but God disciplines us for our good, that we may share in his holiness. **11**No discipline seems pleasant at the time, but painful. Later on, however, it produces a harvest of righteousness and peace for those who have been trained by it.

12Therefore, strengthen your feeble arms and weak knees. **13**"Make level paths for your feet," *b* so that the lame may not be disabled, but rather healed.

---

*w***11:40** *meta.* Alt. *perfección.*   *x***12:6** Pr 3:11,12
*y***12:13** Pr 4:26   *a6* Prov. 3:11,12   *b13* Prov. 4:26

Advertencia a los que rechazan a Dios

14Busquen la paz con todos, y la *santidad, sin la cual nadie verá al Señor. **15**Asegúrense de que nadie deje de alcanzar la gracia de Dios; de que ninguna raíz amarga brote y cause dificultades y corrompa a muchos; **16**y de que nadie sea inmoral ni profano como Esaú, quien por un solo plato de comida vendió sus derechos de hijo mayor.*z* **17**Después, como ya saben, cuando quiso heredar esa bendición, fue rechazado: No se le dio lugar para el *arrepentimiento, aunque con lágrimas buscó la bendición.

18Ustedes no se han acercado a una montaña que se pueda tocar o que esté ardiendo en fuego; ni a oscuridad, tinieblas y tormenta; **19**ni a sonido de trompeta, ni a tal clamor de palabras que quienes lo oyeron suplicaron que no se les hablara más, **20**porque no podían soportar esta orden: «¡Será apedreado todo el que toque la montaña, aunque sea un animal »*a* **21**Tan terrible era este espectáculo que Moisés dijo: «Estoy temblando de miedo.»*b*

22Por el contrario, ustedes se han acercado al monte Sión, a la Jerusalén celestial, la ciudad del Dios viviente. Se han acercado a millares y millares de ángeles, a una asamblea gozosa, **23**a la iglesia de los primogénitos inscritos en el cielo. Se han acercado a Dios, el juez de todos; a los espíritus de los justos que han llegado a la *perfección; **24**a Jesús, el mediador de un nuevo pacto; y a la sangre rociada, que habla con más fuerza que la de Abel.

25Tengan cuidado de no rechazar al que habla, pues si no escaparon aquellos que rechazaron al que los amonestaba en la tierra, mucho menos escaparemos nosotros si le volvemos la espalda al que nos amonesta desde el cielo. **26**En aquella ocasión, su voz conmovió la tierra, pero ahora ha prometido: «Una vez más haré que se estremezca no sólo la tierra sino también el cielo.»*c* **27**La frase «una vez más» indica la transformación*d* de las cosas movibles, es decir, las creadas, para que permanezca lo inconmovible.

28Así que nosotros, que estamos recibiendo un reino inconmovible, seamos agradecidos. Inspirados por esta gratitud, adoremos a Dios como a él le agrada, con temor reverente, **29**porque nuestro «Dios es fuego consumidor».*e*

Exhortaciones finales

13 Sigan amándose unos a otros fraternalmente. **2**No se olviden de practicar la hospitalidad, pues gracias a ella algunos, sin

Warning Against Refusing God

14Make every effort to live in peace with all men and to be holy; without holiness no one will see the Lord. **15**See to it that no one misses the grace of God and that no bitter root grows up to cause trouble and defile many. **16**See that no one is sexually immoral, or is godless like Esau, who for a single meal sold his inheritance rights as the oldest son. **17**Afterward, as you know, when he wanted to inherit this blessing, he was rejected. He could bring about no change of mind, though he sought the blessing with tears.

18You have not come to a mountain that can be touched and that is burning with fire; to darkness, gloom and storm; **19**to a trumpet blast or to such a voice speaking words that those who heard it begged that no further word be spoken to them, **20**because they could not bear what was commanded: "If even an animal touches the mountain, it must be stoned." *c* **21**The sight was so terrifying that Moses said, "I am trembling with fear." *d*

22But you have come to Mount Zion, to the heavenly Jerusalem, the city of the living God. You have come to thousands upon thousands of angels in joyful assembly, **23**to the church of the firstborn, whose names are written in heaven. You have come to God, the judge of all men, to the spirits of righteous men made perfect, **24**to Jesus the mediator of a new covenant, and to the sprinkled blood that speaks a better word than the blood of Abel.

25See to it that you do not refuse him who speaks. If they did not escape when they refused him who warned them on earth, how much less will we, if we turn away from him who warns us from heaven? **26**At that time his voice shook the earth, but now he has promised, "Once more I will shake not only the earth but also the heavens." *e* **27**The words "once more" indicate the removing of what can be shaken—that is, created things—so that what cannot be shaken may remain.

28Therefore, since we are receiving a kingdom that cannot be shaken, let us be thankful, and so worship God acceptably with reverence and awe, **29**for our "God is a consuming fire." *f*

Concluding Exhortations

13 Keep on loving each other as brothers. **2**Do not forget to entertain strangers, for by so doing some people have entertained angels

---

z **12:16** *sus derechos de hijo mayor.* Lit. *su primogenitura.*
a **12:20** Éx 19:12,13   *b* **12:21** Dt 9:19   *c* **12:26** Hag 2:6
d **12:27** *transformación.* Alt. *remoción.*   *e* **12:29** Dt 4:24

c 20 Exodus 19:12,13   *d 21* Deut. 9:19   *e 26* Haggai 2:6
f 29 Deut. 4:24

saberlo, hospedaron ángeles. ³Acuérdense de los presos, como si ustedes fueran sus compañeros de cárcel, y también de los que son maltratados, como si fueran ustedes mismos los que sufren.

⁴Tengan todos en alta estima el matrimonio y la fidelidad conyugal, porque Dios juzgará a los adúlteros y a todos los que cometen inmoralidades sexuales. ⁵Manténganse libres del amor al dinero, y conténtense con lo que tienen, porque Dios ha dicho:

«Nunca te dejaré;
   jamás te abandonaré.»ᶠ

⁶Así que podemos decir con toda confianza:

«El Señor es quien me ayuda; no temeré.
   ¿Qué me puede hacer un simple mortal?»ᵍ

⁷Acuérdense de sus dirigentes, que les comunicaron la palabra de Dios. Consideren cuál fue el resultado de su estilo de vida, e imiten su fe. ⁸*Jesucristo es el mismo ayer y hoy y por los siglos.

⁹No se dejen llevar por ninguna clase de enseñanzas extrañas. Conviene que el corazón sea fortalecido por la gracia, y no por alimentos rituales que de nada aprovechan a quienes los comen.

¹⁰Nosotros tenemos un altar del cual no tienen derecho a comer los que ofician en el tabernáculo. ¹¹Porque el sumo sacerdote introduce la sangre de los animales en el Lugar Santísimo como sacrificio por el pecado, pero los cuerpos de esos animales se queman fuera del campamento. ¹²Por eso también Jesús, para *santificar al pueblo mediante su propia sangre, sufrió fuera de la puerta de la ciudad. ¹³Por lo tanto, salgamos a su encuentro fuera del campamento, llevando la deshonra que él llevó, ¹⁴pues aquí no tenemos una ciudad permanente, sino que buscamos la ciudad venidera.

¹⁵Así que ofrezcamos continuamente a Dios, por medio de Jesucristo, un sacrificio de alabanza, es decir, el fruto de los labios que confiesan su nombre. ¹⁶No se olviden de hacer el bien y de compartir con otros lo que tienen, porque ésos son los sacrificios que agradan a Dios.

¹⁷Obedezcan a sus dirigentes y sométanse a ellos, pues cuidan de ustedes como quienes tienen que rendir cuentas. Obedézcanlos a fin de que ellos cumplan su tarea con alegría y sin quejarse, pues el quejarse no les trae ningún provecho.

without knowing it. ³Remember those in prison as if you were their fellow prisoners, and those who are mistreated as if you yourselves were suffering.

⁴Marriage should be honored by all, and the marriage bed kept pure, for God will judge the adulterer and all the sexually immoral. ⁵Keep your lives free from the love of money and be content with what you have, because God has said,

"Never will I leave you;
   never will I forsake you." ᵍ

⁶So we say with confidence,

"The Lord is my helper; I will not be
   afraid.
   What can man do to me?" ʰ

⁷Remember your leaders, who spoke the word of God to you. Consider the outcome of their way of life and imitate their faith. ⁸Jesus Christ is the same yesterday and today and forever.

⁹Do not be carried away by all kinds of strange teachings. It is good for our hearts to be strengthened by grace, not by ceremonial foods, which are of no value to those who eat them. ¹⁰We have an altar from which those who minister at the tabernacle have no right to eat.

¹¹The high priest carries the blood of animals into the Most Holy Place as a sin offering, but the bodies are burned outside the camp. ¹²And so Jesus also suffered outside the city gate to make the people holy through his own blood. ¹³Let us, then, go to him outside the camp, bearing the disgrace he bore. ¹⁴For here we do not have an enduring city, but we are looking for the city that is to come.

¹⁵Through Jesus, therefore, let us continually offer to God a sacrifice of praise—the fruit of lips that confess his name. ¹⁶And do not forget to do good and to share with others, for with such sacrifices God is pleased. ¹⁷Obey your leaders and submit to their authority. They keep watch over you as men who must give an account. Obey them so that their work will be a joy, not a burden, for that would be of no advantage to you.

ᶠ**13:5** Dt 31:6   ᵍ**13:6** Sal 118:6,7   ᵍ5 Deut. 31:6   ʰ6 Psalm 118:6,7

18Oren por nosotros, porque estamos seguros de tener la conciencia tranquila y queremos portarnos honradamente en todo. 19Les ruego encarecidamente que oren para que cuanto antes se me permita estar de nuevo con ustedes.

20El Dios que da la paz levantó de entre los muertos al gran Pastor de las ovejas, a nuestro Señor Jesús, por la sangre del pacto eterno. 21Que él los capacite en todo lo bueno para hacer su voluntad. Y que, por medio de Jesucristo, Dios cumpla en nosotros lo que le agrada. A él sea la gloria por los siglos de los siglos. Amén.

22Hermanos, les ruego que reciban bien estas palabras de exhortación, ya que les he escrito brevemente.

23Quiero que sepan que nuestro hermano Timoteo ha sido puesto en libertad. Si llega pronto, iré con él a verlos.

24Saluden a todos sus dirigentes y a todos los *santos. Los de Italia les mandan saludos.

25Que la gracia sea con todos ustedes.

18Pray for us. We are sure that we have a clear conscience and desire to live honorably in every way. 19I particularly urge you to pray so that I may be restored to you soon.

20May the God of peace, who through the blood of the eternal covenant brought back from the dead our Lord Jesus, that great Shepherd of the sheep, 21equip you with everything good for doing his will, and may he work in us what is pleasing to him, through Jesus Christ, to whom be glory for ever and ever. Amen.

22Brothers, I urge you to bear with my word of exhortation, for I have written you only a short letter.

23I want you to know that our brother Timothy has been released. If he arrives soon, I will come with him to see you.

24Greet all your leaders and all God's people. Those from Italy send you their greetings.

25Grace be with you all.

Carta de Santiago

1 *Santiago, *siervo de Dios y del Señor *Jesucristo,

a las doce tribus que se hallan dispersas por el mundo:

Saludos.

Pruebas y tentaciones

2Hermanos míos, considérense muy dichosos cuando tengan que enfrentarse con diversas *pruebas, 3pues ya saben que la prueba de su fe produce constancia. 4Y la constancia debe llevar a feliz término la obra, para que sean *perfectos e íntegros, sin que les falte nada. 5Si a alguno de ustedes le falta sabiduría, pídasela a Dios, y él se la dará, pues Dios da a todos generosamente sin menospreciar a nadie. 6Pero que pida con fe, sin dudar, porque quien duda es como las olas del mar, agitadas y llevadas de un lado a otro por el viento. 7Quien es así no piense que va a recibir cosa alguna del Señor; 8es indeciso e inconstante en todo lo que hace.

9El hermano de condición humilde debe sentirse *orgulloso de su alta dignidad, 10y el rico, de su humilde condición. El rico pasará como la flor del campo. 11El sol, cuando sale, seca la planta con su calor abrasador. A ésta se le cae la flor y pierde su belleza. Así se marchitará también el rico en todas sus empresas.

12*Dichoso el que resiste la *tentación porque, al salir aprobado, recibirá la corona de la vida que Dios ha prometido a quienes lo aman. 13Que nadie, al ser tentado, diga: «Es Dios quien me tienta.» Porque Dios no puede ser tentado por el mal, ni tampoco tienta él a nadie. 14Todo lo contrario, cada uno es tentado cuando sus propios malos deseos lo arrastran y seducen. 15Luego, cuando el deseo ha concebido, engendra el pecado; y el pecado, una vez que ha sido consumado, da a luz la muerte.

16Mis queridos hermanos, no se engañen. 17Toda buena dádiva y todo don perfecto descienden de lo alto, donde está el Padre que creó las lumbreras celestes, y que no cambia como los astros ni se mueve como las sombras. 18Por su propia voluntad nos hizo nacer mediante la palabra de verdad, para que fuéramos como los primeros y mejores frutos de su creación.

James

1 James, a servant of God and of the Lord Jesus Christ,

To the twelve tribes scattered among the nations:

Greetings.

Trials and Temptations

2Consider it pure joy, my brothers, whenever you face trials of many kinds, 3because you know that the testing of your faith develops perseverance. 4Perseverance must finish its work so that you may be mature and complete, not lacking anything. 5If any of you lacks wisdom, he should ask God, who gives generously to all without finding fault, and it will be given to him. 6But when he asks, he must believe and not doubt, because he who doubts is like a wave of the sea, blown and tossed by the wind. 7That man should not think he will receive anything from the Lord; 8he is a double-minded man, unstable in all he does.

9The brother in humble circumstances ought to take pride in his high position. 10But the one who is rich should take pride in his low position, because he will pass away like a wild flower. 11For the sun rises with scorching heat and withers the plant; its blossom falls and its beauty is destroyed. In the same way, the rich man will fade away even while he goes about his business.

12Blessed is the man who perseveres under trial, because when he has stood the test, he will receive the crown of life that God has promised to those who love him.

13When tempted, no one should say, "God is tempting me." For God cannot be tempted by evil, nor does he tempt anyone; 14but each one is tempted when, by his own evil desire, he is dragged away and enticed. 15Then, after desire has conceived, it gives birth to sin; and sin, when it is full-grown, gives birth to death.

16Don't be deceived, my dear brothers. 17Every good and perfect gift is from above, coming down from the Father of the heavenly lights, who does not change like shifting shadows. 18He chose to give us birth through the word of truth, that we might be a kind of firstfruits of all he created.

Hay que poner en práctica la palabra

19Mis queridos hermanos, tengan presente esto: Todos deben estar listos para escuchar, y ser lentos para hablar y para enojarse; **20**pues la ira *humana no produce la vida justa que Dios quiere. **21**Por esto, despójense de toda inmundicia y de la maldad que tanto abunda, para que puedan recibir con humildad la palabra sembrada en ustedes, la cual tiene poder para salvarles la *vida.

22No se contenten sólo con escuchar la palabra, pues así se engañan ustedes mismos. Llévenla a la práctica. **23**El que escucha la palabra pero no la pone en práctica es como el que se mira al rostro en un espejo **24**y, después de mirarse, se va y se olvida en seguida de cómo es. **25**Pero quien se fija atentamente en la ley perfecta que da libertad, y persevera en ella, no olvidando lo que ha oído sino haciéndolo, recibirá bendición al practicarla.

26Si alguien se cree religioso pero no le pone freno a su lengua, se engaña a sí mismo, y su religión no sirve para nada. **27**La religión pura y sin mancha delante de Dios nuestro Padre es ésta: atender a los huérfanos y a las viudas en sus aflicciones, y conservarse limpio de la corrupción del mundo.

Prohibición del favoritismo

2 Hermanos míos, la fe que tienen en nuestro glorioso Señor *Jesucristo no debe dar lugar a favoritismos. **2**Supongamos que en el lugar donde se reúnen entra un hombre con anillo de oro y ropa elegante, y entra también un pobre desharrapado. **3**Si atienden bien al que lleva ropa elegante y le dicen: «Siéntese usted aquí, en este lugar cómodo», pero al pobre le dicen: «Quédate ahí de pie» o «Siéntate en el suelo, a mis pies», **4**¿acaso no hacen discriminación entre ustedes, juzgando con malas intenciones?

5Escuchen, mis queridos hermanos: ¿No ha escogido Dios a los que son pobres según el mundo para que sean ricos en la fe y hereden el reino que prometió a quienes lo aman? **6**¡Pero ustedes han menospreciado al pobre ¿No son los ricos quienes los explotan a ustedes y los arrastran ante los tribunales? **7**¿No son ellos los que *blasfeman el buen nombre de aquel a quien ustedes pertenecen?

8Hacen muy bien si de veras cumplen la ley suprema de la Escritura: «Ama a tu prójimo como a ti mismo»;[a] **9**pero si muestran algún favoritismo, pecan y son culpables, pues la misma ley los acusa de ser transgresores. **10**Porque

Listening and Doing

19My dear brothers, take note of this: Everyone should be quick to listen, slow to speak and slow to become angry, **20**for man's anger does not bring about the righteous life that God desires. **21**Therefore, get rid of all moral filth and the evil that is so prevalent and humbly accept the word planted in you, which can save you.

22Do not merely listen to the word, and so deceive yourselves. Do what it says. **23**Anyone who listens to the word but does not do what it says is like a man who looks at his face in a mirror **24**and, after looking at himself, goes away and immediately forgets what he looks like. **25**But the man who looks intently into the perfect law that gives freedom, and continues to do this, not forgetting what he has heard, but doing it—he will be blessed in what he does.

26If anyone considers himself religious and yet does not keep a tight rein on his tongue, he deceives himself and his religion is worthless. **27**Religion that God our Father accepts as pure and faultless is this: to look after orphans and widows in their distress and to keep oneself from being polluted by the world.

Favoritism Forbidden

2 My brothers, as believers in our glorious Lord Jesus Christ, don't show favoritism. **2**Suppose a man comes into your meeting wearing a gold ring and fine clothes, and a poor man in shabby clothes also comes in. **3**If you show special attention to the man wearing fine clothes and say, "Here's a good seat for you," but say to the poor man, "You stand there" or "Sit on the floor by my feet," **4**have you not discriminated among yourselves and become judges with evil thoughts?

5Listen, my dear brothers: Has not God chosen those who are poor in the eyes of the world to be rich in faith and to inherit the kingdom he promised those who love him? **6**But you have insulted the poor. Is it not the rich who are exploiting you? Are they not the ones who are dragging you into court? **7**Are they not the ones who are slandering the noble name of him to whom you belong?

8If you really keep the royal law found in Scripture, "Love your neighbor as yourself," [a] you are doing right. **9**But if you show favoritism, you sin and are convicted by the law as lawbreakers. **10**For whoever keeps the whole

---

a **2:8** Lv 19:18   *a* **8** Lev. 19:18

el que cumple con toda la ley pero falla en un solo punto ya es culpable de haberla quebrantado toda. [11]Pues el que dijo: «No cometas adulterio», [b] también dijo: «No mates.» [c] Si no cometes adulterio, pero matas, ya has violado la ley.

[12]Hablen y pórtense como quienes han de ser juzgados por la ley que nos da libertad, [13]porque habrá un juicio sin compasión para el que actúe sin compasión. ¡La compasión triunfa en el juicio

La fe y las obras

[14]Hermanos míos, ¿de qué le sirve a uno alegar que tiene fe, si no tiene obras? ¿Acaso podrá salvarlo esa fe? [15]Supongamos que un hermano o una hermana no tienen con qué vestirse y carecen del alimento diario, [16]y uno de ustedes les dice: «Que les vaya bien; abríguense y coman hasta saciarse», pero no les da lo necesario para el cuerpo. ¿De qué servirá eso? [17]Así también la fe por sí sola, si no tiene obras, está muerta.

[18]Sin embargo, alguien dirá: «Tú tienes fe, y yo tengo obras.»

Pues bien, muéstrame tu fe sin las obras, y yo te mostraré la fe por mis obras. [19]¿Tú crees que hay un solo Dios? ¡Magnífico También los demonios lo creen, y tiemblan.

[20]¡Qué tonto eres ¿Quieres convencerte de que la fe sin obras es estéril? [d] [21]¿No fue declarado justo nuestro padre Abraham por lo que hizo cuando ofreció sobre el altar a su hijo Isaac? [22]Ya lo ves: Su fe y sus obras actuaban conjuntamente, y su fe llegó a la *perfección por las obras que hizo. [23]Así se cumplió la Escritura que dice: «Le creyó Abraham a Dios, y esto se le tomó en cuenta como justicia», [e] y fue llamado amigo de Dios. [24]Como pueden ver, a una persona se le declara justa por las obras, y no sólo por la fe.

[25]De igual manera, ¿no fue declarada justa por las obras aun la prostituta Rajab, cuando hospedó a los espías y les ayudó a huir por otro camino? [26]Pues como el cuerpo sin el espíritu está muerto, así también la fe sin obras está muerta.

Hay que domar la lengua

3 Hermanos míos, no pretendan muchos de ustedes ser maestros, pues, como saben, seremos juzgados con más severidad. [2]Todos fallamos mucho. Si alguien nunca falla en lo que dice, es una persona *perfecta, capaz también de controlar todo su cuerpo.

law and yet stumbles at just one point is guilty of breaking all of it. [11]For he who said, "Do not commit adultery," [b] also said, "Do not murder." [c] If you do not commit adultery but do commit murder, you have become a lawbreaker.

[12]Speak and act as those who are going to be judged by the law that gives freedom, [13]because judgment without mercy will be shown to anyone who has not been merciful. Mercy triumphs over judgment

Faith and Deeds

[14]What good is it, my brothers, if a man claims to have faith but has no deeds? Can such faith save him? [15]Suppose a brother or sister is without clothes and daily food. [16]If one of you says to him, "Go, I wish you well; keep warm and well fed," but does nothing about his physical needs, what good is it? [17]In the same way, faith by itself, if it is not accompanied by action, is dead.

[18]But someone will say, "You have faith; I have deeds."

Show me your faith without deeds, and I will show you my faith by what I do. [19]You believe that there is one God. Good Even the demons believe that—and shudder.

[20]You foolish man, do you want evidence that faith without deeds is useless [d]? [21]Was not our ancestor Abraham considered righteous for what he did when he offered his son Isaac on the altar? [22]You see that his faith and his actions were working together, and his faith was made complete by what he did. [23]And the scripture was fulfilled that says, "Abraham believed God, and it was credited to him as righteousness," [e] and he was called God's friend. [24]You see that a person is justified by what he does and not by faith alone.

[25]In the same way, was not even Rahab the prostitute considered righteous for what she did when she gave lodging to the spies and sent them off in a different direction? [26]As the body without the spirit is dead, so faith without deeds is dead.

Taming the Tongue

3 Not many of you should presume to be teachers, my brothers, because you know that we who teach will be judged more strictly. [2]We all stumble in many ways. If anyone is never at fault in what he says, he is a perfect man, able to keep his whole body in check.

---

[b]2:11 Éx 20:14; Dt 5:18   [c]2:11 Éx 20:13; Dt 5:17
[d]2:20 es estéril. Var. está muerta.   [e]2:23 Gn 15:6

[b]11 Exodus 20:14; Deut. 5:18   [c]11 Exodus 20:13; Deut. 5:17   [d]20 Some early manuscripts dead   [e]23 Gen. 15:6

3Cuando ponemos freno en la boca de los caballos para que nos obedezcan, podemos controlar todo el animal. 4Fíjense también en los barcos. A pesar de ser tan grandes y de ser impulsados por fuertes vientos, se gobiernan por un pequeño timón a voluntad del piloto. 5Así también la lengua es un miembro muy pequeño del cuerpo, pero hace alarde de grandes hazañas. ¡Imagínense qué gran bosque se incendia con tan pequeña chispa 6También la lengua es un fuego, un mundo de maldad. Siendo uno de nuestros órganos, contamina todo el cuerpo y, encendida por el infierno,f prende a su vez fuego a todo el curso de la vida.

7El *ser humano sabe domar y, en efecto, ha domado toda clase de fieras, de aves, de reptiles y de bestias marinas; 8pero nadie puede domar la lengua. Es un mal irrefrenable, lleno de veneno mortal.

9Con la lengua bendecimos a nuestro Señor y Padre, y con ella maldecimos a las personas, creadas a imagen de Dios. 10De una misma boca salen bendición y maldición. Hermanos míos, esto no debe ser así. 11¿Puede acaso brotar de una misma fuente agua dulce y agua salada?g 12Hermanos míos, ¿acaso puede dar aceitunas una higuera o higos una vid? Pues tampoco una fuente de agua salada puede dar agua dulce.

Dos clases de sabiduría

13¿Quién es sabio y entendido entre ustedes? Que lo demuestre con su buena conducta, mediante obras hechas con la humildad que le da su sabiduría. 14Pero si ustedes tienen envidias amargas y rivalidades en el corazón, dejen de presumir y de faltar a la verdad. 15Ésa no es la sabiduría que desciende del cielo, sino que es terrenal, puramente *humana y diabólica. 16Porque donde hay envidias y rivalidades, también hay confusión y toda clase de acciones malvadas.

17En cambio, la sabiduría que desciende del cielo es ante todo pura, y además pacífica, bondadosa, dócil, llena de compasión y de buenos frutos, imparcial y sincera. 18En fin, el fruto de la justicia se siembra en paz parah los que hacen la paz.

Sométanse a Dios

4 ¿De dónde surgen las guerras y los conflictos entre ustedes? ¿No es precisamente de las pasiones que luchan dentro de ustedes mismos?i 2Desean algo y no lo consiguen. Matan y sienten envidia, y no pueden obtener lo que quieren. Riñen y se hacen la guerra. No tienen,

3When we put bits into the mouths of horses to make them obey us, we can turn the whole animal. 4Or take ships as an example. Although they are so large and are driven by strong winds, they are steered by a very small rudder wherever the pilot wants to go. 5Likewise the tongue is a small part of the body, but it makes great boasts. Consider what a great forest is set on fire by a small spark. 6The tongue also is a fire, a world of evil among the parts of the body. It corrupts the whole person, sets the whole course of his life on fire, and is itself set on fire by hell.

7All kinds of animals, birds, reptiles and creatures of the sea are being tamed and have been tamed by man, 8but no man can tame the tongue. It is a restless evil, full of deadly poison.

9With the tongue we praise our Lord and Father, and with it we curse men, who have been made in God's likeness. 10Out of the same mouth come praise and cursing. My brothers, this should not be. 11Can both fresh water and saltf water flow from the same spring? 12My brothers, can a fig tree bear olives, or a grapevine bear figs? Neither can a salt spring produce fresh water.

Two Kinds of Wisdom

13Who is wise and understanding among you? Let him show it by his good life, by deeds done in the humility that comes from wisdom. 14But if you harbor bitter envy and selfish ambition in your hearts, do not boast about it or deny the truth. 15Such "wisdom" does not come down from heaven but is earthly, unspiritual, of the devil. 16For where you have envy and selfish ambition, there you find disorder and every evil practice.

17But the wisdom that comes from heaven is first of all pure; then peace-loving, considerate, submissive, full of mercy and good fruit, impartial and sincere. 18Peacemakers who sow in peace raise a harvest of righteousness.

Submit Yourselves to God

4 What causes fights and quarrels among you? Don't they come from your desires that battle within you? 2You want something but don't get it. You kill and covet, but you cannot have what you want. You quarrel and fight. You do not have, because you do not ask God. 3When you ask, you do not receive, because you ask

---

f3:6 el infierno. Lit. la *Gehenna.   g3:11 salada. Lit. amarga (véase también v. 12).   h3:18 para. Alt. por.   i4:1 luchan … mismos. Lit. hacen guerra en sus miembros.   f11 Greek bitter (see also verse 14) porque no piden. ³Y cuando piden, no reciben porque piden con malas intenciones, para satisfacer sus propias pasiones.

⁴¡Oh gente adúltera ¿No saben que la amistad con el mundo es enemistad con Dios? Si alguien quiere ser amigo del mundo se vuelve enemigo de Dios. ⁵¿O creen que la Escritura dice en vano que Dios ama celosamente al espíritu que hizo morar en nosotros?ʲ ⁶Pero él nos da mayor ayuda con su gracia. Por eso dice la Escritura:

«Dios se opone a los orgullosos,
    pero da gracia a los humildes.»ᵏ

⁷Así que sométanse a Dios. Resistan al diablo, y él huirá de ustedes. ⁸Acérquense a Dios, y él se acercará a ustedes. ¡Pecadores, límpiense las manos ¡Ustedes los inconstantes, purifiquen su corazón ⁹Reconozcan sus miserias, lloren y laméntense. Que su risa se convierta en llanto, y su alegría en tristeza. ¹⁰Humíllense delante del Señor, y él los exaltará.

¹¹Hermanos, no hablen mal unos de otros. Si alguien habla mal de su hermano, o lo juzga, habla mal de la ley y la juzga. Y si juzgas la ley, ya no eres cumplidor de la ley, sino su juez. ¹²No hay más que un solo legislador y juez, aquel que puede salvar y destruir. Tú, en cambio, ¿quién eres para juzgar a tu prójimo?

Alarde sobre el mañana

¹³Ahora escuchen esto, ustedes que dicen: «Hoy o mañana iremos a tal o cual ciudad, pasaremos allí un año, haremos negocios y ganaremos dinero.» ¹⁴¡Y eso que ni siquiera saben qué sucederá mañana ¿Qué es su vida? Ustedes son como la niebla, que aparece por un momento y luego se desvanece. ¹⁵Más bien, debieran decir: «Si el Señor quiere, viviremos y haremos esto o aquello.» ¹⁶Pero ahora se *jactan en sus fanfarronerías. Toda esta jactancia es mala. ¹⁷Así que comete pecado todo el que sabe hacer el bien y no lo hace.

Advertencia a los ricos opresores

5 Ahora escuchen, ustedes los ricos: ¡lloren a gritos por las calamidades que se les vienen encima ²Se ha podrido su riqueza, y sus ropas están comidas por la polilla. ³Se han oxidado su oro y su plata. Ese óxido dará testimonio contra ustedes y consumirá como fuego sus cuerpos. Han amontonado riquezas, ¡y eso que estamos en los últimos tiempos ⁴Oigan cómo clama contra ustedes el salario no pagado a los

with wrong motives, that you may spend what you get on your pleasures.

⁴You adulterous people, don't you know that friendship with the world is hatred toward God? Anyone who chooses to be a friend of the world becomes an enemy of God. ⁵Or do you think Scripture says without reason that the spirit he caused to live in us envies intensely?ᵍ ⁶But he gives us more grace. That is why Scripture says:

"God opposes the proud
    but gives grace to the humble." ʰ

⁷Submit yourselves, then, to God. Resist the devil, and he will flee from you. ⁸Come near to God and he will come near to you. Wash your hands, you sinners, and purify your hearts, you double-minded. ⁹Grieve, mourn and wail. Change your laughter to mourning and your joy to gloom. ¹⁰Humble yourselves before the Lord, and he will lift you up.

¹¹Brothers, do not slander one another. Anyone who speaks against his brother or judges him speaks against the law and judges it. When you judge the law, you are not keeping it, but sitting in judgment on it. ¹²There is only one Lawgiver and Judge, the one who is able to save and destroy. But you—who are you to judge your neighbor?

Boasting About Tomorrow

¹³Now listen, you who say, "Today or tomorrow we will go to this or that city, spend a year there, carry on business and make money." ¹⁴Why, you do not even know what will happen tomorrow. What is your life? You are a mist that appears for a little while and then vanishes. ¹⁵Instead, you ought to say, "If it is the Lord's will, we will live and do this or that." ¹⁶As it is, you boast and brag. All such boasting is evil. ¹⁷Anyone, then, who knows the good he ought to do and doesn't do it, sins.

Warning to Rich Oppressors

5 Now listen, you rich people, weep and wail because of the misery that is coming upon you. ²Your wealth has rotted, and moths have eaten your clothes. ³Your gold and silver are corroded. Their corrosion will testify against you and eat your flesh like fire. You have hoarded wealth in the last days. ⁴Look The wages you failed to pay the workmen who mowed your fields are crying out against you. The cries of the

---

ʲ 4:5 Dios … nosotros. Alt. el espíritu que él hizo morar en nosotros envidia intensamente, o el Espíritu que él hizo morar en nosotros ama celosamente. ᵏ 4:6 Pr 3:34

ᵍ 5 Or that God jealously longs for the spirit that he made to live in us; or that the Spirit he caused to live in us longs jealously ʰ 6 Prov. 3:34

obreros que les trabajaron sus campos. El clamor de esos trabajadores ha llegado a oídos del Señor Todopoderoso. 5Ustedes han llevado en este mundo una vida de lujo y de placer desenfrenado. Lo que han hecho es engordar para el día de la matanza.¹ 6Han condenado y matado al justo sin que él les ofreciera resistencia.

Paciencia en los sufrimientos

7Por tanto, hermanos, tengan paciencia hasta la venida del Señor. Miren cómo espera el agricultor a que la tierra dé su precioso fruto y con qué paciencia aguarda las temporadas de lluvia. 8Así también ustedes, manténganse firmes y aguarden con paciencia la venida del Señor, que ya se acerca. 9No se quejen unos de otros, hermanos, para que no sean juzgados. ¡El juez ya está a la puerta!

10Hermanos, tomen como ejemplo de sufrimiento y de paciencia a los profetas que hablaron en el nombre del Señor. 11En verdad, consideramos *dichosos a los que perseveraron. Ustedes han oído hablar de la perseverancia de Job, y han visto lo que al final le dio el Señor. Es que el Señor es muy compasivo y misericordioso.

12Sobre todo, hermanos míos, no juren ni por el cielo ni por la tierra ni por ninguna otra cosa. Que su «sí» sea «sí», y su «no», «no», para que no sean condenados.

La oración de fe

13¿Está afligido alguno entre ustedes? Que ore. ¿Está alguno de buen ánimo? Que cante alabanzas. 14¿Está enfermo alguno de ustedes? Haga llamar a los *ancianos de la iglesia para que oren por él y lo unjan con aceite en el nombre del Señor. 15La oración de fe sanará al enfermo y el Señor lo levantará. Y si ha pecado, su pecado se le perdonará. 16Por eso, confiésense unos a otros sus pecados, y oren unos por otros, para que sean sanados. La oración del justo es poderosa y eficaz.

17Elías era un hombre con debilidades como las nuestras. Con fervor oró que no lloviera, y no llovió sobre la tierra durante tres años y medio. 18Volvió a orar, y el cielo dio su lluvia y la tierra produjo sus frutos.

19Hermanos míos, si alguno de ustedes se extravía de la verdad, y otro lo hace volver a ella, 20recuerden que quien hace volver a un pecador de su extravío, lo salvará de la muerte y cubrirá muchísimos pecados.

harvesters have reached the ears of the Lord Almighty. 5You have lived on earth in luxury and self-indulgence. You have fattened yourselves in the day of slaughter.ⁱ 6You have condemned and murdered innocent men, who were not opposing you.

Patience in Suffering

7Be patient, then, brothers, until the Lord's coming. See how the farmer waits for the land to yield its valuable crop and how patient he is for the autumn and spring rains. 8You too, be patient and stand firm, because the Lord's coming is near. 9Don't grumble against each other, brothers, or you will be judged. The Judge is standing at the door!

10Brothers, as an example of patience in the face of suffering, take the prophets who spoke in the name of the Lord. 11As you know, we consider blessed those who have persevered. You have heard of Job's perseverance and have seen what the Lord finally brought about. The Lord is full of compassion and mercy.

12Above all, my brothers, do not swear—not by heaven or by earth or by anything else. Let your "Yes" be yes, and your "No," no, or you will be condemned.

The Prayer of Faith

13Is any one of you in trouble? He should pray. Is anyone happy? Let him sing songs of praise. 14Is any one of you sick? He should call the elders of the church to pray over him and anoint him with oil in the name of the Lord. 15And the prayer offered in faith will make the sick person well; the Lord will raise him up. If he has sinned, he will be forgiven. 16Therefore confess your sins to each other and pray for each other so that you may be healed. The prayer of a righteous man is powerful and effective.

17Elijah was a man just like us. He prayed earnestly that it would not rain, and it did not rain on the land for three and a half years. 18Again he prayed, and the heavens gave rain, and the earth produced its crops. 19My brothers, if one of you should wander from the truth and someone should bring him back, 20remember this: Whoever turns a sinner from the error of his way will save him from death and cover over a multitude of sins.

---

¹5:5 Lo … matanza. Alt. Han engordado como en un banquete.

ⁱ5 Or yourselves as in a day of feasting

Primera Carta de Pedro

1 Pedro, apóstol de *Jesucristo,

a los elegidos, extranjeros dispersos por el Ponto, Galacia, Capadocia, *Asia y Bitinia, 2según la previsión*a* de Dios el Padre, mediante la obra *santificadora del Espíritu, para obedecer a Jesucristo y ser redimidos*b* por su sangre:

Que abunden en ustedes la gracia y la paz.

Alabanza a Dios por una esperanza viva

3¡Alabado sea Dios, Padre de nuestro Señor Jesucristo Por su gran misericordia, nos ha hecho nacer de nuevo mediante la resurrección de Jesucristo, para que tengamos una esperanza viva 4y recibamos una herencia indestructible, incontaminada e inmarchitable. Tal herencia está reservada en el cielo para ustedes, 5a quienes el poder de Dios protege mediante la fe hasta que llegue la salvación que se ha de revelar en los últimos tiempos. 6Esto es para ustedes motivo de gran alegría, a pesar de que hasta ahora han tenido que sufrir diversas *pruebas por un tiempo. 7El oro, aunque perecedero, se acrisola al fuego. Así también la fe de ustedes, que vale mucho más que el oro, al ser acrisolada por las pruebas demostrará que es digna de aprobación, gloria y honor cuando Jesucristo se revele. 8Ustedes lo aman a pesar de no haberlo visto; y aunque no lo ven ahora, creen en él y se alegran con un gozo indescriptible y glorioso, 9pues están obteniendo la meta de su fe, que es su salvación.

10Los profetas, que anunciaron la gracia reservada para ustedes, estudiaron y observaron esta salvación. 11Querían descubrir a qué tiempo y a cuáles circunstancias se refería el Espíritu de *Cristo, que estaba en ellos, cuando testificó de antemano acerca de los sufrimientos de Cristo y de la gloria que vendría después de éstos. 12A ellos se les reveló que no se estaban sirviendo a sí mismos, sino que les servían a ustedes. Hablaban de las cosas que ahora les han anunciado los que les predicaron el *evangelio por medio del Espíritu Santo enviado del cielo. Aun los mismos ángeles anhelan contemplar esas cosas.

1 Peter

1 Peter, an apostle of Jesus Christ,

To God's elect, strangers in the world, scattered throughout Pontus, Galatia, Cappadocia, Asia and Bithynia, 2who have been chosen according to the foreknowledge of God the Father, through the sanctifying work of the Spirit, for obedience to Jesus Christ and sprinkling by his blood:

Grace and peace be yours in abundance.

Praise to God for a Living Hope

3Praise be to the God and Father of our Lord Jesus Christ In his great mercy he has given us new birth into a living hope through the resurrection of Jesus Christ from the dead, 4and into an inheritance that can never perish, spoil or fade—kept in heaven for you, 5who through faith are shielded by God's power until the coming of the salvation that is ready to be revealed in the last time. 6In this you greatly rejoice, though now for a little while you may have had to suffer grief in all kinds of trials. 7These have come so that your faith—of greater worth than gold, which perishes even though refined by fire—may be proved genuine and may result in praise, glory and honor when Jesus Christ is revealed. 8Though you have not seen him, you love him; and even though you do not see him now, you believe in him and are filled with an inexpressible and glorious joy, 9for you are receiving the goal of your faith, the salvation of your souls.

10Concerning this salvation, the prophets, who spoke of the grace that was to come to you, searched intently and with the greatest care, 11trying to find out the time and circumstances to which the Spirit of Christ in them was pointing when he predicted the sufferings of Christ and the glories that would follow. 12It was revealed to them that they were not serving themselves but you, when they spoke of the things that have now been told you by those who have preached the gospel to you by the Holy Spirit sent from heaven. Even angels long to look into these things.

---

*a*1:2 *la previsión.* Lit. *el conocimiento previo.*
*b*1:2 *redimidos.* Lit. *rociados.*

Sean santos

13Por eso, dispónganse para actuar con inteligencia;*c* tengan dominio propio; pongan su esperanza completamente en la gracia que se les dará cuando se revele *Jesucristo. **14**Como hijos obedientes, no se amolden a los malos deseos que tenían antes, cuando vivían en la ignorancia. **15**Más bien, sean ustedes *santos en todo lo que hagan, como también es santo quien los llamó; **16**pues está escrito: «Sean santos, porque yo soy santo.»*d* **17**Ya que invocan como Padre al que juzga con imparcialidad las obras de cada uno, vivan con temor reverente mientras sean peregrinos en este mundo. **18**Como bien saben, ustedes fueron rescatados de la vida absurda que heredaron de sus antepasados. El precio de su rescate no se pagó con cosas perecederas, como el oro o la plata, **19**sino con la preciosa sangre de Cristo, como de un cordero sin mancha y sin defecto. **20**Cristo, a quien Dios escogió antes de la creación del mundo, se ha manifestado en estos últimos tiempos en beneficio de ustedes. **21**Por medio de él ustedes creen en Dios, que lo *resucitó y glorificó, de modo que su fe y su esperanza están puestas en Dios.

22Ahora que se han purificado obedeciendo a la verdad y tienen un amor sincero por sus hermanos, ámense de todo corazón*e* los unos a los otros. **23**Pues ustedes han nacido de nuevo, no de simiente perecedera, sino de simiente imperecedera, mediante la palabra de Dios que vive y permanece. **24**Porque

> «todo *mortal es como la hierba,
> 　y toda su gloria como la flor del campo;
> la hierba se seca y la flor se cae,
> **25**　pero la palabra del Señor permanece
> 　　para siempre.»*f*

Y ésta es la palabra del evangelio que se les ha anunciado a ustedes.

2 Por lo tanto, abandonando toda maldad y todo engaño, hipocresía, envidias y toda calumnia, **2**deseen con ansias la leche pura de la palabra,*g* como niños recién nacidos. Así, por medio de ella, crecerán en su salvación, **3**ahora que han probado lo bueno que es el Señor.

La piedra viva y su pueblo escogido

4*Cristo es la piedra viva, rechazada por los *seres humanos pero escogida y preciosa ante

Be Holy

13Therefore, prepare your minds for action; be self-controlled; set your hope fully on the grace to be given you when Jesus Christ is revealed. **14**As obedient children, do not conform to the evil desires you had when you lived in ignorance. **15**But just as he who called you is holy, so be holy in all you do; **16**for it is written: "Be holy, because I am holy." *a*

17Since you call on a Father who judges each man's work impartially, live your lives as strangers here in reverent fear. **18**For you know that it was not with perishable things such as silver or gold that you were redeemed from the empty way of life handed down to you from your forefathers, **19**but with the precious blood of Christ, a lamb without blemish or defect. **20**He was chosen before the creation of the world, but was revealed in these last times for your sake. **21**Through him you believe in God, who raised him from the dead and glorified him, and so your faith and hope are in God.

22Now that you have purified yourselves by obeying the truth so that you have sincere love for your brothers, love one another deeply, from the heart. *b* **23**For you have been born again, not of perishable seed, but of imperishable, through the living and enduring word of God. **24**For,

> "All men are like grass,
> 　and all their glory is like the flowers of
> 　　the field;
> the grass withers and the flowers fall,
> **25**　but the word of the Lord stands
> 　　forever." *c*

And this is the word that was preached to you.

2 Therefore, rid yourselves of all malice and all deceit, hypocrisy, envy, and slander of every kind. **2**Like newborn babies, crave pure spiritual milk, so that by it you may grow up in your salvation, **3**now that you have tasted that the Lord is good.

The Living Stone and a Chosen People

4As you come to him, the living Stone—rejected by men but chosen by God and precious

---

*c***1:13** dispónganse … inteligencia. Lit. ceñidos los lomos de su mente.　*d***1:16** Lv 11:44,45; 19:2; 20:7; Is 40:6-8　*e***1:22** de todo corazón. Var. con corazón puro.　*f***1:25** Is 40:6-8　*g***2:2** leche pura de la palabra. Alt. leche espiritual pura.

a 16 Lev. 11:44,45; 19:2; 20:7　*b 22* Some early manuscripts from a pure heart　*c 25* Isaiah 40:6-8

Dios. Al acercarse a él, 5también ustedes son como piedras vivas, con las cuales se está edificando una casa espiritual. De este modo llegan a ser un sacerdocio *santo, para ofrecer sacrificios espirituales que Dios acepta por medio de Jesucristo. 6Así dice la Escritura:

«Miren que pongo en Sión
    una piedra principal escogida y preciosa,
y el que confíe en ella
    no será jamás defraudado.»[h]

7Para ustedes los creyentes, esta piedra es preciosa; pero para los incrédulos,

«la piedra que desecharon los constructores
    ha llegado a ser la piedra angular»,[i]

8y también:

«una piedra de *tropiezo
    y una roca que hace *caer.»[j]

Tropiezan al desobedecer la palabra, para lo cual estaban destinados.

9Pero ustedes son linaje escogido, real sacerdocio, nación santa, pueblo que pertenece a Dios, para que proclamen las obras maravillosas de aquel que los llamó de las tinieblas a su luz admirable. 10Ustedes antes ni siquiera eran pueblo, pero ahora son pueblo de Dios; antes no habían recibido misericordia, pero ahora ya la han recibido.

11Queridos hermanos, les ruego como a extranjeros y peregrinos en este mundo, que se aparten de los deseos pecaminosos[k] que combaten contra la *vida. 12Mantengan entre los incrédulos[l] una conducta tan ejemplar que, aunque los acusen de hacer el mal, ellos observen las buenas obras de ustedes y glorifiquen a Dios en el día de la salvación.[m]

Sumisión a los gobernantes y a los superiores

13Sométanse por causa del Señor a toda autoridad humana, ya sea al rey como suprema autoridad, 14o a los gobernadores que él envía para castigar a los que hacen el mal y reconocer a los que hacen el bien. 15Porque ésta es la voluntad de Dios: que, practicando el bien, hagan callar la ignorancia de los insensatos. 16Eso es actuar como personas libres que no se valen de su libertad para disimular la maldad, sino que

to him— 5you also, like living stones, are being built into a spiritual house to be a holy priesthood, offering spiritual sacrifices acceptable to God through Jesus Christ. 6For in Scripture it says:

"See, I lay a stone in Zion,
    a chosen and precious cornerstone,
and the one who trusts in him
    will never be put to shame." [d]

7Now to you who believe, this stone is precious. But to those who do not believe,

"The stone the builders rejected
    has become the capstone,[e]" [f]

8and,

"A stone that causes men to stumble
    and a rock that makes them fall." [g]

They stumble because they disobey the message—which is also what they were destined for.

9But you are a chosen people, a royal priesthood, a holy nation, a people belonging to God, that you may declare the praises of him who called you out of darkness into his wonderful light. 10Once you were not a people, but now you are the people of God; once you had not received mercy, but now you have received mercy.

11Dear friends, I urge you, as aliens and strangers in the world, to abstain from sinful desires, which war against your soul. 12Live such good lives among the pagans that, though they accuse you of doing wrong, they may see your good deeds and glorify God on the day he visits us.

Submission to Rulers and Masters

13Submit yourselves for the Lord's sake to every authority instituted among men: whether to the king, as the supreme authority, 14or to governors, who are sent by him to punish those who do wrong and to commend those who do right. 15For it is God's will that by doing good you should silence the ignorant talk of foolish men. 16Live as free men, but do not use your freedom as a cover-up for evil; live as servants of God. 17Show proper respect to everyone:

---

[h]2:6 Is 28:16   [i]2:7 Sal 118:22   [j]2:8 Is 8:14
[k]2:11 pecaminosos. Lit. *carnales.   [l]2:12 incrédulos. Lit. *gentiles.   [m]2:12 de la salvación. Alt. del juicio. Lit. de la visitación.

[d]6 Isaiah 28:16   [e]7 Or cornerstone   [f]7 Psalm 118:22
[g]8 Isaiah 8:14

viven como *siervos de Dios. 17Den a todos el debido respeto: amen a los hermanos, teman a Dios, respeten al rey.

18Criados, sométanse con todo respeto a sus amos, no sólo a los buenos y comprensivos sino también a los insoportables. 19Porque es digno de elogio que, por sentido de responsabilidad delante de Dios, se soporten las penalidades, aun sufriendo injustamente. 20Pero ¿cómo pueden ustedes atribuirse mérito alguno si soportan que los maltraten por hacer el mal? En cambio, si sufren por hacer el bien, eso merece elogio delante de Dios. 21Para esto fueron llamados, porque *Cristo sufrió por ustedes, dándoles ejemplo para que sigan sus pasos.

22 «Él no cometió ningún pecado,
    ni hubo engaño en su boca.»[n]

23Cuando proferían insultos contra él, no replicaba con insultos; cuando padecía, no amenazaba, sino que se entregaba a aquel que juzga con justicia. 24Él mismo, en su cuerpo, llevó al madero nuestros pecados, para que muramos al pecado y vivamos para la justicia. Por sus heridas ustedes han sido sanados. 25Antes eran ustedes como ovejas descarriadas, pero ahora han vuelto al Pastor que cuida[ñ] de sus vidas.

Deberes conyugales

3 Así mismo, esposas, sométanse a sus esposos, de modo que si algunos de ellos no creen en la palabra, puedan ser ganados más por el comportamiento de ustedes que por sus palabras, 2al observar su conducta íntegra y respetuosa. 3Que la belleza de ustedes no sea la externa, que consiste en adornos tales como peinados ostentosos, joyas de oro y vestidos lujosos. 4Que su belleza sea más bien la incorruptible, la que procede de lo íntimo del corazón y consiste en un espíritu suave y apacible. Ésta sí que tiene mucho valor delante de Dios. 5Así se adornaban en tiempos antiguos las *santas mujeres que esperaban en Dios, cada una sumisa a su esposo. 6Tal es el caso de Sara, que obedecía a Abraham y lo llamaba su señor. Ustedes son hijas de ella si hacen el bien y viven sin ningún temor.

7De igual manera, ustedes esposos, sean comprensivos en su vida conyugal, tratando cada uno a su esposa con respeto, ya que como mujer es más delicada,[o] y ambos son herederos del grato don de la vida. Así nada estorbará las oraciones de ustedes.

Love the brotherhood of believers, fear God, honor the king.

18Slaves, submit yourselves to your masters with all respect, not only to those who are good and considerate, but also to those who are harsh. 19For it is commendable if a man bears up under the pain of unjust suffering because he is conscious of God. 20But how is it to your credit if you receive a beating for doing wrong and you endure it? But if you suffer for doing good and you endure it, this is commendable before God. 21To this you were called, because Christ suffered for you, leaving you an example, that you should follow in his steps.

22 " He committed no sin,
    and no deceit was found in his mouth." [h]

23When they hurled their insults at him, he did not retaliate; when he suffered, he made no threats. Instead, he entrusted himself to him who judges justly. 24He himself bore our sins in his body on the tree, so that we might die to sins and live for righteousness; by his wounds you have been healed. 25For you were like sheep going astray, but now you have returned to the Shepherd and Overseer of your souls.

Wives and Husbands

3 Wives, in the same way be submissive to your husbands so that, if any of them do not believe the word, they may be won over without words by the behavior of their wives, 2when they see the purity and reverence of your lives. 3Your beauty should not come from outward adornment, such as braided hair and the wearing of gold jewelry and fine clothes. 4Instead, it should be that of your inner self, the unfading beauty of a gentle and quiet spirit, which is of great worth in God's sight. 5For this is the way the holy women of the past who put their hope in God used to make themselves beautiful. They were submissive to their own husbands, 6like Sarah, who obeyed Abraham and called him her master. You are her daughters if you do what is right and do not give way to fear.

7Husbands, in the same way be considerate as you live with your wives, and treat them with respect as the weaker partner and as heirs with you of the gracious gift of life, so that nothing will hinder your prayers.

---

n2:22 Is 53:9   ñ2:25 *Pastor que cuida*. Lit. *Pastor y *Obispo*.   o3:7 *ya que ... delicada*. Lit. *como a vaso más frágil*.

h22 Isaiah 53:9

Sufriendo por hacer el bien

8En fin, vivan en armonía los unos con los otros; compartan penas y alegrías, practiquen el amor fraternal, sean compasivos y humildes. **9**No devuelvan mal por mal ni insulto por insulto; más bien, bendigan, porque para esto fueron llamados, para heredar una bendición. **10**En efecto,

«el que quiera amar la vida
    y gozar de días felices,
que refrene su lengua de hablar el mal
    y sus labios de proferir engaños;
11que se aparte del mal y haga el bien;
    que busque la paz y la siga.
12Porque los ojos del Señor están sobre los justos,
    y sus oídos, atentos a sus oraciones;
pero el rostro del Señor está contra los
    que hacen el mal.»*p*

13Y a ustedes, ¿quién les va a hacer daño si se esfuerzan por hacer el bien? **14**¡*Dichosos si sufren por causa de la justicia «No teman lo que ellos temen,*q* ni se dejen asustar.»*r* **15**Más bien, honren en su corazón a *Cristo como Señor. Estén siempre preparados para responder a todo el que les pida razón de la esperanza que hay en ustedes. **16**Pero háganlo con gentileza y respeto, manteniendo la conciencia limpia, para que los que hablan mal de la buena conducta de ustedes en Cristo, se avergüencen de sus calumnias. **17**Si es la voluntad de Dios, es preferible sufrir por hacer el bien que por hacer el mal.

18Porque Cristo murió por los pecados una vez por todas, el justo por los injustos, a fin de llevarlos a ustedes a Dios. Él sufrió la muerte en su *cuerpo, pero el Espíritu hizo que volviera a la vida.*s* **19**Por medio del Espíritu fue y predicó a los espíritus encarcelados, **20**que en los tiempos antiguos, en los días de Noé, desobedecieron, cuando Dios esperaba con paciencia mientras se construía el arca. En ella sólo pocas personas, ocho en total, se salvaron mediante el agua, **21**la cual simboliza el bautismo que ahora los salva también a ustedes. El bautismo no consiste en la limpieza del cuerpo, sino en el compromiso de tener una buena conciencia delante de Dios. Esta salvación es posible por la resurrección de Jesucristo, **22**quien subió al cielo y tomó su lugar a la *derecha de Dios, y a quien están sometidos los ángeles, las autoridades y los poderes.

Suffering for Doing Good

8Finally, all of you, live in harmony with one another; be sympathetic, love as brothers, be compassionate and humble. **9**Do not repay evil with evil or insult with insult, but with blessing, because to this you were called so that you may inherit a blessing. **10**For,

"Whoever would love life
    and see good days
must keep his tongue from evil
    and his lips from deceitful speech.
11He must turn from evil and do good;
    he must seek peace and pursue it.
12For the eyes of the Lord are on the righteous
    and his ears are attentive to their prayer,
but the face of the Lord is against those
    who do evil."*i*

13Who is going to harm you if you are eager to do good? **14**But even if you should suffer for what is right, you are blessed. "Do not fear what they fear;*j* do not be frightened."*k* **15**But in your hearts set apart Christ as Lord. Always be prepared to give an answer to everyone who asks you to give the reason for the hope that you have. But do this with gentleness and respect, **16**keeping a clear conscience, so that those who speak maliciously against your good behavior in Christ may be ashamed of their slander. **17**It is better, if it is God's will, to suffer for doing good than for doing evil. **18**For Christ died for sins once for all, the righteous for the unrighteous, to bring you to God. He was put to death in the body but made alive by the Spirit, **19**through whom*l* also he went and preached to the spirits in prison **20**who disobeyed long ago when God waited patiently in the days of Noah while the ark was being built. In it only a few people, eight in all, were saved through water, **21**and this water symbolizes baptism that now saves you also—not the removal of dirt from the body but the pledge*m* of a good conscience toward God. It saves you by the resurrection of Jesus Christ, **22**who has gone into heaven and is at God's right hand—with angels, authorities and powers in submission to him.

p **3:12** Sal 34:12-16   *q* **3:14** *lo que ellos temen.* Alt. *sus amenazas.*   *r* **3:14** Is 8:12   *s* **3:18** *pero … vida.* Alt. *pero volvió a la vida en su espíritu.*

i 12 Psalm 34:12-16   *j* 14 Or *not fear their threats*   *k* 14 Isaiah 8:12   *l* 18,19 Or *alive in the spirit,* 19 *through which*   *m* 21 Or *response*

Viviendo el ejemplo de Cristo

4 Por tanto, ya que *Cristo sufrió en el cuerpo, asuman también ustedes la misma actitud; porque el que ha sufrido en el *cuerpo ha roto con el pecado, ²para vivir el resto de su vida terrenal no satisfaciendo sus pasiones *humanas sino cumpliendo la voluntad de Dios. ³Pues ya basta con el tiempo que han desperdiciado haciendo lo que agrada a los incrédulos,ᵗ entregados al desenfreno, a las pasiones, a las borracheras, a las orgías, a las parrandas y a las idolatrías abominables. ⁴A ellos les parece extraño que ustedes ya no corran con ellos en ese mismo desbordamiento de inmoralidad, y por eso los insultan. ⁵Pero ellos tendrán que rendirle cuentas a aquel que está preparado para juzgar a los vivos y a los muertos. ⁶Por esto también se les predicó el *evangelio aun a los muertos, para que, a pesar de haber sido juzgados según criterios *humanos en lo que atañe al cuerpo, vivan conforme a Dios en lo que atañe al espíritu.ᵘ

⁷Ya se acerca el fin de todas las cosas. Así que, para orar bien, manténganse sobrios y con la mente despejada. ⁸Sobre todo, ámense los unos a los otros profundamente, porque el amor cubre multitud de pecados. ⁹Practiquen la hospitalidad entre ustedes sin quejarse. ¹⁰Cada uno ponga al servicio de los demás el don que haya recibido, administrando fielmente la gracia de Dios en sus diversas formas. ¹¹El que habla, hágalo como quien expresa las palabras mismas de Dios; el que presta algún servicio, hágalo como quien tiene el poder de Dios. Así Dios será en todo alabado por medio de Jesucristo, a quien sea la gloria y el poder por los siglos de los siglos. Amén.

Sufriendo por seguir a Cristo

¹²Queridos hermanos, no se extrañen del fuego de la *prueba que están soportando, como si fuera algo insólito. ¹³Al contrario, alégrense de tener parte en los sufrimientos de *Cristo, para que también sea inmensa su alegría cuando se revele la gloria de Cristo. ¹⁴*Dichosos ustedes si los insultan por causa del nombre de Cristo, porque el glorioso Espíritu de Dios reposa sobre ustedes. ¹⁵Que ninguno tenga que sufrir por asesino, ladrón o delincuente, ni siquiera por entrometido. ¹⁶Pero si alguien sufre por ser cristiano, que no se avergüence, sino que alabe a Dios por llevar el nombre de Cristo. ¹⁷Porque es tiempo de que el juicio comience por la familia de Dios; y si comienza por nosotros, ¡cuál no será el fin de los que se rebelan contra el *evangelio de Dios

Living for God

4 Therefore, since Christ suffered in his body, arm yourselves also with the same attitude, because he who has suffered in his body is done with sin. ²As a result, he does not live the rest of his earthly life for evil human desires, but rather for the will of God. ³For you have spent enough time in the past doing what pagans choose to do—living in debauchery, lust, drunkenness, orgies, carousing and detestable idolatry. ⁴They think it strange that you do not plunge with them into the same flood of dissipation, and they heap abuse on you. ⁵But they will have to give account to him who is ready to judge the living and the dead. ⁶For this is the reason the gospel was preached even to those who are now dead, so that they might be judged according to men in regard to the body, but live according to God in regard to the spirit.

⁷The end of all things is near. Therefore be clear minded and self-controlled so that you can pray. ⁸Above all, love each other deeply, because love covers over a multitude of sins. ⁹Offer hospitality to one another without grumbling. ¹⁰Each one should use whatever gift he has received to serve others, faithfully administering God's grace in its various forms. ¹¹If anyone speaks, he should do it as one speaking the very words of God. If anyone serves, he should do it with the strength God provides, so that in all things God may be praised through Jesus Christ. To him be the glory and the power for ever and ever. Amen.

Suffering for Being a Christian

¹²Dear friends, do not be surprised at the painful trial you are suffering, as though something strange were happening to you. ¹³But rejoice that you participate in the sufferings of Christ, so that you may be overjoyed when his glory is revealed. ¹⁴If you are insulted because of the name of Christ, you are blessed, for the Spirit of glory and of God rests on you. ¹⁵If you suffer, it should not be as a murderer or thief or any other kind of criminal, or even as a meddler. ¹⁶However, if you suffer as a Christian, do not be ashamed, but praise God that you bear that name. ¹⁷For it is time for judgment to begin with the family of God; and if it begins with us, what will the outcome be for those who do not obey the gospel of God? ¹⁸And,

---

ᵗ4:3 incrédulos. Lit. *gentiles.　　ᵘ4:6 en lo que atañe al espíritu. Alt. en el Espíritu.

18 «Si el justo a duras penas se salva,
¿qué será del impío y del pecador?»[v]

19 Así pues, los que sufren según la voluntad de Dios, entréguense a su fiel Creador y sigan practicando el bien.

Exhortación a los ancianos y a los jóvenes

5 A los *ancianos que están entre ustedes, yo, que soy anciano como ellos, testigo de los sufrimientos de *Cristo y partícipe con ellos de la gloria que se ha de revelar, les ruego esto: 2 cuiden como pastores el rebaño de Dios que está a su cargo, no por obligación ni por ambición de dinero, sino con afán de servir, como Dios quiere. 3 No sean tiranos con los que están a su cuidado, sino sean ejemplos para el rebaño. 4 Así, cuando aparezca el Pastor supremo, ustedes recibirán la inmarcesible corona de gloria.

5 Así mismo, jóvenes, sométanse a los ancianos. Revístanse todos de humildad en su trato mutuo, porque

«Dios se opone a los orgullosos,
pero da gracia a los humildes».[w]

6 Humíllense, pues, bajo la poderosa mano de Dios, para que él los exalte a su debido tiempo. 7 Depositen en él toda ansiedad, porque él cuida de ustedes.

8 Practiquen el dominio propio y manténganse alerta. Su enemigo el diablo ronda como león rugiente, buscando a quién devorar. 9 Resístanlo, manteniéndose firmes en la fe, sabiendo que sus hermanos en todo el mundo están soportando la misma clase de sufrimientos.

10 Y después de que ustedes hayan sufrido un poco de tiempo, Dios mismo, el Dios de toda gracia que los llamó a su gloria eterna en Cristo, los restaurará y los hará fuertes, firmes y estables. 11 A él sea el poder por los siglos de los siglos. Amén.

Saludos finales

12 Con la ayuda de *Silvano, a quien considero un hermano fiel, les he escrito brevemente, para animarlos y confirmarles que ésta es la verdadera gracia de Dios. Manténganse firmes en ella.

13 Saludos de parte de la que está en Babilonia, escogida como ustedes, y también de mi hijo Marcos. 14 Salúdense los unos a los otros con un beso de amor fraternal.

Paz a todos ustedes que están en *Cristo.

"If it is hard for the righteous to be saved, what will become of the ungodly and the sinner?"[n]

19 So then, those who suffer according to God's will should commit themselves to their faithful Creator and continue to do good.

To Elders and Young Men

5 To the elders among you, I appeal as a fellow elder, a witness of Christ's sufferings and one who also will share in the glory to be revealed: 2 Be shepherds of God's flock that is under your care, serving as overseers—not because you must, but because you are willing, as God wants you to be; not greedy for money, but eager to serve; 3 not lording it over those entrusted to you, but being examples to the flock. 4 And when the Chief Shepherd appears, you will receive the crown of glory that will never fade away.

5 Young men, in the same way be submissive to those who are older. All of you, clothe yourselves with humility toward one another, because,

"God opposes the proud
but gives grace to the humble."[o]

6 Humble yourselves, therefore, under God's mighty hand, that he may lift you up in due time. 7 Cast all your anxiety on him because he cares for you.

8 Be self-controlled and alert. Your enemy the devil prowls around like a roaring lion looking for someone to devour. 9 Resist him, standing firm in the faith, because you know that your brothers throughout the world are undergoing the same kind of sufferings.

10 And the God of all grace, who called you to his eternal glory in Christ, after you have suffered a little while, will himself restore you and make you strong, firm and steadfast. 11 To him be the power for ever and ever. Amen.

Final Greetings

12 With the help of Silas,[p] whom I regard as a faithful brother, I have written to you briefly, encouraging you and testifying that this is the true grace of God. Stand fast in it. 13 She who is in Babylon, chosen together with you, sends you her greetings, and so does my son Mark. 14 Greet one another with a kiss of love. Peace to all of you who are in Christ.

v 4:18 Pr 11:31   w 5:5 Pr 3:34

n 18 Prov. 11:31   o 5 Prov. 3:34   p 12 Greek Silvanus, a variant of Silas

Segunda Carta de Pedro

2 Peter

1 Simón Pedro, *siervo y apóstol de *Jesucristo,

a los que por la justicia de nuestro Dios y Salvador Jesucristo han recibido una fe tan preciosa como la nuestra.

2Que abunden en ustedes la gracia y la paz por medio del conocimiento que tienen de Dios y de Jesús nuestro Señor.

Firmeza en el llamamiento y en la elección

3Su divino poder, al darnos el conocimiento de aquel que nos llamó por su propia gloria y potencia, nos ha concedido todas las cosas que necesitamos para vivir como Dios manda.a 4Así Dios nos ha entregado sus preciosas y magníficas promesas para que ustedes, luego de escapar de la corrupción que hay en el mundo debido a los malos deseos, lleguen a tener parte en la naturaleza divina.b

5Precisamente por eso, esfuércense por añadir a su fe, virtud; a su virtud, entendimiento; 6al entendimiento, dominio propio; al dominio propio, constancia; a la constancia, devoción a Dios; 7a la devoción a Dios, afecto fraternal; y al afecto fraternal, amor. 8Porque estas cualidades, si abundan en ustedes, les harán crecer en el conocimiento de nuestro Señor Jesucristo, y evitarán que sean inútiles e improductivos. 9En cambio, el que no las tiene es tan corto de vista que ya ni ve, y se olvida de que ha sido limpiado de sus antiguos pecados. 10Por lo tanto, hermanos, esfuércense más todavía por asegurarse del llamado de Dios, que fue quien los eligió. Si hacen estas cosas, no caerán jamás, 11y se les abrirán de par en par las puertas del reino eterno de nuestro Señor y Salvador Jesucristo.

La veracidad de la Escritura

12Por eso siempre les recordaré estas cosas, por más que las sepan y estén afianzados en la verdad que ahora tienen. 13Además, considero

1 Simon Peter, a servant and apostle of Jesus Christ,

To those who through the righteousness of our God and Savior Jesus Christ have received a faith as precious as ours:

2Grace and peace be yours in abundance through the knowledge of God and of Jesus our Lord.

Making One's Calling and Election Sure

3His divine power has given us everything we need for life and godliness through our knowledge of him who called us by his own glory and goodness. 4Through these he has given us his very great and precious promises, so that through them you may participate in the divine nature and escape the corruption in the world caused by evil desires.

5For this very reason, make every effort to add to your faith goodness; and to goodness, knowledge; 6and to knowledge, self-control; and to self-control, perseverance; and to perseverance, godliness; 7and to godliness, brotherly kindness; and to brotherly kindness, love. 8For if you possess these qualities in increasing measure, they will keep you from being ineffective and unproductive in your knowledge of our Lord Jesus Christ. 9But if anyone does not have them, he is nearsighted and blind, and has forgotten that he has been cleansed from his past sins.

10Therefore, my brothers, be all the more eager to make your calling and election sure. For if you do these things, you will never fall, 11and you will receive a rich welcome into the eternal kingdom of our Lord and Savior Jesus Christ.

Prophecy of Scripture

12So I will always remind you of these things, even though you know them and are firmly established in the truth you now have.

---

a1:3 para vivir como Dios manda. Lit. para la vida y la piedad. b1:4 lleguen … divina. Alt. lleguen a ser colaboradores con Dios.

que tengo la obligación de refrescarles la memoria mientras viva en esta habitación pasajera que es mi cuerpo; 14porque sé que dentro de poco tendré que abandonarlo, según me lo ha manifestado nuestro Señor *Jesucristo. 15También me esforzaré con empeño para que aun después de mi partida*c* ustedes puedan recordar estas cosas en todo tiempo.

16Cuando les dimos a conocer la venida de nuestro Señor Jesucristo en todo su poder, no estábamos siguiendo sutiles cuentos supersticiosos sino dando testimonio de su grandeza, que vimos con nuestros propios ojos. 17Él recibió honor y gloria de parte de Dios el Padre, cuando desde la majestuosa gloria se le dirigió aquella voz que dijo: «Éste es mi Hijo amado; estoy muy complacido con él.»*d* 18Nosotros mismos oímos esa voz que vino del cielo cuando estábamos con él en el monte santo. 19Esto ha venido a confirmarnos la palabra*e* de los profetas, a la cual ustedes hacen bien en prestar atención, como a una lámpara que brilla en un lugar oscuro, hasta que despunte el día y salga el lucero de la mañana en sus corazones. 20Ante todo, tengan muy presente que ninguna profecía de la Escritura surge de la interpretación particular de nadie. 21Porque la profecía no ha tenido su origen en la voluntad *humana, sino que los profetas hablaron de parte de Dios, impulsados por el Espíritu Santo.

Los falsos maestros y su destrucción

2 En el pueblo judío hubo falsos profetas, y también entre ustedes habrá falsos maestros que encubiertamente introducirán herejías destructivas, al extremo de negar al mismo Señor que los rescató. Esto les traerá una pronta destrucción. 2Muchos los seguirán en sus prácticas vergonzosas, y por causa de ellos se difamará el camino de la verdad. 3Llevados por la avaricia, estos maestros los explotarán a ustedes con palabras engañosas. Desde hace mucho tiempo su condenación está preparada y su destrucción los acecha.

4Dios no perdonó a los ángeles cuando pecaron, sino que los arrojó al *abismo, metiéndolos en tenebrosas cavernas*f* y reservándolos para el juicio. 5Tampoco perdonó al mundo antiguo cuando mandó un diluvio sobre los impíos, aunque protegió a ocho personas, incluyendo a Noé, predicador de la justicia. 6Además, condenó a las ciudades de Sodoma y Gomorra, y las redujo a cenizas, poniéndolas como escarmiento para los impíos. 7Por otra parte, libró al justo Lot, que se hallaba abrumado por la vida desenfrenada de

13I think it is right to refresh your memory as long as I live in the tent of this body, 14because I know that I will soon put it aside, as our Lord Jesus Christ has made clear to me. 15And I will make every effort to see that after my departure you will always be able to remember these things.

16We did not follow cleverly invented stories when we told you about the power and coming of our Lord Jesus Christ, but we were eyewitnesses of his majesty. 17For he received honor and glory from God the Father when the voice came to him from the Majestic Glory, saying, "This is my Son, whom I love; with him I am well pleased."*a* 18We ourselves heard this voice that came from heaven when we were with him on the sacred mountain.

19And we have the word of the prophets made more certain, and you will do well to pay attention to it, as to a light shining in a dark place, until the day dawns and the morning star rises in your hearts. 20Above all, you must understand that no prophecy of Scripture came about by the prophet's own interpretation. 21For prophecy never had its origin in the will of man, but men spoke from God as they were carried along by the Holy Spirit.

False Teachers and Their Destruction

2 But there were also false prophets among the people, just as there will be false teachers among you. They will secretly introduce destructive heresies, even denying the sovereign Lord who bought them—bringing swift destruction on themselves. 2Many will follow their shameful ways and will bring the way of truth into disrepute. 3In their greed these teachers will exploit you with stories they have made up. Their condemnation has long been hanging over them, and their destruction has not been sleeping.

4For if God did not spare angels when they sinned, but sent them to hell,*b* putting them into gloomy dungeons*c* to be held for judgment; 5if he did not spare the ancient world when he brought the flood on its ungodly people, but protected Noah, a preacher of righteousness, and seven others; 6if he condemned the cities of Sodom and Gomorrah by burning them to ashes, and made them an example of what is going to happen to the ungodly; 7and if he rescued Lot, a righteous man, who was distressed by the

*c*1:15 *partida*. Lit. *éxodo*.   *d*1:17 Mt 17:5; Mr 9:7; Lc 9:35
*e*1:19 *Esto ... palabra*. Lit. *También tenemos la muy segura palabra*.   *f*2:4 *cavernas*. Var. *cadenas*.

*a*17 Matt. 17:5; Mark 9:7; Luke 9:35   *b*4 Greek *Tartarus*
*c*4 Some manuscripts *into chains of darkness*

esos perversos, [8]pues este justo, que convivía con ellos y amaba el bien, día tras día sentía que se le despedazaba el alma por las obras inicuas que veía y oía. [9]Todo esto demuestra que el Señor sabe librar de la *prueba a los que viven como Dios quiere, y reservar a los impíos para castigarlos en el día del juicio. [10]Esto les espera sobre todo a los que siguen los corrompidos deseos de la *naturaleza humana y desprecian la autoridad del Señor.

¡Atrevidos y arrogantes que son No tienen reparo en insultar a los seres celestiales, [11]mientras que los ángeles, a pesar de superarlos en fuerza y en poder, no pronuncian contra tales seres ninguna acusación insultante en la presencia del Señor. [12]Pero aquéllos *blasfeman en asuntos que no entienden. Como animales irracionales, se guían únicamente por el instinto, y nacieron para ser atrapados y degollados. Lo mismo que esos animales, perecerán también en su corrupción [13]y recibirán el justo pago por sus injusticias. Su concepto de placer es entregarse a las pasiones desenfrenadas en pleno día. Son manchas y suciedad, que gozan de sus placeres mientras los acompañan a ustedes en sus comidas. [14]Tienen los ojos llenos de adulterio y son insaciables en el pecar; seducen a las personas inconstantes; son expertos en la avaricia, ¡hijos de maldición [15]Han abandonado el camino recto, y se han extraviado para seguir la senda de Balán, hijo de Bosor,[g] a quien le encantaba el salario de la injusticia. [16]Pero fue reprendido por su maldad: su burra —una muda bestia de carga— habló con voz humana y refrenó la locura del profeta.

[17]Estos individuos son fuentes sin agua, niebla empujada por la tormenta, para quienes está reservada la más densa oscuridad. [18]Pronunciando discursos arrogantes y sin sentido, seducen con los instintos *naturales desenfrenados a quienes apenas comienzan a apartarse de los que viven en el error. [19]Les prometen libertad, cuando ellos mismos son *esclavos de la corrupción, ya que cada uno es esclavo de aquello que lo ha dominado. [20]Si habiendo escapado de la contaminación del mundo por haber conocido a nuestro Señor y Salvador *Jesucristo, vuelven a enredarse en ella y son vencidos, terminan en peores condiciones que al principio. [21]Más les hubiera valido no conocer el camino de la justicia, que abandonarlo después de haber conocido el santo mandamiento que se les dio. [22]En su caso ha sucedido lo que acertadamente afirman estos proverbios: «El *perro vuelve a su vómito»,[h] y «la puerca lavada, a revolcarse en el lodo».

filthy lives of lawless men [8](for that righteous man, living among them day after day, was tormented in his righteous soul by the lawless deeds he saw and heard)— [9]if this is so, then the Lord knows how to rescue godly men from trials and to hold the unrighteous for the day of judgment, while continuing their punishment.[d] [10]This is especially true of those who follow the corrupt desire of the sinful nature[e] and despise authority.

Bold and arrogant, these men are not afraid to slander celestial beings; [11]yet even angels, although they are stronger and more powerful, do not bring slanderous accusations against such beings in the presence of the Lord. [12]But these men blaspheme in matters they do not understand. They are like brute beasts, creatures of instinct, born only to be caught and destroyed, and like beasts they too will perish.

[13]They will be paid back with harm for the harm they have done. Their idea of pleasure is to carouse in broad daylight. They are blots and blemishes, reveling in their pleasures while they feast with you.[f] [14]With eyes full of adultery, they never stop sinning; they seduce the unstable; they are experts in greed—an accursed brood [15]They have left the straight way and wandered off to follow the way of Balaam son of Beor, who loved the wages of wickedness. [16]But he was rebuked for his wrongdoing by a donkey—a beast without speech—who spoke with a man's voice and restrained the prophet's madness.

[17]These men are springs without water and mists driven by a storm. Blackest darkness is reserved for them. [18]For they mouth empty, boastful words and, by appealing to the lustful desires of sinful human nature, they entice people who are just escaping from those who live in error. [19]They promise them freedom, while they themselves are slaves of depravity—for a man is a slave to whatever has mastered him. [20]If they have escaped the corruption of the world by knowing our Lord and Savior Jesus Christ and are again entangled in it and overcome, they are worse off at the end than they were at the beginning. [21]It would have been better for them not to have known the way of righteousness, than to have known it and then to turn their backs on the sacred command that was passed on to them. [22]Of them the proverbs are true: "A dog returns to its vomit,"[g] and, "A sow that is washed goes back to her wallowing in the mud."

---

[d]9 Or unrighteous for punishment until the day of judgment
[e]10 Or the flesh   [f]13 Some manuscripts in their love feasts
[g]22 Prov. 26:11

El día del Señor

3 Queridos hermanos, ésta es ya la segunda carta que les escribo. En las dos he procurado refrescarles la memoria para que, con una mente íntegra, ²recuerden las palabras que los *santos profetas pronunciaron en el pasado, y el mandamiento que dio nuestro Señor y Salvador por medio de los apóstoles.

³Ante todo, deben saber que en los últimos días vendrá gente burlona que, siguiendo sus malos deseos, se mofará: ⁴«¿Qué hubo de esa promesa de su venida? Nuestros padres murieron, y nada ha cambiado desde el principio de la creación.» ⁵Pero intencionalmente olvidan que desde tiempos antiguos, por la palabra de Dios, existía el cielo y también la tierra, que surgió del agua y mediante el agua. ⁶Por la palabra y el agua, el mundo de aquel entonces pereció inundado. ⁷Y ahora, por esa misma palabra, el cielo y la tierra están guardados para el fuego, reservados para el día del juicio y de la destrucción de los impíos.

⁸Pero no olviden, queridos hermanos, que para el Señor un día es como mil años, y mil años como un día. ⁹El Señor no tarda en cumplir su promesa, según entienden algunos la tardanza. Más bien, él tiene paciencia con ustedes, porque no quiere que nadie perezca sino que todos se *arrepientan.

¹⁰Pero el día del Señor vendrá como un ladrón. En aquel día los cielos desaparecerán con un estruendo espantoso, los elementos serán destruidos por el fuego, y la tierra, con todo lo que hay en ella, será quemada.ⁱ

¹¹Ya que todo será destruido de esa manera, ¿no deberían vivir ustedes como Dios manda, siguiendo una conducta intachable ¹²y esperando ansiosamenteʲ la venida del día de Dios? Ese día los cielos serán destruidos por el fuego, y los elementos se derretirán con el calor de las llamas. ¹³Pero, según su promesa, esperamos un cielo nuevo y una tierra nueva, en los que habite la justicia.

¹⁴Por eso, queridos hermanos, mientras esperan estos acontecimientos, esfuércense para que Dios los halle sin mancha y sin defecto, y en paz con él. ¹⁵Tengan presente que la paciencia de nuestro Señor significa salvación, tal como les escribió también nuestro querido hermano Pablo, con la sabiduría que Dios le dio. ¹⁶En todas sus cartas se refiere a estos mismos temas. Hay en ellas algunos puntos difíciles de entender, que los ignorantes e inconstantes tergiversan,

The Day of the Lord

3 Dear friends, this is now my second letter to you. I have written both of them as reminders to stimulate you to wholesome thinking. ²I want you to recall the words spoken in the past by the holy prophets and the command given by our Lord and Savior through your apostles.

³First of all, you must understand that in the last days scoffers will come, scoffing and following their own evil desires. ⁴They will say, "Where is this 'coming' he promised? Ever since our fathers died, everything goes on as it has since the beginning of creation." ⁵But they deliberately forget that long ago by God's word the heavens existed and the earth was formed out of water and by water. ⁶By these waters also the world of that time was deluged and destroyed. ⁷By the same word the present heavens and earth are reserved for fire, being kept for the day of judgment and destruction of ungodly men.

⁸But do not forget this one thing, dear friends: With the Lord a day is like a thousand years, and a thousand years are like a day. ⁹The Lord is not slow in keeping his promise, as some understand slowness. He is patient with you, not wanting anyone to perish, but everyone to come to repentance.

¹⁰But the day of the Lord will come like a thief. The heavens will disappear with a roar; the elements will be destroyed by fire, and the earth and everything in it will be laid bare.ʰ

¹¹Since everything will be destroyed in this way, what kind of people ought you to be? You ought to live holy and godly lives ¹²as you look forward to the day of God and speed its coming.ⁱ That day will bring about the destruction of the heavens by fire, and the elements will melt in the heat. ¹³But in keeping with his promise we are looking forward to a new heaven and a new earth, the home of righteousness.

¹⁴So then, dear friends, since you are looking forward to this, make every effort to be found spotless, blameless and at peace with him. ¹⁵Bear in mind that our Lord's patience means salvation, just as our dear brother Paul also wrote you with the wisdom that God gave him. ¹⁶He writes the same way in all his letters, speaking in them of these matters. His letters contain some things that are hard to understand, which ignorant and unstable people distort, as

---

ⁱ3:10 *será quemada.* Var. *quedará al descubierto.*
ʲ3:12 *esperando ansiosamente.* Alt. *esperando y apresurando.*

ʰ10 Some manuscripts *be burned up*   ⁱ12 Or *as you wait eagerly for the day of God to come* como lo hacen también con las demás Escrituras, para su propia perdición.

17Así que ustedes, queridos hermanos, puesto que ya saben esto de antemano, manténganse alerta, no sea que, arrastrados por el error de esos libertinos, pierdan la estabilidad y caigan. 18Más bien, crezcan en la gracia y en el conocimiento de nuestro Señor y Salvador *Jesucristo. ¡A él sea la gloria ahora y para siempre Amén.*k*

they do the other Scriptures, to their own destruction.

17Therefore, dear friends, since you already know this, be on your guard so that you may not be carried away by the error of lawless men and fall from your secure position. 18But grow in the grace and knowledge of our Lord and Savior Jesus Christ. To him be glory both now and forever Amen.

*k*3:18 Var. no incluye: *Amén.*

Primera Carta de Juan

El Verbo de vida

1 Lo que ha sido desde el principio, lo que hemos oído, lo que hemos visto con nuestros propios ojos, lo que hemos contemplado, lo que hemos tocado con las manos, esto les anunciamos respecto al *Verbo que es vida. ²Esta vida se manifestó. Nosotros la hemos visto y damos testimonio de ella, y les anunciamos a ustedes la vida eterna que estaba con el Padre y que se nos ha manifestado. ³Les anunciamos lo que hemos visto y oído, para que también ustedes tengan comunión con nosotros. Y nuestra comunión es con el Padre y con su Hijo *Jesucristo. ⁴Les escribimos estas cosas para que nuestra alegría*a* sea completa.

Caminemos en la luz

⁵Éste es el mensaje que hemos oído de él y que les anunciamos: Dios es luz y en él no hay ninguna oscuridad. ⁶Si afirmamos que tenemos comunión con él, pero vivimos en la oscuridad, mentimos y no ponemos en práctica la verdad. ⁷Pero si vivimos en la luz, así como él está en la luz, tenemos comunión unos con otros, y la sangre de su Hijo Jesucristo nos limpia de todo pecado.

⁸Si afirmamos que no tenemos pecado, nos engañamos a nosotros mismos y no tenemos la verdad. ⁹Si confesamos nuestros pecados, Dios, que es fiel y justo, nos los perdonará y nos limpiará de toda maldad. ¹⁰Si afirmamos que no hemos pecado, lo hacemos pasar por mentiroso y su palabra no habita en nosotros.

2 Mis queridos hijos, les escribo estas cosas para que no pequen. Pero si alguno peca, tenemos ante el Padre a un *intercesor, a *Jesucristo, el Justo. ²Él es el sacrificio por el perdón de*b* nuestros pecados, y no sólo por los nuestros sino por los de todo el mundo.

³¿Cómo sabemos si hemos llegado a conocer a Dios? Si obedecemos sus mandamientos. ⁴El que afirma: «Lo conozco», pero no obedece sus mandamientos, es un mentiroso y no tiene la verdad. ⁵En cambio, el amor de Dios se manifiesta plenamente*c* en la vida del que obedece su

1 John

The Word of Life

1 That which was from the beginning, which we have heard, which we have seen with our eyes, which we have looked at and our hands have touched—this we proclaim concerning the Word of life. ²The life appeared; we have seen it and testify to it, and we proclaim to you the eternal life, which was with the Father and has appeared to us. ³We proclaim to you what we have seen and heard, so that you also may have fellowship with us. And our fellowship is with the Father and with his Son, Jesus Christ. ⁴We write this to make our*a* joy complete.

Walking in the light

⁵This is the message we have heard from him and declare to you: God is light; in him there is no darkness at all. ⁶If we claim to have fellowship with him yet walk in the darkness, we lie and do not live by the truth. ⁷But if we walk in the light, as he is in the light, we have fellowship with one another, and the blood of Jesus, his Son, purifies us from all*b* sin.

⁸If we claim to be without sin, we deceive ourselves and the truth is not in us. ⁹If we confess our sins, he is faithful and just and will forgive us our sins and purify us from all unrighteousness. ¹⁰If we claim we have not sinned, we make him out to be a liar and his word has no place in our lives.

2 My dear children, I write this to you so that you will not sin. But if anybody does sin, we have one who speaks to the Father in our defense—Jesus Christ, the Righteous One. ²He is the atoning sacrifice for our sins, and not only for ours but also for*c* the sins of the whole world.

³We know that we have come to know him if we obey his commands. ⁴The man who says, "I know him," but does not do what he commands is a liar, and the truth is not in him. ⁵But if anyone obeys his word, God's love*d* is truly

---

*a*1:4 *nuestra alegría.* Var. *la alegría de ustedes.*   *b*2:2 *el sacrificio por el perdón de.* Lit. *la *propiciación por.*   *c*2:5 *se manifiesta plenamente.* Lit. *se ha *perfeccionado.*

*a*4 Some manuscripts *your*   *b*7 Or *every*   *c*2 Or *He is the one who turns aside God's wrath, taking away our sins, and not only ours but also*   *d*5 Or *word, love for God* palabra. De este modo sabemos que estamos unidos a él: 6el que afirma que permanece en él, debe vivir como él vivió.

7Queridos hermanos, lo que les escribo no es un mandamiento nuevo, sino uno antiguo que han tenido desde el principio. Este mandamiento antiguo es el mensaje que ya oyeron. 8Por otra parte, lo que les escribo es un mandamiento nuevo, cuya verdad se manifiesta tanto en la vida de *Cristo como en la de ustedes, porque la oscuridad se va desvaneciendo y ya brilla la luz verdadera.

9El que afirma que está en la luz, pero odia a su hermano, todavía está en la oscuridad. 10El que ama a su hermano permanece en la luz, y no hay nada en su vida*d* que lo haga *tropezar. 11Pero el que odia a su hermano está en la oscuridad y en ella vive, y no sabe a dónde va porque la oscuridad no lo deja ver.

12Les escribo a ustedes, queridos hijos,
porque sus pecados han sido perdonados
por el nombre de Cristo.
13Les escribo a ustedes, padres,
porque han conocido al que es desde el
principio.
Les escribo a ustedes, jóvenes,
porque han vencido al maligno.
Les he escrito a ustedes, queridos hijos,
porque han conocido al Padre.
14Les he escrito a ustedes, padres,
porque han conocido al que es desde el
principio.
Les he escrito a ustedes, jóvenes,
porque son fuertes,
y la palabra de Dios permanece en ustedes,
y han vencido al maligno.

No amemos al mundo

15No amen al mundo ni nada de lo que hay en él. Si alguien ama al mundo, no tiene el amor del Padre. 16Porque nada de lo que hay en el mundo —los malos deseos del *cuerpo, la codicia de los ojos y la arrogancia de la vida— proviene del Padre sino del mundo. 17El mundo se acaba con sus malos deseos, pero el que hace la voluntad de Dios permanece para siempre.

Cuidémonos de los anticristos

18Queridos hijos, ésta es la hora final, y así como ustedes oyeron que el anticristo vendría, muchos son los anticristos que han surgido ya. Por eso nos damos cuenta de que ésta es la hora final. 19Aunque salieron de entre nosotros, en realidad no eran de los nuestros; si lo hubieran

made complete in him. This is how we know we are in him: 6Whoever claims to live in him must walk as Jesus did.

7Dear friends, I am not writing you a new command but an old one, which you have had since the beginning. This old command is the message you have heard. 8Yet I am writing you a new command; its truth is seen in him and you, because the darkness is passing and the true light is already shining.

9Anyone who claims to be in the light but hates his brother is still in the darkness. 10Whoever loves his brother lives in the light, and there is nothing in him*e* to make him stumble. 11But whoever hates his brother is in the darkness and walks around in the darkness; he does not know where he is going, because the darkness has blinded him.

12I write to you, dear children,
because your sins have been forgiven on
account of his name.
13I write to you, fathers,
because you have known him who is
from the beginning.
I write to you, young men,
because you have overcome the evil one.
I write to you, dear children,
because you have known the Father.
14I write to you, fathers,
because you have known him who is
from the beginning.
I write to you, young men,
because you are strong,
and the word of God lives in you,
and you have overcome the evil one.

Do Not Love the World

15Do not love the world or anything in the world. If anyone loves the world, the love of the Father is not in him. 16For everything in the world—the cravings of sinful man, the lust of his eyes and the boasting of what he has and does—comes not from the Father but from the world. 17The world and its desires pass away, but the man who does the will of God lives forever.

Warning Against Antichrists

18Dear children, this is the last hour; and as you have heard that the antichrist is coming, even now many antichrists have come. This is how we know it is the last hour. 19They went out from us, but they did not really belong to us. For

---

*d*2:10 *en su vida.* Alt. *en la luz.*   *e 10* Or *it*

sido, se habrían quedado con nosotros. Su salida sirvió para comprobar que ninguno de ellos era de los nuestros.

20Todos ustedes, en cambio, han recibido unción del Santo, de manera que conocen la verdad.*e* **21**No les escribo porque ignoren la verdad, sino porque la conocen y porque ninguna mentira procede de la verdad. **22**¿Quién es el mentiroso sino el que niega que Jesús es el *Cristo? Es el anticristo, el que niega al Padre y al Hijo. **23**Todo el que niega al Hijo no tiene al Padre; el que reconoce al Hijo tiene también al Padre.

24Permanezca en ustedes lo que han oído desde el principio, y así ustedes*f* permanecerán también en el Hijo y en el Padre. **25**Ésta es la promesa que él nos dio: la vida eterna.

26Estas cosas les escribo acerca de los que procuran engañarlos. **27**En cuanto a ustedes, la unción que de él recibieron permanece en ustedes, y no necesitan que nadie les enseñe. Esa unción es auténtica —no es falsa— y les enseña todas las cosas. Permanezcan en él, tal y como él les enseñó.

Permanezcamos en Dios

28Y ahora, queridos hijos, permanezcamos*g* en él para que, cuando se manifieste, podamos presentarnos ante él confiadamente, seguros de no ser avergonzados en su venida.

29Si reconocen que *Jesucristo es justo, reconozcan también que todo el que practica la justicia ha nacido de él.

3 ¡Fíjense qué gran amor nos ha dado el Padre, que se nos llame hijos de Dios ¡Y lo somos El mundo no nos conoce, precisamente porque no lo conoció a él. **2**Queridos hermanos, ahora somos hijos de Dios, pero todavía no se ha manifestado lo que habremos de ser. Sabemos, sin embargo, que cuando Cristo venga seremos semejantes a él, porque lo veremos tal como él es. **3**Todo el que tiene esta esperanza en Cristo, se purifica a sí mismo, así como él es puro.

4Todo el que comete pecado quebranta la ley; de hecho, el pecado es transgresión de la ley. **5**Pero ustedes saben que Jesucristo se manifestó para quitar nuestros pecados. Y él no tiene pecado. **6**Todo el que permanece en él, no practica el pecado.*h* Todo el que practica el pecado, no lo ha visto ni lo ha conocido.

7Queridos hijos, que nadie los engañe. El que practica la justicia es justo, así como él es justo. **8**El que practica el pecado es del diablo, porque

if they had belonged to us, they would have remained with us; but their going showed that none of them belonged to us.

20But you have an anointing from the Holy One, and all of you know the truth.*f* **21**I do not write to you because you do not know the truth, but because you do know it and because no lie comes from the truth. **22**Who is the liar? It is the man who denies that Jesus is the Christ. Such a man is the antichrist—he denies the Father and the Son. **23**No one who denies the Son has the Father; whoever acknowledges the Son has the Father also.

24See that what you have heard from the beginning remains in you. If it does, you also will remain in the Son and in the Father. **25**And this is what he promised us—even eternal life.

26I am writing these things to you about those who are trying to lead you astray. **27**As for you, the anointing you received from him remains in you, and you do not need anyone to teach you. But as his anointing teaches you about all things and as that anointing is real, not counterfeit—just as it has taught you, remain in him.

Children of God

28And now, dear children, continue in him, so that when he appears we may be confident and unashamed before him at his coming.

29If you know that he is righteous, you know that everyone who does what is right has been born of him.

3 How great is the love the Father has lavished on us, that we should be called children of God And that is what we are The reason the world does not know us is that it did not know him. **2**Dear friends, now we are children of God, and what we will be has not yet been made known. But we know that when he appears,*g* we shall be like him, for we shall see him as he is. **3**Everyone who has this hope in him purifies himself, just as he is pure.

4Everyone who sins breaks the law; in fact, sin is lawlessness. **5**But you know that he appeared so that he might take away our sins. And in him is no sin. **6**No one who lives in him keeps on sinning. No one who continues to sin has either seen him or known him.

7Dear children, do not let anyone lead you astray. He who does what is right is righteous, just as he is righteous. **8**He who does what is

---

*e***2:20** *la verdad.* Var. *todas las cosas.* *f***2:24** *principio … ustedes.* Lit. *principio. Si permanece en ustedes lo que han oído desde el principio, ustedes* *g***2:28** *permanezcamos.* Lit. *permanezcan.* *h***3:6** *no practica el pecado.* Alt. *no peca.*

*f*20 Some manuscripts *and you know all things* *g*2 Or *when it is made known* el diablo ha estado pecando desde el principio. El Hijo de Dios fue enviado precisamente para destruir las obras del diablo. 9Ninguno que haya nacido de Dios practica el pecado, porque la semilla de Dios permanece en él; no puede practicar el pecado,*i* porque ha nacido de Dios. 10Así distinguimos entre los hijos de Dios y los hijos del diablo: el que no practica la justicia no es hijo de Dios; ni tampoco lo es el que no ama a su hermano.

Amémonos los unos a los otros

11Éste es el mensaje que han oído desde el principio: que nos amemos los unos a los otros. 12No seamos como Caín que, por ser del maligno, asesinó a su hermano. ¿Y por qué lo hizo? Porque sus propias obras eran malas, y las de su hermano justas. 13Hermanos, no se extrañen si el mundo los odia. 14Nosotros sabemos que hemos pasado de la muerte a la vida porque amamos a nuestros hermanos. El que no ama permanece en la muerte. 15Todo el que odia a su hermano es un asesino, y ustedes saben que en ningún asesino permanece la vida eterna.

16En esto conocemos lo que es el amor: en que Jesucristo entregó su *vida por nosotros. Así también nosotros debemos entregar la vida por nuestros hermanos. 17Si alguien que posee bienes materiales ve que su hermano está pasando necesidad, y no tiene compasión de él, ¿cómo se puede decir que el amor de Dios habita en él? 18Queridos hijos, no amemos de palabra ni de labios para afuera, sino con hechos y de verdad.

19En esto sabremos que somos de la verdad, y nos sentiremos seguros delante de él: 20que aunque nuestro corazón nos condene, Dios es más grande que nuestro corazón y lo sabe todo. 21Queridos hermanos, si el corazón no nos condena, tenemos confianza delante de Dios, 22y recibimos todo lo que le pedimos porque obedecemos sus mandamientos y hacemos lo que le agrada. 23Y éste es su mandamiento: que creamos en el nombre de su Hijo Jesucristo, y que nos amemos los unos a los otros, pues así lo ha dispuesto. 24El que obedece sus mandamientos permanece en Dios, y Dios en él. ¿Cómo sabemos que él permanece en nosotros? Por el Espíritu que nos dio.

Vivamos en el Espíritu

4 Queridos hermanos, no crean a cualquiera que pretenda estar inspirado por el Espíritu,*j* sino sométanlo a prueba para ver si es de Dios, porque han salido por el mundo muchos falsos profetas. 2En esto pueden discernir quién

sinful is of the devil, because the devil has been sinning from the beginning. The reason the Son of God appeared was to destroy the devil's work. 9No one who is born of God will continue to sin, because God's seed remains in him; he cannot go on sinning, because he has been born of God. 10This is how we know who the children of God are and who the children of the devil are: Anyone who does not do what is right is not a child of God; nor is anyone who does not love his brother.

Love one another

11This is the message you heard from the beginning: We should love one another. 12Do not be like Cain, who belonged to the evil one and murdered his brother. And why did he murder him? Because his own actions were evil and his brother's were righteous. 13Do not be surprised, my brothers, if the world hates you. 14We know that we have passed from death to life, because we love our brothers. Anyone who does not love remains in death. 15Anyone who hates his brother is a murderer, and you know that no murderer has eternal life in him.

16This is how we know what love is: Jesus Christ laid down his life for us. And we ought to lay down our lives for our brothers. 17If anyone has material possessions and sees his brother in need but has no pity on him, how can the love of God be in him? 18Dear children, let us not love with words or tongue but with actions and in truth. 19This then is how we know that we belong to the truth, and how we set our hearts at rest in his presence 20whenever our hearts condemn us. For God is greater than our hearts, and he knows everything.

21Dear friends, if our hearts do not condemn us, we have confidence before God 22and receive from him anything we ask, because we obey his commands and do what pleases him. 23And this is his command: to believe in the name of his Son, Jesus Christ, and to love one another as he commanded us. 24Those who obey his commands live in him, and he in them. And this is how we know that he lives in us: We know it by the Spirit he gave us.

Test the Spirits

4 Dear friends, do not believe every spirit, but test the spirits to see whether they are from God, because many false prophets have gone out into the world. 2This is how you can

---

i **3:9** *no puede practicar el pecado.* Alt. *no puede pecar.*
j **4:1** *no crean ... por el Espíritu.* Lit. *no crean a todo espíritu.*

tiene el Espíritu de Dios: todo profeta[k] que reconoce que *Jesucristo ha venido en cuerpo humano, es de Dios; [3]todo profeta que no reconoce a Jesús, no es de Dios sino del anticristo. Ustedes han oído que éste viene; en efecto, ya está en el mundo.

[4]Ustedes, queridos hijos, son de Dios y han vencido a esos falsos profetas, porque el que está en ustedes es más poderoso que el que está en el mundo. [5]Ellos son del mundo; por eso hablan desde el punto de vista del mundo, y el mundo los escucha. [6]Nosotros somos de Dios, y todo el que conoce a Dios nos escucha; pero el que no es de Dios no nos escucha. Así distinguimos entre el Espíritu de la verdad y el espíritu del engaño.

Permanezcamos en el amor

[7]Queridos hermanos, amémonos los unos a los otros, porque el amor viene de Dios, y todo el que ama ha nacido de él y lo conoce. [8]El que no ama no conoce a Dios, porque Dios es amor. [9]Así manifestó Dios su amor entre nosotros: en que envió a su Hijo unigénito al mundo para que vivamos por medio de él. [10]En esto consiste el amor: no en que nosotros hayamos amado a Dios, sino en que él nos amó y envió a su Hijo para que fuera ofrecido como sacrificio por el perdón de[l] nuestros pecados. [11]Queridos hermanos, ya que Dios nos ha amado así, también nosotros debemos amarnos los unos a los otros. [12]Nadie ha visto jamás a Dios, pero si nos amamos los unos a los otros, Dios permanece entre nosotros, y entre[m] nosotros su amor se ha manifestado plenamente.[n]

[13]¿Cómo sabemos que permanecemos en él, y que él permanece en nosotros? Porque nos ha dado de su Espíritu. [14]Y nosotros hemos visto y declaramos que el Padre envió a su Hijo para ser el Salvador del mundo. [15]Si alguien reconoce que Jesús es el Hijo de Dios, Dios permanece en él, y él en Dios. [16]Y nosotros hemos llegado a saber y creer que Dios nos ama.

Dios es amor. El que permanece en amor, permanece en Dios, y Dios en él. [17]Ese amor se manifiesta plenamente[ñ] entre nosotros para que en el día del juicio comparezcamos con toda confianza, porque en este mundo hemos vivido como vivió Jesús. En el amor no hay temor, [18]sino que el amor *perfecto echa fuera el temor. El que teme espera el castigo, así que no ha sido perfeccionado en el amor.

recognize the Spirit of God: Every spirit that acknowledges that Jesus Christ has come in the flesh is from God, [3]but every spirit that does not acknowledge Jesus is not from God. This is the spirit of the antichrist, which you have heard is coming and even now is already in the world.

[4]You, dear children, are from God and have overcome them, because the one who is in you is greater than the one who is in the world. [5]They are from the world and therefore speak from the viewpoint of the world, and the world listens to them. [6]We are from God, and whoever knows God listens to us; but whoever is not from God does not listen to us. This is how we recognize the Spirit[h] of truth and the spirit of falsehood.

God's Love and Ours

[7]Dear friends, let us love one another, for love comes from God. Everyone who loves has been born of God and knows God. [8]Whoever does not love does not know God, because God is love. [9]This is how God showed his love among us: He sent his one and only Son[i] into the world that we might live through him. [10]This is love: not that we loved God, but that he loved us and sent his Son as an atoning sacrifice for[j] our sins. [11]Dear friends, since God so loved us, we also ought to love one another. [12]No one has ever seen God; but if we love one another, God lives in us and his love is made complete in us.

[13]We know that we live in him and he in us, because he has given us of his Spirit. [14]And we have seen and testify that the Father has sent his Son to be the Savior of the world. [15]If anyone acknowledges that Jesus is the Son of God, God lives in him and he in God. [16]And so we know and rely on the love God has for us.

God is love. Whoever lives in love lives in God, and God in him. [17]In this way, love is made complete among us so that we will have confidence on the day of judgment, because in this world we are like him. [18]There is no fear in love. But perfect love drives out fear, because fear has to do with punishment. The one who fears is not made perfect in love.

---

[k]**4:2** *profeta*. Lit. *espíritu*; también en v. 3. [l]**4:10** *sacrificio por el perdón de*. Lit. **propiciación por*. [m]**4:12** *entre … entre*. Alt. *en … en*. [n]**4:12** *se ha manifestado plenamente*. Lit. *se ha *perfeccionado*. [ñ]**4:17** *se manifiesta plenamente*. Lit. *se ha perfeccionado*.

[h]6 Or *spirit* [i]9 Or *his only begotten Son* [j]10 Or *as the one who would turn aside his wrath, taking away*

19Nosotros amamos a Dios porque él nos amó primero. 20Si alguien afirma: «Yo amo a Dios», pero odia a su hermano, es un mentiroso; pues el que no ama a su hermano, a quien ha visto, no puede amar a Dios, a quien no ha visto. 21Y él nos ha dado este mandamiento: el que ama a Dios, ame también a su hermano.

Vivamos en la fe

5 Todo el que cree que Jesús es el *Cristo, ha nacido de Dios, y todo el que ama al padre, ama también a sus hijos. 2Así, cuando amamos a Dios y cumplimos sus mandamientos, sabemos que amamos a los hijos de Dios. 3En esto consiste el amor a Dios: en que obedezcamos sus mandamientos. Y éstos no son difíciles de cumplir, 4porque todo el que ha nacido de Dios vence al mundo. Ésta es la victoria que vence al mundo: nuestra fe. 5¿Quién es el que vence al mundo sino el que cree que Jesús es el Hijo de Dios?

6Éste es el que vino mediante agua y sangre, Jesucristo; no sólo mediante agua, sino mediante agua y sangre. El Espíritu es quien da testimonio de esto, porque el Espíritu es la verdad. 7Tres son los que dan testimonio, 8y los tres están de acuerdo: el Espírituᵒ, el agua y la sangre. 9Aceptamos el testimonio *humano, pero el testimonio de Dios vale mucho más, precisamente porque es el testimonio de Dios, que él ha dado acerca de su Hijo. 10El que cree en el Hijo de Dios acepta este testimonio. El que no cree a Dios lo hace pasar por mentiroso, por no haber creído el testimonio que Dios ha dado acerca de su Hijo. 11Y el testimonio es éste: que Dios nos ha dado vida eterna, y esa vida está en su Hijo. 12El que tiene al Hijo, tiene la vida; el que no tiene al Hijo de Dios, no tiene la vida.

Observaciones finales

13Les escribo estas cosas a ustedes que creen en el nombre del Hijo de Dios, para que sepan que tienen vida eterna. 14Ésta es la confianza que tenemos al acercarnos a Dios: que si pedimos conforme a su voluntad, él nos oye. 15Y si sabemos que Dios oye todas nuestras oraciones, podemos estar seguros de que ya tenemos lo que le hemos pedido.

16Si alguno ve a su hermano cometer un pecado que no lleva a la muerte, ore por él y Dios le dará vida. Me refiero a quien comete un pecado que no lleva a la muerte. Hay un pecado

19We love because he first loved us. 20If anyone says, "I love God," yet hates his brother, he is a liar. For anyone who does not love his brother, whom he has seen, cannot love God, whom he has not seen. 21And he has given us this command: Whoever loves God must also love his brother.

Faith in the Son of God

5 Everyone who believes that Jesus is the Christ is born of God, and everyone who loves the father loves his child as well. 2This is how we know that we love the children of God: by loving God and carrying out his commands. 3This is love for God: to obey his commands. And his commands are not burdensome, 4for everyone born of God overcomes the world. This is the victory that has overcome the world, even our faith. 5Who is it that overcomes the world? Only he who believes that Jesus is the Son of God.

6This is the one who came by water and blood—Jesus Christ. He did not come by water only, but by water and blood. And it is the Spirit who testifies, because the Spirit is the truth. 7For there are three that testify: 8theᵏ Spirit, the water and the blood; and the three are in agreement. 9We accept man's testimony, but God's testimony is greater because it is the testimony of God, which he has given about his Son. 10Anyone who believes in the Son of God has this testimony in his heart. Anyone who does not believe God has made him out to be a liar, because he has not believed the testimony God has given about his Son. 11And this is the testimony: God has given us eternal life, and this life is in his Son. 12He who has the Son has life; he who does not have the Son of God does not have life.

Concluding Remarks

13I write these things to you who believe in the name of the Son of God so that you may know that you have eternal life. 14This is the confidence we have in approaching God: that if we ask anything according to his will, he hears us. 15And if we know that he hears us—whatever we ask—we know that we have what we asked of him.

16If anyone sees his brother commit a sin that does not lead to death, he should pray and God will give him life. I refer to those whose sin does not lead to death. There is a sin that leads to

---

ᵒ5:7-8 *testimonio … Espíritu.* Var. *testimonio en el cielo: el Padre, el Verbo y el Espíritu Santo, y estos tres son uno.* 8Y *hay tres que dan testimonio en la tierra: el Espíritu* (este pasaje se encuentra en mss. posteriores de la Vulgata, pero no está en ningún ms. griego anterior al siglo XVI).

ᵏ7,8 Late manuscripts of the Vulgate *testify in heaven: the Father, the Word and the Holy Spirit, and these three are one.* 8*And there are three that testify on earth: the* (not found in any Greek manuscript before the sixteenth century) que sí lleva a la muerte, y en ese caso no digo que se ore por él. [17]Toda maldad es pecado, pero hay pecado que no lleva a la muerte.

[18]Sabemos que el que ha nacido de Dios no está en pecado: *Jesucristo, que nació de Dios, lo protege, y el maligno no llega a tocarlo. [19]Sabemos que somos hijos de Dios, y que el mundo entero está bajo el control del maligno. [20]También sabemos que el Hijo de Dios ha venido y nos ha dado entendimiento para que conozcamos al Dios verdadero. Y estamos con el Verdadero, con[p] su Hijo Jesucristo. Éste es el Dios verdadero y la vida eterna.

[21]Queridos hijos, apártense de los ídolos.

death. I am not saying that he should pray about that. [17]All wrongdoing is sin, and there is sin that does not lead to death.

[18]We know that anyone born of God does not continue to sin; the one who was born of God keeps him safe, and the evil one cannot harm him. [19]We know that we are children of God, and that the whole world is under the control of the evil one. [20]We know also that the Son of God has come and has given us understanding, so that we may know him who is true. And we are in him who is true—even in his Son Jesus Christ. He is the true God and eternal life.

[21]Dear children, keep yourselves from idols.

Segunda Carta de Juan

2 John

¹El *anciano,

a la iglesia elegida y a sus miembros,ᵃ a quienes amo en la verdad —y no sólo yo sino todos los que han conocido la verdad—, ²a causa de esa verdad que permanece en nosotros y que estará con nosotros para siempre:

³La gracia, la misericordia y la paz de Dios el Padre y de *Jesucristo, el Hijo del Padre, estarán con nosotros en verdad y en amor.

⁴Me alegré muchísimo al encontrarme con algunos de ustedesᵇ que están practicando la verdad, según el mandamiento que nos dio el Padre. ⁵Y ahora, hermanos, les ruego que nos amemos los unos a los otros. Y no es que lesᶜ esté escribiendo un mandamiento nuevo sino el que hemos tenido desde el principio. ⁶En esto consiste el amor: en que pongamos en práctica sus mandamientos. Y éste es el mandamiento: que vivan en este amor, tal como ustedes lo han escuchado desde el principio.

⁷Es que han salido por el mundo muchos engañadores que no reconocen que Jesucristo ha venido en cuerpo humano. El que así actúa es el engañador y el anticristo. ⁸Cuídense de no echar a perder el fruto de nuestro trabajo;ᵈ procuren más bien recibir la recompensa completa. ⁹Todo el que se descarría y no permanece en la enseñanza de Cristo, no tiene a Dios; el que permanece en la enseñanzaᵉ sí tiene al Padre y al Hijo. ¹⁰Si alguien los visita y no lleva esta enseñanza, no lo reciban en casa ni le den la bienvenida, ¹¹pues quien le da la bienvenida se hace cómplice de sus malas obras.

¹²Aunque tengo muchas cosas que decirles, no he querido hacerlo por escrito, pues espero visitarlos y hablar personalmente con ustedes para que nuestra alegría sea completa.

¹³Los miembros de la iglesia hermana, la elegida, lesᶠ mandan saludos.

¹The elder,

To the chosen lady and her children, whom I love in the truth—and not I only, but also all who know the truth— ²because of the truth, which lives in us and will be with us forever:

³Grace, mercy and peace from God the Father and from Jesus Christ, the Father's Son, will be with us in truth and love.

⁴It has given me great joy to find some of your children walking in the truth, just as the Father commanded us. ⁵And now, dear lady, I am not writing you a new command but one we have had from the beginning. I ask that we love one another. ⁶And this is love: that we walk in obedience to his commands. As you have heard from the beginning, his command is that you walk in love.

⁷Many deceivers, who do not acknowledge Jesus Christ as coming in the flesh, have gone out into the world. Any such person is the deceiver and the antichrist. ⁸Watch out that you do not lose what you have worked for, but that you may be rewarded fully. ⁹Anyone who runs ahead and does not continue in the teaching of Christ does not have God; whoever continues in the teaching has both the Father and the Son. ¹⁰If anyone comes to you and does not bring this teaching, do not take him into your house or welcome him. ¹¹Anyone who welcomes him shares in his wicked work.

¹²I have much to write to you, but I do not want to use paper and ink. Instead, I hope to visit you and talk with you face to face, so that our joy may be complete.

¹³The children of your chosen sister send their greetings.

ᵃ1 *la iglesia … miembros.* Lit. *la señora elegida y a sus hijos.* ᵇ4 *ustedes.* Lit. *tus hijos.* ᶜ5 *hermanos, les ruego … Y no es que les.* Lit. *señora, te ruego … Y no es que te.* ᵈ8 *el fruto de nuestro trabajo.* Lit. *lo que hemos trabajado.* Var. *lo que ustedes han trabajado.* ᵉ9 *enseñanza.* Var. *enseñanza de Cristo.* ᶠ13 *Los miembros … les.* Lit. *Los hijos de tu hermana, la elegida, te.*

Tercera Carta de Juan

3 John

¹El *anciano,

al querido hermano Gayo, a quien amo en la verdad.

²Querido hermano, oro para que te vaya bien en todos tus asuntos y goces de buena salud, así como prosperas espiritualmente. ³Me alegré mucho cuando vinieron unos hermanos y dieron testimonio de tu fidelidad,ᵃ y de cómo estás poniendo en práctica la verdad. ⁴Nada me produce más alegría que oír que mis hijos practican la verdad.

⁵Querido hermano, te comportas fielmente en todo lo que haces por los hermanos, aunque no los conozcas.ᵇ ⁶Delante de la iglesia ellos han dado testimonio de tu amor. Harás bien en ayudarlos a seguir su viaje, como es digno de Dios. ⁷Ellos salieron por causa del Nombre, sin nunca recibir nada de los *paganos; ⁸nosotros, por lo tanto, debemos brindarles hospitalidad, y así colaborar con ellos en la verdad.

⁹Le escribí algunas líneas a la iglesia, pero Diótrefes, a quien le encanta ser el primero entre ellos, no nos recibe. ¹⁰Por eso, si voy no dejaré de reprocharle su comportamiento, ya que, con palabras malintencionadas, habla contra nosotros sólo por hablar. Como si fuera poco, ni siquiera recibe a los hermanos, y a quienes quieren hacerlo, no los deja y los expulsa de la iglesia.

¹¹Querido hermano, no imites lo malo sino lo bueno. El que hace lo bueno es de Dios; el que hace lo malo no ha visto a Dios. ¹²En cuanto a Demetrio, todos dan buen testimonio de él, incluso la verdad misma. También nosotros lo recomendamos, y bien sabes que nuestro testimonio es verdadero.

¹³Tengo muchas cosas que decirte, pero prefiero no hacerlo por escrito; ¹⁴espero verte muy pronto, y entonces hablaremos personalmente.

¹⁵La paz sea contigo. Tus amigos aquí te mandan saludos. Saluda a los amigos allá, a cada uno en particular.

¹The elder,

To my dear friend Gaius, whom I love in the truth.

²Dear friend, I pray that you may enjoy good health and that all may go well with you, even as your soul is getting along well. ³It gave me great joy to have some brothers come and tell about your faithfulness to the truth and how you continue to walk in the truth. ⁴I have no greater joy than to hear that my children are walking in the truth.

⁵Dear friend, you are faithful in what you are doing for the brothers, even though they are strangers to you. ⁶They have told the church about your love. You will do well to send them on their way in a manner worthy of God. ⁷It was for the sake of the Name that they went out, receiving no help from the pagans. ⁸We ought therefore to show hospitality to such men so that we may work together for the truth.

⁹I wrote to the church, but Diotrephes, who loves to be first, will have nothing to do with us. ¹⁰So if I come, I will call attention to what he is doing, gossiping maliciously about us. Not satisfied with that, he refuses to welcome the brothers. He also stops those who want to do so and puts them out of the church.

¹¹Dear friend, do not imitate what is evil but what is good. Anyone who does what is good is from God. Anyone who does what is evil has not seen God. ¹²Demetrius is well spoken of by everyone—and even by the truth itself. We also speak well of him, and you know that our testimony is true.

¹³I have much to write you, but I do not want to do so with pen and ink. ¹⁴I hope to see you soon, and we will talk face to face.

Peace to you. The friends here send their greetings. Greet the friends there by name.

ᵃ3 fidelidad. Lit. verdad. ᵇ5 aunque no los conozcas. Alt. aunque para ti sean extraños.

Carta de Judas

Jude

¹Judas, *siervo de *Jesucristo y hermano de *Jacobo,

a los que son amados por Dios el Padre, guardados por*ᵃ* Jesucristo y llamados a la salvación:

²Que reciban misericordia, paz y amor en abundancia.

Pecado y condenación de los impíos

³Queridos hermanos, he deseado intensamente escribirles acerca de la salvación que tenemos en común, y ahora siento la necesidad de hacerlo para rogarles que sigan luchando vigorosamente por la fe encomendada una vez por todas a los *santos. ⁴El problema es que se han infiltrado entre ustedes ciertos individuos que desde hace mucho tiempo han estado señalados*ᵇ* para condenación. Son impíos que cambian en libertinaje la gracia de nuestro Dios y niegan a Jesucristo, nuestro único Soberano y Señor.

⁵Aunque ustedes ya saben muy bien todo esto, quiero recordarles que el Señor,*ᶜ* después de liberar de la tierra de Egipto a su pueblo, destruyó a los que no creían. ⁶Y a los ángeles que no mantuvieron su posición de autoridad, sino que abandonaron su propia morada, los tiene perpetuamente encarcelados en oscuridad para el juicio del gran Día. ⁷Así también Sodoma y Gomorra y las ciudades vecinas son puestas como escarmiento, al sufrir el castigo de un fuego eterno, por haber practicado, como aquéllos, inmoralidad sexual y vicios contra la naturaleza.

⁸De la misma manera estos individuos, llevados por sus delirios, contaminan su *cuerpo, desprecian la autoridad y maldicen a los seres celestiales. ⁹Ni siquiera el arcángel Miguel, cuando argumentaba con el diablo disputándole el cuerpo de Moisés, se atrevió a pronunciar contra él un juicio de maldición, sino que dijo: «¡Que el Señor te reprenda» ¹⁰Éstos, en cambio, maldicen todo lo que no entienden; y como animales irracionales, lo que entienden por instinto es precisamente lo que los corrompe.

¹¹¡Ay de los que siguieron el camino de Caín

¹Jude, a servant of Jesus Christ and a brother of James,

To those who have been called, who are loved by God the Father and kept by*ᵃ* Jesus Christ:

²Mercy, peace and love be yours in abundance.

The sin and doom of Godless men

³Dear friends, although I was very eager to write to you about the salvation we share, I felt I had to write and urge you to contend for the faith that was once for all entrusted to the saints. ⁴For certain men whose condemnation was written about*ᵇ* long ago have secretly slipped in among you. They are godless men, who change the grace of our God into a license for immorality and deny Jesus Christ our only Sovereign and Lord.

⁵Though you already know all this, I want to remind you that the Lord*ᶜ* delivered his people out of Egypt, but later destroyed those who did not believe. ⁶And the angels who did not keep their positions of authority but abandoned their own home—these he has kept in darkness, bound with everlasting chains for judgment on the great Day. ⁷In a similar way, Sodom and Gomorrah and the surrounding towns gave themselves up to sexual immorality and perversion. They serve as an example of those who suffer the punishment of eternal fire.

⁸In the very same way, these dreamers pollute their own bodies, reject authority and slander celestial beings. ⁹But even the archangel Michael, when he was disputing with the devil about the body of Moses, did not dare to bring a slanderous accusation against him, but said, "The Lord rebuke you" ¹⁰Yet these men speak abusively against whatever they do not understand; and what things they do understand by instinct, like unreasoning animals—these are the very things that destroy them.

ᵃ1 por. Alt. para   ᵇ4 señalados. Lit. inscritos de antemano.
ᶜ5 el Señor. Var. Jesús.

ᵃ1 Or for; or in   ᵇ4 Or men who were marked out for condemnation   ᶜ5 Some early manuscripts Jesus

Por ganar dinero se entregaron al error de Balán y perecieron en la rebelión de Coré.

¹²Estos individuos son un peligro oculto:ᵈ sin ningún respeto convierten en parrandas las fiestas de amor fraternal que ustedes celebran. Buscan sólo su propio provecho.ᵉ Son nubes sin agua, llevadas por el viento. Son árboles que no dan fruto cuando debieran darlo; están doblemente muertos, arrancados de raíz. ¹³Son violentas olas del mar, que arrojan la espuma de sus actos vergonzosos. Son estrellas fugaces, para quienes está reservada eternamente la más densa oscuridad.

¹⁴También Enoc, el séptimo patriarca a partir de Adán, profetizó acerca de ellos: «Miren, el Señor viene con millares y millares de sus ángeles,ᶠ ¹⁵para someter a juicio a todos y para reprender a todos los pecadores impíos por todas las malas obras que han cometido, y por todas las injurias que han proferido contra él.» ¹⁶Estos individuos son refunfuñadores y criticones; se dejan llevar por sus propias pasiones; hablan con arrogancia y adulan a los demás para sacar ventaja.

Exhortación a la perseverancia

¹⁷Ustedes, queridos hermanos, recuerden el mensaje anunciado anteriormente por los apóstoles de nuestro Señor Jesucristo. ¹⁸Ellos les decían: «En los últimos tiempos habrá burladores que vivirán según sus propias pasiones impías.» ¹⁹Éstos son los que causan divisiones y se dejan llevar por sus propios instintos, pues no tienen el Espíritu.

²⁰⁻²¹Ustedes, en cambio, queridos hermanos, manténganse en el amor de Dios, edificándose sobre la base de su santísima fe y orando en el Espíritu Santo, mientras esperan que nuestro Señor Jesucristo, en su misericordia, les conceda vida eterna.

²²Tengan compasión de los que dudan; ²³a otros, sálvenlos arrebatándolos del fuego. Compadézcanse de los demás, pero tengan cuidado; aborrezcan hasta la ropa que haya sido contaminada por su *cuerpo.

Doxología

²⁴¡Al único Dios, nuestro Salvador, que puede guardarlos para que no *caigan, y establecerlos sin tacha y con gran alegría ante su gloriosa presencia, ²⁵sea la gloria, la majestad, el dominio y la autoridad, por medio de Jesucristo nuestro Señor, antes de todos los siglos, ahora y para siempre! Amén.

¹¹Woe to them! They have taken the way of Cain; they have rushed for profit into Balaam's error; they have been destroyed in Korah's rebellion.

¹²These men are blemishes at your love feasts, eating with you without the slightest qualm—shepherds who feed only themselves. They are clouds without rain, blown along by the wind; autumn trees, without fruit and uprooted—twice dead. ¹³They are wild waves of the sea, foaming up their shame; wandering stars, for whom blackest darkness has been reserved forever.

¹⁴Enoch, the seventh from Adam, prophesied about these men: "See, the Lord is coming with thousands upon thousands of his holy ones ¹⁵to judge everyone, and to convict all the ungodly of all the ungodly acts they have done in the ungodly way, and of all the harsh words ungodly sinners have spoken against him." ¹⁶These men are grumblers and faultfinders; they follow their own evil desires; they boast about themselves and flatter others for their own advantage.

A call to persevere

¹⁷But, dear friends, remember what the apostles of our Lord Jesus Christ foretold. ¹⁸They said to you, "In the last times there will be scoffers who will follow their own ungodly desires." ¹⁹These are the men who divide you, who follow mere natural instincts and do not have the Spirit.

²⁰But you, dear friends, build yourselves up in your most holy faith and pray in the Holy Spirit. ²¹Keep yourselves in God's love as you wait for the mercy of our Lord Jesus Christ to bring you to eternal life.

²²Be merciful to those who doubt; ²³snatch others from the fire and save them; to others show mercy, mixed with fear—hating even the clothing stained by corrupted flesh.

Doxology

²⁴To him who is able to keep you from falling and to present you before his glorious presence without fault and with great joy— ²⁵to the only God our Savior be glory, majesty, power and authority, through Jesus Christ our Lord, before all ages, now and forevermore! Amen.

ᵈ 12 un peligro oculto. Lit. escollos, o manchas.
ᵉ 12 Buscan ... provecho. Lit. Se pastorean a sí mismos.
ᶠ 14 ángeles. Lit. *santos.

Apocalipsis

Revelation

Prólogo

1 Ésta es la revelación de *Jesucristo, que Dios le dio para mostrar a sus *siervos lo que sin demora tiene que suceder. Jesucristo envió a su ángel para dar a conocer la revelación a su siervo Juan, ²quien por su parte da fe de la verdad, escribiendo todo lo que vio, a saber, la palabra de Dios y el testimonio de Jesucristo. ³*Dichoso el que lee y dichosos los que escuchan las palabras de este mensaje profético y hacen caso de lo que aquí está escrito, porque el tiempo de su cumplimiento está cerca.

Saludos y doxología

⁴Yo, Juan, escribo a las siete iglesias que están en la provincia de *Asia:

Gracia y paz a ustedes de parte de aquel que es y que era y que ha de venir; y de parte de los siete espíritus que están delante de su trono; ⁵y de parte de *Jesucristo, el testigo fiel, el primogénito de la resurrección, el soberano de los reyes de la tierra.

Al que nos ama
y que por su sangre
nos ha librado de nuestros pecados,
⁶al que ha hecho de nosotros un reino,
sacerdotes al servicio de Dios su Padre,
¡a él sea la gloria y el poder
por los siglos de los siglos   Amén.

⁷¡Miren que viene en las nubes
Y todos lo verán con sus propios ojos,
incluso quienes lo traspasaron;
y por él harán lamentación
todos los pueblos de la tierra.
¡Así será   Amén.

⁸«Yo soy el Alfa y la Omega —dice el Señor Dios—, el que es y que era y que ha de venir, el Todopoderoso.»

Alguien semejante al Hijo del hombre

⁹Yo, Juan, hermano de ustedes y compañero en el sufrimiento, en el reino y en la perseverancia que tenemos en unión con Jesús, estaba en la isla de Patmos por causa de la palabra de Dios y del testimonio de Jesús. ¹⁰En el día del Señor vino sobre mí el Espíritu, y oí detrás de mí una

Prologue

1 The revelation of Jesus Christ, which God gave him to show his servants what must soon take place. He made it known by sending his angel to his servant John, ²who testifies to everything he saw—that is, the word of God and the testimony of Jesus Christ. ³Blessed is the one who reads the words of this prophecy, and blessed are those who hear it and take to heart what is written in it, because the time is near.

Greetings and doxology

⁴John,

To the seven churches in the province of Asia:

Grace and peace to you from him who is, and who was, and who is to come, and from the seven spiritsᵃ before his throne, ⁵and from Jesus Christ, who is the faithful witness, the firstborn from the dead, and the ruler of the kings of the earth.

To him who loves us and has freed us from our sins by his blood, ⁶and has made us to be a kingdom and priests to serve his God and Father—to him be glory and power for ever and ever   Amen.

⁷Look, he is coming with the clouds,
and every eye will see him,
even those who pierced him;
and all the peoples of the earth will
mourn because of him.
So shall it be   Amen.

⁸"I am the Alpha and the Omega," says the Lord God, "who is, and who was, and who is to come, the Almighty."

One like a Son of Man

⁹I, John, your brother and companion in the suffering and kingdom and patient endurance that are ours in Jesus, was on the island of Patmos because of the word of God and the testimony of Jesus. ¹⁰On the Lord's Day I was in the Spirit, and I heard behind me a loud voice

ᵃ4 Or the sevenfold Spirit

voz fuerte, como de trompeta, ¹¹que decía: «Escribe en un libro lo que veas y envíalo a las siete iglesias: a Éfeso, a Esmirna, a Pérgamo, a Tiatira, a Sardis, a Filadelfia y a Laodicea.»

¹²Me volví para ver de quién era la voz que me hablaba y, al volverme, vi siete candelabros de oro. ¹³En medio de los candelabros estaba alguien «semejante al Hijo del hombre»,*a* vestido con una túnica que le llegaba hasta los pies y ceñido con una banda de oro a la altura del pecho. ¹⁴Su cabellera lucía blanca como la lana, como la nieve; y sus ojos resplandecían como llama de fuego. ¹⁵Sus pies parecían bronce al rojo vivo en un horno, y su voz era tan fuerte como el estruendo de una catarata. ¹⁶En su mano derecha tenía siete estrellas, y de su boca salía una aguda espada de dos filos. Su rostro era como el sol cuando brilla en todo su esplendor.

¹⁷Al verlo, caí a sus pies como muerto; pero él, poniendo su mano derecha sobre mí, me dijo: «No tengas miedo. Yo soy el Primero y el Último, ¹⁸y el que vive. Estuve muerto, pero ahora vivo por los siglos de los siglos, y tengo las llaves de la muerte y del infierno.*b*

¹⁹»Escribe, pues, lo que has visto, lo que sucede ahora y lo que sucederá después. ²⁰Ésta es la explicación del *misterio de las siete estrellas que viste en mi mano derecha, y de los siete candelabros de oro: las siete estrellas son los ángeles*c* de las siete iglesias, y los siete candelabros son las siete iglesias.

A la iglesia de Éfeso

2 »Escribe al ángel*d* de la iglesia de Éfeso:

Esto dice el que tiene las siete estrellas en su mano derecha y se pasea en medio de los siete candelabros de oro: ²Conozco tus obras, tu duro trabajo y tu perseverancia. Sé que no puedes soportar a los malvados, y que has puesto a *prueba a los que dicen ser apóstoles pero no lo son; y has descubierto que son falsos. ³Has perseverado y sufrido por mi nombre, sin desanimarte.

⁴Sin embargo, tengo en tu contra que has abandonado tu primer amor. ⁵¡Recuerda de dónde has caído *Arrepiéntete y vuelve a practicar las obras que hacías al principio. Si no te arrepientes, iré y quitaré de su lugar tu candelabro. ⁶Pero tienes a tu favor que aborreces las prácticas de los nicolaítas, las cuales yo también aborrezco.

⁷El que tenga oídos, que oiga lo que el Espíritu dice a las iglesias. Al que salga ven-

like a trumpet, ¹¹which said: "Write on a scroll what you see and send it to the seven churches: to Ephesus, Smyrna, Pergamum, Thyatira, Sardis, Philadelphia and Laodicea."

¹²I turned around to see the voice that was speaking to me. And when I turned I saw seven golden lampstands, ¹³and among the lampstands was someone "like a son of man," *b* dressed in a robe reaching down to his feet and with a golden sash around his chest. ¹⁴His head and hair were white like wool, as white as snow, and his eyes were like blazing fire. ¹⁵His feet were like bronze glowing in a furnace, and his voice was like the sound of rushing waters. ¹⁶In his right hand he held seven stars, and out of his mouth came a sharp double-edged sword. His face was like the sun shining in all its brilliance.

¹⁷When I saw him, I fell at his feet as though dead. Then he placed his right hand on me and said: "Do not be afraid. I am the First and the Last. ¹⁸I am the Living One; I was dead, and behold I am alive for ever and ever And I hold the keys of death and Hades.

¹⁹"Write, therefore, what you have seen, what is now and what will take place later. ²⁰The mystery of the seven stars that you saw in my right hand and of the seven golden lampstands is this: The seven stars are the angels*c* of the seven churches, and the seven lampstands are the seven churches.

To the church in Ephesus

2 "To the angel*d* of the church in Ephesus write:

These are the words of him who holds the seven stars in his right hand and walks among the seven golden lampstands: ²I know your deeds, your hard work and your perseverance. I know that you cannot tolerate wicked men, that you have tested those who claim to be apostles but are not, and have found them false. ³You have persevered and have endured hardships for my name, and have not grown weary.

⁴Yet I hold this against you: You have forsaken your first love. ⁵Remember the height from which you have fallen Repent and do the things you did at first. If you do not repent, I will come to you and remove your lampstand from its place. ⁶But you have this in your favor: You hate the practices of the Nicolaitans, which I also hate.

⁷He who has an ear, let him hear what the Spirit says to the churches. To him who over-

---

*a*1:13 Dn 7:13　　*b*1:18 infierno. Lit. *Hades.
*c*1:20 ángeles. Alt. mensajeros.　　*d*2:1 ángel. Alt. mensajero; también en vv. 8, 12 y 18.

*b*13 Daniel 7:13　　*c*20 or messengers　　*d*1 Or messenger; also in verses 8, 12 and 18 cedor le daré derecho a comer del árbol de la vida, que está en el paraíso de Dios.

A la iglesia de Esmirna

8«Escribe al ángel de la iglesia de Esmirna:

Esto dice el Primero y el Último, el que murió y volvió a vivir: **9**Conozco tus sufrimientos y tu pobreza. ¡Sin embargo, eres rico! Sé cómo te calumnian los que dicen ser judíos pero que, en realidad, no son más que una sinagoga de Satanás. **10**No tengas miedo de lo que estás por sufrir. Te advierto que a algunos de ustedes el diablo los meterá en la cárcel para ponerlos a *prueba, y sufrirán persecución durante diez días. Sé fiel hasta la muerte, y yo te daré la corona de la vida.

11El que tenga oídos, que oiga lo que el Espíritu dice a las iglesias. El que salga vencedor no sufrirá daño alguno de la segunda muerte.

A la iglesia de Pérgamo

12»Escribe al ángel de la iglesia de Pérgamo:

Esto dice el que tiene la aguda espada de dos filos: **13**Sé dónde vives: allí donde Satanás tiene su trono. Sin embargo, sigues fiel a mi nombre. No renegaste de tu fe en mí, ni siquiera en los días en que Antipas, mi testigo fiel, sufrió la muerte en esa ciudad donde vive Satanás.

14No obstante, tengo unas cuantas cosas en tu contra: que toleras ahí a los que se aferran a la doctrina de Balán, el que enseñó a Balac a poner *tropiezos a los israelitas, incitándolos a comer alimentos sacrificados a los ídolos y a cometer inmoralidades sexuales. **15**Toleras así mismo a los que sostienen la doctrina de los nicolaítas. **16**Por lo tanto, ¡*arrepiéntete! De otra manera, iré pronto a ti para pelear contra ellos con la espada que sale de mi boca.

17El que tenga oídos, que oiga lo que el Espíritu dice a las iglesias. Al que salga vencedor le daré del maná escondido, y le daré también una piedrecita blanca en la que está escrito un nombre nuevo que sólo conoce el que lo recibe.

A la iglesia de Tiatira

18«Escribe al ángel de la iglesia de Tiatira:

Esto dice el Hijo de Dios, el que tiene ojos que resplandecen como llamas de fuego y pies que parecen bronce al rojo vivo: **19**Conozco tus obras, tu amor y tu fe, tu servicio y tu perseverancia, y sé que tus últimas obras son más abundantes que las primeras.

comes, I will give the right to eat from the tree of life, which is in the paradise of God.

To the Church in Smyrna

8"To the angel of the church in Smyrna write:

These are the words of him who is the First and the Last, who died and came to life again. **9**I know your afflictions and your poverty— yet you are rich! I know the slander of those who say they are Jews and are not, but are a synagogue of Satan. **10**Do not be afraid of what you are about to suffer. I tell you, the devil will put some of you in prison to test you, and you will suffer persecution for ten days. Be faithful, even to the point of death, and I will give you the crown of life. **11**He who has an ear, let him hear what the Spirit says to the churches. He who overcomes will not be hurt at all by the second death.

To the Church in Pergamum

12"To the angel of the church in Pergamum write:

These are the words of him who has the sharp, double-edged sword. **13**I know where you live—where Satan has his throne. Yet you remain true to my name. You did not renounce your faith in me, even in the days of Antipas, my faithful witness, who was put to death in your city—where Satan lives.

14Nevertheless, I have a few things against you: You have people there who hold to the teaching of Balaam, who taught Balak to entice the Israelites to sin by eating food sacrificed to idols and by committing sexual immorality. **15**Likewise you also have those who hold to the teaching of the Nicolaitans. **16**Repent therefore! Otherwise, I will soon come to you and will fight against them with the sword of my mouth. **17**He who has an ear, let him hear what the Spirit says to the churches. To him who overcomes, I will give some of the hidden manna. I will also give him a white stone with a new name written on it, known only to him who receives it.

To the Church in Thyatira

18"To the angel of the church in Thyatira write:

These are the words of the Son of God, whose eyes are like blazing fire and whose feet are like burnished bronze. **19**I know your deeds, your love and faith, your service and perseverance, and that you are now doing more than you did at first.

20Sin embargo, tengo en tu contra que toleras a Jezabel, esa mujer que dice ser profetisa. Con su enseñanza engaña a mis *siervos, pues los induce a cometer inmoralidades sexuales y a comer alimentos sacrificados a los ídolos. **21**Le he dado tiempo para que se *arrepienta de su inmoralidad, pero no quiere hacerlo. **22**Por eso la voy a postrar en un lecho de dolor, y a los que cometen adulterio con ella los haré sufrir terriblemente, a menos que se arrepientan de lo que aprendieron de ella. **23**A los hijos de esa mujer los heriré de muerte. Así sabrán todas las iglesias que yo soy el que escudriña la mente y el corazón; y a cada uno de ustedes lo trataré de acuerdo con sus obras. **24**Ahora, al resto de los que están en Tiatira, es decir, a ustedes que no siguen esa enseñanza ni han aprendido los mal llamados "profundos secretos de Satanás", les digo que ya no les impondré ninguna otra carga. **25**Eso sí, retengan con firmeza lo que ya tienen, hasta que yo venga.

26Al que salga vencedor y cumpla mi voluntad*e* hasta el fin, le daré autoridad sobre las *naciones **27**—así como yo la he recibido de mi Padre— y

> "él las gobernará con puño de hierro;*f*
> las hará pedazos como a vasijas de
> barro".*g*

28También le daré la estrella de la mañana. **29**El que tenga oídos, que oiga lo que el Espíritu dice a las iglesias.

A la iglesia de Sardis

3 »Escribe al ángel*h* de la iglesia de Sardis:

Esto dice el que tiene los siete espíritus de Dios y las siete estrellas: Conozco tus obras; tienes fama de estar vivo, pero en realidad estás muerto. **2**¡Despierta Reaviva lo que aún es rescatable,*i* pues no he encontrado que tus obras sean perfectas delante de mi Dios. **3**Así que recuerda lo que has recibido y oído; obedécelo y *arrepiéntete. Si no te mantienes despierto, cuando menos lo esperes caeré sobre ti como un ladrón.

4Sin embargo, tienes en Sardis a unos cuantos que no se han manchado la ropa. Ellos, por ser dignos, andarán conmigo vestidos de blanco. **5**El que salga vencedor se vestirá de blanco. Jamás borraré su nombre del libro de la

20Nevertheless, I have this against you: You tolerate that woman Jezebel, who calls herself a prophetess. By her teaching she misleads my servants into sexual immorality and the eating of food sacrificed to idols. **21**I have given her time to repent of her immorality, but she is unwilling. **22**So I will cast her on a bed of suffering, and I will make those who commit adultery with her suffer intensely, unless they repent of her ways. **23**I will strike her children dead. Then all the churches will know that I am he who searches hearts and minds, and I will repay each of you according to your deeds. **24**Now I say to the rest of you in Thyatira, to you who do not hold to her teaching and have not learned Satan's so-called deep secrets (I will not impose any other burden on you): **25**Only hold on to what you have until I come.

26To him who overcomes and does my will to the end, I will give authority over the nations—

> **27**'He will rule them with an iron scepter;
> he will dash them to pieces like pottery'*e*—

just as I have received authority from my Father. **28**I will also give him the morning star. **29**He who has an ear, let him hear what the Spirit says to the churches.

To the Church in Sardis

3 "To the angel*f* of the church in Sardis write:

These are the words of him who holds the seven spirits*g* of God and the seven stars. I know your deeds; you have a reputation of being alive, but you are dead. **2**Wake up Strengthen what remains and is about to die, for I have not found your deeds complete in the sight of my God. **3**Remember, therefore, what you have received and heard; obey it, and repent. But if you do not wake up, I will come like a thief, and you will not know at what time I will come to you.

4Yet you have a few people in Sardis who have not soiled their clothes. They will walk with me, dressed in white, for they are worthy. **5**He who overcomes will, like them, be dressed in white. I will never blot out his name from the book of life, but will acknowledge his name before my Father and his angels. **6**He

---

*e***2:26** *cumpla mi voluntad.* Lit. *guarde mis obras.*
*f***2:27** *gobernará … hierro.* Lit. *pastoreará con cetro de hierro.*   *g***2:27** Sal 2:9   *h***3:1** *ángel.* Alt. *mensajero*; también en vv. 7 y 14.   *i***3:2** *Reaviva … rescatable.* Lit. *Fortalece las otras cosas que están por morir.*

*e*27 Psalm 2:9   *f*1 Or *messenger*; also in verses 7 and 14
*g*1 Or *the sevenfold Spirit*

vida, sino que reconoceré su nombre delante de mi Padre y delante de sus ángeles. 6El que tenga oídos, que oiga lo que el Espíritu dice a las iglesias.

A la iglesia de Filadelfia

7»Escribe al ángel de la iglesia de Filadelfia:

Esto dice el Santo, el Verdadero, el que tiene la llave de David, el que abre y nadie puede cerrar, el que cierra y nadie puede abrir: 8Conozco tus obras. Mira que delante de ti he dejado abierta una puerta que nadie puede cerrar. Ya sé que tus fuerzas son pocas, pero has obedecido mi palabra y no has renegado de mi nombre. 9Voy a hacer que los de la sinagoga de Satanás, que dicen ser judíos pero que en realidad mienten, vayan y se postren a tus pies, y reconozcan que yo te he amado. 10Ya que has guardado mi mandato de ser constante, yo por mi parte te guardaré de la hora de *tentación, que vendrá sobre el mundo entero para poner a prueba a los que viven en la tierra.

11Vengo pronto. Aférrate a lo que tienes, para que nadie te quite la corona. 12Al que salga vencedor lo haré columna del templo de mi Dios, y ya no saldrá jamás de allí. Sobre él grabaré el nombre de mi Dios y el nombre de la nueva Jerusalén, ciudad de mi Dios, la que baja del cielo de parte de mi Dios; y también grabaré sobre él mi nombre nuevo. 13El que tenga oídos, que oiga lo que el Espíritu dice a las iglesias.

A la iglesia de Laodicea

14»Escribe al ángel de la iglesia de Laodicea:

Esto dice el Amén, el testigo fiel y veraz, el soberano*j* de la creación de Dios: 15Conozco tus obras; sé que no eres ni frío ni caliente. ¡Ojalá fueras lo uno o lo otro 16Por tanto, como no eres ni frío ni caliente, sino tibio, estoy por vomitarte de mi boca. 17Dices: "Soy rico; me he enriquecido y no me hace falta nada"; pero no te das cuenta de que el infeliz y miserable, el pobre, ciego y desnudo eres tú. 18Por eso te aconsejo que de mí compres oro refinado por el fuego, para que te hagas rico; ropas blancas para que te vistas y cubras tu vergonzosa desnudez; y colirio para que te lo pongas en los ojos y recobres la vista.

19Yo reprendo y disciplino a todos los que amo. Por lo tanto, sé fervoroso y *arrepiéntete. 20Mira que estoy a la puerta y llamo. Si alguno

who has an ear, let him hear what the Spirit says to the churches.

To the Church in Philadelphia

7"To the angel of the church in Philadelphia write:

These are the words of him who is holy and true, who holds the key of David. What he opens no one can shut, and what he shuts no one can open. 8I know your deeds. See, I have placed before you an open door that no one can shut. I know that you have little strength, yet you have kept my word and have not denied my name. 9I will make those who are of the synagogue of Satan, who claim to be Jews though they are not, but are liars—I will make them come and fall down at your feet and acknowledge that I have loved you. 10Since you have kept my command to endure patiently, I will also keep you from the hour of trial that is going to come upon the whole world to test those who live on the earth.

11I am coming soon. Hold on to what you have, so that no one will take your crown. 12Him who overcomes I will make a pillar in the temple of my God. Never again will he leave it. I will write on him the name of my God and the name of the city of my God, the new Jerusalem, which is coming down out of heaven from my God; and I will also write on him my new name. 13He who has an ear, let him hear what the Spirit says to the churches.

To the Church in Laodicea

14"To the angel of the church in Laodicea write:

These are the words of the Amen, the faithful and true witness, the ruler of God's creation. 15I know your deeds, that you are neither cold nor hot. I wish you were either one or the other 16So, because you are lukewarm—neither hot nor cold—I am about to spit you out of my mouth. 17You say, 'I am rich; I have acquired wealth and do not need a thing.' But you do not realize that you are wretched, pitiful, poor, blind and naked. 18I counsel you to buy from me gold refined in the fire, so you can become rich; and white clothes to wear, so you can cover your shameful nakedness; and salve to put on your eyes, so you can see.

19Those whom I love I rebuke and discipline. So be earnest, and repent. 20Here I am I stand at the door and knock. If anyone hears my voice and opens the door, I will come in and eat with him, and he with me.

---

*j*3:14 *soberano*. Lit. *comienzo* u *origen*.

oye mi voz y abre la puerta, entraré, y cenaré con él, y él conmigo.

²¹Al que salga vencedor le daré el derecho de sentarse conmigo en mi trono, como también yo vencí y me senté con mi Padre en su trono. ²²El que tenga oídos, que oiga lo que el Espíritu dice a las iglesias.»

El trono en el cielo

4 Después de esto miré, y allí en el cielo había una puerta abierta. Y la voz que me había hablado antes con sonido como de trompeta me dijo: «Sube acá: voy a mostrarte lo que tiene que suceder después de esto.» ²Al instante vino sobre mí el Espíritu y vi un trono en el cielo, y a alguien sentado en el trono. ³El que estaba sentado tenía un aspecto semejante a una piedra de jaspe y de cornalina. Alrededor del trono había un arco iris que se asemejaba a una esmeralda. ⁴Rodeaban al trono otros veinticuatro tronos, en los que estaban sentados veinticuatro *ancianos vestidos de blanco y con una corona de oro en la cabeza. ⁵Del trono salían relámpagos, estruendos[k] y truenos. Delante del trono ardían siete antorchas de fuego, que son los siete espíritus de Dios, ⁶y había algo parecido a un mar de vidrio, como de cristal transparente.

En el centro, alrededor del trono, había cuatro seres vivientes cubiertos de ojos por delante y por detrás. ⁷El primero de los seres vivientes era semejante a un león; el segundo, a un toro; el tercero tenía rostro como de hombre; el cuarto era semejante a un águila en vuelo. ⁸Cada uno de ellos tenía seis alas y estaba cubierto de ojos, por encima y por debajo de las alas. Y día y noche repetían sin cesar:

«Santo, santo, santo
es el Señor Dios Todopoderoso,
el que era y que es y que ha de venir.»

⁹Cada vez que estos seres vivientes daban gloria, honra y acción de gracias al que estaba sentado en el trono, al que vive por los siglos de los siglos, ¹⁰los veinticuatro ancianos se postraban ante él y adoraban al que vive por los siglos de los siglos. Y rendían sus coronas delante del trono exclamando:

¹¹«Digno eres, Señor y Dios nuestro,
de recibir la gloria, la honra y el poder,
porque tú creaste todas las cosas;
por tu voluntad existen
y fueron creadas.»

²¹To him who overcomes, I will give the right to sit with me on my throne, just as I overcame and sat down with my Father on his throne. ²²He who has an ear, let him hear what the Spirit says to the churches."

The Throne in Heaven

4 After this I looked, and there before me was a door standing open in heaven. And the voice I had first heard speaking to me like a trumpet said, "Come up here, and I will show you what must take place after this." ²At once I was in the Spirit, and there before me was a throne in heaven with someone sitting on it. ³And the one who sat there had the appearance of jasper and carnelian. A rainbow, resembling an emerald, encircled the throne. ⁴Surrounding the throne were twenty-four other thrones, and seated on them were twenty-four elders. They were dressed in white and had crowns of gold on their heads. ⁵From the throne came flashes of lightning, rumblings and peals of thunder. Before the throne, seven lamps were blazing. These are the seven spirits[h] of God. ⁶Also before the throne there was what looked like a sea of glass, clear as crystal.

In the center, around the throne, were four living creatures, and they were covered with eyes, in front and in back. ⁷The first living creature was like a lion, the second was like an ox, the third had a face like a man, the fourth was like a flying eagle. ⁸Each of the four living creatures had six wings and was covered with eyes all around, even under his wings. Day and night they never stop saying:

"Holy, holy, holy
is the Lord God Almighty,
who was, and is, and is to come."

⁹Whenever the living creatures give glory, honor and thanks to him who sits on the throne and who lives for ever and ever, ¹⁰the twenty-four elders fall down before him who sits on the throne, and worship him who lives for ever and ever. They lay their crowns before the throne and say:

¹¹"You are worthy, our Lord and God,
to receive glory and honor and power,
for you created all things,
and by your will they were created
and have their being."

---

k 4:5 *estruendos*. Lit. *voces*; y así en otros pasajes semejantes.   h 5 Or *the sevenfold Spirit*

El rollo escrito y el Cordero

5 En la mano derecha del que estaba sentado en el trono vi un rollo escrito por ambos lados y sellado con siete sellos. ²También vi a un ángel poderoso que proclamaba a gran voz: «¿Quién es digno de romper los sellos y de abrir el rollo?» ³Pero ni en el cielo ni en la tierra, ni debajo de la tierra, hubo nadie capaz de abrirlo ni de examinar su contenido. ⁴Y lloraba yo mucho porque no se había encontrado a nadie que fuera digno de abrir el rollo ni de examinar su contenido. ⁵Uno de los *ancianos me dijo: «¡Deja de llorar, que ya el León de la tribu de Judá, la Raíz de David, ha vencido Él sí puede abrir el rollo y sus siete sellos.»

⁶Entonces vi, en medio de los cuatro seres vivientes y del trono y los ancianos, a un Cordero que estaba de pie y parecía haber sido sacrificado. Tenía siete cuernos y siete ojos, que son los siete espíritus de Dios enviados por toda la tierra. ⁷Se acercó y recibió el rollo de la mano derecha del que estaba sentado en el trono. ⁸Cuando lo tomó, los cuatro seres vivientes y los veinticuatro ancianos se postraron delante del Cordero. Cada uno tenía un arpa y copas de oro llenas de incienso, que son las oraciones del *pueblo de Dios. ⁹Y entonaban este nuevo cántico:

«Digno eres de recibir el rollo escrito
   y de romper sus sellos,
porque fuiste sacrificado,
   y con tu sangre compraste para Dios
gente de toda raza, lengua, pueblo y nación.
¹⁰De ellos hiciste un reino;
   los hiciste sacerdotes al servicio de nuestro Dios,
y reinarán sobre la tierra.»

¹¹Luego miré, y oí la voz de muchos ángeles que estaban alrededor del trono, de los seres vivientes y de los ancianos. El número de ellos era millares de millares y millones de millones. ¹²Cantaban con todas sus fuerzas:

«¡Digno es el Cordero, que ha sido sacrificado,
de recibir el poder,
la riqueza y la sabiduría,
la fortaleza y la honra,
la gloria y la alabanza »

¹³Y oí a cuanta criatura hay en el cielo, y en la tierra, y debajo de la tierra y en el mar, a todos en la creación, que cantaban:

The Scroll and the Lamb

5 Then I saw in the right hand of him who sat on the throne a scroll with writing on both sides and sealed with seven seals. ²And I saw a mighty angel proclaiming in a loud voice, "Who is worthy to break the seals and open the scroll?" ³But no one in heaven or on earth or under the earth could open the scroll or even look inside it. ⁴I wept and wept because no one was found who was worthy to open the scroll or look inside. ⁵Then one of the elders said to me, "Do not weep See, the Lion of the tribe of Judah, the Root of David, has triumphed. He is able to open the scroll and its seven seals."

⁶Then I saw a Lamb, looking as if it had been slain, standing in the center of the throne, encircled by the four living creatures and the elders. He had seven horns and seven eyes, which are the seven spirits[i] of God sent out into all the earth. ⁷He came and took the scroll from the right hand of him who sat on the throne. ⁸And when he had taken it, the four living creatures and the twenty-four elders fell down before the Lamb. Each one had a harp and they were holding golden bowls full of incense, which are the prayers of the saints. ⁹And they sang a new song:

"You are worthy to take the scroll
   and to open its seals,
because you were slain,
   and with your blood you purchased men for God
   from every tribe and language and people and nation.
¹⁰You have made them to be a kingdom and priests to serve our God,
   and they will reign on the earth."

¹¹Then I looked and heard the voice of many angels, numbering thousands upon thousands, and ten thousand times ten thousand. They encircled the throne and the living creatures and the elders. ¹²In a loud voice they sang:

"Worthy is the Lamb, who was slain,
to receive power and wealth and wisdom and strength
and honor and glory and praise "

¹³Then I heard every creature in heaven and on earth and under the earth and on the sea, and all that is in them, singing:

---

i 6 Or the sevenfold Spirit

«¡Al que está sentado en el trono y al Cor-
    dero,
sean la alabanza y la honra, la gloria y el
    poder,
        por los siglos de los siglos »

14Los cuatro seres vivientes exclamaron:
«¡Amén », y los ancianos se postraron y adoraron.

Los sellos

6 Vi cuando el Cordero rompió el primero de
    los siete sellos, y oí a uno de los cuatro seres
vivientes, que gritaba con voz de trueno:
«¡Ven » **2**Miré, ¡y apareció un caballo blanco
El jinete llevaba un arco; se le dio una corona, y
salió como vencedor, para seguir venciendo.

3Cuando el Cordero rompió el segundo sello,
oí al segundo ser viviente, que gritaba: «¡Ven »
4En eso salió otro caballo, de color rojo encendido. Al jinete se le entregó una gran espada; se
le permitió quitar la paz de la tierra y hacer que
sus habitantes se mataran unos a otros.

5Cuando el Cordero rompió el tercer sello, oí
al tercero de los seres vivientes, que gritaba:
«¡Ven » Miré, ¡y apareció un caballo negro El
jinete tenía una balanza en la mano. **6**Y oí como
una voz en medio de los cuatro seres vivientes,
que decía: «Un kilo de trigo, o tres kilos de
cebada, por el salario de un día; pero no afectes
el precio del aceite y del vino.» *l*

7Cuando el Cordero rompió el cuarto sello, oí
la voz del cuarto ser viviente, que gritaba:
«¡Ven » **8**Miré, ¡y apareció un caballo amari-
llento El jinete se llamaba Muerte, y el Infierno *m* lo seguía de cerca. Y se les otorgó poder
sobre la cuarta parte de la tierra, para matar por
medio de la espada, el hambre, las epidemias y
las fieras de la tierra.

9Cuando el Cordero rompió el quinto sello, vi
debajo del altar las almas de los que habían
sufrido el martirio por causa de la palabra de Dios
y por mantenerse fieles en su testimonio. **10**Gritaban a gran voz: «¿Hasta cuándo, Soberano Señor,
santo y veraz, seguirás sin juzgar a los habitantes
de la tierra y sin vengar nuestra muerte?» **11**Entonces cada uno de ellos recibió ropas blancas, y
se les dijo que esperaran un poco más, hasta que
se completara el número de sus consiervos y
hermanos que iban a sufrir el martirio como ellos.

12Vi que el Cordero rompió el sexto sello, y
se produjo un gran terremoto. El sol se oscureció
como si se hubiera vestido de luto, *n* la luna

"To him who sits on the throne and to the
    Lamb
be praise and honor and glory and power,
    for ever and ever "

14The four living creatures said, "Amen," and
the elders fell down and worshiped.

The Seals

6 I watched as the Lamb opened the first of
    the seven seals. Then I heard one of the four
living creatures say, in a voice like thunder,
"Come " **2**I looked, and there before me was a
white horse Its rider held a bow, and he was
given a crown, and he rode out as a conqueror
bent on conquest.

3When the Lamb opened the second seal, I
heard the second living creature say, "Come "
4Then another horse came out, a fiery red one.
Its rider was given power to take peace from the
earth and to make men slay each other. To him
was given a large sword.

5When the Lamb opened the third seal, I heard
the third living creature say, "Come " I looked,
and there before me was a black horse Its rider
was holding a pair of scales in his hand. **6**Then
I heard what sounded like a voice among the four
living creatures, saying, "A quart*j* of wheat for
a day's wages,*k* and three quarts of barley for a
day's wages, *l* and do not damage the oil and the
wine "

7When the Lamb opened the fourth seal, I
heard the voice of the fourth living creature say,
"Come " **8**I looked, and there before me was a
pale horse Its rider was named Death, and
Hades was following close behind him. They
were given power over a fourth of the earth to
kill by sword, famine and plague, and by the
wild beasts of the earth.

9When he opened the fifth seal, I saw under
the altar the souls of those who had been slain
because of the word of God and the testimony
they had maintained. **10**They called out in a loud
voice, "How long, Sovereign Lord, holy and
true, until you judge the inhabitants of the earth
and avenge our blood?" **11**Then each of them
was given a white robe, and they were told to
wait a little longer, until the number of their
fellow servants and brothers who were to be
killed as they had been was completed.

12I watched as he opened the sixth seal.
There was a great earthquake. The sun turned

---

*l***6:6** *por el salario ... vino.* Lit. *por un *denario, y no dañes
el aceite ni el vino.*   *m***6:8** *Infierno.* Lit. **Hades.*   *n***6:12** *se
oscureció ... luto.* Lit. *se puso negro como un saco hecho de
pelo* (es decir, pelo de cabra).

j 6 Greek *a choinix* (probably about a liter)   *k* 6 Greek *a
denarius*   *l* 6 Greek *a denarius*

entera se tornó roja como la sangre, 13y las estrellas del firmamento cayeron sobre la tierra, como caen los higos verdes de la higuera sacudida por el vendaval. 14El firmamento desapareció como cuando se enrolla un pergamino, y todas las montañas y las islas fueron removidas de su lugar.

15Los reyes de la tierra, los magnates, los jefes militares, los ricos, los poderosos, y todos los demás, esclavos y libres, se escondieron en las cuevas y entre las peñas de las montañas. 16Todos gritaban a las montañas y a las peñas: «¡Caigan sobre nosotros y escóndannos de la mirada del que está sentado en el trono y de la ira del Cordero, 17porque ha llegado el gran día del castigo ¿Quién podrá mantenerse en pie?»

Los 144.000 sellados

7 Después de esto vi a cuatro ángeles en los cuatro ángulos de la tierra. Estaban allí de pie, deteniendo los cuatro vientos para que éstos no se desataran sobre la tierra, el mar y los árboles. 2Vi también a otro ángel que venía del oriente con el sello del Dios vivo. Gritó con voz potente a los cuatro ángeles a quienes se les había permitido hacer daño a la tierra y al mar: 3«¡No hagan daño ni a la tierra, ni al mar ni a los árboles, hasta que hayamos puesto un sello en la frente de los *siervos de nuestro Dios » 4Y oí el número de los que fueron sellados: ciento cuarenta y cuatro mil de todas las tribus de Israel.

5De la tribu de Judá fueron sellados doce mil;
de la tribu de Rubén, doce mil;
de la tribu de Gad, doce mil;
6de la tribu de Aser, doce mil;
de la tribu de Neftalí, doce mil;
de la tribu de Manasés, doce mil;
7de la tribu de Simeón, doce mil;
de la tribu de Leví, doce mil;
de la tribu de Isacar, doce mil;
8de la tribu de Zabulón, doce mil;
de la tribu de José, doce mil;
de la tribu de Benjamín, doce mil.

La gran multitud con túnicas blancas

9Después de esto miré, y apareció una multitud tomada de todas las naciones, tribus, pueblos y lenguas; era tan grande que nadie podía contarla. Estaban de pie delante del trono y del Cordero, vestidos de túnicas blancas y con ramas de palma en la mano. 10Gritaban a gran voz:

«¡La salvación viene de nuestro Dios,
que está sentado en el trono,
y del Cordero »

black like sackcloth made of goat hair, the whole moon turned blood red, 13and the stars in the sky fell to earth, as late figs drop from a fig tree when shaken by a strong wind. 14The sky receded like a scroll, rolling up, and every mountain and island was removed from its place.

15Then the kings of the earth, the princes, the generals, the rich, the mighty, and every slave and every free man hid in caves and among the rocks of the mountains. 16They called to the mountains and the rocks, "Fall on us and hide us from the face of him who sits on the throne and from the wrath of the Lamb 17For the great day of their wrath has come, and who can stand?"

144,000 Sealed

7 After this I saw four angels standing at the four corners of the earth, holding back the four winds of the earth to prevent any wind from blowing on the land or on the sea or on any tree. 2Then I saw another angel coming up from the east, having the seal of the living God. He called out in a loud voice to the four angels who had been given power to harm the land and the sea: 3"Do not harm the land or the sea or the trees until we put a seal on the foreheads of the servants of our God." 4Then I heard the number of those who were sealed: 144,000 from all the tribes of Israel.

5From the tribe of Judah 12,000 were sealed,
from the tribe of Reuben 12,000,
from the tribe of Gad 12,000,
6from the tribe of Asher 12,000,
from the tribe of Naphtali 12,000,
from the tribe of Manasseh 12,000,
7from the tribe of Simeon 12,000,
from the tribe of Levi 12,000,
from the tribe of Issachar 12,000,
8from the tribe of Zebulun 12,000,
from the tribe of Joseph 12,000,
from the tribe of Benjamin 12,000.

The Great Multitude in White Robes

9After this I looked and there before me was a great multitude that no one could count, from every nation, tribe, people and language, standing before the throne and in front of the Lamb. They were wearing white robes and were holding palm branches in their hands. 10And they cried out in a loud voice:

"Salvation belongs to our God,
who sits on the throne,
and to the Lamb."

11Todos los ángeles estaban de pie alrededor del trono, de los *ancianos y de los cuatro seres vivientes. Se postraron rostro en tierra delante del trono, y adoraron a Dios 12diciendo:

«¡Amén
La alabanza, la gloria,
la sabiduría, la acción de gracias,
la honra, el poder y la fortaleza
son de nuestro Dios por los siglos de los
siglos.
¡Amén »

13Entonces uno de los ancianos me preguntó:
—Esos que están vestidos de blanco, ¿quiénes son, y de dónde vienen?
14—Eso usted lo sabe, mi señor —respondí.
Él me dijo:

—Aquéllos son los que están saliendo de
la gran tribulación;
han lavado y blanqueado sus túnicas en
la sangre del Cordero.
15Por eso, están delante del trono de Dios,
y día y noche le sirven en su templo;
y el que está sentado en el trono
les dará refugio en su santuario.ñ
16Ya no sufrirán hambre ni sed.
No los abatirá el sol ni ningún calor
abrasador.
17Porque el Cordero que está en el trono los
pastoreará
y los guiará a fuentes de agua viva;
y Dios les enjugará toda lágrima de sus ojos.

El séptimo sello y el incensario de oro

8 Cuando el Cordero rompió el séptimo sello, hubo silencio en el cielo como por media hora.
2Y vi a los siete ángeles que están de pie delante de Dios, a los cuales se les dieron siete trompetas.
3Se acercó otro ángel y se puso de pie frente al altar. Tenía un incensario de oro, y se le entregó mucho incienso para ofrecerlo, junto con las oraciones de todo el *pueblo de Dios, sobre el altar de oro que está delante del trono. 4Y junto con esas oraciones, subió el humo del incienso desde la mano del ángel hasta la presencia de Dios. 5Luego el ángel tomó el incensario y lo llenó con brasas del altar, las cuales arrojó sobre la tierra; y se produjeron truenos, estruendos,o relámpagos y un terremoto.

11All the angels were standing around the throne and around the elders and the four living creatures. They fell down on their faces before the throne and worshiped God, 12saying:

"Amen
Praise and glory
and wisdom and thanks and honor
and power and strength
be to our God for ever and ever.
Amen."

13Then one of the elders asked me, "These in white robes—who are they, and where did they come from?"
14I answered, "Sir, you know."
And he said, "These are they who have come out of the great tribulation; they have washed their robes and made them white in the blood of the Lamb. 15Therefore,

"they are before the throne of God
and serve him day and night in his temple;
and he who sits on the throne will spread
his tent over them.
16Never again will they hunger;
never again will they thirst.
The sun will not beat upon them,
nor any scorching heat.
17For the Lamb at the center of the throne
will be their shepherd;
he will lead them to springs of living water.
And God will wipe away every tear from
their eyes."

The Seventh Seal and the Golden Censer

8 When he opened the seventh seal, there was silence in heaven for about half an hour.
2And I saw the seven angels who stand before God, and to them were given seven trumpets.
3Another angel, who had a golden censer, came and stood at the altar. He was given much incense to offer, with the prayers of all the saints, on the golden altar before the throne. 4The smoke of the incense, together with the prayers of the saints, went up before God from the angel's hand. 5Then the angel took the censer, filled it with fire from the altar, and hurled it on the earth; and there came peals of thunder, rumblings, flashes of lightning and an earthquake.

ñ7:15 les dará ... santuario. Lit. extenderá su tienda sobre ellos.   o8:5 estruendos. Lit. voces.

Las trompetas

6Los siete ángeles que tenían las siete trompetas se dispusieron a tocarlas.

7Tocó el primero su trompeta, y fueron arrojados sobre la tierra granizo y fuego mezclados con sangre. Y se quemó la tercera parte de la tierra, la tercera parte de los árboles y toda la hierba verde.

8Tocó el segundo ángel su trompeta, y fue arrojado al mar algo que parecía una enorme montaña envuelta en llamas. La tercera parte del mar se convirtió en sangre, **9**y murió la tercera parte de las criaturas que viven en el mar; también fue destruida la tercera parte de los barcos.

10Tocó el tercer ángel su trompeta, y una enorme estrella, que ardía como una antorcha, cayó desde el cielo sobre la tercera parte de los ríos y sobre los manantiales. **11**La estrella se llama Amargura.ᵖ Y la tercera parte de las aguas se volvió amarga, y por causa de esas aguas murió mucha gente.

12Tocó el cuarto ángel su trompeta, y fue asolada la tercera parte del sol, de la luna y de las estrellas, de modo que se oscureció la tercera parte de ellos. Así quedó sin luz la tercera parte del día y la tercera parte de la noche.

13Seguí observando, y oí una águila que volaba en medio del cielo y gritaba fuertemente: «¡Ay ¡Ay ¡Ay de los habitantes de la tierra cuando suenen las tres trompetas que los últimos tres ángeles están a punto de tocar »

9 Tocó el quinto ángel su trompeta, y vi que había caído del cielo a la tierra una estrella, a la cual se le entregó la llave del pozo del *abismo. **2**Lo abrió, y del pozo subió una humareda, como la de un horno gigantesco; y la humareda oscureció el sol y el aire. **3**De la humareda descendieron langostas sobre la tierra, y se les dio poder como el que tienen los escorpiones de la tierra. **4**Se les ordenó que no dañaran la hierba de la tierra, ni ninguna planta ni ningún árbol, sino sólo a las personas que no llevaran en la frente el sello de Dios. **5**No se les dio permiso para matarlas sino sólo para torturarlas durante cinco meses. Su tormento es como el producido por la picadura de un escorpión. **6**En aquellos días la gente buscará la muerte, pero no la encontrará; desearán morir, pero la muerte huirá de ellos.

7El aspecto de las langostas era como de caballos equipados para la guerra. Llevaban en la cabeza algo que parecía una corona de oro, y su cara se asemejaba a un rostro humano. **8**Su crin parecía cabello de mujer, y sus dientes eran

The Trumpets

6Then the seven angels who had the seven trumpets prepared to sound them.

7The first angel sounded his trumpet, and there came hail and fire mixed with blood, and it was hurled down upon the earth. A third of the earth was burned up, a third of the trees were burned up, and all the green grass was burned up.

8The second angel sounded his trumpet, and something like a huge mountain, all ablaze, was thrown into the sea. A third of the sea turned into blood, **9**a third of the living creatures in the sea died, and a third of the ships were destroyed.

10The third angel sounded his trumpet, and a great star, blazing like a torch, fell from the sky on a third of the rivers and on the springs of water— **11**the name of the star is Wormwood.ᵐ A third of the waters turned bitter, and many people died from the waters that had become bitter.

12The fourth angel sounded his trumpet, and a third of the sun was struck, a third of the moon, and a third of the stars, so that a third of them turned dark. A third of the day was without light, and also a third of the night.

13As I watched, I heard an eagle that was flying in midair call out in a loud voice: "Woe Woe Woe to the inhabitants of the earth, because of the trumpet blasts about to be sounded by the other three angels "

9 The fifth angel sounded his trumpet, and I saw a star that had fallen from the sky to the earth. The star was given the key to the shaft of the Abyss. **2**When he opened the Abyss, smoke rose from it like the smoke from a gigantic furnace. The sun and sky were darkened by the smoke from the Abyss. **3**And out of the smoke locusts came down upon the earth and were given power like that of scorpions of the earth. **4**They were told not to harm the grass of the earth or any plant or tree, but only those people who did not have the seal of God on their foreheads. **5**They were not given power to kill them, but only to torture them for five months. And the agony they suffered was like that of the sting of a scorpion when it strikes a man. **6**During those days men will seek death, but will not find it; they will long to die, but death will elude them.

7The locusts looked like horses prepared for battle. On their heads they wore something like crowns of gold, and their faces resembled human faces. **8**Their hair was like women's hair, and their teeth were like lions' teeth. **9**They had

---

ᵖ **8:11** *Amargura*. Lit. *Ajenjo*.   ᵐ *11* That is, Bitterness como de león. 9Llevaban coraza como de hierro, y el ruido de sus alas se escuchaba como el estruendo de carros de muchos caballos que se lanzan a la batalla. 10Tenían cola y aguijón como de escorpión; y en la cola tenían poder para torturar a la gente durante cinco meses. 11El rey que los dirigía era el ángel del abismo, que en hebreo se llama Abadón y en griego Apolión.q

12El primer ¡ay ya pasó, pero vienen todavía otros dos.

13Tocó el sexto ángel su trompeta, y oí una voz que salía de entre los cuernos del altar de oro que está delante de Dios. 14A este ángel que tenía la trompeta, la voz le dijo: «Suelta a los cuatro ángeles que están atados a la orilla del gran río Éufrates.» 15Así que los cuatro ángeles que habían sido preparados precisamente para esa hora, y ese día, mes y año, quedaron sueltos para matar a la tercera parte de la *humanidad. 16Oí que el número de las tropas de caballería llegaba a doscientos millones.

17Así vi en la visión a los caballos y a sus jinetes: Tenían coraza de color rojo encendido, azul violeta y amarillo como azufre. La cabeza de los caballos era como de león, y por la boca echaban fuego, humo y azufre. 18La tercera parte de la humanidad murió a causa de las tres plagas de fuego, humo y azufre que salían de la boca de los caballos. 19Es que el poder de los caballos radicaba en su boca y en su cola; pues sus colas, semejantes a serpientes, tenían cabezas con las que hacían daño.

20El resto de la humanidad, los que no murieron a causa de estas plagas, tampoco se *arrepintieron de sus malas acciones ni dejaron de adorar a los demonios y a los ídolos de oro, plata, bronce, piedra y madera, los cuales no pueden ver ni oír ni caminar. 21Tampoco se arrepintieron de sus asesinatos ni de sus artes mágicas, inmoralidad sexual y robos.

El ángel y el rollo pequeño

10 Después vi a otro ángel poderoso que bajaba del cielo envuelto en una nube. Un arco iris rodeaba su cabeza; su rostro era como el sol, y sus piernas parecían columnas de fuego. 2Llevaba en la mano un pequeño rollo escrito que estaba abierto. Puso el pie derecho sobre el mar y el izquierdo sobre la tierra, 3y dio un grito tan fuerte que parecía el rugido de un león. Entonces los siete truenos levantaron también sus voces. 4Una vez que hablaron los siete truenos, estaba yo por escribir, pero oí una voz del cielo que me decía: «Guarda en secreto lo que han dicho los siete truenos, y no lo escribas.»

breastplates like breastplates of iron, and the sound of their wings was like the thundering of many horses and chariots rushing into battle. 10They had tails and stings like scorpions, and in their tails they had power to torment people for five months. 11They had as king over them the angel of the Abyss, whose name in Hebrew is Abaddon, and in Greek, Apollyon.n

12The first woe is past; two other woes are yet to come.

13The sixth angel sounded his trumpet, and I heard a voice coming from the hornso of the golden altar that is before God. 14It said to the sixth angel who had the trumpet, "Release the four angels who are bound at the great river Euphrates." 15And the four angels who had been kept ready for this very hour and day and month and year were released to kill a third of mankind. 16The number of the mounted troops was two hundred million. I heard their number.

17The horses and riders I saw in my vision looked like this: Their breastplates were fiery red, dark blue, and yellow as sulfur. The heads of the horses resembled the heads of lions, and out of their mouths came fire, smoke and sulfur. 18A third of mankind was killed by the three plagues of fire, smoke and sulfur that came out of their mouths. 19The power of the horses was in their mouths and in their tails; for their tails were like snakes, having heads with which they inflict injury.

20The rest of mankind that were not killed by these plagues still did not repent of the work of their hands; they did not stop worshiping demons, and idols of gold, silver, bronze, stone and wood—idols that cannot see or hear or walk. 21Nor did they repent of their murders, their magic arts, their sexual immorality or their thefts.

The Angel and the Little Scroll

10 Then I saw another mighty angel coming down from heaven. He was robed in a cloud, with a rainbow above his head; his face was like the sun, and his legs were like fiery pillars. 2He was holding a little scroll, which lay open in his hand. He planted his right foot on the sea and his left foot on the land, 3and he gave a loud shout like the roar of a lion. When he shouted, the voices of the seven thunders spoke. 4And when the seven thunders spoke, I was about to write; but I heard a voice from heaven say, "Seal up what the seven thunders have said and do not write it down."

q 9:11 Abadón y Apolión significan Destructor.

n 11 Abaddon and Apollyon mean Destroyer.   o 13 That is, projections

5El ángel que yo había visto de pie sobre el mar y sobre la tierra levantó al cielo su mano derecha 6y juró por el que vive por los siglos de los siglos, el que creó el cielo, la tierra, el mar y todo lo que hay en ellos, y dijo: «¡El tiempo ha terminado 7En los días en que hable el séptimo ángel, cuando comience a tocar su trompeta, se cumplirá el designio *secreto de Dios, tal y como lo anunció a sus *siervos los profetas.»

8La voz del cielo que yo había escuchado se dirigió a mí de nuevo: «Acércate al ángel que está de pie sobre el mar y sobre la tierra, y toma el rollo que tiene abierto en la mano.»

9Me acerqué al ángel y le pedí que me diera el rollo. Él me dijo: «Tómalo y cómetelo. Te amargará las entrañas, pero en la boca te sabrá dulce como la miel.» 10Lo tomé de la mano del ángel y me lo comí. Me supo dulce como la miel, pero al comérmelo se me amargaron las entrañas. 11Entonces se me ordenó: «Tienes que volver a profetizar acerca de muchos pueblos, naciones, lenguas y reyes.»

Los dos testigos

11 Se me dio una caña que servía para medir, y se me ordenó: «Levántate y mide el templo de Dios y el altar, y calcula cuántos pueden adorar allí. 2Pero no incluyas el atrio exterior del templo; no lo midas, porque ha sido entregado a las naciones paganas, las cuales pisotearán la ciudad santa durante cuarenta y dos meses. 3Por mi parte, yo encargaré a mis dos testigos que, vestidos de luto,r profeticen durante mil doscientos sesenta días.» 4Estos dos testigos son los dos olivos y los dos candelabros que permanecen delante del Señor de la tierra. 5Si alguien quiere hacerles daño, ellos lanzan fuego por la boca y consumen a sus enemigos. Así habrá de morir cualquiera que intente hacerles daño. 6Estos testigos tienen poder para cerrar el cielo a fin de que no llueva mientras estén profetizando; y tienen poder para convertir las aguas en sangre y para azotar la tierra, cuantas veces quieran, con toda clase de plagas.

7Ahora bien, cuando hayan terminado de dar su testimonio, la bestia que sube del *abismo les hará la guerra, los vencerá y los matará. 8Sus cadáveres quedarán tendidos en la plaza de la gran ciudad, llamada en sentido figurados Sodoma y Egipto, donde también fue crucificado su Señor. 9Y gente de todo pueblo, tribu, lengua y nación contemplará sus cadáveres por tres días y medio, y no permitirá que se les dé sepultura.

5Then the angel I had seen standing on the sea and on the land raised his right hand to heaven. 6And he swore by him who lives for ever and ever, who created the heavens and all that is in them, the earth and all that is in it, and the sea and all that is in it, and said, "There will be no more delay 7But in the days when the seventh angel is about to sound his trumpet, the mystery of God will be accomplished, just as he announced to his servants the prophets."

8Then the voice that I had heard from heaven spoke to me once more: "Go, take the scroll that lies open in the hand of the angel who is standing on the sea and on the land."

9So I went to the angel and asked him to give me the little scroll. He said to me, "Take it and eat it. It will turn your stomach sour, but in your mouth it will be as sweet as honey." 10I took the little scroll from the angel's hand and ate it. It tasted as sweet as honey in my mouth, but when I had eaten it, my stomach turned sour. 11Then I was told, "You must prophesy again about many peoples, nations, languages and kings."

The Two Witnesses

11 I was given a reed like a measuring rod and was told, "Go and measure the temple of God and the altar, and count the worshipers there. 2But exclude the outer court; do not measure it, because it has been given to the Gentiles. They will trample on the holy city for 42 months. 3And I will give power to my two witnesses, and they will prophesy for 1,260 days, clothed in sackcloth." 4These are the two olive trees and the two lampstands that stand before the Lord of the earth. 5If anyone tries to harm them, fire comes from their mouths and devours their enemies. This is how anyone who wants to harm them must die. 6These men have power to shut up the sky so that it will not rain during the time they are prophesying; and they have power to turn the waters into blood and to strike the earth with every kind of plague as often as they want.

7Now when they have finished their testimony, the beast that comes up from the Abyss will attack them, and overpower and kill them. 8Their bodies will lie in the street of the great city, which is figuratively called Sodom and Egypt, where also their Lord was crucified. 9For three and a half days men from every people, tribe, language and nation will gaze on their bodies and refuse them

---

r 11:3 luto. Lit. cilicio.   s 11:8 en sentido figurado. Lit. espiritualmente.

10Los habitantes de la tierra se alegrarán de su muerte y harán fiesta e intercambiarán regalos, porque estos dos profetas les estaban haciendo la vida imposible.

11Pasados los tres días y medio, entró en ellos un aliento de vida enviado por Dios, y se pusieron de pie, y quienes los observaban quedaron sobrecogidos de terror. 12Entonces los dos testigos oyeron una potente voz del cielo que les decía: «Suban acá.» Y subieron al cielo en una nube, a la vista de sus enemigos.

13En ese mismo instante se produjo un violento terremoto y se derrumbó la décima parte de la ciudad. Perecieron siete mil personas, pero los sobrevivientes, llenos de temor, dieron gloria al Dios del cielo.

14El segundo ¡ay ya pasó, pero se acerca el tercero.

La séptima trompeta

15Tocó el séptimo ángel su trompeta, y en el cielo resonaron fuertes voces que decían:

«El reino del mundo ha pasado a ser de
nuestro Señor y de su *Cristo,
y él reinará por los siglos de los siglos.»

16Los veinticuatro *ancianos que estaban sentados en sus tronos delante de Dios se postraron rostro en tierra y adoraron a Dios 17diciendo:

«Señor, Dios Todopoderoso,
que eres y que eras,[i]
te damos gracias porque has asumido tu
gran poder
y has comenzado a reinar.
18Las *naciones se han enfurecido;
pero ha llegado tu castigo,
el momento de juzgar a los muertos,
y de recompensar a tus *siervos los profetas,
a tus *santos y a los que temen tu nombre,
sean grandes o pequeños,
y de destruir a los que destruyen la tierra.»

19Entonces se abrió en el cielo el templo de Dios; allí se vio el arca de su pacto, y hubo relámpagos, estruendos, truenos, un terremoto y una fuerte granizada.

La mujer y el dragón

12 Apareció en el cielo una señal maravillosa: una mujer revestida del sol, con la luna debajo de sus pies y con una corona de doce estrellas en la cabeza. 2Estaba encinta y gritaba

burial. 10The inhabitants of the earth will gloat over them and will celebrate by sending each other gifts, because these two prophets had tormented those who live on the earth.

11But after the three and a half days a breath of life from God entered them, and they stood on their feet, and terror struck those who saw them. 12Then they heard a loud voice from heaven saying to them, "Come up here." And they went up to heaven in a cloud, while their enemies looked on.

13At that very hour there was a severe earthquake and a tenth of the city collapsed. Seven thousand people were killed in the earthquake, and the survivors were terrified and gave glory to the God of heaven.

14The second woe has passed; the third woe is coming soon.

The Seventh Trumpet

15The seventh angel sounded his trumpet, and there were loud voices in heaven, which said:

"The kingdom of the world has become the
kingdom of our Lord and of his Christ,
and he will reign for ever and ever."

16And the twenty-four elders, who were seated on their thrones before God, fell on their faces and worshiped God, 17saying:

"We give thanks to you, Lord God Almighty,
the One who is and who was,
because you have taken your great power
and have begun to reign.
18The nations were angry; and your wrath
has come.
The time has come for judging the dead,
and for rewarding your servants the
prophets
and your saints and those who reverence
your name,
both small and great—
and for destroying those who destroy the
earth."

19Then God's temple in heaven was opened, and within his temple was seen the ark of his covenant. And there came flashes of lightning, rumblings, peals of thunder, an earthquake and a great hailstorm.

The Woman and the Dragon

12 A great and wondrous sign appeared in heaven: a woman clothed with the sun, with the moon under her feet and a crown of twelve stars on her head. 2She was preg-

---

[i]11:17 eras. Var. eras y que has de venir.

por los dolores y angustias del parto. ³Y apareció en el cielo otra señal: un enorme dragón de color rojo encendido que tenía siete cabezas y diez cuernos, y una diadema en cada cabeza. ⁴Con la cola arrastró la tercera parte de las estrellas del cielo y las arrojó sobre la tierra. Cuando la mujer estaba a punto de dar a luz, el dragón se plantó delante de ella para devorar a su hijo tan pronto como naciera. ⁵Ella dio a luz un hijo varón que gobernará a todas las *naciones con puño de hierro.ᵘ Pero su hijo fue arrebatado y llevado hasta Dios, que está en su trono. ⁶Y la mujer huyó al desierto, a un lugar que Dios le había preparado para que allí la sustentaran durante mil doscientos sesenta días.

⁷Se desató entonces una guerra en el cielo: Miguel y sus ángeles combatieron al dragón; éste y sus ángeles, a su vez, les hicieron frente, ⁸pero no pudieron vencer, y ya no hubo lugar para ellos en el cielo. ⁹Así fue expulsado el gran dragón, aquella serpiente antigua que se llama Diablo y Satanás, y que engaña al mundo entero. Junto con sus ángeles, fue arrojado a la tierra.

¹⁰Luego oí en el cielo un gran clamor:

«Han llegado ya la salvación y el poder y
    el reino de nuestro Dios;
ha llegado ya la autoridad de su *Cristo.
Porque ha sido expulsado
    el acusador de nuestros hermanos,
    el que los acusaba día y noche delante
        de nuestro Dios.
¹¹Ellos lo han vencido
    por medio de la sangre del Cordero
    y por el mensaje del cual dieron testimo-
        nio;
no valoraron tanto su *vida
    como para evitar la muerte.
¹²Por eso, ¡alégrense, cielos,
    y ustedes que los habitan
Pero ¡ay de la tierra y del mar
    El diablo, lleno de furor, ha descendido
        a ustedes,
    porque sabe que le queda poco tiempo.»

¹³Cuando el dragón se vio arrojado a la tierra, persiguió a la mujer que había dado a luz al varón. ¹⁴Pero a la mujer se le dieron las dos alas de la gran águila, para que volara al desierto, al lugar donde sería sustentada durante un tiempo y tiempos y medio tiempo, lejos de la vista de la serpiente. ¹⁵La serpiente, persiguiendo a la mujer, arrojó por sus fauces agua como un río, para que la corriente la arrastrara. ¹⁶Pero la tierra

nant and cried out in pain as she was about to give birth. ³Then another sign appeared in heaven: an enormous red dragon with seven heads and ten horns and seven crowns on his heads. ⁴His tail swept a third of the stars out of the sky and flung them to the earth. The dragon stood in front of the woman who was about to give birth, so that he might devour her child the moment it was born. ⁵She gave birth to a son, a male child, who will rule all the nations with an iron scepter. And her child was snatched up to God and to his throne. ⁶The woman fled into the desert to a place prepared for her by God, where she might be taken care of for 1,260 days.

⁷And there was war in heaven. Michael and his angels fought against the dragon, and the dragon and his angels fought back. ⁸But he was not strong enough, and they lost their place in heaven. ⁹The great dragon was hurled down—that ancient serpent called the devil, or Satan, who leads the whole world astray. He was hurled to the earth, and his angels with him.

¹⁰Then I heard a loud voice in heaven say:

"Now have come the salvation and the
    power and the kingdom of our God,
    and the authority of his Christ.
For the accuser of our brothers,
    who accuses them before our God day
        and night,
    has been hurled down.
¹¹They overcame him
    by the blood of the Lamb
    and by the word of their testimony;
they did not love their lives so much
    as to shrink from death.
¹²Therefore rejoice, you heavens
    and you who dwell in them
But woe to the earth and the sea,
    because the devil has gone down to you
He is filled with fury,
    because he knows that his time is short."

¹³When the dragon saw that he had been hurled to the earth, he pursued the woman who had given birth to the male child. ¹⁴The woman was given the two wings of a great eagle, so that she might fly to the place prepared for her in the desert, where she would be taken care of for a time, times and half a time, out of the serpent's reach. ¹⁵Then from his mouth the serpent spewed water like a river, to overtake the woman and sweep her away with the torrent. ¹⁶But

---

ᵘ **12:5** *gobernará … con puño de hierro.* Lit. *pastoreará … con cetro de hierro.*

ayudó a la mujer: abrió la boca y se tragó el río que el dragón había arrojado por sus fauces. 17Entonces el dragón se enfureció contra la mujer, y se fue a hacer guerra contra el resto de sus descendientes, los cuales obedecen los mandamientos de Dios y se mantienen fieles al testimonio de Jesús.

13 Y el dragón se plantó[v] a la orilla del mar.

La bestia que surge del mar

Entonces vi que del mar subía una bestia, la cual tenía diez cuernos y siete cabezas. En cada cuerno tenía una diadema, y en cada cabeza un nombre *blasfemo contra Dios. 2La bestia parecía un leopardo, pero tenía patas como de oso y fauces como de león. El dragón le confirió a la bestia su poder, su trono y gran autoridad. 3Una de las cabezas de la bestia parecía haber sufrido una herida mortal, pero esa herida ya había sido sanada. El mundo entero, fascinado, iba tras la bestia 4y adoraba al dragón porque había dado su autoridad a la bestia. También adoraban a la bestia y decían: «¿Quién como la bestia? ¿Quién puede combatirla?»

5A la bestia se le permitió hablar con arrogancia y proferir blasfemias contra Dios, y se le confirió autoridad para actuar durante cuarenta y dos meses. 6Abrió la boca para blasfemar contra Dios, para maldecir su nombre y su morada y a los que viven en el cielo. 7También se le permitió hacer la guerra a los *santos y vencerlos, y se le dio autoridad sobre toda raza, pueblo, lengua y nación. 8A la bestia la adorarán todos los habitantes de la tierra, aquellos cuyos nombres no han sido escritos en el libro de la vida, el libro del Cordero que fue sacrificado desde la creación del mundo.[w]

9El que tenga oídos, que oiga.

10El que deba ser llevado cautivo,
   a la cautividad irá.
El que deba morir[x] a espada,
   a filo de espada morirá.

¡En esto consisten[y] la perseverancia y la *fidelidad de los santos

La bestia que sube de la tierra

11Después vi que de la tierra subía otra bestia. Tenía dos cuernos como de cordero, pero hablaba como dragón. 12Ejercía toda la autoridad de

the earth helped the woman by opening its mouth and swallowing the river that the dragon had spewed out of his mouth. 17Then the dragon was enraged at the woman and went off to make war against the rest of her offspring—those who obey God's commandments and hold to the testimony of Jesus.

13 And the dragon[p] stood on the shore of the sea.

The Beast out of the Sea

And I saw a beast coming out of the sea. He had ten horns and seven heads, with ten crowns on his horns, and on each head a blasphemous name. 2The beast I saw resembled a leopard, but had feet like those of a bear and a mouth like that of a lion. The dragon gave the beast his power and his throne and great authority. 3One of the heads of the beast seemed to have had a fatal wound, but the fatal wound had been healed. The whole world was astonished and followed the beast. 4Men worshiped the dragon because he had given authority to the beast, and they also worshiped the beast and asked, "Who is like the beast? Who can make war against him?"

5The beast was given a mouth to utter proud words and blasphemies and to exercise his authority for forty-two months. 6He opened his mouth to blaspheme God, and to slander his name and his dwelling place and those who live in heaven. 7He was given power to make war against the saints and to conquer them. And he was given authority over every tribe, people, language and nation. 8All inhabitants of the earth will worship the beast—all whose names have not been written in the book of life belonging to the Lamb that was slain from the creation of the world.[q]

9He who has an ear, let him hear.

10If anyone is to go into captivity,
   into captivity he will go.
If anyone is to be killed[r] with the sword,
   with the sword he will be killed.

This calls for patient endurance and faithfulness on the part of the saints.

The Beast out of the Earth

11Then I saw another beast, coming out of the earth. He had two horns like a lamb, but he spoke like a dragon. 12He exercised all the

---

v13:1 *el dragón se plantó.* Var. *yo estaba de pie.*
w13:8 *escritos … mundo.* Alt. *escritos desde la creación del mundo en el libro de la vida, el libro del Cordero que fue sacrificado.*   x13:10 *que deba morir.* Var. *que mata.*
y13:10 *En esto consisten.* Alt. *Aquí se verán.*

p1 Some late manuscripts *And I*   q8 Or *written from the creation of the world in the book of life belonging to the Lamb that was slain*   r10 Some manuscripts *anyone kills* la primera bestia en presencia de ella, y hacía que la tierra y sus habitantes adoraran a la primera bestia, cuya herida mortal había sido sanada. 13También hacía grandes señales milagrosas, incluso lo de hacer caer fuego del cielo a la tierra, a la vista de todos. 14Con estas señales que se le permitió hacer en presencia de la primera bestia, engañó a los habitantes de la tierra. Les ordenó que hicieran una imagen en honor de la bestia que, después de ser herida a espada, revivió. 15Se le permitió infundir vida a la imagen de la primera bestia, para que hablara y mandara matar a quienes no adoraran la imagen. 16Además logró que a todos, grandes y pequeños, ricos y pobres, libres y esclavos, se les pusiera una marca en la mano derecha o en la frente, 17de modo que nadie pudiera comprar ni vender, a menos que llevara la marca, que es el nombre de la bestia o el número de ese nombre.

18En esto consiste[z] la sabiduría: el que tenga entendimiento, calcule el número de la bestia, pues es número de un ser *humano: seiscientos sesenta y seis.

El Cordero y los 144.000

14 Luego miré, y apareció el Cordero. Estaba de pie sobre el monte Sión, en compañía de ciento cuarenta y cuatro mil personas que llevaban escrito en la frente el nombre del Cordero y de su Padre. 2Oí un sonido que venía del cielo, como el estruendo de una catarata y el retumbar de un gran trueno. El sonido se parecía al de músicos que tañen sus arpas. 3Y cantaban un himno nuevo delante del trono y delante de los cuatro seres vivientes y de los *ancianos. Nadie podía aprender aquel himno, aparte de los ciento cuarenta y cuatro mil que habían sido rescatados de la tierra. 4Éstos se mantuvieron puros, sin contaminarse con ritos sexuales.[a] Son los que siguen al Cordero por dondequiera que va. Fueron rescatados como los primeros frutos de la *humanidad para Dios y el Cordero. 5No se encontró mentira alguna en su boca, pues son intachables.

Los tres ángeles

6Luego vi a otro ángel que volaba en medio del cielo, y que llevaba el *evangelio eterno para anunciarlo a los que viven en la tierra, a toda nación, raza, lengua y pueblo. 7Gritaba a gran voz: «Teman a Dios y denle gloria, porque ha llegado la hora de su juicio. Adoren al que hizo el cielo, la tierra, el mar y los manantiales.»

authority of the first beast on his behalf, and made the earth and its inhabitants worship the first beast, whose fatal wound had been healed. 13And he performed great and miraculous signs, even causing fire to come down from heaven to earth in full view of men. 14Because of the signs he was given power to do on behalf of the first beast, he deceived the inhabitants of the earth. He ordered them to set up an image in honor of the beast who was wounded by the sword and yet lived. 15He was given power to give breath to the image of the first beast, so that it could speak and cause all who refused to worship the image to be killed. 16He also forced everyone, small and great, rich and poor, free and slave, to receive a mark on his right hand or on his forehead, 17so that no one could buy or sell unless he had the mark, which is the name of the beast or the number of his name.

18This calls for wisdom. If anyone has insight, let him calculate the number of the beast, for it is man's number. His number is 666.

The Lamb and the 144,000

14 Then I looked, and there before me was the Lamb, standing on Mount Zion, and with him 144,000 who had his name and his Father's name written on their foreheads. 2And I heard a sound from heaven like the roar of rushing waters and like a loud peal of thunder. The sound I heard was like that of harpists playing their harps. 3And they sang a new song before the throne and before the four living creatures and the elders. No one could learn the song except the 144,000 who had been redeemed from the earth. 4These are those who did not defile themselves with women, for they kept themselves pure. They follow the Lamb wherever he goes. They were purchased from among men and offered as firstfruits to God and the Lamb. 5No lie was found in their mouths; they are blameless.

The Three Angels

6Then I saw another angel flying in midair, and he had the eternal gospel to proclaim to those who live on the earth—to every nation, tribe, language and people. 7He said in a loud voice, "Fear God and give him glory, because the hour of his judgment has come. Worship him who made the heavens, the earth, the sea and the springs of water."

---

[z] 13:18 En esto consiste. Alt. Aquí se verá. [a] 14:4 Éstos ... sexuales. Lit. Éstos no se contaminaron con mujeres, pues son vírgenes.

8Lo seguía un segundo ángel que gritaba: «¡Ya cayó Ya cayó la gran Babilonia, la que hizo que todas las *naciones bebieran el excitante vino[b] de su adulterio.»

9Los seguía un tercer ángel que clamaba a grandes voces: «Si alguien adora a la bestia y a su imagen, y se deja poner en la frente o en la mano la marca de la bestia, **10**beberá también el vino del furor de Dios, que en la copa de su ira está puro, no diluido. Será atormentado con fuego y azufre, en presencia de los santos ángeles y del Cordero. **11**El humo de ese tormento sube por los siglos de los siglos. No habrá descanso ni de día ni de noche para el que adore a la bestia y su imagen, ni para quien se deje poner la marca de su nombre.» **12**¡En esto consiste[c] la perseverancia de los *santos, los cuales obedecen los mandamientos de Dios y se mantienen fieles a Jesús

13Entonces oí una voz del cielo, que decía: «Escribe: *Dichosos los que de ahora en adelante mueren en el Señor.»

«Sí —dice el Espíritu—, ellos descansarán de sus fatigosas tareas, pues sus obras los acompañan.»

La cosecha de la tierra

14Miré, y apareció una nube blanca, sobre la cual estaba sentado alguien «semejante al Hijo del hombre».[d] En la cabeza tenía una corona de oro, y en la mano, una hoz afilada. **15**Entonces salió del templo otro ángel y le gritó al que estaba sentado en la nube: «Mete la hoz y recoge la cosecha; ya es tiempo de segar, pues la cosecha de la tierra está madura.» **16**Así que el que estaba sentado sobre la nube pasó la hoz, y la tierra fue segada.

17Del templo que está en el cielo salió otro ángel, que también llevaba una hoz afilada. **18**Del altar salió otro ángel, que tenía autoridad sobre el fuego, y le gritó al que llevaba la hoz afilada: «Mete tu hoz y corta los racimos del viñedo de la tierra, porque sus uvas ya están maduras.» **19**El ángel pasó la hoz sobre la tierra, recogió las uvas y las echó en el gran lagar de la ira de Dios. **20**Las uvas fueron exprimidas fuera de la ciudad, y del lagar salió sangre, la cual llegó hasta los frenos de los caballos en una extensión de trescientos kilómetros.[e]

Siete ángeles con siete plagas

15 Vi en el cielo otra señal grande y maravillosa: siete ángeles con las siete plagas, que son las últimas, pues con ellas se consumará la ira de Dios. **2**Vi también un mar como

8A second angel followed and said, "Fallen Fallen is Babylon the Great, which made all the nations drink the maddening wine of her adulteries."

9A third angel followed them and said in a loud voice: "If anyone worships the beast and his image and receives his mark on the forehead or on the hand, **10**he, too, will drink of the wine of God's fury, which has been poured full strength into the cup of his wrath. He will be tormented with burning sulfur in the presence of the holy angels and of the Lamb. **11**And the smoke of their torment rises for ever and ever. There is no rest day or night for those who worship the beast and his image, or for anyone who receives the mark of his name." **12**This calls for patient endurance on the part of the saints who obey God's commandments and remain faithful to Jesus.

13Then I heard a voice from heaven say, "Write: Blessed are the dead who die in the Lord from now on."

"Yes," says the Spirit, "they will rest from their labor, for their deeds will follow them."

The Harvest of the Earth

14I looked, and there before me was a white cloud, and seated on the cloud was one "like a son of man"[s] with a crown of gold on his head and a sharp sickle in his hand. **15**Then another angel came out of the temple and called in a loud voice to him who was sitting on the cloud, "Take your sickle and reap, because the time to reap has come, for the harvest of the earth is ripe." **16**So he who was seated on the cloud swung his sickle over the earth, and the earth was harvested.

17Another angel came out of the temple in heaven, and he too had a sharp sickle. **18**Still another angel, who had charge of the fire, came from the altar and called in a loud voice to him who had the sharp sickle, "Take your sharp sickle and gather the clusters of grapes from the earth's vine, because its grapes are ripe." **19**The angel swung his sickle on the earth, gathered its grapes and threw them into the great winepress of God's wrath. **20**They were trampled in the winepress outside the city, and blood flowed out of the press, rising as high as the horses' bridles for a distance of 1,600 stadia.[t]

Seven Angels with Seven Plagues

15 I saw in heaven another great and marvelous sign: seven angels with the seven last plagues—last, because with them God's wrath is completed. **2**And I saw what looked like

---

b **14:8** *el excitante vino.* Lit. *el vino del furor.*   *c* **14:12** *En esto consiste.* Alt. *Aquí se verá.*   *d* **14:14** Dn 7:13   *e* **14:20** *trescientos kilómetros.* Lit. *mil seiscientos *estadios.*

s 14 Daniel 7:13   *t 20* That is, about 180 miles (about 300 kilometers) de vidrio mezclado con fuego. De pie, a la orilla del mar, estaban los que habían vencido a la bestia, a su imagen y al número de su nombre. Tenían las arpas que Dios les había dado, 3y cantaban el himno de Moisés, *siervo de Dios, y el himno del Cordero:

«Grandes y maravillosas son tus obras,
　Señor, Dios Todopoderoso.
Justos y verdaderos son tus caminos,
　Rey de las *naciones.f
4¿Quién no te temerá, oh Señor?
　¿Quién no glorificará tu nombre?
Sólo tú eres santo.
Todas las naciones vendrán
　y te adorarán,
porque han salido a la luz
　las obras de tu justicia.»

5Después de esto miré, y en el cielo se abrió el templo, el tabernáculo del testimonio. 6Del templo salieron los siete ángeles que llevaban las siete plagas. Estaban vestidos de lino limpio y resplandeciente, y ceñidos con bandas de oro a la altura del pecho. 7Uno de los cuatro seres vivientes dio a cada uno de los siete ángeles una copa de oro llena del furor de Dios, quien vive por los siglos de los siglos. 8El templo se llenó del humo que procedía de la gloria y del poder de Dios, y nadie podía entrar allí hasta que se terminaran las siete plagas de los siete ángeles.

Las siete copas de la ira de Dios

16 Oí una voz que desde el templo decía a gritos a los siete ángeles: «¡Vayan y derramen sobre la tierra las siete copas del furor de Dios »

2El primer ángel fue y derramó su copa sobre la tierra, y a toda la gente que tenía la marca de la bestia y que adoraba su imagen le salió una llaga maligna y repugnante.

3El segundo ángel derramó su copa sobre el mar, y el mar se convirtió en sangre como de gente masacrada, y murió todo ser viviente que había en el mar.

4El tercer ángel derramó su copa sobre los ríos y los manantiales, y éstos se convirtieron en sangre. 5Oí que el ángel de las aguas decía:

«Justo eres tú, el Santo,
　que eres y que eras,
　porque juzgas así:
6ellos derramaron la sangre de *santos y
　de profetas,
　y tú les has dado a beber sangre, como
　se lo merecen.»

a sea of glass mixed with fire and, standing beside the sea, those who had been victorious over the beast and his image and over the number of his name. They held harps given them by God 3and sang the song of Moses the servant of God and the song of the Lamb:

"Great and marvelous are your deeds,
　Lord God Almighty.
Just and true are your ways,
　King of the ages.
4Who will not fear you, O Lord,
　and bring glory to your name?
For you alone are holy.
All nations will come
　and worship before you,
for your righteous acts have been
　revealed."

5After this I looked and in heaven the temple, that is, the tabernacle of the Testimony, was opened. 6Out of the temple came the seven angels with the seven plagues. They were dressed in clean, shining linen and wore golden sashes around their chests. 7Then one of the four living creatures gave to the seven angels seven golden bowls filled with the wrath of God, who lives for ever and ever. 8And the temple was filled with smoke from the glory of God and from his power, and no one could enter the temple until the seven plagues of the seven angels were completed.

The Seven Bowls of God's Wrath

16 Then I heard a loud voice from the temple saying to the seven angels, "Go, pour out the seven bowls of God's wrath on the earth." 2The first angel went and poured out his bowl on the land, and ugly and painful sores broke out on the people who had the mark of the beast and worshiped his image.

3The second angel poured out his bowl on the sea, and it turned into blood like that of a dead man, and every living thing in the sea died.

4The third angel poured out his bowl on the rivers and springs of water, and they became blood. 5Then I heard the angel in charge of the waters say:

"You are just in these judgments,
　you who are and who were, the Holy
　One,
because you have so judged;
6 for they have shed the blood of your
　saints and prophets,
　and you have given them blood to drink
　as they deserve."

f 15:3 de las naciones. Var. de los siglos.

7Oí también que el altar respondía:

«Así es, Señor, Dios Todopoderoso,
      verdaderos y justos son tus juicios.»

8El cuarto ángel derramó su copa sobre el sol, al cual se le permitió quemar con fuego a la gente. 9Todos sufrieron terribles quemaduras, pero ni así se *arrepintieron; en vez de darle gloria a Dios, que tiene poder sobre esas plagas, maldijeron su nombre.

10El quinto ángel derramó su copa sobre el trono de la bestia, y el reino de la bestia quedó sumido en la oscuridad. La gente se mordía la lengua de dolor 11y, por causa de sus padecimientos y de sus llagas, maldecían al Dios del cielo, pero no se arrepintieron de sus malas obras.

12El sexto ángel derramó su copa sobre el gran río Éufrates, y se secaron sus aguas para abrir paso a los reyes del oriente. 13Y vi salir de la boca del dragón, de la boca de la bestia y de la boca del falso profeta tres espíritus malignos que parecían ranas. 14Son espíritus de demonios que hacen señales milagrosas y que salen a reunir a los reyes del mundo entero para la batalla del gran día del Dios Todopoderoso.

15«¡Cuidado ¡Vengo como un ladrón *Dichoso el que se mantenga despierto, con su ropa a la mano, no sea que ande desnudo y sufra vergüenza por su desnudez.»

16Entonces los espíritus de los demonios reunieron a los reyes en el lugar que en hebreo se llama Armagedón.

17El séptimo ángel derramó su copa en el aire, y desde el trono del templo salió un vozarrón que decía: «¡Se acabó » 18Y hubo relámpagos, estruendos, truenos y un violento terremoto. Nunca, desde que el género *humano existe en la tierra, se había sentido un terremoto tan grande y violento. 19La gran ciudad se partió en tres, y las ciudades de las *naciones se desplomaron. Dios se acordó de la gran Babilonia y le dio a beber de la copa llena del vino del furor de su castigo. 20Entonces huyeron todas las islas y desaparecieron las montañas. 21Del cielo cayeron sobre la gente enormes granizos, de casi cuarenta kilos cada uno.g Y maldecían a Dios por esa terrible plaga.

La mujer montada en la bestia

17 Uno de los siete ángeles que tenían las siete copas se me acercó y me dijo: «Ven, y te mostraré el castigo de la gran prostituta que está sentada sobre muchas aguas. 2Con

7And I heard the altar respond:

"Yes, Lord God Almighty,
      true and just are your judgments."

8The fourth angel poured out his bowl on the sun, and the sun was given power to scorch people with fire. 9They were seared by the intense heat and they cursed the name of God, who had control over these plagues, but they refused to repent and glorify him.

10The fifth angel poured out his bowl on the throne of the beast, and his kingdom was plunged into darkness. Men gnawed their tongues in agony 11and cursed the God of heaven because of their pains and their sores, but they refused to repent of what they had done.

12The sixth angel poured out his bowl on the great river Euphrates, and its water was dried up to prepare the way for the kings from the East. 13Then I saw three evilu spirits that looked like frogs; they came out of the mouth of the dragon, out of the mouth of the beast and out of the mouth of the false prophet. 14They are spirits of demons performing miraculous signs, and they go out to the kings of the whole world, to gather them for the battle on the great day of God Almighty.

15"Behold, I come like a thief Blessed is he who stays awake and keeps his clothes with him, so that he may not go naked and be shamefully exposed."

16Then they gathered the kings together to the place that in Hebrew is called Armageddon.

17The seventh angel poured out his bowl into the air, and out of the temple came a loud voice from the throne, saying, "It is done " 18Then there came flashes of lightning, rumblings, peals of thunder and a severe earthquake. No earthquake like it has ever occurred since man has been on earth, so tremendous was the quake. 19The great city split into three parts, and the cities of the nations collapsed. God remembered Babylon the Great and gave her the cup filled with the wine of the fury of his wrath. 20Every island fled away and the mountains could not be found. 21From the sky huge hailstones of about a hundred pounds each fell upon men. And they cursed God on account of the plague of hail, because the plague was so terrible.

The Woman and the Beast

17 One of the seven angels who had the seven bowls came and said to me, "Come, I will show you the punishment of the great prostitute, who sits on many waters. 2With

---

g16:21 granizos ... cada uno. Lit. granizos como *talentos.   u13 Greek unclean ella cometieron adulterio los reyes de la tierra, y los habitantes de la tierra se embriagaron con el vino de su inmoralidad.»

³Luego el ángel me llevó en el Espíritu a un desierto. Allí vi a una mujer montada en una bestia escarlata. La bestia estaba cubierta de nombres *blasfemos contra Dios, y tenía siete cabezas y diez cuernos. ⁴La mujer estaba vestida de púrpura y escarlata, y adornada con oro, piedras preciosas y perlas. Tenía en la mano una copa de oro llena de abominaciones y de la inmundicia de sus adulterios. ⁵En la frente llevaba escrito un nombre misterioso:

LA GRAN BABILONIA
MADRE DE LAS PROSTITUTAS
Y DE LAS ABOMINABLES IDOLATRÍAS
DE LA TIERRA.

⁶Vi que la mujer se había emborrachado con la sangre de los *santos y de los mártires de Jesús.

Al verla, quedé sumamente asombrado. ⁷Entonces el ángel me dijo: «¿Por qué te asombras? Yo te explicaré el misterio de esa mujer y de la bestia de siete cabezas y diez cuernos en la que va montada. ⁸La bestia que has visto es la que antes era pero ya no es, y está a punto de subir del *abismo, pero va rumbo a la destrucción. Los habitantes de la tierra, cuyos nombres, desde de la creación del mundo, no han sido escritos en el libro de la vida, se asombrarán al ver a la bestia, porque antes era pero ya no es, y sin embargo reaparecerá.

⁹»¡En esto consisten[h] el entendimiento y la sabiduría Las siete cabezas son siete colinas sobre las que está sentada esa mujer. ¹⁰También son siete reyes: cinco han caído, uno está gobernando, el otro no ha llegado todavía; pero cuando llegue, es preciso que dure poco tiempo. ¹¹La bestia, que antes era pero ya no es, es el octavo rey. Está incluido entre los siete, y va rumbo a la destrucción.

¹²»Los diez cuernos que has visto son diez reyes que todavía no han comenzado a reinar, pero que por una hora recibirán autoridad como reyes, junto con la bestia. ¹³Éstos tienen un mismo propósito, que es poner su poder y autoridad a disposición de la bestia. ¹⁴Le harán la guerra al Cordero, pero el Cordero los vencerá, porque es Señor de señores y Rey de reyes, y los que están con él son sus llamados, sus escogidos y sus fieles.»

¹⁵Además el ángel me dijo: «Las aguas que has visto, donde está sentada la prostituta, son pueblos, multitudes, naciones y lenguas. ¹⁶Los

her the kings of the earth committed adultery and the inhabitants of the earth were intoxicated with the wine of her adulteries."

³Then the angel carried me away in the Spirit into a desert. There I saw a woman sitting on a scarlet beast that was covered with blasphemous names and had seven heads and ten horns. ⁴The woman was dressed in purple and scarlet, and was glittering with gold, precious stones and pearls. She held a golden cup in her hand, filled with abominable things and the filth of her adulteries. ⁵This title was written on her forehead:

MYSTERY
BABYLON THE GREAT
THE MOTHER OF PROSTITUTES
AND OF THE ABOMINATIONS OF THE EARTH.

⁶I saw that the woman was drunk with the blood of the saints, the blood of those who bore testimony to Jesus.

When I saw her, I was greatly astonished. ⁷Then the angel said to me: "Why are you astonished? I will explain to you the mystery of the woman and of the beast she rides, which has the seven heads and ten horns. ⁸The beast, which you saw, once was, now is not, and will come up out of the Abyss and go to his destruction. The inhabitants of the earth whose names have not been written in the book of life from the creation of the world will be astonished when they see the beast, because he once was, now is not, and yet will come.

⁹"This calls for a mind with wisdom. The seven heads are seven hills on which the woman sits. ¹⁰They are also seven kings. Five have fallen, one is, the other has not yet come; but when he does come, he must remain for a little while. ¹¹The beast who once was, and now is not, is an eighth king. He belongs to the seven and is going to his destruction.

¹²"The ten horns you saw are ten kings who have not yet received a kingdom, but who for one hour will receive authority as kings along with the beast. ¹³They have one purpose and will give their power and authority to the beast. ¹⁴They will make war against the Lamb, but the Lamb will overcome them because he is Lord of lords and King of kings—and with him will be his called, chosen and faithful followers."

¹⁵Then the angel said to me, "The waters you saw, where the prostitute sits, are peoples, multitudes, nations and languages. ¹⁶The beast

diez cuernos y la bestia que has visto le cobrarán odio a la prostituta. Causarán su ruina y la dejarán desnuda; devorarán su cuerpo y la destruirán con fuego, 17porque Dios les ha puesto en el corazón que lleven a cabo su divino propósito. Por eso, y de común acuerdo, ellos le entregarán a la bestia el poder que tienen de gobernar, hasta que se cumplan las palabras de Dios. 18La mujer que has visto es aquella gran ciudad que tiene poder de gobernar sobre los reyes de la tierra.»

La caída de Babilonia

18 Después de esto vi a otro ángel que bajaba del cielo. Tenía mucho poder, y la tierra se iluminó con su resplandor. 2Gritó a gran voz:

«¡Ha caído ¡Ha caído la gran Babilonia
   Se ha convertido en morada de demonios
   y en guarida de todo espíritu *maligno,
     en nido de toda ave *impura y detestable.
3Porque todas las *naciones han bebido
   el excitante vino de su adulterio;
   los reyes de la tierra cometieron adulterio con ella,
     y los comerciantes de la tierra se enriquecieron
     a costa de lo que ella despilfarraba en sus lujos.»

4Luego oí otra voz del cielo que decía:

«Salgan de ella, pueblo mío,
   para que no sean cómplices de sus pecados,
   ni los alcance ninguna de sus plagas;
5pues sus pecados se han amontonado hasta el cielo,
   y de sus injusticias se ha acordado Dios.
6Páguenle con la misma moneda;
   denle el doble de lo que ha cometido,
   y en la misma copa en que ella preparó bebida
   mézclenle una doble porción.
7En la medida en que ella se entregó a la vanagloria y al arrogante lujo
   denle tormento y aflicción;
porque en su corazón se jacta:
   "Estoy sentada como reina;
   no soy viuda ni sufriré jamás."
8Por eso, en un solo día le sobrevendrán sus plagas:
   pestilencia, aflicción y hambre.
Será consumida por el fuego,
   porque poderoso es el Señor Dios que la juzga.»

and the ten horns you saw will hate the prostitute. They will bring her to ruin and leave her naked; they will eat her flesh and burn her with fire. 17For God has put it into their hearts to accomplish his purpose by agreeing to give the beast their power to rule, until God's words are fulfilled. 18The woman you saw is the great city that rules over the kings of the earth."

18 After this I saw another angel coming down from heaven. He had great authority, and the earth was illuminated by his splendor. 2With a mighty voice he shouted:

"Fallen Fallen is Babylon the Great
   She has become a home for demons
   and a haunt for every evil[v] spirit,
     a haunt for every unclean and detestable bird.
3For all the nations have drunk
   the maddening wine of her adulteries.
The kings of the earth committed adultery with her,
     and the merchants of the earth grew rich from her excessive luxuries."

4Then I heard another voice from heaven say:

"Come out of her, my people,
   so that you will not share in her sins,
   so that you will not receive any of her plagues;
5for her sins are piled up to heaven,
   and God has remembered her crimes.
6Give back to her as she has given;
   pay her back double for what she has done.
Mix her a double portion from her own cup.
7Give her as much torture and grief
   as the glory and luxury she gave herself.
In her heart she boasts,
   'I sit as queen; I am not a widow,
   and I will never mourn.'
8Therefore in one day her plagues will overtake her:
   death, mourning and famine.
She will be consumed by fire,
   for mighty is the Lord God who judges her.

v 2 Greek unclean

9Cuando los reyes de la tierra que cometieron adulterio con ella y compartieron su lujo vean el humo del fuego que la consume, llorarán de dolor por ella. 10Aterrorizados al ver semejante castigo, se mantendrán a distancia y gritarán:

«¡Ay ¡Ay de ti, la gran ciudad,
　　Babilonia, ciudad poderosa,
　porque en una sola hora ha llegado tu
　　　juicio »

11Los comerciantes de la tierra llorarán y harán duelo por ella, porque ya no habrá quien les compre sus mercaderías: 12artículos de oro, plata, piedras preciosas y perlas; lino fino, púrpura, telas de seda y escarlata; toda clase de maderas de cedro; los más variados objetos, hechos de marfil, de madera preciosa, de bronce, de hierro y de mármol; 13cargamentos de canela y especias aromáticas; de incienso, mirra y perfumes; de vino y aceite; de harina refinada y trigo; de ganado vacuno y de corderos; de caballos y carruajes; y hasta de seres *humanos, vendidos como esclavos.

14Y dirán: «Se ha apartado de ti el fruto que con toda el alma codiciabas. Has perdido todas tus cosas suntuosas y espléndidas, y nunca las recuperarás.» 15Los comerciantes que vendían estas mercaderías y se habían enriquecido a costa de ella se mantendrán a distancia, aterrorizados al ver semejante castigo. Llorarán y harán lamentación:

16«¡Ay ¡Ay de la gran ciudad,
　　vestida de lino fino, de púrpura y escar-
　　　lata,
　y adornada con oro, piedras preciosas y
　　perlas,
17porque en una sola hora ha quedado
　　destruida toda tu riqueza »

Todos los capitanes de barco, los pasajeros, los marineros y todos los que viven del mar se detendrán a lo lejos. 18Al ver el humo del fuego que la consume, exclamarán: «¿Hubo jamás alguna ciudad como esta gran ciudad?» 19Harán duelo,i llorando y lamentándose a gritos:

«¡Ay ¡Ay de la gran ciudad,
　con cuya opulencia se enriquecieron
　　todos los dueños de flotas navieras
　¡En una sola hora ha quedado destruida
20¡Alégrate, oh cielo, por lo que le ha
　　sucedido
　¡Alégrense también ustedes, *santos,
　　apóstoles y profetas ,

9"When the kings of the earth who committed adultery with her and shared her luxury see the smoke of her burning, they will weep and mourn over her. 10Terrified at her torment, they will stand far off and cry:

" 'Woe Woe, O great city,
　　O Babylon, city of power
　In one hour your doom has come '

11"The merchants of the earth will weep and mourn over her because no one buys their cargoes any more— 12cargoes of gold, silver, precious stones and pearls; fine linen, purple, silk and scarlet cloth; every sort of citron wood, and articles of every kind made of ivory, costly wood, bronze, iron and marble; 13cargoes of cinnamon and spice, of incense, myrrh and frankincense, of wine and olive oil, of fine flour and wheat; cattle and sheep; horses and carriages; and bodies and souls of men.

14"They will say, 'The fruit you longed for is gone from you. All your riches and splendor have vanished, never to be recovered.' 15The merchants who sold these things and gained their wealth from her will stand far off, terrified at her torment. They will weep and mourn 16and cry out:

" 'Woe Woe, O great city,
　　dressed in fine linen, purple and scarlet,
　　and glittering with gold, precious stones
　　　and pearls
17In one hour such great wealth has been
　　　brought to ruin '

"Every sea captain, and all who travel by ship, the sailors, and all who earn their living from the sea, will stand far off. 18When they see the smoke of her burning, they will exclaim, 'Was there ever a city like this great city?' 19They will throw dust on their heads, and with weeping and mourning cry out:

" 'Woe Woe, O great city,
　　where all who had ships on the sea
　　became rich through her wealth
　In one hour she has been brought to ruin
20Rejoice over her, O heaven
　　Rejoice, saints and apostles and proph-
　　　ets

---

i18:19 Harán duelo. Lit. Se echaron polvo en la cabeza.

porque Dios, al juzgarla,
les ha hecho justicia a ustedes.»

21Entonces un ángel poderoso levantó una piedra del tamaño de una gran rueda de molino, y la arrojó al mar diciendo:

«Así también tú, Babilonia, gran ciudad,
serás derribada con la misma violencia,
y desaparecerás de la faz de la tierra.
22Jamás volverá a oírse en ti
la música de los cantantes
y de arpas, flautas y trompetas.
Jamás volverá a hallarse en ti
ningún tipo de artesano.
Jamás volverá a oírse en ti
el ruido de la rueda de molino.
23Jamás volverá a brillar en ti
la luz de ninguna lámpara.
Jamás volverá a sentirse en ti
el regocijo de las nupcias.*j*
Porque tus comerciantes
eran los magnates del mundo,
porque con tus hechicerías
engañaste a todas las naciones.
24porque en ti se halló sangre de profetas y
de santos,
y de todos los que han sido asesinados
en la tierra.»

¡Aleluya

19 Después de esto oí en el cielo un tremendo bullicio, como el de una inmensa multitud que exclamaba:

«¡Aleluya
La salvación, la gloria y el poder son de
nuestro Dios,
2 pues sus juicios son verdaderos y justos:
ha condenado a la famosa prostituta
que con sus adulterios corrompía la tierra;
ha vindicado la sangre de los *siervos de
Dios derramada por ella.»

3Y volvieron a exclamar:

«¡Aleluya
El humo de ella sube por los siglos de los
siglos.»

4Entonces los veinticuatro *ancianos y los cuatro seres vivientes se postraron y adoraron a Dios, que estaba sentado en el trono, y dijeron:

«¡Amén, Aleluya »

God has judged her for the way she
treated you.'"

21Then a mighty angel picked up a boulder the size of a large millstone and threw it into the sea, and said:

"With such violence
the great city of Babylon will be thrown
down,
never to be found again.
22The music of harpists and musicians,
flute players and trumpeters,
will never be heard in you again.
No workman of any trade
will ever be found in you again.
The sound of a millstone
will never be heard in you again.
23The light of a lamp will never shine in
you again.
The voice of bridegroom and bride
will never be heard in you again.
Your merchants were the world's great
men.
By your magic spell all the nations were
led astray.
24In her was found the blood of prophets
and of the saints,
and of all who have been killed on the
earth."

Hallelujah

19 After this I heard what sounded like the roar of a great multitude in heaven shouting:

"Hallelujah
Salvation and glory and power belong to
our God,
2 for true and just are his judgments.
He has condemned the great prostitute
who corrupted the earth by her adulteries.
He has avenged on her the blood of his
servants."

3And again they shouted:

"Hallelujah
The smoke from her goes up for ever and
ever."

4The twenty-four elders and the four living creatures fell down and worshiped God, who was seated on the throne. And they cried:

"Amen, Hallelujah "

---

j **18:23** *el regocijo de las nupcias.* Lit. *la voz del novio y de la novia.*

5Y del trono salió una voz que decía:

> «¡Alaben ustedes a nuestro Dios,
> todos sus siervos, grandes y pequeños,
> que con reverente temor le sirven »

6Después oí voces como el rumor de una inmensa multitud, como el estruendo de una catarata y como el retumbar de potentes truenos, que exclamaban:

> «¡Aleluya
> Ya ha comenzado a reinar el Señor,
> nuestro Dios Todopoderoso.
> **7**¡Alegrémonos y regocijémonos
> y démosle gloria
> Ya ha llegado el día de las bodas del
> Cordero.
> Su novia se ha preparado,
> **8**y se le ha concedido vestirse
> de lino fino, limpio y resplandeciente.»

(El lino fino representa las acciones justas de los *santos.)

9El ángel me dijo: «Escribe: "¡*Dichosos los que han sido convidados a la cena de las bodas del Cordero "» Y añadió: «Estas son las palabras verdaderas de Dios.»

10Me postré a sus pies para adorarlo. Pero él me dijo: «¡No, cuidado Soy un siervo como tú y como tus hermanos que se mantienen fieles al testimonio de Jesús. ¡Adora sólo a Dios El testimonio de Jesús es el espíritu que inspira la profecía.»

El jinete del caballo blanco

11Luego vi el cielo abierto, y apareció un caballo blanco. Su jinete se llama Fiel y Verdadero. Con justicia dicta sentencia y hace la guerra. **12**Sus ojos resplandecen como llamas de fuego, y muchas diademas ciñen su cabeza. Lleva escrito un nombre que nadie conoce sino sólo él. **13**Está vestido de un manto teñido en sangre, y su nombre es «el *Verbo de Dios». **14**Lo siguen los ejércitos del cielo, montados en caballos blancos y vestidos de lino fino, blanco y limpio. **15**De su boca sale una espada afilada, con la que herirá a las *naciones. «Las gobernará con puño de hierro.»ᵏ Él mismo exprime uvas en el lagar del furor del castigo que viene de Dios Todopoderoso. **16**En su manto y sobre el muslo lleva escrito este nombre:

REY DE REYES Y SEÑOR DE SEÑORES.

5Then a voice came from the throne, saying:

> "Praise our God,
> all you his servants,
> you who fear him,
> both small and great "

6Then I heard what sounded like a great multitude, like the roar of rushing waters and like loud peals of thunder, shouting:

> "Hallelujah
> For our Lord God Almighty reigns.
> **7**Let us rejoice and be glad
> and give him glory
> For the wedding of the Lamb has come,
> and his bride has made herself ready.
> **8**Fine linen, bright and clean,
> was given her to wear."

(Fine linen stands for the righteous acts of the saints.)

9Then the angel said to me, "Write: 'Blessed are those who are invited to the wedding supper of the Lamb '" And he added, "These are the true words of God."

10At this I fell at his feet to worship him. But he said to me, "Do not do it I am a fellow servant with you and with your brothers who hold to the testimony of Jesus. Worship God For the testimony of Jesus is the spirit of prophecy."

The Rider on the White Horse

11I saw heaven standing open and there before me was a white horse, whose rider is called Faithful and True. With justice he judges and makes war. **12**His eyes are like blazing fire, and on his head are many crowns. He has a name written on him that no one knows but he himself. **13**He is dressed in a robe dipped in blood, and his name is the Word of God. **14**The armies of heaven were following him, riding on white horses and dressed in fine linen, white and clean. **15**Out of his mouth comes a sharp sword with which to strike down the nations. "He will rule them with an iron scepter." ʷ He treads the winepress of the fury of the wrath of God Almighty. **16**On his robe and on his thigh he has this name written:

KING OF KINGS AND LORD OF LORDS.

ᵏ**19:15** gobernará ... hierro. Lit. pastoreará con cetro de hierro; Sal 2:9.

ʷ15 Psalm 2:9

17Vi a un ángel que, parado sobre el sol, gritaba a todas las aves que vuelan en medio del cielo: «Vengan, reúnanse para la gran cena de Dios, 18para que coman carne de reyes, de jefes militares y de magnates; carne de caballos y de sus jinetes; carne de toda clase de gente, libres y esclavos, grandes y pequeños.»

19Entonces vi a la bestia y a los reyes de la tierra con sus ejércitos, reunidos para hacer guerra contra el jinete de aquel caballo y contra su ejército. 20Pero la bestia fue capturada junto con el falso profeta. Éste es el que hacía señales milagrosas en presencia de ella, con las cuales engañaba a los que habían recibido la marca de la bestia y adoraban su imagen. Los dos fueron arrojados vivos al lago de fuego y azufre. 21Los demás fueron exterminados por la espada que salía de la boca del que montaba a caballo, y todas las aves se hartaron de la carne de ellos.

Los mil años

20 Vi además a un ángel que bajaba del cielo con la llave del *abismo y una gran cadena en la mano. 2Sujetó al dragón, a aquella serpiente antigua que es el diablo y Satanás, y lo encadenó por mil años. 3Lo arrojó al abismo, lo encerró y tapó la salida para que no engañara más a las *naciones, hasta que se cumplieran los mil años. Después habrá de ser soltado por algún tiempo.

4Entonces vi tronos donde se sentaron los que recibieron autoridad para juzgar. Vi también las almas de los que habían sido decapitados por causa del testimonio de Jesús y por la palabra de Dios. No habían adorado a la bestia ni a su imagen, ni se habían dejado poner su marca en la frente ni en la mano. Volvieron a vivir y reinaron con *Cristo mil años. 5Ésta es la primera resurrección; los demás muertos no volvieron a vivir hasta que se cumplieron los mil años. 6*Dichosos y santos los que tienen parte en la primera resurrección. La segunda muerte no tiene poder sobre ellos, sino que serán sacerdotes de Dios y de Cristo, y reinarán con él mil años.

Juicio final de Satanás

7Cuando se cumplan los mil años, Satanás será liberado de su prisión, 8y saldrá para engañar a las *naciones que están en los cuatro ángulos de la tierra —a Gog y a Magog—, a fin de reunirlas para la batalla. Su número será como el de las arenas del mar. 9Marcharon a lo largo y a lo ancho de la tierra, y rodearán el campamento del *pueblo de Dios, la ciudad que él ama. Pero caerá fuego del cielo y los consumirá por completo. 10El diablo, que los había

17And I saw an angel standing in the sun, who cried in a loud voice to all the birds flying in midair, "Come, gather together for the great supper of God, 18so that you may eat the flesh of kings, generals, and mighty men, of horses and their riders, and the flesh of all people, free and slave, small and great."

19Then I saw the beast and the kings of the earth and their armies gathered together to make war against the rider on the horse and his army. 20But the beast was captured, and with him the false prophet who had performed the miraculous signs on his behalf. With these signs he had deluded those who had received the mark of the beast and worshiped his image. The two of them were thrown alive into the fiery lake of burning sulfur. 21The rest of them were killed with the sword that came out of the mouth of the rider on the horse, and all the birds gorged themselves on their flesh.

The Thousand Years

20 And I saw an angel coming down out of heaven, having the key to the Abyss and holding in his hand a great chain. 2He seized the dragon, that ancient serpent, who is the devil, or Satan, and bound him for a thousand years. 3He threw him into the Abyss, and locked and sealed it over him, to keep him from deceiving the nations anymore until the thousand years were ended. After that, he must be set free for a short time.

4I saw thrones on which were seated those who had been given authority to judge. And I saw the souls of those who had been beheaded because of their testimony for Jesus and because of the word of God. They had not worshiped the beast or his image and had not received his mark on their foreheads or their hands. They came to life and reigned with Christ a thousand years. 5(The rest of the dead did not come to life until the thousand years were ended.) This is the first resurrection. 6Blessed and holy are those who have part in the first resurrection. The second death has no power over them, but they will be priests of God and of Christ and will reign with him for a thousand years.

Satan's Doom

7When the thousand years are over, Satan will be released from his prison 8and will go out to deceive the nations in the four corners of the earth—Gog and Magog—to gather them for battle. In number they are like the sand on the seashore. 9They marched across the breadth of the earth and surrounded the camp of God's people, the city he loves. But fire came down from heaven and devoured them. 10And the devil, who deceived them, was thrown into the engañado, será arrojado al lago de fuego y azufre, donde también habrán sido arrojados la bestia y el falso profeta. Allí serán atormentados día y noche por los siglos de los siglos.

Juicio de los muertos

¹¹Luego vi un gran trono blanco y a alguien que estaba sentado en él. De su presencia huyeron la tierra y el cielo, sin dejar rastro alguno. ¹²Vi también a los muertos, grandes y pequeños, de pie delante del trono. Se abrieron unos libros, y luego otro, que es el libro de la vida. Los muertos fueron juzgados según lo que habían hecho, conforme a lo que estaba escrito en los libros. ¹³El mar devolvió sus muertos; la muerte y el infierno¹ devolvieron los suyos; y cada uno fue juzgado según lo que había hecho. ¹⁴La muerte y el infierno fueron arrojados al lago de fuego. Este lago de fuego es la muerte segunda. ¹⁵Aquel cuyo nombre no estaba escrito en el libro de la vida era arrojado al lago de fuego.

La nueva Jerusalén

21 Después vi un cielo nuevo y una tierra nueva, porque el primer cielo y la primera tierra habían dejado de existir, lo mismo que el mar. ²Vi además la ciudad santa, la nueva Jerusalén, que bajaba del cielo, procedente de Dios, preparada como una novia hermosamente vestida para su prometido. ³Oí una potente voz que provenía del trono y decía: «¡Aquí, entre los seres *humanos, está la morada de Dios Él acampará en medio de ellos, y ellos serán su pueblo; Dios mismo estará con ellos y será su Dios. ⁴Él les enjugará toda lágrima de los ojos. Ya no habrá muerte, ni llanto, ni lamento ni dolor, porque las primeras cosas han dejado de existir.»

⁵El que estaba sentado en el trono dijo: «¡Yo hago nuevas todas las cosas » Y añadió: «Escribe, porque estas palabras son verdaderas y dignas de confianza.»

⁶También me dijo: «Ya todo está hecho. Yo soy el Alfa y la Omega, el Principio y el Fin. Al que tenga sed le daré a beber gratuitamente de la fuente del agua de la vida. ⁷El que salga vencedor heredará todo esto, y yo seré su Dios y él será mi hijo. ⁸Pero los cobardes, los incrédulos, los abominables, los asesinos, los que cometen inmoralidades sexuales, los que practican artes mágicas, los idólatras y todos los mentirosos recibirán como herencia el lago de fuego y azufre. Ésta es la segunda muerte.»

⁹Se acercó uno de los siete ángeles que tenían las siete copas llenas con las últimas siete plagas.

lake of burning sulfur, where the beast and the false prophet had been thrown. They will be tormented day and night for ever and ever.

The Dead Are Judged

¹¹Then I saw a great white throne and him who was seated on it. Earth and sky fled from his presence, and there was no place for them. ¹²And I saw the dead, great and small, standing before the throne, and books were opened. Another book was opened, which is the book of life. The dead were judged according to what they had done as recorded in the books. ¹³The sea gave up the dead that were in it, and death and Hades gave up the dead that were in them, and each person was judged according to what he had done. ¹⁴Then death and Hades were thrown into the lake of fire. The lake of fire is the second death. ¹⁵If anyone's name was not found written in the book of life, he was thrown into the lake of fire.

The New Jerusalem

21 Then I saw a new heaven and a new earth, for the first heaven and the first earth had passed away, and there was no longer any sea. ²I saw the Holy City, the new Jerusalem, coming down out of heaven from God, prepared as a bride beautifully dressed for her husband. ³And I heard a loud voice from the throne saying, "Now the dwelling of God is with men, and he will live with them. They will be his people, and God himself will be with them and be their God. ⁴He will wipe every tear from their eyes. There will be no more death or mourning or crying or pain, for the old order of things has passed away."

⁵He who was seated on the throne said, "I am making everything new " Then he said, "Write this down, for these words are trustworthy and true."

⁶He said to me: "It is done. I am the Alpha and the Omega, the Beginning and the End. To him who is thirsty I will give to drink without cost from the spring of the water of life. ⁷He who overcomes will inherit all this, and I will be his God and he will be my son. ⁸But the cowardly, the unbelieving, the vile, the murderers, the sexually immoral, those who practice magic arts, the idolaters and all liars—their place will be in the fiery lake of burning sulfur. This is the second death."

⁹One of the seven angels who had the seven bowls full of the seven last plagues came and

---

¹20:13 infierno. Lit. *Hades; también en v. 14.

Me habló así: «Ven, que te voy a presentar a la novia, la esposa del Cordero.» 10Me llevó en el Espíritu a una montaña grande y elevada, y me mostró la ciudad santa, Jerusalén, que bajaba del cielo, procedente de Dios. 11Resplandecía con la gloria de Dios, y su brillo era como el de una piedra preciosa, semejante a una piedra de jaspe transparente. 12Tenía una muralla grande y alta, y doce puertas custodiadas por doce ángeles, en las que estaban escritos los nombres de las doce tribus de Israel. 13Tres puertas daban al este, tres al norte, tres al sur y tres al oeste. 14La muralla de la ciudad tenía doce cimientos, en los que estaban los nombres de los doce apóstoles del Cordero.

15El ángel que hablaba conmigo llevaba una caña de oro para medir la ciudad, sus puertas y su muralla. 16La ciudad era cuadrada; medía lo mismo de largo que de ancho. El ángel midió la ciudad con la caña, y tenía dos mil doscientos kilómetros:m su longitud, su anchura y su altura eran iguales. 17Midió también la muralla, y tenía sesenta y cinco metros,n según las medidas humanas que el ángel empleaba. 18La muralla estaba hecha de jaspe, y la ciudad era de oro puro, semejante a cristal pulido. 19Los cimientos de la muralla de la ciudad estaban decorados con toda clase de piedras preciosas: el primero con jaspe, el segundo con zafiro, el tercero con ágata, el cuarto con esmeralda, 20el quinto con ónice, el sexto con cornalina, el séptimo con crisólito, el octavo con berilo, el noveno con topacio, el décimo con crisoprasa, el undécimo con jacinto y el duodécimo con amatista.ñ 21Las doce puertas eran doce perlas, y cada puerta estaba hecha de una sola perla. La calleo principal de la ciudad era de oro puro, como cristal transparente.

22No vi ningún templo en la ciudad, porque el Señor Dios Todopoderoso y el Cordero son su templo. 23La ciudad no necesita ni sol ni luna que la alumbren, porque la gloria de Dios la ilumina, y el Cordero es su lumbrera. 24Las *naciones caminarán a la luz de la ciudad, y los reyes de la tierra le entregarán sus espléndidas riquezas.p 25Sus puertas estarán abiertas todo el día, pues allí no habrá noche. 26Y llevarán a ella todas las riquezasq y el honor de las *naciones. 27Nunca entrará en ella nada impuro, ni los idólatras ni los farsantes, sino sólo aquellos que tienen su nombre escrito en el libro de la vida, el libro del Cordero.

said to me, "Come, I will show you the bride, the wife of the Lamb." 10And he carried me away in the Spirit to a mountain great and high, and showed me the Holy City, Jerusalem, coming down out of heaven from God. 11It shone with the glory of God, and its brilliance was like that of a very precious jewel, like a jasper, clear as crystal. 12It had a great, high wall with twelve gates, and with twelve angels at the gates. On the gates were written the names of the twelve tribes of Israel. 13There were three gates on the east, three on the north, three on the south and three on the west. 14The wall of the city had twelve foundations, and on them were the names of the twelve apostles of the Lamb.

15The angel who talked with me had a measuring rod of gold to measure the city, its gates and its walls. 16The city was laid out like a square, as long as it was wide. He measured the city with the rod and found it to be 12,000 stadiax in length, and as wide and high as it is long. 17He measured its wall and it was 144 cubitsy thick,z by man's measurement, which the angel was using. 18The wall was made of jasper, and the city of pure gold, as pure as glass. 19The foundations of the city walls were decorated with every kind of precious stone. The first foundation was jasper, the second sapphire, the third chalcedony, the fourth emerald, 20the fifth sardonyx, the sixth carnelian, the seventh chrysolite, the eighth beryl, the ninth topaz, the tenth chrysoprase, the eleventh jacinth, and the twelfth amethyst.a 21The twelve gates were twelve pearls, each gate made of a single pearl. The great street of the city was of pure gold, like transparent glass.

22I did not see a temple in the city, because the Lord God Almighty and the Lamb are its temple. 23The city does not need the sun or the moon to shine on it, for the glory of God gives it light, and the Lamb is its lamp. 24The nations will walk by its light, and the kings of the earth will bring their splendor into it. 25On no day will its gates ever be shut, for there will be no night there. 26The glory and honor of the nations will be brought into it. 27Nothing impure will ever enter it, nor will anyone who does what is shameful or deceitful, but only those whose names are written in the Lamb's book of life.

---

m21:16 dos mil doscientos kilómetros. Lit. doce mil *estadios.
n21:17 sesenta y cinco metros. Lit. ciento cuarenta y cuatro *codos. ñ21:20 No se sabe con certeza la identificación precisa de algunas de estas piedras. o21:21 calle. Alt. plaza.
p21:24 entregarán … riquezas. Lit. llevarán su gloria.
q21:26 todas las riquezas. Lit. la gloria.

x16 That is, about 1,400 miles (about 2,200 kilometers)
y17 That is about 200 feet (about 65 meters)   z17 Or high
a20 The precise identification of some of these precious stones is uncertain.

El río de vida

22 Luego el ángel me mostró un río de agua de vida, claro como el cristal, que salía del trono de Dios y del Cordero, ²y corría por el centro de la calleʳ principal de la ciudad. A cada lado del río estaba el árbol de la vida, que produce doce cosechas al año, una por mes; y las hojas del árbol son para la salud de las *naciones. ³Ya no habrá maldición. El trono de Dios y del Cordero estará en la ciudad. Sus *siervos lo adorarán; ⁴lo verán cara a cara, y llevarán su nombre en la frente. ⁵Ya no habrá noche; no necesitarán luz de lámpara ni de sol, porque el Señor Dios los alumbrará. Y reinarán por los siglos de los siglos.

⁶El ángel me dijo: «Estas palabras son verdaderas y dignas de confianza. El Señor, el Dios que inspira a los profetas,ˢ ha enviado a su ángel para mostrar a sus siervos lo que tiene que suceder sin demora.»

Cristo viene pronto

⁷«¡Miren que vengo pronto *Dichoso el que cumple las palabras del mensaje profético de este libro.»

⁸Yo, Juan, soy el que vio y oyó todas estas cosas. Y cuando lo vi y oí, me postré para adorar al ángel que me había estado mostrando todo esto. ⁹Pero él me dijo: «¡No, cuidado Soy un siervo como tú, como tus hermanos los profetas y como todos los que cumplen las palabras de este libro. ¡Adora sólo a Dios »

¹⁰También me dijo: «No guardes en secreto las palabras del mensaje profético de este libro, porque el tiempo de su cumplimiento está cerca. ¹¹Deja que el malo siga haciendo el mal y que el vil siga envileciéndose; deja que el justo siga practicando la justicia y que el *santo siga santificándose.»

¹²«¡Miren que vengo pronto Traigo conmigo mi recompensa, y le pagaré a cada uno según lo que haya hecho. ¹³Yo soy el Alfa y la Omega, el Primero y el Último, el Principio y el Fin.

¹⁴»Dichosos los que lavan sus ropas para tener derecho al árbol de la vida y para poder entrar por las puertas de la ciudad. ¹⁵Pero afuera se quedarán los *perros, los que practican las artes mágicas, los que cometen inmoralidades sexuales, los asesinos, los idólatras y todos los que aman y practican la mentira.

¹⁶»Yo, Jesús, he enviado a mi ángel para darles

The River of Life

22 Then the angel showed me the river of the water of life, as clear as crystal, flowing from the throne of God and of the Lamb ²down the middle of the great street of the city. On each side of the river stood the tree of life, bearing twelve crops of fruit, yielding its fruit every month. And the leaves of the tree are for the healing of the nations. ³No longer will there be any curse. The throne of God and of the Lamb will be in the city, and his servants will serve him. ⁴They will see his face, and his name will be on their foreheads. ⁵There will be no more night. They will not need the light of a lamp or the light of the sun, for the Lord God will give them light. And they will reign for ever and ever.

⁶The angel said to me, "These words are trustworthy and true. The Lord, the God of the spirits of the prophets, sent his angel to show his servants the things that must soon take place."

Jesus Is Coming

⁷"Behold, I am coming soon Blessed is he who keeps the words of the prophecy in this book."

⁸I, John, am the one who heard and saw these things. And when I had heard and seen them, I fell down to worship at the feet of the angel who had been showing them to me. ⁹But he said to me, "Do not do it I am a fellow servant with you and with your brothers the prophets and of all who keep the words of this book. Worship God "

¹⁰Then he told me, "Do not seal up the words of the prophecy of this book, because the time is near. ¹¹Let him who does wrong continue to do wrong; let him who is vile continue to be vile; let him who does right continue to do right; and let him who is holy continue to be holy."

¹²"Behold, I am coming soon My reward is with me, and I will give to everyone according to what he has done. ¹³I am the Alpha and the Omega, the First and the Last, the Beginning and the End.

¹⁴"Blessed are those who wash their robes, that they may have the right to the tree of life and may go through the gates into the city. ¹⁵Outside are the dogs, those who practice magic arts, the sexually immoral, the murderers, the idolaters and everyone who loves and practices falsehood.

¹⁶"I, Jesus, have sent my angel to give youᵇ this testimony for the churches. I am the Root

---

ʳ 22:2 calle. Alt. plaza. ˢ 22:6 el Dios … profetas. Lit. el Dios de los espíritus de los profetas.

ᵇ 16 The Greek is plural.

a ustedes testimonio de estas cosas que conciernen a las iglesias. Yo soy la raíz y la descendencia de David, la brillante estrella de la mañana.»

17El Espíritu y la novia dicen: «¡Ven »; y el que escuche diga: «¡Ven » El que tenga sed, venga; y el que quiera, tome gratuitamente del agua de la vida.

18A todo el que escuche las palabras del mensaje profético de este libro le advierto esto: Si alguno le añade algo, Dios le añadirá a él las plagas descritas en este libro. **19**Y si alguno quita palabras de este libro de profecía, Dios le quitará su parte del árbol de la vida y de la ciudad santa, descritos en este libro.

20El que da testimonio de estas cosas, dice: «Sí, vengo pronto.»

Amén. ¡Ven, Señor Jesús

21Que la gracia del Señor Jesús sea con todos. Amén.

and the Offspring of David, and the bright Morning Star."

17The Spirit and the bride say, "Come " And let him who hears say, "Come " Whoever is thirsty, let him come; and whoever wishes, let him take the free gift of the water of life.

18I warn everyone who hears the words of the prophecy of this book: If anyone adds anything to them, God will add to him the plagues described in this book. **19**And if anyone takes words away from this book of prophecy, God will take away from him his share in the tree of life and in the holy city, which are described in this book.

20He who testifies to these things says, "Yes, I am coming soon."

Amen. Come, Lord Jesus.

21The grace of the Lord Jesus be with God's people. Amen.

Salmos

LIBRO I
Salmos 1-41

Salmo 1

1 *Dichoso el *hombre
  que no sigue el consejo de los
    malvados,
  ni se detiene en la senda de los
    pecadores
  ni cultiva la amistad de los *blasfemos,
2 sino que en la *ley del SEÑOR se
    deleita,
  y día y noche medita en ella.
3 Es como el árbol
  plantado a la orilla de un río
  que, cuando llega su tiempo, da fruto
  y sus hojas jamás se marchitan.
  ¡Todo cuanto hace prospera

4 En cambio, los malvados
  son como paja arrastrada por el viento.
5 Por eso no se sostendrán los malvados en
    el juicio,
  ni los pecadores en la asamblea de los
    justos.

6 Porque el SEÑOR cuida el *camino de los
    justos,
  mas la senda de los malos lleva a la
    perdición.

Salmo 2

1 ¿Por qué se sublevan las naciones,
  y en vano conspiran los pueblos?
2 Los reyes de la tierra se rebelan;
  los gobernantes se confabulan contra el
    SEÑOR
  y contra su *ungido.
3 Y dicen: «¡Hagamos pedazos sus
    cadenas
  ¡Librémonos de su yugo »

4 El rey de los cielos se ríe;
  el SEÑOR se burla de ellos.
5 En su enojo los reprende,
  en su furor los intimida y dice:
6 «He establecido a mi rey
  sobre *Sión, mi santo monte.»

Psalms

BOOK I
Psalms 1-41

Psalm 1

1 Blessed is the man
  who does not walk in the counsel of the
    wicked
  or stand in the way of sinners
  or sit in the seat of mockers.
2 But his delight is in the law of the LORD,
  and on his law he meditates day and
    night.
3 He is like a tree planted by streams of
    water,
  which yields its fruit in season
  and whose leaf does not wither.
  Whatever he does prospers.

4 Not so the wicked
  They are like chaff
  that the wind blows away.
5 Therefore the wicked will not stand in the
    judgment,
  nor sinners in the assembly of the
    righteous.

6 For the LORD watches over the way of the
    righteous,
  but the way of the wicked will perish.

Psalm 2

1 Why do the nations conspire[a]
  and the peoples plot in vain?
2 The kings of the earth take their stand
  and the rulers gather together
  against the LORD
  and against his Anointed One.[b]
3 "Let us break their chains," they say,
  "and throw off their fetters."

4 The One enthroned in heaven laughs;
  the Lord scoffs at them.
5 Then he rebukes them in his anger
  and terrifies them in his wrath, saying,
6 "I have installed my King[c]
  on Zion, my holy hill."

---

a 1 Hebrew; Septuagint *rage*   *b 2* Or *anointed one*   *c 6* Or
king

7 Yo proclamaré el decreto del SEÑOR:
«Tú eres mi hijo», me ha dicho;
«hoy mismo te he engendrado.
8 Pídeme,
y como herencia te entregaré las
naciones;
¡tuyos serán los confines de la tierra
9 Las gobernarás con puño*a* de hierro;
las harás pedazos como a vasijas de
barro.»

10 Ustedes, los reyes, sean prudentes;
déjense enseñar, gobernantes de la
tierra.
11 Sirvan al SEÑOR con temor;
con temblor ríndanle alabanza.
12 Bésenle los pies,*b* no sea que se enoje
y sean ustedes destruidos en el camino,
pues su ira se inflama de repente.

¡*Dichosos los que en él buscan refugio

Salmo 3

Salmo de David, cuando huía de su hijo Absalón.

1 Muchos son, SEÑOR, mis enemigos;
muchos son los que se me oponen,
2 y muchos los que de mí aseguran:
«Dios no lo salvará.»   *Selah

3 Pero tú, SEÑOR, me rodeas cual escudo;
tú eres mi gloria;
¡tú mantienes en alto mi cabeza
4 Clamo al SEÑOR a voz en cuello,
y desde su monte santo él me responde.
      Selah

5 Yo me acuesto, me duermo y vuelvo a
despertar,
porque el SEÑOR me sostiene.
6 No me asustan los numerosos
escuadrones
que me acosan por doquier.

7 ¡Levántate, SEÑOR
¡Ponme a salvo, Dios mío
¡Rómpeles la quijada a mis enemigos
¡Rómpeles los dientes a los malvados

8 Tuya es, SEÑOR, la *salvación;
¡envía tu bendición sobre tu pueblo
      Selah

7 I will proclaim the decree of the LORD:

He said to me, "You are my Son*d*;
today I have become your Father.*e*
8 Ask of me,
and I will make the nations your
inheritance,
the ends of the earth your possession.
9 You will rule them with an iron scepter*f*;
you will dash them to pieces like
pottery."

10 Therefore, you kings, be wise;
be warned, you rulers of the earth.
11 Serve the LORD with fear
and rejoice with trembling.
12 Kiss the Son, lest he be angry
and you be destroyed in your way,
for his wrath can flare up in a moment.
Blessed are all who take refuge in him.

Psalm 3

A psalm of David. When he fled from his son
Absalom.

1 O LORD, how many are my foes
How many rise up against me
2 Many are saying of me,
"God will not deliver him."   *Selah*g*

3 But you are a shield around me, O LORD;
you bestow glory on me and lift*h* up my
head.
4 To the LORD I cry aloud,
and he answers me from his holy hill.
      Selah

5 I lie down and sleep;
I wake again, because the LORD sustains
me.
6 I will not fear the tens of thousands
drawn up against me on every side.

7 Arise, O LORD
Deliver me, O my God
Strike all my enemies on the jaw;
break the teeth of the wicked.

8 From the LORD comes deliverance.
May your blessing be on your people.
      Selah

---

*a*2:9 *puño*. Lit. *cetro*.   *b*2:12 *Bésenle los pies*. Texto de
difícil traducción.

*d*7 Or *son*; also in verse 12   *e*7 Or *have begotten you*
*f*9 Or *will break them with a rod of iron*   *g*2 A word of
uncertain meaning, occurring frequently in the Psalms;
possibly a musical term   *h*3 Or *LORD, / my Glorious One,
who lifts*

Salmo 4

Al director musical. Acompáñese con instrumentos
de cuerda. Salmo de David.

1 Responde a mi clamor,
   Dios mío y defensor mío.
  Dame alivio cuando esté angustiado,
   apiádate de mí y escucha mi oración.

2 Y ustedes, señores,
   ¿hasta cuándo cambiarán mi gloria en
    vergüenza?
  ¿Hasta cuándo amarán ídolos vanos
   e irán en pos de lo ilusorio?   *Selah

3 Sepan que el SEÑOR honra al que le es fiel;
   el SEÑOR me escucha cuando lo llamo.

4 Si se enojan, no pequen;
   en la quietud del descanso nocturno
   examínense el *corazón.   Selah
5 Ofrezcan sacrificios de *justicia
   y confíen en el SEÑOR.

6 Muchos son los que dicen:
   «¿Quién puede mostrarnos algún bien?»
  ¡Haz, SEÑOR, que sobre nosotros
   brille la luz de tu rostro

7 Tú has hecho que mi corazón rebose de
    alegría,
   alegría mayor que la que tienen los que
    disfrutan de trigo y vino en
    abundancia.

8 En *paz me acuesto y me duermo,
   porque sólo tú, SEÑOR, me haces vivir
    confiado.

Salmo 5

Al director musical. Acompáñese con flautas.
Salmo de David.

1 Atiende, SEÑOR, a mis palabras;
   toma en cuenta mis gemidos.
2 Escucha mis súplicas, rey mío y Dios mío,
   porque a ti elevo mi plegaria.
3 Por la mañana, SEÑOR, escuchas mi
    clamor;
   por la mañana te presento mis ruegos,
   y quedo a la espera de tu respuesta.

4 Tú no eres un Dios que se complazca en lo
    malo;
   a tu lado no tienen cabida los malvados.
5 No hay lugar en tu presencia para los
    altivos,
   pues aborreces a los malhechores.

Psalm 4

For the director of music. With stringed instruments.
A psalm of David.

1 Answer me when I call to you,
   O my righteous God.
  Give me relief from my distress;
   be merciful to me and hear my prayer.

2 How long, O men, will you turn my glory
    into shame[i]?
  How long will you love delusions and
    seek false gods[j]?   Selah
3 Know that the LORD has set apart the
    godly for himself;
   the LORD will hear when I call to him.

4 In your anger do not sin;
   when you are on your beds,
   search your hearts and be silent.   Selah
5 Offer right sacrifices
   and trust in the LORD.

6 Many are asking, "Who can show us any
    good?"
  Let the light of your face shine upon us,
   O LORD.
7 You have filled my heart with greater joy
   than when their grain and new wine
    abound.
8 I will lie down and sleep in peace,
   for you alone, O LORD,
   make me dwell in safety.

Psalm 5

For the director of music. For flutes.
A psalm of David.

1 Give ear to my words, O LORD,
   consider my sighing.
2 Listen to my cry for help,
   my King and my God,
   for to you I pray.
3 In the morning, O LORD, you hear my
    voice;
   in the morning I lay my requests before
    you
   and wait in expectation.

4 You are not a God who takes pleasure in
    evil;
   with you the wicked cannot dwell.
5 The arrogant cannot stand in your
    presence;
   you hate all who do wrong.

i 2 Or you dishonor my Glorious One   j 2 Or seek lies

6 Tú destruyes a los mentirosos
   y aborreces a los tramposos y asesinos.

7 Pero yo, por tu gran amor
   puedo entrar en tu casa;
  puedo postrarme reverente
   hacia tu santo templo.

8 SEÑOR, por causa de mis enemigos,
   dirígeme en tu *justicia;
  empareja delante de mí tu senda.

9 En sus palabras no hay sinceridad;
   en su interior sólo hay corrupción.
  Su garganta es un sepulcro abierto;
   con su lengua profieren engaños.

10 ¡Condénalos, oh Dios
   ¡Que caigan por sus propias intrigas
  ¡Recházalos por la multitud de sus
      crímenes,
   porque se han rebelado contra ti

11 Pero que se alegren todos los que en ti
      buscan refugio;
   ¡que canten siempre jubilosos
  Extiende tu protección, y que en ti se
      regocijen
   todos los que aman tu *nombre.
12 Porque tú, SEÑOR, bendices a los justos;
   cual escudo los rodeas con tu buena
      voluntad.

Salmo 6

Al director musical. Acompáñese con instrumentos
de cuerda. Sobre la octava.ᶜ Salmo de David.

1 No me reprendas, SEÑOR, en tu ira;
   no me castigues en tu furor.
2 Tenme compasión, SEÑOR, porque
      desfallezco;
   sáname, SEÑOR, que un frío de muerte
     recorre mis huesos.
3 Angustiada está mi *alma;
   ¿hasta cuándo, SEÑOR, hasta cuándo?

4 Vuélvete, SEÑOR, y sálvame la vida;
   por tu gran amor, ¡ponme a salvo
5 En la muerte nadie te recuerda;
   en el *sepulcro, ¿quién te alabará?

6 Cansado estoy de sollozar;
   toda la noche inundo de lágrimas mi cama,
   ¡mi lecho empapo con mi llanto
7 Desfallecen mis ojos por causa del dolor;
   desfallecen por culpa de mis enemigos.

6 You destroy those who tell lies;
   bloodthirsty and deceitful men
   the LORD abhors.

7 But I, by your great mercy,
   will come into your house;
  in reverence will I bow down
   toward your holy temple.
8 Lead me, O LORD, in your righteousness
   because of my enemies—
   make straight your way before me.

9 Not a word from their mouth can be
      trusted;
   their heart is filled with destruction.
  Their throat is an open grave;
   with their tongue they speak deceit.
10 Declare them guilty, O God
   Let their intrigues be their downfall.
  Banish them for their many sins,
   for they have rebelled against you.

11 But let all who take refuge in you be glad;
   let them ever sing for joy.
  Spread your protection over them,
   that those who love your name may
     rejoice in you.
12 For surely, O LORD, you bless the
      righteous;
   you surround them with your favor as
     with a shield.

Psalm 6

For the director of music. With stringed instruments.
  According to *sheminith.*ᵏ A psalm of David.

1 O LORD, do not rebuke me in your anger
   or discipline me in your wrath.
2 Be merciful to me, LORD, for I am faint;
   O LORD, heal me, for my bones are in
     agony.
3 My soul is in anguish.
   How long, O LORD, how long?

4 Turn, O LORD, and deliver me;
   save me because of your unfailing love.
5 No one remembers you when he is dead.
   Who praises you from the graveˡ?

6 I am worn out from groaning;
   all night long I flood my bed with
     weeping
   and drench my couch with tears.
7 My eyes grow weak with sorrow;
   they fail because of all my foes.

ᶜ *Sobre la octava.* Lit. *Sobre *sheminit.*   ᵏ Probably a musical term   ˡ 5 Hebrew *Sheol*

8 ¡Apártense de mí, todos los malhechores,
    que el SEÑOR ha escuchado mi llanto
9 El SEÑOR ha escuchado mis ruegos;
    el SEÑOR ha tomado en cuenta mi
    oración.
10 Todos mis enemigos quedarán
    avergonzados y confundidos;
    ¡su repentina vergüenza los hará
    retroceder

Salmo 7

*Sigaión de David, que elevó al SEÑOR acerca de
    Cus el benjaminita.

1 ¡Sálvame, SEÑOR mi Dios, porque en ti
    busco refugio
    ¡Líbrame de todos mis perseguidores
2 De lo contrario, me devorarán como
    leones;
    me despedazarán, y no habrá quien me
    libre.

3 SEÑOR mi Dios, ¿qué es lo que he hecho?
    ¿qué mal he cometido?
4 Si le he hecho daño a mi amigo,
    si he despojado sin razón al que me
    oprime,
5 entonces que mi enemigo me persiga y me
    alcance;
    que me haga morder el polvo
    y arrastre mi honra por los suelos.   *Selah

6 ¡Levántate, SEÑOR, en tu ira;
    enfréntate al furor de mis enemigos
    ¡Despierta, oh Dios, e imparte *justicia
7 Que en torno tuyo se reúnan los pueblos;
    reina[d] sobre ellos desde lo alto.
8 ¡El SEÑOR juzgará a los pueblos

    Júzgame, SEÑOR, conforme a mi justicia;
    págame conforme a mi inocencia.
9 Dios justo, que examinas mente y
    corazón,
    acaba con la maldad de los malvados
    y mantén firme al que es justo.

10 Mi escudo está en Dios,
    que salva a los de *corazón recto.
11 Dios es un juez justo,
    un Dios que en todo tiempo manifiesta su
    enojo.
12 Si el malvado no se arrepiente,
    Dios afilará la espada y tensará el arco;
13 ya ha preparado sus mortíferas armas;
    ya tiene listas sus llameantes saetas.

8 Away from me, all you who do evil,
    for the LORD has heard my weeping.
9 The LORD has heard my cry for mercy;
    the LORD accepts my prayer.
10 All my enemies will be ashamed and
    dismayed;
    they will turn back in sudden disgrace.

Psalm 7

A shiggaion[m] of David, which he sang to the LORD
    concerning Cush, a Benjamite.

1 O LORD my God, I take refuge in you;
    save and deliver me from all who pursue
    me,
2 or they will tear me like a lion
    and rip me to pieces with no one to
    rescue me.

3 O LORD my God, if I have done this
    and there is guilt on my hands—
4 if I have done evil to him who is at peace
    with me
    or without cause have robbed my foe—
5 then let my enemy pursue and overtake
    me;
    let him trample my life to the ground
    and make me sleep in the dust.   Selah

6 Arise, O LORD, in your anger;
    rise up against the rage of my enemies.
    Awake, my God; decree justice.
7 Let the assembled peoples gather around
    you.
    Rule over them from on high;
8   let the LORD judge the peoples.
    Judge me, O LORD, according to my
    righteousness,
    according to my integrity, O Most High.
9 O righteous God,
    who searches minds and hearts,
    bring to an end the violence of the wicked
    and make the righteous secure.

10 My shield[n] is God Most High,
    who saves the upright in heart.
11 God is a righteous judge,
    a God who expresses his wrath
    every day.
12 If he does not relent,
    he[o] will sharpen his sword;
    he will bend and string his bow.
13 He has prepared his deadly weapons;
    he makes ready his flaming arrows.

---

[d] 7:7 reina (lectura probable); vuélvete (TM).

[m] Probably a literary or musical term   [n] 10 Or sovereign
[o] 12 Or If a man does not repent, / God

14 Miren al preñado de maldad:
    Concibió iniquidad y parirá mentira.
15 Cavó una fosa y la ahondó,
    y en esa misma fosa caerá.
16 Su iniquidad se volverá contra él;
    su violencia recaerá sobre su cabeza.

17 ¡Alabaré al SEÑOR por su justicia
    ¡Al *nombre del SEÑOR altísimo cantaré
        salmos

Salmo 8

Al director musical. Sígase la tonada de
«La canción del lagar».[e] Salmo de David.

1 Oh SEÑOR, soberano nuestro,
    ¡qué imponente es tu *nombre en toda la
        tierra
    ¡Has puesto tu gloria sobre los cielos

2 Por causa de tus adversarios
    has hecho que brote la alabanza[f]
    de labios de los pequeñitos y de los niños
        de pecho,
    para silenciar al enemigo y al rebelde.

3 Cuando contemplo tus cielos,
    obra de tus dedos,
    la luna y las estrellas que allí fijaste,
4 me pregunto:
    «¿Qué es el *hombre, para que en él
        pienses?
    ¿Qué es el *ser humano[g], para que lo
        tomes en cuenta?»
5 Pues lo hiciste poco menos que un dios,[h]
    y lo coronaste de gloria y de honra:
6 lo entronizaste sobre la obra de tus
        manos,
    todo lo sometiste a su dominio;
7 todas las ovejas, todos los bueyes,
    todos los animales del campo,
8 las aves del cielo, los peces del mar,
    y todo lo que surca los senderos
        del mar.

9 Oh SEÑOR, soberano nuestro,
    ¡qué imponente es tu nombre en toda la
        tierra

14 He who is pregnant with evil
    and conceives trouble gives birth to
        disillusionment.
15 He who digs a hole and scoops it out
    falls into the pit he has made.
16 The trouble he causes recoils on himself;
    his violence comes down on his own
        head.

17 I will give thanks to the LORD because of
        his righteousness
    and will sing praise to the name of the
        LORD Most High.

Psalm 8

For the director of music. According to gittith.[p]
    A psalm of David.

1 O LORD, our Lord,
    how majestic is your name in all the
        earth

    You have set your glory
    above the heavens.
2 From the lips of children and infants
    you have ordained praise[q]
    because of your enemies,
    to silence the foe and the avenger.

3 When I consider your heavens,
    the work of your fingers,
    the moon and the stars,
    which you have set in place,
4 what is man that you are mindful of him,
    the son of man that you care for him?
5 You made him a little lower than the
        heavenly beings[r]
    and crowned him with glory and honor.

6 You made him ruler over the works of
        your hands;
    you put everything under his feet:
7 all flocks and herds,
    and the beasts of the field,
8 the birds of the air,
    and the fish of the sea,
    all that swim the paths of the seas.

9 O LORD, our Lord,
    how majestic is your name in all the
        earth

---

[e] Sígase … lagar. Lit. Según la *gittith.   [f] 8:2 has hecho que brote la alabanza. Lit. fundaste la fortaleza.   [g] 8:4 ser humano. Lit. hijo de hombre.   [h] 8:5 un dios. Alt. los ángeles o los seres celestiales.

[p] Probably a musical term   [q] 2 Or strength   [r] 5 Or than God

Salmo 9[i]

Al director musical. Sígase la tonada de
«La muerte del hijo». Salmo de David.

1 Quiero alabarte, SEÑOR, con todo el
*corazón,
y contar todas tus maravillas.
2 Quiero alegrarme y regocijarme en ti,
y cantar salmos a tu *nombre, oh
*Altísimo.
3 Mis enemigos retroceden;
tropiezan y perecen ante ti.
4 Porque tú me has hecho *justicia, me has
vindicado;
tú, juez justo, ocupas tu trono.
5 Reprendiste a los *paganos, destruiste a
los malvados;
¡para siempre borraste su memoria
6 Desgracia sin fin cayó sobre el enemigo;
arrancaste de raíz sus ciudades,
y hasta su recuerdo se ha desvanecido.
7 Pero el SEÑOR reina por siempre;
para emitir juicio ha establecido su
trono.
8 Juzgará al mundo con justicia;
gobernará a los pueblos con equidad.
9 El SEÑOR es refugio de los oprimidos;
es su baluarte en momentos de angustia.
10 En ti confían los que conocen tu nombre,
porque tú, SEÑOR, jamás abandonas a
los que te buscan.
11 Canten salmos al SEÑOR, el rey de
*Sión;
proclamen sus proezas entre las naciones.
12 El vengador de los inocentes[j] se acuerda
de ellos;
no pasa por alto el clamor de los
afligidos.
13 Ten compasión de mí, SEÑOR;
mira cómo me afligen los que me
odian.
Sácame de las puertas de la muerte,
14 para que en las *puertas de Jerusalén[k]
proclame tus alabanzas y me regocije en
tu *salvación.
15 Han caído los paganos
en la fosa que han cavado;
sus pies quedaron atrapados
en la red que ellos mismos escondieron.
16 Al SEÑOR se le conoce porque imparte
justicia;
el malvado cae en la trampa que él
mismo tendió.   *Higaión. *Selah

Psalm 9[s]

For the director of music. To the tune of
"The Death of the Son." A psalm of David.

1 I will praise you, O LORD, with all my heart;
I will tell of all your wonders.
2 I will be glad and rejoice in you;
I will sing praise to your name, O Most
High.
3 My enemies turn back;
they stumble and perish before you.
4 For you have upheld my right and my cause;
you have sat on your throne, judging
righteously.
5 You have rebuked the nations and
destroyed the wicked;
you have blotted out their name for ever
and ever.
6 Endless ruin has overtaken the enemy,
you have uprooted their cities;
even the memory of them has perished.
7 The LORD reigns forever;
he has established his throne for judgment.
8 He will judge the world in righteousness;
he will govern the peoples with justice.
9 The LORD is a refuge for the oppressed,
a stronghold in times of trouble.
10 Those who know your name will trust in
you,
for you, LORD, have never forsaken
those who seek you.
11 Sing praises to the LORD, enthroned in Zion;
proclaim among the nations what he has
done.
12 For he who avenges blood remembers;
he does not ignore the cry of the afflicted.
13 O LORD, see how my enemies persecute me
Have mercy and lift me up from the
gates of death,
14 that I may declare your praises
in the gates of the Daughter of Zion
and there rejoice in your salvation.
15 The nations have fallen into the pit they
have dug;
their feet are caught in the net they have
hidden.
16 The LORD is known by his justice;
the wicked are ensnared by the work of
their hands.   *Higgaion.[t] Selah*

---

[i] En el texto hebreo los salmos 9 y 10 son un solo poema
(véase LXX), que forma un acróstico siguiendo el orden del
alfabeto hebreo.   [j] 9:12 vengador de los inocentes. Lit.
vengador de sangres.   [k] 9:14 Jerusalén. Lit. la hija de Sión.

[s] Psalms 9 and 10 may have been originally a single acrostic
poem, the stanzas of which begin with the successive letters
of the Hebrew alphabet. In the Septuagint they constitute one
psalm.   [t] 16 Or Meditation; possibly a musical notation

17 Bajan al *sepulcro los malvados,
   todos los paganos que de Dios se olvidan.
18 Pero no se olvidará para siempre al
   necesitado,
   ni para siempre se perderá la esperanza
   del pobre.
19 ¡Levántate, SEÑOR
   No dejes que el *hombre prevalezca;
   ¡haz que las naciones comparezcan ante ti
20 Infúndeles terror, SEÑOR;
   ¡que los pueblos sepan que son simples
   *mortales   *Selah*

Salmo 10

1 ¿Por qué, SEÑOR, te mantienes distante?
   ¿Por qué te escondes en momentos de
   angustia?
2 Con arrogancia persigue el malvado al
   indefenso,
   pero se enredará en sus propias artimañas.
3 El malvado hace alarde de su propia
   codicia;
   alaba al ambicioso y menosprecia al
   SEÑOR.
4 El malvado levanta insolente la nariz,
   y no da lugar a Dios en sus pensamientos.
5 Todas sus empresas son siempre exitosas;
   tan altos y alejados de él están tus juicios
   que se burla de todos sus enemigos.
6 Y se dice a sí mismo: «Nada me hará caer.
   Siempre seré feliz. Nunca tendré
   problemas.»
7 Llena está su boca de maldiciones,
   de mentiras y amenazas;
   bajo su lengua esconde maldad y
   violencia.
8 Se pone al acecho en las aldeas,
   se esconde en espera de sus víctimas,
   y asesina a mansalva al inocente.
9 Cual león en su guarida se agazapa,
   listo para atrapar al indefenso;
   le cae encima y lo arrastra en su red.
10 Bajo el peso de su poder,
   sus víctimas caen por tierra.
11 Se dice a sí mismo: «Dios se ha olvidado.
   Se cubre el rostro. Nunca ve nada.»
12 ¡Levántate, SEÑOR
   ¡Levanta, oh Dios, tu brazo
   ¡No te olvides de los indefensos
13 ¿Por qué te ha de menospreciar el
   malvado?
   ¿Por qué ha de pensar que no lo llamarás
   a cuentas?
14 Pero tú ves la opresión y la violencia,
   las tomas en cuenta y te harás cargo de
   ellas.
   Las víctimas confían en ti;
   tú eres la ayuda de los huérfanos.

17 The wicked return to the grave,*u*
   all the nations that forget God.
18 But the needy will not always be forgotten,
   nor the hope of the afflicted ever perish.

19 Arise, O LORD, let not man triumph;
   let the nations be judged in your presence.
20 Strike them with terror, O LORD;
   let the nations know they are but men.
          Selah

Psalm 10*v*

1 Why, O LORD, do you stand far off?
   Why do you hide yourself in times of
   trouble?

2 In his arrogance the wicked man hunts
   down the weak,
   who are caught in the schemes he devises.
3 He boasts of the cravings of his heart;
   he blesses the greedy and reviles the LORD.
4 In his pride the wicked does not seek him;
   in all his thoughts there is no room for God.
5 His ways are always prosperous;
   he is haughty and your laws are far from
   him;
   he sneers at all his enemies.
6 He says to himself, "Nothing will shake me;
   I'll always be happy and never have
   trouble."
7 His mouth is full of curses and lies and
   threats;
   trouble and evil are under his tongue.
8 He lies in wait near the villages;
   from ambush he murders the innocent,
   watching in secret for his victims.
9 He lies in wait like a lion in cover;
   he lies in wait to catch the helpless;
   he catches the helpless and drags them
   off in his net.
10 His victims are crushed, they collapse;
   they fall under his strength.
11 He says to himself, "God has forgotten;
   he covers his face and never sees."

12 Arise, LORD Lift up your hand, O God.
   Do not forget the helpless.
13 Why does the wicked man revile God?
   Why does he say to himself,
   "He won't call me to account"?
14 But you, O God, do see trouble and grief;
   you consider it to take it in hand.
   The victim commits himself to you;
   you are the helper of the fatherless.

---

u 17 Hebrew *Sheol*   *v* Psalms 9 and 10 may have been
originally a single acrostic poem, the stanzas of which begin
with the successive letters of the Hebrew alphabet. In the
Septuagint they constitute one psalm.

15 ¡Rómpeles el brazo al malvado y al
   impío
   ¡Pídeles cuentas de su maldad,
   y haz que desaparezcan por completo
16 El SEÑOR es rey eterno;
   los *paganos serán borrados de su
   tierra.
17 Tú, SEÑOR, escuchas la petición de los
   indefensos,
   les infundes aliento y atiendes a su
   clamor.
18 Tú defiendes al huérfano y al oprimido,
   para que el *hombre, hecho de tierra,
   no siga ya sembrando el terror.

Salmo 11

Al director musical. Salmo de David.

1 En el SEÑOR hallo refugio.
  ¿Cómo, pues, se atreven a decirme:
  «Huye al monte, como las aves»?
2 Vean cómo tensan sus arcos los malvados:
  preparan las flechas sobre la cuerda
  para disparar desde las sombras
  contra los rectos de *corazón.
3 Cuando los fundamentos son destruidos,
  ¿qué le queda al justo?

4 El SEÑOR está en su santo templo,
  en los cielos tiene el SEÑOR su trono,
  y atentamente observa al *ser humano;
  con sus propios ojos lo examina.
5 El SEÑOR examina a justos y a malvados,
  y aborrece a los que aman la violencia.
6 Hará llover sobre los malvados
  ardientes brasas y candente azufre;
  ¡un viento abrasador será su suerte

7 Justo es el SEÑOR, y ama la *justicia;
  por eso los íntegros contemplarán su
  rostro.

Salmo 12

Al director musical. Sobre la octava.[l]
Salmo de David.

1 Sálvanos, SEÑOR, que ya no hay *gente
  fiel;
  ya no queda gente sincera en este
  mundo.
2 No hacen sino mentirse unos a otros;
  sus labios lisonjeros hablan con doblez.

3 El SEÑOR cortará todo labio lisonjero
  y toda lengua jactanciosa

15 Break the arm of the wicked and evil man;
   call him to account for his wickedness
   that would not be found out.

16 The LORD is King for ever and ever;
   the nations will perish from his land.
17 You hear, O LORD, the desire of the
   afflicted;
   you encourage them, and you listen to
   their cry,
18 defending the fatherless and the oppressed,
   in order that man, who is of the earth,
   may terrify no more.

Psalm 11

For the director of music. Of David.

1 In the LORD I take refuge.
  How then can you say to me:
  "Flee like a bird to your mountain.
2 For look, the wicked bend their bows;
  they set their arrows against the strings
  to shoot from the shadows
  at the upright in heart.
3 When the foundations are being destroyed,
  what can the righteous do[w]?"

4 The LORD is in his holy temple;
  the LORD is on his heavenly throne.
  He observes the sons of men;
  his eyes examine them.
5 The LORD examines the righteous,
  but the wicked[x] and those who love
  violence
  his soul hates.
6 On the wicked he will rain
  fiery coals and burning sulfur;
  a scorching wind will be their lot.

7 For the LORD is righteous,
  he loves justice;
  upright men will see his face.

Psalm 12

For the director of music. According to *sheminith.[y]*
A psalm of David.

1 Help, LORD, for the godly are no more;
  the faithful have vanished from among
  men.
2 Everyone lies to his neighbor;
  their flattering lips speak with deception.

3 May the LORD cut off all flattering lips
  and every boastful tongue

---

[w] 3 Or *what is the Righteous One doing*   [x] 5 Or *The LORD,
the Righteous One, examines the wicked, /*   [y] Probably a
musical term

[l] Sobre la octava. Lit. Sobre *sheminit.

⁴que dice: «Venceremos con la lengua;
  en nuestros labios confiamos.
  ¿Quién puede dominarnos a nosotros?»

⁵Dice el SEÑOR: «Voy ahora a levantarme,
  y pondré a salvo a los oprimidos,
  pues al pobre se le oprime,
  y el necesitado se queja.»

⁶Las palabras del SEÑOR son puras,
  son como la plata refinada,
  siete veces purificada en el crisol.

⁷Tú, SEÑOR, nos protegerás;
  tú siempre nos defenderás de esta gente,
⁸aun cuando los malvados sigan
    merodeando,
  y la maldad sea exaltada en este mundo.

Salmo 13

Al director musical. Salmo de David.

¹¿Hasta cuándo, SEÑOR, me seguirás
    olvidando?
  ¿Hasta cuándo esconderás de mí tu
    rostro?
²¿Hasta cuándo he de estar angustiado
  y he de sufrir cada día en mi *corazón?
  ¿Hasta cuándo el enemigo me seguirá
    dominando?

³SEÑOR y Dios mío,
  mírame y respóndeme;
  ilumina mis ojos.
  Así no caeré en el sueño de la muerte;
⁴ así no dirá mi enemigo: «Lo he vencido»;
  así mi adversario no se alegrará de mi caída.

⁵Pero yo confío en tu gran amor;
  mi corazón se alegra en tu *salvación.
⁶Canto salmos al SEÑOR.
  ¡El SEÑOR ha sido bueno conmigo

Salmo 14

Al director musical. Salmo de David.

¹Dice el *necio en su *corazón:
  «No hay Dios.»
  Están corrompidos, sus obras son
    detestables;
  ¡no hay uno solo que haga lo bueno

²Desde el cielo el SEÑOR contempla a los
    *mortales,
  para ver si hay alguien
  que sea sensato y busque a Dios.
³Pero todos se han descarriado,
  a una se han corrompido.
  No hay nadie que haga lo bueno;
  ¡no hay uno solo

⁴that says, "We will triumph with our
    tongues;
  we own our lipsᶻ—who is our master?"

⁵"Because of the oppression of the weak
    and the groaning of the needy,
  I will now arise," says the LORD.
  "I will protect them from those who
    malign them."

⁶And the words of the LORD are flawless,
  like silver refined in a furnace of clay,
  purified seven times.

⁷O LORD, you will keep us safe
  and protect us from such people forever.
⁸The wicked freely strut about
  when what is vile is honored among men.

Psalm 13

For the director of music. A psalm of David.

¹How long, O LORD? Will you forget me
    forever?
  How long will you hide your face from
    me?
²How long must I wrestle with my thoughts
  and every day have sorrow in my heart?
  How long will my enemy triumph over me?

³Look on me and answer, O LORD my God.
  Give light to my eyes, or I will sleep in
    death;
⁴my enemy will say, "I have overcome him,"
  and my foes will rejoice when I fall.

⁵But I trust in your unfailing love;
  my heart rejoices in your salvation.
⁶I will sing to the LORD,
  for he has been good to me.

Psalm 14

For the director of music. Of David.

¹The foolᵃ says in his heart,
  "There is no God."
  They are corrupt, their deeds are vile;
  there is no one who does good.

²The LORD looks down from heaven
  on the sons of men
  to see if there are any who understand,
  any who seek God.
³All have turned aside,
  they have together become corrupt;
  there is no one who does good,
  not even one.

ᶻ4 Or / our lips are our plowshares   ᵃ1 The Hebrew words
rendered fool in Psalms denote one who is morally deficient.

4 ¿Acaso no entienden todos los que hacen
      lo malo,
   los que devoran a mi pueblo como si
      fuera pan?
   ¡Jamás invocan al SEÑOR
5 Allí los tienen, sobrecogidos de miedo,
   pero Dios está con los que son justos.

6 Ustedes frustran los planes de los pobres,
   pero el SEÑOR los protege.

7 ¡Quiera Dios que de *Sión
   venga la *salvación de Israel
   Cuando el SEÑOR restaure a su pueblo,ᵐ
   ¡Jacob se regocijará, Israel se alegrará

Salmo 15
Salmo de David.

1 ¿Quién, SEÑOR, puede habitar en tu
      santuario?
   ¿Quién puede vivir en tu santo monte?
2 Sólo el de conducta intachable,
   que practica la *justicia
   y de *corazón dice la verdad;
3 que no calumnia con la lengua,
   que no le hace mal a su prójimo
   ni le acarrea desgracias a su vecino;
4 que desprecia al que Dios reprueba,
   pero honra al que teme al SEÑOR;
   que cumple lo prometido
   aunque salga perjudicado;
5 que presta dinero sin ánimo de lucro,
   y no acepta sobornos que afecten al
      inocente.

El que así actúa no caerá jamás.

Salmo 16
*Mictam de David.

1 Cuídame, oh Dios, porque en ti busco
      refugio.

2 Yo le he dicho al SEÑOR: «Mi SEÑOR eres
      tú.
   Fuera de ti, no poseo bien alguno.»
3 Poderosos son los sacerdotes *paganos del
      país,
   según todos sus seguidores.ⁿ
4 Pero aumentarán los dolores
   de los que corren tras ellos.
   ¡Jamás derramaré sus sangrientas libaciones,
   ni con mis labios pronunciaré sus
      nombres

4 Will evildoers never learn—
   those who devour my people as men eat
      bread
   and who do not call on the LORD?
5 There they are, overwhelmed with dread,
   for God is present in the company of the
      righteous.
6 You evildoers frustrate the plans of the
      poor,
   but the LORD is their refuge.

7 Oh, that salvation for Israel would come
      out of Zion
   When the LORD restores the fortunes of
      his people,
   let Jacob rejoice and Israel be glad

Psalm 15
A psalm of David.

1 LORD, who may dwell in your sanctuary?
   Who may live on your holy hill?

2 He whose walk is blameless
   and who does what is righteous,
   who speaks the truth from his heart
3   and has no slander on his tongue,
   who does his neighbor no wrong
   and casts no slur on his fellowman,
4 who despises a vile man
   but honors those who fear the LORD,
   who keeps his oath
   even when it hurts,
5 who lends his money without usury
   and does not accept a bribe against the
      innocent.

He who does these things
   will never be shaken.

Psalm 16
A *miktamᵇ of David.

1 Keep me safe, O God,
   for in you I take refuge.

2 I said to the LORD, "You are my Lord;
   apart from you I have no good thing."
3 As for the saints who are in the land,
   they are the glorious ones in whom is all
      my delight.ᶜ
4 The sorrows of those will increase
   who run after other gods.
   I will not pour out their libations of blood
   or take up their names on my lips.

ᵐ 14:7 *restaure a su pueblo.* Alt. *haga que su pueblo vuelva
del cautiverio.*   ⁿ 16:3 *Poderosos … sus seguidores.* Alt. *En
cuanto a los santos que están en la tierra, son los gloriosos
en quienes está toda mi delicia.*

ᵇ Probably a literary or musical term   ᶜ 3 Or *As for the pagan
priests who are in the land / and the nobles in whom all
delight, I said:*

5 Tú, SEÑOR, eres mi porción y mi copa;
　　eres tú quien ha afirmado mi suerte.
6 Bellos lugares me han tocado en suerte;
　　¡preciosa herencia me ha correspondido

7 Bendeciré al SEÑOR, que me aconseja;
　　aun de noche me reprende mi conciencia.
8 Siempre tengo presente al SEÑOR;
　　con él a mi derecha, nada me hará caer.

9 Por eso mi *corazón se alegra,
　　y se regocijan mis entrañas;*ñ*
　　todo mi ser se llena de confianza.
10 No dejarás que mi vida termine en el
　　　*sepulcro;
　　no permitirás que sufra corrupción tu
　　　siervo fiel.
11 Me has dado a conocer la senda de la vida;
　　me llenarás de alegría en tu presencia,
　　y de dicha eterna a tu derecha.

Salmo 17
Oración de David.

1 SEÑOR, oye mi justo ruego;
　　escucha mi clamor;
　　presta oído a mi oración,
　　pues no sale de labios engañosos.
2 Sé tú mi defensor,
　　pues tus ojos ven lo que es justo.

3 Tú escudriñas mi *corazón,
　　tú me examinas por las noches;
　　¡ponme, pues, a prueba,
　　que no hallarás en mí maldad alguna

　　¡No pasarán por mis labios
4 　palabras como las de otra *gente,
　　pues yo cumplo con tu palabra
　　Del *camino de la violencia
5 　he apartado mis pasos;
　　mis pies están firmes en tus sendas.

6 A ti clamo, oh Dios, porque tú me
　　　responderes;
　　inclina a mí tu oído, y escucha mi
　　　oración.
7 Tú, que salvas con tu diestra
　　a los que buscan escapar de sus
　　　adversarios,
　　dame una muestra de tu gran amor.
8 Cuídame como a la niña de tus ojos;
　　escóndeme, bajo la sombra de tus alas,
9 de los malvados que me atacan,
　　de los enemigos que me han cercado.

5 LORD, you have assigned me my portion
　　　and my cup;
　　you have made my lot secure.
6 The boundary lines have fallen for me in
　　　pleasant places;
　　surely I have a delightful inheritance.

7 I will praise the LORD, who counsels me;
　　even at night my heart instructs me.
8 I have set the LORD always before me.
　　Because he is at my right hand,
　　I will not be shaken.

9 Therefore my heart is glad and my tongue
　　　rejoices;
　　my body also will rest secure,
10 because you will not abandon me to the
　　　grave,*d*
　　nor will you let your Holy One*e* see decay.
11 You have made*f* known to me the path of life;
　　you will fill me with joy in your presence,
　　with eternal pleasures at your right hand.

Psalm 17
A prayer of David.

1 Hear, O LORD, my righteous plea;
　　listen to my cry.
　　Give ear to my prayer—
　　it does not rise from deceitful lips.
2 May my vindication come from you;
　　may your eyes see what is right.

3 Though you probe my heart and examine
　　　me at night,
　　though you test me, you will find nothing;
　　I have resolved that my mouth will not sin.
4 As for the deeds of men—
　　by the word of your lips
　　I have kept myself
　　from the ways of the violent.
5 My steps have held to your paths;
　　my feet have not slipped.

6 I call on you, O God, for you will answer me;
　　give ear to me and hear my prayer.
7 Show the wonder of your great love,
　　you who save by your right hand
　　those who take refuge in you from their
　　　foes.
8 Keep me as the apple of your eye;
　　hide me in the shadow of your wings
9 from the wicked who assail me,
　　from my mortal enemies who surround
　　　me.

ñ 16:9 *mis entrañas.* Lit. *mi gloria.*

d 10 Hebrew *Sheol*　*e* 10 Or *your faithful one*　*f* 11 Or *You
will make*

10 Han cerrado su insensible corazón,
   y profieren insolencias con su boca.
11 Vigilan de cerca mis pasos,
   prestos a derribarme.
12 Parecen leones ávidos de presa,
   leones que yacen al acecho.

13 ¡Vamos, SEÑOR, enfréntate a ellos
   ¡Derrótalos
   ¡Con tu espada rescátame de los
     malvados
14 ¡Con tu mano, SEÑOR, sálvame de estos
     *mortales
   que no tienen más herencia que esta vida

Con tus tesoros les has llenado el vientre,
   sus hijos han tenido abundancia,
   y hasta ha sobrado para sus
     descendientes.
15 Pero yo en *justicia contemplaré tu rostro;
   me bastará con verte cuando despierte.

Salmo 18

Al director musical. De David, siervo del SEÑOR.
David dedicó al SEÑOR la letra de esta canción
   cuando el SEÑOR lo libró de Saúl
   y de todos sus enemigos. Dijo así:

1 ¡Cuánto te amo, SEÑOR, fuerza mía

2 El SEÑOR es mi *roca, mi amparo, mi
     libertador;
   es mi Dios, el peñasco en que me refugio.
   Es mi escudo, el poder que me salva,^{o}
   ¡mi más alto escondite
3 Invoco al SEÑOR, que es digno de
     alabanza,
   y quedo a salvo de mis enemigos.

4 Los lazos de la muerte me envolvieron;
   los torrentes destructores me abrumaron.
5 Me enredaron los lazos del *sepulcro,
   y me encontré ante las trampas de la
     muerte.
6 En mi angustia invoqué al SEÑOR;
   clamé a mi Dios,
   y él me escuchó desde su templo;
   ¡mi clamor llegó a sus oídos

7 La tierra tembló, se estremeció;
   se sacudieron los cimientos de los
     montes;
   ¡retemblaron a causa de su enojo
8 Por la nariz echaba humo,
   por la boca, fuego consumidor;
   ¡lanzaba carbones encendidos

10 They close up their callous hearts,
   and their mouths speak with arrogance.
11 They have tracked me down, they now
     surround me,
   with eyes alert, to throw me to the ground.
12 They are like a lion hungry for prey,
   like a great lion crouching in cover.

13 Rise up, O LORD, confront them, bring
     them down;
   rescue me from the wicked by your sword.
14 O LORD, by your hand save me from such
     men,
   from men of this world whose reward is
     in this life.

You still the hunger of those you cherish;
   their sons have plenty,
   and they store up wealth for their children.
15 And I—in righteousness I will see your face;
   when I awake, I will be satisfied with
     seeing your likeness.

Psalm 18

For the director of music. Of David the servant of the
LORD. He sang to the LORD the words of this song
when the LORD delivered him from the hand of all
   his enemies and from the hand of Saul. He said:

1 I love you, O LORD, my strength.

2 The LORD is my rock, my fortress and my
     deliverer;
   my God is my rock, in whom I take refuge.
   He is my shield and the horn ^{g} of my
     salvation, my stronghold.
3 I call to the LORD, who is worthy of praise,
   and I am saved from my enemies.

4 The cords of death entangled me;
   the torrents of destruction overwhelmed
     me.
5 The cords of the grave ^{h} coiled around me;
   the snares of death confronted me.
6 In my distress I called to the LORD;
   I cried to my God for help.
From his temple he heard my voice;
   my cry came before him, into his ears.

7 The earth trembled and quaked,
   and the foundations of the mountains
     shook;
   they trembled because he was angry.
8 Smoke rose from his nostrils;
   consuming fire came from his mouth,
   burning coals blazed out of it.

---

^{o} 18:2 *el poder que me salva.* Lit. *el cuerno de mi salvación.* ^{g} 2 *Horn* here symbolizes strength. ^{h} 5 Hebrew *Sheol*

9 Rasgando el cielo, descendió,
   pisando sobre oscuros nubarrones.
10 Montando sobre un *querubín, surcó los
   cielos
   y se remontó sobre las alas del viento.
11 Hizo de las tinieblas su escondite,
   de los oscuros y cargados nubarrones
   un pabellón que lo rodeaba.
12 De su radiante presencia brotaron nubes,
   granizos y carbones encendidos.

13 En el cielo, entre granizos y carbones
   encendidos,
   se oyó el trueno del SEÑOR,
   resonó la voz del *Altísimo.
14 Lanzó sus flechas, sus grandes centellas;
   dispersó a mis enemigos y los puso en fuga.
15 A causa de tu represión, oh SEÑOR,
   y por el resoplido de tu enojo,^{p}
   las cuencas del mar quedaron a la vista;
   ¡al descubierto quedaron los cimientos de
   la tierra

16 Extendiendo su mano desde lo alto,
   tomó la mía y me sacó del mar profundo.
17 Me libró de mi enemigo poderoso,
   de aquellos que me odiaban
   y eran más fuertes que yo.
18 En el día de mi desgracia me salieron al
   encuentro,
   pero mi apoyo fue el SEÑOR.
19 Me sacó a un amplio espacio;
   me libró porque se agradó de mí.

20 El SEÑOR me ha pagado conforme a mi
   *justicia;
   me ha premiado conforme a la limpieza
   de mis manos,
21 pues he andado en los *caminos del SEÑOR;
   no he cometido mal alguno
   ni me he apartado de mi Dios.
22 Presentes tengo todas sus sentencias;
   no me he alejado de sus decretos.
23 He sido íntegro con él
   y me he abstenido de pecar.
24 El SEÑOR me ha recompensado conforme
   a mi justicia,
   conforme a la limpieza de mis manos.

25 Tú eres fiel con quien es fiel,
   e irreprochable con quien es
   irreprochable;
26 sincero eres con quien es sincero,
   pero sagaz con el que es tramposo.

9 He parted the heavens and came down;
   dark clouds were under his feet.
10 He mounted the cherubim and flew;
   he soared on the wings of the wind.
11 He made darkness his covering, his
   canopy around him—
   the dark rain clouds of the sky.
12 Out of the brightness of his presence
   clouds advanced,
   with hailstones and bolts of lightning.
13 The LORD thundered from heaven;
   the voice of the Most High resounded.^{i}
14 He shot his arrows and scattered the
   enemies,
   great bolts of lightning and routed them.
15 The valleys of the sea were exposed
   and the foundations of the earth laid bare
   at your rebuke, O LORD,
   at the blast of breath from your nostrils.

16 He reached down from on high and took
   hold of me;
   he drew me out of deep waters.
17 He rescued me from my powerful enemy,
   from my foes, who were too strong for
   me.
18 They confronted me in the day of my
   disaster,
   but the LORD was my support.
19 He brought me out into a spacious place;
   he rescued me because he delighted in me.

20 The LORD has dealt with me according to
   my righteousness;
   according to the cleanness of my hands
   he has rewarded me.
21 For I have kept the ways of the LORD;
   I have not done evil by turning from my
   God.
22 All his laws are before me;
   I have not turned away from his decrees.
23 I have been blameless before him
   and have kept myself from sin.
24 The LORD has rewarded me according to
   my righteousness,
   according to the cleanness of my hands
   in his sight.

25 To the faithful you show yourself faithful,
   to the blameless you show yourself
   blameless,
26 to the pure you show yourself pure,
   but to the crooked you show yourself
   shrewd.

---

p 18:15 *por … tu enojo.* Lit. *por el soplo del aliento de tu nariz.*

i 13 Some Hebrew manuscripts and Septuagint (see also 2 Samuel 22:14); most Hebrew manuscripts *resounded, / amid hailstones and bolts of lightning*

27 Tú das la *victoria a los humildes,
    pero humillas a los altaneros.
28 Tú, SEÑOR, mantienes mi lámpara
    encendida;
    tú, Dios mío, iluminas mis tinieblas.
29 Con tu apoyo me lanzaré contra un ejército;
    contigo, Dios mío, podré asaltar murallas.

30 El camino de Dios es perfecto;
    la palabra del SEÑOR es intachable.
    Escudo es Dios a los que en él se
    refugian.
31 ¿Quién es Dios, si no el SEÑOR?
    ¿Quién es la roca, si no nuestro Dios?
32 Es él quien me arma de valor
    y endereza mi camino;
33 da a mis pies la ligereza del venado,
    y me mantiene firme en las alturas;
34 adiestra mis manos para la batalla,
    y mis brazos para tensar arcos de bronce.
35 Tú me cubres con el escudo de tu
    *salvación,
    y con tu diestra me sostienes;
    tu bondad me ha hecho prosperar.
36 Me has despejado el camino,
    así que mis tobillos no flaquean.

37 Perseguí a mis enemigos, les di alcance,
    y no retrocedí hasta verlos aniquilados.
38 Los aplasté. Ya no pudieron levantarse.
    ¡Cayeron debajo de mis pies!
39 Tú me armaste de valor para el combate;
    bajo mi planta sometiste a los rebeldes.
40 Hiciste retroceder a mis enemigos,
    y así exterminé a los que me odiaban.
41 Pedían ayuda; no hubo quien los salvara.
    Al SEÑOR clamaron,q pero no les
    respondió.
42 Los desmenucé. Parecían polvo disperso
    por el viento.
    ¡Los pisoteér como al lodo de las calles!

43 Me has librado de una turba amotinada;
    me has puesto por encima de los
    *paganos;
    me sirve *gente que yo no conocía.
44 Apenas me oyen, me obedecen;
    son extranjeros, y me rinden homenaje.
45 ¡Esos extraños se descorazonan,
    y temblando salen de sus refugios!
46 ¡El SEÑOR vive! ¡Alabada sea mi roca!
    ¡Exaltado sea Dios mi Salvador!
47 Él es el Dios que me vindica,
    el que pone los pueblos a mis pies.

27 You save the humble
    but bring low those whose eyes are
    haughty.
28 You, O LORD, keep my lamp burning;
    my God turns my darkness into light.
29 With your help I can advance against a
    troopj;
    with my God I can scale a wall.

30 As for God, his way is perfect;
    the word of the LORD is flawless.
    He is a shield
    for all who take refuge in him.
31 For who is God besides the LORD?
    And who is the Rock except our God?
32 It is God who arms me with strength
    and makes my way perfect.
33 He makes my feet like the feet of a deer;
    he enables me to stand on the heights.
34 He trains my hands for battle;
    my arms can bend a bow of bronze.
35 You give me your shield of victory,
    and your right hand sustains me;
    you stoop down to make me great.
36 You broaden the path beneath me,
    so that my ankles do not turn.

37 I pursued my enemies and overtook them;
    I did not turn back till they were destroyed.
38 I crushed them so that they could not rise;
    they fell beneath my feet.
39 You armed me with strength for battle;
    you made my adversaries bow at my feet.
40 You made my enemies turn their backs in
    flight,
    and I destroyed my foes.
41 They cried for help, but there was no one
    to save them—
    to the LORD, but he did not answer.
42 I beat them as fine as dust borne on the wind;
    I poured them out like mud in the streets.

43 You have delivered me from the attacks of
    the people;
    you have made me the head of nations;
    people I did not know are subject to me.
44 As soon as they hear me, they obey me;
    foreigners cringe before me.
45 They all lose heart;
    they come trembling from their
    strongholds.

46 The LORD lives! Praise be to my Rock!
    Exalted be God my Savior!
47 He is the God who avenges me,
    who subdues nations under me,

---

q 18:41 Al Señor clamaron (versiones antiguas); TM no
incluye clamaron. r 18:42 Los pisoteé (LXX, Siríaca,
Targum, mss. y 2S 22:43); Los vacié (TM).

j 29 Or can run through a barricade

48 Tú me libras del furor de mis enemigos,
    me exaltas por encima de mis adversarios,
    me salvas de los hombres violentos.
49 Por eso, SEÑOR, te alabo entre las naciones
    y canto salmos a tu *nombre.

50 El SEÑOR da grandes victorias a su rey;
    a su *ungido David y a sus descendientes
    les muestra por siempre su gran amor.

Salmo 19

Al director musical. Salmo de David.

1 Los cielos cuentan la gloria de Dios,
    el firmamento proclama la obra de sus
      manos.
2 Un día comparte al otro la noticia,
    una noche a la otra se lo hace saber.
3 Sin palabras, sin lenguaje,
    sin una voz perceptible,
4 por toda la tierra resuena su eco,
    ¡sus palabras llegan hasta los confines
      del mundo

Dios ha plantado en los cielos
    un pabellón para el sol.
5 Y éste, como novio que sale de la cámara
      nupcial,
    se apresta, cual atleta, a recorrer el camino.
6 Sale de un extremo de los cielos
    y, en su recorrido, llega al otro extremo,
    sin que nada se libre de su calor.

7 La *ley del SEÑOR es perfecta:
    infunde nuevo *aliento.
El mandato del SEÑOR es digno de
      confianza:
    da sabiduría al *sencillo.
8 Los preceptos del SEÑOR son rectos:
    traen alegría al *corazón.
El mandamiento del SEÑOR es claro:
    da luz a los ojos.
9 El temor del SEÑOR es puro:
    permanece para siempre.
Las sentencias del SEÑOR son
      verdaderas:
    todas ellas son justas.
10 Son más deseables que el oro,
    más que mucho oro refinado;
son más dulces que la miel,
    la miel que destila del panal.
11 Por ellas queda advertido tu siervo;
    quien las obedece recibe una gran
      recompensa.

12 ¿Quién está consciente de sus propios
      errores?
    ¡Perdóname aquellos de los que no estoy
      consciente

48   who saves me from my enemies.
    You exalted me above my foes;
    from violent men you rescued me.
49 Therefore I will praise you among the
      nations, O LORD;
    I will sing praises to your name.
50 He gives his king great victories;
    he shows unfailing kindness to his
      anointed,
    to David and his descendants forever.

Psalm 19

For the director of music. A psalm of David.

1 The heavens declare the glory of God;
    the skies proclaim the work of his hands.
2 Day after day they pour forth speech;
    night after night they display knowledge.
3 There is no speech or language
    where their voice is not heard.k
4 Their voicel goes out into all the earth,
    their words to the ends of the world.

In the heavens he has pitched a tent for the
      sun,
5   which is like a bridegroom coming forth
      from his pavilion,
    like a champion rejoicing to run his
      course.
6 It rises at one end of the heavens
    and makes its circuit to the other;
    nothing is hidden from its heat.

7 The law of the LORD is perfect,
    reviving the soul.
The statutes of the LORD are trustworthy,
    making wise the simple.
8 The precepts of the LORD are right,
    giving joy to the heart.
The commands of the LORD are radiant,
    giving light to the eyes.
9 The fear of the LORD is pure,
    enduring forever.
The ordinances of the LORD are sure
    and altogether righteous.
10 They are more precious than gold,
    than much pure gold;
they are sweeter than honey,
    than honey from the comb.
11 By them is your servant warned;
    in keeping them there is great reward.

12 Who can discern his errors?
    Forgive my hidden faults.

k 3 Or They have no speech, there are no words; / no sound is
heard from them   l 4 Septuagint, Jerome and Syriac; Hebrew
line

13 Libra, además, a tu siervo de pecar a
    sabiendas;
no permitas que tales pecados me
    dominen.
Así estaré libre de culpa
y de multiplicar mis pecados.

14 Sean, pues, aceptables ante ti
mis palabras y mis pensamientos,
oh SEÑOR, *roca mía y redentor mío.

Salmo 20
Al director musical. Salmo de David.

1 Que el SEÑOR te responda cuando estés
    angustiado;
que el *nombre del Dios de Jacob te
    proteja.
2 Que te envíe ayuda desde el santuario;
que desde *Sión te dé su apoyo.
3 Que se acuerde de todas tus ofrendas;
que acepte tus *holocaustos.   *Selah

4 Que te conceda lo que tu *corazón desea;
que haga que se cumplan todos tus planes.
5 Nosotros celebraremos tu *victoria,
y en el nombre de nuestro Dios
desplegaremos las banderas.
¡Que el SEÑOR cumpla todas tus
    peticiones

6 Ahora sé que el SEÑOR salvará a su *ungido,
que le responderá desde su santo cielo
y con su poder le dará grandes victorias.
7 Éstos confían en sus carros de guerra,
aquéllos confían en sus corceles,
pero nosotros confiamos en el nombre
del SEÑOR nuestro Dios.
8 Ellos son vencidos y caen,
pero nosotros nos erguimos y de pie
    permanecemos.

9 ¡Concede, SEÑOR, la victoria al rey
¡Respóndenos cuando te llamemos

Salmo 21
Al director musical. Salmo de David.

1 En tu fuerza, SEÑOR,
se regocija el rey;
¡cuánto se alegra en tus *victorias
2 Le has concedido lo que su *corazón
    desea;
no le has negado lo que sus labios piden.
    *Selah
3 Has salido a su encuentro con ricas
    bendiciones;
lo has coronado con diadema de oro fino.
4 Te pidió vida, se la concediste:
una vida larga y duradera.

13 Keep your servant also from willful sins;
may they not rule over me.
Then will I be blameless,
innocent of great transgression.

14 May the words of my mouth and the
    meditation of my heart
be pleasing in your sight,
O LORD, my Rock and my Redeemer.

Psalm 20
For the director of music. A psalm of David.

1 May the LORD answer you when you are
    in distress;
may the name of the God of Jacob
    protect you.
2 May he send you help from the sanctuary
and grant you support from Zion.
3 May he remember all your sacrifices
and accept your burnt offerings.   *Selah*
4 May he give you the desire of your heart
and make all your plans succeed.
5 We will shout for joy when you are
    victorious
and will lift up our banners in the name
    of our God.
May the LORD grant all your requests.

6 Now I know that the LORD saves his
    anointed;
he answers him from his holy heaven
with the saving power of his right hand.
7 Some trust in chariots and some in horses,
but we trust in the name of the LORD our
    God.
8 They are brought to their knees and fall,
but we rise up and stand firm.

9 O LORD, save the king
Answer*m* us when we call

Psalm 21
For the director of music. A psalm of David.

1 O LORD, the king rejoices in your strength.
How great is his joy in the victories you
    give
2 You have granted him the desire of his heart
and have not withheld the request of his
    lips.   *Selah*
3 You welcomed him with rich blessings
and placed a crown of pure gold on his
    head.
4 He asked you for life, and you gave it to
    him—
length of days, for ever and ever.

m 9 Or save / O King, answer

5 Por tus victorias se acrecentó su gloria;
   lo revestiste de honor y majestad.
6 Has hecho de él manantial de bendiciones;
   tu presencia lo ha llenado de alegría.

7 El rey confía en el SEÑOR,
   en el gran amor del *Altísimo;
   por eso jamás caerá.

8 Tu mano alcanzará a todos tus
     enemigos;
   tu diestra alcanzará a los que te
     aborrecen.
9 Cuando tú, SEÑOR, te manifiestes,
   los convertirás en un horno
     encendido.

   En su ira los devorará el SEÑOR;
   ¡un fuego los consumirá
10 Borrarás de la tierra a su simiente;
   de entre los *mortales, a su posteridad.
11 Aunque tramen hacerte daño
   y maquinen perversidades,
   ¡no se saldrán con la suya
12 Porque tú los harás retroceder
   cuando tenses tu arco contra ellos.

13 Enaltécete, SEÑOR, con tu poder,
   y con salmos celebraremos tus
     proezas.

Salmo 22

Al director musical. Sígase la tonada de
«La cierva de la aurora». Salmo de David.

1 Dios mío, Dios mío,
   ¿por qué me has abandonado?
   Lejos estás para salvarme,
   lejos de mis palabras de lamento.
2 Dios mío, clamo de día y no me
     respondes;
   clamo de noche y no hallo reposo.

3 Pero tú eres santo, tú eres rey,
   ¡tú eres la alabanza de Israel
4 En ti confiaron nuestros padres;
   confiaron, y tú los libraste;
5 a ti clamaron, y tú los salvaste;
   se apoyaron en ti, y no los
     defraudaste.

6 Pero yo, gusano soy y no *hombre;
   la *gente se burla de mí,
   el pueblo me desprecia.
7 Cuantos me ven, se ríen de mí;
   lanzan insultos, meneando la cabeza:
8 «Éste confía en el SEÑOR,
   ¡pues que el SEÑOR lo ponga a salvo

5 Through the victories you gave, his glory
     is great;
   you have bestowed on him splendor and
     majesty.
6 Surely you have granted him eternal
     blessings
   and made him glad with the joy of your
     presence.
7 For the king trusts in the LORD;
   through the unfailing love of the Most High
   he will not be shaken.

8 Your hand will lay hold on all your enemies;
   your right hand will seize your foes.
9 At the time of your appearing
   you will make them like a fiery furnace.
   In his wrath the LORD will swallow them up,
   and his fire will consume them.
10 You will destroy their descendants from
     the earth,
   their posterity from mankind.
11 Though they plot evil against you
   and devise wicked schemes, they cannot
     succeed;
12 for you will make them turn their backs
   when you aim at them with drawn bow.

13 Be exalted, O LORD, in your strength;
   we will sing and praise your might.

Psalm 22

For the director of music. To the tune of
"The Doe of the Morning." A psalm of David.

1 My God, my God, why have you forsaken
     me?
   Why are you so far from saving me,
   so far from the words of my groaning?
2 O my God, I cry out by day, but you do
     not answer,
   by night, and am not silent.

3 Yet you are enthroned as the Holy One;
   you are the praise of Israel.[n]
4 In you our fathers put their trust;
   they trusted and you delivered them.
5 They cried to you and were saved;
   in you they trusted and were not
     disappointed.

6 But I am a worm and not a man,
   scorned by men and despised by the people.
7 All who see me mock me;
   they hurl insults, shaking their heads:
8 "He trusts in the LORD;
   let the LORD rescue him.

---

[n] 3 Or *Yet you are holy, / enthroned on the praises of Israel*

Ya que en él se deleita,
¡que sea él quien lo libre »

9 Pero tú me sacaste del vientre materno;
me hiciste reposar confiado
en el regazo de mi madre.
10 Fui puesto a tu cuidado
desde antes de nacer;
desde el vientre de mi madre
mi Dios eres tú.
11 No te alejes de mí,
porque la angustia está cerca
y no hay nadie que me ayude.

12 Muchos toros me rodean;
fuertes toros de Basán me cercan.
13 Contra mí abren sus fauces
leones que rugen y desgarran a su presa.
14 Como agua he sido derramado;
dislocados están todos mis huesos.
Mi *corazón se ha vuelto como cera,
y se derrite en mis entrañas.
15 Se ha secado mi vigor como una teja;
la lengua se me pega al paladar.
¡Me has hundido en el polvo de la
muerte
16 Como perros de presa, me han rodeado;
me ha cercado una banda de malvados;
me han traspasado*s* las manos y los pies.
17 Puedo contar todos mis huesos;
con satisfacción perversa
la gente se detiene a mirarme.
18 Se reparten entre ellos mis vestidos
y sobre mi ropa echan suertes.

19 Pero tú, SEÑOR, no te alejes;
fuerza mía, ven pronto en mi auxilio.
20 Libra mi vida de la espada,
mi preciosa vida del poder de esos perros.
21 Rescátame de la boca de los leones;
sálvame de*t* los cuernos de los toros.

22 Proclamaré tu *nombre a mis hermanos;
en medio de la congregación te alabaré.
23 ¡Alaben al SEÑOR los que le temen
¡Hónrenlo, descendientes de Jacob
¡Venérenlo, descendientes de Israel
24 Porque él no desprecia ni tiene en poco
el sufrimiento del pobre;
no esconde de él su rostro,
sino que lo escucha cuando a él clama.

25 Tú inspiras mi alabanza en la gran
asamblea;

Let him deliver him,
since he delights in him."

9 Yet you brought me out of the womb;
you made me trust in you
even at my mother's breast.
10 From birth I was cast upon you;
from my mother's womb you have been
my God.
11 Do not be far from me,
for trouble is near
and there is no one to help.

12 Many bulls surround me;
strong bulls of Bashan encircle me.
13 Roaring lions tearing their prey
open their mouths wide against me.
14 I am poured out like water,
and all my bones are out of joint.
My heart has turned to wax;
it has melted away within me.
15 My strength is dried up like a potsherd,
and my tongue sticks to the roof of my
mouth;
you lay me*o* in the dust of death.
16 Dogs have surrounded me;
a band of evil men has encircled me,
they have pierced*p* my hands and my
feet.
17 I can count all my bones;
people stare and gloat over me.
18 They divide my garments among them
and cast lots for my clothing.

19 But you, O LORD, be not far off;
O my Strength, come quickly to help me.
20 Deliver my life from the sword,
my precious life from the power of the
dogs.
21 Rescue me from the mouth of the lions;
save*q* me from the horns of the wild oxen.

22 I will declare your name to my brothers;
in the congregation I will praise you.
23 You who fear the LORD, praise him
All you descendants of Jacob, honor him
Revere him, all you descendants of Israel
24 For he has not despised or disdained
the suffering of the afflicted one;
he has not hidden his face from him
but has listened to his cry for help.

25 From you comes the theme of my praise in
the great assembly;

---

*s*22:16 *me han traspasado* (LXX, Siriaca y algunos mss.
hebreos); *como el león* (TM).   *t*22:21 *sálvame de* (lectura
probable); *me respondiste desde* (TM).

*o*15 Or / *I am laid*   *p*16 Some Hebrew manuscripts,
Septuagint and Syriac; most Hebrew manuscripts / *like the
lion,*   *q*21 Or / *you have heard*

ante los que te temen cumpliré mis
  promesas.
26 Comerán los pobres y se saciarán;
   alabarán al SEÑOR quienes lo buscan;
   ¡que su corazón viva para siempre
27 Se acordarán del SEÑOR y se volverán
   a él
   todos los confines de la tierra;
   ante él se postrarán
   todas las familias de las naciones,
28 porque del SEÑOR es el reino;
   él gobierna sobre las naciones.

29 Festejarán y adorarán todos los ricos de la
   tierra;
   ante él se postrarán todos los que bajan al
   polvo,
   los que no pueden conservar su vida.
30 La posteridad le servirá;
   del Señor se hablará a las generaciones
   futuras.
31 A un pueblo que aún no ha nacido
   se le dirá que Dios hizo *justicia.

Salmo 23
Salmo de David.

1 El SEÑOR es mi *pastor, nada me
   falta;
2   en verdes pastos me hace descansar.
   Junto a tranquilas aguas me conduce;
3   me infunde nuevas *fuerzas.
   Me guía por sendas de *justicia
   por amor a su *nombre.

4 Aun si voy por valles tenebrosos,
   no temo peligro alguno
   porque tú estás a mi lado;
   tu vara de pastor me reconforta.

5 Dispones ante mí un banquete
   en presencia de mis enemigos.
   Has ungido con perfume mi cabeza;
   has llenado mi copa a rebosar.

6 La bondad y el amor me seguirán
   todos los días de mi vida;
   y en la casa del SEÑOR
   habitaré para siempre.

Salmo 24
Salmo de David.

1 Del SEÑOR es la tierra y todo cuanto hay
   en ella,
   el mundo y cuantos lo habitan;

before those who fear you[r] will I fulfill
  my vows.
26 The poor will eat and be satisfied;
   they who seek the LORD will praise
   him—
   may your hearts live forever
27 All the ends of the earth
   will remember and turn to the LORD,
   and all the families of the nations
   will bow down before him,
28 for dominion belongs to the LORD
   and he rules over the nations.

29 All the rich of the earth will feast and
   worship;
   all who go down to the dust will kneel
   before him—
   those who cannot keep themselves alive.
30 Posterity will serve him;
   future generations will be told about the
   Lord.
31 They will proclaim his righteousness
   to a people yet unborn—
   for he has done it.

Psalm 23
A psalm of David.

1 The LORD is my shepherd, I shall not be
   in want.
2   He makes me lie down in green pastures,
   he leads me beside quiet waters,
3   he restores my soul.
   He guides me in paths of righteousness
   for his name's sake.
4 Even though I walk
   through the valley of the shadow of death,[s]
   I will fear no evil,
   for you are with me;
   your rod and your staff,
   they comfort me.

5 You prepare a table before me
   in the presence of my enemies.
   You anoint my head with oil;
   my cup overflows.
6 Surely goodness and love will follow me
   all the days of my life,
   and I will dwell in the house of the LORD
   forever.

Psalm 24
Of David. A psalm.

1 The earth is the LORD's, and everything in
   it,
   the world, and all who live in it;

r 25 Hebrew him   s 4 Or through the darkest valley

²porque él la afirmó sobre los mares,
la estableció sobre los ríos.

³¿Quién puede subir al monte del SEÑOR?
¿Quién puede estar en su lugar santo?
⁴Sólo el de manos limpias y *corazón puro,
el que no adora ídolos vanos
ni jura por dioses falsos.ᵘ

⁵Quien es así recibe bendiciones del
SEÑOR;
Dios su Salvador le hará *justicia.
⁶Tal es la generación de los que a ti acuden,
de los que buscan tu rostro, oh Dios de
Jacob.ᵛ   *Selah

⁷Eleven, *puertas, sus dinteles;
levántense, puertas antiguas,
que va a entrar el Rey de la gloria.

⁸¿Quién es este Rey de la gloria?
El SEÑOR, el fuerte y valiente,
el SEÑOR, el valiente guerrero.

⁹Eleven, puertas, sus dinteles;
levántense, puertas antiguas,
que va a entrar el Rey de la gloria.

¹⁰¿Quién es este Rey de la gloria?
Es el SEÑOR *Todopoderoso;
¡él es el Rey de la gloria   Selah

Salmo 25ʷ
Salmo de David.

¹A ti, SEÑOR, elevo mi *alma;
² mi Dios, en ti confío;
no permitas que sea yo humillado,
no dejes que mis enemigos se burlen de mí.
³Quien en ti pone su esperanza
jamás será avergonzado;
pero quedarán en vergüenza
los que traicionan sin razón.

⁴SEÑOR, hazme conocer tus *caminos;
muéstrame tus sendas.
⁵Encamíname en tu verdad, ¡enséñame
Tú eres mi Dios y Salvador;
¡en ti pongo mi esperanza todo el día
⁶Acuérdate, SEÑOR, de tu ternura y gran
amor,
que siempre me has mostrado;
⁷olvida los pecados y transgresiones
que cometí en mi juventud.
Acuérdate de mí según tu gran amor,
porque tú, SEÑOR, eres bueno.

²for he founded it upon the seas
and established it upon the waters.

³Who may ascend the hill of the LORD?
Who may stand in his holy place?
⁴He who has clean hands and a pure heart,
who does not lift up his soul to an idol
or swear by what is false.ᵗ’

⁵He will receive blessing from the LORD
and vindication from God his Savior.
⁶Such is the generation of those who seek
him,
who seek your face, O God of Jacob.ᵘ
       Selah

⁷Lift up your heads, O you gates;
be lifted up, you ancient doors,
that the King of glory may come in.
⁸Who is this King of glory?
The LORD strong and mighty,
the LORD mighty in battle.
⁹Lift up your heads, O you gates;
lift them up, you ancient doors,
that the King of glory may come in.
¹⁰Who is he, this King of glory?
The LORD Almighty—
he is the King of glory.   Selah

Psalm 25ᵛ
Of David.

¹To you, O LORD, I lift up my soul;
² in you I trust, O my God.
Do not let me be put to shame,
nor let my enemies triumph over me.
³No one whose hope is in you
will ever be put to shame,
but they will be put to shame
who are treacherous without excuse.

⁴Show me your ways, O LORD,
teach me your paths;
⁵guide me in your truth and teach me,
for you are God my Savior,
and my hope is in you all day long.
⁶Remember, O LORD, your great mercy
and love,
for they are from of old.
⁷Remember not the sins of my youth
and my rebellious ways;
according to your love remember me,
for you are good, O LORD.

ᵘ24:4 *por dioses falsos.* Alt. *con falsedad.*   ᵛ24:6 *Dios de Jacob* (LXX, Siríaca, Targum y dos mss. hebreos); TM no incluye *Dios de.*   ʷEste salmo es un poema acróstico, que sigue el orden del alfabeto hebreo.

ᵗ4 Or *swear falsely*   ᵘ6 Two Hebrew manuscripts and Syriac (see also Septuagint); most Hebrew manuscripts *face, Jacob*   ᵛThis psalm is an acrostic poem, the verses of which begin with the successive letters of the Hebrew alphabet.

8 Bueno y justo es el SEÑOR;
  por eso les muestra a los pecadores el
    camino.
9 Él dirige en la *justicia a los humildes,
  y les enseña su camino.
10 Todas las sendas del SEÑOR son amor y
    verdad
  para quienes cumplen los preceptos de su
    *pacto.
11 Por amor a tu *nombre, SEÑOR,
  perdona mi gran iniquidad.
12 ¿Quién es el *hombre que teme al SEÑOR?
  Será instruido en el mejor de los caminos.
13 Tendrá una vida placentera,
  y sus descendientes heredarán la tierra.
14 El SEÑOR brinda su amistad a quienes le
    honran,
  y les da a conocer su pacto.
15 Mis ojos están puestos siempre en el SEÑOR,
  pues sólo él puede sacarme de la trampa.
16 Vuelve a mí tu rostro y tenme compasión,
  pues me encuentro solo y afligido.
17 Crecen las angustias de mi *corazón;
  líbrame de mis tribulaciones.
18 Fíjate en mi aflicción y en mis penurias,
  y borra todos mis pecados.
19 ¡Mira cómo se han multiplicado mis
    enemigos,
  y cuán violento es el odio que me tienen
20 Protege mi vida, rescátame;
  no permitas que sea avergonzado,
  porque en ti busco refugio.
21 Sean mi protección la integridad y la rectitud,
  porque en ti he puesto mi esperanza.
22 ¡Libra, oh Dios, a Israel
  de todas sus angustias

Salmo 26
Salmo de David.

1 Hazme *justicia, SEÑOR,
  pues he llevado una vida intachable;
  ¡en el SEÑOR confío sin titubear
2 Examíname, SEÑOR; ¡ponme a prueba
  purifica mis entrañas y mi *corazón.

3 Tu gran amor lo tengo presente,
  y siempre ando en tu verdad.
4 Yo no convivo con los mentirosos,
  ni me junto con los hipócritas;
5 aborrezco la compañía de los malvados;
  no cultivo la amistad de los perversos.

6 Con manos limpias e inocentes
  camino, SEÑOR, en torno a tu altar,
7 proclamando en voz alta tu alabanza
  y contando todas tus maravillas.
8 SEÑOR, yo amo la casa donde vives,
  el lugar donde reside tu gloria.

8 Good and upright is the LORD;
  therefore he instructs sinners in his ways.
9 He guides the humble in what is right
  and teaches them his way.
10 All the ways of the LORD are loving and
    faithful
  for those who keep the demands of his
    covenant.
11 For the sake of your name, O LORD,
  forgive my iniquity, though it is great.
12 Who, then, is the man that fears the LORD?
  He will instruct him in the way chosen
    for him.
13 He will spend his days in prosperity,
  and his descendants will inherit the land.
14 The LORD confides in those who fear him;
  he makes his covenant known to them.
15 My eyes are ever on the LORD,
  for only he will release my feet from the
    snare.

16 Turn to me and be gracious to me,
  for I am lonely and afflicted.
17 The troubles of my heart have multiplied;
  free me from my anguish.
18 Look upon my affliction and my distress
  and take away all my sins.
19 See how my enemies have increased
  and how fiercely they hate me
20 Guard my life and rescue me;
  let me not be put to shame,
  for I take refuge in you.
21 May integrity and uprightness protect me,
  because my hope is in you.

22 Redeem Israel, O God,
  from all their troubles

Psalm 26
Of David.

1 Vindicate me, O LORD,
  for I have led a blameless life;
  I have trusted in the LORD
  without wavering.
2 Test me, O LORD, and try me,
  examine my heart and my mind;
3 for your love is ever before me,
  and I walk continually in your truth.
4 I do not sit with deceitful men,
  nor do I consort with hypocrites;
5 I abhor the assembly of evildoers
  and refuse to sit with the wicked.
6 I wash my hands in innocence,
  and go about your altar, O LORD,
7 proclaiming aloud your praise
  and telling of all your wonderful deeds.
8 I love the house where you live, O LORD,
  the place where your glory dwells.

⁹ En la muerte, no me incluyas
　entre pecadores y asesinos,
¹⁰ entre *gente que tiene las manos
　llenas de artimañas y sobornos.
¹¹ Yo, en cambio, llevo una vida intachable;
　líbrame y compadécete de mí.

¹² Tengo los pies en terreno firme,
　y en la gran asamblea bendeciré al
　　SEÑOR.

Salmo 27
Salmo de David.

¹ El SEÑOR es mi luz y mi *salvación;
　¿a quién temeré?
El SEÑOR es el baluarte de mi vida;
　¿quién podrá amedrentarme?
² Cuando los malvados avanzan contra mí
　para devorar mis carnes,
cuando mis enemigos y adversarios me
　　atacan,
son ellos los que tropiezan y caen.
³ Aun cuando un ejército me asedie,
　no temerá mi *corazón;
aun cuando una guerra estalle contra mí,
　yo mantendré la confianza.

⁴ Una sola cosa le pido al SEÑOR,
　y es lo único que persigo:
habitar en la casa del SEÑOR
　todos los días de mi vida,
para contemplar la hermosura del SEÑOR
　y recrearme en su templo.
⁵ Porque en el día de la aflicción
　él me resguardará en su morada;
al amparo de su tabernáculo me protegerá,
　y me pondrá en alto, sobre una roca.
⁶ Me hará prevalecer
　frente a los enemigos que me rodean;
en su templo ofreceré sacrificios de
　　alabanza
y cantaré salmos al SEÑOR.

⁷ Oye, SEÑOR, mi voz cuando a ti clamo;
　compadécete de mí y respóndeme.
⁸ El corazón me dice: «¡Busca su rostro »ˣ
Y yo, SEÑOR, tu rostro busco.
⁹ No te escondas de mí;
　no rechaces, en tu enojo, a este siervo
　　tuyo,
porque tú has sido mi ayuda.
No me desampares ni me abandones,
　Dios de mi salvación.

⁹ Do not take away my soul along with
　　sinners,
　my life with bloodthirsty men,
¹⁰ in whose hands are wicked schemes,
　whose right hands are full of bribes.
¹¹ But I lead a blameless life;
　redeem me and be merciful to me.

¹² My feet stand on level ground;
　in the great assembly I will praise the
　　LORD.

Psalm 27
Of David.

¹ The LORD is my light and my salvation—
　whom shall I fear?
The LORD is the stronghold of my life—
　of whom shall I be afraid?
² When evil men advance against me
　to devour my flesh,ʷ
when my enemies and my foes attack me,
　they will stumble and fall.
³ Though an army besiege me,
　my heart will not fear;
though war break out against me,
　even then will I be confident.

⁴ One thing I ask of the LORD,
　this is what I seek:
that I may dwell in the house of the LORD
　all the days of my life,
to gaze upon the beauty of the LORD
　and to seek him in his temple.
⁵ For in the day of trouble
　he will keep me safe in his dwelling;
he will hide me in the shelter of his
　　tabernacle
and set me high upon a rock.
⁶ Then my head will be exalted
　above the enemies who surround me;
at his tabernacle I will sacrifice with
　shouts of joy;
　I will sing and make music to the LORD.

⁷ Hear my voice when I call, O LORD;
　be merciful to me and answer me.
⁸ My heart says of you, "Seek hisˣ face "
Your face, LORD, I will seek.
⁹ Do not hide your face from me,
　do not turn your servant away in anger;
　you have been my helper.
Do not reject me or forsake me,
　O God my Savior.

ˣ 27:8 El corazón … su rostro » (lectura probable); A ti dice
mi corazón: «Busquen mi rostro» (TM).

ʷ 2 Or to slander me　ˣ 8 Or To you, O my heart, he has
said, "Seek my

10 Aunque mi padre y mi madre me
     abandonen,
    el SEÑOR me recibirá en sus brazos.

11 Guíame, SEÑOR, por tu *camino;
    dirígeme por la senda de rectitud,
    por causa de los que me acechan.
12 No me entregues al capricho de mis
     adversarios,
    pues contra mí se levantan falsos testigos
    que respiran violencia.

13 Pero de una cosa estoy seguro:
    he de ver la bondad del SEÑOR
    en esta tierra de los vivientes.

14 Pon tu esperanza en el SEÑOR;
    ten valor, cobra ánimo;
    ¡pon tu esperanza en el SEÑOR

Salmo 28
Salmo de David.

1 A ti clamo, SEÑOR, *roca mía;
    no te desentiendas de mí,
    porque si guardas silencio,
    ya puedo contarme entre los muertos.
2 Oye mi voz suplicante
    cuando a ti acudo en busca de ayuda,
    cuando tiendo los brazos hacia tu lugar
     santísimo.

3 No me arrastres con los malvados,
    con los que hacen iniquidad,
    con los que hablan de *paz con su prójimo
    pero en su *corazón albergan maldad.
4 Págales conforme a sus obras,
    conforme a sus malas acciones.
    Págales conforme a las obras de sus
     manos;
    ¡dales su merecido
5 Ya que no toman en cuenta las obras del
     SEÑOR
    y lo que él ha hecho con sus manos,
    él los derribará
    y nunca más volverá a levantarlos.

6 Bendito sea el SEÑOR,
    que ha oído mi voz suplicante.
7 El SEÑOR es mi fuerza y mi escudo;
    mi corazón en él confía;
    de él recibo ayuda.
    Mi corazón salta de alegría,
    y con cánticos le daré gracias.

8 El SEÑOR es la fortaleza de su pueblo,
    y un baluarte de *salvación para su
     *ungido.
9 Salva a tu pueblo, bendice a tu heredad,
    y cual *pastor guíalos por siempre.

10 Though my father and mother forsake me,
    the LORD will receive me.
11 Teach me your way, O LORD;
    lead me in a straight path
    because of my oppressors.
12 Do not turn me over to the desire of my
     foes,
    for false witnesses rise up against me,
    breathing out violence.

13 I am still confident of this:
    I will see the goodness of the LORD
    in the land of the living.
14 Wait for the LORD;
    be strong and take heart
    and wait for the LORD.

Psalm 28
Of David.

1 To you I call, O LORD my Rock;
    do not turn a deaf ear to me.
    For if you remain silent,
    I will be like those who have gone down
     to the pit.
2 Hear my cry for mercy
    as I call to you for help,
    as I lift up my hands
    toward your Most Holy Place.

3 Do not drag me away with the wicked,
    with those who do evil,
    who speak cordially with their neighbors
    but harbor malice in their hearts.
4 Repay them for their deeds
    and for their evil work;
    repay them for what their hands have
     done
    and bring back upon them what they
     deserve.
5 Since they show no regard for the works
     of the LORD
    and what his hands have done,
    he will tear them down
    and never build them up again.

6 Praise be to the LORD,
    for he has heard my cry for mercy.
7 The LORD is my strength and my shield;
    my heart trusts in him, and I am helped.
    My heart leaps for joy
    and I will give thanks to him in song.

8 The LORD is the strength of his people,
    a fortress of salvation for his anointed
     one.
9 Save your people and bless your
     inheritance;
    be their shepherd and carry them forever.

Salmo 29

Salmo de David.

1 Tributen al SEÑOR, seres celestiales,^{y}
   tributen al SEÑOR la gloria y el poder.
2 Tributen al SEÑOR la gloria que merece su
   *nombre;
   póstrense ante el SEÑOR en su santuario
   majestuoso.

3 La voz del SEÑOR está sobre las aguas;
   resuena el trueno del Dios de la gloria;
   el SEÑOR está sobre las aguas
   impetuosas.
4 La voz del SEÑOR resuena potente;
   la voz del SEÑOR resuena majestuosa.
5 La voz del SEÑOR desgaja los cedros,
   desgaja el SEÑOR los cedros del Líbano;
6 hace que el Líbano salte como becerro,
   y que el Hermón^z salte cual toro salvaje.
7 La voz del SEÑOR lanza ráfagas de fuego;
8   la voz del SEÑOR sacude al desierto;
   el SEÑOR sacude al desierto de Cades.
9 La voz del SEÑOR retuerce los robles^a
   y deja desnudos los bosques;
   en su templo todos gritan: «¡Gloria »

10 El SEÑOR tiene su trono sobre las lluvias;
   el SEÑOR reina por siempre.
11 El SEÑOR fortalece a su pueblo;
   el SEÑOR bendice a su pueblo con la
   *paz.

Salmo 30

Cántico para la dedicación de la casa.^{b}
Salmo de David.

1 Te exaltaré, SEÑOR, porque me levantaste,
   porque no dejaste que mis enemigos se
   burlaran de mí.
2 SEÑOR mi Dios, te pedí ayuda
   y me sanaste.
3 Tú, SEÑOR, me sacaste del *sepulcro;
   me hiciste revivir de entre los muertos.

4 Canten al SEÑOR, ustedes sus fieles;
   alaben su santo *nombre.
5 Porque sólo un instante dura su enojo,
   pero toda una vida su bondad.
Si por la noche hay llanto,
   por la mañana habrá gritos de alegría.

6 Cuando me sentí seguro, exclamé:
   «Jamás seré conmovido.»

Psalm 29

A psalm of David.

1 Ascribe to the LORD, O mighty ones,
   ascribe to the LORD glory and strength.
2 Ascribe to the LORD the glory due his name;
   worship the LORD in the splendor of his^y
   holiness.

3 The voice of the LORD is over the waters;
   the God of glory thunders,
   the LORD thunders over the mighty waters.
4 The voice of the LORD is powerful;
   the voice of the LORD is majestic.
5 The voice of the LORD breaks the cedars;
   the LORD breaks in pieces the cedars of
   Lebanon.
6 He makes Lebanon skip like a calf,
   Sirion^z like a young wild ox.
7 The voice of the LORD strikes
   with flashes of lightning.
8 The voice of the LORD shakes the desert;
   the LORD shakes the Desert of Kadesh.
9 The voice of the LORD twists the oaks^a
   and strips the forests bare.
And in his temple all cry, "Glory "

10 The LORD sits^b enthroned over the flood;
   the LORD is enthroned as King forever.
11 The LORD gives strength to his people;
   the LORD blesses his people with peace.

Psalm 30

A psalm. A song. For the dedication of the temple.^{c}
Of David.

1 I will exalt you, O LORD,
   for you lifted me out of the depths
   and did not let my enemies gloat over me.
2 O LORD my God, I called to you for help
   and you healed me.
3 O LORD, you brought me up from the
   grave^d;
   you spared me from going down into the
   pit.

4 Sing to the LORD, you saints of his;
   praise his holy name.
5 For his anger lasts only a moment,
   but his favor lasts a lifetime;
weeping may remain for a night,
   but rejoicing comes in the morning.

6 When I felt secure, I said,
   "I will never be shaken."

---

^{y}**29:1** *seres celestiales.* Lit. *hijos de los dioses.*
^{z}**29:6** *Hermón* (lectura probable); *Sirión* (TM).
^{a}**29:9** *retuerce los robles.* Alt. *hace parir a la cierva.*
^{b}*casa.* Alt. *palacio,* o *templo.*

^{y}2 Or *LORD with the splendor of* ^{z}6 That is, Mount Hermon
^{a}9 Or *LORD makes the deer give birth* ^{b}10 Or *sat* ^{c}Or
palace ^{d}3 Hebrew *Sheol*

7 Tú, SEÑOR, en tu buena voluntad,
   me afirmaste en elevado baluarte;
pero escondiste tu rostro,
   y yo quedé confundido.

8 A ti clamo, SEÑOR soberano;
   a ti me vuelvo suplicante.
9 ¿Qué ganas tú con que yo muera,[c]
   con que descienda yo al sepulcro?
¿Acaso el polvo te alabará
   o proclamará tu verdad?
10 Oye, SEÑOR; compadécete de mí.
   ¡Sé tú, SEÑOR, mi ayuda

11 Convertiste mi lamento en danza;
   me quitaste la ropa de luto
   y me vestiste de fiesta,
12 para que te cante y te glorifique,
   y no me quede callado.

¡SEÑOR mi Dios, siempre te daré gracias

Salmo 31

Al director musical. Salmo de David.

1 En ti, SEÑOR, busco refugio;
   jamás permitas que me avergüencen;
   en tu *justicia, líbrame.
2 Inclina a mí tu oído,
   y acude pronto a socorrerme.
Sé tú mi *roca protectora,
   la fortaleza de mi *salvación.
3 Guíame, pues eres mi roca y mi fortaleza,
   dirígeme por amor a tu *nombre.
4 Líbrame de la trampa que me han tendido,
   porque tú eres mi refugio.
5 En tus manos encomiendo mi espíritu;
   líbrame, SEÑOR, Dios de la verdad.

6 Odio a los que veneran ídolos vanos;
   yo, por mi parte, confío en ti, SEÑOR.
7 Me alegro y me regocijo en tu amor,
   porque tú has visto mi aflicción
   y conoces las angustias de mi *alma.
8 No me entregaste al enemigo,
   sino que me pusiste en lugar es pacioso.

9 Tenme compasión, SEÑOR, que estoy
     angustiado;
el dolor está acabando con mis ojos,
   con mi alma, ¡con mi cuerpo
10 La vida se me va en angustias,
   y los años en lamentos;
la tristeza está acabando con mis
     fuerzas,
   y mis huesos se van debilitando.

7 O LORD, when you favored me,
   you made my mountain[e] stand firm;
but when you hid your face,
   I was dismayed.

8 To you, O LORD, I called;
   to the Lord I cried for mercy:
9 "What gain is there in my destruction,[f]
   in my going down into the pit?
Will the dust praise you?
   Will it proclaim your faithfulness?
10 Hear, O LORD, and be merciful to me;
   O LORD, be my help."

11 You turned my wailing into dancing;
   you removed my sackcloth and clothed
     me with joy,
12 that my heart may sing to you and not be
     silent.
O LORD my God, I will give you thanks
     forever.

Psalm 31

For the director of music. A psalm of David.

1 In you, O LORD, I have taken refuge;
   let me never be put to shame;
   deliver me in your righteousness.
2 Turn your ear to me,
   come quickly to my rescue;
be my rock of refuge,
   a strong fortress to save me.
3 Since you are my rock and my fortress,
   for the sake of your name lead and guide
     me.
4 Free me from the trap that is set for me,
   for you are my refuge.
5 Into your hands I commit my spirit;
   redeem me, O LORD, the God of truth.

6 I hate those who cling to worthless idols;
   I trust in the LORD.
7 I will be glad and rejoice in your love,
   for you saw my affliction
   and knew the anguish of my soul.
8 You have not handed me over to the enemy
   but have set my feet in a spacious place.

9 Be merciful to me, O LORD, for I am in
     distress;
my eyes grow weak with sorrow,
   my soul and my body with grief.
10 My life is consumed by anguish
   and my years by groaning;
my strength fails because of my affliction,[g]
   and my bones grow weak.

---

[c] 30:9 con que yo muera. Lit. con mi sangre.

[e] 7 Or hill country   [f] 9 Or there if I am silenced   [g] 10 Or guilt

¹¹ Por causa de todos mis enemigos,
　　soy el hazmerreír de mis vecinos;
　soy un espanto para mis amigos;
　　de mí huyen los que me encuentran en la
　　　calle.
¹² Me han olvidado, como si hubiera
　　muerto;
　soy como una vasija hecha pedazos.
¹³ Son muchos a los que oigo cuchichear:
　　«Hay terror por todas partes.»
　Se han confabulado contra mí,
　　y traman quitarme la vida.

¹⁴ Pero yo, SEÑOR, en ti confío,
　　y digo: «Tú eres mi Dios.»
¹⁵ Mi vida entera está en tus manos;
　　líbrame de mis enemigos y
　　　perseguidores.
¹⁶ Que irradie tu faz sobre tu siervo;
　　por tu gran amor, sálvame.

¹⁷ SEÑOR, no permitas que me
　　avergüencen,
　porque a ti he clamado.
　Que sean avergonzados los malvados,
　　y acallados en el *sepulcro.
¹⁸ Que sean silenciados sus labios
　　mentirosos,
　porque hablan contra los justos
　　con orgullo, desdén e insolencia.

¹⁹ Cuán grande es tu bondad,
　　que atesoras para los que te temen,
　y que a la vista de la *gente derramas
　　sobre los que en ti se refugian.
²⁰ Al amparo de tu presencia los
　　proteges
　de las intrigas *humanas;
　en tu morada los resguardas
　　de las lenguas contenciosas.

²¹ Bendito sea el SEÑOR,
　　pues mostró su gran amor por mí
　cuando me hallaba en una ciudad
　　sitiada.
²² En mi confusión llegué a decir:
　　«¡He sido arrojado de tu presencia »
　Pero tú oíste mi voz suplicante
　　cuando te pedí que me ayudaras.

²³ Amen al SEÑOR, todos sus fieles;
　　él protege a los dignos de confianza,
　pero a los orgullosos les da su
　　merecido.
²⁴ Cobren ánimo y ármense de valor,
　　todos los que en el SEÑOR esperan.

¹¹ Because of all my enemies,
　　I am the utter contempt of my neighbors;
　I am a dread to my friends—
　　those who see me on the street flee from
　　　me.
¹² I am forgotten by them as though I were
　　dead;
　I have become like broken pottery.
¹³ For I hear the slander of many;
　　there is terror on every side;
　they conspire against me
　　and plot to take my life.

¹⁴ But I trust in you, O LORD;
　　I say, "You are my God."
¹⁵ My times are in your hands;
　　deliver me from my enemies
　　and from those who pursue me.
¹⁶ Let your face shine on your servant;
　　save me in your unfailing love.

¹⁷ Let me not be put to shame, O LORD,
　　for I have cried out to you;
　but let the wicked be put to shame
　　and lie silent in the grave.ʰ
¹⁸ Let their lying lips be silenced,
　　for with pride and contempt
　they speak arrogantly against the
　　righteous.

¹⁹ How great is your goodness,
　　which you have stored up for those
　　　who fear you,
　which you bestow in the sight of men
　　on those who take refuge in you.
²⁰ In the shelter of your presence you hide
　　them
　from the intrigues of men;
　in your dwelling you keep them safe
　　from accusing tongues.

²¹ Praise be to the LORD,
　　for he showed his wonderful love
　　　to me
　when I was in a besieged city.
²² In my alarm I said,
　　"I am cut off from your sight "
　Yet you heard my cry for mercy
　　when I called to you for help.

²³ Love the LORD, all his saints
　　The LORD preserves the faithful,
　but the proud he pays back in full.
²⁴ Be strong and take heart,
　　all you who hope in the LORD.

ʰ17 Hebrew *Sheol*

Salmo 32

Salmo de David. *Masquil.

1 *Dichoso aquel
   a quien se le perdonan sus transgresiones,
   a quien se le borran sus pecados.
2 Dichoso aquel
   a quien el SEÑOR no toma en cuenta su
     maldad
   y en cuyo espíritu no hay engaño.
3 Mientras guardé silencio,
   mis huesos se fueron consumiendo
   por mi gemir de todo el día.
4 Mi fuerza se fue debilitando
   como al calor del verano,
   porque día y noche
   tu mano pesaba sobre mí.   *Selah

5 Pero te confesé mi pecado,
   y no te oculté mi maldad.
   Me dije: «Voy a confesar mis
     transgresiones al SEÑOR»,
   y tú perdonaste mi maldad y mi pecado.
                                    Selah

6 Por eso los fieles te invocan
   en momentos de angustia;d
   caudalosas aguas podrán desbordarse,
   pero a ellos no los alcanzarán.
7 Tú eres mi refugio;
   tú me protegerás del peligro
   y me rodearás con cánticos de liberación.
                                    Selah

8 El SEÑOR dice:
   «Yo te instruiré,
   yo te mostraré el *camino que debes
     seguir;
   yo te daré consejos y velaré por ti.
9 No seas como el mulo o el caballo,
   que no tienen discernimiento,
   y cuyo brío hay que domar con brida y
     freno,
   para acercarlos a ti.»

10 Muchas son las calamidades de los
     malvados,
   pero el gran amor del SEÑOR
   envuelve a los que en él confían.

11 ¡Alégrense, ustedes los justos;
   regocíjense en el SEÑOR
   ¡canten todos ustedes,
   los rectos de *corazón

Psalm 32

Of David. A *maskil.i

1 Blessed is he
   whose transgressions are forgiven,
   whose sins are covered.
2 Blessed is the man
   whose sin the LORD does not count
     against him
   and in whose spirit is no deceit.

3 When I kept silent,
   my bones wasted away
   through my groaning all day long.
4 For day and night
   your hand was heavy upon me;
   my strength was sapped
   as in the heat of summer.   Selah
5 Then I acknowledged my sin to you
   and did not cover up my iniquity.
   I said, "I will confess
   my transgressions to the LORD"—
   and you forgave
   the guilt of my sin.   Selah

6 Therefore let everyone who is godly pray
     to you
   while you may be found;
   surely when the mighty waters rise,
   they will not reach him.
7 You are my hiding place;
   you will protect me from trouble
   and surround me with songs of
     deliverance.   Selah

8 I will instruct you and teach you in the
     way you should go;
   I will counsel you and watch over you.
9 Do not be like the horse or the mule,
   which have no understanding
   but must be controlled by bit and bridle
   or they will not come to you.
10 Many are the woes of the wicked,
   but the LORD's unfailing love
   surrounds the man who trusts in him.

11 Rejoice in the LORD and be glad, you
     righteous;
   sing, all you who are upright in
     heart

---

d32:6 de angustia (LXX y Siríaca); de encontrar solamente
(TM).   i Probably a literary or musical term

Salmo 33

¹ Canten al SEÑOR con alegría, ustedes los
  justos;
    es propio de los íntegros alabar al SEÑOR.
² Alaben al SEÑOR al son del arpa;
    entonen alabanzas con el decacordio.
³ Cántenle una canción nueva;
    toquen con destreza,
    y den voces de alegría.

⁴ La palabra del SEÑOR es justa;
    fieles son todas sus obras.
⁵ El SEÑOR ama la *justicia y el derecho;
    llena está la tierra de su amor.

⁶ Por la palabra del SEÑOR fueron creados
  los cielos,
    y por el soplo de su boca, las estrellas.
⁷ Él recoge en un cántaro el agua de los mares,
    y junta en vasijas los océanos.
⁸ Tema toda la tierra al SEÑOR;
    hónrenle todos los pueblos del mundo;
⁹ porque él habló, y todo fue creado;
    dio una orden, y todo quedó firme.
¹⁰ El SEÑOR frustra los planes de las
   naciones;
    desbarata los designios de los pueblos.
¹¹ Pero los planes del SEÑOR quedan firmes
   para siempre;
    los designios de su *mente son eternos.

¹² Dichosa la nación cuyo Dios es el SEÑOR,
    el pueblo que escogió por su heredad.
¹³ El SEÑOR observa desde el cielo
    y ve a toda la *humanidad;
¹⁴ él contempla desde su trono
    a todos los habitantes de la tierra.
¹⁵ Él es quien formó el *corazón de todos,
    y quien conoce a fondo todas sus
    acciones.
¹⁶ No se salva el rey por sus muchos
   soldados,
    ni por su mucha fuerza se libra el
    valiente.
¹⁷ Vana esperanza de *victoria es el caballo;
    a pesar de su mucha fuerza no puede
    salvar.
¹⁸ Pero el SEÑOR cuida de los que le temen,
    de los que esperan en su gran amor;
¹⁹ él los libra de la muerte,
    y en épocas de hambre los mantiene con
    vida.

²⁰ Esperamos confiados en el SEÑOR;
    él es nuestro socorro y nuestro escudo.
²¹ En él se regocija nuestro corazón,
    porque confiamos en su santo *nombre.

Psalm 33

¹ Sing joyfully to the LORD, you righteous;
    it is fitting for the upright to praise him.
² Praise the LORD with the harp;
    make music to him on the ten-stringed lyre.
³ Sing to him a new song;
    play skillfully, and shout for joy.

⁴ For the word of the LORD is right and true;
    he is faithful in all he does.
⁵ The LORD loves righteousness and justice;
    the earth is full of his unfailing love.

⁶ By the word of the LORD were the
  heavens made,
    their starry host by the breath of his
    mouth.
⁷ He gathers the waters of the sea into jars[j];
    he puts the deep into storehouses.
⁸ Let all the earth fear the LORD;
    let all the people of the world revere him.
⁹ For he spoke, and it came to be;
    he commanded, and it stood firm.
¹⁰ The LORD foils the plans of the nations;
    he thwarts the purposes of the peoples.
¹¹ But the plans of the LORD stand firm
   forever,
    the purposes of his heart through all
    generations.

¹² Blessed is the nation whose God is the
   LORD,
    the people he chose for his inheritance.
¹³ From heaven the LORD looks down
    and sees all mankind;
¹⁴ from his dwelling place he watches
    all who live on earth—
¹⁵ he who forms the hearts of all,
    who considers everything they do.
¹⁶ No king is saved by the size of his army;
    no warrior escapes by his great strength.
¹⁷ A horse is a vain hope for deliverance;
    despite all its great strength it cannot save.
¹⁸ But the eyes of the LORD are on those who
   fear him,
    on those whose hope is in his unfailing
    love,
¹⁹ to deliver them from death
    and keep them alive in famine.

²⁰ We wait in hope for the LORD;
    he is our help and our shield.
²¹ In him our hearts rejoice,
    for we trust in his holy name.

j 7 Or sea as into a heap

22 Que tu gran amor, SEÑOR, nos
　　acompañe,
　　tal como lo esperamos de ti.

Salmo 34[e]

Salmo de David, cuando fingió estar demente ante
　Abimélec, por lo cual éste lo arrojó de su presencia.

1 Bendeciré al SEÑOR en todo tiempo;
　　mis labios siempre lo alabarán.
2 Mi *alma se gloría en el SEÑOR;
　　lo oirán los humildes y se alegrarán.
3 Engrandezcan al SEÑOR conmigo;
　　exaltemos a una su *nombre.
4 Busqué al SEÑOR, y él me respondió;
　　me libró de todos mis temores.
5 Radiantes están los que a él acuden;
　　jamás su rostro se cubre de vergüenza.
6 Este pobre clamó, y el SEÑOR le oyó
　　y lo libró de todas sus angustias.
7 El ángel del SEÑOR acampa en torno a los
　　que le temen;
　　a su lado está para librarlos.
8 Prueben y vean que el SEÑOR es bueno;
　　*dichosos los que en él se refugian.
9 Teman al SEÑOR, ustedes sus santos,
　　pues nada les falta a los que le temen.
10 Los leoncillos se debilitan y tienen
　　hambre,
　　pero a los que buscan al SEÑOR nada
　　les falta.
11 Vengan, hijos míos, y escúchenme,
　　que voy a enseñarles el temor del
　　SEÑOR.
12 El que quiera amar la vida
　　y gozar de días felices,
13 que refrene su lengua de hablar el mal
　　y sus labios de proferir engaños;
14 que se aparte del mal y haga el bien;
　　que busque la *paz y la siga.
15 Los ojos del SEÑOR están sobre los
　　justos,
　　y sus oídos, atentos a sus oraciones;
16 el rostro del SEÑOR está contra los que
　　hacen el mal,
　　para borrar de la tierra su memoria.
17 Los justos claman, y el SEÑOR los oye;
　　los libra de todas sus angustias.
18 El SEÑOR está cerca de los quebrantados
　　de corazón,
　　y salva a los de espíritu abatido.

Psalm 34[k]

Of David. When he pretended to be insane before
　Abimelech, who drove him away, and he left.

1 I will extol the LORD at all times;
　　his praise will always be on my lips.
2 My soul will boast in the LORD;
　　let the afflicted hear and rejoice.
3 Glorify the LORD with me;
　　let us exalt his name together.
4 I sought the LORD, and he answered me;
　　he delivered me from all my fears.
5 Those who look to him are radiant;
　　their faces are never covered with shame.
6 This poor man called, and the LORD heard
　　him;
　　he saved him out of all his troubles.
7 The angel of the LORD encamps around
　　those who fear him,
　　and he delivers them.
8 Taste and see that the LORD is good;
　　blessed is the man who takes refuge in him.
9 Fear the LORD, you his saints,
　　for those who fear him lack nothing.
10 The lions may grow weak and hungry,
　　but those who seek the LORD lack no
　　good thing.
11 Come, my children, listen to me;
　　I will teach you the fear of the LORD.
12 Whoever of you loves life
　　and desires to see many good days,
13 keep your tongue from evil
　　and your lips from speaking lies.
14 Turn from evil and do good;
　　seek peace and pursue it.
15 The eyes of the LORD are on the righteous
　　and his ears are attentive to their cry;
16 the face of the LORD is against those who
　　do evil,
　　to cut off the memory of them from the
　　earth.
17 The righteous cry out, and the LORD hears
　　them;
　　he delivers them from all their troubles.
18 The LORD is close to the brokenhearted
　　and saves those who are crushed in spirit.

---

[e] Este salmo es un poema acróstico, que sigue el orden del
alfabeto hebreo.

[k] This psalm is an acrostic poem, the verses of which begin
with the successive letters of the Hebrew alphabet.

19 Muchas son las angustias del justo,
   pero el SEÑOR lo librará de todas
      ellas;
20 le protegerá todos los huesos,
   y ni uno solo le quebrarán.
21 La maldad destruye a los malvados;
   serán condenados los enemigos de los
      justos.
22 El SEÑOR libra a sus siervos;
   no serán condenados los que en él
      confían.

Salmo 35
Salmo de David.

1 Defiéndeme, SEÑOR, de los que me atacan;
   combate a los que me combaten.
2 Toma tu adarga, tu escudo,
   y acude en mi ayuda.
3 Empuña la lanza y el hacha,
   y haz frente a *f* los que me persiguen.
   Quiero oírte decir:
   «Yo soy tu *salvación.»
4 Queden confundidos y avergonzados
   los que procuran matarme;
   retrocedan humillados
   los que traman mi ruina.
5 Sean como la paja en el viento,
   acosados por el ángel del SEÑOR;
6 sea su senda oscura y resbalosa,
   perseguidos por el ángel del SEÑOR.
7 Ya que sin motivo me tendieron una
      trampa,
   y sin motivo cavaron una fosa para mí,
8 que la ruina los tome por sorpresa;
   que caigan en su propia trampa,
   en la fosa que ellos mismos cavaron.
9 Así mi *alma se alegrará en el SEÑOR
   y se deleitará en su salvación;
10 así todo mi ser exclamará:
   «¿Quién como tú, SEÑOR?
   Tú libras de los poderosos a los pobres;
   a los pobres y necesitados libras
   de aquellos que los explotan.»
11 Se presentan testigos despiadados
   y me preguntan cosas que yo ignoro.
12 Me devuelven mal por bien,
   y eso me hiere en el alma;
13 pues cuando ellos enfermaban
   yo me vestía de luto,
   me afligía y ayunaba.

19 A righteous man may have many troubles,
   but the LORD delivers him from them all;
20 he protects all his bones,
   not one of them will be broken.
21 Evil will slay the wicked;
   the foes of the righteous will be
      condemned.
22 The LORD redeems his servants;
   no one will be condemned who takes
      refuge in him.

Psalm 35
Of David.

1 Contend, O LORD, with those who
      contend with me;
   fight against those who fight against me.
2 Take up shield and buckler;
   arise and come to my aid.
3 Brandish spear and javelin *l*
   against those who pursue me.
   Say to my soul,
   "I am your salvation."
4 May those who seek my life
   be disgraced and put to shame;
   may those who plot my ruin
   be turned back in dismay.
5 May they be like chaff before the wind,
   with the angel of the LORD driving them
      away;
6 may their path be dark and slippery,
   with the angel of the LORD pursuing them.
7 Since they hid their net for me without cause
   and without cause dug a pit for me,
8 may ruin overtake them by surprise—
   may the net they hid entangle them,
   may they fall into the pit, to their ruin.
9 Then my soul will rejoice in the LORD
   and delight in his salvation.
10 My whole being will exclaim,
   "Who is like you, O LORD?
   You rescue the poor from those too strong
      for them,
   the poor and needy from those who rob
      them."
11 Ruthless witnesses come forward;
   they question me on things I know
      nothing about.
12 They repay me evil for good
   and leave my soul forlorn.
13 Yet when they were ill, I put on sackcloth
   and humbled myself with fasting.

---

f 35:3 *el hacha, y haz frente a* (lectura probable); *cierra contra* (TM).

l 3 Or *and block the way*

¡Ay, si pudiera retractarme de mis oraciones

14 Me vestía yo de luto,
    como por un amigo o un hermano.
Afligido, inclinaba la cabeza,
    como si llorara por mi madre.
15 Pero yo tropecé, y ellos se alegraron,
    y a una se juntaron contra mí.
Gente extraña, g que yo no conocía,
    me calumniaba sin cesar.
16 Me atormentaban, se burlaban de mí, h
    y contra mí rechinaban los dientes.

17 ¿Hasta cuándo, Señor, vas a tolerar esto?
Libra mi vida, mi única vida,
    de los ataques de esos leones.
18 Yo te daré gracias en la gran asamblea;
    ante una multitud te alabaré.

19 No dejes que de mí se burlen
    mis enemigos traicioneros;
no dejes que se guiñen el ojo
    los que me odian sin motivo.
20 Porque no vienen en son de *paz,
    sino que urden mentiras
    contra la gente apacible del país.
21 De mí se ríen a carcajadas, y exclaman:
    «¡Miren en lo que vino a parar »

22 SEÑOR, tú has visto todo esto;
    no te quedes callado.
¡Señor, no te alejes de mí
23 ¡Despierta, Dios mío, levántate
    ¡Hazme *justicia, Señor, defiéndeme
24 Júzgame según tu justicia, SEÑOR mi Dios;
    no dejes que se burlen de mí.
25 No permitas que piensen:
    «¡Así queríamos verlo »
No permitas que digan:
    «Nos lo hemos tragado vivo.»

26 Queden avergonzados y confundidos
    todos los que se alegran de mi desgracia;
sean cubiertos de oprobio y vergüenza
    todos los que se creen más que yo.
27 Pero lancen voces de alegría y regocijo
    los que apoyan mi causa,
y digan siempre: «Exaltado sea el SEÑOR,
    quien se deleita en el *bienestar de su
        siervo.»

28 Con mi lengua proclamaré tu justicia,
    y todo el día te alabaré.

When my prayers returned to me
    unanswered,
14 I went about mourning
    as though for my friend or brother.
I bowed my head in grief
    as though weeping for my mother.
15 But when I stumbled, they gathered in glee;
    attackers gathered against me when I was
        unaware.
They slandered me without ceasing.
16 Like the ungodly they maliciously
    mocked m;
    they gnashed their teeth at me.
17 O Lord, how long will you look on?
Rescue my life from their ravages,
    my precious life from these lions.
18 I will give you thanks in the great
        assembly;
    among throngs of people I will praise you.

19 Let not those gloat over me
    who are my enemies without cause;
let not those who hate me without reason
    maliciously wink the eye.
20 They do not speak peaceably,
    but devise false accusations
against those who live quietly in the land.
21 They gape at me and say, "Aha Aha
    With our own eyes we have seen it."

22 O LORD, you have seen this; be not silent.
    Do not be far from me, O Lord.
23 Awake, and rise to my defense
    Contend for me, my God and Lord.
24 Vindicate me in your righteousness, O
        LORD my God;
    do not let them gloat over me.
25 Do not let them think, "Aha, just what we
        wanted "
    or say, "We have swallowed him up."

26 May all who gloat over my distress
    be put to shame and confusion;
may all who exalt themselves over me
    be clothed with shame and disgrace.
27 May those who delight in my vindication
    shout for joy and gladness;
may they always say, "The LORD be
        exalted,
    who delights in the well-being of his
        servant."
28 My tongue will speak of your
        righteousness
    and of your praises all day long.

---

g 35:15 *Gente extraña* (lectura probable); *Gente golpeada*
(TM).   h 35:16 *Me atormentaban, se burlaban de mí* (LXX);
Con inicuos burlones de una torta (TM).

m 16 Septuagint; Hebrew may mean *ungodly circle of
mockers.*

Salmo 36

Al director musical. De David, el siervo del SEÑOR.

1 Dice el pecador:
«Ser impío lo llevo en el *corazón.»[i]
No hay temor de Dios
delante de sus ojos.
2 Cree que merece alabanzas
y no halla aborrecible su pecado.
3 Sus palabras son inicuas y engañosas;
ha perdido el buen juicio
y la capacidad de hacer el bien.
4 Aun en su lecho trama hacer el mal;
se aferra a su mal *camino
y persiste en la maldad.

5 Tu amor, SEÑOR, llega hasta los cielos;
tu fidelidad alcanza las nubes.
6 Tu *justicia es como las altas montañas;[j]
tus juicios, como el gran océano.

Tú, SEÑOR, cuidas de *hombres y
animales;
7 ¡cuán precioso, oh Dios, es tu gran
amor
Todo *ser humano halla refugio
a la sombra de tus alas.
8 Se sacian de la abundancia de tu casa;
les das a beber de tu río de deleites.
9 Porque en ti está la fuente de la vida,
y en tu luz podemos ver la luz.

10 Extiende tu amor a los que te conocen,
y tu justicia a los rectos de corazón.
11 Que no me aplaste el pie del orgulloso,
ni me desarraigue la mano del impío.

12 Vean cómo fracasan los malvados:
¡caen a tierra, y ya no pueden levantarse

Salmo 37[k]

Salmo de David.

1 No te irrites a causa de los impíos
ni envidies a los que cometen injusticias;
2 porque pronto se marchitan, como la
hierba;
pronto se secan, como el verdor del pasto.
3 Confía en el SEÑOR y haz el bien;
establécete en la tierra y manténte fiel.
4 Deléitate en el SEÑOR,
y él te concederá los deseos de tu
*corazón.

Psalm 36

For the director of music.
Of David the servant of the LORD.

1 An oracle is within my heart
concerning the sinfulness of the wicked:[n]
There is no fear of God
before his eyes.
2 For in his own eyes he flatters himself
too much to detect or hate his sin.
3 The words of his mouth are wicked and
deceitful;
he has ceased to be wise and to do good.
4 Even on his bed he plots evil;
he commits himself to a sinful course
and does not reject what is wrong.

5 Your love, O LORD, reaches to the
heavens,
your faithfulness to the skies.
6 Your righteousness is like the mighty
mountains,
your justice like the great deep.
O LORD, you preserve both man and beast.
7 How priceless is your unfailing love
Both high and low among men
find[o] refuge in the shadow of your wings.
8 They feast on the abundance of your house;
you give them drink from your river of
delights.
9 For with you is the fountain of life;
in your light we see light.

10 Continue your love to those who know you,
your righteousness to the upright in heart.
11 May the foot of the proud not come
against me,
nor the hand of the wicked drive me away.
12 See how the evildoers lie fallen—
thrown down, not able to rise

Psalm 37[p]

Of David.

1 Do not fret because of evil men
or be envious of those who do wrong;
2 for like the grass they will soon wither,
like green plants they will soon die away.

3 Trust in the LORD and do good;
dwell in the land and enjoy safe pasture.
4 Delight yourself in the LORD
and he will give you the desires of your
heart.

---

[i]36:1 Dice el … corazón» (lectura probable); Oráculo del pecado al malvado en medio de mi corazón (TM). [j]36:6 las altas montañas. Alt. las montañas de Dios. [k]Este salmo es un poema acróstico, que sigue el orden del alfabeto hebreo.

[n]1 Or heart: / Sin proceeds from the wicked.   [o]7 Or love, O God / Men find; or love / Both heavenly beings and men / find [p]This psalm is an acrostic poem, the stanzas of which begin with the successive letters of the Hebrew alphabet.

⁵ Encomienda al SEÑOR tu *camino;
     confía en él, y él actuará.
⁶ Hará que tu *justicia resplandezca
        como el alba;
     tu justa causa, como el sol de
        mediodía.
⁷ Guarda silencio ante el SEÑOR,
     y espera en él con paciencia;
     no te irrites ante el éxito de otros,
     de los que maquinan planes malvados.
⁸ Refrena tu enojo, abandona la ira;
     no te irrites, pues esto conduce al
        mal.
⁹ Porque los impíos serán exterminados,
     pero los que esperan en el SEÑOR
        heredarán la tierra.
¹⁰ Dentro de poco los malvados dejarán de
        existir;
     por más que los busques, no los
        encontrarás.
¹¹ Pero los desposeídos heredarán la
        tierra
     y disfrutarán de gran *bienestar.
¹² Los malvados conspiran contra los
        justos
     y crujen los dientes contra ellos;
¹³ pero el Señor se ríe de los malvados,
     pues sabe que les llegará su hora.
¹⁴ Los malvados sacan la espada y tensan el
        arco
     para abatir al pobre y al necesitado,
     para matar a los que viven con rectitud.
¹⁵ Pero su propia espada les atravesará el
        corazón,
     y su arco quedará hecho pedazos.
¹⁶ Más vale lo poco de un justo
     que lo mucho de innumerables
        malvados;
¹⁷ porque el brazo de los impíos será
        quebrado,
     pero el SEÑOR sostendrá a los justos.
¹⁸ El SEÑOR protege la vida de los
        íntegros,
     y su herencia perdura por siempre.
¹⁹ En tiempos difíciles serán prosperados;
     en épocas de hambre tendrán abundancia.
²⁰ Los malvados, los enemigos del
        SEÑOR,
     acabarán por ser destruidos;
     desaparecerán como las flores silvestres,
     se desvanecerán como el humo.
²¹ Los malvados piden prestado y no
        pagan,
     pero los justos dan con generosidad.
²² Los benditos del SEÑOR heredarán la
        tierra,
     pero los que él maldice serán
        destruidos.

⁵ Commit your way to the LORD;
     trust in him and he will do this:
⁶ He will make your righteousness shine
        like the dawn,
     the justice of your cause like the
        noonday sun.
⁷ Be still before the LORD and wait patiently
        for him;
     do not fret when men succeed in their ways,
     when they carry out their wicked schemes.
⁸ Refrain from anger and turn from wrath;
     do not fret—it leads only to evil.
⁹ For evil men will be cut off,
     but those who hope in the LORD will
        inherit the land.
¹⁰ A little while, and the wicked will be no
        more;
     though you look for them, they will not
        be found.
¹¹ But the meek will inherit the land
     and enjoy great peace.

¹² The wicked plot against the righteous
     and gnash their teeth at them;
¹³ but the Lord laughs at the wicked,
     for he knows their day is coming.

¹⁴ The wicked draw the sword
     and bend the bow
     to bring down the poor and needy,
     to slay those whose ways are upright.
¹⁵ But their swords will pierce their own hearts,
     and their bows will be broken.

¹⁶ Better the little that the righteous have
     than the wealth of many wicked;
¹⁷ for the power of the wicked will be broken,
     but the LORD upholds the righteous.

¹⁸ The days of the blameless are known to
        the LORD,
     and their inheritance will endure forever.
¹⁹ In times of disaster they will not wither;
     in days of famine they will enjoy plenty.
²⁰ But the wicked will perish:
     The LORD's enemies will be like the
        beauty of the fields,
     they will vanish—vanish like smoke.

²¹ The wicked borrow and do not repay,
     but the righteous give generously;
²² those the LORD blesses will inherit the
        land,
     but those he curses will be cut off.

²³ El SEÑOR afirma los pasos del *hombre
cuando le agrada su modo de vivir;
²⁴ podrá tropezar, pero no caerá,
porque el SEÑOR lo sostiene de la
mano.
²⁵ He sido joven y ahora soy viejo,
pero nunca he visto justos en la
miseria,
ni que sus hijos mendiguen pan.
²⁶ Prestan siempre con generosidad;
sus hijos son una bendición.
²⁷ Apártate del mal y haz el bien,
y siempre tendrás dónde vivir.
²⁸ Porque el SEÑOR ama la justicia
y no abandona a quienes le son
fieles.

El SEÑOR los protegerá para siempre,
pero acabará con la descendencia
de los malvados.
²⁹ Los justos heredarán la tierra,
y por siempre vivirán en ella.
³⁰ La boca del justo imparte sabiduría,
y su lengua emite justicia.
³¹ La *ley de Dios está en su corazón,
y sus pies jamás resbalan.
³² Los malvados acechan a los justos
con la intención de matarlos,
³³ pero el SEÑOR no los dejará caer en sus
manos
ni permitirá que los condenen en el
juicio.
³⁴ Pero tú, espera en el SEÑOR,
y vive según su voluntad,
que él te exaltará para que heredes
la tierra.

Cuando los malvados sean destruidos,
tú lo verás con tus propios ojos.
³⁵ He visto al déspota y malvado
extenderse como cedro frondoso.
³⁶ Pero pasó al olvido y dejó de existir;
lo busqué, y ya no pude encontrarlo.
³⁷ Observa a los que son íntegros y
rectos:
hay porvenir para quien busca la
*paz.
³⁸ Pero todos los pecadores serán
destruidos;
el porvenir de los malvados será el
exterminio.
³⁹ La *salvación de los justos viene del
SEÑOR;
él es su fortaleza en tiempos de
angustia.

²³ If the LORD delights in a man's way,
he makes his steps firm;
²⁴ though he stumble, he will not fall,
for the LORD upholds him with his hand.
²⁵ I was young and now I am old,
yet I have never seen the righteous forsaken
or their children begging bread.
²⁶ They are always generous and lend freely;
their children will be blessed.
²⁷ Turn from evil and do good;
then you will dwell in the land forever.
²⁸ For the LORD loves the just
and will not forsake his faithful ones.

They will be protected forever,
but the offspring of the wicked will be
cut off;
²⁹ the righteous will inherit the land
and dwell in it forever.
³⁰ The mouth of the righteous man utters
wisdom,
and his tongue speaks what is just.
³¹ The law of his God is in his heart;
his feet do not slip.
³² The wicked lie in wait for the righteous,
seeking their very lives;
³³ but the LORD will not leave them in their
power
or let them be condemned when brought
to trial.

³⁴ Wait for the LORD
and keep his way.
He will exalt you to inherit the land;
when the wicked are cut off, you will see it.

³⁵ I have seen a wicked and ruthless man
flourishing like a green tree in its native soil,
³⁶ but he soon passed away and was no more;
though I looked for him, he could not be
found.

³⁷ Consider the blameless, observe the upright;
there is a future^q for the man of peace.
³⁸ But all sinners will be destroyed;
the future^r of the wicked will be cut off.

³⁹ The salvation of the righteous comes from
the LORD;
he is their stronghold in time of trouble.

q 37 Or there will be posterity   r 38 Or posterity

40 El SEÑOR los ayuda y los libra;
los libra de los malvados y los salva,
porque en él ponen su confianza.

Salmo 38

Salmo de David, para las ofrendas memoriales.

1 SEÑOR, no me reprendas en tu enojo
ni me castigues en tu ira.
2 Porque tus flechas me han atravesado,
y sobre mí ha caído tu mano.
3 Por causa de tu indignación
no hay nada sano en mi cuerpo;
por causa de mi pecado
mis huesos no hallan descanso.
4 Mis maldades me abruman,
son una carga demasiado pesada.

5 Por causa de mi insensatez
mis llagas hieden y supuran.
6 Estoy agobiado, del todo abatido;
todo el día ando acongojado.
7 Estoy ardiendo de fiebre;
no hay nada sano en mi cuerpo.
8 Me siento débil, completamente deshecho;
mi *corazón gime angustiado.

9 Ante ti, Señor, están todos mis deseos;
no te son un secreto mis anhelos.
10 Late mi corazón con violencia,
las fuerzas me abandonan,
hasta la luz de mis ojos se apaga.
11 Mis amigos y vecinos se apartan de mis
llagas;
mis parientes se mantienen a distancia.
12 Tienden sus trampas los que quieren
matarme;
maquinan mi ruina los que buscan mi mal
y todo el día urden engaños.

13 Pero yo me hago el sordo, y no los escucho;
me hago el mudo, y no les respondo.
14 Soy como los que no oyen
ni pueden defenderse.
15 Yo, SEÑOR, espero en ti;
tú, Señor y Dios mío, serás quien
responda.
16 Tan sólo pido que no se burlen de mí,
que no se crean superiores si resbalo.

17 Estoy por desfallecer;
el dolor no me deja un solo instante.
18 Voy a confesar mi iniquidad,
pues mi pecado me angustia.
19 Muchos son mis enemigos gratuitos;[l]
abundan los que me odian sin motivo.

---

40 The LORD helps them and delivers them;
he delivers them from the wicked and
saves them,
because they take refuge in him.

Psalm 38

A psalm of David. A petition.

1 O LORD, do not rebuke me in your anger
or discipline me in your wrath.
2 For your arrows have pierced me,
and your hand has come down upon me.
3 Because of your wrath there is no health in
my body;
my bones have no soundness because of
my sin.
4 My guilt has overwhelmed me
like a burden too heavy to bear.

5 My wounds fester and are loathsome
because of my sinful folly.
6 I am bowed down and brought very low;
all day long I go about mourning.
7 My back is filled with searing pain;
there is no health in my body.
8 I am feeble and utterly crushed;
I groan in anguish of heart.

9 All my longings lie open before you, O Lord;
my sighing is not hidden from you.
10 My heart pounds, my strength fails me;
even the light has gone from my eyes.
11 My friends and companions avoid me
because of my wounds;
my neighbors stay far away.
12 Those who seek my life set their traps,
those who would harm me talk of my
ruin;
all day long they plot deception.

13 I am like a deaf man, who cannot hear,
like a mute, who cannot open his mouth;
14 I have become like a man who does not
hear,
whose mouth can offer no reply.
15 I wait for you, O LORD;
you will answer, O Lord my God.
16 For I said, "Do not let them gloat
or exalt themselves over me when my
foot slips."

17 For I am about to fall,
and my pain is ever with me.
18 I confess my iniquity;
I am troubled by my sin.
19 Many are those who are my vigorous
enemies;
those who hate me without reason are
numerous.

---

l **38:19** *gratuitos* (lectura probable); *vivientes* (TM).

20 Por hacer el bien, me pagan con el mal;
    por procurar lo bueno, se ponen en mi
    contra.

21 SEÑOR, no me abandones;
    Dios mío, no te alejes de mí.
22 Señor de mi *salvación,
    ¡ven pronto en mi ayuda

Salmo 39

Al director musical. Para Jedutún. Salmo de David.

1 Me dije a mí mismo:
    «Mientras esté ante gente malvada
    vigilaré mi conducta,
    me abstendré de pecar con la lengua,
    me pondré una mordaza en la boca.»
2 Así que guardé silencio, me mantuve
    callado.
    ¡Ni aun lo bueno salía de mi boca
    Pero mi angustia iba en aumento;
3 ¡el corazón me ardía en el pecho
    Al meditar en esto, el fuego se inflamó
    y tuve que decir:

4 «Hazme saber, SEÑOR, el límite de mis
    días,
    y el tiempo que me queda por vivir;
    hazme saber lo efímero que soy.
5 Muy breve es la vida que me has dado;
    ante ti, mis años no son nada.
    Un soplo nada más es el *mortal,   *Selah
6 un suspiro que se pierde entre las sombras.
    Ilusorias son las riquezas que amontona,^m
    pues no sabe quién se quedará con ellas.

7 »Y ahora, Señor, ¿qué esperanza me queda?
    ¡Mi esperanza he puesto en ti
8 Líbrame de todas mis transgresiones.
    Que los *necios no se burlen de mí.

9 »He guardado silencio; no he abierto la boca,
    pues tú eres quien actúa.
10 Ya no me castigues,
    que los golpes de tu mano me aniquilan.
11 Tú reprendes a los mortales,
    los castigas por su iniquidad;
    como polilla, acabas con sus placeres.
    ¡Un soplo nada más es el mortal   Selah

12 »SEÑOR, escucha mi oración,
    atiende a mi clamor;
    no cierres tus oídos a mi llanto.
    Ante ti soy un extraño,
    un peregrino, como todos mis
    antepasados.

---

^m 39:6 *Ilusorias … que amontona* (lectura probable); *En vano
hace ruido y amontona* (TM).

20 Those who repay my good with evil
    slander me when I pursue what is good.

21 O LORD, do not forsake me;
    be not far from me, O my God.
22 Come quickly to help me,
    O Lord my Savior.

Psalm 39

For the director of music. For Jeduthun.
A psalm of David.

1 I said, "I will watch my ways
    and keep my tongue from sin;
    I will put a muzzle on my mouth
    as long as the wicked are in my
    presence."
2 But when I was silent and still,
    not even saying anything good,
    my anguish increased.
3 My heart grew hot within me,
    and as I meditated, the fire burned;
    then I spoke with my tongue:

4 "Show me, O LORD, my life's end
    and the number of my days;
    let me know how fleeting is my life.
5 You have made my days a mere
    handbreadth;
    the span of my years is as nothing before
    you.
    Each man's life is but a breath.   Selah
6 Man is a mere phantom as he goes to and
    fro:
    He bustles about, but only in vain;
    he heaps up wealth, not knowing who
    will get it.

7 "But now, Lord, what do I look for?
    My hope is in you.
8 Save me from all my transgressions;
    do not make me the scorn of fools.

9 I was silent; I would not open my mouth,
    for you are the one who has done this.
10 Remove your scourge from me;
    I am overcome by the blow of your
    hand.
11 You rebuke and discipline men for their
    sin;
    you consume their wealth like
    a moth—
    each man is but a breath.   Selah

12 "Hear my prayer, O LORD,
    listen to my cry for help;
    be not deaf to my weeping.
    For I dwell with you as an alien,
    a stranger, as all my fathers were.

13 No me mires con enojo, y volveré a
    alegrarme
        antes que me muera y deje de existir.»

Salmo 40
Al director musical. Salmo de David.

1 Puse en el SEÑOR toda mi esperanza;
    él se inclinó hacia mí y escuchó mi
        clamor.
2 Me sacó de la fosa de la muerte,
    del lodo y del pantano;
    puso mis pies sobre una roca,
        y me plantó en terreno firme.
3 Puso en mis labios un cántico nuevo,
    un himno de alabanza a nuestro Dios.
    Al ver esto, muchos tuvieron miedo
        y pusieron su confianza en el SEÑOR.

4 *Dichoso el que pone su confianza en el
        SEÑOR
    y no recurre a los idólatras
        ni a los que adoran dioses falsos.
5 Muchas son, SEÑOR mi Dios,
    las maravillas que tú has hecho.
    No es posible enumerar
        tus bondades en favor nuestro.
    Si quisiera anunciarlas y proclamarlas,
        serían más de lo que puedo contar.

6 A ti no te complacen sacrificios ni ofrendas,
    pero me has hecho obediente;[n]
    tú no has pedido *holocaustos
        ni sacrificios por el pecado.
7 Por eso dije: «Aquí me tienes
    —como el libro dice de mí—.
8 Me agrada, Dios mío, hacer tu voluntad;
    tu *ley la llevo dentro de mí.»

9 En medio de la gran asamblea
    he dado a conocer tu *justicia.
    Tú bien sabes, SEÑOR,
        que no he sellado mis labios.
10 No escondo tu justicia en mi *corazón,
    sino que proclamo tu fidelidad y tu
        *salvación.
    No oculto en la gran asamblea
        tu gran amor y tu verdad.
11 No me niegues, SEÑOR, tu misericordia;
    que siempre me protejan tu amor y tu
        verdad.
12 Muchos males me han rodeado;
    tantos son que no puedo contarlos.
    Me han alcanzado mis iniquidades,
        y ya ni puedo ver.

13 Look away from me, that I may rejoice
    again
        before I depart and am no more."

Psalm 40
For the director of music. Of David. A psalm.

1 I waited patiently for the LORD;
    he turned to me and heard my cry.
2 He lifted me out of the slimy pit,
    out of the mud and mire;
    he set my feet on a rock
        and gave me a firm place to stand.
3 He put a new song in my mouth,
    a hymn of praise to our God.
    Many will see and fear
        and put their trust in the LORD.

4 Blessed is the man
    who makes the LORD his trust,
    who does not look to the proud,
        to those who turn aside to false gods.[s]
5 Many, O LORD my God,
    are the wonders you have done.
    The things you planned for us
        no one can recount to you;
    were I to speak and tell of them,
        they would be too many to declare.

6 Sacrifice and offering you did not desire,
    but my ears you have pierced[t,u];
    burnt offerings and sin offerings
        you did not require.
7 Then I said, "Here I am, I have come—
    it is written about me in the scroll.[v]
8 I desire to do your will, O my God;
    your law is within my heart."

9 I proclaim righteousness in the great
    assembly;
    I do not seal my lips,
        as you know, O LORD.
10 I do not hide your righteousness in my
    heart;
    I speak of your faithfulness and salvation.
    I do not conceal your love and your truth
        from the great assembly.

11 Do not withhold your mercy from me, O
    LORD;
    may your love and your truth always
        protect me.
12 For troubles without number surround me;
    my sins have overtaken me, and I cannot
        see.

---

[n] 40:6 me has hecho obediente. Lit. me has perforado los oídos.

[s] 4 Or to falsehood   [t] 6 Hebrew; Septuagint but a body you have prepared for me (see also Symmachus and Theodotion)
[u] 6 Or opened   [v] 7 Or come / with the scroll written for me

Son más que los cabellos de mi cabeza,
    y mi corazón desfallece.

13 Por favor, SEÑOR, ¡ven a librarme
    ¡Ven pronto, SEÑOR, en mi auxilio
14 Sean confundidos y avergonzados
    todos los que tratan de matarme;
    huyan derrotados
    todos los que procuran mi mal;
15 que la vergüenza de su derrota
    humille a los que se burlan de mí.
16 Pero que todos los que te buscan
    se alegren en ti y se regocijen;
    que los que aman tu salvación digan
        siempre:
    «¡Cuán grande es el SEÑOR »

17 Y a mí, pobre y necesitado,
    quiera el Señor tomarme en cuenta.

Tú eres mi socorro y mi libertador;
    ¡no te tardes, Dios mío

Salmo 41

Al director musical. Salmo de David.

1 *Dichoso el que piensa en el débil;
    el SEÑOR lo librará en el día de la
        desgracia.
2 El SEÑOR lo protegerá y lo mantendrá con
        vida;
    lo hará dichoso en la tierra
    y no lo entregará al capricho de sus
        adversarios.
3 El SEÑOR lo confortará cuando esté enfermo;
    lo alentará en el lecho del dolor.

4 Yo he dicho:
    «SEÑOR, compadécete de mí;
    sáname, pues contra ti he pecado.»
5 Con saña dicen de mí mis enemigos:
    «¿Cuándo se morirá?
    ¿Cuándo pasará al olvido?»
6 Si vienen a verme, no son sinceros;
    recogen calumnias y salen a contarlas.

7 Mis enemigos se juntan y cuchichean
        contra mí;
    me hacen responsable de mi mal. Dicen:
8 «Lo que le ha sobrevenido es cosa del
        demonio;
    de esa cama no volverá a levantarse.»
9 Hasta mi mejor amigo, en quien yo confiaba
    y que compartía el pan conmigo,
    me ha puesto la zancadilla.

10 Pero tú, SEÑOR, compadécete de mí;
    haz que vuelva a levantarme
    para darles su merecido.

They are more than the hairs of my head,
    and my heart fails within me.

13 Be pleased, O LORD, to save me;
    O LORD, come quickly to help me.
14 May all who seek to take my life
    be put to shame and confusion;
    may all who desire my ruin
    be turned back in disgrace.
15 May those who say to me, "Aha Aha "
    be appalled at their own shame.
16 But may all who seek you
    rejoice and be glad in you;
    may those who love your salvation always
        say,
    "The LORD be exalted "

17 Yet I am poor and needy;
    may the Lord think of me.
You are my help and my deliverer;
    O my God, do not delay.

Psalm 41

For the director of music. A psalm of David.

1 Blessed is he who has regard for the weak;
    the LORD delivers him in times of
        trouble.
2 The LORD will protect him and preserve
        his life;
    he will bless him in the land
    and not surrender him to the desire of his
        foes.
3 The LORD will sustain him on his sickbed
    and restore him from his bed of illness.

4 I said, "O LORD, have mercy on me;
    heal me, for I have sinned against you."
5 My enemies say of me in malice,
    "When will he die and his name
        perish?"
6 Whenever one comes to see me,
    he speaks falsely, while his heart gathers
        slander;
    then he goes out and spreads it abroad.

7 All my enemies whisper together against
        me;
    they imagine the worst for me,
        saying,
8 "A vile disease has beset him;
    he will never get up from the place
        where he lies."
9 Even my close friend, whom I trusted,
    he who shared my bread,
    has lifted up his heel against me.

10 But you, O LORD, have mercy on me;
    raise me up, that I may repay them.

11 En esto sabré que te he agradado:
　　en que mi enemigo no triunfe sobre mí.
12 Por mi integridad habrás de sostenerme,
　　y en tu presencia me mantendrás para
　　　siempre.

13 Bendito sea el SEÑOR, el Dios de
　　　Israel,
　　por los siglos de los siglos.
　　　　　Amén y amén.

LIBRO II
Salmos 42-72

Salmo 42 ^{ñ}
Al director musical. *Masquil* de los hijos de Coré.

1 Cual ciervo jadeante en busca del agua,
　　así te busca, oh Dios, todo mi ser.
2 Tengo sed de Dios, del Dios de la vida.
　　¿Cuándo podré presentarme ante
　　　Dios?
3 Mis lágrimas son mi pan de día y de
　　　noche,
　　mientras me echan en cara a todas
　　　horas:
　　«¿Dónde está tu Dios?»

4 Recuerdo esto y me deshago en llanto:
　　yo solía ir con la multitud,
　　y la conducía a la casa de Dios.
　Entre voces de alegría y acciones de
　　　gracias
　　hacíamos gran celebración.

5 ¿Por qué voy a inquietarme?
　　¿Por qué me voy a angustiar?
　En Dios pondré mi esperanza
　　y todavía lo alabaré.
　　¡Él es mi Salvador y mi Dios!

6 Me siento sumamente angustiado;
　　por eso, mi Dios, pienso en ti
　desde la tierra del Jordán,
　　desde las alturas del Hermón,
　　desde el monte Mizar.
7 Un abismo llama a otro abismo
　　en el rugir de tus cascadas;
　todas tus ondas y tus olas
　　se han precipitado sobre mí.

8 Ésta es la oración al Dios de mi vida:
　　que de día el SEÑOR mande su
　　　amor,
　　y de noche su canto me acompañe.

11 I know that you are pleased with me,
　　for my enemy does not triumph over me.
12 In my integrity you uphold me
　　and set me in your presence forever.

13 Praise be to the LORD, the God of
　　　Israel,
　　from everlasting to everlasting.
　　　　　Amen and Amen.

BOOK II
Psalms 42-72

Psalm 42 ^{w}
For the director of music. A *maskil* ^{x}
　　　of the Sons of Korah.

1 As the deer pants for streams of water,
　　so my soul pants for you, O God.
2 My soul thirsts for God, for the living
　　　God.
　When can I go and meet with God?
3 My tears have been my food
　　day and night,
　while men say to me all day long,
　　"Where is your God?"
4 These things I remember
　　as I pour out my soul:
　how I used to go with the multitude,
　　leading the procession to the house of
　　　God,
　with shouts of joy and thanksgiving
　　among the festive throng.

5 Why are you downcast, O my soul?
　　Why so disturbed within me?
　Put your hope in God,
　　for I will yet praise him,
　　my Savior and 6my God.

My ^{y} soul is downcast within me;
　　therefore I will remember you
　from the land of the Jordan,
　　the heights of Hermon—from Mount
　　　Mizar.
7 Deep calls to deep
　　in the roar of your waterfalls;
　all your waves and breakers
　　have swept over me.

8 By day the LORD directs his love,
　　at night his song is with me—
　　a prayer to the God of my life.

---

^{ñ} Por su contenido, los salmos 42 y 43 forman una sola
unidad literaria.

^{w} In many Hebrew manuscripts Psalms 42 and 43 constitute
one psalm.　^{x} Probably a literary or musical term　^{y} 5,6 A
few Hebrew manuscripts, Septuagint and Syriac; most
Hebrew manuscripts *praise him for his saving help.* / ^{6} O my
God, my

9 Y le digo a Dios, a mi *Roca:
  «¿Por qué me has olvidado?
¿Por qué debo andar de luto
  y oprimido por el enemigo?»
10 Mortal agonía me penetra hasta los huesos
  ante la burla de mis adversarios,
  mientras me echan en cara a todas horas:
  «¿Dónde está tu Dios?»

11 ¿Por qué voy a inquietarme?
  ¿Por qué me voy a angustiar?
  En Dios pondré mi esperanza,
    y todavía lo alabaré.
    Él es mi Salvador y mi Dios

Salmo 43

1 ¡Hazme *justicia, oh Dios
  Defiende mi causa frente a esta nación
    impía;
  líbrame de *gente mentirosa y perversa.
2 Tú eres mi Dios y mi fortaleza:
  ¿Por qué me has rechazado?
  ¿Por qué debo andar de luto
    y oprimido por el enemigo?
3 Envía tu luz y tu verdad;
  que ellas me guíen a tu monte santo,
  que me lleven al lugar donde tú
    habitas.
4 Llegaré entonces al altar de Dios,
  del Dios de mi alegría y mi deleite,
  y allí, oh Dios, mi Dios,
  te alabaré al son del arpa.

5 ¿Por qué voy a inquietarme?
  ¿Por qué me voy a angustiar?
  En Dios pondré mi esperanza,
    y todavía lo alabaré.
    ¡Él es mi Salvador y mi Dios

Salmo 44

Al director musical. *Masquil de los hijos de Coré.

1 Oh Dios, nuestros oídos han oído
  y nuestros padres nos han contado
  las proezas que realizaste en sus días,
  en aquellos tiempos pasados:
2 Con tu mano echaste fuera a las naciones
  y en su lugar estableciste a nuestros
    padres;
  aplastaste a aquellos pueblos,
  y a nuestros padres los hiciste prosperar.o
3 Porque no fue su espada la que conquistó
    la tierra,
  ni fue su brazo el que les dio la victoria:
  fue tu brazo, tu mano derecha;

9 I say to God my Rock,
  "Why have you forgotten me?
  Why must I go about mourning,
    oppressed by the enemy?"
10 My bones suffer mortal agony
  as my foes taunt me,
  saying to me all day long,
    "Where is your God?"

11 Why are you downcast, O my soul?
  Why so disturbed within me?
  Put your hope in God,
    for I will yet praise him,
    my Savior and my God.

Psalm 43 z

1 Vindicate me, O God,
  and plead my cause against an ungodly
    nation;
  rescue me from deceitful and wicked men.
2 You are God my stronghold.
  Why have you rejected me?
  Why must I go about mourning,
    oppressed by the enemy?
3 Send forth your light and your truth,
    let them guide me;
  let them bring me to your holy mountain,
    to the place where you dwell.
4 Then will I go to the altar of God,
    to God, my joy and my delight.
  I will praise you with the harp,
    O God, my God.

5 Why are you downcast, O my soul?
  Why so disturbed within me?
  Put your hope in God,
    for I will yet praise him,
    my Savior and my God.

Psalm 44

For the director of music. Of the Sons of Korah.
A maskil. a

1 We have heard with our ears, O God;
  our fathers have told us
  what you did in their days,
    in days long ago.
2 With your hand you drove out the nations
  and planted our fathers;
  you crushed the peoples
    and made our fathers flourish.
3 It was not by their sword that they won the
    land,
  nor did their arm bring them victory;
  it was your right hand, your arm,

---

o 44:2 los hiciste prosperar. Lit. los arrojaste.

z In many Hebrew manuscripts Psalms 42 and 43 constitute
one psalm.   a Probably a literary or musical term

fue la luz de tu rostro, porque tú los
    amabas.

4 Sólo tú eres mi rey y mi Dios.
    ¡Decreta las *victorias de Jacob
5 Por ti derrotamos a nuestros enemigos;
    en tu *nombre aplastamos a nuestros
        agresores.
6 Yo no confío en mi arco,
    ni puede mi espada darme la victoria;
7 tú nos das la victoria sobre nuestros
        enemigos,
    y dejas en vergüenza a nuestros
        adversarios.
8 ¡Por siempre nos gloriaremos en Dios
    ¡Por siempre alabaremos tu nombre
                                        *Selah

9 Pero ahora nos has rechazado y humillado;
    ya no sales con nuestros ejércitos.
10 Nos hiciste retroceder ante el enemigo;
    nos han saqueado nuestros adversarios.
11 Cual si fuéramos ovejas
    nos has entregado para que nos devoren,
    nos has dispersado entre las naciones.
12 Has vendido a tu pueblo muy barato,
    y nada has ganado con su venta.

13 Nos has puesto en ridículo ante nuestros
        vecinos;
    somos la burla y el escarnio de los que
        nos rodean.
14 Nos has hecho el hazmerreír de las
        naciones;
    todos los pueblos se burlan de nosotros.
15 La ignominia no me deja un solo instante;
    se me cae la cara de vergüenza
16 por las burlas de los que me injurian y me
        ultrajan,
    por culpa del enemigo que está presto a
        la venganza.

17 Todo esto nos ha sucedido,
    a pesar de que nunca te olvidamos
    ni faltamos jamás a tu *pacto.
18 No te hemos sido infieles,
    ni nos hemos apartado de tu senda.
19 Pero tú nos arrojaste a una cueva de
        chacales;
    ¡nos envolviste en la más densa oscuridad

20 Si hubiéramos olvidado el nombre de
        nuestro Dios,
    o tendido nuestras manos a un dios
        extraño,
21 ¿acaso Dios no lo habría descubierto,
    ya que él conoce los más íntimos
        secretos?

and the light of your face, for you loved
    them.

4 You are my King and my God,
    who decrees[b] victories for Jacob.
5 Through you we push back our enemies;
    through your name we trample our foes.
6 I do not trust in my bow,
    my sword does not bring me victory;
7 but you give us victory over our enemies,
    you put our adversaries to shame.
8 In God we make our boast all day long,
    and we will praise your name forever.
                                        Selah

9 But now you have rejected and humbled
        us;
    you no longer go out with our armies.
10 You made us retreat before the enemy,
    and our adversaries have plundered us.
11 You gave us up to be devoured like sheep
    and have scattered us among the nations.
12 You sold your people for a pittance,
    gaining nothing from their sale.

13 You have made us a reproach to our
        neighbors,
    the scorn and derision of those around
        us.
14 You have made us a byword among the
        nations;
    the peoples shake their heads at us.
15 My disgrace is before me all day long,
    and my face is covered with shame
16 at the taunts of those who reproach and
        revile me,
    because of the enemy, who is bent on
        revenge.

17 All this happened to us,
    though we had not forgotten you
    or been false to your covenant.
18 Our hearts had not turned back;
    our feet had not strayed from your path.
19 But you crushed us and made us a haunt
        for jackals
    and covered us over with deep darkness.

20 If we had forgotten the name of our God
    or spread out our hands to a foreign
        god,
21 would not God have discovered it,
    since he knows the secrets of the heart?

b 4 Septuagint, Aquila and Syriac; Hebrew King, O God; /
command

22 Por tu causa, siempre nos llevan a la
　　muerte;
　¡nos tratan como a ovejas para el
　　matadero

23 ¡Despierta, Señor ¿Por qué duermes?
　¡Levántate No nos rechaces para
　　siempre.
24 ¿Por qué escondes tu rostro
　y te olvidas de nuestro sufrimiento y
　　opresión?
25 Estamos abatidos hasta el polvo;
　nuestro cuerpo se arrastra por el suelo.
26 Levántate, ven a ayudarnos,
　y por tu gran amor, ¡rescátanos

Salmo 45

Al director musical. Sígase la tonada de «Los
lirios». *Masquil de los hijos de Coré. Canto nupcial.

1 En mi *corazón se agita un bello tema
　mientras recito mis versos ante el rey;
　mi lengua es como pluma de hábil
　　escritor.

2 Tú eres el más apuesto de los hombres;
　tus labios son fuente de elocuencia,
　ya que Dios te ha bendecido para
　　siempre.
3 ¡Con esplendor y majestad,
　cíñete la espada, oh valiente
4 Con majestad, cabalga victorioso
　en nombre de la verdad, la humildad y la
　　justicia;
　que tu diestra realice gloriosas hazañas.
5 Que tus agudas flechas atraviesen
　el corazón de los enemigos del rey,
　y que caigan las naciones a tus pies.

6 Tu trono, oh Dios, permanece para
　　siempre;
　el cetro de tu reino es un cetro de justicia.
7 Tú amas la justicia y odias la maldad;
　por eso Dios te escogió a ti y no a tus
　　compañeros,
　¡tu Dios te ungió con perfume de
　　alegría
8 Aroma de mirra, áloe y canela
　exhalan todas tus vestiduras;
　desde los palacios adornados con
　　marfil
　te alegra la música de cuerdas.
9 Entre tus damas de honor se cuentan
　　princesas;
　a tu derecha se halla la novia real
　luciendo el oro más fino.p

22 Yet for your sake we face death all day
　　long;
　we are considered as sheep to be
　　slaughtered.

23 Awake, O Lord Why do you sleep?
　Rouse yourself Do not reject us forever.
24 Why do you hide your face
　and forget our misery and oppression?
25 We are brought down to the dust;
　our bodies cling to the ground.
26 Rise up and help us;
　redeem us because of your unfailing love.

Psalm 45

For the director of music. To the tune of "Lilies."
Of the Sons of Korah. A maskil.c A wedding song.

1 My heart is stirred by a noble theme
　as I recite my verses for the king;
　my tongue is the pen of a skillful writer.

2 You are the most excellent of men
　and your lips have been anointed with
　　grace,
　since God has blessed you forever.
3 Gird your sword upon your side, O mighty
　　one;
　clothe yourself with splendor and
　　majesty.
4 In your majesty ride forth victoriously
　in behalf of truth, humility and
　　righteousness;
　let your right hand display awesome
　　deeds.
5 Let your sharp arrows pierce the hearts of
　　the king's enemies;
　let the nations fall beneath your feet.
6 Your throne, O God, will last for ever and
　　ever;
　a scepter of justice will be the scepter of
　　your kingdom.
7 You love righteousness and hate
　　wickedness;
　therefore God, your God, has set you
　　above your companions
　by anointing you with the oil of joy.
8 All your robes are fragrant with myrrh and
　　aloes and cassia;
　from palaces adorned with ivory
　the music of the strings makes you glad.
9 Daughters of kings are among your
　　honored women;
　at your right hand is the royal bride in
　　gold of Ophir.

---

p 45:9 oro más fino. Lit. oro de Ofir.　　　c Probably a literary or musical term

10 Escucha, hija, fíjate bien y presta atención:
   Olvídate de tu pueblo y de tu familia.
11 El rey está cautivado por tu hermosura;
   él es tu señor: inclínate ante él.
12 La gente de Tiro vendrá con presentes;
   los ricos del pueblo buscarán tu favor.

13 La princesa es todo esplendor,
   luciendo en su alcoba brocados de oro.
14 Vestida de finos bordados
   es conducida ante el rey,
   seguida por sus damas de compañía.
15 Con alegría y regocijo son conducidas
   al interior del palacio real.

16 Tus hijos ocuparán el trono de tus
   ancestros;
   los pondrás por príncipes en toda la tierra.
17 Haré que tu *nombre se recuerde
   por todas las generaciones;
   por eso las naciones te alabarán
   eternamente y para siempre.

Salmo 46

Al director musical. De los hijos de Coré. Canción
según *alamot.

1 Dios es nuestro amparo y nuestra fortaleza,
   nuestra ayuda segura en momentos de
   angustia.
2 Por eso, no temeremos
   aunque se desmorone la tierra
   y las montañas se hundan en el fondo del
   mar;
3 aunque rujan y se encrespen sus aguas,
   y ante su furia retiemblen los montes.
                              *Selah

4 Hay un río cuyas corrientes alegran la
   ciudad de Dios,
   la santa habitación del *Altísimo.
5 Dios está en ella, la ciudad no caerá;
   al rayar el alba Dios le brindará su ayuda.
6 Se agitan las naciones, se tambalean los
   reinos;
   Dios deja oír su voz, y la tierra se
   derrumba.

7 El SEÑOR *Todopoderoso está con
   nosotros;
   nuestro refugio es el Dios de Jacob. *Selah*

8 Vengan y vean los portentos del SEÑOR;
   él ha traído desolación sobre la tierra.
9 Ha puesto fin a las guerras
   en todos los confines de la tierra;
   ha quebrado los arcos, ha destrozado las
   lanzas,
   ha arrojado los carros al fuego.

10 Listen, O daughter, consider and give ear:
   Forget your people and your father's house.
11 The king is enthralled by your beauty;
   honor him, for he is your lord.
12 The Daughter of Tyre will come with a gift,[d]
   men of wealth will seek your favor.

13 All glorious is the princess within her
   chamber;
   her gown is interwoven with gold.
14 In embroidered garments she is led to the
   king;
   her virgin companions follow her
   and are brought to you.
15 They are led in with joy and gladness;
   they enter the palace of the king.

16 Your sons will take the place of your fathers;
   you will make them princes throughout
   the land.
17 I will perpetuate your memory through all
   generations;
   therefore the nations will praise you for
   ever and ever.

Psalm 46

For the director of music. Of the Sons of Korah.
According to *alamoth.*[e] A song.

1 God is our refuge and strength,
   an ever-present help in trouble.
2 Therefore we will not fear, though the
   earth give way
   and the mountains fall into the heart of
   the sea,
3 though its waters roar and foam
   and the mountains quake with their
   surging.   *Selah*

4 There is a river whose streams make glad
   the city of God,
   the holy place where the Most High dwells.
5 God is within her, she will not fall;
   God will help her at break of day.
6 Nations are in uproar, kingdoms fall;
   he lifts his voice, the earth melts.

7 The LORD Almighty is with us;
   the God of Jacob is our fortress.   *Selah*

8 Come and see the works of the LORD,
   the desolations he has brought on the earth.
9 He makes wars cease to the ends of the earth;
   he breaks the bow and shatters the spear,
   he burns the shields[f] with fire.

---

d 12 Or *A Tyrian robe is among the gifts*   e Probably a
musical term   f 9 Or *chariots*

¹⁰ «Quédense quietos, reconozcan que yo soy
Dios.
¡Yo seré exaltado entre las naciones
¡Yo seré enaltecido en la tierra »

¹¹ El SEÑOR Todopoderoso está con nosotros;
nuestro refugio es el Dios de Jacob.

Selah

Salmo 47

Al director musical. Salmo de los hijos de Coré.

¹ Aplaudan, pueblos todos;
aclamen a Dios con gritos de alegría.
² ¡Cuán imponente es el SEÑOR *Altísimo,
el gran rey de toda la tierra
³ Sometió a nuestro dominio las naciones;
puso a los pueblos bajo nuestros pies;
⁴ escogió para nosotros una heredad
que es el orgullo de Jacob, a quien amó.

*Selah

⁵ Dios el SEÑOR ha ascendido
entre gritos de alegría y toques de
trompeta.
⁶ Canten salmos a Dios, cántenle salmos;
canten, cántenle salmos a nuestro rey.

⁷ Dios es el rey de toda la tierra;
por eso, cántenle un salmo solemne.�q
⁸ Dios reina sobre las naciones;
Dios está sentado en su santo trono.
⁹ Los nobles de los pueblos se reúnen
con el pueblo del Dios de Abraham,
¹⁰ pues de Dios son los imperios de la tierra.
¡Él es grandemente enaltecido

Salmo 48

Canción. Salmo de los hijos de Coré.

¹ Grande es el SEÑOR, y digno de suprema
alabanza
en la ciudad de nuestro Dios.
Su monte santo, ²bella colina,
es la alegría de toda la tierra.
El monte *Sión, en la parte norte,
es la ciudad del gran Rey.
³ En las fortificaciones de Sión
Dios se ha dado a conocer como refugio
seguro.

⁴ Hubo reyes que unieron sus fuerzas
y que juntos avanzaron contra la ciudad;
⁵ pero al verla quedaron pasmados,
y asustados emprendieron la retirada.
⁶ Allí el miedo se apoderó de ellos,
y un dolor de parturienta les sobrevino.

¹⁰ " Be still, and know that I am God;
I will be exalted among the nations,
I will be exalted in the earth."

¹¹ The LORD Almighty is with us;
the God of Jacob is our fortress.   *Selah*

Psalm 47

For the director of music. Of the Sons of Korah.
A psalm.

¹ Clap your hands, all you nations;
shout to God with cries of joy.
² How awesome is the LORD Most High,
the great King over all the earth
³ He subdued nations under us,
peoples under our feet.
⁴ He chose our inheritance for us,
the pride of Jacob, whom he loved.   *Selah*

⁵ God has ascended amid shouts of joy,
the LORD amid the sounding of trumpets.
⁶ Sing praises to God, sing praises;
sing praises to our King, sing praises.

⁷ For God is the King of all the earth;
sing to him a psalm �g of praise.
⁸ God reigns over the nations;
God is seated on his holy throne.
⁹ The nobles of the nations assemble
as the people of the God of Abraham,
for the kings ʰ of the earth belong to
God;
he is greatly exalted.

Psalm 48

A song. A psalm of the Sons of Korah.

¹ Great is the LORD, and most worthy of
praise,
in the city of our God, his holy mountain.
² It is beautiful in its loftiness,
the joy of the whole earth.
Like the utmost heights of Zaphon ⁱ is
Mount Zion,
the ʲ city of the Great King.
³ God is in her citadels;
he has shown himself to be her fortress.

⁴ When the kings joined forces,
when they advanced together,
⁵ they saw her and were astounded;
they fled in terror.
⁶ Trembling seized them there,
pain like that of a woman in labor.

ᵍ 7 Or *a maskil* (probably a literary or musical term)   ʰ 9 Or
shields   ⁱ 2 *Zaphon* can refer to a sacred mountain or the
direction north.   ʲ 2 Or *earth, / Mount Zion, on the northern
side / of the*

�q 47:7 *un salmo solemne.* Lit. *un *masquil.*

7 ¡Con un viento huracanado
destruiste las naves de Tarsis

8 Tal como lo habíamos oído,
ahora lo hemos visto
en la ciudad del SEÑOR *Todopoderoso,
en la ciudad de nuestro Dios:
¡Él la hará permanecer para siempre

Selah

9 Dentro de tu templo, oh Dios,
meditamos en tu gran amor.
10 Tu alabanza, oh Dios, como tu *nombre,
llega a los confines de la tierra;
tu derecha está llena de *justicia.
11 Por causa de tus justas decisiones
el monte Sión se alegra
y las aldeas de Judá se regocijan.

12 Caminen alrededor de Sión,
caminen en torno suyo
y cuenten sus torres.
13 Observen bien sus murallas
y examinen sus fortificaciones,
para que se lo cuenten a las generaciones
futuras.
14 ¡Este Dios es nuestro Dios eterno
¡Él nos guiará para siempre *r*

Salmo 49

Al director musical. Salmo de los hijos de Coré.

1 Oigan esto, pueblos todos;
escuchen, habitantes todos del mundo,
2 tanto débiles como poderosos,
lo mismo los ricos que los pobres.
3 Mi boca hablará con sabiduría;
mi *corazón se expresará con
inteligencia.
4 Inclinaré mi oído a los *proverbios;
propondré mi enigma al son del arpa.

5 ¿Por qué he de temer en tiempos de
desgracia,
cuando me rodeen inicuos detractores?
6 ¿Temeré a los que confían en sus riquezas
y se jactan de sus muchas posesiones?
7 Nadie puede salvar a nadie,
ni pagarle a Dios rescate por la vida.
8 Tal rescate es muy costoso;
ningún pago es suficiente.
9 Nadie vive para siempre
sin llegar a ver la fosa.
10 Nadie puede negar que todos mueren,
que sabios e insensatos perecen por igual,
y que sus riquezas se quedan para otros.

7 You destroyed them like ships of Tarshish
shattered by an east wind.

8 As we have heard,
so have we seen
in the city of the LORD Almighty,
in the city of our God:
God makes her secure forever.   *Selah*

9 Within your temple, O God,
we meditate on your unfailing love.
10 Like your name, O God,
your praise reaches to the ends of the
earth;
your right hand is filled with
righteousness.
11 Mount Zion rejoices,
the villages of Judah are glad
because of your judgments.

12 Walk about Zion, go around her,
count her towers,
13 consider well her ramparts,
view her citadels,
that you may tell of them to the next
generation.
14 For this God is our God for ever and
ever;
he will be our guide even to the end.

Psalm 49

For the director of music. Of the Sons of Korah.
A psalm.

1 Hear this, all you peoples;
listen, all who live in this world,
2 both low and high,
rich and poor alike:
3 My mouth will speak words of wisdom;
the utterance from my heart will give
understanding.
4 I will turn my ear to a proverb;
with the harp I will expound my riddle:

5 Why should I fear when evil days come,
when wicked deceivers surround me—
6 those who trust in their wealth
and boast of their great riches?
7 No man can redeem the life of another
or give to God a ransom for him—
8 the ransom for a life is costly,
no payment is ever enough—
9 that he should live on forever
and not see decay.

10 For all can see that wise men die;
the foolish and the senseless alike
perish
and leave their wealth to others.

r 48:14 *para siempre* (LXX); *sobre muerte* (TM).

11 Aunque tuvieron tierras a su nombre,
sus tumbas serán^s su hogar eterno,
su morada por todas las generaciones.

12 A pesar de sus riquezas, no perduran los
*mortales;
al igual que las bestias, perecen.

13 Tal es el destino de los que confían en sí
mismos;
el final de^t los que se envanecen.   *Selah

14 Como ovejas, están destinados al
*sepulcro;
hacia allá los conduce la muerte.
Sus cuerpos se pudrirán en el *sepulcro,
lejos de sus mansiones suntuosas.
Por la mañana los gobernarán los
justos.

15 Pero Dios me rescatará de las garras del
sepulcro
y con él me llevará.   Selah

16 No te asombre ver que alguien se
enriquezca
y aumente el esplendor de su casa,

17 porque al morir no se llevará nada,
ni con él descenderá su esplendor.

18 Aunque en vida se considere dichoso,
y la gente lo elogie por sus logros,

19 irá a reunirse con sus ancestros,
sin que vuelva jamás a ver la luz.

20 A pesar de sus riquezas, no perduran^u los
mortales;
al igual que las bestias, perecen.

Salmo 50
Salmo de Asaf.

1 Habla el SEÑOR, el Dios de dioses:
convoca a la tierra de oriente a
occidente.

2 Dios resplandece desde *Sión,
la ciudad bella y perfecta.

3 Nuestro Dios viene, pero no en silencio;
lo precede un fuego que todo lo destruye,
y en torno suyo ruge la tormenta.

4 El SEÑOR convoca a los cielos y a la
tierra,
para que presencien el juicio de su
pueblo:

5 «Reúnanme a los consagrados,

11 Their tombs will remain their houses^k
forever,
their dwellings for endless generations,
though they had^l named lands after
themselves.

12 But man, despite his riches, does not endure;
he is^m like the beasts that perish.

13 This is the fate of those who trust in
themselves,
and of their followers, who approve their
sayings.   Selah

14 Like sheep they are destined for the grave,ⁿ
and death will feed on them.
The upright will rule over them in the
morning;
their forms will decay in the grave,^o
far from their princely mansions.

15 But God will redeem my life^p from the grave;
he will surely take me to himself.   Selah

16 Do not be overawed when a man grows rich,
when the splendor of his house increases;

17 for he will take nothing with him when he
dies,
his splendor will not descend with him.

18 Though while he lived he counted himself
blessed—
and men praise you when you prosper—

19 he will join the generation of his fathers,
who will never see the light of life.

20 A man who has riches without
understanding
is like the beasts that perish.

Psalm 50
A psalm of Asaph.

1 The Mighty One, God, the LORD,
speaks and summons the earth
from the rising of the sun to the place
where it sets.

2 From Zion, perfect in beauty,
God shines forth.

3 Our God comes and will not be silent;
a fire devours before him,
and around him a tempest rages.

4 He summons the heavens above,
and the earth, that he may judge his people:

5 "Gather to me my consecrated ones,

s 49:11 *sus tumbas serán* (LXX y Siríaca); *su interior será* (TM).   t 49:13 *el final de* (Targum); *tras ellos* (TM).   u 49:20 *no perduran* (algunos mss.; véase v. 12); *no entienden* (TM).

k 11 Septuagint and Syriac; Hebrew *In their thoughts their houses will remain*   l 11 Or / *for they have*   m 12 Hebrew; Septuagint and Syriac read verse 12 the same as verse 20.   n 14 Hebrew *Sheol*; also in verse 15   o 14 Hebrew *Sheol*; also in verse 15   p 15 Or *soul*

a los que pactaron conmigo mediante un
sacrificio.»

6 El cielo proclama la *justicia divina:
¡Dios mismo es el juez   *Selah

7 «Escucha, pueblo mío, que voy a hablar;
Israel, voy a testificar contra ti:
¡Yo soy tu Dios, el único Dios
8 No te reprendo por tus sacrificios
ni por tus *holocaustos, que siempre me
ofreces.
9 No necesito becerros de tu establo
ni machos cabríos de tus apriscos,
10 pues míos son los animales del bosque,
y mío también el ganado de los cerros.
11 Conozco a las aves de las alturas;
todas las bestias del campo son mías.
12 Si yo tuviera hambre, no te lo diría,
pues mío es el mundo, y todo lo que
contiene.
13 ¿Acaso me alimento con carne de toros,
o con sangre de machos cabríos?
14 ¡Ofrece a Dios tu gratitud,
cumple tus promesas al *Altísimo
15 Invócame en el día de la angustia;
yo te libraré y tú me honrarás.»

16 Pero Dios le dice al malvado:
«¿Qué derecho tienes tú de recitar mis
*leyes
o de mencionar mi *pacto con tus
labios?
17 Mi *instrucción, la aborreces;
mis palabras, las desechas.
18 Ves a un ladrón, y lo acompañas;
con los adúlteros te identificas.
19 Para lo malo, das rienda suelta a tu
boca;
tu lengua está siempre dispuesta al
engaño.
20 Tienes por costumbre hablar contra tu
prójimo,
y aun calumnias a tu propio hermano.
21 Has hecho todo esto, y he guardado
silencio;
¿acaso piensas que soy como tú?
Pero ahora voy a reprenderte;
cara a cara voy a denunciarte.

22 »Ustedes que se olvidan de Dios,
consideren lo que he dicho;
de lo contrario, los haré pedazos,
y no habrá nadie que los salve.
23 Quien me ofrece su gratitud, me honra;
al que enmiende su conducta le mostraré
mi *salvación.»

who made a covenant with me by
sacrifice."

6 And the heavens proclaim his righteousness,
for God himself is judge.   Selah

7 "Hear, O my people, and I will speak,
O Israel, and I will testify against you:
I am God, your God.
8 I do not rebuke you for your sacrifices
or your burnt offerings, which are ever
before me.
9 I have no need of a bull from your stall
or of goats from your pens,
10 for every animal of the forest is mine,
and the cattle on a thousand hills.
11 I know every bird in the mountains,
and the creatures of the field are mine.
12 If I were hungry I would not tell you,
for the world is mine, and all that is in it.
13 Do I eat the flesh of bulls
or drink the blood of goats?
14 Sacrifice thank offerings to God,
fulfill your vows to the Most High,
15 and call upon me in the day of trouble;
I will deliver you, and you will honor
me."

16 But to the wicked, God says:

"What right have you to recite my laws
or take my covenant on your lips?
17 You hate my instruction
and cast my words behind you.
18 When you see a thief, you join with him;
you throw in your lot with adulterers.
19 You use your mouth for evil
and harness your tongue to deceit.
20 You speak continually against your brother
and slander your own mother's son.
21 These things you have done and I kept
silent;
you thought I was altogether[q] like you.
But I will rebuke you
and accuse you to your face.

22 "Consider this, you who forget God,
or I will tear you to pieces, with none to
rescue:
23 He who sacrifices thank offerings honors
me,
and he prepares the way
so that I may show him[r] the salvation of
God."

Salmo 51

Al director musical. Salmo de David, cuando el
profeta Natán fue a verlo por haber cometido
David adulterio con Betsabé.

[1] Ten compasión de mí, oh Dios,
conforme a tu gran amor;
conforme a tu inmensa bondad,
borra mis transgresiones.
[2] Lávame de toda mi maldad
y límpiame de mi pecado.

[3] Yo reconozco mis transgresiones;
siempre tengo presente mi pecado.
[4] Contra ti he pecado, sólo contra ti,
y he hecho lo que es malo ante tus ojos;
por eso, tu sentencia es justa,
y tu juicio, irreprochable.
[5] Yo sé que soy malo de nacimiento;
pecador me concibió mi madre.
[6] Yo sé que tú amas la verdad en lo íntimo;
en lo secreto me has enseñado
sabiduría.

[7] Purifícame con *hisopo, y quedaré
limpio;
lávame, y quedaré más blanco que la
nieve.
[8] Anúnciame gozo y alegría;
infunde gozo en estos huesos que has
quebrantado.
[9] Aparta tu rostro de mis pecados
y borra toda mi maldad.

[10] Crea en mí, oh Dios, un *corazón
limpio,
y renueva la firmeza de mi espíritu.
[11] No me alejes de tu presencia
ni me quites tu santo Espíritu.
[12] Devuélveme la alegría de tu *salvación;
que un espíritu obediente me
sostenga.
[13] Así enseñaré a los transgresores tus
*caminos,
y los pecadores se volverán a ti.

[14] Dios mío, Dios de mi salvación,
líbrame de derramar sangre,
y mi lengua alabará tu *justicia.
[15] Abre, *Señor, mis labios,
y mi boca proclamará tu alabanza.
[16] Tú no te deleitas en los sacrificios
ni te complacen los *holocaustos;
de lo contrario, te los ofrecería.
[17] El sacrificio que te agrada
es un espíritu quebrantado;
tú, oh Dios, no desprecias
al corazón quebrantado y arrepentido.

Psalm 51

For the director of music. A psalm of David. When
the prophet Nathan came to him after David had
committed adultery with Bathsheba.

[1] Have mercy on me, O God,
according to your unfailing love;
according to your great compassion
blot out my transgressions.
[2] Wash away all my iniquity
and cleanse me from my sin.

[3] For I know my transgressions,
and my sin is always before me.
[4] Against you, you only, have I sinned
and done what is evil in your sight,
so that you are proved right when you speak
and justified when you judge.
[5] Surely I was sinful at birth,
sinful from the time my mother
conceived me.
[6] Surely you desire truth in the inner parts[s];
you teach[t] me wisdom in the inmost
place.

[7] Cleanse me with hyssop, and I will be clean;
wash me, and I will be whiter than snow.
[8] Let me hear joy and gladness;
let the bones you have crushed rejoice.
[9] Hide your face from my sins
and blot out all my iniquity.

[10] Create in me a pure heart, O God,
and renew a steadfast spirit within me.
[11] Do not cast me from your presence
or take your Holy Spirit from me.
[12] Restore to me the joy of your salvation
and grant me a willing spirit, to sustain me.

[13] Then I will teach transgressors your ways,
and sinners will turn back to you.
[14] Save me from bloodguilt, O God,
the God who saves me,
and my tongue will sing of your
righteousness.
[15] O Lord, open my lips,
and my mouth will declare your praise.
[16] You do not delight in sacrifice, or I would
bring it;
you do not take pleasure in burnt offerings.
[17] The sacrifices of God are[u] a broken spirit;
a broken and contrite heart,
O God, you will not despise.

---

[s] 6 The meaning of the Hebrew for this phrase is uncertain.
[t] 6 Or *you desired…; / you taught*   [u] 17 Or *My sacrifice, O
God, is*

18 En tu buena voluntad, haz que prospere
*Sión;
    levanta los muros de Jerusalén.
19 Entonces te agradarán los sacrificios de
    justicia,
    los holocaustos del todo quemados,
    y sobre tu altar se ofrecerán becerros.

Salmo 52

Al director musical. *Masquil* de David, cuando
    Doeg el edomita fue a informarle a Saúl:
    «David ha ido a la casa de Ajimélec.»

1 ¿Por qué te jactas de tu maldad, varón
    prepotente?
    ¡El amor de Dios es constante
2 Tu lengua, como navaja afilada,
    trama destrucción y practica el
    engaño.
3 Más que el bien, amas la maldad;
    más que la verdad, amas la mentira.
                                              *Selah

4 Lengua embustera,
    te encanta ofender con tus palabras.
5 Pero Dios te arruinará para siempre;
    te tomará y te arrojará de tu hogar;
    ¡te arrancará del mundo de los
    vivientes   Selah

6 Los justos verán esto, y temerán;
    entre burlas dirán de él:
7 «¡Aquí tienen al hombre
    que no buscó refugio en Dios,
    sino que confió en su gran riqueza
    y se afirmó en su maldad »

8 Pero yo soy como un olivo verde
    que florece en la casa de Dios;
    yo confío en el gran amor de Dios
    eternamente y para siempre.

9 En todo tiempo te alabaré por tus obras;
    en ti pondré mi esperanza en presencia
    de tus fieles,
    porque tu *nombre es bueno.

Salmo 53

Al director musical. Según *majalat.*
    Masquil de David.

1 Dice el *necio en su *corazón:
    «No hay Dios.»
    Están corrompidos, sus obras son
    detestables;
    ¡no hay uno solo que haga lo bueno

18 In your good pleasure make Zion prosper;
    build up the walls of Jerusalem.
19 Then there will be righteous sacrifices,
    whole burnt offerings to delight you;
    then bulls will be offered on your altar.

Psalm 52

For the director of music. A *maskil*[v] of David. When
Doeg the Edomite had gone to Saul and told him:
"David has gone to the house of Ahimelech."

1 Why do you boast of evil, you mighty
    man?
    Why do you boast all day long,
    you who are a disgrace in the eyes of
    God?
2 Your tongue plots destruction;
    it is like a sharpened razor,
    you who practice deceit.
3 You love evil rather than good,
    falsehood rather than speaking the truth.
                                              Selah
4 You love every harmful word,
    O you deceitful tongue

5 Surely God will bring you down to
    everlasting ruin:
    He will snatch you up and tear you from
    your tent;
    he will uproot you from the land of the
    living.   Selah
6 The righteous will see and fear;
    they will laugh at him, saying,
7 "Here now is the man
    who did not make God his stronghold
    but trusted in his great wealth
    and grew strong by destroying others "

8 But I am like an olive tree
    flourishing in the house of God;
    I trust in God's unfailing love
    for ever and ever.
9 I will praise you forever for what you have
    done;
    in your name I will hope, for your name
    is good.
    I will praise you in the presence of your
    saints.

Psalm 53

For the director of music. According to *mahalath.*[w]
    A *maskil*[x] of David.

1 The fool says in his heart,
    "There is no God."
    They are corrupt, and their ways are vile;
    there is no one who does good.

---

[v]Probably a literary or musical term   [w]Probably a musical
term   [x]Probably a literary or musical term

² Desde el cielo Dios contempla a los
  *mortales,
 para ver si hay alguien
 que sea sensato y busque a Dios.
³ Pero todos se han descarriado,
 a una se han corrompido.
 No hay nadie que haga lo bueno;
 ¡no hay uno solo!

⁴ ¿Acaso no entienden todos los que hacen
  lo malo,
 los que devoran a mi pueblo como si
  fuera pan?
 ¡Jamás invocan a Dios!
⁵ Allí los tienen, sobrecogidos de miedo,
 cuando no hay nada que temer.
 Dios dispersó los huesos de quienes te
  atacaban;
 tú los avergonzaste, porque Dios los
  rechazó.

⁶ ¡Quiera Dios que de *Sión
  venga la *salvación para Israel!
 Cuando Dios restaure a su pueblo,ᵛ
  se regocijará Jacob; se alegrará todo
  Israel.

Salmo 54

Al director musical. Acompáñese con instrumentos
de cuerda. *Masquil de David, cuando gente de Zif
fue a decirle a Saúl: «¿No estará David escondido
entre nosotros?»

¹ Sálvame, oh Dios, por tu *nombre;
 defiéndeme con tu poder.
² Escucha, oh Dios, mi oración;
 presta oído a las palabras de mi boca.
³ Pues *gente extraña me ataca;
 tratan de matarme los violentos,
 gente que no toma en cuenta a Dios.
  *Selah

⁴ Pero Dios es mi socorro;
 el Señor es quien me sostiene,
⁵ y hará recaer el mal sobre mis adversarios.
 Por tu fidelidad, SEÑOR, ¡destrúyelos!

⁶ Te presentaré una ofrenda voluntaria
 y alabaré, SEÑOR, tu buen nombre;
⁷ pues me has librado de todas mis angustias,
 y mis ojos han visto la derrota de mis
  enemigos.

² God looks down from heaven
 on the sons of men
 to see if there are any who understand,
 any who seek God.
³ Everyone has turned away,
 they have together become corrupt;
 there is no one who does good,
 not even one.

⁴ Will the evildoers never learn—
 those who devour my people as men eat
  bread
 and who do not call on God?
⁵ There they were, overwhelmed with dread,
 where there was nothing to dread.
 God scattered the bones of those who
  attacked you;
 you put them to shame, for God despised
  them.

⁶ Oh, that salvation for Israel would come
  out of Zion
 When God restores the fortunes of his
  people,
 let Jacob rejoice and Israel be glad!

Psalm 54

For the director of music. With stringed instruments.
A maskilʸ of David. When the Ziphites had gone to
Saul and said, "Is not David hiding among us?"

¹ Save me, O God, by your name;
 vindicate me by your might.
² Hear my prayer, O God;
 listen to the words of my mouth.

³ Strangers are attacking me;
 ruthless men seek my life—
 men without regard for God.   Selah

⁴ Surely God is my help;
 the Lord is the one who sustains me.

⁵ Let evil recoil on those who slander me;
 in your faithfulness destroy them.

⁶ I will sacrifice a freewill offering to you;
 I will praise your name, O LORD,
 for it is good.
⁷ For he has delivered me from all my
  troubles,
 and my eyes have looked in triumph on
  my foes.

ᵛ53:6 restaure a su pueblo. Alt. haga que su pueblo vuelva
del cautiverio.

ʸProbably a literary or musical term

Salmo 55

Al director musical. Acompáñese con instrumentos
de cuerda. *Masquil de David.

¹ Escucha, oh Dios, mi oración;
  no pases por alto mi súplica.
² ¡Óyeme y respóndeme,
  porque mis angustias me perturban
Me aterran ³las amenazas del enemigo
  y la opresión de los impíos,
pues me causan sufrimiento
  y en su enojo me insultan.

⁴ Se me estremece el *corazón dentro del
    pecho,
  y me invade un pánico mortal.
⁵ Temblando estoy de miedo,
  sobrecogido estoy de terror.
⁶ ¡Cómo quisiera tener las alas de una
    paloma
  y volar hasta encontrar reposo
⁷ Me iría muy lejos de aquí;
  me quedaría a vivir en el desierto.   *Selah
⁸ Presuroso volaría a mi refugio,
  para librarme del viento borrascoso
  y de la tempestad.

⁹ ¡Destrúyelos, Señor ¡Confunde su
    lenguaje
  En la ciudad sólo veo contiendas y
    violencia;
¹⁰ día y noche rondan por sus muros,
  y dentro de ella hay intrigas y maldad.
¹¹ En su seno hay fuerzas destructivas;
  de sus calles no se apartan la opresión y
    el engaño.

¹² Si un enemigo me insultara,
  yo lo podría soportar;
si un adversario me humillara,
  de él me podría yo esconder.
¹³ Pero lo has hecho tú, un *hombre como yo,
  mi compañero, mi mejor amigo,
¹⁴ a quien me unía una bella amistad,
  con quien convivía en la casa de Dios.

¹⁵ ¡Que sorprenda la muerte a mis enemigos
  ¡Que caigan vivos al *sepulcro,
  pues en ellos habita la maldad

¹⁶ Pero yo clamaré a Dios,
  y el SEÑOR me salvará.
¹⁷ Mañana, tarde y noche
  clamo angustiado, y él me escucha.
¹⁸ Aunque son muchos los que me
    combaten,
  él me rescata, me salva la vida
  en la batalla que se libra contra mí.

Psalm 55

For the director of music. With stringed instruments.
A maskilᶻ of David.

¹ Listen to my prayer, O God,
  do not ignore my plea;
² hear me and answer me.
My thoughts trouble me and I am distraught
³ at the voice of the enemy,
  at the stares of the wicked;
for they bring down suffering upon me
  and revile me in their anger.

⁴ My heart is in anguish within me;
  the terrors of death assail me.
⁵ Fear and trembling have beset me;
  horror has overwhelmed me.
⁶ I said, "Oh, that I had the wings of a dove
  I would fly away and be at rest—
⁷ I would flee far away
  and stay in the desert;   Selah
⁸ I would hurry to my place of shelter,
  far from the tempest and storm."

⁹ Confuse the wicked, O Lord, confound
    their speech,
  for I see violence and strife in the city.
¹⁰ Day and night they prowl about on its walls;
  malice and abuse are within it.
¹¹ Destructive forces are at work in the city;
  threats and lies never leave its streets.

¹² If an enemy were insulting me,
  I could endure it;
if a foe were raising himself against me,
  I could hide from him.
¹³ But it is you, a man like myself,
  my companion, my close friend,
¹⁴ with whom I once enjoyed sweet
    fellowship
  as we walked with the throng at the
    house of God.

¹⁵ Let death take my enemies by surprise;
  let them go down alive to the grave,ᵃ
  for evil finds lodging among them.

¹⁶ But I call to God,
  and the LORD saves me.
¹⁷ Evening, morning and noon
  I cry out in distress,
  and he hears my voice.
¹⁸ He ransoms me unharmed
  from the battle waged against me,
  even though many oppose me.

ᶻ Probably a literary or musical term   ᵃ 15 Hebrew Sheol

¹⁹ ¡Dios, que reina para siempre,
    habrá de oírme y los afligirá   *Selah*
  Esa *gente no cambia de conducta,
    no tiene temor de Dios.
²⁰ Levantan la mano contra sus amigos
    y no cumplen sus compromisos.
²¹ Su boca es blanda como la manteca,
    pero sus pensamientos son belicosos.
  Sus palabras son más suaves que el aceite,
    pero no son sino espadas desenvainadas.

²² Encomienda al SEÑOR tus afanes,
    y él te sostendrá;
  no permitirá que el justo caiga
    y quede abatido para siempre.
²³ Tú, oh Dios, abatirás a los impíos
    y los arrojarás en la fosa de la muerte;
  la gente sanguinaria y mentirosa
    no llegará ni a la mitad de su vida.
  Yo, por mi parte, en ti confío.

Salmo 56

Al director musical. Sígase la tonada de
«La tórtola en los robles lejanos». *Mictam* de
David, cuando los filisteos lo apresaron en Gat.

¹ Ten compasión de mí, oh Dios,
    pues hay *gente que me persigue.
  Todo el día me atacan mis opresores,
² todo el día me persiguen mis adversarios;
  son muchos los arrogantes que me
    atacan.

³ Cuando siento miedo,
    pongo en ti mi confianza.
⁴ Confío en Dios y alabo su palabra;
    confío en Dios y no siento miedo.
  ¿Qué puede hacerme un simple
    *mortal?

⁵ Todo el día tuercen mis palabras;
    siempre están pensando hacerme mal.
⁶ Conspiran, se mantienen al acecho;
    ansiosos por quitarme la vida,
    vigilan todo lo que hago.
⁷ ¡En tu enojo, Dios mío, humilla a esos
    pueblos
  ¡De ningún modo los dejes escapar

⁸ Toma en cuenta mis lamentos;
    registra mi llanto en tu libro.^w
  ¿Acaso no lo tienes anotado?
⁹ Cuando yo te pida ayuda,
    huirán mis enemigos.
  Una cosa sé: ¡Dios está de mi parte

¹⁹ God, who is enthroned forever,
    will hear them and afflict them— *Selah*
  men who never change their ways
    and have no fear of God.

²⁰ My companion attacks his friends;
    he violates his covenant.
²¹ His speech is smooth as butter,
    yet war is in his heart;
  his words are more soothing than oil,
    yet they are drawn swords.

²² Cast your cares on the LORD
    and he will sustain you;
  he will never let the righteous fall.
²³ But you, O God, will bring down the wicked
    into the pit of corruption;
  bloodthirsty and deceitful men
    will not live out half their days.

But as for me, I trust in you.

Psalm 56

For the director of music. To the tune of
"A Dove on Distant Oaks." Of David. A *miktam.*^b
When the Philistines had seized him in Gath.

¹ Be merciful to me, O God, for men hotly
    pursue me;
  all day long they press their attack.
² My slanderers pursue me all day long;
    many are attacking me in their pride.

³ When I am afraid,
    I will trust in you.
⁴ In God, whose word I praise,
    in God I trust; I will not be afraid.
  What can mortal man do to me?

⁵ All day long they twist my words;
    they are always plotting to harm me.
⁶ They conspire, they lurk,
    they watch my steps,
    eager to take my life.
⁷ On no account let them escape;
    in your anger, O God, bring down the
    nations.
⁸ Record my lament;
    list my tears on your scroll^c—
  are they not in your record?

⁹ Then my enemies will turn back
    when I call for help.
  By this I will know that God is for me.

---

^w **56:8** *registra mi llanto en tu libro.* Lit. *pon mis lágrimas en tu frasco.*

^b Probably a literary or musical term   ^c 8 Or / *put my tears in your wineskin*

10 Confío en Dios y alabo su palabra;
   confío en el SEÑOR y alabo su palabra;
11 confío en Dios y no siento miedo.
   ¿Qué puede hacerme un simple mortal?

12 He hecho votos delante de ti, oh Dios,
   y te presentaré mis ofrendas de
      gratitud.
13 Tú, oh Dios, me has librado de
      tropiezos,
   me has librado de la muerte,
   para que siempre, en tu presencia,
   camine en la luz de la vida.

Salmo 57

Al director musical. Sígase la tonada de
«No destruyas». *Mictam* de David, cuando David
había huido de Saúl y estaba en una cueva.

1 Ten compasión de mí, oh Dios;
   ten compasión de mí, que en ti confío.
   A la sombra de tus alas me refugiaré,
   hasta que haya pasado el peligro.

2 Clamo al Dios *Altísimo,
   al Dios que me brinda su apoyo.
3 Desde el cielo me tiende la mano y me
      salva;
   reprende a mis perseguidores.   *Selah
   ¡Dios me envía su amor y su verdad

4 Me encuentro en medio de leones,
   rodeado de *gente rapaz.
   Sus dientes son lanzas y flechas;
   su lengua, una espada afilada.

5 Pero tú, oh Dios, estás sobre los cielos,
   ¡tu gloria cubre toda la tierra

6 Tendieron una red en mi camino,
   y mi ánimo quedó por los suelos.
   En mi senda cavaron una fosa,
   pero ellos mismos cayeron en ella.

                                        Selah

7 Firme está, oh Dios, mi *corazón;
   firme está mi corazón.
   Voy a cantarte salmos.
8 ¡Despierta, *alma mía
   ¡Despierten, arpa y lira
   ¡Haré despertar al nuevo día

9 Te alabaré, Señor, entre los pueblos,
   te cantaré salmos entre las naciones.

10 In God, whose word I praise,
   in the LORD, whose word I praise—
11 in God I trust; I will not be afraid.
   What can man do to me?

12 I am under vows to you, O God;
   I will present my thank offerings to you.
13 For you have delivered me[d] from death
   and my feet from stumbling,
   that I may walk before God
   in the light of life.[e]

Psalm 57

For the director of music. To the tune of
"Do Not Destroy." Of David. A *miktam*.[f]
When he had fled from Saul into the cave.

1 Have mercy on me, O God, have mercy on
      me,
   for in you my soul takes refuge.
   I will take refuge in the shadow of your
      wings
   until the disaster has passed.

2 I cry out to God Most High,
   to God, who fulfills his purpose for me.
3 He sends from heaven and saves me,
   rebuking those who hotly pursue me;
                                        Selah
   God sends his love and his faithfulness.

4 I am in the midst of lions;
   I lie among ravenous beasts—
   men whose teeth are spears and arrows,
   whose tongues are sharp swords.

5 Be exalted, O God, above the heavens;
   let your glory be over all the earth.

6 They spread a net for my feet—
   I was bowed down in distress.
   They dug a pit in my path—
   but they have fallen into it themselves.
                                        Selah

7 My heart is steadfast, O God,
   my heart is steadfast;
   I will sing and make music.
8 Awake, my soul
   Awake, harp and lyre
   I will awaken the dawn.

9 I will praise you, O Lord, among the nations;
   I will sing of you among the peoples.

d 13 Or *my soul*   e 13 Or *the land of the living*   f Probably a
literary or musical term

10 Pues tu amor es tan grande que llega a los
cielos;
¡tu verdad llega hasta el firmamento

11 ¡Tú, oh Dios, estás sobre los cielos;
tu gloria cubre toda la tierra

Salmo 58

Al director musical. Sígase la tonada de
«No destruyas». *Mictam de David.

1 ¿Acaso ustedes, gobernantes, actúan con
*justicia,
y juzgan con rectitud a los *seres
humanos?
2 Al contrario, con la *mente traman injusticia,
y la violencia de sus manos se desata en
el país.
3 Los malvados se pervierten desde que
nacen;
desde el vientre materno se desvían los
mentirosos.
4 Su veneno es como el de las serpientes,
como el de una cobra que se hace la sorda
5 para no escuchar la música del mago,
del diestro en encantamientos.

6 Rómpeles, oh Dios, los dientes;
¡arráncales, SEÑOR, los colmillos a esos
leones
7 Que se escurran, como el agua entre los
dedos;
que se rompan sus flechas al tensar el
arco.
8 Que se disuelvan, como babosa rastrera;
que no vean la luz, cual si fueran
abortivos.
9 Que sin darse cuenta, ardan como espinos;
que el viento los arrastre, estén verdes o
secos.

10 Se alegrará el justo al ver la venganza,
al empapar sus pies en la sangre del
impío.
11 Dirá entonces la *gente:
«Ciertamente los justos son
recompensados;
ciertamente hay un Dios que juzga en la
tierra.»

Salmo 59

Al director musical. Sígase la tonada de
«No destruyas». *Mictam de David, cuando Saúl
había ordenado que vigilaran la casa de David
con el propósito de matarlo.

1 Líbrame de mis enemigos, oh Dios;
protégeme de los que me atacan.
2 Líbrame de los malhechores;
sálvame de los asesinos.

10 For great is your love, reaching to the
heavens;
your faithfulness reaches to the skies.

11 Be exalted, O God, above the heavens;
let your glory be over all the earth.

Psalm 58

For the director of music. To the tune of
"Do Not Destroy." Of David. A miktam. g

1 Do you rulers indeed speak justly?
Do you judge uprightly among men?
2 No, in your heart you devise injustice,
and your hands mete out violence on the
earth.
3 Even from birth the wicked go astray;
from the womb they are wayward and
speak lies.
4 Their venom is like the venom of a snake,
like that of a cobra that has stopped its ears,
5 that will not heed the tune of the charmer,
however skillful the enchanter may be.

6 Break the teeth in their mouths, O God;
tear out, O LORD, the fangs of the lions
7 Let them vanish like water that flows away;
when they draw the bow, let their arrows
be blunted.
8 Like a slug melting away as it moves along,
like a stillborn child, may they not see
the sun.

9 Before your pots can feel the heat of the
thorns—
whether they be green or dry—the
wicked will be swept away. h

10 The righteous will be glad when they are
avenged,
when they bathe their feet in the blood of
the wicked.
11 Then men will say,
"Surely the righteous still are rewarded;
surely there is a God who judges the earth."

Psalm 59

For the director of music. To the tune of "Do Not
Destroy." Of David. A miktam. i When Saul had sent
men to watch David's house in order to kill him.

1 Deliver me from my enemies, O God;
protect me from those who rise up
against me.
2 Deliver me from evildoers
and save me from bloodthirsty men.

g Probably a literary or musical term   h 9 The meaning of the
Hebrew for this verse is uncertain.   i Probably a literary or
musical term

3 ¡Mira cómo me acechan
  *Hombres crueles conspiran contra mí
  sin que yo, SEÑOR, haya delinquido ni
    pecado.
4 Presurosos se disponen a atacarme
  sin que yo haya cometido mal alguno.

  ¡Levántate y ven en mi ayuda
  ¡Mira mi condición
5 Tú, SEÑOR, eres el Dios *Todopoderoso,
  ¡eres el Dios de Israel
  ¡Despiértate y castiga a todas las naciones;
  no tengas compasión de esos viles
    traidores   *Selah*

6 Ellos vuelven por la noche,
  gruñendo como perros
  y acechando alrededor de la ciudad.
7 Echan espuma por la boca,
  lanzan espadas por sus fauces,
  y dicen: «¿Quién va a oírnos?»
8 Pero tú, SEÑOR, te burlas de ellos;
  te ríes de todas las naciones.
9 A ti, fortaleza mía, vuelvo los ojos,
  pues tú, oh Dios, eres mi protector.
10 Tú eres el Dios que me ama,
  e irás delante de mí
  para hacerme ver la derrota de mis
    enemigos.
11 Pero no los mates,
  para que mi pueblo no lo olvide.
  Zarandéalos con tu poder; ¡humíllalos
  ¡Tú, Señor, eres nuestro escudo
12 Por los pecados de su boca,
  por las palabras de sus labios,
  que caigan en la trampa de su orgullo.
  Por las maldiciones y mentiras que
    profieren,
13   consúmelos en tu enojo,
  ¡consúmelos hasta que dejen de existir
  Así todos sabrán que Dios gobierna en
    Jacob,
  y hasta los confines de la tierra.   *Selah*

14 Porque ellos vuelven por la noche,
  gruñendo como perros
  y acechando alrededor de la ciudad.
15 Van de un lado a otro buscando comida,
  y aúllan si no quedan satisfechos.
16 Pero yo le cantaré a tu poder,
  y por la mañana alabaré tu amor;
  porque tú eres mi protector,
  mi refugio en momentos de angustia.

17 A ti, fortaleza mía, te cantaré salmos,
  pues tú, oh Dios, eres mi protector.
  ¡Tú eres el Dios que me ama

3 See how they lie in wait for me
  Fierce men conspire against me
  for no offense or sin of mine, O LORD.
4 I have done no wrong, yet they are ready
    to attack me.
  Arise to help me; look on my plight
5 O LORD God Almighty, the God of Israel,
  rouse yourself to punish all the nations;
  show no mercy to wicked traitors.   *Selah*

6 They return at evening,
  snarling like dogs,
  and prowl about the city.
7 See what they spew from their mouths—
  they spew out swords from their lips,
  and they say, "Who can hear us?"
8 But you, O LORD, laugh at them;
  you scoff at all those nations.
9 O my Strength, I watch for you;
  you, O God, are my fortress, 10 my loving
    God.

  God will go before me
  and will let me gloat over those who
    slander me.
11 But do not kill them, O Lord our shield,[j]
  or my people will forget.
  In your might make them wander about,
  and bring them down.
12 For the sins of their mouths,
  for the words of their lips,
  let them be caught in their pride.
  For the curses and lies they utter,
13   consume them in wrath,
  consume them till they are no more.
  Then it will be known to the ends of the
    earth
  that God rules over Jacob.   *Selah*

14 They return at evening,
  snarling like dogs,
  and prowl about the city.
15 They wander about for food
  and howl if not satisfied.
16 But I will sing of your strength,
  in the morning I will sing of your love;
  for you are my fortress,
  my refuge in times of trouble.

17 O my Strength, I sing praise to you;
  you, O God, are my fortress, my loving
    God.

Salmo 60

Al director musical. Sígase la tonada de
«El lirio del pacto». *Mictam didáctico de David,
cuando luchó contra los arameos del noroeste de
Mesopotamia y de Siria central,
y cuando Joab volvió y abatió
a doce mil edomitas en el valle de la Sal.

¹ Oh Dios, tú nos has rechazado
   y has abierto brecha en nuestras filas;
te has enojado con nosotros:
   ¡restáuranos ahora
² Has sacudido la tierra,
   la has resquebrajado;
repara sus grietas,
   porque se desmorona.
³ Has sometido a tu pueblo a duras pruebas;
   nos diste a beber un vino embriagador.

⁴ Da ˣ a tus fieles la señal de retirada,
   para que puedan escapar de los arqueros.
                                    *Selah

⁵ Líbranos con tu diestra, respóndenos
   para que tu pueblo amado quede a salvo.

⁶ Dios ha dicho en su santuario:
   «Triunfante repartiré a Siquén,
   y dividiré el valle de Sucot.
⁷ Mío es Galaad, mío es Manasés;
   Efraín es mi yelmo y Judá mi cetro.
⁸ En Moab me lavo las manos,
   sobre Edom arrojo mi sandalia;
   sobre Filistea lanzo gritos de triunfo.»

⁹ ¿Quién me llevará a la ciudad fortificada?
   ¿Quién me mostrará el camino a Edom?
¹⁰ ¿No eres tú, oh Dios, quien nos ha
   rechazado?
   ¡Ya no sales, oh Dios, con nuestros
   ejércitos
¹¹ Bríndanos tu ayuda contra el enemigo,
   pues de nada sirve la ayuda *humana.
¹² Con Dios obtendremos la victoria;
   ¡él pisoteará a nuestros enemigos

Salmo 61

Al director musical. Acompáñese con instrumentos
de cuerda. De David.

¹ Oh Dios, escucha mi clamor
   y atiende a mi oración.

² Desde los confines de la tierra te invoco,
   pues mi *corazón desfallece;
   llévame a una roca donde esté yo a salvo.

Psalm 60

For the director of music. To the tune of
"The Lily of the Covenant." A miktam ᵏ of David.
For teaching. When he fought Aram Naharaim ˡ
and Aram Zobah, ᵐ and when Joab returned and
struck down twelve thousand Edomites
in the Valley of Salt.

¹ You have rejected us, O God, and burst
   forth upon us;
   you have been angry—now restore us
² You have shaken the land and torn it open;
   mend its fractures, for it is quaking.
³ You have shown your people desperate
   times;
   you have given us wine that makes us
   stagger.

⁴ But for those who fear you, you have
   raised a banner
   to be unfurled against the bow.
                                    Selah

⁵ Save us and help us with your right hand,
   that those you love may be delivered.

⁶ God has spoken from his sanctuary:
   "In triumph I will parcel out Shechem
   and measure off the Valley of Succoth.
⁷ Gilead is mine, and Manasseh is mine;
   Ephraim is my helmet,
   Judah my scepter.
⁸ Moab is my washbasin,
   upon Edom I toss my sandal;
   over Philistia I shout in triumph."

⁹ Who will bring me to the fortified city?
   Who will lead me to Edom?
¹⁰ Is it not you, O God, you who have
   rejected us
   and no longer go out with our armies?
¹¹ Give us aid against the enemy,
   for the help of man is worthless.
¹² With God we will gain the victory,
   and he will trample down our enemies.

Psalm 61

For the director of music. With stringed instruments.
Of David.

¹ Hear my cry, O God;
   listen to my prayer.

² From the ends of the earth I call to you,
   I call as my heart grows faint;
   lead me to the rock that is higher than I.

ˣ **60:4** Da (lectura probable); Diste (TM).

ᵏ Probably a literary or musical term   ˡ That is, Arameans of
Northwest Mesopotamia   ᵐ That is, Arameans of central
Syria

3 Porque tú eres mi refugio,
   mi baluarte contra el enemigo.

4 Anhelo habitar en tu casa para
      siempre
   y refugiarme debajo de tus alas.   *Selah
5 Tú, oh Dios, has aceptado mis votos
   y me has dado la heredad de quienes te
      honran.

6 Concédele al rey más años de vida;
   que sean sus días una eternidad.
7 Que reine siempre en tu presencia,
   y que tu amor y tu verdad lo protejan.
8 Así cantaré siempre salmos a tu *nombre
   y cumpliré mis votos día tras día.

Salmo 62

Al director musical. Para Jedutún. Salmo de David.

1 Sólo en Dios halla descanso mi *alma;
   de él viene mi *salvación.
2 Sólo él es mi *roca y mi salvación;
   él es mi protector.
   ¡Jamás habré de caer!

3 ¿Hasta cuándo atacarán todos ustedes
      a un *hombre para derribarlo?
   Es como un muro inclinado,
      ¡como una cerca a punto de
         derrumbarse!
4 Sólo quieren derribarlo
   de su lugar de preeminencia.
   Se complacen en la mentira:
      bendicen con la boca,
      pero maldicen con el *corazón.   *Selah

5 Sólo en Dios halla descanso mi alma;
   de él viene mi esperanza.
6 Sólo él es mi roca y mi salvación;
   él es mi protector
   y no habré de caer.
7 Dios es mi salvación y mi gloria;
   es la roca que me fortalece;
   ¡mi refugio está en Dios!
8 Confía siempre en él, pueblo mío;
   ábrele tu corazón cuando estés ante él.
   ¡Dios es nuestro refugio!   Selah

9 Una quimera es la *gente de humilde
      cuna,
   y una mentira la gente de alta alcurnia;
   si se les pone juntos en la balanza,
   todos ellos no pesan nada.

10 No confíen en la extorsión
   ni se hagan ilusiones con sus rapiñas;
   y aunque se multipliquen sus riquezas,
   no pongan el corazón en ellas.

3 For you have been my refuge,
   a strong tower against the foe.

4 I long to dwell in your tent forever
   and take refuge in the shelter of your
      wings.   Selah
5 For you have heard my vows, O God;
   you have given me the heritage of those
      who fear your name.

6 Increase the days of the king's life,
   his years for many generations.
7 May he be enthroned in God's presence
      forever;
   appoint your love and faithfulness to
      protect him.

8 Then will I ever sing praise to your name
   and fulfill my vows day after day.

Psalm 62

For the director of music. For Jeduthun.
A psalm of David.

1 My soul finds rest in God alone;
   my salvation comes from him.
2 He alone is my rock and my salvation;
   he is my fortress, I will never be shaken.

3 How long will you assault a man?
   Would all of you throw him down—
   this leaning wall, this tottering fence?
4 They fully intend to topple him
   from his lofty place;
   they take delight in lies.
   With their mouths they bless,
   but in their hearts they curse.   Selah

5 Find rest, O my soul, in God alone;
   my hope comes from him.
6 He alone is my rock and my salvation;
   he is my fortress, I will not be shaken.
7 My salvation and my honor depend on God[n];
   he is my mighty rock, my refuge.
8 Trust in him at all times, O people;
   pour out your hearts to him,
   for God is our refuge.   Selah

9 Lowborn men are but a breath,
   the highborn are but a lie;
   if weighed on a balance, they are nothing;
   together they are only a breath.
10 Do not trust in extortion
   or take pride in stolen goods;
   though your riches increase,
   do not set your heart on them.

---

[n] 7 Or / God Most High is my salvation and my honor

11 Una cosa ha dicho Dios,
  y dos veces lo he escuchado:
  Que tú, oh Dios, eres poderoso;
12   que tú, Señor, eres todo amor;
  que tú pagarás a cada uno
  según lo que merezcan sus obras.

Salmo 63

Salmo de David, cuando estaba
en el desierto de Judá.

1 Oh Dios, tú eres mi Dios;
  yo te busco intensamente.
  Mi *alma tiene sed de ti;
  todo mi ser te anhela,
  cual tierra seca, extenuada y sedienta.

2 Te he visto en el santuario
  y he contemplado tu poder y tu gloria.
3 Tu amor es mejor que la vida;
  por eso mis labios te alabarán.
4 Te bendeciré mientras viva,
  y alzando mis manos te invocaré.

5 Mi alma quedará satisfecha
  como de un suculento banquete,
  y con labios jubilosos
  te alabará mi boca.

6 En mi lecho me acuerdo de ti;
  pienso en ti toda la noche.
7 A la sombra de tus alas cantaré,
  porque tú eres mi ayuda.
8 Mi alma se aferra a ti;
  tu mano derecha me sostiene.

9 Los que buscan mi muerte serán
    destruidos;
  bajarán a las profundidades de la tierra.
10 Serán entregados a la espada
  y acabarán devorados por los chacales.

11 El rey se regocijará en Dios;
  todos los que invocan a Dios lo alabarán,
  pero los mentirosos serán silenciados.

Salmo 64

Al director musical. Salmo de David.

1 Escucha, oh Dios, la voz de mi queja;
  protégeme del temor al enemigo.
2 Escóndeme de esa pandilla de impíos,
  de esa caterva de malhechores.
3 Afilan su lengua como espada
  y lanzan como flechas palabras
    ponzoñosas.
4 Emboscados, disparan contra el inocente;
  le tiran sin temor y sin aviso.

11 One thing God has spoken,
  two things have I heard:
  that you, O God, are strong,
12   and that you, O Lord, are loving.
  Surely you will reward each person
  according to what he has done.

Psalm 63

A psalm of David. When he was in
the Desert of Judah.

1 O God, you are my God,
  earnestly I seek you;
  my soul thirsts for you,
  my body longs for you,
  in a dry and weary land
  where there is no water.

2 I have seen you in the sanctuary
  and beheld your power and your glory.
3 Because your love is better than life,
  my lips will glorify you.
4 I will praise you as long as I live,
  and in your name I will lift up my hands.
5 My soul will be satisfied as with the
    richest of foods;
  with singing lips my mouth will praise you.

6 On my bed I remember you;
  I think of you through the watches of the
    night.
7 Because you are my help,
  I sing in the shadow of your wings.
8 My soul clings to you;
  your right hand upholds me.

9 They who seek my life will be destroyed;
  they will go down to the depths of the earth.
10 They will be given over to the sword
  and become food for jackals.

11 But the king will rejoice in God;
  all who swear by God's name will praise
    him,
  while the mouths of liars will be silenced.

Psalm 64

For the director of music. A psalm of David.

1 Hear me, O God, as I voice my complaint;
  protect my life from the threat of the
    enemy.
2 Hide me from the conspiracy of the wicked,
  from that noisy crowd of evildoers.
3 They sharpen their tongues like swords
  and aim their words like deadly arrows.
4 They shoot from ambush at the innocent
    man;
  they shoot at him suddenly, without fear.

5 Unos a otros se animan en sus planes
　　impíos,
　　calculan cómo tender sus trampas;
　y hasta dicen: «¿Quién las verá?»
6 Maquinan injusticias, y dicen:
　«¡Hemos tramado un plan perfecto »
　¡Cuán incomprensibles son
　　la *mente y los pensamientos *humanos

7 Pero Dios les disparará sus flechas,
　y sin aviso caerán heridos.
8 Su propia lengua será su ruina,
　y quien los vea se burlará de ellos.

9 La *humanidad entera sentirá temor:
　proclamará las proezas de Dios
　y meditará en sus obras.
10 Que se regocijen en el SEÑOR los justos;
　que busquen refugio en él;
　¡que lo alaben todos los de recto
　　*corazón

Salmo 65

Al director musical. Salmo de David. Cántico.

1 A ti, oh Dios de *Sión,
　te pertenece la alabanza.
　A ti se te deben cumplir los votos,
2 　porque escuchas la oración.
　A ti acude todo *mortal,
3 　a causa de sus perversidades.
　Nuestros delitos nos abruman,
　pero tú los perdonaste.
4 ¡*Dichoso aquel a quien tú escoges,
　al que atraes a ti para que viva en tus
　　atrios
　Saciémonos de los bienes de tu casa,
　de los dones de tu santo templo.

5 Tú, oh Dios y Salvador nuestro,
　nos respondes con imponentes obras de
　　*justicia;
　tú eres la esperanza de los confines de la
　　tierra
　y de los más lejanos mares.
6 Tú, con tu poder, formaste las montañas,
　desplegando tu potencia.
7 Tú calmaste el rugido de los mares,
　el estruendo de sus olas,
　y el tumulto de los pueblos.
8 Los que viven en remotos lugares
　se asombran ante tus prodigios;
　del oriente al occidente
　tú inspiras canciones de alegría.

9 Con tus cuidados fecundas la tierra,
　y la colmas de abundancia.
　Los arroyos de Dios se llenan de agua,

5 They encourage each other in evil plans,
　they talk about hiding their snares;
　they say, "Who will see them[o]?"
6 They plot injustice and say,
　"We have devised a perfect plan "
　Surely the mind and heart of man are
　　cunning.

7 But God will shoot them with arrows;
　suddenly they will be struck down.
8 He will turn their own tongues against
　　them
　and bring them to ruin;
　all who see them will shake their heads
　　in scorn.

9 All mankind will fear;
　they will proclaim the works of God
　and ponder what he has done.
10 Let the righteous rejoice in the LORD
　and take refuge in him;
　let all the upright in heart praise him

Psalm 65

For the director of music. A psalm of David. A song.

1 Praise awaits[p] you, O God, in Zion;
　to you our vows will be fulfilled.
2 O you who hear prayer,
　to you all men will come.
3 When we were overwhelmed by sins,
　you forgave[q] our transgressions.
4 Blessed are those you choose
　and bring near to live in your courts
　We are filled with the good things of your
　　house,
　of your holy temple.

5 You answer us with awesome deeds of
　　righteousness,
　O God our Savior,
　the hope of all the ends of the earth
　and of the farthest seas,
6 who formed the mountains by your power,
　having armed yourself with strength,
7 who stilled the roaring of the seas,
　the roaring of their waves,
　and the turmoil of the nations.
8 Those living far away fear your wonders;
　where morning dawns and evening fades
　you call forth songs of joy.

9 You care for the land and water it;
　you enrich it abundantly.
　The streams of God are filled with water

o 5 Or us　p 1 Or befits; the meaning of the Hebrew for this
word is uncertain.　q 3 Or made atonement for

para asegurarle trigo al pueblo.
¡Así preparas el campo

10 Empapas los surcos, nivelas sus terrones,
reblandeces la tierra con las lluvias
y bendices sus renuevos.

11 Tú coronas el año con tus bondades,
y tus carretas se desbordan de
abundancia.

12 Rebosan los prados del desierto;
las colinas se visten de alegría.

13 Pobladas de rebaños las praderas,
y cubiertos los valles de trigales,
cantan y lanzan voces de alegría.

Salmo 66

Al director musical. Cántico. Salmo.

1 ¡Aclamen alegres a Dios,
habitantes de toda la tierra

2 Canten salmos a su glorioso *nombre;
¡ríndanle gloriosas alabanzas

3 Díganle a Dios:
«¡Cuán imponentes son tus obras
Es tan grande tu poder
que tus enemigos mismos se rinden ante
ti.

4 Toda la tierra se postra en tu presencia,
y te cantan salmos;
cantan salmos a tu nombre.»   *Selah

5 ¡Vengan y vean las proezas de Dios,
sus obras portentosas en nuestro favor

6 Convirtió el mar en tierra seca,
y el pueblo cruzó el río a pie.
¡Regocijémonos en él

7 Con su poder gobierna eternamente;
sus ojos vigilan a las naciones.
¡Que no se levanten contra él los
rebeldes   Selah

8 Pueblos todos, bendigan a nuestro Dios,
hagan oír la voz de su alabanza.

9 Él ha protegido nuestra vida,
ha evitado que resbalen nuestros pies.

10 Tú, oh Dios, nos has puesto a prueba;
nos has purificado como a la plata.

11 Nos has hecho caer en una red;
¡pesada carga nos has echado a cuestas

12 Las caballerías nos han aplastado la
cabeza;
hemos pasado por el fuego y por el agua,
pero al fin nos has dado un respiro.

13 Me presentaré en tu templo con
*holocaustos
y cumpliré los votos que te hice,

14 los votos de mis labios y mi boca
que pronuncié en medio de mi angustia.

to provide the people with grain,
for so you have ordained it.[r]

10 You drench its furrows
and level its ridges;
you soften it with showers
and bless its crops.

11 You crown the year with your bounty,
and your carts overflow with abundance.

12 The grasslands of the desert overflow;
the hills are clothed with gladness.

13 The meadows are covered with flocks
and the valleys are mantled with grain;
they shout for joy and sing.

Psalm 66

For the director of music. A song. A psalm.

1 Shout with joy to God, all the earth

2   Sing the glory of his name;
make his praise glorious

3 Say to God, "How awesome are your deeds
So great is your power
that your enemies cringe before you.

4 All the earth bows down to you;
they sing praise to you,
they sing praise to your name."   Selah

5 Come and see what God has done,
how awesome his works in man's behalf

6 He turned the sea into dry land,
they passed through the waters on foot—
come, let us rejoice in him.

7 He rules forever by his power,
his eyes watch the nations—
let not the rebellious rise up against him.
    Selah

8 Praise our God, O peoples,
let the sound of his praise be heard;

9 he has preserved our lives
and kept our feet from slipping.

10 For you, O God, tested us;
you refined us like silver.

11 You brought us into prison
and laid burdens on our backs.

12 You let men ride over our heads;
we went through fire and water,
but you brought us to a place of
abundance.

13 I will come to your temple with burnt
offerings
and fulfill my vows to you—

14 vows my lips promised and my mouth
spoke
when I was in trouble.

[r] 9 Or for that is how you prepare the land

15 Te ofreceré holocaustos de animales
     engordados,
   junto con el humo de ofrendas de carneros;
   te ofreceré toros y machos cabríos.   *Selah*

16 Vengan ustedes, temerosos de Dios,
     escuchen, que voy a contarles
     todo lo que él ha hecho por mí.
17 Clamé a él con mi boca;
     lo alabé con mi lengua.
18 Si en mi *corazón hubiera yo abrigado
     maldad,
     el *Señor no me habría escuchado;
19 pero Dios sí me ha escuchado,
     ha atendido a la voz de mi plegaria.
20 ¡Bendito sea Dios,
     que no rechazó mi plegaria
     ni me negó su amor

Salmo 67

Al director musical. Acompáñese con instrumentos
de cuerda. Salmo. Cántico.

1 Dios nos tenga compasión y nos bendiga;
   Dios haga resplandecer su rostro sobre
       nosotros,   *Selah*
2 para que se conozcan en la tierra sus
      *caminos,
   y entre todas las naciones su *salvación.

3 Que te alaben, oh Dios, los pueblos;
   que todos los pueblos te alaben.

4 Alégrense y canten con júbilo las naciones,
   porque tú las gobiernas con rectitud;
   ¡tú guías a las naciones de la tierra   *Selah*
5 Que te alaben, oh Dios, los pueblos;
   que todos los pueblos te alaben.

6 La tierra dará entonces su fruto,
   y Dios, nuestro Dios, nos bendecirá.
7 Dios nos bendecirá,
   y le temerán todos los confines de la tierra.

Salmo 68

Al director musical. Salmo de David. Cántico.

1 Que se levante Dios,
   que sean dispersados sus enemigos,
   que huyan de su presencia los que le odian.
2 Que desaparezcan del todo,
   como humo que se disipa con el viento;
   que perezcan ante Dios los impíos,
   como cera que se derrite en el fuego.
3 Pero que los justos se alegren y se
     regocijen;
   que estén felices y alegres delante de Dios.

4 Canten a Dios, canten salmos a su *nombre;
   aclamen a quien cabalga por las estepas,

15 I will sacrifice fat animals to you
   and an offering of rams;
   I will offer bulls and goats.   *Selah*

16 Come and listen, all you who fear God;
   let me tell you what he has done for me.
17 I cried out to him with my mouth;
   his praise was on my tongue.
18 If I had cherished sin in my heart,
   the Lord would not have listened;
19 but God has surely listened
   and heard my voice in prayer.
20 Praise be to God,
   who has not rejected my prayer
   or withheld his love from me

Psalm 67

For the director of music. With stringed instruments.
A psalm. A song.

1 May God be gracious to us and bless us
   and make his face shine upon us,   *Selah*
2 that your ways may be known on earth,
   your salvation among all nations.

3 May the peoples praise you, O God;
   may all the peoples praise you.

4 May the nations be glad and sing for joy,
   for you rule the peoples justly
   and guide the nations of the earth.   *Selah*
5 May the peoples praise you, O God;
   may all the peoples praise you.

6 Then the land will yield its harvest,
   and God, our God, will bless us.
7 God will bless us,
   and all the ends of the earth will fear him.

Psalm 68

For the director of music. Of David.
A psalm. A song.

1 May God arise, may his enemies be
     scattered;
   may his foes flee before him.
2 As smoke is blown away by the wind,
   may you blow them away;
  as wax melts before the fire,
   may the wicked perish before God.
3 But may the righteous be glad
   and rejoice before God;
   may they be happy and joyful.

4 Sing to God, sing praise to his name,
   extol him who rides on the clouds[s]—

s 4 Or / prepare the way for him who rides through the deserts

y regocíjense en su presencia.
¡Su nombre es el SEÑOR!
5 Padre de los huérfanos y defensor de las
viudas
es Dios en su morada santa.
6 Dios da un hogar a los desamparados
y libertad a los cautivos;
los rebeldes habitarán en el desierto.

7 Cuando saliste, oh Dios, al frente de tu
pueblo,
cuando a través de los páramos
marchaste,   *Selah
8 la tierra se estremeció,
los cielos se vaciaron,
delante de Dios, el Dios de Sinaí,
delante de Dios, el Dios de Israel.
9 Tú, oh Dios, diste abundantes lluvias;
reanimaste a tu extenuada herencia.
10 Tu familia se estableció en la tierra
que en tu bondad, oh Dios, preparaste
para el pobre.

11 El Señor ha emitido la palabra,
y millares de mensajeras la
proclaman:
12 «Van huyendo los reyes y sus tropas;
en las casas, las mujeres se reparten el
botín:
13 alas de paloma cubiertas de plata,
con plumas de oro resplandeciente.
Tú te quedaste a dormir entre los
rebaños.»
14 Cuando el *Todopoderoso puso
en fuga
a los reyes de la tierra,
parecían copos de nieve
cayendo sobre la cumbre del Zalmón.

15 Montañas de Basán, montañas
imponentes;
montañas de Basán, montañas
escarpadas:
16 ¿Por qué, montañas escarpadas, miran con
envidia
al monte donde a Dios le place
residir,
donde el SEÑOR habitará por siempre?
17 Los carros de guerra de Dios
se cuentan por millares;
del Sinaí vino en ellos el Señor
para entrar en su santuario.
18 Cuando tú, Dios y SEÑOR,
ascendiste a las alturas,
te llevaste contigo a los cautivos;
tomaste tributo de los *hombres,
aun de los rebeldes,
para establecer tu morada.

his name is the LORD—
and rejoice before him.
5 A father to the fatherless, a defender of
widows,
is God in his holy dwelling.
6 God sets the lonely in families,[t]
he leads forth the prisoners with singing;
but the rebellious live in a sun-scorched
land.

7 When you went out before your people, O
God,
when you marched through the
wasteland,   Selah
8 the earth shook,
the heavens poured down rain,
before God, the One of Sinai,
before God, the God of Israel.
9 You gave abundant showers, O God;
you refreshed your weary inheritance.
10 Your people settled in it,
and from your bounty, O God, you
provided for the poor.

11 The Lord announced the word,
and great was the company of those who
proclaimed it:
12 "Kings and armies flee in haste;
in the camps men divide the plunder.
13 Even while you sleep among the campfires,[u]
the wings of ˌmyˌ dove are sheathed with
silver,
its feathers with shining gold."
14 When the Almighty[v] scattered the kings in
the land,
it was like snow fallen on Zalmon.

15 The mountains of Bashan are majestic
mountains;
rugged are the mountains of Bashan.
16 Why gaze in envy, O rugged mountains,
at the mountain where God chooses to
reign,
where the LORD himself will dwell
forever?
17 The chariots of God are tens of thousands
and thousands of thousands;
the Lord ˌhas comeˌ from Sinai into his
sanctuary.
18 When you ascended on high,
you led captives in your train;
you received gifts from men,
even from[w] the rebellious—
that you,[x] O LORD God, might dwell there.

t 6 Or the desolate in a homeland   u 13 Or saddlebags
v 14 Hebrew Shaddai   w 18 Or gifts for men, / even   x 18 Or
they

¹⁹ Bendito sea el Señor, nuestro Dios y
   Salvador,
   que día tras día sobrelleva nuestras
      cargas.   *Selah*
²⁰ Nuestro Dios es un Dios que salva;
   el SEÑOR Soberano nos libra de la
      muerte.

²¹ Dios aplastará la cabeza de sus
      enemigos,
   la testa enmarañada de los que viven
      pecando.
²² El Señor nos dice: «De Basán los
      regresaré;
   de las profundidades del mar los haré
      volver,
²³ para que se empapen los pies
   en la sangre de sus enemigos;
   para que, al lamerla, los perros
      tengan también su parte.»

²⁴ En el santuario pueden verse
   las procesiones de mi Dios,
   las procesiones de mi Dios y rey.
²⁵ Los cantores van al frente,
   seguidos de los músicos de cuerda,
   entre doncellas que tocan panderetas.
²⁶ Bendigan a Dios en la gran congregación;
   alaben al SEÑOR, descendientes
      de Israel.
²⁷ Los guía la joven tribu de Benjamín,
   seguida de los múltiples príncipes
      de Judá
   y de los príncipes de Zabulón y Neftalí.

²⁸ Despliega tu poder, oh Dios;
   haz gala, oh Dios, de tu poder,
   que has manifestado en favor nuestro.
²⁹ Por causa de tu templo en Jerusalén
   los reyes te ofrecerán presentes.
³⁰ Reprende a esa bestia de los juncos,
   a esa manada de toros bravos
   entre naciones que parecen becerros.
   Haz que, humillada, te lleve barras de
      plata;
   dispersa a las naciones belicosas.
³¹ Egipto enviará embajadores,
   y *Cus se someterá a Dios.

³² Cántenle a Dios, oh reinos de la tierra,
   cántenle salmos al Señor,   *Selah*
³³ al que cabalga por los cielos,
   los cielos antiguos,
   al que hace oír su voz,
   su voz de trueno.
³⁴ Reconozcan el poder de Dios;
   su majestad está sobre Israel,
   su poder está en las alturas.

¹⁹ Praise be to the Lord, to God our Savior,
   who daily bears our burdens.   *Selah*
²⁰ Our God is a God who saves;
   from the Sovereign LORD comes escape
      from death.

²¹ Surely God will crush the heads of his
      enemies,
   the hairy crowns of those who go on in
      their sins.
²² The Lord says, "I will bring them from
      Bashan;
   I will bring them from the depths of the sea,
²³ that you may plunge your feet in the blood
      of your foes,
   while the tongues of your dogs have their
      share."

²⁴ Your procession has come into view, O God,
   the procession of my God and King into
      the sanctuary.
²⁵ In front are the singers, after them the
      musicians;
   with them are the maidens playing
      tambourines.
²⁶ Praise God in the great congregation;
   praise the LORD in the assembly of Israel.
²⁷ There is the little tribe of Benjamin,
      leading them,
   there the great throng of Judah's princes,
   and there the princes of Zebulun and of
      Naphtali.

²⁸ Summon your power, O God^y;
   show us your strength, O God, as you
      have done before.
²⁹ Because of your temple at Jerusalem
   kings will bring you gifts.
³⁰ Rebuke the beast among the reeds,
   the herd of bulls among the calves of the
      nations.
   Humbled, may it bring bars of silver.
   Scatter the nations who delight in war.
³¹ Envoys will come from Egypt;
   Cush^z will submit herself to God.

³² Sing to God, O kingdoms of the earth,
   sing praise to the Lord,   *Selah*
³³ to him who rides the ancient skies above,
   who thunders with mighty voice.
³⁴ Proclaim the power of God,
   whose majesty is over Israel,
   whose power is in the skies.

---

^y 28 Many Hebrew manuscripts, Septuagint and Syriac; most
Hebrew manuscripts *Your God has summoned power for you*
^z 31 That is, the upper Nile region

³⁵ En tu santuario, oh Dios, eres imponente;
    ¡el Dios de Israel da poder y fuerza a su
    pueblo

¡Bendito sea Dios

Salmo 69

Al director musical. Sígase la tonada de
«Los lirios». De David.

¹ Sálvame, Dios mío,
    que las aguas ya me llegan al *cuello.
² Me estoy hundiendo en una ciénaga
    profunda,
    y no tengo dónde apoyar el pie.
Estoy en medio de profundas aguas,
    y me arrastra la corriente.
³ Cansado estoy de pedir ayuda;
    tengo reseca la garganta.
Mis ojos languidecen,
    esperando la ayuda de mi Dios.
⁴ Más que los cabellos de mi cabeza
    son los que me odian sin motivo;
muchos son los enemigos gratuitos
    que se han propuesto destruirme.
¿Cómo voy a devolver lo que no he robado?

⁵ Oh Dios, tú sabes lo insensato que he sido;
    no te puedo esconder mis transgresiones.
⁶ SEÑOR Soberano, *Todopoderoso,
    que no sean avergonzados por mi culpa
    los que en ti esperan;
oh Dios de Israel,
    que no sean humillados por mi culpa
    los que te buscan.
⁷ Por ti yo he sufrido insultos;
    mi rostro se ha cubierto de ignominia.
⁸ Soy como un extraño para mis hermanos;
    soy un extranjero para los hijos de mi
    madre.
⁹ El celo por tu casa me consume;
    sobre mí han recaído
    los insultos de tus detractores.
¹⁰ Cuando lloro y ayuno,
    tengo que soportar sus ofensas;
¹¹ cuando me visto de luto,
    soy objeto de burlas.
¹² Los que se sientan a la *puerta murmuran
    contra mí;
    los borrachos me dedican parodias.

¹³ Pero yo, SEÑOR, te imploro
    en el tiempo de tu buena voluntad.
Por tu gran amor, oh Dios, respóndeme;
    por tu fidelidad, sálvame.
¹⁴ Sácame del fango;
    no permitas que me hunda.
Líbrame de los que me odian,
    y de las aguas profundas.

³⁵ You are awesome, O God, in your
    sanctuary;
    the God of Israel gives power and
    strength to his people.

Praise be to God

Psalm 69

For the director of music. To the tune of
"Lilies." Of David.

¹ Save me, O God,
    for the waters have come up to my neck.
² I sink in the miry depths,
    where there is no foothold.
I have come into the deep waters;
    the floods engulf me.
³ I am worn out calling for help;
    my throat is parched.
My eyes fail,
    looking for my God.
⁴ Those who hate me without reason
    outnumber the hairs of my head;
many are my enemies without cause,
    those who seek to destroy me.
I am forced to restore
    what I did not steal.

⁵ You know my folly, O God;
    my guilt is not hidden from you.

⁶ May those who hope in you
    not be disgraced because of me,
    O Lord, the LORD Almighty;
may those who seek you
    not be put to shame because of me,
    O God of Israel.
⁷ For I endure scorn for your sake,
    and shame covers my face.
⁸ I am a stranger to my brothers,
    an alien to my own mother's sons;
⁹ for zeal for your house consumes me,
    and the insults of those who insult you
    fall on me.
¹⁰ When I weep and fast,
    I must endure scorn;
¹¹ when I put on sackcloth,
    people make sport of me.
¹² Those who sit at the gate mock me,
    and I am the song of the drunkards.

¹³ But I pray to you, O LORD,
    in the time of your favor;
in your great love, O God,
    answer me with your sure salvation.
¹⁴ Rescue me from the mire,
    do not let me sink;
deliver me from those who hate me,
    from the deep waters.

15 No dejes que me arrastre la corriente;
    no permitas que me trague el abismo,
    ni que el foso cierre sus fauces sobre mí.
16 Respóndeme, SEÑOR, por tu bondad y tu
    amor;
    por tu gran compasión, vuélvete a mí.
17 No escondas tu rostro de este siervo tuyo;
    respóndeme pronto, que estoy angustiado.
18 Ven a mi lado, y rescátame;
    redímeme, por causa de mis enemigos.

19 Tú bien sabes cómo me insultan,
    me avergüenzan y denigran;
    sabes quiénes son mis adversarios.
20 Los insultos me han destrozado el
    corazón;
    para mí ya no hay remedio.
  Busqué compasión, y no la hubo;
    busqué consuelo, y no lo hallé.
21 En mi comida pusieron hiel;
    para calmar mi sed me dieron vinagre.

22 Que se conviertan en trampa sus banquetes,
    y su prosperidad en lazo.
23 Que se les nublen los ojos, para que no
    vean;
    y que sus fuerzas flaqueen para
    siempre.
24 Descarga tu furia sobre ellos;
    que tu ardiente ira los alcance.
25 Quédense desiertos sus campamentos,
    y deshabitadas sus tiendas de campaña.
26 Pues al que has afligido lo persiguen,
    y se burlan del dolor del que has herido.
27 Añade a sus pecados más pecados;
    no los hagas partícipes de tu *salvación.
28 Que sean borrados del libro de la vida;
    que no queden inscritos con los justos.

29 Y a mí, que estoy pobre y adolorido,
    que me proteja, oh Dios, tu *salvación.
30 Con cánticos alabaré el *nombre de Dios;
    con acción de gracias lo exaltaré.
31 Esa ofrenda agradará más al SEÑOR
    que la de un toro o un novillo
    con sus cuernos y pezuñas.
32 Los pobres verán esto y se alegrarán;
    ¡reanímense ustedes, los que buscan a
    Dios
33 Porque el SEÑOR oye a los necesitados,
    y no desdeña a su pueblo cautivo.

34 Que lo alaben los cielos y la tierra,
    los mares y todo lo que se mueve en ellos,
35 porque Dios salvará a *Sión
    y reconstruirá las ciudades de Judá.
  Allí se establecerá el pueblo
    y tomará posesión de la tierra.

15 Do not let the floodwaters engulf me
    or the depths swallow me up
    or the pit close its mouth over me.
16 Answer me, O LORD, out of the goodness
    of your love;
    in your great mercy turn to me.
17 Do not hide your face from your servant;
    answer me quickly, for I am in trouble.
18 Come near and rescue me;
    redeem me because of my foes.

19 You know how I am scorned, disgraced
    and shamed;
    all my enemies are before you.
20 Scorn has broken my heart
    and has left me helpless;
  I looked for sympathy, but there was none,
    for comforters, but I found none.
21 They put gall in my food
    and gave me vinegar for my thirst.

22 May the table set before them become a
    snare;
    may it become retribution and*a* a trap.
23 May their eyes be darkened so they cannot
    see,
    and their backs be bent forever.
24 Pour out your wrath on them;
    let your fierce anger overtake them.
25 May their place be deserted;
    let there be no one to dwell in their tents.
26 For they persecute those you wound
    and talk about the pain of those you hurt.
27 Charge them with crime upon crime;
    do not let them share in your salvation.
28 May they be blotted out of the book of life
    and not be listed with the righteous.

29 I am in pain and distress;
    may your salvation, O God, protect me.

30 I will praise God's name in song
    and glorify him with thanksgiving.
31 This will please the LORD more than an ox,
    more than a bull with its horns and hoofs.
32 The poor will see and be glad—
    you who seek God, may your hearts live
33 The LORD hears the needy
    and does not despise his captive people.

34 Let heaven and earth praise him,
    the seas and all that move in them,
35 for God will save Zion
    and rebuild the cities of Judah.
    Then people will settle there and possess it;

a 22 Or snare / and their fellowship become

³⁶ La heredarán los hijos de sus siervos;
    la habitarán los que aman al Señor.

Salmo 70

Al director musical. Petición de David.

¹ Apresúrate, oh Dios, a rescatarme;
    ¡apresúrate, SEÑOR, a socorrerme
² Que sean avergonzados y confundidos
    los que procuran matarme.
  Que retrocedan humillados
    todos los que desean mi ruina.
³ Que vuelvan sobre sus pasos,
    avergonzados,
  todos los que se burlan de mí.
⁴ Pero que todos los que te buscan
    se alegren en ti y se regocijen;
  que los que aman tu *salvación digan
    siempre:
  «¡Sea Dios exaltado »

⁵ Yo soy pobre y estoy necesitado;
    ¡ven pronto a mí, oh Dios
  Tú eres mi socorro y mi libertador;
    ¡no te demores, SEÑOR

Salmo 71

¹ En ti, SEÑOR, me he refugiado;
    jamás me dejes quedar en vergüenza.
² Por tu justicia, rescátame y líbrame;
    dígnate escucharme, y sálvame.
³ Sé tú mi *roca de refugio
    adonde pueda yo siempre acudir;
  da la orden de salvarme,
    porque tú eres mi roca, mi fortaleza.
⁴ Líbrame, Dios mío, de manos de los
    impíos,
  del poder de los malvados y violentos.

⁵ Tú, Soberano SEÑOR, has sido mi
    esperanza;
  en ti he confiado desde mi juventud.
⁶ De ti he dependido desde que nací;
    del vientre materno me hiciste nacer.
  ¡Por siempre te alabaré
⁷ Para muchos, soy motivo de asombro,
    pero tú eres mi refugio inconmovible.
⁸ Mi boca rebosa de alabanzas a tu *nombre,
    y todo el día proclama tu grandeza.

⁹ No me rechaces cuando llegue a viejo;
    no me abandones cuando me falten las
    fuerzas.
¹⁰ Porque mis enemigos murmuran
    contra mí;
  los que me acechan se confabulan.
¹¹ Y dicen: «¡Dios lo ha abandonado

³⁶ the children of his servants will inherit it,
    and those who love his name will dwell
    there.

Psalm 70

For the director of music. Of David. A petition.

¹ Hasten, O God, to save me;
    O LORD, come quickly to help me.
² May those who seek my life
    be put to shame and confusion;
  may all who desire my ruin
    be turned back in disgrace.
³ May those who say to me, "Aha Aha "
    turn back because of their shame.
⁴ But may all who seek you
    rejoice and be glad in you;
  may those who love your salvation always
    say,
  "Let God be exalted "

⁵ Yet I am poor and needy;
    come quickly to me, O God.
  You are my help and my deliverer;
    O LORD, do not delay.

Psalm 71

¹ In you, O LORD, I have taken refuge;
    let me never be put to shame.
² Rescue me and deliver me in your
    righteousness;
  turn your ear to me and save me.
³ Be my rock of refuge,
    to which I can always go;
  give the command to save me,
    for you are my rock and my fortress.
⁴ Deliver me, O my God, from the hand of
    the wicked,
  from the grasp of evil and cruel men.

⁵ For you have been my hope, O Sovereign
    LORD,
  my confidence since my youth.
⁶ From birth I have relied on you;
    you brought me forth from my mother's
    womb.
  I will ever praise you.
⁷ I have become like a portent to many,
    but you are my strong refuge.
⁸ My mouth is filled with your praise,
    declaring your splendor all day long.

⁹ Do not cast me away when I am old;
    do not forsake me when my strength is
    gone.
¹⁰ For my enemies speak against me;
    those who wait to kill me conspire
    together.
¹¹ They say, "God has forsaken him;

¡Persíganlo y agárrenlo, que nadie lo
　　rescatará »
¹² Dios mío, no te alejes de mí;
　　Dios mío, ven pronto a ayudarme.
¹³ Que perezcan humillados mis acusadores;
　　que se cubran de oprobio y de ignominia
　　los que buscan mi ruina.

¹⁴ Pero yo siempre tendré esperanza,
　　y más y más te alabaré.
¹⁵ Todo el día proclamará mi boca
　　tu justicia y tu *salvación,
　　aunque es algo que no alcanzo a
　　　descifrar.
¹⁶ Soberano SEÑOR, relataré tus obras
　　　poderosas,
　　y haré memoria de tu justicia,
　　de tu justicia solamente.
¹⁷ Tú, oh Dios, me enseñaste desde mi
　　　juventud,
　　y aún hoy anuncio todos tus prodigios.
¹⁸ Aun cuando sea yo anciano y peine canas,
　　no me abandones, oh Dios,
　　hasta que anuncie tu poder
　　a la generación venidera,
　　y dé a conocer tus proezas
　　a los que aún no han nacido.

¹⁹ Oh Dios, tú has hecho grandes cosas;
　　tu justicia llega a las alturas.
　　¿Quién como tú, oh Dios?
²⁰ Me has hecho pasar por muchos
　　　infortunios,
　　pero volverás a darme vida;
　　de las profundidades de la tierra
　　volverás a levantarme.
²¹ Acrecentarás mi honor
　　y volverás a consolarme.

²² Por tu fidelidad, Dios mío,
　　te alabaré con instrumentos de
　　　cuerda;
　　te cantaré, oh Santo de Israel,
　　salmos con la lira.
²³ Gritarán de júbilo mis labios
　　cuando yo te cante salmos,
　　pues me has salvado la vida.
²⁴ Todo el día repetirá mi lengua
　　la historia de tus justas acciones,
　　pues quienes buscaban mi mal
　　han quedado confundidos y
　　　avergonzados.

Salmo 72

De Salomón.

¹ Oh Dios, otorga tu justicia al rey,
　　tu rectitud al príncipe heredero.
² Así juzgará con rectitud a tu pueblo

pursue him and seize him,
　　for no one will rescue him."
¹² Be not far from me, O God;
　　come quickly, O my God, to help me.
¹³ May my accusers perish in shame;
　　may those who want to harm me
　　be covered with scorn and disgrace.

¹⁴ But as for me, I will always have hope;
　　I will praise you more and more.
¹⁵ My mouth will tell of your righteousness,
　　of your salvation all day long,
　　though I know not its measure.
¹⁶ I will come and proclaim your mighty
　　　acts, O Sovereign LORD;
　　I will proclaim your righteousness, yours
　　　alone.
¹⁷ Since my youth, O God, you have taught me,
　　and to this day I declare your marvelous
　　　deeds.
¹⁸ Even when I am old and gray,
　　do not forsake me, O God,
　　till I declare your power to the next
　　　generation,
　　your might to all who are to come.

¹⁹ Your righteousness reaches to the skies, O
　　　God,
　　you who have done great things.
　　Who, O God, is like you?
²⁰ Though you have made me see troubles,
　　　many and bitter,
　　you will restore my life again;
　　from the depths of the earth
　　you will again bring me up.
²¹ You will increase my honor
　　and comfort me once again.

²² I will praise you with the harp
　　for your faithfulness, O my God;
　　I will sing praise to you with the lyre,
　　O Holy One of Israel.
²³ My lips will shout for joy
　　when I sing praise to you—
　　I, whom you have redeemed.
²⁴ My tongue will tell of your righteous acts
　　all day long,
　　for those who wanted to harm me
　　have been put to shame and confusion.

Psalm 72

Of Solomon.

¹ Endow the king with your justice, O God,
　　the royal son with your righteousness.
² He will*b* judge your people in righteousness,

---

b 2 Or *May he*; similarly in verses 3-11 and 17

y hará justicia a tus pobres.

3 Brindarán los montes *bienestar al pueblo,
y fruto de justicia las colinas.

4 El rey hará justicia a los pobres del pueblo
y salvará a los necesitados;
¡él aplastará a los opresores

5 Que viva el rey^y por mil generaciones,
lo mismo que el sol y que la luna.

6 Que sea como la lluvia sobre un campo
sembrado,
como las lluvias que empapan la tierra.

7 Que en sus días florezca la justicia,
y que haya gran prosperidad,
hasta que la luna deje de existir.

8 Que domine el rey de mar a mar,
desde el río Éufrates hasta los confines
de la tierra.

9 Que se postren ante él las tribus del
desierto;
¡que muerdan el polvo sus enemigos

10 Que le paguen tributo los reyes de Tarsis
y de las costas remotas;
que los reyes de Sabá y de Seba
le traigan presentes.

11 Que ante él se inclinen todos los reyes;
¡que le sirvan todas las naciones

12 Él librará al indigente que pide auxilio,
y al pobre que no tiene quien lo ayude.

13 Se compadecerá del desvalido y del
necesitado,
y a los menesterosos les salvará la vida.

14 Los librará de la opresión y la violencia,
porque considera valiosa su vida.

15 ¡Que viva el rey
¡Que se le entregue el oro de Sabá
Que se ore por él sin cesar;
que todos los días se le bendiga.

16 Que abunde el trigo en toda la tierra;
que ondeen los trigales en la cumbre de
los montes.
Que el grano se dé como en el Líbano;
que abunden las gavillas^z como la hierba
del campo.

17 Que su *nombre perdure para siempre;
que su fama permanezca como el sol.
Que en su nombre las naciones
se bendigan unas a otras;
que todas ellas lo proclamen *dichoso.

your afflicted ones with justice.

3 The mountains will bring prosperity to the
people,
the hills the fruit of righteousness.

4 He will defend the afflicted among the
people
and save the children of the needy;
he will crush the oppressor.

5 He will endure^c as long as the sun,
as long as the moon, through all
generations.

6 He will be like rain falling on a mown
field,
like showers watering the earth.

7 In his days the righteous will flourish;
prosperity will abound till the moon is no
more.

8 He will rule from sea to sea
and from the River^d to the ends of the
earth.^{e}

9 The desert tribes will bow before him
and his enemies will lick the dust.

10 The kings of Tarshish and of distant shores
will bring tribute to him;
the kings of Sheba and Seba
will present him gifts.

11 All kings will bow down to him
and all nations will serve him.

12 For he will deliver the needy who cry out,
the afflicted who have no one to help.

13 He will take pity on the weak and the
needy
and save the needy from death.

14 He will rescue them from oppression and
violence,
for precious is their blood in his sight.

15 Long may he live
May gold from Sheba be given him.
May people ever pray for him
and bless him all day long.

16 Let grain abound throughout the land;
on the tops of the hills may it sway.
Let its fruit flourish like Lebanon;
let it thrive like the grass of the field.

17 May his name endure forever;
may it continue as long as the sun.

All nations will be blessed through him,
and they will call him blessed.

^{y}72:5 *Que viva el rey* (véase LXX); *Te temerán* (TM).
^{z}72:16 *que abunden las gavillas.* Alt. *que de la ciudad nazca gente.*

^{c}5 Septuagint; Hebrew *You will be feared* ^{d}8 That is, the Euphrates ^{e}8 Or *The end of the land*

18 Bendito sea Dios el SEÑOR,
   el Dios de Israel,
   el único que hace obras portentosas.
19 Bendito sea por siempre su glorioso
      nombre;
   ¡que toda la tierra se llene de su gloria

         Amén y amén.

20 Aquí terminan las oraciones de David hijo
   de Isaí.

LIBRO III
Salmos 73-89

Salmo 73
Salmo de Asaf.

1 En verdad, ¡cuán bueno es Dios con Israel,
   con los puros de corazón
2 Yo estuve a punto de caer,
   y poco me faltó para que resbalara.
3 Sentí envidia de los arrogantes,
   al ver la prosperidad de esos malvados.

4 Ellos no tienen ningún problema;
   su cuerpo está fuerte y saludable.a
5 Libres están de los afanes de todos;
   no les afectan los infortunios humanos.
6 Por eso lucen su orgullo como un collar,
   y hacen gala de su violencia.
7 ¡Están que revientan de malicia,
   y hasta se les ven sus malas intenciones
8 Son burlones, hablan con doblez,
   y arrogantes oprimen y amenazan.
9 Con la boca increpan al cielo,
   con la lengua dominan la tierra.
10 Por eso la gente acude a ellos
   y cree todo lo que afirman.
11 Hasta dicen: «¿Cómo puede Dios saberlo?
   ¿Acaso el *Altísimo tiene
      entendimiento?»

12 Así son los impíos;
   sin afanarse, aumentan sus riquezas.

13 En verdad, ¿de qué me sirve
   mantener mi corazón limpio
   y mis manos lavadas en la inocencia,
14 si todo el día me golpean
   y de mañana me castigan?

15 Si hubiera dicho: «Voy a hablar como
      ellos»,
   habría traicionado a tu linaje.

18 Praise be to the LORD God, the God of Israel,
   who alone does marvelous deeds.
19 Praise be to his glorious name forever;
   may the whole earth be filled with his glory.
   Amen and Amen.

20 This concludes the prayers of David son of
   Jesse.

BOOK III
Psalms 73-89

Psalm 73
A psalm of Asaph.

1 Surely God is good to Israel,
   to those who are pure in heart.

2 But as for me, my feet had almost slipped;
   I had nearly lost my foothold.
3 For I envied the arrogant
   when I saw the prosperity of the wicked.

4 They have no struggles;
   their bodies are healthy and strong.f
5 They are free from the burdens common to
      man;
   they are not plagued by human ills.
6 Therefore pride is their necklace;
   they clothe themselves with violence.
7 From their callous hearts comes iniquityg;
   the evil conceits of their minds know no
      limits.
8 They scoff, and speak with malice;
   in their arrogance they threaten oppression.
9 Their mouths lay claim to heaven,
   and their tongues take possession of the
      earth.
10 Therefore their people turn to them
   and drink up waters in abundance.h
11 They say, "How can God know?
   Does the Most High have knowledge?"

12 This is what the wicked are like—
   always carefree, they increase in wealth.

13 Surely in vain have I kept my heart pure;
   in vain have I washed my hands in
      innocence.
14 All day long I have been plagued;
   I have been punished every morning.

15 If I had said, "I will speak thus,"
   I would have betrayed your children.

---

a 73:4 no tienen ningún problema; / su cuerpo está fuerte y
saludable. Alt. no tienen lucha alguna ante su muerte; / su
cuerpo está saludable.

f 4 With a different word division of the Hebrew; Masoretic
Text struggles at their death; / their bodies are healthy
g 7 Syriac (see also Septuagint); Hebrew Their eyes bulge
with fat   h 10 The meaning of the Hebrew for this verse is
uncertain.

16 Cuando traté de comprender todo esto,
     me resultó una carga insoportable,
17 hasta que entré en el santuario de Dios;
     allí comprendí cuál será el destino de los
         malvados:
18 En verdad, los has puesto en terreno
         resbaladizo,
     y los empujas a su propia destrucción.
19 ¡En un instante serán destruidos,
     totalmente consumidos por el terror
20 Como quien despierta de un sueño,
     así, *Señor, cuando tú te levantes,
     desecharás su falsa apariencia.

21 Se me afligía el corazón
     y se me amargaba el ánimo
22 por mi *necedad e ignorancia.
     ¡Me porté contigo como una bestia
23 Pero yo siempre estoy contigo,
     pues tú me sostienes de la mano derecha.
24 Me guías con tu consejo,
     y más tarde me acogerás en gloria.
25 ¿A quién tengo en el cielo sino a ti?
     Si estoy contigo, ya nada quiero en la
         tierra.
26 Podrán desfallecer mi cuerpo y mi espíritu,[b]
     pero Dios fortalece[c] mi corazón;
     él es mi herencia eterna.

27 Perecerán los que se alejen de ti;
     tú destruyes a los que te son infieles.
28 Para mí el bien es estar cerca de Dios.
     He hecho del SEÑOR Soberano mi refugio
     para contar todas sus obras.

Salmo 74
*Masquil de Asaf.

1 ¿Por qué, oh Dios,
     nos has rechazado para siempre?
     ¿Por qué se ha encendido tu ira
     contra las ovejas de tu prado?
2 Acuérdate del pueblo que adquiriste
     desde tiempos antiguos,
     de la tribu que redimiste
     para que fuera tu posesión.
     Acuérdate de este monte *Sión,
     que es donde tú habitas.
3 Dirige tus pasos hacia estas ruinas eternas;
     ¡todo en el santuario lo ha destruido el
         enemigo
4 Tus adversarios rugen en el lugar de tus
         asambleas
     y plantan sus banderas en señal de
         victoria.

16 When I tried to understand all this,
     it was oppressive to me
17 till I entered the sanctuary of God;
     then I understood their final destiny.

18 Surely you place them on slippery ground;
     you cast them down to ruin.
19 How suddenly are they destroyed,
     completely swept away by terrors
20 As a dream when one awakes,
     so when you arise, O Lord,
     you will despise them as fantasies.

21 When my heart was grieved
     and my spirit embittered,
22 I was senseless and ignorant;
     I was a brute beast before you.

23 Yet I am always with you;
     you hold me by my right hand.
24 You guide me with your counsel,
     and afterward you will take me into glory.
25 Whom have I in heaven but you?
     And earth has nothing I desire besides
         you.
26 My flesh and my heart may fail,
     but God is the strength of my heart
     and my portion forever.

27 Those who are far from you will perish;
     you destroy all who are unfaithful to you.
28 But as for me, it is good to be near God.
     I have made the Sovereign LORD my
         refuge;
     I will tell of all your deeds.

Psalm 74
A *maskil*[i] of Asaph.

1 Why have you rejected us forever, O God?
     Why does your anger smolder against the
         sheep of your pasture?
2 Remember the people you purchased of
         old,
     the tribe of your inheritance, whom you
         redeemed—
     Mount Zion, where you dwelt.
3 Turn your steps toward these everlasting
         ruins,
     all this destruction the enemy has
         brought on the sanctuary.

4 Your foes roared in the place where you
         met with us;
     they set up their standards as signs.

---

b 73:26 *espíritu.* Lit. *corazón.*   c 73:26 *fortalece.* Lit. *es la
roca de.*

i Probably a literary or musical term

5 Parecen leñadores en el bosque,
  talando árboles con sus hachas.
6 Con sus hachas y martillos
  destrozaron todos los adornos de
  madera.
7 Prendieron fuego a tu santuario;
  profanaron el lugar donde habitas.
8 En su corazón dijeron: «¡Los haremos
  polvo »,
  y quemaron en el país todos tus
  santuarios.
9 Ya no vemos ondear nuestras banderas;
  ya no hay ningún profeta,
  y ni siquiera sabemos
  hasta cuándo durará todo esto.

10 ¿Hasta cuándo, oh Dios, se burlará el
  adversario?
  ¿Por siempre insultará tu nombre el
  enemigo?
11 ¿Por qué retraes tu mano, tu mano
  derecha?
  ¿Por qué te quedas cruzado de brazos?

12 Tú, oh Dios, eres mi rey desde tiempos
  antiguos;
  tú traes *salvación sobre la tierra.
13 Tú dividiste el mar con tu poder;
  les rompiste la cabeza a los monstruos
  marinos.
14 Tú aplastaste las cabezas de *Leviatán
  y lo diste por comida a las jaurías del
  desierto.
15 Tú hiciste que brotaran fuentes y arroyos;
  secaste ríos de inagotables corrientes.
16 Tuyo es el día, tuya también la noche;
  tú estableciste la luna y el sol;
17 trazaste los límites de la tierra,
  y creaste el verano y el invierno.

18 Recuerda, SEÑOR, que tu enemigo se
  burla,
  y que un pueblo insensato ofende tu
  nombre.
19 No entregues a las fieras
  la vida de tu tórtola;
  no te olvides, ni ahora ni nunca,
  de la vida de tus pobres.
20 Toma en cuenta tu *pacto,
  pues en todos los rincones del país
  abunda la violencia.
21 Que no vuelva humillado el oprimido;
  que alaben tu nombre el pobre y el
  necesitado.

22 Levántate, oh Dios, y defiende tu causa;
  recuerda que a todas horas te ofenden los
  *necios.

5 They behaved like men wielding axes
  to cut through a thicket of trees.
6 They smashed all the carved paneling
  with their axes and hatchets.
7 They burned your sanctuary to the ground;
  they defiled the dwelling place of your
  Name.
8 They said in their hearts, "We will crush
  them completely "
  They burned every place where God was
  worshiped in the land.
9 We are given no miraculous signs;
  no prophets are left,
  and none of us knows how long this will be.

10 How long will the enemy mock you, O God?
  Will the foe revile your name forever?
11 Why do you hold back your hand, your
  right hand?
  Take it from the folds of your garment
  and destroy them

12 But you, O God, are my king from of old;
  you bring salvation upon the earth.
13 It was you who split open the sea by your
  power;
  you broke the heads of the monster in the
  waters.
14 It was you who crushed the heads of
  Leviathan
  and gave him as food to the creatures of
  the desert.
15 It was you who opened up springs and
  streams;
  you dried up the ever flowing rivers.
16 The day is yours, and yours also the night;
  you established the sun and moon.
17 It was you who set all the boundaries of
  the earth;
  you made both summer and winter.

18 Remember how the enemy has mocked
  you, O LORD,
  how foolish people have reviled your name.
19 Do not hand over the life of your dove to
  wild beasts;
  do not forget the lives of your afflicted
  people forever.
20 Have regard for your covenant,
  because haunts of violence fill the dark
  places of the land.
21 Do not let the oppressed retreat in disgrace;
  may the poor and needy praise your name.

22 Rise up, O God, and defend your cause;
  remember how fools mock you all day
  long.

23 No pases por alto el griterío de tus
   adversarios,
   el creciente tumulto de tus enemigos.

Salmo 75

Al director musical. Sígase la tonada de
«No destruyas». Salmo de Asaf. Cántico.

1 Te damos gracias, oh Dios,
   te damos gracias e invocamos[d] tu
   *nombre;
   ¡todos hablan de tus obras portentosas

2 Tú dices: «Cuando yo lo decida,
   juzgaré con justicia.
3 Cuando se estremece la tierra
   con todos sus habitantes,
   soy yo quien afirma sus columnas.»
                                    *Selah

4 «No sean altaneros», digo a los altivos;
   «No sean soberbios», ordeno a los impíos;
5 «No hagan gala de soberbia contra el cielo,
   ni hablen con aires de suficiencia.»

6 La exaltación no viene del oriente,
   ni del occidente ni del sur,
7 sino que es Dios el que juzga:
   a unos humilla y a otros exalta.
8 En la mano del SEÑOR hay una copa
   de espumante vino mezclado con especias;
   cuando él lo derrame, todos los impíos de
      la tierra
   habrán de beberlo hasta las heces.
9 Yo hablaré de esto siempre;
   cantaré salmos al Dios de Jacob.
10 Aniquilaré la altivez de todos los impíos,
   y exaltaré el poder de los justos.

Salmo 76

Al director musical. Acompáñese con instrumentos
de cuerda. Salmo de Asaf. Cántico.

1 Dios es conocido en Judá;
   su *nombre es exaltado en Israel.
2 En *Salén se halla su santuario;
   en *Sión está su morada.
3 Allí hizo pedazos las centelleantes saetas,
   los escudos, las espadas, las armas de
      guerra.   *Selah

4 Estás rodeado de esplendor;
   eres más imponente que las montañas
      eternas.[e]
5 Los valientes yacen ahora despojados;
   han caído en el sopor de la muerte.

23 Do not ignore the clamor of your
   adversaries,
   the uproar of your enemies, which rises
      continually.

Psalm 75

For the director of music. ⌊To the tune of⌋
"Do Not Destroy." A psalm of Asaph. A song.

1 We give thanks to you, O God,
   we give thanks, for your Name is near;
   men tell of your wonderful deeds.

2 You say, "I choose the appointed time;
   it is I who judge uprightly.
3 When the earth and all its people quake,
   it is I who hold its pillars firm.   Selah
4 To the arrogant I say, 'Boast no more,'
   and to the wicked, 'Do not lift up your
      horns.
5 Do not lift your horns against heaven;
   do not speak with outstretched neck.'"

6 No one from the east or the west
   or from the desert can exalt a man.
7 But it is God who judges:
   He brings one down, he exalts another.
8 In the hand of the LORD is a cup
   full of foaming wine mixed with spices;
   he pours it out, and all the wicked of the
      earth
   drink it down to its very dregs.
9 As for me, I will declare this forever;
   I will sing praise to the God of Jacob.
10 I will cut off the horns of all the wicked,
   but the horns of the righteous will be
      lifted up.

Psalm 76

For the director of music. With stringed instruments.
A psalm of Asaph. A song.

1 In Judah God is known;
   his name is great in Israel.
2 His tent is in Salem,
   his dwelling place in Zion.
3 There he broke the flashing arrows,
   the shields and the swords, the weapons
      of war.   Selah

4 You are resplendent with light,
   more majestic than mountains rich with
      game.
5 Valiant men lie plundered,
   they sleep their last sleep;

---

[d]**75:1** *e invocamos* (LXX y Siríaca); *y cercano está* (TM).
[e]**76:4** *montañas eternas* (LXX); *montañas donde hay presa*
(TM).

Ninguno de esos hombres aguerridos
　volverá a levantar sus manos.
6Cuando tú, Dios de Jacob, los reprendiste,
　quedaron pasmados jinetes y corceles.
7Tú, y sólo tú, eres de temer.
　¿Quién puede hacerte frente
　cuando se enciende tu enojo?
8Desde el cielo diste a conocer tu veredicto;
　la tierra, temerosa, guardó silencio
9cuando tú, oh Dios, te levantaste para
　　juzgar,
　para salvar a los pobres de la tierra.　*Selah*
10La furia de Edom se vuelve tu alabanza;
　lo que aún queda de Jamat se vuelve tu
　　corona.*ᶠ*
11Hagan votos al SEÑOR su Dios, y
　　cúmplanlos;
　que todos los países vecinos
　paguen tributo al Dios temible,
12al que acaba con el valor de los
　　gobernantes,
　¡al que es temido por los reyes de la
　　tierra

Salmo 77

Al director musical. Para Jedutún. Salmo de Asaf.

1A Dios elevo mi voz suplicante;
　a Dios elevo mi voz para que me escuche.
2Cuando estoy angustiado, recurro al
　　*Señor;
　sin cesar elevo mis manos por las noches,
　pero me niego a recibir consuelo.
3Me acuerdo de Dios, y me lamento;
　medito en él, y desfallezco.　　**Selah*
4No me dejas conciliar el sueño;
　tan turbado estoy que ni hablar puedo.
5Me pongo a pensar en los tiempos de
　　antaño;
　de los años ya idos **6**me acuerdo.
　Mi corazón reflexiona por las noches;*ᵍ*
　mi espíritu medita e inquiere:
7«¿Nos rechazará el Señor para siempre?
　¿No volverá a mostrarnos su buena
　　voluntad?
8¿Se habrá agotado su gran amor eterno,
　y sus promesas por todas las
　　generaciones?
9¿Se habrá olvidado Dios de sus bondades,
　y en su enojo ya no quiere tenernos
　　compasión?»　　　　　　*Selah*

not one of the warriors
　can lift his hands.
6At your rebuke, O God of Jacob,
　both horse and chariot lie still.
7You alone are to be feared.
　Who can stand before you when you are
　　angry?
8From heaven you pronounced judgment,
　and the land feared and was quiet—
9when you, O God, rose up to judge,
　to save all the afflicted of the land.　*Selah*
10Surely your wrath against men brings
　　you praise,
　and the survivors of your wrath are
　　restrained.*ʲ*

11Make vows to the LORD your God and
　　fulfill them;
　let all the neighboring lands
　bring gifts to the One to be feared.
12He breaks the spirit of rulers;
　he is feared by the kings of the earth.

Psalm 77

For the director of music. For Jeduthun.
Of Asaph. A psalm.

1I cried out to God for help;
　I cried out to God to hear me.
2When I was in distress, I sought the
　　Lord;
　at night I stretched out untiring hands
　and my soul refused to be comforted.

3I remembered you, O God, and I groaned;
　I mused, and my spirit grew faint.　*Selah*
4You kept my eyes from closing;
　I was too troubled to speak.
5I thought about the former days,
　the years of long ago;
6I remembered my songs in the night.
　My heart mused and my spirit inquired:

7"Will the Lord reject forever?
　Will he never show his favor again?
8Has his unfailing love vanished
　　forever?
　Has his promise failed for all time?
9Has God forgotten to be merciful?
　Has he in anger withheld his
　　compassion?"　　　　　*Selah*

---

*ᶠ***76:10** *La furia … tu corona* (lectura probable); *La furia del
hombre te alabará, porque los sobrevivientes al castigo te
harán fiesta* (TM).　*ᵍ***77:6** *me acuerdo. / Mi … las noches*
(LXX); *Me acuerdo de mi cántico por las noches con mi
corazón* (TM).

ʲ 10 Or *Surely the wrath of men brings you praise, / and with
the remainder of wrath you arm yourself*

10 Y me pongo a pensar: «Esto es lo que me
    duele:
    que haya cambiado la diestra del
      *Altísimo.»
11 Prefiero recordar las hazañas del SEÑOR,
    traer a la memoria sus milagros de
      antaño.
12 Meditaré en todas tus proezas;
    evocaré tus obras poderosas.

13 Santos, oh Dios, son tus *caminos;
    ¿qué dios hay tan excelso como nuestro
      Dios?
14 Tú eres el Dios que realiza maravillas;
    el que despliega su poder entre los
      pueblos.
15 Con tu brazo poderoso redimiste a tu
    pueblo,
    a los descendientes de Jacob y de José.
                          Selah

16 Las aguas te vieron, oh Dios,
    las aguas te vieron y se agitaron;
    el propio abismo se estremeció con
      violencia.
17 Derramaron su lluvia las nubes;
    retumbaron con estruendo los cielos;
    rasgaron el espacio tus centellas.
18 Tu estruendo retumbó en el torbellino
    y tus relámpagos iluminaron el mundo;
    la tierra se estremeció con temblores.
19 Te abriste camino en el mar;
    te hiciste paso entre las muchas aguas,
    y no se hallaron tus huellas.
20 Por medio de Moisés y de Aarón
    guiaste como un rebaño a tu pueblo.

Salmo 78
*Masquil de Asaf.

1 Pueblo mío, atiende a mi *enseñanza;
    presta oído a las palabras de mi boca.
2 Mis labios pronunciarán *parábolas
    y evocarán misterios de antaño,
3 cosas que hemos oído y conocido,
    y que nuestros padres nos han contado.
4 No las esconderemos de sus descendientes;
    hablaremos a la generación venidera
    del poder del SEÑOR, de sus proezas,
    y de las maravillas que ha realizado.
5 Él promulgó un decreto para Jacob,
    dictó una *ley para Israel;
    ordenó a nuestros antepasados
    enseñarlos a sus descendientes,
6 para que los conocieran las generaciones
    venideras
    y los hijos que habrían de nacer,
    que a su vez los enseñarían a sus hijos.

10 Then I thought, "To this I will appeal:
    the years of the right hand of the Most
      High."
11 I will remember the deeds of the LORD;
    yes, I will remember your miracles of
      long ago.
12 I will meditate on all your works
    and consider all your mighty deeds.

13 Your ways, O God, are holy.
    What god is so great as our God?
14 You are the God who performs miracles;
    you display your power among the peoples.
15 With your mighty arm you redeemed your
    people,
    the descendants of Jacob and Joseph.
                          Selah

16 The waters saw you, O God,
    the waters saw you and writhed;
    the very depths were convulsed.
17 The clouds poured down water,
    the skies resounded with thunder;
    your arrows flashed back and forth.
18 Your thunder was heard in the whirlwind,
    your lightning lit up the world;
    the earth trembled and quaked.
19 Your path led through the sea,
    your way through the mighty waters,
    though your footprints were not seen.

20 You led your people like a flock
    by the hand of Moses and Aaron.

Psalm 78
A *maskil*[k] of Asaph.

1 O my people, hear my teaching;
    listen to the words of my mouth.
2 I will open my mouth in parables,
    I will utter hidden things, things from of
      old—
3 what we have heard and known,
    what our fathers have told us.
4 We will not hide them from their children;
    we will tell the next generation
    the praiseworthy deeds of the LORD,
    his power, and the wonders he has done.
5 He decreed statutes for Jacob
    and established the law in Israel,
    which he commanded our forefathers
    to teach their children,
6 so the next generation would know them,
    even the children yet to be born,
    and they in turn would tell their children.

[k] Probably a literary or musical term

7 Así ellos pondrían su confianza en Dios
   y no se olvidarían de sus proezas,
   sino que cumplirían sus mandamientos.
8 Así no serían como sus antepasados:
   generación obstinada y rebelde,
   gente de corazón fluctuante,
   cuyo espíritu no se mantuvo fiel a Dios.
9 La tribu de Efraín, con sus diestros arqueros,
   se puso en fuga el día de la batalla.

10 No cumplieron con el *pacto de Dios,
   sino que se negaron a seguir sus
      enseñanzas.
11 Echaron al olvido sus proezas,
   las maravillas que les había mostrado,
12 los milagros que hizo a la vista de sus padres
   en la tierra de Egipto, en la región de Zoán.
13 Partió el mar en dos para que ellos lo
      cruzaran,
   mientras mantenía las aguas firmes como
      un muro.
14 De día los guió con una nube,
   y toda la noche con luz de fuego.
15 En el desierto partió en dos las rocas,
   y les dio a beber torrentes de aguas;
16 hizo que brotaran arroyos de la peña
   y que las aguas fluyeran como ríos.

17 Pero ellos volvieron a pecar contra él;
   en el desierto se rebelaron contra el
      *Altísimo.
18 Con toda intención pusieron a Dios a prueba,
   y le exigieron comida a su antojo.
19 Murmuraron contra Dios, y aun dijeron:
   «¿Podrá Dios tendernos una mesa en el
      desierto?
20 Cuando golpeó la roca,
   el agua brotó en torrentes;
   pero ¿podrá también darnos de comer?,
   ¿podrá proveerle carne a su pueblo?»
21 Cuando el SEÑOR oyó esto, se puso muy
      furioso;
   su enojo se encendió contra Jacob,
   su ira ardió contra Israel.
22 Porque no confiaron en Dios,
   ni creyeron que él los salvaría.
23 Desde lo alto dio una orden a las nubes,
   y se abrieron las puertas de los cielos.
24 Hizo que les lloviera maná, para que
      comieran;
   pan del cielo les dio a comer.
25 Todos ellos comieron pan de ángeles;
   Dios les envió comida hasta saciarlos.
26 Desató desde el cielo el viento solano,
   y con su poder levantó el viento del sur.
27 Cual lluvia de polvo, hizo que les lloviera
      carne;
   ¡nubes de pájaros, como la arena del mar

7 Then they would put their trust in God
   and would not forget his deeds
   but would keep his commands.
8 They would not be like their forefathers—
   a stubborn and rebellious generation,
   whose hearts were not loyal to God,
   whose spirits were not faithful to him.
9 The men of Ephraim, though armed with
      bows,
   turned back on the day of battle;
10 they did not keep God's covenant
   and refused to live by his law.
11 They forgot what he had done,
   the wonders he had shown them.
12 He did miracles in the sight of their fathers
   in the land of Egypt, in the region of
      Zoan.
13 He divided the sea and led them through;
   he made the water stand firm like a wall.
14 He guided them with the cloud by day
   and with light from the fire all night.
15 He split the rocks in the desert
   and gave them water as abundant as the
      seas;
16 he brought streams out of a rocky crag
   and made water flow down like rivers.

17 But they continued to sin against him,
   rebelling in the desert against the Most
      High.
18 They willfully put God to the test
   by demanding the food they craved.
19 They spoke against God, saying,
   "Can God spread a table in the desert?
20 When he struck the rock, water gushed out,
   and streams flowed abundantly.
   But can he also give us food?
   Can he supply meat for his people?"
21 When the LORD heard them, he was very
      angry;
   his fire broke out against Jacob,
   and his wrath rose against Israel,
22 for they did not believe in God
   or trust in his deliverance.
23 Yet he gave a command to the skies above
   and opened the doors of the heavens;
24 he rained down manna for the people to
      eat,
   he gave them the grain of heaven.
25 Men ate the bread of angels;
   he sent them all the food they could eat.
26 He let loose the east wind from the heavens
   and led forth the south wind by his
      power.
27 He rained meat down on them like dust,
   flying birds like sand on the seashore.
28 He made them come down inside their camp,

28 Los hizo caer en medio de su campamento
  y en los alrededores de sus tiendas.
29 Comieron y se hartaron,
  pues Dios les cumplió su capricho.
30 Pero el capricho no les duró mucho:
  aún tenían la comida en la boca
31 cuando el enojo de Dios vino sobre ellos:
  dio muerte a sus hombres más robustos;
  abatió a la flor y nata de Israel.

32 A pesar de todo, siguieron pecando
  y no creyeron en sus maravillas.
33 Por tanto, Dios hizo que sus días
  se esfumaran como un suspiro,
  que sus años acabaran en medio del
    terror.
34 Si Dios los castigaba, entonces lo
    buscaban,
  y con ansias se volvían de nuevo a él.
35 Se acordaban de que Dios era su *roca,
  de que el Dios Altísimo era su redentor.
36 Pero entonces lo halagaban con la boca,
  y le mentían con la lengua.
37 No fue su corazón sincero para con Dios;
  no fueron fieles a su pacto.
38 Sin embargo, él les tuvo compasión;
  les perdonó su maldad y no los destruyó.
  Una y otra vez contuvo su enojo,
  y no se dejó llevar del todo por la ira.
39 Se acordó de que eran simples *mortales,
  un efímero suspiro que jamás regresa.

40 ¡Cuántas veces se rebelaron contra él en el
    desierto,
  y lo entristecieron en los páramos
41 Una y otra vez ponían a Dios a prueba;
  provocaban al Santo de Israel.
42 Jamás se acordaron de su poder,
  de cuando los rescató del opresor,
43 ni de sus señales milagrosas en Egipto,
  ni de sus portentos en la región de Zoán,
44 cuando convirtió en sangre los ríos
    egipcios
  y no pudieron ellos beber de sus arroyos;
45 cuando les envió tábanos que se los
    devoraban,
  y ranas que los destruían;
46 cuando entregó sus cosechas a los
    saltamontes,
  y sus sembrados a la langosta;
47 cuando con granizo destruyó sus viñas,
  y con escarcha sus higueras;
48 cuando entregó su ganado al granizo,
  y sus rebaños a las centellas;
49 cuando lanzó contra ellos el ardor de
    su ira,
  de su furor, indignación y hostilidad:
  ¡todo un ejército de ángeles destructores

29 They ate till they had more than enough,
  for he had given them what they craved.
30 But before they turned from the food they
    craved,
  even while it was still in their mouths,
31 God's anger rose against them;
  he put to death the sturdiest among them,
  cutting down the young men of Israel.

32 In spite of all this, they kept on sinning;
  in spite of his wonders, they did not
    believe.
33 So he ended their days in futility
  and their years in terror.
34 Whenever God slew them, they would
    seek him;
  they eagerly turned to him again.
35 They remembered that God was their Rock,
  that God Most High was their Redeemer.
36 But then they would flatter him with their
    mouths,
  lying to him with their tongues;
37 their hearts were not loyal to him,
  they were not faithful to his covenant.
38 Yet he was merciful;
  he forgave their iniquities
  and did not destroy them.
  Time after time he restrained his anger
  and did not stir up his full wrath.
39 He remembered that they were but flesh,
  a passing breeze that does not return.

40 How often they rebelled against him in the
    desert
  and grieved him in the wasteland
41 Again and again they put God to the test;
  they vexed the Holy One of Israel.
42 They did not remember his power—
  the day he redeemed them from the
    oppressor,
43 the day he displayed his miraculous signs
    in Egypt,
  his wonders in the region of Zoan.
44 He turned their rivers to blood;
  they could not drink from their streams.
45 He sent swarms of flies that devoured them,
  and frogs that devastated them.
46 He gave their crops to the grasshopper,
  their produce to the locust.
47 He destroyed their vines with hail
  and their sycamore-figs with sleet.
48 He gave over their cattle to the hail,
  their livestock to bolts of lightning.
49 He unleashed against them his hot anger,
  his wrath, indignation and hostility—
  a band of destroying angels.
50 He prepared a path for his anger;

50 Dio rienda suelta a su enojo
   y no los libró de la muerte,
   sino que los entregó a la plaga.
51 Dio muerte a todos los primogénitos de
   Egipto,
   a las primicias de su raza en los
   campamentos de Cam.
52 A su pueblo lo guió como a un rebaño;
   los llevó por el desierto, como a ovejas,
53 infundiéndoles confianza para que no
   temieran.
   Pero a sus enemigos se los tragó el mar.

54 Trajo a su pueblo a esta su tierra santa,
   a estas montañas que su diestra conquistó.
55 Al paso de los israelitas expulsó naciones,
   cuyas tierras dio a su pueblo en heredad;
   ¡así estableció en sus tiendas a las tribus
   de Israel

56 Pero ellos pusieron a prueba a Dios:
   se rebelaron contra el *Altísimo
   y desobedecieron sus *estatutos.
57 Fueron desleales y traidores, como sus
   padres;
   ¡tan falsos como un arco defectuoso
58 Lo irritaron con sus santuarios paganos;
   con sus ídolos despertaron sus celos.
59 Dios lo supo y se puso muy furioso,
   por lo que rechazó completamente a Israel.
60 Abandonó el tabernáculo de Siló,
   que era su santuario aquí en la tierra,
61 y dejó que el símbolo de su poder y gloria
   cayera cautivo en manos enemigas.
62 Tan furioso estaba contra su pueblo
   que dejó que los mataran a filo de espada.
63 A sus jóvenes los consumió el fuego,
   y no hubo cantos nupciales para sus
   doncellas;
64 a filo de espada cayeron sus sacerdotes,
   y sus viudas no pudieron hacerles duelo.

65 Despertó entonces el Señor,
   como quien despierta de un sueño,
   como un guerrero que, por causa del vino,
   lanza gritos desaforados.
66 Hizo retroceder a sus enemigos,
   y los puso en vergüenza para siempre.
67 Rechazó a los descendientes[h] de José,
   y no escogió a la tribu de Efraín;
68 más bien, escogió a la tribu de Judá
   y al monte *Sión, al cual ama.
69 Construyó su santuario, alto como los
   cielos,[i]

he did not spare them from death
but gave them over to the plague.
51 He struck down all the firstborn of
   Egypt,
   the firstfruits of manhood in the tents
   of Ham.
52 But he brought his people out like a
   flock;
   he led them like sheep through the
   desert.
53 He guided them safely, so they were
   unafraid;
   but the sea engulfed their enemies.
54 Thus he brought them to the border of his
   holy land,
   to the hill country his right hand had
   taken.
55 He drove out nations before them
   and allotted their lands to them as an
   inheritance;
   he settled the tribes of Israel in their
   homes.

56 But they put God to the test
   and rebelled against the Most High;
   they did not keep his statutes.
57 Like their fathers they were disloyal and
   faithless,
   as unreliable as a faulty bow.
58 They angered him with their high places;
   they aroused his jealousy with their
   idols.
59 When God heard them, he was very angry;
   he rejected Israel completely.
60 He abandoned the tabernacle of Shiloh,
   the tent he had set up among men.
61 He sent the ark of his might into captivity,
   his splendor into the hands of the
   enemy.
62 He gave his people over to the sword;
   he was very angry with his inheritance.
63 Fire consumed their young men,
   and their maidens had no wedding
   songs;
64 their priests were put to the sword,
   and their widows could not weep.

65 Then the Lord awoke as from sleep,
   as a man wakes from the stupor of
   wine.
66 He beat back his enemies;
   he put them to everlasting shame.
67 Then he rejected the tents of Joseph,
   he did not choose the tribe of Ephraim;
68 but he chose the tribe of Judah,
   Mount Zion, which he loved.
69 He built his sanctuary like the heights,

---

[h] 78:67 los descendientes. Lit. las tiendas (de campaña).
[i] 78:69 santuario, alto como los cielos. Lit. santuario como
las alturas.

como la tierra, que él afirmó para siempre.
70 Escogió a su siervo David,
    al que sacó de los apriscos de las ovejas,
71 y lo quitó de andar arreando los rebaños
    para que fuera el *pastor de Jacob, su
      pueblo;
    el pastor de Israel, su herencia.
72 Y David los pastoreó con corazón sincero;
    con mano experta los dirigió.

Salmo 79

Salmo de Asaf.

1 Oh Dios, los pueblos paganos han
      invadido tu herencia;
    han profanado tu santo templo,
    han dejado en ruinas a Jerusalén.
2 Han entregado los cadáveres de tus siervos
    como alimento de las aves del cielo;
    han destinado los cuerpos de tus fieles
    para comida de los animales salvajes.
3 Por toda Jerusalén han derramado su
      sangre,
    como si derramaran agua,
    y no hay quien entierre a los muertos.
4 Nuestros vecinos hacen mofa de nosotros;
    somos blanco de las burlas de quienes
      nos rodean.

5 ¿Hasta cuándo, SEÑOR?
    ¿Vas a estar enojado para siempre?
    ¿Arderá tu celo como el fuego?
6 ¡Enójate con las naciones que no te
      reconocen,
    con los reinos que no invocan tu
      *nombre
7 Porque a Jacob se lo han devorado,
    y al país lo han dejado en ruinas.
8 No nos tomes en cuenta los pecados de
      ayer;
    ¡venga pronto tu misericordia a nuestro
      encuentro,
    porque estamos totalmente abatidos

9 Oh Dios y salvador nuestro,
    por la gloria de tu nombre, ayúdanos;
    por tu nombre, líbranos y perdona
      nuestros pecados.

10 ¿Por qué van a decir las naciones:
    «¿Dónde está su Dios?»
    Permítenos ver, y muéstrales a los pueblos
      paganos
    cómo tomas venganza de la sangre de tus
      siervos.
11 Que lleguen a tu presencia
    los gemidos de los cautivos,
    y por la fuerza de tu brazo
    salva a los condenados a muerte.

like the earth that he established
    forever.
70 He chose David his servant
    and took him from the sheep pens;
71 from tending the sheep he brought him
    to be the shepherd of his people Jacob,
    of Israel his inheritance.
72 And David shepherded them with integrity
    of heart;
    with skillful hands he led them.

Psalm 79

A psalm of Asaph.

1 O God, the nations have invaded your
      inheritance;
    they have defiled your holy temple,
    they have reduced Jerusalem to rubble.
2 They have given the dead bodies of your
      servants
    as food to the birds of the air,
    the flesh of your saints to the beasts of
      the earth.
3 They have poured out blood like water
    all around Jerusalem,
    and there is no one to bury the dead.
4 We are objects of reproach to our
      neighbors,
    of scorn and derision to those around us.

5 How long, O LORD? Will you be angry
      forever?
    How long will your jealousy burn like
      fire?
6 Pour out your wrath on the nations
    that do not acknowledge you,
    on the kingdoms
    that do not call on your name;
7 for they have devoured Jacob
    and destroyed his homeland.
8 Do not hold against us the sins of the
      fathers;
    may your mercy come quickly to meet us,
    for we are in desperate need.

9 Help us, O God our Savior,
    for the glory of your name;
    deliver us and forgive our sins
    for your name's sake.
10 Why should the nations say,
    "Where is their God?"
    Before our eyes, make known among the
      nations
    that you avenge the outpoured blood of
      your servants.
11 May the groans of the prisoners come
      before you;
    by the strength of your arm
    preserve those condemned to die.

12 Señor, haz que sientan nuestros vecinos,
    siete veces y en carne propia,
    el oprobio que han lanzado contra ti.
13 Y nosotros, tu pueblo y ovejas de tu prado,
    te alabaremos por siempre;
    de generación en generación
    cantaremos tus alabanzas.

Salmo 80

Al director musical. Sígase la tonada de
«Los lirios del *pacto». Salmo de Asaf.

1 *Pastor de Israel,
    tú que guías a José como a un rebaño,
    tú que reinas entre los *querubines,
    ¡escúchanos
¡Resplandece 2delante de Efraín, Benjamín
    y Manasés
¡Muestra tu poder, y ven a salvarnos

3 Restáuranos, oh Dios;
    haz resplandecer tu rostro sobre
        nosotros,
    y sálvanos.

4 ¿Hasta cuándo, SEÑOR, Dios
        *Todopoderoso,
    arderá tu ira contra las oraciones de tu
        pueblo?
5 Por comida, le has dado pan de lágrimas;
    por bebida, lágrimas en abundancia.
6 Nos has hecho motivo de contienda
    para nuestros vecinos;
    nuestros enemigos se burlan de nosotros.

7 Restáuranos, oh Dios Todopoderoso;
    haz resplandecer tu rostro sobre
        nosotros,
    y sálvanos.

8 De Egipto trajiste una vid;
    expulsaste a los pueblos paganos, y la
        plantaste.
9 Le limpiaste el terreno,
    y ella echó raíces y llenó la tierra.
10 Su sombra se extendía hasta las montañas,
    su follaje cubría los más altos cedros.
11 Sus ramas se extendieron hasta el
        Mediterráneo
    y sus renuevos hasta el Éufrates.

12 ¿Por qué has derribado sus muros?
    ¡Todos los que pasan le arrancan uvas
13 Los jabalíes del bosque la destruyen,
    los animales salvajes la devoran.
14 ¡Vuélvete a nosotros, oh Dios
        Todopoderoso
    ¡Asómate a vernos desde el cielo
    y brinda tus cuidados a esta vid

12 Pay back into the laps of our neighbors
        seven times
    the reproach they have hurled at you, O
        Lord.
13 Then we your people, the sheep of your
        pasture,
    will praise you forever;
    from generation to generation
    we will recount your praise.

Psalm 80

For the director of music. To the tune of
"The Lilies of the Covenant." Of Asaph. A psalm.

1 Hear us, O Shepherd of Israel,
    you who lead Joseph like a flock;
    you who sit enthroned between the
        cherubim, shine forth
2 before Ephraim, Benjamin and Manasseh.
    Awaken your might;
    come and save us.

3 Restore us, O God;
    make your face shine upon us,
    that we may be saved.

4 O LORD God Almighty,
    how long will your anger smolder
    against the prayers of your people?
5 You have fed them with the bread of tears;
    you have made them drink tears by the
        bowlful.
6 You have made us a source of contention
        to our neighbors,
    and our enemies mock us.

7 Restore us, O God Almighty;
    make your face shine upon us,
    that we may be saved.

8 You brought a vine out of Egypt;
    you drove out the nations and planted it.
9 You cleared the ground for it,
    and it took root and filled the land.
10 The mountains were covered with its shade,
    the mighty cedars with its branches.
11 It sent out its boughs to the Sea, l
    its shoots as far as the River. m

12 Why have you broken down its walls
    so that all who pass by pick its grapes?
13 Boars from the forest ravage it
    and the creatures of the field feed on it.
14 Return to us, O God Almighty
    Look down from heaven and see
    Watch over this vine,

l 11 Probably the Mediterranean   m 11 That is, the Euphrates

15 ¡Es la raíz que plantaste con tu diestra
¡Es el vástago que has criado para ti

16 Tu vid está derribada, quemada por el fuego;
a tu reprensión perece tu pueblo.*j*

17 Bríndale tu apoyo al *hombre de tu diestra,
al *ser humano*k* que para ti has criado.

18 Nosotros no nos apartaremos de ti;
reavívanos, e invocaremos tu *nombre.

19 Restáuranos, SEÑOR, Dios Todopoderoso;
haz resplandecer tu rostro sobre nosotros,
y sálvanos.

Salmo 81

Al director musical. Sígase la tonada de
«La canción del lagar». Salmo de Asaf.

1 Canten alegres a Dios, nuestra fortaleza;
¡aclamen con regocijo al Dios de Jacob

2 ¡Entonen salmos
¡Toquen ya la pandereta,
la lira y el arpa melodiosa

3 Toquen el cuerno de carnero en la luna
nueva,
y en la luna llena, día de nuestra fiesta.

4 Éste es un decreto para Israel,
una ordenanza del Dios de Jacob.

5 Lo estableció como un *pacto con José
cuando salió de la tierra de Egipto.

Escucho un idioma que no entiendo:

6 «Te he quitado la carga de los hombros;
tus manos se han librado del pesado cesto.

7 En tu angustia me llamaste, y te libré;
oculto en el nubarrón te respondí;
en las aguas de Meribá te puse a prueba.

Selah

8 »Escucha, pueblo mío, mis advertencias;
¡ay Israel, si tan sólo me escucharas

9 No tendrás ningún dios extranjero,
ni te inclinarás ante ningún dios extraño.

10 Yo soy el SEÑOR tu Dios,
que te sacó de la tierra de Egipto.
Abre bien la boca, y te la llenaré.

11 »Pero mi pueblo no me escuchó;
Israel no quiso hacerme caso.

12 Por eso los abandoné a su obstinada
voluntad,
para que actuaran como mejor les
pareciera.

---

15 the root your right hand has planted,
the son*n* you have raised up for yourself.

16 Your vine is cut down, it is burned with fire;
at your rebuke your people perish.

17 Let your hand rest on the man at your right
hand,
the son of man you have raised up for
yourself.

18 Then we will not turn away from you;
revive us, and we will call on your name.

19 Restore us, O LORD God Almighty;
make your face shine upon us,
that we may be saved.

Psalm 81

For the director of music.
According to *gittith.o* Of Asaph.

1 Sing for joy to God our strength;
shout aloud to the God of Jacob

2 Begin the music, strike the tambourine,
play the melodious harp and lyre.

3 Sound the ram's horn at the New Moon,
and when the moon is full, on the day of
our Feast;

4 this is a decree for Israel,
an ordinance of the God of Jacob.

5 He established it as a statute for Joseph
when he went out against Egypt,
where we heard a language we did not
understand.*p*

6 He says, "I removed the burden from their
shoulders;
their hands were set free from the basket.

7 In your distress you called and I rescued you,
I answered you out of a thundercloud;
I tested you at the waters of Meribah.

Selah

8 "Hear, O my people, and I will warn you—
if you would but listen to me, O Israel

9 You shall have no foreign god among you;
you shall not bow down to an alien god.

10 I am the LORD your God,
who brought you up out of Egypt.
Open wide your mouth and I will fill it.

11 "But my people would not listen to me;
Israel would not submit to me.

12 So I gave them over to their stubborn hearts
to follow their own devices.

---

j **80:16** *Tu vid … tu pueblo* (lectura probable); *Haz que perezcan, a tu reprensión, / los que la queman y destruyen* (TM).   *k* **80:17** *ser humano.* Lit. *hijo de hombre.*

n 15 Or *branch*   *o* Probably a musical term   *p* 5 Or / *and we heard a voice we had not known*

13 »Si mi pueblo tan sólo me escuchara,
  si Israel quisiera andar por mis
    *caminos,
14 ¡cuán pronto sometería yo a sus enemigos,
  y volvería mi mano contra sus
    adversarios
15 Los que aborrecen al SEÑOR se rendirían
    ante él,
  pero serían eternamente castigados.
16 Y a ti te alimentaría con lo mejor del
    trigo;
  con miel de la peña te saciaría.»

Salmo 82
Salmo de Asaf.

1 Dios preside el consejo celestial;
  entre los dioses dicta sentencia:

2 «¿Hasta cuándo defenderán la injusticia
  y favorecerán a los impíos?   *Selah
3 Defiendan la causa del huérfano y del
    desvalido;
  al pobre y al oprimido háganles justicia.
4 Salven al menesteroso y al necesitado;
  líbrenlos de la mano de los impíos.

5 »Ellos no saben nada, no entienden nada.
  Deambulan en la oscuridad;
  se estremecen todos los cimientos de la
    tierra.

6 »Yo les he dicho: "Ustedes son dioses;
  todos ustedes son hijos del *Altísimo."
7 Pero morirán como cualquier *mortal;
  caerán como cualquier otro gobernante.»

8 Levántate, oh Dios, y juzga a la tierra,
  pues tuyas son todas las naciones.

Salmo 83
Cántico. Salmo de Asaf.

1 Oh Dios, no guardes silencio;
  no te quedes, oh Dios, callado e
    impasible.
2 Mira cómo se alborotan tus enemigos,
  cómo te desafían los que te odian.
3 Con astucia conspiran contra tu pueblo;
  conspiran contra aquellos a quienes tú
    estimas.
4 Y dicen: «¡Vengan, destruyamos su
    nación
  ¡Que el *nombre de Israel no vuelva a
    recordarse »

5 Como un solo hombre se confabulan;
  han hecho un *pacto contra ti:
6 los campamentos de Edom y de Ismael,
  los de Moab y de Agar,

13 " If my people would but listen to me,
  if Israel would follow my ways,
14 how quickly would I subdue their enemies
  and turn my hand against their foes
15 Those who hate the LORD would cringe
    before him,
  and their punishment would last forever.
16 But you would be fed with the finest of
    wheat;
  with honey from the rock I would satisfy
    you."

Psalm 82
A psalm of Asaph.

1 God presides in the great assembly;
  he gives judgment among the "gods":

2 " How long will you^q defend the unjust
  and show partiality to the wicked?   Selah
3 Defend the cause of the weak and fatherless;
  maintain the rights of the poor and
    oppressed.
4 Rescue the weak and needy;
  deliver them from the hand of the wicked.

5 " They know nothing, they understand
    nothing.
  They walk about in darkness;
  all the foundations of the earth are shaken.

6 " I said, 'You are "gods";
  you are all sons of the Most High.'
7 But you will die like mere men;
  you will fall like every other ruler."

8 Rise up, O God, judge the earth,
  for all the nations are your inheritance.

Psalm 83
A song. A psalm of Asaph.

1 O God, do not keep silent;
  be not quiet, O God, be not still.
2 See how your enemies are astir,
  how your foes rear their heads.
3 With cunning they conspire against your
    people;
  they plot against those you cherish.
4 " Come," they say, " let us destroy them as
    a nation,
  that the name of Israel be remembered
    no more."

5 With one mind they plot together;
  they form an alliance against you—
6 the tents of Edom and the Ishmaelites,
  of Moab and the Hagrites,

^{q}2 The Hebrew is plural.

7 Guebal,[l] Amón y Amalec,
    los de Filistea y los habitantes de Tiro.
8 ¡Hasta Asiria se les ha unido;
    ha apoyado a los descendientes de Lot
                                          *Selah

9 Haz con ellos como hiciste con Madián,
    como hiciste con Sísara y Jabín en el río
        Quisón,
10 los cuales perecieron en Endor
    y quedaron en la tierra, como estiércol.
11 Haz con sus nobles
    como hiciste con Oreb y con Zeb;
    haz con todos sus príncipes
    como hiciste con Zeba y con Zalmuna,
12 que decían: «Vamos a adueñarnos
    de los pastizales de Dios.»

13 Hazlos rodar como zarzas, Dios mío;
    ¡como paja que se lleva el viento
14 Y así como el fuego consume los bosques
    y las llamas incendian las montañas,
15 así persíguelos con tus tormentas
    y aterrorízalos con tus tempestades.
16 SEÑOR, cúbreles el rostro de ignominia,
    para que busquen tu nombre.

17 Que sean siempre puestos en vergüenza;
    que perezcan humillados.
18 Que sepan que tú eres el SEÑOR,
    que ése es tu nombre;
    que sepan que sólo tú eres el *Altísimo
    sobre toda la tierra.

Salmo 84

Al director musical. Sígase la tonada de «La canción
    del lagar». Salmo de los hijos de Coré.

1 ¡Cuán hermosas son tus moradas,
    SEÑOR *Todopoderoso
2 Anhelo con el *alma los atrios del SEÑOR;
    casi agonizo por estar en ellos.
    Con el corazón, con todo el cuerpo,
    canto alegre al Dios de la vida.

3 SEÑOR Todopoderoso, rey mío y Dios
        mío,
    aun el gorrión halla casa cerca de tus
        altares;
    también la golondrina hace allí su nido,
    para poner sus polluelos.

4 *Dichoso el que habita en tu templo,
    pues siempre te está alabando.   *Selah
5 Dichoso el que tiene en ti su fortaleza,
    que sólo piensa en recorrer tus sendas.

7 Gebal,[r] Ammon and Amalek,
    Philistia, with the people of Tyre.
8 Even Assyria has joined them
    to lend strength to the descendants of Lot.
                                          Selah

9 Do to them as you did to Midian,
    as you did to Sisera and Jabin at the river
        Kishon,
10 who perished at Endor
    and became like refuse on the ground.
11 Make their nobles like Oreb and Zeeb,
    all their princes like Zebah and
        Zalmunna,
12 who said, "Let us take possession
    of the pasturelands of God."

13 Make them like tumbleweed, O my God,
    like chaff before the wind.
14 As fire consumes the forest
    or a flame sets the mountains ablaze,
15 so pursue them with your tempest
    and terrify them with your storm.
16 Cover their faces with shame
    so that men will seek your name, O
        LORD.

17 May they ever be ashamed and dismayed;
    may they perish in disgrace.
18 Let them know that you, whose name is
    the LORD—
    that you alone are the Most High over all
        the earth.

Psalm 84

For the director of music. According to gittith.[s]
    Of the Sons of Korah. A psalm.

1 How lovely is your dwelling place,
    O LORD Almighty
2 My soul yearns, even faints,
    for the courts of the LORD;
    my heart and my flesh cry out
    for the living God.

3 Even the sparrow has found a home,
    and the swallow a nest for herself,
    where she may have her young—
    a place near your altar,
    O LORD Almighty, my King and my
        God.
4 Blessed are those who dwell in your house;
    they are ever praising you.   Selah

5 Blessed are those whose strength is in you,
    who have set their hearts on pilgrimage.

---

[l] 83:7 Guebal. Es decir, Biblos.   [r] 7 That is, Byblos   [s] Probably a musical term

⁶ Cuando pasa por el valle de las Lágrimas
   lo convierte en región de manantiales;
 también las lluvias tempranas
   cubren de bendiciones el valle.
⁷ Según avanzan los peregrinos, cobran más
     fuerzas,
   y en *Sión se presentan ante el Dios de
     dioses.

⁸ Oye mi oración, SEÑOR, Dios
     Todopoderoso;
   escúchame, Dios de Jacob.   *Selah*
⁹ Oh Dios, escudo nuestro,
   pon sobre tu ungido tus ojos bondadosos.

¹⁰ Vale más pasar un día en tus atrios
    que mil fuera de ellos;
  prefiero cuidar la entrada de la casa de mi
     Dios
    que habitar entre los impíos.

¹¹ El SEÑOR es sol y escudo;
   Dios nos concede honor y gloria.
  El SEÑOR brinda generosamente su bondad
     a los que se conducen sin tacha.

¹² SEÑOR Todopoderoso,
   ¡dichosos los que en ti confían

Salmo 85
Al director musical. Salmo de los hijos de Coré.

¹ SEÑOR, tú has sido bondadoso con esta
     tierra tuya
   al restaurar*ᵐ* a Jacob;
² perdonaste la iniquidad de tu pueblo
   y cubriste todos sus pecados;   *Selah*
³ depusiste por completo tu enojo,
   y contuviste el ardor de tu ira.

⁴ Restáuranos una vez más, Dios y salvador
     nuestro;
   pon fin a tu disgusto con nosotros.
⁵ ¿Vas a estar enojado con nosotros para
     siempre?
   ¿Vas a seguir eternamente airado?
⁶ ¿No volverás a darnos nueva vida,
   para que tu pueblo se alegre en ti?
⁷ Muéstranos, SEÑOR, tu amor inagotable,
   y concédenos tu *salvación.

⁸ Voy a escuchar lo que Dios el SEÑOR dice:
   él promete *paz a su pueblo y a sus fieles,
   siempre y cuando no se vuelvan a la
     *necedad.*ⁿ*

⁶ As they pass through the Valley of
     Baca,
   they make it a place of springs;
   the autumn rains also cover it with
     pools.*ᵗ*
⁷ They go from strength to strength,
   till each appears before God in Zion.

⁸ Hear my prayer, O LORD God
     Almighty;
   listen to me, O God of Jacob.   *Selah*
⁹ Look upon our shield,*ᵘ* O God;
   look with favor on your anointed one.

¹⁰ Better is one day in your courts
    than a thousand elsewhere;
  I would rather be a doorkeeper in the
     house of my God
    than dwell in the tents of the wicked.
¹¹ For the LORD God is a sun and shield;
   the LORD bestows favor and honor;
  no good thing does he withhold
   from those whose walk is blameless.

¹² O LORD Almighty,
   blessed is the man who trusts in you.

Psalm 85
For the director of music. Of the Sons of Korah.
A psalm.

¹ You showed favor to your land, O LORD;
   you restored the fortunes of Jacob.
² You forgave the iniquity of your
     people
   and covered all their sins.   *Selah*
³ You set aside all your wrath
   and turned from your fierce anger.

⁴ Restore us again, O God our Savior,
   and put away your displeasure toward us.
⁵ Will you be angry with us forever?
   Will you prolong your anger through all
     generations?
⁶ Will you not revive us again,
   that your people may rejoice in you?
⁷ Show us your unfailing love, O LORD,
   and grant us your salvation.

⁸ I will listen to what God the LORD will
     say;
   he promises peace to his people, his
     saints—
   but let them not return to folly.

ᵐ 85:1 *al restaurar.* Alt. *al hacer volver de la cautividad.*
ⁿ 85:8 *siempre y cuando … necedad.* Lit. *y a los que se
vuelven de su necedad.*   *ᵗ 6 Or blessings   ᵘ 9 Or sovereign*

9 Muy cercano está para salvar a los que
le temen,
para establecer su gloria en nuestra
tierra.

10 El amor y la verdad se encontrarán;
se besarán la paz y la justicia.
11 De la tierra brotará la verdad,
y desde el cielo se asomará la
justicia.
12 El SEÑOR mismo nos dará bienestar,
y nuestra tierra rendirá su fruto.
13 La justicia será su heraldo
y le preparará el camino.

Salmo 86
Oración de David.

1 Atiéndeme, SEÑOR; respóndeme,
pues pobre soy y estoy necesitado.
2 Presérvame la vida, pues te soy fiel.
Tú eres mi Dios, y en ti confío;
¡salva a tu siervo
3 Compadécete, Señor, de mí,
porque a ti clamo todo el día.
4 Reconforta el espíritu de tu siervo,
porque a ti, Señor, elevo mi *alma.

5 Tú, Señor, eres bueno y perdonador;
grande es tu amor por todos los que te
invocan.
6 Presta oído, SEÑOR, a mi oración;
atiende a la voz de mi clamor.
7 En el día de mi angustia te invoco,
porque tú me respondes.

8 No hay, SEÑOR, entre los dioses otro
como tú,
ni hay obras semejantes a las tuyas.
9 Todas las naciones que has creado
vendrán, Señor, y ante ti se postrarán
y glorificarán tu *nombre.
10 Porque tú eres grande y haces
maravillas;
¡sólo tú eres Dios

11 Instrúyeme, SEÑOR, en tu *camino
para conducirme con fidelidad.
Dame integridad de corazón
para temer tu nombre.
12 Señor mi Dios, con todo el corazón te
alabaré,
y por siempre glorificaré tu nombre.
13 Porque grande es tu amor por mí:
me has librado de caer en el *sepulcro.

9 Surely his salvation is near those who fear
him,
that his glory may dwell in our land.

10 Love and faithfulness meet together;
righteousness and peace kiss each
other.
11 Faithfulness springs forth from the earth,
and righteousness looks down from
heaven.
12 The LORD will indeed give what is good,
and our land will yield its harvest.
13 Righteousness goes before him
and prepares the way for his steps.

Psalm 86
A prayer of David.

1 Hear, O LORD, and answer me,
for I am poor and needy.
2 Guard my life, for I am devoted to you.
You are my God; save your servant
who trusts in you.
3 Have mercy on me, O Lord,
for I call to you all day long.
4 Bring joy to your servant,
for to you, O Lord,
I lift up my soul.

5 You are forgiving and good, O Lord,
abounding in love to all who call to you.
6 Hear my prayer, O LORD;
listen to my cry for mercy.
7 In the day of my trouble I will call to you,
for you will answer me.

8 Among the gods there is none like you, O
Lord;
no deeds can compare with yours.
9 All the nations you have made
will come and worship before you, O
Lord;
they will bring glory to your name.
10 For you are great and do marvelous deeds;
you alone are God.

11 Teach me your way, O LORD,
and I will walk in your truth;
give me an undivided heart,
that I may fear your name.
12 I will praise you, O Lord my God, with all
my heart;
I will glorify your name forever.
13 For great is your love toward me;
you have delivered me from the depths
of the grave.[v]

v 13 Hebrew *Sheol*

14 Gente altanera me ataca, oh Dios;
   una banda de asesinos procura
      matarme.
   ¡Son gente que no te toma en cuenta
15 Pero tú, Señor, eres Dios clemente y
      compasivo,
   lento para la ira, y grande en amor y
      verdad.
16 Vuélvete hacia mí, y tenme compasión;
   concédele tu fuerza a este siervo tuyo.
   ¡Salva a tu hijo fiel ñ
17 Dame una muestra de tu amor,
   para que mis enemigos la vean y se
      avergüencen,
   porque tú, SEÑOR, me has brindado
      ayuda y consuelo.

Salmo 87

Salmo de los hijos de Coré. Cántico.

1 Los cimientos de la ciudad de Dios o
   están en el santo monte.
2 El SEÑOR ama las *entradas de *Sión
   más que a todas las moradas de Jacob.
3 De ti, ciudad de Dios,
   se dicen cosas gloriosas: *Selah
4 «Entre los que me reconocen
   puedo contar a *Rahab y a Babilonia,
   a Filistea y a Tiro, lo mismo que a *Cus.
   Se dice: "Éste nació en Sión."»
5 De Sión se dirá, en efecto:
   «Éste y aquél nacieron en ella.
   El *Altísimo mismo la ha establecido.»
6 El SEÑOR anotará en el registro de los
      pueblos:
   «Éste nació en Sión.»   Selah
7 Y mientras cantan y bailan, dicen:
   «En ti se hallan todos mis orígenes.» p

Salmo 88

Cántico. Salmo de los hijos de Coré.
Al director musical. Según *majalat leannot.
*Masquil de Hemán el ezraíta.

1 SEÑOR, Dios de mi *salvación,
   día y noche clamo en presencia tuya.
2 Que llegue ante ti mi oración;
   dígnate escuchar mi súplica.

3 Tan colmado estoy de calamidades
   que mi vida está al borde del *sepulcro.
4 Ya me cuentan entre los que bajan a la
      fosa;

14 The arrogant are attacking me, O God;
   a band of ruthless men seeks my life—
   men without regard for you.
15 But you, O Lord, are a compassionate and
      gracious God,
   slow to anger, abounding in love and
      faithfulness.
16 Turn to me and have mercy on me;
   grant your strength to your servant
   and save the son of your maidservant. w
17 Give me a sign of your goodness,
   that my enemies may see it and be put to
      shame,
   for you, O LORD, have helped me and
      comforted me.

Psalm 87

Of the Sons of Korah. A psalm. A song.

1 He has set his foundation on the holy
      mountain;
2 the LORD loves the gates of Zion
   more than all the dwellings of Jacob.
3 Glorious things are said of you,
   O city of God: Selah
4 "I will record Rahab x and Babylon
   among those who acknowledge me—
   Philistia too, and Tyre, along with Cush y—
   and will say, 'This z one was born in Zion.'"

5 Indeed, of Zion it will be said,
   "This one and that one were born in her,
   and the Most High himself will establish
      her."
6 The LORD will write in the register of the
      peoples:
   "This one was born in Zion."   Selah
7 As they make music they will sing,
   "All my fountains are in you."

Psalm 88

A song. A psalm of the Sons of Korah.
For the director of music. According to mahalath
leannoth. a A maskil b of Heman the Ezrahite.

1 O LORD, the God who saves me,
   day and night I cry out before you.
2 May my prayer come before you;
   turn your ear to my cry.

3 For my soul is full of trouble
   and my life draws near the grave. c
4 I am counted among those who go down to
      the pit;

ñ 86:16 a tu hijo fiel. Lit. al hijo de tu sierva.   o 87:1 Los
cimientos de la ciudad de Dios. Lit. Los cimientos de él.
p 87:7 todos mis orígenes. Lit. todas mis fuentes.

w 16 Or save your faithful son   x 4 A poetic name for Egypt
y 4 That is, the upper Nile region   z 4 Or "O Rahab and
Babylon, / Philistia, Tyre and Cush, / I will record
concerning those who acknowledge me: / 'This   a Possibly a
tune, "The Suffering of Affliction"   b Probably a literary or
musical term   c 3 Hebrew Sheol

parezco un guerrero desvalido.

5 Me han puesto aparte, entre los muertos;
   parezco un cadáver que yace en el
     sepulcro,
de esos que tú ya no recuerdas,
   porque fueron arrebatados de tu mano.

6 Me has echado en el foso más profundo,
   en el más tenebroso de los abismos.
7 El peso de tu enojo ha recaído sobre mí;
   me has abrumado con tus olas.   *Selah
8 Me has quitado a todos mis amigos
   y ante ellos me has hecho aborrecible.
Estoy aprisionado y no puedo librarme;
9 los ojos se me nublan de tristeza.

Yo, SEÑOR, te invoco cada día,
   y hacia ti extiendo las manos.
10 ¿Acaso entre los muertos realizas
    maravillas?
   ¿Pueden los muertos levantarse a darte
    gracias?   Selah
11 ¿Acaso en el sepulcro se habla de tu amor,
   y de tu fidelidad en el abismo
    destructor?q
12 ¿Acaso en las tinieblas se conocen tus
    maravillas,
   o tu justicia en la tierra del olvido?

13 Yo, SEÑOR, te ruego que me ayudes;
   por la mañana busco tu presencia en
    oración.
14 ¿Por qué me rechazas, SEÑOR?
   ¿Por qué escondes de mí tu rostro?

15 Yo he sufrido desde mi juventud;
   muy cerca he estado de la muerte.
Me has enviado terribles sufrimientos
   y ya no puedo más.
16 Tu ira se ha descargado sobre mí;
   tus violentos ataques han acabado conmigo.
17 Todo el día me rodean como un océano;
   me han cercado por completo.
18 Me has quitado amigos y seres queridos;
   ahora sólo tengo amistad con las tinieblas.

Salmo 89

*Masquil de Etán el ezraíta.

1 Oh SEÑOR, por siempre cantaré
   la grandeza de tu amor;
por todas las generaciones
   proclamará mi boca tu fidelidad.
2 Declararé que tu amor permanece firme
    para siempre,
   que has afirmado en el cielo tu fidelidad.

I am like a man without strength.

5 I am set apart with the dead,
   like the slain who lie in the grave,
whom you remember no more,
   who are cut off from your care.

6 You have put me in the lowest pit,
   in the darkest depths.
7 Your wrath lies heavily upon me;
   you have overwhelmed me with all your
    waves.   Selah
8 You have taken from me my closest friends
   and have made me repulsive to them.
I am confined and cannot escape;
9 my eyes are dim with grief.

I call to you, O LORD, every day;
   I spread out my hands to you.
10 Do you show your wonders to the dead?
   Do those who are dead rise up and praise
    you?   Selah
11 Is your love declared in the grave,
   your faithfulness in Destructiond?
12 Are your wonders known in the place of
    darkness,
   or your righteous deeds in the land of
    oblivion?

13 But I cry to you for help, O LORD;
   in the morning my prayer comes before
    you.
14 Why, O LORD, do you reject me
   and hide your face from me?

15 From my youth I have been afflicted and
    close to death;
I have suffered your terrors and am in
    despair.
16 Your wrath has swept over me;
   your terrors have destroyed me.
17 All day long they surround me like a flood;
   they have completely engulfed me.
18 You have taken my companions and loved
    ones from me;
   the darkness is my closest friend.

Psalm 89

A *maskil*e of Ethan the Ezrahite.

1 I will sing of the LORD's great love
    forever;
with my mouth I will make your
    faithfulness known through all
    generations.
2 I will declare that your love stands firm
    forever,

---

q 88:11 *abismo destructor*. Lit. **abadón*.   d 11 Hebrew *Abaddon*   e Probably a literary or musical term

³ Dijiste: «He hecho un *pacto con mi
      escogido;
   le he jurado a David mi siervo:
⁴ "Estableceré tu dinastía para siempre,
   y afirmaré tu trono por todas las
      generaciones." »   *Selah

⁵ Los cielos, SEÑOR, celebran tus
      maravillas,
   y tu fidelidad la asamblea de los santos.
⁶ ¿Quién en los cielos es comparable al
      SEÑOR?
   ¿Quién como él entre los seres
      celestiales?
⁷ Dios es muy temido en la asamblea de los
      santos;
   grande y portentoso sobre cuantos lo
      rodean.
⁸ ¿Quién como tú, SEÑOR, Dios
      *Todopoderoso,
   rodeado de poder y de fidelidad?

⁹ Tú gobiernas sobre el mar embravecido;
   tú apaciguas sus encrespadas olas.
¹⁰ Aplastaste a *Rahab como a un cadáver;
   con tu brazo poderoso dispersaste a tus
      enemigos.
¹¹ Tuyo es el cielo, y tuya la tierra;
   tú fundaste el mundo y todo lo que
      contiene.
¹² Por ti fueron creados el norte y el sur;
   el Tabor y el Hermón cantan alegres a tu
      *nombre.
¹³ Tu brazo es capaz de grandes proezas;
   fuerte es tu mano, exaltada tu diestra.

¹⁴ La justicia y el derecho son el fundamento
      de tu trono,
   y tus heraldos, el amor y la verdad.
¹⁵ *Dichosos los que saben aclamarte,
      SEÑOR,
   y caminan a la luz de tu presencia;
¹⁶ los que todo el día se alegran en tu
      nombre
   y se regocijan en tu justicia.
¹⁷ Porque tú eres su gloria y su poder;
   por tu buena voluntad aumentas nuestra
      fuerza.ʳ
¹⁸ Tú, SEÑOR, eres nuestro escudo;
   tú, Santo de Israel, eres nuestro rey.

¹⁹ Una vez hablaste en una visión,
   y le dijiste a tu pueblo fiel:

that you established your faithfulness in
   heaven itself.

³ You said, "I have made a covenant with
      my chosen one,
   I have sworn to David my servant,
⁴ 'I will establish your line forever
   and make your throne firm through all
      generations.'"   Selah

⁵ The heavens praise your wonders, O LORD,
   your faithfulness too, in the assembly of
      the holy ones.
⁶ For who in the skies above can compare
      with the LORD?
   Who is like the LORD among the
      heavenly beings?
⁷ In the council of the holy ones God is
      greatly feared;
   he is more awesome than all who
      surround him.
⁸ O LORD God Almighty, who is like you?
   You are mighty, O LORD, and your
      faithfulness surrounds you.

⁹ You rule over the surging sea;
   when its waves mount up, you still them.
¹⁰ You crushed Rahab like one of the slain;
   with your strong arm you scattered your
      enemies.
¹¹ The heavens are yours, and yours also the
      earth;
   you founded the world and all that is in it.
¹² You created the north and the south;
   Tabor and Hermon sing for joy at your
      name.
¹³ Your arm is endued with power;
   your hand is strong, your right hand exalted.

¹⁴ Righteousness and justice are the
      foundation of your throne;
   love and faithfulness go before you.
¹⁵ Blessed are those who have learned to
      acclaim you,
   who walk in the light of your presence,
      O LORD.
¹⁶ They rejoice in your name all day long;
   they exult in your righteousness.
¹⁷ For you are their glory and strength,
   and by your favor you exalt our horn.ᶠ
¹⁸ Indeed, our shieldᵍ belongs to the LORD,
   our king to the Holy One of Israel.

¹⁹ Once you spoke in a vision,
   to your faithful people you said:

«Le he brindado mi ayuda a un valiente;
  al mejor hombre del pueblo lo he
    exaltado.
20 He encontrado a David, mi siervo,
  y lo he ungido con mi aceite santo.
21 Mi mano siempre lo sostendrá;
  mi brazo lo fortalecerá.
22 Ningún enemigo lo someterá a tributo;
  ningún inicuo lo oprimirá.
23 Aplastaré a quienes se le enfrenten
  y derribaré a quienes lo aborrezcan.
24 La fidelidad de mi amor lo acompañará,
  y por mi nombre será exaltada su fuerza.[s]
25 Le daré poder sobre el mar[t]
  y dominio sobre los ríos.[u]
26 Él me dirá: "Tú eres mi Padre,
  mi Dios, la *roca de mi *salvación."
27 Yo le daré los derechos de primogenitura,
  la primacía sobre los reyes de la tierra.
28 Mi amor por él será siempre constante,
  y mi pacto con él se mantendrá fiel.
29 Afirmaré su dinastía y su trono
  para siempre, mientras el cielo exista.

30 »Pero si sus hijos se apartan de mi *ley
  y no viven según mis decretos,
31 si violan mis *estatutos
  y no observan mis mandamientos,
32 con vara castigaré sus transgresiones
  y con azotes su iniquidad.
33 Con todo, jamás le negaré mi amor,
  ni mi fidelidad le faltará.
34 No violaré mi pacto
  ni me retractaré de mis palabras.
35 Una sola vez he jurado por mi santidad,
  y no voy a mentirle a David:
36 Su descendencia vivirá por siempre;
  su trono durará como el sol en mi
    presencia.
37 Como la luna, fiel testigo en el cielo,
  será establecido para siempre.»   *Selah*

38 Pero tú has desechado, has rechazado a tu
    ungido;
  te has enfurecido contra él en gran
    manera.
39 Has revocado el pacto con tu siervo;
  has arrastrado por los suelos su corona.
40 Has derribado todas sus murallas
  y dejado en ruinas sus fortalezas.
41 Todos los que pasan lo saquean;
  ¡es motivo de burla para sus vecinos
42 Has exaltado el poder de sus adversarios
  y llenado de gozo a sus enemigos.

"I have bestowed strength on a warrior;
  I have exalted a young man from among
    the people.
20 I have found David my servant;
  with my sacred oil I have anointed him.
21 My hand will sustain him;
  surely my arm will strengthen him.
22 No enemy will subject him to tribute;
  no wicked man will oppress him.
23 I will crush his foes before him
  and strike down his adversaries.
24 My faithful love will be with him,
  and through my name his horn[h] will be
    exalted.
25 I will set his hand over the sea,
  his right hand over the rivers.
26 He will call out to me, 'You are my Father,
  my God, the Rock my Savior.'
27 I will also appoint him my firstborn,
  the most exalted of the kings of the earth.
28 I will maintain my love to him forever,
  and my covenant with him will never fail.
29 I will establish his line forever,
  his throne as long as the heavens endure.

30 "If his sons forsake my law
  and do not follow my statutes,
31 if they violate my decrees
  and fail to keep my commands,
32 I will punish their sin with the rod,
  their iniquity with flogging;
33 but I will not take my love from him,
  nor will I ever betray my faithfulness.
34 I will not violate my covenant
  or alter what my lips have uttered.
35 Once for all, I have sworn by my holiness—
  and I will not lie to David—
36 that his line will continue forever
  and his throne endure before me like the
    sun;
37 it will be established forever like the moon,
  the faithful witness in the sky."   *Selah*

38 But you have rejected, you have spurned,
  you have been very angry with your
    anointed one.
39 You have renounced the covenant with
    your servant
  and have defiled his crown in the dust.
40 You have broken through all his walls
  and reduced his strongholds to ruins.
41 All who pass by have plundered him;
  he has become the scorn of his neighbors.
42 You have exalted the right hand of his foes;
  you have made all his enemies rejoice.

---

[s] **89:24** *su fuerza*. Lit. *su cuerno*.   [t] **89:25** *el mar*. Probable referencia al mar Mediterráneo.   [u] **89:25** *los ríos*. Probable referencia a Mesopotamia.

[h] **24** *Horn* here symbolizes strength.

⁴³ Le has quitado el filo a su espada,
     y no lo has apoyado en la batalla.
⁴⁴ Has puesto fin a su esplendor
     al derribar por tierra su trono.
⁴⁵ Has acortado los días de su juventud;
     lo has cubierto con un manto de
        vergüenza.   *Selah*

⁴⁶ ¿Hasta cuándo, SEÑOR, te seguirás
        escondiendo?
     ¿Va a arder tu ira para siempre, como el
        fuego?
⁴⁷ ¡Recuerda cuán efímera es mi vida ^v
     Al fin y al cabo, ¿para qué creaste a los
        *mortales?
⁴⁸ ¿Quién hay que viva y no muera jamás,
     o que pueda escapar del poder del
        *sepulcro?   *Selah*
⁴⁹ ¿Dónde está, Señor, tu amor de antaño,
     que en tu fidelidad juraste a David?
⁵⁰ Recuerda, Señor, que se burlan de tus
        siervos;
     que llevo en mi pecho los insultos de
        muchos pueblos.
⁵¹ Tus enemigos, SEÑOR, nos ultrajan;
     a cada paso ofenden a tu ungido.

⁵² ¡Bendito sea el SEÑOR por siempre
        Amén y amén.

LIBRO IV
Salmos 90-106

Salmo 90
Oración de Moisés, hombre de Dios.

¹ *Señor, tú has sido nuestro refugio
     generación tras generación.
² Desde antes que nacieran los montes
     y que crearas la tierra y el mundo,
     desde los tiempos antiguos
     y hasta los tiempos postreros,
     tú eres Dios.

³ Tú haces que los *hombres vuelvan al
        polvo,
     cuando dices: «¡Vuélvanse al polvo,
        *mortales »
⁴ Mil años, para ti, son como el día de ayer,
        que ya pasó;
     son como unas cuantas horas de la noche.
⁵ Arrasas a los mortales. Son como un sueño.
     Nacen por la mañana, como la hierba
⁶ que al amanecer brota lozana
     y por la noche ya está marchita y seca.

⁴³ You have turned back the edge of his
        sword
     and have not supported him in battle.
⁴⁴ You have put an end to his splendor
     and cast his throne to the ground.
⁴⁵ You have cut short the days of his youth;
     you have covered him with a mantle of
        shame.   *Selah*

⁴⁶ How long, O LORD? Will you hide
        yourself forever?
     How long will your wrath burn like fire?
⁴⁷ Remember how fleeting is my life.
     For what futility you have created all
        men
⁴⁸ What man can live and not see death,
     or save himself from the power of the
        graveⁱ?   *Selah*
⁴⁹ O Lord, where is your former great love,
     which in your faithfulness you swore to
        David?
⁵⁰ Remember, Lord, how your servant has^j
        been mocked,
     how I bear in my heart the taunts of all
        the nations,
⁵¹ the taunts with which your enemies have
        mocked, O LORD,
     with which they have mocked every step
        of your anointed one.

⁵² Praise be to the LORD forever
        Amen and Amen.

BOOK IV
Psalms 90-106

Psalm 90
A prayer of Moses the man of God.

¹ Lord, you have been our dwelling place
     throughout all generations.
² Before the mountains were born
     or you brought forth the earth and the
        world,
     from everlasting to everlasting you are God.

³ You turn men back to dust,
     saying, "Return to dust, O sons of men."
⁴ For a thousand years in your sight
     are like a day that has just gone by,
     or like a watch in the night.
⁵ You sweep men away in the sleep of death;
     they are like the new grass of the
        morning—
⁶ though in the morning it springs up new,
     by evening it is dry and withered.

---

^v89:47 Véase 39:4.   ⁱ48 Hebrew *Sheol*   ^j50 Or *your servants have*

7 Tu ira en verdad nos consume,
    tu indignación nos aterra.
8 Ante ti has puesto nuestras iniquidades;
    a la luz de tu presencia, nuestros pecados
       secretos.
9 Por causa de tu ira se nos va la vida entera;
    se esfuman nuestros años como un suspiro.
10 Algunos llegamos hasta los setenta años,
    quizás alcancemos hasta los ochenta,
    si las fuerzas nos acompañan.
    Tantos años de vida,^w sin embargo,
    sólo traen pesadas cargas y calamidades:
    pronto pasan, y con ellos pasamos
       nosotros.

11 ¿Quién puede comprender el furor de tu
       enojo?
    ¡Tu ira es tan grande como el temor que
       se te debe
12 Enséñanos a contar bien nuestros días,
    para que nuestro corazón adquiera
       sabiduría.

13 ¿Cuándo, SEÑOR, te volverás hacia
       nosotros?
    ¡Compadécete ya de tus siervos
14 Sácianos de tu amor por la mañana,
    y toda nuestra vida cantaremos de alegría.
15 Días y años nos has afligido, nos has
       hecho sufrir;
    ¡devuélvenos ahora ese tiempo en alegría
16 ¡Sean manifiestas tus obras a tus siervos,
    y tu esplendor a sus descendientes

17 Que el favor^x del Señor nuestro Dios
    esté sobre nosotros.
    Confirma en nosotros la obra de nuestras
       manos;
    sí, confirma la obra de nuestras manos.

Salmo 91

1 El que habita al abrigo del *Altísimo
    se acoge a la sombra del *Todopoderoso.
2 Yo le digo al SEÑOR: «Tú eres mi refugio,
    mi fortaleza, el Dios en quien confío.»

3 Sólo él puede librarte de las trampas del
       cazador
    y de mortíferas plagas,
4 pues te cubrirá con sus plumas
    y bajo sus alas hallarás refugio.
    ¡Su verdad será tu escudo y tu baluarte
5 No temerás el terror de la noche,
    ni la flecha que vuela de día,

7 We are consumed by your anger
    and terrified by your indignation.
8 You have set our iniquities before you,
    our secret sins in the light of your
       presence.
9 All our days pass away under your wrath;
    we finish our years with a moan.
10 The length of our days is seventy years—
    or eighty, if we have the strength;
    yet their span^k is but trouble and sorrow,
    for they quickly pass, and we fly away.

11 Who knows the power of your anger?
    For your wrath is as great as the fear that
       is due you.
12 Teach us to number our days aright,
    that we may gain a heart of wisdom.

13 Relent, O LORD How long will it be?
    Have compassion on your servants.
14 Satisfy us in the morning with your
       unfailing love,
    that we may sing for joy and be glad all
       our days.
15 Make us glad for as many days as you
       have afflicted us,
    for as many years as we have seen
       trouble.
16 May your deeds be shown to your servants,
    your splendor to their children.

17 May the favor^l of the Lord our God rest
    upon us;
    establish the work of our hands for us—
    yes, establish the work of our hands.

Psalm 91

1 He who dwells in the shelter of the Most
       High
    will rest in the shadow of the Almighty.^m
2 I will sayⁿ of the LORD, "He is my refuge
    and my fortress,
    my God, in whom I trust."

3 Surely he will save you from the fowler's
       snare
    and from the deadly pestilence.
4 He will cover you with his feathers,
    and under his wings you will find refuge;
    his faithfulness will be your shield and
       rampart.
5 You will not fear the terror of night,
    nor the arrow that flies by day,

---

^w **90:10** *Tantos años de vida.* Lit. *Su orgullo.*   ^x **90:17** *Que el favor.* Alt. *Que la belleza.*   ^k 10 Or *yet the best of them*   ^l 17 Or *beauty*   ^m 1 Hebrew *Shaddai*   ⁿ 2 Or *He says*

⁶ ni la peste que acecha en las sombras
  ni la plaga que destruye a mediodía.
⁷ Podrán caer mil a tu izquierda,
  y diez mil a tu derecha,
  pero a ti no te afectará.
⁸ No tendrás más que abrir bien los ojos,
  para ver a los impíos recibir su merecido.

⁹ Ya que has puesto al SEÑOR por tu^y refugio,
  al Altísimo por tu protección,
¹⁰ ningún mal habrá de sobrevenirte,
  ninguna calamidad llegará a tu hogar.
¹¹ Porque él ordenará que sus ángeles
  te cuiden en todos tus *caminos.
¹² Con sus propias manos te levantarán
  para que no tropieces con piedra alguna.
¹³ Aplastarás al león y a la víbora;
  ¡hollarás fieras y serpientes

¹⁴ «Yo lo libraré, porque él se acoge a mí;
  lo protegeré, porque reconoce mi *nombre.
¹⁵ Él me invocará, y yo le responderé;
  estaré con él en momentos de angustia;
  lo libraré y lo llenaré de honores.
¹⁶ Lo colmaré con muchos años de vida
  y le haré gozar de mi *salvación.»

Salmo 92

Salmo para cantarse en *sábado.

¹ ¡Cuán bueno, SEÑOR, es darte gracias
  y entonar, oh *Altísimo, salmos a tu
  *nombre;
² proclamar tu gran amor por la mañana,
  y tu fidelidad por la noche,
³ al son del decacordio y de la lira;
  al son del arpa y del salterio

⁴ Tú, SEÑOR, me llenas de alegría con tus
  maravillas;
  por eso alabaré jubiloso las obras de tus
  manos.
⁵ Oh SEÑOR, ¡cuán imponentes son tus
  obras,
  y cuán profundos tus pensamientos
⁶ Los insensatos no lo saben,
  los *necios no lo entienden:
⁷ aunque broten como hierba los impíos,
  y florezcan todos los malhechores,
  para siempre serán destruidos.
⁸ Sólo tú, SEÑOR, serás exaltado para
  siempre.

⁹ Ciertamente tus enemigos, SEÑOR,
  ciertamente tus enemigos perecerán;
  ¡dispersados por todas partes
  serán todos los malhechores

⁶ nor the pestilence that stalks in the darkness,
  nor the plague that destroys at midday.
⁷ A thousand may fall at your side,
  ten thousand at your right hand,
  but it will not come near you.
⁸ You will only observe with your eyes
  and see the punishment of the wicked.

⁹ If you make the Most High your dwelling—
  even the LORD, who is my refuge—
¹⁰ then no harm will befall you,
  no disaster will come near your tent.
¹¹ For he will command his angels
  concerning you
  to guard you in all your ways;
¹² they will lift you up in their hands,
  so that you will not strike your foot
  against a stone.
¹³ You will tread upon the lion and the cobra;
  you will trample the great lion and the
  serpent.

¹⁴ "Because he loves me," says the LORD,
  "I will rescue him;
  I will protect him, for he acknowledges
  my name.
¹⁵ He will call upon me, and I will answer him;
  I will be with him in trouble,
  I will deliver him and honor him.
¹⁶ With long life will I satisfy him
  and show him my salvation."

Psalm 92

A psalm. A song. For the Sabbath day.

¹ It is good to praise the LORD
  and make music to your name, O Most
  High,
² to proclaim your love in the morning
  and your faithfulness at night,
³ to the music of the ten-stringed lyre
  and the melody of the harp.

⁴ For you make me glad by your deeds, O
  LORD;
  I sing for joy at the works of your hands.
⁵ How great are your works, O LORD,
  how profound your thoughts
⁶ The senseless man does not know,
  fools do not understand,
⁷ that though the wicked spring up like grass
  and all evildoers flourish,
  they will be forever destroyed.

⁸ But you, O LORD, are exalted forever.

⁹ For surely your enemies, O LORD,
  surely your enemies will perish;
  all evildoers will be scattered.

^y **91:9** *tu.* Lit. *mi.*

10 Me has dado las fuerzas de un toro;
     me has ungido con el mejor perfume.
11 Me has hecho ver la caída de mis
     adversarios
     y oír la derrota de mis malvados
     enemigos.

12 Como palmeras florecen los justos;
     como cedros del Líbano crecen.
13 Plantados en la casa del SEÑOR,
     florecen en los atrios de nuestro Dios.
14 Aun en su vejez, darán fruto;
     siempre estarán vigorosos y lozanos,
15 para proclamar: «El SEÑOR es justo;
     él es mi *Roca, y en él no hay injusticia.»

Salmo 93

1 El SEÑOR reina, revestido de esplendor;
     el SEÑOR se ha revestido de grandeza
     y ha desplegado su poder.
     Ha establecido el mundo con firmeza;
     jamás será removido.
2 Desde el principio se estableció tu trono,
     y tú desde siempre has existido.

3 Se levantan las aguas, SEÑOR,
     se levantan las aguas con estruendo;
     se levantan las aguas y sus batientes olas.
4 Pero el SEÑOR, en las alturas, se muestra
     poderoso:
     más poderoso que el estruendo de las
     muchas aguas,
     más poderoso que los embates del mar.

5 Dignos de confianza son, SEÑOR, tus
     *estatutos;
     ¡la santidad es para siempre el adorno de
     tu casa

Salmo 94

1 SEÑOR, Dios de las venganzas;
     Dios de las venganzas, ¡manifiéstate z
2 Levántate, Juez de la tierra,
     y dales su merecido a los soberbios.
3 ¿Hasta cuándo, SEÑOR, hasta cuándo
     habrán de ufanarse los impíos?

4 Todos esos malhechores son unos
     fanfarrones;
     a borbotones escupen su arrogancia.
5 A tu pueblo, SEÑOR, lo pisotean;
     ¡oprimen a tu herencia
6 Matan a las viudas y a los extranjeros;
     a los huérfanos los asesinan.

10 You have exalted my horn⁰ like that of a
     wild ox;
     fine oils have been poured upon me.
11 My eyes have seen the defeat of my
     adversaries;
     my ears have heard the rout of my
     wicked foes.

12 The righteous will flourish like a palm tree,
     they will grow like a cedar of Lebanon;
13 planted in the house of the LORD,
     they will flourish in the courts of our
     God.
14 They will still bear fruit in old age,
     they will stay fresh and green,
15 proclaiming, "The LORD is upright;
     he is my Rock, and there is no
     wickedness in him."

Psalm 93

1 The LORD reigns, he is robed in majesty;
     the LORD is robed in majesty
     and is armed with strength.
     The world is firmly established;
     it cannot be moved.
2 Your throne was established long ago;
     you are from all eternity.

3 The seas have lifted up, O LORD,
     the seas have lifted up their voice;
     the seas have lifted up their pounding
     waves.
4 Mightier than the thunder of the great
     waters,
     mightier than the breakers of the sea—
     the LORD on high is mighty.

5 Your statutes stand firm;
     holiness adorns your house
     for endless days, O LORD.

Psalm 94

1 O LORD, the God who avenges,
     O God who avenges, shine forth.
2 Rise up, O Judge of the earth;
     pay back to the proud what they deserve.
3 How long will the wicked, O LORD,
     how long will the wicked be jubilant?

4 They pour out arrogant words;
     all the evildoers are full of boasting.
5 They crush your people, O LORD;
     they oppress your inheritance.
6 They slay the widow and the alien;
     they murder the fatherless.

---

z 94:1 ¡manifiéstate Lit. resplandece.   o 10 Horn here symbolizes strength.

7 Y hasta dicen: «El SEÑOR no ve;
  el Dios de Jacob no se da cuenta.»

8 Entiendan esto, gente necia;
  ¿cuándo, insensatos, lo van a comprender?
9 ¿Acaso no oirá el que nos puso las orejas,
  ni podrá ver el que nos formó los ojos?
10 ¿Y no habrá de castigar el que corrige a las
   naciones
  e instruye en el saber a todo el mundo?
11 El SEÑOR conoce los pensamientos
   *humanos,
  y sabe que son absurdos.

12 *Dichoso aquel a quien tú, SEÑOR,
   corriges;
  aquel a quien instruyes en tu *ley,
13 para que enfrente tranquilo los días de
   aflicción
  mientras al impío se le cava una fosa.
14 El SEÑOR no rechazará a su pueblo;
  no dejará a su herencia en el abandono.
15 El juicio volverá a basarse en la justicia,
  y todos los rectos de corazón lo seguirán.

16 ¿Quién se levantó a defenderme de los
   impíos?
  ¿Quién se puso de mi parte contra los
   malhechores?
17 Si el SEÑOR no me hubiera brindado su
   ayuda,
  muy pronto me habría quedado en mortal
   silencio.
18 No bien decía: «Mis pies resbalan»,
  cuando ya tu amor, SEÑOR, venía en mi
   ayuda.
19 Cuando en mí la angustia iba en aumento,
  tu consuelo llenaba mi *alma de alegría.

20 ¿Podrías ser amigo de reyes corruptos[a]
  que por decreto fraguan la maldad,
21 que conspiran contra la gente honrada
  y condenan a muerte al inocente?
22 Pero el SEÑOR es mi protector,
  es mi Dios y la *roca en que me refugio.
23 Él les hará pagar por sus pecados
  y los destruirá por su maldad;
  ¡el SEÑOR nuestro Dios los destruirá

Salmo 95

1 Vengan, cantemos con júbilo al SEÑOR;
  aclamemos a la *roca de nuestra
   *salvación.
2 Lleguemos ante él con acción de gracias,
  aclamémoslo con cánticos.

7 They say, "The LORD does not see;
  the God of Jacob pays no heed."

8 Take heed, you senseless ones among the
   people;
  you fools, when will you become wise?
9 Does he who implanted the ear not hear?
  Does he who formed the eye not see?
10 Does he who disciplines nations not
   punish?
  Does he who teaches man lack
   knowledge?
11 The LORD knows the thoughts of man;
  he knows that they are futile.

12 Blessed is the man you discipline, O
   LORD,
  the man you teach from your law;
13 you grant him relief from days of trouble,
  till a pit is dug for the wicked.
14 For the LORD will not reject his people;
  he will never forsake his inheritance.
15 Judgment will again be founded on
   righteousness,
  and all the upright in heart will follow it.

16 Who will rise up for me against the
   wicked?
  Who will take a stand for me against
   evildoers?
17 Unless the LORD had given me help,
  I would soon have dwelt in the silence of
   death.
18 When I said, "My foot is slipping,"
  your love, O LORD, supported me.
19 When anxiety was great within me,
  your consolation brought joy to my soul.

20 Can a corrupt throne be allied with you—
  one that brings on misery by its decrees?
21 They band together against the righteous
  and condemn the innocent to death.
22 But the LORD has become my fortress,
  and my God the rock in whom I take
   refuge.
23 He will repay them for their sins
  and destroy them for their wickedness;
  the LORD our God will destroy them.

Psalm 95

1 Come, let us sing for joy to the LORD;
  let us shout aloud to the Rock of our
   salvation.
2 Let us come before him with thanksgiving
  and extol him with music and song.

---

a 94:20 de reyes corruptos. Lit. del trono corrupto.

³ Porque el SEÑOR es el gran Dios,
el gran Rey sobre todos los dioses.
⁴ En sus manos están los abismos de la
tierra;
suyas son las cumbres de los montes.
⁵ Suyo es el mar, porque él lo hizo;
con sus manos formó la tierra firme.

⁶ Vengan, postrémonos reverentes,
doblemos la rodilla
ante el SEÑOR nuestro Hacedor.
⁷ Porque él es nuestro Dios
y nosotros somos el pueblo de su prado;
¡somos un rebaño bajo su cuidado

Si ustedes oyen hoy su voz,
⁸ no endurezcan el corazón, como en
Meribá,ᵇ
como aquel día en Masá,ᶜ en el desierto,
⁹ cuando sus antepasados me tentaron,
cuando me pusieron a prueba,
a pesar de haber visto mis obras.
¹⁰ Cuarenta años estuve enojado
con aquella generación,
y dije: «Son un pueblo mal encaminado
que no reconoce mis senderos.»
¹¹ Así que, en mi enojo, hice este juramento:
«Jamás entrarán en mi reposo.»

Salmo 96

¹ Canten al SEÑOR un cántico nuevo;
canten al SEÑOR, habitantes de toda la
tierra.
² Canten al SEÑOR, alaben su *nombre;
anuncien día tras día su *victoria.
³ Proclamen su gloria entre las naciones,
sus maravillas entre todos los pueblos.

⁴ ¡Grande es el SEÑOR y digno de alabanza,
más temible que todos los dioses
⁵ Todos los dioses de las naciones no son nada,
pero el SEÑOR ha creado los cielos.
⁶ El esplendor y la majestad son sus
heraldos;
hay poder y belleza en su santuario.

⁷ Tributen al SEÑOR, pueblos todos,
tributen al SEÑOR la gloria y el poder.
⁸ Tributen al SEÑOR la gloria que merece su
nombre;
traigan sus ofrendas y entren en sus atrios.
⁹ Póstrense ante el SEÑOR en la majestad de
su santuario;
¡tiemble delante de él toda la tierra

³ For the LORD is the great God,
the great King above all gods.
⁴ In his hand are the depths of the earth,
and the mountain peaks belong to him.
⁵ The sea is his, for he made it,
and his hands formed the dry land.

⁶ Come, let us bow down in worship,
let us kneel before the LORD our Maker;
⁷ for he is our God
and we are the people of his pasture,
the flock under his care.

Today, if you hear his voice,
⁸   do not harden your hearts as you did at
Meribah,ᵖ
as you did that day at Massahᑫ in the
desert,
⁹ where your fathers tested and tried me,
though they had seen what I did.
¹⁰ For forty years I was angry with that
generation;
I said, "They are a people whose hearts
go astray,
and they have not known my ways."
¹¹ So I declared on oath in my anger,
"They shall never enter my rest."

Psalm 96

¹ Sing to the LORD a new song;
sing to the LORD, all the earth.
² Sing to the LORD, praise his name;
proclaim his salvation day after day.
³ Declare his glory among the nations,
his marvelous deeds among all peoples.

⁴ For great is the LORD and most worthy of
praise;
he is to be feared above all gods.
⁵ For all the gods of the nations are idols,
but the LORD made the heavens.
⁶ Splendor and majesty are before him;
strength and glory are in his sanctuary.

⁷ Ascribe to the LORD, O families of
nations,
ascribe to the LORD glory and strength.
⁸ Ascribe to the LORD the glory due his
name;
bring an offering and come into his
courts.
⁹ Worship the LORD in the splendor of hisʳ
holiness;
tremble before him, all the earth.

ᵇ 95:8 En hebreo, *Meribá* significa *altercado*.   ᶜ 95:8 En
hebreo, *Masá* significa *prueba* o *provocación*.

ᵖ 8 *Meribah* means *quarreling*.   ᑫ 8 *Massah* means *testing*.
ʳ 9 Or *LORD with the splendor of*

10 Que se diga entre las naciones:
«¡El SEÑOR es rey »
Ha establecido el mundo con firmeza;
jamás será removido.
Él juzga a los pueblos con equidad.
11 ¡Alégrense los cielos, regocíjese la tierra
¡Brame el mar y todo lo que él contiene
12 ¡Canten alegres los campos y todo lo que
hay en ellos
¡Canten jubilosos todos los árboles del
bosque
13 ¡Canten delante del SEÑOR, que ya viene
¡Viene ya para juzgar la tierra
Y juzgará al mundo con justicia,
y a los pueblos con fidelidad.

Salmo 97

1 ¡El SEÑOR es rey
¡Regocíjese la tierra
¡Alégrense las costas más remotas

2 Oscuros nubarrones lo rodean;
la rectitud y la justicia son la base de su
trono.
3 El fuego va delante de él
y consume a los adversarios que lo
rodean.
4 Sus relámpagos iluminan el mundo;
al verlos, la tierra se estremece.
5 Ante el SEÑOR, dueño de toda la tierra,
las montañas se derriten como cera.
6 Los cielos proclaman su justicia,
y todos los pueblos contemplan su gloria.

7 Sean avergonzados todos los idólatras,
los que se jactan de sus ídolos inútiles.
¡Póstrense ante él todos los dioses
8 SEÑOR, por causa de tus juicios
*Sión escucha esto y se alegra,
y las ciudades de Judá se regocijan.
9 Porque tú eres el SEÑOR *Altísimo,
por encima de toda la tierra.
¡Tú estás muy por encima de todos los
dioses

10 El SEÑOR ama[d] a los que odian[e] el mal;
él protege la vida de sus fieles,
y los libra de manos de los impíos.
11 La luz se esparce sobre los justos,
y la alegría sobre los rectos de corazón.
12 Alégrense en el SEÑOR, ustedes los justos,
y alaben su santo *nombre.

10 Say among the nations, "The LORD
reigns."
The world is firmly established, it cannot
be moved;
he will judge the peoples with equity.
11 Let the heavens rejoice, let the earth be
glad;
let the sea resound, and all that is in it;
12 let the fields be jubilant, and everything
in them.
Then all the trees of the forest will sing for
joy;
13 they will sing before the LORD, for he
comes,
he comes to judge the earth.
He will judge the world in righteousness
and the peoples in his truth.

Psalm 97

1 The LORD reigns, let the earth be glad;
let the distant shores rejoice.

2 Clouds and thick darkness surround him;
righteousness and justice are the
foundation of his throne.
3 Fire goes before him
and consumes his foes on every side.
4 His lightning lights up the world;
the earth sees and trembles.
5 The mountains melt like wax before the
LORD,
before the Lord of all the earth.
6 The heavens proclaim his righteousness,
and all the peoples see his glory.

7 All who worship images are put to shame,
those who boast in idols—
worship him, all you gods

8 Zion hears and rejoices
and the villages of Judah are glad
because of your judgments, O LORD.
9 For you, O LORD, are the Most High over
all the earth;
you are exalted far above all gods.

10 Let those who love the LORD hate evil,
for he guards the lives of his faithful ones
and delivers them from the hand of the
wicked.
11 Light is shed upon the righteous
and joy on the upright in heart.
12 Rejoice in the LORD, you who are
righteous,
and praise his holy name.

---

[d]97:10 El Señor ama (lectura probable); Los que aman al
Señor (TM).   [e]97:10 a los que odian (Siríaca y algunos
mss. hebreos); ustedes odian (TM).

Salmo 98
Salmo.

1 Canten al SEÑOR un cántico nuevo,
porque ha hecho maravillas.
Su diestra, su santo brazo,
ha alcanzado la *victoria.
2 El SEÑOR ha hecho gala de su *triunfo;
ha mostrado su justicia a las naciones.
3 Se ha acordado de su amor y de su
fidelidad
por el pueblo de Israel;
¡todos los confines de la tierra son testigos
de la *salvación de nuestro Dios

4 ¡Aclamen alegres al SEÑOR, habitantes de
toda la tierra
¡Prorrumpan en alegres cánticos y
salmos
5 ¡Canten salmos al SEÑOR al son del arpa,
al son del arpa y de coros melodiosos
6 ¡Aclamen alegres al SEÑOR, el Rey,
al son de clarines y trompetas

7 ¡Brame el mar y todo lo que él contiene;
el mundo y todos sus habitantes
8 ¡Batan palmas los ríos,
y canten jubilosos todos los montes
9 Canten delante del SEÑOR,
que ya viene a juzgar la tierra.
Y juzgará al mundo con justicia,
a los pueblos con equidad.

Salmo 99

1 El SEÑOR es rey:
que tiemblen las naciones.
Él tiene su trono entre *querubines:
que se estremezca la tierra.
2 Grande es el SEÑOR en *Sión,
¡excelso sobre todos los pueblos
3 Sea alabado su *nombre grandioso e
imponente:
¡él es santo

4 Rey poderoso, que amas la justicia:
tú has establecido la equidad
y has actuado en Jacob con justicia y
rectitud.

5 Exalten al SEÑOR nuestro Dios;
adórenlo ante el estrado de sus pies:
¡él es santo

6 Moisés y Aarón se contaban entre sus
sacerdotes,
y Samuel, entre los que invocaron su
nombre.
Invocaron al SEÑOR, y él les respondió;

Psalm 98
A psalm.

1 Sing to the LORD a new song,
for he has done marvelous things;
his right hand and his holy arm
have worked salvation for him.
2 The LORD has made his salvation known
and revealed his righteousness to the
nations.
3 He has remembered his love
and his faithfulness to the house of
Israel;
all the ends of the earth have seen
the salvation of our God.

4 Shout for joy to the LORD, all the earth,
burst into jubilant song with music;
5 make music to the LORD with the harp,
with the harp and the sound of singing,
6 with trumpets and the blast of the ram's
horn—
shout for joy before the LORD, the King.

7 Let the sea resound, and everything in it,
the world, and all who live in it.
8 Let the rivers clap their hands,
let the mountains sing together for joy;
9 let them sing before the LORD,
for he comes to judge the earth.
He will judge the world in righteousness
and the peoples with equity.

Psalm 99

1 The LORD reigns,
let the nations tremble;
he sits enthroned between the cherubim,
let the earth shake.
2 Great is the LORD in Zion;
he is exalted over all the nations.
3 Let them praise your great and awesome
name—
he is holy.

4 The King is mighty, he loves justice—
you have established equity;
in Jacob you have done
what is just and right.

5 Exalt the LORD our God
and worship at his footstool;
he is holy.

6 Moses and Aaron were among his priests,
Samuel was among those who called on
his name;
they called on the LORD
and he answered them.

7 les habló desde la columna de nube.
Cumplieron con sus estatutos,
con los decretos que él les entregó.

8 SEÑOR y Dios nuestro, tú les respondiste;
fuiste para ellos un Dios perdonador,
aun cuando castigaste sus rebeliones.

9 Exalten al SEÑOR nuestro Dios;
adórenlo en su santo monte:
¡Santo es el SEÑOR nuestro Dios

Salmo 100

Salmo de acción de gracias.

1 Aclamen alegres al SEÑOR, habitantes de
toda la tierra;
2 adoren al SEÑOR con regocijo.
Preséntense ante él
con cánticos de júbilo.
3 Reconozcan que el SEÑOR es Dios;
él nos hizo, y somos suyos.*f*
Somos su pueblo, ovejas de su prado.

4 Entren por sus *puertas con acción de
gracias;
vengan a sus atrios con himnos de
alabanza;
denle gracias, alaben su *nombre.
5 Porque el SEÑOR es bueno y su gran amor
es eterno;
su fidelidad permanece para siempre.

Salmo 101

Salmo de David.

1 Quiero cantar al amor y a la justicia:
quiero, SEÑOR, cantarte salmos.
2 Quiero triunfar en el *camino de
perfección:
¿Cuándo me visitarás?
Quiero conducirme en mi propia casa
con integridad de corazón.
3 No me pondré como meta
nada en que haya perversidad.

Las acciones de gente desleal las aborrezco;
no tendrán nada que ver conmigo.
4 Alejaré de mí toda intención perversa;
no tendrá cabida en mí la maldad.

5 Al que en secreto calumnie a su prójimo,
lo haré callar para siempre;
al de ojos altivos y corazón soberbio
no lo soportaré.

7 He spoke to them from the pillar of cloud;
they kept his statutes and the decrees he
gave them.

8 O LORD our God,
you answered them;
you were to Israel*s* a forgiving God,
though you punished their misdeeds.*t*

9 Exalt the LORD our God
and worship at his holy mountain,
for the LORD our God is holy.

Psalm 100

A psalm. For giving thanks.

1 Shout for joy to the LORD, all the earth.
2 Worship the LORD with gladness;
come before him with joyful songs.
3 Know that the LORD is God.
It is he who made us, and we are his*u*;
we are his people, the sheep of his
pasture.

4 Enter his gates with thanksgiving
and his courts with praise;
give thanks to him and praise his name.
5 For the LORD is good and his love endures
forever;
his faithfulness continues through all
generations.

Psalm 101

Of David. A psalm.

1 I will sing of your love and justice;
to you, O LORD, I will sing praise.
2 I will be careful to lead a blameless life—
when will you come to me?

I will walk in my house
with blameless heart.
3 I will set before my eyes
no vile thing.

The deeds of faithless men I hate;
they will not cling to me.
4 Men of perverse heart shall be far from me;
I will have nothing to do with evil.

5 Whoever slanders his neighbor in secret,
him will I put to silence;
whoever has haughty eyes and a proud
heart,
him will I not endure.

---

f 100:3 *y somos suyos* (Targum, Qumrán y mss.); *y no
nosotros* (TM).

s 8 Hebrew *them* *t* 8 Or */ an avenger of the wrongs done to
them* *u* 3 Or *and not we ourselves*

6 Pondré mis ojos en los fieles de la tierra,
  para que habiten conmigo;
sólo estarán a mi servicio
  los de conducta intachable.

7 Jamás habitará bajo mi techo
  nadie que practique el engaño;
jamás prevalecerá en mi presencia
  nadie que hable con falsedad.

8 Cada mañana reduciré al silencio
  a todos los impíos que hay en la tierra;
extirparé de la ciudad del SEÑOR
  a todos los malhechores.

Salmo 102

Oración de un afligido que, a punto de desfallecer,
da rienda suelta a su lamento ante el SEÑOR.

1 Escucha, SEÑOR, mi oración;
  llegue a ti mi clamor.
2 No escondas de mí tu rostro
  cuando me encuentro angustiado.
Inclina a mí tu oído;
  respóndeme pronto cuando te llame.

3 Pues mis días se desvanecen como el humo,
  los huesos me arden como brasas.
4 Mi corazón decae y se marchita como la
    hierba;
  ¡hasta he perdido el apetito!
5 Por causa de mis fuertes gemidos
  se me pueden contar los huesos. g
6 Parezco una lechuza del desierto;
  soy como un búho entre las ruinas.
7 No logro conciliar el sueño;
  parezco ave solitaria sobre el tejado.
8 A todas horas me ofenden mis enemigos,
  y hasta usan mi *nombre para maldecir.
9 Las cenizas son todo mi alimento;
  mis lágrimas se mezclan con mi bebida.
10 ¡Por tu enojo, por tu indignación,
  me levantaste para luego arrojarme
11 Mis días son como sombras nocturnas;
  me voy marchitando como la hierba.

12 Pero tú, SEÑOR, reinas eternamente;
  tu nombre perdura por todas las
    generaciones.
13 Te levantarás y tendrás piedad de *Sión,
  pues ya es tiempo de que la compadezcas.
¡Ha llegado el momento señalado
14 Tus siervos sienten cariño por sus ruinas;
  los mueven a compasión sus escombros.

15 Las naciones temerán el nombre del SEÑOR;

6 My eyes will be on the faithful in the land,
  that they may dwell with me;
he whose walk is blameless
  will minister to me.

7 No one who practices deceit
  will dwell in my house;
no one who speaks falsely
  will stand in my presence.

8 Every morning I will put to silence
  all the wicked in the land;
I will cut off every evildoer
  from the city of the LORD.

Psalm 102

A prayer of an afflicted man. When he is faint and
pours out his lament before the LORD.

1 Hear my prayer, O LORD;
  let my cry for help come to you.
2 Do not hide your face from me
  when I am in distress.
Turn your ear to me;
  when I call, answer me quickly.

3 For my days vanish like smoke;
  my bones burn like glowing embers.
4 My heart is blighted and withered like grass;
  I forget to eat my food.
5 Because of my loud groaning
  I am reduced to skin and bones.
6 I am like a desert owl,
  like an owl among the ruins.
7 I lie awake; I have become
  like a bird alone on a roof.
8 All day long my enemies taunt me;
  those who rail against me use my name
    as a curse.
9 For I eat ashes as my food
  and mingle my drink with tears
10 because of your great wrath,
  for you have taken me up and thrown me
    aside.
11 My days are like the evening shadow;
  I wither away like grass.

12 But you, O LORD, sit enthroned forever;
  your renown endures through all
    generations.
13 You will arise and have compassion on
    Zion,
  for it is time to show favor to her;
  the appointed time has come.
14 For her stones are dear to your servants;
  her very dust moves them to pity.
15 The nations will fear the name of the LORD,
  all the kings of the earth will revere your
    glory.

g 102:5 se me pueden contar los huesos. Lit. se me pegan los
huesos a la carne.

todos los reyes de la tierra reconocerán
su majestad.
16 Porque el SEÑOR reconstruirá a Sión,
y se manifestará en su esplendor.
17 Atenderá a la oración de los desamparados,
y no desdeñará sus ruegos.
18 Que se escriba esto para las generaciones
futuras,
y que el pueblo que será creado alabe al
SEÑOR.
19 Miró el SEÑOR desde su altísimo santuario;
contempló la tierra desde el cielo,
20 para oír los lamentos de los cautivos
y liberar a los condenados a muerte;
21 para proclamar en Sión el nombre del
SEÑOR
y anunciar en Jerusalén su alabanza,
22 cuando todos los pueblos y los reinos
se reúnan para adorar al SEÑOR.

23 En el curso de mi vida acabó Dios con mis
fuerzas;*h*
me redujo los días. 24 Por eso dije:
«No me lleves, Dios mío, a la mitad de mi
vida;
tú permaneces por todas las generaciones.
25 En el principio tú afirmaste la tierra,
y los cielos son la obra de tus manos.
26 Ellos perecerán, pero tú permaneces.
Todos ellos se desgastarán como un
vestido.
Y como ropa los cambiarás,
y los dejarás de lado.
27 Pero tú eres siempre el mismo,
y tus años no tienen fin.
28 Los hijos de tus siervos se establecerán,
y sus descendientes habitarán en tu
presencia.»

Salmo 103
Salmo de David.

1 Alaba, *alma mía, al SEÑOR;
alabe todo mi ser su santo *nombre.
2 Alaba, alma mía, al SEÑOR,
y no olvides ninguno de sus beneficios.
3 Él perdona todos tus pecados
y sana todas tus dolencias;
4 él rescata tu vida del *sepulcro
y te cubre de amor y compasión;
5 él colma de bienes tu vida*i*
y te rejuvenece como a las águilas.

6 El SEÑOR hace *justicia
y defiende a todos los oprimidos.

16 For the LORD will rebuild Zion
and appear in his glory.
17 He will respond to the prayer of the destitute;
he will not despise their plea.

18 Let this be written for a future generation,
that a people not yet created may praise
the LORD:
19 "The LORD looked down from his
sanctuary on high,
from heaven he viewed the earth,
20 to hear the groans of the prisoners
and release those condemned to death."
21 So the name of the LORD will be declared
in Zion
and his praise in Jerusalem
22 when the peoples and the kingdoms
assemble to worship the LORD.

23 In the course of my life*v* he broke my
strength;
he cut short my days.
24 So I said:
"Do not take me away, O my God, in the
midst of my days;
your years go on through all generations.
25 In the beginning you laid the foundations
of the earth,
and the heavens are the work of your hands.
26 They will perish, but you remain;
they will all wear out like a garment.
Like clothing you will change them
and they will be discarded.
27 But you remain the same,
and your years will never end.
28 The children of your servants will live in
your presence;
their descendants will be established
before you."

Psalm 103
Of David.

1 Praise the LORD, O my soul;
all my inmost being, praise his holy name.
2 Praise the LORD, O my soul,
and forget not all his benefits—
3 who forgives all your sins
and heals all your diseases,
4 who redeems your life from the pit
and crowns you with love and compassion,
5 who satisfies your desires with good things
so that your youth is renewed like the
eagle's.

6 The LORD works righteousness
and justice for all the oppressed.

---

h 102:23 *mis fuerzas.* Lit. *su fuerza.*   *i* 103:5 *vida.* Palabra de
difícil traducción.   *v* 23 Or *By his power*

⁷Dio a conocer sus *caminos a Moisés;
 reveló sus obras al pueblo de Israel.

⁸El SEÑOR es clemente y compasivo,
 lento para la ira y grande en amor.
⁹No sostiene para siempre su querella
 ni guarda rencor eternamente.
¹⁰No nos trata conforme a nuestros pecados
 ni nos paga según nuestras maldades.
¹¹Tan grande es su amor por los que le temen
 como alto es el cielo sobre la tierra.
¹²Tan lejos de nosotros echó nuestras
  transgresiones
 como lejos del oriente está el occidente.
¹³Tan compasivo es el SEÑOR con los que le
  temen
 como lo es un padre con sus hijos.
¹⁴Él conoce nuestra condición;
 sabe que somos de barro.

¹⁵El *hombre es como la hierba,
 sus días florecen como la flor del campo:
¹⁶sacudida por el viento,
 desaparece sin dejar rastro alguno.
¹⁷Pero el amor del SEÑOR es eterno
 y siempre está con los que le temen;
 su justicia está con los hijos de sus hijos,
¹⁸ con los que cumplen su *pacto
 y se acuerdan de sus preceptos
 para ponerlos por obra.

¹⁹El SEÑOR ha establecido su trono en el
  cielo;
 su reinado domina sobre todos.

²⁰Alaben al SEÑOR, ustedes sus ángeles,
 paladines que ejecutan su palabra
 y obedecen su mandato.
²¹Alaben al SEÑOR, todos sus ejércitos,
 siervos suyos que cumplen su voluntad.
²²Alaben al SEÑOR, todas sus obras
 en todos los ámbitos de su dominio.

¡Alaba, alma mía, al SEÑOR

Salmo 104

¹¡Alaba, *alma mía, al SEÑOR

SEÑOR mi Dios, tú eres grandioso;
 te has revestido de gloria y majestad.
²Te cubresʲ de luz como con un manto;
 extiendes los cielos como un velo.
³Afirmas sobre las aguas tus altos aposentos
 y haces de las nubes tus carros de guerra.
 ¡Tú cabalgas en las alas del viento

⁷He made known his ways to Moses,
 his deeds to the people of Israel.
⁸The LORD is compassionate and gracious,
 slow to anger, abounding in love.
⁹He will not always accuse,
 nor will he harbor his anger forever;
¹⁰he does not treat us as our sins deserve
 or repay us according to our iniquities.
¹¹For as high as the heavens are above the
  earth,
 so great is his love for those who fear him;
¹²as far as the east is from the west,
 so far has he removed our transgressions
  from us.
¹³As a father has compassion on his children,
 so the LORD has compassion on those
  who fear him;
¹⁴for he knows how we are formed,
 he remembers that we are dust.
¹⁵As for man, his days are like grass,
 he flourishes like a flower of the field;
¹⁶the wind blows over it and it is gone,
 and its place remembers it no more.
¹⁷But from everlasting to everlasting
 the LORD's love is with those who fear
  him,
 and his righteousness with their
  children's children—
¹⁸with those who keep his covenant
 and remember to obey his precepts.

¹⁹The LORD has established his throne in
  heaven,
 and his kingdom rules over all.

²⁰Praise the LORD, you his angels,
 you mighty ones who do his bidding,
 who obey his word.
²¹Praise the LORD, all his heavenly hosts,
 you his servants who do his will.
²²Praise the LORD, all his works
 everywhere in his dominion.

Praise the LORD, O my soul.

Psalm 104

¹Praise the LORD, O my soul.

O LORD my God, you are very great;
 you are clothed with splendor and
  majesty.
²He wraps himself in light as with a
  garment;
 he stretches out the heavens like a tent
³ and lays the beams of his upper
  chambers on their waters.
 He makes the clouds his chariot
 and rides on the wings of the wind.

ʲ104:2 *Te cubres*. Lit. *Él se cubre*.

4 Haces de los vientos tus mensajeros,[k]
　y de las llamas de fuego tus servidores.

5 Tú pusiste la tierra sobre sus cimientos,
　y de allí jamás se moverá;
6 la revestiste con el mar,
　y las aguas se detuvieron sobre los montes.
7 Pero a tu reprensión huyeron las aguas;
　ante el estruendo de tu voz se dieron a la
　　fuga.
8 Ascendieron a los montes,
　descendieron a los valles,
　al lugar que tú les asignaste.
9 Pusiste una frontera que ellas no pueden
　　cruzar;
　¡jamás volverán a cubrir la tierra

10 Tú haces que los manantiales
　viertan sus aguas en las cañadas,
　y que fluyan entre las montañas.
11 De ellas beben todas las bestias del campo;
　allí los asnos monteses calman su sed.
12 Las aves del cielo anidan junto a las aguas
　y cantan entre el follaje.
13 Desde tus altos aposentos riegas las
　　montañas;
　la tierra se sacia con el fruto de tu trabajo.
14 Haces que crezca la hierba para el ganado,
　y las plantas que la *gente cultiva
　para sacar de la tierra su alimento:
15 el vino que alegra el corazón,
　el aceite que hace brillar el rostro,
　y el pan que sustenta la vida.
16 Los árboles del SEÑOR están bien regados,
　los cedros del Líbano que él plantó.
17 Allí las aves hacen sus nidos;
　en los cipreses tienen su hogar las cigüeñas.
18 En las altas montañas están las cabras
　　monteses,
　y en los escarpados peñascos tienen su
　　madriguera los tejones.

19 Tú hiciste[l] la luna, que marca las estaciones,
　y el sol, que sabe cuándo ocultarse.
20 Tú traes la oscuridad, y cae la noche,
　y en sus sombras se arrastran los
　　animales del bosque.
21 Los leones rugen, reclamando su presa,
　exigiendo que Dios les dé su alimento.
22 Pero al salir el sol se escabullen,
　y vuelven a echarse en sus guaridas.
23 Sale entonces la *gente a cumplir sus
　　tareas,
　a hacer su trabajo hasta el anochecer.

4 He makes winds his messengers,[w]
　flames of fire his servants.

5 He set the earth on its foundations;
　it can never be moved.
6 You covered it with the deep as with a
　　garment;
　the waters stood above the mountains.
7 But at your rebuke the waters fled,
　at the sound of your thunder they took to
　　flight;
8 they flowed over the mountains,
　they went down into the valleys,
　to the place you assigned for them.
9 You set a boundary they cannot cross;
　never again will they cover the earth.

10 He makes springs pour water into the
　　ravines;
　it flows between the mountains.
11 They give water to all the beasts of the
　　field;
　the wild donkeys quench their thirst.
12 The birds of the air nest by the waters;
　they sing among the branches.
13 He waters the mountains from his upper
　　chambers;
　the earth is satisfied by the fruit of his
　　work.
14 He makes grass grow for the cattle,
　and plants for man to cultivate—
　bringing forth food from the earth:
15 wine that gladdens the heart of man,
　oil to make his face shine,
　and bread that sustains his heart.
16 The trees of the LORD are well watered,
　the cedars of Lebanon that he planted.
17 There the birds make their nests;
　the stork has its home in the pine trees.
18 The high mountains belong to the wild
　　goats;
　the crags are a refuge for the coneys.[x]

19 The moon marks off the seasons,
　and the sun knows when to go down.
20 You bring darkness, it becomes night,
　and all the beasts of the forest prowl.
21 The lions roar for their prey
　and seek their food from God.
22 The sun rises, and they steal away;
　they return and lie down in their dens.
23 Then man goes out to his work,
　to his labor until evening.

---

[k] **104:4** *mensajeros.* Alt. *ángeles.*　[l] **104:19** *Tú hiciste.* Lit. *Él hace.*

[w] 4 Or *angels*　[x] 18 That is, the hyrax or rock badger

²⁴ ¡Oh SEÑOR, cuán numerosas son tus obras
¡Todas ellas las hiciste con sabiduría
¡Rebosa la tierra con todas tus criaturas

²⁵ Allí está el mar, ancho e infinito,ᵐ
que abunda en animales, grandes y
pequeños,
cuyo número es imposible conocer.

²⁶ Allí navegan los barcos y se mece
*Leviatán,
que tú creaste para jugar con él.

²⁷ Todos ellos esperan de ti
que a su tiempo les des su alimento.

²⁸ Tú les das, y ellos recogen;
abres la mano, y se colman de bienes.

²⁹ Si escondes tu rostro, se aterran;
si les quitas el aliento, mueren y vuelven
al polvo.

³⁰ Pero si envías tu Espíritu, son creados,
y así renuevas la faz de la tierra.

³¹ Que la gloria del SEÑOR perdure
eternamente;
que el SEÑOR se regocije en sus obras.

³² Él mira la tierra y la hace temblar;
toca los montes y los hace echar humo.

³³ Cantaré al SEÑOR toda mi vida;
cantaré salmos a mi Dios mientras tenga
aliento.

³⁴ Quiera él agradarse de mi meditación;
yo, por mi parte, me alegro en el SEÑOR.

³⁵ Que desaparezcan de la tierra los
pecadores;
¡que no existan más los malvados

¡Alaba, *alma mía, al SEÑOR

*¡Aleluya ¡Alabado sea el SEÑOR ⁿ

Salmo 105

¹ Den gracias al SEÑOR, invoquen su
*nombre;
den a conocer sus obras entre las
naciones.

² Cántenle, entónenle salmos;
hablen de todas sus maravillas.

³ Siéntanse orgullosos de su santo nombre;
alégrese el corazón de los que buscan al
SEÑOR.

⁴ Recurran al SEÑOR y a su fuerza;
busquen siempre su rostro.

²⁴ How many are your works, O LORD
In wisdom you made them all;
the earth is full of your creatures.

²⁵ There is the sea, vast and spacious,
teeming with creatures beyond number—
living things both large and small.

²⁶ There the ships go to and fro,
and the leviathan, which you formed to
frolic there.

²⁷ These all look to you
to give them their food at the proper time.

²⁸ When you give it to them,
they gather it up;
when you open your hand,
they are satisfied with good things.

²⁹ When you hide your face,
they are terrified;
when you take away their breath,
they die and return to the dust.

³⁰ When you send your Spirit,
they are created,
and you renew the face of the earth.

³¹ May the glory of the LORD endure forever;
may the LORD rejoice in his works—

³² he who looks at the earth, and it trembles,
who touches the mountains, and they
smoke.

³³ I will sing to the LORD all my life;
I will sing praise to my God as long as I
live.

³⁴ May my meditation be pleasing to him,
as I rejoice in the LORD.

³⁵ But may sinners vanish from the earth
and the wicked be no more.

Praise the LORD, O my soul.

Praise the LORD.ʸ

Psalm 105

¹ Give thanks to the LORD, call on his name;
make known among the nations what he
has done.

² Sing to him, sing praise to him;
tell of all his wonderful acts.

³ Glory in his holy name;
let the hearts of those who seek the
LORD rejoice.

⁴ Look to the LORD and his strength;
seek his face always.

ᵐ104:25 infinito. Lit. amplio de manos.   ⁿ104:35 En LXX
este verso aparece al principio del Salmo 105.

ʸ35 Hebrew Hallelu Yah; in the Septuagint this line stands at
the beginning of Psalm 105.

⁵ Recuerden las maravillas que ha realizado,
   sus señales, y los decretos que ha emitido.
⁶ ¡Ustedes, descendientes de Abraham su
       siervo
   ¡Ustedes, hijos de Jacob, elegidos suyos
⁷ Él es el SEÑOR, nuestro Dios;
   en toda la tierra están sus decretos.

⁸ Él siempre tiene presente su *pacto,
   la palabra que ordenó para mil
       generaciones.
⁹ Es el pacto que hizo con Abraham,
   el juramento que le hizo a Isaac.
¹⁰ Se lo confirmó a Jacob como un decreto,
   a Israel como un pacto eterno,
¹¹ cuando dijo: «Te daré la tierra de Canaán
   como la herencia que te toca.»

¹² Aun cuando eran pocos en número,
   unos cuantos extranjeros en la tierra
¹³ que andaban siempre de nación en nación
   y de reino en reino,
¹⁴ a nadie permitió que los oprimiera,
   sino que por ellos reprendió a los reyes:
¹⁵ «No toquen a mis ungidos;
   no hagan daño a mis profetas.»

¹⁶ Dios provocó hambre en la tierra
   y destruyó todos sus trigales.^ñ
¹⁷ Pero envió delante de ellos a un hombre:
   a José, vendido como esclavo.
¹⁸ Le sujetaron los pies con grilletes,
   entre hierros le aprisionaron el *cuello,
¹⁹ hasta que se cumplió lo que él predijo
   y la palabra del SEÑOR probó que él era
       veraz.
²⁰ El rey ordenó ponerlo en libertad,
   el gobernante de los pueblos lo dejó libre.
²¹ Le dio autoridad sobre toda su casa
   y lo puso a cargo de cuanto poseía,
²² con pleno poder para instruir^o a sus príncipes
   e impartir sabiduría a sus ancianos.

²³ Entonces Israel vino a Egipto;
   Jacob fue extranjero en el país de Cam.
²⁴ El SEÑOR hizo que su pueblo se
       multiplicara;
   lo hizo más numeroso que sus adversarios,
²⁵ a quienes trastornó para que odiaran a su
       pueblo
   y se confabularan contra sus siervos.
²⁶ Envió a su siervo Moisés,
   y a Aarón, a quien había escogido,

⁵ Remember the wonders he has done,
   his miracles, and the judgments he
       pronounced,
⁶ O descendants of Abraham his servant,
   O sons of Jacob, his chosen ones.
⁷ He is the LORD our God;
   his judgments are in all the earth.

⁸ He remembers his covenant forever,
   the word he commanded, for a thousand
       generations,
⁹ the covenant he made with Abraham,
   the oath he swore to Isaac.
¹⁰ He confirmed it to Jacob as a decree,
   to Israel as an everlasting covenant:
¹¹ "To you I will give the land of Canaan
   as the portion you will inherit."

¹² When they were but few in number,
   few indeed, and strangers in it,
¹³ they wandered from nation to nation,
   from one kingdom to another.
¹⁴ He allowed no one to oppress them;
   for their sake he rebuked kings:
¹⁵ "Do not touch my anointed ones;
   do my prophets no harm."

¹⁶ He called down famine on the land
   and destroyed all their supplies of
       food;
¹⁷ and he sent a man before them—
   Joseph, sold as a slave.
¹⁸ They bruised his feet with shackles,
   his neck was put in irons,
¹⁹ till what he foretold came to pass,
   till the word of the LORD proved him
       true.
²⁰ The king sent and released him,
   the ruler of peoples set him free.
²¹ He made him master of his household,
   ruler over all he possessed,
²² to instruct his princes as he pleased
   and teach his elders wisdom.

²³ Then Israel entered Egypt;
   Jacob lived as an alien in the land of
       Ham.
²⁴ The LORD made his people very fruitful;
   he made them too numerous for their
       foes,
²⁵ whose hearts he turned to hate his
       people,
   to conspire against his servants.
²⁶ He sent Moses his servant,
   and Aaron, whom he had chosen.

---

^ñ 105:16 *todos sus trigales.* Lit. *todo bastón de pan.*
^o 105:22 *instruir* (LXX, Siríaca y Vulgata); *atar* (TM).

²⁷y éstos hicieron señales milagrosas entre
ellos,
¡maravillas en el país de Cam

²⁸Envió tinieblas, y la tierra se oscureció,
pero ellos no atendieron^p a sus palabras.

²⁹Convirtió en sangre sus aguas
y causó la muerte de sus peces.

³⁰Todo Egipto^q se infestó de ranas,
¡hasta las habitaciones de sus reyes

³¹Habló Dios, e invadieron todo el país
enjambres de moscas y mosquitos.

³²Convirtió la lluvia en granizo,
y lanzó relámpagos sobre su tierra;

³³derribó sus vides y sus higueras,
y en todo el país hizo astillas los árboles.

³⁴Dio una orden, y llegaron las langostas,
¡infinidad de saltamontes

³⁵Arrasaron con toda la vegetación del país,
devoraron los frutos de sus campos.

³⁶Hirió de muerte a todos los primogénitos
del país,
a las primicias de sus descendientes.

³⁷Sacó a los israelitas cargados de oro y
plata,
y no hubo entre sus tribus nadie que
tropezara.

³⁸Los egipcios se alegraron de su partida,
pues el miedo a los israelitas los
dominaba.

³⁹El SEÑOR les dio sombra con una nube,
y con fuego los alumbró de noche.

⁴⁰Pidió el pueblo comida, y les envió
codornices;
los sació con pan del cielo.

⁴¹Abrió la roca, y brotó agua
que corrió por el desierto como un río.

⁴²Ciertamente Dios se acordó de su santa
promesa,
la que hizo a su siervo Abraham.

⁴³Sacó a su pueblo, a sus escogidos,
en medio de gran alegría y de gritos
jubilosos.

⁴⁴Les entregó las tierras que poseían las
naciones,
heredaron el fruto del trabajo de otros
pueblos

⁴⁵para que ellos observaran sus preceptos
y pusieran en práctica sus *leyes.

*¡Aleluya ¡Alabado sea el SEÑOR

²⁷They performed his miraculous signs
among them,
his wonders in the land of Ham.

²⁸He sent darkness and made the land dark—
for had they not rebelled against his
words?

²⁹He turned their waters into blood,
causing their fish to die.

³⁰Their land teemed with frogs,
which went up into the bedrooms of their
rulers.

³¹He spoke, and there came swarms of flies,
and gnats throughout their country.

³²He turned their rain into hail,
with lightning throughout their land;

³³he struck down their vines and fig trees
and shattered the trees of their country.

³⁴He spoke, and the locusts came,
grasshoppers without number;

³⁵they ate up every green thing in their land,
ate up the produce of their soil.

³⁶Then he struck down all the firstborn in
their land,
the firstfruits of all their manhood.

³⁷He brought out Israel, laden with silver
and gold,
and from among their tribes no one
faltered.

³⁸Egypt was glad when they left,
because dread of Israel had fallen on
them.

³⁹He spread out a cloud as a covering,
and a fire to give light at night.

⁴⁰They asked, and he brought them quail
and satisfied them with the bread of
heaven.

⁴¹He opened the rock, and water gushed out;
like a river it flowed in the desert.

⁴²For he remembered his holy promise
given to his servant Abraham.

⁴³He brought out his people with rejoicing,
his chosen ones with shouts of joy;

⁴⁴he gave them the lands of the nations,
and they fell heir to what others had
toiled for—

⁴⁵that they might keep his precepts
and observe his laws.

Praise the LORD.^z

---

^p**105:28** *no atendieron* (véanse LXX y Siríaca); *no se
opusieron* (TM).   ^q**105:30** *Todo Egipto*. Lit. *La tierra de
ellos.*   ^z*45* Hebrew *Hallelu Yah*

Salmo 106

¹ *¡Aleluya ¡Alabado sea el SEÑOR

Den gracias al SEÑOR, porque él es bueno;
su gran amor perdura para siempre.
² ¿Quién puede proclamar las proezas del
SEÑOR,
o expresar toda su alabanza?
³ *Dichosos los que practican la justicia
y hacen siempre lo que es justo.
⁴ Recuérdame, SEÑOR, cuando te
compadezcas de tu pueblo;
ven en mi ayuda el día de tu *salvación.
⁵ Hazme disfrutar del bienestar de tus
escogidos,
participar de la alegría de tu pueblo
y expresar mis alabanzas con tu heredad.

⁶ Hemos pecado, lo mismo que nuestros
padres;
hemos hecho lo malo y actuado con
iniquidad.
⁷ Cuando nuestros padres estaban en Egipto,
no tomaron en cuenta tus maravillas;
no tuvieron presente tu bondad infinita
y se rebelaron junto al mar, el Mar Rojo.ʳ
⁸ Pero Dios los salvó, haciendo honor a su
*nombre,
para mostrar su gran poder.
⁹ Reprendió al Mar Rojo, y éste quedó seco;
los condujo por las profundidades del mar
como si cruzaran el desierto.
¹⁰ Los salvó del poder de sus enemigos,
del poder de quienes los odiaban.
¹¹ Las aguas envolvieron a sus adversarios,
y ninguno de éstos quedó con vida.
¹² Entonces ellos creyeron en sus promesas
y le entonaron alabanzas.

¹³ Pero muy pronto olvidaron sus acciones
y no esperaron a conocer sus planes.
¹⁴ En el desierto cedieron a sus propios
deseos;
en los páramos pusieron a prueba a Dios.
¹⁵ Y él les dio lo que pidieron,
pero les envió una enfermedad devastadora.

¹⁶ En el campamento tuvieron envidia de
Moisés
y de Aarón, el que estaba consagrado al
SEÑOR.
¹⁷ Se abrió la tierra y se tragó a Datán;
sepultó a los seguidores de Abirán.

Psalm 106

¹ Praise the LORD.ᵃ

Give thanks to the LORD, for he is good;
his love endures forever.
² Who can proclaim the mighty acts of the
LORD
or fully declare his praise?
³ Blessed are they who maintain justice,
who constantly do what is right.
⁴ Remember me, O LORD, when you show
favor to your people,
come to my aid when you save them,
⁵ that I may enjoy the prosperity of your
chosen ones,
that I may share in the joy of your nation
and join your inheritance in giving praise.

⁶ We have sinned, even as our fathers did;
we have done wrong and acted wickedly.
⁷ When our fathers were in Egypt,
they gave no thought to your miracles;
they did not remember your many
kindnesses,
and they rebelled by the sea, the Red
Sea.ᵇ
⁸ Yet he saved them for his name's sake,
to make his mighty power known.
⁹ He rebuked the Red Sea, and it dried up;
he led them through the depths as
through a desert.
¹⁰ He saved them from the hand of the foe;
from the hand of the enemy he redeemed
them.
¹¹ The waters covered their adversaries;
not one of them survived.
¹² Then they believed his promises
and sang his praise.

¹³ But they soon forgot what he had done
and did not wait for his counsel.
¹⁴ In the desert they gave in to their craving;
in the wasteland they put God to the test.
¹⁵ So he gave them what they asked for,
but sent a wasting disease upon them.

¹⁶ In the camp they grew envious of Moses
and of Aaron, who was consecrated to
the LORD.
¹⁷ The earth opened up and swallowed
Dathan;
it buried the company of Abiram.

ʳ 106:7 *Mar Rojo.* Lit. *mar de las Cañas* (heb. *Yam Suf*);
también en vv. 9 y 22.

ᵃ 1 Hebrew *Hallelu Yah*; also in verse 48   ᵇ 7 Hebrew *Yam
Suph*; that is, Sea of Reeds; also in verses 9 and 22

¹⁸Un fuego devoró a esa pandilla;
las llamas consumieron a los impíos.

¹⁹En Horeb hicieron un becerro;
se postraron ante un ídolo de fundición.
²⁰Cambiaron al que era su motivo de orgullo^s
por la imagen de un toro que come hierba.
²¹Se olvidaron del Dios que los salvó
y que había hecho grandes cosas en
Egipto:
²²milagros en la tierra de Cam
y portentos junto al Mar Rojo.
²³Dios amenazó con destruirlos,
pero no lo hizo por Moisés, su escogido,
que se puso ante él en la brecha
e impidió que su ira los destruyera.

²⁴Menospreciaron esa bella tierra;
no creyeron en la promesa de Dios.
²⁵Refunfuñaron en sus tiendas de campaña
y no obedecieron al SEÑOR.
²⁶Por tanto, él levantó su mano contra ellos
para hacerlos caer en el desierto,
²⁷para hacer caer a sus descendientes entre
las naciones
y dispersarlos por todos los países.

²⁸Se sometieron al yugo de Baal Peor
y comieron de las ofrendas a ídolos sin
vida.^t
²⁹Provocaron al SEÑOR con sus malvadas
acciones,
y les sobrevino una plaga.
³⁰Pero Finés se levantó e hizo justicia,
y la plaga se detuvo.
³¹Esto se le acreditó como un acto de justicia
para siempre, por todas las generaciones.

³²Junto a las aguas de Meribá hicieron
enojar al SEÑOR,
y a Moisés le fue mal por culpa de ellos,
³³pues lo sacaron de quicio
y él habló sin pensar lo que decía.
³⁴No destruyeron a los pueblos
que el SEÑOR les había señalado,
³⁵sino que se mezclaron con los paganos
y adoptaron sus costumbres.
³⁶Rindieron culto a sus ídolos,
y se les volvieron una trampa.
³⁷Ofrecieron a sus hijos y a sus hijas
como sacrificio a esos demonios.
³⁸Derramaron sangre inocente,
la sangre de sus hijos y sus hijas.

¹⁸Fire blazed among their followers;
a flame consumed the wicked.

¹⁹At Horeb they made a calf
and worshiped an idol cast from metal.
²⁰They exchanged their Glory
for an image of a bull, which eats grass.
²¹They forgot the God who saved them,
who had done great things in Egypt,
²²miracles in the land of Ham
and awesome deeds by the Red Sea.
²³So he said he would destroy them—
had not Moses, his chosen one,
stood in the breach before him
to keep his wrath from destroying them.

²⁴Then they despised the pleasant land;
they did not believe his promise.
²⁵They grumbled in their tents
and did not obey the LORD.
²⁶So he swore to them with uplifted hand
that he would make them fall in the
desert,
²⁷make their descendants fall among the
nations
and scatter them throughout the lands.

²⁸They yoked themselves to the Baal of Peor
and ate sacrifices offered to lifeless gods;
²⁹they provoked the LORD to anger by their
wicked deeds,
and a plague broke out among them.
³⁰But Phinehas stood up and intervened,
and the plague was checked.
³¹This was credited to him as righteousness
for endless generations to come.

³²By the waters of Meribah they angered the
LORD,
and trouble came to Moses because of
them;
³³for they rebelled against the Spirit of God,
and rash words came from Moses' lips.^c

³⁴They did not destroy the peoples
as the LORD had commanded them,
³⁵but they mingled with the nations
and adopted their customs.
³⁶They worshiped their idols,
which became a snare to them.
³⁷They sacrificed their sons
and their daughters to demons.
³⁸They shed innocent blood,
the blood of their sons and daughters,

---

^s**106:20** *Cambiaron … de orgullo.* Lit. *Cambiaron la gloria de ellos.*   ^t**106:28** *ofrendas a ídolos sin vida.* Lit. *ofrendas a los muertos.*

^c*33 Or against his spirit, / and rash words came from his lips*

Al ofrecerlos en sacrificio a los ídolos de
Canaán,
su sangre derramada profanó la tierra.
³⁹ Tales hechos los contaminaron;
tales acciones los corrompieron.

⁴⁰ La ira del SEÑOR se encendió contra su
pueblo;
su heredad le resultó aborrecible.
⁴¹ Por eso los entregó a los paganos,
y fueron dominados por quienes los
odiaban.
⁴² Sus enemigos los oprimieron,
los sometieron a su poder.
⁴³ Muchas veces Dios los libró;
pero ellos, empeñados en su rebeldía,
se hundieron en la maldad.

⁴⁴ Al verlos Dios angustiados,
y al escuchar su clamor,
⁴⁵ se acordó del pacto que había hecho con
ellos
y por su gran amor les tuvo compasión.
⁴⁶ Hizo que todos sus opresores
también se apiadaran de ellos.

⁴⁷ Sálvanos, SEÑOR, Dios nuestro;
vuelve a reunirnos de entre las naciones,
para que demos gracias a tu santo nombre
y orgullosos te alabemos.

⁴⁸ ¡Bendito sea el SEÑOR, el Dios de Israel,
eternamente y para siempre
¡Que todo el pueblo diga: «Amén»

*¡Aleluya ¡Alabado sea el SEÑOR

Libro V
Salmos 107-150

Salmo 107

¹ Den gracias al SEÑOR, porque él es bueno;
su gran amor perdura para siempre.
² Que lo digan los redimidos del SEÑOR,
a quienes redimió del poder del
adversario,
³ a quienes reunió de todos los países,
de oriente y de occidente, del norte y del
sur.ᵘ

⁴ Vagaban perdidos por parajes desiertos,
sin dar con el camino a una ciudad
habitable.
⁵ Hambrientos y sedientos,
la vida se les iba consumiendo.

whom they sacrificed to the idols of
Canaan,
and the land was desecrated by their
blood.
³⁹ They defiled themselves by what they did;
by their deeds they prostituted
themselves.

⁴⁰ Therefore the LORD was angry with his
people
and abhorred his inheritance.
⁴¹ He handed them over to the nations,
and their foes ruled over them.
⁴² Their enemies oppressed them
and subjected them to their power.
⁴³ Many times he delivered them,
but they were bent on rebellion
and they wasted away in their sin.

⁴⁴ But he took note of their distress
when he heard their cry;
⁴⁵ for their sake he remembered his covenant
and out of his great love he relented.
⁴⁶ He caused them to be pitied
by all who held them captive.

⁴⁷ Save us, O LORD our God,
and gather us from the nations,
that we may give thanks to your holy name
and glory in your praise.

⁴⁸ Praise be to the LORD, the God of Israel,
from everlasting to everlasting.
Let all the people say, "Amen "

Praise the LORD.

BOOK V
Psalms 107-150

Psalm 107

¹ Give thanks to the LORD, for he is good;
his love endures forever.
² Let the redeemed of the LORD say this—
those he redeemed from the hand of the
foe,
³ those he gathered from the lands,
from east and west, from north and
south.ᵈ

⁴ Some wandered in desert wastelands,
finding no way to a city where they could
settle.
⁵ They were hungry and thirsty,
and their lives ebbed away.

ᵘ 107:3 *del sur.* Lit. *del mar.*   ᵈ 3 Hebrew *north and the sea*

⁶En su angustia clamaron al SEÑOR,
    y él los libró de su aflicción.
⁷Los llevó por el camino recto
    hasta llegar a una ciudad habitable.

⁸¡Que den gracias al SEÑOR por su gran
    amor,
    por sus maravillas en favor de los
      hombres
⁹¡Él apaga la sed del sediento,
    y sacia con lo mejor al hambriento

¹⁰Afligidos y encadenados,
    habitaban en las más densas tinieblas
¹¹por haberse rebelado contra las palabras de
    Dios,
    por menospreciar los designios del
      *Altísimo.
¹²Los sometió^v a trabajos forzados;
    tropezaban, y no había quien los ayudara.
¹³En su angustia clamaron al SEÑOR,
    y él los salvó de su aflicción.
¹⁴Los sacó de las sombras tenebrosas
    y rompió en pedazos sus cadenas.

¹⁵¡Que den gracias al SEÑOR por su gran
    amor,
    por sus maravillas en favor de los
      hombres
¹⁶¡Él hace añicos las puertas de bronce
    y rompe en mil pedazos las barras de
      hierro

¹⁷Trastornados por su rebeldía,
    afligidos por su iniquidad,
¹⁸todo alimento les causaba asco.
    ¡Llegaron a las puertas mismas de la
      muerte
¹⁹En su angustia clamaron al SEÑOR,
    y él los salvó de su aflicción.
²⁰Envió su palabra para sanarlos,
    y así los rescató del sepulcro.

²¹¡Que den gracias al SEÑOR por su gran amor,
    por sus maravillas en favor de los hombres
²²¡Que ofrezcan sacrificios de gratitud,
    y jubilosos proclamen sus obras

²³Se hicieron a la mar en sus barcos;
    para comerciar surcaron las muchas aguas.
²⁴Allí, en las aguas profundas,
    vieron las obras del SEÑOR y sus
      maravillas.
²⁵Habló Dios, y se desató un fuerte viento
    que tanto encrespó las olas

⁶Then they cried out to the LORD in their
    trouble,
    and he delivered them from their distress.
⁷He led them by a straight way
    to a city where they could settle.
⁸Let them give thanks to the LORD for his
    unfailing love
    and his wonderful deeds for men,
⁹for he satisfies the thirsty
    and fills the hungry with good things.

¹⁰Some sat in darkness and the deepest
    gloom,
    prisoners suffering in iron chains,
¹¹for they had rebelled against the words of
    God
    and despised the counsel of the Most
      High.
¹²So he subjected them to bitter labor;
    they stumbled, and there was no one to
      help.
¹³Then they cried to the LORD in their
    trouble,
    and he saved them from their distress.
¹⁴He brought them out of darkness and the
    deepest gloom
    and broke away their chains.
¹⁵Let them give thanks to the LORD for his
    unfailing love
    and his wonderful deeds for men,
¹⁶for he breaks down gates of bronze
    and cuts through bars of iron.

¹⁷Some became fools through their
    rebellious ways
    and suffered affliction because of their
      iniquities.
¹⁸They loathed all food
    and drew near the gates of death.
¹⁹Then they cried to the LORD in their
    trouble,
    and he saved them from their distress.
²⁰He sent forth his word and healed them;
    he rescued them from the grave.
²¹Let them give thanks to the LORD for his
    unfailing love
    and his wonderful deeds for men.
²²Let them sacrifice thank offerings
    and tell of his works with songs of joy.

²³Others went out on the sea in ships;
    they were merchants on the mighty
      waters.
²⁴They saw the works of the LORD,
    his wonderful deeds in the deep.
²⁵For he spoke and stirred up a tempest
    that lifted high the waves.

---

^v**107:12** *Los sometió.* Lit. *Sometió sus corazones.*

26 que subían a los cielos y bajaban al abismo.
   Ante el peligro, ellos perdieron el coraje.
27 Como ebrios tropezaban, se tambaleaban;
   de nada les valía toda su pericia.
28 En su angustia clamaron al SEÑOR,
   y él los sacó de su aflicción.
29 Cambió la tempestad en suave brisa:
   se sosegaron las olas del mar.
30 Ante esa calma se alegraron,
   y Dios los llevó al puerto anhelado.

31 ¡Que den gracias al SEÑOR por su gran
      amor,
   por sus maravillas en favor de los
      hombres
32 ¡Que lo exalten en la asamblea del pueblo
   ¡Que lo alaben en el consejo de los
      ancianos

33 Dios convirtió los ríos en desiertos,
   los manantiales en tierra seca,
34 los fértiles terrenos en tierra salitrosa,
   por la maldad de sus habitantes.
35 Convirtió el desierto en fuentes de agua,
   la tierra seca en manantiales;
36 hizo habitar allí a los hambrientos,
   y ellos fundaron una ciudad habitable.
37 Sembraron campos, plantaron viñedos,
   obtuvieron abundantes cosechas.
38 Dios los bendijo y se multiplicaron,
   y no dejó que menguaran sus rebaños.

39 Pero si merman y son humillados,
   es por la opresión, la maldad y la
      aflicción.
40 Dios desdeña a los nobles
   y los hace vagar por desiertos sin
      senderos.
41 Pero a los necesitados los saca de su
      miseria,
   y hace que sus familias crezcan como
      rebaños.
42 Los rectos lo verán y se alegrarán,
   pero todos los impíos serán acallados.

43 Quien sea sabio, que considere estas cosas
   y entienda bien el gran amor del SEÑOR.

Salmo 108
Cántico. Salmo de David.

1 Firme está, oh Dios, mi corazón;
   ¡voy a cantarte salmos, gloria mía
2 ¡Despierten, arpa y lira
   ¡Haré despertar al nuevo día
3 Te alabaré, SEÑOR, entre los pueblos;
   te cantaré salmos entre las naciones.

26 They mounted up to the heavens and went
      down to the depths;
   in their peril their courage melted away.
27 They reeled and staggered like drunken men;
   they were at their wits' end.
28 Then they cried out to the LORD in their
      trouble,
   and he brought them out of their distress.
29 He stilled the storm to a whisper;
   the waves of the sea were hushed.
30 They were glad when it grew calm,
   and he guided them to their desired haven.
31 Let them give thanks to the LORD for his
      unfailing love
   and his wonderful deeds for men.
32 Let them exalt him in the assembly of the
      people
   and praise him in the council of the elders.

33 He turned rivers into a desert,
   flowing springs into thirsty ground,
34 and fruitful land into a salt waste,
   because of the wickedness of those who
      lived there.
35 He turned the desert into pools of water
   and the parched ground into flowing
      springs;
36 there he brought the hungry to live,
   and they founded a city where they could
      settle.
37 They sowed fields and planted vineyards
   that yielded a fruitful harvest;
38 he blessed them, and their numbers greatly
      increased,
   and he did not let their herds diminish.

39 Then their numbers decreased, and they
      were humbled
   by oppression, calamity and sorrow;
40 he who pours contempt on nobles
   made them wander in a trackless waste.
41 But he lifted the needy out of their affliction
   and increased their families like flocks.
42 The upright see and rejoice,
   but all the wicked shut their mouths.

43 Whoever is wise, let him heed these things
   and consider the great love of the LORD.

Psalm 108
A song. A psalm of David.

1 My heart is steadfast, O God;
   I will sing and make music with all my soul.
2 Awake, harp and lyre
   I will awaken the dawn.
3 I will praise you, O LORD, among the
      nations;
   I will sing of you among the peoples.

4 Pues tu amor es tan grande que rebasa los
     cielos;
   ¡tu verdad llega hasta el firmamento!
5 Tú, oh Dios, estás sobre los cielos,
   y tu gloria cubre toda la tierra.
6 Líbranos con tu diestra, respóndeme
   para que tu pueblo amado quede a salvo.

7 Dios ha dicho en su santuario:
   «Triunfante repartiré a Siquén,
   y dividiré el valle de Sucot.
8 Mío es Galaad, mío es Manasés;
   Efraín es mi yelmo y Judá mi cetro.
9 En Moab me lavo las manos,
     sobre Edom arrojo mi sandalia;
     sobre Filistea lanzo gritos de triunfo.»

10 ¿Quién me llevará a la ciudad fortificada?
     ¿Quién me mostrará el camino a Edom?
11 ¿No es Dios quien nos ha rechazado?
     ¡Ya no sales, oh Dios, con nuestros
       ejércitos!
12 Bríndanos tu ayuda contra el enemigo,
     pues de nada sirve la ayuda humana.
13 Con Dios obtendremos la victoria;
     ¡él pisoteará a nuestros enemigos!

Salmo 109
Al director musical. Salmo de David.

1 Oh Dios, alabanza mía,
   no guardes silencio.
2 Pues gente impía y mentirosa
     ha declarado en mi contra,
     y con lengua engañosa me difaman;
3 con expresiones de odio me acosan,
   y sin razón alguna me atacan.
4 Mi amor me lo pagan con calumnias,
   mientras yo me encomiendo a Dios.
5 Mi bondad la pagan con maldad;
   en vez de amarme, me aborrecen.

6 Pon en su contra a un malvado;
   que a su derecha esté su acusador.w
7 Que resulte culpable al ser juzgado,
   y que sus propias oraciones lo condenen.
8 Que se acorten sus días,
   y que otro se haga cargo de su oficio.
9 Que se queden huérfanos sus hijos;
   que se quede viuda su esposa.
10 Que anden sus hijos vagando y
       mendigando;
     que anden rebuscando entre las ruinas.

4 For great is your love, higher than the
     heavens;
   your faithfulness reaches to the skies.
5 Be exalted, O God, above the heavens,
   and let your glory be over all the earth.

6 Save us and help us with your right hand,
   that those you love may be delivered.
7 God has spoken from his sanctuary:
   "In triumph I will parcel out Shechem
   and measure off the Valley of Succoth.
8 Gilead is mine, Manasseh is mine;
     Ephraim is my helmet,
     Judah my scepter.
9 Moab is my washbasin,
     upon Edom I toss my sandal;
     over Philistia I shout in triumph."

10 Who will bring me to the fortified city?
     Who will lead me to Edom?
11 Is it not you, O God, you who have
       rejected us
     and no longer go out with our armies?
12 Give us aid against the enemy,
     for the help of man is worthless.
13 With God we will gain the victory,
     and he will trample down our enemies.

Psalm 109
For the director of music. Of David. A psalm.

1 O God, whom I praise,
   do not remain silent,
2 for wicked and deceitful men
     have opened their mouths against me;
     they have spoken against me with lying
       tongues.
3 With words of hatred they surround me;
   they attack me without cause.
4 In return for my friendship they accuse me,
   but I am a man of prayer.
5 They repay me evil for good,
   and hatred for my friendship.

6 Appointe an evil man f to oppose him;
   let an accuser g stand at his right hand.
7 When he is tried, let him be found guilty,
   and may his prayers condemn him.
8 May his days be few;
   may another take his place of leadership.
9 May his children be fatherless
   and his wife a widow.
10 May his children be wandering beggars;
     may they be driven h from their ruined
       homes.

---

e 6 Or They say; "Appoint (with quotation marks at the
end of verse 19)   f 6 Or the Evil One   g 6 Or let Satan
h 10 Septuagint; Hebrew sought

w 109:6 esté su acusador. Alt. esté Satán.

11 Que sus acreedores se apoderen de sus
　　bienes;
　que gente extraña saquee sus posesiones.
12 Que nadie le extienda su bondad;
　que nadie se compadezca de sus
　　huérfanos.
13 Que sea exterminada su descendencia;
　que desaparezca su *nombre en la
　　próxima generación.
14 Que recuerde el SEÑOR la iniquidad de su
　　padre,
　y no se olvide del pecado de su madre.
15 Que no les quite el SEÑOR la vista de
　　encima,
　y que borre de la tierra su memoria.

16 Por cuanto se olvidó de hacer el bien,
　y persiguió hasta la muerte
　a pobres, afligidos y menesterosos,
17 y porque le encantaba maldecir,
　¡que caiga sobre él la maldición
　Por cuanto no se complacía en bendecir,
　¡que se aleje de él la bendición
18 Por cuanto se cubrió de maldición
　como quien se pone un vestido,
　¡que ésta se filtre en su cuerpo como el
　　agua ,
　¡que penetre en sus huesos como el
　　aceite
19 ¡Que lo envuelva como un manto
　¡Que lo apriete en todo tiempo como un
　　cinto
20 ¡Que así les pague el SEÑOR a mis
　　acusadores,
　a los que me calumnian

21 Pero tú, SEÑOR Soberano,
　trátame bien por causa de tu nombre;
　líbrame por tu bondad y gran amor.
22 Ciertamente soy pobre y estoy necesitado;
　profundamente herido está mi corazón.
23 Me voy desvaneciendo como sombra
　　vespertina;
　se desprenden de mí como de una langosta.
24 De tanto ayunar me tiemblan las rodillas;
　la piel se me pega a los huesos.
25 Soy para ellos motivo de burla;
　me ven, y menean la cabeza.

26 SEÑOR, mi Dios, ¡ayúdame ;
　por tu gran amor, ¡sálvame
27 Que sepan que ésta es tu mano;
　que tú mismo, SEÑOR, lo has hecho.
28 ¿Qué importa que ellos me maldigan?
　¡Bendíceme tú
　Pueden atacarme, pero quedarán
　　avergonzados;
　en cambio, este siervo tuyo se alegrará.

11 May a creditor seize all he has;
　may strangers plunder the fruits of his
　　labor.
12 May no one extend kindness to him
　or take pity on his fatherless children.
13 May his descendants be cut off,
　their names blotted out from the next
　　generation.
14 May the iniquity of his fathers be
　　remembered before the LORD;
　may the sin of his mother never be
　　blotted out.
15 May their sins always remain before the
　　LORD,
　that he may cut off the memory of them
　　from the earth.

16 For he never thought of doing a kindness,
　but hounded to death the poor
　and the needy and the brokenhearted.
17 He loved to pronounce a curse—
　may it*i* come on him;
　he found no pleasure in blessing—
　may it be*j* far from him.
18 He wore cursing as his garment;
　it entered into his body like water,
　into his bones like oil.
19 May it be like a cloak wrapped about him,
　like a belt tied forever around him.
20 May this be the LORD's payment to my
　　accusers,
　to those who speak evil of me.

21 But you, O Sovereign LORD,
　deal well with me for your name's sake;
　out of the goodness of your love, deliver
　　me.
22 For I am poor and needy,
　and my heart is wounded within me.
23 I fade away like an evening shadow;
　I am shaken off like a locust.
24 My knees give way from fasting;
　my body is thin and gaunt.
25 I am an object of scorn to my accusers;
　when they see me, they shake their heads.

26 Help me, O LORD my God;
　save me in accordance with your love.
27 Let them know that it is your hand,
　that you, O LORD, have done it.
28 They may curse, but you will bless;
　when they attack they will be put to
　　shame,
　but your servant will rejoice.

i 17 Or *curse, / and it has*　　*j* 17 Or *blessing, / and it is*

²⁹ ¡Queden mis acusadores cubiertos de
    deshonra,
  envueltos en un manto de vergüenza

³⁰ Por mi parte, daré muchas gracias al
    SEÑOR;
  lo alabaré entre una gran muchedumbre.
³¹ Porque él defiende al* necesitado,
  para salvarlo de quienes lo condenan.

Salmo 110
Salmo de David.

¹ Así dijo el SEÑOR a mi Señor:
  «Siéntate a mi derecha
hasta que ponga a tus enemigos
  por estrado de tus pies.»

² ¡Que el SEÑOR extienda desde *Sión
  el poder de tu cetro
  ¡Domina tú en medio de tus enemigos
³ Tus tropas estarán dispuestas
  el día de la batalla,
  ordenadas en santa majestad.
De las entrañas de la aurora
  recibirás el rocío de tu juventud.

⁴ El SEÑOR ha jurado
  y no cambiará de parecer:
  «Tú eres sacerdote para siempre,
  según el orden de Melquisedec.»

⁵ El Señor está a tu mano derecha;
  aplastará a los reyes en el día de su ira.
⁶ Juzgará a las naciones y amontonará
    cadáveres;
  aplastará cabezas en toda la tierra.

⁷ Beberá de un arroyo junto al camino,
  y por lo tanto cobrará nuevas fuerzas.*

Salmo 111*

¹ *¡Aleluya ¡Alabado sea el SEÑOR
Alabaré al SEÑOR con todo el corazón
  en la asamblea, en compañía de los
    rectos.

² Grandes son las obras del SEÑOR;
  estudiadas por los que en ellas se deleitan.
³ Gloriosas y majestuosas son sus obras;
  su justicia permanece para siempre.

²⁹ My accusers will be clothed with disgrace
  and wrapped in shame as in a cloak.

³⁰ With my mouth I will greatly extol the LORD;
  in the great throng I will praise him.
³¹ For he stands at the right hand of the
    needy one,
  to save his life from those who condemn
    him.

Psalm 110
Of David. A psalm.

¹ The LORD says to my Lord:
  "Sit at my right hand
until I make your enemies
  a footstool for your feet."

² The LORD will extend your mighty scepter
  from Zion;
  you will rule in the midst of your enemies.
³ Your troops will be willing
  on your day of battle.
Arrayed in holy majesty,
  from the womb of the dawn
  you will receive the dew of your youth.*

⁴ The LORD has sworn
  and will not change his mind:
  "You are a priest forever,
  in the order of Melchizedek."

⁵ The Lord is at your right hand;
  he will crush kings on the day of his wrath.
⁶ He will judge the nations, heaping up the
    dead
  and crushing the rulers of the whole earth.
⁷ He will drink from a brook beside the way*;
  therefore he will lift up his head.

Psalm 111*

¹ Praise the LORD.*

I will extol the LORD with all my heart
  in the council of the upright and in the
    assembly.

² Great are the works of the LORD;
  they are pondered by all who delight in
    them.
³ Glorious and majestic are his deeds,
  and his righteousness endures forever.

ˣ 109:31 *defiende al.* Lit. *está de pie a la diestra del.*
ʸ 110:7 *cobrará nuevas fuerzas.* Lit. *levantará la cabeza.*
ᶻ Este salmo es un poema acróstico, que sigue el orden del
alfabeto hebreo.

ᵏ 3 Or / *your young men will come to you like the dew*   ˡ 7 Or
/ *The One who grants succession will set him in authority*
ᵐ This psalm is an acrostic poem, the lines of which begin
with the successive letters of the Hebrew alphabet.
ⁿ 1 Hebrew *Hallelu Yah*

⁴Ha hecho memorables sus maravillas.
   ¡El SEÑOR es clemente y compasivo
⁵Da de comer a quienes le temen;
   siempre recuerda su pacto.
⁶Ha mostrado a su pueblo el poder de sus
      obras
   al darle la heredad de otras naciones.
⁷Las obras de sus manos son fieles y
      justas;
   todos sus preceptos son dignos de
      confianza,
⁸inmutables por los siglos de los siglos,
   establecidos con fidelidad y rectitud.
⁹Pagó el precio del rescate de su pueblo
   y estableció su pacto para siempre.
   ¡Su *nombre es santo e imponente
¹⁰El principio de la sabiduría es el temor del
      SEÑOR;
   buen juicio demuestran quienes cumplen
      sus preceptos.ᵃ
   ¡Su alabanza permanece para siempre

Salmo 112ᵇ

¹*¡Aleluya ¡Alabado sea el SEÑOR
   *Dichoso el que teme al SEÑOR,
   el que halla gran deleite en sus
      mandamientos.
²Sus hijos dominarán el país;
   la descendencia de los justos será
      bendecida.
³En su casa habrá abundantes riquezas,
   y para siempre permanecerá su justicia.
⁴Para los justos la luz brilla en las tinieblas.
   ¡Dios es clemente, compasivo y justo
⁵Bien le va al que presta con generosidad,
   y maneja sus negocios con justicia.
⁶El justo será siempre recordado;
   ciertamente nunca fracasará.
⁷No temerá recibir malas noticias;
   su corazón estará firme, confiado en el
      SEÑOR.
⁸Su corazón estará seguro, no tendrá
      temor,
   y al final verá derrotados a sus
      adversarios.
⁹Reparte sus bienes entre los pobres;
   su justicia permanece para siempre;
   su poderᶜ será gloriosamente exaltada.

⁴He has caused his wonders to be
      remembered;
   the LORD is gracious and compassionate.
⁵He provides food for those who fear him;
   he remembers his covenant forever.
⁶He has shown his people the power of his
      works,
   giving them the lands of other nations.
⁷The works of his hands are faithful and just;
   all his precepts are trustworthy.
⁸They are steadfast for ever and ever,
   done in faithfulness and uprightness.
⁹He provided redemption for his people;
   he ordained his covenant forever—
   holy and awesome is his name.
¹⁰The fear of the LORD is the beginning of
      wisdom;
   all who follow his precepts have good
      understanding.
   To him belongs eternal praise.

Psalm 112ᵒ

¹Praise the LORD.ᵖ

Blessed is the man who fears the LORD,
   who finds great delight in his commands.
²His children will be mighty in the land;
   the generation of the upright will be
      blessed.
³Wealth and riches are in his house,
   and his righteousness endures forever.
⁴Even in darkness light dawns for the
      upright,
   for the gracious and compassionate and
      righteous man.�q
⁵Good will come to him who is generous
      and lends freely,
   who conducts his affairs with justice.
⁶Surely he will never be shaken;
   a righteous man will be remembered
      forever.
⁷He will have no fear of bad news;
   his heart is steadfast, trusting in the LORD.
⁸His heart is secure, he will have no fear;
   in the end he will look in triumph on his
      foes.
⁹He has scattered abroad his gifts to the poor,
   his righteousness endures forever;
   his hornʳ will be lifted high in honor.

ᵃ111:10 quienes cumplen sus preceptos. Lit. quienes hacen
estas cosas.   ᵇEste salmo es un poema acróstico, que sigue
el orden del alfabeto hebreo.   ᶜ112:9 poder. Lit. cuerno.

ᵒThis psalm is an acrostic poem, the lines of which begin
with the successive letters of the Hebrew alphabet.
ᵖ1 Hebrew Hallelu Yah   q4 Or / for the LORD, is gracious
and compassionate and righteous   ʳ9 Horn here symbolizes
dignity.

¹⁰ El malvado verá esto, y se irritará;
rechinando los dientes se irá
desvaneciendo.
¡La ambición de los impíos será
destruida

Salmo 113

¹ *¡Aleluya ¡Alabado sea el SEÑOR

Alaben, siervos del SEÑOR,
alaben el *nombre del SEÑOR.
² Bendito sea el nombre del SEÑOR,
desde ahora y para siempre.
³ Desde la salida del sol hasta su ocaso,
sea alabado el nombre del SEÑOR.

⁴ El SEÑOR domina sobre todas las
naciones;
su gloria está sobre los cielos.
⁵ ¿Quién como el SEÑOR nuestro Dios,
que tiene su trono en las alturas
⁶   y se digna contemplar los cielos y la
tierra?

⁷ Él levanta del polvo al pobre
y saca del muladar al necesitado;
⁸ los hace sentarse con príncipes,
con los príncipes de su pueblo.
⁹ A la mujer estéril le da un hogar
y le concede la dicha de ser madre.

*¡Aleluya ¡Alabado sea el SEÑOR

Salmo 114

¹ Cuando Israel, el pueblo de Jacob,
salió de Egipto, de un pueblo extraño,
² Judá se convirtió en el santuario de Dios;
Israel llegó a ser su dominio.

³ Al ver esto, el mar huyó;
el Jordán se volvió atrás.
⁴ Las montañas saltaron como carneros,
los cerros saltaron como ovejas.
⁵ ¿Qué te pasó, mar, que huiste,
y a ti, Jordán, que te volviste atrás?
⁶   ¿Y a ustedes montañas, que saltaron
como carneros?
¿Y a ustedes cerros, que saltaron como
ovejas?

⁷ ¡Tiembla, oh tierra, ante el *Señor,
tiembla ante el Dios de Jacob
⁸ ¡Él convirtió la roca en un estanque,
el pedernal en manantiales de agua

¹⁰ The wicked man will see and be vexed,
he will gnash his teeth and waste away;
the longings of the wicked will come to
nothing.

Psalm 113

¹ Praise the LORD.ˢ

Praise, O servants of the LORD,
praise the name of the LORD.
² Let the name of the LORD be praised,
both now and forevermore.
³ From the rising of the sun to the place
where it sets,
the name of the LORD is to be praised.

⁴ The LORD is exalted over all the nations,
his glory above the heavens.
⁵ Who is like the LORD our God,
the One who sits enthroned on high,
⁶ who stoops down to look
on the heavens and the earth?

⁷ He raises the poor from the dust
and lifts the needy from the ash heap;
⁸ he seats them with princes,
with the princes of their people.
⁹ He settles the barren woman in her home
as a happy mother of children.

Praise the LORD.

Psalm 114

¹ When Israel came out of Egypt,
the house of Jacob from a people of
foreign tongue,
² Judah became God's sanctuary,
Israel his dominion.

³ The sea looked and fled,
the Jordan turned back;
⁴ the mountains skipped like rams,
the hills like lambs.

⁵ Why was it, O sea, that you fled,
O Jordan, that you turned back,
⁶ you mountains, that you skipped like rams,
you hills, like lambs?

⁷ Tremble, O earth, at the presence of the
Lord,
at the presence of the God of Jacob,
⁸ who turned the rock into a pool,
the hard rock into springs of water.

ˢ 1 Hebrew Hallelu Yah; also in verse 9

Salmo 115

¹ La gloria, SEÑOR, no es para nosotros;
    no es para nosotros sino para tu *nombre,
    por causa de tu amor y tu verdad.

² ¿Por qué tienen que decirnos las naciones:
    «¿Dónde está su Dios?»
³ Nuestro Dios está en los cielos
    y puede hacer lo que le parezca.
⁴ Pero sus ídolos son de oro y plata,
    producto de manos humanas.
⁵ Tienen boca, pero no pueden hablar;
    ojos, pero no pueden ver;
⁶ tienen oídos, pero no pueden oír;
    nariz, pero no pueden oler;
⁷ tienen manos, pero no pueden palpar;
    pies, pero no pueden andar;
    ¡ni un solo sonido emite su garganta
⁸ Semejantes a ellos son sus hacedores,
    y todos los que confían en ellos.

⁹ Pueblo de Israel, confía en el SEÑOR;
    él es tu ayuda y tu escudo.
¹⁰ Descendientes de Aarón, confíen en el
    SEÑOR;
    él es su ayuda y su escudo.
¹¹ Los que temen al SEÑOR, confíen en él;
    él es su ayuda y su escudo.

¹² El SEÑOR nos recuerda y nos bendice:
    bendice al pueblo de Israel,
    bendice a los descendientes de Aarón,
¹³   bendice a los que temen al SEÑOR,
    bendice a grandes y pequeños.

¹⁴ Que el SEÑOR multiplique la descendencia
    de ustedes y de sus hijos.
¹⁵ Que reciban bendiciones del SEÑOR,
    creador del cielo y de la tierra.

¹⁶ Los cielos le pertenecen al SEÑOR,
    pero a la *humanidad le ha dado la tierra.
¹⁷ Los muertos no alaban al SEÑOR,
    ninguno de los que bajan al silencio.
¹⁸ Somos nosotros los que alabamos al SEÑOR
    desde ahora y para siempre.

    *¡Aleluya ¡Alabado sea el SEÑOR

Salmo 116

¹ Yo amo al SEÑOR
    porque él escucha^d mi voz suplicante.
² Por cuanto él inclina a mí su oído,
    lo invocaré toda mi vida.

Psalm 115

¹ Not to us, O LORD, not to us
    but to your name be the glory,
    because of your love and faithfulness.

² Why do the nations say,
    "Where is their God?"
³ Our God is in heaven;
    he does whatever pleases him.
⁴ But their idols are silver and gold,
    made by the hands of men.
⁵ They have mouths, but cannot speak,
    eyes, but they cannot see;
⁶ they have ears, but cannot hear,
    noses, but they cannot smell;
⁷ they have hands, but cannot feel,
    feet, but they cannot walk;
    nor can they utter a sound with their
    throats.
⁸ Those who make them will be like them,
    and so will all who trust in them.

⁹ O house of Israel, trust in the LORD—
    he is their help and shield.
¹⁰ O house of Aaron, trust in the LORD—
    he is their help and shield.
¹¹ You who fear him, trust in the LORD—
    he is their help and shield.

¹² The LORD remembers us and will bless us:
    He will bless the house of Israel,
    he will bless the house of Aaron,
¹³ he will bless those who fear the LORD—
    small and great alike.

¹⁴ May the LORD make you increase,
    both you and your children.
¹⁵ May you be blessed by the LORD,
    the Maker of heaven and earth.

¹⁶ The highest heavens belong to the LORD,
    but the earth he has given to man.
¹⁷ It is not the dead who praise the LORD,
    those who go down to silence;
¹⁸ it is we who extol the LORD,
    both now and forevermore.

    Praise the LORD.^t

Psalm 116

¹ I love the LORD, for he heard my voice;
    he heard my cry for mercy.
² Because he turned his ear to me,
    I will call on him as long as I live.

---

^d 116:1 *Yo amo … él escucha.* Lit. *Yo amo porque el Señor escucha.*

^t 18 Hebrew *Hallelu Yah*

³ Los lazos de la muerte me enredaron;
  me sorprendió la angustia del *sepulcro,
  y caí en la ansiedad y la aflicción.
⁴ Entonces clamé al SEÑOR:
  «¡Te ruego, SEÑOR, que me salves la
    vida »

⁵ El SEÑOR es compasivo y justo;
  nuestro Dios es todo ternura.
⁶ El SEÑOR protege a la gente sencilla;
  estaba yo muy débil, y él me salvó.

⁷ ¡Ya puedes, *alma mía, estar tranquila,
  que el SEÑOR ha sido bueno contigo

⁸ Tú me has librado de la muerte,
  has enjugado mis lágrimas,
  no me has dejado tropezar.
⁹ Por eso andaré siempre delante del SEÑOR
  en esta tierra de los vivientes.
¹⁰ Aunque digo: «Me encuentro muy
    afligido»,
  sigo creyendo en Dios.
¹¹ En mi desesperación he exclamado:
  «Todos son unos mentirosos.»

¹² ¿Cómo puedo pagarle al SEÑOR
  por tanta bondad que me ha mostrado?
¹³ ¡Tan sólo brindando con la copa de
    *salvación
  e invocando el *nombre del SEÑOR
¹⁴ ¡Tan sólo cumpliendo mis promesas al
    SEÑOR
  en presencia de todo su pueblo

¹⁵ Mucho valor tiene a los ojos del SEÑOR
  la muerte de sus fieles.
¹⁶ Yo, SEÑOR, soy tu siervo;
  soy siervo tuyo, tu hijo fiel;ᵉ
  ¡tú has roto mis cadenas

¹⁷ Te ofreceré un sacrificio de gratitud
  e invocaré, SEÑOR, tu nombre.
¹⁸ Cumpliré mis votos al SEÑOR
  en presencia de todo su pueblo,
¹⁹ en los atrios de la casa del SEÑOR,
  en medio de ti, oh Jerusalén.

*¡Aleluya ¡Alabado sea el SEÑOR

Salmo 117

¹ ¡Alaben al SEÑOR, naciones todas
  ¡Pueblos todos, cántenle alabanzas
² ¡Grande es su amor por nosotros

³ The cords of death entangled me,
  the anguish of the graveᵘ came upon me;
  I was overcome by trouble and sorrow.
⁴ Then I called on the name of the LORD:
  "O LORD, save me "

⁵ The LORD is gracious and righteous;
  our God is full of compassion.
⁶ The LORD protects the simplehearted;
  when I was in great need, he saved me.

⁷ Be at rest once more, O my soul,
  for the LORD has been good to you.

⁸ For you, O LORD, have delivered my soul
    from death,
  my eyes from tears,
  my feet from stumbling,
⁹ that I may walk before the LORD
  in the land of the living.
¹⁰ I believed; thereforeᵛ I said,
  "I am greatly afflicted."
¹¹ And in my dismay I said,
  "All men are liars."

¹² How can I repay the LORD
  for all his goodness to me?
¹³ I will lift up the cup of salvation
  and call on the name of the LORD.
¹⁴ I will fulfill my vows to the LORD
  in the presence of all his people.

¹⁵ Precious in the sight of the LORD
  is the death of his saints.
¹⁶ O LORD, truly I am your servant;
  I am your servant, the son of your
    maidservantʷ;
  you have freed me from my chains.

¹⁷ I will sacrifice a thank offering to you
  and call on the name of the LORD.
¹⁸ I will fulfill my vows to the LORD
  in the presence of all his people,
¹⁹ in the courts of the house of the LORD—
  in your midst, O Jerusalem.

Praise the LORD.ˣ

Psalm 117

¹ Praise the LORD, all you nations;
  extol him, all you peoples.
² For great is his love toward us,

ᵉ 116:16 *tu hijo fiel.* Lit. *hijo de tu sierva.*

ᵘ 3 Hebrew *Sheol*   ᵛ 10 Or *believed even when*   ʷ 16 Or *servant, your faithful son*   ˣ 19 Hebrew *Hallelu Yah*

¡La fidelidad del SEÑOR es eterna

*¡Aleluya ¡Alabado sea el SEÑOR

Salmo 118

¹ Den gracias al SEÑOR, porque él es bueno;
su gran amor perdura para siempre.

² Que proclame el pueblo de Israel:
«Su gran amor perdura para siempre.»
³ Que proclamen los descendientes de
Aarón:
«Su gran amor perdura para siempre.»
⁴ Que proclamen los que temen al SEÑOR:
«Su gran amor perdura para siempre.»

⁵ Desde mi angustia clamé al SEÑOR,
y él respondió dándome libertad.
⁶ El SEÑOR está conmigo, y no tengo miedo;
¿qué me puede hacer un simple *mortal?
⁷ El SEÑOR está conmigo, él es mi ayuda;
¡ya veré por los suelos a los que me
odian

⁸ Es mejor refugiarse en el SEÑOR
que confiar en el *hombre.
⁹ Es mejor refugiarse en el SEÑOR
que fiarse de los poderosos.

¹⁰ Todas las naciones me rodearon,
pero en el *nombre del SEÑOR las
aniquilé.
¹¹ Me rodearon por completo,
pero en el nombre del SEÑOR las
aniquilé.
¹² Me rodearon como avispas,
pero se consumieron como zarzas en el
fuego.
¡En el nombre del SEÑOR las aniquilé

¹³ Me empujaron^f con violencia para que
cayera,
pero el SEÑOR me ayudó.
¹⁴ El SEÑOR es mi fuerza y mi canto;
¡él es mi *salvación

¹⁵ Gritos de júbilo y *victoria
resuenan en las casas de los justos:
«¡La diestra del SEÑOR realiza proezas
¹⁶ ¡La diestra del SEÑOR es exaltada
¡La diestra del SEÑOR realiza proezas »

¹⁷ No he de morir; he de vivir
para proclamar las maravillas del SEÑOR.

and the faithfulness of the LORD endures
forever.

Praise the LORD.^y

Psalm 118

¹ Give thanks to the LORD, for he is good;
his love endures forever.

² Let Israel say:
"His love endures forever."
³ Let the house of Aaron say:
"His love endures forever."
⁴ Let those who fear the LORD say:
"His love endures forever."

⁵ In my anguish I cried to the LORD,
and he answered by setting me free.
⁶ The LORD is with me; I will not be afraid.
What can man do to me?
⁷ The LORD is with me; he is my helper.
I will look in triumph on my enemies.

⁸ It is better to take refuge in the LORD
than to trust in man.
⁹ It is better to take refuge in the LORD
than to trust in princes.

¹⁰ All the nations surrounded me,
but in the name of the LORD I cut them
off.
¹¹ They surrounded me on every side,
but in the name of the LORD I cut them
off.
¹² They swarmed around me like bees,
but they died out as quickly as burning
thorns;
in the name of the LORD I cut them off.

¹³ I was pushed back and about to fall,
but the LORD helped me.
¹⁴ The LORD is my strength and my song;
he has become my salvation.

¹⁵ Shouts of joy and victory
resound in the tents of the righteous:
"The LORD's right hand has done mighty
things
¹⁶ The LORD's right hand is lifted high;
the LORD's right hand has done mighty
things "

¹⁷ I will not die but live,
and will proclaim what the LORD has
done.

---

^f 118:13 *Me empujaron* (LXX, Vulgata y Siríaca); *Tú me empujaste* (TM).

^y 2 Hebrew *Hallelu Yah*

18 El SEÑOR me ha castigado con dureza,
   pero no me ha entregado a la muerte.

19 Ábranme las *puertas de la justicia
   para que entre yo a dar gracias al SEÑOR.
20 Son las puertas del SEÑOR,
   por las que entran los justos.
21 ¡Te daré gracias porque me respondiste,
   porque eres mi *salvación

22 La piedra que desecharon los constructores
   ha llegado a ser la piedra angular.
23 Esto ha sido obra del SEÑOR,
   y nos deja maravillados.
24 Éste es el día en que el SEÑOR actuó;
   regocijémonos y alegrémonos en él.

25 SEÑOR, ¡danos la *salvación
   SEÑOR, ¡concédenos la *victoria
26 Bendito el que viene en el nombre del
      SEÑOR.
   Desde la casa del SEÑOR los bendecimos.
27 El SEÑOR es Dios y nos ilumina.
   Únanse a la procesión portando ramas en
      la mano
   hasta los cuernos del altar. g

28 Tú eres mi Dios, por eso te doy gracias;
   tú eres mi Dios, por eso te exalto.

29 Den gracias al SEÑOR, porque él es
      bueno;
   su gran amor perdura para siempre.

Salmo 119 h

Álef

1 *Dichosos los que van por *caminos
      perfectos,
   los que andan conforme a la *ley del
      SEÑOR.
2 Dichosos los que guardan sus *estatutos
   y de todo corazón lo buscan.
3 Jamás hacen nada malo,
   sino que siguen los *caminos de Dios.
4 Tú has establecido tus preceptos,
   para que se cumplan fielmente.
5 ¡Cuánto deseo afirmar mis caminos
   para cumplir tus decretos
6 No tendré que pasar vergüenzas
   cuando considere todos tus
      mandamientos.

18 The LORD has chastened me severely,
   but he has not given me over to death.

19 Open for me the gates of righteousness;
   I will enter and give thanks to the LORD.
20 This is the gate of the LORD
   through which the righteous may enter.
21 I will give you thanks, for you answered
      me;
   you have become my salvation.

22 The stone the builders rejected
   has become the capstone;
23 the LORD has done this,
   and it is marvelous in our eyes.
24 This is the day the LORD has made;
   let us rejoice and be glad in it.

25 O LORD, save us;
   O LORD, grant us success.
26 Blessed is he who comes in the name of
      the LORD.
   From the house of the LORD we bless
      you. z
27 The LORD is God,
   and he has made his light shine upon us.
   With boughs in hand, join in the festal
      procession
   up a to the horns of the altar.

28 You are my God, and I will give you thanks;
   you are my God, and I will exalt you.

29 Give thanks to the LORD, for he is good;
   his love endures forever.

Psalm 119 b

Aleph

1 Blessed are they whose ways are
      blameless,
   who walk according to the law of the
      LORD.
2 Blessed are they who keep his statutes
   and seek him with all their heart.
3 They do nothing wrong;
   they walk in his ways.
4 You have laid down precepts
   that are to be fully obeyed.
5 Oh, that my ways were steadfast
   in obeying your decrees
6 Then I would not be put to shame
   when I consider all your commands.

---

g 118:27 *Únanse ... del altar.* Alt. *Aten el sacrificio festivo
con sogas / y llévenlo hasta los cuernos del altar.*   h Éste es
un salmo acróstico, dividido en 22 estrofas, conforme al
número de las letras del alfabeto hebreo. En el texto hebreo
cada una de los ocho líneas principales de cada estrofa
comienza con la letra que da nombre a la misma.

z 26 The Hebrew is plural.   a 27 Or *Bind the festal sacrifice
with ropes / and take it*   b This psalm is an acrostic poem;
the verses of each stanza begin with the same letter of the
Hebrew alphabet.

7 Te alabaré con integridad de corazón,
   cuando aprenda tus justos juicios.
8 Tus decretos cumpliré;
   no me abandones del todo.

Bet

9 ¿Cómo puede el joven llevar una vida
   íntegra?
   Viviendo conforme a tu palabra.
10 Yo te busco con todo el corazón;
   no dejes que me desvíe de tus
   mandamientos.
11 En mi corazón atesoro tus dichos
   para no pecar contra ti.
12 ¡Bendito seas, SEÑOR
   ¡Enséñame tus decretos
13 Con mis labios he proclamado
   todos los juicios que has emitido.
14 Me regocijo en el *camino de tus estatutos
   más que en^i todas las riquezas.
15 En tus preceptos medito,
   y pongo mis ojos en tus sendas.
16 En tus decretos hallo mi deleite,
   y jamás olvidaré tu palabra.

Guímel

17 Trata con bondad a este siervo tuyo;
   así viviré y obedeceré tu palabra.
18 Ábreme los ojos, para que contemple
   las maravillas de tu ley.
19 En esta tierra soy un extranjero;
   no escondas de mí tus mandamientos.
20 A toda hora siento un nudo en la garganta
   por el deseo de conocer tus juicios.
21 Tú reprendes a los insolentes;
   ¡malditos los que se apartan de tus
   mandamientos
22 Aleja de mí el menosprecio y el desdén,
   pues yo cumplo tus estatutos.
23 Aun los poderosos se confabulan contra mí,
   pero este siervo tuyo medita en tus decretos.
24 Tus estatutos son mi deleite;
   son también mis consejeros.

Dálet

25 Postrado estoy en el polvo;
   dame vida conforme a tu palabra.
26 Tú me respondiste cuando te hablé de mis
   caminos.
   ¡Enséñame tus decretos
27 Hazme entender el *camino de tus
   preceptos,
   y meditaré en tus maravillas.
28 De angustia se me derrite el *alma:
   susténtame conforme a tu palabra.

7 I will praise you with an upright heart
   as I learn your righteous laws.
8 I will obey your decrees;
   do not utterly forsake me.

Beth

9 How can a young man keep his way pure?
   By living according to your word.
10 I seek you with all my heart;
   do not let me stray from your commands.
11 I have hidden your word in my heart
   that I might not sin against you.
12 Praise be to you, O LORD;
   teach me your decrees.
13 With my lips I recount
   all the laws that come from your
   mouth.
14 I rejoice in following your statutes
   as one rejoices in great riches.
15 I meditate on your precepts
   and consider your ways.
16 I delight in your decrees;
   I will not neglect your word.

Gimel

17 Do good to your servant, and I will
   live;
   I will obey your word.
18 Open my eyes that I may see
   wonderful things in your law.
19 I am a stranger on earth;
   do not hide your commands from me.
20 My soul is consumed with longing
   for your laws at all times.
21 You rebuke the arrogant, who are
   cursed
   and who stray from your commands.
22 Remove from me scorn and contempt,
   for I keep your statutes.
23 Though rulers sit together and slander
   me,
   your servant will meditate on your
   decrees.
24 Your statutes are my delight;
   they are my counselors.

Daleth

25 I am laid low in the dust;
   preserve my life according to your
   word.
26 I recounted my ways and you answered
   me;
   teach me your decrees.
27 Let me understand the teaching of your
   precepts;
   then I will meditate on your wonders.
28 My soul is weary with sorrow;
   strengthen me according to your word.

---

^i 119:14 *más que en* (Siríaca); *como sobre* (TM).

29 Manténme alejado de caminos torcidos;
   concédeme las bondades de tu ley.
30 He optado por el camino de la fidelidad,
   he escogido tus juicios.
31 Yo, SEÑOR, me apego a tus estatutos;
   no me hagas pasar vergüenza.
32 Corro por el camino de tus mandamientos,
   porque has ampliado mi modo de pensar.

He

33 Enséñame, SEÑOR, a seguir tus decretos,
   y los cumpliré hasta el fin.
34 Dame entendimiento para seguir tu ley,
   y la cumpliré de todo corazón.
35 Dirígeme por la senda de tus
      mandamientos,
   porque en ella encuentro mi solaz.
36 Inclina mi corazón hacia tus estatutos
   y no hacia las ganancias desmedidas.
37 Aparta mi vista de cosas vanas,
   dame vida conforme a tu palabra.^j
38 Confirma tu promesa a este siervo,
   como lo has hecho con los que te temen.
39 Líbrame del oprobio que me aterra,
   porque tus juicios son buenos.
40 ¡Yo amo tus preceptos
   ¡Dame vida conforme a tu justicia

Vav

41 Envíame, SEÑOR, tu gran amor
   y tu *salvación, conforme a tu promesa.
42 Así responderé a quien me desprecie,
   porque yo confío en tu palabra.
43 No me quites de la boca la palabra de
      verdad,
   pues en tus juicios he puesto mi
      esperanza.
44 Por toda la eternidad
   obedeceré fielmente tu ley.
45 Viviré con toda libertad,
   porque he buscado tus preceptos.
46 Hablaré de tus estatutos a los reyes
   y no seré avergonzado,
47 pues amo tus mandamientos,
   y en ellos me regocijo.
48 Yo amo tus mandamientos,
   y hacia ellos elevo mis manos;
   ¡quiero meditar en tus decretos

Zayin

49 Acuérdate de la palabra que diste a este
      siervo tuyo,
   palabra con la que me infundiste
      esperanza.

29 Keep me from deceitful ways;
   be gracious to me through your law.
30 I have chosen the way of truth;
   I have set my heart on your laws.
31 I hold fast to your statutes, O LORD;
   do not let me be put to shame.
32 I run in the path of your commands,
   for you have set my heart free.

He

33 Teach me, O LORD, to follow your
      decrees;
   then I will keep them to the end.
34 Give me understanding, and I will keep
      your law
   and obey it with all my heart.
35 Direct me in the path of your commands,
   for there I find delight.
36 Turn my heart toward your statutes
   and not toward selfish gain.
37 Turn my eyes away from worthless things;
   preserve my life according to your
      word.^c
38 Fulfill your promise to your servant,
   so that you may be feared.
39 Take away the disgrace I dread,
   for your laws are good.
40 How I long for your precepts
   Preserve my life in your righteousness.

Waw

41 May your unfailing love come to me, O
      LORD,
   your salvation according to your promise;
42 then I will answer the one who taunts me,
   for I trust in your word.
43 Do not snatch the word of truth from my
      mouth,
   for I have put my hope in your laws.
44 I will always obey your law,
   for ever and ever.
45 I will walk about in freedom,
   for I have sought out your precepts.
46 I will speak of your statutes before kings
   and will not be put to shame,
47 for I delight in your commands
   because I love them.
48 I lift up my hands to^d your commands,
   which I love,
   and I meditate on your decrees.

Zayin

49 Remember your word to your servant,
   for you have given me hope.

---

j 119:37 *conforme a tu palabra* (Targum y dos mss. hebreos);
en tu camino (TM).

c 37 Two manuscripts of the Masoretic Text and Dead Sea
Scrolls; most manuscripts of the Masoretic Text *life in your
way* d 48 Or *for*

50 Éste es mi consuelo en medio del dolor:
   que tu promesa me da vida.
51 Los insolentes me ofenden hasta el colmo,
   pero yo no me aparto de tu ley.
52 Me acuerdo, SEÑOR, de tus juicios de
      antaño,
   y encuentro consuelo en ellos.
53 Me llenan de indignación los impíos,
   que han abandonado tu ley.
54 Tus decretos han sido mis cánticos
   en el lugar de mi destierro.
55 SEÑOR, por la noche evoco tu *nombre;
   ¡quiero cumplir tu ley
56 Lo que a mí me corresponde
   es obedecer tus preceptos.ᵏ

Jet

57 ¡Mi herencia eres tú, SEÑOR
   Prometo obedecer tus palabras.
58 De todo corazón busco tu rostro;
   compadécete de mí conforme a tu
      promesa.
59 Me he puesto a pensar en mis caminos,
   y he orientado mis pasos hacia tus estatutos.
60 Me doy prisa, no tardo nada
   para cumplir tus mandamientos.
61 Aunque los lazos de los impíos me
      aprisionan,
   yo no me olvido de tu ley.
62 A medianoche me levanto a darte gracias
   por tus rectos juicios.
63 Soy amigo de todos los que te honran,
   de todos los que observan tus preceptos.
64 Enséñame, SEÑOR, tus decretos;
   ¡la tierra está llena de tu gran amor

Tet

65 Tú, SEÑOR, tratas bien a tu siervo,
   conforme a tu palabra.
66 Impárteme *conocimiento y buen juicio,
   pues yo creo en tus mandamientos.
67 Antes de sufrir anduve descarriado,
   pero ahora obedezco tu palabra.
68 Tú eres bueno, y haces el bien;
   enséñame tus decretos.
69 Aunque los insolentes me difaman,
   yo cumplo tus preceptos con todo el
      corazón.
70 El corazón de ellos es torpe e insensible,
   pero yo me regocijo en tu ley.
71 Me hizo bien haber sido afligido,
   porque así llegué a conocer tus decretos.
72 Para mí es más valiosa tu *enseñanza
   que millares de monedas de oro y plata.

50 My comfort in my suffering is this:
   Your promise preserves my life.
51 The arrogant mock me without restraint,
   but I do not turn from your law.
52 I remember your ancient laws, O LORD,
   and I find comfort in them.
53 Indignation grips me because of the
      wicked,
   who have forsaken your law.
54 Your decrees are the theme of my song
   wherever I lodge.
55 In the night I remember your name, O
      LORD,
   and I will keep your law.
56 This has been my practice:
   I obey your precepts.

Heth

57 You are my portion, O LORD;
   I have promised to obey your words.
58 I have sought your face with all my heart;
   be gracious to me according to your
      promise.
59 I have considered my ways
   and have turned my steps to your statutes.
60 I will hasten and not delay
   to obey your commands.
61 Though the wicked bind me with ropes,
   I will not forget your law.
62 At midnight I rise to give you thanks
   for your righteous laws.
63 I am a friend to all who fear you,
   to all who follow your precepts.
64 The earth is filled with your love,
      O LORD;
   teach me your decrees.

Teth

65 Do good to your servant
   according to your word, O LORD.
66 Teach me knowledge and good judgment,
   for I believe in your commands.
67 Before I was afflicted I went astray,
   but now I obey your word.
68 You are good, and what you do is good;
   teach me your decrees.
69 Though the arrogant have smeared me
      with lies,
   I keep your precepts with all my heart.
70 Their hearts are callous and unfeeling,
   but I delight in your law.
71 It was good for me to be afflicted
   so that I might learn your decrees.
72 The law from your mouth is more precious
      to me
   than thousands of pieces of silver and
      gold.

ᵏ 119:56 Lo que a mí … tus preceptos. Alt. Esto es lo que me
corresponde, porque obedezco tus preceptos.

Yod

73 Con tus manos me creaste, me diste forma.
Dame entendimiento para aprender tus
mandamientos.

74 Los que te honran se regocijan al verme,
porque he puesto mi esperanza en tu
palabra.

75 SEÑOR, yo sé que tus juicios son justos,
y que con justa razón me afliges.

76 Que sea tu gran amor mi consuelo,
conforme a la promesa que hiciste a tu
siervo.

77 Que venga tu compasión a darme vida,
porque en tu ley me regocijo.

78 Sean avergonzados los insolentes que sin
motivo me maltratan;
yo, por mi parte, meditaré en tus
preceptos.

79 Que se reconcilien conmigo los que te
temen,
los que conocen tus estatutos.

80 Sea mi corazón íntegro hacia tus decretos,
para que yo no sea avergonzado.

Caf

81 Esperando tu salvación se me va la vida.
En tu palabra he puesto mi esperanza.

82 Mis ojos se consumen esperando tu
promesa,
y digo: «¿Cuándo vendrás a
consolarme?»

83 Parezco un odre ennegrecido por el humo,
pero no me olvido de tus decretos.

84 ¿Cuánto más vivirá este siervo tuyo?
¿Cuándo juzgarás a mis perseguidores?

85 Me han cavado trampas los insolentes,
los que no viven conforme a tu ley.

86 Todos tus mandamientos son fidedignos;
¡ayúdame , pues falsos son mis
perseguidores.

87 Por poco me borran de la tierra,
pero yo no abandono tus preceptos.

88 Por tu gran amor, dame vida
y cumpliré tus estatutos.

Lámed

89 Tu palabra, SEÑOR, es eterna,
y está firme en los cielos.

90 Tu fidelidad permanece para siempre;
estableciste la tierra, y quedó firme.

91 Todo subsiste hoy, conforme a tus
decretos,
porque todo está a tu servicio.

92 Si tu ley no fuera mi regocijo,
la aflicción habría acabado conmigo.

93 Jamás me olvidaré de tus preceptos,
pues con ellos me has dado vida.

Yodh

73 Your hands made me and formed me;
give me understanding to learn your
commands.

74 May those who fear you rejoice when they
see me,
for I have put my hope in your word.

75 I know, O LORD, that your laws are
righteous,
and in faithfulness you have afflicted me.

76 May your unfailing love be my comfort,
according to your promise to your
servant.

77 Let your compassion come to me that I
may live,
for your law is my delight.

78 May the arrogant be put to shame for
wronging me without cause;
but I will meditate on your precepts.

79 May those who fear you turn to me,
those who understand your statutes.

80 May my heart be blameless toward your
decrees,
that I may not be put to shame.

Kaph

81 My soul faints with longing for your
salvation,
but I have put my hope in your word.

82 My eyes fail, looking for your promise;
I say, "When will you comfort me?"

83 Though I am like a wineskin in the smoke,
I do not forget your decrees.

84 How long must your servant wait?
When will you punish my persecutors?

85 The arrogant dig pitfalls for me,
contrary to your law.

86 All your commands are trustworthy;
help me, for men persecute me without
cause.

87 They almost wiped me from the earth,
but I have not forsaken your precepts.

88 Preserve my life according to your love,
and I will obey the statutes of your mouth.

Lamedh

89 Your word, O LORD, is eternal;
it stands firm in the heavens.

90 Your faithfulness continues through all
generations;
you established the earth, and it endures.

91 Your laws endure to this day,
for all things serve you.

92 If your law had not been my delight,
I would have perished in my affliction.

93 I will never forget your precepts,
for by them you have preserved my life.

94 ¡Sálvame, pues te pertenezco
   y escudriño tus preceptos
95 Los impíos me acechan para destruirme,
   pero yo me esfuerzo por entender tus
   estatutos.
96 He visto que aun la perfección tiene sus
   límites;
   ¡sólo tus mandamientos son infinitos

Mem

97 ¡Cuánto amo yo tu ley
   Todo el día medito en ella.
98 Tus mandamientos me hacen más sabio
   que mis enemigos
   porque me pertenecen para siempre.
99 Tengo más discernimiento que todos mis
   maestros
   porque medito en tus estatutos.
100 Tengo más entendimiento que los ancianos
   porque obedezco tus preceptos.
101 Aparto mis pies de toda mala senda
   para cumplir con tu palabra.
102 No me desvío de tus juicios
   porque tú mismo me instruyes.
103 ¡Cuán dulces son a mi paladar tus palabras
   ¡Son más dulces que la miel a mi boca
104 De tus preceptos adquiero entendimiento;
   por eso aborrezco toda senda de mentira.

Nun

105 Tu palabra es una lámpara a mis pies;
   es una luz en mi sendero.
106 Hice un juramento, y lo he confirmado:
   que acataré tus rectos juicios.
107 SEÑOR, es mucho lo que he sufrido;
   dame vida conforme a tu palabra.
108 SEÑOR, acepta la ofrenda que brota de mis
   labios;
   enséñame tus juicios.
109 Mi vida pende de un hilo,[l]
   pero no me olvido de tu ley.
110 Los impíos me han tendido una trampa,
   pero no me aparto de tus preceptos.
111 Tus estatutos son mi herencia permanente;
   son el regocijo de mi corazón.
112 Inclino mi corazón a cumplir tus decretos
   para siempre y hasta el fin.

Sámej

113 Aborrezco a los hipócritas,
   pero amo tu ley.
114 Tú eres mi escondite y mi escudo;
   en tu palabra he puesto mi esperanza.
115 ¡Malhechores, apártense de mí,
   que quiero cumplir los mandamientos de
   mi Dios

94 Save me, for I am yours;
   I have sought out your precepts.
95 The wicked are waiting to destroy me,
   but I will ponder your statutes.
96 To all perfection I see a limit;
   but your commands are boundless.

Mem

97 Oh, how I love your law
   I meditate on it all day long.
98 Your commands make me wiser than my
   enemies,
   for they are ever with me.
99 I have more insight than all my teachers,
   for I meditate on your statutes.
100 I have more understanding than the elders,
   for I obey your precepts.
101 I have kept my feet from every evil path
   so that I might obey your word.
102 I have not departed from your laws,
   for you yourself have taught me.
103 How sweet are your words to my taste,
   sweeter than honey to my mouth
104 I gain understanding from your precepts;
   therefore I hate every wrong path.

Nun

105 Your word is a lamp to my feet
   and a light for my path.
106 I have taken an oath and confirmed it,
   that I will follow your righteous laws.
107 I have suffered much;
   preserve my life, O LORD, according to
   your word.
108 Accept, O LORD, the willing praise of my
   mouth,
   and teach me your laws.
109 Though I constantly take my life in my
   hands,
   I will not forget your law.
110 The wicked have set a snare for me,
   but I have not strayed from your precepts.
111 Your statutes are my heritage forever;
   they are the joy of my heart.
112 My heart is set on keeping your decrees
   to the very end.

Samekh

113 I hate double-minded men,
   but I love your law.
114 You are my refuge and my shield;
   I have put my hope in your word.
115 Away from me, you evildoers,
   that I may keep the commands of my
   God

---

l 119:109 pende de un hilo. Lit. está siempre en mi puño.

116 Sosténme conforme a tu promesa, y viviré;
   no defraudes mis esperanzas.
117 Defiéndeme, y estaré a salvo;
   siempre optaré por tus decretos.
118 Tú rechazas a los que se desvían de tus
      decretos,
   porque sólo maquinan falsedades.
119 Tú desechas como escoria a los impíos de
      la tierra;
   por eso amo tus estatutos.
120 Mi cuerpo se estremece por el temor que
      me inspiras;
   siento reverencia por tus leyes.

Ayin

121 Yo practico la justicia y el derecho;
   no me dejes en manos de mis opresores.
122 Garantiza el bienestar de tu siervo;
   que no me opriman los arrogantes.
123 Mis ojos se consumen esperando tu
      salvación,
   esperando que se cumpla tu justicia.
124 Trata a tu siervo conforme a tu gran amor;
   enséñame tus decretos.
125 Tu siervo soy: dame entendimiento
   y llegaré a conocer tus estatutos.
126 SEÑOR, ya es tiempo de que actúes,
   pues tu ley está siendo quebrantada.
127 Sobre todas las cosas amo tus mandamientos,
   más que el oro, más que el oro refinado.
128 Por eso tomo en cuenta todos tus
      preceptos*m*
   y aborrezco toda senda falsa.

Pe

129 Tus estatutos son maravillosos;
   por eso los obedezco.
130 La exposición de tus palabras nos da luz,
   y da entendimiento al *sencillo.
131 Jadeante abro la boca
   porque ansío tus mandamientos.
132 Vuélvete a mí, y tenme compasión
   como haces siempre con los que aman tu
      nombre.
133 Guía mis pasos conforme a tu promesa;
   no dejes que me domine la iniquidad.
134 Líbrame de la opresión humana,
   pues quiero obedecer tus preceptos.
135 Haz brillar tu rostro sobre tu siervo;
   enséñame tus decretos.
136 Ríos de lágrimas brotan de mis ojos,
   porque tu ley no se obedece.

116 Sustain me according to your promise, and
      I will live;
   do not let my hopes be dashed.
117 Uphold me, and I will be delivered;
   I will always have regard for your
      decrees.
118 You reject all who stray from your decrees,
   for their deceitfulness is in vain.
119 All the wicked of the earth you discard
      like dross;
   therefore I love your statutes.
120 My flesh trembles in fear of you;
   I stand in awe of your laws.

Ayin

121 I have done what is righteous and just;
   do not leave me to my oppressors.
122 Ensure your servant's well-being;
   let not the arrogant oppress me.
123 My eyes fail, looking for your salvation,
   looking for your righteous promise.
124 Deal with your servant according to your
      love
   and teach me your decrees.
125 I am your servant; give me discernment
   that I may understand your statutes.
126 It is time for you to act, O LORD;
   your law is being broken.
127 Because I love your commands
   more than gold, more than pure gold,
128 and because I consider all your precepts
      right,
   I hate every wrong path.

Pe

129 Your statutes are wonderful;
   therefore I obey them.
130 The unfolding of your words gives light;
   it gives understanding to the simple.
131 I open my mouth and pant,
   longing for your commands.
132 Turn to me and have mercy on me,
   as you always do to those who love your
      name.
133 Direct my footsteps according to your
      word;
   let no sin rule over me.
134 Redeem me from the oppression of men,
   that I may obey your precepts.
135 Make your face shine upon your servant
   and teach me your decrees.
136 Streams of tears flow from my eyes,
   for your law is not obeyed.

---

m 119:128 *Por eso … tus preceptos* (véanse LXX y Vulgata);
Por eso todos los estatutos de todo lo que hago recto (TM).

Tsade

137 SEÑOR, tú eres justo,
y tus juicios son rectos.
138 Justos son los estatutos que has ordenado,
y muy dignos de confianza.
139 Mi celo me consume,
porque mis adversarios pasan por alto tus
palabras.
140 Tus promesas han superado muchas
pruebas,
por eso tu siervo las ama.
141 Insignificante y menospreciable como soy,
no me olvido de tus preceptos.
142 Tu justicia es siempre justa;
tu ley es la verdad.
143 He caído en la angustia y la aflicción,
pero tus mandamientos son mi regocijo.
144 Tus estatutos son siempre justos;
dame entendimiento para poder vivir.

Qof

145 Con todo el corazón clamo a ti, SEÑOR;
respóndeme, y obedeceré tus decretos.
146 A ti clamo: «¡Sálvame »
Quiero cumplir tus estatutos.
147 Muy de mañana me levanto a pedir ayuda;
en tus palabras he puesto mi esperanza.
148 En toda la noche no pego los ojos,[n]
para meditar en tu promesa.
149 Conforme a tu gran amor, escucha mi voz;
conforme a tus juicios, SEÑOR, dame
vida.
150 Ya se acercan mis crueles perseguidores,
pero andan muy lejos de tu ley.
151 Tú, SEÑOR, también estás cerca,
y todos tus mandamientos son verdad.
152 Desde hace mucho conozco tus estatutos,
los cuales estableciste para siempre.

Resh

153 Considera mi aflicción, y líbrame,
pues no me he olvidado de tu ley.
154 Defiende mi causa, rescátame;
dame vida conforme a tu promesa.
155 La salvación está lejos de los impíos,
porque ellos no buscan tus decretos.
156 Grande es, SEÑOR, tu compasión;
dame vida conforme a tus juicios.
157 Muchos son mis adversarios y mis
perseguidores,
pero yo no me aparto de tus estatutos.
158 Miro a esos renegados y me dan náuseas,
porque no cumplen tus palabras.

Tsadhe

137 Righteous are you, O LORD,
and your laws are right.
138 The statutes you have laid down are
righteous;
they are fully trustworthy.
139 My zeal wears me out,
for my enemies ignore your words.
140 Your promises have been thoroughly
tested,
and your servant loves them.
141 Though I am lowly and despised,
I do not forget your precepts.
142 Your righteousness is everlasting
and your law is true.
143 Trouble and distress have come upon me,
but your commands are my delight.
144 Your statutes are forever right;
give me understanding that I may live.

Qoph

145 I call with all my heart; answer me, O
LORD,
and I will obey your decrees.
146 I call out to you; save me
and I will keep your statutes.
147 I rise before dawn and cry for help;
I have put my hope in your word.
148 My eyes stay open through the watches of
the night,
that I may meditate on your promises.
149 Hear my voice in accordance with your
love;
preserve my life, O LORD, according to
your laws.
150 Those who devise wicked schemes are
near,
but they are far from your law.
151 Yet you are near, O LORD,
and all your commands are true.
152 Long ago I learned from your statutes
that you established them to last forever.

Resh

153 Look upon my suffering and deliver me,
for I have not forgotten your law.
154 Defend my cause and redeem me;
preserve my life according to your
promise.
155 Salvation is far from the wicked,
for they do not seek out your decrees.
156 Your compassion is great, O LORD;
preserve my life according to your laws.
157 Many are the foes who persecute me,
but I have not turned from your statutes.
158 I look on the faithless with loathing,
for they do not obey your word.

---

[n] 119:148 *En toda … los ojos.* Lit. *Se anticipan mis ojos a las
vigilias.*

159 Mira, SEÑOR, cuánto amo tus preceptos;
     conforme a tu gran amor, dame vida.
160 La suma de tus palabras es la verdad;
     tus rectos juicios permanecen para
     siempre.

Shin

161 Gente poderosa[ñ] me persigue sin motivo,
     pero mi corazón se asombra ante tu palabra.
162 Yo me regocijo en tu promesa
     como quien halla un gran botín.
163 Aborrezco y repudio la falsedad,
     pero amo tu ley.
164 Siete veces al día te alabo
     por tus rectos juicios.
165 Los que aman tu ley disfrutan de gran
     *bienestar,
     y nada los hace tropezar.
166 Yo, SEÑOR, espero tu salvación
     y practico tus mandamientos.
167 Con todo mi ser cumplo tus estatutos.
     ¡Cuánto los amo
168 Obedezco tus preceptos y tus estatutos,
     porque conoces todos mis caminos.

Tav

169 Que llegue mi clamor a tu presencia;
     dame entendimiento, SEÑOR, conforme a
     tu palabra.
170 Que llegue a tu presencia mi súplica;
     líbrame, conforme a tu promesa.
171 Que rebosen mis labios de alabanza,
     porque tú me enseñas tus decretos.
172 Que entone mi lengua un cántico a tu palabra,
     pues todos tus mandamientos son justos.
173 Que acuda tu mano en mi ayuda,
     porque he escogido tus preceptos.
174 Yo, SEÑOR, ansío tu salvación.
     Tu ley es mi regocijo.
175 Déjame vivir para alabarte;
     que vengan tus juicios a ayudarme.
176 Cual oveja perdida me he extraviado;
     ven en busca de tu siervo,
     porque no he olvidado tus mandamientos.

Salmo 120

Cántico de los *peregrinos.

1 En mi angustia invoqué al SEÑOR,
   y él me respondió.
2 SEÑOR, líbrame de los labios mentirosos
   y de las lenguas embusteras.

3 ¡Ah, lengua embustera
   ¿Qué se te habrá de dar?
   ¿Qué se te habrá de añadir?

159 See how I love your precepts;
     preserve my life, O LORD, according to
     your love.
160 All your words are true;
     all your righteous laws are eternal.

Sin and Shin

161 Rulers persecute me without cause,
     but my heart trembles at your word.
162 I rejoice in your promise
     like one who finds great spoil.
163 I hate and abhor falsehood
     but I love your law.
164 Seven times a day I praise you
     for your righteous laws.
165 Great peace have they who love your law,
     and nothing can make them stumble.
166 I wait for your salvation, O LORD,
     and I follow your commands.
167 I obey your statutes,
     for I love them greatly.
168 I obey your precepts and your statutes,
     for all my ways are known to you.

Taw

169 May my cry come before you, O LORD;
     give me understanding according to your
     word.
170 May my supplication come before you;
     deliver me according to your promise.
171 May my lips overflow with praise,
     for you teach me your decrees.
172 May my tongue sing of your word,
     for all your commands are righteous.
173 May your hand be ready to help me,
     for I have chosen your precepts.
174 I long for your salvation, O LORD,
     and your law is my delight.
175 Let me live that I may praise you,
     and may your laws sustain me.
176 I have strayed like a lost sheep.
     Seek your servant,
     for I have not forgotten your commands.

Psalm 120

A song of ascents.

1 I call on the LORD in my distress,
   and he answers me.
2 Save me, O LORD, from lying lips
   and from deceitful tongues.

3 What will he do to you,
   and what more besides, O deceitful
   tongue?

ñ 119:161 *Gente poderosa*. Lit. *Príncipes*.

⁴¡Puntiagudas flechas de guerrero,
   con ardientes brasas de *retama

⁵¡Ay de mí, que soy extranjero en Mésec,
   que he acampado entre las tiendas de
      Cedar
⁶¡Ya es mucho el tiempo que he acampado
   entre los que aborrecen la *paz
⁷Yo amo la paz,
   pero si hablo de paz,
   ellos hablan de guerra.

Salmo 121
Cántico de los *peregrinos.

¹A las montañas levanto mis ojos;
   ¿de dónde ha de venir mi ayuda?
²Mi ayuda proviene del SEÑOR,
   creador del cielo y de la tierra.

³No permitirá que tu pie resbale;
   jamás duerme el que te cuida.
⁴Jamás duerme ni se adormece
   el que cuida de Israel.

⁵El SEÑOR es quien te cuida,
   el SEÑOR es tu sombra protectora.ᵒ
⁶De día el sol no te hará daño,
   ni la luna de noche.

⁷El SEÑOR te protegerá;
   de todo mal protegerá tu vida.
⁸El SEÑOR te cuidará en el hogar y en el
      camino,ᵖ
   desde ahora y para siempre.

Salmo 122
Cántico de los *peregrinos. De David.

¹Yo me alegro cuando me dicen:
   «Vamos a la casa del SEÑOR.»
²*¡Jerusalén, ya nuestros pies
   se han plantado ante tus *portones

³¡Jerusalén, ciudad edificada
   para que en ella todos se congreguen �q
⁴A ella suben las tribus,
   las tribus del SEÑOR,
   para alabar su *nombre
   conforme a la ordenanza que recibió Israel.

⁵Allí están los tribunales de justicia,
   los tribunales de la dinastía de David.

⁴He will punish you with a warrior's sharp
      arrows,
   with burning coals of the broom tree.

⁵Woe to me that I dwell in Meshech,
   that I live among the tents of Kedar
⁶Too long have I lived
   among those who hate peace.
⁷I am a man of peace;
   but when I speak, they are for war.

Psalm 121
A song of ascents.

¹I lift up my eyes to the hills—
   where does my help come from?
²My help comes from the LORD,
   the Maker of heaven and earth.

³He will not let your foot slip—
   he who watches over you will not
      slumber;
⁴indeed, he who watches over Israel
   will neither slumber nor sleep.

⁵The LORD watches over you—
   the LORD is your shade at your right
      hand;
⁶the sun will not harm you by day,
   nor the moon by night.

⁷The LORD will keep you from all harm—
   he will watch over your life;
⁸the LORD will watch over your coming
      and going
   both now and forevermore.

Psalm 122
A song of ascents. Of David.

¹I rejoiced with those who said to me,
   "Let us go to the house of the LORD."
²Our feet are standing
   in your gates, O Jerusalem.

³Jerusalem is built like a city
   that is closely compacted together.
⁴That is where the tribes go up,
   the tribes of the LORD,
   to praise the name of the LORD
   according to the statute given to Israel.
⁵There the thrones for judgment stand,
   the thrones of the house of David.

ᵒ**121:5** *tu sombra protectora.* Lit. *tu sombra a tu mano derecha.*   ᵖ**121:8** *te cuidará en el hogar y en el camino.* Lit. *cuidará tu salida y tu entrada.*   �q**122:3** *¡Jerusalén, … se congreguen* Alt. *Jerusalén, edificada como ciudad, en la que todo se mantiene bien unido.*

6 Pidamos por la *paz de Jerusalén:
  «Que vivan en paz los que te aman.
7 Que haya paz dentro de tus murallas,
  seguridad en tus fortalezas.»
8 Y ahora, por mis hermanos y amigos te digo:
  «¡Deseo que tengas paz »
9 Por la casa del SEÑOR nuestro Dios
  procuraré tu bienestar.

Salmo 123

Cántico de los *peregrinos.

1 Hacia ti dirijo la mirada,
  hacia ti, cuyo trono está en el cielo.
2 Como dirigen los esclavos la mirada
  hacia la mano de su amo,
  como dirige la esclava la mirada
  hacia la mano de su ama,
  así dirigimos la mirada al SEÑOR nuestro
    Dios,
  hasta que nos muestre compasión.

3 Compadécenos, SEÑOR, compadécenos,
  ¡ya estamos hartos de que nos desprecien
4 Ya son muchas las burlas que hemos sufrido;
  muchos son los insultos de los altivos,
  y mucho el menosprecio de los orgullosos.

Salmo 124

Cántico de los *peregrinos. De David.

1 Si el SEÑOR no hubiera estado de nuestra
    parte
  —que lo repita ahora Israel—,
2 si el SEÑOR no hubiera estado de nuestra
    parte
  cuando todo el mundo se levantó contra
    nosotros,
3 nos habrían tragado vivos
  al encenderse su furor contra nosotros;
4 nos habrían inundado las aguas,
  el torrente nos habría arrastrado,
5 ¡nos habrían arrastrado las aguas
    turbulentas

6 Bendito sea el SEÑOR, que no dejó
  que nos despedazaran con sus dientes.
7 Como las aves, hemos escapado
  de la trampa del cazador;
  ¡la trampa se rompió,
  y nosotros escapamos
8 Nuestra ayuda está en el *nombre del
    SEÑOR,
  creador del cielo y de la tierra.

Salmo 125

Cántico de los *peregrinos.

1 Los que confían en el SEÑOR
  son como el monte *Sión,
  que jamás será conmovido,

6 Pray for the peace of Jerusalem:
  "May those who love you be secure.
7 May there be peace within your walls
  and security within your citadels."
8 For the sake of my brothers and friends,
  I will say, "Peace be within you."
9 For the sake of the house of the LORD our
    God,
  I will seek your prosperity.

Psalm 123

A song of ascents.

1 I lift up my eyes to you,
  to you whose throne is in heaven.
2 As the eyes of slaves look to the hand of
    their master,
  as the eyes of a maid look to the hand of
    her mistress,
  so our eyes look to the LORD our God,
  till he shows us his mercy.

3 Have mercy on us, O LORD, have mercy
    on us,
  for we have endured much contempt.
4 We have endured much ridicule from the
    proud,
  much contempt from the arrogant.

Psalm 124

A song of ascents. Of David.

1 If the LORD had not been on our side—
  let Israel say—
2 if the LORD had not been on our side
  when men attacked us,
3 when their anger flared against us,
  they would have swallowed us alive;
4 the flood would have engulfed us,
  the torrent would have swept over us,
5 the raging waters
  would have swept us away.

6 Praise be to the LORD,
  who has not let us be torn by their teeth.
7 We have escaped like a bird
  out of the fowler's snare;
  the snare has been broken,
  and we have escaped.
8 Our help is in the name of the LORD,
  the Maker of heaven and earth.

Psalm 125

A song of ascents.

1 Those who trust in the LORD are like
    Mount Zion,
  which cannot be shaken but endures
    forever.

que permanecerá para siempre.
2 Como rodean las colinas a Jerusalén,
así rodea el SEÑOR a su pueblo,
desde ahora y para siempre.

3 No prevalecerá el cetro de los impíos
sobre la heredad asignada a los justos,
para que nunca los justos extiendan
sus manos hacia la maldad.

4 Haz bien, SEÑOR, a los que son buenos,
a los de recto corazón.
5 Pero a los que van por caminos torcidos
deséchalos, SEÑOR, junto con los
malhechores.

¡Que haya paz en Israel

Salmo 126
Cántico de los *peregrinos.

1 Cuando el SEÑOR hizo volver a *Sión a
los cautivos,
nos parecía estar soñando.
2 Nuestra boca se llenó de risas;
nuestra lengua, de canciones jubilosas.
Hasta los otros pueblos decían:
«El SEÑOR ha hecho grandes cosas por
ellos.»
3 Sí, el SEÑOR ha hecho grandes cosas por
nosotros,
y eso nos llena de alegría.

4 Ahora, SEÑOR, haz volver a nuestros
cautivos
como haces volver los arroyos del
desierto.
5 El que con lágrimas siembra,
con regocijo cosecha.
6 El que llorando esparce la semilla,
cantando recoge sus gavillas.

Salmo 127
Cántico de los *peregrinos. De Salomón.

1 Si el SEÑOR no edifica la casa,
en vano se esfuerzan los albañiles.
Si el SEÑOR no cuida la ciudad,
en vano hacen guardia los vigilantes.
2 En vano madrugan ustedes,
y se acuestan muy tarde,
para comer un pan de fatigas,
porque Dios concede el sueño a sus
amados.

3 Los hijos son una herencia del SEÑOR,
los frutos del vientre son una recompensa.
4 Como flechas en las manos del guerrero
son los hijos de la juventud.

2 As the mountains surround Jerusalem,
so the LORD surrounds his people
both now and forevermore.

3 The scepter of the wicked will not remain
over the land allotted to the righteous,
for then the righteous might use
their hands to do evil.

4 Do good, O LORD, to those who are good,
to those who are upright in heart.
5 But those who turn to crooked ways
the LORD will banish with the evildoers.

Peace be upon Israel.

Psalm 126
A song of ascents.

1 When the LORD brought back the captives
to^e Zion,
we were like men who dreamed.^{f}
2 Our mouths were filled with laughter,
our tongues with songs of joy.
Then it was said among the nations,
"The LORD has done great things for
them."
3 The LORD has done great things for us,
and we are filled with joy.

4 Restore our fortunes,^{g} O LORD,
like streams in the Negev.
5 Those who sow in tears
will reap with songs of joy.
6 He who goes out weeping,
carrying seed to sow,
will return with songs of joy,
carrying sheaves with him.

Psalm 127
A song of ascents. Of Solomon.

1 Unless the LORD builds the house,
its builders labor in vain.
Unless the LORD watches over the city,
the watchmen stand guard in vain.
2 In vain you rise early
and stay up late,
toiling for food to eat—
for he grants sleep to^h those he loves.

3 Sons are a heritage from the LORD,
children a reward from him.
4 Like arrows in the hands of a warrior
are sons born in one's youth.

^{e}1 Or LORD restored the fortunes of ^{f}1 Or men restored to health ^{g}4 Or Bring back our captives ^{h}2 Or eat—/ for while they sleep he provides for

5 *Dichosos los que llenan su aljaba
con esta clase de flechas.^r
No serán avergonzados por sus enemigos
cuando litiguen con ellos en los
tribunales.

Salmo 128
Cántico de los *peregrinos.

1 *Dichosos todos los que temen al SEÑOR,
los que van por sus *caminos.
2 Lo que ganes con tus manos, eso comerás;
gozarás de dicha y prosperidad.
3 En el seno de tu hogar,
tu esposa será como vid llena de uvas;
alrededor de tu mesa,
tus hijos serán como vástagos de olivo.
4 Tales son las bendiciones
de los que temen al SEÑOR.

5 Que el SEÑOR te bendiga desde *Sión,
y veas la prosperidad de Jerusalén
todos los días de tu vida.
6 Que vivas para ver a los hijos de tus hijos.

¡Que haya *paz en Israel!

Salmo 129
Cántico de los *peregrinos.

1 Mucho me han angustiado desde mi juventud
—que lo repita ahora Israel—,
2 mucho me han angustiado desde mi
juventud,
pero no han logrado vencerme.
3 Sobre la espalda me pasaron el arado,
abriéndome en ella profundos^s surcos.
4 Pero el SEÑOR, que es justo,
me libró de las ataduras de los impíos.

5 Que retrocedan avergonzados
todos los que odian a *Sión.
6 Que sean como la hierba en el techo,
que antes de crecer se marchita;
7 que no llena las manos del segador
ni el regazo del que cosecha.
8 Que al pasar nadie les diga:
«La bendición del SEÑOR sea con ustedes;
los bendecimos en el *nombre del SEÑOR.»

Salmo 130
Cántico de los *peregrinos.

1 A ti, SEÑOR, elevo mi clamor
desde las profundidades del abismo.
2 Escucha, Señor, mi voz.
Estén atentos tus oídos a mi voz
suplicante.

Psalm 128
A song of ascents.

1 Blessed are all who fear the LORD,
who walk in his ways.
2 You will eat the fruit of your labor;
blessings and prosperity will be yours.
3 Your wife will be like a fruitful vine
within your house;
your sons will be like olive shoots
around your table.
4 Thus is the man blessed
who fears the LORD.

5 May the LORD bless you from Zion
all the days of your life;
may you see the prosperity of Jerusalem,
6 and may you live to see your children's
children.

Peace be upon Israel.

Psalm 129
A song of ascents.

1 They have greatly oppressed me from my
youth—
let Israel say—
2 they have greatly oppressed me from my
youth,
but they have not gained the victory over
me.
3 Plowmen have plowed my back
and made their furrows long.
4 But the LORD is righteous;
he has cut me free from the cords of the
wicked.

5 May all who hate Zion
be turned back in shame.
6 May they be like grass on the roof,
which withers before it can grow;
7 with it the reaper cannot fill his hands,
nor the one who gathers fill his arms.
8 May those who pass by not say,
"The blessing of the LORD be upon you;
we bless you in the name of the LORD."

Psalm 130
A song of ascents.

1 Out of the depths I cry to you, O LORD;
2 O Lord, hear my voice.
Let your ears be attentive
to my cry for mercy.

Blessed is the man
whose quiver is full of them.
They will not be put to shame
when they contend with their enemies in
the gate.

---

r 127:5 *con esta clase de flechas.* Lit. *con ellos.*
s 129:3 *profundos.* Lit. *largos.*

3 Si tú, SEÑOR, tomaras en cuenta los pecados,
   ¿quién, SEÑOR, sería declarado inocente?*
4 Pero en ti se halla perdón,
   y por eso debes ser temido.

5 Espero al SEÑOR, lo espero con toda el
   *alma;
   en su palabra he puesto mi esperanza.
6 Espero al SEÑOR con toda el alma,
   más que los centinelas la mañana.

Como esperan los centinelas la mañana,
7 así tú, Israel, espera al SEÑOR.
Porque en él hay amor inagotable;
   en él hay plena redención.
8 Él mismo redimirá a Israel
   de todos sus pecados.

Salmo 131
Cántico de los *peregrinos. De David.

1 SEÑOR, mi corazón no es orgulloso,
   ni son altivos mis ojos;
no busco grandezas desmedidas,
   ni proezas que excedan a mis fuerzas.

2 Todo lo contrario:
   he calmado y aquietado mis ansias.
Soy como un niño recién amamantado en
   el regazo de su madre.
¡Mi *alma es como un niño recién
   amamantado

3 Israel, pon tu esperanza en el SEÑOR
   desde ahora y para siempre.

Salmo 132
Cántico de los *peregrinos.

1 SEÑOR, acuérdate de David
   y de todas sus penurias.
2 Acuérdate de sus juramentos al SEÑOR,
   de sus votos al Poderoso de Jacob:
3 «No gozaré del calor del hogar,
   ni me daré un momento de descanso;*u*
4 no me permitiré cerrar los ojos,
   y ni siquiera el menor pestañeo,
5 antes de hallar un lugar para el SEÑOR,
   una morada para el Poderoso de Jacob.»

6 En Efrata oímos hablar del arca;*v*
   dimos con ella en los campos de Yagar:*w*
7 «Vayamos hasta su morada;
   postrémonos ante el estrado de sus pies.»

3 If you, O LORD, kept a record of sins,
   O Lord, who could stand?
4 But with you there is forgiveness;
   therefore you are feared.

5 I wait for the LORD, my soul waits,
   and in his word I put my hope.
6 My soul waits for the Lord
   more than watchmen wait for the
      morning,
   more than watchmen wait for the
      morning.

7 O Israel, put your hope in the LORD,
   for with the LORD is unfailing love
   and with him is full redemption.
8 He himself will redeem Israel
   from all their sins.

Psalm 131
A song of ascents. Of David.

1 My heart is not proud, O LORD,
   my eyes are not haughty;
I do not concern myself with great matters
   or things too wonderful for me.
2 But I have stilled and quieted my soul;
   like a weaned child with its mother,
   like a weaned child is my soul within me.

3 O Israel, put your hope in the LORD
   both now and forevermore.

Psalm 132
A song of ascents.

1 O LORD, remember David
   and all the hardships he endured.

2 He swore an oath to the LORD
   and made a vow to the Mighty One of
      Jacob:
3 "I will not enter my house
   or go to my bed—
4 I will allow no sleep to my eyes,
   no slumber to my eyelids,
5 till I find a place for the LORD,
   a dwelling for the Mighty One of Jacob."

6 We heard it in Ephrathah,
   we came upon it in the fields of Jaar*i:j*
7 "Let us go to his dwelling place;
   let us worship at his footstool—

---

t 130:3 ¿ ... sería declarado inocente? Lit. ¿ ... se
mantendría en pie?   *u* 132:3 No gozaré ... de descanso. Lit.
Si entrara yo en la tienda de mi casa, / si subiera yo al lecho
de mi cama.   *v* 132:6 del arca. Lit. de ella; véase 1S 7:1.
w 132:6 Yagar. Es decir, Quiriat Yearín.

i 6 That is, Kiriath Jearim   *j* 6 Or heard of it in Ephrathah, /
we found it in the fields of Jaar. (And no quotes around
verses 7-9)

8 Levántate, SEÑOR; ven a tu lugar de
　　reposo,
　　tú y tu arca poderosa.
9 ¡Que se revistan de justicia tus sacerdotes
　　¡Que tus fieles canten jubilosos
10 Por amor a David, tu siervo,
　　no le des la espalda a[x] tu *ungido.

11 El SEÑOR le ha hecho a David
　　un firme juramento que no revocará:
　　«A uno de tus propios descendientes
　　lo pondré en tu trono.
12 Si tus hijos cumplen con mi pacto
　　y con los *estatutos que les enseñaré,
　　también sus descendientes
　　te sucederán en el trono para siempre.»

13 El SEÑOR ha escogido a *Sión;
　　su deseo es hacer de este monte su
　　　　morada:
14 «Éste será para siempre mi lugar de reposo;
　　aquí pondré mi trono, porque así lo deseo.
15 Bendeciré con creces sus provisiones,
　　y saciaré de pan a sus pobres.
16 Revestiré de *salvación a sus sacerdotes,
　　y jubilosos cantarán sus fieles.

17 »Aquí haré renacer el poder[y] de David,
　　y encenderé la lámpara de mi ungido.
18 A sus enemigos los cubriré de vergüenza,
　　pero él lucirá su corona esplendorosa.»

Salmo 133
Cántico de los *peregrinos. De David.

1 ¡Cuán bueno y cuán agradable es
　　que los hermanos convivan en armonía
2 Es como el buen aceite que, desde la cabeza,
　　va descendiendo por la barba,
　　por la barba de Aarón,
　　hasta el borde de sus vestiduras.
3 Es como el rocío de Hermón
　　que va descendiendo sobre los montes de
　　　　*Sión.
　　Donde se da esta armonía,[z]
　　el SEÑOR concede bendición y vida eterna.

Salmo 134
Cántico de los *peregrinos.

1 Bendigan al SEÑOR todos ustedes sus
　　siervos,
　　que de noche permanecen en la casa del
　　　　SEÑOR.
2 Eleven sus manos hacia el santuario
　　y bendigan al SEÑOR.

8 arise, O LORD, and come to your resting
　　place,
　　you and the ark of your might.
9 May your priests be clothed with
　　righteousness;
　　may your saints sing for joy."

10 For the sake of David your servant,
　　do not reject your anointed one.

11 The LORD swore an oath to David,
　　a sure oath that he will not revoke:
　　"One of your own descendants
　　I will place on your throne—
12 if your sons keep my covenant
　　and the statutes I teach them,
　　then their sons will sit
　　on your throne for ever and ever."

13 For the LORD has chosen Zion,
　　he has desired it for his dwelling:
14 "This is my resting place for ever and ever;
　　here I will sit enthroned, for I have
　　　　desired it—
15 I will bless her with abundant provisions;
　　her poor will I satisfy with food.
16 I will clothe her priests with salvation,
　　and her saints will ever sing for joy.

17 "Here I will make a horn[k] grow for David
　　and set up a lamp for my anointed one.
18 I will clothe his enemies with shame,
　　but the crown on his head will be
　　　　resplendent."

Psalm 133
A song of ascents. Of David.

1 How good and pleasant it is
　　when brothers live together in unity
2 It is like precious oil poured on the head,
　　running down on the beard,
　　running down on Aaron's beard,
　　down upon the collar of his robes.
3 It is as if the dew of Hermon
　　were falling on Mount Zion.
　　For there the LORD bestows his blessing,
　　even life forevermore.

Psalm 134
A song of ascents.

1 Praise the LORD, all you servants of the
　　LORD
　　who minister by night in the house of the
　　　　LORD.
2 Lift up your hands in the sanctuary
　　and praise the LORD.

---

[x] 132:10 *no le des la espalda a.* Lit. *no vuelvas el rostro de.*
[y] 132:17 *poder.* Lit. *cuerno.*　　[z] 133:3 *Donde se da esta*
armonía. Lit. *Ciertamente allí.*

[k] 17 *Horn* here symbolizes strong one, that is, king.

³ Que desde *Sión los bendiga el SEÑOR,
　　creador del cielo y de la tierra.

Salmo 135

¹ *¡Aleluya ¡Alabado sea el SEÑOR

¡Alaben el *nombre del SEÑOR
¡Siervos del SEÑOR, alábenlo
² Ustedes, que permanecen en la casa del
　　SEÑOR,
　　en los atrios de la casa del Dios nuestro.

³ Alaben al SEÑOR, porque el SEÑOR es
　　bueno;
　　canten salmos a su nombre, porque eso
　　　es agradable.
⁴ El SEÑOR escogió a Jacob como su
　　propiedad,
　　a Israel como su posesión.

⁵ Yo sé que el SEÑOR, nuestro Soberano,
　　es más grande que todos los dioses.
⁶ El SEÑOR hace todo lo que quiere
　　en los cielos y en la tierra,
　　en los mares y en todos sus abismos.
⁷ Levanta las nubes desde los confines de la
　　tierra;
　　envía relámpagos con la lluvia
　　y saca de sus depósitos a los vientos.

⁸ A los primogénitos de Egipto hirió de
　　muerte,
　　tanto a *hombres como a animales.
⁹ En tu corazón mismo, oh Egipto,
　　Dios envió señales y maravillas
　　contra el faraón y todos sus siervos.
¹⁰ A muchas naciones las hirió de muerte;
　　a reyes poderosos les quitó la vida:
¹¹ a Sijón, el rey amorreo;
　　a Og, el rey de Basán,
　　y a todos los reyes de Canaán.
¹² Entregó sus tierras como herencia,
　　¡como herencia para su pueblo Israel

¹³ Tu nombre, SEÑOR, es eterno;
　　tu renombre, por todas las generaciones.
¹⁴ Ciertamente el SEÑOR juzgará a su
　　pueblo,
　　y de sus siervos tendrá compasión.

¹⁵ Los ídolos de los paganos son de oro y
　　plata,
　　producto de manos humanas.
¹⁶ Tienen boca, pero no pueden hablar;
　　ojos, pero no pueden ver;
¹⁷ tienen oídos, pero no pueden oír;
　　¡ni siquiera hay aliento en su boca

³ May the LORD, the Maker of heaven and
　　earth,
　　bless you from Zion.

Psalm 135

¹ Praise the LORD.[1]

Praise the name of the LORD;
　　praise him, you servants of the LORD,
² you who minister in the house of the LORD,
　　in the courts of the house of our God.

³ Praise the LORD, for the LORD is good;
　　sing praise to his name, for that is
　　　pleasant.
⁴ For the LORD has chosen Jacob to be his
　　own,
　　Israel to be his treasured possession.

⁵ I know that the LORD is great,
　　that our Lord is greater than all gods.
⁶ The LORD does whatever pleases him,
　　in the heavens and on the earth,
　　in the seas and all their depths.
⁷ He makes clouds rise from the ends of the
　　earth;
　　he sends lightning with the rain
　　and brings out the wind from his
　　　storehouses.

⁸ He struck down the firstborn of Egypt,
　　the firstborn of men and animals.
⁹ He sent his signs and wonders into your
　　midst, O Egypt,
　　against Pharaoh and all his servants.
¹⁰ He struck down many nations
　　and killed mighty kings—
¹¹ Sihon king of the Amorites,
　　Og king of Bashan
　　and all the kings of Canaan—
¹² and he gave their land as an inheritance,
　　an inheritance to his people Israel.

¹³ Your name, O LORD, endures forever,
　　your renown, O LORD, through all
　　　generations.
¹⁴ For the LORD will vindicate his people
　　and have compassion on his servants.

¹⁵ The idols of the nations are silver and gold,
　　made by the hands of men.
¹⁶ They have mouths, but cannot speak,
　　eyes, but they cannot see;
¹⁷ they have ears, but cannot hear,
　　nor is there breath in their mouths.

[1] 1 Hebrew *Hallelu Yah*; also in verses 3 and 21

18 Semejantes a ellos son sus hacedores
    y todos los que confían en ellos.

19 Pueblo de Israel, bendice al SEÑOR;
    descendientes de Aarón, bendigan al
      SEÑOR;
20 descendientes de Leví, bendigan al SEÑOR;
    los que temen al SEÑOR, bendíganlo.
21 Desde *Sión sea bendito el SEÑOR,
    el que habita en Jerusalén.

    *¡Aleluya ¡Alabado sea el SEÑOR

Salmo 136

1 Den gracias al SEÑOR, porque él es bueno;
      su gran amor perdura para siempre.
2 Den gracias al Dios de dioses;
      su gran amor perdura para siempre.
3 Den gracias al SEÑOR omnipotente;
      su gran amor perdura para siempre.
4 Al único que hace grandes maravillas;
      su gran amor perdura para siempre.
5 Al que con inteligencia hizo los cielos;
      su gran amor perdura para siempre.
6 Al que expandió la tierra sobre las aguas;
      su gran amor perdura para siempre.
7 Al que hizo las grandes luminarias;
      su gran amor perdura para siempre.
8 El sol, para iluminar*a* el día;
      su gran amor perdura para siempre.
9 La luna y las estrellas, para iluminar la
    noche;
      su gran amor perdura para siempre.
10 Al que hirió a los primogénitos de Egipto;
      su gran amor perdura para siempre.
11 Al que sacó de Egipto*b* a Israel;
      su gran amor perdura para siempre.
12 Con mano poderosa y con brazo extendido;
      su gran amor perdura para siempre.
13 Al que partió en dos el Mar Rojo;*c*
      su gran amor perdura para siempre.
14 Y por en medio hizo cruzar a Israel;
      su gran amor perdura para siempre.
15 Pero hundió en el Mar Rojo al faraón y a
    su ejército;
      su gran amor perdura para siempre.
16 Al que guió a su pueblo por el desierto;
      su gran amor perdura para siempre.
17 Al que hirió de muerte a grandes reyes;
      su gran amor perdura para siempre.
18 Al que a reyes poderosos les quitó la vida;
      su gran amor perdura para siempre.
19 A Sijón, el rey amorreo;
      su gran amor perdura para siempre.

18 Those who make them will be like them,
    and so will all who trust in them.

19 O house of Israel, praise the LORD;
    O house of Aaron, praise the LORD;
20 O house of Levi, praise the LORD;
    you who fear him, praise the LORD.
21 Praise be to the LORD from Zion,
    to him who dwells in Jerusalem.

    Praise the LORD.

Psalm 136

1 Give thanks to the LORD, for he is good.
      His love endures forever.
2 Give thanks to the God of gods.
      His love endures forever.
3 Give thanks to the Lord of lords:
      His love endures forever.

4 to him who alone does great wonders,
      His love endures forever.
5 who by his understanding made the
      heavens,   *His love endures forever.*
6 who spread out the earth upon the waters,
      His love endures forever.
7 who made the great lights—
      His love endures forever.
8 the sun to govern the day,
      His love endures forever.
9 the moon and stars to govern the night;
      His love endures forever.

10 to him who struck down the firstborn of
    Egypt   *His love endures forever.*
11 and brought Israel out from among them
      His love endures forever.
12 with a mighty hand and outstretched arm;
      His love endures forever.

13 to him who divided the Red Sea*m* asunder
      His love endures forever.
14 and brought Israel through the midst of it,
      His love endures forever.
15 but swept Pharaoh and his army into the
    Red Sea;   *His love endures forever.*

16 to him who led his people through the
    desert,   *His love endures forever.*
17 who struck down great kings,
      His love endures forever.
18 and killed mighty kings—
      His love endures forever.
19 Sihon king of the Amorites
      His love endures forever.

---

a **136:8** *iluminar.* Lit. *dominar,*   *b* **136:11** *de Egipto.* Lit. *de entre ellos.*   *c* **136:13** *Mar Rojo.* Lit. *mar de las Cañas* (heb. *Yam Suf*); también en v. 15.

m 13 Hebrew *Yam Suph;* that is, Sea of Reeds; also in verse 15

²⁰ A Og, el rey de Basán;
su gran amor perdura para siempre.
²¹ Cuyas tierras entregó como herencia;
su gran amor perdura para siempre.
²² Como herencia para su siervo Israel;
su gran amor perdura para siempre.
²³ Al que nunca nos olvida, aunque estemos humillados;
su gran amor perdura para siempre.
²⁴ Al que nos libra de nuestros adversarios;
su gran amor perdura para siempre.
²⁵ Al que alimenta a todo ser viviente;
su gran amor perdura para siempre.
²⁶ ¡Den gracias al Dios de los cielos
¡Su gran amor perdura para siempre

Salmo 137

¹ Junto a los ríos de Babilonia nos sentábamos,
y llorábamos al acordarnos de *Sión.
² En los álamos que había en la ciudad
colgábamos nuestras arpas.
³ Allí, los que nos tenían cautivos
nos pedían que entonáramos canciones;
nuestros opresores nos pedían estar alegres;
nos decían: «¡Cántennos un cántico de Sión »

⁴ ¿Cómo cantar las canciones del SEÑOR
en una tierra extraña?
⁵ Ah, Jerusalén, Jerusalén,
si llegara yo a olvidarte,
¡que la mano derecha se me seque
⁶ Si de ti no me acordara,
ni te pusiera por encima de mi propia alegría,
¡que la lengua se me pegue al paladar

⁷ SEÑOR, acuérdate de los edomitas
el día en que cayó Jerusalén.
«¡Arrásenla —gritaban—,
arrásenla hasta sus cimientos »

⁸ Hija de Babilonia, que has de ser destruida,
*¡dichoso el que te haga pagar
por todo lo que nos has hecho
⁹ ¡Dichoso el que agarre a tus pequeños
y los estrelle contra las rocas

Salmo 138
Salmo de David.

¹ SEÑOR, quiero alabarte de todo corazón,
y cantarte salmos delante de los dioses.
² Quiero inclinarme hacia tu santo templo
y alabar tu *nombre por tu gran amor y fidelidad.
Porque has exaltado tu nombre y tu palabra
por sobre todas las cosas.

²⁰ and Og king of Bashan—
His love endures forever.
²¹ and gave their land as an inheritance,
His love endures forever.
²² an inheritance to his servant Israel;
His love endures forever.

²³ to the One who remembered us in our low estate
His love endures forever.
²⁴ and freed us from our enemies,
His love endures forever.
²⁵ and who gives food to every creature.
His love endures forever.

²⁶ Give thanks to the God of heaven.
His love endures forever.

Psalm 137

¹ By the rivers of Babylon we sat and wept
when we remembered Zion.
² There on the poplars
we hung our harps,
³ for there our captors asked us for songs,
our tormentors demanded songs of joy;
they said, "Sing us one of the songs of Zion "

⁴ How can we sing the songs of the LORD
while in a foreign land?
⁵ If I forget you, O Jerusalem,
may my right hand forget ₁its skill₁.
⁶ May my tongue cling to the roof of my mouth
if I do not remember you,
if I do not consider Jerusalem
my highest joy.

⁷ Remember, O LORD, what the Edomites did
on the day Jerusalem fell.
"Tear it down," they cried,
"tear it down to its foundations "

⁸ O Daughter of Babylon, doomed to destruction,
happy is he who repays you
for what you have done to us—
⁹ he who seizes your infants
and dashes them against the rocks.

Psalm 138
Of David.

¹ I will praise you, O LORD, with all my heart;
before the "gods" I will sing your praise.
² I will bow down toward your holy temple
and will praise your name
for your love and your faithfulness,
for you have exalted above all things
your name and your word.

³ Cuando te llamé, me respondiste;
    me infundiste ánimo y renovaste mis
        *fuerzas.

⁴ Oh SEÑOR, todos los reyes de la tierra
    te alabarán al escuchar tus palabras.
⁵ Celebrarán con cánticos tus *caminos,
    porque tu gloria, SEÑOR, es grande.

⁶ El SEÑOR es excelso,
    pero toma en cuenta a los humildes
    y mira*d* de lejos a los orgullosos.
⁷ Aunque pase yo por grandes angustias,
    tú me darás vida;
    contra el furor de mis enemigos extenderás
        la mano:
    ¡tu mano derecha me pondrá a salvo
⁸ El SEÑOR cumplirá en mí su propósito.*e*
    Tu gran amor, SEÑOR, perdura para siempre;
    ¡no abandones la obra de tus manos!

Salmo 139

Al director musical. Salmo de David.

¹ SEÑOR, tú me examinas,
    tú me conoces.
² Sabes cuándo me siento y cuándo me
        levanto;
    aun a la distancia me lees el pensamiento.
³ Mis trajines y descansos los conoces;
    todos mis caminos te son familiares.
⁴ No me llega aún la palabra a la lengua
    cuando tú, SEÑOR, ya la sabes toda.
⁵ Tu protección me envuelve por completo;
    me cubres con la palma de tu mano.
⁶ Conocimiento tan maravilloso rebasa mi
        comprensión;
    tan sublime es que no puedo entenderlo.

⁷ ¿A dónde podría alejarme de tu Espíritu?
    ¿A dónde podría huir de tu presencia?
⁸ Si subiera al cielo,
    allí estás tú;
    si tendiera mi lecho en el fondo del *abismo,
        también estás allí.
⁹ Si me elevara sobre las alas del alba,
    o me estableciera en los extremos del mar,
¹⁰ aun allí tu mano me guiaría,
    ¡me sostendría tu mano derecha!

¹¹ Y si dijera: «Que me oculten las tinieblas;
    que la luz se haga noche en torno mío»,
¹² ni las tinieblas serían oscuras para ti,
    y aun la noche sería clara como el día.
    ¡Lo mismo son para ti las tinieblas que la
        luz!

³ When I called, you answered me;
    you made me bold and stouthearted.

⁴ May all the kings of the earth praise you,
        O LORD,
    when they hear the words of your mouth.
⁵ May they sing of the ways of the LORD,
    for the glory of the LORD is great.

⁶ Though the LORD is on high, he looks
        upon the lowly,
    but the proud he knows from afar.
⁷ Though I walk in the midst of trouble,
    you preserve my life;
    you stretch out your hand against the anger
        of my foes,
    with your right hand you save me.
⁸ The LORD will fulfill ⸢his purpose⸣ for me;
    your love, O LORD, endures forever—
    do not abandon the works of your hands.

Psalm 139

For the director of music. Of David. A psalm.

¹ O LORD, you have searched me
    and you know me.
² You know when I sit and when I rise;
    you perceive my thoughts from afar.
³ You discern my going out and my lying
        down;
    you are familiar with all my ways.
⁴ Before a word is on my tongue
    you know it completely, O LORD.

⁵ You hem me in—behind and before;
    you have laid your hand upon me.
⁶ Such knowledge is too wonderful for me,
    too lofty for me to attain.

⁷ Where can I go from your Spirit?
    Where can I flee from your presence?
⁸ If I go up to the heavens, you are there;
    if I make my bed in the depths,*n* you are
        there.
⁹ If I rise on the wings of the dawn,
    if I settle on the far side of the sea,
¹⁰ even there your hand will guide me,
    your right hand will hold me fast.

¹¹ If I say, " Surely the darkness will hide me
    and the light become night around me,"
¹² even the darkness will not be dark to you;
    the night will shine like the day,
    for darkness is as light to you.

---

*d*138:6 *mira.* Lit. *conoce.*   *e*138:8 *El SEÑOR … su
propósito.* Lit. *El SEÑOR completará en mí.*   *n*8 Hebrew *Sheol*

13 Tú creaste mis entrañas;
　　me formaste en el vientre de mi madre.
14 ¡Te alabo porque soy una creación
　　　admirable
　　¡Tus obras son maravillosas,
　　y esto lo sé muy bien
15 Mis huesos no te fueron desconocidos
　　cuando en lo más recóndito era yo formado,
　　cuando en lo más profundo de la tierra
　　　era yo entretejido.
16 Tus ojos vieron mi cuerpo en gestación:
　　todo estaba ya escrito en tu libro;
　　todos mis días se estaban diseñando,
　　aunque no existía uno solo de ellos.

17 ¡Cuán preciosos, oh Dios, me son tus
　　　pensamientos
　　¡Cuán inmensa es la suma de ellos
18 Si me propusiera contarlos,
　　sumarían más que los granos de arena.
　　Y si terminara de hacerlo, ^{f}
　　aún estaría a tu lado.

19 Oh Dios, ¡si les quitaras la vida a los impíos
　　¡Si de mí se apartara la gente sanguinaria,
20 esos que con malicia te difaman
　　y que en vano se rebelan contra ti ^{g}
21 ¿Acaso no aborrezco, SEÑOR, a los que te
　　　odian,
　　y abomino a los que te rechazan?
22 El odio que les tengo es un odio implacable;
　　¡los cuento entre mis enemigos

23 Examíname, oh Dios, y sondea mi corazón;
　　ponme a prueba y sondea mis
　　　pensamientos.
24 Fíjate si voy por mal camino,
　　y guíame por el *camino eterno.

Salmo 140
Al director musical. Salmo de David.

1 Oh SEÑOR, líbrame de los impíos;
　　protégeme de los violentos,
2 de los que urden en su corazón planes
　　　malvados
　　y todos los días fomentan la guerra.
3 Afilan su lengua cual lengua de serpiente;
　　¡veneno de víbora hay en sus labios
　　　　　　　　　　　　　　　*Selah

4 SEÑOR, protégeme del poder de los impíos;
　　protégeme de los violentos,
　　de los que piensan hacerme caer.

13 For you created my inmost being;
　　you knit me together in my mother's
　　　womb.
14 I praise you because I am fearfully and
　　　wonderfully made;
　　your works are wonderful,
　　I know that full well.
15 My frame was not hidden from you
　　when I was made in the secret place.
　　When I was woven together in the depths
　　　of the earth,
16 　your eyes saw my unformed body.
　　All the days ordained for me
　　were written in your book
　　before one of them came to be.

17 How precious to ^{o} me are your thoughts, O
　　　God
　　How vast is the sum of them
18 Were I to count them,
　　they would outnumber the grains of sand.
　　When I awake,
　　I am still with you.

19 If only you would slay the wicked, O God
　　Away from me, you bloodthirsty men
20 They speak of you with evil intent;
　　your adversaries misuse your name.
21 Do I not hate those who hate you, O LORD,
　　and abhor those who rise up against you?
22 I have nothing but hatred for them;
　　I count them my enemies.

23 Search me, O God, and know my heart;
　　test me and know my anxious thoughts.
24 See if there is any offensive way in me,
　　and lead me in the way everlasting.

Psalm 140
For the director of music. A psalm of David.

1 Rescue me, O LORD, from evil men;
　　protect me from men of violence,
2 who devise evil plans in their hearts
　　and stir up war every day.
3 They make their tongues as sharp as a
　　　serpent's;
　　the poison of vipers is on their lips.
　　　　　　　　　　　　　　　Selah

4 Keep me, O LORD, from the hands of the
　　　wicked;
　　protect me from men of violence
　　who plan to trip my feet.

---

^{f} 139:18 Y si terminara de hacerlo (algunos mss. hebreos);
Despierto y (TM).　　^{g} 139:20 y que en vano … contra ti (tres
versiones griegas y algunos mss. hebreos); levantan en vano
tus ciudades (TM).　　　　　　　　　　^{o} 17 Or concerning

5 Esos engreídos me han tendido una trampa;
   han puesto los lazos de su red,
   han tendido trampas a mi paso. *Selah*

6 Yo le digo al SEÑOR: «Tú eres mi Dios.
   Atiende, SEÑOR, a mi voz suplicante.»
7 SEÑOR Soberano, mi salvador poderoso
   que me protege en el día de la batalla:
8 No satisfagas, SEÑOR, los caprichos de los
    impíos;
   no permitas que sus planes prosperen,
   para que no se enorgullezcan. *Selah*

9 Que sobre la cabeza de mis perseguidores
   recaiga el mal que sus labios proclaman.
10 Que lluevan brasas sobre ellos;
   que sean echados en el fuego,
   en ciénagas profundas, de donde no
    vuelvan a salir.
11 Que no eche raíces en la tierra
   la *gente de lengua viperina;
   que la calamidad persiga y destruya
   a la gente que practica la violencia.

12 Yo sé que el SEÑOR hace justicia a los
    pobres
   y defiende el derecho de los necesitados.
13 Ciertamente los justos alabarán tu *nombre
   y los íntegros vivirán en tu presencia.

Salmo 141
Salmo de David.

1 A ti clamo, SEÑOR; ven pronto a mí.
   ¡Atiende a mi voz cuando a ti clamo!
2 Que suba a tu presencia mi plegaria
   como una ofrenda de incienso;
   que hacia ti se eleven mis manos
   como un sacrificio vespertino.

3 SEÑOR, ponme en la boca un centinela;
   un guardia a la puerta de mis labios.
4 No permitas que mi corazón se incline a la
    maldad,
   ni que sea yo cómplice de iniquidades;
   no me dejes participar de banquetes
   en compañía de malhechores.

5 Que la justicia me golpee,
   que el amor me reprenda;
   pero que el ungüento de los malvados
   no perfume mi cabeza,
   pues mi oración está siempre
   en contra de sus malas obras.
6 Cuando sus gobernantes sean lanzados
   desde los despeñaderos,

5 Proud men have hidden a snare for me;
   they have spread out the cords of their net
   and have set traps for me along my path.
             Selah

6 O LORD, I say to you, "You are my God."
   Hear, O LORD, my cry for mercy.
7 O Sovereign LORD, my strong deliverer,
   who shields my head in the day of
    battle—
8 do not grant the wicked their desires, O
    LORD;
   do not let their plans succeed,
   or they will become proud. *Selah*

9 Let the heads of those who surround me
   be covered with the trouble their lips
   have caused.
10 Let burning coals fall upon them;
   may they be thrown into the fire,
   into miry pits, never to rise.
11 Let slanderers not be established in the land;
   may disaster hunt down men of violence.

12 I know that the LORD secures justice for
   the poor
   and upholds the cause of the needy.
13 Surely the righteous will praise your name
   and the upright will live before you.

Psalm 141
A psalm of David.

1 O LORD, I call to you; come quickly to me.
   Hear my voice when I call to you.
2 May my prayer be set before you like
    incense;
   may the lifting up of my hands be like
   the evening sacrifice.

3 Set a guard over my mouth, O LORD;
   keep watch over the door of my lips.
4 Let not my heart be drawn to what is evil,
   to take part in wicked deeds
   with men who are evildoers;
   let me not eat of their delicacies.

5 Let a righteous man*p* strike me—it is a
    kindness;
   let him rebuke me—it is oil on my head.
   My head will not refuse it.

   Yet my prayer is ever against the deeds of
    evildoers;
6   their rulers will be thrown down from the
    cliffs,

p 5 Or Let the Righteous One

sabrán que mis palabras eran bien
intencionadas.

⁷Y dirán: «Así como se dispersa la tierra
cuando en ella se abren surcos con el arado,
así se han dispersado nuestros huesos
a la orilla del *sepulcro.»

⁸En ti, SEÑOR Soberano, tengo puestos los
ojos;
en ti busco refugio; no dejes que me maten.

⁹Protégeme de las trampas que me tienden,
de las trampas que me tienden los
malhechores.

¹⁰Que caigan los impíos en sus propias redes,
mientras yo salgo bien librado.

Salmo 142

*Masquil de David. Cuando estaba en la cueva.
Oración.

¹A voz en cuello, al SEÑOR le pido ayuda;
a voz en cuello, al SEÑOR le pido
compasión.

²Ante él expongo mis quejas;
ante él expreso mis angustias.

³Cuando ya no me queda aliento,
tú me muestras el camino.ʰ
Por la senda que transito
algunos me han tendido una trampa.

⁴Mira a mi derecha, y ve:
nadie me tiende la mano.
No tengo dónde refugiarme;
por mí nadie se preocupa.

⁵A ti, SEÑOR, te pido ayuda;
a ti te digo: «Tú eres mi refugio,
mi porción en la tierra de los vivientes.»

⁶Atiende a mi clamor,
porque me siento muy débil;
líbrame de mis perseguidores,
porque son más fuertes que yo.

⁷Sácame de la prisión,
para que alabe yo tu *nombre.
Los justos se reunirán en torno mío
por la bondad que me has mostrado.

Salmo 143

Salmo de David.

¹Escucha, SEÑOR, mi oración;
atiende a mi súplica.
Por tu fidelidad y tu justicia,
respóndeme.

²No lleves a juicio a tu siervo,
pues ante ti nadie puede alegar inocencia.

and the wicked will learn that my words
were well spoken.

⁷They will say, "As one plows and breaks
up the earth,
so our bones have been scattered at the
mouth of the grave.�q"

⁸But my eyes are fixed on you, O
Sovereign LORD;
in you I take refuge—do not give me
over to death.

⁹Keep me from the snares they have laid
for me,
from the traps set by evildoers.

¹⁰Let the wicked fall into their own nets,
while I pass by in safety.

Psalm 142

A *maskilʳ* of David. When he was in the cave.
A prayer.

¹I cry aloud to the LORD;
I lift up my voice to the LORD for mercy.

²I pour out my complaint before him;
before him I tell my trouble.

³When my spirit grows faint within me,
it is you who know my way.
In the path where I walk
men have hidden a snare for me.

⁴Look to my right and see;
no one is concerned for me.
I have no refuge;
no one cares for my life.

⁵I cry to you, O LORD;
I say, "You are my refuge,
my portion in the land of the living."

⁶Listen to my cry,
for I am in desperate need;
rescue me from those who pursue me,
for they are too strong for me.

⁷Set me free from my prison,
that I may praise your name.

Then the righteous will gather about me
because of your goodness to me.

Psalm 143

A psalm of David.

¹O LORD, hear my prayer,
listen to my cry for mercy;
in your faithfulness and righteousness
come to my relief.

²Do not bring your servant into judgment,
for no one living is righteous before you.

ʰ142:3 *tú me muestras el camino*. Lit. *tú conoces mi
encrucijada.*

q7 Hebrew *Sheol*   ʳProbably a literary or musical term

³ El enemigo atenta contra mi vida:
     quiere hacerme morder el polvo.
Me obliga a vivir en las tinieblas,
     como los que murieron hace tiempo.
⁴ Ya no me queda aliento;
     dentro de mí siento paralizado el corazón.
⁵ Traigo a la memoria los tiempos de antaño:
     medito en todas tus proezas,
     considero las obras de tus manos.
⁶ Hacia ti extiendo las manos;
     me haces falta, como el agua a la tierra
         seca.   *Selah*

⁷ Respóndeme pronto, SEÑOR,
     que el aliento se me escapa.
No escondas de mí tu rostro,
     o seré como los que bajan a la fosa.
⁸ Por la mañana hazme saber de tu gran
         amor,
     porque en ti he puesto mi confianza.
Señálame el *camino que debo seguir,
     porque a ti elevo mi *alma.
⁹ SEÑOR, líbrame de mis enemigos,
     porque en ti busco refugio.
¹⁰ Enséñame a hacer tu voluntad,
     porque tú eres mi Dios.
Que tu buen Espíritu me guíe
     por un terreno sin obstáculos.

¹¹ Por tu *nombre, SEÑOR, dame vida;
     por tu justicia, sácame de este aprieto.
¹² Por tu gran amor, destruye a mis enemigos;
     acaba con todos mis adversarios.
     ¡Yo soy tu siervo

Salmo 144
Salmo de David.

¹ Bendito sea el SEÑOR, mi *Roca,
     que adiestra mis manos para la guerra,
     mis dedos para la batalla.
² Él es mi Dios amoroso, mi amparo,
     mi más alto escondite, mi libertador,
     mi escudo, en quien me refugio.
     Él es quien pone los pueblosⁱ a mis pies.

³ SEÑOR, ¿qué es el *mortal para que lo
         cuides?
     ¿Qué es el *ser humano para que en él
         pienses?
⁴ Todo mortal es como un suspiro;
     sus días son fugaces como una sombra.

³ The enemy pursues me,
     he crushes me to the ground;
he makes me dwell in darkness
     like those long dead.
⁴ So my spirit grows faint within me;
     my heart within me is dismayed.

⁵ I remember the days of long ago;
     I meditate on all your works
     and consider what your hands have done.
⁶ I spread out my hands to you;
     my soul thirsts for you like a parched
         land.   *Selah*

⁷ Answer me quickly, O LORD;
     my spirit fails.
Do not hide your face from me
     or I will be like those who go down to
         the pit.
⁸ Let the morning bring me word of your
         unfailing love,
     for I have put my trust in you.
Show me the way I should go,
     for to you I lift up my soul.
⁹ Rescue me from my enemies, O LORD,
     for I hide myself in you.
¹⁰ Teach me to do your will,
     for you are my God;
may your good Spirit
     lead me on level ground.

¹¹ For your name's sake, O LORD, preserve
         my life;
     in your righteousness, bring me out of
         trouble.
¹² In your unfailing love, silence my enemies;
     destroy all my foes,
     for I am your servant.

Psalm 144
Of David.

¹ Praise be to the LORD my Rock,
     who trains my hands for war,
     my fingers for battle.
² He is my loving God and my fortress,
     my stronghold and my deliverer,
     my shield, in whom I take refuge,
     who subdues peoples^s under me.

³ O LORD, what is man that you care for him,
     the son of man that you think of him?
⁴ Man is like a breath;
     his days are like a fleeting shadow.

ⁱ **144:2** *los pueblos* (Targum, Vulgata, Siríaca, Aquila y varios mss. hebreos); *mi pueblo* (TM).

^s **2** Many manuscripts of the Masoretic Text, Dead Sea Scrolls, Aquila, Jerome and Syriac; most manuscripts of the Masoretic Text *subdues my people*

⁵ Abre tus cielos, SEÑOR, y desciende;
    toca los montes y haz que echen humo.
⁶ Lanza relámpagos y dispersa al enemigo;
    dispara tus flechas y ponlo en retirada.
⁷ Extiende tu mano desde las alturas
    y sálvame de las aguas tumultuosas;
    líbrame del poder de gente extraña.
⁸ Cuando abren la boca, dicen mentiras;
    cuando levantan su diestra, juran en
    falso.*ʲ*

⁹ Te cantaré, oh Dios, un cántico nuevo;
    con el arpa de diez cuerdas te cantaré
    salmos.
¹⁰ Tú das la *victoria a los reyes;
    a tu siervo David lo libras de la cruenta
    espada.
¹¹ Ponme a salvo,
    líbrame del poder de gente extraña.
    Cuando abren la boca, dicen mentiras;
    cuando levantan su diestra, juran en falso.

¹² Que nuestros hijos, en su juventud,
    crezcan como plantas frondosas;
    que sean nuestras hijas como columnas
    esculpidas para adornar un palacio.
¹³ Que nuestros graneros se llenen
    con provisiones de toda especie.
    Que nuestros rebaños aumenten por
    millares,
    por decenas de millares en nuestros
    campos.
¹⁴ Que nuestros bueyes arrastren cargas
    pesadas;ᵏ
    que no haya brechas ni salidas,
    ni gritos de angustia en nuestras calles.

¹⁵ *¡Dichoso el pueblo que recibe todo esto
    ¡Dichoso el pueblo cuyo Dios es el
    SEÑOR

Salmo 145*ˡ*
Salmo de alabanza. De David.

¹ Te exaltaré, mi Dios y rey;
    por siempre bendeciré tu *nombre.
² Todos los días te bendeciré;
    por siempre alabaré tu nombre.
³ Grande es el SEÑOR, y digno de toda
    alabanza;
    su grandeza es insondable.
⁴ Cada generación celebrará tus obras
    y proclamará tus proezas.

⁵ Part your heavens, O LORD, and come
    down;
    touch the mountains, so that they smoke.
⁶ Send forth lightning and scatter the enemies;
    shoot your arrows and rout them.
⁷ Reach down your hand from on high;
    deliver me and rescue me
    from the mighty waters,
    from the hands of foreigners
⁸ whose mouths are full of lies,
    whose right hands are deceitful.

⁹ I will sing a new song to you, O God;
    on the ten-stringed lyre I will make
    music to you,
¹⁰ to the One who gives victory to kings,
    who delivers his servant David from the
    deadly sword.

¹¹ Deliver me and rescue me
    from the hands of foreigners
    whose mouths are full of lies,
    whose right hands are deceitful.

¹² Then our sons in their youth
    will be like well-nurtured plants,
    and our daughters will be like pillars
    carved to adorn a palace.
¹³ Our barns will be filled
    with every kind of provision.
    Our sheep will increase by thousands,
    by tens of thousands in our fields;
¹⁴ our oxen will draw heavy loads.*ᵗ*
    There will be no breaching of walls,
    no going into captivity,
    no cry of distress in our streets.

¹⁵ Blessed are the people of whom this is true;
    blessed are the people whose God is the
    LORD.

Psalm 145*ᵘ*
A psalm of praise. Of David.

¹ I will exalt you, my God the King;
    I will praise your name for ever and ever.
² Every day I will praise you
    and extol your name for ever and ever.
³ Great is the LORD and most worthy of
    praise;
    his greatness no one can fathom.
⁴ One generation will commend your works
    to another;
    they will tell of your mighty acts.

---

*ʲ*144:8 *cuando ... en falso.* Lit. *su diestra es diestra de
engaño;* también en v. 11.   *ᵏ*144:14 *Que nuestros ... cargas
pesadas.* Alt. *Que nuestros capitanes sean establecidos
firmemente.* *ˡ*Este salmo es un poema acróstico, que sigue
el orden del alfabeto hebreo.

*ᵗ*14 Or *our chieftains will be firmly established*   *ᵘ*This psalm
is an acrostic poem, the verses of which (including verse 13b)
begin with the successive letters of the Hebrew alphabet.

⁵Se hablará del esplendor de tu gloria y
majestad,
y yo meditaré en tus obras maravillosas.ᵐ

⁶Se hablará del poder de tus portentos,
y yo anunciaré la grandeza de tus obras.

⁷Se proclamará la memoria de tu inmensa
bondad,
y se cantará con júbilo tu *victoria.

⁸El SEÑOR es clemente y compasivo,
lento para la ira y grande en amor.

⁹El SEÑOR es bueno con todos;
él se compadece de toda su creación.

¹⁰Que te alaben, SEÑOR, todas tus obras;
que te bendigan tus fieles.

¹¹Que hablen de la gloria de tu reino;
que proclamen tus proezas,

¹²para que todo el mundo conozca tus
proezas
y la gloria y esplendor de tu reino.

¹³Tu reino es un reino eterno;
tu dominio permanece por todas las
edades.

Fiel es el SEÑOR a su palabra
y bondadoso en todas sus obras.ⁿ

¹⁴El SEÑOR levanta a los caídos
y sostiene a los agobiados.

¹⁵Los ojos de todos se posan en ti,
y a su tiempo les das su alimento.

¹⁶Abres la mano y sacias con tus favores
a todo ser viviente.

¹⁷El SEÑOR es justo en todos sus
*caminos
y bondadoso en todas sus obras.

¹⁸El SEÑOR está cerca de quienes lo
invocan,
de quienes lo invocan en verdad.

¹⁹Cumple los deseos de quienes le
temen;
atiende a su clamor y los salva.

²⁰El SEÑOR cuida a todos los que lo
aman,
pero aniquilará a todos los impíos.

²¹¡Prorrumpa mi boca en alabanzas al
SEÑOR
¡Alabe todo el mundo su santo nombre,
por siempre y para siempre

Salmo 146

¹*¡Aleluya ¡Alabado sea el SEÑOR
Alaba, *alma mía, al SEÑOR.

²Alabaré al SEÑOR toda mi vida;

⁵They will speak of the glorious splendor
of your majesty,
and I will meditate on your wonderful
works.ᵛ

⁶They will tell of the power of your
awesome works,
and I will proclaim your great deeds.

⁷They will celebrate your abundant goodness
and joyfully sing of your righteousness.

⁸The LORD is gracious and compassionate,
slow to anger and rich in love.

⁹The LORD is good to all;
he has compassion on all he has made.

¹⁰All you have made will praise you, O LORD;
your saints will extol you.

¹¹They will tell of the glory of your kingdom
and speak of your might,

¹²so that all men may know of your mighty acts
and the glorious splendor of your kingdom.

¹³Your kingdom is an everlasting kingdom,
and your dominion endures through all
generations.

The LORD is faithful to all his promises
and loving toward all he has made.ʷ

¹⁴The LORD upholds all those who fall
and lifts up all who are bowed down.

¹⁵The eyes of all look to you,
and you give them their food at the
proper time.

¹⁶You open your hand
and satisfy the desires of every living thing.

¹⁷The LORD is righteous in all his ways
and loving toward all he has made.

¹⁸The LORD is near to all who call on him,
to all who call on him in truth.

¹⁹He fulfills the desires of those who fear him;
he hears their cry and saves them.

²⁰The LORD watches over all who love him,
but all the wicked he will destroy.

²¹My mouth will speak in praise of the LORD.
Let every creature praise his holy name
for ever and ever.

Psalm 146

¹Praise the LORD.ˣ

Praise the LORD, O my soul.

²   I will praise the LORD all my life;

ᵐ 145:5 *Se hablará … obras maravillosas.* (Qumrán y
Siríaca; véase también LXX); *Meditaré en el esplendor
glorioso de tu majestad / y en tus obras maravillosas* (TM).
ⁿ 145:13 *Fiel es el Señor a su palabra / y bondadoso en todas
sus obras* (LXX, Siríaca, Vulgata y un ms. hebreo); TM no
incluye estas dos líneas.

ᵛ 5 Dead Sea Scrolls and Syriac (see also Septuagint);
Masoretic Text *On the glorious splendor of your majesty /
and on your wonderful works I will meditate*   ʷ 13 One
manuscript of the Masoretic Text, Dead Sea Scrolls and
Syriac (see also Septuagint); most manuscripts of the
Masoretic Text do not have the last two lines of verse 13.
ˣ 1 Hebrew *Hallelu Yah*; also in verse 10

mientras haya aliento en mí, cantaré
salmos a mi Dios.

3 No pongan su confianza en gente poderosa,
en simples *mortales, que no pueden
salvar.
4 Exhalan el espíritu y vuelven al polvo,
y ese mismo día se desbaratan sus planes.

5 *Dichoso aquel cuya ayuda es el Dios de
Jacob,
cuya esperanza está en el SEÑOR su Dios,
6 creador del cielo y de la tierra,
del mar y de todo cuanto hay en ellos,
y que siempre mantiene la verdad.
7 El SEÑOR hace justicia a los oprimidos,
da de comer a los hambrientos
y pone en libertad a los cautivos.
8 El SEÑOR da vista a los ciegos,
el SEÑOR sostiene a los agobiados,
el SEÑOR ama a los justos.
9 El SEÑOR protege al extranjero
y sostiene al huérfano y a la viuda,
pero frustra los planes de los impíos.

10 ¡Oh *Sión, que el SEÑOR reine para siempre
¡Que tu Dios reine por todas las
generaciones

*¡Aleluya ¡Alabado sea el SEÑOR

Salmo 147

1 *¡Aleluya ¡Alabado sea el SEÑOR

¡Cuán bueno es cantar salmos a nuestro Dios,
cuán agradable y justo es alabarlo

2 El SEÑOR reconstruye a Jerusalén
y reúne a los exiliados de Israel;
3 restaura a los abatidos[ñ]
y cubre con vendas sus heridas.

4 Él determina el número de las estrellas
y a todas ellas les pone *nombre.
5 Excelso es nuestro Señor, y grande su poder;
su entendimiento es infinito;
6 El SEÑOR sostiene a los pobres,
pero hace morder el polvo a los impíos.

7 Canten al SEÑOR con gratitud;
canten salmos a nuestro Dios al son del
arpa.
8 Él cubre de nubes el cielo,
envía la lluvia sobre la tierra
y hace crecer la hierba en los montes.

I will sing praise to my God as long as I live.

3 Do not put your trust in princes,
in mortal men, who cannot save.
4 When their spirit departs, they return to the
ground;
on that very day their plans come to
nothing.

5 Blessed is he whose help is the God of
Jacob,
whose hope is in the LORD his God,
6 the Maker of heaven and earth,
the sea, and everything in them—
the LORD, who remains faithful forever.
7 He upholds the cause of the oppressed
and gives food to the hungry.
The LORD sets prisoners free,
8   the LORD gives sight to the blind,
the LORD lifts up those who are bowed
down,
the LORD loves the righteous.
9 The LORD watches over the alien
and sustains the fatherless and the widow,
but he frustrates the ways of the wicked.

10 The LORD reigns forever,
your God, O Zion, for all generations.

Praise the LORD.

Psalm 147

1 Praise the LORD.[y]

How good it is to sing praises to our God,
how pleasant and fitting to praise him

2 The LORD builds up Jerusalem;
he gathers the exiles of Israel.
3 He heals the brokenhearted
and binds up their wounds.

4 He determines the number of the stars
and calls them each by name.
5 Great is our Lord and mighty in power;
his understanding has no limit.
6 The LORD sustains the humble
but casts the wicked to the ground.

7 Sing to the LORD with thanksgiving;
make music to our God on the harp.
8 He covers the sky with clouds;
he supplies the earth with rain
and makes grass grow on the hills.

[ñ] 147:3 *a los abatidos.* Lit. *a los de corazón quebrantado.*   [y] 1 Hebrew *Hallelu Yah;* also in verse 20

9 Él alimenta a los ganados
  y a las crías de los cuervos cuando graznan.

10 El SEÑOR no se deleita en los bríos del
    caballo,
  ni se complace en la agilidad*o* del *hombre,
11 sino que se complace en los que le temen,
  en los que confían en su gran amor.

12 Alaba al SEÑOR, Jerusalén;
  alaba a tu Dios, oh *Sión.
13 Él refuerza los cerrojos de tus *puertas
  y bendice a los que en ti habitan.
14 Él trae la *paz a tus fronteras
  y te sacia con lo mejor del trigo.

15 Envía su palabra a la tierra;
  su palabra corre a toda prisa.
16 Extiende la nieve cual blanco manto,*p*
  esparce la escarcha cual ceniza.
17 Deja caer el granizo como grava;
  ¿quién puede resistir sus ventiscas?
18 Pero envía su palabra y lo derrite;
  hace que el viento sople, y las aguas fluyen.

19 A Jacob le ha revelado su palabra;
  sus *leyes y decretos a Israel.
20 Esto no lo ha hecho con ninguna otra nación;
  jamás han conocido ellas sus decretos.

*¡Aleluya   ¡Alabado sea el SEÑOR

Salmo 148

1 *¡Aleluya   ¡Alabado sea el SEÑOR

Alaben al SEÑOR desde los cielos,
  alábenlo desde las alturas.
2 Alábenlo, todos sus ángeles,
  alábenlo, todos sus ejércitos.
3 Alábenlo, sol y luna,
  alábenlo, estrellas luminosas.
4 Alábenlo ustedes, altísimos cielos,
  y ustedes, las aguas que están sobre los
    cielos.
5 Sea alabado el *nombre del SEÑOR,
  porque él dio una orden y todo fue
    creado.
6 Todo quedó afirmado para siempre;
  emitió un decreto que no será abolido.

7 Alaben al SEÑOR desde la tierra
  los monstruos marinos y las
    profundidades del mar,

9 He provides food for the cattle
  and for the young ravens when they call.

10 His pleasure is not in the strength of the
    horse,
  nor his delight in the legs of a man;
11 the LORD delights in those who fear him,
  who put their hope in his unfailing love.

12 Extol the LORD, O Jerusalem;
  praise your God, O Zion,
13 for he strengthens the bars of your gates
  and blesses your people within you.
14 He grants peace to your borders
  and satisfies you with the finest of wheat.

15 He sends his command to the earth;
  his word runs swiftly.
16 He spreads the snow like wool
  and scatters the frost like ashes.
17 He hurls down his hail like pebbles.
  Who can withstand his icy blast?
18 He sends his word and melts them;
  he stirs up his breezes, and the waters
    flow.

19 He has revealed his word to Jacob,
  his laws and decrees to Israel.
20 He has done this for no other nation;
  they do not know his laws.

Praise the LORD.

Psalm 148

1 Praise the LORD.*z*

Praise the LORD from the heavens,
  praise him in the heights above.
2 Praise him, all his angels,
  praise him, all his heavenly hosts.
3 Praise him, sun and moon,
  praise him, all you shining stars.
4 Praise him, you highest heavens
  and you waters above the skies.
5 Let them praise the name of the LORD,
  for he commanded and they were created.
6 He set them in place for ever and ever;
  he gave a decree that will never pass
    away.

7 Praise the LORD from the earth,
  you great sea creatures and all ocean
    depths,

---

o **147:10** *en la agilidad.* Lit. *en las piernas.*   *p* **147:16** *cual
blanco manto.* Lit. *como lana.*   *z* 1 Hebrew *Hallelu Yah*; also in verse 14

8 el relámpago y el granizo, la nieve y la
neblina,
el viento tempestuoso que cumple su
mandato,
9 los montes y las colinas,
los árboles frutales y todos los cedros,
10 los animales salvajes y los domésticos,
los reptiles y las aves,
11 los reyes de la tierra y todas las naciones,
los príncipes y los gobernantes de la
tierra,
12 los jóvenes y las jóvenes,
los ancianos y los niños.

13 Alaben el nombre del SEÑOR,
porque sólo su nombre es excelso;
su esplendor está por encima de la tierra y
de los cielos.
14 ¡Él ha dado poder a su pueblo *q*

¡A él sea la alabanza de todos sus fieles,
de los hijos de Israel, su pueblo cercano

*¡Aleluya ¡Alabado sea el SEÑOR

Salmo 149

1 *¡Aleluya ¡Alabado sea el SEÑOR

Canten al SEÑOR un cántico nuevo,
alábenlo en la comunidad de los fieles.
2 Que se alegre Israel por su creador;
que se regocijen los hijos de *Sión por su
rey.
3 Que alaben su *nombre con danzas;
que le canten salmos al son de la lira y el
pandero.
4 Porque el SEÑOR se complace en su
pueblo;
a los humildes concede el honor de la
*victoria.
5 Que se alegren los fieles por su triunfo;*r*
que aun en sus camas griten de júbilo.

6 Que broten de su garganta alabanzas a
Dios,
y haya en sus manos una espada de dos
filos
7 para que tomen venganza de las naciones
y castiguen a los pueblos;
8 para que sujeten a sus reyes con cadenas,
a sus nobles con grilletes de hierro;

8 lightning and hail, snow and clouds,
stormy winds that do his bidding,
9 you mountains and all hills,
fruit trees and all cedars,
10 wild animals and all cattle,
small creatures and flying birds,
11 kings of the earth and all nations,
you princes and all rulers on earth,
12 young men and maidens,
old men and children.

13 Let them praise the name of the LORD,
for his name alone is exalted;
his splendor is above the earth and the
heavens.
14 He has raised up for his people a horn,*a*
the praise of all his saints,
of Israel, the people close to his heart.

Praise the LORD.

Psalm 149

1 Praise the LORD.*b*

Sing to the LORD a new song,
his praise in the assembly of the
saints.
2 Let Israel rejoice in their Maker;
let the people of Zion be glad in their
King.
3 Let them praise his name with dancing
and make music to him with tambourine
and harp.
4 For the LORD takes delight in his
people;
he crowns the humble with salvation.
5 Let the saints rejoice in this honor
and sing for joy on their beds.

6 May the praise of God be in their
mouths
and a double-edged sword in their
hands,
7 to inflict vengeance on the nations
and punishment on the peoples,
8 to bind their kings with fetters,
their nobles with shackles of iron,

---

q 148:14 *¡Él ha dado … su pueblo* Lit. *¡Él levantó un cuerno
para su pueblo* . *r* 149:5 *por su triunfo*. Lit. *en gloria.*

a 14 *Horn* here symbolizes strong one, that is, king.
b 1 Hebrew *Hallelu Yah*; also in verse 9

⁹ para que se cumpla en ellos la sentencia
     escrita.
   ¡Ésta será la gloria de todos sus fieles

   *¡Aleluya   ¡Alabado sea el SEÑOR

Salmo 150

¹ *¡Aleluya   ¡Alabado sea el SEÑOR

   Alaben a Dios en su santuario,
     alábenlo en su poderoso firmamento.
² Alábenlo por sus proezas,
     alábenlo por su inmensa grandeza.
³ Alábenlo con sonido de trompeta,
     alábenlo con el arpa y la lira.
⁴ Alábenlo con panderos y danzas,
     alábenlo con cuerdas y flautas.
⁵ Alábenlo con címbalos sonoros,
     alábenlo con címbalos resonantes.

⁶ ¡Que todo lo que respira alabe al SEÑOR

   *¡Aleluya   ¡Alabado sea el SEÑOR

⁹ to carry out the sentence written against
     them.
   This is the glory of all his saints.

   Praise the LORD.

Psalm 150

¹ Praise the LORD.ᶜ

   Praise God in his sanctuary;
     praise him in his mighty heavens.
² Praise him for his acts of power;
     praise him for his surpassing greatness.
³ Praise him with the sounding of the trumpet,
     praise him with the harp and lyre,
⁴ praise him with tambourine and dancing,
     praise him with the strings and flute,
⁵ praise him with the clash of cymbals,
     praise him with resounding cymbals.

⁶ Let everything that has breath praise the
     LORD.

   Praise the LORD.

ᶜ 1 Hebrew *Hallelu Yah*; also in verse 6

Proverbios

Prólogo: Propósito y tema

1 *Proverbios de Salomón hijo de David, rey de Israel:

2 para adquirir sabiduría y *disciplina;
  para discernir palabras de inteligencia;
3 para recibir la *corrección que dan la prudencia,
  la rectitud, la *justicia y la equidad;
4 para infundir sagacidad en los *inexpertos,
  *conocimiento y discreción en los jóvenes.
5 Escuche esto el sabio, y aumente su saber;
  reciba dirección el entendido,
6 para discernir el proverbio y la *parábola,
  los dichos de los sabios y sus enigmas.

7 El temor del SEÑOR es el principio del conocimiento;
  los *necios desprecian la sabiduría y la disciplina.

Exhortaciones a buscar la sabiduría

Advertencia contra el engaño

8 Hijo mío, escucha las correcciones de tu padre
  y no abandones las *enseñanzas de tu madre.
9 Adornarán tu cabeza como una diadema;
  adornarán tu cuello como un collar.

10 Hijo mío, si los pecadores quieren engañarte,
  no vayas con ellos.
11 Éstos te dirán:
  «¡Ven con nosotros
  Acechemos a algún inocente
  y démonos el gusto de matar a algún incauto;
12 traguémonos a alguien vivo,
  como se traga el *sepulcro a la *gente;
  devorémoslo entero,
  como devora la fosa a los muertos.
13 Obtendremos toda clase de riquezas;
  con el botín llenaremos nuestras casas.
14 Comparte tu suerte con nosotros,
  y compartiremos contigo lo que obtengamos.»

Proverbs

Prologue: Purpose and Theme

1 The proverbs of Solomon son of David, king of Israel:

2 for attaining wisdom and discipline;
  for understanding words of insight;
3 for acquiring a disciplined and prudent life,
  doing what is right and just and fair;
4 for giving prudence to the simple,
  knowledge and discretion to the young—
5 let the wise listen and add to their learning,
  and let the discerning get guidance—
6 for understanding proverbs and parables,
  the sayings and riddles of the wise.

7 The fear of the LORD is the beginning of knowledge,
  but fools[a] despise wisdom and discipline.

Exhortations to Embrace Wisdom

Warning Against Enticement

8 Listen, my son, to your father's instruction
  and do not forsake your mother's teaching.
9 They will be a garland to grace your head
  and a chain to adorn your neck.

10 My son, if sinners entice you,
  do not give in to them.
11 If they say, "Come along with us;
  let's lie in wait for someone's blood,
  let's waylay some harmless soul;
12 let's swallow them alive, like the grave,[b]
  and whole, like those who go down to the pit;
13 we will get all sorts of valuable things
  and fill our houses with plunder;
14 throw in your lot with us,
  and we will share a common purse"—

---

[a] 7 The Hebrew words rendered *fool* in Proverbs, and often elsewhere in the Old Testament, denote one who is morally deficient.   [b] 12 Hebrew *Sheol*

15 ¡Pero no te dejes llevar por ellos,*a* hijo
mío
¡Apártate de sus senderos
16 Pues corren presurosos a hacer lo malo;
¡tienen prisa por derramar sangre
17 De nada sirve tender la red
a la vista de todos los pájaros,
18 pero aquéllos acechan su propia vida*b*
y acabarán por destruirse a sí mismos.
19 Así terminan los que van tras ganancias
mal habidas;
por éstas perderán la vida.

Advertencia contra el rechazo a la sabiduría

20 Clama la sabiduría en las calles;
en los lugares públicos levanta su voz.
21 Clama en las esquinas de calles
transitadas;
a la *entrada de la ciudad razona:

22 «¿Hasta cuándo, muchachos *inexpertos,
seguirán aferrados a su inexperiencia?
¿Hasta cuándo, ustedes los *insolentes,
se complacerán en su insolencia?
¿Hasta cuándo, ustedes los necios,
aborrecerán el conocimiento?
23 Respondan a mis reprensiones,
y yo les abriré mi corazón;*c*
les daré a conocer mis pensamientos.
24 Como ustedes no me atendieron cuando
los llamé,
ni me hicieron caso cuando les tendí la
mano,
25 sino que rechazaron todos mis consejos
y no acataron mis reprensiones,
26 ahora yo me burlaré de ustedes
cuando caigan en desgracia.
Yo seré el que se ría de ustedes
cuando les sobrevenga el miedo,
27 cuando el miedo les sobrevenga como
una tormenta
y la desgracia los arrastre como un
torbellino.

28 »Entonces me llamarán, pero no les
responderé;
me buscarán, pero no me encontrarán.
29 Por cuanto aborrecieron el conocimiento
y no quisieron temer al SEÑOR;
30 por cuanto no siguieron mis consejos,
sino que rechazaron mis reprensiones,
31 cosecharán el fruto de su conducta,
se hartarán con sus propias intrigas;

15 my son, do not go along with them,
do not set foot on their paths;
16 for their feet rush into sin,
they are swift to shed blood.
17 How useless to spread a net
in full view of all the birds
18 These men lie in wait for their own blood;
they waylay only themselves
19 Such is the end of all who go after
ill-gotten gain;
it takes away the lives of those who get
it.

Warning Against Rejecting Wisdom

20 Wisdom calls aloud in the street,
she raises her voice in the public
squares;
21 at the head of the noisy streets*c* she cries
out,
in the gateways of the city she makes
her speech:

22 "How long will you simple ones*d* love
your simple ways?
How long will mockers delight in
mockery
and fools hate knowledge?
23 If you had responded to my rebuke,
I would have poured out my heart to you
and made my thoughts known to you.
24 But since you rejected me when I called
and no one gave heed when I stretched
out my hand,
25 since you ignored all my advice
and would not accept my rebuke,
26 I in turn will laugh at your disaster;
I will mock when calamity overtakes
you—
27 when calamity overtakes you like a storm,
when disaster sweeps over you like a
whirlwind,
when distress and trouble overwhelm you.

28 "Then they will call to me but I will not
answer;
they will look for me but will not find me.
29 Since they hated knowledge
and did not choose to fear the LORD,
30 since they would not accept my advice
and spurned my rebuke,
31 they will eat the fruit of their ways
and be filled with the fruit of their
schemes.

---

a 1:15 *no … por ellos.* Lit. *no vayas por sus caminos.*
b 1:18 *vida.* Lit. *sangre.*   *c* 1:23 *les abriré mi corazón.* Lit.
derramaré mi espíritu.

c 21 Hebrew; Septuagint / *on the tops of the walls*   *d* 22 The
Hebrew word rendered *simple* in Proverbs generally denotes
one without moral direction and inclined to evil.

³² ¡su descarrío e inexperiencia los
  destruirán,
  su complacencia y *necedad los
   aniquilarán
³³ Pero el que me obedezca vivirá
  tranquilo,
  sosegado y sin temor del mal.»

Ventajas de la sabiduría

2 Hijo mío, si haces tuyas mis palabras
 y atesoras mis mandamientos;
² si tu oído inclinas hacia la sabiduría
 y de corazón te entregas a la
  inteligencia;
³ si llamas a la inteligencia
 y pides discernimiento;
⁴ si la buscas como a la plata,
 como a un tesoro escondido,
⁵ entonces comprenderás el temor del
  SEÑOR
 y hallarás el conocimiento de Dios.
⁶ Porque el SEÑOR da la sabiduría;
 conocimiento y ciencia brotan de sus
  labios.
⁷ Él reserva su ayuda para la gente
  íntegra
 y protege a los de conducta intachable.
⁸ Él cuida el sendero de los justos
 y protege el camino de sus fieles.
⁹ Entonces comprenderás la justicia y el
  derecho,
 la equidad y todo buen camino;
¹⁰ la sabiduría vendrá a tu corazón,
 y el conocimiento te endulzará la vida.
¹¹ La discreción te cuidará,
 la inteligencia te protegerá.

¹² La sabiduría te librará del camino de los
  malvados,
 de los que profieren palabras perversas,
¹³ de los que se apartan del camino recto
 para andar por sendas tenebrosas,
¹⁴ de los que se complacen en hacer lo
  malo
 y festejan la perversidad,
¹⁵ de los que andan por caminos torcidos
 y por sendas extraviadas;
¹⁶ te librará de la mujer ajena,
 de la extraña de palabras seductoras
¹⁷ que, olvidándose de su pacto con Dios,
 abandona al compañero de su juventud.
¹⁸ Ciertamente su casa conduce a la muerte;
 sus sendas llevan al reino de las
  sombras.
¹⁹ El que se enreda con ella no vuelve jamás,
 ni alcanza los senderos de la vida.

³² For the waywardness of the simple will
  kill them,
 and the complacency of fools will
  destroy them;
³³ but whoever listens to me will live in safety
 and be at ease, without fear of harm."

Moral Benefits of Wisdom

2 My son, if you accept my words
 and store up my commands within you,
² turning your ear to wisdom
 and applying your heart to understanding,
³ and if you call out for insight
 and cry aloud for understanding,
⁴ and if you look for it as for silver
 and search for it as for hidden treasure,
⁵ then you will understand the fear of the
  LORD
 and find the knowledge of God.
⁶ For the LORD gives wisdom,
 and from his mouth come knowledge
  and understanding.
⁷ He holds victory in store for the upright,
 he is a shield to those whose walk is
  blameless,
⁸ for he guards the course of the just
 and protects the way of his faithful ones.
⁹ Then you will understand what is right
  and just
 and fair—every good path.
¹⁰ For wisdom will enter your heart,
 and knowledge will be pleasant to your
  soul.
¹¹ Discretion will protect you,
 and understanding will guard you.

¹² Wisdom will save you from the ways of
  wicked men,
 from men whose words are perverse,
¹³ who leave the straight paths
 to walk in dark ways,
¹⁴ who delight in doing wrong
 and rejoice in the perverseness of evil,
¹⁵ whose paths are crooked
 and who are devious in their ways.

¹⁶ It will save you also from the adulteress,
 from the wayward wife with her
  seductive words,
¹⁷ who has left the partner of her youth
 and ignored the covenant she made
  before God.ᵉ
¹⁸ For her house leads down to death
 and her paths to the spirits of the dead.
¹⁹ None who go to her return
 or attain the paths of life.

ᵉ 17 Or covenant of her God

20 Así andarás por el camino de los buenos
y seguirás la senda de los justos.
21 Pues los íntegros, los perfectos,
habitarán la tierra y permanecerán en
ella.
22 Pero los malvados, los impíos,
serán desarraigados y expulsados de la
tierra.

Otras ventajas de la sabiduría

3 Hijo mío, no te olvides de mis
*enseñanzas;
más bien, guarda en tu *corazón mis
mandamientos.
2 Porque prolongarán tu vida muchos años
y te traerán prosperidad.

3 Que nunca te abandonen el amor y la
verdad:
llévalos siempre alrededor de tu cuello
y escríbelos en el libro de tu corazón.
4 Contarás con el favor de Dios
y tendrás buena fama^d entre la *gente.
5 Confía en el SEÑOR de todo corazón,
y no en tu propia inteligencia.
6 Reconócelo en todos tus *caminos,
y él allanará tus sendas.

7 No seas sabio en tu propia opinión;
más bien, teme al SEÑOR y huye del
mal.
8 Esto infundirá salud a tu cuerpo
y fortalecerá tu ser.^{e}

9 Honra al SEÑOR con tus riquezas
y con los primeros frutos de tus
cosechas.
10 Así tus graneros se llenarán a reventar
y tus bodegas rebosarán de vino nuevo.

11 Hijo mío, no desprecies la *disciplina del
SEÑOR,
ni te ofendas por sus reprensiones.
12 Porque el SEÑOR disciplina a los que ama,
como corrige un padre a su hijo querido.

13 *Dichoso el que halla sabiduría,
el que adquiere inteligencia.
14 Porque ella es de más provecho que la
plata
y rinde más ganancias que el oro.
15 Es más valiosa que las piedras preciosas:
¡ni lo más deseable se le puede
comparar
16 Con la mano derecha ofrece larga vida;
con la izquierda, honor y riquezas.
17 Sus caminos son placenteros
y en sus senderos hay *paz.

Further Benefits of Wisdom

3 My son, do not forget my teaching,
but keep my commands in your heart,
2 for they will prolong your life many years
and bring you prosperity.

3 Let love and faithfulness never leave you;
bind them around your neck,
write them on the tablet of your heart.
4 Then you will win favor and a good name
in the sight of God and man.

5 Trust in the LORD with all your heart
and lean not on your own understanding;
6 in all your ways acknowledge him,
and he will make your paths straight.^{f}

7 Do not be wise in your own eyes;
fear the LORD and shun evil.
8 This will bring health to your body
and nourishment to your bones.

9 Honor the LORD with your wealth,
with the firstfruits of all your crops;
10 then your barns will be filled to
overflowing,
and your vats will brim over with new
wine.

11 My son, do not despise the LORD's
discipline
and do not resent his rebuke,
12 because the LORD disciplines those he
loves,
as a father^g the son he delights in.

13 Blessed is the man who finds wisdom,
the man who gains understanding,
14 for she is more profitable than silver
and yields better returns than gold.
15 She is more precious than rubies;
nothing you desire can compare with
her.
16 Long life is in her right hand;
in her left hand are riches and honor.
17 Her ways are pleasant ways,
and all her paths are peace.

---

^{d} 3:4 buena fama. Lit. prudencia. ^{e} 3:8 tu ser. Lit. tus
huesos. ^{f} 6 Or will direct your paths ^{g} 12 Hebrew; Septuagint / and
he punishes

18 Ella es árbol de vida para quienes la
   abrazan;
   ¡dichosos los que la retienen
19 Con sabiduría afirmó el SEÑOR la
   tierra,
   con inteligencia estableció los cielos.
20 Por su *conocimiento se separaron las
   aguas,
   y las nubes dejaron caer su rocío.

21 Hijo mío, conserva el buen juicio;
   no pierdas de vista la discreción.
22 Te serán fuente de vida,
   te adornarán como un collar.
23 Podrás recorrer tranquilo tu camino,
   y tus pies no tropezarán.
24 Al acostarte, no tendrás temor alguno;
   te acostarás y dormirás tranquilo.
25 No temerás ningún desastre repentino,
   ni la desgracia que sobreviene a los
   impíos.
26 Porque el SEÑOR estará siempre a tu l
   ado
   y te librará de caer en la trampa.

27 No niegues un favor a quien te lo pida,
   si en tu mano está el otorgarlo.
28 Nunca digas a tu prójimo:
   «Vuelve más tarde; te ayudaré
   mañana»,
   si hoy tienes con qué ayudarlo.
29 No urdas el mal contra tu prójimo,
   contra el que ha puesto en ti su
   confianza.
30 No entres en pleito con nadie
   que no te haya hecho ningún daño.
31 No envidies a los violentos,
   ni optes por andar en sus caminos.
32 Porque el SEÑOR aborrece al perverso,
   pero al íntegro le brinda su amistad.
33 La maldición del SEÑOR cae sobre la
   casa del malvado;
   su bendición, sobre el hogar de los
   justos.
34 El SEÑOR se burla de los *burlones,
   pero muestra su favor a los humildes.
35 Los sabios son dignos de honra,
   pero los *necios sólo merecen
   deshonra.

La sabiduría es lo máximo

4 Escuchen, hijos, la corrección de un
   padre;
   dispónganse a adquirir inteligencia.
2 Yo les brindo buenas enseñanzas,
   así que no abandonen mi instrucción.

18 She is a tree of life to those who embrace
   her;
   those who lay hold of her will be blessed.

19 By wisdom the LORD laid the earth's
   foundations,
   by understanding he set the heavens in
   place;
20 by his knowledge the deeps were divided,
   and the clouds let drop the dew.

21 My son, preserve sound judgment and
   discernment,
   do not let them out of your sight;
22 they will be life for you,
   an ornament to grace your neck.
23 Then you will go on your way in safety,
   and your foot will not stumble;
24 when you lie down, you will not be afraid;
   when you lie down, your sleep will be
   sweet.
25 Have no fear of sudden disaster
   or of the ruin that overtakes the wicked,
26 for the LORD will be your confidence
   and will keep your foot from being
   snared.

27 Do not withhold good from those who
   deserve it,
   when it is in your power to act.
28 Do not say to your neighbor,
   "Come back later; I'll give it
   tomorrow"—
   when you now have it with you.
29 Do not plot harm against your neighbor,
   who lives trustfully near you.
30 Do not accuse a man for no reason—
   when he has done you no harm.

31 Do not envy a violent man
   or choose any of his ways,
32 for the LORD detests a perverse man
   but takes the upright into his confidence.

33 The LORD's curse is on the house of the
   wicked,
   but he blesses the home of the righteous.
34 He mocks proud mockers
   but gives grace to the humble.
35 The wise inherit honor,
   but fools he holds up to shame.

Wisdom Is Supreme

4 Listen, my sons, to a father's instruction;
   pay attention and gain understanding.
2 I give you sound learning,
   so do not forsake my teaching.

³ Cuando yo era pequeño y vivía con mi
    padre,
    cuando era el niño consentido de mi
    madre,
⁴ mi padre me instruyó de esta manera:
    «Aférrate de corazón a mis palabras;
    obedece mis mandamientos, y vivirás.
⁵ Adquiere sabiduría, adquiere inteligencia;
    no olvides mis palabras ni te apartes de
    ellas.
⁶ No abandones nunca a la sabiduría,
    y ella te protegerá;
    ámala, y ella te cuidará.
⁷ La sabiduría es lo primero. ¡Adquiere
    sabiduría
    Por sobre todas las cosas, adquiere
    discernimiento.
⁸ Estima a la sabiduría, y ella te exaltará;
    abrázala, y ella te honrará;
⁹ te pondrá en la cabeza una hermosa
    diadema;
    te obsequiará una bella corona.»

¹⁰ Escucha, hijo mío; acoge mis palabras,
    y los años de tu vida aumentarán.
¹¹ Yo te guío por el camino de la sabiduría,
    te dirijo por sendas de rectitud.
¹² Cuando camines, no encontrarás
    obstáculos;
    cuando corras, no tropezarás.
¹³ Aférrate a la instrucción, no la dejes
    escapar;
    cuídala bien, que ella es tu vida.
¹⁴ No sigas la senda de los perversos
    ni vayas por el camino de los malvados.
¹⁵ ¡Evita ese camino ¡No pases por él
    ¡Aléjate de allí, y sigue de largo
¹⁶ Los malvados no duermen si no hacen lo
    malo;
    pierden el sueño si no hacen que alguien
    caiga.
¹⁷ Su pan es la maldad;
    su vino, la violencia.

¹⁸ La senda de los justos se asemeja
    a los primeros albores de la aurora:
    su esplendor va en aumento
    hasta que el día alcanza su plenitud.
¹⁹ Pero el camino de los malvados
    es como la más densa oscuridad;
    ¡ni siquiera saben con qué tropiezan

²⁰ Hijo mío, atiende a mis consejos;
    escucha atentamente lo que digo.
²¹ No pierdas de vista mis palabras;
    guárdalas muy dentro de tu corazón.

³ When I was a boy in my father's house,
    still tender, and an only child of my
    mother,
⁴ he taught me and said,
    "Lay hold of my words with all your
    heart;
    keep my commands and you will live.
⁵ Get wisdom, get understanding;
    do not forget my words or swerve from
    them.
⁶ Do not forsake wisdom, and she will
    protect you;
    love her, and she will watch over you.
⁷ Wisdom is supreme; therefore get
    wisdom.
    Though it cost all you have,ʰ get
    understanding.
⁸ Esteem her, and she will exalt you;
    embrace her, and she will honor you.
⁹ She will set a garland of grace on your head
    and present you with a crown of
    splendor."

¹⁰ Listen, my son, accept what I say,
    and the years of your life will be many.
¹¹ I guide you in the way of wisdom
    and lead you along straight paths.
¹² When you walk, your steps will not be
    hampered;
    when you run, you will not stumble.
¹³ Hold on to instruction, do not let it go;
    guard it well, for it is your life.
¹⁴ Do not set foot on the path of the wicked
    or walk in the way of evil men.
¹⁵ Avoid it, do not travel on it;
    turn from it and go on your way.
¹⁶ For they cannot sleep till they do evil;
    they are robbed of slumber till they
    make someone fall.
¹⁷ They eat the bread of wickedness
    and drink the wine of violence.

¹⁸ The path of the righteous is like the first
    gleam of dawn,
    shining ever brighter till the full light of
    day.
¹⁹ But the way of the wicked is like deep
    darkness;
    they do not know what makes them
    stumble.

²⁰ My son, pay attention to what I say;
    listen closely to my words.
²¹ Do not let them out of your sight,
    keep them within your heart;

ʰ 7 Or *Whatever else you get*

²² Ellas dan vida a quienes las hallan;
son la salud del cuerpo.
²³ Por sobre todas las cosas cuida tu corazón,
porque de él mana la vida.
²⁴ Aleja de tu boca la perversidad;
aparta de tus labios las palabras corruptas.
²⁵ Pon la mirada en lo que tienes delante;
fija la vista en lo que está frente a ti.
²⁶ Endereza las sendas por donde andas;
allana todos tus caminos.
²⁷ No te desvíes ni a diestra ni a siniestra;
apártate de la maldad.

Advertencia contra el adulterio

5 Hijo mío, pon atención a mi sabiduría
y presta oído a mi buen juicio,
² para que al hablar mantengas la discreción
y retengas el conocimiento.
³ De los labios de la adúltera fluye miel;
su lengua es más suave que el aceite.
⁴ Pero al fin resulta más amarga que la hiel
y más cortante que una espada de dos
filos.
⁵ Sus pies descienden hasta la muerte;
sus pasos van derecho al *sepulcro.
⁶ No toma ella en cuenta el camino de la
vida;ᶠ
sus sendas son torcidas, y ella no lo
reconoce.ᵍ

⁷ Pues bien, hijo mío, préstame atención
y no te apartes de mis palabras.
⁸ Aléjate de la adúltera;
no te acerques a la puerta de su casa,
⁹ para que no entregues a otros tu vigor,
ni tus años a gente cruel;
¹⁰ para que no sacies con tu fuerza a gente
extraña,
ni vayan a dar en casa ajena tus esfuerzos.
¹¹ Porque al final acabarás por llorar,
cuando todo tu serʰ se haya consumido.
¹² Y dirás: «¡Cómo pude aborrecer la
corrección
¡Cómo pudo mi corazón despreciar la
disciplina
¹³ No atendí a la voz de mis maestros,
ni presté oído a mis instructores.
¹⁴ Ahora estoy al borde de la ruina,
en medio de toda la comunidad.»

¹⁵ Bebe el agua de tu propio pozo,
el agua que fluye de tu propio manantial.
¹⁶ ¿Habrán de derramarse tus fuentes por las
calles

²² for they are life to those who find them
and health to a man's whole body.
²³ Above all else, guard your heart,
for it is the wellspring of life.
²⁴ Put away perversity from your mouth;
keep corrupt talk far from your lips.
²⁵ Let your eyes look straight ahead,
fix your gaze directly before you.
²⁶ Make levelⁱ paths for your feet
and take only ways that are firm.
²⁷ Do not swerve to the right or the left;
keep your foot from evil.

Warning Against Adultery

5 My son, pay attention to my wisdom,
listen well to my words of insight,
² that you may maintain discretion
and your lips may preserve knowledge.
³ For the lips of an adulteress drip honey,
and her speech is smoother than oil;
⁴ but in the end she is bitter as gall,
sharp as a double-edged sword.
⁵ Her feet go down to death;
her steps lead straight to the grave.ʲ
⁶ She gives no thought to the way of life;
her paths are crooked, but she knows it
not.

⁷ Now then, my sons, listen to me;
do not turn aside from what I say.
⁸ Keep to a path far from her,
do not go near the door of her house,
⁹ lest you give your best strength to others
and your years to one who is cruel,
¹⁰ lest strangers feast on your wealth
and your toil enrich another man's
house.
¹¹ At the end of your life you will groan,
when your flesh and body are spent.
¹² You will say, "How I hated discipline
How my heart spurned correction
¹³ I would not obey my teachers
or listen to my instructors.
¹⁴ I have come to the brink of utter ruin
in the midst of the whole assembly."

¹⁵ Drink water from your own cistern,
running water from your own well.
¹⁶ Should your springs overflow in the
streets,

ᶠ 5:6 *No toma … vida.* Lit. *El camino de la vida para que no lo prepare.*   ᵍ 5:6 *y ella no lo reconoce.* Alt. *y tú no lo sabes.*   ʰ 5:11 *todo tu ser.* Lit. *tu carne y tu cuerpo.*   ⁱ 26 Or *Consider the*   ʲ 5 Hebrew *Sheol*

y tus corrientes de aguas por las plazas
públicas?
17 Son tuyas, solamente tuyas,
y no para que las compartas con extraños.
18 ¡Bendita sea tu fuente
¡Goza con la esposa de tu juventud
19 Es una gacela amorosa,
es una cervatilla encantadora.
¡Que sus pechos te satisfagan siempre
¡Que su amor te cautive todo el tiempo
20 ¿Por qué, hijo mío, dejarte cautivar por
una adúltera?
¿Por qué abrazarte al pecho de la mujer
ajena?

21 Nuestros caminos están a la vista del
SEÑOR;
él examina todas nuestras sendas.
22 Al malvado lo atrapan sus malas obras;
las cuerdas de su pecado lo aprisionan.
23 Morirá por su falta de disciplina;
perecerá por su gran insensatez.

Advertencia contra la insensatez

6 Hijo mío, si has salido fiador de tu vecino,
si has hecho tratos para responder por
otro,
2 si verbalmente te has comprometido,
enredándote con tus propias palabras,
3 entonces has caído en manos de tu
prójimo.
Si quieres librarte, hijo mío, éste es el
camino:
Ve corriendo y humíllate ante él;
procura deshacer tu compromiso.
4 No permitas que se duerman tus ojos;
no dejes que tus párpados se cierren.
5 Líbrate, como se libra del cazador[i] la
gacela,
como se libra de la trampa[j] el ave.

6 ¡Anda, perezoso, fíjate en la hormiga
¡Fíjate en lo que hace, y adquiere
sabiduría
7 No tiene quien la mande,
ni quien la vigile ni gobierne;
8 con todo, en el verano almacena provisiones
y durante la cosecha recoge alimentos.

9 Perezoso, ¿cuánto tiempo más seguirás
acostado?
¿Cuándo despertarás de tu sueño?
10 Un corto sueño, una breve siesta,

your streams of water in the public
squares?
17 Let them be yours alone,
never to be shared with strangers.
18 May your fountain be blessed,
and may you rejoice in the wife of your
youth.
19 A loving doe, a graceful deer—
may her breasts satisfy you always,
may you ever be captivated by her love.
20 Why be captivated, my son, by an
adulteress?
Why embrace the bosom of another
man's wife?

21 For a man's ways are in full view of the
LORD,
and he examines all his paths.
22 The evil deeds of a wicked man ensnare
him;
the cords of his sin hold him fast.
23 He will die for lack of discipline,
led astray by his own great folly.

Warnings Against Folly

6 My son, if you have put up security for
your neighbor,
if you have struck hands in pledge for
another,
2 if you have been trapped by what you
said,
ensnared by the words of your mouth,
3 then do this, my son, to free yourself,
since you have fallen into your
neighbor's hands:
Go and humble yourself;
press your plea with your neighbor
4 Allow no sleep to your eyes,
no slumber to your eyelids.
5 Free yourself, like a gazelle from the
hand of the hunter,
like a bird from the snare of the fowler.

6 Go to the ant, you sluggard;
consider its ways and be wise
7 It has no commander,
no overseer or ruler,
8 yet it stores its provisions in summer
and gathers its food at harvest.

9 How long will you lie there, you
sluggard?
When will you get up from your sleep?
10 A little sleep, a little slumber,

---

[i] 6:5 del cazador (LXX y otras versiones antiguas); de la
mano (TM).   [j] 6:5 de la trampa (LXX y otras versiones
antiguas); de la mano del trampero (TM).

un pequeño descanso, cruzado de
brazos…
11 ¡y te asaltará la pobreza como un bandido,
y la escasez como un hombre armado *k*

12 El bribón y sinvergüenza,
el vagabundo de boca corrupta,
13 hace guiños con los ojos,
y señas con los pies y con los dedos.
14 El malvado trama el mal en su mente,
y siempre anda provocando disensiones.
15 Por eso le sobrevendrá la ruina;
¡de repente será destruido, y no podrá
evitarlo

16 Hay seis cosas que el SEÑOR aborrece,
y siete que le son detestables:
17   los ojos que se enaltecen,
la lengua que miente,
las manos que derraman sangre
inocente,
18   el corazón que hace planes perversos,
los pies que corren a hacer lo malo,
19   el falso testigo que esparce mentiras,
y el que siembra discordia entre
hermanos.

Advertencia contra el adulterio

20 Hijo mío, obedece el mandamiento de tu
padre
y no abandones la enseñanza de tu
madre.
21 Grábatelos en el corazón;
cuélgatelos al cuello.
22 Cuando camines, te servirán de guía;
cuando duermas, vigilarán tu sueño;
cuando despiertes, hablarán contigo.
23 El mandamiento es una lámpara,
la enseñanza es una luz
y la disciplina es el camino a la vida.
24 Te protegerán de la mujer malvada,
de la mujer ajena y de su lengua
seductora.
25 No abrigues en tu corazón deseos por su
belleza,
ni te dejes cautivar por sus ojos,
26 pues la ramera va tras un pedazo de pan,
pero la adúltera va tras el hombre que
vale. *l*
27 ¿Puede alguien echarse brasas en el pecho
sin quemarse la ropa?
28 ¿Puede alguien caminar sobre las brasas
sin quemarse los pies?

a little folding of the hands to rest—
11 and poverty will come on you like a
bandit
and scarcity like an armed man.*k*

12 A scoundrel and villain,
who goes about with a corrupt mouth,
13 who winks with his eye,
signals with his feet
and motions with his fingers,
14 who plots evil with deceit in his heart—
he always stirs up dissension.
15 Therefore disaster will overtake him in an
instant;
he will suddenly be destroyed—without
remedy.

16 There are six things the LORD hates,
seven that are detestable to him:
17   haughty eyes,
a lying tongue,
hands that shed innocent blood,
18   a heart that devises wicked schemes,
feet that are quick to rush into evil,
19   a false witness who pours out lies
and a man who stirs up dissension
among brothers.

Warning Against Adultery

20 My son, keep your father's commands
and do not forsake your mother's
teaching.
21 Bind them upon your heart forever;
fasten them around your neck.
22 When you walk, they will guide you;
when you sleep, they will watch over
you;
when you awake, they will speak to you.
23 For these commands are a lamp,
this teaching is a light,
and the corrections of discipline
are the way to life,
24 keeping you from the immoral woman,
from the smooth tongue of the wayward
wife.
25 Do not lust in your heart after her beauty
or let her captivate you with her eyes,
26 for the prostitute reduces you to a loaf of
bread,
and the adulteress preys upon your very
life.
27 Can a man scoop fire into his lap
without his clothes being burned?
28 Can a man walk on hot coals
without his feet being scorched?

---

k 6:11 *como un hombre armado.* Alt. *como un limosnero.*
l 6:26 *el hombre que vale.* Lit. *un alma valiosa.*

k 11 Or *like a vagrant / and scarcity like a beggar*

29 Pues tampoco quien se acuesta con la
mujer ajena
puede tocarla y quedar impune.

30 No se desprecia al ladrón
que roba para mitigar su hambre;
31 pero si lo atrapan, deberá devolver
siete tantos lo robado,
aun cuando eso le cueste todas sus
posesiones.
32 Pero al que comete adulterio le faltan sesos;
el que así actúa se destruye a sí mismo.
33 No sacará más que golpes y vergüenzas,
y no podrá borrar su oprobio.
34 Porque los celos desatan la furia del
esposo,
y éste no perdonará en el día de la
venganza.
35 No aceptará nada en desagravio,
ni se contentará con muchos regalos.

Advertencia contra la mujer adúltera

7 Hijo mío, pon en práctica[m] mis palabras
y atesora mis mandamientos.
2 Cumple con mis mandatos, y vivirás;
cuida mis enseñanzas como a la niña de
tus ojos.
3 Llévalos atados en los dedos;
anótalos en la tablilla de tu corazón.
4 Di a la sabiduría: «Tú eres mi hermana»,
y a la inteligencia: «Eres de mi sangre.»
5 Ellas te librarán de la mujer ajena,
de la adúltera y de sus palabras seductoras.

6 Desde la ventana de mi casa
miré a través de la celosía.
7 Me puse a ver a los inexpertos,
y entre los jóvenes observé
a uno de ellos falto de juicio.[n]
8 Cruzó la calle, llegó a la esquina,
y se encaminó hacia la casa de esa mujer.
9 Caía la tarde. Llegaba el día a su fin.
Avanzaban las sombras de la noche.

10 De pronto la mujer salió a su encuentro,
con toda la apariencia de una prostituta
y con solapadas intenciones.
11 (Como es escandalosa y descarada,
nunca hallan sus pies reposo en su casa.
12 Unas veces por las calles, otras veces por
las plazas,
siempre está al acecho en cada esquina.)
13 Se prendió de su cuello, lo besó,
y con todo descaro le dijo:

29 So is he who sleeps with another man's
wife;
no one who touches her will go
unpunished.

30 Men do not despise a thief if he steals
to satisfy his hunger when he is starving.
31 Yet if he is caught, he must pay sevenfold,
though it costs him all the wealth of his
house.
32 But a man who commits adultery lacks
judgment;
whoever does so destroys himself.
33 Blows and disgrace are his lot,
and his shame will never be wiped away;
34 for jealousy arouses a husband's fury,
and he will show no mercy when he
takes revenge.
35 He will not accept any compensation;
he will refuse the bribe, however great it
is.

Warning Against the Adulteress

7 My son, keep my words
and store up my commands within you.
2 Keep my commands and you will live;
guard my teachings as the apple of your
eye.
3 Bind them on your fingers;
write them on the tablet of your heart.
4 Say to wisdom, "You are my sister,"
and call understanding your kinsman;
5 they will keep you from the adulteress,
from the wayward wife with her
seductive words.

6 At the window of my house
I looked out through the lattice.
7 I saw among the simple,
I noticed among the young men,
a youth who lacked judgment.
8 He was going down the street near her
corner,
walking along in the direction of her
house
9 at twilight, as the day was fading,
as the dark of night set in.

10 Then out came a woman to meet him,
dressed like a prostitute and with crafty
intent.
11 (She is loud and defiant,
her feet never stay at home;
12 now in the street, now in the squares,
at every corner she lurks.)
13 She took hold of him and kissed him
and with a brazen face she said:

---

m 7:1 *pon en práctica*. Lit. *guarda.* n 7:7 *falto de juicio*. Lit.
falto de corazón.

¹⁴«Tengo en mi casa sacrificios de
  *comunión,
    pues hoy he cumplido mis votos.
¹⁵Por eso he venido a tu encuentro;
    te buscaba, ¡y ya te he encontrado
¹⁶Sobre la cama he tendido
    multicolores linos egipcios.
¹⁷He perfumado mi lecho
    con aroma de mirra, áloe y canela.
¹⁸Ven, bebamos hasta el fondo la copa del
    amor;
    ¡disfrutemos del amor hasta el
      amanecer
¹⁹Mi esposo no está en casa,
    pues ha emprendido un largo viaje.
²⁰Se ha llevado consigo la bolsa del dinero,
    y no regresará hasta el día de luna llena.»

²¹Con palabras persuasivas lo convenció;
    con lisonjas de sus labios lo sedujo.
²²Y él en seguida fue tras ella,
    como el buey que va camino al matadero;
    como el ciervo^ñ que cae en la trampa,^o
²³ hasta que una flecha le abre las entrañas;
    como el ave que se lanza contra la red,
    sin saber que en ello le va la vida.

²⁴Así que, hijo mío, escúchame;
    presta^p atención a mis palabras.
²⁵No desvíes tu corazón hacia sus sendas,
    ni te extravíes por sus caminos,
²⁶pues muchos han muerto por su causa;
    sus víctimas han sido innumerables.
²⁷Su casa lleva derecho al *sepulcro;
    ¡conduce al reino de la muerte

Llamado de la sabiduría

8 ¿Acaso no está llamando la sabiduría?
    ¿No está elevando su voz la inteligencia?
²Toma su puesto en las alturas,
    a la vera del camino y en las encrucijadas.
³Junto a las *puertas que dan a la ciudad,
    a la *entrada misma, grita a voz en cuello:
⁴«A ustedes los *hombres, los estoy
    llamando;
    dirijo mi voz a toda la *humanidad.
⁵Ustedes los *inexpertos, ¡adquieran
    prudencia
    Ustedes los *necios, ¡obtengan
      discernimiento
⁶Escúchenme, que diré cosas importantes;
    mis labios hablarán con *justicia.
⁷Mi boca expresará la verdad,
    pues mis labios detestan la mentira.

¹⁴"I have fellowship offerings^l at home;
    today I fulfilled my vows.
¹⁵So I came out to meet you;
    I looked for you and have found you
¹⁶I have covered my bed
    with colored linens from Egypt.
¹⁷I have perfumed my bed
    with myrrh, aloes and cinnamon.
¹⁸Come, let's drink deep of love till
    morning;
    let's enjoy ourselves with love
¹⁹My husband is not at home;
    he has gone on a long journey.
²⁰He took his purse filled with money
    and will not be home till full moon."

²¹With persuasive words she led him
    astray;
    she seduced him with her smooth talk.
²²All at once he followed her
    like an ox going to the slaughter,
    like a deer^m stepping into a nooseⁿ
²³ till an arrow pierces his liver,
    like a bird darting into a snare,
    little knowing it will cost him his life.

²⁴Now then, my sons, listen to me;
    pay attention to what I say.
²⁵Do not let your heart turn to her ways
    or stray into her paths.
²⁶Many are the victims she has brought
    down;
    her slain are a mighty throng.
²⁷Her house is a highway to the grave,^o
    leading down to the chambers of
      death.

Wisdom's Call

8 Does not wisdom call out?
    Does not understanding raise her
      voice?
²On the heights along the way,
    where the paths meet, she takes her
      stand;
³beside the gates leading into the city,
    at the entrances, she cries aloud:
⁴"To you, O men, I call out;
    I raise my voice to all mankind.
⁵You who are simple, gain prudence;
    you who are foolish, gain understanding.
⁶Listen, for I have worthy things to say;
    I open my lips to speak what is right.
⁷My mouth speaks what is true,
    for my lips detest wickedness.

---

^ñ**7:22** *ciervo* (Siríaca; véase también LXX); *necio* (TM).
^o**7:22** Texto de difícil traducción.   ^p**7:24** *hijo mío,
escúchame; presta*. Lit. *hijos míos, escúchenme; presten.*

^l*14* Traditionally *peace offerings*   ^m*22* Syriac (see also
Septuagint); Hebrew *fool*   ⁿ*22* The meaning of the Hebrew
for this line is uncertain.   ^o*27* Hebrew *Sheol*

⁸Las palabras de mi boca son todas justas;
no hay en ellas maldad ni doblez.
⁹Son claras para los entendidos,
e irreprochables para los sabios.
¹⁰Opten por mi *instrucción, no por la plata;
por el *conocimiento, no por el oro
refinado.
¹¹Vale más la sabiduría que las piedras
preciosas,
y ni lo más deseable se le compara.

¹²»Yo, la sabiduría, convivo con la
prudencia
y poseo conocimiento y discreción.
¹³Quien teme al SEÑOR aborrece lo malo;
yo aborrezco el orgullo y la arrogancia,
la mala conducta y el lenguaje perverso.
¹⁴Míos son el consejo y el buen juicio;
míos son el entendimiento y el poder.
¹⁵Por mí reinan los reyes
y promulgan leyes justas los
gobernantes.
¹⁶Por mí gobiernan los príncipes
y todos los nobles que rigen la tierra.^q
¹⁷A los que me aman, les correspondo;
a los que me buscan, me doy a conocer.
¹⁸Conmigo están las riquezas y la honra,
la prosperidad^r y los bienes duraderos.
¹⁹Mi fruto es mejor que el oro fino;
mi cosecha sobrepasa a la plata refinada.
²⁰Voy por el *camino de la rectitud,
por los senderos de la justicia,
²¹enriqueciendo a los que me aman
y acrecentando sus tesoros.

²²»El SEÑOR me dio la vida^s como
primicia de sus obras,^t
mucho antes de sus obras de antaño.
²³Fui establecida desde la eternidad,
desde antes que existiera el mundo.
²⁴No existían los grandes mares cuando yo
nací;
no había entonces manantiales de
abundantes aguas.
²⁵Nací antes que fueran formadas las
colinas,
antes que se cimentaran las montañas,
²⁶antes que él creara la tierra y sus paisajes
y el polvo primordial con que hizo el
mundo.
²⁷Cuando Dios cimentó la bóveda celeste
y trazó el horizonte sobre las aguas,
allí estaba yo presente.

⁸All the words of my mouth are just;
none of them is crooked or perverse.
⁹To the discerning all of them are right;
they are faultless to those who have
knowledge.
¹⁰Choose my instruction instead of silver,
knowledge rather than choice gold,
¹¹for wisdom is more precious than rubies,
and nothing you desire can compare
with her.

¹²"I, wisdom, dwell together with prudence;
I possess knowledge and discretion.
¹³To fear the LORD is to hate evil;
I hate pride and arrogance,
evil behavior and perverse speech.
¹⁴Counsel and sound judgment are mine;
I have understanding and power.
¹⁵By me kings reign
and rulers make laws that are just;
¹⁶by me princes govern,
and all nobles who rule on earth.^p
¹⁷I love those who love me,
and those who seek me find me.
¹⁸With me are riches and honor,
enduring wealth and prosperity.
¹⁹My fruit is better than fine gold;
what I yield surpasses choice silver.
²⁰I walk in the way of righteousness,
along the paths of justice,
²¹bestowing wealth on those who love me
and making their treasuries full.

²²"The LORD brought me forth as the first
of his works,^{q,r}
before his deeds of old;
²³I was appointed^s from eternity,
from the beginning, before the world
began.
²⁴When there were no oceans, I was given
birth,
when there were no springs abounding
with water;
²⁵before the mountains were settled in
place,
before the hills, I was given birth,
²⁶before he made the earth or its fields
or any of the dust of the world.
²⁷I was there when he set the heavens in
place,
when he marked out the horizon on the
face of the deep,

---

^q8:16 *y todos los nobles que rigen la tierra* (varios mss. hebreos y LXX); *y nobles, todos jueces justos* (TM). ^r8:18 *prosperidad.* Lit. *justicia.* ^s8:22 *me dio la vida.* Alt. *era mi dueño.* ^t8:22 *obras.* Lit. *caminos.*

^p16 Many Hebrew manuscripts and Septuagint; most Hebrew manuscripts and nobles—*all righteous rulers*   ^q22 Or *way*; or *dominion*   ^r22 Or *The LORD possessed me at the beginning of his work*; or *The LORD brought me forth at the beginning of his work*   ^s23 Or *fashioned*

28 Cuando estableció las nubes en los cielos
y reforzó las fuentes del mar profundo;
29 cuando señaló los límites del mar,
para que las aguas obedecieran su
mandato;
cuando plantó los fundamentos de la
tierra,
30 allí estaba yo, afirmando su obra.
Día tras día me llenaba yo de alegría,
siempre disfrutaba de estar en su
presencia;
31 me regocijaba en el mundo que él creó;
¡en el *género humano me deleitaba

32 »Y ahora, hijos míos, escúchenme:
*dichosos los que van por[u] mis caminos.
33 Atiendan a mi instrucción, y sean sabios;
no la descuiden.
34 Dichosos los que me escuchan
y a mis puertas están atentos cada día,
esperando a la entrada de mi casa.
35 En verdad, quien me encuentra, halla la vida
y recibe el favor del SEÑOR.
36 Quien me rechaza, se perjudica a sí mismo;
quien me aborrece, ama la muerte.»

Invitación de la sabiduría y de la necedad

9 La sabiduría construyó su casa
y labró sus siete pilares.
2 Preparó un banquete, mezcló su vino
y tendió la mesa.
3 Envió a sus doncellas, y ahora clama
desde lo más alto de la ciudad.
4 «¡Vengan conmigo los inexpertos
—dice a los faltos de juicio—.
5 Vengan, disfruten de mi pan
y beban del vino que he mezclado.
6 Dejen su insensatez, y vivirán;
andarán por el camino del discernimiento.

7 »El que corrige al burlón se gana que lo
insulten;
el que reprende al malvado se gana su
desprecio.
8 No reprendas al insolente, no sea que
acabe por odiarte;
reprende al sabio, y te amará.
9 Instruye al sabio, y se hará más sabio;
enseña al justo, y aumentará su saber.

10 »El comienzo de la sabiduría es el temor
del SEÑOR;
conocer al Santo[v] es tener
discernimiento.

28 when he established the clouds above
and fixed securely the fountains of the
deep,
29 when he gave the sea its boundary
so the waters would not overstep his
command,
and when he marked out the foundations
of the earth.
30 Then I was the craftsman at his side.
I was filled with delight day after day,
rejoicing always in his presence,
31 rejoicing in his whole world
and delighting in mankind.

32 "Now then, my sons, listen to me;
blessed are those who keep my ways.
33 Listen to my instruction and be wise;
do not ignore it.
34 Blessed is the man who listens to me,
watching daily at my doors,
waiting at my doorway.
35 For whoever finds me finds life
and receives favor from the LORD.
36 But whoever fails to find me harms
himself;
all who hate me love death."

Invitations of Wisdom and of Folly

9 Wisdom has built her house;
she has hewn out its seven pillars.
2 She has prepared her meat and mixed her
wine;
she has also set her table.
3 She has sent out her maids, and she calls
from the highest point of the city.
4 "Let all who are simple come in here "
she says to those who lack judgment.
5 "Come, eat my food
and drink the wine I have mixed.
6 Leave your simple ways and you will live;
walk in the way of understanding.

7 "Whoever corrects a mocker invites
insult;
whoever rebukes a wicked man incurs
abuse.
8 Do not rebuke a mocker or he will hate
you;
rebuke a wise man and he will love you.
9 Instruct a wise man and he will be wiser
still;
teach a righteous man and he will add to
his learning.

10 "The fear of the LORD is the beginning of
wisdom,
and knowledge of the Holy One is
understanding.

---

[u] 8:32 *van por.* Lit. *guardan.* [v] 9:10 *al Santo.* Alt. *las cosas santas.*

11 Por mí aumentarán tus días;
    muchos años de vida te serán añadidos.
12 Si eres sabio, tu premio será tu
    sabiduría;
    si eres insolente, sólo tú lo sufrirás.»

13 La mujer necia es escandalosa,
    frívola y desvergonzada.
14 Se sienta a las puertas de su casa,
    sienta sus reales en lo más alto de la
    ciudad,
15 y llama a los que van por el camino,
    a los que no se apartan de su senda.
16 «¡Vengan conmigo, inexpertos
    —dice a los faltos de juicio—.
17 ¡Las aguas robadas saben a gloria
    ¡El pan sabe a miel si se come a
    escondidas »
18 Pero éstos ignoran que allí está la
    muerte,
    que sus invitados caen al fondo de la
    *fosa.

Proverbios de Salomón

10 Proverbios de Salomón:

El hijo sabio es la alegría de su padre;
    el hijo necio es el pesar de su madre.

2 Las riquezas mal habidas no sirven de
    nada,
    pero la justicia libra de la muerte.

3 El SEÑOR no deja sin comer al justo,
    pero frustra la avidez de los malvados.

4 Las manos ociosas conducen a la
    pobreza;
    las manos hábiles atraen riquezas.

5 El hijo prevenido se abastece en el verano,
    pero el sinvergüenza duerme en tiempo
    de cosecha.

6 El justo se ve coronado de bendiciones,
    pero la boca del malvado encubre
    violencia.

7 La memoria de los justos es una
    bendición,
    pero la fama de los malvados será pasto
    de los gusanos.

8 El de sabio corazón acata las órdenes,
    pero el necio y rezongón va camino al
    desastre.

11 For through me your days will be many,
    and years will be added to your life.
12 If you are wise, your wisdom will reward
    you;
    if you are a mocker, you alone will
    suffer."

13 The woman Folly is loud;
    she is undisciplined and without
    knowledge.
14 She sits at the door of her house,
    on a seat at the highest point of the city,
15 calling out to those who pass by,
    who go straight on their way.
16 "Let all who are simple come in here "
    she says to those who lack judgment.
17 "Stolen water is sweet;
    food eaten in secret is delicious "
18 But little do they know that the dead are
    there,
    that her guests are in the depths of the
    grave.[t]

Proverbs of Solomon

10 The proverbs of Solomon:

A wise son brings joy to his father,
    but a foolish son grief to his mother.

2 Ill-gotten treasures are of no value,
    but righteousness delivers from death.

3 The LORD does not let the righteous go
    hungry
    but he thwarts the craving of the wicked.

4 Lazy hands make a man poor,
    but diligent hands bring wealth.

5 He who gathers crops in summer is a
    wise son,
    but he who sleeps during harvest is a
    disgraceful son.

6 Blessings crown the head of the righteous,
    but violence overwhelms the mouth of
    the wicked.[u]

7 The memory of the righteous will be a
    blessing,
    but the name of the wicked will rot.

8 The wise in heart accept commands,
    but a chattering fool comes to ruin.

---

[t] 18 Hebrew Sheol   [u] 6 Or but the mouth of the wicked
conceals violence; also in verse 11

⁹ Quien se conduce con integridad, anda
    seguro;
    quien anda en malos pasos será
        descubierto.

¹⁰ Quien guiña el ojo con malicia provoca
    pesar;
    el necio y rezongón va camino al
        desastre.

¹¹ Fuente de vida es la boca del justo,
    pero la boca del malvado encubre
        violencia.

¹² El odio es motivo de disensiones,
    pero el amor cubre todas las faltas.

¹³ En los labios del prudente hay
        sabiduría;
    en la espalda del falto de juicio, sólo
        garrotazos.

¹⁴ El que es sabio atesora el conocimiento,
    pero la boca del necio es un peligro
        inminente.

¹⁵ La riqueza del rico es su baluarte;
    la pobreza del pobre es su ruina.

¹⁶ El salario del justo es la vida;
    la ganancia del malvado es el pecado.

¹⁷ El que atiende a la corrección va camino
        a la vida;
    el que la rechaza se pierde.

¹⁸ El de labios mentirosos disimula su
        odio,
    y el que propaga calumnias es un
        necio.

¹⁹ El que mucho habla, mucho yerra;
    el que es sabio refrena su lengua.

²⁰ Plata refinada es la lengua del justo;
    el corazón del malvado no vale nada.

²¹ Los labios del justo orientan a muchos;
    los necios mueren por falta de juicio.

²² La bendición del SEÑOR trae riquezas,
    y nada se gana con preocuparse.

²³ El necio se divierte con su mala conducta,
    pero el sabio se recrea con la sabiduría.

²⁴ Lo que el malvado teme, eso le ocurre;
    lo que el justo desea, eso recibe.

⁹ The man of integrity walks securely,
    but he who takes crooked paths will be
        found out.

¹⁰ He who winks maliciously causes grief,
    and a chattering fool comes to ruin.

¹¹ The mouth of the righteous is a fountain
        of life,
    but violence overwhelms the mouth of
        the wicked.

¹² Hatred stirs up dissension,
    but love covers over all wrongs.

¹³ Wisdom is found on the lips of the
        discerning,
    but a rod is for the back of him who
        lacks judgment.

¹⁴ Wise men store up knowledge,
    but the mouth of a fool invites ruin.

¹⁵ The wealth of the rich is their fortified city,
    but poverty is the ruin of the poor.

¹⁶ The wages of the righteous bring them life,
    but the income of the wicked brings
        them punishment.

¹⁷ He who heeds discipline shows the way
        to life,
    but whoever ignores correction leads
        others astray.

¹⁸ He who conceals his hatred has lying lips,
    and whoever spreads slander is a fool.

¹⁹ When words are many, sin is not absent,
    but he who holds his tongue is wise.

²⁰ The tongue of the righteous is choice silver,
    but the heart of the wicked is of little
        value.

²¹ The lips of the righteous nourish many,
    but fools die for lack of judgment.

²² The blessing of the LORD brings wealth,
    and he adds no trouble to it.

²³ A fool finds pleasure in evil conduct,
    but a man of understanding delights in
        wisdom.

²⁴ What the wicked dreads will overtake him;
    what the righteous desire will be
        granted.

²⁵ Pasa la tormenta y desaparece el
　　malvado,
　　　pero el justo permanece firme para
　　　　siempre.

²⁶ Como vinagre a los dientes y humo a los
　　ojos
　　　es el perezoso para quienes lo emplean.

²⁷ El temor del SEÑOR prolonga la vida,
　　　pero los años del malvado se acortan.

²⁸ El futuro de los justos es halagüeño;
　　la esperanza de los malvados se
　　　desvanece.

²⁹ El camino del SEÑOR es refugio de los
　　justos
　　　y ruina de los malhechores.

³⁰ Los justos no tropezarán jamás;
　　los malvados no habitarán la tierra.

³¹ La boca del justo profiere sabiduría,
　　pero la lengua perversa será
　　　cercenada.

³² Los labios del justo destilan^w bondad;
　　de la boca del malvado brota
　　　perversidad.

11 El SEÑOR aborrece las balanzas
　　　adulteradas,
　　pero aprueba las pesas exactas.

² Con el orgullo viene el oprobio;
　　con la humildad, la sabiduría.

³ A los justos los guía su integridad;
　　a los falsos los destruye su hipocresía.

⁴ En el día de la ira de nada sirve ser rico,
　　pero la justicia libra de la muerte.

⁵ La justicia endereza el camino de los
　　íntegros,
　　　pero la maldad hace caer a los impíos.

⁶ La justicia libra a los justos,
　　pero la codicia atrapa a los falsos.

⁷ Muere el malvado, y con él su
　　esperanza;
　　　muere también su ilusión de poder.

²⁵ When the storm has swept by, the wicked
　　are gone,
　　　but the righteous stand firm forever.

²⁶ As vinegar to the teeth and smoke to the
　　eyes,
　　　so is a sluggard to those who send him.

²⁷ The fear of the LORD adds length to life,
　　but the years of the wicked are cut short.

²⁸ The prospect of the righteous is joy,
　　but the hopes of the wicked come to
　　　nothing.

²⁹ The way of the LORD is a refuge for the
　　righteous,
　　　but it is the ruin of those who do evil.

³⁰ The righteous will never be uprooted,
　　but the wicked will not remain in the land.

³¹ The mouth of the righteous brings forth
　　wisdom,
　　　but a perverse tongue will be cut out.

³² The lips of the righteous know what is
　　fitting,
　　　but the mouth of the wicked only what
　　　　is perverse.

11 The LORD abhors dishonest scales,
　　　but accurate weights are his delight.

² When pride comes, then comes disgrace,
　　but with humility comes wisdom.

³ The integrity of the upright guides them,
　　but the unfaithful are destroyed by their
　　　duplicity.

⁴ Wealth is worthless in the day of wrath,
　　but righteousness delivers from death.

⁵ The righteousness of the blameless makes
　　a straight way for them,
　　　but the wicked are brought down by
　　　　their own wickedness.

⁶ The righteousness of the upright delivers
　　them,
　　　but the unfaithful are trapped by evil
　　　　desires.

⁷ When a wicked man dies, his hope perishes;
　　all he expected from his power comes to
　　　nothing.

---

^w **10:32** *destilan* (LXX); *saben* (TM).

8 El justo se salva de la calamidad,
   pero la desgracia le sobreviene al
      malvado.

9 Con la boca el impío destruye a su
      prójimo,
   pero los justos se libran por el
      conocimiento.

10 Cuando el justo prospera, la ciudad se
      alegra;
   cuando el malvado perece, hay gran
      regocijo.

11 La bendición de los justos enaltece a la
      ciudad,
   pero la boca de los malvados la destruye.

12 El falto de juicio desprecia a su prójimo,
   pero el entendido refrena su lengua.

13 La gente chismosa revela los secretos;
   la gente confiable es discreta.

14 Sin dirección, la nación fracasa;
   el éxito depende de los muchos
      consejeros.

15 El fiador de un extraño saldrá perjudicado;
   negarse a dar fianza^x es vivir en paz.

16 La mujer bondadosa se gana el respeto;
   los hombres violentos sólo ganan
      riquezas.

17 El que es bondadoso se beneficia a sí
      mismo;
   el que es cruel, a sí mismo se perjudica.

18 El malvado obtiene ganancias ilusorias;
   el que siembra justicia asegura su
      ganancia.

19 El que es justo obtiene la vida;
   el que persigue el mal se encamina a la
      muerte.

20 El SEÑOR aborrece a los de corazón
      perverso,
   pero se complace en los que viven con
      rectitud.

21 Una cosa es segura:^y Los malvados no
      quedarán impunes,
   pero los justos saldrán bien librados.

8 The righteous man is rescued from
      trouble,
   and it comes on the wicked instead.

9 With his mouth the godless destroys his
      neighbor,
   but through knowledge the righteous
      escape.

10 When the righteous prosper, the city
      rejoices;
   when the wicked perish, there are
      shouts of joy.

11 Through the blessing of the upright a city
      is exalted,
   but by the mouth of the wicked it is
      destroyed.

12 A man who lacks judgment derides his
      neighbor,
   but a man of understanding holds his
      tongue.

13 A gossip betrays a confidence,
   but a trustworthy man keeps a secret.

14 For lack of guidance a nation falls,
   but many advisers make victory sure.

15 He who puts up security for another will
      surely suffer,
   but whoever refuses to strike hands in
      pledge is safe.

16 A kindhearted woman gains respect,
   but ruthless men gain only wealth.

17 A kind man benefits himself,
   but a cruel man brings trouble on
      himself.

18 The wicked man earns deceptive wages,
   but he who sows righteousness reaps a
      sure reward.

19 The truly righteous man attains life,
   but he who pursues evil goes to his
      death.

20 The LORD detests men of perverse heart
   but he delights in those whose ways are
      blameless.

21 Be sure of this: The wicked will not go
      unpunished,
   but those who are righteous will go free.

x 11:15 _a dar fianza._ Lit. _a estrechar la mano._   y 11:21 _Una cosa es segura._ Lit. _Mano a mano._

22 Como argolla de oro en hocico de cerdo
es la mujer bella pero indiscreta.

23 Los deseos de los justos terminan bien;
la esperanza de los malvados termina
mal.[z]

24 Unos dan a manos llenas, y reciben más
de lo que dan;
otros ni sus deudas pagan, y acaban en
la miseria.

25 El que es generoso prospera;
el que reanima será reanimado.

26 La gente maldice al que acapara el trigo,
pero colma de bendiciones al que
gustoso lo vende.

27 El que madruga para el bien, halla buena
voluntad;
el que anda tras el mal, por el mal será
alcanzado.

28 El que confía en sus riquezas se marchita,
pero el justo se renueva como el follaje.

29 El que perturba su casa no hereda más
que el viento,
y el necio termina sirviendo al sabio.

30 El fruto de la justicia[a] es árbol de vida,
pero el que arrebata vidas es violento.[b]

31 Si los justos reciben su pago aquí en la
tierra,
¡cuánto más los impíos y los pecadores

12 El que ama la disciplina ama el
conocimiento,
pero el que la aborrece es un necio.

2 El hombre bueno recibe el favor del
SEÑOR,
pero el intrigante recibe su condena.

3 Nadie puede afirmarse por medio de la
maldad;
sólo queda firme la raíz de los justos.

4 La mujer ejemplar[c] es corona de su esposo;
la desvergonzada es carcoma en los
huesos.

22 Like a gold ring in a pig's snout
is a beautiful woman who shows no
discretion.

23 The desire of the righteous ends only in
good,
but the hope of the wicked only in wrath.

24 One man gives freely, yet gains even
more;
another withholds unduly, but comes to
poverty.

25 A generous man will prosper;
he who refreshes others will himself be
refreshed.

26 People curse the man who hoards grain,
but blessing crowns him who is willing
to sell.

27 He who seeks good finds goodwill,
but evil comes to him who searches for
it.

28 Whoever trusts in his riches will fall,
but the righteous will thrive like a green
leaf.

29 He who brings trouble on his family will
inherit only wind,
and the fool will be servant to the wise.

30 The fruit of the righteous is a tree of life,
and he who wins souls is wise.

31 If the righteous receive their due on
earth,
how much more the ungodly and the
sinner

12 Whoever loves discipline loves
knowledge,
but he who hates correction is stupid.

2 A good man obtains favor from the
LORD,
but the LORD condemns a crafty man.

3 A man cannot be established through
wickedness,
but the righteous cannot be uprooted.

4 A wife of noble character is her
husband's crown,
but a disgraceful wife is like decay in
his bones.

---

[z] 11:23 *termina mal* (LXX); *es ira* (TM).   [a] 11:30 *de la justicia* (LXX); *del justo* (TM).   [b] 11:30 *violento* (LXX); *sabio* (TM).   [c] 12:4 *ejemplar*. Alt. *fuerte*; véase 31:10-31.

5 En los planes del justo hay justicia,
  pero en los consejos del malvado hay
  engaño.

6 Las palabras del malvado son insidias de
  muerte,
  pero la boca de los justos los pone a
  salvo.

7 Los malvados se derrumban y dejan de
  existir,
  pero los hijos de los justos permanecen.

8 Al hombre se le alaba según su sabiduría,
  pero al de mal corazón se le desprecia.

9 Vale más un Don Nadie con criado
  que un Don Alguien sin pan.

10 El justo atiende a las necesidades de su
   bestia,
   pero el malvado es de mala entraña.

11 El que labra su tierra tendrá abundante
   comida,
   pero el que sueña despierto*d* es un
   imprudente.

12 Los malos deseos son la trampa*e* de los
   malvados,
   pero la raíz de los justos prospera.

13 En el pecado de sus labios se enreda el
   malvado,
   pero el justo sale del aprieto.

14 Cada uno se sacia*f* del fruto de sus labios,
   y de la obra de sus manos recibe su
   recompensa.

15 Al necio le parece bien lo que emprende,
   pero el sabio atiende al consejo.

16 El necio muestra en seguida su enojo,
   pero el prudente pasa por alto el insulto.

17 El testigo verdadero declara lo que es
   justo,
   pero el testigo falso declara falsedades.

18 El charlatán hiere con la lengua como con
   una espada,
   pero la lengua del sabio brinda alivio.

5 The plans of the righteous are just,
  but the advice of the wicked is
  deceitful.

6 The words of the wicked lie in wait for
  blood,
  but the speech of the upright rescues
  them.

7 Wicked men are overthrown and are no
  more,
  but the house of the righteous stands
  firm.

8 A man is praised according to his
  wisdom,
  but men with warped minds are
  despised.

9 Better to be a nobody and yet have a
  servant
  than pretend to be somebody and have
  no food.

10 A righteous man cares for the needs of
   his animal,
   but the kindest acts of the wicked are
   cruel.

11 He who works his land will have
   abundant food,
   but he who chases fantasies lacks
   judgment.

12 The wicked desire the plunder of evil
   men,
   but the root of the righteous flourishes.

13 An evil man is trapped by his sinful talk,
   but a righteous man escapes trouble.

14 From the fruit of his lips a man is filled
   with good things
   as surely as the work of his hands
   rewards him.

15 The way of a fool seems right to him,
   but a wise man listens to advice.

16 A fool shows his annoyance at once,
   but a prudent man overlooks an insult.

17 A truthful witness gives honest testimony,
   but a false witness tells lies.

18 Reckless words pierce like a sword,
   but the tongue of the wise brings healing.

---

*d*12:11 *el que sueña despierto*. Lit. *el que persigue lo vacío*;
también en 28:19.   *e*12:12 *la trampa* (texto probable); *el
botín* (TM).   *f*12:14 *se sacia*. Lit. *se sacia de lo bueno*.

¹⁹ Los labios sinceros permanecen para
    siempre,
    pero la lengua mentirosa dura sólo un
    instante.

²⁰ En los que fraguan el mal habita el engaño,
    pero hay gozo para los que promueven
    la paz.

²¹ Al justo no le sobrevendrá ningún daño,
    pero al malvado lo cubrirá la desgracia.

²² El SEÑOR aborrece a los de labios
    mentirosos,
    pero se complace en los que actúan con
    lealtad.

²³ El hombre prudente no muestra lo que
    sabe,
    pero el corazón de los necios proclama
    su necedad.

²⁴ El de manos diligentes gobernará;
    pero el perezoso será subyugado.

²⁵ La angustia abate el corazón del hombre,
    pero una palabra amable lo alegra.

²⁶ El justo es guía de su prójimo,ᵍ
    pero el camino del malvado lleva a la
    perdición.

²⁷ El perezoso no atrapa presa,ʰ
    pero el diligente ya posee una gran
    riqueza.

²⁸ En el camino de la justicia se halla la vida;
    por ese camino se evita la muerte.

13 El hijo sabio atiende aⁱ la *corrección
    de su padre,
    pero el *insolente no hace caso a la
    represión.

² Quien habla el bien, del bien se nutre,
    pero el infiel padece hambre de
    violencia.

³ El que refrena su lengua protege su vida,
    pero el ligero de labios provoca su ruina.

⁴ El perezoso ambiciona, y nada consigue;
    el diligente ve cumplidos sus deseos.

---

¹⁹ Truthful lips endure forever,
    but a lying tongue lasts only a moment.

²⁰ There is deceit in the hearts of those who
    plot evil,
    but joy for those who promote peace.

²¹ No harm befalls the righteous,
    but the wicked have their fill of trouble.

²² The LORD detests lying lips,
    but he delights in men who are truthful.

²³ A prudent man keeps his knowledge to
    himself,
    but the heart of fools blurts out folly.

²⁴ Diligent hands will rule,
    but laziness ends in slave labor.

²⁵ An anxious heart weighs a man down,
    but a kind word cheers him up.

²⁶ A righteous man is cautious in
    friendship,ᵛ
    but the way of the wicked leads them
    astray.

²⁷ The lazy man does not roastʷ his game,
    but the diligent man prizes his
    possessions.

²⁸ In the way of righteousness there is life;
    along that path is immortality.

13 A wise son heeds his father's
    instruction,
    but a mocker does not listen to rebuke.

² From the fruit of his lips a man enjoys
    good things,
    but the unfaithful have a craving for
    violence.

³ He who guards his lips guards his life,
    but he who speaks rashly will come to
    ruin.

⁴ The sluggard craves and gets nothing,
    but the desires of the diligent are fully
    satisfied.

ᵍ **12:26** Texto de difícil traducción.   ʰ **12:27** *no atrapa
presa*. Alt. *no pone a asar lo que ha cazado*. Texto de difícil
traducción.   ⁱ **13:1** *atiende a* (LXX y Siríaca). TM no
incluye verbo.

ᵛ 26 Or *man is a guide to his neighbor*   ʷ 27 The meaning of
the Hebrew for this word is uncertain.

5 El justo aborrece la mentira;
   el malvado acarrea vergüenza y deshonra.

6 La *justicia protege al que anda en
      integridad,
   pero la maldad arruina al pecador.

7 Hay quien pretende ser rico, y no tiene
      nada;
   hay quien parece ser pobre, y todo lo tiene.

8 Con su riqueza el rico pone a salvo su
      vida,
   pero al pobre no hay ni quien lo amenace.

9 La luz de los justos brilla radiante,^j
   pero los malvados son como lámpara
      apagada.

10 El orgullo sólo genera contiendas,
    pero la sabiduría está con quienes oyen
       consejos.

11 El dinero mal habido pronto se acaba;
    quien ahorra, poco a poco se enriquece.

12 La esperanza frustrada aflige al *corazón;
    el deseo cumplido es un árbol de vida.

13 Quien se burla de la *instrucción tendrá
       su merecido;
    quien respeta el mandamiento tendrá su
       recompensa.

14 La enseñanza de los sabios es fuente de
       vida,
    y libera de los lazos de la muerte.

15 El buen juicio redunda en aprecio,
    pero el *camino del infiel no cambia.

16 El prudente actúa con cordura,
    pero el *necio se jacta de su *necedad.

17 El mensajero malvado se mete en
       problemas;
    el enviado confiable aporta la solución.

18 El que desprecia a la *disciplina sufre
       pobreza y deshonra;
    el que atiende a la corrección recibe
       grandes honores.

19 El deseo cumplido endulza el *alma,
    pero el necio detesta alejarse del mal.

5 The righteous hate what is false,
   but the wicked bring shame and
      disgrace.

6 Righteousness guards the man of
      integrity,
   but wickedness overthrows the sinner.

7 One man pretends to be rich, yet has
      nothing;
   another pretends to be poor, yet has
      great wealth.

8 A man's riches may ransom his life,
   but a poor man hears no threat.

9 The light of the righteous shines brightly,
   but the lamp of the wicked is snuffed
      out.

10 Pride only breeds quarrels,
    but wisdom is found in those who take
       advice.

11 Dishonest money dwindles away,
    but he who gathers money little by little
       makes it grow.

12 Hope deferred makes the heart sick,
    but a longing fulfilled is a tree of life.

13 He who scorns instruction will pay for it,
    but he who respects a command is
       rewarded.

14 The teaching of the wise is a fountain of
       life,
    turning a man from the snares of death.

15 Good understanding wins favor,
    but the way of the unfaithful is hard.^x

16 Every prudent man acts out of knowledge,
    but a fool exposes his folly.

17 A wicked messenger falls into trouble,
    but a trustworthy envoy brings healing.

18 He who ignores discipline comes to
       poverty and shame,
    but whoever heeds correction is honored.

19 A longing fulfilled is sweet to the soul,
    but fools detest turning from evil.

---

^j 13:9 brilla radiante. Lit. se alegra.   ^x 15 Or unfaithful does not endure

20 El que con sabios anda, sabio se vuelve;
el que con necios se junta, saldrá mal
parado.

21 Al pecador lo persigue el mal,
y al justo lo recompensa el bien.

22 El *hombre de bien deja herencia a sus
nietos;
las riquezas del pecador se quedan para
los justos.

23 En el campo del pobre hay abundante
comida,
pero ésta se pierde donde hay injusticia.

24 No corregir al hijo es no quererlo;
amarlo es disciplinarlo.

25 El justo come hasta quedar saciado,
pero el malvado se queda con hambre.

14 La mujer sabia edifica su casa;
la necia, con sus manos la destruye.

2 El que va por buen camino teme al
SEÑOR;
el que va por mal camino lo desprecia.

3 De la boca del necio brota arrogancia;
los labios del sabio son su propia
protección.

4 Donde no hay bueyes el granero está
vacío;
con la fuerza del buey aumenta la
cosecha.

5 El testigo verdadero jamás engaña;
el testigo falso propaga mentiras.

6 El insolente busca sabiduría y no la halla;
para el entendido, el conocimiento es
cosa fácil.

7 Manténte a distancia del necio,
pues en sus labios no hallarás
conocimiento.

8 La sabiduría del prudente es discernir sus
caminos,
pero al necio lo engaña su propia
necedad.

9 Los necios hacen mofa de sus propias
faltas,
pero los íntegros cuentan con el favor de
Dios.

20 He who walks with the wise grows wise,
but a companion of fools suffers harm.

21 Misfortune pursues the sinner,
but prosperity is the reward of the
righteous.

22 A good man leaves an inheritance for his
children's children,
but a sinner's wealth is stored up for the
righteous.

23 A poor man's field may produce
abundant food,
but injustice sweeps it away.

24 He who spares the rod hates his son,
but he who loves him is careful to
discipline him.

25 The righteous eat to their hearts' content,
but the stomach of the wicked goes
hungry.

14 The wise woman builds her house,
but with her own hands the foolish
one tears hers down.

2 He whose walk is upright fears the LORD,
but he whose ways are devious despises
him.

3 A fool's talk brings a rod to his back,
but the lips of the wise protect them.

4 Where there are no oxen, the manger is
empty,
but from the strength of an ox comes an
abundant harvest.

5 A truthful witness does not deceive,
but a false witness pours out lies.

6 The mocker seeks wisdom and finds
none,
but knowledge comes easily to the
discerning.

7 Stay away from a foolish man,
for you will not find knowledge on his
lips.

8 The wisdom of the prudent is to give
thought to their ways,
but the folly of fools is deception.

9 Fools mock at making amends for sin,
but goodwill is found among the upright.

¹⁰Cada corazón conoce sus propias
     amarguras,
   y ningún extraño comparte su alegría.

¹¹La casa del malvado será destruida,
   pero la morada del justo prosperará.

¹²Hay caminos que al hombre le parecen
     rectos,
   pero que acaban por ser caminos de
     muerte.

¹³También de reírse duele el corazón,
   y hay alegrías que acaban en tristeza.

¹⁴El inconstante recibirá todo el pago de su
     inconstancia;
   el hombre bueno, el premio de sus
     acciones.

¹⁵El ingenuo cree todo lo que le dicen;
   el prudente se fija por dónde va.

¹⁶El sabio teme al SEÑOR y se aparta del mal,
   pero el necio es arrogante y se pasa de
     confiado.

¹⁷El iracundo comete locuras,
   pero el prudente sabe aguantar.ᵏ

¹⁸Herencia de los inexpertos es la necedad;
   corona de los prudentes, el conocimiento.

¹⁹Los malvados se postrarán ante los buenos;
   los impíos, ante el tribunalˡ de los justos.

²⁰Al pobre hasta sus amigos lo aborrecen,
   pero son muchos los que aman al rico.

²¹Es un pecado despreciar al prójimo;
   ¡dichoso el que se compadece de los
     pobres

²²Pierden el camino los que maquinan el mal,
   pero hallan amor y verdad los que hacen
     el bien.

²³Todo esfuerzo tiene su recompensa,
   pero quedarse sólo en palabras lleva a la
     pobreza.

²⁴La corona del sabio es su sabiduría;ᵐ
   la de los necios, su necedad.

¹⁰Each heart knows its own bitterness,
   and no one else can share its joy.

¹¹The house of the wicked will be
     destroyed,
   but the tent of the upright will flourish.

¹²There is a way that seems right to a man,
   but in the end it leads to death.

¹³Even in laughter the heart may ache,
   and joy may end in grief.

¹⁴The faithless will be fully repaid for their
     ways,
   and the good man rewarded for his.

¹⁵A simple man believes anything,
   but a prudent man gives thought to his
     steps.

¹⁶A wise man fears the LORD and shuns
     evil,
   but a fool is hotheaded and reckless.

¹⁷A quick-tempered man does foolish
     things,
   and a crafty man is hated.

¹⁸The simple inherit folly,
   but the prudent are crowned with
     knowledge.

¹⁹Evil men will bow down in the presence
     of the good,
   and the wicked at the gates of the
     righteous.

²⁰The poor are shunned even by their
     neighbors,
   but the rich have many friends.

²¹He who despises his neighbor sins,
   but blessed is he who is kind to the
     needy.

²²Do not those who plot evil go astray?
   But those who plan what is good findʸ
     love and faithfulness.

²³All hard work brings a profit,
   but mere talk leads only to poverty.

²⁴The wealth of the wise is their crown,
   but the folly of fools yields folly.

ᵏ14:17 *sabe aguantar* (LXX); *es odiado* (TM).   ˡ14:19 *ante
el tribunal.* Lit. *ante la *puerta.*   ᵐ14:24 *su sabiduría*
(LXX); *su riqueza* (TM).

ʸ22 Or *show*

25 El testigo veraz libra de la muerte,
     pero el testigo falso miente.

26 El temor del SEÑOR es un baluarte seguro
     que sirve de refugio a los hijos.

27 El temor del SEÑOR es fuente de vida,
     y aleja al hombre de las redes de la muerte.

28 Gloria del rey es gobernar a muchos;
     un príncipe sin súbditos está arruinado.

29 El que es paciente muestra gran
     discernimiento;
     el que es agresivo muestra mucha
     insensatez.

30 El corazón tranquilo da vida al cuerpo,
     pero la envidia corroe los huesos.

31 El que oprime al pobre ofende a su Creador,
     pero honra a Dios quien se apiada del
     necesitado.

32 El malvado cae por su propia maldad;
     el justo halla refugio en su integridad.[n]

33 En el corazón de los sabios mora la
     sabiduría,
     pero los necios ni siquiera la conocen.[ñ]

34 La justicia enaltece a una nación,
     pero el pecado deshonra a todos los
     pueblos.

35 El rey favorece al siervo inteligente,
     pero descarga su ira sobre el sinvergüenza.

15 La respuesta amable calma el enojo,
     pero la agresiva echa leña al fuego.

2 La lengua de los sabios destila
     conocimiento;[o]
     la boca de los necios escupe necedades.

3 Los ojos del SEÑOR están en todo lugar,
     vigilando a los buenos y a los malos.

4 La lengua que brinda consuelo[p] es árbol
     de vida;
     la lengua insidiosa deprime el espíritu.

25 A truthful witness saves lives,
     but a false witness is deceitful.

26 He who fears the LORD has a secure
     fortress,
     and for his children it will be a refuge.

27 The fear of the LORD is a fountain of life,
     turning a man from the snares of death.

28 A large population is a king's glory,
     but without subjects a prince is ruined.

29 A patient man has great understanding,
     but a quick-tempered man displays folly.

30 A heart at peace gives life to the body,
     but envy rots the bones.

31 He who oppresses the poor shows
     contempt for their Maker,
     but whoever is kind to the needy honors
     God.

32 When calamity comes, the wicked are
     brought down,
     but even in death the righteous have a
     refuge.

33 Wisdom reposes in the heart of the
     discerning
     and even among fools she lets herself be
     known.[z]

34 Righteousness exalts a nation,
     but sin is a disgrace to any people.

35 A king delights in a wise servant,
     but a shameful servant incurs his wrath.

15 A gentle answer turns away wrath,
     but a harsh word stirs up anger.

2 The tongue of the wise commends
     knowledge,
     but the mouth of the fool gushes folly.

3 The eyes of the LORD are everywhere,
     keeping watch on the wicked and the
     good.

4 The tongue that brings healing is a tree of
     life,
     but a deceitful tongue crushes the spirit.

---

[n] **14:32** *en su integridad* (LXX y Siríaca); *en su muerte* (TM).
[ñ] **14:33** *los necios ni siquiera la conocen* (LXX y Siríaca); *los necios la conocen* (TM).   [o] **15:2** *destila conocimiento* (LXX); *hace bien al conocimiento* (TM).   [p] **15:4** *que brinda consuelo.* Lit. *que sana.*

[z] **33** Hebrew; Septuagint and Syriac / *but in the heart of fools she is not known*

⁵ El necio desdeña la corrección de su padre;
el que la acepta demuestra prudencia.

⁶ En la casa del justo hay gran abundancia;
en las ganancias del malvado, grandes problemas.

⁷ Los labios de los sabios esparcen conocimiento;
el corazón de los necios ni piensa en ello.

⁸ El SEÑOR aborrece las ofrendas de los malvados,
pero se complace en la oración de los justos.

⁹ El SEÑOR aborrece el camino de los malvados,
pero ama a quienes siguen la justicia.

¹⁰ Para el descarriado, disciplina severa;
para el que aborrece la corrección, la muerte.

¹¹ Si ante el SEÑOR están el *sepulcro y la *muerte,
¡cuánto más el corazón humano

¹² Al insolente no le gusta que lo corrijan,
ni busca la compañía de los sabios.

¹³ El corazón alegre se refleja en el rostro,
el corazón dolido deprime el espíritu.

¹⁴ El corazón entendido va tras el conocimiento;
la boca de los necios se nutre de tonterías.

¹⁵ Para el afligido todos los días son malos;
para el que es feliz siempre es día de fiesta.

¹⁶ Más vale tener poco, con temor del SEÑOR,
que muchas riquezas con grandes angustias.

¹⁷ Más vale comer verduras sazonadas con amor
que un festín de carne^q sazonada con odio.

¹⁸ El que es iracundo provoca contiendas;
el que es paciente las apacigua.

---

⁵ A fool spurns his father's discipline,
but whoever heeds correction shows prudence.

⁶ The house of the righteous contains great treasure,
but the income of the wicked brings them trouble.

⁷ The lips of the wise spread knowledge;
not so the hearts of fools.

⁸ The LORD detests the sacrifice of the wicked,
but the prayer of the upright pleases him.

⁹ The LORD detests the way of the wicked
but he loves those who pursue righteousness.

¹⁰ Stern discipline awaits him who leaves the path;
he who hates correction will die.

¹¹ Death and Destruction^a lie open before the LORD—
how much more the hearts of men

¹² A mocker resents correction;
he will not consult the wise.

¹³ A happy heart makes the face cheerful,
but heartache crushes the spirit.

¹⁴ The discerning heart seeks knowledge,
but the mouth of a fool feeds on folly.

¹⁵ All the days of the oppressed are wretched,
but the cheerful heart has a continual feast.

¹⁶ Better a little with the fear of the LORD
than great wealth with turmoil.

¹⁷ Better a meal of vegetables where there is love
than a fattened calf with hatred.

¹⁸ A hot-tempered man stirs up dissension,
but a patient man calms a quarrel.

---

^q 15:17 *que un festín de carne.* Lit. *que toro engordado.*   ^a 11 Hebrew *Sheol and Abaddon*

19 El camino del perezoso está plagado de
espinas,
    pero la senda del justo es como una
calzada.

20 El hijo sabio alegra a su padre;
    el hijo necio menosprecia a su madre.

21 Al necio le divierte su falta de juicio;
    el entendido endereza sus propios pasos.

22 Cuando falta el consejo, fracasan los
planes;
    cuando abunda el consejo, prosperan.

23 Es muy grato dar la respuesta adecuada,
    y más grato aún cuando es oportuna.

24 El sabio sube por el sendero de vida,
    para librarse de caer en el *sepulcro.

25 El SEÑOR derriba la casa de los soberbios,
    pero mantiene intactos los linderos de
las viudas.

26 El SEÑOR aborrece los planes de los
malvados,
    pero le agradan las palabras puras.

27 El ambicioso acarrea mal sobre su familia;
    el que aborrece el soborno vivirá.

28 El corazón del justo medita sus respuestas,
    pero la boca del malvado rebosa de
maldad.

29 El SEÑOR se mantiene lejos de los impíos,
    pero escucha las oraciones de los justos.

30 Una mirada radiante alegra el corazón,
    y las buenas noticias renuevan las
fuerzas.*r*

31 El que atiende a la crítica edificante
    habitará entre los sabios.

32 Rechazar la corrección es despreciarse a
sí mismo;
    atender a la represión es ganar
entendimiento.

33 El temor del SEÑOR es corrección y
sabiduría;*s*
    la humildad precede a la honra.

---

19 The way of the sluggard is blocked with
thorns,
    but the path of the upright is a highway.

20 A wise son brings joy to his father,
    but a foolish man despises his mother.

21 Folly delights a man who lacks judgment,
    but a man of understanding keeps a
straight course.

22 Plans fail for lack of counsel,
    but with many advisers they succeed.

23 A man finds joy in giving an apt reply—
    and how good is a timely word

24 The path of life leads upward for the wise
    to keep him from going down to the
grave.*b*

25 The LORD tears down the proud man's
house
    but he keeps the widow's boundaries
intact.

26 The LORD detests the thoughts of the
wicked,
    but those of the pure are pleasing to him.

27 A greedy man brings trouble to his family,
    but he who hates bribes will live.

28 The heart of the righteous weighs its
answers,
    but the mouth of the wicked gushes evil.

29 The LORD is far from the wicked
    but he hears the prayer of the righteous.

30 A cheerful look brings joy to the heart,
    and good news gives health to the bones.

31 He who listens to a life-giving rebuke
    will be at home among the wise.

32 He who ignores discipline despises
himself,
    but whoever heeds correction gains
understanding.

33 The fear of the LORD teaches a man
wisdom,*c*
    and humility comes before honor.

---

r **15:30** *las fuerzas.* Lit. *los huesos.*   *s* **15:33** *es corrección y
sabiduría* (LXX); *es corrección de sabiduría* (TM).

b 24 Hebrew *Sheol*   *c* 33 Or *Wisdom teaches the fear of the
LORD*

16

El hombre propone
y Dios[t] dispone.

[2] A cada uno le parece correcto su
proceder,[u]
pero el SEÑOR juzga los motivos.

[3] Pon en manos del SEÑOR todas tus
obras,
y tus proyectos se cumplirán.

[4] Toda obra del SEÑOR tiene un propósito;
¡hasta el malvado fue hecho para el día
del desastre

[5] El SEÑOR aborrece a los arrogantes.
Una cosa es segura: no quedarán
impunes.

[6] Con amor y verdad se perdona el pecado,
y con temor del SEÑOR se evita el mal.

[7] Cuando el SEÑOR aprueba la conducta de
un hombre,
hasta con sus enemigos lo reconcilia.

[8] Más vale tener poco con justicia
que ganar mucho con injusticia.

[9] El corazón del hombre traza su rumbo,
pero sus pasos los dirige el SEÑOR.

[10] La sentencia[v] está en labios del rey;
en el veredicto que emite no hay error.

[11] Las pesas y las balanzas justas son del
SEÑOR;
todas las medidas son hechura suya.

[12] El rey detesta las malas acciones,
porque el trono se afirma en la justicia.

[13] El rey se complace en los labios honestos;
aprecia a quien habla con la verdad.

[14] La ira del rey es presagio de muerte,
pero el sabio sabe apaciguarla.

[15] El rostro radiante del rey es signo de vida;
su favor es como lluvia en primavera.

[16] Más vale adquirir sabiduría que oro;
más vale adquirir inteligencia que plata.

16

To man belong the plans of the heart,
but from the LORD comes the reply
of the tongue.

[2] All a man's ways seem innocent to him,
but motives are weighed by the LORD.

[3] Commit to the LORD whatever you do,
and your plans will succeed.

[4] The LORD works out everything for his
own ends—
even the wicked for a day of disaster.

[5] The LORD detests all the proud of heart.
Be sure of this: They will not go
unpunished.

[6] Through love and faithfulness sin is
atoned for;
through the fear of the LORD a man
avoids evil.

[7] When a man's ways are pleasing to the
LORD,
he makes even his enemies live at peace
with him.

[8] Better a little with righteousness
than much gain with injustice.

[9] In his heart a man plans his course,
but the LORD determines his steps.

[10] The lips of a king speak as an oracle,
and his mouth should not betray justice.

[11] Honest scales and balances are from the
LORD;
all the weights in the bag are of his
making.

[12] Kings detest wrongdoing,
for a throne is established through
righteousness.

[13] Kings take pleasure in honest lips;
they value a man who speaks the truth.

[14] A king's wrath is a messenger of death,
but a wise man will appease it.

[15] When a king's face brightens, it means life;
his favor is like a rain cloud in spring.

[16] How much better to get wisdom than gold,
to choose understanding rather than
silver

---

[t] **16:1** *Dios.* Lit. *el SEÑOR.*   [u] **16:2** *A cada uno … proceder.*
Lit. *Todos los caminos del hombre son limpios a sus ojos.*
[v] **16:10** *La sentencia.* Alt. *El oráculo.*

17 El camino del hombre recto evita el mal;
el que quiere salvar su vida, se fija por
dónde va.

18 Al orgullo le sigue la destrucción;
a la altanería, el fracaso.

19 Vale más humillarse con los oprimidos
que compartir el botín con los orgullosos.

20 El que atiende a la palabra, prospera.
¡Dichoso el que confía en el SEÑOR

21 Al sabio de corazón se le llama inteligente;
los labios convincentes promueven el
saber.

22 Fuente de vida es la prudencia para quien
la posee;
el castigo de los necios es su propia
necedad.

23 El sabio de corazón controla su boca;
con sus labios promueve el saber.

24 Panal de miel son las palabras amables:
endulzan la vida y dan salud al cuerpo.^w

25 Hay caminos que al hombre le parecen
rectos,
pero que acaban por ser caminos de
muerte.

26 Al que trabaja, el hambre lo obliga a
trabajar,
pues su propio apetito lo estimula.

27 El perverso hace^x planes malvados;
en sus labios hay un fuego devorador.

28 El perverso provoca contiendas,
y el chismoso divide a los buenos amigos.

29 El violento engaña a su prójimo
y lo lleva por mal camino.

30 El que guiña el ojo trama algo perverso;
el que aprieta los labios ya lo ha
cometido.

31 Las canas son una honrosa corona
que se obtiene en el camino de la justicia.

32 Más vale ser paciente que valiente;
más vale dominarse a sí mismo que
conquistar ciudades.

17 The highway of the upright avoids evil;
he who guards his way guards his life.

18 Pride goes before destruction,
a haughty spirit before a fall.

19 Better to be lowly in spirit and among the
oppressed
than to share plunder with the proud.

20 Whoever gives heed to instruction
prospers,
and blessed is he who trusts in the
LORD.

21 The wise in heart are called discerning,
and pleasant words promote instruction.^d

22 Understanding is a fountain of life to
those who have it,
but folly brings punishment to fools.

23 A wise man's heart guides his mouth,
and his lips promote instruction.^e

24 Pleasant words are a honeycomb,
sweet to the soul and healing to the bones.

25 There is a way that seems right to a man,
but in the end it leads to death.

26 The laborer's appetite works for him;
his hunger drives him on.

27 A scoundrel plots evil,
and his speech is like a scorching fire.

28 A perverse man stirs up dissension,
and a gossip separates close friends.

29 A violent man entices his neighbor
and leads him down a path that is not
good.

30 He who winks with his eye is plotting
perversity;
he who purses his lips is bent on evil.

31 Gray hair is a crown of splendor;
it is attained by a righteous life.

32 Better a patient man than a warrior,
a man who controls his temper than one
who takes a city.

---

^w**16:24** *al cuerpo.* Lit. *a los huesos.*   ^x**16:27** *hace.* Lit. *cava.*

^d**21** Or *words make a man persuasive*   ^e**23** Or *mouth / and makes his lips persuasive*

33 Las suertes se echan sobre la mesa,^{y}
  pero el veredicto proviene del SEÑOR.

17 Más vale comer pan duro donde hay
  concordia
  que hacer banquete^z donde hay discordia.

2 El siervo sabio gobernará al hijo
  sinvergüenza,
  y compartirá la herencia con los otros
  hermanos.

3 En el crisol se prueba la plata
  y en el horno se prueba el oro,
  pero al corazón lo prueba el SEÑOR.

4 El malvado hace caso a los labios impíos,
  y el mentiroso presta oído a la lengua
  maliciosa.

5 El que se burla del pobre ofende a su
  Creador;
  el que se alegra de verlo en la ruina no
  quedará sin castigo.

6 La corona del anciano son sus nietos;
  el orgullo de los hijos son sus padres.

7 No va bien con los necios el lenguaje
  refinado,
  ni con los gobernantes, la mentira.

8 Vara^a mágica es el soborno para quien lo
  ofrece,
  pues todo lo que emprende lo consigue.

9 El que perdona la ofensa cultiva el amor;
  el que insiste en la ofensa divide a los
  amigos.

10 Cala más un regaño en el hombre prudente
  que cien latigazos en el obstinado.

11 El revoltoso siempre anda buscando
  camorra,
  pero se las verá con un mensajero cruel.

12 Más vale toparse con un oso enfurecido^b
  que con un necio empecinado en su
  necedad.

13 Al que devuelve mal por bien,
  nunca el mal se apartará de su familia.

33 The lot is cast into the lap,
  but its every decision is from the LORD.

17 Better a dry crust with peace and quiet
  than a house full of feasting,^{f} with
  strife.

2 A wise servant will rule over a
  disgraceful son,
  and will share the inheritance as one of
  the brothers.

3 The crucible for silver and the furnace for
  gold,
  but the LORD tests the heart.

4 A wicked man listens to evil lips;
  a liar pays attention to a malicious
  tongue.

5 He who mocks the poor shows contempt
  for their Maker;
  whoever gloats over disaster will not go
  unpunished.

6 Children's children are a crown to the
  aged,
  and parents are the pride of their
  children.

7 Arrogant^g lips are unsuited to a fool—
  how much worse lying lips to a ruler

8 A bribe is a charm to the one who gives it;
  wherever he turns, he succeeds.

9 He who covers over an offense promotes
  love,
  but whoever repeats the matter
  separates close friends.

10 A rebuke impresses a man of discernment
  more than a hundred lashes a fool.

11 An evil man is bent only on rebellion;
  a merciless official will be sent against
  him.

12 Better to meet a bear robbed of her cubs
  than a fool in his folly.

13 If a man pays back evil for good,
  evil will never leave his house.

---

^{y} 16:33 *sobre la mesa.* Lit. *en el regazo.* ^{z} 17:1 *banquete.*
Lit. *sacrificios.* ^{a} 17:8 *Vara.* Lit. *Piedra.* ^{b} 17:12 *oso
enfurecido.* Lit. *oso al que le robaron sus cachorros.*

^{f} 1 Hebrew *sacrifices* ^{g} 7 Or *Eloquent*

¹⁴ Iniciar una pelea es romper una represa;
vale más retirarse que comenzarla.

¹⁵ Absolver al culpable y condenar al inocente
son dos cosas que el SEÑOR aborrece.

¹⁶ ¿De qué le sirve al necio poseer dinero?
¿Podrá adquirir sabiduría si le faltan
sesos?^c

¹⁷ En todo tiempo ama el amigo;
para ayudar en la adversidad nació el
hermano.

¹⁸ El que es imprudente se compromete por
otros,
y sale fiador de su prójimo.

¹⁹ Al que le gusta pecar, le gusta pelear;
el que abre mucho la boca, busca que se
la rompan.^d

²⁰ El de corazón perverso jamás prospera;
el de lengua engañosa caerá en
desgracia.

²¹ Engendrar a un hijo necio es causa de
pesar;
ser padre de un necio no es ninguna
alegría.

²² Gran remedio es el corazón alegre,
pero el ánimo decaído seca los huesos.

²³ El malvado acepta soborno en secreto,
con lo que tuerce el curso de la justicia.

²⁴ La meta del prudente es la sabiduría;
el necio divaga contemplando vanos
horizontes.^e

²⁵ El hijo necio irrita a su padre,
y causa amargura a su madre.

²⁶ No está bien castigar al inocente,
ni azotar por su rectitud a gente honorable.

²⁷ El que es entendido refrena sus palabras;
el que es prudente controla sus impulsos.

²⁸ Hasta un necio pasa por sabio si guarda
silencio;
se le considera prudente si cierra la boca.

¹⁴ Starting a quarrel is like breaching a dam;
so drop the matter before a dispute
breaks out.

¹⁵ Acquitting the guilty and condemning the
innocent—
the LORD detests them both.

¹⁶ Of what use is money in the hand of a
fool,
since he has no desire to get wisdom?

¹⁷ A friend loves at all times,
and a brother is born for adversity.

¹⁸ A man lacking in judgment strikes hands
in pledge
and puts up security for his neighbor.

¹⁹ He who loves a quarrel loves sin;
he who builds a high gate invites
destruction.

²⁰ A man of perverse heart does not
prosper;
he whose tongue is deceitful falls into
trouble.

²¹ To have a fool for a son brings grief;
there is no joy for the father of a fool.

²² A cheerful heart is good medicine,
but a crushed spirit dries up the bones.

²³ A wicked man accepts a bribe in secret
to pervert the course of justice.

²⁴ A discerning man keeps wisdom in view,
but a fool's eyes wander to the ends of
the earth.

²⁵ A foolish son brings grief to his father
and bitterness to the one who bore
him.

²⁶ It is not good to punish an innocent
man,
or to flog officials for their integrity.

²⁷ A man of knowledge uses words with
restraint,
and a man of understanding is
even-tempered.

²⁸ Even a fool is thought wise if he keeps
silent,
and discerning if he holds his tongue.

18

El egoísta busca su propio bien;
contra todo sano juicio se rebela.

² Al necio no le complace el discernimiento;
tan sólo hace alarde de su propia opinión.

³ Con la maldad, viene el desprecio,
y con la vergüenza llega el oprobio.

⁴ Las palabras del hombre son aguas profundas,
arroyo de aguas vivas, fuente de sabiduría.

⁵ No está bien declarar inocente al[f] malvado
y dejar de lado los derechos del justo.

⁶ Los labios del necio son causa de contienda;
su boca incita a la riña.

⁷ La boca del necio es su perdición;
sus labios son para él una trampa mortal.

⁸ Los chismes son deliciosos manjares;
penetran hasta lo más íntimo del ser.

⁹ El que es negligente en su trabajo
confraterniza con el que es destructivo.

¹⁰ Torre inexpugnable es el nombre del SEÑOR;
a ella corren los justos y se ponen a salvo.

¹¹ Ciudad amurallada es la riqueza para el rico,
y éste cree que sus muros son inexpugnables.

¹² Al fracaso lo precede la soberbia humana;
a los honores los precede la humildad.

¹³ Es necio y vergonzoso
responder antes de escuchar.

¹⁴ En la enfermedad, el ánimo levanta al enfermo;
¿pero quién podrá levantar al abatido?

¹⁵ El corazón prudente adquiere conocimiento;
los oídos de los sabios procuran hallarlo.

¹⁶ Con regalos se abren todas las puertas
y se llega a la presencia de gente importante.

18

An unfriendly man pursues selfish ends;
he defies all sound judgment.

² A fool finds no pleasure in understanding
but delights in airing his own opinions.

³ When wickedness comes, so does contempt,
and with shame comes disgrace.

⁴ The words of a man's mouth are deep waters,
but the fountain of wisdom is a bubbling brook.

⁵ It is not good to be partial to the wicked
or to deprive the innocent of justice.

⁶ A fool's lips bring him strife,
and his mouth invites a beating.

⁷ A fool's mouth is his undoing,
and his lips are a snare to his soul.

⁸ The words of a gossip are like choice morsels;
they go down to a man's inmost parts.

⁹ One who is slack in his work
is brother to one who destroys.

¹⁰ The name of the LORD is a strong tower;
the righteous run to it and are safe.

¹¹ The wealth of the rich is their fortified city;
they imagine it an unscalable wall.

¹² Before his downfall a man's heart is proud,
but humility comes before honor.

¹³ He who answers before listening—
that is his folly and his shame.

¹⁴ A man's spirit sustains him in sickness,
but a crushed spirit who can bear?

¹⁵ The heart of the discerning acquires knowledge;
the ears of the wise seek it out.

¹⁶ A gift opens the way for the giver
and ushers him into the presence of the great.

17 El primero en presentar su caso parece
inocente,
hasta que llega la otra parte y lo refuta.

18 El echar suertes pone fin a los litigios
y decide entre las partes en pugna.

19 Más resiste el hermano ofendido que una
ciudad amurallada;
los litigios son como cerrojos de
ciudadela.

20 Cada uno se llena con lo que dice
y se sacia con lo que habla.

21 En la lengua hay poder de vida y muerte;
quienes la aman comerán de su fruto.

22 Quien halla esposa halla la felicidad:
muestras de su favor le ha dado el
SEÑOR.

23 El pobre habla en tono suplicante;
el rico responde con aspereza.

24 Hay amigos^g que llevan a la ruina,
y hay amigos más fieles que un
hermano.

19 Más vale pobre e intachable
que necio y embustero.

2 El afán sin conocimiento no vale nada;
mucho yerra quien mucho corre.

3 La necedad del hombre le hace perder el
rumbo,
y para colmo se irrita contra el SEÑOR.

4 Con las riquezas aumentan los amigos,
pero al pobre hasta su amigo lo
abandona.

5 El testigo falso no quedará sin castigo;
el que esparce mentiras no saldrá bien
librado.

6 Muchos buscan congraciarse con los
poderosos;
todos son amigos de quienes reparten
regalos.

7 Si al pobre lo aborrecen sus parientes,
con más razón lo evitan sus amigos.

17 The first to present his case seems right,
till another comes forward and
questions him.

18 Casting the lot settles disputes
and keeps strong opponents apart.

19 An offended brother is more unyielding
than a fortified city,
and disputes are like the barred gates of
a citadel.

20 From the fruit of his mouth a man's
stomach is filled;
with the harvest from his lips he is
satisfied.

21 The tongue has the power of life and
death,
and those who love it will eat its fruit.

22 He who finds a wife finds what is good
and receives favor from the LORD.

23 A poor man pleads for mercy,
but a rich man answers harshly.

24 A man of many companions may come to
ruin,
but there is a friend who sticks closer
than a brother.

19 Better a poor man whose walk is
blameless
than a fool whose lips are perverse.

2 It is not good to have zeal without
knowledge,
nor to be hasty and miss the way.

3 A man's own folly ruins his life,
yet his heart rages against the LORD.

4 Wealth brings many friends,
but a poor man's friend deserts him.

5 A false witness will not go unpunished,
and he who pours out lies will not go
free.

6 Many curry favor with a ruler,
and everyone is the friend of a man who
gives gifts.

7 A poor man is shunned by all his
relatives—
how much more do his friends avoid
him

Aunque los busca suplicante,
por ninguna parte los encuentra.*h*

8 El que adquiere cordura*i* a sí mismo se ama,
y el que retiene el discernimiento
prospera.

9 El testigo falso no quedará sin castigo;
el que difunde mentiras perecerá.

10 No va bien con el necio vivir entre lujos,
y menos con el esclavo gobernar a los
príncipes.

11 El buen juicio hace al hombre paciente;
su gloria es pasar por alto la ofensa.

12 Rugido de león es la ira del rey;
su favor es como rocío sobre el pasto.

13 El hijo necio es la ruina del padre;
la mujer pendenciera es gotera constante.

14 La casa y el dinero se heredan de los padres,
pero la esposa inteligente es un don del
SEÑOR.

15 La pereza conduce al sueño profundo;
el holgazán pasará hambre.

16 El que cumple el mandamiento cumple
consigo mismo;
el que descuida su conducta morirá.

17 Servir al pobre es hacerle un préstamo al
SEÑOR;
Dios pagará esas buenas acciones.

18 Corrige a tu hijo mientras aún hay
esperanza;
no te hagas cómplice de su muerte.*j*

19 El iracundo tendrá que afrontar el castigo;
el que intente disuadirlo aumentará su
enojo.*k*

20 Atiende al consejo y acepta la corrección,
y llegarás a ser sabio.

21 El corazón humano genera muchos
proyectos,
pero al final prevalecen los designios
del SEÑOR.

Though he pursues them with pleading,
they are nowhere to be found.*h*

8 He who gets wisdom loves his own soul;
he who cherishes understanding
prospers.

9 A false witness will not go unpunished,
and he who pours out lies will perish.

10 It is not fitting for a fool to live in
luxury—
how much worse for a slave to rule over
princes

11 A man's wisdom gives him patience;
it is to his glory to overlook an offense.

12 A king's rage is like the roar of a lion,
but his favor is like dew on the grass.

13 A foolish son is his father's ruin,
and a quarrelsome wife is like a
constant dripping.

14 Houses and wealth are inherited from
parents,
but a prudent wife is from the LORD.

15 Laziness brings on deep sleep,
and the shiftless man goes hungry.

16 He who obeys instructions guards his life,
but he who is contemptuous of his ways
will die.

17 He who is kind to the poor lends to the
LORD,
and he will reward him for what he has
done.

18 Discipline your son, for in that there is
hope;
do not be a willing party to his death.

19 A hot-tempered man must pay the penalty;
if you rescue him, you will have to do it
again.

20 Listen to advice and accept instruction,
and in the end you will be wise.

21 Many are the plans in a man's heart,
but it is the LORD's purpose that
prevails.

---

h **19:7** Texto de difícil traducción.   *i* **19:8** *cordura*. Lit.
corazón.   *j* **19:18** *no te hagas … muerte*. Alt. *pero no te
excedas hasta matarlo*.   *k* **19:19** Texto de difícil traducción.

h 7 The meaning of the Hebrew for this sentence is uncertain.

²² De todo hombre se espera lealtad.*
   Más vale ser pobre que mentiroso.

²³ El temor del SEÑOR conduce a la vida;
   da un sueño tranquilo y evita los
   problemas.

²⁴ El perezoso mete la mano en el plato,
   pero es incapaz de llevarse el bocado a
   la boca.

²⁵ Golpea al insolente, y se hará prudente el
   inexperto;
   reprende al entendido, y ganará en
   conocimiento.

²⁶ El que roba a su padre y echa a la calle a
   su madre
   es un hijo infame y sinvergüenza.

²⁷ Hijo mío, si dejas de atender a la corrección,
   te apartarás de las palabras del saber.

²⁸ El testigo corrupto se burla de la justicia,
   y la boca del malvado engulle maldad.

²⁹ El castigo se dispuso para los insolentes,
   y los azotes para la espalda de los necios.

20 El vino lleva a la insolencia,
   y la bebida embriagante al escándalo;
   ¡nadie bajo sus efectos se comporta
   sabiamente

² Rugido de león es la furia del rey;
   quien provoca su enojo se juega la vida.

³ Honroso es al hombre evitar la contienda,
   pero no hay necio que no inicie un
   pleito.

⁴ El perezoso no labra la tierra en otoño;
   en tiempo de cosecha buscará y no
   hallará.

⁵ Los pensamientos humanos son aguas
   profundas;
   el que es inteligente los capta fácilmente.

⁶ Son muchos los que proclaman su lealtad,
   ¿pero quién puede hallar a alguien digno
   de confianza?

²² What a man desires is unfailing love*;
   better to be poor than a liar.

²³ The fear of the LORD leads to life:
   Then one rests content, untouched by
   trouble.

²⁴ The sluggard buries his hand in the dish;
   he will not even bring it back to his
   mouth

²⁵ Flog a mocker, and the simple will learn
   prudence;
   rebuke a discerning man, and he will
   gain knowledge.

²⁶ He who robs his father and drives out his
   mother
   is a son who brings shame and disgrace.

²⁷ Stop listening to instruction, my son,
   and you will stray from the words of
   knowledge.

²⁸ A corrupt witness mocks at justice,
   and the mouth of the wicked gulps
   down evil.

²⁹ Penalties are prepared for mockers,
   and beatings for the backs of fools.

20 Wine is a mocker and beer a brawler;
   whoever is led astray by them is not
   wise.

² A king's wrath is like the roar of a lion;
   he who angers him forfeits his life.

³ It is to a man's honor to avoid strife,
   but every fool is quick to quarrel.

⁴ A sluggard does not plow in season;
   so at harvest time he looks but finds
   nothing.

⁵ The purposes of a man's heart are deep
   waters,
   but a man of understanding draws them
   out.

⁶ Many a man claims to have unfailing
   love,
   but a faithful man who can find?

19:22 De todo … lealtad. Alt. *El anhelo de todo hombre es su amor.*

i 22 Or *A man's greed is his shame*

7 Justo es quien lleva una vida sin tacha;
¡dichosos los hijos que sigan su
ejemplo *m*

8 Cuando el rey se sienta en el tribunal,
con su sola mirada barre toda maldad.

9 ¿Quién puede afirmar: «Tengo puro el
corazón;
estoy limpio de pecado»?

10 Pesas falsas y medidas engañosas:
¡vaya pareja que el SEÑOR detesta

11 Por sus hechos el niño deja entrever
si su conducta será pura y recta.

12 Los oídos para oír y los ojos para ver:
¡hermosa pareja que el SEÑOR ha
creado

13 No te des al sueño, o te quedarás pobre;
mantente despierto y tendrás pan de sobra.

14 «¡No sirve, no sirve », dice el comprador,
pero luego va y se jacta de su compra.

15 Oro hay, y abundan las piedras preciosas,
pero aún más valiosos son los labios del
saber.

16 Toma la prenda del que salga fiador de un
extraño;
reténla en garantía si la da en favor de
desconocidos.

17 Tal vez sea agradable ganarse el pan con
engaños,
pero uno acaba con la boca llena de arena.

18 Afirma tus planes con buenos consejos;
entabla el combate con buena estrategia.

19 El chismoso traiciona la confianza;
no te juntes con la gente que habla de más.

20 Al que maldiga a su padre y a su madre,
su lámpara se le apagará en la más
densa oscuridad.

21 La herencia de fácil comienzo
no tendrá un final feliz.

22 Nunca digas: «¡Me vengaré de ese daño »
Confía en el SEÑOR, y él actuará por ti.

---

7 The righteous man leads a blameless life;
blessed are his children after him.

8 When a king sits on his throne to judge,
he winnows out all evil with his eyes.

9 Who can say, "I have kept my heart pure;
I am clean and without sin"?

10 Differing weights and differing measures—
the LORD detests them both.

11 Even a child is known by his actions,
by whether his conduct is pure and right.

12 Ears that hear and eyes that see—
the LORD has made them both.

13 Do not love sleep or you will grow poor;
stay awake and you will have food to
spare.

14 "It's no good, it's no good " says the
buyer;
then off he goes and boasts about his
purchase.

15 Gold there is, and rubies in abundance,
but lips that speak knowledge are a rare
jewel.

16 Take the garment of one who puts up
security for a stranger;
hold it in pledge if he does it for a
wayward woman.

17 Food gained by fraud tastes sweet to a man,
but he ends up with a mouth full of
gravel.

18 Make plans by seeking advice;
if you wage war, obtain guidance.

19 A gossip betrays a confidence;
so avoid a man who talks too much.

20 If a man curses his father or mother,
his lamp will be snuffed out in pitch
darkness.

21 An inheritance quickly gained at the
beginning
will not be blessed at the end.

22 Do not say, "I'll pay you back for this
wrong "
Wait for the LORD, and he will deliver
you.

---

m 20:7 *los hijos … su ejemplo*. Lit. *sus hijos después de él.*

²³ El SEÑOR aborrece las pesas falsas
  y reprueba el uso de medidas engañosas.

²⁴ Los pasos del hombre los dirige el
  SEÑOR.
  ¿Cómo puede el hombre entender su
  propio camino?

²⁵ Trampa es consagrar algo sin pensarlo
  y más tarde reconsiderar lo prometido.

²⁶ El rey sabio avienta como trigo a los
  malvados,
  y los desmenuza con rueda de molino.

²⁷ El espíritu humano es la lámpara del
  SEÑOR,
  pues escudriña lo más recóndito del ser.

²⁸ La misericordia y la verdad sostienen al rey;
  su trono se afirma en la misericordia.

²⁹ La gloria de los jóvenes radica en su fuerza;
  la honra de los ancianos, en sus canas.

³⁰ Los golpes y las heridas curan la maldad;
  los azotes purgan lo más íntimo del ser.

21 En las manos del SEÑOR el corazón del
  rey es como un río:
  sigue el curso que el SEÑOR le ha
  trazado.

² A cada uno le parece correcto su proceder,ⁿ
  pero el SEÑOR juzga los corazones.

³ Practicar la justicia y el derecho
  lo prefiere el SEÑOR a los sacrificios.

⁴ Los ojos altivos, el corazón orgulloso
  y la lámpara de los malvados son pecado.

⁵ Los planes bien pensados: ¡pura ganancia
  Los planes apresurados: ¡puro fracaso

⁶ La fortuna amasada por la lengua
  embustera
  se esfuma como la niebla y es mortal
  como una trampa.ⁿ̃

⁷ La violencia de los malvados los destruirá,
  porque se niegan a practicar la justicia.

²³ The LORD detests differing weights,
  and dishonest scales do not please him.

²⁴ A man's steps are directed by the LORD.
  How then can anyone understand his
  own way?

²⁵ It is a trap for a man to dedicate
  something rashly
  and only later to consider his vows.

²⁶ A wise king winnows out the wicked;
  he drives the threshing wheel over
  them.

²⁷ The lamp of the LORD searches the spirit
  of a manʲ;
  it searches out his inmost being.

²⁸ Love and faithfulness keep a king safe;
  through love his throne is made secure.

²⁹ The glory of young men is their strength,
  gray hair the splendor of the old.

³⁰ Blows and wounds cleanse away evil,
  and beatings purge the inmost being.

21 The king's heart is in the hand of the
  LORD;
  he directs it like a watercourse wherever
  he pleases.

² All a man's ways seem right to him,
  but the LORD weighs the heart.

³ To do what is right and just
  is more acceptable to the LORD than
  sacrifice.

⁴ Haughty eyes and a proud heart,
  the lamp of the wicked, are sin

⁵ The plans of the diligent lead to profit
  as surely as haste leads to poverty.

⁶ A fortune made by a lying tongue
  is a fleeting vapor and a deadly snare.ᵏ

⁷ The violence of the wicked will drag
  them away,
  for they refuse to do what is right.

ⁿ21:2 *A cada uno … su proceder.* Lit. *Todo camino del hombre recto a sus ojos.*   ⁿ̃21:6 *se esfuma … una trampa* (LXX, Vulgata y algunos mss. hebreos); *es niebla llevada de los que buscan la muerte* (TM).

ʲ27 Or *The spirit of man is the LORD's lamp*   ᵏ6 Some Hebrew manuscripts, Septuagint and Vulgate; most Hebrew manuscripts *vapor for those who seek death*

8 Torcido es el camino del culpable,
 pero recta la conducta del hombre
  honrado.

9 Más vale habitar en un rincón de la azotea
 que compartir el techo con mujer
  pendenciera.

10 El malvado sólo piensa en el mal;
 jamás se compadece de su prójimo.

11 Cuando se castiga al insolente,
 aprende[o] el inexperto;
 cuando se instruye al sabio,
 el inexperto adquiere conocimiento.

12 El justo se fija en la casa del malvado,
 y ve cuando éste acaba en la ruina.

13 Quien cierra sus oídos al clamor del
  pobre,
 llorará también sin que nadie le
  responda.

14 El regalo secreto apacigua el enojo;
 el obsequio discreto calma la ira
  violenta.

15 Cuando se hace justicia,
 se alegra el justo y tiembla el malhechor.

16 Quien se aparta de la senda del
  discernimiento
 irá a parar entre los muertos.

17 El que ama el placer se quedará en la
  pobreza;
 el que ama el vino y los perfumes jamás
  será rico.

18 El malvado pagará por el justo,
 y el traidor por el hombre intachable.

19 Más vale habitar en el desierto
 que con mujer pendenciera y de mal
  genio.

20 En casa del sabio abundan las riquezas y
  el perfume,
 pero el necio todo lo despilfarra.

21 El que va tras la justicia y el amor
 halla vida, prosperidad[p] y honra.

8 The way of the guilty is devious,
 but the conduct of the innocent is
  upright.

9 Better to live on a corner of the roof
 than share a house with a quarrelsome
  wife.

10 The wicked man craves evil;
 his neighbor gets no mercy from him.

11 When a mocker is punished, the simple
  gain wisdom;
 when a wise man is instructed, he gets
  knowledge.

12 The Righteous One[l] takes note of the
  house of the wicked
 and brings the wicked to ruin.

13 If a man shuts his ears to the cry of the
  poor,
 he too will cry out and not be answered.

14 A gift given in secret soothes anger,
 and a bribe concealed in the cloak
  pacifies great wrath.

15 When justice is done, it brings joy to the
  righteous
 but terror to evildoers.

16 A man who strays from the path of
  understanding
 comes to rest in the company of the
  dead.

17 He who loves pleasure will become poor;
 whoever loves wine and oil will never
  be rich.

18 The wicked become a ransom for the
  righteous,
 and the unfaithful for the upright.

19 Better to live in a desert
 than with a quarrelsome and
  ill-tempered wife.

20 In the house of the wise are stores of
  choice food and oil,
 but a foolish man devours all he has.

21 He who pursues righteousness and love
 finds life, prosperity[m] and honor.

---

o **21:11** *aprende.* Lit. *se hace sabio.*   *p* **21:21** *prosperidad.*
Alt. *justicia.*   *l* 12 Or *The righteous man*   *m* 21 Or *righteousness*

²²El sabio conquista la ciudad de los valientes
   y derriba el baluarte en que ellos
     confiaban.

²³El que refrena su boca y su lengua
   se libra de muchas angustias.

²⁴Orgulloso y arrogante, y famoso por
     insolente,
   es quien se comporta con desmedida
     soberbia.

²⁵La codicia del perezoso lo lleva a la
     muerte,
   porque sus manos se niegan a trabajar;
²⁶todo el día se lo pasa codiciando,
   pero el justo da con generosidad.

²⁷El sacrificio de los malvados es
     detestable,
   y más aún cuando se ofrece con mala
     intención.

²⁸El testigo falso perecerá,
   y quien le haga caso será destruido*q*
     para siempre.

²⁹El malvado es inflexible en sus decisiones;
   el justo examina*r* su propia conducta.

³⁰De nada sirven ante el SEÑOR
   la sabiduría, la inteligencia y el consejo.

³¹Se alista al caballo para el día de la batalla,
   pero la victoria depende del SEÑOR.

22 Vale más la buena fama que las muchas
     riquezas,
   y más que oro y plata, la buena reputación.

²El rico y el pobre tienen esto en común:
   a ambos los ha creado el SEÑOR.

³El prudente ve el peligro y lo evita;
   el inexperto sigue adelante y sufre las
     consecuencias.

⁴Recompensa de la humildad y del temor
     del SEÑOR
   son las riquezas, la honra y la vida.

⁵Espinas y trampas hay en la senda de los
     impíos,
   pero el que cuida su vida se aleja de ellas.

²²A wise man attacks the city of the mighty
   and pulls down the stronghold in which
     they trust.

²³He who guards his mouth and his tongue
   keeps himself from calamity.

²⁴The proud and arrogant man—"Mocker"
     is his name;
   he behaves with overweening pride.

²⁵The sluggard's craving will be the death
     of him,
   because his hands refuse to work.
²⁶All day long he craves for more,
   but the righteous give without sparing.

²⁷The sacrifice of the wicked is detestable—
   how much more so when brought with
     evil intent!

²⁸A false witness will perish,
   and whoever listens to him will be
     destroyed forever.*n*

²⁹A wicked man puts up a bold front,
   but an upright man gives thought to his
     ways.

³⁰There is no wisdom, no insight, no plan
   that can succeed against the LORD.

³¹The horse is made ready for the day of
     battle,
   but victory rests with the LORD.

22 A good name is more desirable than
     great riches;
   to be esteemed is better than silver or
     gold.

²Rich and poor have this in common:
   The LORD is the Maker of them all.

³A prudent man sees danger and takes
     refuge,
   but the simple keep going and suffer for it.

⁴Humility and the fear of the LORD
   bring wealth and honor and life.

⁵In the paths of the wicked lie thorns and
     snares,
   but he who guards his soul stays far
     from them.

---

q **21:28** *será destruido.* Alt. *hablará.*   *r* **21:29** *examina*
(LXX, Qumrán y varios mss. hebreos); *ordena* (TM).

n 28 Or / *but the words of an obedient man will live on*

⁶ Instruye al niño en el camino correcto,
    y aun en su vejez no lo abandonará.

⁷ Los ricos son los amos de los pobres;
    los deudores son esclavos de sus
      acreedores.

⁸ El que siembra maldad cosecha
      desgracias;
    el SEÑOR lo destruirá con el cetro de su
      ira.ˢ

⁹ El que es generosoᵗ será bendecido,
    pues comparte su comida con los pobres.

¹⁰ Despide al insolente, y se irá la discordia
    y cesarán los pleitos y los insultos.

¹¹ El que ama la pureza de corazón y tiene
      gracia al hablar
    tendrá por amigo al rey.

¹² Los ojos del SEÑOR protegen el saber,
    pero desbaratan las palabras del traidor.

¹³ «¡Hay un león allá afuera —dice el
      holgazán—.
    ¡En plena calle me va a hacer pedazos »

¹⁴ La boca de la adúltera es una fosa
      profunda;
    en ella caerá quien esté bajo la ira del
      SEÑOR.

¹⁵ La necedad es parte del corazón juvenil,
    pero la vara de la disciplina la corrige.

¹⁶ Oprimir al pobre para enriquecerse,
    y hacerle regalos al rico,
    ¡buena manera de empobrecerse

Los treinta dichos de los sabios

(22:17–24:22)

¹⁷ Presta atención, escucha mis palabras;ᵘ
    aplica tu corazón a mi conocimiento.
¹⁸ Grato es retenerlas dentro de ti,
    y tenerlas todas a flor de labio.
¹⁹ A ti te las enseño en este día,
    para que pongas tu confianza en el
      SEÑOR.
²⁰ ¿Acaso no te he escrito treintaᵛ dichos
    que contienen sabios consejos?

⁶ Trainᵒ a child in the way he should go,
    and when he is old he will not turn from
      it.

⁷ The rich rule over the poor,
    and the borrower is servant to the
      lender.

⁸ He who sows wickedness reaps trouble,
    and the rod of his fury will be destroyed.

⁹ A generous man will himself be blessed,
    for he shares his food with the poor.

¹⁰ Drive out the mocker, and out goes strife;
    quarrels and insults are ended.

¹¹ He who loves a pure heart and whose
      speech is gracious
    will have the king for his friend.

¹² The eyes of the LORD keep watch over
      knowledge,
    but he frustrates the words of the
      unfaithful.

¹³ The sluggard says, "There is a lion
      outside "
    or, "I will be murdered in the streets "

¹⁴ The mouth of an adulteress is a deep pit;
    he who is under the LORD's wrath will
      fall into it.

¹⁵ Folly is bound up in the heart of a child,
    but the rod of discipline will drive it far
      from him.

¹⁶ He who oppresses the poor to increase his
      wealth
    and he who gives gifts to the rich—both
      come to poverty.

Sayings of the Wise

¹⁷ Pay attention and listen to the sayings of
      the wise;
    apply your heart to what I teach,
¹⁸ for it is pleasing when you keep them in
      your heart
    and have all of them ready on your lips.
¹⁹ So that your trust may be in the LORD,
    I teach you today, even you.
²⁰ Have I not written thirtyᵖ sayings for you,
    sayings of counsel and knowledge,

ˢ **22:8** *el Señor … su ira.* Lit. *el cetro de su ira perecerá.*
ᵗ **22:9** *El que es generoso.* Lit. *El buen ojo.*
ᵘ **22:17** *palabras* (LXX); *las palabras de los sabios* (TM).
ᵛ **22:20** *escrito treinta.* Alt. *escrito antes* o *escrito excelentes.*

ᵒ 6 Or *Start*   ᵖ 20 Or *not formerly written*; or *not written
excellent*

²¹ Son para enseñarte palabras ciertas y
confiables,
para que sepas responder bien a quien te
pregunte.^w

1

²² No explotes al pobre porque es pobre,
ni oprimas en los tribunales^x a los
necesitados;
²³ porque el SEÑOR defenderá su causa,
y despojará a quienes los despojen.

2

²⁴ No te hagas amigo de gente violenta,
ni te juntes con los iracundos,
²⁵ no sea que aprendas sus malas costumbres
y tú mismo caigas en la trampa.

3

²⁶ No te comprometas por otros
ni salgas fiador de deudas ajenas;
²⁷ porque si no tienes con qué pagar,
te quitarán hasta la cama en que duermes.

4

²⁸ No cambies de lugar los linderos antiguos
que establecieron tus antepasados.

5

²⁹ ¿Has visto a alguien diligente en su
trabajo?
se codeará con reyes, y nunca será un
Don Nadie.

6

23 Cuando te sientes a comer con un
gobernante,
fíjate bien en lo que^y tienes ante ti.
² Si eres dado a la glotonería,
domina tu apetito.^z
³ No codicies sus manjares,
pues tal comida no es más que un
engaño.

7

⁴ No te afanes acumulando riquezas;
no te obsesiones con ellas.
⁵ ¿Acaso has podido verlas? ¡No existen
Es como si les salieran alas,
pues se van volando como las águilas.

8

⁶ No te sientes a la mesa de un tacaño,^a
ni codicies sus manjares,
⁷ que son como un pelo en la garganta.^b
«Come y bebe», te dirá,
pero no te lo dirá de corazón.
⁸ Acabarás vomitando lo que hayas comido,
y tus cumplidos no habrán servido de
nada.

²¹ teaching you true and reliable words,
so that you can give sound answers
to him who sent you?

²² Do not exploit the poor because they are
poor
and do not crush the needy in court,
²³ for the LORD will take up their case
and will plunder those who plunder
them.

²⁴ Do not make friends with a hot-tempered
man,
do not associate with one easily angered,
²⁵ or you may learn his ways
and get yourself ensnared.

²⁶ Do not be a man who strikes hands in
pledge
or puts up security for debts;
²⁷ if you lack the means to pay,
your very bed will be snatched from
under you.

²⁸ Do not move an ancient boundary stone
set up by your forefathers.

²⁹ Do you see a man skilled in his work?
He will serve before kings;
he will not serve before obscure men.

23 When you sit to dine with a ruler,
note well what^q is before you,
² and put a knife to your throat
if you are given to gluttony.
³ Do not crave his delicacies,
for that food is deceptive.

⁴ Do not wear yourself out to get rich;
have the wisdom to show restraint.
⁵ Cast but a glance at riches, and they are
gone,
for they will surely sprout wings
and fly off to the sky like an eagle.

⁶ Do not eat the food of a stingy man,
do not crave his delicacies;
⁷ for he is the kind of man
who is always thinking about the cost.^r
"Eat and drink," he says to you,
but his heart is not with you.
⁸ You will vomit up the little you have eaten
and will have wasted your compliments.

---

^w **22:21** *a quien te pregunte* (LXX); *al que te envíe* (TM).
^x **22:22** *en los tribunales*. Lit. *en la* *puerta.   ^y **23:1** *en lo
que*. Alt. *en quién*.   ^z **23:2** *domina tu apetito*. Lit. *ponle un
cuchillo a tu garganta*.   ^a **23:6** *un tacaño*. Alt. *un hombre
mal intencionado*.   ^b **23:7** *que son … garganta* (LXX); *pues
como él piensa en su interior, así es él* (TM).

^q *1* Or *who*   ^r *7* Or *for as he thinks within himself, / so he is*;
or *for as he puts on a feast, / so he is*

9

⁹ A oídos del necio jamás dirijas palabra,
     pues se burlará de tus sabios consejos.

10

¹⁰ No cambies de lugar los linderos antiguos,
     ni invadas la propiedad de los huérfanos,
¹¹ porque su Defensor es muy poderoso
     y contra ti defenderá su causa.

11

¹² Aplica tu corazón a la disciplina
     y tus oídos al conocimiento.

12

¹³ No dejes de disciplinar al joven,
     que de unos cuantos azotes no se morirá.
¹⁴ Dale unos buenos azotes,
     y así lo librarás del *sepulcro.

13

¹⁵ Hijo mío, si tu corazón es sabio,
     también mi corazón se regocijará;
¹⁶ en lo íntimo de mi ser me alegraré
     cuando tus labios hablen con rectitud.

14

¹⁷ No envidies en tu corazón a los pecadores;
     más bien, muéstrate siempre celoso en
     el temor del SEÑOR.
¹⁸ Cuentas con una esperanza futura,
     la cual no será destruida.

15

¹⁹ Hijo mío, presta atención y sé sabio;
     mantén tu corazón en el camino recto.
²⁰ No te juntes con los que beben mucho
     vino,
     ni con los que se hartan de carne,
²¹ pues borrachos y glotones, por su
     indolencia,
     acaban harapientos y en la pobreza.

16

²² Escucha a tu padre, que te engendró,
     y no desprecies a tu madre cuando sea
     anciana.
²³ Adquiere la verdad y la sabiduría,
     la disciplina y el discernimiento,
     ¡y no los vendas
²⁴ El padre del justo experimenta gran
     regocijo;
     quien tiene un hijo sabio se solaza en él.
²⁵ ¡Que se alegren tu padre y tu madre
     ¡Que se regocije la que te dio la vida

17

²⁶ Dame, hijo mío, tu corazón
     y no pierdas de vista mis caminos.
²⁷ Porque fosa profunda es la prostituta,
     y estrecho pozo, la mujer ajena.
²⁸ Se pone al acecho, como un bandido,
     y multiplica la infidelidad de los
     hombres.

⁹ Do not speak to a fool,
     for he will scorn the wisdom of your
     words.

¹⁰ Do not move an ancient boundary stone
     or encroach on the fields of the
     fatherless,
¹¹ for their Defender is strong;
     he will take up their case against you.

¹² Apply your heart to instruction
     and your ears to words of knowledge.

¹³ Do not withhold discipline from a child;
     if you punish him with the rod, he will
     not die.
¹⁴ Punish him with the rod
     and save his soul from death.ˢ

¹⁵ My son, if your heart is wise,
     then my heart will be glad;
¹⁶ my inmost being will rejoice
     when your lips speak what is right.

¹⁷ Do not let your heart envy sinners,
     but always be zealous for the fear of the
     LORD.
¹⁸ There is surely a future hope for you,
     and your hope will not be cut off.

¹⁹ Listen, my son, and be wise,
     and keep your heart on the right path.
²⁰ Do not join those who drink too much
     wine
     or gorge themselves on meat,
²¹ for drunkards and gluttons become poor,
     and drowsiness clothes them in rags.

²² Listen to your father, who gave you life,
     and do not despise your mother when
     she is old.
²³ Buy the truth and do not sell it;
     get wisdom, discipline and
     understanding.
²⁴ The father of a righteous man has great joy;
     he who has a wise son delights in him.
²⁵ May your father and mother be glad;
     may she who gave you birth rejoice

²⁶ My son, give me your heart
     and let your eyes keep to my ways,
²⁷ for a prostitute is a deep pit
     and a wayward wife is a narrow well.
²⁸ Like a bandit she lies in wait,
     and multiplies the unfaithful among men.

ˢ *14* Hebrew *Sheol*

18

²⁹ ¿De quién son los lamentos? ¿De quién
los pesares?
¿De quién son los pleitos? ¿De quién las
quejas?
¿De quién son las heridas gratuitas?
¿De quién los ojos morados?
³⁰ ¡Del que no suelta la botella de vino
ni deja de probar licores!

³¹ No te fijes en lo rojo que es el vino,
ni en cómo brilla en la copa,
ni en la suavidad con que se desliza;
³² porque acaba mordiendo como serpiente
y envenenando como víbora.
³³ Tus ojos verán alucinaciones,
y tu mente imaginará estupideces.
³⁴ Te parecerá estar durmiendo en alta mar,
acostado sobre el mástil mayor.
³⁵ Y dirás: «Me han herido, pero no me duele.
Me han golpeado, pero no lo siento.
¿Cuándo despertaré de este sueño
para ir a buscar otro trago?»

19

24 No envidies a los malvados,
ni procures su compañía;
² porque en su corazón traman violencia,
y no hablan más que de cometer fechorías.

20

³ Con sabiduría se construye la casa;
con inteligencia se echan los cimientos.
⁴ Con buen juicio se llenan sus cuartos
de bellos y extraordinarios tesoros.

21

⁵ El que es sabio tiene gran poder,
y el que es entendido aumenta su fuerza.
⁶ La guerra se hace con buena estrategia;
la victoria se alcanza con muchos
consejeros.

22

⁷ La sabiduría no está al alcance del necio,
que en la asamblea del pueblo[c] nada
tiene que decir.

23

⁸ Al que hace planes malvados
lo llamarán intrigante.
⁹ Las intrigas del necio son pecado,
y todos aborrecen a los insolentes.

24

¹⁰ Si en el día de la aflicción te desanimas,
muy limitada es tu fortaleza.

25

¹¹ Rescata a los que van rumbo a la muerte;
detén a los que a tumbos avanzan al
suplicio.

²⁹ Who has woe? Who has sorrow?
Who has strife? Who has complaints?
Who has needless bruises? Who has
bloodshot eyes?
³⁰ Those who linger over wine,
who go to sample bowls of mixed wine.
³¹ Do not gaze at wine when it is red,
when it sparkles in the cup,
when it goes down smoothly
³² In the end it bites like a snake
and poisons like a viper.
³³ Your eyes will see strange sights
and your mind imagine confusing things.
³⁴ You will be like one sleeping on the high
seas,
lying on top of the rigging.
³⁵ "They hit me," you will say, "but I'm
not hurt
They beat me, but I don't feel it
When will I wake up
so I can find another drink?"

24 Do not envy wicked men,
do not desire their company;
² for their hearts plot violence,
and their lips talk about making
trouble.

³ By wisdom a house is built,
and through understanding it is
established;
⁴ through knowledge its rooms are f
illed
with rare and beautiful treasures.

⁵ A wise man has great power,
and a man of knowledge increases
strength;
⁶ for waging war you need guidance,
and for victory many advisers.

⁷ Wisdom is too high for a fool;
in the assembly at the gate he has
nothing to say.

⁸ He who plots evil
will be known as a schemer.
⁹ The schemes of folly are sin,
and men detest a mocker.

¹⁰ If you falter in times of trouble,
how small is your strength

¹¹ Rescue those being led away to death;
hold back those staggering toward
slaughter.

---

[c] **24:7** *en la asamblea del pueblo.* Lit. *en la* *puerta.*

¹²Pues aunque digas, «Yo no lo sabía»,
  ¿no habrá de darse cuenta el que pesa
    los corazones?
  ¿No habrá de saberlo el que vigila tu
    vida?
    ¡Él le paga a cada uno según sus
      acciones

            26

¹³Come la miel, hijo mío, que es deliciosa;
  dulce al paladar es la miel del panal.
¹⁴Así de dulce sea la sabiduría a tu alma;
  si das con ella, tendrás buen futuro;
  tendrás una esperanza que no será
    destruida.

            27

¹⁵No aceches cual malvado la casa del
    justo,
  ni arrases el lugar donde habita;
¹⁶porque siete veces podrá caer el justo,
  pero otras tantas se levantará;
  los malvados, en cambio,
    se hundirán en la desgracia.

            28

¹⁷No te alegres cuando caiga tu enemigo,
  ni se regocije tu corazón ante su
    desgracia,
¹⁸no sea que el SEÑOR lo vea y no lo
    apruebe,
  y aparte de él su enojo.

            29

¹⁹No te alteres por causa de los
    malvados,
  ni sientas envidia de los impíos,
²⁰porque el malvado no tiene porvenir;
  ¡la lámpara del impío se apagará

            30

²¹Hijo mío, teme al SEÑOR y honra al
    rey,
  y no te juntes con los rebeldes,
²²porque de los dos recibirás un castigo
    repentino
  ¡y quién sabe qué calamidades puedan
    venir

Otros dichos de los sabios

²³También éstos son dichos de los sabios:

  No es correcto ser parcial en el juicio.

²⁴Maldecirán los pueblos, y despreciarán
    las naciones,
  a quien declare inocente al culpable.
²⁵Pero bien vistos serán, y bendecidos,
  los que condenen al culpable.

²⁶Una respuesta sincera
  es como un beso en los labios.

¹²If you say, "But we knew nothing about
    this,"
  does not he who weighs the heart
    perceive it?
  Does not he who guards your life know it?
  Will he not repay each person according
    to what he has done?

¹³Eat honey, my son, for it is good;
  honey from the comb is sweet to your
    taste.
¹⁴Know also that wisdom is sweet to your
    soul;
  if you find it, there is a future hope for
    you,
  and your hope will not be cut off.

¹⁵Do not lie in wait like an outlaw against a
    righteous man's house,
  do not raid his dwelling place;
¹⁶for though a righteous man falls seven
    times, he rises again,
  but the wicked are brought down by
    calamity.

¹⁷Do not gloat when your enemy falls;
  when he stumbles, do not let your heart
    rejoice,
¹⁸or the LORD will see and disapprove
  and turn his wrath away from him.

¹⁹Do not fret because of evil men
  or be envious of the wicked,
²⁰for the evil man has no future hope,
  and the lamp of the wicked will be
    snuffed out.

²¹Fear the LORD and the king, my son,
  and do not join with the rebellious,
²²for those two will send sudden
    destruction upon them,
  and who knows what calamities they
    can bring?

Further Sayings of the Wise

²³These also are sayings of the wise:

  To show partiality in judging is not good:
²⁴Whoever says to the guilty, "You are
    innocent"—
  peoples will curse him and nations
    denounce him.
²⁵But it will go well with those who convict
    the guilty,
  and rich blessing will come upon them.

²⁶An honest answer
  is like a kiss on the lips.

27 Prepara primero tus faenas de cultivo
 y ten listos tus campos para la siembra;
 después de eso, construye tu casa.

28 No testifiques sin razón contra tu
   prójimo,
 ni mientas con tus labios.
29 No digas: «Le haré lo mismo que me
   hizo;
 le pagaré con la misma moneda.»

30 Pasé por el campo del perezoso,
 por la viña del falto de juicio.
31 Había espinas por todas partes;
 la hierba cubría el terreno,
 y el lindero de piedras estaba en ruinas.
32 Guardé en mi corazón lo observado,
 y de lo visto saqué una lección:
33 Un corto sueño, una breve siesta,
 un pequeño descanso, cruzado de
   brazos…
34 ¡y te asaltará la pobreza como un bandido,
 y la escasez, como un hombre armado

Más proverbios de Salomón

25 Éstos son otros proverbios de Salomón,
copiados por los escribas de Ezequías,
rey de Judá.

2 Gloria de Dios es ocultar un asunto,
 y gloria de los reyes el investigarlo.

3 Tan impenetrable es el corazón de los
   reyes
 como alto es el cielo y profunda la
   tierra.

4 Quita la escoria de la plata,
 y de allí saldrá material para^d el
   orfebre;
5 quita de la presencia del rey al malvado,
 y el rey afirmará su trono en la
   justicia.

6 No te des importancia en presencia del
   rey,
 ni reclames un lugar entre los
   magnates;
7 vale más que el rey te diga: «Sube acá»,
 y no que te humille ante gente
   importante.

 Lo que atestigües con tus ojos
8 no lo lleves^e de inmediato al tribunal,

27 Finish your outdoor work
 and get your fields ready;
 after that, build your house.

28 Do not testify against your neighbor
   without cause,
 or use your lips to deceive.
29 Do not say, "I'll do to him as he has done
   to me;
 I'll pay that man back for what he did."

30 I went past the field of the sluggard,
 past the vineyard of the man who lacks
   judgment;
31 thorns had come up everywhere,
 the ground was covered with weeds,
 and the stone wall was in ruins.
32 I applied my heart to what I observed
 and learned a lesson from what I saw:
33 A little sleep, a little slumber,
 a little folding of the hands to rest—
34 and poverty will come on you like a bandit
 and scarcity like an armed man.^{t}'

More Proverbs of Solomon

25 These are more proverbs of Solomon,
copied by the men of Hezekiah king of
Judah:

2 It is the glory of God to conceal a matter;
 to search out a matter is the glory of kings.

3 As the heavens are high and the earth is
   deep,
 so the hearts of kings are unsearchable.

4 Remove the dross from the silver,
 and out comes material for^u the
   silversmith;
5 remove the wicked from the king's
   presence,
 and his throne will be established
   through righteousness.

6 Do not exalt yourself in the king's
   presence,
 and do not claim a place among great men;
7 it is better for him to say to you, "Come
   up here,"
 than for him to humiliate you before a
   nobleman.

 What you have seen with your eyes
8 do not bring^v hastily to court,

---

^{d} 25:4 *saldrá material para.* Alt. *sacará una copa para.*
^{e} 25:7,8 *gente importante. Lo que … no lo lleves.* Alt. *No gente
importante / sobre la que hayas posado tus ojos. / 8 No vayas*

^{t} 34 Or *like a vagrant / and scarcity like a beggar* ^{u} 4 Or
comes a vessel from ^{v} 7,8 Or *nobleman / on whom you had
set your eyes. /* ^{8} *Do not go*

pues ¿qué harás si a fin de cuentas
  tu prójimo te pone en vergüenza?

⁹Defiende tu causa contra tu prójimo,
  pero no traiciones la confianza de nadie,
¹⁰no sea que te avergüence el que te oiga
  y ya no puedas quitarte la infamia.

¹¹Como naranjas de oro con incrustaciones
    de plata
  son las palabras dichas a tiempo.

¹²Como anillo o collar de oro fino
  son los regaños del sabio en oídos
    atentos.

¹³Como frescura de nieve en día de verano
  es el mensajero confiable para quien lo
    envía,
  pues infunde nuevo ánimo en sus amos.

¹⁴Nubes y viento, y nada de lluvia,
  es quien presume de dar y nunca da nada.

¹⁵Con paciencia se convence al gobernante.
  ¡La lengua amable quebranta hasta los
    huesos

¹⁶Si encuentras miel, no te empalagues;
  la mucha miel provoca náuseas.

¹⁷No frecuentes la casa de tu amigo;
  no sea que lo fastidies y llegue a
    aborrecerte.

¹⁸Un mazo, una espada, una aguda saeta,
  ¡eso es el falso testigo contra su amigo

¹⁹Confiar en gente desleal en momentos de
    angustia
  es como tener un diente careado o una
    pierna quebrada.

²⁰Dedicarle canciones al corazón afligido
  es como echarle vinagre ᶠ a una herida
  o como andar desabrigado en un día de
    frío.

²¹Si tu enemigo tiene hambre, dale de comer;
  si tiene sed, dale de beber.
²²Actuando así, harás que se avergüence de
    su conducta, ᵍ
  y el SEÑOR te lo recompensará.

for what will you do in the end
  if your neighbor puts you to shame?

⁹If you argue your case with a neighbor,
  do not betray another man's confidence,
¹⁰or he who hears it may shame you
  and you will never lose your bad
    reputation.

¹¹A word aptly spoken
  is like apples of gold in settings of silver.

¹²Like an earring of gold or an ornament of
    fine gold
  is a wise man's rebuke to a listening ear.

¹³Like the coolness of snow at harvest time
  is a trustworthy messenger to those who
    send him;
  he refreshes the spirit of his masters.

¹⁴Like clouds and wind without rain
  is a man who boasts of gifts he does not
    give.

¹⁵Through patience a ruler can be
    persuaded,
  and a gentle tongue can break a bone.

¹⁶If you find honey, eat just enough—
  too much of it, and you will vomit.
¹⁷Seldom set foot in your neighbor's
    house—
  too much of you, and he will hate you.

¹⁸Like a club or a sword or a sharp arrow
  is the man who gives false testimony
    against his neighbor.

¹⁹Like a bad tooth or a lame foot
  is reliance on the unfaithful in times of
    trouble.

²⁰Like one who takes away a garment on a
    cold day,
  or like vinegar poured on soda,
  is one who sings songs to a heavy heart.

²¹If your enemy is hungry, give him food to
    eat;
  if he is thirsty, give him water to drink.
²²In doing this, you will heap burning coals
    on his head,
  and the LORD will reward you.

ᶠ**25:20** *vinagre* (LXX); *salitre* (TM).   ᵍ**25:22** *harás …
conducta*. Lit. *ascuas amontonarás sobre su cabeza.*

23 Con el viento del norte vienen las lluvias;
   con la lengua viperina, las malas caras.

24 Más vale habitar en un rincón de la azotea
   que compartir el techo con mujer
      pendenciera.

25 Como el agua fresca a la garganta reseca
   son las buenas noticias desde lejanas
      tierras.

26 Manantial turbio, contaminado pozo,
   es el justo que flaquea ante el impío.

27 No hace bien comer mucha miel,
   ni es honroso buscar la propia gloria.

28 Como ciudad sin defensa y sin murallas
   es quien no sabe dominarse.

26 Ni la nieve es para el verano,
   ni la lluvia para la cosecha,
   ni los honores para el necio.

2 Como el gorrión sin rumbo o la
      golondrina sin nido,
   la maldición sin motivo jamás llega a su
      destino.

3 El látigo es para los caballos,
   el freno para los asnos,
   y el garrote para la espalda del necio.

4 No respondas al necio según su necedad,
   o tú mismo pasarás por necio.

5 Respóndele al necio como se merece,
   para que no se tenga por sabio.

6 Enviar un mensaje por medio de un necio
   es como cortarse los pies o sufrir[h]
      violencia.

7 Inútil es el proverbio en la boca del necio
   como inútiles son las piernas de un
      tullido.

8 Rendirle honores al necio es tan absurdo
   como atar una piedra a la honda.

9 El proverbio en la boca del necio
   es como espina en la mano del borracho.

10 Como arquero que hiere a todo el que pasa
   es quien contrata al necio en su casa.[i]

23 As a north wind brings rain,
   so a sly tongue brings angry looks.

24 Better to live on a corner of the roof
   than share a house with a quarrelsome
      wife.

25 Like cold water to a weary soul
   is good news from a distant land.

26 Like a muddied spring or a polluted well
   is a righteous man who gives way to the
      wicked.

27 It is not good to eat too much honey,
   nor is it honorable to seek one's own
      honor.

28 Like a city whose walls are broken down
   is a man who lacks self-control.

26 Like snow in summer or rain in harvest,
   honor is not fitting for a fool.

2 Like a fluttering sparrow or a darting
      swallow,
   an undeserved curse does not come to
      rest.

3 A whip for the horse, a halter for the
      donkey,
   and a rod for the backs of fools

4 Do not answer a fool according to his
      folly,
   or you will be like him yourself.

5 Answer a fool according to his folly,
   or he will be wise in his own eyes.

6 Like cutting off one's feet or drinking
      violence
   is the sending of a message by the hand
      of a fool.

7 Like a lame man's legs that hang limp
   is a proverb in the mouth of a fool.

8 Like tying a stone in a sling
   is the giving of honor to a fool.

9 Like a thornbush in a drunkard's hand
   is a proverb in the mouth of a fool.

10 Like an archer who wounds at random
   is he who hires a fool or any passer-by.

---

[h] 26:6 *sufrir*. Lit. *beber*.   [i] 26:10 Texto de difícil traducción.

11 Como vuelve el perro a su vómito,
    así el necio insiste en su necedad.

12 ¿Te has fijado en quien se cree muy
    sabio?
    Más se puede esperar de un necio que
    de gente así.

13 Dice el perezoso: «Hay una fiera en el
    camino.
    ¡Por las calles un león anda suelto »

14 Sobre sus goznes gira la puerta;
    sobre la cama, el perezoso.

15 El perezoso mete la mano en el plato,
    pero le pesa llevarse el bocado a la boca.

16 El perezoso se cree más sabio
    que siete sabios que saben responder.

17 Meterse en pleitos ajenos
    es como agarrar a un perro por las
    orejas.

18 Como loco que dispara
    mortíferas flechas encendidas,
19 es quien engaña a su amigo y explica:
    «¡Tan sólo estaba bromeando »

20 Sin leña se apaga el fuego;
    sin chismes se acaba el pleito.

21 Con el carbón se hacen brasas, con la leña
    se prende fuego,
    y con un pendenciero se inician los
    pleitos.

22 Los chismes son como ricos bocados:
    se deslizan hasta las entrañas.

23 Como baño de plata^j sobre vasija de barro
    son los labios zalameros de un corazón
    malvado.

24 El que odia se esconde tras sus palabras,
    pero en lo íntimo alberga perfidia.
25 No le creas, aunque te hable con dulzura,
    porque su corazón rebosa de
    abominaciones.^{k}
26 Tal vez disimule con engaños su odio,
    pero en la asamblea se descubrirá su
    maldad.

11 As a dog returns to its vomit,
    so a fool repeats his folly.

12 Do you see a man wise in his own eyes?
    There is more hope for a fool than for
    him.

13 The sluggard says, "There is a lion in the
    road,
    a fierce lion roaming the streets "

14 As a door turns on its hinges,
    so a sluggard turns on his bed.

15 The sluggard buries his hand in the dish;
    he is too lazy to bring it back to his
    mouth.

16 The sluggard is wiser in his own eyes
    than seven men who answer discreetly.

17 Like one who seizes a dog by the ears
    is a passer-by who meddles in a quarrel
    not his own.

18 Like a madman shooting
    firebrands or deadly arrows
19 is a man who deceives his neighbor
    and says, "I was only joking "

20 Without wood a fire goes out;
    without gossip a quarrel dies down.

21 As charcoal to embers and as wood to fire,
    so is a quarrelsome man for kindling
    strife.

22 The words of a gossip are like choice
    morsels;
    they go down to a man's inmost parts.

23 Like a coating of glaze^w over earthenware
    are fervent lips with an evil heart.

24 A malicious man disguises himself with
    his lips,
    but in his heart he harbors deceit.
25 Though his speech is charming, do not
    believe him,
    for seven abominations fill his heart.
26 His malice may be concealed by
    deception,
    but his wickedness will be exposed in
    the assembly.

---

^{j} **26:23** *como baño de plata.* Lit. *como plata de escoria.*
^{k} **26:25** *porque su corazón … abominaciones.* Lit. *porque
siete abominaciones hay en su corazón.*

^{w} *23* With a different word division of the Hebrew; Masoretic
Text *of silver dross*

27 Cava una fosa, y en ella caerás;
   echa a rodar piedras, y te aplastarán.

28 La lengua mentirosa odia a sus víctimas;
   la boca lisonjera lleva a la ruina.

27 No te jactes del día de mañana,
   porque no sabes lo que el día traerá.

2 No te jactes de ti mismo;
   que sean otros los que te alaben.

3 Pesada es la piedra, pesada es la arena,
   pero más pesada es la ira del necio.

4 Cruel es la furia, y arrolladora la ira,
   pero ¿quién puede enfrentarse a la
     envidia?

5 Más vale ser reprendido con franqueza
   que ser amado en secreto.

6 Más confiable es el amigo que hiere
   que el enemigo que besa.

7 Al que no tiene hambre, hasta la miel lo
     empalaga;
   al hambriento, hasta lo amargo le es
     dulce.

8 Como ave que vaga lejos del nido
   es el hombre que vaga lejos del hogar.

9 El perfume y el incienso alegran el
     corazón;
   la dulzura de la amistad fortalece el
     ánimo. [l]

10 No abandones a tu amigo ni al amigo de
   tu padre.

No vayas a la casa de tu hermano cuando
   tengas un problema.

Más vale vecino cercano que hermano distante.

11 Hijo mío, sé sabio y alegra mi corazón;
   así podré responder a los que me
     desprecian.

12 El prudente ve el peligro y lo evita;
   el inexperto sigue adelante y sufre las
     consecuencias.

27 If a man digs a pit, he will fall into it;
   if a man rolls a stone, it will roll back on
     him.

28 A lying tongue hates those it hurts,
   and a flattering mouth works ruin.

27 Do not boast about tomorrow,
   for you do not know what a day
     may bring forth.

2 Let another praise you, and not your own
     mouth;
   someone else, and not your own lips.

3 Stone is heavy and sand a burden,
   but provocation by a fool is heavier than
     both.

4 Anger is cruel and fury overwhelming,
   but who can stand before jealousy?

5 Better is open rebuke
   than hidden love.

6 Wounds from a friend can be trusted,
   but an enemy multiplies kisses.

7 He who is full loathes honey,
   but to the hungry even what is bitter
     tastes sweet.

8 Like a bird that strays from its nest
   is a man who strays from his home.

9 Perfume and incense bring joy to the
     heart,
   and the pleasantness of one's friend
     springs from his earnest counsel.

10 Do not forsake your friend and the friend
   of your father,
   and do not go to your brother's house
     when disaster strikes you—
   better a neighbor nearby than a brother
     far away.

11 Be wise, my son, and bring joy to my
     heart;
   then I can answer anyone who treats me
     with contempt.

12 The prudent see danger and take refuge,
   but the simple keep going and suffer for
     it.

---

[l] 27:9 Texto de difícil traducción.

13 Toma la prenda del que salga fiador por
un extraño;
   reténla en garantía si la entrega por la
mujer ajena.

14 El mejor saludo se juzga una
impertinencia
   cuando se da a gritos y de madrugada.

15 Gotera constante en un día lluvioso
   es la mujer que siempre pelea.
16 Quien la domine, podrá dominar el viento
   y retener[m] aceite en la mano.

17 El hierro se afila con el hierro,
   y el hombre en el trato con el hombre.

18 El que cuida de la higuera comerá de sus
higos,
   y el que vela por su amo recibirá
honores.

19 En el agua se refleja el rostro,
   y en el corazón se refleja la persona.

20 El *sepulcro, la *muerte y los ojos del
hombre
   jamás se dan por satisfechos.

21 En el crisol se prueba la plata;
   en el horno se prueba el oro;
   ante las alabanzas, el hombre.

22 Aunque al necio lo muelas y lo remuelas,
   y lo machaques como al grano,
   no le quitarás la necedad.

23 Asegúrate de saber cómo están tus
rebaños;
   cuida mucho de tus ovejas;
24 pues las riquezas no son eternas
   ni la fortuna está siempre segura.
25 Cuando se limpien los campos y brote el
verdor,
   y en los montes se recoja la hierba,
26 las ovejas te darán para el vestido,
   y las cabras para comprar un campo;
27 tendrás leche de cabra en abundancia
   para que se alimenten tú y tu familia,
   y toda tu servidumbre.

28 El malvado huye aunque nadie lo
persiga;
   pero el justo vive confiado como un
león.

13 Take the garment of one who puts up
security for a stranger;
   hold it in pledge if he does it for a
wayward woman.

14 If a man loudly blesses his neighbor early
in the morning,
   it will be taken as a curse.

15 A quarrelsome wife is like
   a constant dripping on a rainy day;
16 restraining her is like restraining the wind
   or grasping oil with the hand.

17 As iron sharpens iron,
   so one man sharpens another.

18 He who tends a fig tree will eat its fruit,
   and he who looks after his master will
be honored.

19 As water reflects a face,
   so a man's heart reflects the man.

20 Death and Destruction[x] are never satisfied,
   and neither are the eyes of man.

21 The crucible for silver and the furnace for
gold,
   but man is tested by the praise he receives.

22 Though you grind a fool in a mortar,
   grinding him like grain with a pestle,
   you will not remove his folly from him.

23 Be sure you know the condition of your
flocks,
   give careful attention to your herds;
24 for riches do not endure forever,
   and a crown is not secure for all
generations.
25 When the hay is removed and new
growth appears
   and the grass from the hills is gathered in,
26 the lambs will provide you with clothing,
   and the goats with the price of a field.
27 You will have plenty of goats' milk
   to feed you and your family
   and to nourish your servant girls.

28 The wicked man flees though no one
pursues,
   but the righteous are as bold as a lion.

---

[m] 27:16 y retener. Lit. y llamará.   [x] 20 Hebrew Sheol and Abaddon

² Cuando hay rebelión en el país,
los caudillos se multiplican;
cuando el gobernante es entendido,
se mantiene el orden.

³ El gobernante[n] que oprime a los pobres
es como violenta lluvia que arrasa la
cosecha.

⁴ Los que abandonan la ley alaban a los
malvados;
los que la obedecen luchan contra ellos.

⁵ Los malvados nada entienden de la
justicia;
los que buscan al SEÑOR lo entienden
todo.

⁶ Más vale pobre pero honrado,
que rico pero perverso.

⁷ El hijo entendido se sujeta a la ley;
el derrochador deshonra a su padre.

⁸ El que amasa riquezas mediante la
usura
las acumula para el que se compadece
de los pobres.

⁹ Dios aborrece hasta la oración
del que se niega a obedecer la ley.

¹⁰ El que lleva a los justos por el mal
camino,
caerá en su propia trampa;
pero los íntegros heredarán el bien.

¹¹ El rico se las da de sabio;
el pobre pero inteligente lo
desenmascara.

¹² Cuando los justos triunfan, se hace gran
fiesta;
cuando los impíos se imponen, todo el
mundo se esconde.

¹³ Quien encubre su pecado jamás prospera;
quien lo confiesa y lo deja, halla
perdón.

¹⁴ ¡Dichoso el que siempre teme al SEÑOR[ñ]
Pero el obstinado caerá en la desgracia.

---

² When a country is rebellious, it has many
rulers,
but a man of understanding and
knowledge maintains order.

³ A ruler[y] who oppresses the poor
is like a driving rain that leaves no crops.

⁴ Those who forsake the law praise the
wicked,
but those who keep the law resist them.

⁵ Evil men do not understand justice,
but those who seek the LORD
understand it fully.

⁶ Better a poor man whose walk is
blameless
than a rich man whose ways are perverse.

⁷ He who keeps the law is a discerning son,
but a companion of gluttons disgraces
his father.

⁸ He who increases his wealth by
exorbitant interest
amasses it for another, who will be kind
to the poor.

⁹ If anyone turns a deaf ear to the law,
even his prayers are detestable.

¹⁰ He who leads the upright along an evil path
will fall into his own trap,
but the blameless will receive a good
inheritance.

¹¹ A rich man may be wise in his own eyes,
but a poor man who has discernment
sees through him.

¹² When the righteous triumph, there is
great elation;
but when the wicked rise to power, men
go into hiding.

¹³ He who conceals his sins does not prosper,
but whoever confesses and renounces
them finds mercy.

¹⁴ Blessed is the man who always fears the
LORD,
but he who hardens his heart falls into
trouble.

---

[n] 28:3 *El gobernante* (texto probable); *El pobre* (TM).
[ñ] 28:14 *teme al Señor.* Lit. *teme.*

[y] 3 Or *A poor man*

¹⁵ Un león rugiente, un oso hambriento,
es el gobernante malvado que oprime a
los pobres.

¹⁶ El gobernante falto de juicio es terrible
opresor;
el que odia las riquezas prolonga su vida.

¹⁷ El que es perseguido por⁰ homicidio
será un fugitivo hasta la muerte.
¡Que nadie le brinde su apoyo

¹⁸ El que es honrado se mantendrá a salvo;
el de caminos perversos caerá en la
fosa.ᵖ

¹⁹ El que trabaja la tierra tendrá abundante
comida;
el que sueña despierto�q sólo abundará
en pobreza.

²⁰ El hombre fiel recibirá muchas bendiciones;
el que tiene prisa por enriquecerse no
quedará impune.

²¹ No es correcto mostrarse parcial con nadie.
Hay quienes pecan hasta por un
mendrugo de pan.

²² El tacaño ansía enriquecerse,
sin saber que la pobreza lo aguarda.

²³ A fin de cuentas, más se aprecia
al que reprende que al que adula.

²⁴ El que roba a su padre o a su madre,
e insiste en que no ha pecado,
amigo es de gente perversa.ʳ

²⁵ El que es ambicioso provoca peleas,
pero el que confía en el SEÑOR prospera.

²⁶ Necio es el que confía en sí mismo;
el que actúa con sabiduría se pone a salvo.

²⁷ El que ayuda al pobre no conocerá la
pobreza;
el que le niega su ayuda será maldecido.

²⁸ Cuando triunfan los impíos, la gente se
esconde;
cuando perecen, los justos prosperan.

¹⁵ Like a roaring lion or a charging bear
is a wicked man ruling over a helpless
people.

¹⁶ A tyrannical ruler lacks judgment,
but he who hates ill-gotten gain will
enjoy a long life.

¹⁷ A man tormented by the guilt of murder
will be a fugitive till death;
let no one support him.

¹⁸ He whose walk is blameless is kept safe,
but he whose ways are perverse will
suddenly fall.

¹⁹ He who works his land will have
abundant food,
but the one who chases fantasies will
have his fill of poverty.

²⁰ A faithful man will be richly blessed,
but one eager to get rich will not go
unpunished.

²¹ To show partiality is not good—
yet a man will do wrong for a piece of
bread.

²² A stingy man is eager to get rich
and is unaware that poverty awaits him.

²³ He who rebukes a man will in the end
gain more favor
than he who has a flattering tongue.

²⁴ He who robs his father or mother
and says, "It's not wrong"—
he is partner to him who destroys.

²⁵ A greedy man stirs up dissension,
but he who trusts in the LORD will
prosper.

²⁶ He who trusts in himself is a fool,
but he who walks in wisdom is kept safe.

²⁷ He who gives to the poor will lack
nothing,
but he who closes his eyes to them
receives many curses.

²⁸ When the wicked rise to power, people
go into hiding;
but when the wicked perish, the
righteous thrive.

ᵒ 28:17 *El que es perseguido por.* Alt. *El que carga con la
culpa de.* ᵖ 28:18 *en la fosa* (Siríaca); *en uno* (TM).
 q 28:19 *el que sueña despierto.* Lit. *el que persigue lo vacío;*
también en 12:11. ʳ 28:24 *de gente perversa.* Lit. *del
destructor.*

29 El que es reacio a las reprensiones
será destruido de repente y sin reme-
dio.

2 Cuando los justos prosperan, el pueblo se
alegra;
cuando los impíos gobiernan, el pueblo
gime.

3 El que ama la sabiduría alegra a su padre;
el que frecuenta rameras derrocha su
fortuna.

4 Con justicia el rey da estabilidad al país;
cuando lo abruma con tributos, lo
destruye.

5 El que adula a su prójimo
le tiende una trampa.

6 Al malvado lo atrapa su propia maldad,
pero el justo puede cantar de alegría.

7 El justo se ocupa de la causa del
desvalido;
el malvado ni sabe de qué se trata.

8 Los insolentes conmocionan a la ciudad,
pero los sabios apaciguan los ánimos.

9 Cuando el sabio entabla pleito contra un
necio,
aunque se enoje o se ría, nada arreglará.

10 Los asesinos aborrecen a los íntegros,
y tratan de matar a los justos.

11 El necio da rienda suelta a su ira,
pero el sabio sabe dominarla.

12 Cuando un gobernante se deja llevar por
mentiras,
todos sus oficiales se corrompen.

13 Algo en común tienen el pobre y el
opresor:
a los dos el SEÑOR les ha dado la vista.

14 El rey que juzga al pobre según la verdad
afirma su trono para siempre.

15 La vara de la disciplina imparte sabiduría,
pero el hijo malcriado avergüenza a su
madre.

16 Cuando prospera el impío, prospera el
pecado,
pero los justos presenciarán su caída.

29 A man who remains stiff-necked after
many rebukes
will suddenly be destroyed—without
remedy.

2 When the righteous thrive, the people
rejoice;
when the wicked rule, the people groan.

3 A man who loves wisdom brings joy to
his father,
but a companion of prostitutes
squanders his wealth.

4 By justice a king gives a country stability,
but one who is greedy for bribes tears it
down.

5 Whoever flatters his neighbor
is spreading a net for his feet.

6 An evil man is snared by his own sin,
but a righteous one can sing and be glad.

7 The righteous care about justice for the
poor,
but the wicked have no such concern.

8 Mockers stir up a city,
but wise men turn away anger.

9 If a wise man goes to court with a fool,
the fool rages and scoffs, and there is no
peace.

10 Bloodthirsty men hate a man of integrity
and seek to kill the upright.

11 A fool gives full vent to his anger,
but a wise man keeps himself under
control.

12 If a ruler listens to lies,
all his officials become wicked.

13 The poor man and the oppressor have this
in common:
The LORD gives sight to the eyes of both.

14 If a king judges the poor with fairness,
his throne will always be secure.

15 The rod of correction imparts wisdom,
but a child left to himself disgraces his
mother.

16 When the wicked thrive, so does sin,
but the righteous will see their downfall.

¹⁷ Disciplina a tu hijo, y te traerá tranquilidad;
te dará muchas satisfacciones.

¹⁸ Donde no hay visión, el pueblo se extravía;
¡dichosos los que son obedientes a la
ley

¹⁹ No sólo con palabras se corrige al siervo;
aunque entienda, no obedecerá.

²⁰ ¿Te has fijado en los que hablan sin pensar?
¡Más se puede esperar de un necio que
de gente así

²¹ Quien consiente a su criado cuando éste
es niño,
al final habrá de lamentarlo.^s

²² El hombre iracundo provoca peleas;
el hombre violento multiplica sus
crímenes.

²³ El altivo será humillado,
pero el humilde será enaltecido.

²⁴ El cómplice del ladrón atenta contra sí
mismo;
aunque esté bajo juramento,^t no
testificará.

²⁵ Temer a los hombres resulta una trampa,
pero el que confía en el SEÑOR sale
bien librado.

²⁶ Muchos buscan el favor del gobernante,
pero la sentencia del hombre la dicta el
SEÑOR.

²⁷ Los justos aborrecen a los malvados,
y los malvados aborrecen a los justos.

Dichos de Agur

30 Dichos de Agur hijo de Jaqué. Oráculo.^u
Palabras de este varón:

«Cansado estoy, oh Dios;
cansado estoy, oh Dios, y débil.^v

² »Soy el más ignorante de todos los
hombres;
no hay en mí discernimiento humano.
³ No he adquirido sabiduría,
ni tengo conocimiento del Dios santo.

¹⁷ Discipline your son, and he will give you
peace;
he will bring delight to your soul.

¹⁸ Where there is no revelation, the people
cast off restraint;
but blessed is he who keeps the law.

¹⁹ A servant cannot be corrected by mere
words;
though he understands, he will not
respond.

²⁰ Do you see a man who speaks in haste?
There is more hope for a fool than for
him.

²¹ If a man pampers his servant from youth,
he will bring grief^z in the end.

²² An angry man stirs up dissension,
and a hot-tempered one commits many
sins.

²³ A man's pride brings him low,
but a man of lowly spirit gains honor.

²⁴ The accomplice of a thief is his own
enemy;
he is put under oath and dare not testify.

²⁵ Fear of man will prove to be a snare,
but whoever trusts in the LORD is kept
safe.

²⁶ Many seek an audience with a ruler,
but it is from the LORD that man gets
justice.

²⁷ The righteous detest the dishonest;
the wicked detest the upright.

Sayings of Agur

30 The sayings of Agur son of Jakeh—an
oracle^a:

This man declared to Ithiel,
to Ithiel and to Ucal:^b

² "I am the most ignorant of men;
I do not have a man's understanding.
³ I have not learned wisdom,
nor have I knowledge of the Holy One.

---

^s29:21 Texto de difícil traducción.   ^t29:24 *bajo juramento*.
Alt. *bajo maldición*.   ^u30:1 *hijo de Jaqué. Oráculo*. Alt.
hijo de Jaqué de Masa.   ^v30:1 *Cansado … y débil*. Alt. *A
Itiel, a Itiel y a Ucal*.

^z21 The meaning of the Hebrew for this word is uncertain.
^a1 Or *Jakeh of Massa*   ^b1 Masoretic Text; with a different
word division of the Hebrew *declared,* "I am weary, O God;
/ I am weary, O God, and faint."

4 »¿Quién ha subido a los cielos
    y descendido de ellos?
¿Quién puede atrapar el viento en su puño
    o envolver el mar en su manto?
¿Quién ha establecido los límites de la
    tierra?
¿Quién conoce su nombre o el de su
    hijo?

5 »Toda palabra de Dios es digna de crédito;
    Dios protege a los que en él buscan
    refugio.
6 No añadas nada a sus palabras,
    no sea que te reprenda
    y te exponga como a un mentiroso.

7 »Sólo dos cosas te pido, SEÑOR;
    no me las niegues antes de que muera:
8 Aleja de mí la falsedad y la mentira;
    no me des pobreza ni riquezas
    sino sólo el pan de cada día.
9 Porque teniendo mucho, podría
    desconocerte
    y decir: "¿Y quién es el SEÑOR?"
Y teniendo poco, podría llegar a robar
    y deshonrar así el nombre de mi Dios.

10 »No ofendas al esclavo delante de su
    amo,
    pues podría maldecirte y sufrirías las
    consecuencias.

11 »Hay quienes maldicen a su padre
    y no bendicen a su madre.
12 Hay quienes se creen muy puros,
    pero no se han purificado de su
    impureza.
13 Hay quienes se creen muy importantes,
    y a todos miran con desdén.
14 Hay quienes tienen espadas por dientes
    y cuchillos por mandíbulas;
para devorar a los pobres de la tierra
    y a los menesterosos de este mundo.

15 »La sanguijuela tiene dos hijas
    que sólo dicen: "Dame, dame."

»Tres cosas hay que nunca se sacian,
    y una cuarta que nunca dice "¡Basta ":
16 el *sepulcro, el vientre estéril,
    la tierra, que nunca se sacia de agua,
    y el fuego, que no se cansa de
    consumir.

17 »Al que mira con desdén a su padre,
    y rehúsa obedecer a su madre,

4 Who has gone up to heaven and come
    down?
Who has gathered up the wind in the
    hollow of his hands?
Who has wrapped up the waters in his
    cloak?
Who has established all the ends of the
    earth?
What is his name, and the name of his son?
    Tell me if you know

5 "Every word of God is flawless;
    he is a shield to those who take refuge
    in him.
6 Do not add to his words,
    or he will rebuke you and prove you a liar.

7 "Two things I ask of you, O LORD;
    do not refuse me before I die:
8 Keep falsehood and lies far from me;
    give me neither poverty nor riches,
    but give me only my daily bread.
9 Otherwise, I may have too much and
    disown you
    and say, 'Who is the LORD?'
Or I may become poor and steal,
    and so dishonor the name of my God.

10 "Do not slander a servant to his master,
    or he will curse you, and you will pay
    for it.

11 "There are those who curse their fathers
    and do not bless their mothers;
12 those who are pure in their own eyes
    and yet are not cleansed of their filth;
13 those whose eyes are ever so haughty,
    whose glances are so disdainful;
14 those whose teeth are swords
    and whose jaws are set with knives
to devour the poor from the earth,
    the needy from among mankind.

15 "The leech has two daughters.
    'Give Give ' they cry.

"There are three things that are never sat-
    isfied,
    four that never say, 'Enough ':
16 the grave,c the barren womb,
    land, which is never satisfied with water,
    and fire, which never says, 'Enough '

17 "The eye that mocks a father,
    that scorns obedience to a mother,

---

c 16 Hebrew *Sheol*

que los cuervos del valle le saquen los
    ojos
y que se lo coman vivo los buitres.

18 »Tres cosas hay que me causan asombro,
    y una cuarta que no alcanzo a
        comprender:
19 el rastro del águila en el cielo,
    el rastro de la serpiente en la roca,
    el rastro del barco en alta mar,
    y el rastro del hombre en la mujer.

20 »Así procede la adúltera:
    come, se limpia la boca,
    y afirma: "Nada malo he cometido."

21 »Tres cosas hacen temblar la tierra,
    y una cuarta la hace estremecer:
22 el siervo que llega a ser rey,
    el necio al que le sobra comida,
23 la mujer rechazada que llega a casarse,
    y la criada que suplanta a su señora.

24 »Cuatro cosas hay pequeñas en el mundo,
    pero que son más sabias que los sabios:
25 las hormigas, animalitos de escasas
        fuerzas,
    pero que almacenan su comida en el
        verano;
26 los tejones, animalitos de poca monta,
    pero que construyen su casa entre las
        rocas;
27 las langostas, que no tienen rey,
    pero que avanzan en formación perfecta;
28 las lagartijas, que se atrapan con la mano,
    pero que habitan hasta en los palacios.

29 »Tres cosas hay que caminan con garbo,
    y una cuarta de paso imponente:
30 el león, poderoso entre las bestias,
    que no retrocede ante nada;
31 el gallo engreído,w el macho cabrío,
    y el rey al frente de su ejército.x

32 »Si como un necio te has engreído,
    o si algo maquinas, ponte a pensary
33 que batiendo la leche se obtiene
        mantequilla,
    que sonándose fuerte sangra la nariz,
    y que provocando la ira se acaba
        peleando.»

18 "There are three things that are too
        amazing for me,
    four that I do not understand:
19 the way of an eagle in the sky,
    the way of a snake on a rock,
    the way of a ship on the high seas,
    and the way of a man with a maiden.

20 "This is the way of an adulteress:
    She eats and wipes her mouth
    and says, 'I've done nothing wrong.'

21 "Under three things the earth trembles,
    under four it cannot bear up:
22 a servant who becomes king,
    a fool who is full of food,
23 an unloved woman who is married,
    and a maidservant who displaces her
        mistress.

24 "Four things on earth are small,
    yet they are extremely wise:
25 Ants are creatures of little strength,
    yet they store up their food in the
        summer;
26 coneysd are creatures of little power,
    yet they make their home in the crags;
27 locusts have no king,
    yet they advance together in ranks;
28 a lizard can be caught with the hand,
    yet it is found in kings' palaces.

29 "There are three things that are stately in
        their stride,
    four that move with stately bearing:
30 a lion, mighty among beasts,
    who retreats before nothing;
31 a strutting rooster, a he-goat,
    and a king with his army around him.e

32 "If you have played the fool and exalted
        yourself,
    or if you have planned evil,
    clap your hand over your mouth
33 For as churning the milk produces
        butter,
    and as twisting the nose produces
        blood,
    so stirring up anger produces strife."

---

w 30:31 el gallo engreído. Lit. el apretado de hombros.
x 30:31 el rey ... ejército. Alt. el rey contra quien su pueblo
no se subleva.   y 30:32 ponte a pensar. Lit. mano a la boca.

d 26 That is, the hyrax or rock badger   e 31 Or king secure
against revolt

Dichos del rey Lemuel

31 Los dichos del rey Lemuel. Oráculo mediante el cual[z] su madre lo instruyó:

2 «¿Qué pasa, hijo mío?
¿Qué pasa, hijo de mis entrañas?
¿Qué pasa, fruto de mis votos[a] al
SEÑOR?
3 No gastes tu vigor en las mujeres,
ni tu fuerza[b] en las que arruinan a los
reyes.

4 »No conviene que los reyes, oh Lemuel,
no conviene que los reyes se den al vino,
ni que los gobernantes se entreguen al
licor,
5 no sea que al beber se olviden de lo que la
*ley ordena
y priven de sus derechos a todos los
oprimidos.
6 Dales licor a los que están por morir,
y vino a los amargados;
7 ¡que beban y se olviden de su pobreza
¡que no vuelvan a acordarse de sus
penas

8 »¡Levanta la voz por los que no tienen
voz
¡Defiende los derechos de los
desposeídos
9 ¡Levanta la voz, y hazles *justicia
¡Defiende a los pobres y necesitados »

Epílogo: Acróstico a la mujer ejemplar[c]

10 Mujer ejemplar,[d] ¿dónde se hallará?
¡Es más valiosa que las piedras preciosas
11 Su esposo confía plenamente en ella
y no necesita de ganancias mal habidas.
12 Ella le es fuente de bien, no de mal,
todos los días de su vida.
13 Anda en busca de lana y de lino,
y gustosa trabaja con sus manos.
14 Es como los barcos mercantes,
que traen de muy lejos su alimento.
15 Se levanta de madrugada,
da de comer[e] a su familia
y asigna tareas a sus criadas.
16 Calcula el valor de un campo y lo compra;
con sus ganancias[f] planta un viñedo.

Sayings of King Lemuel

31 The sayings of King Lemuel—an oracle[f] his mother taught him:

2 "O my son, O son of my womb,
O son of my vows,[g]
3 do not spend your strength on women,
your vigor on those who ruin kings.

4 "It is not for kings, O Lemuel—
not for kings to drink wine,
not for rulers to crave beer,
5 lest they drink and forget what the law
decrees,
and deprive all the oppressed of their
rights.
6 Give beer to those who are perishing,
wine to those who are in anguish;
7 let them drink and forget their poverty
and remember their misery no more.

8 "Speak up for those who cannot speak
for themselves,
for the rights of all who are destitute.
9 Speak up and judge fairly;
defend the rights of the poor and
needy."

Epilogue: The Wife of Noble Character

10 [h]A wife of noble character who can
find?
She is worth far more than rubies.
11 Her husband has full confidence in her
and lacks nothing of value.
12 She brings him good, not harm,
all the days of her life.
13 She selects wool and flax
and works with eager hands.
14 She is like the merchant ships,
bringing her food from afar.
15 She gets up while it is still dark;
she provides food for her family
and portions for her servant girls.
16 She considers a field and buys it;
out of her earnings she plants a
vineyard.

---

[z]31:1 *Lemuel. Oráculo mediante el cual.* Alt. *Lemuel de Masa, mediante los cuales.* [a]31:2 *fruto de mis votos.* Alt. *respuesta a mis oraciones.* [b]31:3 *tu fuerza.* Lit. *tus caminos.* [c]31:10 Los vv. 10-31 son un acróstico, en que cada verso comienza con una de las letras del alfabeto hebreo. [d]31:10 *ejemplar.* Alt. *fuerte.* [e]31:15 *da de comer.* Lit. *da presa.* [f]31:16 *sus ganancias.* Lit. *el fruto de sus manos.*

[f]1 Or *of Lemuel king of Massa, which* [g]2 Or / *the answer to my prayers* [h]10 Verses 10-31 are an acrostic, each verse beginning with a successive letter of the Hebrew alphabet.

¹⁷Decidida se ciñe la cintura^g
    y se apresta para el trabajo.
¹⁸Se complace en la prosperidad de sus
      negocios,
    y no se apaga su lámpara en la noche.
¹⁹Con una mano sostiene el huso
    y con la otra tuerce el hilo.
²⁰Tiende la mano al pobre,
    y con ella sostiene al necesitado.
²¹Si nieva, no tiene que preocuparse de su
      familia,
    pues todos están bien abrigados.
²²Las colchas las cose ella misma,
    y se viste de púrpura y lino fino.
²³Su esposo es respetado en la comunidad;^h
    ocupa un puesto entre las autoridades
      del lugar.
²⁴Confecciona ropa de lino y la vende;
    provee cinturones a los comerciantes.
²⁵Se reviste de fuerza y dignidad,
    y afronta segura el porvenir.
²⁶Cuando habla, lo hace con sabiduría;
    cuando instruye, lo hace con amor.
²⁷Está atenta a la marcha de su hogar,
    y el pan que come no es fruto del ocio.
²⁸Sus hijos se levantan y la felicitan;
    también su esposo la alaba:
²⁹«Muchas mujeres han realizado proezas,
    pero tú las superas a todas.»
³⁰Engañoso es el encanto y pasajera la
      belleza;
    la mujer que teme al SEÑOR es digna de
      alabanza.
³¹¡Sean reconocidosⁱ sus logros,
    y públicamente^j alabadas sus obras

¹⁷She sets about her work vigorously;
    her arms are strong for her tasks.
¹⁸She sees that her trading is profitable,
    and her lamp does not go out at night.
¹⁹In her hand she holds the distaff
    and grasps the spindle with her fingers.
²⁰She opens her arms to the poor
    and extends her hands to the needy.
²¹When it snows, she has no fear for her
      household;
    for all of them are clothed in scarlet.
²²She makes coverings for her bed;
    she is clothed in fine linen and purple.
²³Her husband is respected at the city gate,
    where he takes his seat among the elders
      of the land.
²⁴She makes linen garments and sells them,
    and supplies the merchants with sashes.
²⁵She is clothed with strength and dignity;
    she can laugh at the days to come.
²⁶She speaks with wisdom,
    and faithful instruction is on her tongue.
²⁷She watches over the affairs of her
      household
    and does not eat the bread of idleness.
²⁸Her children arise and call her blessed;
    her husband also, and he praises her:
²⁹"Many women do noble things,
    but you surpass them all."
³⁰Charm is deceptive, and beauty is fleeting;
    but a woman who fears the LORD is to
      be praised.
³¹Give her the reward she has earned,
    and let her works bring her praise at the
      city gate.

---

^g**31:17** *se ciñe la cintura.* Lit. *se ciñe con fuerza sus lomos.*
^h**31:23** *en la comunidad.* Lit. *en las *puertas.*   ⁱ**31:31** *Sean reconocidos.* Alt. *Denle.*   ^j**31:31** *públicamente.* Lit. *en las puertas.*

Glosario

Este glosario no pretende ser un diccionario bíblico en miniatura, sino sólo una ayuda relacionada con los principios y métodos de la traducción. Muchos términos culturales y teológicos no están incluidos, pero la lista abarca todas las palabras marcadas con un asterisco en el texto bíblico. (Nótese que si la palabra se usa más de una vez en el mismo pasaje bíblico, el asterisco no se repite.) Se trata principalmente de palabras difíciles de traducir, debido a las diferencias entre los idiomas bíblicos y el español.

abba. Palabra aramea que significa «padre» o «papá». Como fue usada por Jesús de modo característico para referirse a Dios, su Padre celestial (véase Mr 14:36), la iglesia cristiana también la adoptó, aun cuando el idioma de los creyentes era el griego (Ro 8:15; G'a 4:6).

abadón. Literalmente significa «destructor». En el Antiguo Testamento, término hebreo para referirse al reino de la muerte. Aparece como sinónimo de «muerte» y «sepulcro». En el Nuevo Testamento aparece como personificación del ángel de la muerte (Ap 9:11).

abismo. Ya en la tradición judía se usaba este término en oposición a «cielo» (véase Ro 10:6-8); más específicamente, puede designar la morada de los demonios (p.ej. Lc 8:31; Ap 9:1). En un pasaje (Mt 11:23 = Lc 10:15) se ha usado para traducir **Hades**. En otro pasaje la expresión «arrojar al abismo» (2P 2:4) traduce el verbo *tartaróō*, literalmente «meter en el Tártaro», nombre que entre los griegos se refería a un lugar subterráneo (más profundo que el Hades), donde se imponía el castigo divino. Véase también **sepulcro**.

alamot. Probable anotación musical en cuanto al instrumento que debía tocarse o el tono en que debía cantarse un salmo. Por su etimología, posible indicación de que la melodía era para voces femeninas.

aleluya. (heb. *hallelu Yah*) Exclamación de alabanza a Dios que significa «¡Alaben al Señor » En esta versión aparece la expresión junto con su traducción literal.

aliento. Véase **vida**.

alma. Véase **vida**.

Altísimo. (heb. *'elyón*, aram. *'illa'á*) Uno de los nombres de Dios, que también puede entenderse como «el Excelso».

anciano. Además de su significado literal, esta palabra se usa con sentido especializado para designar a jefes y dirigentes del pueblo hebreo, los cuales tenían responsabilidades tanto religiosas como civiles. En el Nuevo Testamento (griego *presbúteros*) se usa también para designar a los encargados de gobernar las iglesias (p.ej. Hch 14:23; 1Ti 5:17). En Apocalipsis se usa en un sentido más exaltado con referencia a veinticuatro seres en el cielo (p.ej. Ap 4:4). Véase también **obispo**.

arrepentimiento/arrepentirse. Significa no sólo el sentimiento de tristeza o remordimiento por haber pecado, sino también la acción de cambiar el modo de pensar y de actuar; implica un profundo cambio espiritual.

asarion. Moneda romana (latín *as*) de poco valor. Véase **Tabla de pesas, medidas y monedas**.

Asia. En el Nuevo Testamento este nombre no se refiere al Lejano Oriente sino a una provincia romana al suroeste de Asia Menor (lo que hoy es Turquía), cuya capital era Éfeso.

bato. Medida de capacidad equivalente aproximadamente a 22 litros; en el Nuevo Testamento, alrededor de 37 litros. Véase **Tabla de pesas, medidas y monedas**.

Beelzebú. Nombre que se usa en los evangelios con referencia a Satanás.

bienestar. Véase **paz**.

blasfemar. Acción de proferir blasfemias, o sea, pronunciar maldiciones o palabras injuriosas contra Dios o contra alguien que lo representa. La «blasfemia contra el Espíritu» (Mt 12:31 y paralelos) consiste en atribuir a Satanás las obras de Jesús, lo cual parece indicar un rechazo total del mensaje de Dios. El término griego también se puede usar en el sentido menos fuerte de «calumniar» o «insultar» (p.ej. Mr 7:22; Ef 4:31).

blasfemo. (heb. *letz*) Término tradicionalmente traducido «escarnecedor» (Sal 1:1), que alude a quienes no tienen respeto por nada ni nadie, ni siquiera por Dios.

braza. Medida de longitud equivalente aproximadamente a 1,80 metros. Véase **Tabla de pesas, medidas y monedas.**

burlón. Véase **blasfemo**.

caer, hacer caer. Véase **tropiezo**.

camino. Además de su sentido primario, en el lenguaje bíblico este término alude simbólicamente a la conducta y voluntad divinas y humanas, así como a sus métodos, hábitos, actitudes y propósitos.

camisa. Se ha usado esta palabra unas cuantas veces (Mt 5:40 = Lc 6:29; Lc 3:11) para representar el vocablo griego *jitōn*, que también puede traducirse con un término general, «ropa» (p.ej. Mt 10:10; Mr 14:63; Jud 23). Con más precisión, se trata de la túnica (y así se tradujo en Jn 19:23; Hch 9:39), que en español puede implicar una vestidura formal o religiosa, y que daría un sentido incorrecto a los pasajes anteriores.

carne/carnal. El término griego *sarx* tiene un uso muy variado, y frecuentemente contrasta con **Espíritu** (o **espíritu**). En su sentido literal y físico, puede traducirse «carne» o «cuerpo». En un sentido más amplio, se usa para designar lo que es meramente humano y por lo tanto débil. (Nótese también la frase «carne y sangre», que se ha traducido con varias expresiones; p.ej. Mt 16:17; 1Co 15:50; Ef 6:12.) En un sentido moral, indica lo que caracteriza a este mundo pecaminoso (véanse 2Co 10:3-4; Fil 1:22,24). Es difícil representar el concepto en español, por lo que también se han usado frases tales como «naturaleza humana», «naturaleza pecaminosa», «esfuerzos (o criterios, o razonamiento) humanos», «pasiones», y otras más (p.ej. Ro 8:3-9; 1Co 1:26; G'a 3:3; 4:23,29; 5:13-19; Fil 3:3-4; Col 2:18). La dificultad de distinguir entre el sentido literal y el figurado se nota especialmente en Ro 7:18,25; 1P 3:18; 4:1,2 («terrenal»),6.

Cefas. Nombre arameo que significa «roca» y que corresponde al nombre griego Pedro (véase Jn 1:42).

César/césar. Nombre que los emperadores romanos usaban como título (véanse Lc 2:1; 3:1) y que llegó a usarse en el sentido general de «emperador» (así se ha traducido en la mayoría de los pasajes, p.ej. Jn 19:12; Hch 17:7).

cielo(s). En la cosmogonía bíblica, bóveda sólida y firme (de allí que también se le llame «firmamento») que separa las aguas de arriba de las aguas de abajo (Gn 1), en la que Dios tiene su habitación. También se le concibe como una tienda de campaña, como una cortina y como un manto.

circuncisión. Como esta operación era la señal física de que un hombre pertenecía al pueblo de Dios, la palabra se podía usar para designar a los judíos (p.ej. Ro 15:8; G'a 2:8-9; en Fil 3:3 con referencia a los cristianos). Por consiguiente, los términos «incircunciso» e «incircuncisión» (Ro 2:20) se refieren a los no judíos. Véase también **gentiles**.

codo. Medida antigua, basada en el largo del brazo desde el codo hasta la punta de los dedos, equivalente a 45-50 centímetros. Véase **Tabla de pesas, medidas y monedas**.

conocimiento. Término sinónimo de **sabiduría**, que implica una relación estrecha e íntima entre dos personas, más que una simple acumulación de información y datos.

Consejo. Se ha usado este término como traducción del griego *sunédrion* (tradicionalmente «sanedrín»; en Hch 22:5 el griego es *presbutérion*). Se trata del más importante consejo de gobierno entre los judíos. Incluía a los **ancianos**, los **maestros de la ley** y los jefes de los sacerdotes.

Consolador. Traducción tradicional del término griego *paráklētos* en Jn 14:16,26; 15:26; 16:7. La palabra puede significar «abogado», pero más probable es el sentido general de «mediador» o «ayudador». En 1Jn 2:1 se tradujo «intercesor».

contaminar. Véase **puro**.

corazón. Además de su sentido primario, el lenguaje bíblico alude con este término al órgano cardíaco como la sede principal de las emociones y los sentimientos humanos, así como de sus esperanzas y temores. El corazón es también la sede de la actividad intelectual; de allí que en algunos casos se traduzca como «mente».

coro. Medida de capacidad equivalente aproximadamente a 220 litros. Véase **Tabla de pesas, medidas y monedas**.

corrección. Véase **disciplina**.

creyentes. Véase **santos**.

Cristo. Vocablo griego que significa «ungido» (véase Hch 4:26). Es primeramente un título descriptivo, pero también se usa como nombre propio de Jesús. En ciertos pasajes se ha traducido «Mesías» (término hebreo que corresponde a Cristo) para aclarar el uso titular, pero hay muchos otros pasajes en que puede entenderse como nombre o como título. La combinación «Jesús Cristo» (traducido como nombre, «Jesucristo») o «Cristo Jesús» también puede tener un sentido titular, es decir, «Jesús el Mesías». Nótese que en las cartas de Pablo, el uso de este vocablo es muy frecuente y se ha marcado con asterisco sólo la primera vez que aparece en cada carta.

cuello. Véase **vida**.

cuerpo. Véase **carne**.

Decápolis. Significa «las diez ciudades». Era una región de la Palestina habitada por gentiles.

denario. Moneda romana de plata, cuyo valor correspondía al salario de un obrero por un día de trabajo.

derecha. Se usa en sentido figurado para señalar la posición de honor. También es un símbolo del poder (véanse Hch 2:33; 5:31).

dichoso. En el Antiguo Testamento representa la palabra hebrea *'ashrey*, término tradicionalmente traducido «bienaventurado». En el Nuevo Testamento, con frecuencia representa la palabra griega *makários*, que significa «feliz» y que tradicionalmente se ha traducido «bienaventurado». En ambos casos se refiere a la persona que recibe la bendición de Dios y así experimenta la verdadera felicidad.

disciplina. (heb. *musar*) Término típico de la literatura sapiencial que implica la **enseñanza** o **instrucción** correctiva de la **ley**, más la educación de los padres, incluido el castigo físico.

discreción. Véase **sabiduría**.

dracma. En el Antiguo Testamento se refiere al *dárico*, moneda persa de oro que pesaba alrededor de 125 gramos. En el Nuevo Testamento se refiere a una moneda griega de plata equivalente al **denario**.

emperador. Véase **César**.

enorgullecerse. Véase **jactancia**.

Enramadas, fiesta de las. Tradicionalmente traducida «Tabernáculos», esta fiesta se celebraba en el mes de *tisrí*. Durante los siete días de celebración, los israelitas vivían en cabañas hechas de ramas de árboles.

entrada(s). Véase **puerta(s)**.

escándalo/escandalizar. Véase **tropiezo**.

esclavo. Véase **siervo**.

Espíritu/espíritu. En ciertos pasajes donde la palabra griega *pneuma* aparece sin el calificativo «Santo», no es seguro si la referencia es al Espíritu Santo o al espíritu humano (p.ej. Jn 4:23-24; Ro 1:4; 8:10). Véase también **síquico**.

espíritu maligno. Una traducción más literal es «espíritu impuro». Se refiere a los demonios que se posesionan de algunas personas.

estadio. Medida de longitud equivalente aproximadamente a 180 metros. Véase **Tabla de pesas, medidas y monedas**.

eunuco. Hombre castrado que servía en la corte como guardián de las mujeres. A veces los eunucos llegaban a ser funcionarios de alto rango (véase Hch 8:27). En sentido figurado, se aplica a los que se mantienen solteros (Mt 19:11-12).

evangelio. Término de origen griego que significa «buena noticia». Principalmente en las cartas, el término se usa con sentido especializado, es decir, el mensaje acerca de Jesucristo. En otros pasajes se ha traducido como «buenas nuevas» o «buenas noticias» (p.ej. Lc 1:19; Hch 5:42). Más tarde, el término llegó a usarse para referirse a los libros que relatan la historia de Jesús.

experto en la ley. Véase **maestro de la ley**.

expiar/expiación. Se refiere a la acción divina de cubrir o quitar el pecado por medio del sacrificio. El término **propiciación** describe la misma acción desde otro punto de vista: el sacrificio aplaca la ira de Dios (véanse Ro 3:25; Heb 2:17; 1Jn 2:2; 4:10).

fariseo. Hoy día este término se usa en sentido despectivo y equivale a «hipócrita» (porque así calificó Jesús a los fariseos; p.ej. Mt 23:13-29), pero es necesario recordar que los fariseos constituían un grupo religioso que la mayoría de los judíos admiraba. Estudiaban la ley minuciosamente (muchos **maestros de la ley** estaban relacionados con este grupo) y deseaban obedecerla, aunque su modo de interpretación a veces los llevaba a ignorar los mandatos de Dios (véase especialmente Mr 7:1-13).

fidelidad. El término griego *pistis* generalmente tiene el sentido activo de «fe», indicando la acción de «confiar en alguien», pero en algunas ocasiones puede tener sentido pasivo, «ser confiable».

En este segundo caso, se puede traducir «fidelidad» (p.ej. Ro 3:3; G'a 5:22). Algunos eruditos piensan que la frase «la fe en Jesucristo» (p.ej. G'a 2:16; 3:22) debe traducirse «la fidelidad de Cristo». Nótese también que el adjetivo *pistós* puede significar «creyente» o «fiel».

fosa. Véase **sepulcro**.

fuerza(s). Véase **vida**.

Gehenna. Nombre de un barranco en Jerusalén donde se quemaban los desperdicios. Entre los judíos llegó a ser un símbolo del fuego eterno, por lo cual se puede traducir «infierno».

género humano. Véase **hombre**.

gente. Véase **hombre**.

gentiles. Designa a los que no son judíos. Por lo general traduce el término que literalmente significa «naciones»; en otros pasajes traduce el término que significa «griegos» (en Ro 2:26 y 4:9 corresponde a «incircuncisión»; véase **circuncisión**). Cuando hay énfasis en el sentido religioso o moral, se traduce «paganos».

gittith. Término hebreo que aparece como título de algunos salmos (8, 81, 84), probablemente en relación con una melodía popular que se cantaba en los lagares.

griegos. Se usa no solamente en un sentido étnico estricto sino también para designar a cualquier persona que haya adoptado la cultura griega. Véase también **gentiles**.

Hades. En la mitología griega era el nombre del dios del inframundo, y también se usaba para designar el lugar de los muertos. En el Nuevo Testamento equivale a «infierno»; también se ha traducido como **abismo** (Mt 11:23 = Lc 10:15), «muerte» (Mt 16:18), y «sepulcro» (Hch 2:27).

higaión. Término hebreo que aparece en algunos salmos (19 tít., 9, 92) y en otros libros del Antiguo Testamento (Is y Lm), probablemente para indicar un murmullo (Sal 19:14; Lm 3:62) o una queja (Is 16:7), o bien la vibración de algún instrumento de cuerdas (Sal 92:3).

hijo de hombre. Véase **hombre**.

hipócrita/hipocresía. El término griego *hupokritēs* se refería a los actores de teatro. Posteriormente, incluso en el Nuevo Testamento, se usaba en sentido más general de cualquier persona que fingía ser lo que no era (p.ej. Mt 6:2), o que actuaba de manera incongruente con sus convicciones (G'a 2:13, donde se usan el verbo y el sustantivo). El término no implica necesariamente que la persona fuera mal intencionada.

hisopo. Planta pequeña y frondosa, no del todo identificada, que se usaba en ritos de purificación (Lv 14; Nm 19), y para aplicar la sangre a los dinteles de las puertas (Éx 12).

holocausto. Uno de los sacrificios en que el animal ofrecido se quemaba del todo.

hombre. Tanto en el Antiguo Testamento (heb. *'adam, 'enosh, o 'ish*) como en el Nuevo (griego *ánzrōpos*), el término castellano **hombre** puede usarse en sentido genérico, que contrasta al ser humano con Dios y abarca a toda la humanidad, o en sentido más restrictivo, que contrasta al *hombre* con la *mujer*. En la actualidad, el segundo sentido ha adquirido más prominencia, lo cual crea nuevos problemas de traducción. Cuando el texto original y el estilo castellano lo permiten, se han usado expresiones tales como «género humano», «gente» «humanidad», «mortal», «persona» y «ser humano».

humanidad/humano. Véanse **carne**, **hombre** y **síquico**.

impuro. Véase **puro**.

incircunciso. Véase **circuncisión**.

inexperto. (heb. *pety*) En la literatura sapiencial, referencia al joven simple e ingenuo, ignorante de la **ley** e incapaz de discernir por sí mismo entre el bien y el mal.

insolente. Véase **blasfemo**.

instrucción. Véase **ley (del Señor)** y **disciplina**.

inteligencia. Véase **sabiduría**.

intercesor. Véase **Consolador**.

Jacobo. En la evolución de la lengua española, el nombre «San Jacobo» llegó a pronunciarse «Santiago». Tradicionalmente, se ha usado «Santiago» en la carta que se conoce por ese nombre, pero se ha mantenido «Jacobo» en los demás pasajes. En esta versión se sigue la misma costumbre.

jactancia/jactarse. Uno de los términos más característicos de las cartas de Pablo es el verbo griego *kaujáomai* (sustantivo *kaújēma*), que puede usarse tanto en sentido positivo como negativo. En castellano, el vocablo «jactarse» siempre tiene una acepción peyorativa («alabarse presuntuosamente»), de manera que se han usado varios términos para traducir el griego según el contexto (p.ej. «presumir», «orgullo/enorgullecerse», «satisfacción/estar satisfecho», «regocijarse»).

Jerusalén. Ciudad importante de Palestina. Conocida como Ciudad de David, fue la capital del reino davídico y, más tarde, del reino de Judá. Reconstruida después del exilio babilónico, era para los judíos la ciudad escogida por Dios para habitar entre su pueblo. Fue destruida nuevamente en el año 70 d.C.

Jesucristo. Véase **Cristo**.

juicio. (heb. *mishpat*) Véase **ley (del Señor)**.

justicia. (heb. *tsedeq, tsedeqah*) Véase **salvación**.

justificar/justificación. El sustantivo generalmente traduce la palabra griega *dikaiosúnē*, que también significa «justicia». El verbo lo usa especialmente Pablo para designar la acción de Dios de «declarar justos» a los que ponen su fe en Jesucristo.

lenguas. En el libro de los Hechos y en 1 Corintios, la expresión «hablar en lenguas» es traducción literal del griego; otra posible traducción es «hablar en otros idiomas».

lepra. Varios tipos de enfermedades de la piel se agrupaban bajo esta categoría en la antigüedad. No se trata necesariamente de la aflicción que la medicina moderna llama «lepra».

lepton. Moneda judía de muy poco valor. Véase **Tabla de pesas, medidas y monedas**.

levantar de entre los muertos. Esta expresión se ha traducido literalmente en algunos casos, según el contexto, pero por lo general se ha usado sencillamente el verbo «resucitar» o el sustantivo «resurrección».

Leviatán. Nombre del monstruo marino vencido por Dios al principio de la creación (Sal 74:14; Is 27:1), y que por lo general aparece como sinónimo de «mar». En Job este nombre alude a algún animal acuático de enormes proporciones, probablemente el hipopótamo.

ley (del Señor/de Moisés). (heb. *torah*) Término que significa «enseñanza» o «instrucción», más que un código legislativo. Bajo este término genérico se incluían «mandamientos», «mandatos», «decretos», «sentencias», «preceptos», «ordenanzas» y «juicios», que debían ser enseñados de padres a hijos (Dt 6:1-9).

limpio. Véase **puro**.

maestro de la ley. Esta frase representa un vocablo griego (*grammateús*) que tradicionalmente se ha traducido «escriba». Entre el pueblo judío, los escribas estaban encargados no solamente de copiar y preservar los libros del Antiguo Testamento, sino principalmente de interpretar y enseñar su contenido. La expresión **experto en la ley** corresponde a otro vocablo griego (*nomikós*) pero se refiere a la misma profesión.

majalat (leannot). Término hebreo que aparece en el título de algunos salmos (53, 88), y que posiblemente se refiera a la manera triste y melancólica en que estos salmos debían cantarse.

masquil. Término hebreo que aparece en el título de varios salmos (32, 42, 44, 45, 47:7, 52, 53, 54, 55, 74, 78, 88, 89, 142), y que parece referirse al carácter didáctico del salmo, o bien a su alta calidad literaria (Sal 45, p.ej.).

mente. Véase **corazón**.

Mesías. Véase **Cristo**.

metreta. Medida de capacidad equivalente aproximadamente a 39 litros. Véase **Tabla de pesas, medidas y monedas**.

mictam. Término hebreo que aparece en el título de algunos salmos (16, 56, 57, 58, 59, 60), y que posiblemente aluda a su carácter enigmático o esotérico.

mina. Medida de peso equivalente aproximadamente a 0,6 kilogramos. En el Nuevo Testamento se refiere a una moneda valiosa. Véase **Tabla de pesas, medidas y monedas**.

misterio. Este término (griego *mustērion*) lo usa Pablo con referencia a los planes eternos de Dios para las naciones, planes que sólo fueron revelados con la venida de Cristo (p.ej. Ro 16:25-26; Ef 3:2-6). Se ha traducido literalmente cuando el contexto evita que haya confusión. Como el vocablo en español puede implicar un sentido esotérico, en varios pasajes se ha empleado la palabra «secreto».

mortal. Véase **hombre**.

muerte. Véase **abadón**.

mundo. Véase **carne**.

naciones. Véase **gentiles**.

naturaleza humana/pecaminosa. Véase **carne**.

necedad. En la literatura sapiencial, actitud contraria a la **sabiduría**, característica de los jóvenes **inexpertos**. La necedad llega a ser personificada, y su discurso es del todo contrario al de la **sabiduría** (Pr 9:1-12; 13-18).

necio. Se dice de todo el que se resiste a cumplir los mandamientos de Dios y a seguir los sabios consejos de sus padres y maestros. Por extensión, el necio es también **insolente** y **blasfemo**.

nombre. En el lenguaje bíblico, el nombre está íntimamente ligado al ser mismo de la persona. El nombre *es* la persona. Sin nombre nada puede existir (Gn 2:18-23; Ec 6:10). La conducta de la persona está condicionada por su nombre (1S 25:25) Un cambio de nombre implica un cambio total de la persona, que deja de ser la misma (Gn 32:28; Mt 16:18). Hablar en nombre de alguien es actuar con la misma personalidad y autoridad de la persona nombrada. Conocer el nombre de alguien equivale a tener poder sobre esa persona.

nuevas/noticias, buenas. Véase **evangelio**.

obispo. Traducción tradicional del término griego *epískopos*, que significa «supervisor, superintendente». Parece ser equivalente a **anciano** (véase Hch 20:17,28; nótese también 1P 2:25). Más tarde comenzó a usarse el término para designar a los que supervisaban varias congregaciones en un mismo distrito.

ofensa/ofender. Véase **tropiezo**.

orgullo. Véase **jactancia**.

pacto. Promesa o acuerdo contraído entre dos partes, generalmente una superior y otra inferior, mediante una fórmula verbal o ritual, que compromete a ambas partes. En el lenguaje bíblico el pacto representa la promesa de Dios al hombre de siempre darle **vida** y **paz** y constante cuidado, y el compromiso del hombre de vivir conforme a las estipulaciones del pacto. Otros términos vinculados con el pacto son **ley** y testimonio.

paganos. (heb. *goyyim*) Término hebreo que aparece en el Antiguo Testamento para referirse a los pueblos que no conocen al Dios de Israel ni pertenecen a este pueblo. Por extensión, el mismo término designa a los pueblos y naciones en general. Para el uso de este término en el Nuevo Testamento, véase **gentiles**.

palabra. En el pensamiento bíblico, este término es más que el sonido emitido oralmente. Una vez pronunciada la palabra, tiene poder y autonomía propios, y actúa por sí misma (Gn 1; Jn 1). La palabra dicha no puede ser revocada (Gn 27:30-38; Is 55:10-11). En toda la Biblia, y especialmente en los Salmos, **palabra** aparece como sinónimo de **ley**.

parábola. Narración con fines didácticos, que comunica su enseñanza de manera indirecta. Aunque se caracteriza por su brevedad, puede ser también un tanto extensa. En sus enseñanzas Jesús la usó con singular maestría y pertinencia.

pasiones. Véase **carne**.

pastor. Además de su sentido primario, en la literatura bíblica este término destaca la relación simbólica entre Dios y su pueblo (Sal 23), entre el rey y sus súbditos (Sal 78:70-72), entre los líderes eclesiales y la comunidad creyente (Heb 13:7), y entre Jesús y la iglesia (Jn 10:1-16).

paz. (heb. *shalom*) En el lenguaje bíblico, este término apunta hacia el estado ideal de tranquilidad y plenitud física y síquica, tanto a nivel individual como comunitario. La paz proviene de Dios y es la presencia misma de Dios entre su pueblo (Nm 6:24-26); es resultado de la **justicia** (Is 32:17) y del cumplimiento del **pacto**, y del establecimiento del reinado de Dios (Is 2:1-4; Mi 4:1-5).

pecadores. La Biblia enseña claramente que todos los seres humanos son culpables de pecado (p.ej. Ro 3:10-20). Sin embargo, en el habla de los judíos el término «pecador» se usaba también en un sentido especializado para designar a los que estaban fuera del pacto divino. Se aplicaba especialmente a los **gentiles** (p.ej. G'a 2:15), pero también a judíos cuya conducta inmoral los alejaba espiritualmente del pueblo de Dios (p.ej. Mt 11:19; Lc 15:1-2).

pecar, hacer pecar. Véase **tropiezo**.

peregrinos, cántico de los. (heb. *shir hama'aloth*) En los Salmos, título que designa a los salmos probablemente vinculados con las peregrinaciones que se hacían al templo de Jerusalén. Su etimología permite traducirlos como «cánticos de las subidas» o «cánticos graduales».

perfecto/perfección/perfeccionar. Aunque en esta vida nadie llega a estar totalmente libre de pecado, el adjetivo «perfecto» (griego *téleios*) se usa en varios pasajes con referencia a los creyentes. Es posible que se trate del concepto de madurez espiritual (véanse 1Co 2:6-7; Heb 6:1), pero el sentido es más profundo: implica un compromiso definitivo que se refleja en la conducta. En la carta a los Hebreos, el énfasis está en la idea del cumplimiento de las promesas (nótese que el verbo se aplica también a la exaltación de Jesús en 2:10; 5:9; 7:28). La ley del pacto antiguo no podía perfeccionar (7:19; 9:9; 10:1), pero los que creen en Jesús pertenecen al nuevo y perfecto pacto, de manera que ya han recibido lo que el Antiguo Testamento había prometido (10:14; 11:40).

perro. Por ser un animal común al que se consideraba ritualmente impuro (véase **puro**), el perro llegó a ser un símbolo de los que están fuera del pueblo de Dios (Ap 22:15). Se usa con referencia a los **gentiles** (Mt 15:26-27 = Mr 7:27-28) y a los adversarios del evangelio (Mt 7:6; Fil 3:2; 2P 2:22), no como insulto vulgar, sino como un comentario de índole teológica.

portón/portones. Véase **puerta(s)**.

primicias. Los primeros y más importantes frutos de la cosecha, los cuales debían ofrecerse a Dios. En el Nuevo Testamento el término se usa en varios sentidos figurados; por ejemplo, Cristo fue el primero en ser resucitado y es quien hace posible la resurrección de los demás (1Co 15:20); el Espíritu Santo es el primer fruto que reciben los creyentes, y les garantiza que recibirán toda la herencia espiritual (Ro 8:23). Nótese también el uso de «primogénito» en Col 1:15,18.

principios. Así se traduce la palabra griega *stoijeía*, que puede referirse a conceptos básicos (Heb 5:12, «verdades más elementales»), pero también a los elementos fundamentales del universo (2P 3:10). Algunos eruditos piensan que G'a 4:3,9 y Col 2:8,20 hablan de seres espirituales.

Priscila. Así se ha representado el nombre «Prisca» (en Ro 16:3; 1Co 16:19; 2Ti 4:19), del cual «Priscila» es la forma diminutiva (Hch 18:2,18,26).

propiciación. Véase **expiación**.

propiciatorio. Plancha de oro que cubría el arco del pacto y sobre la cual se rociaba la sangre una vez al año para **expiar** el pecado del pueblo (Lv 16).

proverbio. Sentencia o dicho breve e ingenioso en torno a algún hecho que encierra una enseñanza, o condensa la sabiduría popular. Aunque de origen muy antiguo, el proverbio siempre estuvo presente en la literatura sapiencial y hasta los días del Nuevo Testamento. Característico de la literatura bíblica es el proverbio antitético, en el que la segunda parte contrasta o contradice lo dicho en la primera.

prueba, poner a. Véase **tentar**.

pueblo de Dios. Véase **santos**.

puerta(s). (heb. *sha'ar*) Las antiguas ciudades eran amuralladas, y tenían puertas que se abrían al amanecer y se cerraban al caer la noche. Las puertas de la ciudad eran el centro cívico de aquellas ciudades. Allí se difundían las últimas noticias (2S 18:4), se realizaban negocios de compraventa (Rt 4:1-12), y se impartía justicia (Is 29:21; Am 5:12).

puro/impuro/purificar. En muchos pasajes (marcados con asterisco) estos términos no tienen que ver con la limpieza física o moral, sino con cuestiones de contaminación ritual, según las leyes del Antiguo Testamento.

querubines. Seres celestiales con función protectora (Gn 3:24). Dos figuras de querubines como criaturas aladas y con pies y manos cubrían el **propiciatorio**. También se usaron figuras de querubines en la decoración del templo.

Rahab. Nombre del monstruo vencido por Dios al principio de la creación. Su nombre tal vez aluda a su arrogancia. En los salmos (87:4) y en Isaías (30:9) este nombre aparece como sinónimo de Egipto.

recaudador de impuestos. Así se representa la palabra *telōnēs*, que en otras versiones se ha traducido como «publicano». Se refiere a judíos que se ofrecían a cobrar los impuestos exigidos por el Imperio Romano. Como los recaudadores abusaban de sus compatriotas y colaboraban con los soldados romanos, se les consideraba traidores que no pertenecían al pueblo de Dios.

resucitar/resurrección. Véase **levantar de entre los muertos**.

retama. Arbusto típico del sur de Palestina y del desierto de Sinaí, de escasa altura pero lo bastante grande para proporcionar sombra (1R 19:4-5). Sus ramas suelen también usarse como escobas (Is 14:23) y como combustible (Job 30:4; Sal 120:4; Is 47:14).

roca. Además de su sentido primario, en el contexto desértico de Palestina este término designa de manera simbólica a Dios como fuente de protección y abrigo para su pueblo.

sábado. Día séptimo de la semana en el que, según la ley del Antiguo Testamento, los judíos debían reposar de sus trabajos. El mismo término se usa para referirse a otros días festivos.

sabiduría. Cualidad de la persona dispuesta a recibir consejo para poder discernir entre el bien y el mal, aprender a vivir, y conducirse de acuerdo con la voluntad de Dios. En la literatura sapiencial la sabiduría llega a ser personificada (Pr 8) y considerada colaboradora de Dios en su creación.

Salén. Forma abreviada de «Jerusalén» (véase Sal 76:2), ciudad conocida también como «la ciudad de David».

salvación. (heb. *yeshu'ah*) Acción de Dios en favor del hombre, que redunda en la victoria o triunfo de éste, incluyendo el poner a salvo su vida. En algunos contextos «salvación» aparece como sinónimo de «justicia». En el Nuevo Testamento la salvación divina está íntimamente relacionada con el perdón de los pecados.

sanar. En varios pasajes en los evangelios (Mt 9:21-22; Mr 5:23,28,34; 6:56; 10:52; Lc 8:36,48,50; 17:19; 18:42) este verbo es traducción de un término griego que también significa «salvar».

Santiago. Véase **Jacobo**.

santificar. Este concepto en el Antiguo Testamento indica la acción de separar algo o a alguien para un propósito sagrado. El verbo griego (*hagiádsō*) puede por lo tanto traducirse «consagrar», pero además indica una obra divina de limpieza espiritual en los creyentes. Véase también **santo**.

santo/santidad. Es principalmente un atributo de Dios, y por consiguiente de lo que está relacionado a él, por ejemplo, los profetas, los ángeles, el templo (Lc 1:70; 9:26; Hch 6:13). El Nuevo Testamento usa el término «los santos» para designar a los que forman parte de la iglesia de Cristo. Implica que los creyentes han sido santificados (véase **santificar**) y que Dios los ha constituido como su propio pueblo. En algunos pasajes donde el término castellano puede ser ambiguo, se han usado otros vocablos, por ejemplo, «creyentes» o «pueblo de Dios».

santuario. Véase **templo**.

satisfacción. Véase **jactancia**.

secreto. Véase **misterio**.

Selah. En los Salmos, anotación musical cuyo posible significado sea el de *pausa*. Tal sentido no ha sido aún determinado.

sencillo. Véase **inexperto**.

sentarse. Cuando los evangelios se refieren a personas sentadas a la mesa (p.ej. Mt 26:7,20; Mr 2:15; Lc 14:8), se usan varios verbos griegos que literalmente significan «recostarse», pues era costumbre en los banquetes reclinarse en divanes. También se puede traducir como «estar a la mesa» (p.ej. Lc 24:30; Jn 12:3) o aun «comer» (Mt 9:10; Mr 16:14; Lc 5:29; 1Co 8:10).

Seol. Véase **sepulcro**.

sepulcro. (heb. *she'ol*) En el pensamiento hebreo, lugar a donde iban los muertos luego de ser enterrados. Este lugar se hallaba bajo la tierra, pero sobre las aguas de abajo. Otros términos sinónimos son **abismo**, «fosa» y «tumba».

ser humano. Véase **hombre**.

siervo. Representa en muchos pasajes el vocablo griego *doulos*, que también puede traducirse «esclavo». Este último término en español puede tener connotaciones que confundan al lector moderno. El vocablo griego no implica necesariamente que la persona fuera maltratada, ya que en la antigüedad algunos esclavos llegaban a asumir posiciones muy importantes. La idea principal es que la persona estaba bajo el dominio de otra, de manera que se caracterizaba por su humildad y obediencia.

sigaión. Término hebreo que aparece en el título del Salmo 7. Su posible significado de «conmoción» tal vez aluda al estado de ánimo en que debía cantarse ese salmo.

Silvano. En las cartas (2Co 1:19; 1Ts 1:1; 2Ts 1:1; 1P 5:12) se usa este nombre con referencia a «Silas» (véase Hch 15:22).

Sión. Nombre de la colina fortificada de la antigua Jebús, hoy Jerusalén. Durante el reinado de David este nombre se extendió para referirse al área general del templo. Sión es considerada la morada de Dios, y en los libros poéticos aparece como sinónimo de Jerusalén.

síquico. Representa el adjetivo griego *psujikós* (sustantivo *psujē*; véase **vida**), que se ha traducido «natural» en 1Co 15:45-46 y «puramente humana» en Stg 3:15. Como contrasta con lo que es espiritual, se ha usado la frase «no tiene el Espíritu» en 1Co 2:14 y Jud 19.

Tabernáculos, fiesta de los. Véase **Enramadas**.

talento. En el Antiguo Testamento, medida de peso equivalente aproximadamente a 34 kilogramos. En el Nuevo Testamento se usaba para cálculos monetarios; generalmente de oro, su valor (que era muy alto) variaba mucho, según el lugar y la época (Mt 18:24; 25:15-28). Véase **Tabla de pesas, medidas y monedas**.

templo. En el Nuevo Testamento este término puede referirse justamente al «santuario» (Lc 1:9), es decir, el edificio donde se encontraban el Lugar Santo y el Lugar Santísimo, o bien al área total que incluía no sólo ese edificio sino también la plaza que lo rodeaba (el atrio de las mujeres y el atrio de los gentiles).

tentar/tentación. El verbo griego (*peiradsō*, sustantivo *peirasmós*) puede usarse en el sentido más o menos neutral de «poner a prueba», pero también en el sentido negativo de «incitar al pecado, tender una trampa». En Stg 1:2,12-14 parece haber un juego de palabras basado en este doble sentido.

Todopoderoso. Cuando aparece junto con «Señor», este título representa la palabra *tseba'ot*; es una frase tradicionalmente traducida como «Jehová de los ejércitos». En otros casos, **Todopoderoso** representa la palabra *shadday*, nombre con el que Dios se reveló a los patriarcas (Gn 17:1; Éx 6:3) y que se usa con frecuencia especialmente en el libro de Job.

trampa. Véanse **tentar** y **tropiezo**.

triunfo. Véase **salvación**.

tropezar/tropiezo. Es generalmente traducción del vocablo griego *skándalon* (verbo *skandalidsō*) y se refiere especialmente a lo que causa ofensa, oposición (G'a 5:11), o aun la caída moral de alguien (Mt 5:29-30; 1Co 8:13). En el uso corriente del castellano, el término *escándalo* (*escandalizar*) no corresponde justamente a este significado. En Ro 11:9 se ha traducido como «trampa». También se ha traducido el verbo con términos tales como «ofender», «hacer pecar», «hacer caer», «apartarse», «abandonar». En Jn 16:1 se ha empleado la frase «flaquear la fe».

ungido. (heb. *mashiaj*). Término hebreo para referirse al rey escogido por Dios. Después del exilio babilónico este mismo término se usó para referirse al sumo sacerdote. Véase también **Cristo.**

Unigénito. Traducción tradicional del término griego *monogenēs* («único») cuando se refiere a Jesucristo. Véanse Jn 1:14,18; 3:16,18.

Verbo. Traducción tradicional del término griego *logos* («palabra») cuando se refiere a Jesucristo. Véanse Jn 1:1,14; 1Jn 1:1; Ap 19:13.

victoria. Véase **salvación**.

vida. Cuando esta palabra lleva asterisco, es traducción en el Antiguo Testamento de la palabra hebrea *nefesh*, y en el Nuevo, de la palabra griega *psujē*. Ambos términos tienen un amplio significado y tradicionalmente se han traducido «alma». En esta versión, la palabra hebrea también se ha traducido «aliento» y «fuerza(s)»; en algunos contextos (Sal 69:1; 105:18; Jon 2:6) se ha usado el vocablo «cuello».